ÖFFENTLICHE FINANZWIRTSCHAFT

Finanzwirtschaft und doppisches Haushaltsrecht der Gemeinden in Hessen

Fachbuch
mit praktischen Übungen
und Lösungen

2. vollständig überarbeitete Auflage

von
Uwe Daneke
Angelika Eimer
Karl-Friedrich Emde

und
Horst Bernhardt
Klaus Mutschler
Christoph Stockel-Veltmann

Verlag Bernhardt-Witten · 58456 Witten

Bibliografische Information der Deutschen Bibliothek

Die Deutsche Bibliothek verzeichnet diese Publikation in der Deutschen Nationalbibliografie; detaillierte bibliografische Daten sind im Internet über http://dnb.ddb.de abrufbar.

Verlag: Bernhardt-Witten, Bruchstr. 33, 58456 Witten
       ☎ 02302-71713, Telefax 02302-77126
       E-Mail: mail@bernhardt-witten.de
       Internet: www.bernhardt-witten.de

Satz: Schreibservice Bernhardt, Witten

Druck: inprint druck und service, Erlangen

© 2014 by Verlag Bernhardt-Witten

Hinweis:

Bei den Funktionsbezeichnungen wird im Buchtext die männliche Form (z. B. Bürgermeister) verwendet. Dies stellt keine Diskriminierung der weiblichen Funktionsträger dar, sondern soll lediglich der einfacheren Lesbarkeit dienen.

Vorwort zur 2. Auflage

Mit der 2. Auflage des Werkes werden die durch das geänderte Haushaltsrecht im Land Hessen, das im Wesentlichen ab dem Haushaltsjahr 2012 zur Anwendung kommt, notwendig gewordenen Fortschreibungen vorgenommen.

Mit Gesetz vom 16. Dezember 2011, GVBl. I S. 786, ist eine umfassende Novellierung der HGO erfolgt, mit der die Doppik als alleiniges Rechnungswesen der Gemeinden festgelegt und das bisherige Wahlrecht (Verwaltungsbuchführung als Standard, Doppik als zu bestimmende Abweichung) aufgehoben wurde. Damit ergab sich auch eine Änderung der Paragrafenfolge in der HGO, die wegfallenden Paragrafen der Verwaltungsbuchführung (§§ 92 – 114) wurden durch die Paragrafen der Doppik (bisher §§ 114 a - 114 u) ziffernmäßig ersetzt.

Die Gemeindehaushaltsverordnung wurde quasi zeitgleich an die geänderte HGO angepasst (Verordnung vom 27. Dezember 2011, GVBl. I S. 840).

Mit dem Wegfall des Wahlrechts und den damit verbundenen formalen Änderungen gingen auch etliche inhaltliche Anpassungen des Haushaltsrechts einher, u. a. bei der Finanzrechnung, beim Haushaltsausgleich und bei der Deckungsfähigkeit.

Weiterhin aufgegriffen werden in der 2. Auflage die Änderungen beim Kommunalen Finanzausgleich – dargestellt wird der für das Ausgleichsjahr 2013 geltende Rechtsstand, die Änderungen im Vergaberecht sowie weitere Anpassungen aufgrund von Veränderungen der jeweiligen Rechtsvorschriften.

Berücksichtigt wurde auch die Novelle des Hessischen Gesetzes über kommunale Abgaben (KAG) durch Gesetz vom 21.11.2012 sowie das Hessische Vergabegesetz, verkündet als Artikel 2 des Gesetzes zur Förderung der mittelständischen Wirtschaft und zur Vergabe öffentlicher Aufträge vom 25. März 2013 (GVBl. S. 119, 121).

Eingearbeitet ist weiterhin die Neufassung der VV zur GemHVO, erlassen als „Hinweise zur Gemeindehaushaltsverordnung" mit Erlass vom 22.01.2013, StAnz. S. 222, sowie die Neufassung der VV zum 6. Teil der HGO, erlassen als „Hinweise zur Anwendung der haushaltsrechtlichen Vorschriften der Hessischen Gemeindeordnung (HGO) – Sechster Teil –" gemäß Erlass vom 01.10.2013, StAnz. S. 1295.

Auch bezüglich der 2. Auflage sind Verlag und Autoren für Hinweise auf inhaltliche oder redaktionelle Fehler, Unverständlichkeiten in der Darstellung und sonstige Verbesserungsvorschläge sehr dankbar.

Langen (Hessen), Echzell und Waldeck, im Februar 2014

Die Verfasser

Vorwort zur 1. Auflage

Mit dem vorliegenden Fachbuch „Finanzwirtschaft und doppisches Haushaltsrecht der Gemeinden in Hessen" wird eine umfassende Darstellung des Haushaltsrechts und darüber hinaus des gesamten Finanzwesens der hessischen Gemeinden und Gemeindeverbände vorgelegt, die ihre Haushaltswirtschaft nach den **Grundsätzen der doppelten Buchführung** führen. Das Buch ist primär für die Ansprüche der Ausbildung an der Verwaltungsfachhochschule konzipiert; es richtet sich aber nicht nur an die Studierenden dieser Einrichtung, sondern auch an alle anderen für eine Tätigkeit in der Kommunalverwaltung auszubildenden Personen, daneben an die Praktiker in den Kommunalverwaltungen, auch soweit sie nicht unmittelbar in der Finanzverwaltung tätig sind, und an die politischen Mandatsträger, für die eine profunde Kenntnis des Haushaltsrechts unverzichtbare Voraussetzung für die Wahrnehmung ihrer verantwortungsvollen Tätigkeit ist. Auch die Redakteurinnen und Redakteure, die in den Lokalredaktionen über das kommunale Geschehen zu berichten haben, können und sollen von diesem Werk angesprochen sein, lässt doch häufig die Berichterstattung erkennen, dass tiefer gehende Kenntnisse dieser Materie fehlen. Auch für alle anderen Personen, die sich, aus welchen Gründen auch immer, mit Fragen des Haushaltsrechts der Gemeinden und Gemeindeverbände in Hessen befassen wollen oder müssen, soll dieses Fachbuch eine wertvolle Hilfe sein.

Dieses Fachbuch ist einerseits eine Fortführung des Fachbuches „Kommunales Haushaltsrecht Hessen", das 2004 in 2. Auflage erschienen ist, und andererseits eine auf die in Hessen geltende Rechtslage abgestellte Überarbeitung der 5. Auflage des überaus erfolgreichen Werkes „Kommunales Finanzmanagement NRW" von Bernhardt/ Mutschler/Stockel-Veltmann, zumindest soweit dessen Darstellungen aufgrund unterschiedlicher Rechtslagen auf Hessen übertragbar sind. Zudem wurde auf Darstellungen der 11. Auflage des Werkes „Kommunales Finanz- und Abgabenrecht NRW" von Bernhardt/Schwingeler zurückgegriffen. Insofern gilt unser Dank den Autoren der vorgenannten Fachbücher.

Mit § 92 Abs. 3 HGO in der Fassung des Gesetzes zur Änderung der Hessischen Gemeindeordnung und anderer Gesetze vom 31. Januar 2005 wurden die Beschlüsse der Ständigen Konferenz der Innenminister und -senatoren der Länder (IMK) am 21. November 2003 in Jena zur Reform des Gemeindehaushaltsrechts für das Land Hessen umgesetzt.

Diese Reform steht unter dem Leitmotto „Von einem zahlungsorientierten zu einem ressourcenverbrauchsorientierten Haushalts- und Rechnungswesen". Durch diese Reform des Gemeindehaushaltsrechts soll das kommunale Haushalts- und Rechnungswesen von der bislang zahlungsorientierten Darstellungsform auf eine ressourcenverbrauchsorientierte Darstellung umgestellt und die Steuerung der Kommunalverwaltungen anstelle der herkömmlichen Bereitstellung von Ausgabeermächtigungen für Einzelzwecke (Input-Steuerung) durch die Vorgabe von Zielen, Produkten und Qualitäten für die kommunalen Dienstleistungen (Outputsteuerung) ermöglicht werden.

Die Umstellung auf ein ressourcenverbrauchsorientiertes Haushalts- und Rechnungswesen kann nach IMK-Beschlüssen entweder durch eine erweiterte kameralistische Buchführung oder durch ein Haushalts- und Rechnungswesen nach den Grundsätzen der doppelten Buchführung (Doppik) erfolgen. Die Länder regeln, in welcher Weise in dem jeweiligen Bundesland diese Umstellung erfolgt, also entweder durch eine erweiterte Kameralistik oder durch Doppik oder durch Weitergabe dieses Wahlrechtes an die einzelne Kommune des jeweiligen Bundeslandes.

Das Land Hessen hat sich für letztere Version entschieden und durch die Regelung in § 92 Abs. 3 HGO bestimmt, dass die Haushaltswirtschaft entweder nach den Grundsätzen der Verwaltungsbuchführung (das meint die erweiterte Kameralistik) oder nach den Grundsätzen der doppelten Buchführung geführt wird, wobei die Verwaltungsbuchführung den Standard darstellt und die doppelte Buchführung eine durch ausdrücklichen Beschluss festzulegende Abweichung davon.

Nahezu ausnahmslos alle hessischen Gemeinden und Gemeindeverbände haben ihre Haushaltswirtschaft auf die Doppik umgestellt. Seitens der Verwaltungsfachhochschule Hessen wurde auf diese Entwicklung dahingehend reagiert, dass ausschließlich das Recht der Haushaltswirtschaft nach den Grundsätzen der doppelten Buchführung in den entsprechenden Fächern gelehrt wird.

Dieses Lehrbuch zeichnet diese Entwicklung nach und befasst sich in seinen Darstellungen ausschließlich mit der Materie des doppischen Haushalts- und Rechnungswesens der Gemeinden. Lediglich dort, wo ein Bezug auf das kamerale Recht zum besseren Verständnis erforderlich erschien, wurde hierauf verwiesen.

Mit dem Haushaltsrecht nach den Grundsätzen der doppelten Buchführung haben sich auch wesentliche terminologische Änderungen ergeben. Die in der Kameralistik verwendeten Begriffe

- „Einnahmen" (definiert als Zunahme von Bar- und Girobeständen) und
- „Ausgaben" (definiert als Abnahme von Bar- und Girobeständen)
  (jeweils unter Berücksichtigung von Kassen- und Haushaltsresten)

sind nicht mehr Teil der doppischen Terminologie.

An ihre Stelle treten die Begriffe

- „Ertrag" (zahlungswirksamer und nichtzahlungswirksamer Wertzuwachs eines Haushaltsjahres – Ressourcenaufkommen),
- „Einzahlung" (Barzahlungen und bargeldlose Zahlungen, die die flüssigen Mittel erhöhen),
- „Aufwand" (wertmäßiger, zahlungs- und nichtzahlungswirksamer Verbrauch von Gütern und Dienstleistungen eines Haushaltsjahres – Ressourcenverbrauch) sowie
- „Auszahlung" (Barzahlungen und bargeldlose Zahlungen, die die flüssigen Mittel vermindern).

Die Autoren haben sich im Sinne einer besseren Lesbarkeit dieses Buches dazu entschieden, die Begriffe „Einnahmen" und „Ausgaben" weiterhin zu verwenden, jedoch im Sinne von Oberbegriffen für Ertrag und Einzahlung bzw. Aufwand und Auszahlung. Dies erfolgt regelmäßig dort, wo die Darstellung gleichermaßen Ertrag und Einzahlung bzw. Aufwand und Auszahlung umfasst und eine sprachliche Differenzierung daher keinen Sinn ergibt, z. B. beim Grundsatz der Einnahmenbeschaffung.

Überall dort, wo aus inhaltlichen oder rechtlichen Gründen nach Ertrag und Einzahlung bzw. Aufwand und Auszahlung zu differenzieren ist, werden die Begriffe natürlich auch differenziert verwendet.

Die Bestimmungen der HGO, der GemHVO-Doppik, der hierzu bisher ergangenen Verwaltungsvorschriften und der weiteren Rechtsgrundlagen zur doppischen Haushaltswirtschaft werfen bei der für das Verfassen dieses Buches notwendigen vertieften Analyse der Vorschriften vielfältige Fragen auf und enthalten Regelungen, die nicht widerspruchsfrei zueinander stehen. Soweit es für das Verständnis der Materie notwendig erschien, wurden diese Punkte aufgegriffen und benannt. Insofern hoffen die Autoren, dass dieses Buch auch einen Beitrag zur anstehenden Evaluierung der haushaltsrechtlichen Vorschriften in Hessen leisten kann.

Das Haushaltsrecht nach den Grundsätzen der doppelten Buchführung kennt den seitherigen kameralen Begriff der „Haushaltsstelle" als Planungs- und Darstellungselement nicht mehr. Eine einheitliche neue Terminologie hat sich jedoch noch nicht herausgebildet, was nicht zuletzt auch darin begründet ist, dass im doppischen Haushaltsrecht die Darstellungsebene hochaggregiert ist (siehe die Muster 7 und 9 zur GemHVO-Doppik für den Gesamtergebnis- bzw. den Gesamtfinanzhaushalt), während die Planung und vor allem die Buchung sehr viel differenzierter nach den Konten des KVKR (Muster 12 zur GemHVO-Doppik) erfolgt. Hierfür haben sich Begriffe wie Planungs- bzw. Buchungsstelle oder auch Produktkonto herausgebildet. Auf der Darstellungsebene des Gesamtergebnis- bzw. Gesamtfinanzhaushaltes und der jeweiligen Teilhaushalte spricht man dagegen häufig von der Haushalts- bzw. der Zeilenposition. Entsprechend haben wir die Begriffe in die Darstellungen eingearbeitet.

Soweit wir innerhalb des Buches verweisen, verwenden wir den Oberbegriff „Kapitel" mit der Kapitelnummer, wenn sich der Verweis auf das gesamte Kapitel bezieht. Soweit sich der Verweis auf konkrete Stellen innerhalb eines Kapitels bezieht, verwenden wir den Begriff „Ziffer" mit Angabe der jeweiligen Gliederungsnummer.

Unser besonderer Dank gilt Herrn Hartmut Vogt vom Hessischen Verwaltungsschulverband, Verwaltungsseminar Kassel, der unsere Autorenarbeit über weite Strecken kritisch und bereichernd begleitet und damit einen wesentlichen Beitrag zur Qualitätssicherung dieses Werkes geleistet hat.

Ein herzlicher Dank gilt außerdem Frau Regine Hoppe vom Stenografenverein 1897 Langen E. V. für die intensive Durchsicht des Manuskriptes auf redaktionelle und sprachliche Unzulänglichkeiten und auf Fehler in Orthografie, Interpunktion und Grammatik und für die Beratung zur Anwendung der DIN 5008.

Verlag und Autoren sind für Hinweise auf inhaltliche oder redaktionelle Fehler, Unverständlichkeiten in der Darstellung und sonstige Verbesserungsvorschläge sehr dankbar.

Langen (Hessen), Echzell und Waldeck, im August 2010

Die Verfasser

Zu den Verfassern

Uwe Daneke, Jahrgang 1954, Ltd. Magistratsdirektor, Diplom-Verwaltungswirt, ist seit 1975 in unterschiedlichen Funktionen im Bereich der kommunalen Finanzwirtschaft tätig, u. a. als Steueramtsleiter, Kassenverwalter, Finanzprüfer in der Kommunalaufsicht, Kämmereiamtsleiter und Eigenbetriebsleiter. Seit 2003 ist Uwe Daneke Leiter des Fachbereiches „Zentrale Funktionen und interne Dienste" der Stadt Langen, Landkreis Offenbach, und damit zugleich Leiter der Finanzverwaltung dieser Stadt. Seit 1985 lehrt Uwe Daneke als nebenamtlicher Dozent an der Verwaltungsfachhochschule Wiesbaden (jetzt Hessische Hochschule für Polizei und Verwaltung) im Studienfach „Öffentliche Finanzen" bzw. „Ökonomisches Handeln". Er ist Mitautor eines Kommentars zur Hessischen Gemeindeordnung; zudem berät und begleitet er Kommunalverwaltungen in Fragen des Rechnungswesens und bei Verwaltungsmodernisierungsprozessen.

Angelika Eimer, Jahrgang 1961, Regierungsdirektorin, Diplom-Verwaltungswirtin, war bis 2001 Leiterin der Finanzabteilung des Wetteraukreises und übernahm dort den Aufbau der Beteiligungs- und der Liegenschaftsverwaltung einschließlich der Bewertung des Vermögens sowie die Implementierung des neuen Steuerungsmodells in die Verwaltungsstrukturen. Sie war Dezernats-Delegierte der Stabsstelle Zentrale Steuerungsunterstützung und ständige Vertreterin in der Stabsstelle Beteiligungssteuerung. Angelika Eimer ist seit 2001 hauptamtliche Dozentin an der Hessischen Hochschule für Polizei und Verwaltung (früher Verwaltungsfachhochschule Wiesbaden), Fachbereich Verwaltung. Ihr obliegt zudem die Modulverantwortlichkeit für das Modul Ökonomisches Handeln 1. Zeitweilig übernahm sie die Abteilungsleitung der Abteilung Gießen sowie die Fachkoordination des Studienfaches Öffentliche Finanzen. Darüber hinaus ist sie Mitglied im Fachbereichsrat der Hessischen Hochschule für Polizei und Verwaltung. Ihre Forschungs- und Arbeitsschwerpunkte liegen im Bereich der Einführung von Bürgerhaushalten und der Budgetierung. Daneben leitete Angelika Eimer Workshops für kommunale Finanzbuchhalter im Rahmen der Fort- und Weiterbildung und ist Referentin für Mandatsträger und Führungskräfte in den Kommunen sowie bei dem Büro für staatsbürgerliche Frauenarbeit e. V. mit den Themenschwerpunkten „betriebswirtschaftliche Grundlagen im Rahmen des neuen kommunalen Rechnungs- und Steuerungssystems".

Karl-Friedrich Emde, Jahrgang 1955, Regierungsdirektor, Diplom-Ökonom, Diplom-Verwaltungswirt, war nach dem Abitur in den Jahren 1976 bis 1979 Anwärter für den gehobenen Dienst in der Kommunalverwaltung des Landkreises Waldeck-Frankenberg, bis 1990 zunächst Sachbearbeiter, später Leiter des Regiebetriebes Abfallentsorgung beim Landkreis Waldeck-Frankenberg. Von 1980 bis 1988 absolvierte Karl-Friedrich Emde ein nebenberufliches Studium der Wirtschaftswissenschaften an der Fernuniversität Hagen mit betriebswirtschaftlichem Schwerpunkt. Seit 1990 ist er Fachhochschullehrer an der Hessischen Hochschule für Polizei und Verwaltung (früher Verwaltungsfachhochschule Wiesbaden), Abteilung Kassel, Fachbereich Verwaltung, für die Fächer Betriebswirtschaftslehre und Öffentliche Finanzen. Zeitweilig war er Studienleiter im Masterstudiengang Public Management. Daneben nahm Karl-Friedrich Emde die Leitung der Workshops kommunaler Finanzbuchhalter und kommunaler Controller im Rahmen der Fort- und Weiterbildung im Rahmen der Einführung des neuen kommunalen Rechnungs- und Steuerungssystems wahr. Gegenwärtig ist er Fachkoordinator für die Fächer Betriebswirtschaftslehre der Öffentlichen Verwaltung und Öffentliche Finanzen, sowie Abteilungsleiter der Abteilung Kassel. Er ist ehrenamtlicher Stadtrat seiner Heimatgemeinde Waldeck am Edersee. Seine Arbeitsschwerpunkte liegen im Bereich des Rechnungswesens und des Controlling.

Das „hessische" Autorenteam Uwe Daneke, Angelika Eimer und Karl-Friedrich Emde (v.l.n.r.) bei einer Autorenbesprechung in der Heimatstadt von Karl-Friedrich Emde, Waldeck am Edersee (im Hintergrund Burg Waldeck)

Foto: Regine Daneke

Horst Bernhardt, Jahrgang 1947, trat 1966 in den Dienst des ehemaligen Amtes Blankenstein-Ruhr ein. Nach der Ausbildung zum gehobenen Dienst übernahm er 1972 als Abteilungsleiter die Vermögens- und Schuldenverwaltung sowie die zentrale Betriebsabrechnung in der Kämmerei der Stadt Hattingen. Zugleich wurde er als Hauptsachbearbeiter in der Haushaltsabteilung eingesetzt, verbunden mit der Ausbildungsbetreuung. Nach einem zwischenzeitlich erfolgten Studium an der Verwaltungs- und Wirtschaftsakademie Industriebezirk wechselte er im April 1978 als hauptamtlicher Dozent zur Fachhochschule für öffentliche Verwaltung NRW, Abteilung Wuppertal (später in der Abteilung Gelsenkirchen), zuständig für die Lehre für „Kommunales Finanzmanagement", "Rechnungswesen", „Kosten- und Leistungsrechnung/Wirtschaftlichkeitsrechnung" und „Steuerrecht". Seit Juni 2012 befindet er sich im Ruhestand.

Klaus Mutschler, Jahrgang 1958, schloss 1981 sein Studium an der FHöV NRW ab. Er absolvierte den kommunalwissenschaftlichen Studiengang an der Verwaltungs- und Wirtschaftsakademie und schloss diesen 1989 mit Erwerb des Kommunaldiploms ab. Nach Wahrnehmung von Aufgaben als Standesbeamter und im Bereich des Stadtmarketing bei der Stadt Dortmund war er seit 1992 bis 2005 dort im Rechnungswesen tätig. Stationen waren hierbei die Hauptsachbearbeitung im Bereich Grundbesitzabgaben, die Geschäftsführung des Ausschusses für Finanzen und Liegenschaften sowie der Aufbau eines Immobilienmanagements und einer Anlagenbuchhaltung. Seit Beginn des überörtlichen Modellprojektes im Jahre 1999 war er Mitglied des Projektteams der Stadt Dortmund. Neben unterschiedlichen Fortbildungsmaßnahmen zum kaufmännischen Rechnungswesen schloss er in 2003 einen Zertifikats-Lehrgang zum Bilanzbuchhalter mit Erfolg ab. Letzte Aufgabenschwerpunkte waren die inhaltliche Betreuung von Fachbereichen beim Umstellungsprozess auf das doppische Rechnungswesen sowie die Durchführung von diesbezüglichen Aus- und Fortbildungsmaßnahmen. Im September 2005 wechselte er als hauptamtlicher Dozent zur Fachhochschule für öffentliche Verwaltung NRW, zunächst Abteilung Köln, heute Abteilung Gelsenkirchen (Außenstelle Dortmund). Er vertritt dort die Fächer „Kommunales Finanzmanagement" und „Rechnungswesen".

Christoph Stockel-Veltmann, Jahrgang 1965, trat 1985 in den Dienst der Stadt Rheine ein. Nach Abschluss der Ausbildung für den gehobenen Verwaltungsdienst und einem kurzen Einsatz als Personalsachbearbeiter schloss sich von 1989 bis 1993 ein Studium der Volkswirtschaftslehre an der Westfälischen Wilhelms-Universität in Münster an. Nach Tätigkeiten als Wissenschaftlicher Mitarbeiter an der Universität Münster und als Abteilungsleiter in der Kämmerei der Stadt Telgte war er von 1999 - 2004 Leiter des „Modellprojekts zur Einführung des doppischen Kommunalhaushalts" im Finanzdezernat der Stadt Münster. In dieser Funktion war er maßgeblich an der Konzeption des „Neuen Kommunalen Finanzmanagement" (NKF) beteiligt und verantwortlich für die Umsetzung des Konzepts in fünf Pilotämtern der Stadt Münster. Seit Juli 2004 ist er hauptamtlicher Dozent an der Fachhochschule für öffentliche Verwaltung NRW am Studienstandort Münster.

X

Überblick über die Kapitel und ihre Bearbeiter

---

[1] Ziffer 13.1 bis 13.5 Daneke, Ziffer 13.6 Eimer

Inhaltsverzeichnis

---

² Detaillierte Inhaltsverzeichnisse befinden vor dem jeweiligen Kapitel.

Abkürzungsverzeichnis

a. a. O.	am angegebenen Ort
a. F.	alte Fassung
Abs.	Absatz
AfA	Absetzung für Abnutzung
AG	Aktiengesellschaft
AktG	Aktiengesetz
Anm.	Anmerkung
AO	Abgabenordnung
Art.	Artikel
BAB	Betriebsabrechnungsbogen
BNAföG	Bundesausbildungsförderungsgesetz
BauGB	Baugesetzbuch
BBesG	Bundesbesoldungsgesetz
BekanntmVO	Bekanntmachungsverordnung
BFH	Bundesfinanzhof
BgA	Betrieb gewerblicher Art
BGB	Bürgerliches Gesetzbuch
BGBl.	Bundesgesetzblatt
BHO	Bundeshaushaltsordnung
BMF	Bundesministerium der Finanzen
BMWi	Bundesministerium für Wirtschaft und Verkehr
BSC	BalancedScorecard
BStBl.	Bundessteuerblatt
Buchst.	Buchstabe
BVerwG	Bundesverwaltungsgericht
d. h.	das heißt
d. J.	dieses/des Jahres
dergl.	dergleichen
DGO	Deutsche Gemeindeordnung
DIN	Deutsche Industrienorm bzw. „Das ist Norm"
DV	Datenverarbeitung
DVO	Durchführungsverordnung
EFoG	Entlastungsfondsgesetz
EigBGes	Eigenbetriebsgesetz
Entsch.	Entscheidung
Erl.	Erläuterung/en
EStG	Einkommensteuergesetz
Ew.	Einwohner
evtl.	eventuell/e
f./ff.	folgender/fortfolgende
FAG	Finanzausgleichsgesetz
GemFinRefG	Gemeindefinanzreformgesetz
GemHVO	Gemeindehaushaltsverordnung
GemHVO 1974	Verordnung über die Aufstellung und Ausführung des Haushaltsplans der Gemeinden
GemHVO-Doppik	Verordnung über die Aufstellung und Ausführung des Haushaltsplans der Gemeinde mit doppelter Buchführung
GemHVO-Vwbuchfg 2009	Verordnung über die Aufstellung und Ausführung des Haushaltsplans der Gemeinden mit Verwaltungsbuchführung 2009
GemKVO	Gemeindekassenverordnung

GewStG	Gewerbesteuergesetz
GFRG	Gemeindefinanzreformgesetz
GG	Grundgesetz
Ggf.	gegebenenfalls
GmbH	Gesellschaft mit beschränkter Haftung
GmbHG	Gesetz betreffend die Gesellschaften mit beschränkter Haftung
GO	Gemeindeordnung
GoB	Grundsätze ordnungsmäßiger Buchführung
GoI	Grundsätze ordnungsmäßiger Inventur
GrStG	Grundsteuergesetz
GV	Gemeindeverbände
GV.NRW	Gesetz- und Verordnungsblatt Nordrhein-Westfalen
GVBl.	Gesetz- und Verordnungsblatt
GWB	Gesetz gegen Wettbewerbsbeschränkungen
HAGTierSG	Hessisches Ausführungsgesetz zum Tierseuchengesetz
Hess.	Hessisches/r
HessVwVG	Hessisches Verwaltungsvollstreckungsgesetz
HGB	Handelsgesetzbuch
HGO	Hessische Gemeindeordnung
HGrG	Haushaltsgrundsätzegesetz
HKO	Hessische Landkreisordnung
HMdIS	Hessisches Ministerium des Innern und für Sport
Hrsg.	Herausgeber
Hs.	Halbsatz
HSGB	Hessischer Städte- und Gemeindebund
HÜL	Haushaltsüberwachungsliste
HV	Hessische Verfassung
Hw.	Hinweis/Hinweise
i. A.	im Allgemeinen
i. d. F.	in der Fassung
i. d. R.	in der Regel
i. H. v.	in Höhe von
i. S.	im Sinne
i. S. d.	im Sinne der/des
i. S. v.	im Sinne von
i. V. m.	in Verbindung mit
IM	Innenminister
IMK	Innenministerkonferenz
incl.	inclusive
KAG	Kommunalabgabengesetz
KFA	Kommunaler Finanzausgleich
KG	Kommanditgesellschaft
KGaA	Kommanditgesellschaft auf Aktien
KGG	Gesetz über kommunale Gemeinschaftsarbeit
KGSt	Kommunale Gemeinschaftsstelle für Verwaltungsmanagement
KLR	Kosten- und Leistungsrechnung
KVKR	Kommunaler Verwaltungskontenrahmen
KVR	Kommunales Verfassungsrecht
KWG	Kommunalwahlgesetz
L. + L.	Lieferungen und Leistungen
LHO	Landeshaushaltsordnung
lt.	laut
LT-Drs.	Landtags-Drucksache

LV	Landesverfassung
MeldeG	Meldegesetz
MinBl.	Ministerialblatt
MwSt.	Mehrwertsteuer
Nds.	Niedersachsen
NKF	Neues Kommunales Finanzmanagement
NKR	Neues Kommunales Rechnungswesen
NKRS	Neues Kommunales Rechnungs- und Steuerungssystem
NKS	Neues Kommunales Steuerungssystem
Nr./Nrn.	Nummer/Nummern
NRW	Nordrhein-Westfalen
NVwZ	Neue Zeitschrift für Verwaltungsrecht
öffentl.	öffentlich
oHG	offene Handelsgesellschaft
OVG	Oberverwaltungsgericht
RdErl.	Runderlass
Rdnr.	Randnummer
Rdnrn.	Randnummern
Rechtspr.-Slg.	Rechtsprechungssammlung
RGBl.	Reichsgesetzblatt
RGZ	Entscheidungen des Reichsgerichts in Zivilsachen
Rh-Pfalz	Rheinland-Pfalz
RSp.	Rechtsprechung zum kommunalen Verfassungsrecht in Nordrhein-Westfalen
RVO	Reichsversicherungsordnung
S.	Seite
s. o.	siehe oben
s. u.	siehe unten
SGB	Sozialgesetzbuch
sog.	so genannt/e
Sp.	Spalte
StabiRatG	Stabilitätsratsgesetz
StAnpG	Steueranpassungsgesetz
StAnz.	Staatsanzeiger für das Land Hessen
StOV-Gem.	Stellenobergrenzenverordnung Gemeinden
StWG	Gesetz zur Förderung der Stabilität und des Wachstums der Wirtschaft
tlw.	teilweise
TVÖD	Tarifvertrag für den öffentlichen Dienst
TVÜ-VKA	Tarifvertrag zur Überleitung
u.	und
u. a.	unter anderem
u. Ä.	und Ähnliche/s
u. U.	unter Umständen
u. v. a. m.	und vieles andere mehr
Urt.	Urteil
VE	Verpflichtungsermächtigung/en
v. g.	vorstehend genannt
v. H.	vom Hundert
VG/VGH	Verwaltungsgericht/Verwaltungsgerichtshof
vgl.	vergleiche
VgV	Vergabeverordnung
VO	Verordnung
VOB	Vergabe- und Vertragsordnung für Bauleistungen
VOF	Vergabeordnung für freiberufliche Leistungen

VOL	Vergabe- und Vertragsordnung für Leistungen ausgenommen Bauleistungen
Vorl. VV	Vorläufige Verwaltungsvorschriften
VV	Verwaltungsvorschrift(en)
VwGO	Verwaltungsgerichtsordnung
z. B.	zum Beispiel
z. T.	zum Teil
Ziff.	Ziffer
zzgl.	zuzüglich
zzt.	zurzeit

Literaturliste

Adrian/Coburger-Becker u. a.:	Handbuch Kommunalpolitik Hessen. 2. Aufl. Stuttgart 2006
Amerkamp/Dreßler/Klein/Meireis:	Die Hessische Kommunalrechtsnovelle 2005. Stuttgart 2005
Amerkamp/Kröckel/Rauber:	Gemeindehaushaltsrecht Hessen, Kommentar, Loseblattausgabe. Wiesbaden 2009
Amerkamp:	Hessisches Gemeindewirtschaftsrecht, Kommentar, Loseblattausgabe. Stuttgart 2005
Baetge/Kirsch/Thiele:	Bilanzen. 12. Auflage. Düsseldorf 2012
Bals/Hack/Reichard (Hrsg.):	Führung und Organisation. Möglichkeiten erkennen, Strategien entwickeln und umsetzen (Band 3). Heidelberg 2001
Bals/Hack/Reichard (Hrsg.):	Die neue Kommunalverwaltung. Band 10: Neues kommunales Finanz- und Produktmanagement. Erfolgreich steuern und budgetieren. Heidelberg 2004
Bellefontaine/Deisenroth/Höhlein/ Meiborg/Rößler:	Kommunale Doppik Rheinland-Pfalz, Stuttgart 2008
Bennemann, Gerhard u. a.:	Kommunalverfassungsrecht Hessen, Kommentar, Loseblattausgabe. Stand 2010. Wiesbaden 2010 (zitiert als „KVR")
Bernhardt/Mutschler/Stockel-Veltmann:	Kommunales Finanzmanagement NRW. 7. Auflage. Witten 2013
Mutschler/Schlösser:	Praktische Fälle aus dem Kommunalen Finanzmanagement und Externen Rechnungswesen NRW. 2. Auflage. Witten 2013
Bernhardt/Schünemann/ Schwingeler:	Kommunales Anordnungs-, Kassen-, Rechnungslegungs- und Prüfungsrecht NRW. 7. Auflage. Witten 1999
Bernhardt/Mutschler/Schwingeler:	Kommunales Finanz- und Abgabenrecht NRW. 12. Auflage. Witten 2010
Birkenfeld:	Kommunalrecht Hessen. 5. Auflage. Baden-Baden 2011
Brückmann::	Grundlagen der öffentlichen Finanzwirtschaft – in Fragen und Antworten. Wettenberg 2000
Brückmann:	Grundlagen der öffentlichen Betriebswirtschaftslehre. Wettenberg 1997
Bussiek/Ehrmann:	Buchführung. 7. Auflage. Leipzig 2010
Driehaus:	Kommunalabgabenrecht (Kommentar), Loseblattausgabe. Herne
Eichhorn, Peter:	Das Prinzip der Wirtschaftlichkeit. 3. Auflage. Wiesbaden 2005

Engelhardt/Raffée/Wischermann:	Grundzüge der doppelten Buchhaltung. 8. Auflage. Wiesbaden 2010
Fudalla, Tölle, Wöste, zur Mühlen:	Bilanzierung und Jahresabschluss in der Kommunalverwaltung - Grundsätze für das „Neue Kommunale Finanzmanagement" (NKF). 3. Auflage. Berlin 2011.
Fuldalla/zur Mühlen/Wöste:	Doppelte Buchführung in der Kommunalverwaltung - Basiswissen für das „Neue Kommunale Finanzmanagement" (NKF). 4. Auflage. Köln 2011
Gräfer:	Bilanzanalyse. 12. Auflage. Herne 2012
Häfner:	Doppelte Buchführung für Kommunen nach dem NKF. 2. Auflage. Freiburg 2003
Henneke/Pünder/Waldhoff:	Recht der Kommunalfinanzen. München 2006
Henneke/Strobl/Diemert:	Recht der kommunalen Haushaltswirtschaft, München 2008
Hessischer Städte- und Gemeindebund (Hrsg.):	Grundzüge des neuen Gemeindehaushaltsrechts, Mühlheim a. M. 2013
Hessisches Ministerium der Finanzen:	NVS – Leitfaden zur Erstellung einer Balance-Scorecard für Produkte, 2005
Hessisches Ministerium des Innern und für Sport (Hrsg.):	Abschlussdokumentation der Projektkommunen der Transferebene Hessen in Zusammenarbeit mit dem Hessischen Ministerium des Innern und für Sport, doppikhessen, Grundlagen, Methoden, Empfehlungen und Richtlinien; Anlagen und Praxishilfen zur Umsetzung. Freiburg 2005.
Hopp/Göbel:	Management in der öffentlichen Verwaltung, 4. Auflage Stuttgart 2013
KGSt:	Produktkritik: In drei Schritten zur strategischen Steuerung; KGSt-Bericht 3/2005
KGSt:	Das neue Steuerungsmodell in kleineren und mittleren Gemeinden; KGSt-Bericht 8/1994
KGSt:	Bericht Nr. 9/1997, Steuerung kommunaler Haushalte: Budgetierung und Finanzcontrolling in der Praxis.
KGSt:	Produkte auf dem Prüfstand: Die Verfahren zur Produktkritik; KGSt-Bericht 2/2005
Kirsch:	Einführung in die internationale Rechnungslegung nach IAS/IFRS. Herne 2005
Klieve (Hrsg.):	Der doppische Haushalt, Neues kommunales Finanzmanagement. Rheinbach 2003
Klümper/Möllers/Zimmermann:	Kommunale Kosten- und Wirtschaftlichkeitsrechnung 17. Aufl. Witten 2010

Körner:	Neues Kommunales Rechnungs- und Steuerungssystem. Grundlagen der Entwicklung eines doppischen Rechnungs- und Haushaltswesens. Band 20/I. 2. Auflage. Nürnberg 2001
Marettek/Dörschell/Hellenbrand:	Kommunales Vermögen richtig bewerten. 2. Auflage. Freiburg 2006
Meichsner/Seeger/Steenbock:	Kommunale Finanzplanung, Loseblatt, Stuttgart 2003
Müller:	Finanzbuchhaltung - Vom Geschäftsvorfall bis zum Jahresabschluss. 2. Auflage. Herne 2012
Notheis/Ade:	Das neue kommunale Haushaltsrecht Baden-Württemberg. Leitfaden für Praxis, Aus- und Fortbildung. Stuttgart 2009
Olfert/Rahn:	Lexikon der Betriebswirtschaftlehre. 7. Auflage. Leipzig 2011
Reichard:	Betriebswirtschaftslehre der öffentlichen Verwaltung. 2. Auflage. Berlin 1987
Rinker/Ditges/Arendt:	Bilanzen. 14. Auflage. Ludwigshafen 2012
Rose:	Kommunale Finanzwirtschaft Niedersachsen. 2. Auflage. Kiel 2011
Schildbach/Stobbe/Bröse:	Der handelsrechtliche Jahresabschluss. 10. Auflage. Herne 2013
Schmidt:	Wirtschaftlichkeit in der öffentlichen Verwaltung. 3. Auflage. Berlin 2006
Schmolke/Deitermann:	Industrielles Rechnungswesen - IKR. 42. Auflage. Braunschweig 2013
Schneider/Dressler/Lüll	Hessische Gemeindeordnung. Kommentar. Loseblatt. Stuttgart
Schwarting:	Der kommunale Haushalt 4. Aufl. Berlin 2010
Schwarting:	Den kommunalen Haushaltsplan – kameral und doppisch – richtig lesen und verstehen. 4. Aufl. Berlin 2010
Steinebach:	Verwaltungsbetriebslehre. 5. Auflage. Regensburg 1998
Wöhe/Döring:	Einführung in die Allgemeine Betriebswirtschaftslehre. 25. Auflage. München 2013

Anmerkung:

Die Literaturliste gibt die wesentlichen Werke weiterführender Literatur wieder, die in diesem Fachbuch verwendet wurden.

Die Autoren haben aus Gründen der Übersichtlichkeit darauf verzichtet, jeden in Bezug genommenen Artikel aus Fachzeitschriften u.ä. hier aufzuführen. Diese Artikel sind mit ihrer vollständigen Fundstelle in der jeweiligen Fußnote aufgeführt.

Inhaltsverzeichnis

1.   Einführung

1.1   Öffentliche Finanzwirtschaft

1.1.1   Begriff

„Öffentliche Finanzwirtschaft" ist der Tätigkeitsbereich der gesamten „Öffentlichen Hand", durch welchen diese die erforderlichen finanzwirtschaftlichen Maßnahmen trifft bzw. notwendigen Mittel aufbringt, verwaltet und verwendet, die zur Erfüllung ihrer Aufgaben notwendig sind.

Die öffentliche Finanzwirtschaft hat demnach zunächst die Aufgabe, die zur Erfüllung der öffentlichen Aufgaben erforderlichen finanziellen Ressourcen bereitzustellen und diese entsprechend zu finanzieren (Bedarfsdeckungsprinzip). Der Begriff der „öffentlichen Aufgaben" hat aber insbesondere in den letzten Jahrzehnten eine erhebliche Wandlung bzw. Ausweitung erfahren. Die Übertragung neuer und die Erweiterung bestehender Aufgaben erfordern zwangsläufig einen höheren Finanzbedarf. Da dieser Finanzbedarf dem Volkseinkommen entnommen werden muss, ergeben sich hierdurch enge Verflechtungen der öffentlichen Finanzwirtschaft mit der Privatwirtschaft. Dies wiederum führt dazu, dass der öffentlichen Finanzwirtschaft im verstärktem Maße Aufgaben der Steuerung und Beeinflussung der Gesamtwirtschaft zufallen. Art. 109 Abs. 2 GG bestimmt, dass Bund und Länder (auch die Gemeinden als Bestandteile der Länder) bei ihrer Haushaltswirtschaft den Erfordernissen des gesamtwirtschaftlichen Gleichgewichts Rechnung zu tragen haben. Die öffentliche Finanzwirtschaft hat sich somit in das Gesamtsystem der Volkswirtschaft einzuordnen.

Wie sehr sich der Bedarf im Laufe der letzten Jahrzehnte verändert hat, wird deutlich, wenn man bedenkt, dass zu Beginn des 20. Jahrhunderts die öffentliche Hand nur etwa 14 % des Bruttoinlandsproduktes beeinflusste. Heute wird je nach Standpunkt der wirtschaftlichen Institute und Zurechnung der Staatätigkeiten im engeren oder weiteren Sinne ein Anteil des Staates am gesamten Bruttoinlandsprodukt (sog. Staatsquote) durch die öffentliche Hand von etwa 50 % errechnet.[3] Der jeweilige Stand der Staatsquote, auch im internationalen Vergleich, kann den Veröffentlichungen des Bundesfinanzministeriums auf dessen Internetseiten entnommen werden.

1.1.2   Rechtfertigung öffentlicher Güterbereitstellung

In diesem Zusammenhang ist natürlich auch die Frage zu stellen, was dazu führt, dass der Staat überhaupt finanzwirtschaftlich tätig wird, also bestimmte Leistungen erbringt, die man auch als öffentliche Güter bezeichnet, denn man könnte ja auch der Auffassung sein, dass alle Güter und Dienstleistungen privat- oder marktwirtschaftlich angeboten und nachgefragt werden müssen – eine Auffassung, die von bestimmten politischen Strömungen immer wieder durchaus ernsthaft vorgetragen wird.

---

[3] Bernhardt/Mutschler/Schwingeler, Kommunales Finanz- und Abgabenrecht NRW, 12. Auflage, Witten 2010.

In der Finanzwissenschaft – das ist die Lehre von der öffentlichen Finanzwirtschaft – werden verschiedene Rechtfertigungstheorien für das finanzwirtschaftliche Tätigwerden des Staates angeboten.

Demnach resultiert die Notwendigkeit, bestimmte Güter und Dienstleistungen durch die öffentliche Hand anzubieten, aus dem Versagen des Marktes, das sich aus mehreren Erklärungsansätzen ergibt, von denen hier die drei wichtigsten dargestellt werden sollen, nämlich

- die Nicht-Anwendbarkeit des Ausschlussprinzips
- die Nicht-Rivalität des Konsums
- das Entstehen externer Effekte.

Es ist zunächst selbstverständlich, dass derjenige, der nicht bereit ist, für den Nutzen eines bestimmten Gutes zu bezahlen, auch nicht in dessen Genuss kommt. So wird der Zugang zu einer Kinovorstellung nur dem gewährt, der auch eine Eintrittskarte gelöst hat. Es gibt aber Güter, von denen alle Nutzen haben, ohne dass jemand hiervon ausgeschlossen werden kann. Typische Beispiele hierfür sind die innere (Polizei) und äußere Sicherheit (Bundeswehr), die vom Staat (im Sinne von Bund bzw. Ländern) bereitgestellt werden. Auch auf der kommunalen Ebene gibt es Güter, die allein aufgrund der Tatsache, dass sie bereitgestellt werden, genutzt werden können, ohne dass hierfür unmittelbar ein Entgelt entrichtet werden muss. Ganz typisch hierfür ist das Gut „Straßenbeleuchtung".

Solche Güter können nicht marktwirtschaftlich bereitgestellt werden, da wohl niemand bereit ist, für etwas zu bezahlen, was auch umsonst zu haben ist. Die Nicht-Anwendbarkeit des Ausschlussprinzips ist daher ein typisches Kennzeichen für öffentliche Güter, die daher nicht marktwirtschaftlich bereitgestellt werden können, trotzdem benötigt werden und somit eine öffentliche Bereitstellung erfordern.

In engem Zusammenhang mit der Nicht-Anwendbarkeit des Ausschlussprinzips steht die Nicht-Rivalität des Konsums. Das bedeutet, dass ein Gut zur gleichen Zeit von verschiedenen Individuen konsumiert werden kann, ohne dass es zu einer Einschränkung des Nutzens des Einzelnen kommt. Auch hier ist wieder die Straßenbeleuchtung zu nennen, oder auch der Nutzen durch das Gut Küstenschutz (Deiche).

Externe Effekte entstehen dann, wenn durch die Bereitstellung und den Nutzen eines Gutes nicht nur der unmittelbare Nutzer, der auch die Kosten trägt, sondern auch andere, nicht zahlende Personen (= Externe) einen Vorteil haben. Typisches Beispiel hierfür ist der öffentliche Personennahverkehr, von dem nicht nur diejenigen profitieren, die Bus und Bahn tatsächlich benutzen, sondern auch diejenigen, die z. B. an belebten Straßen wohnen und durch geringeren Individualverkehr weniger Belastungen durch Lärm und Abgase ausgesetzt sind, aber nicht zu den Kosten des ÖPNV unmittelbar herangezogen werden. Würden die Kosten des ÖPNV nur den direkten Nutzern in voller Höhe belastet, entstünden Preise, die nur wenige zu akzeptieren bereit wären. Da aber der Staat die Möglichkeit hat, auch den externen Nutzern durch Zwangsabgaben (Steuern) „in die Tasche zu greifen", kann er einen Teil des Steueraufkommens dazu verwenden, die Preise für den ÖPNV so weit zu subventionieren, dass dessen Attraktivität und Akzeptanz gegeben ist.

Externe Effekte verlangen also eine Beteiligung der nicht unmittelbaren Nutzer eines Gutes an den Kosten, die nur über die staatlichen Eingriffsmittel hergestellt werden kann, weshalb Güter, die (in größerem Maße) externe Effekte hervorbringen, üblicherweise als öffentliche Güter bereitgestellt werden.

1.1.3   Innere Abgrenzung der öffentlichen Finanzwirtschaft

„Die Öffentliche Finanzwirtschaft" als Teil der Volkswirtschaft gliedert sich in die Bereiche

- Einnahmenbeschaffung[4],
- Finanzmanagement[5] (Haushaltswirtschaft),
- wirtschaftliche Betätigung und
- Prüfungswesen.

Die **Einnahmebeschaffung** umfasst die Bereiche

- Abgaben (Steuern, Gebühren, Beiträge),
- übrige öffentliche Einnahmen (z. B. Buß- und Zwangsgelder, Zuwendungen, Umlagen) und
- privatrechtliche Einnahmen (z. B. Mieten, Zinsen, Verkaufserlöse).

Das **Finanzmanagement** (die Haushaltswirtschaft) umfasst die Bereiche

- Planung des Jahreshaushaltes
- mittelfristige Planung
- Steuerung des kommunalen Wirtschaftsablaufs
- Ausführung des Haushaltes mit Buchführung und Zahlbarmachung
- Rechnungslegung

Die **wirtschaftliche Betätigung** der öffentlichen Hand umfasst die Bereiche

- öffentlich-rechtliche Betriebsführung (Regiebetriebe und Eigenbetriebe)
- privatrechtliche Betriebsführung (GmbH, AG usw.)

Dem **Prüfungswesen** obliegt es, die öffentliche Verwaltung bei ihrer Aufgabenerfüllung in rechtlicher, wirtschaftlicher und zweckmäßiger Hinsicht zu überwachen. Es greift also in alle Bereiche der öffentlichen Finanzwirtschaft ein. Eine Kurzübersicht ergibt bezüglich der Bereiche der öffentlichen Finanzwirtschaft folgendes Bild:

---

[4]   Vereinfacht wird in der Einführungsphase dieses Buches der Begriff „Einnahmen" verwendet. Die in der Haushaltswirtschaft nach den Grundsätzen der doppelten Buchführung notwendige Konkretisierung nach Erträgen und Einzahlungen bleibt den weiteren Kapiteln vorbehalten. Zur Begriffsdefinition siehe u. a. Ziffern6.5.1.1.1 und 6.5.1.2.1.

[5]   Zum Begriff „Finanzmanagement" siehe Ziffer 4.1.

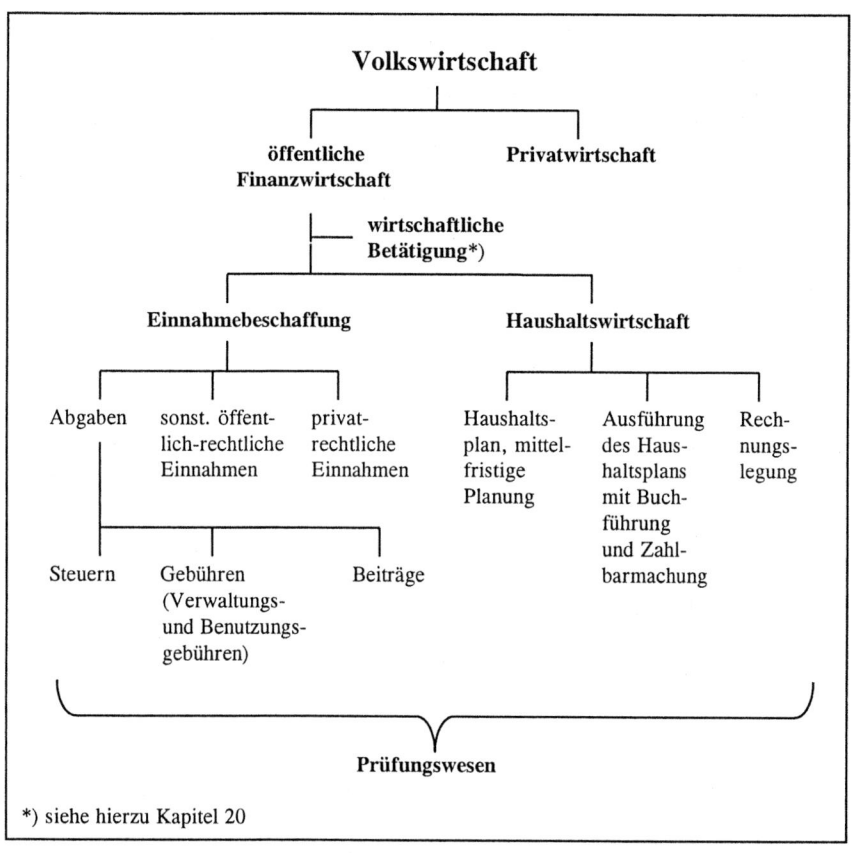

*) siehe hierzu Kapitel 20

1.2   Träger der öffentlichen Finanzwirtschaft

Die öffentliche Hand benötigt zur Erfüllung ihrer Aufgaben die Bereitstellung der dafür notwendigen Ressourcen. Dieses bedeutet, dass zwangsläufig alle juristischen Personen des öffentlichen Rechts, die mit der Erledigung öffentlicher Aufgaben betraut sind, Ausgaben[6] tätigen und diese gleichzeitig finanzieren (Einnahmenbeschaffung).

Alle juristischen Personen des öffentlichen Rechts sind also Träger der öffentlichen Finanzwirtschaft.

---

[6] Vereinfacht wird in der Einführungsphase dieses Buches der Begriff „Ausgaben" verwendet. Die in der Haushaltswirtschaft nach den Grundsätzen der doppelten Buchführung notwendige Konkretisierung in Aufwendungen und Auszahlungen bleibt den weiteren Kapiteln vorbehalten. Zur Begriffsdefinition siehe u. a. Ziffern 6.5.1.1.1 und 6.5.1.2.1.

In Anlehnung an das „Allgemeine Verwaltungsrecht"[7] sind die Träger der öffentlichen Finanzwirtschaft im Einzelnen:

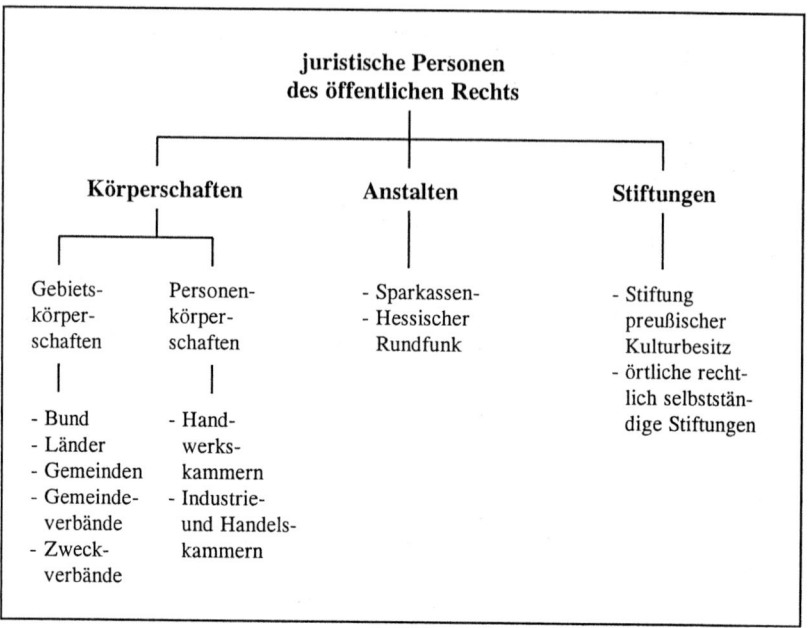

Von ihrer politischen und finanzwirtschaftlichen Bedeutung her sind die Träger – unabhängig vom Haushaltsvolumen – in folgender Reihenfolge zu nennen[8]:

- der Bund,
- die Länder,
- die Gemeinden/Gemeindeverbände und
- die sonstigen Körperschaften, Anstalten und Stiftungen des öffentlichen Rechts

Letztlich kann man zu den Trägern der öffentlichen Finanzwirtschaft im weiteren Sinne auch die Unternehmungen und Institutionen des privaten Rechts hinzurechnen, die von der öffentlichen Hand betrieben und „kontrolliert" werden.

---

[7] Für alle: Theisen/Rohde, Allgemeines Verwaltungsrecht, 12. Auflage Witten 2012, S. 15 ff.
[8] Die Bedeutung der Europäischen Union in diesem Zusammenhang wird hier nicht weiter thematisiert, auf die entsprechende Literatur einschließlich der Darstellung im Internet wird verwiesen.

1.3　Finanzhoheit

1.3.1　Begriff und Bedeutung

Finanzhoheit ist das Recht, die Finanzwirtschaft eigenverantwortlich zu regeln. Finanzhoheit ist somit die selbstständige Mittelverwaltung, also die eigenverantwortliche Einnahmen- und Ausgabenverwaltung.

Der Bund und die Länder haben dieses Recht originär. Grundgesetz und die Länderverfassungen sichern dieses ausdrücklich zu. So bestimmt z. B. Art. 109 Abs. 1 GG, dass Bund und Länder in ihrer Haushaltswirtschaft – als Teilgebiet der öffentlichen Finanzwirtschaft – selbstständig und voneinander unabhängig sind. Aber bereits die Vorschriften des Art. 109 Abs. 3 GG[9] sowie beispielsweise auch die nationalen[10] und multinationalen[11] Regelungen auf dem Sektor der Einnahmenbeschaffung (Steuern, Zölle usw.) lassen erkennen, dass die Finanzhoheit des Bundes und der Länder sowie verstärkt die der dann folgenden Ebenen (Gemeinden usw.) eingeschränkt ist.

1.3.2　Finanzhoheit der Gemeinden

Die Finanzhoheit der Gemeinden ist nicht originär, sondern abgeleitet. Der Staat (Bund und Land Hessen) gewährt den Kommunen die Finanzhoheit.

In Art. 28 Abs. 2 GG ist den Gemeinden die sog. Selbstverwaltungsgarantie verfassungsrechtlich zugesichert. Ein unverzichtbarer Bestandteil der Selbstverwaltung ist die Finanzhoheit. Auch Art. 137 der Hessischen Verfassung enthält die Selbstverwaltungsgarantie und gewährleistet damit die Finanzhoheit der Gemeinden.[12]

Eine nähere Ausgestaltung bezüglich des Inhaltes und Umfanges der Finanzhoheit gibt die Hessische Gemeindeordnung (§§ 1, 2, 92 ff.). Die Finanzhoheit beschränkt sich aber nicht nur auf die Haushaltswirtschaft, sondern umfasst zwingend auch die Einnahmenbeschaffung. So gibt z. B. Art. 106 Abs. 6 GG den Gemeinden die Aufkommensgarantie und das Hebesatzrecht der Grund- und Gewerbesteuern (Realsteuergarantie). Im Zusammenhang mit dem Steuerrecht, Finanz- und sonstigen Abgabenrecht wird auf diesen Teil der Finanzhoheit noch näher einzugehen sein.[13]

9　Siehe dazu die Regelungen des Haushaltsgrundsätzegesetzes (HGrG) vom 19.08.1969 (BGBl. I S. 1273) in der derzeit geltenden Fassung.

10　Art. 104 a ff. GG enthalten die Bestimmungen über die Finanzausstattung von Bund, Ländern und Gemeinden sowie die Gesetzgebungs- und Ertragskompetenzen im Bereich der Steuern, siehe dazu im Überblick Ziffer 3 sowie die ausführliche Darstellung bei Bernhardt/Mutschler/Schwingeler, Kommunales Finanz- und Abgabenrecht NRW, 12. Auflage Witten 2010, S. 40 ff.

11　Ein guter Überblick über die einzelnen Steuerarten und die internationalen Verflechtungen ist enthalten auf der Homepage des Bundesfinanzministeriums unter dem Titel „Steuern – warum und worauf?"

12　Auf die weiterführende umfangreiche Literatur zum Kommunalrecht wird verwiesen.

13　Eine ausführliche Darstellung der Gesamtmaterie enthält Bernhardt/Mutschler/Schwingeler, Kommunales Finanz- und Abgabenrecht NRW, 12. Auflage Witten 2010, im Überblick siehe Kapitel 2 und 3 dieses Lehrbuches.

Insgesamt ist festzustellen, dass die Gemeinden grundsätzlich Finanzhoheit besitzen, diese ist aber durch gesetzliche und wirtschaftliche Rahmenbedingen begrenzt.

1.4   Abgrenzung der öffentlichen Finanzwirtschaft zur Privatwirtschaft

Einleitend muss darauf hingewiesen werden, dass diese Darstellung keine detaillierte und umfassende Abgrenzung im Sinne der Volkswirtschaftslehre sein kann. Das soll der speziellen wissenschaftlichen Disziplin vorbehalten bleiben. An dieser Stelle sollen jedoch die wesentlichen Abgrenzungsmerkmale aufgezeigt werden. Dabei wird das Verständnis für die hier vorgenommene Abgrenzung deutlicher, wenn man die Zielsetzungen und Ergebnisse der öffentlichen Verwaltung allgemein herausstellt:

- **Die öffentliche Verwaltung liefert vor allem immaterielle Güter (Dienstleistungen) für die Bedürfnisse ihrer Bürger (z. B. Rechtsschutz, Bildung, innere und äußere Sicherheit).**

  Hier ist aber nicht zu verkennen, dass im Dienstleistungsbereich auch materielle Güter produziert werden (z. B. Ver- und Entsorgung durch die Gemeinden bzw. deren Betriebe in den Bereichen Strom, Gas, Wasser, Entwässerung, Abfallbeseitigung, Straßenreinigung usw.)

und

- **Ihre Leistungen sind im Wesentlichen nicht unmittelbar messbar.**

  Der Nutzen für erhöhte Aufwendungen, z. B. für die innere Sicherheit, kann nicht unmittelbar nach betriebswirtschaftlichen Gesichtspunkten gemessen werden. Das bedeutet jedoch nicht, dass nicht auch im öffentlichen Bereich nach ökonomischen Gesichtspunkten gehandelt werden muss.

Doch nun zu den wesentlichen Unterscheidungen:

Öffentliche Finanzwirtschaft

Bedarfsdeckung
Dem öffentlichen Finanzwesen ist eine gewisse Aufgabenstellung vorgegeben, für die eine entsprechende Bereitstellung von Ressourcen erforderlich ist. Der Ressourcenbedarf soll gedeckt werden, wobei kein Gewinnstreben vorliegt. Nur die Mittel werden bestimmt, das Ziel liegt fest.

Bindung an den Plan
Die Haushaltswirtschaft des öffentlichen Gemeinwesens wird durch den Haushaltsplan bzw. das Budget bestimmt, welches durch die/das vom „Parlament" beschlossene Haushaltssatzung/-gesetz normiert ist.

Zwangseinnahmen
Die wesentlichen Einnahmen beruhen auf Zwang, wobei die Steuern den größten Teil ausmachen. Die Erhebung von Zwangseinnahmen ist Ausfluss der Finanzhoheit.

Gemeinwohlorientierte Ziele
Die öffentliche Finanzwirtschaft verfolgt u. a. das Ziel der öffentlichen Daseinsvorsorge, unabhängig von der Frage, ob damit finanzielle Gewinne erzielt werden.

Gesamtwirtschaftliches Gleichgewicht
Die öffentliche Hand hat im Rahmen ihrer Finanzwirtschaft dem gesamtwirtschaftlichen Gleichgewicht Rechnung zu tragen. Sie hat sich konjunkturgerecht zu verhalten. Die öffentliche Finanzwirtschaft verfügt über rd. 50 % des Sozialproduktes (siehe auch Ziffer 1.5.4).

Privatwirtschaft

Gewinnmaximierung
Der private Unternehmer beabsichtigt, einen größtmöglichen Gewinn zu erzielen. Er beginnt mit seiner Tätigkeit nur, wenn er sich daraus einen Gewinn erhofft. Ziel und Mittel werden in seinen Überlegungen gegenübergestellt.

Anpassung an die Marktlage
Der private Unternehmer stellt zwar Pläne auf, jedoch kann er jederzeit von ihnen abweichen. Dieses ist schon dadurch bedingt, dass eine ständige Anpassung an die Marktlage erfolgen muss.

Eigenmittel
Der private Unternehmer kann nur auf Eigenmittel zurückgreifen, die zu erwirtschaften sind. Fremdmittel (z. B. Kredite) sind letzten Endes auch Eigenmittel, weil sie zurückgezahlt werden müssen.

Egoistische Ziele
Da der Kaufmann auf Gewinn bedacht ist, führt seine konsequente Marktausnutzung zu einem gewissen wirtschaftlichen Egoismus.

Prozyklisches Verhalten
Es ist der Privatwirtschaft naturgemäß fremd, sich in Zurückhaltung zu üben, wenn in Zeiten von Hochkonjunktur die Möglichkeit zur Gewinnsteigerung besteht. Dies und die damit verbundenen Steuereinnahmen versetzen ja den Staat erst in die Lage, sich antizyklisch zu verhalten.

Bei aller „Abgrenzung" darf nicht übersehen werden, dass vielfältige Verbindungen zwischen beiden Bereichen bestehen und auch notwendig sind. Insofern sind die vorstehenden „Abgrenzungen" nur grundsätzlicher Natur.

1.5 Aufgaben und Ziele der öffentlichen Finanzwirtschaft

1.5.1 Allgemein

Die öffentliche Finanzwirtschaft hat - wie bei Ziffer 1.1.1 dargelegt - die Aufgabenerfüllung zu sichern. Hieraus ergeben sich die nachfolgend dargestellten Aufgaben und Ziele (Funktionen), die von den Trägern der öffentlichen Finanzwirtschaft erfüllt werden müssen. An dieser Stelle kann und soll jedoch nur Grundsätzliches angesprochen werden. Erschöpfend wird dieses Thema in der Volkswirtschafts- und Betriebswirtschaftslehre zu behandeln sein.

1.5.2 Finanzpolitische Funktion

Die Träger der öffentlichen Finanzwirtschaft können die ihnen übertragenen Aufgaben und Verpflichtungen nur erfüllen, wenn sie in die Lage versetzt werden, die öffentlichen Bedürfnisse befriedigen zu können. Der Haushaltsplan konkretisiert nun die zu erfüllenden Aufgaben in finanzieller Hinsicht und weist die Ziele und Kennzahlen zur Zielerreichung zu den einzelnen kommunalen Tätigkeitsfeldern aus, während gleichzeitig die zur Deckung des Finanzbedarfs erforderlichen Mittel aufgeführt werden.

Die beiden Seiten des Haushaltes (Mittelherkunft und Mittelverwendung) müssen aber miteinander in Einklang gebracht werden, d. h. der Haushaltsausgleich für die jeweilige Periode muss herbeigeführt werden. Der Haushaltsplan erfüllt insofern eine finanzpolitische Funktion, die auch als finanzwirtschaftliche Ordnungsfunktion bezeichnet werden kann. Hierzu gehört insbesondere das Prinzip des Haushaltsausgleichs, das die Solidität der öffentlichen Finanzwirtschaft sichern hilft. Gleichzeitig wird eine intergenerative Gerechtigkeit erzeugt, da bei einem ausgeglichenen Haushalt die Gesamtheit der Nutzer während dieser Haushaltsperiode den von ihr verursachten Aufwand erwirtschaftet, damit also den Ressourcenverbrauch ersetzt.

1.5.3 Politische Funktion

Der Etat kann als der „ziffernmäßige Ausdruck des politischen Programms" bezeichnet werden. Die allermeisten öffentlichen Aufgaben sind nämlich mit dem Verbrauch von Haushaltsmitteln verbunden. Der Haushaltsplan ist auch das Ergebnis politischer Auseinandersetzungen, letztlich ein Kompromiss der verschiedenen politischen Kräfte. Im Ergebnis ist der Haushaltsplan damit Ausdruck des von der Politik geforderten von der Verwaltung zu erbringenden Leistungsspektrums.

Durch die parlamentarische Zustimmung wird dem Parlament bzw. der Gemeindevertretung die Möglichkeit geboten, regelmäßig lenkend, begrenzend und kontrollierend die Tätigkeit der Verwaltung zu beeinflussen. Insofern stellt der Haushaltsplan einen wesentlichen Generalkontrakt zwischen Politik und Verwaltung dar. Die Möglichkeiten der Einflussnahme sind dennoch begrenzt, weil der überwiegende Teil der Haushaltsmittel durch gesetzliche und andere rechtliche sowie durch politische Verpflichtungen festgelegt ist (z. B. Personalkosten, Sachaufwand, Investitionsfolgekosten). Die Beeinflussung durch das Parlament oder die Gemeindevertretung richtet sich daher insbesondere auf die freie „Manövriermasse" des Haushalts, die oft nur einen geringen Teil des Gesamtvolumens beträgt, und auf die Gestaltung der Einnahmeseite.

Wie sehr die „Öffentliche Finanzwirtschaft" in den Blickpunkt des politischen Interesses rückt, wird immer dann deutlich, wenn der „Etat" des Bundes, Landes oder einer Gemeinde im Parlament bzw. in der Gemeindevertretung behandelt wird oder wenn z. B. steuerpolitische Maßnahmen diskutiert werden.

1.5.4   Wirtschaftspolitische Funktion

Die wirtschaftspolitische Aufgabenstellung ist eine weitere Funktion der öffentlichen Finanzwirtschaft.

Der Faktor "öffentliche Finanzwirtschaft" hat einen entscheidenden Einfluss auf die Aktivitäten in der Volkswirtschaft. Knapp 50 % des Bruttoinlandsproduktes werden heute durch die "öffentliche Hand" in Deutschland beeinflusst. Somit kommt der öffentlichen Finanzwirtschaft eine erhebliche volkswirtschaftliche Ordnungsfunktion zu.

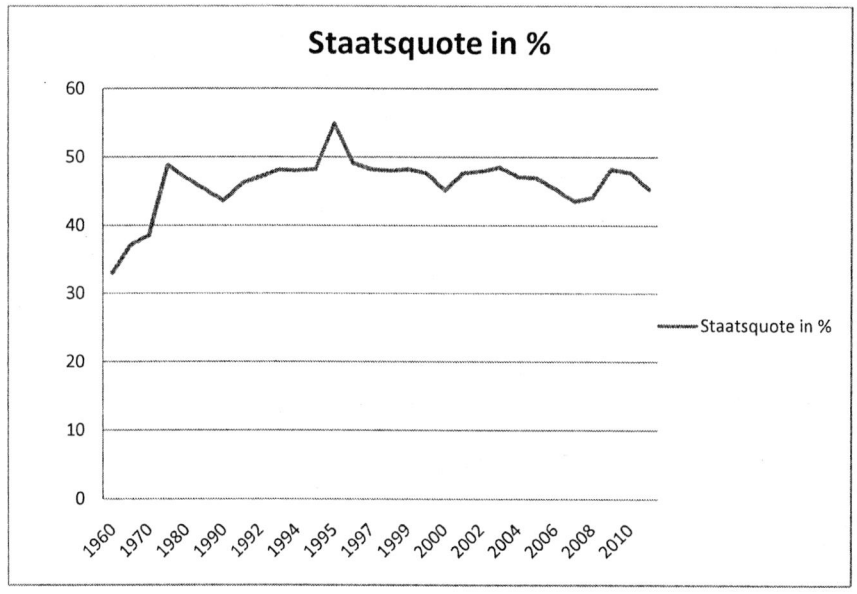

Quelle: Eigene Darstellung nach Daten des Bundesministeriums für Finanzen, 21.09.2012

1.5.5   Betriebswirtschaftliche Funktion

Insbesondere im kommunalen Bereich wird der betriebswirtschaftlichen Funktion der öffentlichen Finanzwirtschaft besondere Beachtung geschenkt.

Die Betriebswirtschaftslehre befasst sich mit den wirtschaftlichen Problemen der Betriebe, wobei ihre Erkenntnisse die praktische Konsequenz haben sollen, die Betriebe wirtschaftlicher zu gestalten. Wenn nun in § 92 Abs. 2 HGO die Forderung aufgestellt wird, dass nicht nur sparsam, sondern auch wirtschaftlich und damit effizient zu verwalten ist, so ergab sich früher unter dem Aspekt der reinen Hoheitsverwaltung die Frage, ob überall in der öffentlichen Verwaltung die betriebswirtschaftlichen Erkenntnisse zu Grunde zu legen sind oder ob diese einer öffentlichen Verwaltung wesensfremd sind.

Unstreitig liegt dieses in solchen öffentlichen Bereichen vor, in denen Entgelte für die von diesen Bereichen erbrachten Leistungen erhoben werden. Diese müssen nach betriebswirtschaftlichen Gesichtspunkten arbeiten. Neben den Eigenbetrieben gehören hierzu auch die öffentlichen Einrichtungen der Daseinsvorsorge unabhängig von ihrer Organisationsform. Beispiele hierfür sind: Abfallbeseitigung, Entwässerung, Straßenreinigung, Märkte, Schwimmbäder, Sportanlagen, Volkshochschulen, Musikschulen und Bibliotheken.

Auch für die restlichen Bereiche der „öffentlichen Tätigkeiten" sind betriebswirtschaftliche Grundsätze verstärkt zu berücksichtigen. So müssen Verwaltungsentscheidungen nicht nur unter haushaltsrechtlichen, sondern auch unter betriebswirtschaftlichen Überlegungen (z. B. Kosten-Nutzen-Untersuchungen, Organisationsanalysen, Personalentwicklung) getroffen werden. Insofern ist es selbstverständlich, dass auch z. B. in kommunalen Sozial- oder Ordnungsämtern betriebswirtschaftliches Denken verstärkt Eingang findet.

Inhaltsverzeichnis

2. Die Einnahmen der öffentlichen Hand[14]

2.1 Grundzüge der Staatsfinanzierung

Um die vielfältigen Ausgaben, die zur Bewältigung der staatlichen Aufgaben notwendig sind, auch leisten zu können, müssen die einzelnen Träger der öffentlichen Finanzwirtschaft über entsprechende Einnahmequellen verfügen. Zunächst ist also zu klären, um welche einzelnen Arten von Einnahmequellen es sich dabei handeln kann. Es gibt verschiedene Möglichkeiten, diese Einnahmequellen zu systematisieren.

In Abhängigkeit von der Theorie der externen Effekte (siehe Ziffer 1.1.2) bietet sich eine Unterscheidung an nach Einnahmen für Leistungen mit größeren externen Effekten (hier ist eine Zuordnung zu einem bestimmten Leistungsempfänger und die Bemessung seines Vorteils schwierig) und solchen mit geringeren externen Effekten (hier ist die Zuordnung und Vorteilsbestimmung einfacher).

Wenn staatliche Leistungen nicht unmittelbar dem einzelnen Empfänger zugeordnet werden können, ist eine Vorteilsbestimmung und damit auch eine Ermittlung des Gegenwertes für die Entgeltfindung schwierig. In diesem Fall wird darauf abzustellen sein, in welchem Maße der Einzelne aufgrund seiner wirtschaftlichen Leistungsfähigkeit zur Finanzierung der staatlichen Aufgaben beitragen kann. Bei Leistungen mit größeren externen Effekten wird also eine Heranziehung zu den Kosten für die staatlichen Leistungen nach der Leistungsfähigkeit des Einzelnen erfolgen.

Im zweiten Fall erfolgt diese Heranziehung nach dem Wert der empfangenen Leistungen.

Wir unterscheiden daher bei der Betrachtung der Staatsfinanzierung zwischen dem **Leistungsfähigkeitsprinzip** und dem **Äquivalenzprinzip**.

Dem Leistungsfähigkeitsprinzip sind als wesentliche Einnahmequellen die Steuern zugeordnet, dem Äquivalenzprinzip im Wesentlichen alle anderen Einnahmearten, die unter dem Begriff der Entgelte zusammengefasst werden.

Die Unterscheidung ist jedoch nicht trennscharf. Ein wesentlicher Teil der staatlichen Aufgaben wird nach beiden Prinzipien finanziert. Typisches Beispiel ist die Kinderbetreuung in Kindertagesstätten. Hier betragen die Entgelte etwa 20 – 25 % der tatsächlichen Kosten, der Rest wird aus Steuermitteln finanziert.

Die staatlichen Einnahmen können auch nach dem Zwangscharakter ihrer Erhebung unterschieden werden. Hierbei ist zu trennen nach den öffentlich-rechtlichen und den privatrechtlichen Einnahmen. Hierunter fallen alle Einnahmen, die ein Träger der öffentlichen Finanzwirtschaft erhebt als Teilnehmer am Markt für die jeweilige Leistung,

---

[14] In diesem Kapitel wird ein Überblick über die Einnahmewirtschaft der öffentlichen Hand insbesondere aus Sicht der gemeindlichen Haushaltswirtschaft gegeben, soweit diese Materie für das Verständnis dieses Buches insgesamt notwendig ist. Eine vertiefende Darstellung dieser Problematik findet sich bei Bernhardt/Mutschler/Schwingeler, Kommunales Finanz- und Abgabenrecht NRW, 12. Auflage, Witten 2010. Auf die Darstellungen dieses Werkes wird bei den nachfolgenden Ausführungen teilweise zurückgegriffen.

z. B. Mieten für Wohnungen, Kaufpreise für Grundstücke. Letztlich fallen auch die Kredite hierunter.

Einnahmen, die auf öffentlich-rechtlicher Grundlage, also im Über- und Unterordnungsverhältnis zwischen Staat und Bürger, erhoben werden, bezeichnet man auch als Abgaben. Den Abgaben ist also das Merkmal des Zwangscharakters ihrer Erhebung eigen. Abgaben sind daher Leistungen, die die Träger der öffentlichen Finanzwirtschaft zur Deckung der Ausgaben, die bei der Erfüllung der öffentlichen Aufgaben entstehen, von natürlichen oder juristischen Personen erheben dürfen. Abgaben sind von den Pflichtigen grundsätzlich als Geldleistungen zu erbringen. Unter den Begriff der Abgaben fallen somit die Steuern, die Gebühren und die Beiträge sowie die sonstigen Abgaben, auch Lenkungs- oder Sonderabgaben genannt.

2.2   Die kommunalen Einnahmen im Überblick

Insgesamt ergibt sich folgende Übersicht über die kommunalen Einnahmen:

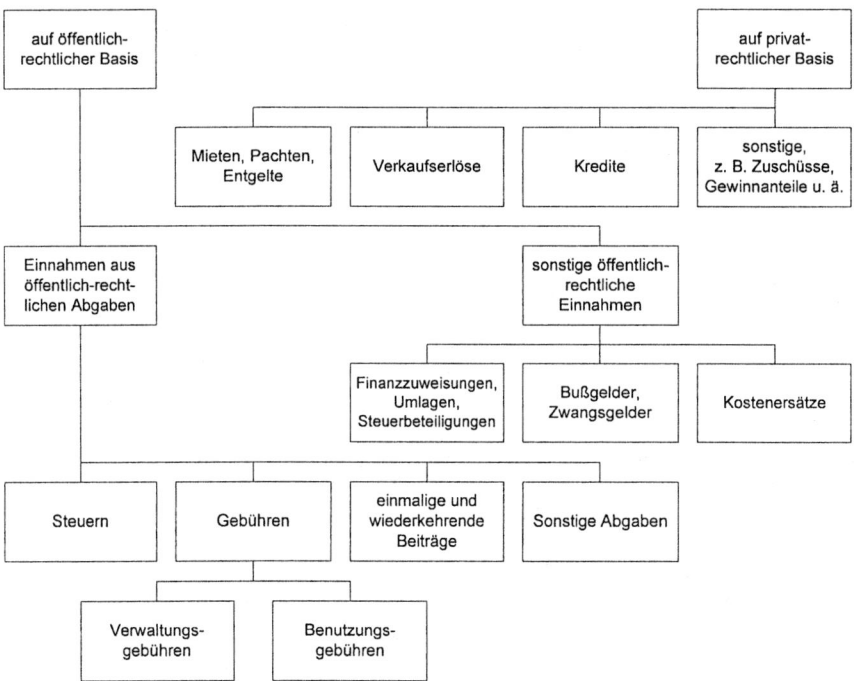

2.2.1 Einnahmen auf öffentlich-rechtlicher Grundlage

Die Tatsache, dass die Gemeinde als Gebietskörperschaft eine juristische Person des öffentlichen Rechts ist, bedeutet, dass sie aus öffentlich-rechtlichen Vorgängen (Verwaltungsakt wie z. B. Steuerbescheid) Einnahmen erzielen kann. Sie erhebt demnach diese Einnahmen durch behördlichen Zwang im Rahmen eines Über- und Unterordnungsverhältnisses.[15]

Hierzu gehören alle Einnahmen, die aufgrund öffentlich-rechtlicher Normen (Gesetze, Rechtsverordnungen, Satzungen) erzielt werden. Sie machen den größten Teil der gemeindlichen Finanzmittel aus. Innerhalb dieser Gruppe von Einnahmen spielen die **öffentlich-rechtlichen Abgaben** die bedeutendste Rolle. Folgende öffentlich-rechtliche Abgaben werden von den Gemeinden erhoben:

Steuern

Steuern sind Geldleistungen, die nicht eine Gegenleistung für eine besondere Leistung darstellen und von einem öffentlich-rechtlichen Gemeinwesen zur Erzielung von Einnahmen allen auferlegt werden, bei denen der Tatbestand zutrifft, an den das Gesetz die Leistungspflicht knüpft; die Erzielung von Einnahmen kann Nebenzweck sein (§ 3 Abs. 1 AO).

Zur Gruppe der Gemeindesteuern gehören:

- Grundsteuer
- Gewerbesteuer
- örtliche Verbrauch- und Aufwandsteuern wie
  Hunde-, Spielapparate-, Zweitwohnungs- und Getränkesteuer. Auf Ebene der Kreise sind hier die Jagdsteuer und die Fischereisteuer zu nennen (§ 8 Abs. 1 Hess. KAG)[16]. Den kreisfreien Städten stehen diese Steuern anstelle der Kreise zu.

Gebühren

Gebühren sind Geldleistungen, die als Gegenleistung für eine besondere Leistung der Verwaltung – Amtshandlung oder sonstige Tätigkeit – (Verwaltungsgebühr) oder für die Inanspruchnahme öffentlicher Einrichtungen und Anlagen (Benutzungsgebühr) erhoben werden (§§ 9 und 10 Hess. KAG). Gebühren werden **verursachungsgerecht** erhoben

---

[15] Näheres zum Verwaltungsakt siehe bei Theisen/Rohde, Allgemeines Verwaltungsrecht, 12. Auflage Witten 2012, S. 38 ff.

[16] Den Kreisen steht nach § 8 Abs. 2 KAG in der Fassung vom 21.11.2012 auch das Recht zu, eine Steuer für die Errichtung, Erweiterung und Fortführung eines Gaststättengewerbes zu erheben, diese wurde nach seitherigem Recht auch als Gaststättenerlaubnissteuer bezeichnet. Hierbei handelt es sich steuersystematisch aber um eine Verkehrsteuer.

Beispiele für Verwaltungsgebühren:

- Fahrerlaubnisgebühren
- Jagdscheingebühren
- Reisepassgebühren
- Baugenehmigungsgebühren
- Mahngebühren

Beispiele für Benutzungsgebühren:

- Abwassergebühren
- Abfallbeseitigungsgebühren
- Straßenreinigungsgebühren
- Ausleihgebühren, z. B. Bücherei
- Friedhofsgebühren

Beiträge

Beiträge sind Geldleistungen, die dem Ersatz des Aufwandes für die Herstellung, Anschaffung und Erweiterung öffentlicher Einrichtungen und Anlagen, bei Straßen, Wegen und Plätzen auch für deren Verbesserung, jedoch ohne die laufende Unterhaltung und Instandsetzung, dienen. Sie werden von den Grundstückseigentümern als Gegenleistung dafür erhoben, dass ihnen durch die Möglichkeit der Inanspruchnahme der Einrichtungen und Anlagen nicht nur vorübergehend wirtschaftliche Vorteile geboten werden (§ 11 Hess. KAG). Beiträge werden **vorteilsgerecht** erhoben.

Beispiele für Beiträge:

- Erschließungsbeitrag (nach BauGB)
- Straßenbeitrag
- Entwässerungsbeitrag

Sonstige Abgaben (Sonder- bzw. Lenkungsabgaben)

Sie werden auf besondere Vorgänge oder Tatbestände erhoben. Ihr Aufkommen wird zweckgebunden verwendet für Vorhaben, die im Zusammenhang mit den Gründen ihrer Erhebung stehen. Typische Abgabe in diesem Zusammenhang ist die Schwerbehindertenabgabe (Ausgleichsabgabe nach § 77 SGB IX – Rehabilitation und Teilhabe behinderter Menschen), die von denjenigen Arbeitgebern erhoben wird, die nicht die lt. SGB IX geforderte Quote von schwerbehinderten Menschen beschäftigen; das Aufkommen wird zur Förderung der Eingliederung von Menschen mit Behinderung in das Arbeitsleben verwendet.

Die **sonstigen öffentlich-rechtlichen Einnahmen** werden nachstehend mit ihren wesentlichen Beispielen dargestellt.

Finanzzuweisungen

Einnahmen aus Finanz- und Ausgleichsbeziehungen (allgemeine und zweckgebundene Finanzzuweisungen) sind Finanzhilfen (Transfereinnahmen) zur Erfüllung von Aufgaben des Empfängers innerhalb des öffentlichen Bereiches (vgl. Nr. 21 Hw. zu § 49 GemHVO).

Beispiele für Finanzzuweisungen

- Zuweisung des Landes zum Bau einer Schule (zweckgebundene Zuweisung)
- Schlüsselzuweisung (allgemeine Zuweisung)

Umlagen

Umlagen sind Zahlungen (Transfereinnahmen) von Gemeinden und Gemeindeverbänden an übergeordnete Körperschaften, die mit oder ohne Zweckbindung an einen bestimmten Aufgabenbereich zur Deckung ihres allgemeinen Finanzbedarfes aufgrund eines bestimmten Schlüssels geleistet werden.

Beispiele für Umlagen:

- Kreisumlage
- Schulumlage
- Zweckverbandsumlage

Steuerbeteiligungen

Anteile der Gemeinden an Bundes- oder Landessteuern (siehe auch Ziffer 3.3)

Derzeit bestehen folgende unmittelbare Beteiligungen:

- 15%- bzw. 12%iger Gemeindeanteil an der Einkommensteuer gemäß Art. 106 Abs. 5 GG i. V. m. § 1 GFRG
- Gemeindeanteil an der Umsatzsteuer gemäß Art. 106 Abs. 5 a GG und § 1 Abs. 1 Länder-Finanzausgleichsgesetz i. V. m. §§ 5 a und 5 b GFRG

Buß- und Zwangsgelder

Bußgelder sind Einnahmen, die zur Verfolgung und Ahndung von Ordnungswidrigkeiten, z. B. Verkehrsordnungswidrigkeiten, festgesetzt werden. Zwangsgelder werden festgesetzt, um im Verwaltungsverfahren von einem Beteiligten ein bestimmtes Tun oder Unterlassen zu erzwingen, z. B. die Abgabe einer Steuererklärung bei der Spielapparatesteuer.

Kostenersätze und Kostenerstattungen

Kostenersätze ergeben sich aus der Verpflichtung einer natürlichen oder juristischen Person zur Beteiligung an entsprechenden Kosten oder aus der Verpflichtung zur Rückzahlung von entstandenen Kosten.

Beispiele für Kostenersätze:

- Ersatz von Sozialleistungen (Rückzahlung von zu Unrecht erhaltener Hilfe zum Lebensunterhalt)
- Erstattung von Aufwendungen der laufenden Verwaltungstätigkeit (z. B. Erstattung von Aufwendungen für die Durchführung von Landtagswahlen durch das Land)

2.2.2 Einnahmen auf privatrechtlicher Grundlage

Kennzeichnend für Einnahmen auf privatrechtlicher Grundlage ist, dass diese Finanzmittel i. d. R. auf Grund eines Vertrages erzielt werden, der den Vertragspartnern Rechte gewährt und Pflichten auferlegt. Im Einzelnen handelt es sich um:

Mieten, Pachten, Erbbauzinsen

Einnahmen aus der Bewirtschaftung von gemeindeeigenen Grundstücken und Gebäuden auf Grund eines Vertrages (z. B. Vermietung von Wohnungen, Verpachtung eines Kioskes im Freibad)

Verkaufserlöse

Einnahmen aus dem Verkauf von beweglichen oder unbeweglichen Gegenständen aus dem Bestand bzw. Vermögen der Gemeinde auf Grund eines geschlossenen Vertrages (z. B. Verkauf eines nicht mehr benötigten Fahrzeuges, Verkauf von Grundstücken)

Kredite

Kredite sind das unter Verpflichtung zur Rückzahlung von Dritten oder von Sondervermögen mit Sonderrechnung aufgenommene Kapital (§ 58 Nr. 20 GemHVO), z. B. Aufnahme eines langfristigen Kredites bei der Sparkasse zur Finanzierung gemeindlicher Investitionen (siehe hierzu auch Kapitel 9).

Sonstige privatrechtliche Einnahmen

Wegen der Vielzahl der im freien Rechtsgeschäft möglichen Einnahmen dieser Art können nur die wichtigsten Beispiele aufgelistet werden.

- Zinseinnahmen (z. B. Verzinsung von Festgeldern oder gewährten Darlehen)
- Gewinnanteile (z. B. Dividende einer Energieversorgungs-GmbH, an der die Gemeinde beteiligt ist)
- Eintrittsgelder (Eintritt in gemeindliche Bäder oder Theater, soweit nicht eine Benutzungsgebühr erhoben wird)
- Zuschüsse und Spenden aus dem privaten Bereich

2.2.3   Bedeutung der gemeindlichen Einnahmearten für die Haushaltsfinanzierung

Vorstehend sind die einzelnen Einnahmearten inhaltlich dargestellt worden, ohne ihren Anteil an den Gesamteinnahmen der Gemeinden und damit ihre Bedeutung für die Haushaltsfinanzierung zu verdeutlichen. Angedeutet wurde lediglich, dass die öffentlich-rechtlichen Abgaben den gewichtigsten Teil der Finanzierung ausmachen.

Die Gewichtung der einzelnen Finanzmittelarten kann der nachfolgenden Übersicht entnommen werden.

Einnahmen der Gemeinden und Gemeindeverbände im Bundesgebiet (ohne Stadtstaaten) für die Jahre 2010 – 2012[17]			
	2010 Mrd. €	2011 Mrd. €	2012 Mrd. €	2012 v.H.
Steuern (netto) einschl. Steuerbeteiligungen	63,9	69,8	74,3	39,37
lfd. Zuweisungen	53,7	56,6	59,4	31,48
Gebühren	16,2	16,5	16,8	8,90
Investitionszuweisungen	9,7	9,2	6,6	3,50
sonstige Einnahmen	31,8	31,8	31,6	16,75
insgesamt	**175,3**	**183,9**	**188,7**	**100,00**

---

[17] Bundesministerium der Finanzen, Eckdaten zur Entwicklung und Struktur der Kommunalfinanzen 2003 bis 2012, Berlin September 2013, S. 1 ff. (eigene Zusammenstellung aus den dort enthaltenen Übersichten).

2.3 Die Abgaben im Einzelnen

Nach dem Überblick in Ziffer 2.2 werden im Folgenden die Abgaben näher dargestellt. Abgaben sind Leistungen, die die Träger der öffentlichen Finanzwirtschaft zur Deckung der Ausgaben, die bei der Erfüllung der öffentlichen Aufgaben entstehen, von natürlichen oder juristischen Personen erheben dürfen. Abgaben sind von den Pflichtigen grundsätzlich als Geldleistungen zu erbringen. Abgaben werden unterteilt in die Steuern, die Gebühren und die Beiträge sowie in die auch als Sonder- oder Lenkungsabgaben bezeichneten sonstigen Abgaben.

2.3.1 Die Steuern

2.3.1.1 Definition der Steuern

Gemäß § 3 der Abgabenordnung (AO) sind Steuern

- **Geldleistungen,** die
- **nicht Gegenleistungen für eine besondere Leistung** darstellen und von einem
- **öffentlich-rechtlichen Gemeinwesen zur**
- **Erzielung von Einnahmen** allen
- **auferlegt** werden, bei denen der
- **Tatbestand** zutrifft, an den das Gesetz die
- **Leistungspflicht** knüpft.

Die Erzielung von Einnahmen kann Nebenzweck sein. Dies ist bei Steuern der Fall, denen primär eine Lenkungswirkung zukommt, wie der Hundesteuer. Zu den Steuern zählen auch die Zölle (Abgaben auf die Einfuhr, Durchfuhr und Ausfuhr von Waren).

2.3.1.2 Grundsätze der Besteuerung

Jede Besteuerung ist Inanspruchnahme wirtschaftlicher Kraft des einzelnen Steuerpflichtigen. Daher müssen Grundsätze gelten, um zu gewährleisten, dass diese Inanspruchnahme gerecht und effizient erfolgt. In der Finanzwissenschaft wurden daher Grundsätze entwickelt, die diesem Anspruch Rechnung tragen. Einige besonders wichtige Grundsätze sind hier beispielhaft genannt, auf die weiterführende Literatur (siehe Fußnote oben) wird verwiesen.

Grundsatz der Bedarfsdeckung:
Das Steuersystem muss so gestaltet sein, dass es den öffentlichen Finanzbedarf auf längere Zeit decken kann, also auch dann ausreichende Erträge liefert, wenn Konjunkturschwankungen eintreten.

Grundsatz der Leistungsfähigkeit:
Der einzelne Steuerpflichtige soll nach seiner wirtschaftlichen Leistungsfähigkeit besteuert werden.

Grundsatz der Steuergerechtigkeit:
Die Steuern sollen ausnahmslos alle Einzelwirtschaften treffen und in wirtschaftlich vergleichbaren Fällen eine gleichmäßige Steuerbelastung bewirken.

Grundsatz der Steuerwirkung:
Die Steuern sind so auszuwählen und zu gestalten, dass die finanzwirtschaftlich und politisch angestrebten Wirkungen möglichst vollständig erreicht werden können.

Grundsatz der Zweckmäßigkeit:
Von mehreren gleichwertigen Steuerarten oder -erhebungsformen soll diejenige ausgewählt werden, die für Steuergläubiger und Steuerschuldner die ökonomisch geeignetste ist.

Grundsatz der rationalen Besteuerung:
Steuerarten und Erhebungsformen sind so zu gestalten, dass möglichst geringe Verwaltungskosten entstehen und dem Streben nach Steuerumgehung entgegengewirkt wird.

2.3.1.3   Steuerliche Grundbegriffe

Im Steuerrecht gibt es eine Reihe von Grundbegriffen, die in den einzelnen Steuergesetzen einheitlich verwendet werden.

Steuergegenstand (Steuerobjekt):
Durch die Festlegung von Steuergegenständen werden die einzelnen Steuerquellen näher fixiert. Steuergegenstand ist entweder ein Wirtschaftsgut oder ein wirtschaftlicher Vorgang, den das einzelne Steuergesetz zur Grundlage oder zum Anlass der Besteuerung nimmt. Für die Einkommensteuer ist dies der Besitz einer Einkommensquelle, für die Hundesteuer das Halten von Hunden.

Steuerbemessungsgrundlage (Steuermaßstab):
Dies ist das Merkmal des Steuergegenstandes, nach dem die Steuer durch Anwendung eines Steuersatzes (s. u.) berechnet wird. Für die Einkommensteuer ist dies das zu versteuernde Einkommen, für die Hundesteuer die Zahl der gehaltenen Hunde.

Steuersatz:
Der Steuersatz ist ein Prozentsatz oder Euro-Betrag, dessen Anwendung auf die Steuerbemessungsgrundlage für die Berechnung der Steuer maßgebend ist.

Steuerbetrag:
Der Steuerbetrag ist das Ergebnis der Anwendung des Steuersatzes auf die Steuerbemessungsgrundlage.

Steuertarif:
Der Steuertarif ist die Zusammenfassung von Steuersätzen für eine Steuerart in einer Formel oder Bestimmung. Hierbei unterscheidet man lineare und nicht lineare Tarife. Ein linearer Tarif ist dadurch gekennzeichnet, dass sich der Steuersatz bei veränderter Steuerbemessungsgrundlage nicht ändert. Steigt die Steuerbemessungsgrundlage, so

steigt der Steuerbetrag im gleichen Verhältnis. Beim nicht linearen Tarif verändert sich der Steuersatz progressiv oder degressiv. Steigt die Steuerbemessungsgrundlage, so steigt der Steuerbetrag überproportional (progressiver Tarif) oder unterproportional (degressiver Tarif). Typisches Beispiel für eine Steuer mit einem linearen Tarif ist die Umsatzsteuer, mit einem (teilweise) progressiven Tarif die Einkommensteuer. Degressive Tarife sind im Steuerrecht derzeit nicht bekannt. Im Hinblick auf die Sozialversicherungsbeiträge ergibt sich aber durch die sog. Beitragsbemessungsgrenze faktisch ein (teilweise) degressiver Beitragssatz.

Nachstehende Schaubilder verdeutlichen die Verläufe des Steuerbetrages und des Steuersatzes bei einem linearen und einem progressiven Tarif:

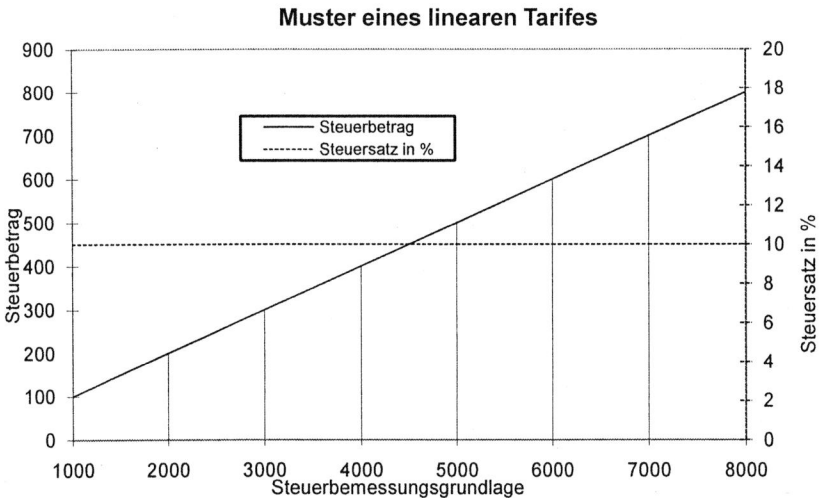

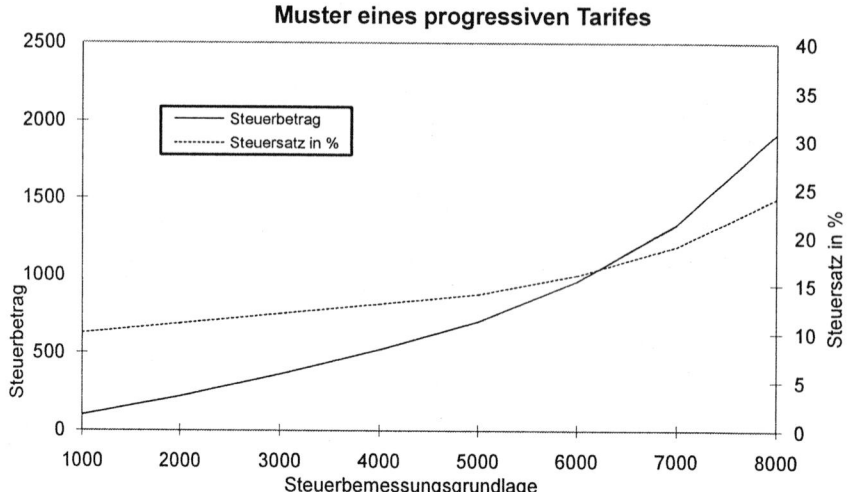

Muster eines progressiven Tarifes

Der Tarif ist auch über den Grenzsteuersatz zu definieren, das ist der Steuersatz, der für eine zusätzliche Einheit der Steuerbemessungsgrundlage gilt. Wird diese zusätzliche Einheit mit dem gleichen Satz besteuert wie die bisherige Steuerbemessungsgrundlage, ist der Tarif linear. Beispiel: Der Steuersatz der Umsatzsteuer beträgt 19 %, unabhängig davon, ob der Preis 100 €, 200 € oder 500 € beträgt. Wird jedoch die zusätzliche Einheit mit einem höherem Steuersatz besteuert, ist der Tarif progressiv.

Beispiel:

A hat ein Jahreseinkommen von 100.000 € und zahlt hierauf 20.000 € Steuern. Dies entspricht einem Durchschnittssteuersatz von 20 %. Das Jahreseinkommen von A erhöht sich um 10.000 €, er zahlt jetzt 24.000 € Steuern[18]. Setzt man nur das zusätzliche Einkommen von 10.000 € mit der zusätzlichen Steuer von 4.000 € in Relation, ergibt sich ein (Grenz-)Steuersatz von 40 %. Es liegt also ein progressiver Tarif vor. Der Grenzsteuersatz ergibt sich aus der Formel:

$$\frac{\text{zusätzliche Steuer}}{\text{zusätzliche Steuerbemessungsgrundlage}} \times 100$$

Der Durchschnittssteuersatz für das gesamte Einkommen beträgt nun rd. 21,8 %, was ebenfalls anzeigt, dass hier ein progressiver Tarif vorliegt. Würde A bei dem neuen Einkommen 22.000 € Steuern zu zahlen haben, ergäbe dies einen Durchschnitts- und Grenzsteuersatz von jeweils 20 %, also einen linearen Tarif.

Es ist aber auch ein gemischt linear-progressiver Tarif denkbar, wie er zurzeit bei der Einkommensteuer besteht. D. h., bestimmte Einkommensspannen werden linear, andere progressiv besteuert.

---

[18] Das Beispiel ist für Übungszwecke konzipiert und entspricht in seinen Beträgen nicht unbedingt den einkommensteuerrechtlichen Vorschriften.

Steuerpflichtiger (Steuerschuldner):
Dies ist derjenige, der nach dem Steuergesetz eine Steuer als Steuerschuld zu entrichten hat.

Steuerträger:
Steuerträger ist derjenige, der die Steuer aus seinem Einkommen oder Vermögen wirtschaftlich trägt. Bei den Besitzsteuern (s. u.) fallen Steuerschuldner und Steuerträger in der Regel zusammen. Bei den Verkehr- und Verbrauchsteuern (s. u.) ist dies normalerweise nicht der Fall, da hier üblicherweise die sog. Steuerüberwälzung (s. u.) stattfindet.

Steuerüberwälzung:
Steuerüberwälzung tritt ein, wenn es dem Steuerschuldner gelingt, die Steuer z. B. über den Preis auf den Abnehmer einer Ware oder Dienstleistung zu übertragen. Der Abnehmer wird damit zum Steuerträger.

2.3.1.4 Arten der Steuern

Die Finanzwissenschaft hat eine Reihe von Systematisierungen der Steuern entwickelt. Zunächst bietet sie die Unterscheidung in direkte und indirekte Steuern an. Direkte Steuern sind dadurch gekennzeichnet, dass Steuerschuldner und Steuerträger identisch sind, also keine Überwälzung stattfindet. Dies trifft typischerweise für die Besitzsteuern zu. Indirekte Steuern sind solche, die vom Steuerschuldner auf den Steuerträger überwälzt werden können, also die meisten Verkehr- und Verbrauchsteuern. Allerdings können auch Besitzsteuern überwälzt werden, z. B. die Grundsteuer bei vermieteten Objekten im Rahmen der sog. Nebenkostenabrechnung.

Damit ergibt sich eine weitere Unterscheidung, nämlich die nach dem Steuergegenstand in Besitz-, Verkehr- und Verbrauchsteuern.

Besitzsteuern knüpfen an den Tatbestand des Besitzes einer Einkommensquelle an (Einkommen, Vermögen). Besitzsteuern werden wiederum in zwei Gruppen unterteilt:

- Personensteuern, bei denen für den Eintritt und den Umfang der Steuerpflicht die persönlichen Verhältnisse des Steuerpflichtigen maßgebend sind
- Realsteuern, bei denen für den Eintritt und den Umfang der Steuerpflicht nur der Steuergegenstand als solcher maßgeblich ist. Die persönlichen Verhältnisse des Steuerpflichtigen spielen dabei keine Rolle. Hierzu gehören ausschließlich die Grundsteuer und die Gewerbesteuer.

Verkehrsteuern erfassen Vorgänge des volkswirtschaftlichen Verkehrs mit Gütern und Dienstleistungen (Umsatzsteuer, Grunderwerbsteuer, Kfz-Steuer).

Verbrauchsteuern sind Steuern, die den Verbrauch vertretbarer, regelmäßig zum baldigen oder kurzfristigen Verbrauch bestimmter Güter des ständigen Bedarfs belasten und im Regelfall mit der Entfernung der Ware aus dem Herstellungsbetrieb entstehen. Die Verbrauchsteuererhebung knüpft an die im Verbrauch bestimmter Güter (Kaffee, Tabak) zum Ausdruck kommende wirtschaftliche Leistungsfähigkeit, also an die Einkommensverwendung, an. Daher zählen zu ihnen im weiteren Sinne auch die Aufwandsteuern, die ebenfalls Ausdruck bestimmter Einkommensverwendung sind, ohne jedoch etwas zu verbrauchen, wie z. B. die Hundesteuer oder die Jagdsteuer. Zu den Verbrauchsteuern zählen im weiteren Sinne auch die Zölle.

Übersicht: Arten der Steuern

Besitzsteuern		Verkehrsteuern	Verbrauchsteuern
Personensteuern	Realsteuern		einschl. Aufwandst.
Einkommensteuer	Gewerbesteuer	Umsatzsteuer	Zölle
Körperschaftsteuer	Grundsteuer	Grunderwerbsteuer	Tabaksteuer
Vermögensteuer		Kraftfahrzeugsteuer	Kaffeesteuer
Erbschaftsteuer		Versicherungsteuer	Biersteuer
			Mineralölsteuer
			örtliche Aufwandsteuern wie Hundesteuer

Nachstehend werden einige Steuern kurz skizziert, weil die Gemeinde sie direkt erhebt (Grundsteuer, Gewerbesteuer) oder an ihnen unmittelbar (Einkommensteuer, Umsatzsteuer) bzw. mittelbar über den Kommunalen Finanzausgleich (Körperschaftsteuer) beteiligt ist.

2.3.1.5   Einzelne Steuern

a) Einkommensteuer

Rechtsgrundlage ist das Einkommensteuergesetz (EStG) mit weiteren Bestimmungen wie LohnsteuerdurchführungsVO und Einkommensteuerrichtlinien.

Steuerpflichtig zur Einkommensteuer sind natürliche Personen mit Sitz im Inland. Steuergegenstand der Einkommensteuer sind die Einkünfte aus den sieben Einkunftsarten

(1) Land- und Forstwirtschaft
(2) Gewerbebetrieb
(3) selbstständige Arbeit
(4) nicht selbstständige Arbeit
(5) Kapitalvermögen
(6) Vermietung und Verpachtung
(7) sonstige Einkünfte (z. B. Spekulationsgewinne, Unterhalt)

Steuerpflichtige Einkünfte sind der Gewinn (1) – (3) bzw. der Überschuss der Einnahmen über die Werbungskosten (4) – (7). Das zu versteuernde Einkommen (Steuerbemessungsgrundlage) ergibt sich aus den steuerpflichtigen Einkünften abzüglich verschiedener Abzugsbeträge, Sonderausgaben und Freibeträge.

Der Steuersatz ermittelt sich in Abhängigkeit von der Höhe des zu versteuernden Einkommens aus dem Steuertarif.

Die Einkommensteuer wird erhoben im Quellenabzugsverfahren bei den Einkünften aus nicht selbstständiger Arbeit (Lohnsteuer) und bei den Einkünften aus Kapitalvermögen (Kapitalertragsteuer) und im Veranlagungsverfahren bei allen anderen Einkunftsarten.

b) Körperschaftsteuer

Rechtsgrundlage ist das Körperschaftsteuergesetz (KStG) mit weiteren Bestimmungen wie Körperschaftsteuer-Durchführungsverordnung.

Steuerpflichtig zur Körperschaftsteuer sind juristische Personen mit Sitz im Inland. Die Körperschaftsteuer wird daher oft auch als die Einkommensteuer der juristischen Personen bezeichnet. Sie besteuert also insbesondere die AG und die GmbH, aber auch Betriebe gewerblicher Art (BgA) von juristischen Personen des öffentlichen Rechts (z. B. Stadthallenbetriebe von Gemeinden).

Steuerbemessungsgrundlage ist der zu versteuernde Gewinn der Körperschaft. Der Steuersatz beträgt derzeit 15 %.

c) Umsatzsteuer

Der Umsatzsteuer unterliegen insbesondere die steuerbaren Umsätze aus Lieferungen und sonstigen Leistungen, die ein Unternehmer im Inland gegen Entgelt ausführt. Steuerpflichtiger ist der Unternehmer, Steuerträger der Endverbraucher der Lieferung oder Leistung. Steuerbemessungsgrundlage ist das Entgelt für die Lieferung oder Leistung. Der Steuersatz beträgt ab 2007 19 % (vorher seit 01.04.1998 16 % und davor 15 %) und bei bestimmten Umsätzen (z. B. Lebensmittel, Wasser, Bücher) 7 %.

Der Unternehmer kann die ihm (z. B. vom Vorlieferanten) in Rechnung gestellte Umsatzsteuer von seiner Umsatzsteuerlast abziehen (Vorsteuer), daher auch der Begriff „Mehrwertsteuer" (MwSt.), der die geltende Erhebungsform der Umsatzsteuer bezeichnet.

Beispiel (zur Vereinfachung wird ein Steuersatz von 10 % unterstellt):

A ist Urproduzent und veräußert eine Ware an Unternehmer B zum Preis von 1.000 € zzgl. MwSt. von 100 €, also insgesamt 1.100 €. A muss den Betrag von 100 € an das Finanzamt abführen.

B veräußert die Ware an C zum Preis von 3.000 € zzgl. MwSt. von 300 €, also insgesamt 3.300 €. B muss den Betrag von 300 € an das Finanzamt abführen (Umsatzsteuertraglast). Er kann jedoch die von ihm an A gezahlte MwSt. von 100 € hiervon abziehen und zahlt tatsächlich nur 200 € an das Finanzamt (Umsatzsteuerzahllast), also den Steuerbetrag für den in dieser Handelsstufe entstandenen Mehrwert (3.000 € Verkaufspreis - 1.000 € Einstandspreis = 2.000 € Mehrwert).

Ist C kein Unternehmer, sondern privater Endverbraucher, kann er die Umsatzsteuer nicht mehr abwälzen. Er zahlt also die im gesamten Handelsprozess entstandene Umsatzsteuer.

d) Gewerbesteuer

Die Gewerbesteuer ist neben dem Gemeindeanteil an der Einkommensteuer die wichtigste Steuerquelle der Gemeinden. Rechtsgrundlagen sind das Gewerbesteuergesetz, die Gewerbesteuer-Durchführungsverordnung und die Gewerbesteuer-Richtlinien.

Steuergegenstand der Gewerbesteuer sind die im Inland betriebenen Gewerbebetriebe (stehende Gewerbebetriebe, § 2 GewStG; Reisegewerbebetriebe, § 35 a GewStG). Unter einem Gewerbebetrieb ist jedes gewerbliche Unternehmen im Sinne des Einkommensteuergesetzes zu verstehen.

Als Gewerbebetrieb gilt stets und in vollem Umfang die Tätigkeit u. a. der Kapitalgesellschaften (AG, KGaA, GmbH) und der Genossenschaften (Gewerbebetrieb kraft Rechtsform).

Die Gewerbebetriebe unterliegen der Gewerbesteuer in der Gemeinde, in der sie eine Betriebsstätte unterhalten, § 4 GewStG (bei Betriebsstätten in mehreren Gemeinden s. u. Zerlegung).

Besteuerungsgrundlage ist der Gewerbeertrag (§ 7 GewStG). Gewerbeertrag ist der nach den Vorschriften des Einkommensteuergesetzes (bei natürlichen Personen) oder des Körperschaftsteuergesetzes (bei juristischen Personen) ermittelte Gewinn. Dieser Gewinn wird um verschiedene Hinzurechnungen (§ 8 GewStG) und Kürzungen (§ 9 GewStG) modifiziert, die dazu dienen, den „realen" Ertrag des Unternehmens, also bereinigt von personensteuerrechtlichen Elementen, zu ermitteln.

Auf den so ermittelten Gewerbeertrag wird eine Steuermesszahl in Höhe von 3,5 % angewendet, woraus sich der Steuermessbetrag nach dem Gewerbeertrag ergibt, § 11 GewStG. Bei natürlichen Personen und Personengesellschaften (z. B. OHG) wird zuvor ein Freibetrag von 24.500 € abgezogen.

Berechnungsbeispiel:

Die A-GmbH erzielt einen Gewinn von	200.000 €.
Dieser wird um Kürzungen von	50.000 €
und Hinzurechnungen von	30.000 €
modifiziert, woraus sich ein Gewerbeertrag von	180.000 €
ergibt. Hierauf wird eine Steuermesszahl von	3,5 %
angewandt, was zu einem	
Steuermessbetrag nach dem Gewerbeertrag von	6.300 € führt.

Wird das Unternehmen als Personengesellschaft oder von einer einzelnen natürlichen Person betrieben, ergibt sich bei sonst gleichen Vorgaben folgende Berechnung:

Gewerbeertrag:	180.000 €
Freibetrag: 24.500 €, verbleiben:	155.500 €
Steuermesszahl	3,5 %
Steuermessbetrag	5.442,50 €

Die Ermittlung des einkommen- bzw. körperschaftsteuerlichen Gewinns und des Gewerbesteuermessbetrages gemäß des oben geschilderten Verfahrens ist Sache der Finanzverwaltung (Finanzämter). Das jeweils zuständige Finanzamt erlässt einen Gewerbesteuermessbescheid (Grundlagenbescheid), den der Pflichtige und die Gemeinde, in der die Betriebsstätte liegt, erhalten. Aufgrund des Gewerbesteuermessbescheides erlässt die Gemeinde einen Gewerbesteuerbescheid (§ 16 GewStG). Die darin festzusetzende zu zahlende Gewerbesteuer ergibt sich aus dem Gewerbesteuermessbetrag, multipliziert mit einem Hebesatz, den die Gemeinde in der Haushaltssatzung oder einer gesonderten Hebesatzsatzung[19] festsetzt. Die Zuständigkeit der Gemeinden für die Festsetzung, Erhebung und Verwaltung der Gewerbesteuer ergibt sich aus § 1 Realsteuerzuständigkeitsgesetz.

Berechnungsbeispiel:

Gewerbesteuermessbetrag:	6.300 €
Hebesatz der Gemeinde:	300 %
Gewerbesteuerbetrag:	18.900 €

Vorauszahlungen im laufenden Jahr werden in Höhe des Betrages erhoben, der sich bei der letzten Veranlagung ergeben hat. Sie sind mit jeweils einem Viertel fällig am 15.02., 15.05., 15.08. und 15.11 eines jeden Jahres (§ 19 GewStG).

Die Gewerbesteuer entsteht mit Ablauf des Erhebungszeitraumes, für den die Festsetzung vorgenommen wird (§ 18 GewStG), bei Vorauszahlungen mit Beginn des Kalendervierteljahres, in dem die Vorauszahlungen zu entrichten sind (§ 21 GewStG). Über die Vorauszahlung wird mit dem Gewerbesteuerbescheid abgerechnet (§ 20 GewStG), d. h. die Gewerbesteuerschuld wird den erhobenen Vorauszahlungen gegenübergestellt. Verbleibt ein Restbetrag zugunsten der Gemeinde, ist dieser einen Monat nach Bekanntgabe des Bescheides zu zahlen.

Berechnungsbeispiel:

Die A-GmbH hat für 2013 Vorauszahlungen von geleistet. Am 01.06.2014 wird der A-GmbH der Gewerbesteuerbescheid für 2013 bekannt-	15.000 €
gegeben, der einen Gewerbesteuerbetrag von festsetzt. Den Unterschiedsbetrag (Abschlusszahlung) von	18.900 €
muss die A-GmbH am 01.07.2014 zahlen.	3.900 €

Ist der Gewerbesteuerbetrag geringer als die erhobenen Vorauszahlungen, erhält der Steuerpflichtige den Unterschiedsbetrag erstattet.

Unterhält ein Unternehmen in mehreren Gemeinden Betriebsstätten, so wird der einheitliche Gewerbesteuermessbetrag auf die einzelnen Gemeinden zerlegt (§§ 28, 29 GewStG). Maßstab für die Zerlegung ist das Verhältnis der Arbeitslöhne, die in den

---

[19] Siehe Ziffer 11.2.2.5.

einzelnen Betriebsstätten gezahlt worden sind. In diesem Falle erhält die Gemeinde anstelle des Gewerbesteuermessbescheides eine sog. Zerlegungsmitteilung, in der ihr der auf sie entfallende Zerlegungsanteil des einheitlichen Gewerbesteuermessbetrages mitgeteilt wird.

Berechnungsbeispiel:

Die A-GmbH unterhielt 2013 in den Gemeinden B und C jeweils eine Betriebsstätte. Der einheitliche Gewerbesteuermessbetrag betrug für 2013 10.000 €. An Löhnen wurden 500.000 € gezahlt, davon in B 150.000 € und in C 350.000 €. Die Gemeinde B hat für 2013 einen Hebesatz von 300 %, die Gemeinde C von 400 % festgesetzt.

Berechnung der Gewerbesteuer in B:

10.000 € : 500.000 € x 150.000 € =   3.000 € Zerlegungsanteil in B
3.000 € x Hebesatz von 300 % =   9.000 € Gewerbesteuer in B

Berechnung der Gewerbesteuer in C:

10.000 € : 500.000 € x 350.000 € =   7.000 € Zerlegungsanteil in C
7.000 € x Hebesatz von 400 % =   28.000 € Gewerbesteuer in C

e) Grundsteuer

Rechtsgrundlage der Grundsteuer sind das Grundsteuergesetz und die Grundsteuerrichtlinien. Die Grundsteuer wird als Gemeindesteuer erhoben; die Gemeinde bestimmt, ob in ihrem Gebiet Grundsteuer erhoben wird.

Steuergegenstand der Grundsteuer ist der Grundbesitz in Sinne des Bewertungsgesetzes, darunter fallen:

- die land- und forstwirtschaftlichen Betriebe (Grundsteuer A)
- die bebauten und unbebauten Grundstücke (Grundsteuer B)

Steuerbemessungsgrundlage ist der nach den Vorschriften des Bewertungsgesetzes ermittelte Einheitswert (Wert der wirtschaftlichen Einheit des Grundbesitzes unabhängig von katastermäßigen Grundstücksparzellen). Mit der Festsetzung des Einheitswertes ist auch zu entscheiden, wem der Steuergegenstand bei der Besteuerung zugerechnet wird, dies ist grundsätzlich der Eigentümer, der damit zum Steuerschuldner der Grundsteuer wird.

Aus dem Einheitswert wird durch Anwendung einer Steuermesszahl ein Steuermessbetrag ermittelt. Dieser Steuermessbetrag wird der Gemeinde mitgeteilt, die durch Anwendung eines von ihr festzusetzenden Hebesatzes (§ 25 GrStG) den Grundsteuerbetrag errechnet und beim Steuerpflichtigen erhebt.

Die Steuermesszahl ist unterschiedlich für die Betriebe der Land- und Forstwirtschaft (6 ‰) und für Grundstücke (3,5 ‰). Bei den Grundstücken gibt es Sonderregelungen für Einfamilienhäuser (für die ersten 38.346,89 € des Einheitswertes gilt eine Messzahl von 2,6 ‰) und für Zweifamilienhäuser (Steuermesszahl einheitlich 3,1 ‰).

Berechnungsbeispiele (die Gemeinde G hat für die Grundsteuer A einen Hebesatz von 200 % und für die Grundsteuer B einen Hebesatz von 300 % festgesetzt):

Landwirt L betreibt einen landwirtschaftlichen Betrieb, für den ein Einheitswert von 50.000 € festgestellt wurde. Die Grundsteuer für den Betrieb beträgt:

Einheitswert 50.000 € x Steuermesszahl 6 ‰ = Steuermessbetrag 300 €
Steuermessbetrag 300 € x Hebesatz 200 % = Grundsteuerbetrag 600 €

U gehört ein unbebautes Grundstück in der Gemeinde G, für das ein Einheitswert von 40.000 € festgestellt wurde. Die Grundsteuer für das Grundstück beträgt:

Einheitswert 40.000 € x Steuermesszahl 3,5 ‰ = Steuermessbetrag 140 €
Steuermessbetrag 140 € x Hebesatz 300 % = Grundsteuerbetrag 420 €

E gehört ein Einfamilienhaus in der Gemeinde G, für das ein Einheitswert von 65.000 € festgestellt wurde. Die Grundsteuer für das Einfamilienhaus beträgt:

Einheitswert 38.346,89 € x Steuermessz. 2,6 ‰ = Steuermessbetrag 99,70 €
Einheitswert 26.653,11 € x Steuermessz. 3,5 ‰ = Steuermessbetrag 93,29 €
Steuermessbetrag 192,99 € x Hebesatz 300 % = Grundsteuerbetrag 578,97 €

Z gehört ein Zweifamilienhaus in der Gemeinde G, für das ein Einheitswert von 90.000 € festgestellt wurde. Die Grundsteuer für das Zweifamilienhaus beträgt:

Einheitswert 90.000 € x Steuermesszahl 3,1 ‰ = Steuermessbetrag 279 €
Steuermessbetrag 279 € x Hebesatz 300 % = Grundsteuerbetrag 837 €

Die Grundsteuer folgt den Festsetzungen der Einheitsbewertung, d. h. Änderungen des Einheitswertes selbst, seiner Zurechnung oder anderer Feststellungen gemäß Bewertungsgesetz wirken sich dergestalt auf die Grundsteuer aus, dass mit Wirkung für das Folgejahr die neuen Festsetzungen gelten.

Beispiel:

U verkauft sein unbebautes Grundstück am 01.07.2013 an K. K wird ab 01.01.2014 der Einheitswert zugerechnet (Zurechnungsfortschreibung), er wird damit ab diesem Zeitpunkt grundsteuerpflichtig. 2014 errichtet K auf dem Grundstück ein Einfamilienhaus. Zum 01.01.2015 ändern sich daher der Wert und die Art des Grundstücks (Wert- und Artfortschreibung) und damit auch die zu zahlende Grundsteuer.

Die Grundsteuer wird von der Gemeinde durch Bescheid für jeweils ein Jahr festgesetzt. Der Bescheid gilt ggf. auch für die Folgejahre. Der Grundsteuerbetrag ist mit je einem Viertel am 15.02., 15.05., 15.08. und 15.11 fällig.

2.3.1.6 Das Steuererhebungsrecht der Gemeinden

Die Gemeinden erheben nach § 7 Abs. 1 KAG Steuern nach Maßgabe der Gesetze. Diese Vorschrift bezieht sich insbesondere auf die örtlichen Aufwand- und Verbrauchsteuern, soweit für ihre Erhebung Steuergesetze bestehen. § 7 Abs. 1 KAG ist also keine Rechtsgrundlage für die Steuererhebung, sondern lediglich eine Klarstellung dahingehend, dass sich die Steuererhebung nach den Gesetzen richtet. In Hessen besteht derzeit kein Gesetz für eine Steuererhebung im Sinne des § 7 Abs. 1 KAG, nachdem das Hundesteuergesetz zum 31.12.1998 aufgehoben wurde.

§ 7 Abs. 2 KAG räumt den Gemeinden weiterhin ein sog. Steuerfindungsrecht ein, soweit solche Gesetze nicht bestehen. Diese Steuern dürfen jedoch nicht vom Land erhoben werden oder den Landkreisen (§ 8 KAG; Jagdsteuer, Fischereisteuer, Steuer für die Errichtung, Erweiterung und Fortführung eines Gaststättengewerbes) vorbehalten sein und sie dürfen nicht bundesgesetzlich geregelten Steuern gleichartig sein (Art. 105 Abs. 2 a GG). Typische Steuern nach § 7 Abs. 2 KAG sind derzeit die Hundesteuer, die Spielapparatesteuer und die Zweitwohnungsteuer.

Diese Steuern werden aufgrund von örtlichen Satzungen[20] erhoben (§ 2 Abs. 1 KAG). Diese Steuersatzungen müssen, wie alle anderen Abgabensatzungen (Gebühren, Beiträge) auch, mindestens folgende Bestimmungen treffen:

- den Kreis der Abgabepflichtigen (die Steuerschuldner)
- den die Abgabe begründenden Tatbestand (Steuergegenstand)
- den Zeitpunkt der Entstehung der Abgabeschuld
- den Maßstab und den Satz der Abgabe (Steuerbemessungsgrundlage, Steuersatz)
- die Fälligkeit der Abgabeschuld

Die Steuersatzungen bedürfen keiner Genehmigung der kommunalen Aufsichtsbehörden. Sie sind, wie alle anderen Satzungen auch, der zuständigen Aufsichtsbehörde mitzuteilen und unterliegen der allgemeinen Kommunalaufsicht.

2.3.2   Die Gebühren

Gebühren sind Geldleistungen für die Inanspruchnahme einer besonderen Leistung der Verwaltung (Verwaltungsgebühr, § 9 KAG) oder die Inanspruchnahme einer öffentlichen Einrichtung (Benutzungsgebühr, § 10 KAG). Den Gebühren steht damit, anders als den Steuern, eine unmittelbare Gegenleistung gegenüber. Sie zählen daher zu den öffentlich-rechtlichen Entgelten. Für die Gebühren gelten die satzungsrechtlichen Bestimmungen des KAG und der HGO (s.o. Ziffer 2.3.1.6).

2.3.2.1   Verwaltungsgebühren

Die Gemeinden können Gebühren für solche Amtshandlungen oder Verwaltungstätig-keiten erheben, die von den Beteiligten entweder beantragt oder veranlasst oder in ihrem überwiegenden Interesse vorgenommen werden. Aufgrund einer Satzung können Ver-waltungsgebühren nur erhoben werden, soweit keine Sondergesetze bestehen, z. B. das Hess. Verwaltungskostengesetz, das Personenstandsgesetz und das Gesetz über das Passwesen, die dem KAG vorgehend die Verwaltungsgebührenerhebung durch die Gemeinde regeln. Das Gebührenaufkommen soll die voraussichtlichen Kosten für den betreffenden Verwaltungszweig nicht übersteigen und in der Regel dessen Kosten decken. Die Gebühren sind nach dem Verwaltungsaufwand zu bemessen; das Interesse des Gebührenpflichtigen (damit sind insbesondere Umfang und Wirkung der Begünsti-gung gemeint) kann bei der Bemessung berücksichtigt werden, jedoch nur, soweit nicht

---

[20] Zum Satzungsrecht siehe § 5 HGO, auf die kommunalrechtliche Literatur hierzu und die entsprechen-den Lehrinhalte wird verwiesen.

EU-rechtliche Vorgaben entgegenstehen. Als Gebührenerhebungsformen kommen Festbetragsgebühren, Rahmengebühren (mindestens/höchstens) und Wertgebühren in Betracht.

2.3.2.2 Benutzungsgebühren

Die Gemeinde hat die Aufgabe, in den Grenzen ihrer Leistungsfähigkeit die für ihre Einwohner erforderlichen wirtschaftlichen, sozialen, sportlichen und kulturellen öffentlichen Einrichtungen bereitzustellen (§ 19 Abs. 1 HGO). Solche Einrichtungen sind z. B. Schwimmbäder, Büchereien, Theater, Sozialstationen, Altenheime, Museen, Volkshochschulen usw. Daneben bestehen Spezialgesetze, die die Gemeinde verpflichten, bestimmte Einrichtungen zu unterhalten (z. B. Feuerwehr, Friedhof, Abfall- und Abwasserbeseitigung). Die Einwohner und die ihnen gleichgestellten Personen sind berechtigt, diese öffentlichen Einrichtungen zu benutzen und verpflichtet, die Gemeindelasten zu tragen (§ 20 HGO). Soweit **vertretbar** und **geboten,** erfolgt diese Finanzierung aus Entgelten für die Leistungen der Gemeinde (§ 93 HGO).

Die Erhebung von Entgelten ist dann **geboten,** wenn die Einrichtung nicht allen Einwohnern in gleichem Maße zugutekommt, also unterschiedliche Vorteile bietet, die durch eine entsprechende Entgeltgestaltung abzugelten sind, und sie ist auch dann geboten, wenn es überhaupt möglich ist, entsprechend der Nutzung Entgelte zu erheben, was z. B. bei der Straßenbenutzung und insbesondere der Straßenbeleuchtung als nicht der Fall anzusehen ist.

Unter **vertretbar** ist die Gestaltung der Entgelthöhe zu verstehen. Entgelte dürfen also nicht eine unvertretbare Höhe erreichen, was auch mit § 10 Satz 2 HGO korrespondiert, wonach auf die wirtschaftliche Leistungsfähigkeit der Abgabepflichtigen Rücksicht zu nehmen ist.

Entgelte können sowohl privatrechtlicher Art sein als auch öffentlich-rechtlicher Art. Dabei kommt es darauf an, auf welcher Rechtsgrundlage eine Einrichtung betrieben wird. Ist dies eine Satzung, was überwiegend der Fall ist, handelt es sich um eine öffentlich-rechtliche Einrichtung, für deren Inanspruchnahme ein öffentlich-rechtliches Entgelt, die Benutzungsgebühr, erhoben wird. (Eine privatrechtliche Einrichtung liegt vor, wenn ihre Inanspruchnahme durch allgemeine Geschäftsbedingungen o. ä. Regelungen bestimmt wird.) Die Gemeinde muss also Entgelte, im Wesentlichen also Benutzungsgebühren, erheben, wenn dies geboten ist, weil eine Leistung nur einem bestimmten Kreis der Einwohner zugutekommt oder von den Nutzern in unterschiedlichem Maße in Anspruch genommen wird.

Wird eine öffentliche Einrichtung öffentlich-rechtlich betrieben, richtet sich die Erhebung der Benutzungsgebühren nach den Vorschriften des KAG, insbesondere § 10 KAG. Abs. 1 dieser Vorschrift räumt den Gemeinden (und den Landkreisen) das Recht ein, Benutzungsgebühren zu erheben. Unter Berücksichtigung der Vorschriften des § 93 Abs. 2 HGO kann sich dies zu einer Verpflichtung entwickeln, wenn die Erhebung geboten ist.

Die Bemessung der Gebühr richtet sich nach zwei Grundsätzen,

- dem Äquivalenzprinzip, d. h. die Gebühr soll dem Wert der gewährten Leistung entsprechen. Das Äquivalenzprinzip wirkt individualisierend, d. h. die Gebührenhöhe im Einzelfall ist von der konkreten Leistung abhängig. Die Geldleistung ist der Verwaltungsleistung „äquivalent", es besteht eine Verhältnismäßigkeit zwischen Leistung und Gegenleistung, die Gebühr darf in keinem Missverhältnis zur gebotenen Leistung stehen.
- dem Kostendeckungsgebot bzw. Kostenüberschreitungsverbot, d. h. die Gebührensätze sind in der Regel so zu bemessen, dass die Kosten der Einrichtung gedeckt werden, wobei sich der Grad der Kostendeckung nach dem Grundsatz der Vertretbarkeit gem. § 93 Abs. 2 HGO richtet. Das Gebührenaufkommen soll die Kosten der Einrichtung nicht übersteigen (§ 10 Abs. 1 KAG).

Bei der Betrachtung der Kostendeckung stellt sich zwangsläufig die Frage, was mit dem Begriff „Kosten" gemeint ist[21]. Hierunter sind die nach betriebswirtschaftlichen Grundsätzen ansatzfähigen Kosten zu verstehen, das ist der bewertete, also in Geldeinheiten ausgedrückte Güter- und Leistungsverbrauch in einer Periode, der zur Erstellung und zum Absatz der betrieblichen Produkte und zur Aufrechterhaltung der hierfür notwendigen Kapazitäten in dieser Periode erforderlich ist. § 10 Abs. 2 KAG nennt im Einzelnen in Betracht kommende Kostenarten. Diese lassen sich wie folgt darstellen:

- Kosten für eigenes Personal, für den Bezug von Fremdleistungen, von Roh-, Hilfs- und Betriebsstoffen usw., die zur Leistungserstellung unmittelbar notwendig sind
- Gemeinkosten, also die Kosten der Gesamtverwaltung, die für die Leistungserstellung mittelbar anfallen, z. B. die anteiligen Kosten der Personalverwaltung, des Steueramtes, der Kasse usw., üblicherweise werden diese Kosten unter dem Begriff der Verwaltungskostenerstattung zusammengefasst.
- innerbetriebliche Leistungsverrechnung, das sind Kosten für Leistungen, die andere Betriebszweige einschl. der Hilfsbetriebe für die Einrichtung erbringen und nach bestimmten Verrechnungssätzen vergütet werden, z. B. nimmt der Friedhof die Leistung der öffentlichen Straßenreinigung für die Reinigung des Friedhofsgeländes in Anspruch, die Maurerkolonne des Bauhofes führt Unterhaltungsarbeiten an Kanalschächten durch usw.
- Abschreibungen, das ist der leistungsbedingte Werteverzehr von Gütern des Anlagevermögens, im Steuerrecht auch Absetzung für Abnutzung (AfA) genannt. Die Abschreibung ist i. d. R. linear, d. h. in gleichbleibenden Beträgen zu bemessen. Ein Müllfahrzeug, das 280.000 € kostet und sieben Jahre genutzt werden soll, wird jährlich mit 40.000 € abgeschrieben. Der jährliche Betrag von 40.000 € fließt in die Kosten ein.
  Bei Einrichtungen, für die **Beiträge** erhoben wurden (i. d. R. die Entwässerungsanlagen), ergibt sich eine Besonderheit bei der Abschreibung: sie darf nur dann kostenmäßig angesetzt werden, wenn diese Beiträge – als Sonderposten – passiviert (siehe hierzu Ziffer 16.3.5) und jährlich mit einem durchschnittlichen Abschreibungssatz ertragswirksam (siehe hierzu Ziffer 6.5.1.1) aufgelöst werden. Damit soll verhindert werden, dass die Gemeinde Kosten aus Investitionen

---

[21] Zum Thema Kostenrechnung insgesamt siehe Kapitel 19.

generiert, aber Entlastungen aus Finanzierungsbeteiligungen der Vorteilsnehmer hieran, die i. d. R. auch die Nutzer darstellen, nicht gegen rechnet. Letztlich wird damit auch erreicht, dass die Gebührenkalkulation und die haushaltsmäßige Veranschlagung kongruent sind, denn im Ergebnishaushalt und später in der Ergebnisrechnung sind sowohl die Aufwendungen für Abschreibungen als auch die Erträge aus der Auflösung der Sonderposten nachzuweisen. Betragsmäßige Abweichungen bei den Abschreibungen können sich aber dadurch ergeben, dass bei der haushaltsmäßigen Darstellung nur auf der Basis von Anschaffungs- und Herstellungskosten abgeschrieben werden darf (§ 43 Abs. 1 GemHVO), während bei der Gebührenkalkulation auch der i. d. R. höhere Wiederbeschaffungszeitwert (§ 10 Abs. 2 KAG) zugrunde gelegt werden darf (siehe hierzu auch Ziffer 19.2.2.2).

- kalkulatorische Verzinsung des Anlagekapitals, das ist der kostenmäßige Ausdruck entweder für die durch Investitionen stattfindende Kapitalbindung, also die entgangenen Zinsen (würde die Gemeinde anstelle für die Anschaffung eines Müllfahrzeuges den Betrag von 280.000 € auf der Bank anlegen, könnte sie hieraus Zinsen erzielen) oder für die Kosten der Aufnahme von Krediten zur Finanzierung der Investitionen, also der Fremdkapitalzinsen. Bei der Verzinsung ist § 10 Abs. 2 KAG zu beachten, der verlangt, dass bei der betragsmäßigen Ermittlung der Verzinsung der aus **Beiträgen und Zuschüssen** Dritter aufgebrachte Kapitalanteil, das sog. Abzugskapital, außer Betracht bleibt. Das ist auch nur folgerichtig, denn in Höhe dieser Drittmittel entstehen der Gemeinde keine Finanzierungskosten (Fremdkapitalzinsen).

Aufgrund der so ermittelten Kosten nimmt die Gemeinde eine Gebührenkalkulation vor, wobei sie nach dem Grundsatz der Vertretbarkeit entscheiden muss, ob eine vollständige Kostendeckung erfolgen soll oder nicht. Die Gebühr ist nach Art und Umfang der Inanspruchnahme der Einrichtung zu bemessen, also nach dem Wirklichkeitsmaßstab. Wenn die Verwendung des Wirklichkeitsmaßstabes besonders schwierig oder wirtschaftlich nicht vertretbar ist, kann ein Wahrscheinlichkeitsmaßstab gewählt werden, dieser darf aber nicht in einem offensichtlichen Missverhältnis zu der Inanspruchnahme stehen. So wird üblicherweise der Bezug von Wasser über Zähler gemessen (Wirklichkeitsmaßstab) und die Abwassergebühr nach dem Wasserbezug erhoben, weil als wahrscheinlich unterstellt wird, dass in dem Maße, in dem Wasser bezogen wird, auch Abwasser abgeleitet wird. Die Gebührengestaltung kann auch die Erhebung von Grund- oder Mindestgebühren umfassen.

Die Kalkulation der Gebühren erfolgt in mehreren Schritten:

Zunächst muss die Gemeinde aufgrund der oben beschriebenen Kostenarten eine Zusammenstellung aller für die Leistungserstellung anfallenden Kosten vornehmen, also die Gesamtkosten der Einrichtung ermitteln. Anschließend muss sie festlegen, in welcher Höhe diese Kosten durch Gebühren gedeckt werden sollen (zu 100 % oder entsprechend der Vertretbarkeit zu weniger als 100 %), also den Gebührenbedarf ermitteln. In einem dritten Schritt erfolgt die Berechnung der Gebühr pro Leistungseinheit, also die Verteilung der Kosten auf die Kostenträger[22]. Hierbei finden verschiedene Verfahren

---

[22] Zur Kostenträgerrechnung insgesamt siehe Ziffer 19.4.

Anwendung, insbesondere die Divisionskalkulation und die Äquivalenzziffernkalkulation (modifizierte Divisionskalkulation). Die Darstellung dieser Verfahren bleibt der betriebswirtschaftlichen Literatur und Lehre vorbehalten.

Die Gemeinde ist nicht verpflichtet, die Gebührenkalkulation jährlich vorzunehmen. § 10 Abs. 2 KAG lässt es zu, dass der Ermittlung der Kosten ein mehrjähriger Kalkulationszeitraum zugrunde gelegt wird, dieser soll fünf Jahre nicht überschreiten. Kostenüberdeckungen, die sich am Ende dieses Zeitraumes ergeben, sind innerhalb der folgenden fünf Jahre auszugleichen, Kostenunterdeckungen sollen in diesem Zeitraum ausgeglichen werden. Zur bilanziellen Behandlung siehe Ziffer 16.3.5.4.

Die Gebührenpflichtigen grundstücksbezogener Benutzungsgebühren sind berechtigt, in die Kostenrechnung und die Gebührenkalkulation Einsicht zu nehmen. § 29 des Hessischen Verwaltungsverfahrensgesetzes gilt entsprechend (§ 10 Abs. 7 KAG).

2.3.3   Die Beiträge

Beiträge werden von den Gemeinden und Landkreisen[23] erhoben zur Deckung des Aufwandes für die Herstellung, Anschaffung, Erweiterung und Erneuerung öffentlicher Einrichtungen von denjenigen Grundstückseigentümern, denen die Möglichkeit der Inanspruchnahme dieser öffentlichen Einrichtungen nicht nur vorübergehende Vorteile bietet. Beiträge sind demnach **grundstücksbezogene** Finanzierungsbeteiligungen für öffentliche Einrichtungen. Die Erhebung von Beiträgen kommt demnach typischerweise in Betracht für die erstmalige Herstellung und den späteren Aus- und Umbau einschl. Erneuerung und Erweiterung von Straßen (Erschließungsbeitrag, Straßenbeitrag) sowie die erstmalige Herstellung und die spätere Erneuerung und Erweiterung von Einrichtungen der Ortsentwässerung incl. Kläranlagen (Entwässerungsbeitrag).

Beiträge sind daneben auch denkbar für Einrichtungen der Wasser-, Strom-, Gas- und Fernwärmeversorgung. Da diese Einrichtungen aber überwiegend privatrechtlich betrieben werden (meist in der Rechtsform der GmbH oder der AG), finden sich diese Beitragsformen nur selten in der Praxis. Daher sollen sich die folgenden Darstellungen auf Beiträge für Straßen und Ortsentwässerungseinrichtungen beschränken.

Bei der Bemessung der Beiträge bleibt i. d. R. ein bestimmter Betrag außer Ansatz, der den Vorteil der Allgemeinheit aus der Einrichtung abgelten soll.

---

[23] Das KAG räumt sowohl den Gemeinden als auch den Landkreisen das Recht zur Beitragserhebung ein. Allerdings hat das Beitragserhebungsrecht der Landkreise derzeit keinerlei praktische Bedeutung, sodass im Folgenden nur auf die Gemeinden abgestellt wird.

Übersicht: Beitragsarten, Verwendung, Rechtsgrundlagen und Eigenanteil der Gemeinde

Beitragsart	Verwendung	Rechtsgrundlage	Eigenanteil Gemeinde
Erschließungsbeitrag	erstmalige Herstellung von Straßen	§§ 127 ff. BauGB Verpflichtung zur Erhebung	mind. 10 % (§ 129 Abs. 1 BauGB)
Straßenbeitrag	Umbau und Ausbau der öffentlichen Straßen, Wege und Plätze (Verkehrsanlagen), der über die laufende Unterhaltung und Instandsetzung hinausgeht	§ 11 KAG[24] Verpflichtung zur Erhebung (als Soll-Vorschrift)	je nach Verkehrsbedeutung, mind. 25 % bei Anliegerstraßen 50 % bei innerörtlichen Durchgangsstraßen 75 % bei überörtlichen Durchgangsstraßen (§ 11 Abs. 4 KAG)
Entwässerungsbeitrag	erstmalige Herstellung, Erneuerung, Erweiterung von Einrichtungen der Ortsentwässerung einschl. Kläranlagen	§ 11 KAG Kann-Vorschrift	gemäß § 11 Abs. 4 KAG, danach ist ein Eigenanteil von „0" vertretbar.

Die Beiträge können erhoben werden nach tatsächlichen Kosten (Regelfall beim Erschließungs- und Straßenbeitrag) oder aufgrund von Einheitssätzen. Die Einheitssätze sind nach den Kosten festzusetzen, die in der Gemeinde üblicherweise durchschnittlich für vergleichbare Einrichtungen bzw. örtliche Bauobjekte aufgebracht werden müssen (§ 130 Abs. 1 BauGB, § 11 Abs. 2 KAG).

Zum beitragsfähigen Aufwand gehören die Kosten für den Erwerb der notwendigen Grundstücke einschl. des Wertes der von der Gemeinde aus ihrem Vermögen bereitgestellten Grundstücke im Zeitpunkt der Bereitstellung und die Kosten für die bauliche Herstellung der jeweiligen Einrichtung einschl. der Kosten für die vergebenen Planungs- und Ingenieurleistungen (§ 128 BauGB, § 11 Abs. 2 KAG).

---

[24] Anstelle des einmaligen Straßenbeitrages für einen Umbau oder Ausbau der das Grundstück unmittelbar erschließenden Verkehrsanlage kann die Gemeinde auch einen sog. „Wiederkehrenden Straßenbeitrag" gemäß § 11a KAG erheben. Nach Abs. 1 dieser Vorschrift können die Gemeinden durch Satzung bestimmen, dass anstelle der Erhebung einmaliger Beiträge die jährlichen Investitionsaufwendungen für den Umbau und Ausbau ihrer öffentlichen Verkehrsanlagen als wiederkehrende Beiträge auf die im Abrechnungsgebiet gelegenen Grundstücke verteilt werden; was als Abrechnungsgebiet anzusehen ist, regeln Abs. 2, 2a und 2b. Der wiederkehrende Beitrag wird für den besonderen Vorteil erhoben, der durch die Möglichkeit der Inanspruchnahme der im Abrechnungsgebiet gelegenen Verkehrsanlagen geboten wird; er darf ausschließlich für die in § 11 Abs. 1 Satz 1 KAG genannten Investitionsmaßnahmen verwendet werden.
Als „wiederkehrend" wird diese Art der Beitragserhebung bezeichnet, da jedes Grundstück des jeweiligen Abrechnungsgebietes immer dann herangezogen wird, wenn eine Verkehrsanlage innerhalb des Gebietes um- oder ausgebaut wird. Der Beitrag pro Grundstück ist aufgrund des größeren Gebietes geringer, er kann aber auch aus diesem Grund häufiger (wiederkehrend) anfallen.
Abs. 2 bestimmt, dass die zu einem Abrechnungsgebiet zusammengefassten Verkehrsanlagen eine einheitliche kommunale Einrichtung bilden. Die Bildung eines solchen Abrechnungsgebietes setzt voraus, dass die in ihm zusammengefassten Verkehrsanlagen in einem räumlichen und funktionalen Zusammenhang stehen.
§ 11a KAG ist mit der Novelle vom 21.11.2012 in das Gesetz eingefügt worden. Es muss für weitergehende Darstellungen zunächst abgewartet werden, wie die Praxis und vor allem die Rechtsprechung diese Regelungen und ihre Anwendung aufgreifen.

Der Beitrag kann für einzelne Teile der Einrichtung (z. B. Fahrbahn, Gehweg, Straßenbeleuchtung) gesondert erhoben werden, dies nennt man Kostenspaltung (§§ 127 Abs. 3, 130 Abs. 2 BauGB, § 11 Abs. 3KAG).

Beitragspflichtig ist derjenige, der zum Zeitpunkt der Bekanntgabe des Beitragsbescheides im Grundbuch verzeichneter Eigentümer des Grundstückes ist (§ 134 BauGB, § 11 Abs. 7 KAG). Ist das Grundstück mit einem Erbbaurecht belastet, so ist der Erbbauberechtigte an Stelle des Eigentümers beitragspflichtig. Bei Wohnungs- und Teileigentum sind die einzelnen Wohnungs- und Teileigentümer nur entsprechend ihrem Miteigentumsanteil beitragspflichtig.

Der Beitrag entsteht mit der endgültigen Herstellung der Anlage (§ 133 Abs. 2 BauGB) bzw. mit der Fertigstellung der Einrichtung (§ 11 Abs. 8 KAG). Mit Beginn der Herstellungsarbeiten können Vorausleistungen verlangt werden (§ 133 Abs. 3 BauGB, § 11 Abs. 10 KAG.

Für den Bereich des KAG gilt, dass die Beitrags- und Vorausleistungspflichtigen berechtigt sind, die Beitragskalkulation und die Aufwandsermittlung einzusehen. § 29 des Hessischen Verwaltungsverfahrensgesetzes gilt entsprechend (§ 11 Abs. 9 KAG).

Der beitragsfähige Aufwand ist auf die erschlossenen Grundstücke zu verteilen. Verteilungsmaßstäbe sind dabei (das KAG versieht die Aufzählung mit dem Attribut „insbesondere", was zumindest theoretisch auch andere Verteilungsmaßstäbe zulässt):

* die Art und das (zulässige oder das tatsächliche) Maß der baulichen oder sonstigen Nutzung des Grundstücks
* die Grundstücksflächen
* die Grundstücksbreiten (nur beim Erschließungsbeitrag)

Diese Maßstäbe können miteinander verbunden werden, § 131 Abs. 2 BauGB, § 11 Abs. 6 KAG.

Der Maßstab der Grundstücksbreite findet heute kaum noch Anwendung und ist als alleiniger Maßstab von der Rechtsprechung nicht akzeptiert. In der Praxis haben sich Kombinationen aus der Grundstücksfläche mit der Art und dem Maß der baulichen Nutzung durchgesetzt. In nachstehendem **Beispiel** ist die Ermittlung eines Erschließungs- und eines Entwässerungsbeitrages dargestellt, dabei wurde von folgenden Annahmen ausgegangen:

Die Gemeinde G erstellt erstmals die Blumenstraße als Erschließungsanlage und stellt gleichzeitig die Ortsentwässerungsanlage für die von der Blumenstraße erschlossenen Grundstücke her. Beim Erschließungsbeitrag trägt sie 10 % des Aufwandes selbst und legt den Rest nach dem Geschossflächenmaßstab aufgrund der tatsächlichen Kosten um. Die Geschossfläche ist die Grundstücksfläche multipliziert mit der im Bebauungsplan festgesetzten Geschossflächenzahl (Verhältnis Grundstücksfläche zu Geschossfläche). Den Entwässerungsbeitrag erhebt sie nach dem Summenmaßstab aus Grundstücks- und Geschossfläche, wobei sie für den qm Grundstücksfläche 4,00 € und für den qm Geschossfläche 3,00 € festgesetzt hat. Von der Blumenstraße werden 10 Grundstücke erschlossen, die alle eine Größe von 1.000 qm haben, für die aber der Bebauungsplan eine unterschiedliche Ausnutzung (Geschossflächenzahl, GFZ) festsetzt.

Beispiel einer Erschließungs- und Kanalbeitragskalkulation		
Gesamtkosten der Erschließungsanlage Euro		120.000
Eigenanteil Gemeinde %		10
beitragsfähiger Aufwand Euro		108.000
pro qm Geschossfläche Euro		13,50
Entwässerungsbeitrag	pro qm Grundstücksfläche Euro	4,00
	pro qm Geschossfläche Euro	3,00

Grundstücke	Größe qm	GFZ lt. BPl.	Geschossfl.	EB	KB
A	1.000	0,5	500	6.750	5.500
B	1.000	0,5	500	6.750	5.500
C	1.000	0,5	500	6.750	5.500
D	1.000	0,5	500	6.750	5.500
E	1.000	0,8	800	10.800	6.400
F	1.000	0,8	800	10.800	6.400
G	1.000	0,8	800	10.800	6.400
H	1.000	1,2	1.200	16.200	7.600
I	1.000	1,2	1.200	16.200	7.600
J	1.000	1,2	1.200	16.200	7.600
Summe			**8.000**	**108.000**	**64.000**

KAG und BauGB nennen weitere Abgaben, die beitragsähnlichen Charakter haben:

- die in § 12 KAG geregelten Kostenerstattungen für Grundstücksanschlüsse. Sie werden erhoben für den tatsächlichen Anschluss des Grundstückes (Hausanschluss) an die Entwässerungseinrichtung (Kanalleitung in der Straße).
- den in § 13 KAG genannten „Kurbeitrag". Gemeinden, denen die Bezeichnung „Bad" verliehen worden ist oder die als Kur- oder Erholungsort anerkannt sind, können für die Schaffung, Erweiterung und Unterhaltung der zu Kur- und Erholungszwecken bereitgestellten Einrichtungen und für die zu diesen Zwecken durchgeführten Veranstaltungen einen Kurbeitrag (Kurtaxe) erheben.
- die in § 135 a – 135 c BauGB geregelten Kostenerstattungsbeträge für Ausgleichsmaßnahmen im Rahmen des Bebauungsplanverfahrens für Eingriffe in Natur und Landschaft.

2.3.4   Die sonstigen öffentlich-rechtlichen Abgaben

Neben den Steuern, Gebühren und Beiträgen gibt es noch eine weitere Gruppe von Abgaben, die sog. Lenkungs- oder Sonderabgaben. Sie werden erhoben auf besondere Vorgänge oder Tatbestände, ihr Aufkommen wird zweckgebunden verwendet für Vorhaben, die im Zusammenhang mit den Gründen ihrer Erhebung stehen.

Typische Abgaben sind hierbei:

- die Schwerbehindertenabgabe, sie trifft Unternehmen und Verwaltungen, die eine bestimmte Beschäftigungsquote von Schwerbehinderten nicht erreichen, mit ihrem Aufkommen werden Maßnahmen zur Eingliederung Schwerbehinderter in Arbeit und Beruf gefördert.

- die Abwasserabgabe, sie trifft Einleiter von Abwasser in öffentliche Gewässer, die bestimmte Reinigungsgrade des Abwassers nicht erreichen, mit ihrem Aufkommen werden Maßnahmen zur Gewässerreinhaltung gefördert.

- die naturschutzrechtliche Ausgleichsabgabe, sie trifft alle, die Eingriffe in Natur und Landschaft vornehmen (Gemeinden im Bebauungsplanverfahren oder im Straßenbau, Bauherren) und keinen Ausgleich schaffen, mit ihrem Aufkommen werden naturschutzrechtliche Ausgleichsmaßnahmen gefördert.

Inhaltsverzeichnis

3. Finanzverfassung, Aufgaben- und Lastenverteilung im föderativen System, Steuerverteilung und Finanzausgleich

3.1 Finanzverfassung

Der Begriff „Finanzverfassung" bezeichnet insgesamt die Bestimmungen des Grundgesetzes, die die verfassungsrechtlichen Fragen der öffentlichen Finanzwirtschaft regeln. Hierbei geht es insbesondere um folgende Fragen:

- Wer ist im Verhältnis Bund – Länder für die Gesetzgebung zuständig?
- Wer nimmt im Verhältnis Bund – Länder – Gemeinden die staatlichen Aufgaben wahr?
- Wer trägt die Kosten aus der Aufgabenwahrnehmung?
- Wer ist im Verhältnis Bund – Länder für den Erlass der Steuergesetze zuständig?
- Wer erhält im Verhältnis Bund – Länder – Gemeinden den Ertrag der Steuern?
- Wie werden Unterschiede in der Finanzkraft der Bundesländer (und im weiteren innerhalb der Gemeinden eines Bundeslandes) ausgeglichen?

Nachdem in Kapitel 1 dieses Lehrbuches die grundsätzliche Notwendigkeit einer öffentlichen Finanzwirtschaft erörtert wurde, soll nun dargestellt werden, welche Ebenen des Staates die damit im Zusammenhang stehenden Aufgaben erfüllen und die sich daraus ergebenden Lasten tragen.

3.2 Aufgaben- und Lastenverteilung im föderativen System

Unter einem föderativen Staatsaufbau versteht man die Gliederung des Staates in Länder mit eigenen staatlichen Befugnissen und einer darüber angeordneten gesamtstaatlichen Ebene. Dies ergibt sich für die Bundesrepublik Deutschland aus Art. 20 Abs. 1 GG (Bundesstaatsprinzip). Aus dem föderativen Staatsaufbau ergibt sich die Notwendigkeit, Kompetenzregelungen zwischen Bund und Ländern sowie Regelungen über die Lastenverteilung zu schaffen.

3.2.1 Gesetzgebungskompetenz[24]

Da die Bereitstellung öffentlicher Güter und die dazu notwendigen Handlungen regelmäßig durch Gesetze geregelt werden, ist zunächst zu klären, welche Gesetzgebungsbefugnisse für den Bund und die Länder bestehen. Unterschieden wird hierbei die ausschließliche und die konkurrierende Gesetzgebung (Art. 70 Abs. 2 GG). Weiterhin besteht die Vermutung der Gesetzgebungskompetenz zugunsten der Länder, soweit das Grundgesetz keine Regelung zugunsten des Bundes trifft (Art. 70 Abs. 1 GG). Der Begriff der ausschließlichen Gesetzgebung (des Bundes) ist in Art. 71 und der Katalog

---

[24] Die folgende Darstellung dient lediglich einer ersten Näherung an das Thema aus finanzwirtschaftlicher Sicht. Die Thematik bleibt ansonsten der staats- und verfassungsrechtlichen Lehre und der entsprechenden Literatur vorbehalten.

der hierunter fallenden Angelegenheiten ist in Art. 73 GG geregelt. Der Begriff der konkurrierenden Gesetzgebung ist in Art. 72 und der Katalog der hierunter fallenden Angelegenheiten ist in Art. 74 GG geregelt.

3.2.2 Ausführungskompetenz

Bezüglich der Ausführung der Gesetze, also der Wahrnehmung der Befugnisse im Zusammenhang mit der Bereitstellung öffentlicher Güter, trifft das Grundgesetz ebenfalls eindeutige Regelungen. Zunächst bestimmt Artikel 30 GG, dass die Ausübung der staatlichen Befugnisse und die Erfüllung der staatlichen Aufgaben Sache der Länder ist, soweit das Grundgesetz keine andere Regelung trifft oder zulässt. Konkretisiert wird diese Regelung in der Vorschrift des Art. 83 GG, wonach die Länder die Bundesgesetze als eigene Angelegenheiten ausführen, soweit das Grundgesetz nichts anderes bestimmt oder zulässt. Die weiteren Regelungen über die landeseigene Verwaltung, die Auftragsverwaltung und die bundeseigene Verwaltung treffen Art. 84 – 91 GG.

3.2.3 Lastenverteilung

Abschließend ist zu klären, wer die Lasten aus der jeweiligen Aufgabenerfüllung trägt. Hierzu trifft Art. 104 a Abs. 1 GG zunächst die grundsätzliche Regelung, dass der Bund die Ausgaben für die bundeseigene Verwaltung trägt und die Länder die Ausgaben für die landeseigene Verwaltung tragen.

Im Falle der Bundesauftragsverwaltung (Art. 85, 87 b, 87 c, 87 d, 90 Abs. 2, 108 Abs. 3 und 120 a GG) bestimmt Art. 104 a Abs. 2 GG, dass der Bund die jeweiligen Zweckausgaben trägt und die Länder die jeweiligen Verwaltungsausgaben (Personal- und Sachkosten) tragen.

Beispiel:
Gem. Art. 90 Abs. 2 GG wird die Verwaltung der Bundesautobahnen und sonstigen Bundesstraßen des Fernverkehrs von den Ländern im Auftrage des Bundes vorgenommen. Wird nun z. B. die Ortsumgehung einer Bundesstraße gebaut, trägt der Bund die Kosten für den eigentlichen Bau und das Land die Kosten für die Behörde, die den Bau durchführt.

Verschiedene Bundesgesetze, die Geldleistungen gewähren und von den Ländern ausgeführt werden, bestimmen gem. Art. 104 a Abs. 3 GG die Verteilung der Kosten der Geldleistungen zwischen Bund und Ländern. Daneben kommt die Beteiligung des Bundes an besonders bedeutsamen Investitionen der Länder und der Gemeinden/GV durch die Gewährung von Finanzhilfen gem. Art. 104 b GG in Betracht.

Bei zwei Aufgabenbereichen der Länder, den sog. Gemeinschaftsaufgaben, das sind

- die Verbesserung der regionalen Wirtschaftsstruktur
- die Verbesserung der Agrarstruktur und des Küstenschutzes

wirkt der Bund u. a. dadurch mit, dass er einen Anteil der Kosten trägt. Dies ergibt sich aus Art. 91 a GG.

Mit den Bestimmungen in Art. 104 a und 104 b sowie 91 a GG und den hierzu ergangenen Gesetzen ist eine eindeutige Regelung der aus der Aufgabenerfüllung resultierenden Lasten getroffen.

Die Aufgabenzuweisung der kommunalen Ebene (Gemeinden, GV) wird in Art. 28 Abs. 2 GG getroffen. Sie umfasst alle Angelegenheiten der örtlichen Gemeinschaft. Art. 28 Abs. 2 GG enthält demnach die sog. Selbstverwaltungsgarantie, die auch die finanzielle Eigenverantwortung einschließt. Daraus folgert, dass die Gemeinden und GV auch die Lasten der Selbstverwaltungsaufgaben tragen.

3.3   Steuerverteilung

Die Steuern dienen zur Finanzierung der Aufgaben der einzelnen Träger der öffentlichen Finanzwirtschaft[25]. Daher müssen die Steuern auch den einzelnen Trägern, insbesondere auch den einzelnen Ebenen des Staatsaufbaus (Bund, Länder, Gemeinden/GV[26]) zur Verfügung stehen, also auf diese verteilt werden. Hierzu müssen also Instrumentarien geschaffen werden, die diese Verteilung regeln.

3.3.1   Grundzüge der Steuerverteilung

Bei der Steuerverteilung auf die staatlichen Ebenen unterscheidet man grundsätzlich zwischen dem Trennsystem und dem Verbundsystem. Beim Trennsystem wird eine Steuerquelle einer Ebene zugeordnet, beim Verbundsystem wird eine Steuerquelle mehreren Ebenen zugeordnet. Nachstehende Tabelle enthält beispielhaft einige Steuern in der Verteilung nach dem Trennsystem:

Bund (Art. 106 Abs. 1 GG)	Länder (Art. 106 Abs. 2 GG)	Gemeinden/GV (Art. 106 Abs. 6 GG)
Zölle	Vermögensteuer	Grundsteuer
Mineralölsteuer	Erbschaftsteuer	örtliche Aufwand- und Ver-
Tabaksteuer	Biersteuer	brauchsteuern
Versicherungsteuer		
Kraftfahrzeugsteuer		

Drei Steuerarten, nämlich die ertragreichsten, werden gemäß Art 106 Abs. 3 GG nach dem Verbundsystem entsprechend nachstehender Übersicht auf Bund und Länder bzw. Bund, Länder und Gemeinden verteilt:

---

[25] Die Behandlung der Steuern als wichtigste Einnahmequelle der öffentlichen Hand und die Darstellung einzelner Steuerarten erfolgt in Kapitel 2 dieses Lehrbuches. Soweit zum Verständnis des Folgenden erforderlich, sollten zunächst diese Ausführungen gelesen werden.

[26] Unter Gemeindeverbänden (GV) werden hier und im Folgenden insbesondere die Landkreise verstanden.

Steuerart	Rechtsgrundlage	Gemeinde-anteil	Bund	Länder
			nach Abzug des Gemeindeanteils	
Umsatzsteuer (nach Vorwegabzug Bund gem.§ 1 FAG^{27})	Art. 106 Abs. 3, 5 und 5 a GG, FAG^{27}	2,2 %	50,5 % +/- Korrekturbeträge gem. § 1 FAG^{27}	49,5 %
Einkommensteuer Kapitalertragsteuer[28]	Art. 106 Abs. 5 GG §§ 1 – 5 GFRG	15,0 % 12,0 %	50,0 % 50,0 %	50,0 % 50,0 %
Körperschaftsteuer	Art. 106 Abs. 3 GG		50,0 %	50,0 %

Die **Gewerbesteuer** nimmt eine Art Zwitterstellung zwischen dem Trennsystem und dem Verbundsystem ein. Zum einen steht ihr Aufkommen als Realsteuer zunächst den Gemeinden zu, zum anderen werden Bund und Land über eine Umlage an ihrem Aufkommen beteiligt.

3.3.2   Die Steuern und Steueranteile der Gemeinden

Gemäß Artikel 106 Abs. 6 GG steht den Gemeinden das Aufkommen der Grundsteuer und der Gewerbesteuer zu. Das Aufkommen der örtlichen Verbrauch- und Aufwandsteuern steht den Gemeinden (z. B. Hundesteuer, Spielapparatesteuer, Zweitwohnungsteuer) oder nach Maßgabe der Landesgesetzgebung den Gemeindeverbänden zu, das betrifft in Hessen die in § 8 Abs. 1 KAG genannten Steuern Jagdsteuer und Fischereisteuer. Die Gemeinden erhalten zudem Anteile an der Einkommensteuer und der Umsatzsteuer.

3.3.2.1   Gewerbesteuerumlage

Das Aufkommen der Gewerbesteuer steht zwar den Gemeinden zu, das ihnen auch zunächst in voller Höhe zufließt, Bund und Länder können aber gemäß Art. 106 Abs. 6 GG durch eine Umlage an dem Aufkommen der Gewerbesteuer beteiligt werden. Die Gewerbesteuerumlage wird seit 1970 als Ausgleich für die Beteiligung der Gemeinden an der Einkommensteuer (s. u.) erhoben. Das Nähere über die Umlage bestimmt ein Bundesgesetz, das Gemeindefinanzreformgesetz (GFRG). Mit diesem Gesetz wird nicht nur die Gewerbesteuerumlage geregelt, sondern auch der Anteil der Gemeinden an der Einkommensteuer und an der Umsatzsteuer.

Für die Gewerbesteuerumlage gibt es keinen festen Prozentsatz vom Aufkommen, ihre relative Höhe ist vielmehr von Gemeinde zu Gemeinde je nach Hebesatz unterschiedlich. Es findet also keine Abführung bezogen auf das Aufkommen, sondern bezogen auf die Ertragskraft, ausgedrückt durch Aufkommen dividiert durch Hebesatz, statt.

---

[27] Hier: Gesetz über den Finanzausgleich zwischen Bund und Ländern (Finanzausgleichsgesetz – FAG) in Abgrenzung zum (Landes-)Gesetz über den kommunalen Finanzausgleich in Hessen (siehe unten Ziffer, 3.4.2), häufig ebenfalls als FAG abgekürzt.

[28] Die Kapitalertragsteuer (ab 2009 als Abgeltungsteuer gestaltet) ist eine Erhebungsform der Einkommensteuer bzw. der Körperschaftsteuer und wird auf Kapitalerträge wie Zinsen u. Ä. unmittelbar bei der Auszahlung einbehalten. Da die Gemeinden nicht an der Körperschaftsteuer beteiligt sind, beträgt der Anteil hier nur 12 %, da etwa 20 % des Aufkommens der Kapitalertragsteuer auf den Bereich der Körperschaftsteuerpflichtigen entfallen.

Zur Ermittlung der von einer Gemeinde zu zahlenden Gewerbesteuerumlage wird daher das Ist-Aufkommen (d. h. die tatsächlich vereinnahmten Beträge) im Erhebungsjahr zunächst durch den von der Gemeinde festgesetzten Hebesatz der Gewerbesteuer geteilt. Das Ergebnis dieser Division wird mit dem Vervielfältiger gem. § 6 Abs. 3 GFRG multipliziert. Dieser Vervielfältiger setzt sich zusammen aus einem Bundes- und einem Landesvervielfältiger.

Der Bundesvervielfältiger beträgt (ab 2010) 14,5 %, der Landesvervielfältiger beträgt in Hessen (ab 2010) 49,5 %. Der Landesvervielfältiger wird um eine Erhöhungszahl, die durch Rechtsverordnung festgesetzt wird, nochmals angehoben. Diese Erhöhungszahl beträgt für 2013 5 %. Sie dient der Beteiligung der Gemeinden an der Finanzierung des „Fonds Deutsche Einheit".

Berechnungsbeispiel:

Die Gemeinde G hat 2013 bei einem Hebesatz von 345 v. H. ein Gewerbesteueraufkommen von 3.450.000 €. Daraus ermittelt sich folgende Gewerbesteuerumlage:

3.450.000 €: 345 v. H. = 1.000.000 €
Vervielfältiger: 14,5 % Bund + (49,5 % + 5 %) Land = 69 %
1.000.000 € x 69 % = 690.000 €

Davon erhalten der Bund 145.000 € und das Land 545.000 €.

Bei einem Hebesatz von 345 v. H. beträgt die Gewerbesteuerumlage also 20 % des Ist-Aufkommens. Bei 300 v. H. wären es 23,00 %, bei 400 v. H. 17,25 %. Die Höhe des Hebesatzes bestimmt also die relative (prozentuale) Höhe der Gewerbesteuerumlage am Gewerbesteueraufkommen.

3.3.2.2   Gemeindeanteil an der Einkommensteuer

Die Gemeinden erhalten einen Anteil an der Einkommensteuer, der sich aus 15 % des Aufkommens an Lohn- und veranlagter Einkommensteuer und 12 % des Aufkommens aus der Kapitalertragsteuer (siehe auch Fußnote oben) zusammensetzt (§ 1 GFRG).

Der Gemeindeanteil an der Einkommensteuer wurde 1970 als Ergebnis einer Gemeindefinanzreform eingeführt, diese Reform war eine Reaktion auf die finanzwirtschaftliche Situation der Gemeinden im Laufe der 60er Jahre des letzten Jahrhunderts. Kennzeichnend hierfür war ein rückläufiger Anteil am Steueraufkommen bei gleichzeitigem Anstieg der Aufgabenbelastung. Zudem hatte die Gewerbesteuer im kommunalen Steuersystem ein deutliches Übergewicht erhalten. Vor der Steuerreform betrug ihr Anteil fast 80 Prozent an den kommunalen Steuereinnahmen, was eine ungesunde Abhängigkeit von dieser konjunkturanfälligen Steuer bedeutete. Das Ergebnis der Reform war eine Beteiligung der Gemeinden an der Einkommensteuer bei gleichzeitiger Abführung eines Teils des Gewerbesteueraufkommens durch eine Gewerbesteuerumlage.[29]

---

[29] Siehe hierzu auch die Dokumentation „Der Gemeindeanteil an der Einkommensteuer in der Gemeindefinanzreform", die auf der Homepage des Bundesfinanzministeriums (www.bundesfinanzministerium.de) zu finden ist, Suchbegriff: Gemeindeanteil Einkommensteuer

Der Gemeindeanteil an der Einkommensteuer wird für jedes Land ermittelt aus den in diesem Land vereinnahmten Beträgen dieser Steuern unter Berücksichtigung der Zerlegung nach dem Wohnsitzprinzip, d. h. wenn Wohnsitz und Arbeitsstätte in verschiedenen Bundesländern liegen, stellt die Zerlegung sicher, dass die im Arbeitsstätten-Bundesland vereinnahmten Steuern dem Wohnsitz-Bundesland zugewiesen werden.

Der Gemeindeanteil eines Bundeslandes wird auf die Gemeinden nach einem bestimmten Schlüssel verteilt (§§ 2 und 3 GFRG). Dieser Schlüssel ist Ausdruck des Verhältnisses der Einkommensteuerbeträge aller Gemeinden eines Bundeslandes zueinander. Er wird alle drei Jahre aufgrund der Einkommensteuerstatistik für jede Gemeinde neu festgesetzt.

Für jede Gemeinde wird also als Grundlage für die Aufkommensverteilung ermittelt, wie hoch die Lohn- und Einkommensteuerleistung ihrer Einwohner ist, um daraus die Schlüsselzahl zu errechnen. Dabei wird eine Ausgleichsfunktion verwendet, durch die Gemeinden mit überdurchschnittlich hohem Steueraufkommen eine geringere Schlüsselzahl erhalten als ihnen rein nach ihrem Aufkommen zustehen würde, die anderen Gemeinden erhalten folglich eine entsprechend höhere Schlüsselzahl.

Die Ausgleichsfunktion wird dadurch erreicht, dass die einzelnen Steuerbeträge nur bis zur Höhe eines bestimmten zu versteuernden Einkommens (sog. Sockelbeträge) ermittelt werden. Diese Sockelbeträge belaufen sich ab 2012 auf 35.000 € bei Ledigen bzw. 70.000 € bei Verheirateten. Zu versteuernde Einkommen oberhalb dieser Beträge werden also bei der Berechnung der Schlüsselzahl nicht berücksichtigt. Die Höhe der Sockelbeträge ist demnach eine entscheidende Größe bei der Ermittlung der Schlüsselzahl und damit des auf die Gemeinde entfallenden Einkommensteueranteils.

Die Sockelbeträge werden üblicherweise alle drei Jahre zusammen mit der Neufestsetzung der Schlüsselzahlen überprüft und ggf. neu festgesetzt. Dabei sind die Interessenlagen der Gemeinden durchaus unterschiedlich: Gemeinden mit einer hohen Zahl von Beziehern zu versteuernder Einkommen über dem seitherigen Sockelbetrag werden naturgemäß ihr Interesse an einer Anhebung der Sockelbeträge artikulieren, andere Gemeinden entsprechend für eine Beibehaltung votieren.

Die Schlüsselzahl der Stadt Frankfurt am Main beträgt derzeit 0,1242929. D. h. die Stadt Frankfurt am Main erhält rd. 12,4 % des Gemeindeanteils an der Einkommensteuer in Hessen. Die Stadt Königstein im Taunus (rd. 15.700 Einwohner) hat eine Schlüsselzahl von 0,0047905, eine etwa gleichgroße Stadt in Nordost-Hessen eine solche von 0,0017591.

3.3.2.3   Gemeindeanteil an der Umsatzsteuer

Die Gemeinden erhalten ab 1998 als Ausgleich für den Wegfall der Gewerbekapitalsteuer eine Beteiligung an der Umsatzsteuer. Diese beträgt 2,2 % des Aufkommens nach Vorwegentnahme des Bundes (§ 1 FAG[30]).

---

30 Hier: Gesetz über den Finanzausgleich zwischen Bund und Ländern (Finanzausgleichsgesetz – FAG) in Abgrenzung zum (Landes-)Gesetz über den kommunalen Finanzausgleich in Hessen (siehe unten Ziffer, 3.4.2), häufig ebenfalls als FAG abgekürzt.

Für jede Gemeinde eines Bundeslandes wird eine Schlüsselzahl festgesetzt, nach der der auf das Bundesland entfallende Gemeindeanteil an der Umsatzsteuer auf die Gemeinden dieses Bundeslandes verteilt wird. Die Vorschriften zur Ermittlung der Schlüsselzahl enthalten die §§ 5 a – 5 e GFRG.

3.4   Der Finanzausgleich

Der Begriff „Finanzausgleich" beinhaltet die Aufteilung der öffentlichen Aufgaben und der zu ihrer Finanzierung notwendigen Einnahmen auf die Gebietskörperschaften eines Staatsverbandes.

Ein Finanzausgleich ist also dann erforderlich, wenn ein Staat aus mehreren Ebenen (Bund, Land, kommunale Ebene) besteht, diese Ebenen in Teilebenen (mehrere Bundesländer, innerhalb der Bundesländer jeweils mehrere Gemeinden) gegliedert sind und den Ebenen unterschiedliche Aufgaben sowie eigene Steuerquellen zugewiesen sind.

Diese Beschreibung ist typisch für den Staatsaufbau der Bundesrepublik, so dass das Grundgesetz folgerichtig auch Regelungen über einen Finanzausgleich vorsieht.

Bei der Betrachtung des Begriffes „Finanzausgleich" wird im Weiteren von folgender Unterteilung[31] ausgegangen:

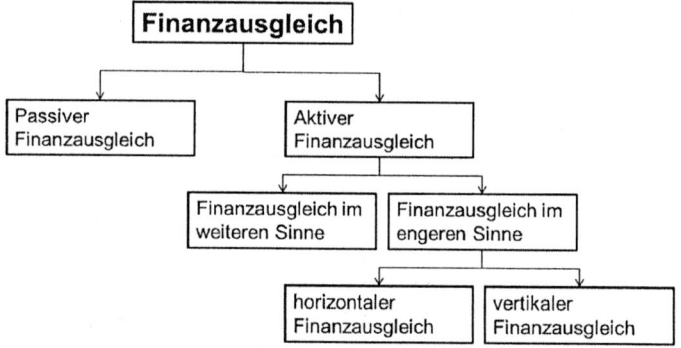

Der passive Finanzausgleich umfasst alle Regelungen, die der Verteilung der Aufgaben und der hieraus resultierenden Lasten auf die einzelnen Ebenen eines Staates dienen.

Der aktive Finanzausgleich im weiteren Sinne befasst sich mit den Regelungen, die der Verteilung der Einnahmequellen, insbesondere der Steuern, auf die einzelnen Ebenen des Staates dienen. Diese Thematik wurde in der vorhergehenden Ziffer behandelt. Der aktive Finanzausgleich im engeren Sinne hat den Ausgleich von Unterschieden zum

---

[31] Gelegentlich werden andere bzw. differenziertere Begriffe als die nachstehenden verwendet. Das liegt auch an der Vielzahl von Systemen, die von der Finanzwissenschaft zur Gestaltung eines Finanzausgleichssystems entwickelt wurden, um eine möglichst gerechte Verteilung des Steueraufkommens anzustreben.

Gegenstand, die sich aus der Steuerverteilung auf die einzelnen Teile (Länder, Gemeinden/GV) der jeweiligen Ebene ergeben. Diese Unterschiede ergeben sich daraus, dass diese Verteilung nicht nach einem bundesdurchschnittlichen Pro-Kopf-Maßstab für die jeweilige Steuerart erfolgt, sondern regelmäßig nach dem Aufkommen im Bundesland (Art 107 Abs. 1 GG).

Jedes Bundesland erhält also das Steueraufkommen, das in seinem Gebiet entstanden ist (Prinzip des örtlichen Aufkommens), dabei sind teilweise große Unterschiede festzustellen. Der Ausgleich dieser Unterschiede ist erforderlich, um dem bundesstaatlichen Prinzip der Gleichwertigkeit der Lebensverhältnisse Rechnung zu tragen (Art. 72 Abs. 2 GG). Dabei ist jedoch darauf zu achten, dass Unterschiede im Steueraufkommen nicht völlig nivelliert werden, sondern nach Durchführung des Finanzausgleichs lediglich gemindert sind, um den Anreiz zur eigenen Aufkommenserzielung zu erhalten.

Grundsätzlich kann man zwei Typen des aktiven Finanzausgleichs im engeren Sinne unterscheiden, den horizontalen und den vertikalen Finanzausgleich.

3.4.1 Horizontaler Finanzausgleich/Finanzausgleich auf Ebene der Bundesländer

Horizontal bedeutet, dass Finanzausgleichsbeziehungen zwischen den Teilen einer Ebene unmittelbar stattfinden. Dies ist ein Hauptmerkmal des derzeit geltenden Finanzausgleichs zwischen den Bundesländern, dessen Grundlagen in Art. 107 Abs. 2 GG und dem Gesetz über den Finanzausgleich zwischen Bund und Ländern (Finanzausgleichsgesetz - FAG) geregelt sind.

Der Ausgleich unterschiedlicher Finanzausstattung der Bundesländer (Länder-Finanzausgleich) vollzieht sich insgesamt in drei Schritten:

1. Umsatzsteuervorwegausgleich

   Bis zu einem Viertel des Länderanteils an der Umsatzsteuer wird zugunsten der Länder mit unterdurchschnittlichem Steueraufkommen umgeschichtet, damit werden die Steuereinnahmen auf mind. 92 % des Bundesdurchschnittes gehoben. Der Rest (¾) wird nach Einwohnerzahl auf die Bundesländer verteilt.

2. eigentlicher Länderfinanzausgleich (horizontaler Finanzausgleich)

   Die finanzschwächeren Bundesländer erhalten Finanzzuweisungen von den finanzstärkeren Bundesländern, in 2011[32] im Volumen von 7,3 Mrd. €. Finanzstärkere Bundesländer („Geberländer") sind derzeit (2011):

Bayern	3,7 Mrd. €	292 € pro Ew.
Baden-Württemberg	1,8 Mrd. €	165 € pro Ew.
Hessen	1,8 Mrd. €	297 € pro Ew.
Hamburg	0,1 Mrd. €	35 € pro Ew.

---

[32] Vorläufige Abrechnung, Quelle: Homepage des Bundesministeriums der Finanzen.

Alle anderen Bundesländer sind „Nehmerländer", allen voran Berlin mit 3,0 Mrd. € insgesamt und 875 € pro Ew.

Die Berechnung erfolgt durch Gegenüberstellung einer Finanzkraftmesszahl (eigenes Steueraufkommen pro Ew.) und einer Ausgleichsmesszahl (durchschnittliches Steueraufkommen aller Länder pro Ew.). Der jeweilige Ausgleichsbetrag wird über eine teilweise progressiv wirkende Formel ermittelt, d. h. weiter vom Durchschnitt entfernte Werte werden stärker ausgleichend berücksichtigt als näher am Durchschnitt liegende.

3.   Bundesergänzungszuweisungen (vertikaler Finanzausgleich)

Der Bund gewährt aus seinem Haushalt Zuweisungen an die Länder, die nach Schritt 2 nicht mindestens 99,5 % der durchschnittlichen Finanzkraft aufweisen, in Höhe von rd. ¾ der Differenz (allgemeine Bundesergänzungszuweisungen).

Daneben gibt es weitere Bundesergänzungszuweisungen, sog. Sonderbedarfs-Bundesergänzungszuweisungen.

3.4.2   Vertikaler/kommunaler Finanzausgleich

Der kommunale Finanzausgleich (KFA) ist in Hessen (und im Wesentlichen auch in den anderen Bundesländern) als vertikaler Finanzausgleich ausgestaltet. Der KFA soll das unterschiedliche Steueraufkommen der Gemeinden/GV innerhalb eines Bundeslandes (teilweise) ausgleichen. Im Gegensatz zum horizontalen Finanzausgleich finden beim vertikalen Finanzausgleich keine Finanzausgleichsbeziehungen auf gleicher Ebene statt. Diese Beziehungen bestehen vielmehr in Form von Zuweisungen und Umlagen von und an übergeordnete/n Ebenen.

Die Gemeinden/GV erhalten vom Land Finanzzuweisungen, deren Höhe sich nach der Finanzkraft der jeweiligen Gemeinde richtet. Die Gemeinden/GV leisten Umlagen an übergeordnete Gemeindeverbände (z. B. Kreis, Landeswohlfahrtsverband). Die Ausgleichswirkung entsteht dadurch, dass finanzstärkere Gemeinden/GV entsprechend geringere Zuweisungen erhalten und höhere Umlagen zahlen, finanzschwächere Gemeinden/GV entsprechend höhere Zuweisungen erhalten und geringere Umlagen zahlen, jeweils pro Einwohner.

Diese Zuweisungen sind dem Grunde nach bereits im Grundgesetz geregelt. Art. 106 Abs. 7 GG bestimmt, dass den Gemeinden/GV vom Länderanteil an den Gemeinschaftssteuern (Einkommensteuer, Körperschaftsteuer und Umsatzsteuer) ein von der Landesgesetzgebung zu bestimmender Anteil zufließt. Er überlässt es der Landesgesetzgebung weiterhin zu bestimmen, ob und wie die Gemeinden/GV am Aufkommen aus den Landessteuern beteiligt werden. Weitere Rechtsgrundlage für den kommunalen Finanzausgleich in Hessen ist Art. 137 Abs. 5 HV.

Die für die hessischen Gemeinden/GV geltenden Bestimmungen zum kommunalen Finanzausgleich enthält das Hessische Gesetz zur Regelung des Finanzausgleichs[33], das im Prinzip jährlich überarbeitet und neu bekannt gemacht wird. Die Regelungen dieses Gesetzes sind Grundlage der folgenden Darstellungen[34].

Neben den Gemeinschaftssteuern nach Art. 106 Abs. 7 GG erhalten die Gemeinden nach FAG auch einen Anteil am Aufkommen der Vermögensteuer (soweit überhaupt noch anfallend) und der Grunderwerbsteuer (zu zwei Dritteln). Abgesetzt wird der vom Land im Länderfinanzausgleich zu erbringende Betrag. Der Anteil der Gemeinden/GV an dem sich daraus ergebenden Betrag beläuft sich derzeit auf 23,0 % (Steuerverbundquote, § 2 Abs. 2 FAG).

Da der KFA im Voraus nach den Beträgen des Haushaltsplanes des Landes gestaltet wird, können sich am Ende der Abrechnungsperiode Überschüsse oder Unterdeckungen ergeben, die im übernächsten Ausgleichsjahr berücksichtigt werden. Zu- oder abzüglich der Abrechnungsspitzen aus Vorjahren ergibt sich also die Steuerverbundmasse. Diese wird um weitere Beträge verstärkt, woraus sich insgesamt die Finanzausgleichsmasse ergibt, also der den Gemeinden/GV in dem jeweiligen Ausgleichsjahr insgesamt zuzuweisende Betrag.

Nachstehend ist die Ermittlung der Finanzausgleichsmasse für das Jahr 2013[35] entsprechend der Regelungen in § 2 FAG dargestellt:

---

[33] Dieses Gesetz wird ebenfalls als FAG abgekürzt, es ist nicht zu verwechseln mit dem in den vorhergehenden Ziffern angesprochenen Gesetz über den Finanzausgleich zwischen Bund und Ländern.

[34] Mit dem Finanzausgleichsänderungsgesetzes 2011 vom 16. Dezember 2010 (GVBl. I S. 612) hat der Landesgesetzgeber Veränderungen in der Struktur und Ausgestaltung des FAG vorgenommen, die im Ergebnis dazu führen, dass der zu verteilenden Masse erhebliche Mittel entzogen werden, für das Jahr 2013 mindestens 378 Mio. Euro. Mit Urteil des Staatsgerichtshofs des Landes Hessen vom 21. Mai 2013 - P.St. 2361 -, veröffentlicht im GVBl. I Seite 535, zu einer entsprechenden kommunalen Grundrechtsklage der Stadt Alsfeld gegen dieses Gesetz hat der Staatsgerichtshof festgestellt, dass wesentliche Teile des Finanzausgleichsänderungsgesetzes 2011 mit der Verfassung des Landes Hessen unvereinbar sind. Das Land Hessen muss danach den KFA grundsätzlich neu ordnen. Insbesondere muss das Land feststellen, welchen Finanzbedarf die kommunale Ebene durch die Erfüllung der kommunalen Aufgaben hat. Die für unvereinbar erkannten Vorschriften dürfen jedoch bis 2015 weiter angewendet werden. Auf die vielfältigen Publikationen zu diesem Urteil insbesondere durch die kommunalen Spitzenverbände in Hessen wird verwiesen. Das vollständige Urteil steht auf der Homepage des Staatsgerichtshofes (www.staatsgerichtshof.hessen.de) zum Abruf bereit.
Die Ausführungen dieses Abschnittes behandeln daher ein nur noch übergangsweise anwendbares Recht, spätestens ab dem Jahr 2016 muss eine Neuordnung des KFA gemäß den Vorgaben des Staatsgerichtshofes greifen.

[35] Siehe auch Veröffentlichung vom 1. März 2013, StAnz Seite 435.

Berechnung der Finanzausgleichsmasse 2013– in Mio.€		
Landesanteil an Gemeinschaftssteuern	15.525,5	
Landesanteil Grunderwerbsteuer (zu 2/3)	511,3	
Länderfinanzausgleich	- 1.931,0	
Verbleibendes Landesaufkommen	14.105,8	
davon 23,0 %		3.244,3
Abrechnungsspitzen Vorjahre		74,7
Steuerverbundmasse		3.319,0
Weitere Mittel (einschl. sog. Kompensationsumlage[36] von 97,6 Mio. €)		501,5
Finanzausgleichsmasse insgesamt		3.820,5

Die Leistungen des kommunalen Finanzausgleichs werden gem. § 3 FAG gewährt in Form von

- Allgemeinen Finanzzuweisungen
- Besonderen Finanzzuweisungen
- Investitionszuweisungen

Die allgemeinen Finanzzuweisungen wiederum teilen sich auf in

- die Zuweisung an den LWV gemäß § 20 FAG
- die Schlüsselzuweisungen an
  - die kreisangehörigen Gemeinden
  - die kreisfreien Städte
  - die Landkreise

Nachstehende Übersicht zeigt die Verteilung der Finanzausgleichsmasse im Ausgleichsjahr 2013 auf die einzelnen Zuweisungsarten und die Empfängergruppen der Allgemeinen Finanzzuweisungen entsprechend §§ 3, 5 – 7 FAG auf:

Verwendung der Finanzausgleichsmasse Beträge in Mio.€					
Zuweisung LWV	Allgemeine Finanzzuweisungen 2.320,6			Besondere Finanz- zuweisungen	Investitions- zuweisungen
	Gesamtschlüsselmasse (§ 6 FAG, bereinigt um Kompensationsumlage) 2.121,3				
	kreis- angehörige Gemeinden	kreisfreie Städte	Landkreise		
	45,7 %	20,1 %	34,2 %		
101,8	969,4	486,6*	762,8**	896,3	603,5

*   einschl. eines Anteil von rd. 61,7 % an der Kompensationsumlage[36] = 60,2 Mio. €
** einschl. eines Anteil von rd. 38,3 % an der Kompensationsumlage[36] = 37,4 Mio. €

---

[36] Die Kompensationsumlage wurde mit dem Ausgleichsjahr 2011 (vgl. auch Fußnote oben bezüglich der Unvereinbarkeit des Finanzausgleichänderungsgesetzes 2011 mit der Hessischen Verfassung) in die Systematik des KFA eingeführt. Sie ist von den kreisangehörigen Gemeinden entsprechend ihrer Steuerkraft zu erbringen und kommt den kreisfreien Städten und Landkreisen zu Gute als Ausgleich (Kompensation) dafür, dass diese ab 2011 nicht mehr am Grunderwerbsteueraufkommen beteiligt werden.

3.4.2.1 Berechnung der Schlüsselzuweisungen

Die Schlüsselzuweisungen der kreisangehörigen Gemeinden sind in §§ 8 – 14 FAG geregelt. Ausgangspunkt ist die Gegenüberstellung einer Bedarfsmesszahl und einer Steuerkraftmesszahl. Aus der Differenz wird die Schlüsselzuweisung der Gemeinde ermittelt.

Die **Bedarfsmesszahl** soll den Finanzbedarf einer Gemeinde wiedergeben. Sie knüpft zunächst an die Einwohnerzahl an, die je nach Größe der Gemeinde „veredelt" wird, da unterstellt wird, dass die Gemeinden mit steigender Einwohnerzahl einen höheren Bedarf pro Kopf aufweisen. Der Veredelungsfaktor (Anrechnungssatz) ergibt sich aus der Tabelle 1 zum FAG. In einer Gemeinde mit 6.000 Einwohnern beträgt er 114 %, in einer mit 35.000 Einwohnern 129 %.

Bei bestimmten zentralörtlichen Funktionen, die durch den Regionalen Raumordnungsplan festgestellt werden, ergeben sich Mindestansätze dieser Faktoren.

Beispiel:
Gemeinde mit 25.000 Einwohnern, Mittelzentrum mit Teilfunktion eines Oberzentrums
Anrechnungssatz lt. Tabelle 1:   127 %
Anrechnungssatz gem. § 10 Abs. 2 Ziffer 2 FAG: 130 %

Aus der Multiplikation der Einwohnerzahl mit dem Anrechnungssatz ergibt sich der sog. Hauptansatz, im obigen Beispiel also 25.000 x 130 % = 32.500.

Als Einwohnerzahl wird die Zahl zum 31.12. des zweiten dem Ausgleichsjahr vorangehenden Jahres zugrunde gelegt, für das Ausgleichsjahr 2013 also die Einwohnerzahl zum 31.12.2011.

Weiterhin werden Ergänzungsansätze für besondere Bedarfe berücksichtigt, derzeit finden gem. § 11 FAG insgesamt 4 Ergänzungsansätze Anwendung:

1. Ergänzungsansatz für Sonderstatusstädte (kreisangehörige Gemeinden mit mehr als 50.000 Einwohnern gem. § 4 a HGO) in Höhe von 15 % des Hauptansatzes zur Berücksichtigung der Belastungen aus der Wahrnehmung zusätzlicher Aufgaben

2. Ergänzungsansatz für in der Gemeinde wohnhafte Mitglieder der Stationierungsstreitkräfte in Höhe der Zahl, da diese Personen nicht in der Einwohnerzahl der Gemeinde enthalten sind

3. Ergänzungsansatz für Bevölkerungswachstum[37] in Höhe eines Prozentsatzes des Hauptansatzes, der sich aus der Hälfte des 10 % übersteigenden Wachstums in den letzten 10 Jahren ergibt zur Erfassung des Bedarfes z. B. für Infrastruktureinrichtungen aufgrund des großen Bevölkerungszuwachses

---

[37] Ein entsprechend ermittelter Ergänzungsansatz gilt ab dem Ausgleichsjahr 2014 auch für Bevölkerungsrückgang, § 11 Abs. 4 FAG n. F., der bisherige Abs. 4 wird dann Abs. 5.

Beispiel:
Bevölkerungswachstum in den letzten 10 Jahren: 18 %
Ergänzungsansatz in Höhe von 4 % des Hauptansatzes

4. Ergänzungsansatz für Schulträgerschaft in Höhe von 15 % der maßgeblichen Schülerzahl zur Berücksichtigung des Bedarfes, der sich daraus ergibt, dass eine Gemeinde anstelle des Kreises Schulträger ist

Hauptansatz und Ergänzungsansätze zusammen bilden den Gesamtansatz.

Der Gesamtansatz wird sodann mit dem sog. Grundbetrag multipliziert und daraus die Bedarfsmesszahl ermittelt. Der Grundbetrag ist eine Rechengröße, die vom Finanzministerium aufgrund von Modellberechnungen ermittelt wird. Der Grundbetrag wird so festgesetzt, dass insgesamt die Schlüsselmasse verbraucht wird. Daraus folgert, dass die für eine Gemeinde festgesetzte Bedarfsmesszahl in hohem Maße davon abhängig ist, wie hoch die im gesamten Finanzausgleich zur Verfügung stehende Finanzmasse ist, was wiederum von den Steuereinnahmen des Landes abhängt.

Die **Steuerkraftmesszahl** wird ermittelt aus den Steuerkraftzahlen der Grundsteuern A und B, der Gewerbesteuer und der Anteile an der Einkommensteuer und der Umsatzsteuer abzüglich der Steuerkraftzahl der Gewerbesteuerumlage. Bezüglich zahlenmäßiger Beispiele wird auf den Übungsfall im Anschluss an diese Ziffer verwiesen.

Für die Grundsteuern und die Gewerbesteuer wird die Steuerkraftzahl ermittelt, in dem das Ist-Aufkommen durch den Hebesatz geteilt wird. Dieses Rechenergebnis (auch als Grundbetrag bezeichnet) wird mit einem fiktiven, am Landesdurchschnitt orientierten und in § 12 Abs. 2 FAG festgelegten Hebesatz multipliziert. Je nachdem, ob die die Gemeinde einen höheren oder niedrigeren Hebesatz als den im FAG genannten Hebesatz festgelegt hat, wird ihr ein Steueraufkommen unter oder über dem tatsächlichen Aufkommen zugerechnet.

Für den Gemeindeanteil an der Einkommensteuer und den Gemeindeanteil an der Umsatzsteuer wird die Steuerkraftzahl ermittelt, in dem das jeweilige Aufkommen mit 100 % multipliziert wird. Die Steuerkraftzahl der Gewerbesteuerumlage entspricht der tatsächlich zu zahlenden Umlage.

Referenzperiode für die Ermittlung der Steuerkraftmesszahl ist der Zeitraum vom 1. Juli des zweiten dem Ausgleichsjahr vorangehenden Jahres bis zum 30. Juni des dem Ausgleichsjahr vorangehenden Jahres, für das Ausgleichsjahr 2013 also der Zeitraum vom 01.07.2011 bis zum 30.06.2012 (§ 12 Abs. 4 FAG), anders ausgedrückt: das 2. Halbjahr des Vorvorjahres und das 1. Halbjahr des Vorjahres.

Aus der Gegenüberstellung von Bedarfsmesszahl und Steuerkraftmesszahl ermittelt sich nun die **Schlüsselzuweisung**.

Ist die Bedarfsmesszahl höher als die Steuerkraftmesszahl, erhält die Gemeinde die Hälfte der Differenz (§ 13 Abs. 1 FAG, Schlüsselzuweisung im Regelfall).

Beispiel:

Bedarfsmesszahl	12.000.000 €
Steuerkraftmesszahl	10.000.000 €
Differenz	2.000.000 €
Schlüsselzuweisung	1.000.000 €

Die Schlüsselzuweisung muss jedoch mindestens so hoch sein, dass Schlüsselzuweisung und Steuerkraftmesszahl zusammen 80 % der Bedarfsmesszahl ergeben, diese Regelung bezeichnet man auch als Finanzkraftgarantie.

Beispiel:

Bedarfsmesszahl	10.000.000 €
Steuerkraftmesszahl	5.000.000 €
Differenz	5.000.000 €
Schlüsselzuweisung zunächst	2.500.000 €

Schlüsselzuweisung und Steuerkraftmesszahl zusammen (7.500.000 €) decken jedoch nicht 80 % der Bedarfsmesszahl (8.000.000 €). Die Schlüsselzuweisung erhöht sich daher um 500.000 € und beträgt insgesamt 3.000.000 €, sodass jetzt aus Schlüsselzuweisung und Steuerkraftmesszahl zusammen 80 % der Bedarfsmesszahl gedeckt sind.

In den Fällen, in denen bei einer Gemeinde die Steuerkraftmesszahl gleich der oder höher als die Bedarfsmesszahl ist, erhält sie eine Mindestschlüsselzuweisung pro Einwohner nach Maßgabe des § 13 Abs. 2 oder 3 FAG, je nachdem, welcher Betrag höher ist.

Denkbar ist letztlich noch der Fall, dass die Schlüsselzuweisung nach § 13 Abs. 1 FAG niedriger ist als die Mindestschlüsselzuweisung. Dann erhält die Gemeinde gemäß § 13 Abs. 4 FAG ebenfalls die Mindestschlüsselzuweisung.

Beispiel:

Bedarfsmesszahl	10.000.000 €
Steuerkraftmesszahl	9.800.000 €
Differenz	200.000 €
Schlüsselzuweisung	100.000 €
Einwohnerzahl	20.000
Mindestschlüsselzuweisung (7 €/Ew.)	140.000 €
Die Gemeinde erhält nach § 13 Abs. 4 FAG den höheren Betrag.	

Wäre die Gemeinde z. B. als Mittelzentrum mit Teilfunktion eines Oberzentrums festgestellt, erhielte sie 12 €/Ew., somit 240.000 €.

Die Schlüsselzuweisungen an die kreisfreien Städte und an die Landkreise sind in §§ 15 bzw. 16 – 19 FAG geregelt. Die Berechnungsmethode entspricht in etwa der für die Schlüsselzuweisungen der kreisangehörigen Gemeinden.

3.4.2.2   Besondere Finanzzuweisungen

Gemäß § 21 Abs. 1 FAG können Landkreisen und Gemeinden zum Ausgleich besonderer Belastungen für das Ausgleichsjahr Besondere Finanzzuweisungen gewährt werden. Sie sind im Haushaltsplan des jeweiligen Empfängers **zweckgebunden** zu vereinnahmen.

Für welche Zwecke im Einzelnen Zuweisungen gewährt werden, ergibt sich aus den §§ 22 – 27 a FAG, die Dotierung der Zwecke ergibt sich aus dem jeweiligen Landeshaushalt. Nachstehende Tabelle zeigt die Zuweisungen im Jahre 2013 auf:

Art der Zuweisung	Rechtsgrundlage (FAG)	Betrag (Mio. €)
Zuweisungen zu den Ausgaben für Schulen	§ 22	133,0
Zuweisungen für Betreuungsangebote an Schulen	§ 22 a	6,6
Zuweisungen zu den Ausgaben der örtlichen Sozialhilfe	§ 23	62,7
Zuweisungen zu den Belastungen aus SGB II	§ 23 a	100,0
Zuweisungen zu den Ausgaben der örtlichen Jugendhilfe	§ 23 b	63,0
Zuweisungen zu den Ausgaben für Kinder- und Jugenderholung	§ 23 c	1,2
Zuwendungen zu Kinderbetreuungseinrichtungen	§ 23 d	84,0
Zuweisungen für den ÖPNV	§§ 24, 25	121,5
Zuweisungen zu den Ausgaben für Theater	§ 26	12,9
Zuweisungen für Bibliotheken, Museen und Musikschulen	§ 26 a	2,3
Zuweisungen zu den Ausgaben für Straßen	§ 27	14,0
Zuweisungen zu den Belastungen der Heilkurorte	§ 27 a	11,5
Landesausgleichsstock	§ 28	38,2
Weitere Leistungen zur Kinderbetreuung		196,4
Sonstige		49,0
insgesamt		896,3

3.4.2.3   Investitionszuweisungen

Die Kommunen erhalten im Rahmen des FAG (§§ 29 – 32) als dritte Form der Zuweisung Investitionszuweisungen zu den Ausgaben für Investitionen und Investitionsförderungsmaßnahmen (zum Begriff siehe § 58 Nr. 17 und 18 i. V. m. § 49 Abs. 3 Nr. 1 GemHVO sowie Ziffer 6.5.1.2 dieses Lehrbuches).

Diese Zuweisungen werden gewährt

- als Investitionspauschale gem. §§ 29, 30 FAG
- im Bereich Abwasser/Wasserwirtschaft als pauschalisierte Maßnahmenförderung gem. §§ 31 – 32 FAG für solche Investitionen, die nicht durch zweckgebundene Zuweisungen (s. u.) gefördert werden
- als Zuwendung zur Projektförderung gem. §§ 33, 34 FAG.

Die Investitionspauschale kann – ab 2014 – auch zur Tilgung von Investitionskrediten verwendet werden. Sie kann auch im Ergebnishaushalt eingesetzt werden, soweit und solange beim Zuwendungsempfänger keine Auszahlungen für Investitionen oder Investitionsförderungsmaßnahmen oder für die Tilgung von Investitionskrediten anfallen.

Einzelheiten regelt die Verordnung über die Berechnung von pauschalen Investitionszuweisungen (Investitionszuwendungsverordnung) vom 29.11.2004 in der (ab 2014 gültigen) Fassung vom 13.12.2013. Danach erhalten kreisangehörigen Gemeinden im ländlichen Raum, sofern sie keine Mindestschlüsselzuweisung erhalten, zusätzlich zur allgemeinen Investitionspauschale eine Investitionsstrukturpauschale; Mittelzentren im ländlichen Raum nochmals zusätzlich eine Investitionspauschale für Mittelzentren im ländlichen Raum (vgl. § 1 Investitionszuwendungsverordnung)

Unbedingt zu beachten sind bei den maßnahmenbezogenen Investitionszuweisungen die Vorschriften der §§ 23, 44 LHO und der VV dazu. Von besonderer Bedeutung ist dabei u. a. die Bestimmung, dass vor Erteilung des Bewilligungsbescheides kein Baubeginn erfolgen darf.

3.4.2.4 Umlagen

Das FAG regelt jedoch nicht nur Zuweisungen, die die Gemeinden/GV als Einnahmen erhalten, sondern auch Umlagen, die von diesen zu zahlen sind.

Diese Umlagen sind:

- die Kreisumlage einschließlich Schulumlage der kreisangehörigen Gemeinden nach §§ 37 FAG, 53 Abs. 2 HKO,
- die Krankenhausumlage der Landkreise und kreisfreien Städte nach § 38 FAG,
- die Verbandsumlage der Landkreise und kreisfreien Städte an den Landeswohlfahrtsverband Hessen nach § 39 FAG sowie § 14 Abs. 2 des Gesetzes über den Landeswohlfahrtsverband Hessen,
- die Umlage der Verbandsmitglieder an den Regionalverband FrankfurtRheinMain nach § 40 FAG und § 17 des Gesetzes über die Metropolregion Frankfurt/Rhein-Main,
- die Zinsdienstumlage für das Sonderinvestitionsprogramm nach § 40b FAG,
- die Kompensationsumlage kreisangehöriger Gemeinden nach § 40c FAG, siehe auch Fußnote oben.

Von diesen Umlagen soll nachstehend die Berechnung der Kreis- und Schulumlage näher dargestellt werden.

Die Kreisumlage ist die wichtigste Einnahmequelle der Landkreise. Sie wird ermittelt aus der Kreisumlagegrundlage, die für jede dem Kreis angehörende Gemeinde zu berechnen ist, multipliziert mit dem vom Kreis festgesetzten Kreisumlagehebesatz.

Die Kreisumlagegrundlage setzt sich gem. § 37 Abs. 2 Satz 1 FAG zusammen aus

- der Steuerkraftmesszahl
- 100 % der Gemeindeschlüsselzuweisung

Beispiel:

Steuerkraftmesszahl	20.000.000 €
Schlüsselzuweisung	4.000.000 €
Kreisumlagegrundlage	24.000.000 €
Hebesatz (Beispiel)	35 %
Kreisumlage	8.400.000 €

Für Sonderstatusstädte gilt nach § 37 Abs. 2 Satz 2 FAG eine besondere Regelung, ihre Kreisumlagegrundlagen werden ermäßigt. Die Ermäßigung bewirkt eine Absenkung der Kreisumlagegrundlagen auf 56,5 %. Für 2008 bis 2014 erfolgt die Absenkung auf 50 %.

Ist bei einer Sonderstatusstadt jedoch die Steuerkraftmesszahl höher als die Bedarfsmesszahl, fließt der übersteigende Betrag voll in die Kreisumlagegrundlagen ein, wird also nicht ermäßigt.

Beispiel (Jahr 2013):

Steuerkraftmesszahl	100.000.000 €
Bedarfsmesszahl (BMZ)	98.000.000 €
Schlüsselzuweisung	1.800.000 €
Kreisumlagegrundlagen:	
Steuerkraftmesszahl bis zur Höhe der BMZ	98.000.000 €
100 % der Schlüsselzuweisung	1.800.000 €
Zwischensumme	99.800.000 €
davon 50 %	49.900.000 €
Restliche Steuerkraftmesszahl voll	2.000.000 €
Kreisumlagegrundlage	51.900.000 €
Hebesatz (Beispiel)	35 %
Kreisumlage	18.165.000 €

Neben der Kreisumlage können die Kreise gem. § 37 Abs. 3 FAG zusätzlich einen Zuschlag zur Kreisumlage, die Schulumlage, von den Gemeinden erheben, die nicht Schulträger sind. Der Hebesatz der Schulumlage muss so festgesetzt sein, dass das Aufkommen aus dem Zuschlag die Belastung des Landkreises aus der Schulträgerschaft nicht übersteigt.

Umlagegrundlagen sind die Beträge, die auch für die Kreisumlage gelten, die Ermäßigung bei Sonderstatusstädten wie bei der Kreisumlage findet jedoch nicht statt.

3.5   Übung

Sachverhalt:

Für die Stadt Musterstadt gelten folgende Strukturdaten:

Einwohnerzahl am 31.12.2011:   54.000
Zentralörtliche Funktion: Oberzentrum
Zahl der in der Stadt wohnenden Mitglieder
der Stationierungsstreitkräfte am 31.12.2011:   2.080
Einwohnerzahl am 31.12.2001   45.000
Schulträger, maßgebliche Schülerzahl gemäß § 22 Abs. 3 Satz 1 FAG: 8.000

Folgende Einnahmedaten sind bekannt:

Steuerart	Aufkommen €	Hebesatz %
Grundsteuer A		
2. Halbjahr 2011	24.000	200
1. Halbjahr 2012	26.000	200
Grundsteuer B		
2. Halbjahr 2011	3.500.000	250
1. Halbjahr 2012	3.770.000	260
Gewerbesteuer		
2. Halbjahr 2011	7.500.000	300
1. Halbjahr 2012	9.625.000	350
Gemeindeanteil an der Einkommensteuer		
2. Halbjahr 2011	17.000.000	
1. Halbjahr 2012	18.000.000	
Gemeindeanteil an der Umsatzsteuer		
2. Halbjahr 2011	250.000	
1. Halbjahr 2012	250.000	

Weitere Informationen:

Grundbetrag (€):   882,55[38]
Vervielfältiger gesamt Gewerbesteuerumlage 2011 (%)   71[39]
Vervielfältiger gesamt Gewerbesteuerumlage 2012 (%)   70[40]
Der Kreisumlagehebesatz beträgt 35 %, der Schulumlagehebesatz 20 %.

---

[38] Dieser Betrag ist übungshalber so angegeben, tatsächlich beläuft sich der Grundbetrag in 2013 auf 938,05 Euro.
[39] Dieser Wert ist übungshalber so angegeben, tatsächlich beläuft sich der Vervielfältiger 2011 auf 70 %.
[40] Dieser Wert ist übungshalber so angegeben, tatsächlich beläuft sich der Vervielfältiger 2012 auf 69 %.

Aufgabe:

Berechnen Sie die Schlüsselzuweisung und die Kreis- und Schulumlage der Stadt Muster-stadt für das Jahr 2013.

Lösung:

a)   Berechnung der Schlüsselzuweisung

    aa)   Berechnung der Bedarfsmesszahl

        Hauptansatz:
        Einwohnerzahl am 31.12.2011: 54.000
        Zentralörtliche Funktion: Oberzentrum
        § 10 Abs. 1 i. V. m. Abs. 2 Ziffer 3 FAG:
        Hauptansatz = 54.000 x 140 % =   75.600

        Ergänzungsansätze:

        Sonderstatusstadt
        § 11 Abs. 1 FAG: Gemeinde mit mehr als 50.000 Einwohnern,
        Ergänzungsansatz 15 % vom Hauptansatz   11.340

        Zahl der Mitglieder der Stationierungsstreitkräfte
        am 31.12.2011: 2.080
        § 11 Abs. 2 FAG: Ergänzungsansatz in Höhe der Zahl   2.080

        Einwohnerzahl vor 10 Jahren: 45.000
        § 11 Abs. 3 FAG: Ergänzungsansatz für Bevölkerungswachstum,
        Berechnung:
        Zuwachs der Einwohnerzahl in den letzten 10 Jahren: 9.000
        dies entspricht 20,0 % (9.000 : 45.000 x 100)
        Ergänzungsansatz i. H. v. ½ des 10 % des
        Bevölkerungszuwachses übersteigenden Hundertsatzes
        vom Hauptansatz
        20 %– 10 % = 10 % :2 = 5 % von 75.600 =   3.780

        Schulträger, maßgebliche Schülerzahl
        gemäß § 22 Abs. 3 Satz 1 FAG: 7.000
        § 11 Abs. 4 FAG: Ergänzungsansatz in Höhe von
        15 % der maßgeblichen Schülerzahl:
        15 % von 8.000 =   1.200

        Gesamtansatz: 94.000

        Bedarfsmesszahl = Grundbetrag x Gesamtansatz
        882,55 € x 94.000 =   82.959.700 €

        Die Bedarfsmesszahl beträgt somit 82.959.700 €.

ab) Berechnung der Steuerkraftmesszahl

Die Steuerkraftmesszahl wird berechnet, indem die Steuerkraftzahlen der Grundsteuern, der Gewerbesteuer und des Gemeindeanteils an der Einkommensteuer addiert werden und die Steuerkraftzahl der Gewerbesteuerumlage hiervon abgezogen wird (§ 12 Abs. 1 FAG).

Grundsteuer A
Die Steuerkraftzahl wird ermittelt, indem das Aufkommen durch den Hebesatz geteilt und das Ergebnis (Grundbetrag) mit dem Anrechnungssatz (220 %) multipliziert wird (§ 12 Abs. 2 Nr. 1 i. V. m. Abs. 3 FAG).

2. Halbjahr 2011: 24.000 € : 200 % =	12.000 €	
1. Halbjahr 2012: 26.000 € : 200 % =	13.000 €	
Grundbetrag =	25.000 €	
Steuerkraftzahl = Grundbetrag x 220 % =		55.000 €

Grundsteuer B
Die Steuerkraftzahl wird ermittelt, indem das Aufkommen durch den Hebesatz geteilt und das Ergebnis (Grundbetrag) mit dem Anrechnungssatz (220 %) multipliziert wird (§ 12 Abs. 2 Nr. 2 i. V. m. Abs. 3 FAG).

2. Halbjahr 2011: 3.500.000 € : 250 % =	1.400.000 €	
1. Halbjahr 2012: 3.770.000 € : 260 % =	1.450.000 €	
Grundbetrag =	2.850.000 €	
Steuerkraftzahl = Grundbetrag x 220 % =		6.270.000 €

Gewerbesteuer
Die Steuerkraftzahl wird ermittelt, indem das Ist-Aufkommen durch den Hebesatz geteilt und das Ergebnis (Grundbetrag) mit dem Anrechnungssatz (310 %) multipliziert wird (§ 12 Abs. 2 Nr. 3 i. V. m. Abs. 3 FAG).

2. Halbjahr 2011: 7.500.000 € : 300 % =	2.500.000 €	
1. Halbjahr 2012: 9.625.000 € : 350 % =	2.750.000 €	
Grundbetrag =	5.250.000 €	
Steuerkraftzahl = Grundbetrag x 310 % =		16.275.000 €

Gemeindeanteil an der Einkommensteuer
Die Steuerkraftzahl wird ermittelt, indem der Soll-Betrag (das ist der Betrag, der für die Gemeinde als Einkommensteueranteil ermittelt wurde) mit dem Anrechnungssatz (100 %) multipliziert wird (§ 12 Abs. 2 Nr. 4 FAG).

2. Halbjahr 2011:	17.000.000 €	
1. Halbjahr 2012:	18.000.000 €	
Sollbetrag	35.000.000 €	
Steuerkraftzahl = Sollbetrag x 100 % =		35.000.000 €

Gemeindeanteil an der Umsatzsteuer

Die Steuerkraftzahl wird ermittelt, indem der Soll-Betrag (das ist der Betrag, der für die Gemeinde als Umsatzsteueranteil ermittelt wurde) mit dem Anrechnungssatz (100 %) multipliziert wird (§ 12 Abs. 2 Nr. 5 FAG).

2. Halbjahr 2011:	250.000 €
1. Halbjahr 2012:	250.000 €
Sollbetrag	500.000 €
Steuerkraftzahl = Sollbetrag x 100 % =	500.000 €

Gewerbesteuerumlage

Die Steuerkraftzahl wird ermittelt nach dem Umlagesoll (das ist der Betrag, der für die Gemeinde als Umlageverpflichtung ermittelt wurde) der Gewerbesteuerumlage (Ist-Aufkommen geteilt durch Hebesatz mal Multiplikator gemäß § 6 GFRG) (§ 12 Abs. 2 Nr. 6 i. V. m. Abs. 3 FAG).

2. Hj. 2011: 7.500.000 € : 300 % x 71 % =	1.775.000 €	
1. Hj. 2012: 9.625.000 € : 350 % x 70 % =	1.925.000 €	
Umlagesoll	3.700.000 €	
Steuerkraftzahl = Umlagesoll		- 3.700.000 €
Steuerkraftmesszahl =		54.400.000 €

ac) Gegenüberstellung Bedarfsmesszahl/Steuerkraftmesszahl

Die Bedarfsmesszahl ist höher als die Steuerkraftmesszahl,

Bedarfsmesszahl =	82.959.700 €
Steuerkraftmesszahl =	54.400.000 €

daher erhält die Gemeinde die Hälfte des Unterschiedsbetrages

Differenz =	28.559.700 €
hiervon ½ =	14.279.850 €

als Schlüsselzuweisung (§ 13 Abs. 1 Satz 1 1. Halbsatz FAG).

Es ist im Anschluss an eine solche Berechnung, die zur Regelschlüsselzuweisung führt, immer zu prüfen, ob ein Fall des § 13 Abs. 1 2. Hs. (Finanzkraftgarantie) oder des § 13 Abs. 4 FAG (Mindestschlüsselzuweisung höher als Regelschlüsselzuweisung) vorliegt. Beides ist hier nicht der Fall. Diese Besonderheiten werden weiter unten in den Abweichungen rechnerisch dargestellt.

Die Schlüsselzuweisung beträgt daher 14.279.850 €.

b)   Berechnung der Kreis- und Schulumlage

    ba)   Berechnung der Kreisumlage

        Kreisumlagegrundlagen sind gem. § 37 Abs. 2 Satz 1 FAG:

die Steuerkraftmesszahl =	54.400.000 €
100 % der Schlüsselzuweisung =	14.279.850 €
zusammen =	68.679.850 €

        Da die Stadt einen Ergänzungsansatz nach § 11 Abs. 1 FAG
erhält, werden die Umlagegrundlagen ermäßigt, in 2012 auf
50 % (§ 37 Abs. 2 Satz 2 FAG).

Kreisumlagegrundlagen: 68.679.850 € x 50 % =   34.339.925 €

Kreisumlage = Kreisumlagegrundlagen x Kreisumlagehebesatz
34.339.925 € x 35 % =   12.018.974 €

Die Kreisumlage beträgt 12.018.974€.

    bb)   Berechnung der Schulumlage

        Schulumlage wird nur von den Gemeinden erhoben, die kein Schulträger
sind. Da nach dem Sachverhalt die Stadt Musterstadt Schulträger ist, entfällt
für sie die Schulumlage (§ 37 Abs. 3 i. V. m. Abs. 2 Satz 1 FAG).

1. Abwandlung des Sachverhaltes

Der Gemeindeanteil der Stadt Musterstadt an der Einkommensteuer in den beiden Halbjahren beträgt jeweils nur 10.000.000 €.

Aufgabe:

Berechnen Sie die Schlüsselzuweisung und die Kreis- und Schulumlage der Stadt Musterstadt für das Jahr 2013.

Lösung:

a)   Berechnung der Schlüsselzuweisung

    aa)   Berechnung der Bedarfsmesszahl
        Die Bedarfsmesszahl beträgt unverändert   82.959.700 €

    ab)   Berechnung der Steuerkraftmesszahl
        In diesem Fall würde die Steuerkraftzahl der Einkommen-
steuer 20.000.000 € betragen (20.000.000 € x 100 %) und
die Steuerkraftmesszahl somit insgesamt   39.400.000 €.

ac)   Gegenüberstellung Bedarfsmesszahl/Steuerkraftmesszahl

Die Bedarfsmesszahl ist höher als die Steuerkraftmesszahl,

Bedarfsmesszahl =	82.959.700 €
Steuerkraftmesszahl =	39.400.000 €

daher erhält die Gemeinde die Hälfte des Unterschiedsbetrages

Differenz =	43.559.700 €
hiervon ½ =	21.779.850 €

als Schlüsselzuweisung(§ 13 Abs. 1 Satz 1 1. Halbsatz FAG).

80 % der Bedarfsmesszahl betragen 66.367.760 €. Steuerkraftmesszahl und Schlüsselzuweisung zusammen (61.179.850 €) erreichen diesen Betrag nicht. Daher erhält die Gemeinde eine Schlüsselzuweisung, deren Höhe zusammen mit der Steuerkraftmesszahl 80 % der Bedarfsmesszahl erreicht (§ 13 Abs. 1 letzter Halbsatz FAG)[41], sie erhält also einen zusätzlichen Betrag in Höhe der Differenz, also von 5.187.910 €.

Vereinfachend kann man auch von 80 % der Bedarfsmesszahl die Steuerkraftmesszahl abziehen, um die Gesamtschlüsselzuweisung zu ermitteln:

66.367.760€ – 39.400.000 € =	26.967.760 €

Die Schlüsselzuweisung beträgt daher 26.967.760 €.

b)   Berechnung der Kreis- und Schulumlage

ba)   Berechnung der Kreisumlage

Kreisumlagegrundlagen sind gem. § 37 Abs. 2 Satz 1 FAG:

die Steuerkraftmesszahl =	39.400.000 €
100 % der Schlüsselzuweisung =	26.967.760 €
zusammen =	66.367.760 €

Da die Stadt einen Ergänzungsansatz nach § 11 Abs. 1 FAG erhält, werden die Umlagegrundlagen ermäßigt, in 2012 auf 50 % (§ 37 Abs. 2 Satz 2 FAG).

Kreisumlagegrundlagen: 66.367.760 € x 50 % =	33.183.880 €

Kreisumlage = Kreisumlagegrundlagen x Kreisumlagehebesatz

33.183.880 € x 35 % =	11.614.358 €

Die Kreisumlage beträgt 11.614.358 €.

---

[41] Als mathematische Regel lässt sich festhalten, dass die Finanzkraftgarantie immer dann Platz greift, wenn die Bedarfsmesszahl niedriger ist als 60 % der Steuerkraftmesszahl.

bb)   Berechnung der Schulumlage

Schulumlage wird nur von den Gemeinden erhoben, die kein Schulträger sind. Da nach dem Sachverhalt die Stadt Musterstadt Schulträger ist, entfällt für sie die Schulumlage (§ 37 Abs. 3 i. V. m. Abs. 2 Satz 1 FAG).

2. Abwandlung des Sachverhaltes

Der Gemeindeanteil an der Einkommensteuer in den beiden Halbjahren beträgt jeweils 31.000.000 €.

Aufgabe:

Berechnen Sie die Schlüsselzuweisung und die Kreis- und Schulumlage der Stadt Musterstadt für das Jahr 2013.

Lösung:

a)   Berechnung der Schlüsselzuweisung

   aa)   Berechnung der Bedarfsmesszahl
         Die Bedarfsmesszahl beträgt unverändert   82.959.700 €

   ab)   Berechnung der Steuerkraftmesszahl
         In diesem Fall würde die Steuerkraftzahl der Einkommen-
         steuer 62.000.000 € betragen (62.000.000 € x 100 %) und
         die Steuerkraftmesszahl somit insgesamt   81.400.000 €.

   ac)   Gegenüberstellung Bedarfsmesszahl/Steuerkraftmesszahl

         Die Bedarfsmesszahl ist höher als die Steuerkraftmesszahl,

         Bedarfsmesszahl =   82.959.700 €
         Steuerkraftmesszahl =   81.400.000 €

         daher erhält die Gemeinde die Hälfte des Unterschiedsbetrages

         Differenz =   1.559.700 €
         hiervon ½ =   779.850 €

         als Schlüsselzuweisung (§ 13 Abs. 1 Satz 1 1. Halbsatz FAG).

         Hier kommt jedoch § 13 Abs. 4 FAG zum Tragen, wonach die Gemeinde in den Fällen, in denen die Regelschlüsselzuweisung niedriger ist als die Mindestschlüsselzuweisung, die Mindestschlüsselzuweisung[42] erhält. Diese

---

[42] Als mathematische Regel gilt, dass die Mindestschlüsselzuweisung anstatt der Regelzuweisung gewährt wird, wenn der Unterschied zwischen der Bedarfsmesszahl und der Steuerkraftmesszahl niedriger ist als die zweifache Mindestschlüsselzuweisung.

beträgt nach § 13 Abs. 2 Nr. 4 FAG 15 € und nach Abs. 3 Nr. 3 der Vorschrift bei einem (hier gegebenen) Oberzentrum mindestens 18 € pro Einwohner. Der höhere Betrag ist anzuwenden, also 18 € pro Einwohner.

54.000 Einwohner x 18 €/Ew. =   972.000 €

Die Schlüsselzuweisung beträgt daher 972.000 €.

b)   Berechnung der Kreis- und Schulumlage

Entsprechend des oben dargestellten Berechnungsweges ergibt sich eine Kreisumlage von 14.415.100 €, Schulumlage fällt wiederum nicht an.

3. Abwandlung des Sachverhaltes

Der Gemeindeanteil an der Einkommensteuer in den beiden Halbjahren beträgt jeweils 33.000.000 €.Die Stadt Musterstadt ist kein Schulträger.

Aufgabe:

Berechnen Sie die Schlüsselzuweisung und die Kreis- und Schulumlage der Stadt Musterstadt für das Jahr 2013.

Lösung:

a)   Berechnung der Schlüsselzuweisung

    aa)   Berechnung der Bedarfsmesszahl
       Da die Stadt Musterstadt hier kein Schulträger ist, entfällt
       der Ergänzungsansatz für Schulträgerschaft (1.200).
       Die Bedarfsmesszahl beträgt also:
       Gesamtansatz 92.800 x Grundbetrag 882,55 € =   81.900.640 €.

    ab)   Berechnung der Steuerkraftmesszahl
       In diesem Fall würde die Steuerkraftzahl der Einkommen-
       steuer 66.000.000 € betragen (66.000.000 € x 100 %) und
       die Steuerkraftmesszahl somit insgesamt   85.400.000 €.

    ac)   Gegenüberstellung Bedarfsmesszahl/Steuerkraftmesszahl

       Die Steuerkraftmesszahl ist höher als die Bedarfsmesszahl,
       daher erhält die Stadt Musterstadt die Mindestschlüssel-
       zuweisung, Berechnung siehe 2. Abwandlung.

       Die Schlüsselzuweisung beträgt daher 972.000 €.

b)   Berechnung der Kreis- und Schulumlage

   ba)   Berechnung der Kreisumlage

   Kreisumlagegrundlagen sind gem. § 37 Abs. 2 Satz 1 FAG:
   die Steuerkraftmesszahl =   85.400.000 €
   100 % der Schlüsselzuweisung =   972.000 €

   Da die Stadt einen Ergänzungsansatz nach § 11 Abs. 1 FAG
   erhält, werden die Umlagegrundlagen ermäßigt, in 2013 auf
   50 % (§ 37 Abs. 2 Satz 2 FAG).
   Diese Ermäßigung bezieht sich aber nur auf den Teil der
   Steuerkraftmesszahl, der die Bedarfsmesszahl nicht übersteigt, der übersteigende Teil wird nicht ermäßigt (§ 37
   Abs. 2 2. Hs. FAG). Daraus ergibt sich:

   Steuerkraftmesszahl bis Bedarfsmesszahl =   81.900.640 €
   100 % der Schlüsselzuweisung =   972.000 €
   zusammen   82.872.640 €
   davon 50 % =   41.436.320 €
   restliche Steuerkraftmesszahl
   (85.400.000 € – 81.900.640 €) =   3.499.360 €
   Kreisumlagegrundlagen =   44.935.680 €
   Kreisumlage (35 %)   15.727.488 €

   Die Kreisumlage beträgt 15.727.488 €.

   bb)   Berechnung der Schulumlage

   Da die Stadt hier kein Schulträger ist, wird Schulumlage
   gem. § 37 Abs. 3 FAG erhoben. Schulumlagegrundlage ist
   die ungeminderte Kreisumlagegrundlage nach § 37 Abs. 2
   Satz 1 FAG (Satz 2 findet keine Anwendung!). Umlage-
   hebesatz ist 20 %. Daraus ergibt sich

   Steuerkraftmesszahl =   85.400.000 €
   100 % der Schlüsselzuweisung =   972.000 €
   zusammen   86.372.000 €

   Schulumlagegrundlage 86.372.000 € x Hebesatz 20 % =   17.274.400 €

   Die Schulumlage beträgt daher 17.274.400 €.

Inhaltsverzeichnis

4.   Gemeindliches Haushaltsrecht

4.1   Haushaltswirtschaft

Unter Haushaltswirtschaft versteht man die Bewirtschaftung der Einnahmen und Ausgaben der Träger der öffentlichen Finanzwirtschaft ausgehend von der Planung – auch
Etatisierung genannt. Der Bereich der Haushaltswirtschaft beginnt mit der Aufstellung
des Haushaltsplans, setzt sich mit dem Vollzug des Haushaltes und der damit verbundenen Kassenwirtschaft (Rechnungsführung) fort und endet mit der Rechnungslegung
sowie der Kontrolle des Finanzgebarens des jeweiligen Trägers und der politischen
Entlastung.

Für den Begriff Haushaltswirtschaft wird, bedingt vor allem durch das Neue Kommunale
Rechnungs- und Steuerungssystem, auf das nachfolgend noch eingegangen wird, häufig
synonym auch der Begriff „Finanzmanagement" verwendet. In NRW wurde dieser
Begriff sogar zum Gesetzestitel, in Hessen hat er dagegen keinen Eingang in die gesetzlichen haushaltsrechtlichen Bestimmungen gefunden. Die Autoren haben sich dazu entschlossen, den Begriff „Finanzmanagement" in diesem Lehrbuch gleichwohl zu verwenden, jedoch nur dort, wo die Darstellung nicht in konkretem Bezug zu den hessischen
gesetzlichen Bestimmungen steht.

Die nachfolgende Darstellung soll die einzelnen Stationen der Haushaltswirtschaft und
die Beziehungen zueinander verdeutlichen. Sie ist gleichermaßen für den Bund, die
Länder und Gemeinden (GV) gültig.

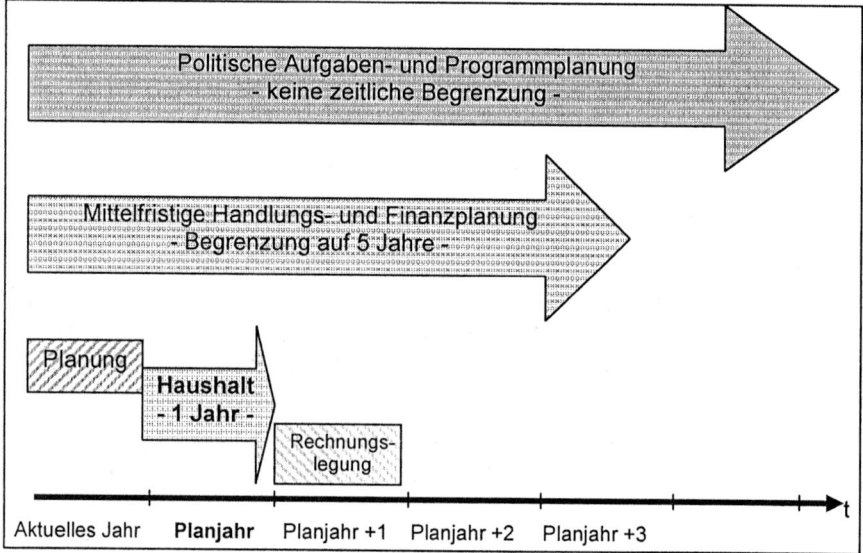

4.2 Verfassungsrechtliche Grundlagen und Haushaltsautonomie

Die verfassungsrechtlichen Grundlagen des gemeindlichen Haushaltsrechtes können nicht unmittelbar (originär) aus der Verfassung (Grundgesetz/Landesverfassung) abgelesen werden. Im Gegensatz zum Bund und zu den Ländern haben die Gemeinden und Gemeindeverbände nur eine abgeleitete Haushaltsautonomie. Art. 28 Abs. 2 GG gewährleistet den Gemeinden (GV) die Selbstverwaltungsgarantie und damit als wesentlichen Bestandteil der Selbstverwaltungsgarantie auch die Haushaltsautonomie. So bestimmt Art. 28 Abs. 2 Satz 2 GG ausdrücklich, dass die Gewährleistung der Selbstverwaltung auch die Grundlagen der finanziellen Eigenverantwortung umfasst. Auch die Landesverfassung Hessen garantiert in Art. 137 die Existenz und Selbstverwaltung der Gemeinden (GV). Somit ist die Haushaltsautonomie der Gemeinden (GV) auch verfassungsrechtlich verankert.

Die Gemeindeordnung bestimmt nun im einzelnen Umfang und Inhalt der tatsächlich vorhandenen Haushaltsautonomie. Sie hat sich danach in dem vom Landesgesetzgeber gesteckten Rahmen zu vollziehen. Hierbei darf jedoch nicht übersehen werden, dass das Land bei der Abfassung der kommunalen haushaltsrechtlichen Vorschriften in seinen Handlungen und Regelungen im Wesentlichen durch Art. 109 GG festgelegt ist.

In Art. 109 GG ist das Haushaltsverfassungsrecht von Bund und Ländern geregelt. Die Bestimmung enthält folgende Grundsätze:

- den Grundsatz der Haushaltsautonomie von Bund und Ländern (Abs. 1),
- die bund- und länderverpflichtende gesamtwirtschaftliche Budgetfunktion (Abs. 2),
- die Gesetzgebungskompetenz des Bundes für das Haushaltsrecht, eine konjunkturgerechte Haushaltswirtschaft und eine mehrjährige Finanzplanung von Bund und Ländern (Abs. 3),
- die Gesetzgebungskompetenz des Bundes für die Regelung von Kreditbegrenzungen und Konjunkturausgleichsrücklagen (Abs. 4),
- die Verteilung der Lasten aus Sanktionsmaßnahmen der Europäischen Gemeinschaft (Abs. 5)

Die Haushaltswirtschaft der öffentlichen Hand kann bei den heute insgesamt vorgegebenen Aufgaben in gesamtwirtschaftlicher Hinsicht nicht mehr nach unterschiedlichen Kriterien und Regelungen geführt werden. Art. 109 GG gibt den Status an, den Bund und Länder jeder für sich und zueinander haben. Sie sind selbstständig und unabhängig voneinander, aber dem Gemeinwohl verpflichtet. Die einzelnen Haushaltswirtschaften können sich nur innerhalb der in Art. 109 GG gesetzten Grenzen entfalten.

Hierbei ist ferner zu berücksichtigen, dass auf Grund des Art. 109 GG der Bund mit Zustimmung der Länder zwei für die Haushaltswirtschaft bedeutsame Gesetze erlassen hat, nämlich

- das Gesetz zur Förderung der Stabilität und des Wachstums der Wirtschaft und
- das Gesetz über die Grundsätze des Haushaltsrechtes des Bundes und der Länder,

jeweils in der zzt. geltenden Fassung.

Diese Rechtsnormen stecken im Interesse des Gesamtstaates detailliert den eigentlichen Rahmen für die Haushaltswirtschaft der öffentlichen Hand (Bund, Länder, Gemeinden usw.) ab.

Die Haushaltsautonomie von Bund, Ländern und Gemeinden (GV) ist also in der Verfassungswirklichkeit bei der gegebenen Aufgabenstellung wie folgt zu sehen:

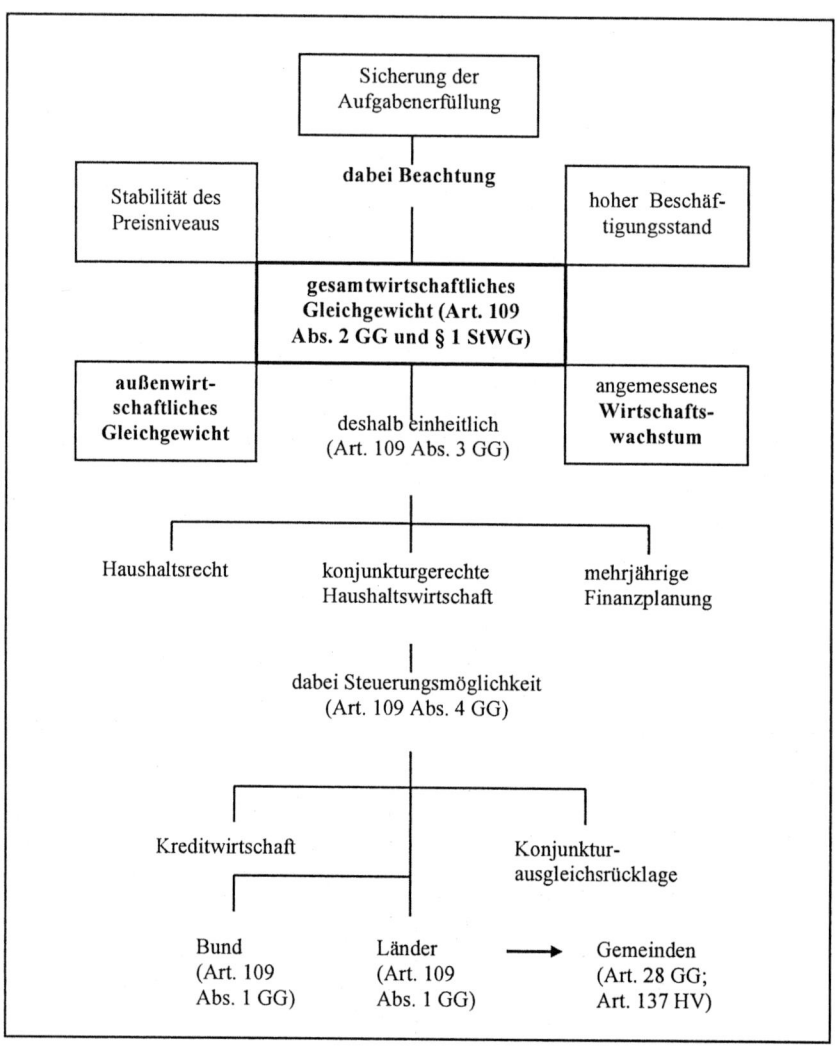

4.3   Geschichtlicher Überblick[43]

4.3.1   Entwicklung bis zur Haushaltsrechtsreform 1967

Die Entwicklung des Haushaltsrechts hat im Wesentlichen seinen Ursprung im gemeindlichen Bereich. Bedingt durch die „demokratische" Struktur der Städte war hier zuerst ein Bedürfnis nach allgemein gültigen „Normen" gegeben. Im staatlichen Bereich war durch die monarchistische Führung zunächst der Wille des jeweiligen Monarchen allein maßgebend.

Konkrete Formen nahm das Haushaltsrecht im 16. Jahrhundert an. Der erste kommunale Haushalt wird 1516 erwähnt. Der erste staatliche Haushalt wird rd. 100 Jahre später (1618 – 1619) genannt. In der Folgezeit wurde die Entwicklung im Wesentlichen von staatlicher Seite beeinflusst, wobei die Gemeinden mit einbezogen wurden. Daher soll nachfolgend auch die Entwicklung des Haushaltsrechts in seiner Gesamtheit dargestellt werden.

Die ersten Versuche, eine Haushaltsplanung nach „Normen" zu erstellen, allerdings auf Teilbereiche beschränkt, wurden 1689 in Preußen unternommen. Mit der Erstellung eines „Generaletats" aller Domäneneinkünfte und -ausgaben wurde hier so etwas wie ein Haushaltsplan aufgestellt. Im selben Jahr bestimmte eine kurfürstliche Instruktion, dass alle Provinzen „einen Domänenetat formieren, darin ein balance der einnahmen und ausgaben machen und Sr.K.D. gnädigster vollanziehung gehörigen Ohrts überliefern" sollten.

In den preußischen Gebieten wurden diese Etats für weitere Bereiche eingeführt und die Normen verbessert. Im süddeutschen Raum wurden dagegen erst 1803 Etats aufgestellt.

Im kommunalen Bereich wurde auch zuerst in den preußischen Gebietsteilen der zaghafte Versuch unternommen, Formvorschriften über das Haushalts-, Kassen- und Rechnungswesen zu erstellen. Die Städteordnung für die östlichen Provinzen von 1853, für die Provinz Westfalen von 1856 und die Rheinische Städteordnung von 1856 bestimmten die Aufstellung eines Haushaltsplanes über alle voraussehbaren Ausgaben, Einnahmen und Naturaldienste.

Das Kommunalabgabengesetz von 1893 legte das Haushaltsjahr auf die Zeit vom 01.04. bis zum 31.03. des folgenden Jahres fest. Unter bestimmten Voraussetzungen konnte die Haushaltsperiode bis zu drei Jahre umfassen. Nach Ablauf der Haushaltsperiode war gegenüber der Stadtverordnetenversammlung Rechnung zu legen, der auch die Prüfung und Feststellung der Jahresrechnung und die Entlastung des Gemeindevorstandes oblag. Für den Fall, dass eine preußische Gemeinde ihrer Verpflichtung zur Aufstellung eines Haushaltsplanes nicht nachkam, räumte das preußische Zuständigkeitsgesetz von 1883 den Aufsichtsbehörden das Recht auf Zwangsetatisierung ein.

---

[43] Eine vertiefende Darstellung der geschichtlichen Entwicklung des kommunalen Haushaltsrechts findet sich z. B. bei Amerkamp, Hessisches Gemeindewirtschaftsrecht, Kommentar, Loseblatt, 1. Auflage 2. Lieferung, Mainz 2000.

Ein Haushaltsrecht im heutigen Sinne kam erstmals mit Einführung der Demokratie (1918/19) in Deutschland auf. Die folgende Darstellung der wesentlichen gesetzlichen Entwicklung verdeutlicht dieses sehr anschaulich, wobei bewusst keine Trennung in staatliches und kommunales Haushaltsrecht vorgenommen wurde.

1922	Reichshaushaltsordnung
1927	Reichskassenordnung
1929	Wirtschaftsbestimmungen für die Reichsbehörden
1931	Preußische Gemeindefinanzverordnung
1933	preußisches Gesetz über die Staatshaushaltsordnung
1933	preußisches Gemeindefinanzgesetz
1935	Deutsche Gemeindeordnung (DGO)
1936	Gesetz über die Haushaltsführung, Rechnungslegung und Rechnungsführung des Deutschen Reiches und die IV. Änderung der Reichshaushaltsordnung
1936	Rücklagenverordnung der Gemeinden
1936	Eigenbetriebsverordnung der Gemeinden
1937	Gemeindehaushaltsverordnung
1938	Gemeindekassen- und Rechnungsverordnung

Bei Ende des 2. Weltkrieges galten für alle Gemeinden die Wirtschaftsbestimmungen der DGO bis zum 24. Januar 1946 und der Groß-Hessischen Gemeindeordnung bis 4. Mai 1952. Ab 5. Mai 1952 galten die Vorschriften der Hessischen Gemeindeordnung (HGO). Erstmals für die Haushaltspläne 1956 waren anzuwenden die Hessische Gemeindehaushaltsverordnung, die Hessische Rücklagenverordnung und die Hessische Kassen- und Rechnungsverordnung, jeweils vom 27. Januar 1956.

4.3.2　Haushaltsrechtsreform 1967

4.3.2.1　Stationen der Reform 1967

Ab dem Jahre 1967 wurden dann jedoch die entscheidenden Schritte zur Haushaltsreform der öffentlichen Hand unternommen, was nicht zuletzt durch die erste ernsthafte Wirtschaftskrise der Nachkriegszeit veranlasst war. Die wesentlichen Stationen dieser Reform in Bezug auf das Bundes- und Landesrecht lassen sich wie folgt darstellen:

08.06.1967	15. Gesetz zur Änderung des Grundgesetzes
08.06.1967	Gesetz zur Förderung der Stabilität und des Wachstums der Wirtschaft (StWG)
12.05.1969	20. Gesetz zur Änderung des Grundgesetzes
19.08.1969	Gesetze über die Grundsätze des Haushaltsrechts des Bundes und der Länder
19.08.1969	Bundeshaushaltsordnung
08.10.1970	Hessische Landeshaushaltsordnung

Durch das Gesetz zur Änderung des Gemeindewirtschaftsrechts und anderer kommunalrechtlicher Vorschriften vom 23. Mai 1973 (GVBl. I S. 161) wurde eine grundlegende Reform des kommunalen Haushaltsrechts in Hessen vorgenommen, mit der die bundesrechtlichen Vorgaben an die Länder, was die Haushaltswirtschaft der Gemeinden betrifft, insbesondere aus dem StWG, in Landesrecht umgesetzt wurden und mit der das Haushaltsrecht der Gemeinden und Gemeindeverbände in Hessen seine heutige Ausprägung erfuhr.

Auf der Grundlage der HGO in der Fassung durch das v. g. Gesetz wurde

- die ab dem Haushaltsjahr 1974 anzuwendende Verordnung über die Aufstellung und Ausführung des Haushaltsplans der Gemeinden (Gemeindehaushaltsverordnung – GemHVO) vom 13. Juli 1973, die die Gemeindehaushaltsverordnung und die Rücklagenverordnung, beide aus 1956, abgelöst hat und

- die ab dem Haushaltsjahr 1978 anzuwendende Verordnung über die Kassenführung der Gemeinden (Gemeindekassenverordnung – GemKVO) vom 8. März 1977, die die Kassen- und Rechnungsverordnung aus 1956 abgelöst hat,

erlassen.

Die vorstehenden Gesetze und Verordnungen sind durch entsprechende Verwaltungsvorschriften und Erlasse ergänzt und vertieft worden, auf die Rahmen dieses Überblickes nicht im Einzelnen einzugehen ist.

4.3.2.2 Gründe für die Reform 1967[44]

Die Staatsauffassung, wonach der Obrigkeitsstaat in erster Linie ein Verwaltungsstaat sei, der sich hauptsächlich für die Bewahrung der äußeren und inneren Sicherheit und Ordnung einsetzt, hat sich insbesondere nach dem 2. Weltkrieg gewandelt. Die Finanzwirtschaft des Staates betrachtete sich vorher isoliert vom wirtschaftlichen Geschehen im Staate. Dass hier zwangsläufig ein Wandel in der Auffassung eintreten musste, wird an folgenden Zahlen deutlich:

1913 betrug der Anteil der öffentlichen Hand am Sozialprodukt nur rd. 15 %. In den 70er Jahren stieg er auf über 40 % an. Er liegt heute bei ca. 50 %. Die öffentlichen Haushalte wirken somit in steigendem Umfang sowohl von der Einnahmen- als auch von der Ausgabenseite her auf den Wirtschaftsablauf ein.

Im Bereich der öffentlichen Finanzen wird der Anspruch auf die Gestaltung der Lebensverhältnisse, die sog. „Lenkungsfinanzpolitik", verstärkt bemerkbar. Hiermit ist jedoch keine Abkehr von der „Bedarfsdeckungswirtschaft" verbunden. Vielmehr ist hier ein Aufgabenzuwachs entstanden, der eine erhebliche Steigerung des Finanzbedarfs hervorrief.

Der Obrigkeitsstaat hat sich zu einem Leistungsstaat gewandelt, wobei Staat, Wirtschaft und Gesellschaft in einem modernen sozialen Wirtschafts- und Rechtsstaat nicht mehr scharf getrennt werden können. Der Wandel der politischen, wirtschaftlichen und gesell-

---

[44] Eine ausführliche Darstellung der Inhalte und Leitlinien der Reform findet sich bei Bernhardt/Schünemann/Schwingeler, Kommunales Haushaltrecht NRW, 10. Auflage bei Kapitel 2.4.2.

schaftlichen Verhältnisse erforderte eine Neuordnung der althergebrachten haushaltswirtschaftlichen Grundsätze.

Nicht zuletzt ist die Neuordnung des Haushaltsrechts auch im Zusammenhang mit anderen wichtigen Reformen zu sehen. Zu nennen sind die Finanzreform, die sog. „Große Steuerreform" und die Reform des Abgabenrechts.

Dieser Wandel in der Auffassung und in der Aufgabenstellung blieb nicht auf den Bund und die Länder beschränkt. Auch die Gemeinden (GV) waren in diesen Prozess mit einzubeziehen. Somit war zwangsläufig die Reform ausgehend vom Bund über die Länder bis hin zu den Gemeinden (GV) durchzuführen. Gleichzeitig wurde die Möglichkeit genutzt, das Haushaltsrecht der öffentlichen Hand insgesamt zu vereinheitlichen. Dass hierbei kleinere Abweichungen wegen der unterschiedlichen Aufgabenstellung in Kauf genommen werden mussten, ist in diesem Zusammenhang unerheblich.

4.3.3   Weitere Fortentwicklung des kommunalen Haushaltsrechts

Die Innenministerkonferenz hatte zu den Reformüberlegungen zum kommunalen Haushaltsrecht mit Blick auf neue Steuerungsmodelle für die Kommunalverwaltung in ihrer Sitzung am 06.05.1994 folgenden Beschluss gefasst:

> „Die Umgestaltung des Haushalts-, Kassen- und Rechnungswesens für eine dezentrale Budgetverantwortung ist im Rahmen des geltenden Haushaltsrechts weitgehend zulässig ...
>
> Umstellungen im Haushalts- und Rechnungswesen sollten im Rahmen von rechtlichen Ausnahmeregelungen (Experimentierklauseln) zunächst in Pilotprojekten erprobt werden, bevor sie allgemein durch die Gemeindehaushaltsverordnung zugelassen werden. In der Experimentierphase kommen in erster Linie Erweiterungen der haushaltswirtschaftlichen Vorschriften über die einseitige und gegenseitige Deckungsfähigkeit, die Übertragbarkeit und die Bildung von Sonderabschlüssen in Betracht.
>
> Auf die Länder übergreifende Einheitlichkeit des kommunalen Haushaltsrechts sollte nicht verzichtet werden. Die Innenministerkonferenz empfiehlt deshalb, die **Eckpunkte** des kommunalen Haushaltsrechts **beizubehalten**, die Länder übergreifende weitgehende Einheitlichkeit auch in Zukunft sicherzustellen und die Bemühungen in den Ländern zur Weiterentwicklung des kommunalen Haushaltsrechts untereinander abzustimmen."

Weitere Reformbestrebungen zielten darauf ab, verstärkt umfangreiche betriebswirtschaftliche Überlegungen in die kommunale Haushaltswirtschaft einzubauen und die Selbstverantwortung der Fachämter zu stärken. Budgetierung, Tilburger Modell[45] und „Neues Steuerungsmodell"[46] waren und sind auch noch heute heftig diskutierte Schlagworte in kommunalen Gesprächsrunden. Modellversuche wurden in einer Reihe von Städten und Kreisen initiiert und vielerorts in der Verwaltungspraxis umgesetzt. In die

---

[45] Für alle: Krähmer, Das Tilburger Modell der Verwaltungsorganisation und Verwaltungsführung, Sozialdemokratische Gemeinschaft für Kommunalpolitik, Düsseldorf 1992.

[46] Siehe hierzu insbesondere die vielfältigen Berichte und Veröffentlichungen der KGSt.

Gemeindeordnung wurde eine Öffnungsklausel aufgenommen, damit Gemeinden die Möglichkeit erhalten, neue kommunale Wirtschaftsmodelle zu erproben (§ 133 HGO).

Festzuhalten ist, dass auf Grund der seit 1974 erfolgten Änderungen des Gemeindewirtschaftsrechts schon eine beweglichere Bewirtschaftung der kommunalen Finanzen ermöglicht wurde. Bewegliche Haushaltsführung mit mehr Verantwortung und Entscheidungskompetenz der Fachämter/Fachbereiche konnte im Rahmen der Vorschriften praktiziert werden. Zudem machte eine Reihe von Gemeinden Gebrauch von der Experimentierklausel des § 133 HGO.

Mit der Verordnung zur Änderung der Gemeindehaushaltverordnung und der Gemeindekassenverordnung vom 19.07.2002, GVBl. I S. 426, wurde auch in Hessen die gesetzliche Verankerung insbesondere der Budgetierung[47] als ein wesentliches Instrument des sog. „Neuen Steuerungsmodells" der Gemeinden eingeführt[48].

4.3.4 Umstellung des Haushaltsrechts auf ein ressourcenverbrauchsorientiertes Rechnungswesen

Bereits 1999 hat die Ständige Konferenz der Innenminister und -senatoren (IMK) die Orientierung des Haushalts- und Rechnungswesens an den Grundlagen des Neuen Steuerungsmodells und die Umsetzung des Ressourcenverbrauchskonzeptes im zukünftigen kommunalen Haushaltsrecht beschlossen.

Die IMK hat am 21.11.2003 abschließend die Eckpunkte für ein neues Haushaltsrecht, einheitliche Kontenpläne und Produktvorgaben (Haushaltsgliederung) sowie eine „Muster-Haushaltsverordnung" beschlossen. Kernpunkt dieser Reform des kommunalen Haushaltsrechts ist der **Übergang von einem zahlungsorientierten auf ein ressourcenverbrauchsorientiertes Haushalts- und Rechnungswesen.**

Steuerungsrelevante Betrachtungsgröße für die kommunale Finanzwirtschaft sind folglich nicht mehr (primär) die Zahlungsströme, sondern (vorrangig) der Verbrauch von Ressourcen (Produktionsfaktoren) für die Leistungserstellung und dessen Ersatz durch entsprechendes Ressourcenaufkommen.

Als wesentliche Kritikpunkte an dem bisherigen kameralen Rechnungswesen und damit Auslöser der Reform werden insbesondere genannt:

- Das kamerale Rechnungswesen ist eine Geldverbrauchsrechnung, die nur diejenigen Vorgänge erfasst und aufzeigt, die mit Zahlungsflüssen in Verbindung stehen.
- Es zeigt also diejenigen Ressourcenverbräuche und Zukunftsbelastungen nicht auf, die nicht in Verbindung mit Zahlungen (in der gleichen Periode) entstehen.

---

[47] Siehe hierzu z. B. den Artikel von Daneke, Budgetierung nun auch in Hessen eingeführt, Deutsche Verwaltungspraxis, Heft 1/2003.

[48] In der Haushaltswirtschaft nach den Grundsätzen der doppelten Buchführung ist die Budgetierung nach den aktuellen Reformen des kommunalen Haushaltsrechts inzwischen Standard. Hierauf wird in den entsprechenden Kapiteln dieses Lehrbuches noch eingegangen.

- Es grenzt nach Kassenwirksamkeit ab und nicht nach wirtschaftlicher Zugehörigkeit, daher entstehen periodische Verzerrungen und es besteht keine unmittelbare Verwendbarkeit der Daten für Kostenrechnungen.
- Die Kameralistik kontrolliert die Einhaltung der Mittelbereitstellung nach Einzelzwecken, aber nicht das Ergebnis der Leistungserstellung insgesamt.
- Insgesamt liefert die Kameralistik nicht oder nur unvollständig die Daten, die für eine wirksame politische und administrative Steuerung kommunaler Haushalte heute notwendig sind.

Die aktuelle Reform des Gemeindehaushaltsrechts lässt sich daher in zwei Hauptaspekten betrachten:

- Umstellung des Haushalts- und Rechnungswesens von der zahlungsorientierten Darstellungsform auf eine ressourcenverbrauchsorientierte Darstellungsform (**Ressourcenverbrauchsrechnung statt Geldverbrauchsrechnung**)
- Steuerung der Kommunalverwaltungen durch die Vorgabe von Zielen für die kommunalen Dienstleistungen an Stelle der Bereitstellung von Ausgabeermächtigungen für Einzelzwecke (**Outputsteuerung statt Inputsteuerung**)

Die IMK hat zwar den Versuch unternommen, mit den Beschlüssen von 2003 die Grundlagen für ein bundesweit einheitliches neues Haushalts- und Rechnungswesen der Gemeinden zu schaffen, da diese Beschlüsse aber einen Minimalkonsens von 16 Bundesländern darstellen und die Umsetzung in anwendbares Recht ohnehin Ländersache ist, haben sich sehr schnell unterschiedliche Vorgehensweisen entwickelt.

Die Umstellung auf ein ressourcenorientiertes Haushalts- und Rechnungswesen kann nach dem Beschlüssen der IMK 2003 entweder durch eine erweiterte kameralistische Buchführung als Fortentwicklung bisherigen Rechts oder durch ein Haushalts- und Rechnungswesen nach den Grundsätzen der doppelten Buchführung (Doppik) erfolgen. Die IMK überlässt es den Ländern zu regeln, in welcher Weise in dem jeweiligen Bundesland diese Umstellung erfolgt, also entweder durch erweiterte Kameralistik oder Doppik oder durch Weitergabe dieses Wahlrechtes an die einzelne Kommune des jeweiligen Bundeslandes (Optionsmodell). In der überwiegenden Zahl der Bundesländer wurde, mit teilweise langen Übergangsfristen, die Doppik als alleiniges Rechnungswesen der Kommunen eingeführt. Aber auch das doppische Rechnungswesen ist in den einzelnen Bundesländern sehr unterschiedlich entwickelt worden.

Das Land Hessen hatte sich zunächst entschieden, den Gemeinden das Wahlrecht einzuräumen und durch die Regelung in § 92 Abs. 3 HGO in der bis 23.12.2011 geltenden Fassung bestimmt, dass die Haushaltswirtschaft nach den Grundsätzen der Verwaltungsbuchführung (das meint die erweiterte Kameralistik) oder durch Bestimmung in der Hauptsatzung nach den Grundsätzen der doppelten Buchführung geführt wird.

Die Verwaltungsbuchführung war somit als Standard definiert, der dann galt, wenn die Gemeinde nichts anderes bestimmte. Die Führung der Haushaltswirtschaft nach den Grundsätzen der doppelten Buchführung bedurfte einer ausdrücklichen Regelung durch die Hauptsatzung (§ 6 HGO).

Die HGO wurde durch Gesetz vom 31.01.2005 an dieses Wahlrecht in der Weise angepasst, dass der mit „Haushaltswirtschaft" überschriebene Erste Abschnitt des Sechsten Teils („Gemeindewirtschaft") der HGO in drei Titel gegliedert wurde. Der Erste Titel trug die Überschrift „Gemeinsame Vorschriften" und umfasste die §§ 92 und 93 HGO. Diese Vorschriften waren von allen Gemeinden anzuwenden.

Der Zweite Titel war mit „Haushaltswirtschaft mit Verwaltungsbuchführung" bezeichnet und umfasste die §§ 94 bis 114 HGO. Hinzu kam die hierzu erlassene und ab 2009 anzuwendende GemHVO-Verwaltungsbuchführung.

Mit dem Dritten Titel, der mit „Haushaltswirtschaft mit doppelter Buchführung" überschrieben war, wurden die Vorschriften neu in die HGO eingefügt, die die Regelungen für die Gemeinden treffen, die durch Bestimmung in der Hauptsatzung die Haushaltswirtschaft nach den Grundsätzen der doppelten Buchführung führen wollen. Es handelte sich dabei um die §§ 114 a bis 114 u HGO. Diese Paragrafen waren ein „doppisches Abbild" der kameralen §§ 94 bis 114 HGO, d. h. zu jedem Paragrafen des Zweiten Titels gab es einen entsprechenden Paragrafen des Dritten Titels. So war die Haushaltssatzung für die „kameralen Gemeinden" in § 94 und für die „doppischen Gemeinden" in § 114 a HGO geregelt, der Haushaltsplan in §§ 95 bzw. 114 b HGO usw. Zudem wurde hierzu die GemHVO-Doppik erlassen.[49]

Man könnte nun davon ausgehen, dass ein als Standard definiertes Rechnungswesen von der Mehrzahl der Gemeinden angewendet wird, und ein davon abweichendes Rechnungswesen, dessen Anwendung zudem durch Hauptsatzungsbeschluss bestimmt werden muss, von einer entsprechenden Minderheit. Dem ist aber nicht so. Faktisch ist die Führung der Haushaltswirtschaft nach den Grundsätzen der doppelten Buchführung zum Standard geworden. Es gab bis 2012 nur noch zwei Gemeinden in Hessen, die ihre Haushaltswirtschaft noch nicht auf die doppelte Buchführung umgestellt hatten, also die Verwaltungsbuchführung angewendet haben.

Der Grund hierfür liegt vor allem darin, dass die geforderte finanzwirtschaftliche Darstellung, insbesondere die Bilanz, mit Mitteln der doppelten Buchführung wesentlich einfacher zu generieren ist als mit der Verwaltungsbuchführung. Hinzu kommt, dass EDV-Lösungen aufgrund der geringen Zahl von Anwendern hierfür kaum verfügbar sind.

Seitens der Hessischen Hochschule für Polizei und Verwaltung (vormals Verwaltungsfachhochschule Hessen) und des Hessischen Verwaltungsschulverbandes wurde auf diese Entwicklung entsprechend der Nachfrage der Ausbildungsbehörden dahingehend reagiert, dass ausschließlich die Haushaltswirtschaft nach den Grundsätzen der doppelten Buchführung in den entsprechenden Fächern gelehrt wird.

Aufgrund der Erkenntnis, dass es nicht gerechtfertigt erscheint, für die Haushaltsführung von lediglich zwei Gemeinden ein sehr umfangreiches Regelwerk vorzuhalten, hat der

---

[49] Weitergehende Darstellungen zur hessischen Lösung in der Umsetzung des ressourcenverbrauchsorientierten Rechnungswesens finden sich u. a. bei Daneke in KVR Hessen, Erl. zu § 92 HGO, Rdnrn. 22 – 41 sowie bei Amerkamp/Kröckel/Rauber: Gemeindehaushaltsrecht Hessen, Kommentar zur GemHVO.

Gesetzgeber mit Gesetz vom 16. Dezember 2011 das eingeräumte Wahlrecht wieder aufgehoben und die doppelte Buchführung (Doppik) zur ausschließlich zulässigen Haushaltssystematik bestimmt. Dazu hat er hinter dem Wort „wirtschaftlich" in § 92 Abs. 2 HGO die Worte „und nach den Grundsätzen der doppelten Buchführung" eingefügt. Mit dieser Gesetzesänderung ist also die Festlegung der Buchführungsgrundätze innerhalb des § 92 HGO von Abs. 3 nach Abs. 2 umgestellt worden.

In Folge dessen sind auch die Regelungen zur Verwaltungsbuchführung (§§ 94 bis 114 HGO) obsolet geworden und wurden aufgehoben. An ihre nummernmäßige Stelle treten die Paragrafen zur Doppik, d. h. aus § 114a wird § 94 usw. In diesem Zusammenhang wurden auch die Vorschriften über den Haushaltsausgleich (siehe Kapitel 10) aus § 95 (neu) durch Aufhebung des Abs. 4 herausgenommen und in § 92 Abs. 3 und 4 in neuer Fassung übernommen. Die Aufteilung des Ersten Abschnitts des Sechsten Teils der HGO in drei Titel wurde wieder aufgehoben.

In Folge der Abschaffung des Wahlrechts wurde auch die GemHVO-Doppik geändert und in GemHVO umbenannt, da eine sprachliche Abgrenzung jetzt nicht mehr nötig ist. Die Gemeindekassenverordnung wurde in diesem Zuge mit Gültigkeit ab 1. Januar. 2012 neu erlassen. Insbesondere wurden die die Buchführung betreffenden Vorschriften aus der Verordnung herausgenommen, da sich diese auf die Verwaltungsbuchführung bezogen und die Buchführungsbestimmungen für die Haushaltswirtschaft nach den Grundsätzen der doppelten Buchführung in der GemHVO enthalten sind. Die GemHVO-Verwaltungsbuchführung wurde folgerichtig aufgehoben.

In Hessen hat sich der Begriff „Neues Kommunales Rechnungs- und Steuerungssystem – NKRS" als Bezeichnung für die Gesamtheit aller Regelungen und Inhalte der neuen Verwaltungssteuerung im Sinne des Ressourcenverbrauchskonzeptes etabliert.[50] Auch wenn das in diesem Lehrbuch beschriebene Haushaltsrecht nach den Grundsätzen der doppelten Buchführung nicht alle Aspekte des NKRS umfasst, wird in diesem Buch an geeigneten Stellen auf diesen Begriff zurückgegriffen.

4.3.5   Produktbildung als Grundlage Output-orientierter Steuerung

Wie in vorstehender Ziffer geschildert, ist ein Hauptaspekt der aktuellen Haushaltsrechtsreform die Umstellung der Steuerung der Kommunalverwaltungen auf die Vorgabe von Zielen für die kommunalen Dienstleistungen an Stelle der Bereitstellung von Ausgabeermächtigungen für Einzelzwecke, was kurz gefasst auch als „Outputsteuerung statt Inputsteuerung" bezeichnet wird. Um die kommunalen Dienstleistungen steuerbar zu machen, müssen sie als steuerungsrelevante Objekte dargestellt werden. Dazu dient die Produktbildung, was auf kommunaler Ebene durchaus problematisch ist, da eine Vielzahl von gemeindlichen Leistungen keine körperlichen Güter darstellt, sondern Dienstleistungen mit teilweise hohem Abstraktionsgrad (z. B. Leistungen im Bereich der Stadtplanung). Als Produkt wird nach den haushaltsrechtlichen Vorschriften (vgl. § 58 Nr. 25 GemHVO) das Ergebnis von Leistungsprozessen verstanden; es soll im Ergebnis das

---

[50] In den anderen Bundesländern haben sich andere Bezeichnungen durchgesetzt, z. B. Neues Kommunales Finanzmanagement (NKF) in NRW, Neues Kommunales Rechnungswesen (NKR) oder Steuerungssystem (NKS).

Verwaltungshandeln darstellen und steuerbar machen; es richtet sich an Empfänger außerhalb der eigenen Organisationseinheit.

Die Produkte sind die Grundlage zur Darstellung und Beschreibung von Produktzielen mit Kennzahlen zur Zielerreichung, zur Qualität und zu Produktmengen. Diese Informationen dienen dazu, die politischen Entscheidungsträger in die Lage zu versetzen, Output-orientierte Entscheidungen zukunftsorientiert und sachgerechter treffen zu können. (siehe auch Hinweise zu § 4 GemHVO).

Um Produkte darstellbar und steuerbar zu machen, hat sich eine Grundsystematik zur Produktbeschreibung[51] entwickelt, danach sollte die Beschreibung eines Produktes zumindest folgende Merkmale beinhalten:

- Bezeichnung und Kurzbeschreibung
- Auftragsgrundlage (Gesetz, Beschluss)
- Zielgruppe
- dauerhafte Produktziele (Wirkungen)
- Angaben zur Produktqualität (Merkmale und Indikatoren)
- jahresbezogene Zieldaten (Kennzahlen)
- Angaben zum Leistungsumfang
- Angaben zu den Produktfinanzen (Ressourcenverbrauch und -aufkommen, investive Zahlungen)

Produkte werden zu Produktgruppen und Produktgruppen zu Produktbereichen sachlich zusammengefasst (§ 58 Nr. 26 und 27 GemHVO).

Zu den kostenrechnerischen Aspekten der Produktbildung siehe Ziffer 19.4.1

4.4 Rechtsgrundlagen der Haushaltswirtschaft

Im kommunalen Bereich der Haushaltswirtschaft ist eine Fülle von Vorschriften zu beachten. Die nachfolgende Aufzählung kann zwangsläufig nicht vollständig sein. Auch ist die Reihenfolge kein Indiz für die Bedeutung der Vorschrift im kommunalen Haushaltsrecht des Landes Hessen.

	vom bzw. i. d. F. vom	zuletzt geändert
Grundgesetz	23.05.1949	21.07.2010
Verfassung des Landes Hessen	01.12.1946	29.04.2011
Gesetz zur Förderung der Stabilität und des Wachstums	08.06.1967	31.10.2006
Gesetz über die Grundsätze des Haushaltsrechts des Bundes und der Länder (HGrG)	19.08.1969	27.05.2010
Gemeindefinanzreformgesetz	10.03.2009	08.05.2012
Abgabenordnung (AO 77)	01.10.2002	22.12.2011
Bewertungsgesetz	01.02.1991	12.04.2012
Grundsteuergesetz	07.08.1973	19.12.2008

---

[51] Auf die vielfältigen Veröffentlichungen der KGSt hierzu wird verwiesen.

Gewerbesteuergesetz	15.10.2002	07.12.2011
Landeshaushaltsordnung (LHO) mit VV	15.03.1999	17.12.2007
Hessische Gemeindeordnung (HGO)	07.03.2005	16.12.2011
Hessische Landkreisordnung (HKO)	07.03.2005	16.12.2011
Gesetz zur Regelung der überörtlichen Prüfung kommunaler		
Körperschaften in Hessen (ÜPKKG)	22.12.1993	08.03.2011
Finanzausgleichsgesetz (FAG)	29.05.2007	27.06.2013
Kommunalabgabengesetz (KAG)	14.03.2013	
Eigenbetriebsgesetz	09.06.1989	16.12.2011
Realsteuerzuständigkeitsgesetz	03.12.1981	
Hessisches Vergabegesetz	25.03.2013	
Verordnung über die Aufstellung und Ausführung des		
Haushaltsplans der Gemeinden		
(Gemeindehaushaltsverordnung – GemHVO)	02.04.2006	27.12.2011
Hinweise[52] zur GemHVO	22.01.2013	
Verordnung über die Kassenführung der Gemeinden		
(Gemeindekassenverordnung – GemKVO) einschließlich		
Verwaltungsvorschriften	27.12.2011	
Verordnung über öffentliche Bekanntmachungen der		
Gemeinden und Landkreise (Bekanntmachungsverordnung)	12.10.1977	16.12.2011
Hinweise[53] zum Sechsten Teil der HGO	01.10.2013	

4.5   Öffentliches Haushaltsrecht im System bzw. Vergleich

4.5.1   Stellung im System der Volkswirtschaft

Lange Zeit hindurch war der Grundsatz des Haushaltsausgleiches, also die Bedarfs-
deckung, beherrschendes Thema des Haushaltsrechtes. Wirtschaftswissenschaftler (zuerst
Keynes) haben sich gegen diese Fiskalpolitik gewandt und dafür ausgesprochen, dass die
Haushaltswirtschaft als ein bewusstes Instrument zur Steuerung des volkswirtschaftlichen
Ablaufs (Konjunktur) angewandt wird. Ihnen schwebte als Ziel vor, die öffentlichen
Haushalte als Instrument der Gegensteuerung gegen Konjunkturausschläge (antizyklische
Haushaltspolitik) zu benutzen. Das Gesetz zur Förderung der Stabilität und des Wachstums der Wirtschaft (StWG) hat diese Vorstellungen übernommen. Bund und Länder
werden verpflichtet, bei ihren wirtschafts- und finanzpolitischen Maßnahmen die Erfordernisse des gesamtwirtschaftlichen Gleichgewichts zu beachten. Dabei sind die Maßnahmen so zu treffen, dass sie im Rahmen der marktwirtschaftlichen Ordnung gleichzeitig die Ziele anstreben:

---

[52] Die Terminologie „Hinweise" begründet sich gemäß Auskunft des HMdIS darin, dass der GemHVO eine
Ermächtigung zum Erlass von Durchführungsbestimmungen fehle, wie dies in § 154 Abs. 2 HGO für die
HGO bestimmt werde. Im Sinne einer einheitlichen Terminologie seien daher auch die VV zur HGO als
„Hinweise" ergangen. Beide Regelungen seien als Hinweise dahingehend zu verstehen, wie der Gesetz-
bzw. Verordnungsgeber die jeweiligen Vorschriften angewendet wissen will, und daher Maßstab bei Aus-
legungsfragen.
Insgesamt sind die Hinweise daher nicht weniger verbindlich als förmliche Verwaltungsvorschriften.

[53] Siehe vorhergehende Fußnote.

- Stabilität des Preisniveaus
- hoher Beschäftigungsstand
- außenwirtschaftliches Gleichgewicht bei
- stetigem angemessenen Wirtschaftswachstum (§ 1 StWG).

Die Gemeinden werden in § 16 StWG aufgefordert, bei ihrer Haushaltswirtschaft den Zielen des § 1 StWG Rechnung zu tragen. Mit der Reform des kommunalen Haushaltsrechtes, d. h. also mit der Novellierung der HGO im Jahre 1973, wurde hier auch kommunalverfassungsrechtlich die Aufgabe „Beachtung des gesamtwirtschaftlichen Gleichgewichts" zwingende Verpflichtung. Der kritische Leser könnte jetzt fragen: Wie kann eine kleine Gemeinde diese hochgesteckten Ziele des gesamtwirtschaftlichen Gleichgewichtes mit ihrem relativ kleinen Haushalt, also mit einem kleinen Finanzvolumen, erfüllen? Bezogen auf die einzelne Gemeinde ist die Beantwortung sicherlich problematisch und schwierig. Auf die Gesamtheit aller Gemeinden bezogen, wird die Einbeziehung der Gemeinden in die konjunkturpolitischen Überlegungen aber notwendig. Die Statistik hat ermittelt, dass etwa zwei Drittel aller öffentlichen Sachinvestitionen in den Bereich der Gemeinden und Gemeindeverbände fallen. Somit wäre eine staatliche Konjunkturpolitik unvollständig, wenn sie nicht auch die Gemeinden einbezieht. § 92 Abs. 1 HGO bestimmt daher, dass die Gemeinden bei ihrer Haushaltswirtschaft den Erfordernissen des gesamtwirtschaftlichen Gleichgewichts Rechnung tragen müssen. Auch bei zahlreichen weiteren Vorschriften lässt sich die konjunkturpolitische Zielsetzung erkennen, wie bei den entsprechenden Bestimmungen im Einzelnen noch zu erläutern sein wird.

Problematisch ist die Einbeziehung der Gemeinden in die staatliche Konjunkturpolitik aber dennoch. Insbesondere im kommunalen Bereich kann es aus der Konkurrenz zwischen der Aufgabenerfüllung auf der einen Seite und des konjunkturgerechten Verhaltens auf der anderen Seite i. S. v. § 92 Abs. 1 HGO zu Problemen kommen. Da jedoch die Sicherung der Aufgabenerfüllung oberster Grundsatz im kommunalen Haushaltsrecht ist, muss letztlich diese Vorschrift den Vorrang haben (siehe auch Ziffer 7.2.1).

4.5.2   Verhältnis zur Betriebswirtschaft

Mit jedem Schritt der Reform des kommunalen Haushaltsrechts wurden vermehrt betriebswirtschaftliche Inhalte in das Haushaltsrecht übernommen. Seit jeher war die Gemeinde verpflichtet, ihren Haushalt wirtschaftlich und sparsam zu führen, aktuell geregelt in § 92 Abs. 2 HGO. Schon dazu ist die Verwendung betriebswirtschaftlicher Erkenntnisse unumgänglich, insbesondere auch zur Einhaltung der Verpflichtung, Wirtschaftlichkeitsvergleiche bei Investitionen durchzuführen (§ 12 Abs. 1 GemHVO).[54]

Elemente des betriebswirtschaftlichen Rechnungswesens, die nicht zugleich Zahlungen darstellten, waren ursprünglich im Haushalt jedoch nur dort zugelassen, wo dies für sog.

---

54 Siehe hierzu Klümper/Möllers/Zimmermann, Kommunale Kosten- und Wirtschaftlichkeitsrechnung, 17. Auflage Witten 2010.

Kostenrechnende Einrichtungen, auch als Gebührenhaushalte bezeichnet, erforderlich war. Dabei handelt es sich um Einrichtungen, die zu mehr als 50 % aus Gebühren finanziert werden, § 12 GemHVO 1974. Insbesondere umfasste dies die Abschreibung und die kalkulatorische Verzinsung sowie die interne Leistungsverrechnung (§ 14 Abs. 3 GemHVO 1974). Mit den Reformschritten seit Erlass der GemHVO 1974, erstmals 1996, wurde die Möglichkeit, solche Positionen zu veranschlagen, nach und nach auf den gesamten Haushalt erweitert.

Im Haushaltsrecht nach den Grundsätzen der doppelten Buchführung wurde die Veranschlagung interner Leistungsbeziehungen für den gesamten Haushalt verpflichtend (§ 4 Abs. 3 GemHVO), dazu zählt auch die kalkulatorische Verzinsung. Abschreibungen sind im doppischen Rechnungswesen ohnehin für das gesamte Anlagevermögen nachzuweisen (§ 2 Abs. 1 Nr. 13 GemHVO).

Weitere ursprünglich der Betriebswirtschaft zuzuordnende Elemente des doppischen Haushaltswesens sind die in §§ 4 Abs. 2 und 10 Abs. 3 GemHVO genannten Ziele und Kennzahlen.

Insgesamt hat sich durch die Haushaltsrechtsreform 2005/2006 eine deutliche betriebswirtschaftlich orientierte Neuausrichtung der kommunalen Haushaltswirtschaft ergeben, nicht zuletzt auch durch die Verpflichtung zur Erfassung des gesamten Vermögens und der gesamten Schulden und zur Erstellung von entsprechenden Bilanzen.

4.6 Staatliche Überwachung der gemeindlichen Haushaltswirtschaft

Mit staatlicher Überwachung ist die Aufsicht des Landes gegenüber den Gemeinden angesprochen. Sie wird als Staatsaufsicht bezeichnet und hat ihre verfassungsmäßige Grundlage im Art. 137 HV, wonach das Land die Gesetzmäßigkeit der Verwaltung der Gemeinden und Gemeindeverbände zu überwachen hat. Die HGO umschreibt die Grenzen der Staatsaufsicht in einer Doppelfunktion, nach der sie einerseits die Gemeinden in ihren Rechten schützt und andererseits die Erfüllung ihrer Pflichten sichert (§ 11 HGO). Das in diesen Bestimmungen verankerte Recht des Landes, die Gemeinden zu überwachen, findet im 7. Teil der HGO seine nähere Ausgestaltung. Das Aufsichtsrecht des Landes ist nach diesem Abschnitt in eine allgemeine Aufsicht und eine Sonderaufsicht geteilt (§ 135 HGO). Der allgemeinen Aufsicht (auch Rechtsaufsicht genannt) unterliegen die Selbstverwaltungsaufgaben der Gemeinden, und zwar die freiwillig übernommenen wie auch die gesetzlich übertragenen Selbstverwaltungsaufgaben. Die Sonderaufsicht, die auch als Fachaufsicht bezeichnet wird, erstreckt sich auf die Pflichtaufgaben der Gemeinden, die ihnen zur Erfüllung nach Weisung übertragen sind (§ 4 HGO), wie z. B. die Gefahrenabwehr nach dem Hess. Gesetz über die öffentliche Sicherheit und Ordnung (§ 82 HSOG) und die Bauaufsicht nach der Hess. Bauordnung (§ 52 HBO).

Die gemeindliche Haushaltswirtschaft gehört zu den gesetzlich zugewiesenen Selbstverwaltungsaufgaben. Sie ist entsprechend der vorstehenden Systematik der allgemeinen Aufsicht des Landes unterworfen. Nach den verschiedenen Wirkungen und Wirkungsmöglichkeiten der Staatsaufsicht muss sie nach einer schützenden, kontrollierenden und vorbeugenden Aufsicht unterschieden werden. Die Grenzen zwischen diesen einzelnen

Aufsichtsarten fließen in der Praxis häufig ineinander. Als einige typische Beispiele sind jedoch angeführt:

- Vorlage der beschlossenen Haushaltssatzung (§ 97 Abs. 4 HGO)
- Genehmigung der Kredite, Kassenkredite und ggf. Verpflichtungsermächtigungen im Rahmen der Haushaltssatzung (§§ 103 Abs. 2, 105 Abs. 2, 102 Abs. 4 HGO)
- Vorlage der Beschlüsse der Gemeindevertretung über die Jahresrechnung und die Entlastung (§ 114 Abs. 2 HGO),

Darüber hinaus kann sich das Land aufgrund seines Informationsrechtes, dem eine Informationspflicht der Gemeinde entspricht, zusätzlich über alle anderen finanzwirtschaftlichen Angelegenheiten erschöpfend unterrichten lassen.

In einer Kurzübersicht ergibt sich folgendes Bild:

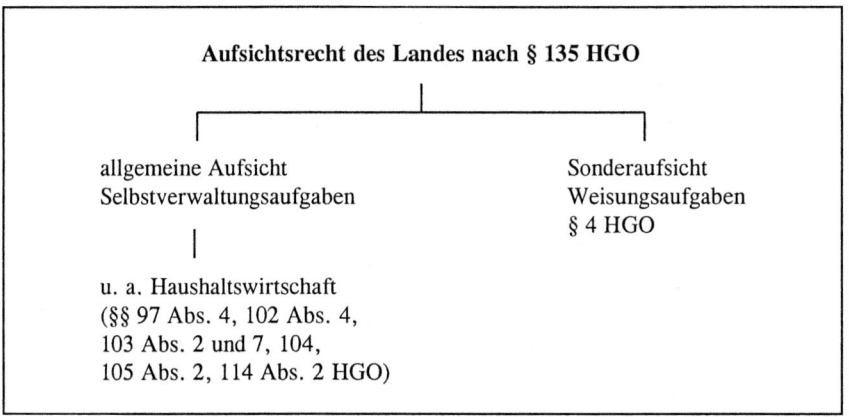

Aufsichtsrecht des Landes nach § 135 HGO

allgemeine Aufsicht
Selbstverwaltungsaufgaben

u. a. Haushaltswirtschaft
(§§ 97 Abs. 4, 102 Abs. 4,
103 Abs. 2 und 7, 104,
105 Abs. 2, 114 Abs. 2 HGO)

Sonderaufsicht
Weisungsaufgaben
§ 4 HGO

Die Aufsichtskompetenzen sind in § 136 HGO geregelt. Danach sind Aufsichtsbehörden:

Aufsichtsbehörde	Kreisangehörige Städte und Gemeinden bis 50.000 Ew.	Kreisangehörige Städte und Gemeinden über 50.000 Ew.	Landeshauptstadt Wiesbaden und Stadt Frankfurt am Main
untere	Landrat als untere staatl. Aufsichtsbehörde	Regierungspräsident	Minister des Innern
obere	Regierungspräsident	Minister des Innern	Minister des Innern
oberste	Minister des Innern	Minister des Innern	Minister des Innern

Aufsichtsbehörden der Kreise sind nach § 54 Abs. 2 HKO:

- der Regierungspräsident als untere staatliche Aufsichtsbehörde
- der Minister des Innern als obere und oberste Aufsichtsbehörde.

4.7   Ablauf der Haushaltswirtschaft

4.7.1   Haushaltskreislauf

Den Ablauf der Haushaltswirtschaft der Gemeinde kann man sich als einen Kreislauf vorstellen, in dem sich die einzelnen Phasen in jedem Haushaltsjahr in stets gleich bleibender Reihenfolge wiederholen:

- Planung und Aufstellung des Haushaltsplanes (Kämmerei und Fachämter[55]),
- Ausführung des Haushaltsplanes (Kämmerei, Fachämter und Kasse),
- Rechnungslegung, Prüfung und Entlastung (Kasse, Kämmerei, Fachämter, Rechnungsprüfungsamt).

Daneben sind in den haushaltsrechtlichen Vorschriften im Einzelnen die Zuständigkeiten des Gemeindevorstandes und der Gemeindevertretung geregelt.

Die Abwicklung eines Haushaltes erfolgt etwa über drei Jahre von der Aufstellung bis zur Entlastung.

---

[55] In der Verwaltungspraxis hat sich eine Vielzahl von Bezeichnungen für die einzelnen Organisationseinheiten entwickelt. In vielen Kommunalverwaltungen wurde der Begriff des Amtes/der Abteilung bzw. des Fachamtes/der Fachabteilung durch die Begriff „Fachbereich" oder „Fachdienst" abgelöst. Auch die Bezeichnung „Kämmerei" bzw. „Kämmereiamt" als zuständige Organisationseinheit für die Finanzverwaltung findet sich in vielen Verwaltungen nicht mehr. Stattdessen anzutreffende Bezeichnung ist heute häufig „Fachbereich Finanzen" bzw. „Fachdienst Finanzen". Soweit nicht auf den hergebrachten Begriff „Kämmerei" zurückgegriffen wird, verwenden die Autoren in diesem Lehrbuch vorzugsweise den Begriff „Finanzverwaltung".

Folgendes Beispiel soll dieses verdeutlichen:

Haushaltsplan für das Jahr 2014

2013	Aufstellung	(Jahr vor dem Inkrafttreten = Haushaltsplanjahr) Beteiligt = Fachämter, Kämmerei, Gemeindevorstand Gemeindevertretung
2014	Ausführung	(laufendes Jahr = Haushaltsjahr) Beteiligt = gesamte Verwaltung, Gemeindevorstand Gemeindevertretung
2015	Abschluss, Prüfung und Entlastung (nachfolgendes Jahr)	Beteiligt = Kasse, Kämmerei, Rechnungsprüfungsamt, Gemeindevorstand Gemeindevertretung

---

4.7.2 Ausführung des Haushaltsplanes

Bei der Ausführung des Haushaltsplanes wirken verschiedene Stellen der Gemeindeverwaltung zusammen, und zwar die einzelnen Fachämter einschließlich Kämmerei und die Kasse. Die Fachämter/Kämmerei ordnen die Annahme der der Gemeinde zustehenden Einzahlungen (Annahmeanordnungen) und die Auszahlungen (Auszahlungsanordnungen) an. Die Fachämter/Kämmerei haben also grundsätzlich allein das Recht, über die im Haushaltsplan veranschlagten Beträge zu verfügen, und die Pflicht, die Einhaltung des Haushaltsplanes (ggf. Überschreitung der Haushaltsansätze) zu überwachen (siehe § 27 GemHVO). Jedoch hat die unmittelbare Verfügungsgewalt (Annehmen und Auszahlen) über die Zahlungsmittel die Kasse.

Die Kasse darf nur auf Grund der Anordnungen der Ämter tätig werden und hat kein Recht, über den Verwendungszweck der Geldmittel zu entscheiden. Diese Trennung von Verfügung über die Haushaltsmittel (Fachämter) und Verwaltung der Zahlungsmittel (Kasse) ist in der öffentlichen Verwaltung eingeführt, um Sicherheit und Ordnungsmäßigkeit der öffentlichen Finanzwirtschaft zu sichern.

Die Kasse übernimmt nicht nur den gesamten Zahlungsverkehr, sie hat auch sämtliche Kassenvorgänge zu buchen und die Belege zu sammeln. Mit dem Buchen aller Kassenvorgänge bereitet die Gemeindekasse die Erstellung des Jahresabschlusses vor, die am Ende eines jeden Haushaltsjahre steht. Mit dem Jahresabschluss wird der prüfungsfähige Nachweis darüber erbracht, wie sich das Gemeindevermögen verändert hat, mit welchem

Ergebnis die Haushaltswirtschaft abgeschlossen wurde, inwieweit die Kasse die erteilten Anordnungen ausgeführt hat und wie der Haushaltsplan ausgeführt wurde.[56]

4.7.3   Trennung der Anordnung, Ausführung und Kontrolle

Aus Gründen der Sicherheit gilt streng der Grundsatz der Trennung von Kasse und Verwaltung. Diese klare Trennung von Kasse und anordnender Verwaltung hat sich nach langer Verwaltungserfahrung als unbedingt richtig erwiesen. Sie muss deshalb von allen Verwaltungen eingehalten werden. Diese Trennung bedeutet, dass die Verwaltung die zu erledigenden Kassengeschäfte anordnet und die Kasse diese Anordnungen ausführt.

Aus diesem Grunde dürfen in der Kasse beschäftigte Personen keine Anordnungsgeschäfte oder Prüfungsgeschäfte wahrnehmen (§ 110 Abs. 5 HGO, § 6 Abs. 3 GemKVO). Die Trennung der Kontrolle von der Anordnung und Ausführung der Anordnung ist durch § 130 Abs. 5 HGO sichergestellt.[57]

---

[56] Siehe Ziffer 13.6 bzw. 15.8 und ausführlich Bernhardt/Schünemann/Schwingeler, Kommunales Anordnungs-, Kassen-, Rechnungslegungs- und Prüfungsrecht NRW, 7. Auflage Witten 1999.

[57] Siehe Ziffer 13.6 und ausführlich Bernhardt/Schünemann/Schwingeler, Kommunales Anordnungs-, Kassen-, Rechnungslegungs- und Prüfungsrecht NRW, 7. Auflage Witten 1999.

Inhaltsverzeichnis

5. Personal der Haushaltswirtschaft

5.1 Der Kämmerer

5.1.1 Rechtsstellung des Kämmerers

Das Hessische Kommunalverfassungsrecht in der Ausprägung der unechten Magistrats-verfassung unterscheidet zwischen den Organen „Gemeindevertretung" und „Gemeinde-vorstand". Nach § 9 Abs. 1 HGO ist die von den Bürgern gewählte Gemeindevertretung das oberste Organ der Gemeinde. Sie trifft die wichtigen Entscheidungen. Die laufende Verwaltung besorgt nach § 9 Abs. 2 HGO der kollegial gestaltete, also aus mehreren Personen bestehende, Gemeindevorstand. Dieser setzt sich zusammen aus dem von den Bürgern gewählten Bürgermeister, der den Vorsitz im Gemeindevorstand führt, dem Ersten Beigeordneten und weiteren Beigeordneten (§ 65 Abs. 1 HGO). Der Gemeinde-vorstand bereitet die Beschlüsse der Gemeindevertretung vor und führt sie aus (§ 66 Abs. 1 Nr. 2 HGO). Die Beschlüsse des Gemeindevorstandes werden vom Bürgermeister vorbereitet und ausgeführt, soweit nicht Beigeordnete mit der Ausführung beauftragt sind (§ 70 Abs. 1 HGO).

Wenn ein Beigeordneter für die Verwaltung des Finanzwesens bestellt ist, trägt dieser die Bezeichnung „Kämmerer". Dies ist jedoch, anders als z. B. in Nordrhein-Westfalen, keine durch die Gemeindeordnung festgelegte Bezeichnung. Auch die durch die GO NRW ausdrücklich an die Person des Kämmerers gebundenen besonderen Befugnisse sind in der HGO so nicht geregelt, mit Ausnahme bestimmter weiter unten dargestellter Aufgaben und Rechte. Insbesondere hat der „Kämmerer" in Hessen keine Organstellung, wie dies z. B. in Nordrhein-Westfalen zumindest faktisch der Fall ist.

Wenn ein Beigeordneter für die Verwaltung des Finanzwesens nicht bestellt ist, nimmt dessen Aufgaben und Rechte automatisch der Bürgermeister wahr.

In der weiteren Darstellung wird der Begriff „Kämmerer" als Bezeichnung für den mit der Verwaltung des Finanzwesens bestellten Beigeordneten verwendet.

5.1.2 Aufgabenbereich des Kämmerers

5.1.2.1 Verwaltungsorganisatorischer Aufgabenbereich

Eine eindeutige Abgrenzung des Aufgabenbereiches des Kämmerers wird weder im kommunalen Verfassungsrecht noch im Haushaltsrecht vorgenommen. Nach § 70 Abs. 1 HGO verteilt der Bürgermeister die Geschäfte unter die Mitglieder des Gemeinde-vorstands. Nach der jetzigen Regelung des § 70 Abs. 1 HGO steht die Zuweisung von Geschäftsbereichen an die Beigeordneten im alleinigen Ermessen des Bürgermeisters. Er ist weder an Aufträge des Gemeindevorstands noch an solche der Gemeindevertretung gebunden.[58] Es liegt also letztlich im Ermessen des Bürgermeisters, welchen Aufgaben-bereich der Kämmerer insgesamt zu verwalten hat.

---

[58] Siehe Unger in KVR Hessen, Erl. zu § 70 HGO, Rdnr. 21.

Verwaltungsorganisatorisch umfasst der Geschäftsbereich des Kämmerers die Verwaltung des Finanzwesens der Gemeinde (§ 97 Abs. 1 Satz 2 HGO). Dazu gehört die Haushaltsgestaltung, die Einnahmenbeschaffung sowie die Verwaltung des Vermögens und der Schulden. In der Praxis gehören hierzu die Kämmerei[59] mit der Haushaltsabteilung und der Vermögens- und Schuldenverwaltung, die Steuerverwaltung und die Kasse. Der Bürgermeister wird also bei der Geschäftsverteilung nicht umhinkommen, diese Abteilungen bzw. Ämter auf jeden Fall dem Kämmerer zuzuweisen. Je nach Größe der Gemeinde können weitere Organisationseinheiten zum Geschäftsbereich des Kämmerers gehören. Selbstverständlich ist, dass der Kämmerer darüber hinaus auch andere nicht unbedingt zum Aufgabenbereich des Finanzwesens gehörende Aufgaben wahrnehmen kann.

5.1.2.2 Haushaltsrechtlicher Aufgabenbereich

Nach der verwaltungsorganisatorischen Abgrenzung werden nun die wesentlichen Aufgaben, Rechte und Pflichten des Kämmerers auf Grund der Gemeindeordnung und der sonstigen kommunalen haushaltsrechtlichen Bestimmungen dargestellt. Im Überblick sind es Folgende:

Eigener Aufgabenbereich des Kämmerers	
Beschreibung des Aufgabenbereichs	**Fundstelle**
Aufstellung des Entwurfs der Haushaltssatzung und des Haushaltsplanes	§ 97 Abs. 1 HGO
Abweichende schriftliche Stellungnahme	§ 97 Abs. 1 HGO
Aufstellung des Entwurfs des Investitionsprogramms	§ 101 Abs. 3 HGO
Abweichende schriftliche Stellungnahme	§ 101 Abs. 3 HGO
Mündliche Stellungnahme vor der Gemeindevertretung	§ 97 Abs. 3 HGO
Mitglied der Betriebskommission von Eigenbetrieben der Gemeinde	§ 6 Abs. 1 Nr. 2 Eigenbetriebsgesetz
Unterrichtung durch die und Auskunft von der Betriebsleitung von Eigenbetrieben der Gemeinde	§ 4 Abs. 2 Eigenbetriebsgesetz

Im Einzelnen umfasst der haushaltsrechtliche Aufgabenbereich des Kämmerers folgende Punkte:

a) Gemäß § 97 Abs. 1 HGO hat der Kämmerer den Entwurf der Haushaltssatzung vorzubereiten. Hiermit ist gleichzeitig auch die Aufstellung des Haushaltsplanes mit seinen Anlagen gemeint. Auch wenn die HGO die Anlagen zur Haushaltssatzung nicht näher bestimmt, kann festgestellt werden, dass der Haushaltsplan und seine Anlagen (§ 1 GemHVO) unverzichtbarer Bestandteil der Haushaltssatzung sind. Das Recht zur Vorbereitung des Entwurfes steht dem Kämmerer auch bezüglich des Investitionsprogramms zu, § 101 Abs. 3 Satz 3 HGO.

---

[59] Zur Terminologie der Organisationseinheiten siehe Fußnote bei Ziffer 4.7.1.

b) Gemäß § 97 Abs. 1 Satz 3 HGO kann der Kämmerer eine abweichende (schriftliche) Stellungnahme zu dem durch den Gemeindevorstand festgestellten Entwurf der Haushaltssatzung der Gemeindevertretung vorlegen. Dieses Recht steht dem Kämmerer auch bezüglich des Investitionsprogramms zu, § 101 Abs. 3 Satz 4 HGO.

c) Gemäß § 97 Abs. 3 Satz 3 HGO kann der Kämmerer seine abweichende Auffassung in der Beratung (mündlich) vertreten. Eine entsprechende Regelung trifft § 101 HGO für das Investitionsprogramm zwar nicht ausdrücklich, aus dem Recht, eine abweichende Stellungnahme schriftlich vorzulegen, kann aber in analoger Anwendung des § 97 Abs. 3 HGO auch bezüglich des Investitionsprogramms gefolgert werden, dass der Kämmerer eine abweichende Auffassung auch in der Beratung (mündlich) vertreten kann.

d) Nach § 4 Abs. 2 Satz 2 Eigenbetriebsgesetz hat die Betriebsleitung eines Eigenbetriebes dem Kämmerer den Entwurf der Wirtschaftspläne, Jahresabschlüsse usw. zuzuleiten. Sie hat ferner auf Anforderung alle sonstigen finanzwirtschaftlichen Auskünfte zu erteilen.

e) Nach § 6 Abs. 2 Nr. 2 Eigenbetriebsgesetz gehört der Kämmerer zwingend der Betriebskommission an.

5.2   Haushaltssachbearbeiter, Beauftragter für den Haushalt, Budgetverantwortlicher

Das kommunale Haushaltsrecht enthält keine weiteren Vorschriften über das sonstige Personal der Haushaltswirtschaft oder die Organisation der Finanzverwaltung (Kämmerei). Es überlässt den Gemeinden bzw. dem Bürgermeister – im Rahmen seiner Rechte – Zuständigkeiten für die Aufstellung, Ausführung usw. des Haushaltsplanes innerhalb der Verwaltung festzulegen. In größeren Gemeinden wird es in der Regel unvermeidbar sein, in den einzelnen Organisationseinheiten der Verwaltung Sachgebiete bzw. Sachbearbeiter zu bestimmen, die sich mit der Haushaltswirtschaft ihres Teilbereiches befassen. Diese Aufgabe wird nicht immer von der Leitungsperson der Organisationseinheit selbst wahrgenommen werden können.

Der Aufgabenbereich dieser Sachbearbeiter kann unterschiedlich umfangreich ausgestaltet sein. Er kann von der Haushaltsüberwachung über die federführende Aufstellung der Voranschläge zum Haushalt und Zusammenstellung der Unterlagen für den Finanz- und Investitionsplan bis hin zur Beteiligung bei allen Maßnahmen mit finanzieller Auswirkung gehen. Die Festlegung dieses Aufgabenkreises sollte im Interesse einer ordnungsgemäßen Haushaltswirtschaft vorgenommen werden.

Die Autoren vertreten die Auffassung, dass hier die Regelung nach § 9 der Bundeshaushaltsordnung (BHO) bzw. § 9 der Landeshaushaltsordnung (LHO) über den Beauftragten für den Haushalt durchaus im kommunalen Bereich angewendet werden könnte. Dieses gilt insbesondere für größere Gemeinden. Bei einer dezentralen Ressourcenverantwortung, wie sie in der Haushaltswirtschaft nach den Grundsätzen der doppelten Buchführung üblich ist, ist dieses sogar unerlässlich.

Nach § 9 Abs. 2 LHO obliegen dem Beauftragten

- die Aufstellung der Unterlagen für die Finanzplanung und der Voranschläge für den Entwurf des Haushaltsplanes
- die Ausführung des Haushaltsplanes
- die Beteiligung bei allen Maßnahmen von finanzieller Bedeutung.

Den Gemeinden ist es im Rahmen ihrer Organisationshoheit freigestellt, eine solche Funktion zu schaffen, wobei die Verwaltungsvorschriften zu § 9 LHO weitere Hinweise auf die Ausgestaltung geben können.

Im Zusammenhang mit der Teilhaushalts- und Budgetbildung (siehe Ziffer 6.5.2) erhält der Begriff des Budgetverantwortlichen zunehmend Bedeutung. Abgeleitet aus der Budgetdefinition des § 58 Nr. 9 GemHVO umfasst Budgetverantwortung zum einen die Verantwortung für die Einhaltung des Finanzrahmens und zum anderen die Verantwortung für die Erreichung der Sachziele des Budgets. Diese Verantwortungen sind i. d. R. an die Leitungsverantwortung der Organisationseinheit geknüpft.

5.3 Buchhalter und Controller

Die Führung der Haushaltswirtschaft nach den Grundsätzen der doppelten Buchführung erfordert weiterhin entsprechend qualifiziertes Personal für die damit verbundenen Buchführungsaufgaben. Dies betrifft insbesondere die Finanzbuchhaltung und die Anlagenbuchhaltung, die sich inhaltlich deutlich vom bisherigen kameralen Rechnungswesen unterscheiden und im Umfang des Buchungsstoffes weit darüber hinausgehen. Auch die Verantwortung für den gesamten Prozess der Jahresabschlusserstellung mit der Schlussbilanz bis hin zum zusammengefassten Abschluss (sog. Konzernbilanz) stellt weitaus höhere Anforderungen als in der bisherigen Kameralistik gegeben. Auch hier muss die Gemeinde vorhandenes Personal entsprechend qualifizieren oder entsprechend qualifiziertes Personal einstellen.

Bei der Anwendung doppischer Haushaltswirtschaft mit dezentraler Ressourcenverantwortung kommt der Einrichtung von zusätzlicher Steuerungsverantwortung sowohl zentral als auch dezentral eine große Bedeutung zu. Diese Aufgaben sind Personen mit Controllingfunktionen übertragen. Insbesondere die Steuerung der Haushaltswirtschaft über Ziele und Kennzahlen, wie sie in §§ 4 und 10 GemHVO angelegt ist, stellt eine klassische Controllingaufgabe dar. Für die Gemeinde ist es also unerlässlich, über Personal mit entsprechenden Kenntnissen zu verfügen, durch Aus- und Fortbildung oder Einstellungsmaßnahmen.

Insgesamt stellen sich damit auch deutlich höhere Anforderungen an die Ausbildung und Fortbildung im öffentlichen Dienst und an die Träger und Anbieter entsprechender Maßnahmen.

5.4   Kassenpersonal und Rechnungsprüfungspersonal[60]

Wie bereits zu Ziffer 4.7.3 ausgeführt, besteht eine strikte Trennung zwischen Anordnung, Ausführung und Kontrolle. Dieser Tatsache tragen die haushaltsrechtlichen Vorschriften insofern Rechnung, als sie dem Kassenpersonal und dem Rechnungsprüfungspersonal besondere Vorschriften widmen.

Nach § 110 Abs. 4 HGO dürfen der Kassenverwalter und sein Stellvertreter nicht miteinander oder mit dem Bürgermeister, den Beigeordneten sowie dem Leiter und den Prüfern des Rechnungsprüfungsamtes bis zum dritten Grade verwandt oder bis zum zweiten Grade verschwägert oder durch Ehe verbunden sein.

Nach § 130 Abs. 3 Satz 3 HGO dürfen der Leiter und die Prüfer des Rechnungsprüfungsamtes eine andere Stellung in der Gemeinde nur innehaben, wenn dies mit ihren Prüfungsaufgaben vereinbar ist.

Nach § 130 Abs. 4 HGO darf der Leiter des Rechnungsprüfungsamtes nicht Angehöriger in o. g. Graden des Vorsitzenden der Gemeindevertretung, des Bürgermeisters und der Beigeordneten sein. Dieses gilt auch im Verhältnis zum Kassenverwalter und seinem Stellvertreter, § 110 Abs. 4 HGO.

Wenn die Gemeinde kein eigenes Rechnungsprüfungsamt eingerichtet hat, was für Gemeinden bis zu 50.000 Einwohnern möglich ist (§ 129 Satz 1 HGO), werden dessen Aufgaben vom Rechnungsprüfungsamt des Kreises wahrgenommen, § 129 Satz 2 HGO.

Nach § 37 Abs. 1 lit. e) HGO dürfen Bedienstete des Landkreises, die mit Aufgaben der Rechnungsprüfung für die Gemeinde befasst sind, nicht zugleich Gemeindevertreter sein. Entsprechendes gilt für die Mitglieder des Gemeindevorstandes nach § 43 Abs. 1 Nr. 4 HGO.

Durch die vorgenannten Vorschriften soll sichergestellt werden, dass im Bereich der Haushaltswirtschaft keine abhängigen Bindungen oder besondere Anordnungsrechte zwischen den Stellen der Ausführung des Haushaltes und der Kasse bzw. dem Rechnungsprüfungsamt bestehen.

---

[60] Siehe hierzu auch weitergehend die Ausführungen bei Ziffer 13.6 sowie Kapitel 21.

Inhaltsverzeichnis

6.   Haushaltsplan

6.1   Begriff

Das kommunale Haushaltsrecht enthält keine Legaldefinition des Begriffes Haushaltsplan. Meist wird der Haushaltsplan definiert als die regelmäßig vorgenommene, für die Wirtschaftsführung der Gemeinde maßgebende systematische Zusammenstellung aller für eine Haushaltsperiode geplanten Aufwendungen, Auszahlungen und Verpflichtungsermächtigungen und der zur Deckung der Aufwendungen bzw. Auszahlungen vorgesehenen Erträge und Einzahlungen.

Auch die bekannten Definitionen der verwandten Begriffe „Budget" und „Etat" wonach darunter das Ordnungsinstrument und Rechenwerk, welches mit Blick in die Zukunft einen systematischen Überblick über die Einnahmen und Ausgaben eines Gemeinwesens in einer bestimmten Referenzperiode gewährt, zu sehen ist, werden dem Haushaltsplan in seiner jetzigen Form nur bedingt gerecht. Das Haushaltsrecht, im Wesentlichen in den Bestimmungen der HGO und der Gemeindehaushaltsverordnung festgelegt einschließlich jeweils hierzu ergangenen Hinweise[61], zeigt nur den Inhalt, die Bestandteile und die Gliederung des Haushaltsplanes auf. Aus diesen Einzelregelungen kann der Begriff des Haushaltsplanes herauskristallisiert werden.

§ 95 Abs. 2 HGO sagt aus, dass der Haushaltsplan die anfallenden Erträge und eingehenden Einzahlungen, entstehenden Aufwendungen und zu leistenden Auszahlungen sowie die benötigten Verpflichtungsermächtigungen (siehe Kapitel 8) enthält. Zusätzlich spricht diese Vorschrift an, dass die veranschlagten Erträge, Einzahlungen, Aufwendungen, Auszahlungen und Verpflichtungsermächtigungen für die Erfüllung der Aufgaben der Gemeinde vorzusehen sind und korrespondiert demnach mit dem allgemeinen Haushaltsgrundsatz der stetigen Aufgabenerfüllung gemäß § 92 Abs. 1 Satz 1 HGO (siehe Ziffer 7.2.1). Die Aufgabenerfüllung ist also ohne die entsprechende Veranschlagung im Haushaltsplan nicht durchführbar. Ergänzend ist die Bestimmung des § 95 Abs. 1 HGO zu sehen, wonach der Haushaltsplan die Grundlage für die Haushaltswirtschaft der Gemeinde darstellt. Der Haushaltsplan, der ja die jahresbezogenen finanzwirtschaftlichen Vorstellungen der Gemeinde enthält, ist somit im Innenverhältnis für die Haushaltsführung verbindlich; diese Verbindlichkeit entsteht nach Maßgabe der HGO und der auf Grund der HGO erlassenen Rechtsverordnungen.

Zusammenfassend kann gesagt werden: Der Haushaltsplan ist die Grundlage für die Haushaltswirtschaft der Gemeinde und enthält für die Zwecke der Aufgabenerfüllung alle im Haushaltsjahr voraussichtlich anfallenden Erträge und eingehenden Einzahlungen, entstehenden Aufwendungen und zu leistenden Auszahlungen und die benötigten Verpflichtungsermächtigungen. In seiner Eigenschaft als Finanzierungsplan ist er für die Haushaltsführung der Gemeinde im Innenverhältnis verbindlich. Ansprüche und Verbindlichkeiten Dritter werden durch ihn weder begründet noch aufgehoben; der Haushaltsplan hat demnach keine Außenwirkung (§ 96 Abs. 2 HGO), s. u. Ziffer 6.4.6.[62]

---

[61] Siehe hierzu Ziffer 4.4.
[62] Siehe hierzu auch Daneke in KVR Hessen, Erl. zu § 96 HGO.

6.2 Abgrenzung zu anderen Plänen und Rechnungen

6.2.1 Haushaltssatzung und Haushaltsplan

Die Haushaltssatzung (siehe Kapitel 11) enthält die Festsetzung des Haushaltsplanes unter Angabe des Gesamtbetrages

- Erträge und Aufwendungen bzw. der Einzahlungen und Auszahlungen des Haushaltsjahres unter Angabe der sich daraus ergebenden Salden (§ 1 der Haushaltssatzung),

- der vorgesehen Kreditaufnahmen für Investitionen und Investitionsförderungsmaßnahmen – Kreditermächtigung – (§ 2 der Haushaltssatzung),

- der vorgesehenen Verpflichtungsermächtigungen (§ 3 der Haushaltssatzung).

Die im § 1 der Haushaltssatzung angegebenen Gesamtbeträge werden aus dem Ergebnis- bzw. Finanzhaushalt übernommen und ergeben sich aus der Addition aller in den Teilhaushalten nach den Veranschlagungsgrundsätzen veranschlagten Erträge und Aufwendungen sowie Einzahlungen und Auszahlungen.

In § 2 der Haushaltssatzung ist die sog. Kreditermächtigung enthalten für die Aufnahme von Krediten für Investitionen und Investitionsförderungsmaßnahmen. Dieser Betrag ergibt sich nicht unmittelbar aus dem Finanzhaushalt, da hier auch Aufnahme und Tilgung von Krediten für Umschuldungen (siehe Kapitel 9) enthalten seien können.

Der in § 3 der Haushaltssatzung genannte Gesamtbetrag der Verpflichtungsermächtigungen ergibt sich aus den Einzelpositionen der Verpflichtungsermächtigung in den einzelnen Teilfinanzhaushalten.

§ 4 der Haushaltssatzung enthält den Höchstbetrag der Kassenkredite (siehe Ziffer 9.5). Diese Einzahlungen dienen der kurzfristigen Verstärkung des Kassenbestandes (Sicherung der Zahlungsfähigkeit – Liquiditätssicherung –) und sind keine Einzahlungen im Sinne der Haushaltsfinanzierung. Soweit sie noch nicht getilgt sind, stellen sie jedoch Verbindlichkeiten im Sinne der Vermögensrechnung (Bilanz) dar. Haushaltsrelevant im Zusammenhang mit den Kassenkrediten sind nur die damit verbundenen Zinsen oder Verwaltungskosten, die als Aufwand in den Ergebnishaushalt eingestellt werden und im entsprechenden Gesamtbetrag des § 1 der Haushaltssatzung erscheinen.

In § 5 der Haushaltssatzung werden die Realsteuerhebesätze (siehe Ziffer 2.3.1) festgesetzt. Auf Grund der Realsteuerhebesätze werden die Gemeinden die Höhe dieser Steuern ermitteln. Demzufolge haben die Realsteuerhebesätze Einfluss auf die Höhe der voraussichtlich eingehenden Steuereinnahmen, die im Teilhaushalt für die Allgemeine Finanzwirtschaft veranschlagt und als Folge der Aufrechnung auch in der Gesamtsumme der Erträge des Ergebnishaushaltes in § 1 der Haushaltssatzung enthalten sind.

In § 6 der Haushaltssatzung wird der Stellenplan festgesetzt. Gemäß § 5 Abs. 1 GemHVO hat dieser die im Haushaltsjahr erforderlichen Stellen der Beamten und der nicht nur vorübergehend eingestellten Arbeitnehmer auszuweisen. Gemäß § 16 Abs. 2

Satz 1 GemHVO richtet sich die Veranschlagung von Personalaufwendungen nach den im Haushaltsjahr voraussichtlich besetzten Stellen. Die Personalaufwendungen erscheinen im Haushaltsplan in den jeweiligen Teilergebnishaushalten und fließen somit in die Angabe der Gesamtaufwendungen in § 1 der Haushaltssatzung ein.

Unter anderem sollen diese Darstellungen klären, dass die Haushaltssatzung mit dem Haushaltsplan nicht identisch ist und nicht identisch sein kann. Festzuhalten ist, dass der Haushaltsplan wichtigster und notwendiger Bestandteil der Haushaltssatzung ist.

6.2.2   Mittelfristige Ergebnis- und Finanzplanung und Haushaltsplan

Gemäß § 101 HGO hat die Gemeinde ihrer Haushaltswirtschaft eine fünfjährige Ergebnis- und Finanzplanung zu Grunde zu legen (siehe Kapitel 12). Die weiteren Anforderungen und Instrumente sind in § 9 GemHVO festgehalten.

Die Unterschiede zwischen der Ergebnis- und Finanzplanung und dem Haushaltsplan sind in den Zielen begründet, die mit diesen Plänen erreicht werden sollen. Die Ergebnis- und Finanzplanung ist auf fünf Jahre angelegt, wobei sich der reine, über den Haushaltsplan hinausgehende Planungszeitraum auf drei Jahre beläuft. Sie besitzt keinerlei Vollzugsverbindlichkeit und dient der Verwaltung und den Organen der Gemeinde als Orientierungsmittel für die Planung der künftigen Jahre. Umsetzungsverpflichtungen können sich aber aus dem Investitionsprogramm ergeben, welches gemäß § 101 Abs. 3 HGO als Grundlage für die Ergebnis- und Finanzplanung zu erstellen ist und durch Beschluss der Gemeindevertretung Verbindlichkeit erlangt. Aus der Ergebnis- und Finanzplanung kann sich die Verpflichtung zur Aufstellung eines Haushaltssicherungskonzeptes ergeben, wenn im Planungszeitraum Fehlbeträge erwartet werden (§ 92 Abs. 4 Nr. 3 HGO), siehe auch Kapitel 10.

Bei der Erstellung des Haushaltsplanes werden grundsätzlich die jeweiligen Ergebnis- und Finanzplanungen einbezogen, wobei die Veranschlagung im Haushaltsplan als Grundlage der Haushaltswirtschaft von der bisherigen Ergebnis- und Finanzplanung abweichen kann. Dann sollte von der Gemeinde jedoch Aufklärung darüber gegeben werden, in welchen wesentlichen Punkten der Haushaltsplan vom Finanzplan abweicht. Die Möglichkeit der Darstellung der Abweichungen ist gemäß § 6 GemHVO, Nr. 1 Hw. zu § 6 GemHVO, im Vorbericht gegeben.

Eindeutig zu erkennen ist, dass sowohl der Haushaltsplan als auch die Ergebnis- und Finanzplanung Pläne darstellen, die vorausschauend für die Zukunft aufgestellt sind und in der Zukunft verwirklicht werden sollen. Beide Pläne wirken nur im Innenverhältnis, haben keine Drittwirkung, und es werden die Erträge und Einzahlungen, Aufwendungen und Auszahlungen und (im Haushaltsplan) Verpflichtungsermächtigungen dargestellt. Die Unterschiede liegen im Zeithorizont und in der Ermächtigungswirkung. Wo der Haushaltsplan für ein Haushaltsjahr eine verbindliche Grundlage der Haushaltswirtschaft darstellt, ist die Ergebnis- und Finanzplanung ein auf den Zeitraum von fünf Jahren angelegter Orientierungsrahmen ohne Verbindlichkeit. Die Ergebnis- und Finanzplanung ist dem Haushaltsplan gemäß § 1 Abs. 4 Nr. 2 GemHVO als Anlage beizufügen.

6.2.3 Wirtschaftsplan und Haushaltsplan

Der Wirtschaftsplan ist ein für wirtschaftliche Betätigungen (§ 121 ff. HGO) vorgesehenes Rechenwerk, das für solche Bereiche vorgeschrieben ist, in denen die Gemeinde nach den kaufmännischen Rechnungslegungsregeln des HGB tätig ist. Das betrifft vor allem die Eigenbetriebe (Sondervermögen mit Sonderrechnung) und diejenigen Gesellschaftsbeteiligungen (GmbH, AG), für die das Eigenbetriebsrecht anzuwenden ist (§ 122 Abs. 4 HGO). In diesen Bereichen tritt er mit seinen Untergliederungen Erfolgsplan, Vermögensplan und Stellenübersicht an die Stelle des Haushaltsplanes und ist diesem gemäß § 1 Abs. 4 Nrn. 9 und 10 GemHVO als Anlage beizufügen. Zur wirtschaftlichen Betätigung der Gemeinde insgesamt siehe Kapitel 20.

6.2.4 Jahresabschluss und Haushaltsplan

Der Jahresabschluss (siehe Kapitel 15) ist das Gegenstück zum Haushaltsplan. Während der Haushaltsplan das auf die Zukunft gerichtete Programm für die Gemeindearbeit eines Jahres abgibt, soll der Jahresabschluss nach Ablauf der Haushaltsperiode die Aussage darüber liefern, was wirklich geschehen ist. Er ist insofern das auf die Wirklichkeit bezogene Spiegelbild des Haushaltsplanes, das in effektiven Ertrags-, Aufwands-, Einzahlungs- und Auszahlungsbeträgen aufzeigt, wie sich der Verlauf des Haushaltsjahres de facto gestaltet hat. Der Jahresabschluss ist das Rechenwerk der Gemeinde, das die tatsächliche Vermögens-, Finanz- und Ertragslage der Gemeinde darstellt und mit dem der Gemeindevorstand über seine Haushaltsführung Rechenschaft ablegt. Er gliedert sich in die Vermögensrechnung (Bilanz), die Ergebnisrechnung und die Finanzrechnung. Der Jahresabschluss ist durch einen Rechenschaftsbericht zu erläutern, ihm sind die in § 112 Abs. 4 HGO genannten Anlagen beizufügen. Zu den Einzelheiten des Jahresabschlusses siehe §§ 44 ff. GemHVO.

6.2.5 Budget und Haushaltsplan

Der Begriff „Budget" ist gemäß § 4 Abs. 1 Satz 2 GemHVO im Wesentlichen deckungsgleich mit dem Begriff des Teilhaushaltes, jedenfalls soweit, als ein Teilhaushalt von der jeweils gleichen Organisationseinheit bewirtschaftet wird (§ 58 Nr. 9 GemHVO). Budget (im doppischen Verständnis) meint damit einen Teilbereich des gesamten Haushaltsplanes. Wenn die Teilhaushaltsbildung (s. u. Ziffer 6.5.2) gemäß § 4 Abs. 2 Satz 1 GemHVO nach der örtlichen Organisation erfolgt, dürften Teilhaushalte und Budgets i. d. R. strukturell identisch sein. Werden die Teilhaushalte jedoch nach Produktbereichen gebildet und sind mehrere Organisationseinheiten der gleichen Hierarchieebene für einen Teilhaushalt verantwortlich (z. B. Produktbereich 01 Innere Verwaltung, verantwortlich sind gleichermaßen Hauptamt, Personalamt und Kämmereiamt bzw. entsprechende Fachbereiche oder -dienste), würde dieser Teilhaushalt in drei Budgets gemäß den beteiligten Organisationseinheiten zerfallen.

6.3   Bedeutung des Haushaltsplanes

6.3.1   Allgemeines

Der Haushaltsplan ist nicht mit der Haushaltssatzung identisch. Er bildet jedoch einen unverzichtbaren Teil der Haushaltssatzung (§ 94 Abs. 2 Nr. 1 HGO).

Die Bedeutung des Haushaltsplanes liegt darin, dass er gemäß § 95 Abs. 1 HGO die Grundlage für die Haushaltswirtschaft der Gemeinde bildet. Auch diese Bestimmung ist letztlich zu global, um daraus die Bedeutung des Haushaltsplanes für die kommunale Haushaltswirtschaft zu erkennen. Das für das Haushaltsrecht des Bundes und der Länder maßgebende Gesetz über die Grundsätze des Haushaltsrechts des Bundes und der Länder (Haushaltsgrundsätzegesetz – HGrG) enthält in § 2 eine bessere Beschreibung der Bedeutung des Haushaltsplanes. Mit der dort enthaltenen Funktionenbeschreibung ist die Bedeutung eines Haushaltsplanes schon deutlicher gemacht. Danach dient der Haushaltsplan der Feststellung und Deckung des Finanzbedarfs, der zur Erfüllung der Aufgaben des Bundes oder des Landes im Bewilligungszeitraum voraussichtlich notwendig ist. Der Haushaltsplan ist die Grundlage für die Haushalts- und Wirtschaftsführung. Bei seiner Aufstellung und Ausführung ist den Erfordernissen des gesamtwirtschaftlichen Gleichgewichts Rechnung zu tragen. Diese Funktionsbeschreibung kommt der Klärung der Bedeutung des Haushaltsplanes schon sehr nahe.

Die Bedeutung des Haushaltsplanes kann anhand seiner Funktionen erkannt werden:

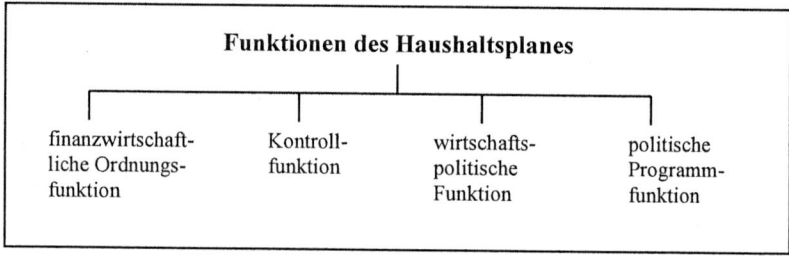

Funktionen des Haushaltsplanes

| finanzwirtschaft- liche Ordnungs- funktion | Kontroll- funktion | wirtschafts- politische Funktion | politische Programm- funktion |

6.3.2   Finanzwirtschaftliche Ordnungsfunktion

Der Haushaltsplan der Gemeinde hat in erster Linie finanzwirtschaftliche Ordnungsfunktionen zu erfüllen. Er enthält nach § 95 Abs. 2 HGO alle im Haushaltsjahr für die Erfüllung der Aufgaben der Gemeinde voraussichtlich

- anfallenden Erträge und eingehenden Einzahlungen,
- entstehenden Aufwendungen und zu leistenden Auszahlungen und
- benötigten Verpflichtungsermächtigungen.

Daraus ist zu ersehen, dass der Haushaltsplan ein vollständiges Abbild der wirtschaftlichen Vorgänge einer geplanten Haushaltsperiode, also eines Kalenderjahres, gibt. Er umfasst (anders als in der bisherigen Kameralistik) nicht nur die Vorgänge, die zu tatsächlichen Zahlungen führen, sondern auch alle Vorgänge mit wirtschaftlicher Wirkung, die nicht in Verbindung mit Zahlungen entstehen, insbesondere Abschreibungen, Auflösung von Sonderposten sowie Zu- und Abgänge bei den Rückstellungen.

Es soll durch die Veranschlagung der Erträge, Einzahlungen, Aufwendungen, Auszahlungen und Verpflichtungsermächtigungen in einem fest gefügten Plan, der nach bestimmten Grundsätzen aufgestellt wird, die übersichtliche und rationale Handhabung der Gemeindefinanzen und unter dem gleichen Aspekt die Bewirtschaftung der einzelnen Bereiche erzielt werden.

Folgende Gesichtspunkte sind zur Erreichung dieses Zieles im Einzelnen maßgeblich:

- Durch die planmäßige Vorausschau der Aufwendungen und Auszahlungen und ihrer Deckung dienenden Erträge und Einzahlungen wird die öffentliche Finanzwirtschaft in die Lage versetzt, die gestellten Aufgaben auch finanziell durchführen zu können, und

- durch das Erfordernis des finanziellen Ausgleiches von Aufwendungen bzw. Auszahlungen und Erträgen bzw. Einzahlungen wird die Wirtschaftlichkeit im öffentlichen Bereich gesteigert – siehe auch § 92 Abs. 2 HGO und § 12 Abs. 1 GemHVO.

- Der Haushaltsplan soll übersichtlich sein. Dieses angestrebte Ziel wird durch ein Ordnungssystem von Teilhaushalten, Produkten und Konten erreicht, siehe auch Muster 12 und 13 GemHVO. Aus der Kombination von Produkt und Konto ergibt sich das einzelne Produktkonto (in der Praxis auch Planungsstelle in der Planungsphase bzw. Buchungsstelle in der Ausführungsphase genannt).[63]

6.3.3 Kontrollfunktion

Der Haushaltsplan ist für die Haushaltsführung verbindlich. Ansprüche und Verbindlichkeiten Dritter werden durch ihn weder begründet noch aufgehoben (§ 96 Abs. 2 HGO). Durch den Haushaltsplan wird der Verwaltung ein finanzieller Handlungsrahmen gesteckt, den sie bezüglich der Aufwendungen bzw. Auszahlungen und Verpflichtungen einhalten muss. Er ermächtigt sie, im Rahmen der Aufgabenerfüllung Aufwendungen und Auszahlungen zu leisten und Verpflichtungen einzugehen. Diese weit reichenden Ermächtigungen zu Gunsten der Verwaltung müssen überprüfbar sein. Die Kontrolle wird auch anhand des Haushaltsplanes vorgenommen. Die im Folgenden angegebenen Regelungen sollen dieses nachweisen:

- Der Haushaltsplan enthält neben den Ansätzen für das Haushaltsjahr noch die Ansätze für das Vorjahr und die Ergebnisse des diesem vorangehenden Jahres (siehe Muster 7 – 11 zur GemHVO). Diese Zahlen geben in allen Einzelheiten Aufschluss über die finanzwirtschaftliche Entwicklung in drei Jahren, und ein Vergleich der Zahlen macht es der Verwaltung oder auch der Gemeindevertretung möglich, den Ursachen für eingetretene wesentliche Veränderungen nachzugehen.

---

[63] Häufig wird in der Praxis auch noch der kamerale Begriff „Haushaltsstelle" verwendet.

- Der Haushaltsplan ist Bestandteil der Haushaltssatzung (§ 94 Abs. 2 HGO). Der Entwurf der Haushaltssatzung einschließlich des Haushaltsplanes ist von der Gemeindevertretung in öffentlicher Sitzung zu beraten und zu beschließen (§ 97 Abs. 3 Satz 1 HGO). Diese Beschlussfassung geschieht nach vorheriger öffentlicher Auslegung des Entwurfes der Haushaltssatzung und des Haushaltsplanes (siehe Kapitel 11). Durch die Beschlussfassung über die Haushaltssatzung wird der Haushaltsplan von der Gemeindevertretung erlassen. Die Angaben im Haushaltsplan ermöglichen der Gemeindevertretung eine Kontrolle der Planung und auch der Ausführung durch die Verwaltung.

- Die Ordnung des Haushaltsplanes nach Teilhaushalten/Produkten und die Einteilung der Erträge und Einzahlungen und der Aufwendungen und Auszahlungen in Konten (Muster 13 zur GemHVO) bilden die Grundlage für die Buchführung der Gemeinde (§§ 32 ff. GemHVO) und für die Aufstellung des Jahresabschlusses (§ 112 HGO, §§ 44 ff. GemHVO).

- Der Jahresabschluss wird vom Gemeindevorstand aufgestellt (§ 112 Abs. 9 HGO) und anschließend vom Rechnungsprüfungsamt (§ 129 ff. HGO) u. a. daraufhin geprüft, ob der Haushaltsplan eingehalten ist und ob bei den Erträgen, Einzahlungen, Aufwendungen und Auszahlungen sowie bei der Vermögens- und Schuldenverwaltung nach den geltenden Vorschriften verfahren worden ist (§ 128 HGO). Nach Abschluss der Prüfung legt der Gemeindevorstand den Jahresabschluss mit dem Schlussbericht des Rechnungsprüfungsamtes der Gemeindevertretung zur Beratung und Beschlussfassung vor (§ 113 HGO). Diese hat dann über den Jahresabschluss zu beschließen und über die Entlastung des Gemeindevorstandes zu entscheiden (§ 114 HGO).

6.3.4   Wirtschaftspolitische Funktion

Durch Art. 109 Abs. 2 GG wird die Funktion des Haushaltsplanes in wirtschaftspolitischer Hinsicht festgesetzt. Der Grundsatz, dass Bund und Länder bei ihrer Haushaltswirtschaft den Erfordernissen des gesamtwirtschaftlichen Gleichgewichts Rechnung zu tragen haben, ist in den Regelungen des Gesetzes zur Förderung der Stabilität und des Wachstums der Wirtschaft – Stabilitätsgesetz – detailliert geregelt. Die Gemeindeordnung übernimmt diesen Grundsatz. Bei der Planung und Durchführung ihrer Haushaltswirtschaft haben die Gemeinden gemäß § 92 Abs. 1 Satz 2 HGO den Erfordernissen des gesamtwirtschaftlichen Gleichgewichts Rechnung zu tragen (siehe Ziffer 7.2.1). Durch diese Regelungen haben die Haushaltspläne der Gemeinden als volkswirtschaftliches Ordnungsinstrument einen Platz in der Konjunkturpolitik erhalten. Es ist demnach rechtlich möglich, die in den Haushaltsplänen veranschlagten Zahlungsströme zur Steuerung und Lenkung der Gesamtwirtschaft in der Form des antizyklischen Verhaltens einzusetzen (siehe auch Kapitel 12 zum Thema „Finanzplanung").

6.3.5 Politische Programmfunktion

Die Beschlussfassung über die Haushaltssatzung und den Haushaltsplan ist das Ergebnis zahlreicher Beratungen, Diskussionen und Auseinandersetzungen innerhalb und außerhalb der Gemeindevertretung und der Verwaltung. In diesem Haushaltsplan ist demzufolge die Finanzierung des politischen Programms mindestens der Mehrheit der Gemeindevertretung enthalten, denn durch den Haushaltsplan werden die Ausgabemittel und Ermächtigungen zum Eingehen von Verpflichtungen zur Verwirklichung der politischen Ziele bereitgestellt. Der Haushaltsplan ist also eine konsequente Fortsetzung von politischen Programmen. Die Grenzen der finanziellen Verwirklichung werden allerdings angesichts der schlechten Finanzausstattung der Gemeinden sehr oft deutlich. Nach Erfüllung der gesetzlichen und vertraglichen Verpflichtungen wird der Spielraum – die freie Finanzspitze – immer geringer, und nur über diese Mittel kann politisch noch verfügt werden.

6.4 Wirkungen des Haushaltsplanes

6.4.1 Allgemeine Wirkung

Im Haushaltsplan sind die finanzwirtschaftlichen Vorstellungen der Gemeindevertretung und der Verwaltung niedergelegt. Der Haushaltsplan enthält alle im Haushaltsjahr für die Erfüllung der Aufgaben der Gemeinde voraussichtlich anfallenden Erträge und eingehenden Einzahlungen, entstehenden Aufwendungen und zu leistenden Auszahlungen und benötigten Verpflichtungsermächtigungen. Dadurch bedingt ist die Verwaltung auch verpflichtet und gehalten, die Maßnahmen durchzuführen, für die Mittel vorgesehen sind. Der Haushaltsplan stellt demnach eine Richtlinie für die im Haushaltsjahr zu erfüllenden Aufgaben dar (§ 95 Abs. 1 HGO). Gelingt es nicht, die vorgesehene Maßnahme durchzuführen, ist ein ändernder Beschluss der Gemeindevertretung bzw. auch eine Änderung des Haushaltsplanes in Erwägung zu ziehen.

6.4.2 Wirkung bezüglich der Aufwendungen und Auszahlungen

Zu beachten ist in diesem Zusammenhang, dass die im Haushaltsplan veranschlagten Ansätze für Aufwendungen und Auszahlungen für die Verwaltung Ermächtigungen, jedoch keine Verpflichtung zur vollständigen oder teilweisen Inanspruchnahme darstellen, siehe auch Nr. 2 Hw. zu § 96 HGO. Die Ansätze dürfen nur unter Beachtung der Haushaltsgrundsätze in Anspruch genommen werden; besonders ist hier der Grundsatz der Wirtschaftlichkeit und Sparsamkeit zu erwähnen.

Mit der Höhe der Aufwendungs- bzw. Auszahlungsansätze wird durch die Festsetzung des Haushaltsplanes eine Obergrenze gezogen, die jedoch insoweit flexibel ist, als dass sie in den Verfahren der §§ 19 und 20 GemHVO (unechte und echte Deckungsfähigkeit) überschritten werden darf. Außerdem darf sie unter den Voraussetzungen des § 100 HGO (Unvorhergesehenheit, Unabweisbarkeit und Deckung) überschritten werden, siehe hierzu insgesamt Kapitel 14.

6.4.3   Wirkung bezüglich der Verpflichtungsermächtigungen

Verpflichtungen zur Leistung von Auszahlungen in künftigen Jahren für Investitionen und Investitionsförderungsmaßnahmen[64] dürfen nur eingegangen werden, wenn der Haushaltsplan hierzu ermächtigt (§ 102 HGO).

Hinsichtlich der Wirkung ist grundsätzlich auf die Ausführungen im Zusammenhang mit den Wirkungen bezüglich der Aufwendungen bzw. Auszahlungen zu verweisen. Es wird eine Obergrenze gezogen, die jedoch insoweit flexibel ist, als auch Verpflichtungsermächtigungen der Deckungsfähigkeit unterliegen (§ 20 Abs. 3 GemHVO). Zudem dürfen Verpflichtungsermächtigungen ausnahmsweise auch über- bzw. außerplanmäßig eingegangen werden, wenn sie unvorhergesehen und unabweisbar sind und der in der Haushaltssatzung festgesetzte Gesamtbetrag der Verpflichtungsermächtigungen nicht überschritten wird.

6.4.4   Wirkung bezüglich der Erträge und Einzahlungen

Die Verpflichtung zur Erhebung von Erträgen und Einzahlungen wird durch den Haushaltsplan nicht berührt. Sie entsteht durch spezialgesetzliche Regelungen (z. B. Steuergesetze, Gebühren- und Beitragssatzungen) sowie privatrechtliche (z. B. Mietverträge) und öffentlich-rechtliche Vereinbarungen und ist unabhängig davon, ob der Haushaltsansatz eingehalten, über- oder unterschritten wird.

Ansätze für Erträge und Einzahlungen sind die deklaratorische Angabe der aufgrund der o. g. Rechtsgründe zu erwartenden Beträge dem Grunde und der Höhe nach, siehe auch § 26 GemHVO. Ihre realitätsnahe Veranschlagung dient vorrangig der Beurteilung des Haushaltsausgleichs, siehe Kapitel 10.

Ausnahme: Ansätze für Kreditaufnahmen stellen in Verbindung mit § 2 der Haushaltssatzung die Ermächtigung zur Einnahmebeschaffung aus Krediten dar (§ 103 HGO, Hinweise zu § 103 HGO) und dürfen nicht überschritten werden.

Die im Haushaltsplan veranschlagten Erträge und Einzahlungen stellen mit Ausnahme der Kreditermächtigung folglich keine Obergrenzen für ihre Erzielung dar, sodass Mehrbeträge unbedenklich sind. Die Erträge und Einzahlungen werden bei der Planung und Aufstellung des Haushaltsplans unter Beachtung des Grundsatzes der Gesamtdeckung (§ 18 Abs. 1 GemHVO) dem Mittelbedarf (Aufwendungen und Auszahlungen) gegenüber gestellt. Das angestrebte Ziel, die für die Erfüllung der Aufgaben der Gemeinde zu leistenden Aufwendungen und Auszahlungen durch die entsprechenden Erträge und Einzahlungen zu decken, ist dadurch in seiner Erreichung dokumentiert. Die Vorschrift

---

[64] Die haushaltsrechtlichen Vorschriften differenzieren begrifflich zwischen Investitionen und Investitionsförderungsmaßnahmen, vgl. § 58 Nr. 17 und 18 GemHVO. Da jede Investitionsförderungsmaßnahme zugleich auch eine Veränderung des Anlagevermögens (§ 49 Abs. 3 Nr. 1 GemHVO) darstellt, weil sie entweder der immateriellen Vermögensgegenstände (bei Zuweisungen und Zuschüssen) oder das Finanzanlagevermögen (bei Darlehensgewährung) erhöht, entspricht sie bilanztechnisch und damit begrifflich auch der Investition. Rein terminologisch ist diese Differenzierung daher nicht erforderlich, da die Investitionsförderungsmaßnahmen eine Untermenge der Investitionen darstellen.

des Haushaltsausgleichs hat nicht nur für den Bereich der Aufstellung des Haushaltsplanes, sondern auch für die Ausführung und Rechnungslegung Gültigkeit. Eine mögliche Konsequenz bei Mindererträgen bzw. -einzahlungen und die dadurch bedingte Gefährdung des Haushaltsausgleichs bzw. Erhöhung eines vorhandenen Defizits könnte der Erlass einer Nachtragssatzung gemäß § 98 Abs. 2 Nr. 1 HGO sein, vgl. Ziffer 14.1.

Über die veranschlagten Beträge hinaus ist es der Gemeinde jederzeit möglich, zusätzliche Beträge zu erheben und zu vereinnahmen, wenn die rechtlichen Voraussetzungen gegeben sind. Grundsätzlich ist es Aufgabe der Verwaltung, die der Gemeinde zustehenden Einzahlungen der Gemeinde rechtzeitig einzuziehen und ihren Eingang zu überwachen (siehe auch Ziffer 13.4). Die Entscheidung, auf einen Anspruch zu verzichten, die Weiterverfolgung eines fälligen Anspruchs zurückzustellen oder den Zahlungstermin hinauszuschieben, kann nur im Einzelfall unter Beachtung der konkreten gesetzlichen Bestimmungen erfolgen (z. B. § 30 GemHVO, siehe auch Ziffer 13.5).

6.4.5   Bindung im Innenverhältnis

Durch den Erlass der Haushaltssatzung und des Haushaltsplanes hat die Gemeindevertretung ein politisches Programm in Form von Ortsrecht beschlossen, an welches die Verwaltung gebunden ist. Im Gegensatz zur Haushaltssatzung, die durch die Festsetzung der Realsteuerhebesätze noch bedingt Außenwirkung hat, fehlt dem Haushaltsplan diese Wirkung nach außen vollständig. Er beschränkt sich auf Regelungen von Beziehungen finanzwirtschaftlicher Art innerhalb der Gemeindeverwaltung. In diesem Bereich ist er für die Haushaltsausführung verbindlich.

6.4.6   Wirkung gegenüber Dritten

Gemäß § 96 Abs. 2 HGO werden durch den Haushaltsplan bestehende Ansprüche oder Verbindlichkeiten im Verhältnis zu Dritten nicht aufgehoben. Mietforderungen eines Vermieters von Büroräumen werden also nicht dadurch hinfällig, dass es versäumt wurde, im Haushaltsplan die Mietzahlungen zu veranschlagen.

Ebenso wenig werden Ansprüche oder Verbindlichkeiten durch den Haushaltsplan begründet. So erwirbt ein Verein keinen Anspruch auf Auszahlung eines Zuschusses lediglich dadurch, dass dieser im Haushaltsplan veranschlagt wurde. Dieser Anspruch ergibt sich erst durch einen Bewilligungsbescheid (Verwaltungsakt), zu dessen Erlass wiederum eine haushaltsrechtliche Ermächtigung erforderlich ist.

6.5   Aufbau und Struktur des kommunalen Haushaltsplanes

Die grundsätzlichen Regelungen über die Struktur des Haushaltsplanes enthält § 95 Abs. 3 HGO. Konkretisiert wird dies in § 1 GemHVO in den Absätzen 1 - 3. Danach besteht der Haushaltsplan aus

- dem Gesamthaushalt,
- den Teilhaushalten und
- dem Stellenplan[65].

Weiterhin sind dem Haushaltsplan die in § 1 Abs. 4 GemHVO genannten Anlagen beizufügen (s. u. Ziffer 6.6).

6.5.1   Gesamthaushalt

Der Gesamthaushalt ist in einen Ergebnishaushalt und einen Finanzhaushalt zu unterteilen (Abs. 2), diese wiederum sind jeweils in Teilhaushalte (Teilergebnishaushalt bzw. Teilfinanzhaushalt) zu gliedern (Abs. 3). Für die Bildung der Teilhaushalte ist § 4 GemHVO maßgeblich.

6.5.1.1   Ergebnishaushalt[66]

6.5.1.1.1 Inhalt

Im Ergebnishaushalt sind die Erträge und Aufwendungen der Gemeinde nachzuweisen. Dabei handelt es sich um Größen, die sich deutlich von den bisherigen Begriffen Einnahmen und Ausgaben des kameralen Rechnungswesens unterscheiden, auch wenn sie in den allermeisten Fällen mit tatsächlichen Zahlungsvorgängen verbunden sind.

Das neue Haushaltsrecht stellt das Ressourcenverbrauchskonzept in den Mittelpunkt der Planung und der Bewirtschaftung. Im Gegensatz zum Geldverbrauchskonzept, das der Kameralistik zu Grunde lag, legt das Ressourcenverbrauchskonzept den Augenmerk auf jeglichen Verzehr von Vermögen (Ressourcenverbrauch, Aufwand) und den Zuwachs an Vermögenswerten (Ressourcenaufkommen, Ertrag). Die Darstellung des vollständigen Ressourcenverbrauchs und des vollständigen Ressourcenaufkommens erfolgt also im Ergebnishaushalt, siehe auch Nr. 4 Hw. zu § 92 HGO und Nr. 1 Hw. zu § 2 GemHVO. Der Saldo dieser Größen in einem Jahr ergibt das Jahresergebnis, das in der Logik der kaufmännischen Buchführung die Änderung des Eigenkapitals zum vorherigen Bilanzstichtag abbildet, eine Mehrung des Eigenkapitals wird dabei kaufmännisch als Gewinn, eine Minderung als Verlust bezeichnet. An der Entwicklung des Eigenkapitals lässt sich feststellen, ob die Kommune ihr Vermögen erhält und ggf. sogar vermehrt oder ob sie „von der Substanz lebt". Sobald sich das Eigenkapital reduziert, verbraucht sie Vermögen, das in früheren Jahren erwirtschaftet wurde.

---

[65] Siehe Ziffer 6.5.3.
[66] Zur Ergebnisrechnung siehe Kapitel 17.

Haushaltsrechtlich werden die Begriffe Aufwand und Ertrag in § 58 GemHVO erläutert. Nach dessen Nr. 4 sind Aufwendungen der wertmäßige (zahlungs- und nichtzahlungswirksame) Verbrauch von Gütern und Dienstleistungen, nach dessen Nr. 14 ist Ertrag der zahlungswirksame und nichtzahlungswirksame Wertzuwachs (Ressourcenaufkommen) eines Haushaltsjahres.

Im Vergleich zu den im bisherigen kameralen Haushaltsrecht verwendeten Begriffen Einnahmen und Ausgaben unterscheiden sich die Begriffe Ertrag und Aufwand im Wesentlichen zum einen dadurch, dass sie völlig unabhängig davon betrachtet werden, ob mit ihnen ein Zahlungsvorgang verbunden ist oder nicht und zum anderen durch ihre periodengerechte Zuordnung (§ 10 Abs. 2 GemHVO), d. h. sie werden der Haushaltsperiode zugeordnet, der sie wirtschaftlich zugehörig sind, unabhängig von der Frage, wann eine ggf. mit ihnen verbundene Zahlung erfolgt, siehe auch Nr. 4 Hw. zu § 92 HGO Damit stimmen die in der Betriebswirtschaftslehre und im Haushaltsrecht verwendeten Begriffe überein. Die Zuordnung von Einnahmen und Ausgaben im Sinne des kameralistischen Rechnungswesens erfolgte dagegen nach Kassenwirksamkeit, also in die Periode, in der die Zahlung erfolgte.

6.5.1.1.2 Struktur

Die Struktur innerhalb des Ergebnishaushaltes regelt § 2 GemHVO insbesondere in den Abs. 1 und 2. Danach sind im Einzelnen darzustellen:

- die ordentlichen Erträge und Aufwendungen mit dem Saldo daraus (Verwaltungsergebnis),
- die Finanzerträge und Finanzaufwendungen mit dem Saldo daraus (Finanzergebnis),
- die Summe aus Verwaltungsergebnis und Finanzergebnis als ordentliches Ergebnis[67],
- die außerordentlichen Erträge und Aufwendungen mit dem Saldo daraus (außerordentliches Ergebnis)
- die Summe aus ordentlichem und außerordentlichem Ergebnis als Gesamtergebnis

Diese Struktur lässt sich auch folgendermaßen abbilden:

ordentliche Erträge	Finanzerträge	außerordentliche Erträge
./. ordentliche Aufwendungen	./. Finanzaufwendungen	./. außerordentliche Aufwendungen
= Verwaltungsergebnis	= Finanzergebnis	= außerordentliches Ergebnis
↓	↓	↓
ordentliches Ergebnis		↓
↓		↓
Gesamtergebnis		

---

67 Das ordentliche Ergebnis ist nach den Maßgaben des § 92 Abs. 3 HGO und der §§ 24 und 25 GemHVO Beurteilungsgröße für die Frage, ob die Gemeinde einen ausgeglichenen Haushalt bzw. ein ausgeglichenes Jahresergebnis aufweist. Der Haushaltsausgleich selbst wird aufgrund seiner zentralen und umfassenden Bedeutung gesondert in Kapitel 10 behandelt.

Diese Struktur findet sich demnach auch in dem für den Ergebnishaushalt maßgeblichen Muster wieder (Muster 7 zu § 2 GemHVO), hier in sog. Staffelform.

In Spalte 2 dieses Musters ist zu jeder Position angegeben, welche Konten gemäß des Kommunalen Verwaltungskontenrahmens (Muster 13 zur GemHVO) hierzu gehören, sodass im Einzelnen nachvollziehbar ist, was die jeweilige Zeilenposition beinhaltet[68]. Insofern kann bei der nachstehenden Darstellung auf eine tiefer gehende Erläuterung der einzelnen Zeilenposition verzichtet werden.

§ 2 Abs. 1 GemHVO nennt in Ziffer 1 – 9, was als ordentliche Erträge und in Ziffer 10 – 17, was als ordentliche Aufwendungen anzusehen ist, im Einzelnen:

Ziffer	Bezeichnung	Konten	Beispiel
1	privatrechtliche Leistungs-entgelte	Kontengruppe 50	Verkauf von Werbe-artikeln, Mieterträge[69]
2	öffentlich-rechtliche Leistungsentgelte	Kontengruppe 51	Erträge aus Benutzungs-gebühren
3	Kostenersatzleistungen und -erstattungen	Hauptkonten 548 – 549	Kostenerstattung durch eine Versicherung
4	Bestandsveränderungen und aktivierte Eigenleistun-gen	Kontengruppe 52	Wert der Leistung eigener Ingenieure beim Neubau einer Straße
5	Steuern und steuerähnliche Erträge einschließlich Erträge aus gesetzlichen Umlagen	Kontengruppe 55	Gemeindeanteil Einkom-mensteuer, Gewerbe-steuer, Grundsteuer
6	Erträge aus Transfer-leistungen	Hauptkonto 547	Ersatz von gewährten sozialen Leistungen
7	Erträge aus Zuweisungen und Zuschüssen für laufende Zwecke und allgemeine Umlagen	Hauptkonten 540 – 543	Schlüsselzuweisung
8	Erträge aus der Auflösung von Sonderposten aus Investitionszuweisungen, -zuschüssen und Investi-tionsbeiträgen	Hauptkonto 546	Auflösung einer Landes-zuweisung für eine Inves-tition (wirtschaftliche Gegenposition zum Auf-wand aus der Abschrei-bung des entsprechenden Vermögensgegenstands)
9	sonstige ordentliche Erträge	Kontengruppe 53	Konzessionsabgaben
10	Personalaufwendungen	Kontengruppen/Haupt-konten 62, 63, 640 – 643, 647 – 649, 65	Vergütungen, Dienst-bezüge

---

[68] Man spricht in diesem Zusammenhang auch von dem Auseinanderfallen von Planungs- und Darstellungsebene. Die Gemeinde plant und bucht intern ihre Aufwendungen und Erträge auf Konten, die sich aus dem Kommunalen Verwaltungskontenrahmen (KVKR, Muster 13 zur GemHVO) ergeben, die Darstellung nach außen erfolgt jedoch kumuliert nach den Zeilen gemäß Muster 7. Inwieweit die Gemeinde in den zu bildenden Teilhaushalten hier weiter differenziert oder nicht, entscheidet sie in eigener Verantwortung, siehe auch Ziffer 6.5.2.4.1.

[69] Soweit die Vermietung als Hauptleistung der Gemeinde anzusehen ist, siehe Erläuterungen zum Kommunalen Verwaltungskontenrahmen, Muster 12 (jetzt 13) der GemHVO, Staatsanzeiger Nr. 28 vom 06.07.2009, Erläuterungen zu Hauptkonto 500.

11	Versorgungsaufwendungen	Hauptkonten 644 – 646	Versorgungsbezüge, Zugänge zu Pensionsrückstellungen
12	Aufwendungen für Sach- und Dienstleistungen	Kontengruppen 60, 61, 67– 69	Beschaffung von Material, Bezug von Fremdleistungen
13	Abschreibungen	Kontengruppe 66	Aufwand, der durch die Wertminderung bei langfristig genutzten Vermögensgegenständen des Anlagevermögens verursacht wird, siehe auch § 43 GemHVO
14	Aufwendungen für Zuweisungen und Zuschüsse sowie besondere Finanzaufwendungen	Kontengruppe 71	Zuschüsse für laufende Zwecke an Vereine
15	Steueraufwendungen einschließlich Aufwendungen aus gesetzlichen Umlageverpflichtungen	Kontengruppe 73	Kreis- und Schulumlage
16	Transferaufwendungen	Kontengruppe 72	Leistungen der Sozialhilfe und der Jugendhilfe
17	sonstige ordentliche Aufwendungen	Kontengruppen 70, 74, 76	zu zahlende Steuern

§ 2 Abs. 1 GemHVO regelt weiterhin in Ziffern 18 und 19, dass die Finanzerträge einerseits und die Zinsen und ähnlichen Aufwendungen andererseits ebenfalls dem Ergebnishaushalt und innerhalb dessen dem ordentlichen Ergebnis zugeordnet sind, im Einzelnen:

18	Finanzerträge	Kontengruppen 56 und 57	Gewinnausschüttung aus Beteiligungen, Zinsen aus Geldanlagen, Stundungszinsen
19	Zinsen und ähnliche Aufwendungen	Kontengruppe 77	Zinsen für aufgenommene Kredite

Zum Ergebnishaushalt gehören ebenfalls die in § 2 Abs. 1 GemHVO Ziffern 20 und 21 genannten außerordentlichen Erträge und außerordentlichen Aufwendungen (siehe auch Abs. 3 sowie § 58 Nr. 5 GemHVO, wobei es der Gemeinde anzuraten ist, betragsmäßig zu definieren, was als erhebliche Aufwendungen und Erträge i. S. d. lit. a) anzusehen ist), im Einzelnen:

| 20 | außerordentliche Erträge | Kontengruppe 59 | Erträge aus Vermögens-veräußerungen, soweit der Verkaufspreis über dem Bilanzwert liegt, Spenden[70], Erträge aus der Auflösung von Rück-stellungen für Instand-haltung |
| 21 | außerordentliche Aufwen-dungen | Kontengruppe 79 | Aufwendungen aus Ver-mögensveräußerungen, soweit der Verkaufspreis unter dem Bilanzwert liegt, außerplanmäßige Abschreibungen |

Die Vorgaben des § 2 GemHVO werden durch das Muster 7 – Ergebnishaushalt – in eine für die Gemeinde verbindliche Form gebracht. Danach sind neben den Beträgen (Ansätzen) für das zu planende Haushaltsjahr zu jeder Position auch der Ansatz für das Vorjahr und das Ergebnis des Jahresabschlusses für das Vorvorjahr anzugeben.

6.5.1.2   Finanzhaushalt[71]

6.5.1.2.1   Inhalt

Während der in § 2 GemHVO geregelte Ergebnishaushalt die wirtschaftlichen Vorgänge der Gemeinde periodengerecht und völlig unabhängig von tatsächlichen Zahlungen als Ressourcenaufkommen (Ertrag) und Ressourcenverbrauch (Aufwand) darstellt und den Saldo daraus als Vermögensmehrung (Überschuss) bzw. Vermögensminderung (Fehl-betrag) mit entsprechender bilanzieller Wirkung in Bezug auf das Eigenkapital behandelt, werden im Finanzhaushalt (§ 3 GemHVO) die tatsächlichen Einzahlungen und Aus-zahlungen (geplanter Zahlungsmittelfluss) der Gemeinde abgebildet. Einzahlungen sind nach § 58 Nr. 12 GemHVO Barzahlungen und bargeldlose Zahlungen, die die flüssigen Mittel erhöhen, Auszahlungen sind nach Nr. 7 Barzahlungen und bargeldlose Zahlungen, die die flüssigen Mittel vermindern.

Wesentliche Funktion des Finanzhaushalts ist die zusammengefasste Darstellung aller zahlungswirksamen Vorgänge, vgl. Nr. 1 Hw. zu § 3 GemHVO.

Bei der Betrachtung des Finanzhaushaltes wird danach unterschieden in den Zahlungs-mittelfluss

- aus laufender Verwaltungstätigkeit,
- aus Investitionstätigkeit und
- aus Finanzierungstätigkeit.

---

[70] Soweit es sich nicht um zweckgebundene Spenden für laufende Zwecke handelt, diese sind dem Konto 5428 und damit der Zeilenposition 7 zuzuordnen, siehe auch Erläuterungen zum Kommunalen Verwaltungskontenrahmen, Muster 12 (jetzt 13) der GemHVO, Staatsanzeiger Nr. 28 vom 06.07.2009, Erläuterungen zu Hauptkonto 590.

[71] Zur Finanzrechnung siehe Kapitel 18.

Der Finanzhaushalt hat ferner die geplante Entwicklung des Zahlungsmittelbestandes aufzuzeigen. Dabei sind die Gründe für ein Zahlungsmitteldefizit anzugeben, vgl. Nr. 2 Hw. zu § 3 GemHVO.

Die Darstellung des Zahlungsmittelflusses kann nach zwei Methoden erfolgen, der direkten oder der indirekten Methode. Der Unterschied liegt im Wesentlichen in der Vorgehensweise bei der Ermittlung des Zahlungsmittelflusses aus laufender Verwaltungstätigkeit, da sowohl die Einzahlungen und Auszahlungen aus der Investitionstätigkeit als auch diejenigen aus der Finanzierungstätigkeit immer direkt ermittelt werden.

Es wird dabei grundsätzlich vorausgesetzt, dass die wirtschaftlichen Vorgänge der Gemeinde, die im Ergebnishaushalt abgebildet werden, dem Begriff der laufenden Verwaltungstätigkeit entsprechen. Als laufende Verwaltungstätigkeit in diesem Sinne sind also alle Vorgänge anzusehen, die nicht Investitions- oder Finanzierungstätigkeit sind. Im Ergebnishaushalt wird diese laufende Verwaltungstätigkeit umfassend abgebildet, also unabhängig von der Zahlungsbezogenheit des einzelnen Vorganges, im Finanzhaushalt erfolgt dagegen die Abbildung nur bezogen auf diejenigen Ertrags- und Aufwandspositionen, die auch zu tatsächlichen Zahlungen führen. Diese Abbildung erfolgt zudem nach Kassenwirksamkeit, also bezogen auf die Periode, in der die Zahlung tatsächlich erfolgt.

Den Gemeinden ist ein Wahlrecht zwischen der direkten und der indirekten Methode eingeräumt, das in § 47 Abs. 1 GemHVO für die Finanzrechnung geregelt ist; § 3 GemHVO übernimmt die hiernach von der Gemeinde gewählte Alternative für den Haushaltsplan. § 47 Abs. 1 GemHVO bestimmt: Die Finanzrechnung kann nach der direkten Methode, bei der das Finanzrechnungskonto primär bebucht und das entsprechende Konto der Ergebnisrechnung mitbebucht wird, oder nach der indirekten Methode, bei der der Zahlungsmittelfluss aus den Konten der Ergebnisrechnung und den Bilanzkonten entwickelt wird, geführt werden. Aus Sicht der Praxis ist zur direkten Methode jedoch anzumerken, dass die Buchungsvorgänge häufig umgekehrt ablaufen: Primär wird das entsprechende Aufwands- oder Ertragskonto bebucht, das zugehörige Finanzkonto wird, sofern der Vorgang zahlungswirksam ist, mitbebucht. Wie sonst sollte denn ein zahlungsloser Aufwand wie Abschreibungen bebucht werden?

§ 3 Abs. 1 GemHVO enthält die Vorschriften für die Darstellung des Finanzhaushaltes nach der direkten Methode, Abs. 2 diejenigen für die indirekte Methode. Wenn sich die Gemeinde für die indirekte Methode entscheidet, muss sie dennoch eine ergänzende Darstellung nach der direkten Methode vornehmen, sowohl bei der Planaufstellung (§ 3 Abs. 2 letzter Satz GemHVO: „Der Finanzhaushalt ist durch eine Aufstellung der geplanten Einzahlungen und Auszahlungen in der Gliederung nach Abs. 1 zu ergänzen.") als auch beim Jahresabschluss (§ 47 Abs. 3 GemHVO letzter Satz: „In einer Anlage zur Finanzrechnung sind die Einzahlungen und Auszahlungen zusätzlich in der Gliederung nach Abs. 2 anzugeben.", vgl. auch Nr. 1 Hw. zu § 47 GemHVO). Da diese zusätzlichen Angaben ja auch im Rahmen des jeweils eingesetzten DV-Systems erzeugt werden müssen, muss die Gemeinde, wenn sie sich für die indirekte Methode entscheidet, trotzdem alle technischen Voraussetzungen dafür schaffen, um eine Darstellung nach der direkten Methode vornehmen zu können. Unter diesem Aspekt betrachtet stellt sich die

Ausübung des Wahlrechtes nicht als Wahl zwischen direkter und indirekter Methode, sondern zwischen direkter Methode und beiden Methoden dar. Die Mehrzahl der Gemeinden wird sich daher aus verwaltungsökonomischen Gründen wohl für die direkte Methode entscheiden.

Hierbei wird der Zahlungsmittelüberschuss oder Zahlungsmittelbedarf aus laufender Verwaltungstätigkeit ermittelt, indem die zahlungswirksamen Vorgänge, die hierunter fallen, erfasst und im Muster 8 dargestellt werden. Das Muster 8 stimmt bezüglich seiner Struktur, was die laufende Verwaltungstätigkeit betrifft, weitgehend mit dem Muster 7 für den Ergebnishaushalt überein[72]. Daraus ergibt sich für die Gemeinde als Vorgehensweise, dass sie bezüglich aller Erträge und aller Aufwendungen die damit verbundenen zahlungswirksamen Beträge ermitteln muss. Überhaupt nicht zahlungswirksam sind z. B. die Aufwendungen für Abschreibungen oder die Erträge aus der Auflösung von Sonderposten, diese erscheinen daher auch nicht im Muster 8.

Weiterhin sind Vorgänge vorhanden, bei denen der Aufwands- vom Auszahlungs- bzw. der Ertrags- vom Einzahlungsbetrag abweicht. Wenn z. B. ein für ein Jahr im Voraus zu zahlender Versicherungsbeitrag von 1.000 € am 1. Juli fällig ist, entfallen wirtschaftlich 500 € als Aufwand auf das Jahr der Zahlung (die anderen 500 € werden als aktiver Rechnungsabgrenzungsposten gebucht) und werden im Ergebnishaushalt veranschlagt, dagegen wird die tatsächliche Zahlung von 1.000 € in voller Höhe im Finanzhaushalt dargestellt. Im folgenden Jahr wird der aktive Rechnungsabgrenzungsposten aufgelöst, dadurch entsteht nun wiederum ein Aufwand von 500 € im Ergebnishaushalt. Daraus entsteht jedoch keine Auszahlung und damit keine Veranschlagung im Finanzhaushalt.

Daneben wird es Fälle geben, bei denen eine Zahlung aus der laufenden Verwaltungstätigkeit zu leisten ist, ohne dass Aufwand entsteht, z. B. durch Inanspruchnahme einer im Vorjahr gebildeten Rückstellung für unterlassene Bauunterhaltung, hier erfolgt eine Veranschlagung lediglich im Finanzhaushalt, aber nicht im Ergebnishaushalt, denn dieser wurde ja schon im Vorjahr belastet.

Bei der überwiegenden Zahl von Aufwands- und Ertragspositionen dürfte sich aber betragsmäßige Gleichheit zu den damit verbundenen Zahlungsvorgängen ergeben.

Die Gemeinde muss also bei der Aufstellung des Haushaltsplanes jede im Ergebnishaushalt veranschlagte Position, sowohl Ertrag als auch Aufwand, daraufhin untersuchen, ob sich daraus eine Zahlung im gleichen Jahr ergibt und ob diese betragsmäßig gleich ist oder abweicht, und zusätzlich, ob weitere Zahlungen, die der laufenden Verwaltungstätigkeit zuzurechnen sind, anfallen, ohne dass eine korrespondierende Veranschlagung im Ergebnishaushalt besteht. Aus diesen Informationen entsteht dann die Veranschlagung im Muster 8 bezüglich des Zahlungsmittelflusses der laufenden Verwaltungstätigkeit.

---

[72] Mangels anderweitiger Festlegung durch den Verordnungsgeber gehen die Autoren davon aus, dass auch die Buchung außerordentlicher Auszahlungen bzw. Einzahlungen in der jeweils zutreffenden Zeilenposition des Muster 8 zu erfolgen hat, z. B. außerordentliche Auszahlungen für die Bauunterhaltung in Zeile 12. Die Zeilen 8 bzw. 17 des Muster 8 sind nach Auffassung der Autoren denjenigen außerordentlichen (ebenso wie den jeweiligen ordentlichen) Einzahlungen bzw. Auszahlungen vorbehalten, die keiner anderen Zeilenposition dieses Musters zuzuordnen sind.

Bei der indirekten Methode werden die einzelnen zahlungswirksamen Vorgänge (Einzahlungen, Auszahlungen und der Saldo daraus) aus laufender Verwaltungstätigkeit nicht als solche unmittelbar erfasst und dargestellt, sondern der Saldo der Einzahlungen und Auszahlungen aus laufender Verwaltungstätigkeit wird durch Rückrechnung (Herausrechnung der nicht zahlungswirksamen Vorgänge) aus dem Ergebnis des Ergebnishaushaltes ermittelt.

Die Ermittlung des Zahlungsmittelflusses aus laufender Verwaltungstätigkeit im Finanzhaushalt erfolgt bei der indirekten Methode also dadurch, dass man aus dem Ergebnis des Ergebnishaushaltes für das entsprechende Jahr alle Vorgänge herausrechnet, die in dieses Ergebnis hineingeflossen sind, aber keine Zahlungswirksamkeit haben, also nicht in dieser Periode zu Einzahlungen oder Auszahlungen führen. Folglich bleiben die zahlungswirksamen Vorgänge übrig. Berücksichtigt werden weiterhin die zahlungswirksamen Vorgänge des zu betrachtenden Jahres, die zwar mit Aufwendungen und Erträgen im Zusammenhang stehen, wobei diese aber anderen Perioden zugeordnet sind. Insgesamt ergibt sich aus dieser Berechnung der Saldo aus den Einzahlungen und Auszahlungen, die nicht Investitions- oder Finanzierungstätigkeit, folglich laufende Verwaltungstätigkeit sind, als Zahlungsmittelfluss hieraus.

6.5.1.2.2 Struktur

Die Struktur des Finanzhaushaltes nach direkter Methode ergibt sich aus § 3 Abs. 1 GemHVO und Muster 8 zur GemHVO. Bei den in der Verwaltungspraxis eingesetzten EDV-Verfahren besteht zu jedem Konto der Ergebnisrechnung (Kontenklasse 5 für die Erträge und Kontenklassen 6 und 7 für die Aufwendungen), soweit damit zahlungswirksame Vorgänge verbunden sind, ein korrespondierendes Konto der Finanzrechnung, Kontengruppe 81 für die Einzahlungen und Kontengruppe 83 für die Auszahlungen, diese Angaben finden sich auch in der Spalte 2 des Muster 8. Die Gemeinde muss also jede Veranschlagung auf einem Konto der Kontengruppen 5 – 7 daraufhin überprüfen, ob der veranschlagte Betrag überhaupt und wenn ja in gleicher Höhe oder in veränderter Höhe auf dem korrespondierenden Finanzrechnungskonto zu veranschlagen ist, diese Veranschlagung vornehmen und sie dann in der Struktur des Muster 8 darstellen.

Will die Gemeinde den Finanzhaushalt in der Methode der indirekten Rechnung darstellen, hat sie gemäß § 3 Abs. 2 GemHVO sowie Muster 9 zur GemHVO vorzugehen.

Folgende Aufstellung soll die einzelnen Punkte erläutern (die Darstellung setzt Grundkenntnisse der Vermögensrechnung/Bilanz voraus. Sofern diese nicht gegeben sind, wird empfohlen, zunächst das Kapitel 16 durchzuarbeiten):

1 **Das Ergebnis des Ergebnishaushalts** soll betragen (Überschuss)	**+500.000 €**
2 **zuzüglich der Abschreibungen und abzüglich der Zuschreibungen auf Vermögensgegenstände des Anlagevermögens** Beispiel: Es sind insgesamt 200.000 € planmäßige Abschreibung veranschlagt. Da Abschreibungen zahlungsunwirksamen Aufwand[73] darstellen, haben sie das Ergebnis reduziert, lösen aber keine Zahlung aus, so dass sie dem Ergebnis hinzugerechnet werden müssen, um den Saldo der zahlungswirksamen Vorgänge zu ermitteln	+200.000 €
3 **abzüglich der Erträge aus der Auflösung von Sonderposten für erhaltene Investitionszuweisungen und -zuschüssen** Beispiel: Für eine Investitionsmaßnahme hat die Gemeinde eine Landeszuweisung von 1.000.000 € erhalten (Sonderposten auf der Passivseite der Bilanz). Der Sonderposten wird über die Nutzungsdauer (40 Jahre) der Maßnahme jährlich mit 25.000 € aufgelöst, diese Auflösung stellt (zahlungslosen) Ertrag dar, der das Ergebnis verbessert hat, aber keine Einzahlung darstellt. Also muss dieser Ertrag vom Ergebnis abgezogen werden.	–25.000 €
4 **zuzüglich der Zunahme und abzüglich der Abnahme von Rückstellungen** Beispiele: Die Gemeinde nimmt eine Zuführung zur Rückstellung für die Beamtenversorgung in Höhe von 100.000 € vor. Hierbei handelt es sich um zahlungslosen Aufwand[74], der das Ergebnis reduziert, aber keine Zahlung auslöst, so dass der Betrag dem Ergebnis wieder hinzugerechnet werden muss.	+100.000 €
Umgekehrt verhält es sich, wenn eine Rückstellung aufgelöst wird. Aus der Auflösung entsteht ein (zahlungsloser) Ertrag, der das Ergebnis verbessert, aber keinen Zahlungsfluss auslöst, z. B. wird eine nicht mehr benötigte Prozesskostenrückstellung in Höhe von 10.000 € aufgelöst, weil der Prozess gewonnen wurde und keine Kosten anfallen. Der Betrag ist also vom Ergebnis abzuziehen.	–10.000 €

---

[73] Die Zahlung erfolgte bereits in einer früheren Periode, nämlich in der der Anschaffung.
[74] Die voraussichtliche Zahlung erfolgt in einer späteren Periode.

5	**abzüglich der Erträge und zuzüglich der Aufwendungen aus dem Abgang von Vermögensgegenständen des Anlagevermögens** Die Einzahlungen aus dem Abgang (i. d. R. Veräußerung) von Vermögensgegenständen sind im Finanzhaushalt im Saldo der Investitionstätigkeit bereits enthalten (siehe unten: Finanzmittelfluss aus Investitionstätigkeit, Ziffer 10). Sofern die Veräußerung zu einem Preis erfolgt, der über dem Buchwert des Vermögensgegenstandes liegt, entsteht ein außerordentlicher Ertrag, sofern der Preis unter dem Buchwert liegt, entsteht ein außerordentlicher Aufwand, was jeweils im Ergebnishaushalt abzubilden ist (siehe auch oben 6.5.1.1.2). Da der Verkauf in seiner Zahlungswirksamkeit (Einzahlung) im Finanzhaushalt durch den Saldo der Investitionstätigkeit bereits vollständig abgebildet ist, muss der außerordentliche Ertrag bzw. Aufwand zur Ermittlung der zahlungswirksamen Vorgänge des Ergebnishaushaltes aus dessen Ergebnis herausgerechnet werden. Beispiele: Die Gemeinde verkauft ein Grundstück zum Preis von 50.000 €. Dieser Betrag ist eine Einzahlung aus dem Abgang von Anlagevermögen und fließt unmittelbar in den Saldo aus Investitionstätigkeit ein, ist damit im Finanzhaushalt enthalten. Das Grundstück ist mit einem Wert von 35.000 € in der Bilanz (Anlagevermögen) verzeichnet, so dass ein außerordentlicher Ertrag von 15.000 € im Ergebnishaushalt entsteht, der dessen Ergebnis erhöht und folglich durch Subtraktion wieder herausgerechnet werden muss.	−15.000 €
	Die Gemeinde verkauft ein Fahrzeug mit einem bilanziellen Wert von 10.000 €, es wird ein Kaufpreis von lediglich 8.000 € erzielt. Der Kaufpreis ist im Finanzhaushalt enthalten, im Ergebnishaushalt entsteht ein das Ergebnis reduzierender außerordentlicher Aufwand von 2.000 €, der durch Addition wieder herausgerechnet werden muss.	+2.000 €
6	**zuzüglich der sonstigen nicht zahlungswirksamen Aufwendungen und abzüglich der sonstigen nicht zahlungswirksamen Erträge (einschließlich sonstiger außerordentlicher Erträge und Aufwendungen)** Unter diese Position wären z. B. aktivierte Eigenleistungen zu fassen, die entstehen, wenn die Gemeinde aktivierbare Leistungen selbst erstellt, anstatt sie als Fremdleistung zu beziehen. Beispiel: Für den Neubau einer Straße erbringt das gemeindliche Tiefbauamt Ingenieurleistungen im Wert von 20.000 € selbst. Der Wert dieser Leistungen wird zusammen mit der Baumaßnahme als Erhöhung des Anlagevermögens aktiviert. Der Betrag ist als Ertrag im Ergebnishaushalt enthalten, aber nicht zahlungswirksam, muss also vom Ergebnis abgezogen werden.	−20.000 €

7	**abzüglich der Zunahme und zuzüglich der Abnahme der Vorräte, der Forderungen aus Lieferungen und Leistungen sowie anderer Aktiva, die nicht der Investitions- oder Finanzierungstätigkeit zuzuordnen sind** Beispiele: Die Gemeinde veranlagt Gebühren und erstellt und versendet die entsprechenden Gebührenbescheide. Der veranlagte Betrag (100.000 €) wird einerseits als Ertrag im Ergebnishaushalt, andererseits als Forderung in der Bilanz (Aktiva/Umlaufvermögen) gebucht. Soweit die Forderung noch nicht durch Zahlung ausgeglichen wurde (z. B. wird ein Betrag von 10.000 € über das Jahr hinaus gestundet), steht dem Ertrag und damit dem Ergebnis des Ergebnishaushaltes noch keine entsprechende Zahlung gegenüber, so dass der noch bestehende Forderungsbetrag vom Ergebnis abzuziehen ist, um die zahlungswirksamen Vorgänge zu ermitteln. Ein im Vorjahr für Versicherungen, aufgrund der für ein Jahr im Voraus geleisteten Zahlung, gebildeter aktiver Rechnungsabgrenzungsposten von 5.000 € wird aufwandswirksam aufgelöst (Abnahme anderer Aktiva). Der Aufwand ist im Ergebnis des Ergebnishaushaltes ergebnismindernd enthalten, es erfolgt jedoch keine Zahlung, also ist der Betrag wieder hinzuzurechnen.	–10.000 € +5.000 €
8	**zuzüglich der Zunahme und abzüglich der Abnahme der Verbindlichkeiten aus Lieferungen und Leistungen sowie anderer Passiva, die nicht der Investitions- oder Finanzierungstätigkeit zuzuordnen sind** Beispiele: Im Vorjahr wurde zur periodengerechten Abgrenzung des Zinsaufwandes eine Verbindlichkeitsposition von 150.000 € aufwandswirksam gebildet. In diesem Jahr wird der Betrag an die Bank gezahlt, so dass sich die Verbindlichkeit um diesen Betrag mindert, entsprechend ist die Minderung der liquiden Mittel, so dass der Betrag abzuziehen ist. Hier erfolgt die Zahlung zeitversetzt zur Periode der Aufwandsbuchung. In diesem Jahr wird ein Betrag von 170.000 € aufwandswirksam zur periodengerechten Zinsabgrenzung als Verbindlichkeit gebildet (Zunahme). Hier mindert dieser Vorgang das Ergebnis des Ergebnishaushaltes, ohne dass eine Zahlung erfolgt, denn diese geschieht ja erst im nächsten Jahr. Also muss der Betrag wieder hinzugerechnet werden.	–150.000 € +170.000 €
	Aus dem Ergebnis des Ergebnishaushaltes (Position 1) modifiziert um die genannten hinzuzurechnenden und abzuziehenden Beträge ergibt sich der Saldo des Zahlungsmittelflusses aus der laufenden Verwaltungstätigkeit (§ 3 Abs. 2 Satz 2 Nr. 1 GemHVO), hier also	**+747.000 €**

Bei direkter Methode würde sich im Ergebnis natürlich der gleiche Betrag ergeben, da sich die Methoden nicht im Ergebnis, sondern nur im Weg dorthin unterscheiden.

Es wird aus diesem Beispiel deutlich, dass der Saldo des Ergebnishaushaltes (500.000 €) und der Saldo des Zahlungsmittelflusses aus der laufenden Verwaltungstätigkeit (747.000 €) deutlich voneinander abweichen können. Meist aufgrund der herauszurechnenden Abschreibungsbeträge ist der Saldo des Zahlungsmittelflusses aus der laufenden Verwaltungstätigkeit höher als das Ergebnis des Ergebnishaushaltes. Der Saldo des Zahlungsmittelflusses aus der laufenden Verwaltungstätigkeit sollte insgesamt positiv und mindestens so hoch sein wie die ordentliche Tilgung.

Der Finanzmittelfluss aus Investitionstätigkeit wird immer direkt, d. h. unmittelbar aus den geplanten (beim Jahresabschluss aus den tatsächlichen) Zahlungsströmen ermittelt. Es gibt jedoch auch hier (geringfügige) strukturelle Unterschiede in der Darstellung, je nach gewählter Methode. Welche Positionen bei direkter Methode hier erfasst werden einschließlich der Summen und des Saldos, regelt § 3 Abs. 1 Nr. 20 – 29 GemHVO i. V. m. Muster 8 zur GemHVO, im Einzelnen:

20	**Einzahlungen aus Investitionszuweisungen und -zuschüssen sowie aus Investitionsbeiträgen** Hierunter fallen alle Zahlungseingänge, die die Gemeinde von öffentlich-rechtlichen Institutionen (Zuweisungen, z. B. Bund, Land, Kreis, anderen Gemeinden, Zweckverbänden) bzw. von privatrechtlichen Institutionen (Zuschüsse, z. B. von privaten Unternehmen, Vereinen u. Ä.) zur Finanzierung ihrer Investitionen oder Investitionsförderungsmaßnahmen[75] erhält. Es muss sich also um Vorgänge handeln, die unter nachstehenden Ziffern 11 und 13 zu subsumieren sind. Ebenfalls hierunter fallen die Investitionsbeiträge, die nach den Vorschriften des BauGB (insbesondere Erschließungsbeitrag) oder des KAG (insbesondere Kanal- und Straßenbeitrag) erhoben werden. Angenommen sei hier ein Betrag von insgesamt	1.000.000 €
21	**Einzahlungen aus Abgängen von Vermögensgegenständen des Sachanlagevermögens und des immateriellen Anlagevermögens** Hierunter fallen in voller Höhe die Einzahlungen aus dem Verkauf von Grundstücken, Fahrzeugen und anderen Teilen des Sachanlagevermögens. Zur Problematik der dabei ggf. entstehenden außerordentlichen Erträge oder Aufwendungen siehe Ziffer 5 in der vorherigen Tabelle. In der Praxis von geringer Bedeutung sind die Einzahlungen aus Abgängen von Vermögensgegenständen des immateriellen Anlagevermögens, da diese nur selten vorkommen dürften. Denkbar sind Vorgänge, bei denen die Gemeinde erworbene Software-Lizenzen weiterveräußert oder Rückforderungsansprüche aus gewährten Investitionszuweisungen an einen Dritten, z. B. ein Inkassobüro, verkauft. Angenommen sei hier ein Betrag von insgesamt	200.000 €
22	**Einzahlungen aus Abgängen von Vermögensgegenständen des Finanzanlagevermögens** Aus dem Abgang von Vermögensgegenständen des Finanzanlagevermögens können sich Einzahlungen insbesondere in folgenden Fällen ergeben: - Tilgung von Krediten, die die Gemeinde gewährt hat, z. B. im Rahmen der Wirtschafts-, Wohnungsbau- oder Vereinsförderung - Veräußerung von Beteiligungen, z. B. an einer GmbH (auch hier ist auf die Problematik der dabei ggf. entstehenden außerordentlichen Erträge oder Aufwendungen zu verweisen, siehe Zeilenposition 5 in der Tabelle oben für den Saldo der laufenden Verwaltungstätigkeit). Angenommen sei hier ein Betrag von insgesamt	100.000 €
23	**Summe der Einzahlungen aus Investitionstätigkeit (Nr. 20 bis 22)**	**1.300.000 €**

---

[75] Zur Problematik des Begriffes der Investitionsförderungsmaßnahme siehe Fußnote bei Ziffer 6.4.3.

24	**Auszahlungen für den Erwerb von Grundstücken und Gebäuden**	
	Angenommen sei hier ein Betrag von	500.000 €
25	**Auszahlungen für Baumaßnahmen**	
	Angenommen sei hier ein Betrag von	3.000.000 €
26	**Auszahlungen für Investitionen in das sonstige Sachanlagevermögen** (z. B. Fahrzeuge, Betriebs- und Geschäftsausstattung) **und immaterielle Anlagevermögen** (z. B. Erwerb von Software-Lizenzen oder Investitionsförderungsmaßnahmen, vgl. § 58 Ziffer 18 GemHVO, soweit sie als Zuweisung bzw. Zuschuss gewährt werden. Darlehensgewährungen fallen unter den Begriff des Finanzanlagevermögens.	
	Angenommen sei hier ein Betrag von	1.000.000 €
27	**Auszahlungen für Investitionen in das Finanzanlagevermögen** Analog zur Ziffer 22 sind hier folgende Beispiele zu nennen: - Die Gemeinde gewährt einem Verein ein Darlehen zur Finanzierung der Errichtung eines neuen Vereinshauses. - Die Gemeinde erwirbt zum Zwecke der Beteiligung Geschäftsanteile an einem Unternehmen in der Rechtsform der GmbH, z. B. aufgrund einer Kapitalerhöhung der örtlichen Stadtwerke GmbH.	
	Angenommen sei hier ein Betrag von insgesamt	200.000 €
28	**Summe der Auszahlungen aus Investitionstätigkeit (Nr. 24 bis 27)**	**4.700.000 €**
29	**Zahlungsmittelüberschuss oder Zahlungsmittelbedarf aus Investitionstätigkeit (Saldo aus Nr. 23 und 28)**	**3.400.000 €**

Wie vorzugehen ist, wenn die indirekte Methode zur Anwendung kommt, regelt § 3 Abs. 2 Nr. 9 – 13 GemHVO i. V. m. Muster 9 zur GemHVO, im Einzelnen:

9	**Einzahlungen aus Investitionszuweisungen und -zuschüssen sowie aus Investitionsbeiträgen** Hier wird auf obige Tabelle Ziffer 20 verwiesen.	
	Angenommen sei auch hier ein Betrag von insgesamt	+1.000.000 €
10	**zuzüglich Einzahlungen aus Abgängen von Vermögensgegenständen des Sachanlagevermögens und des immateriellen Anlagevermögens** Hier wird auf obige Tabelle Ziffer 21 verwiesen.	
	Angenommen sei auch hier ein Betrag von insgesamt	+200.000 €
11	**abzüglich Auszahlungen für Investitionen in das Sachanlagevermögen und immaterielle Anlagevermögen** Unter dieser Position ist, soweit nicht als Finanzanlagevermögen der Zeilenposition 13 zugewiesen, die gesamte investierende Tätigkeit der Gemeinde abgebildet. Bei indirekter Methode werden die in obiger Tabelle unter Ziffern 24 – 26 enthaltenen Positionen in einem Betrag abgebildet.	
	Angenommen sei auch hier ein Betrag von insgesamt	–4.500.000 €
12	**zuzüglich Einzahlungen aus Abgängen von Vermögensgegenständen des Finanzanlagevermögens** Hier wird auf obige Tabelle Ziffer 22 verwiesen.	
	Angenommen sei auch hier ein Betrag von insgesamt	+100.000 €
13	**abzüglich Auszahlungen für Investitionen in das Finanzanlagevermögen** Hier wird auf obige Tabelle Ziffer 27 verwiesen.	
	Angenommen sei auch hier ein Betrag von insgesamt	–200.000 €
	Aus den vorgenannten Positionen ergibt sich der Saldo des Finanzmittelflusses aus Investitionstätigkeit (§ 3 Abs. 2 Satz 2 Nr. 2 GemHVO) von	**–3.400.000 €**

Die dritte Komponente des Finanzhaushaltes stellt die Finanzierungstätigkeit dar. Hier ist unter Angabe des Saldos abzubilden, in welcher Höhe die Gemeinde neue Kredite aufnimmt bzw. Anleihen begibt und aufgenommene Kredite und Anleihen tilgt. Einzelheiten regelt § 3 Abs. 1 Nr. 31 und 32 GemHVO bei direkter und § 3 Abs. 2 Nr. 14 und 15 GemHVO bei indirekter Methode, im Einzelnen:

direkt:

31	Einzahlungen aus der Aufnahme von Krediten und wirtschaftlich vergleichbaren Vorgängen für Investitionen Die Gemeinde nimmt bei einem Kreditinstitut nach den Vorschriften des § 103 HGO (siehe auch Kapitel 9) einen Kredit auf, um die nicht durch andere Mittel gedeckten investiven Auszahlungen zu finanzieren. Soweit nicht Zahlungsmittelbestände einschließlich des positiven Saldos aus laufender Verwaltungstätigkeit (siehe hierzu auch nachstehende Ziffer 32/15) hierfür bereit stehen und verwendet werden, wäre unter Beachtung des § 93 Abs. 3 HGO der vorgenannte Betrag von 3,4 Mio. € die Obergrenze einer Kreditaufnahme.	3.400.000
32	Auszahlungen für die Tilgung von Krediten und wirtschaftlich vergleichbaren Vorgängen für Investitionen, Kredite, die die Gemeinde aufgenommen hat, muss sie zurückzahlen (tilgen) und i. d. R. auch verzinsen. Die Zinsbelastung wird im Ergebnishaushalt als Aufwand abgebildet und die daraus folgenden Auszahlungen sind folglich im Finanzmittelfluss aus laufender Verwaltungstätigkeit enthalten. Die Tilgung stellt dagegen keinen Aufwand dar, sie ist Gegenposition zur Kreditaufnahme und daher im Finanzmittelfluss aus Finanzierungstätigkeit abzubilden. Die mit der Tilgung[76] einhergehende Minderung des Zahlungsmittelbestandes sollte durch einen entsprechenden Überschuss des Finanzmittelflusses aus laufender Verwaltungstätigkeit finanziert werden, weil ansonsten die Gefahr besteht, dass die Tilgung von Krediten zur Investitionsfinanzierung durch die Aufnahme von Kassenkrediten finanziert wird, faktisch also gar keine Rückzahlung von Krediten erfolgt. Angenommen, die Tilgungsleistung beträgt 500.000 €, wäre diese durch den Finanzmittelfluss aus laufender Verwaltungstätigkeit gedeckt, die Gemeinde wäre also in der Lage, ihre Tilgungsauszahlungen aus eigener Kraft (Überschuss der Einzahlungen über die Auszahlungen aus laufender Verwaltungstätigkeit) zu finanzieren.	500.000
33	33. Zahlungsmittelüberschuss oder Zahlungsmittelbedarf aus Finanzierungstätigkeit[77] (Saldo aus Nr. 31 und 32)	2.900.000

indirekt:

14	Einzahlungen aus der Aufnahme von Krediten und der Begebung von Anleihen (w. o.)	+3.400.000 €
15	abzüglich Auszahlungen aus der Tilgung von Krediten und Anleihen (w. o.)	- 500.000 €
	Aus den vorgenannten Positionen ergibt sich der Saldo des Finanzmittelflusses aus Finanzierungstätigkeit (§ 3 Abs. 2 Satz 2 Nr. 3 GemHVO) von	+ 2.900.000 €

Nunmehr ist die Summe der drei Salden als Gesamtbetrag der Zahlungsmittelveränderung[78] (geplanter Zahlungsmittelüberschuss oder geplanter Zahlungsmittelfehlbedarf des

---

[76] Gemeint ist ausschließlich die ordentliche, also planmäßige Tilgung, nicht die Tilgung im Rahmen von Umschuldung, der ja eine entsprechende Einzahlung gegenüber steht.

[77] Dieser Betrag wird auch als Netto-Neuverschuldung bezeichnet, d. h. um diesen Betrag erhöht sich der Schuldenstand der Gemeinde.

[78] Gemäß § 58 Nr. 38 GemHVO sind Zahlungsmittel der Bestand an Bargeld, Schecks und Guthaben auf Bankkonten.

Haushaltsjahres (hier also Zahlungsmittelüberschuss von 247.000 €) zu ermitteln und unter Einschluss des Jahresanfangsbestandes der geplante Jahresendbestand auszuweisen.

Bei direkter Methode erfolgt dies entsprechend § 3 Abs. 1 Nr. 34 – 37 GemHVO und Muster 8, bei indirekter Methode entsprechend § 3 Abs. 2 Satz 2 Nr. 4 und 5 GemHVO und Muster 9.

Angenommen, der Zahlungsmittelbestand am Anfang des Haushaltsjahres hätte 380.000 € betragen, würde sich ein voraussichtlicher Endbestand der Zahlungsmittel am Ende des Haushaltsjahres belaufen auf 627.000 €[79].

Die Vorgaben des § 3 GemHVO werden durch die Muster 8 – Finanzhaushalt bei direkter Methode – bzw. Muster 9 – Finanzhaushalt bei indirekter Methode – in eine für die Gemeinde verbindliche Form gebracht. Danach sind neben den Beträgen (Ansätzen) für das zu planende Haushaltsjahr zu jeder Position auch der Ansatz für das Vorjahr und das Ergebnis des Jahresabschlusses für das Vorvorjahr anzugeben.

6.5.2　Gliederung des Haushaltsplanes in Teilhaushalte

In den vorstehenden Teilen dieses Buches wurde auf die Aufgaben und Ziele der öffentlichen Finanzwirtschaft hingewiesen. Dabei nimmt die politische Programmfunktion des Haushalts sicherlich eine ganz wesentliche Stellung ein. Der Haushaltsplan ist das wichtigste Planungs- und Steuerungsinstrument im Bereich aller öffentlichen Körperschaften. Durch die Darstellung von quantitativen und qualitativen Zielen des Verwaltungshandelns für das kommende Haushaltsjahr und darüber hinaus bestimmt die Gemeindevertretung über die grundsätzliche Ausrichtung der zukünftigen Politik. Der Etat ist damit eine konkrete planerische Umsetzung der politischen Programme unter Berücksichtigung der tatsächlichen finanzpolitischen Möglichkeiten.

Im Gegensatz zu den meisten privaten Unternehmen und auch zu den öffentlichen und halböffentlichen Betrieben und Gesellschaften ist die Kommunalverwaltung dadurch gekennzeichnet, dass sie für ihre Bürger und Einwohner eine Vielzahl sehr unterschiedlicher Leistungen erbringt. Diese Leistungen beziehen sich zudem auf sehr unterschiedliche Lebensbereiche der Einwohner. Beispiele für solche unterschiedlichen Leistungen lassen sich vielfältig anführen:

- Betreuung von Kindern in einer Kindertagesstätte,
- Erschließung von Baugrundstücken,
- Betrieb einer Bibliothek,
- Gewährleistung der öffentlichen Sicherheit und Ordnung,
- Beurkundung von Änderungen des Personenstands,
- Förderung junger Unternehmen,
- Organisation und Durchführung von kulturellen Veranstaltungen unterschiedlichster Art.

---

[79] Ob dadurch die Nachrangigkeit von Kreditaufnahmen gemäß § 93 Abs. 3 HGO tangiert ist, soll hier nicht weiter thematisiert werden.

Damit der Haushaltsplan der politischen Programmfunktion gerecht werden kann, muss er demnach Aussagen darüber enthalten, auf welche Leistungen oder Lebensbereiche sich seine finanziellen und inhaltlichen Vorgaben beziehen. Während die Aktiengesellschaft, die am Markt nur ein Produkt oder eine Produktreihe absetzt, dem Aufsichtsrat in der Regel nur eine Gesamtplanung für das ganze Unternehmen vorlegt, würde eine solche Gesamtplanung für die notwendige Festlegung von Handlungsschwerpunkten im „Unternehmen Kommunalverwaltung" nicht ausreichen.

Der Haushaltsplan als wichtigstes Planungs- und Steuerungsinstrument muss daher die Tätigkeitsbereiche der Kommunalverwaltung in einer Weise erkennbar machen, die eine politische Schwerpunktsetzung ermöglicht. Bürger und Politiker müssen aus dem Haushaltsplan nicht nur erkennen können, wie sich die finanzielle Lage der Kommune im Planungszeitraum voraussichtlich darstellt, sondern sie müssen feststellen können, woraus die Ertragslage resultiert und wofür in Zukunft die vorhandenen Ressourcen eingesetzt werden sollen. Dies ist nur möglich, wenn der Haushaltsplan neben der Gesamtplanung eine Planung von Teilbereichen (Teilplanung, Teilhaushalte) enthält.

6.5.2.1 Anforderungen an die Gliederung des Haushaltsplanes

Die Tatsache, dass sich der kommunale Gesamthaushaltsplan aus mehreren Teilplänen (Teilhaushalten) zusammensetzen muss, um seiner politischen Programmfunktion gerecht werden zu können, führt unmittelbar zu der Fragestellung, nach welchen Kriterien diese Teilhaushalte zu bilden sind bzw. wie der Haushaltsplan gegliedert werden soll. Diese Fragestellung lässt sich einerseits anhand der gesetzlich vorgesehenen Regelungen (§ 4 GemHVO mit Hinweisen) und andererseits im Hinblick auf die Anforderungen, die die Adressaten des Haushaltsplans an diese Gliederung stellen, beantworten. Diese Anforderungen sollen daher zunächst einmal dargestellt werden.

6.5.2.1.1 Die Anforderungen der Bürger und der politischen Gremien

Wesentlicher Adressat des Haushalts sind die Bürger und die politischen Gremien. Die oben dargestellte politische Programmfunktion bestimmt die Anforderungen dieser Adressaten an die Gliederung des Haushalts. Es geht demnach darum, dass Bürger und Politiker anhand des Haushalts erkennen können, wo die politischen Schwerpunkte des zukünftigen Handelns liegen und welche Ziele im Haushaltsjahr und in den drei folgenden Jahren verfolgt werden sollen.

Solche Informationen bietet ein Haushalt, der nach Produktbereichen (in der Privatwirtschaft würde man von Geschäftsbereichen reden), gegliedert ist. Diese Produktbereiche lassen sich z. B. aus den Politikfeldern ableiten, die Grundlage politischer Programme sind. Sie lassen sich aber auch aus den Lebensbereichen ableiten, auf die sich das kommunale Handeln bezieht. Letztlich sollte daher die Grundlage der Gliederung die (Dienst-)Leistung der Verwaltung sein, die den Einwohner, das örtliche Unternehmen oder andere „Kunden" der Kommunalverwaltung erreicht. Im Sprachgebrauch des durch die KGSt geprägten „Neuen Steuerungsmodells" (NSM) handelt es sich bei diesen

Ergebnissen des Verwaltungshandelns aus Sicht der Bürger um den „Output" oder das Produkt der Verwaltung.

Gleichzeitig stellt der Haushaltsplan im Sinne des NSM auch den so genannten Hauptkontrakt zwischen der Gemeindevertretung als oberstem (politischen) Gremium und der Verwaltung dar, in dem die Ziele und die zur Umsetzung dieser Ziele einzusetzenden Ressourcen vereinbart werden. Bei dieser eher vertragsähnlichen Sichtweise des Haushaltsplanes erscheint es zusätzlich wichtig festzustellen, wer auf Seiten der Verwaltung für die Umsetzung dieser Ziele verantwortlich ist. Das spricht dafür, dass der Haushalt nach Verantwortungsbereichen, d. h. nach der Aufbauorganisation der Verwaltung, oder *institutionell* gegliedert sein sollte, so dass für „die Politik" als „Auftraggeber" feststellbar ist, wer für die Ergebnisse des Verwaltungshandelns die Verantwortung trägt. Kommunalverfassungsrechtlich betrachtet ist dies immer der Gemeindevorstand als Organ bzw. der Bürgermeister und nach Maßgabe des § 70 Abs. 1 und 2 HGO die Beigeordneten als Dezernenten.

Die Ausweisung eines Amts- oder Abteilungsleiters als verantwortlichen **Kontraktpartner der Gemeindevertretung** im Haushaltsplan geht daher über die kommunalverfassungsrechtlichen Regelungen hinaus. Insofern ist diese Ausweisung lediglich als informatorische Angabe darüber zu bezeichnen, wer innerhalb der internen Organisation des „Auftragnehmers" für die Sach- und Finanzzielerreichung zuständig ist. Die institutionelle Gliederung im Sinne einer echten Darstellung von Verantwortungsbereichen kann sich dagegen nur auf die Aufgabenbereiche der Beigeordneten beziehen, ggf. nochmals getrennt nach den Ämtern oder Fachbereichen, die dem jeweiligen Dezernat zugeordnet sind.

6.5.2.1.2 Die Anforderungen der Aufsichtsbehörden

Ein weiterer Adressat des Haushaltsplanes ist die jeweils zuständige Aufsichtsbehörde. Gemäß § 97 Abs. 4 HGO ist die von der Gemeindevertretung beschlossene Haushaltssatzung vollständig mit allen Anlagen der Aufsichtsbehörde vorzulegen.

Für die Aufsichtsbehörden ist es wichtig, dass die Gliederung der Haushalte einem einheitlichen System entspricht und ausreichend differenziert ist, um die zukünftigen Handlungsschwerpunkte der einzelnen Gemeinden erkennen zu können. Da es für die Aufsichtsbehörden wesentlich darum geht, sicherzustellen, dass die dauernde Aufgabenerfüllung in der jeweiligen Kommune gesichert ist (§ 10 HGO), sollte die Gliederung funktional sein. Eine produktbereichsbezogene Gliederung ermöglicht besser die intertemporären und interkommunalen Vergleiche, die eine wesentliche Grundlage für die Beurteilung von Haushaltsplänen und daraus folgernde Genehmigung der genehmigungsbedürftigen Teile der Haushaltssatzung sein sollten.

6.5.2.1.3 Die Anforderungen der Finanzstatistik

„Die Finanzstatistiken haben im föderalen Aufbau der Bundesrepublik Deutschland die wichtige Aufgabe, aus den verschiedenen voneinander unabhängigen Haushaltsebenen ein in sich konsistentes Gesamtbild der öffentlichen Finanzwirtschaft zu erstellen und damit die Grundlage für zentrale wirtschafts-, finanz-, haushalts-, währungs- und geldpolitische Entscheidungen zu schaffen. Sie sind auch ausschließliche Datenbasis für das Staatskonto der Volkswirtschaftlichen Gesamtrechnung."[80] Die Anforderungen der Finanzstatistik ergeben sich mittelbar aus den Anforderungen, die die Nutzer der Statistik haben. Hauptnutzer der Statistik sind die Bundesministerien für Finanzen, Wirtschaft und Arbeit, Inneres, Bildung und Forschung, die Spitzenverbände der Kommunen und der Wirtschaft sowie die Bundesbank. Schwerpunkte des Bedarfs an statistischen Informationen liegen in den Bereichen

- Schulen
- Wissenschaft, Forschung, Kulturpflege
- Soziale Sicherung und
- Bau- und Wohnungswesen, Verkehr.

In diesen Bereichen werden besonders detaillierte Daten nachgefragt. Die Haushaltsgliederung muss also in der Lage sein, diese Anforderungen aus produktbereichsbezogener Sicht zu befriedigen. Daneben benötigt das Statistische Bundesamt aber auch Daten, die sich auf die Verwaltungsorganisation beziehen (z. B. Schulverwaltung).

6.5.2.1.4 Die Anforderungen der Verwaltung

Als diejenige, die den Etat verwaltet und die dort vorgegebenen Ziele umsetzen soll, ist auch die Verwaltung ein wesentlicher Adressat des Haushaltsplanes. Da der Haushaltsentwurf gleichzeitig von ihr selbst erstellt wird, ist zunächst davon auszugehen, dass sich die Gestaltung des Haushaltsplanes auch an ihren Anforderungen orientiert.

Im Hinblick auf die Gliederung des Haushalts spiegeln sich weitgehend die Anforderungen von Bürgern und Politik wider. Die Verwaltung muss erkennen können, welche Ziele die Gemeindevertretung mit dem Haushaltsentwurf verbindet. Hierzu ist eine *produktbereichsbezogene* Gliederung erforderlich, die genau zeigt, in welchem Aufgabenbereich welche Ziele mit welchem Ressourceneinsatz zu verfolgen sind. Nur so kann die Verwaltung die politisch gesetzten Prioritäten auch tatsächlich umsetzen. Für diese Umsetzung trägt gegenüber der Gemeindevertretung der Gemeindevorstand und innerhalb dessen der Bürgermeister oder der zuständige Beigeordnete die Verantwortung (s. o.).

Gleichzeitig erfolgt die Umsetzung in der Verwaltung durch Organisationseinheiten. Für deren Steuerung wäre es sinnvoller, wenn die Formulierung der Sachziele und die Zuordnung der zur Erreichung bereitgestellten Ressourcen (wie Finanzen und Personal) im Rahmen einer *institutionellen* Gliederung erfolgt. Insbesondere im Hinblick auf die

---

80 Statistisches Bundesamt, Eckpunkte der Finanzstatistik für die Reform des kommunalen Haushaltsrechts, Wiesbaden 2000.

Überwachung der Zielerreichung und die Einhaltung der Budgetvorgaben erscheint für die Ausführung des Haushaltsplanes diese Gliederungsweise erforderlich.

6.5.2.2 Anknüpfungspunkte für eine Gliederung: Verwaltungsaufbau oder Aufgaben- bzw. Produktbereiche

Die dargestellten Anforderungen der wichtigsten Adressaten des Haushaltsplans an die Gliederung sind mit einer einheitlichen Struktur nicht vollständig abzudecken. Dieses Problem tritt in der Praxis immer dann auf, wenn produktbereichsbezogene und institutionelle Gliederung nicht übereinstimmen. Das ist dann der Fall, wenn sich ein Produktbereich auf mehrere Organisationseinheiten verteilt. Auch die Einrichtung sog. „Zentraler Dienstleister" in der Verwaltung, wie z. B. eines zentralen Gebäudemanagements, führt dazu, dass produktbereichsbezogene und institutionelle Gliederung nicht notwendigerweise übereinstimmen. Es dürfte wohl kaum eine Gemeinde geben, bei der die Aufbauorganisation exakt deckungsgleich mit den vorgegebenen Produktbereichen ist.

Jede Gemeinde muss daher eine Entscheidung treffen, welchem der beiden grundsätzlichen Gliederungssysteme sie den Vorrang im Haushalt einräumen will (zur Gesetzeslage s. u.). Dieser Vorrang im Haushalt bedeutet aber nicht, dass die jeweils andere Gliederungsstruktur nicht zusätzlich ebenfalls abgebildet werden kann (und sollte).

Aus volks- und betriebswirtschaftlicher Sicht wird die produktbereichsbezogene Gliederung eindeutig präferiert[81], da sie geeigneter ist, die politische Programmfunktion zu erfüllen. Interkommunale Vergleiche sind bei einer institutionellen Haushaltsgliederung deutlich erschwert und Zeitreihenvergleiche werden z. B. durch Reorganisationsmaßnahmen, die kommunaler Verwaltungsalltag sind, ebenfalls deutlich problematischer. Im Ergebnis entspricht die funktionale Gliederung auch eher den Anforderungen der Hauptadressaten (der Bürger und Mandatsträger) an den Haushaltsplan (s. o.).

Zusätzlich ist jedoch festzustellen, dass insbesondere zur internen Steuerung der Verwaltung eine Zuordnung von Zielen und Ressourcen zu Organisationseinheiten erforderlich ist, um Verantwortungsbereiche abzugrenzen.[82] Soweit dabei die Organisationsstruktur nicht der produktbereichsbezogenen Gliederung der Verwaltung folgt, ist es sinnvoll, diese zusätzlich im Rechnungswesen zu hinterlegen, was aber ohnehin aus gesetzlichen Gründen erfolgen muss (s. u.).

In zahlreichen Gemeinden wird versucht, das Auseinanderfallen von produktbereichsbezogener und institutioneller Haushaltsgliederung über eine produktbereichsorientierte Aufbauorganisation zu korrigieren, zumindest aber dessen Auswirkungen über eine organisationsunabhängige Produktbildung zu kompensieren.

---

[81] Vgl. Mülhaupt, Probleme der staatlichen und kommunalen Rechnungslegung und ihre Lösung, Die Betriebswirtschaft 1990, S. 731 ff. m. w. N.

[82] Vgl. z. B. Klümper/Zimmermann, Die produktorientierte Kosten- und Leistungsrechnung, München/Berlin, 2002, S. 22 ff.

6.5.2.3   Gliederungsvorschriften für den kommunalen Haushalt

Die grundlegenden Bestimmungen über die Aufteilung des Haushaltsplanes in Teilhaushalte enthält § 4 GemHVO.

Nach Absatz 2 dieser Vorschrift ist der Haushaltsplan (die dort verwendeten Begriffe Teilergebnishaushalt und Teilfinanzhaushalt werden in Ziffer 6.5.2.4 erläutert) entweder

- nach vorgegebenen Produktbereichen

oder

- produktorientiert nach der örtlichen Organisation

zu gliedern, vgl. auch Hinweise zu § 4 GemHVO.

Die einzelne Gemeinde muss also anhand ihrer speziellen Rahmenbedingungen unter Beachtung aller vorstehend vorgetragenen Aspekte entscheiden, nach welchem der beiden Grundprinzipien sie ihren Haushalt in Teilhaushalte gliedern will.

Die vorgegebenen Produktbereiche[83] finden sich in Muster 12 zur GemHVO, das die kommunale Aufgabenerfüllung in 16 Produktbereiche (beziffert mit 01 – 16) unterteilt. Dabei sind die Produktbereiche 01 – 15 als diejenigen anzusehen, die die eigentlichen Produktleistungen der Gemeinde erbringen, während der Produktbereich 16 – Allgemeine Finanzwirtschaft – gesamthaushaltsbezogene Finanzierungsangelegenheiten umfasst, also keine Produktleistungen im eigentlichen Sinn erbringt und deshalb häufig auch als Sonderproduktbereich (siehe auch unten) bezeichnet wird.

Die Produktbereiche des Muster 12 entsprechen inhaltlich auch den Produktbereichen nach den Vorgaben des Statistischen Bundesamtes, werden in diesen aber nach einem anderen System beziffert. Das Muster 12 empfiehlt den Gemeinden, die weitere Gliederung der Teilhaushalte nach den dort angegebenen Produktgruppen[84] vorzunehmen. Diese Produktgruppen entsprechen inhaltlich den vom Statistischen Bundesamt vorgegebenen und benummerten Produktgruppen, welche den finanzstatistischen Meldungen der Gemeinde, die nach Aufgabenbereichen erfolgen müssen, zu Grunde liegen. Unabhängig von der Vorgehensweise bei der Teilhaushaltsbildung muss also jede Gemeinde sicherstellen, dass sie ihre finanzstatistischen Meldungen nach dieser Systematik abgeben kann.[85]

Werden die Teilhaushalte nach der örtlichen Organisation gegliedert, sind die der Organisationseinheit zugewiesenen örtlichen Produktgruppen und Produkte darzustellen. Auch hier gilt, dass die Gemeinde die finanzstatistischen Meldungen in der dafür geltenden Systematik abgeben muss.

---

[83] Zu den Begriffen Produktbereich, Produktgruppe und Produkt siehe § 58 Nr. 25 bis 27 GemHVO sowie die Darstellung in Ziffer 4.3.5.

[84] Zu den Begriffen Produktbereich, Produktgruppe und Produkt siehe § 58 Nr. 25 bis 27 GemHVO sowie die Darstellung in Ziffer 4.3.5.

[85] Zum Zusammenhang von Produktbereichen und Produktgruppen des Muster 12 zur GemHVO mit dem finanzstatistischen Produktrahmen siehe Nr. 9 3. Absatz der Hinweise zu § 4 GemHVO (Überleitungstabelle Produktbereiche GemHVO zu Statistik, zu finden auf der Homepage des HMdIS unter Kommunales – Kommunale Finanzen – Kommunales Haushaltswesen (Stand April 2013).

Die vorgegebenen Produktbereiche können auf mehrere Teilhaushalte aufgeteilt werden. Das ist dann der Fall, wenn die Teilhaushalte nach Organisationseinheiten gebildet sind und für einen Produktbereich im Sinne des Muster 12 mehrere Organisationseinheiten zuständig sind (s. o. Ziffer 6.2.5). Weiterhin ist dies der Fall, wenn die Teilhaushaltsbildung zwar zunächst produktbereichsorientiert erfolgt, aber für einen Produktbereich mehrere Organisationseinheiten zuständig sind. Dann kann der jeweilige produktbereichsbezogene Teilhaushalt in einzelne Teil-Teilhaushalte weiter aufgeteilt werden, die dann einheitlich, d. h. von der gleichen Organisationseinheit, bewirtschaftet werden, was dann auch wieder dem Budgetbegriff gemäß § 58 Nr. 9 GemHVO entspricht. Auf die Deckungsfähigkeit innerhalb von Budgets nach § 20 Abs. 1 und 3 GemHVO (siehe Ziffer 7.4.3) wird an dieser Stelle bereits ausdrücklich hingewiesen.

Die Produktbereiche sind bei Aufteilung auf mehrere Teilhaushalte in einer besonderen Übersicht darzustellen. Diese Übersicht wird wiederum durch Muster 12 konkretisiert, wonach dem Haushaltsplan eine Übersicht nach dieser Gliederung mit den auf die Produktbereiche entfallenden Erträgen und Aufwendungen und Einzahlungen und Auszahlungen beizufügen ist.

Der Sonderproduktbereich „Allgemeine Finanzwirtschaft"

Die Gliederung des Haushalts nach aufgabenbezogenen Produktbereichen lässt sich insbesondere auf Grund des Gesamtdeckungsprinzips[86] nicht vollständig durchhalten. Da eine spezifische Zuordnung von allgemeinen Deckungsmitteln (z. B. Steuern, allgemeinen Zuweisungen) auf einzelne Verwendungszwecke nicht vorgesehen ist, ist eine Regelung erforderlich, die eine sachgerechte und transparente Abbildung dieser Positionen im Haushaltsplan und im Jahresabschluss gewährleistet. Ähnliches gilt für die von der Gemeinde zu zahlenden Umlagen, z. B. Kreis- und Schulumlage oder Gewerbesteuerumlage, und für die Zinsen für Kassenkredite, siehe hierzu auch Ziffer 6.5.2.4.2.

Die Festlegung der Produktbereiche sieht daher einen separaten Bereich „Allgemeine Finanzwirtschaft" vor. Die Charakterisierung als „Sonderproduktbereich" ergibt sich daraus, dass hier Produktleistungen auch im Sinne des § 58 Nr. 25 GemHVO nicht erbracht werden, sondern dass hier ein Überschuss entsteht, der – bei Haushaltsausgleich – die Unterdeckungen in den anderen Produktbereichen ausgleicht. Für diesen Bereich sind verbindlich Teilergebnis- und Teilfinanzhaushalte zu erstellen, die sich in ihrer Struktur nicht von den Plänen der übrigen Produktbereiche unterscheiden. Insbesondere müssen darin die Steuerarten und Zuweisungen nicht weiter differenziert und die allgemeinen Umlagen (insbes. Kreis- und Schulumlage) nicht separat ausgewiesen werden. Damit ist dem Haushaltsplan nach den vorliegenden Vorschriften die Höhe der Grundsteuererträge, der Erträge aus Gewerbesteuern, die Höhe der Kreisumlage und die Höhe der Schlüsselzuweisungen nicht mehr im Einzelnen zu entnehmen. Der Gemeinde steht es zwar frei, im entsprechenden Teilergebnishaushalt (siehe folgende Ziffer) eine differenzierte Darstellung vorzunehmen, was in der Praxis auch regelmäßig erfolgt, der Verordnungsgeber sollte gleichwohl für den Sonderproduktbereich 16 erwägen, eine detaillierte Darstellung vorzugeben, was er ja auch bezüglich der Darstellung in der

---

[86] Siehe Ziffer 7.4.2.

mittelfristigen Ergebnis- und Finanzplanung schon vollzogen hat, siehe hierzu auch Kapitel 12 sowie Anlage 1 zu Nr. 1 der Hinweise zu § 9 GemHVO.

6.5.2.4 Teilhaushaltsbildung nach Ergebnis- und Finanzhaushalt

Entsprechend der Grundsatzentscheidung der Gemeinde, nach welcher der beiden Möglichkeiten zur Teilhaushaltsbildung sie vorgehen will, hat sie sowohl den Ergebnishaushalt als auch den Finanzhaushalt in der von ihr festgelegten Teilhaushaltsstruktur in Teilhaushalte aufzuteilen, also den Ergebnishaushalt in die entsprechenden Teilergebnishaushalte und den Finanzhaushalt in die entsprechenden Teilfinanzhaushalte. Gemäß § 4 Abs. 2 Satz 5 GemHVO sollen in den Teilhaushalten Leistungsziele und Kennzahlen zur Messung der Zielerreichung angegeben werden, gemäß § 10 Abs. 3 GemHVO sollen in den Teilhaushalten produktorientierte Ziele (siehe hierzu auch Nr. 5 – 7 Hw. zu § 10 GemHVO) unter Berücksichtigung des einsetzbaren Ressourcenaufkommens und des voraussichtlichen Ressourcenverbrauchs sowie Kennzahlen zur Zielerreichung bestimmt werden. Die Ziele und Kennzahlen bilden danach die Grundlage für die Erfolgskontrolle und Steuerung der Haushaltswirtschaft.

In den Teilhaushalten werden also nicht einfach nur die Finanzdaten aus dem jeweiligen Gesamthaushalt auf die Teilhaushalte heruntergebrochen, sondern diesen werden dort zusätzlich die mit den Finanzdaten korrespondierenden Ziele und Leistungsdaten, vgl. Nr. 2 Hw. zu § 4 GemHVO, gegenübergestellt, woraus sich die Möglichkeit ergibt, den Haushalt Output-orientiert, also anhand der von der Verwaltung zu erbringenden Leistungen aufzustellen, auszuführen und in seiner Einhaltung zu kontrollieren.[87] In der Praxis haben sich hierzu mangels konkreterer Vorgaben durch den Gesetz- und Verordnungsgeber vielfältige Darstellungsmöglichkeiten entwickelt, die durch die administrativen und politischen Rahmenbedingungen der einzelnen Gemeinde geprägt sind. Da inzwischen viele Gemeinden und Gemeindeverbände ihre Haushalte im Internet veröffentlichen, dürften sich durch entsprechende Recherche diverse Musterbeispiele für die Darstellung von Finanz- und Leistungsdaten finden.

6.5.2.4.1 Inhalte des Teilergebnishaushaltes

Für den Inhalt der Teilergebnishaushalte bestimmt § 4 Abs. 3 GemHVO, dass jeder Teilergebnishaushalt

- die auf ihn entfallenden Aufwendungen und Erträge nach § 2 Abs. 1 GemHVO sowie
- die Kosten und Erlöse aus internen Leistungsverrechnungen (§ 4 Abs. 3 GemHVO, Nr. 2 Hw. zu § 2 GemHVO)

enthält.

Ein Teilergebnishaushalt wird also zunächst dadurch gebildet, dass ihm die in § 2 Abs. 1 GemHVO (siehe auch oben 6.5.1.1) genannten Positionen zugeordnet werden, soweit

---

[87] Siehe hierzu auch Ziffer 4.3.5.

diese ihn sachlich betreffen. Bei produktbereichsorientierter Teilhaushaltsbildung würde also z. B. der Teilergebnishaushalt 04 (Kultur und Wissenschaft) alle in § 2 Abs. 1 GemHVO genannten Aufwendungen und Erträge umfassen, die für diese Aufgabenstellung anfallen.

Die Darstellung erfolgt mindestens in der Gliederung, wie sie § 2 Abs. 1 GemHVO (und in Folge daraus das Muster 7 zur GemHVO) vorsehen, das ergibt sich aus Nr. 4 Satz 1 der Hinweise zu § 4 GemHVO. Für die Teilergebnishaushalte ist das Muster 10 zur GemHVO verbindlich. Es weist die gleiche Grundstruktur auf wie das Muster 7, enthält aber nicht dessen Einzelzeilen. Dadurch wird der Gemeinde die Möglichkeit gegeben, über die vorstehende Mindestanforderung hinaus die Aufwendungen und Erträge differenzierter darzustellen. Bei einigen Gemeinden erfolgt dies bis hinunter auf die Ebene der Einzelkonten nach Muster 13 GemHVO (Kommunaler Verwaltungskontenrahmen), was aber nur für kleinere Gemeinden wirklich praktikabel ist. Je größer eine Gemeinde ist, desto stärker muss der Aggregationsgrad der Einzelbeträge im Teilergebnishaushalt sein, bis hin zur Aggregation auf Ebene der Zeilen nach Muster 7.

Zudem ist es ein wesentliches Anliegen des Gesetzgebers bei der Neugestaltung des Haushaltsrechts gewesen, dass die Beratung, Entscheidung und Steuerung des Haushaltes durch die politischen Gremien nicht mehr auf Basis einzelner kontenbezogener Ansätze für Aufwand und Ertrag, sondern auf Basis aggregierter und saldierter Finanzdaten in Relation zu den entsprechenden Leistungsdaten erfolgt. Je stärker die Gemeinde in der Darstellung ihrer Teilergebnishaushalte die Aufwands- und Ertragspositionen ausdifferenziert, desto mehr entfernt sie sich von dem skizzierten Leitbild des Gesetzgebers.

Zusätzlich zu den Aufwands- und Ertragspositionen sind in den Teilergebnishaushalten die Kosten und Erlöse aus internen Leistungsbeziehungen abzubilden. Dem liegt die Vorstellung zu Grunde, dass den in den Teilergebnishaushalten dokumentierten Leistungen auch der Ressourcenverbrauch aus Querschnittsfunktionen gegenüberzustellen ist. So gehört zu dem personalintensiven Teilergebnishaushalt für die Kinderbetreuungseinrichtungen nicht nur der Aufwand für das pädagogische Personal in den Einrichtungen, sondern auch der üblicherweise im Teilhaushalt für den Produktbereich 01 – Innere Verwaltung – für die Personalverwaltung dieser Personen enthaltene Aufwand, der über eine interne Leistungsbeziehung abgebildet wird, d. h der Teilhaushalt für die Kinderbetreuung wird mit den entsprechenden Kosten belastet, die im gleichen Betrag als Erlöse im Teilhaushalt für die Personalverwaltung erscheinen. Entsprechendes gilt für alle zentralen Dienstleistungen wie EDV, Gebäudemanagement, Bauhofleistungen usw.

Mittels der internen Leistungsbeziehungen sind auch die kalkulatorischen Zinsen (Verzinsung des Anlagekapitals im Rahmen der Gebührenkalkulation, vgl. Nr. 4 Satz 5 Hw. zu § 4 GemHVO) in den Teilhaushalten abzubilden, die die entsprechenden Leistungen erbringen, siehe auch Ziffer 2.3.2.2 und zur Kostenrechnung insgesamt Kapitel 19.

Die Grundsteuer für gemeindeeigene Grundstücke und die dafür anfallenden Benutzungsgebühren (Abwassergebühr, Müllabfuhrgebühr, Straßenreinigungsgebühr etc.) gehören nicht zu den internen Leistungsbeziehungen. Sie sind in dem betreffenden Teilergebnishaushalt als Aufwand zu veranschlagen und in der Teilergebnisrechnung nachzuweisen und als Ertrag in den Ansätzen „Grundsteuer" und „Benutzungsgebühr" zu berücksichtigen, Nr. 4 Satz 6 ff. Hw. zu § 4 GemHVO.

In der Regel ist davon auszugehen, dass die für die interne Leistungsverrechnung erforderlichen Daten das Ergebnis einer Kosten- und Leistungsrechnung (siehe auch § 14 GemHVO einschl. Hinweise) sind. Es erfolgt damit an dieser Stelle eine Verknüpfung zwischen dem klassischen betriebswirtschaftlichen externen Rechnungswesen (Gewinn- und Verlustrechnung mit den Rechengrößen Aufwand und Ertrag) und einem internen Rechnungswesen (Kosten- und Leistungsrechnung mit den Rechengrößen Kosten und Erlöse). Diese Verknüpfung macht im Hinblick auf den Zweck des Rechnungswesens in der öffentlichen Verwaltung durchaus Sinn. Es geht bei der Planung und Rechnungslegung in der öffentlichen Verwaltung nämlich nicht nur um die Rechenschaftslegung, die das klassische Ziel des privatwirtschaftlichen externen Rechnungswesens ist, sondern ebenso um die Steuerung, für die in der Privatwirtschaft das interne Rechnungswesen eingesetzt wird.

Um die unterschiedlichen Inhalte dennoch transparent abzubilden, wird bei den Teilhaushalten zwischen einem Ergebnis vor und einem Ergebnis nach interner Leistungsverrechnung unterschieden. Die internen Leistungsverrechnungen sind damit für den Leser des Haushaltsplans und des Jahresabschlusses eindeutig zu erkennen. Damit wird auch deutlich, dass diese Positionen einem großen Maß an individuellem Bewertungsspielraum unterliegen.

Für jeden Teilergebnishaushalt ist ein Teilabschluss nach § 2 Abs. 2 GemHVO ergänzt um das Ergebnis der internen Leistungsbeziehungen zu bilden. Die Darstellungsregelung hierzu erfolgt in Muster 10 zur GemHVO. Danach ist in jedem Teilergebnishaushalt das Jahresergebnis vor internen Leistungsbeziehungen auszuweisen (das entspricht bezogen auf den Teilergebnishaushalt der Angabe gemäß § 2 Abs. 2 Nr. 5 GemHVO bzw. der Zeilenposition 28 des Muster 7 zur GemHVO). Gemäß Muster 10 ist dann zusätzlich das Ergebnis der internen Leistungsbeziehungen (Kosten und Erlöse des jeweiligen Teilergebnishaushaltes und der Saldo daraus) auszuweisen und aus diesen Positionen das Jahresergebnis nach internen Leistungsbeziehungen zu ermitteln.

6.5.2.4.2 Inhalte des Teilfinanzhaushaltes

In den Teilfinanzhaushalten wird die investive Tätigkeit der Gemeinde im Einzelnen dargestellt. Dabei ist bezüglich der Form der Darstellung wiederum zu unterscheiden nach direkter bzw. indirekter Finanzrechnung (siehe oben Ziffer 6.5.1.2.2).

Bei direkter Finanzrechnung enthält der einzelne Teilfinanzhaushalt gemäß § 4 Abs. 4 GemHVO die auf ihn entfallenden Einzahlungen nach § 3 Abs. 1 Nr. 20 bis 22 und Auszahlungen nach § 3 Abs. 1 Nr. 24 bis 27 GemHVO aus der Investitionstätigkeit, sowie die Einzahlungen und Auszahlungen nach § 3 Abs. 1 Nr. 31 und 32 aus Finanzierungstätigkeit, soweit diese nicht zentral im Produktbereich 16 veranschlagt werden.[88]

---

[88] Es ist nicht ohne weiteres nachvollziehbar, dass der Verordnungsgeber bei der – immer direkt auszuweisenden – Investitionstätigkeit eine unterschiedliche Differenzierung in den Zeilenpositionen je nach gewählter Finanzrechnungsmethode vorgibt. Dies hat auch Auswirkungen auf die Umsetzung des

Bei indirekter Finanzrechnung enthält der einzelne Teilfinanzhaushalt gemäß § 4 Abs. 5 GemHVO die auf ihn entfallenden Einzahlungen und Auszahlungen nach § 3 Abs. 2 Nr. 9 bis 13 GemHVO aus Investitionstätigkeit und die Einzahlungen und Auszahlungen nach § 3 Abs. 2 Nr. 14 und 15 GemHVO aus Finanzierungstätigkeit, soweit diese nicht zentral veranschlagt werden.[88]

Für den Teilfinanzhaushalt wird bei beiden Methoden das Muster 11 verwendet, auch wenn sich dies angabegemäß nur auf § 4 Abs. 4 bezieht. § 60 GemHVO sieht aber keine getrennten Muster je nach Methode vor. Insofern wäre eine Klarstellung durch den Verordnungsgeber sehr wünschenswert.

Die Teilfinanzhaushalte bilden somit zunächst den auf sie entfallenden investiven Teil (Einzahlungen und Auszahlungen aus Investitionstätigkeit) des Finanzhaushaltes ab. Die Gemeinde kann sich zudem dafür entscheiden, auch den auf die Teilfinanzhaushalte entfallenden Teil der Finanzierungstätigkeit (Einzahlungen und Auszahlungen aus der Aufnahme und Tilgung von Krediten) dort nachzuweisen und nicht zentral im Produktbereich 16.

Wenn die Gemeinde davon Gebrauch machen will, muss sie den Kreditbedarf jedes einzelnen Teilhaushaltes und in Folge auch die entsprechenden Tilgungsleistungen trennscharf ermitteln und veranschlagen. Konsequenterweise müsste das dann auch für den Zinsaufwand in den Teilergebnishaushalten gelten. Dies wird umso schwieriger, je kleinteiliger die Teilhaushalte gebildet sind. Die Möglichkeit könnte daher insbesondere für größere Städte und Landkreise von Interesse sein. Es sind auch Mischformen denkbar, z. B. wenn die Gemeinde zweckgebundene und damit einem Teilhaushalt unmittelbar zuzuordnende Kredite aufnimmt. Diese könnten dann (einschl. Tilgung) in dem betreffenden Teilfinanzhaushalt nachgewiesen werden (die Zinsen in dem entsprechenden Teilergebnishaushalt), die übrigen, nicht einzeln zuzuordnenden Kredite werden zentral im Teilhaushalt für den Produktbereich 16 veranschlagt. Zur damit verbundenen Problematik im Hinblick auf den Haushaltsgrundsatz der Gesamtdeckung siehe Ziffer 7.4.2.

Es muss als nicht ohne weiteres nachvollziehbar bezeichnet werden, dass der Verordnungsgeber in der Novellierung der GemHVO vom Dezember 2011 die vorstehend erwähnte Möglichkeit schafft, dass die Teilfinanzhaushalte die Einzahlungen und Auszahlungen aus Finanzierungstätigkeit enthalten, und als Erlassgeber mit den im Januar 2013 erlassenen Hinweisen diese Möglichkeit wieder „einkassiert", indem in Nr. 9 Hw. zu § 4 GemHVO bestimmt wird:

„Die Einzahlungen und Auszahlungen aus Finanzierungstätigkeit (Kreditaufnahmen, Tilgung von Krediten) können wegen des Gesamtdeckungsprinzips (§ 18 GemHVO) nicht einzelnen Teilfinanzhaushalten zugeordnet werden. Deshalb sind sie in einem eigenen Teilhaushalt des Produktbereichs ‚16 – Allgemeine Finanzwirtschaft' oder im Gesamthaushalt (Finanzhaushalt) zu veranschlagen. Kreditzinsen sind im Produktbereich 16 zu veranschlagen."

Grundsatzes der Einzelveranschlagung, siehe Ziffer 7.3.5.1 mit einer entsprechenden synoptischen Darstellung.

Gemeinden, die von der Möglichkeit Gebrauch machen wollen, in den Teilfinanzhaushalten die Einzahlungen und Auszahlungen aus Finanzierungstätigkeit nachzuweisen, könnten sich allerdings darauf berufen, dass die GemHVO (Verordnung) als höherrangiges Recht gegenüber den Hinweisen, die allenfalls den Charakter von Verwaltungsvorschriften haben, anzusehen ist.

Die Teilfinanzhaushalte bilden demnach (anders als bei den Teilergebnishaushalten in Bezug auf den Ergebnishaushalt) nicht die vollständige Struktur des Finanzhaushaltes ab, sondern nur den Teil, der sich auf die Investitionstätigkeit bezieht und ggf. die oder Teile der Finanzierungstätigkeit. Nicht dargestellt werden folglich die Einzahlungen und Auszahlungen aus laufender Verwaltungstätigkeit und diejenigen aus Finanzierungstätigkeit, die zentral im Produktbereich 16 veranschlagt werden. Diese Beträge sind nur im Finanzhaushalt enthalten, die Beträge der Finanzierungstätigkeit zudem im Teilfinanzhaushalt für den Produktbereich 16.

Für den Teilfinanzhaushalt ist das Muster 11 zur GemHVO maßgeblich. Dieses umfasst in der Spaltengliederung neben der Positionsbezeichnung und dem Ansatz des Haushaltsjahres auch die Angabe des Gesamtauszahlungsbedarfs für Investitionen und Investitionsförderungsmaßnahmen, der bisher bereitgestellten Haushaltmittel und der benötigten Verpflichtungsermächtigungen (siehe Kapitel 8), den Haushaltsansatz des Vorjahres sowie das Ergebnis des letzten Jahresabschlusses. Für jedes Haushaltsjahr ist ein Saldo auszuweisen, der sich aus den anteiligen Einzahlungen und Auszahlungen in dem jeweiligen Teilfinanzhaushalt entsprechend der vorstehenden Positionen ergibt. In der Spalte „bisher bereitgestellt" sind die Mittel anzugeben, die in den dem Haushaltsjahr vorangehenden Jahren für die Maßnahme als Auszahlungsmittel zur Verfügung gestellt worden sind, einschließlich der Ermächtigungen durch Nachtragshaushaltspläne und überplanmäßige Bewilligungen gemäß § 100 HGO. Die GemHVO und die Hinweise hierzu enthalten keine eigene Definition des Begriffes „bisher bereitgestellt". In analoger Anwendung der Nr. 3 VV zu § 5 GemHVO 1974 ist „Als ‚bisher bereitgestellte' Ausgabemittel für Investitionen und Investitionsförderungsmaßnahmen ... der Betrag anzugeben, der entweder durch Veranschlagung im Haushaltsplan oder überplanmäßig bis zum Inkrafttreten des Haushaltsplanes voraussichtlich bereitgestellt sein wird. Es sind also auch diejenigen Beträge einzubeziehen, die in der Zeit zwischen Aufstellung des Haushaltsplanes und seinem Inkrafttreten noch durch Nachtragssatzung oder als überplanmäßige Ausgaben bereitgestellt werden". Der durch den vorliegenden Haushaltsplan und/oder die künftigen Haushalte für die Durchführung der betreffenden Maßnahme noch bereitzustellende Betrag ergibt sich folglich aus der Differenz der Spalte „davon bisher bereitgestellt" zur Spalte „Gesamtauszahlungsbedarf".

Das Muster 11 enthält keine Vorgabe, in welcher Differenzierung die Darstellung zu erfolgen hat. Es ist zunächst zu trennen nach den Einzahlungen und den Auszahlungen aus Investitionstätigkeit. Innerhalb dieser Positionen ergibt sich die Mindestdifferenzierung aus den Vorgaben des § 4 Abs. 4 GemHVO bei direkter bzw. § 4 Abs. 5 GemHVO bei indirekter Finanzrechnung. Es sind also mindestens die Zeilenpositionen anzugeben, wie sie sich aus Muster 8 bzw. Muster 9 für die Investitionstätigkeit ergeben. Der Gemeinde ist es freigestellt, darüber hinaus weiter, ggf. bis auf die einzelne Maßnahme zu unterteilen, was allein aus kommunalpolitischen Gründen sinnvoll ist. Zu beachten ist hierbei auch, dass dem Erfordernis des § 11 GemHVO, wonach die Verpflichtungsermächtigungen (siehe Kapitel 8) in den Teilfinanzhaushalten **maßnahmenbezogen** zu veranschlagen sind, Rechnung getragen wird.

Der GemHVO fehlt eine ausdrückliche Bestimmung über die Einzelveranschlagung (siehe auch Ziffer 7.3.5) entsprechend der bisherigen kameralen Regelungen („Einnahmen sind einzeln nach ihrem Entstehungsgrund, die Ausgaben nach Einzelzwecken zu veranschlagen. Die Zwecke müssen hinreichend bestimmt sein. Im Vermögenshaushalt sind die einzelnen Vorhaben getrennt zu veranschlagen.", § 7 Abs. 3 der aufgehobenen GemHVO-Vwbuchfg 2009).

Der Grund liegt in dem Auseinanderfallen von Planungsebene und Darstellungsebene im doppischen System. Die Gemeinde muss ihre Konten, auf denen sie die einzelnen Vorhaben plant und später buchungsmäßig abwickelt, entsprechend der Vorgaben des Muster 13 GemHVO (Kommunaler Verwaltungskontenrahmen – KVKR) bilden. Hiernach müssen in Bezug auf die Investitionsauszahlungen folgende Vorgänge unterschieden werden:

Hauptkonto 840: Auszahlungen für aktivierte Investitionszuweisungen und -zuschüsse
Hauptkonto 841: Auszahlungen für den Erwerb von Grundstücken und Gebäuden
Hauptkonto 842: Auszahlungen für Baumaßnahmen
Hauptkonto 843: Auszahlungen für Investitionen in das bewegliche Sachanlagevermögen und immaterielle Anlagevermögen (soweit dies nicht unter 840 fällt)
Hauptkonto 844: Auszahlungen für Investitionen in das Finanzanlagevermögen

Für die Darstellung im Teilfinanzhaushalt sollte die Gemeinde mindestens auf dieser Ebene unterteilen. In der Praxis hat es sich als häufig verwendeter Standard herausgebildet, dass innerhalb eines Teilfinanzhaushaltes eine weitere Unterteilung nach Einzelmaßnahmen erfolgt und innerhalb dieser Einzelmaßnahmen nach den vorstehend genannten Hauptkonten differenziert wird. Es wird nämlich für die politische Beratung und Entscheidungsfindung über den Haushalt nicht ausreichen, wenn die Gemeinde z. B. im Teilfinanzhaushalt für das Produkt „Bereitstellung und Betrieb der Gemeindestraßen" lediglich v. g. Zeilenpositionen darstellt, aber nicht nach den einzelnen Straßenbauvorhaben unterscheidet.

6.5.3   Stellenplan

Als dritter Bestandteil des Haushaltsplanes ist der Stellenplan zu nennen. § 95 Abs. 3 Satz 2 HGO bestimmt, dass der Stellenplan Bestandteil des Haushaltsplanes ist, er wird folglich durch Beschluss über die Haushaltssatzung festgesetzt (so ausdrücklich auch Nr. 1 Hw. zu § 95 HGO), zur Haushaltssatzung insgesamt siehe Kapitel 11. Folglich kann der Stellenplan auch nur durch Nachtragssatzung geändert werden (Nr. 2 Hw. zu § 95 HGO, zur Nachtragssatzung insgesamt siehe Ziffer 14.1

Weitere Vorschriften zum Stellenplan enthalten § 5 GemHVO und die Hinweise hierzu. Danach hat der Stellenplan die im Haushaltsjahr erforderlichen Stellen der Beamten und der nicht nur vorübergehend eingestellten Arbeitnehmer auszuweisen. Wann ein Arbeitnehmer nicht nur vorübergehend eingestellt ist, wird durch das Gesetz nicht geregelt. Eine für wenige Wochen eingestellte Aushilfs- oder Vertretungskraft wird sicherlich als vorübergehend eingestellt zu betrachten sein, ein projektbezogen für 3 Jahre befristet eingestellter Mitarbeiter sicherlich nicht. Die Gemeinde muss also eine sachgerechte Auslegung dieses Begriffes treffen.

Nach Nr. 1 Hw. zu § 1 GemHVO ist der Stellenplan Bestandteil des Haushaltsplans und in die Beschlussfassung über die Haushaltssatzung (siehe Kapitel 11) einbezogen. Änderungen des Stellenplans sind nur durch den Erlass einer Nachtragshaushaltssatzung möglich. Die Ausführung etwaiger Regelungen in der Haushaltssatzung über die Bewirtschaftung des Stellenplans erfordern keine Änderung des Stellenplans durch eine Nachtragshaushaltssatzung (z. B. das Umstellen von Stellen zwischen Teilhaushalten aufgrund organisatorischer Änderungen, wenn dies in der Haushaltssatzung zugelassen ist).

Soweit Beamte in Einrichtungen von Sondervermögen, für die Sonderrechnungen geführt werden (insbesondere Eigenbetriebe), beschäftigt sind, sind deren Stellen im Stellenplan gesondert aufzuführen. Dabei ist jedes Sondervermögen für sich aufzuführen, siehe Fußnote in Muster 14 zur GemHVO, Teil A.

Die Gliederung des Stellenplanes ergibt sich aus Nr. 1 Satz 1 Hw. zu § 5 GemHVO. Sie ist danach entsprechend der gebildeten Teilhaushalte vorzunehmen. Insofern ist § 5 Abs. 3 Nr. 1 GemHVO überholt, wonach dem Stellenplan eine Übersicht über die vorgesehene Aufteilung der Stellen auf die Teilhaushalte beizufügen ist, denn der Stellenplan ist ja nach diesem Hinweis genau in dieser Form darzustellen.

Neben den für das Haushaltsjahr benötigten Stellen ist im Stellenplan weiterhin für jede Besoldungs- und Entgeltgruppe die Gesamtzahl der Stellen für das Vorjahr sowie die Gesamtzahl der am 30. Juni des Vorjahres besetzten Stellen anzugeben. Soweit der Stellenplan wesentlich vom Stellenplan des Vorjahres abweicht, sind die Abweichungen zu erläutern, siehe § 5 Abs. 2 GemHVO. Für den Stellenplan ist das Muster 14 zur GemHVO zu verwenden, nach dem die Stellen für Beamte (Teil A), Arbeitnehmer außerhalb des Sozial- und Erziehungsdienstes (Teil B) und Arbeitnehmer des Sozial- und Erziehungsdienstes (Teil C) getrennt auszuweisen sind, im Teil D erfolgt dann eine entsprechende Zusammenstellung.

6.6   Anlagen zum Haushaltsplan

Gemäß § 1 Abs. 4 sind dem Haushaltsplan diverse Anlagen beizufügen, im Einzelnen:

1. der Vorbericht

    Gemäß § 6 GemHVO, Nr. 2 Hw. zu § 1 GemHVO soll der Vorbericht einen Überblick über den Stand und die Entwicklung der Haushaltswirtschaft im Haushaltsjahr unter Einbeziehung der beiden Vorjahre geben. Die durch den Haushaltsplan gesetzten Rahmenbedingungen sollen erläutert werden. Der Vorbericht enthält einen Ausblick insbesondere auf wesentliche Veränderungen der Rahmenbedingungen der Planung und die Entwicklung wichtiger Planungskomponenten innerhalb des Zeitraums der mittelfristigen Ergebnis- und Finanzplanung. Im Vorbericht soll außerdem dargestellt werden, welche Auswirkungen sich durch die erwartete Bevölkerungsentwicklung auf die Gemeinde und ihre Einrichtungen voraussichtlich ergeben werden, damit wird die Gemeinde angehalten, den demografischen Wandel und seine Folgen bezogen auf die Gemeinde zu beobachten und zu analysieren und daraus Maßnahmen abzuleiten, siehe auch Nr. 4 Hw. zu § 6 GemHVO. Grundlagedaten für entsprechende Prognosen können für jede Gemeinde z. B. der Internetseite www.hessen-nachhaltig.de/web/vitale-orte-2020/Gemeindedatenbank   entnommen werden, worauf der Hessische Städte- und Gemeindebund in seinem Eildienst (ED) 124 vom 14.09.2012 mit weiteren Erläuterungen hinweist.

Gemäß Nr. 1 Hw. zu § 6 GemHVO sollen im Vorbericht insbesondere folgende Sachverhalte dargestellt werden: Entwicklung der wichtigsten Ertrags- und Aufwandsarten; Übertragung von Ermächtigungen (§ 21 GemHVO); Entwicklung des Vermögens und der Schulden; ordentliche und außerordentliche Ergebnisse; Entwicklung des Finanzmittelüberschusses bzw. Finanzmittelfehlbedarfs; geplante Investitionen und Investitionsförderungsmaßnahmen mit ihren finanziellen Auswirkungen auf die künftigen Haushaltsjahre; wesentliche Auswirkungen der wirtschaftlichen Betätigung auf den Haushalt der Gemeinde; ggf. wesentliche Punkte, in denen der Haushaltsplan vom Finanzplan abweicht.

Die für die Beurteilung der Haushaltswirtschaft wichtigen Daten aus dem Haushaltsplan und dessen Anlagen werden im Vorbericht in ihren Zusammenhängen in konzentrierter Form dargestellt. Im Vorbericht sollte dazu von den Möglichkeiten einer tabellarischen bzw. grafischen Darstellung Gebrauch gemacht werden.

Im Vorbericht ist auch anzugeben, in welchen Haushaltsjahren und in welcher Höhe Fehlbeträge entstanden sind, die in künftigen Haushaltsjahren auszugleichen sind. Hierbei sind die ordentlichen und außerordentlichen Jahresfehlbeträge getrennt darzustellen (Nr. 3 Hw. zu § 6 GemHVO).

2. die mittelfristige Ergebnis- und Finanzplanung mit dem ihr zugrunde liegenden Investitionsprogramm;

    siehe hierzu die Darstellung bei Kapitel 12

3. das Haushaltssicherungskonzept, wenn ein solches erstellt werden muss,

    zum Haushaltssicherungskonzept siehe die Darstellung im Rahmen des Haushaltsausgleichs bei Ziffer 11.2.1.1

4. eine Übersicht über die aus Verpflichtungsermächtigungen in den einzelnen Jahren voraussichtlich fällig werdenden Auszahlungen;

    siehe hierzu die Darstellung bei Kapitel 8

5. Übersichten über den voraussichtlichen Stand der Verbindlichkeiten aus Anleihen, Kreditaufnahmen und Rechtsgeschäften, die Kreditaufnahmen wirtschaftlich gleichkommen, der Rücklagen und der Rückstellungen zu Beginn und Ende des Haushaltsjahres sowie über den Stand zu Beginn des Vorjahres;

für diese Übersichten sind die Muster 4 und 5 zur GemHVO zu verwenden

6. eine Übersicht über die Budgets nach § 4 Abs. 7 GemHVO

Wenn die Gemeinde die Teilhaushaltsbildung nach der örtlichen Organisation vornimmt, sind im jeweiligen Teilhaushalt (Budget) die der Organisationseinheit zugewiesenen örtlichen Produktgruppen und Produkte darzustellen (§ 4 Abs. 2 GemHVO). In diesem Fall ist dem Haushaltsplan zusätzlich eine Übersicht über die Budgets und die den einzelnen Budgets zugeordneten Produktgruppen als Anlage beizufügen.

7. eine Übersicht über die Mittel, die den Fraktionen der Gemeindevertretung nach § 36 a Abs. 4 der Hessischen Gemeindeordnung zur Verfügung gestellt werden, siehe auch Nr. 7 Hw. zu § 1 GemHVO;

hierfür ist das Muster 6 zur GemHVO zu verwenden

8. der letzte Jahresabschluss und der letzte zusammengefasste Jahresabschluss, diese Beifügung dient insbesondere der Transparenz des Haushaltsplanes;

zum Jahresabschluss und zum zusammengefassten Jahresabschluss siehe Ziffer 15

9. die Wirtschaftspläne und neuesten Jahresabschlüsse der Sondervermögen, für die Sonderrechnungen geführt werden,

10. die Wirtschaftspläne und neuesten Jahresabschlüsse der Unternehmen und Einrichtungen mit eigener Rechtspersönlichkeit, an denen die Gemeinde mit mehr als 50 vom Hundert beteiligt ist.

Ziffer 9 betrifft insbesondere die Eigenbetriebe der Gemeinde, Ziffer 10 insbesondere die Gesellschaften, an denen die Gemeinde mehrheitlich beteiligt ist. Auch diese Beifügung dient der Transparenz und umfassenden Information.

Um den Vorgaben des § 1 Abs. 4 Nr. 9 und 10 GemHVO zu entsprechen, reicht es aus, dem Haushaltsplan als Unterlagen des Jahresabschlusses die Vermögensrechnung (Bilanz), die Ergebnisrechnung bzw. die Gewinn- und Verlustrechnung und soweit vorhanden die Finanzrechnung bzw. die Kapitalflussrechnung beizufügen (Nr. 8 Hw. zu § 1 GemHVO).

6.7   Übungen

Sachverhalt Nr. 1

Im Haushaltsplan der Gemeinde G für das laufende Haushaltsjahr ist die Erneuerung der Fahrbahndecke der Hauptstraße mit Ausgaben[89] von 50.000 € veranschlagt. Im Mai des laufenden Jahres beschließt die Gemeindevertretung der Gemeinde G jedoch, die veranschlagten 50.000 € nicht für die Erneuerung der Hauptstraße, sondern vielmehr für den Rathausplatz zu verwenden. Der an der Hauptstraße wohnende Anlieger A schreibt nun an die Gemeinde G und verlangt auf Grund des Haushaltsplanes den sofortigen Ausbau der Hauptstraße.

Aufgabe:

Stellen Sie dar, was die Verwaltung dem Anlieger A mitteilen wird.

Lösung:

Im Haushaltsplan ist eine Ausgabeermächtigung in Höhe von 50.000 € enthalten. Durch diese Veranschlagung im Haushaltsplan ist die Verwaltung verpflichtet worden, die vorgesehene Maßnahme auch durchzuführen. Die Verwaltung ist bei ihrer Ausgabenwirtschaft an die Ansätze des Haushaltsplanes gebunden. Eine Änderung des Verwendungszweckes wie in diesem Fall bedarf eines Beschlusses der Gemeindevertretung – evtl. einer Nachtragssatzung –, wenn die Gemeinde dieses für notwendig oder geboten hält. Der Haushaltsplan regelt die finanzwirtschaftlichen Beziehungen zwischen Verwaltung und Gemeindevertretung. Dieses wird deutlich gemacht durch die Bestimmung des § 95 Abs. 1 HGO, wonach der Haushaltsplan Grundlage für die Haushaltswirtschaft der Gemeinde und als solche für die Haushaltsführung selbst verbindlich ist. Unterstützend kommt hinzu, dass Ansprüche und Verbindlichkeiten Dritter durch ihn weder begründet noch aufgehoben werden.

Der Anlieger A meldet einen solchen Anspruch auf Ausbau der Hauptstraße an. Jedoch folgt aus der Regelung des § 96 Abs. 2 HGO, dass aus der Veranschlagung einer Ausgabe im Haushaltsplan kein Rechtsanspruch auf Realisierung abgeleitet werden kann. Diese Mitteilung wird die Verwaltung dem Anlieger geben.

Sachverhalt Nr. 2

Das Liegenschaftsamt der Gemeinde G teilt dem Vermieter eines für das Sozialamt angemieteten Verwaltungsgebäudes mit, dass die Miete für den Monat Dezember erst im Januar des folgenden Jahres beglichen wird, weil die Haushaltsmittel dieses Jahres erschöpft sind.

---

[89] Hier und im Weiteren wird bewusst der Begriff „Ausgaben" verwendet, da es an dieser Stelle dahingestellt sein kann, ob es sich bei der Erneuerung der Fahrbahndecke um einen Unterhaltungsaufwand oder um eine Investitionsauszahlung handelt.

Aufgabe:

Begutachten Sie die Mitteilung des Liegenschaftsamtes aus haushaltsrechtlicher Sicht.

Lösung:

Der Haushaltsplan enthält gemäß § 95 Abs. 2 HGO alle im Haushaltsjahr für die Erfüllung der Aufgaben der Gemeinde voraussichtlich anfallenden Erträge und eingehenden Einzahlungen, entstehenden Aufwendungen und zu leistenden Auszahlungen und benötigten Verpflichtungsermächtigungen. Zu den gemeindlichen Aufgaben gehört auch die Bereitstellung entsprechender Gebäude für die Verwaltung.

Die Mitteilung des Liegenschaftsamtes bezieht sich auf einen (zahlungswirksamen) Aufwendungsansatz – Zahlung der Miete –. Aufwendungsansätze stellen für die Verwaltung grundsätzlich eine Ermächtigung und keine Verpflichtung zur Leistung der Aufwendung und der damit verbundenen Zahlung dar. Jedoch müssen die von der Gemeinde zu leistenden Beträge in solche auf Grund gesetzlicher oder vertraglicher Verpflichtung und in solche auf Grund freier Entscheidung unterteilt werden. Zur Leistung der Miete ist die Gemeinde auf Grund eines Mietvertrages verpflichtet. § 96 Abs. 2 HGO besagt, dass Ansprüche Dritter – hier des Vermieters – nicht durch den Haushaltsplan und somit auch nicht durch fehlende Haushaltsmittel beeinträchtigt werden dürfen. Insofern muss die Verwaltung die Miete für den Monat Dezember noch im laufenden Haushaltsjahr auszahlen. Die Verschiebung auf das kommende Haushaltsjahr ist rechtswidrig.

Durch die Veranschlagung von Aufwendungen und Auszahlungen wird zwar eine Obergrenze gezogen, die grundsätzlich nicht überschritten werden darf. Die Gemeinde kann sich jedoch, wie bereits festgestellt, in diesem Fall nicht auf diese Position zurückziehen. Vorrangig ist die Erfüllung des vertraglichen Anspruchs aus dem Mietvertrag. Die fehlende Ermächtigung muss also durch Erhöhung des Ansatzes geschaffen werden, wobei hier (sofern keine Pflicht zum Erlass einer Nachtragssatzung[90] gemäß § 98 Abs. 2 Nr. 3 HGO besteht) von einer überplanmäßigen Bewilligung[91] im Sinne des § 100 HGO auszugehen ist, denn wenn eine wie im Sachverhalt beschriebene Situation eintritt, dürften die Möglichkeiten der Deckungsfähigkeit[92] entweder nicht bestehen oder bereits ausgeschöpft sein.

---

[90] Siehe auch Ziffer 14.1.
[91] Siehe auch Ziffer 14.2.
[92] Siehe auch Ziffer 7.4.3.

Sachverhalt Nr. 3

Ordnen Sie die nachstehenden Vorgänge dem Ergebnis- bzw. dem Finanzhaushalt zu. Nennen Sie jeweils die Zeilenposition gemäß Muster 7 bzw. 8 und 9 zur GemHVO. Soweit der Ergebnishaushalt betroffen ist, stellen Sie unter Angabe der Zeilenposition dar, wie sich der Vorgang ggf. auf den Finanzhaushalt auswirkt. Prüfen Sie in diesen Fällen auch die Periodenzuordnung:

a) Zahlung der Gehälter   500.000 €

b) Gebühren für die Abwasserbeseitigung   100.000 €

c) Reparatur an einer Gemeindestraße   100.000 €

d) Pachteinnahmen aus der Verpachtung eines
    landwirtschaftlichen Grundstücks   500 €

e) Abschreibung für die Straßen   100.000 €

f) Zahlung der Beamtenbezüge für Januar 2015   50.000 €

g) Zahlung der Versicherungsbeiträge vom
    1. Oktober 2014 bis 30. September des folgenden Jahres   10.000 €

h) Begleichung der Rechnung für den Neubau einer Straße   125.000 €

i) Für die Herstellung der Straße erhält die Gemeinde
    Erschließungsbeiträge   100.000 €

j) Auflösung des Sonderpostens aus den
    Erschließungsbeiträgen   2.000 €

k) Verkauf eines PKW, der mit 5.000 €
    bilanziert ist, zum Preis von   6.000 €

Lösung:

a) Gehälter stellen Personalaufwendungen i. S. v. § 2 Abs. 1 Nr. 10 GemHVO dar und sind folglich dem Ergebnishaushalt zuzuordnen. Sie werden in der Zeilenposition 11 des Muster 7 nachgewiesen. Da es sich um zahlungswirksame Aufwendungen handelt, werden sie auch im Finanzhaushalt nachgewiesen, und zwar bei direkter Finanzrechnung in der Zeile 10 des Muster 8 und bei indirekter Finanzrechnung dadurch, dass sie über die Zeile 1 des Muster 9 (Ergebnis des Ergebnishaushaltes) in den Finanzmittelfluss aus laufender Verwaltungstätigkeit (Zeile 9 des Muster 9) einfließen. Es ist davon auszugehen, dass die Gehälter der Zahlungsperiode auch vollständig wirtschaftlich zuzuordnen sind, sodass eine Periodenabgrenzung nicht vorzunehmen ist.

b) Gebühren für die Abwasserbeseitigung stellen öffentlich-rechtliche Leistungsentgelte i. S. v. § 2 Abs. 1 Nr. 2 GemHVO dar und sind folglich dem Ergebnishaushalt zuzuordnen. Sie werden in der Zeilenposition 2 des Muster 7 nachgewiesen. Da es sich um zahlungswirksame Erträge handelt, werden sie auch im Finanzhaushalt nachgewiesen, und zwar bei direkter Finanzrechnung in der Zeile 2 des Muster 8 und bei indirekter Finanzrechnung zunächst in der Zeile 1 des Muster 9 als Ergebnis des Ergebnishaushaltes, von dort werden sie in den Finanzmittelfluss aus laufender Verwaltungstätigkeit (Zeile 9 des Muster 9) übernommen. Es ist davon auszugehen, dass die Gebühren der Zahlungsperiode auch vollständig wirtschaftlich zuzuordnen sind, sodass eine Periodenabgrenzung nicht vorzunehmen ist.

c) Die Reparatur an einer Gemeindestraße stellt Aufwand für Sach- und Dienstleistungen i. S. v. § 2 Abs. 1 Nr. 12 GemHVO dar und ist folglich dem Ergebnishaushalt zuzuordnen. Sie wird in der Zeilenposition 13 des Muster 7 nachgewiesen. Da es sich um zahlungswirksame Aufwendungen handelt, werden sie auch im Finanzhaushalt nachgewiesen, und zwar bei direkter Finanzrechnung in der Zeile 12 des Muster 8 und bei indirekter Finanzrechnung zunächst in der Zeile 1 des Muster 9 als Ergebnis des Ergebnishaushaltes, von dort werden sie in den Finanzmittelfluss aus laufender Verwaltungstätigkeit (Zeile 9 des Muster 9) übernommen. Es ist davon auszugehen, dass die Zahlungsperiode der Reparatur auch die Periode der wirtschaftlichen Zugehörigkeit ist, sodass eine Periodenabgrenzung nicht vorzunehmen ist.

Sofern es sich bei der Reparatur um einen Vorgang handelt, der selten oder unregelmäßig anfällt und eine im Einzelfall erhebliche Aufwendung darstellt (vgl. § 58 Nr. 5a GemHVO), was bezüglich der Betragshöhe zumindest bei kleineren Gemeinden nicht auszuschließen ist, kommt auch in Betracht, den Betrag als außerordentlichen Aufwand zu behandeln (§ 2 Abs. 1 Nr. 21 GemHVO) und damit in Zeile 28 des Muster 7 nachzuweisen. Bezüglich der Betrachtung für den Finanzhaushalt ergeben sich keine Abweichungen zur vorstehenden Lösung.

d) Pachteinnahmen stellen Erträge des Ergebnishaushaltes dar, es ist aber fraglich, in welcher Zeilenposition des Muster 7 sie aufzuführen sind. Entscheidend hierbei ist, ob es sich bei der Verpachtung einer landwirtschaftlichen Fläche um eine Hauptleistung der Gemeinde handelt, einen Hauptzweck der gemeindlichen Tätigkeit (vgl. Erläuterungen zum Kommunalen Verwaltungskontenrahmen, Muster 12 (jetzt Muster 13) der GemHVO, Staatsanzeiger Nr. 28 vom 06.07.2009, Erläuterungen zu Hauptkonto 500). Ist dies der Fall, sind die Pachterträge als privatrechtliche Entgelte in der Zeilenposition 1 des Muster 7 nachzuweisen. Bei der Verpachtung eines landwirtschaftlichen Grundstückes dürfte aber nicht von einer Hauptleistung der Gemeinde auszugehen sein, sondern von einer Nebenleistung im Sinne der Erläuterungen zu Hauptkonto 530. In diesem Fall sind die Pachterträge in Zeile 9 (sonstige ordentliche Erträge) des Muster 7 aufzunehmen.

Da es sich bei der Pachteinnahme um einen zahlungswirksamen Ertrag handelt, wird sie auch im Finanzhaushalt nachgewiesen, und zwar bei direkter Finanzrechnung je nach vorstehender Betrachtung entweder in der Zeile 1 oder der Zeile 8 des Muster 8 und bei indirekter Finanzrechnung zunächst in der Zeile 1 des Muster 9 als Ergebnis des Ergebnishaushaltes, von dort wird sie in den Finanzmittelfluss aus laufender Verwaltungstätigkeit (Zeile 9 des Muster 9) übernommen. Es ist davon auszugehen, dass die Pachteinnahme der Zahlungsperiode auch vollständig wirtschaftlich zuzuordnen sind, sodass eine Periodenabgrenzung nicht vorzunehmen ist.

e) Die Abschreibung stellt ordentlichen Aufwand des Ergebnishaushaltes gemäß § 2 Abs. 1 Nr. 13 GemHVO dar und ist in Zeilenposition 14 des Muster 7 darzustellen. Sie mindert das Ergebnis des Ergebnishaushaltes, ist aber nicht zahlungswirksam und daher nicht im Saldo des Finanzhaushaltes nachzuweisen. Bei direkter Finanzrechnung ist nichts weiter zu veranlassen, da im Muster 8 folgerichtig keine entsprechende Position vorgesehen ist und damit keine Veranschlagung erfolgt. Da bei indirekter Finanzrechnung das durch die Abschreibung geminderte Ergebnis des Ergebnishaushaltes zunächst über die Zeile 1 des Muster 9 in den Finanzhaushalt einfließt, wird die Abschreibung über die Zeile 2 des Muster 9 durch Addition aus dem Finanzhaushalt heraus gerechnet. Es ist davon auszugehen, dass die Abschreibung periodengerecht zugeordnet wird, sodass eine Periodenabgrenzung nicht vorzunehmen ist.

f) Die Beamtenbezüge sind ordentlicher Aufwand des Ergebnishaushaltes gemäß § 2 Abs. 1 Nr. 10 GemHVO und sind in Zeilenposition 11 des Muster 7 darzustellen. Sie sind auch zahlungswirksam und daher im Finanzhaushalt nachzuweisen. Fraglich ist hier die Periodenzuordnung. Die Beamtenbezüge für den Januar 2015 sind wirtschaftlich dem Jahr 2015 zuzuordnen und im Ergebnishaushalt **für das Jahr 2015** darzustellen. Sie werden jedoch nach den besoldungsrechtlichen Vorschriften (Fälligkeit am letzten Werktag des Vormonates) im Dezember 2014 gezahlt und sind daher im **Finanzhaushalt 2014** nachzuweisen. Hier fallen also die Periode der Zahlung und die Periode der Ergebniswirksamkeit (wirtschaftliche Zuordnung gemäß § 10 Abs. 2 GemHVO, siehe auch Ziffer 7.3.2) auseinander, was veranschlagungs- und buchungstechnisch darzustellen ist.

Bei direkter Finanzrechnung werden die für den Januar 2015 im Dezember 2014 kassenwirksam zu zahlenden Beträge der Finanzrechnung des Jahres 2014 zugeordnet, sie sind also in der Zeile 10 des Muster 8 **für das Jahr 2014** darzustellen. In der Finanzrechnung des Jahres 2015 werden folglich die für den Januar 2016 zu zahlenden Beamtenbezüge nachgewiesen.

Bei indirekter Finanzrechnung ist die Lösung über die bilanzielle Abwicklung derartiger Vorgänge zu suchen. Wenn Zahlungen in einer Periode geleistet werden, die Aufwand einer späteren Periode darstellen, sind diese als Rechnungsabgrenzungsposten auf der Aktivseite der Bilanz auszuweisen (§ 45 Abs. 1 GemHVO). Die Zahlung wird in 2014 geleistet, sie ist aber nicht im Ergebnis des Ergebnishaushaltes 2014 enthalten und fließt somit nicht über die Zeile 1 in das Muster 9 für den Finanzhaushalt 2014 ein. Die Zahlungswirksamkeit im Saldo des Finanzhaushaltes 2014 wird dadurch dargestellt, dass in Zeile 7 des Muster 9 der Betrag abgezogen wird, da es sich bei dem Rechnungsabgrenzungsposten um die Zunahme einer Aktivposition, die nicht der Investitions- oder Finanzierungstätigkeit zuzurechnen ist, handelt.

In 2015 wird der entsprechende Aufwand gebucht und damit der aktive Rechnungsabgrenzungsposten wieder aufgelöst. In 2015 entsteht also Ergebniswirksamkeit, aber keine Zahlungswirksamkeit. Da der Aufwand aber zunächst über die Zeile 1 in das Muster 9 für den Finanzhaushalt einfließt, muss der Betrag wieder herausgerechnet werden, dies erfolgt wiederum über die Zeile 7 des Muster 9, aber nun im

Wege der Addition, da es sich um einen Abgang bei einer Aktivposition, die nicht der Investitions- oder Finanzierungstätigkeit zuzurechnen ist, handelt.

g) Versicherungsbeiträge stellen Aufwendungen für Sach- und Dienstleistungen und damit ordentlichen Aufwand des Ergebnishaushaltes gemäß § 2 Abs. 1 Nr. 12 GemHVO dar. Sie sind in Zeile 13 des Muster 7 nachzuweisen, siehe auch Hauptkonto 690 gemäß Muster 13 der GemHVO.

Entsprechend des Grundsatzes der periodengerechten Abgrenzung ist von dem Zahlungsbetrag nur der Betrag als Aufwand des Zahlungsjahres anzusehen, der wirtschaftlich auf dieses entfällt, das ist der Betrag für Oktober bis Dezember, also ein Viertel von 10.000 €, somit 2.500 €. Dieser Betrag ist im Ergebnishaushalt 2014 in Zeile 13 des Muster 7 auszuweisen.

Bei direkter Finanzrechnung erfolgt der Nachweis des Zahlungsbetrages von 10.000 € in Zeile 12 des Muster 8.

Bei indirekter Finanzrechnung fließt der ergebniswirksame Betrag von 2.500 € über die Zeile 1 des Muster 9 in den Finanzhaushalt. Der Restbetrag von 7.500 € stellt keinen Aufwand des Jahres 2014, sondern Aufwand des Jahres 2015 dar. Insoweit wird er 2014 als aktiver Rechnungsabgrenzungsposten behandelt. Es ergibt sich dann die gleiche Vorgehensweise wie in der Lösung zu f) behandelt.

h) Der Neubau einer Straße stellt eine Investition dar, da es sich um eine Veränderung des Anlagevermögens handelt (Zugang des Infrastrukturvermögens, § 49 Abs. 3 Nr. 1.2.3 GemHVO), für die eine Auszahlung zu leisten ist (§ 58 Nr. 17 GemHVO). Dieser Vorgang ist gemäß § 3 GemHVO dem Finanzhaushalt zuzuordnen, bei direkter Finanzrechnung nach Abs. 1 Nr. 25 und bei indirekter Finanzrechnung nach Abs. 2 Nr. 11. Der Nachweis erfolgt im Muster 8 in Zeile 25 bzw. im Muster 9 in Zeile 11. Eine Periodenabgrenzung findet nur im Ergebnishaushalt statt, im Finanzhaushalt erfolgt die Zuordnung nach Kassenwirksamkeit (§ 10 Abs. 2 GemHVO, siehe auch Ziffer 7.3.2).

i) Erschließungsbeiträge sind investitionsbezogene Finanzierungsbeteiligungen. Sie stellen keine Erträge des Ergebnishaushaltes, sondern Einzahlungen des Finanzhaushaltes gemäß § 3 GemHVO dar, bei direkter Finanzrechnung nach Abs. 1 Nr. 20 und bei indirekter Finanzrechnung nach Abs. 2 Nr. 9. Der Nachweis erfolgt im Muster 8 in Zeile 20 bzw. im Muster 9 in Zeile 10.

j) Erschließungsbeiträge werden bilanziell als Sonderposten passiviert und über die Nutzungsdauer des damit finanzierten Vermögensgegenstandes (hier: die Straße) aufgelöst (§ 38 Abs. 4 GemHVO), die Auflösung stellt quasi die Gegenposition zur Abschreibung dar.

Die Auflösung von Sonderposten ist gemäß § 2 Abs. 1 Nr. 8 GemHVO ordentlicher Ertrag des Ergebnishaushaltes und in Zeile 8 des Muster 7 auszuweisen. Sie ist jedoch nicht zahlungswirksam und daher bei indirekter Finanzrechnung über die Zeile 3 des Muster 9 aus dem Saldo des Finanzhaushaltes wieder heraus zu rechnen, in den sie ja über die Zeile 1 des Muster 9 zunächst eingeflossen ist. Bei direkter Finanzrechnung ergibt sich kein Handlungsbedarf, da das Muster 8 hierfür keine Zeilenposition vorsieht.

k) Der Pkw ist gemäß § 49 Abs. 3 Nr. 1.2.5 GemHVO dem Sachanlagevermögen zuzuordnen, siehe auch Hauptkonto 081 gemäß Muster 13 GemHVO. Der Verkaufspreis des Pkw stellt eine Einzahlung aus Abgängen von Vermögensgegenständen des Sachanlagevermögens dar und ist damit eine Einzahlung des Finanzhaushaltes gemäß § 3 GemHVO, bei direkter Finanzrechnung nach Abs. 1 Nr. 21 und bei indirekter Finanzrechnung nach Abs. 2 Nr. 10. Der Nachweis erfolgt im Muster 8 in Zeile 21 bzw. im Muster 9 in Zeile 11. Die Zahlungswirksamkeit des Vorganges ist damit abgebildet.

Da der Verkaufspreis des Pkw über dessen Bilanzwert liegt, entsteht ein außerordentlicher Ertrag (§ 2 Abs. 1 Nr. 20 und Abs. 3 GemHVO) des Ergebnishaushaltes in Höhe von 1.000 €. Dieser ist in Zeile 27 des Muster 7 darzustellen und fließt damit bei indirekter Finanzrechnung über die Zeile 1 des Muster 9 in den Finanzhaushalt ein, in dem der Verkaufsvorgang aber bereits vollständig abgebildet ist. Daher wird der Betrag von 1.000 € über die Zeile 5 des Muster 9 aus dem Finanzhaushalt wieder herausgerechnet. Bei direkter Finanzrechnung ergibt sich kein weiterer Handlungsbedarf.

Inhaltsverzeichnis

7. Haushaltsgrundsätze

7.1 Bedeutung der Haushaltsgrundsätze

Die Gemeinde muss ihre Haushaltswirtschaft nach bestimmten Grundsätzen ausrichten. Diese Grundsätze sind sowohl bei der Aufstellung des Haushaltsplanes als auch bei dessen Ausführung und Rechnungslegung zu beachten und lassen sich wie folgt klassifizieren:

Haushaltsgrundsätze			
Allgemeine Haushaltsgrundsätze	Planungsgrundsätze	Deckungsgrundsätze	Grundsätze ordnungsmäßiger Buchführung

Die allgemeinen Haushaltsgrundsätze, nach denen die Haushaltswirtschaft zu planen und durchzuführen ist, ergeben sich überwiegend aus § 92 HGO. Die weiteren Grundsätze sind im Wesentlichen in den Vorschriften der Gemeindehaushaltsverordnung enthalten, die zwischen Planungsgrundsätzen, Deckungsgrundsätzen und Grundsätzen ordnungsmäßiger Buchführung unterscheidet. Diese Unterscheidung ist jedoch **nicht als Trennung zu verstehen, vielmehr sind sämtliche Grundsätze eng miteinander verbunden und für die gesamte Haushaltswirtschaft verbindlich.**

Bei den allgemeinen Haushaltsgrundsätzen handelt es sich um „generelle Handlungsanweisungen"[93], die für die Aufstellung und Ausführung des Haushaltsplanes, für die mittelfristige Ergebnis- und Finanzplanung sowie das Investitionsprogramm, die Erzielung von Erträgen und Einzahlungen, die Aufnahme von Krediten und Kassenkrediten, den Abschluss von kreditähnlichen Rechtsgeschäften und die Verwaltung des Vermögens Gültigkeit haben[94]. Sie gelten somit für die gesamte kommunale Finanzwirtschaft.

Bei der Aufstellung und bei der Ausführung des Haushaltsplanes sind die Planungsgrundsätze zu beachten, die zum größten Teil in den Festsetzungen der §§ 10 ff. GemHVO enthalten sind. Diese Planungsgrundsätze – oft auch als Veranschlagungsgrundsätze bezeichnet – beziehen sich auf die konkrete Ausgestaltung des Haushaltsplanes.

Ebenfalls sind bei der Aufstellung und bei der Ausführung des Haushaltsplanes die Deckungsgrundsätze anzuwenden, die in den §§ 18 bis 21 GemHVO festgeschrieben sind. Neben der Budgetierung stellen auch sie ein Hilfsmittel für eine flexible Haushaltsführung dar.

Die Grundsätze ordnungsmäßiger Buchführung (GoB) sind Regeln, die bei der Bewertung des Vermögens und der Schulden sowie der Bilanzierung und der Buchführung zu beachten sind (§§ 32 ff. GemHVO). Der Begriff „Grundsätze ordnungsmäßiger Buchführung" ist ein unbestimmter Rechtsbegriff. Das Handelsgesetzbuch verpflichtet in § 243 Abs. 1 HGB alle Kaufleute, diese Grundsätze einzuhalten, sie sind jedoch im Gesetz nicht umfassend definiert. Es handelt sich hier um ein Regelungssystem, welches

---

93 Vgl. Henneke/Strobl/Diemert 2008, § 8 Rdnr. 1.
94 Vgl. Nr. 1 Hw. zu § 92 HGO.

in der Literatur weder abschließend noch einheitlich definiert ist, sondern sich vielmehr aus der Praxis, Empfehlungen der Wirtschaftsverbände und der Rechtsprechung entwickelt hat. Daher gibt es keine abschließende Aufzählung oder einheitliche Strukturierung dieser Grundsätze; vielmehr sind noch nicht einmal alle Grundsätze kodifiziert[95] (siehe auch Ziffer 16.2.8).

7.2   Allgemeine Haushaltsgrundsätze

Übersicht über die allgemeinen Haushaltsgrundsätze:

> → Grundsatz der Sicherung der stetigen Aufgabenerfüllung
> → Grundsatz der Beachtung des gesamtwirtschaftlichen Gleichgewichts
> → Grundsatz der Wirtschaftlichkeit und Sparsamkeit
> → Grundsatz des Haushaltsausgleichs
> → Grundsatz der Erzielung von Erträgen und Einzahlungen
> → Grundsatz der Vorherigkeit (einschl. vorläufige Haushaltsführung)
> → Grundsatz der Öffentlichkeit

7.2.1   Sicherung der stetigen Aufgabenerfüllung und Beachtung des gesamtwirtschaftlichen Gleichgewichts

7.2.1.1   Stetige Aufgabenerfüllung

Die Gemeinde hat ihre Haushaltswirtschaft so zu planen und zu führen, dass die stetige Erfüllung ihrer Aufgaben[96] gesichert ist (§ 92 Abs. 1 Satz 1 HGO). Hieraus ergibt sich die rechtliche Verpflichtung bezüglich der stetigen Aufgabenerfüllung durch die Gemeinde. Die Gemeinde muss also gewährleisten, dass sie ihre Aufgaben – gesetzliche, vertragliche und auch freiwillige Aufgaben – dauerhaft wahrnehmen und erfüllen kann[97].

Die Erwähnung der Stetigkeit in der Formulierung des Haushaltsgrundsatzes gemäß § 92 Abs. 1 HGO spricht eine grundsätzliche Aufgabe der Selbstverwaltung einer Gemeinde an. Diese Aufgabe ist durch § 1 Abs. 1 Satz 2 HGO[98] knapp, aber völlig ausreichend

---

[95] Hinweise zur GemHVO, Nr. 2 (StAnz. 6/2013, S. 222 ff.): „Soweit die Vorschriften der HGO und der GemHVO sowie die nachfolgenden Hinweise zu einem konkreten Sachverhalt keine Regelungen enthalten, können bei der Beurteilung von Zweifelsfragen die entsprechenden handels- und steuerrechtlichen Regelungen sowie die „Grundsätze ordnungsmäßiger Buchführung" einbezogen werden." („Öffnungsklausel").

[96] Der Gesetzgeber spricht hier noch von „Aufgaben", obwohl Ziel der Einführung des NKRS die Darstellung der Verwaltungsleistungen als Produkte ist (Produktorientierung). Siehe auch Henneke/Strobl/Diemert 2008, § 7 Rdnr. 8.

[97] Nach der derzeitigen rechtlichen Regelung ist nicht näher bestimmt, in welcher Qualität (Standards) die Aufgabenerfüllung stattfinden soll; hilfreich könnte hier ein Bezug zu den formulierten Zielen sein.

[98] „Sie fördert das Wohl ihrer Einwohner in freier Selbstverwaltung durch ihre von der Bürgerschaft gewählten Organe".

umschrieben. Mit diesem Anspruch zur Förderung des Wohls der Einwohner geht einher, dass dieses Wohl nicht nur auf die Dauer eines Jahres – wie es an sich den Grundzügen des Haushaltsrechtes entspricht –, sondern langfristig zu fördern und die Aufgabenerfüllung dementsprechend **dauernd** sicherzustellen ist. Durch diese Anforderung an die Haushaltswirtschaft der Gemeinde ergibt sich zwangsläufig, dass die Haushaltswirtschaft umfassender geplant werden muss.

Das gemeindliche Haushaltsrecht bietet hier das Instrument der mittelfristigen Ergebnis- und Finanzplanung an (siehe Kapitel 12). Die Gemeinde muss also insbesondere durch eine sorgsam vorausschauende Ergebnis- und Finanzplanung sicherstellen, dass die Erfüllung der gemeindlichen Aufgaben unter Berücksichtigung eines Freiraumes für die aus eigener Entscheidung übernommenen Selbstverwaltungsangelegenheiten (§ 19 HGO) auch in der Zukunft gewährleistet ist. In diesem Kontext ist auch § 9 Abs. 4 GemHVO zu sehen, wonach auch die mittelfristige Ergebnis- und Finanzplanung in den einzelnen Jahren ausgeglichen sein soll. Nur ein **regelmäßig ausgeglichener** Haushalt – insbesondere auch in den Finanzplanungsjahren – deutet darauf hin, dass die erforderliche finanzielle Leistungsfähigkeit der Gemeinde besteht[99], die für die stetige Aufgabenerfüllung erforderlich ist.[100] Nr. 1 Satz 3 Hw. zu § 101 HGO erweitert diesen Zeitraum sogar auf die **nach** dem Planungszeitraum der Ergebnis- und Finanzplanung liegende Haushaltsjahre. Hiernach ist die stetige Aufgabenerfüllung auch dann nicht mehr gewährleistet, wenn zwar die Finanzplanungsjahre ausgeglichen sind, aber für die nach dem Planungszeitraum liegenden Haushaltsjahre bereits Entwicklungen absehbar sind, die eine gegenteilige Einschätzung nahelegen.

Folgende Indikatoren signalisieren, wann u. U. die stetige Aufgabenerfüllung **gefährdet** sein könnte:

- fehlender Haushaltsausgleich in Vorjahren und im laufenden Haushaltsjahr (§ 92 Abs. 3 HGO)
- fehlender Ausgleich der mittelfristigen Ergebnis- und Finanzplanung (§ 92 Abs. 4 HGO i. V. m. § 9 Abs. 4 GemHVO) und/oder in den **nach** dem Planungszeitraum der mittelfristigen Ergebnis- und Finanzplanung liegenden Haushaltsjahren (Nr. 1 S. 3 Hw. zu § 101 HGO)
- aufgebrauchtes Eigenkapital bzw. der Ausweis des Bilanzpostens „nicht durch Eigenkapital gedeckter Fehlbetrag" auf der Aktiv-Seite der Vermögensrechnung (siehe Ziffer 16.3.4.4)
- hohe Investitionsauszahlungen im laufenden Haushaltsjahr sowie in den Finanzplanungsjahren, wenn deren Folgekosten (Unterhaltung, Abschreibung, Personalaufwendungen, Bewirtschaftungsaufwendungen) die Ergebnishaushalte in den nachfolgenden Jahren überlasten
- hohe Kreditaufnahmen für Investitionen im laufenden Haushaltsjahr und in den Finanzplanungsjahren, deren Zinsaufwendungen die Ergebnishaushalte in den nachfolgenden Jahren überlasten.

Um insbesondere den zeitlichen Aspekt „stetig/dauernd" zu gewährleisten, reicht die „mittelfristige" Ergebnis- und Finanzplanung alleine nicht aus. Die Gemeinden müssen

---

[99] Siehe hierzu auch Kapitel 10 (Haushaltsausgleich) und Ziffern 12.2.2 und 12.7.1.

[100] Vgl. Nr. 1 Satz 2 Hw. zu § 101 HGO i. V. m. Nr. 1 Hw. zu § 24 GemHVO.

auch bei langfristigen Zielsetzungen und Planungen (über den Finanzplanungszeitraum hinaus) diesen Grundsatz berücksichtigen (siehe auch Kapitel 12).

Dieser Grundsatz hat Vorrang vor allen anderen Überlegungen. *„Aus der Verpflichtung zu einer stetigen Aufgabenerfüllung sichernden Haushaltswirtschaft ergibt sich, dass die Kommunen unverzüglich nachhaltig wirkende Konsolidierungsmaßnahmen einzuleiten haben, sobald erste Anzeichen darauf hindeuten, dass in der Haushaltswirtschaft Fehlbeträge entstehen können.*"[101] Dieses Gegensteuern durch ernsthafte, konsequente und nachhaltige Konsolidierungsmaßnahmen trägt ebenso der intergenerativen Gerechtigkeit Rechnung.[102] § 92 Abs. 4 HGO verpflichtet die Gemeinden, ein Haushaltssicherungskonzept aufzustellen, sofern der Haushaltsausgleich unter Beachtung der Vorschriften des § 24 Abs. 2 GemHVO nicht möglich ist (siehe Kapitel 10.). Gleiches gilt, soweit Fehlbeträge aus Vorjahren auszugleichen sind oder nach der Ergebnis- und Finanzplanung Fehlbedarfe zu erwarten sind (Kapitel 12).

§ 92 Abs. 1 Satz 1 HGO lässt auch eine weitere Folgerung zu. Die Haushaltswirtschaft dient hiernach der Aufgabenerfüllung, **nicht aber erwerbswirtschaftlichen Zielen**. In erster Linie hat die Gemeinde den Verpflichtungen nachzukommen, die das Allgemeinwohl an sie stellt.[103]

7.2.1.2   Beachtung des gesamtwirtschaftlichen Gleichgewichts

Nach § 92 Abs. 1 Satz 2 HGO hat die Gemeinde bei der Planung und Durchführung ihrer Haushaltswirtschaft den Erfordernissen des gesamtwirtschaftlichen Gleichgewichts Rechnung zu tragen. Ausgangspunkt ist die Bestimmung des Art. 109 Abs. 2 GG. Danach haben Bund und Länder bei der Haushaltswirtschaft den Erfordernissen des gesamtwirtschaftlichen Gleichgewichts Rechnung zu tragen.[104]

Eine weitere Grundlage ist das Gesetz zur Förderung der Stabilität und des Wachstums der Wirtschaft (StWG) vom 08.06.1967 in der derzeit geltenden Fassung, das in § 1 den Grundsatz aufstellt, dass Bund und Länder bei ihren wirtschafts- und finanzpolitischen Maßnahmen die Erfordernisse des gesamtwirtschaftlichen Gleichgewichts zu beachten haben.

Nach § 16 StWG[105] haben auch die Gemeinden und Gemeindeverbände bei ihrer Haushaltswirtschaft den Zielen dieses Gesetzes Rechnung zu tragen. Die Ziele sind in § 1 StWG formuliert. Danach sind alle Maßnahmen so zu treffen, dass sie im Rahmen der marktwirtschaftlichen Ordnung gleichzeitig

---

[101] Vgl. StAnz. 36/2008, S. 2.343 ff., II.1 Konsolidierung der kommunalen Haushalte (Finanzplanungserlass 2009).

[102] Vgl. StAnz. 41/2011, S. 1288 ff., II.1 Konsolidierung der kommunalen Haushalte (Finanzplanungserlass 2012).

[103] Nr. 3 S. 2 Hw. zu § 92 HGO: „Gewinnerzielung ist **keine** kommunale Aufgabe."

[104] Das Thema wird in den volkswirtschaftlichen Lehrinhalten vertieft angesprochen.

[105] Vgl. Nr. 2 Satz 1 Hw. zu § 92 HGO; siehe auch Ziffer 4.5.1.

- zur Stabilität des Preisniveaus,
- zu einem hohen Beschäftigungsstand und
- zum außenwirtschaftlichen Gleichgewicht
- bei stetigem und angemessenen Wirtschaftswachstum

beitragen.

Die Einbeziehung der Gemeinden in die Verpflichtung, durch antizyklisches Verhalten zur Zielerreichung beizutragen, wird unterschiedlich beurteilt. Fakt ist, dass die **Gesamtheit der Gemeinden,** die einen erheblichen Anteil der nachfragewirksamen Auszahlungen[106] der öffentlichen Hand tätigen, die Konjunkturpolitik beeinflusst.[107] Fraglich ist allerdings, ob dieses Ziel insbesondere für kleinere Gemeinden nicht zu hoch gesteckt ist, als dass man sie mit dem Verlangen, ihre Haushaltswirtschaft jederzeit nach diesen Forderungen auszurichten, nicht nur fachlich, sondern auch finanziell überfordern würde.

Mehr oder minder hat sich in der Praxis gezeigt, dass durch die Verpflichtung zur Sicherung einer stetigen Aufgabenerfüllung mit der zusätzlichen Bürde des konjunkturgerechten (antizyklischen) Verhaltens die Gemeinde immer wieder in Konflikt gebracht wird. Der Konflikt stellt sich in der Form dar, dass von der Gemeinde unter Beachtung des antizyklischen Verhaltens bei aufsteigender Konjunktur Zurückhaltung bei der Vornahme eigener Investitionen verlangt wird. Diese Anforderung stellt die Gemeinden vor Probleme bei der Entscheidung, denn unzweifelhaft ist bei einem positiven Konjunkturverlauf mit „Einnahme"steigerungen[108] zu rechnen, z. B. bei der Gewerbesteuer. Es könnte möglich sein, dass durch eine Zurückhaltung bei der Vornahme eigener Investitionen im Rahmen des antizyklischen Verhaltens die Erfüllung wichtiger Aufgaben durch die Kommune unterbleibt (Ziffer 4.5.1).

Die Entscheidung in derartigen Fällen ist nicht immer leicht. Grundsätzlich kann aber davon ausgegangen werden, dass die Sicherung der stetigen Aufgabenerfüllung **Vorrang** genießt. Dieses geht auch schon aus der Formulierung des Gesetzestextes in § 92 Abs. 1 Satz 2 HGO mit dem Wort **„dabei"** hervor. Konjunkturpolitische Gesichtspunkte sind jedoch zu berücksichtigen, soweit dies unter dem Aspekt der Aufgabenerfüllung möglich ist. Die Erfüllung der unabweisbaren Aufgaben muss aber bei der Berücksichtigung konjunkturpolitischer Erfordernisse Vorrang haben (siehe Nr. 2 Hw. zu § 92 HGO).

Im gemeindlichen Haushaltsrecht verankerte Maßnahmen zur Konjunktursteuerung sind im Wesentlichen die staatlichen Einflussnahmen auf die Kreditbeschaffung der Gemeinden. Hier sind die angeordneten Beschränkungen bei der Beschaffung von Geldmitteln auf dem Kreditwege zu beachten (z. B. Einzelgenehmigung gemäß § 103 Abs. 4 Nr. 1 HGO, siehe Ziffer 9.2.3.10).

---

[106] Hierunter sind sowohl Auszahlungen für Investitionen als auch konsumtive Auszahlungen (z. B. Erhaltungsaufwand) zu fassen.

[107] Siehe Konjunkturpaket II im Jahr 2009 – „Pakt für Beschäftigung und Stabilität in Deutschland zur Sicherung der Arbeitsplätze, Stärkung der Wachstumskräfte und Modernisierung des Landes".

[108] Zu dem Begriff „Einnahmen" siehe Ziffer 7.2.4.

7.2.1.3 Übung

Sachverhalt

In der Gemeinde E sind im Entwurf der Haushaltssatzung und des Haushaltsplanes 320.000 € für bauliche Veränderungen an Obdachlosenunterkünften zur Angleichung an den Ausstattungsstandard von Normalwohnungen vorgesehen.

Die Wirtschaftssituation zum Zeitpunkt der Beratung im zuständigen Fachausschuss stellt sich als überhitzte Konjunktur dar. Der Gemeindevertreter R weist deshalb auf die Anforderung der §§ 1, 16 StWG und auf den allgemeinen Haushaltsgrundsatz des § 92 Abs. 1 Satz 2 HGO hin, wonach dem gesamtwirtschaftlichen Gleichgewicht Rechnung zu tragen ist.

Er fordert, dass dem Ziel der Stabilität Priorität einzuräumen ist und die Gemeinde sich antizyklisch verhält, das heißt, diese Investitionsmaßnahme sollte bis zur Abschwächung der Konjunktur zurückgestellt werden.

Aufgabe:

Begutachten Sie die Auffassung des R und kommen Sie begründet zu einem Ergebnis.

Lösung:

Gemeindevertreter R gibt hier dem Ziel der Stabilität den Vorrang. In seiner Begründung bezieht er sich auf die §§ 1, 16 StWG und auf den allgemeinen Haushaltsgrundsatz der Beachtung des gesamtwirtschaftlichen Gleichgewichts gemäß § 92 Abs. 1 Satz 2 HGO. Sieht man diese Bestimmungen isoliert, könnte die Meinung des R einschlägig sein.

Gemäß § 1 StWG haben Bund und Länder die Erfordernisse des gesamtwirtschaftlichen Gleichgewichts zu beachten; durch § 16 StWG wird die Beachtung dieser Ziele auf die Gemeinden und Gemeindeverbände ausgedehnt. Ebenso regelt § 92 Abs. 1 Satz 2 HGO diese Verpflichtung im kommunalen Haushaltsrecht (Nr. 2 Hw. zu § 92 HGO).

Jedoch handelt es sich hier bei den baulichen Veränderungen an Obdachlosenunterkünften um eine unabweisbare Maßnahme der Daseinsvorsorge. Die Wohnungen werden von Bürgern täglich in Anspruch genommen. Kann es also dem Bewohner dieser Unterkünfte zugemutet werden, auf die dringende Renovierung aus konjunkturpolitischen Gründen länger zu warten? Zwischen der Pflicht der Aufgabenerfüllung gemäß § 92 Abs. 1 Satz 1 HGO und der Pflicht zu konjunkturgerechtem Verhalten ergibt sich hier ein Zwiespalt. § 92 Abs. 1 HGO stellt beide Anforderungen nebeneinander. Der Gesetzgeber hat aber die Verpflichtung, bei Planung und Ausführung des Haushaltes die Sicherung der Aufgabenerfüllung zu beachten, an die erste Stelle gesetzt und weiterhin geregelt, dass **dabei** den Erfordernissen des gesamtwirtschaftlichen Gleichgewichts Rechnung zu tragen ist.

Die Erfüllung unabweisbarer Aufgaben wie hier die Vornahme der baulichen Veränderungen an den Obdachlosenunterkünften muss also auch unter Berücksichtigung konjunkturpolitischer Erfordernisse in jedem Fall vorgehen.

7.2.2 Wirtschaftlichkeit und Sparsamkeit

7.2.2.1 Grundsatz

Die Haushaltswirtschaft ist sparsam und wirtschaftlich zu führen (§ 92 Abs. 2 HGO). Dieser Haushaltsgrundsatz ist ein zentraler Grundsatz der kommunalen Haushaltswirtschaft und hat Gültigkeit für die **gesamte Haushaltswirtschaft** einer Gemeinde. Er gilt bereits vor der Aufstellung des Haushaltsplanes für die Planung jeder einzelnen Maßnahme, für die Aufstellung und Ausführung, für die Rechnungslegung bis hin zur abschließenden Erfolgskontrolle, z. B. auch für die Aufnahme eines Kredits, Bestellung von Büromaterial usw.[109] Er beinhaltet nach allgemeiner Auffassung die Verpflichtung zu einem möglichst ökonomischen Einsatz der Haushaltsmittel.[110] Die Bedeutung dieses Grundsatzes wird dadurch unterstrichen, dass er durch § 92 Abs. 2 HGO als „Muss-Vorschrift" ohne Ausnahme formuliert ist.

Zur inhaltlichen Klärung des Grundsatzes der Wirtschaftlichkeit ist auf die Betriebswirtschaftslehre zu verweisen. In jedweder Literatur zur Betriebswirtschaftslehre wird dieser Grundsatz angesprochen. Für die Anwendung im Bereich der Kommunalverwaltung sind besonders die Darstellungen zur Betriebswirtschaftslehre der öffentlichen Verwaltung von Belang.[111]

Die größte Übereinstimmung in den zahlreichen Definitionen besteht darin, dass die Verwirklichung des Grundsatzes der Wirtschaftlichkeit darin gesehen wird, eine optimale Relation von erzieltem Erfolg im Verhältnis zu den eingesetzten Mitteln zu suchen. Je nach Ausgestaltung des Rechnungswesens wird eine Konkretisierung in den Quotienten von Ertrag und Aufwand bzw. Leistung und Kosten gesehen.[112] Zur Verwirklichung des Grundsatzes der Wirtschaftlichkeit bedarf jede betriebliche Maßnahme vor ihrer Durchführung einer angemessenen Abwägung der prognostizierbaren damit herbeizuführenden Wirkungen (Nutzen und Kosten). Dafür stellt die Betriebswirtschaftslehre der öffentlichen Verwaltung angemessenen Methoden bereit (z. B. Nutzwertanalyse, Kostenvergleichsrechnung, dynamische Investitionsrechnungsverfahren, Kosten-Nutzen-Analyse).

---

[109] Der Bund der Steuerzahler Hessen und der Hessische Städte- und Gemeindebund verleihen ausgewählten hessischen Kommunen den „SPAR-EURO". Mit dieser Auszeichnung werden Städte und Gemeinden gewürdigt, die durch wirtschaftliches Verhalten der Verwaltung, durch die Förderung des Engagements ihrer Bürger und Vereine oder durch gemeindeübergreifende Projekte positive Beispiele für andere Kommunen abgeben.

[110] OVG NW, Beschluss vom 26.10.1990 – 15 A 1099/87 – in: der gemeindehaushalt 11/1991, S. 262.

[111] Vgl. u. a. Eichhorn, Peter. Das Prinzip der Wirtschaftlichkeit. 3. Auflage. Wiesbaden 2005. Schmidt, Jürgen: Wirtschaftlichkeit in der öffentlichen Verwaltung. 3. Auflage. Berlin 1989. S. 16 ff., Reichard, Christoph: Betriebswirtschaftslehre der öffentlichen Verwaltung. 2. Auflage Berlin, 1987. S. 10 ff., Steinebach, Nikolaus: Verwaltungsbetriebslehre. 5. Auflage. Regensburg 1998. Rn. 21 ff. jeweils mit weiteren Nachweisen.

[112] Vgl. Olfert/Rahn. Lexikon der Betriebswirtschaftslehre. 5. Auflage.

Eine Haushaltswirtschaft ist dann wirtschaftlich, wenn entweder mit den geringsten Kosten die gewünschte Leistung (Minimalprinzip) oder die möglichst größte Leistung mit den konstanten Kosten (vorhandene Mittel; Maximalprinzip) erzielt wird[113]. Dabei sind die gesamten Kosten entsprechend betriebswirtschaftlicher Definition zu berücksichtigen (laufende Unterhaltungskosten, die aus der vorausgegangenen Investition abzuleitenden kalkulatorischen Kosten [mindestens Abschreibung und Verzinsung], auch ggf. die mit der Maßnahme verbundene Kosten, die erst später zu Auszahlungen führen [Rückstellungen]).

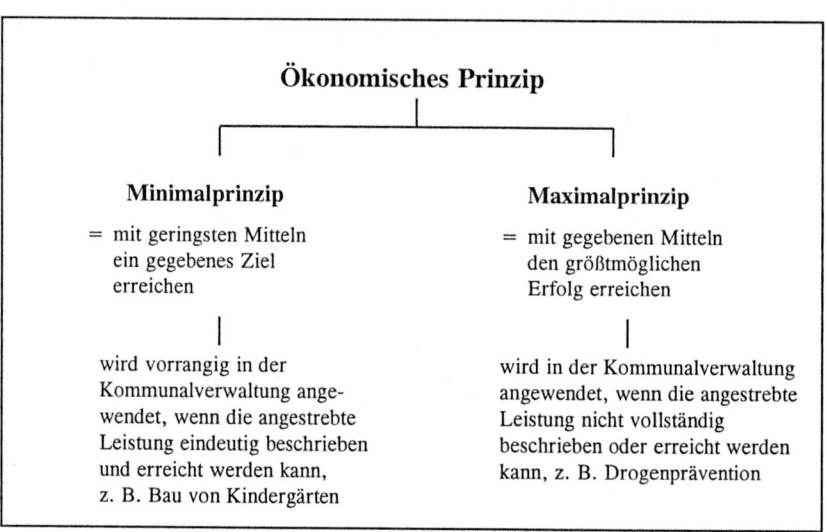

Ökonomisches Prinzip

Minimalprinzip

= mit geringsten Mitteln
ein gegebenes Ziel
erreichen

wird vorrangig in der
Kommunalverwaltung ange-
wendet, wenn die angestrebte
Leistung eindeutig beschrieben
und erreicht werden kann,
z. B. Bau von Kindergärten

Maximalprinzip

= mit gegebenen Mitteln
den größtmöglichen
Erfolg erreichen

wird in der Kommunalverwaltung
angewendet, wenn die angestrebte
Leistung nicht vollständig
beschrieben oder erreicht werden
kann, z. B. Drogenprävention

Während in der Vergangenheit in den Verwaltungen häufig das Minimalprinzip ange-wandt wurde, kann durch die Vorgabe von Budgets mit Zielen und Produkten zukünftig das Maximalprinzip in den Vordergrund treten.

Da für die Leistungen der öffentlichen Verwaltung nicht der damit zu erzielende Ertrag, sondern in aller Regel die schwieriger zu messende Wirkung auf das Allgemeinwohl im Vordergrund steht, wird der Grundsatz der Wirtschaftlichkeit in der entsprechenden Fachliteratur gern um die Kriterien von Effizienz[114] und Effektivität[115] erweitert, die allerdings noch keinen Eingang in das Vokabular des Gesetzgebers gefunden haben.

---

[113] VG Gießen, Urteil vom 08.05.2013 – 8 K 205/12, HSGZ 2013, 402.

[114] Definition aus http://wirtschaftslexikon.gabler.de/Definition/effizienz.html#definition: „Beurteilungs-kriterium, mit dem sich beschreiben lässt, ob eine Maßnahme geeignet ist, ein vorgegebenes Ziel in einer bestimmten Art und Weise zu erreichen." Effizienz beantwortet die Frage, ob die richtigen Dinge getan werden, um das Ziel zu erreichen.

[115] Definition aus http://wirtschaftslexikon.gabler.de/Definition/effizienz.html#definition: „Beurteilungs-kriterium, mit dem sich beschreiben lässt, ob eine Maßnahme geeignet ist, ein vorgegebenes Ziel zu erreichen." Effektivität beantwortet die Frage, ob die Dinge in der richtigen Art und Weise getan werden.

Die Sparsamkeit erfordert, dass die Aufwendungen und Auszahlungen einerseits ohne Vernachlässigung der Aufgabenerfüllung möglichst niedrig gehalten werden müssen[116] und andererseits die Übernahme vermeidbarer Aufgaben zu unterlassen ist[117].

Sparsamkeit muss nicht unbedingt auch Wirtschaftlichkeit bedeuten. So kann etwa eine bestimmte Maßnahme für sich betrachtet durchaus sparsam sein, da sie im Vergleich zu anderen Möglichkeiten die niedrigsten Aufwendungen und Auszahlungen verursacht, sich aber für die Zukunft als unwirtschaftlich erweisen, weil evtl. die Folgekosten sehr hoch sind. Der Grundsatz der Wirtschaftlichkeit und Sparsamkeit enthält daher zwei verschiedene Regelungen, die allerdings vom Gesetz als **gleichwertig** angesehen werden.

Während das frühere Haushaltsrecht nur auf die Bereitstellung der Deckungsmittel (Input) ausgerichtet war und deshalb prinzipiell eher dem Grundsatz der Sparsamkeit Rechnung tragen konnte (für Wirtschaftlichkeitsüberlegungen waren stets Nebenrechnungen erforderlich), ist das Ziel des Neuen Kommunalen Rechnungs- und Steuerungssystems (NKRS), Informationen über Input und Output bereitzustellen und damit eine Beurteilung auch der Wirtschaftlichkeit zu ermöglichen. Soweit dies gelingt, kann auf eine Beachtung des Prinzips der Sparsamkeit verzichtet werden, denn ein Verzicht auf Auszahlungen unter Berücksichtigung des Prinzips der Sparsamkeit, das im Widerspruch zum Prinzip der Wirtschaftlichkeit steht, wonach z. B. die Investition in eine neue Heizungsanlage sich nicht nur sicher amortisiert, sondern auch einen beachtlichen Beitrag zur CO_2-Einsparung mit sich bringt, wäre widersinnig. Nur in Fällen fehlender umfassender Informationen, die die Wirtschaftlichkeit einer geplanten Maßnahme erst beurteilbar machen, ist auch weiterhin Raum für die Beachtung des traditionellen Grundsatzes der Sparsamkeit. Allerdings kommt diese durch das neue Haushaltsrecht intendierte Verschiebung der Gewichtung dieser Grundsätze im unveränderten Wortlaut des § 92 Abs. 2 nicht zum Ausdruck.

Oft treffen Sparsamkeit und Wirtschaftlichkeit zusammen. **Die Wirtschaftlichkeit kann es aber erforderlich machen, eine Maßnahme zu treffen, die für sich allein betrachtet nicht sparsam ist.**[118] So kann eine Gemeinde z. B. für die Anlage eines Parkplatzes von zwei angebotenen gleich großen Grundstücken unter Umständen das teurere wählen, wenn dieses auf lange Sicht niedrigere Unterhaltungskosten oder einen besseren Einfluss auf den Verkehr erwarten lässt. Im Jahr des Grundstückskaufs könnte ein Verstoß gegen den Grundsatz der Sparsamkeit vorliegen, aber bezogen auf die Nutzungsdauer gleichen die niedrigeren Folgekosten dies wieder aus, so dass insgesamt betrachtet die Maßnahme doch dem Grundsatz der Sparsamkeit Rechnung trägt.

Die Beachtung der Wirtschaftlichkeit ist besonders bei gemeindlichen Investitionen geboten. Bei Investitionen wird das gemeindliche Anlagevermögen[119] (immaterielles Anlagevermögen, Sachanlage- und Finanzanlagevermögen) verändert. Jede Investitionsentscheidung ist ein einmaliger Vorgang, der später laufend zahlungswirksame und/oder

---

[116] Sparsamkeit kann – je nach Betrachtungsweise – unterschiedlich interpretiert werden. Volkswirtschaftlich bedeutet Sparsamkeit im Extremfall Konsumverzicht.

[117] VG Gießen, Urteil vom 08.05.2013 – 8 K 205/12, HSGZ 2013, 402.

[118] Im Zweifelsfall wird man also der Wirtschaftlichkeit als umfassenderem Grundsatz den Vorrang vor der Sparsamkeit geben, vgl. auch Daneke in KVR Hessen, Erl. zu § 92 HGO Rdnr. 18.

[119] Siehe § 58 Nr. 17 i. V. m. § 49 GemHVO.

nicht zahlungswirksame Aufwendungen verursacht. Demzufolge muss ein möglichst optimales Verhältnis zwischen Nutzen und Kosten erreicht werden. Daher sollte vor der Durchführung der Investition stets die Suche nach Alternativen und deren Bewertung stehen.

Der Verordnungsgeber hat insbesondere die Relevanz in diesem Bereich erkannt und fordert daher nach § 12 GemHVO, dass, **bevor** Investitionen von erheblicher finanzieller Bedeutung beschlossen werden (also noch vor der Veranschlagung im Haushaltsplan oder im Investitionsprogramm, als Teil der Finanzplanung), unter mehreren in Betracht kommenden Möglichkeiten durch einen Wirtschaftlichkeitsvergleich, mindestens durch einen Vergleich der Anschaffungs- oder Herstellungskosten **und** der Folgekosten, die für die Gemeinde wirtschaftlichste Lösung ermittelt werden **soll**. Detaillierter wird dann in den dazugehörigen Verwaltungsvorschriften[120] ausgeführt, dass bei der Ermittlung der wirtschaftlichsten Lösung nicht nur die Gesamtkosten (einschließlich Folgekosten), sondern auch der Gesamtnutzen der Maßnahme zu berücksichtigen sind. In geeigneten Fällen soll eine Nutzen-Kosten-Untersuchung erstellt werden.[121]

Um den Kommunen die Berechnung der jährlichen Folgekosten einer Investition zu erleichtern, ist in der Anlage 2 der Hinweise zur GemHVO ein Musterberechnung[122] beigefügt.

Muster zur Berechnung jährlicher Folgekosten[123]

Verbrauchskosten (Heizung, Wasser, Abwasser, Strom, Abfall)	€
+ Gebäudeunterhaltung (Reinigung, Bauunterhaltung, Pflege Außenanlagen)	€
+ Sonstige Ausgaben (Versicherung, Steuern, Gebühren, Mieten)	€
+ Gebäudebezogene Verwaltungskosten	€
= **Zwischensumme I**	€
+ Kalkulatorische Zinsen auf Grund / Boden und Gebäude	€
= **Zwischensumme II**	€
+ Kalkulatorische Abschreibung auf Herstellungskosten abzüglich Zuschüsse	€
= **Zwischensumme III**	€
./. Erlöse aus Mieten, Pachten und Kostenerstattungen	€
= **Folgekosten**	€

nachrichtlich:
Signalwert zur Beschreibung der Zeit, in der die zahlungswirksamen Folgekosten (Ausgabenüberschüsse) die Herstellungskosten überschreiten

---

Letztendlich bieten sich einer Gemeinde **vor Durchführung** einer Investition folgende Alternativen an, die unter Beachtung des Grundsatzes der Wirtschaftlichkeit und Sparsamkeit zu beleuchten sind:

---

[120] Siehe Nr. 1 Hw. zu § 12 GemHVO.
[121] § 6 Abs. 2 HGrG sieht für den Bund und die Länder als „Mussvorschrift" vor, dass für alle finanzwirksamen Maßnahmen angemessene Wirtschaftlichkeitsuntersuchungen durchzuführen sind.
[122] Vgl. Nr. 1 Hw. zu § 12 GemHVO und Ziffer 7.3.6.1.
[123] Vgl. 18. Zusammenfassender Bericht des Präsidenten des Hessischen Rechnungshofs, S. 202.

- Wahl zwischen Investition und Nichtinvestition,
- Wahl zwischen sofortiger und späterer Investition,
- Wahl zwischen Selbstwahrnehmung und Aufgabenübertragung (Trägerschaft) und
- Wahl zwischen verschiedenen Anlageformen für dasselbe Investitionsvorhaben.[124]

Neben den in § 12 GemHVO geforderten Wirtschaftlichkeitsberechnungen findet der in § 92 Abs. 2 HGO normierte Grundsatz der Wirtschaftlichkeit und Sparsamkeit seine Konkretisierung noch in einer Reihe von weiteren haushaltsrechtlichen Vorschriften.[125] Insbesondere sind hierbei zu nennen:

⇨ § 99 Abs. 1 HGO – Inanspruchnahme von Haushaltsmitteln im Rahmen der vorläufigen Haushaltsführung
⇨ § 108 HGO – Erwerb und Verwaltung von Vermögen,
⇨ § 109 HGO – Veräußerung von Vermögen,
⇨ § 103 HGO – Aufnahme von Krediten[126],
⇨ § 22 GemHVO – Liquiditätssicherung,
⇨ § 26 GemHVO – Überwachung der Erträge und Forderungen,
⇨ § 27 GemHVO – Bewirtschaftung und Überwachung der Aufwendungen/Auszahlungen,
⇨ § 29 GemHVO – Vergabe von Aufträgen.

Nr. 3 Hw. zu § 92 HGO weist zudem darauf hin, dass dieser Haushaltsgrundsatz auch das allgemeine Spekulationsverbot, das sich schon aus der kommunalen Aufgabenstellung (§ 2 HGO) ergibt, umfasst, da Gewinnerzielung **keine** kommunale Aufgabe ist.

Darüber hinaus ist zur Unterstützung der Verwaltungssteuerung und für die Beurteilung der Wirtschaftlichkeit und Leistungsfähigkeit bei der Aufgabenerfüllung eine flächendeckende (d.h. in allen Produktbereichen der Gemeinde) Kosten- und Leistungsrechnung zu führen (§ 14 GemHVO). Mit der Einführung der Kosten- und Leistungsrechnung wird nicht nur eine wirksame Steuerung und Kontrolle des Haushaltsvollzugs und der Haushaltsplanung verfolgt (Nr. 3 Hw. zu § 14 GemHVO), sondern sie ist aus Gründen der Kostentransparenz auch insbesondere bei der Festlegung von kostendeckenden Gebühren und Entgelten unverzichtbar (Nr. 4 Hw. zu § 14 GemHVO).

Bestandteile jeder Kosten- und Leistungsrechnung sind die Kostenarten-, Kostenstellen- und Kostenträgerrechnung (Nr. 2 Hw. zu § 14 GemHVO). Die weitere Ausgestaltung der Kosten- und Leistungsrechnung in den einzelnen Produktbereichen ist allerdings in

---

[124] Eine umfassende Darstellung der Wirtschaftlichkeitsrechnungen in der Kommunalverwaltung ist zu finden bei Klümper/Möllers/Zimmermann, Kommunale Kosten- und Wirtschaftlichkeitsrechnung, 17. Auflage Witten 2010, S. 341 ff.

[125] Hermann Josef Brinkmeier: Die tragenden Grundsätze des neuen Haushaltsrechts - § 75 GO (NKF) NRW, die zentrale Norm im Rechtsvergleich, in: der gemeindehaushalt 8/2005, S. 177 ff.

[126] Hier kommt in den Nrn. 2 und 3 Hw. zu § 103 HGO der Grundsatz der Wirtschaftlichkeit und Sparsamkeit zum Ausdruck.

das Ermessen der Gemeinden gestellt und wird sich an den örtlichen Bedürfnissen orientieren.[127]

7.2.2.2 Übung

Sachverhalt

Die Gemeinde E will im kommenden Haushaltsjahr die stark befahrene X-Straße ausbauen, weil diese in einer Kurve trotz Beschränkung der Höchstgeschwindigkeit sehr unfallträchtig ist. Der Ausbau in der bisherigen Linienführung würde 600.000 € kosten. Bei einer Begradigung der Kurve erhöht sich die Summe auf 700.000 €.

Die Gemeindevertretung der Gemeinde E beauftragt den Gemeindevorstand, eine Entscheidung unter alleiniger Berücksichtigung des § 92 Abs. 2 HGO vorzubereiten, weil ein Verstoß gegen die Geschwindigkeitsbegrenzung durch die Autofahrer und nicht durch die Gemeinde zu vertreten ist.

Aufgabe:

Stellen Sie begründet den möglichen Entscheidungsvorschlag des Gemeindevorstandes dar.

Lösung:

In diesem Fall taucht das Problem der Konkurrenz zwischen der Sparsamkeit und der Wirtschaftlichkeit auf.

Grundsätzlich sollte jede Investition an sich in Frage gestellt werden. Zunächst ist also über das Ob einer Investition zu entscheiden. Auch bei dieser Mittelanforderung ist dieses Prinzip zu beachten, d. h. der Gemeindevorstand sollte Stellung nehmen, ob evtl. die Unfallträchtigkeit der Straße durch eine weitere Beschränkung der Höchstgeschwindigkeit entschärft werden kann. Unterstellt, dass durch eine weitere Geschwindigkeitsbeschränkung (bzw. niedrigere km-Begrenzung) der Verkehrsstrom in der Weise beeinträchtigt wird, dass es zu Verkehrsstockungen bzw. Verkehrsstaus kommt, ist dies ein Gesichtspunkt, der für die Vornahme der Investition spricht.

Die folgende Überlegung muss dann sein, wann die Investition durchgeführt werden soll, d. h. sofortige oder spätere Durchführung der Maßnahme.

---

[127] In Nr. 1 Hw. zu § 14 GemHVO ist explizit darauf hingewiesen, dass die Kosten- und Leistungsrechnung in den einzelnen Produktbereichen von der Gemeinde bestimmt wird. In Hessen gibt es derzeit noch keine gesetzlichen Mindestanforderungen, die zumindest ansatzweise interkommunale Vergleiche ermöglicht hätten. Zur Durchführung interkommunaler Vergleiche sind entsprechende Verabredungen zwischen den beteiligten Gemeinden notwendig, wie sie bereits seitens der KGSt in so genannten Vergleichsringen praktiziert werden.

Anwendung des Grundsatzes bezogen auf die eigentliche Maßnahme:

Sparsamkeit bedeutet, dass in diesem Fall die Auszahlungen unter Berücksichtigung der Einzahlungen möglichst gering gehalten werden. Unter diesem Blickwinkel kann dann nur die Maßnahme mit dem geringeren Investitionsvolumen in Betracht kommen (Maßnahme mit einem Investitionsvolumen von 600.000 €).

Des Weiteren ist nun das Prinzip der Wirtschaftlichkeit zu beachten, wonach ein möglichst gutes Verhältnis zwischen Nutzen und Kosten gesucht werden muss. Es könnte eine Nutzen-Kosten-Untersuchung stattfinden, wobei der öffentliche Nutzen überwiegend schwer messbar ist; in diesem Falle könnte die Vermeidung von Unfällen eine Begründung sein. Die Kosten der Straßenbegradigung in diesem Einzelfall stehen fest, es handelt sich um Mehrkosten von 100.000 €, sodass unter Abwägung der vorgenannten Umstände eine Zustimmung des Gemeindevorstandes für die Straßenbegradigung (also für die Maßnahme mit einem Investitionsvolumen von 700.000 €) durchaus vertretbar auch unter dem Aspekt der Wirtschaftlichkeit sein kann.

7.2.3 Haushaltsausgleich

Der dritte, in § 92 HGO verankerte, allgemeine Haushaltsgrundsatz fordert in der Ausgestaltung als **Sollvorschrift**[128] [129] den Haushaltsausgleich. Diese Forderung bezieht sich nicht nur auf die Aufstellung (Planung) des Haushaltes, sondern auch auf die Ausführung und den Jahresabschluss. Auch bezüglich der mittelfristigen Ergebnis- und Finanzplanung sieht § 9 Abs. 4 GemHVO die Verpflichtung zum Ausgleich (im Sinne einer Sollvorschrift) vor.

Nach § 92 Abs. 3 HGO soll der Haushalt unter Berücksichtigung von Fehlbeträgen aus Vorjahren in jedem Haushaltsjahr ausgeglichen sein. Der Ergebnishaushalt gilt als ausgeglichen (**gesetzliche Fiktion**), wenn

1. der Gesamtbetrag der ordentlichen Erträge **und** der Zins- und sonstigen Finanzerträge ebenso hoch ist wie der Gesamtbetrag der ordentlichen Aufwendungen und der Zins- und sonstigen Finanzaufwendungen
   <u>oder</u>
2. der Fehlbedarf im ordentlichen Ergebnis des Ergebnishaushalts und der Fehlbetrag im ordentlichen Ergebnis der Ergebnisrechnung durch die Inanspruchnahme von Mitteln der Rücklagen ausgeglichen werden können.

Damit wird der Forderung nach einem ressourcenverbrauchsorientierten Rechnungswesen Rechnung getragen, um der intergenerativen Gerechtigkeit Ausdruck zu verleihen,

---

[128] Die Ausgestaltung als Soll-Vorschrift lockert nicht grundsätzlich die Verbindlichkeit der Rechtsnorm, sondern berücksichtigt, dass in Ausnahmefällen ein unausgeglichener Haushalt ohne Gesetzesverstoß ermöglicht wird. VG Gießen, Urteil vom 08.05.2013 – 8 K 205/12, HSGZ 2013, 402.

[129] Nr. 5 S. 2 Hw. zu § 92 HGO: *„Damit kann den Fällen Rechnung getragen werden, in denen die Gemeinde rotz äußerster Sparsamkeit bei den Aufwendungen und Auszahlung und Ausschöpfung aller Möglichkeiten zur Erzielung von Erträgen und Einzahlungen nach objektiver Beurteilung den jahresbezogenen Haushaltsausgleich nicht erreichen kann.“*

d. h. jede Nutzergeneration bezogen auf das Haushaltsjahr soll die von ihr verbrauchten Ressourcen durch Ressourcenaufkommen in gleichem Umfang ersetzen.[130]

Diese Vorschriften sollen also sicherstellen, dass bei der Aufstellung, Ausführung, Rechnungslegung sowie der Ergebnis- und Finanzplanung die ordentlichen Aufwendungen nicht höher sind als die ordentlichen Erträge und lassen Ausnahmen nur in den Fällen zu, in denen Gründe vorliegen, die ein Abweichen von der Sollvorschrift rechtfertigen.

Dieser Haushaltsgrundsatz wird wegen seiner Tragweite und Komplexität im Kapitel 10 ausführlich dargestellt und mit Übungen vertieft.

7.2.4   Grundsätze der Erzielung von Erträgen und Einzahlungen

Mit dem Haushaltsrecht nach den Grundsätzen der doppelten Buchführung (§ 92 Abs. 2 HGO) haben sich auch wesentliche terminologische Änderungen ergeben.

Die in der Kameralistik verwendeten Begriffe

- „Einnahmen" (definiert als Zunahme von Bar- und Girobeständen) und
- „Ausgaben" (definiert als Abnahme von Bar- und Girobeständen)
  jeweils unter Berücksichtigung der Haushalts- und Kassenreste

sind nicht mehr Teil der doppischen Terminologie.

An ihre Stelle treten die Begriffe

- „Ertrag" (zahlungswirksamer und nichtzahlungswirksamer Wertzuwachs eines Haushaltsjahres – Ressourcenaufkommen, § 58 Nr. 14 GemHVO),
- „Einzahlung" (Barzahlungen und bargeldlose Zahlungen, die die flüssigen Mittel erhöhen, § 58 Nr. 12 GemHVO),
- „Aufwand" (wertmäßiger, zahlungs- und nichtzahlungswirksamer Verbrauch von Gütern und Dienstleistungen eines Haushaltsjahres – Ressourcenverbrauch, § 58 Nr. 4 GemHVO) sowie
- „Auszahlung" (Barzahlungen und bargeldlose Zahlungen, die die flüssigen Mittel vermindern, § 58 Nr. 7 GemHVO).

Die Autoren haben sich im Sinne einer besseren Lesbarkeit dieses Buches dazu entschieden, die Begriffe „Einnahmen" und „Ausgaben" weiterhin zu verwenden, jedoch im Sinne von Oberbegriffen für Ertrag und Einzahlung bzw. Aufwand und Auszahlung. Dies erfolgt regelmäßig dort, wo die Darstellung gleichermaßen Ertrag und Einzahlung bzw. Aufwand und Auszahlung umfasst und eine sprachliche Differenzierung daher keinen Sinn ergibt.

---

[130] Siehe Begründung der Landesregierung zur Novelle der HGO (LT-Drs. 16/2463, S. 28 ff.) zu § 114 b HGO. Die Regelungen des § 114 b HGO sind seit Dezember 2011 in § 92 Abs. 3 HGO übernommen.

Überall dort, wo aus inhaltlichen oder rechtlichen Gründen nach Ertrag und Einzahlung bzw. Aufwand und Auszahlung zu differenzieren ist, werden die Begriffe auch differenziert verwendet.

7.2.4.1 Ertrags- und Einzahlungsarten der Haushaltswirtschaft

Bevor im Einzelnen auf die Grundsätze der Erzielung von Erträgen und Einzahlungen eingegangen wird, soll folgendes Schaubild noch einmal einen Überblick über die Vielfältigkeit der kommunalen Einnahmen vermitteln, die in Ziffer 2.2 näher erläutert werden:

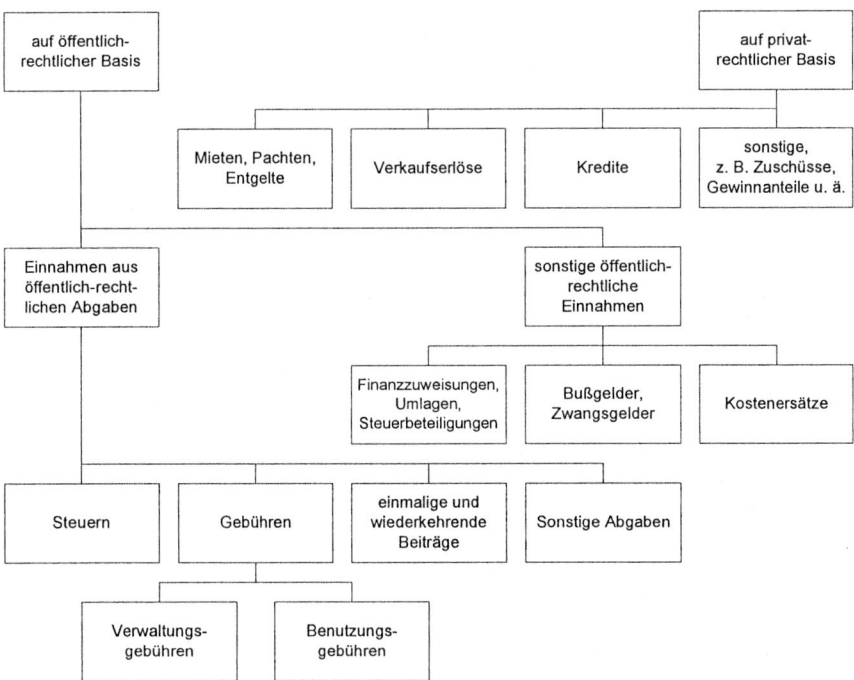

7.2.4.2 Grundsätze und Grenzen bei der Erzielung von Erträgen und Einzahlungen

Verpflichtung zur Erhebung von Abgaben

§ 93 Abs. 1 HGO sieht vor, dass die Gemeinde Abgaben nach gesetzlichen Vorschriften erhebt. Die Gemeinden sind berechtigt und verpflichtet, nach den speziellen gesetzlichen Vorschriften des Abgabenrechtes Abgaben (Steuern, Gebühren und Beiträge[131]) zu erheben. Neben diesen öffentlich-rechtlichen Abgaben können sie auch im privatrechtlichen Geschäftsverkehr Erträge/Einzahlungen erzielen.

Dieser Grundsatz des § 93 Abs. 1 HGO nimmt auf das kommunale Abgabenrecht keinen Einfluss, d. h. er regelt nicht die Voraussetzungen für die Erhebung, sondern weist lediglich auf den besonderen **Gesetzesvorbehalt** hin. Die Abgabenerhebung geschieht nämlich auf Grund von Spezialgesetzen bzw. Satzungen für jede Abgabenart (z. B. Grundsteuergesetz, Gewerbesteuergesetz, Gebührensatzungen, Beitragssatzungen). § 93 Abs. 1 HGO ist demnach lediglich als Einordnungsregelung bezüglich der Stellung von Abgaben und ihrer Erhebung innerhalb der gemeindlichen Haushaltswirtschaft zu sehen.

Rangfolge der Deckungsmittel

§ 93 Abs. 2 und 3 HGO legen eine bestimmte Rangfolge der Deckungsmittel fest. Ausgangspunkt für die Untersuchung, welche Deckungsmittel (Erträge und Einzahlungen) und in welcher Höhe sie zu beschaffen sind, ist die Höhe der zur Erfüllung der Aufgaben der Gemeinde notwendigen Aufwendungen und Auszahlungen (Bedarfsdeckungsprinzip = die Erträge und Einzahlungen richten sich nach den Aufwendungen und Auszahlungen).

Die grundsätzliche Rangfolge der Deckungsmittel zur Finanzierung des Ausgabenbedarfs (Summe der im Haushaltsjahr zu erwartenden Aufwendungen und Auszahlungen) muss bei der Prüfung der einzelnen *Einnahme*möglichkeiten (Erträge und Einzahlungen) zu Grunde gelegt werden und ist insoweit verbindlich. Das folgende Schaubild soll die Rangfolge bei der Erzielung der Erträge und Einzahlungen deutlich machen:[132]

---

[131] Siehe § 1 Abs. 1 KAG.
[132] Vgl. Nrn. 2 und 3 Hw. zu § 93 HGO.

„Ausgaben"bedarf	§ 93 Abs. 2 HGO	**Gesetzliche Rangfolge**
(Summe der im	< -----------------	**der Deckungsmittel**
Haushaltsjahr	§ 10 Satz 2 HGO	
zu erwartenden		1. **Sonstige Erträge und Einzahlungen**
Aufwendungen und		z. B. Zuweisungen, Zuschüsse,
Auszahlungen)		Mieten, Pachten, Bußgelder,
		Zinserträge, Steuerbeteiligungen,
		Verkaufserlöse, Gewinne der
		wirtschaftlichen Unternehmen
		2. **Entgelte**
		für die von der Gemeinde erbrachten
		Leistungen[133] z. B. Gebühren,
		Beiträge[134], Eintrittsgelder
		3. **Steuern**
		als nachrangige Deckungsmittel
		z. B. Grund- und Gewerbesteuer
		4. **Kredite**
		nur unter den Voraussetzungen der
		§§ 93 Abs. 3 und 103 Abs. 1 HGO

Diese gesetzliche Rangfolge spiegelt allerdings nicht die tatsächliche Bedeutung der Erträge und Einzahlungen in den kommunalen Haushalten, da die Steuern einschl. Steuerbeteiligungen die wichtigste Einnahmequelle darstellen (siehe Ziffer 2.2.3)[135].

An erster Stelle werden die **sonstigen Erträge und Einzahlungen** genannt; dazu gehören insbesondere Erträge aus der Bewirtschaftung des Vermögens (Miet-, Pacht- und Zinserträge, Gewinnanteile der wirtschaftlichen Unternehmen) und auf öffentlich-rechtlicher und privatrechtlicher Basis beruhende Erträge wie z. B. Steuerbeteiligungen, allgemeine und zweckgebundene Finanzzuweisungen, „Einnahmen" aus der Veräußerung von Gemeindevermögen, Erstattungen von Dritten für ausgeführte Arbeiten, Kostenersätze von Dritten, Buß- und Verwarnungsgelder, Abführungen aus Nebentätigkeiten, Zuschüsse und Spenden.[136]

Die **Entgelte** für die von der Gemeinde erbrachten Leistungen (Leistungsentgelte) finden an zweiter Stelle Erwähnung. Durch diese Entgelte soll der spezielle Vorteil des Einzelnen, der die Leistung empfangen bzw. in Anspruch genommen hat, ausgeglichen werden (nach dem Grundsatz: Wer eine gemeindliche Einrichtung (be-)nutzt, soll auch die Kosten dafür tragen). Damit wird der Entwicklung entgegengetreten, möglichst viele Lasten der Allgemeinheit und damit dem Steuerzahler aufzuerlegen.

---

[133] Der Begriff der „Entgelte für Leistungen" ist an dieser Stelle nicht präzise gewählt. Unter Entgelten für Leistungen können im weiteren Sinne auch Miet-, Pacht-, Zinserträge verstanden werden. Im Sinne von § 93 Abs. 2 HGO werden aber die Erträge und Einzahlungen aus Vermögensbewirtschaftung den sonstigen Erträgen und Einzahlungen zugerechnet.

[134] Bei den Beiträgen handelt es sich nicht um Erträge, sondern um Einzahlungen des Finanzhaushalts.

[135] Bei den Landkreisen sind die wichtigsten Einnahmequellen die Umlagen nach § 37 FAG.

[136] Die Herabsetzung und Auflösung von Rückstellungen sind „Korrekturbuchungen" und keine unmittelbaren *Einnahmen*; dies gilt auch für die Erträge aus Auflösung von Sonderposten.

Zu den Entgelten für Leistungen[137] im Sinne von § 93 Abs. 2 Nr. 1 HGO zählen z. B. Gebühren, Beiträge, Eintrittsgelder. Dabei ist es haushaltsrechtlich unerheblich, ob diese Entgelte auf privatrechtlichen (z. B. Eintrittsgelder) oder öffentlich-rechtlichen (z. B. Gebühren, Beiträge) Grundlagen beruhen (siehe auch Ziffer 2.3.2.2).

Durch den Grundsatz der Erzielung von Erträgen und Einzahlungen wird grundsätzlich keine unterschiedliche Rangfolge zwischen Benutzungsgebühren und Beiträgen normiert, so dass in bestimmten Bereichen, z. B. im Trinkwasser- und Abwasserbereich, sowohl eine Gebühren- als auch Beitragsfinanzierung oder eine Kombination aus Gebühren und Beiträgen – je nach dem zweckmäßigen Ermessen der Gemeinde – möglich ist.[138] Allerdings besteht **keine Wahlmöglichkeit** zwischen Gebühren- und Beitragserhebung, wenn

⇨ die Möglichkeit einer Gebührenerhebung **nicht** gegeben ist, z. B. bei der Finanzierung von Neubau, Um- und Ausbau von Straßen und infolge dessen durch Gesetz die Beitragserhebung vorgeschrieben ist (z. B. bei Erschließungsbeiträgen nach § 129 BauGB, bei Straßenbeiträgen nach § 11 Abs. 1 S. 2 KAG[139]).

⇨ bei Verzicht auf die Beitragserhebung Probleme hinsichtlich der Ungleichbehandlung der Gebührenzahler auftreten[140].

⇨ **die Haushaltswirtschaft der Kommune defizitär** ist; in diesem Fall darf die Gemeinde grundsätzlich **nicht** auf die Erhebung von Beiträgen verzichten, da die Gemeinden aufgrund des Grundsatzes der Sicherstellung stetigen Aufgabenerfüllung dazu verpflichtet sind, ihre „Einnahme"quellen (Erträge und Einzahlungen) voll auszuschöpfen.[141]
Von einer Beitragserhebung darf nur abgesehen werden, wenn die Folgekosten einschließlich des Schuldendienstes vollständig durch Benutzungsgebühren gedeckt werden können.[142]

• die Möglichkeit der Beitragserhebung **nicht** besteht (da keine investive bzw. keine beitragsfähige Maßnahme (z. B. Bau eines Bürgerhauses) vorliegt.

In diesem Zusammenhang ist das Verhältnis zwischen den „sonstigen Erträgen und Einzahlungen" und den „Entgelten für Leistungen" näher zu beleuchten. Nach dem Gesetz

---

[137] Der Begriff der „Entgelte für Leistungen" im Gesetzestext ist nicht präzise gewählt. Unter Entgelten für Leistungen können im **weiteren Sinne** auch Miet-, Pacht-, Zinserträge verstanden werden. Im Sinne von § 93 Abs. 2 HGO werden aber diese Erträge und Einzahlungen aus Vermögensbewirtschaftung den sonstigen Erträgen und Einzahlungen zugerechnet.
Der Gesetzgeber konkretisiert daher in Nr. 2 b Hw. zu § 93 HGO die **Leistungsentgelte** im Sinne von § 93 Abs. 2 Nr. 1 HGO und nennt beispielhaft Verwaltungsgebühren, Benutzungsgebühren, Beiträge.

[138] Siehe LT-Drs. 18/5453, Zweites Gesetz zur Änderung des Gesetzes über kommunale Abgaben vom 20.03.2012, Begründung zu Nr. 10 (§ 11 KAG). Des Weiteren ist bei der Gebühren- bzw. Beitragsfinanzierung der Beschluss vom 15. März 1991 des VGH Kassel, 5 TH 642/89 zu beachten.

[139] Bei der Erhebung von Straßenbeiträgen handelt es sich um eine Soll-Bestimmung. Eine Sollbestimmung ist so verbindlich wie eine Muss-Vorschrift, es sei denn, die Verwaltung kann besondere Umstände darlegen und beweisen, die ausnahmsweise ein Abweichen von der Regelung zulassen (Urteil des BVerwG vom 02.12.1959 – VC 106.58, DVBl, 1960, S. 252).

[140] Beschluss vom 15. März 1991 des VGH, 5 TH 642/89, der gemeindehaushalt Nr. 9/1992, S. 206.

[141] Beschluss des VGH Kassel vom 20.12.2011, 5 B 2017/11.

[142] Vgl. Leitlinie zur Konsolidierung der kommunalen Haushalte und Handhabung der kommunalen Finanzaufsicht über Landkreise, kreisfreie Städte und kreisangehörige Städte und Gemeinden vom 06.05.2010 (StAnz. 21/2010, S. 1470 ff.), Punkt 7 Gebühren und Beiträge.

haben grundsätzlich die „sonstigen Erträge und Einzahlungen" Vorrang vor den „Entgelten für Leistungen", **allerdings mit der Einschränkung, dass**

⇨ auf gesetzlich vorgeschriebene Abgaben **nicht verzichtet** werden darf (z. B. Erschließungsbeiträge nach dem BauGB[143] und Straßenbeiträge nach dem KAG[144]).

⇨ eine Pflicht zur Erhebung von Beiträgen und Gebühren (Entgelten) für die von der Gemeinde erbrachten Leistungen besteht, soweit dies vertretbar und geboten ist. Aus den §§ 9 Abs. 1, 10 Abs. 1 und 11 Abs. 1 S. 1 KAG kann zwar keine Verpflichtung zur Erhebung von Entgelten abgeleitet werden, da es sich hier um Kann-Bestimmungen handelt. Eine Pflicht zur Erhebung von Entgelten lässt sich aber aus den Grundsätzen der Erzielung von Erträgen und Einzahlungen (§ 93 HGO) ableiten, wonach die Gemeinden die zur Erfüllung ihrer Aufgaben erforderlichen Erträge und Einzahlungen aus Entgelten für ihre Leistungen zu beschaffen haben, soweit dies vertretbar und geboten ist.[145] **Geboten** in diesem Zusammenhang ist eine Entgelterhebung insbesondere dann, wenn

– die Einrichtung **nicht allen Einwohnern in gleichem Maße** zugutekommt, also unterschiedliche Vorteile bietet.

– die Gemeinde keinen ausgeglichenen Haushalt erstellen kann und dadurch die Erfüllung der stetigen Aufgabenerfüllung nicht gesichert ist.[146]

Insofern sind die Leistungsentgelten **vorrangig** zu den sonstigen Erträgen und Einzahlungen als Finanzierungsmöglichkeit einzusetzen. Insbesondere sind im Rahmen der Leistungen der Daseinsvorsorge (z. B. Ver- und Entsorgung) Entgelte vorrangig zu erheben sind.[147]

---

[143] Vgl. Henneke/Strobl/Diemert 2008, § 9 Rdnr. 7.

[144] Nach § 11 Abs. 1 Satz 2 KAG handelt es sich hier um eine Soll-Bestimmung. Sollvorschriften sind – solange die Verwaltung nicht besondere Umstände dartun und beweisen kann – für die Verwaltung ebenso verbindlich wie Mussvorschriften (Urteil des Bundesverwaltungsgerichts vom 02.12.1959 – VC 106.58 – DVBl. 1960 S. 252).

[145] Siehe LT-Drs. 18/5453, Zweites Gesetz zur Änderung des Gesetzes über kommunale Abgaben vom 20.03.2012, Begründung zu Nr. 9 (§ 10 KAG).

[146] Vgl. VG Gießen, Beschluss vom 27.09.2010 – 8 L 2015/10, VGH Kassel, Beschluss vom 20.12.2011 – 5 B 2017/11, VG Gießen, Urteil vom 06.06.2013 – 8 K 152/12.

[147] Leitlinie zur Konsolidierung der kommunalen Haushalte und Handhabung der kommunalen Finanzaufsicht über Landkreise, kreisfreie Städte und kreisangehörige Städte und Gemeinden vom 06.05.2010 (StAnz. 21/2010, S. 1470 ff.), Punkt 7 Gebühren und Beiträge: *„Bei defizitärer Haushaltswirtschaft dürfen in den klassischen Gebührenhaushalten (Wasser, Abwasser, Abfall, Straßenreinigung, Bestattungswesen) grundsätzlich keine Unterdeckungen entstehen. In erster Linie soll der Ausgleich des Gebührenhaushalts durch Kostenreduzierung sichergestellt werden. Soweit das nicht ausreicht, sind die Leistungsentgelte anzuheben.*
Die Grundsätze der Einnahmenbeschaffung (§ 93 HGO, neu: Grundsätze der Erzielung von Erträge und Einzahlungen) sind strikt einzuhalten. Deshalb sind rechtlich mögliche Beiträge zu erheben, soweit das wirtschaftlich sinnvoll ist.
Wenn Kommunen mit defizitärer Haushaltswirtschaft auf die Erhebung von Beiträgen verzichten wollen, ist die Finanzierung von beitragsfähigen Maßnahmen mit Krediten grundsätzlich ausgeschlossen. In diesen Fällen haben die Aufsichtsbehörden nachdrücklich darauf hinzuweisen, dass Beitragssatzungen erlassen und vollzogen werden. Ausnahmen sind nur zulässig, wenn die Folgekosten einschließlich des Schuldendienstes vollständig durch Benutzungsgebühren gedeckt werden."

Mit der Regelung nach § 93 Abs. 2 Nr. 1 HGO – Entgelte für Leistungen zu erheben – verfolgt der Gesetzgeber die Forderung zur Erhebung von kostendeckenden Leistungsentgelten[148]. Allerdings wird dies durch die Formulierung „soweit **vertretbar**" modifiziert. Bei der Entscheidung, ob es vertretbar ist, durch die Erhebung von speziellen Entgelten den Kostendeckungsgrundsatz zu verwirklichen, sind **finanzwirtschaftliche, umweltpolitische**[149] und **soziale**[150] **Gesichtspunkte** zu berücksichtigen und abzuwägen (Preisnachlässe im öffentlichen Interesse wie z. B. verbilligter Eintritt für Kinder und Jugendliche oder erschwingliche Preise für Theaterveranstaltungen). So gelten z. B. kostendeckende Kindergartengebühren gesellschaftspolitisch als nicht zumutbar.[151] Immer dann, wenn ein öffentliches Interesse daran besteht, eine Einrichtung zu ermäßigten Gebühren oder gar unentgeltlich zur Verfügung zu stellen, kann von der Kostendeckung ganz oder teilweise abgesehen werden (§ 10 Abs. 4 KAG), z. B. bei sozialen und kulturellen Einrichtungen für die Allgemeinheit wie Sportstätten, Museen, Theater usw.[152] Im Übrigen ist § 10 Satz 2 HGO zu beachten, wonach die Erhebung von Entgelten von den Benutzern der Einrichtungen und Anlagen ihre Grenze in der wirtschaftlichen Leistungsfähigkeit der Abgabepflichtigen findet (siehe auch Ziffern 2.3.2 und 2.3.3).[153]

Erst wenn die „sonstigen Erträge und Einzahlungen" und die „Entgelte für Leistungen" (= vorrangige Deckungsmittel) ausgeschöpft sind, kann die Gemeinde zur Deckung des „Ausgaben"bedarfs[154] **Steuern** erheben. Dieser strenge Subsidiaritätsgrundsatz gilt allerdings nicht für die Vergnügungs- und Hundesteuer, die neben der Bedarfsdeckung auch als Ordnungssteuern erhoben werden.

Aus dem Grundsatz der Nachrangigkeit wurde lange Zeit von den Gerichten ein materielles Recht der Steuerpflichtigen abgeleitet, wonach eine Steuererhöhung der Gemeinde oder die Einführung einer neuen Steuer erst zulässig ist, wenn alle Möglichkeiten der Erhebung spezieller Entgelte von der Gemeinde ausgeschöpft sind.[155] Insofern hatten

---

[148] Vgl. Nr. 2 S. 3 Hw. zu § 93 HGO sowie Schwarting, Der kommunale Haushalt, Rdnr. 97.

[149] Siehe Nr. 2 Hw. zu § 93 HGO: *„Bei den Gebührenbemessung für die Leistungen der Wasserversorgung und die Abwasserbeseitigung können auch umweltpolitische Gesichtspunkte berücksichtigt werden, die über die aufgrund eines Gesetzes oder einer Rechtsverordnung bestehenden Vorgaben hinausgehen. Die dadurch entstehenden Kosten können abgaberechtlich nicht den Benutzern der Einrichtung auferlegt werden. "*

[150] Vgl. § 10 Abs. 4 KAG sowie Leitlinie zur Konsolidierung der kommunalen Haushalte und Handhabung der kommunalen Finanzaufsicht über Landkreise, kreisfreie Städte und kreisangehörige Städte und Gemeinden vom 06.05.2010 (StAnz. 21/2010, S. 1470 ff.), Punkt 8: Elternentgelte in Kinderbetreuungseinrichtungen: *„... Die Kommunen entscheiden dabei grundsätzlich selbst, in welcher Höhe die Elternentgelte erheben. Werden aus sozialen Gründen Elternentgelte gestaffelt, soll der diesbezügliche Verzicht auf Erträge der Kommune bei den sog. „freiwilligen Leistungen" nicht nachteilig angerechnet werden. Im Hinblick auf die Bedeutung der Kinderbetreuung für das Gemeinwesen soll dies auch gelten, wenn eine Kommune die Eltern teilweise oder völlig für Kinderbetreuungseinrichtungen freistellt. "*

[151] Vgl. Henneke/Strobl/Diemert 2008, § 9 Rdnr. 9.

[152] Siehe LT-Drs. 18/5453, Zweites Gesetz zur Änderung des Gesetzes über kommunale Abgaben vom 20.03.2012, Begründung zu Nr. 9 (§ 10 KAG).

[153] Siehe Nr. 2 S. 2 Hw. zu § 93 HGO.

[154] Summe der im Haushaltsjahr zu erwartenden Aufwendungen und Auszahlungen

[155] Vgl. VG Aachen vom 13.12.1993 – Az.: VG 2 K 1389/82 – und OVG Münster vom 07.09.1989 – Az.: OVG 4 A 698/84, beide zu Erhöhungen von Gewerbesteuerhebesätzen.

Klagen von Steuerpflichtigen zunächst Erfolg, die z. B. die Erhöhung der Gewerbesteuerhebesätze deshalb als rechtswidrig ansahen, weil die Gemeinde nicht in vollem Umfang die vorrangigen speziellen Entgelte ausgeschöpft hatte.

Das Bundesverwaltungsgericht[156] hat jedoch dieses materielle Recht für die Realsteuern verneint. Dabei stützt sich die Entscheidung auf die Feststellung, dass das bundesrechtliche Hebesatzrecht der Gemeinden (z. B. für die Gewerbesteuer auf Grund Art. 6 Abs. 6 Satz 2 GG i. V. m. § 16 Abs. 1 und 5 GewStG) dem Landesgesetzgeber keine Kompetenz gewährt, die Bemessung der Hebesätze an die Ausschöpfung des Gebührenrahmens für besondere Leistungen der Gemeinden zu binden. **In welchem Ausmaß die Gemeinden zur Deckung ihres Finanzbedarfs ihre Steuerquellen heranziehen wollen, steht in ihrem Ermessen.** Insofern muss die Bestimmung des § 93 Abs. 2 HGO für die Realsteuern zwar als anwendbarer Grundsatz für die Gemeinde, nicht aber als einklagbares Recht für einen Realsteuerpflichtigen bewertet werden.

Eine entgegengesetzte Fallkonstellation belebte vor Jahren die Diskussion. Um für Gewerbetreibende als Standort attraktiv zu werden, reduzierten vereinzelt kleinere Gemeinden den Gewerbesteuerhebesatz auf Null. Nach haushaltsrechtlicher Auslegung des § 93 HGO wäre dies dann legitim, solange diese Kommunen nicht auf eine Kreditaufnahme (absolut nachrangiges Deckungsmittel nach § 93 Abs. 3 GHGO – siehe unten) angewiesen sind. Der Bundesgesetzgeber hat daher zur Vermeidung eines „Gewerbesteuerwettbewerbs" einen Mindesthebesatz von 200 v. H.[157] seit dem 01.01.2004 bei der Gewerbesteuer gesetzlich normiert,[158] um Verlagerungsprozesse von Gewerbebetrieben in diese Steueroasen einzuschränken.

In der Rangfolge der Deckungsmittel sind die Kredite absolut subsidiär. Durch die Nennung in § 93 Abs. 3 HGO sind die **Kredite[159]** als Finanzierungsmittel für besondere Zwecke (gemäß § 103 Abs. 1 HGO nur für Investitionen, Investitionsförderungsmaßnahmen und zur Umschuldung) innerhalb der vorgenannten Rangfolge besonders zu behandeln (die Kredite einschl. der Kreditwirtschaft werden in Kapitel 9 ausführlich behandelt). Sie dürfen für die genannten Zwecke nur aufgenommen werden, wenn eine andere Finanzierung **nicht möglich ist oder unzweckmäßig** wäre. **Zweckmäßig** kann eine Kreditaufnahme nur dann sein,

- wenn sonst Kapitalbestände eingesetzt werden müssten, die zu einem höheren Zinssatz angelegt und deshalb vor Ablauf des Anlagezeitraums nicht verfügbar sind.[160] Beispiel: Zinsen für Landeskredit 0,5 %, Guthabenzins für angelegte Rücklagemittel 2,5 %.

---

[156] Urteil vom 11.06.1993, Az.: BVerwG 8 C 32.90 in: der gemeindehaushalt 1993, S. 236.

[157] Siehe § 16 Abs. 4 GewStG.

[158] Vgl. Henneke/Strobl/Diemert 2008, § 9 Rdnr. 12 und NVwZ 1/2006, S. 14 ff.

[159] Nach der Begriffserklärung gemäß § 58 Nr. 20 GemHVO umfasst der Begriff „Kredite" eben gerade **nicht** die Kassenkredite. In Nr. 3 Hw. zu § 93 HGO wird ausdrücklich darauf hingewiesen, dass die Kassenkredite nur zur Liquiditätssicherung aufgenommen werden dürfen und daher **keine** Deckungsmittel im Sinne von § 93 HGO sind.

[160] Vgl. Nr. 3 Hw. zu § 93 HGO.

Grenzen der Erzielung von Erträgen und Einzahlungen

Nach dem Bedarfsdeckungsprinzip richten sich die zu beschaffenden Deckungsmittel nach dem Finanzbedarf. Die Höhe der „Ausgaben" findet ihre Grenze in der Vorschrift des Haushaltsausgleichs gemäß § 92 Abs. 3 HGO, wonach der Haushalt in jedem Haushaltsjahr ausgeglichen sein soll. Die „Einnahmen" werden zudem durch das Gebot des § 10 Satz 2 HGO begrenzt, nach dem auf die wirtschaftliche Leistungsfähigkeit der Abgabepflichtigen Rücksicht zu nehmen ist (siehe Ziffer 2.3).

Bedeutung der Grundsätze der Erzielung von Erträgen und Einzahlungen

Bei den Grundsätzen der Erzielung von Erträgen und Einzahlungen handelt es sich um allgemein gültige Regeln zur Finanzierung kommunaler Aufgaben. Jede Gemeinde muss im Rahmen ihres Selbstverwaltungsrechts grundsätzlich selbst entscheiden, welche Finanzierung sie unter Abwägung aller Vor- und Nachteile, unter Berücksichtigung ihrer finanziellen Verhältnisse sowie der Rechtsprechung und der Beachtung der Leitlinie zur Konsolidierung der kommunalen Haushalte[161] anwenden will.

Eine besondere Bedeutung entfalten die Grundsätze der Erzielung von Erträgen und Einzahlungen allerdings im Rahmen des Haushaltsgenehmigungsverfahrens bei unausgeglichenen Haushalten bzw. bei der Beurteilung von Haushaltssicherungskonzepten (§ 92 Abs. 4 HGO). In diesem Zusammenhang werden die Gemeinden aufgefordert, z. B.

– den Kostendeckungsgrad kommunaler Einrichtungen durch Anhebung der Entgelte und/oder Reduzierung der Kosten zu erhöhen,
– ihre Steuersätze anzuheben, um die Kreditaufnahmen zu reduzieren,
– freiwillige Aufgaben zu begrenzen,
– Organisationsstrukturen mit dem Ziel der Steigerung der Effizienz bei der Aufgabenerfüllung zu überprüfen,
– bei der Erfüllung ihrer Aufgaben stärker interkommunal zusammenzuarbeiten, um Einsparungspotentiale zu erschließen.[162] [163]

---

[161] StAnz. 21/2010, S. 1470.

[162] Leitlinie zur Konsolidierung der kommunalen Haushalte und Handhabung der kommunalen Finanzaufsicht über Landkreise, kreisfreie Städte und kreisangehörige Städte und Gemeinden vom 06.05.2010 (StAnz. 21/2010, S. 1470 ff.).

[163] Vgl. Henneke/Strobl/Diemert 2008, § 9 Rdnr. 14.

7.2.4.3 Übung

Sachverhalt

Im Rahmen der Aufstellung des Haushaltsplanes will die Kämmerei der Gemeinde E folgende Finanzierungen in Erwägung ziehen:

a) Für die Ausstattung der Räume des Feuerwehrstützpunkts gewährt das Land eine erhebliche zweckgebundene Zuweisung, die allerdings mit Auflagen versehen ist. Die Einhaltung dieser Auflagen kann von der Gemeinde problemlos sichergestellt werden. Die Gemeinde möchte aber auf die Zuweisung verzichten, da diese Auflagen zusätzliche Auszahlungen verursachen. Der dadurch entstehende „Einnahmen"ausfall soll durch eine Anhebung der Grundsteuern (zahlungswirksame Mehrerträge) gedeckt werden.

b) Bei den öffentlichen Einrichtungen Bäder, Theater und Büchereien sollen Gebühren erhoben werden, die bei weitem nicht die Aufwendungen der Einrichtungen decken. Im Rahmen der Gesamtdeckung wird die Finanzierung durch sonstige Erträge und Einzahlungen sowie durch Steuern sichergestellt.

c) Für den Bau eines Schulzentrums werden der Gemeinde Kredite durch das Land mit einer Verzinsung von 3,2 % (feststehend) angeboten. Die notwendigen Deckungsmittel könnten allerdings auch durch Veräußerung von Wertpapieren des Umlaufvermögens (gesicherte Zinserwartung: 2,0 %) erzielt werden. Die Gemeinde möchte der Kreditaufnahme den Vorzug geben und will die Deckungsmittel aus dem Verkauf der Wertpapiere für die Finanzierung von Maßnahmen im nächsten Haushaltsjahr verwenden.

Aufgabe:

Begutachten Sie, ob die von der Kämmerei geplanten Finanzierungen zulässig sind.

Lösung:

Die Lösung des Falles hat von der Verbindlichkeit der Rangfolge der Deckungsmittel gemäß § 93 Abs. 2 HGO auszugehen.

a) Bei der bewilligten zweckgebundenen Landeszuweisung handelt es sich um eine sonstige Einzahlung im Sinne des § 93 Abs. 2 HGO, die zu den vorrangigen Deckungsmitteln gehört. Im Sachverhalt wird darauf hingewiesen, dass die mit der Zuweisung verbundenen Auflagen für die Gemeinde problemlos und damit zumutbar sind. Die Gemeinde begründet den Verzicht auf die Landeszuweisung damit, dass durch die Auflagen zusätzliche Auszahlungen entstehen, wobei nicht ausgeführt wird, ob diese Mehrauszahlungen erheblich (und u. U. unverhältnismäßig) sind. Mit dem Argument, dass Mehrauszahlungen durch die Zuweisungsauflagen entstehen, ist ein Abweichen von der verbindlichen Rangfolge der Deckungsmittel nicht nachvollziehbar begründet. Dieser Verzicht auf die Inanspruchnahme der bewilligten Zuweisung ist unzulässig, da gemäß § 93 Abs. 2 HGO die sonstigen Einzahlungen an der ersten Stelle der Deckungsmittel genannt sind, während die Erträge aus Grundsteuern (durch Erhöhung der Hebesätze) zu den nachrangigen Deckungsmitteln zählen.

Anders wäre der Fall zu beurteilen, wenn die mit den Auflagen verbundenen zusätzlichen Auszahlungen höher sind, als die zweckgebundene Landeszuweisung.

b) Die öffentlichen Einrichtungen sollen nach dem Sachverhalt zum einen durch vorrangige Deckungsmittel im Sinne von § 93 Abs. 2 HGO (sonstige Erträge und Einzahlungen sowie Benutzungsgebühren nach § 10 KAG) und zum anderen durch nachrangige Deckungsmittel (Steuern) finanziert werden. Durch die Grundsätze der Erzielung von Erträgen und Einzahlungen soll einer Entwicklung Einhalt geboten werden, dass auf eine Gegenleistung der Benutzer einer kommunalen Einrichtung verzichtet und die Kostendeckung durch Steuereinnahmen angestrebt wird. Somit dürfen Steuern grundsätzlich erst dann als Deckungsmittel für die Aufwendungen der öffentlichen Einrichtungen herangezogen werden, wenn die vorrangigen Deckungsmittel (sonstige Erträge und Einzahlungen sowie Entgelte für Leistungen) nicht ausreichen.

Fraglich ist, ob es mit den Grundsätzen der Erzielung von Erträgen und Einzahlungen im Sinne von § 93 Abs. 2 HGO vereinbar ist, dass keine kostendeckenden Gebühren erhoben werden und stattdessen insbesondere nachrangige Deckungsmittel (hier: Steuern) in Anspruch genommen werden müssen. § 10 Abs. 2 KAG schreibt bei Benutzungsgebühren nur „in der Regel" die Kostendeckung vor und § 10 Abs. 4 KAG eröffnet die Möglichkeit, bei der Gebührenbemessung sonstige Merkmale, insbesondere soziale Gesichtspunkte oder eine Ehrenamtstätigkeit, zu berücksichtigen. Diese Vorschriften werden ergänzt durch § 93 Abs. 2 HGO, wonach spezielle Entgelte, soweit vertretbar und geboten, zu erheben sind. Hier ist Raum für selbstständige politische Entscheidungen der Gemeinde gelassen[164]. Sie hat zudem die wirtschaftliche Leistungsfähigkeit der Abgabepflichtigen zu berücksichtigen (§ 10 Satz 2 HGO). Neben den sozialen, wirtschaftlichen und politischen Gründen sind auch die Vorteile der Allgemeinheit bei der Festsetzung die Höhe des speziellen Entgeltes zu beachten. Vor diesem Hintergrund ist eine Finanzierung in der vorgegebenen Form zulässig (siehe Ziffer 2.3.2).

c) Die Subsidiarität der Kreditaufnahmen ist in der Weise eingeschränkt, als Kreditaufnahmen auch dann erlaubt sind, wenn eine andere Finanzierung wirtschaftlich unzweckmäßig wäre. Hier stehen sich zwei Finanzierungsmöglichkeiten gegenüber: zum Ersten die nach den Grundregeln des § 93 Abs. 2 HGO vorrangige Einzahlung aus dem Verkaufserlös der Wertpapiere und zum Zweiten die nachrangige Kreditaufnahme. Grundsätzlich wäre die Einzahlung aus dem Verkaufserlös vorrangig einzusetzen und eine Kreditaufnahme demnach unzulässig.

Es bleibt jedoch zu prüfen, ob es nicht wirtschaftlicher und zweckmäßiger ist, der Kreditaufnahme den Vorzug zu geben. Dieser Tatbestand wird erfüllt, da der Zinssatz für den Landeskredit mit 3,2 % feststehend sehr günstig ist und wohl kaum in

---

[164] Vgl. Nr. 2 Hw. zu § 93 HGO.

der Zukunft noch einmal so günstig zu erhalten sein wird, schon gar nicht am Kapitalmarkt. Zwar liegt die Zinserwartung für die Wertpapiere mit 2 % unter den Sollzinsen des Krediteś, und es wäre kurzfristig günstiger, auf den Guthabenzins zu verzichten. Jedoch wirkt der Grundsatz der Wirtschaftlichkeit nicht nur jahres-bezogen. Mittelfristig ist die jetzige Kreditaufnahme zu diesem günstigen Zinssatz wirtschaftlich unbedingt vorrangig geboten, weil laut Sachverhalt die Mittel aus dem Verkaufserlös für die Wertpapiere ohnehin im nächsten Jahr zur Haushaltsfinan-zierung eingesetzt werden. Dann ist aber u. U. ein solch günstiger Kredit nicht mehr zu erlangen.

7.2.5   Vorherigkeit

7.2.5.1   Grundsatz

Der Haushaltsplan gilt für ein Haushaltsjahr, wobei das Haushaltsjahr mit dem Kalen-derjahr identisch ist, soweit für einzelne Bereiche durch Gesetz oder Rechtsverordnung nicht etwas anderes bestimmt ist (§ 94 Abs. 4 HGO).[165]

Die Haushaltswirtschaft **muss ab Beginn des Haushaltsjahres** (1. Januar) auf der Basis eines **verbindlichen Haushaltsplanes** gesichert sein. Um dies zu erreichen, soll ein für die Haushaltswirtschaft verbindlicher Plan einschließlich Satzung (siehe Kapitel 6 und 11) noch im alten Haushaltsjahr verabschiedet werden. Der Grundsatz der Vorherigkeit hat zum Inhalt, dass die Haushaltssatzung mit dem zugehörigen Haushaltsplan rechts-gültig zustande gekommen sein soll, bevor das Haushaltsjahr beginnt, also bis zum 31.12. des vorhergehenden Jahres. Dieses dient der **Rechtssicherheit** der Gemeinde, denn der Beschluss der Gemeindevertretung über die Haushaltssatzung dient als „Leit-linie" für den Gemeindevorstand und die Verwaltung. Im modernen Verwaltungs-management ist der Haushalt der Hauptkontrakt zwischen der Politik (Gemeindever-tretung) und der Verwaltung (dem Gemeindevorstand) und somit zentrales Steuerungs-instrument.[166]

Als Ausfluss dieses Grundsatzes ist die Bestimmung des § 97 Abs. 4 HGO zu sehen, wonach die von der Gemeindevertretung beschlossene Haushaltssatzung mit ihren Anlagen der Aufsichtsbehörde vorzulegen **ist** (siehe Ziffer 11.3.7). Zuständig für die Vorlage ist der Gemeindevorstand. Diese Vorlage **soll**[167] spätestens einen Monat **vor Beginn** des Haushaltsjahres erfolgen, also bis zum 30.11. des vorhergehenden Jahres.

---

[165] Die GemHVO enthält keine Regelungen über ein abweichendes Wirtschaftsjahr (z. B. vom 1. Oktober bis zum 30. September), so dass für einzelne Bereiche aus eigener Entscheidung der Gemeinde im doppischen System ein abweichendes Wirtschaftsjahr nicht möglich ist, auch wenn die Eigenart des Betriebes es erfordern würde (siehe Ziffer 11.1.2).

[166] Vgl. Bals u. a., Neues kommunales Finanz- und Produktmanagement, Ziffer 3.1.

[167] Sollvorschriften sind – solange die Verwaltung nicht besondere Umstände dartun und beweisen kann – für die Verwaltung ebenso verbindlich wie Mussvorschriften (Urteil des Bundesverwaltungsgerichts vom 02.12.1959 – VC 106.58 – DVBl. 1960 S. 252).

Der Grundsatz der Vorherigkeit dient dem Zweck, dass die Gemeinde gedrängt wird,

- ihre Planungen für das kommende Haushaltsjahr **so zeitig zu beginnen** bzw. vorzubereiten, dass sie bis zum 30.11. abgeschlossen sind, und
- dass der **Aufsichtsbehörde** Gelegenheit gegeben wird **festzustellen**, ob die geplante Haushaltssatzung einschließlich ihrer Anlagen mit dem geltenden Recht im Einklang steht und bis zum Beginn des Haushaltsjahres ggf. erforderliche Genehmigungen zu erteilen.

Ziel ist, zu Beginn des Haushaltsjahres eine beschlossene und öffentlich bekannt gemachte Haushaltssatzung zu haben, nach der Aufwendungen und Auszahlungen geleistet und Verpflichtungen eingegangen, Kredite und Kassenkredite aufgenommen sowie Realsteuern nach den geltenden Hebesätzen erhoben werden können.

7.2.5.2 Vorläufige Haushaltsführung in der haushaltslosen Zeit[168]

Es lässt sich nicht immer vermeiden, dass die Haushaltssatzung erst nach Beginn eines Haushaltsjahres öffentlich bekannt gemacht wird. Möglicherweise hat sich das Verfahren zum Zustandekommen der Haushaltssatzung innerhalb der Gemeinde verzögert (z. B. innerhalb der Gemeindevertretung findet sich keine Mehrheit), denkbar sind aber auch die Fälle, in denen es der Aufsichtsbehörde, aus welchen Gründen auch immer, nicht möglich ist, die notwendigen Genehmigungen rechtzeitig zu erteilen, so dass zu Beginn der Haushaltsjahres keine rechtsgültige Haushaltssatzung vorliegt. **Die Gemeinde muss aber auch in der haushaltslosen Zeit handlungsfähig sein und ihre Aufgaben erfüllen bzw. ihren Verpflichtungen nachkommen.** Der Gesetzgeber hat vor diesem Hintergrund die Vorschriften zur Vorläufigen Haushaltsführung in § 99 HGO aufgenommen, um eine so genannte Übergangswirtschaft (Interimswirtschaft) zu gewährleisten.

Voraussetzung für die Anwendung des § 99 HGO ist, dass die Haushaltssatzung bei Beginn des Haushaltsjahres noch **nicht bekannt gemacht** ist, sodass der Anwendungsbereich auf die Zeit bis nach Vollendung der öffentlichen Bekanntmachung (siehe § 5 Abs. 3 HGO i.V.m. Bekanntmachungsverordnung und Ziffer 11.3.8) der neuen Haushaltssatzung beschränkt ist. Im Einzelnen darf die Gemeinde während dieser haushaltslosen Zeit Erträge/Einzahlungen erzielen, Aufwendungen/Auszahlungen leisten und auch Verpflichtungen eingehen, aber alles in dem durch § 99 HGO beschränkten Umfang.

---

[168] Siehe zu dieser Thematik auch Daneke in KVR Hessen, Erl. zu § 99 HGO.

a)   Erzielung von Erträgen und Einzahlungen[169] in der haushaltslosen Zeit

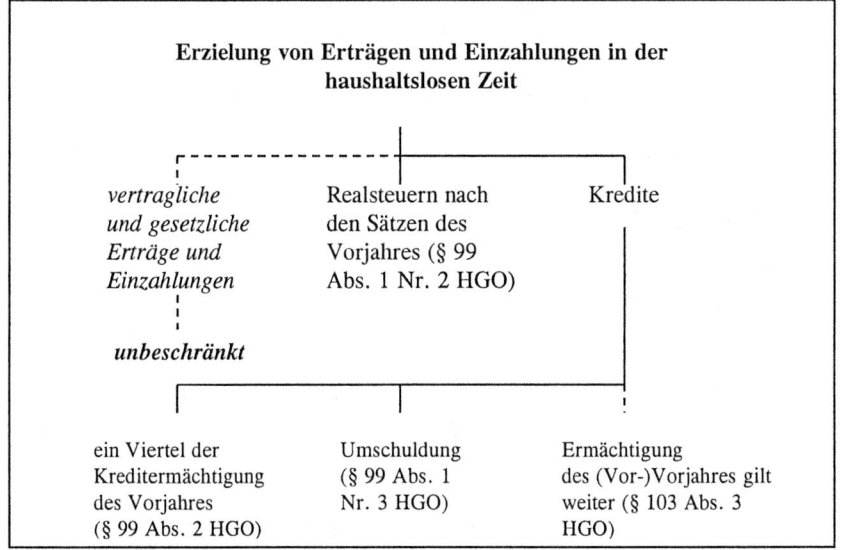

Die Gemeinde darf während der haushaltslosen Zeit uneingeschränkt ihre vertraglich und gesetzlich abgesicherten Erträge/Einzahlungen erheben bzw. einziehen, da sie nicht durch die fehlende Haushaltssatzung tangiert sind, sondern vielmehr unabhängig davon aufgrund spezieller Erhebungsgrundlagen erhoben und vereinnahmt werden können, z. B.

- Gebühren, Beiträge und örtliche Aufwands- und Verbrauchssteuern werden aufgrund örtlicher Satzungen (§ 2 KAG) oder aufgrund spezieller Gesetze erhoben,
- Mieten, Pachten und Verkaufserlöse werden aufgrund von Verträgen erhoben

usw. Da diese speziellen Erhebungsgrundlagen von der Gültigkeit der Haushaltssatzung unabhängig sind, können während der haushaltslosen Zeit auch Änderungen (z. B. Gebührenerhöhungen) vorgenommen bzw. neue Abgabensatzungen erlassen werden.

Diese Unabhängigkeit ist allerdings bei den Realsteuern[170] nicht gegeben, da die Hebesätze für die Grund- und Gewerbesteuer nach § 94 Abs. 2 Nr. 3 HGO in § 5 der Haushaltssatzung festgesetzt werden. Nach § 99 Abs. 1 Nr. 2 HGO darf die Gemeinde Realsteuern während der Interimswirtschaft nur nach den Sätzen des Vorjahres erheben.

---

[169] Vgl. Ziffer 7.2.4.
[170] Siehe § 3 Abs. 2 AO 1977: „Realsteuern sind die Grundsteuer und die Gewerbesteuer." Siehe auch Ziffer 2.3.1 und Kapitel 11.

Diese Ermächtigung tritt für die Zeit der vorläufigen Haushaltsführung an die Stelle der in § 5 der Haushaltssatzung festgesetzten Hebesätze für die Realsteuern.[171]

Weiterhin darf die Gemeinde Kredite aufnehmen, wobei hier drei Ermächtigungsgrundlagen zu unterscheiden sind:

- § 103 Abs. 3 HGO = Unabhängig davon, ob eine Haushaltssatzung erlassen ist oder nicht – also auch in der haushaltslosen Zeit –, darf auf die bereits genehmigte Kreditermächtigung des Vorjahres zurückgegriffen werden, sofern diese Ermächtigung noch nicht ausgeschöpft wurde. Die hiernach aufgenommenen Kredite dienen grundsätzlich der Restfinanzierung des abgelaufenen Jahres. Im Hinblick auf die vorläufige Haushaltsführung ist die Inanspruchnahme der noch nicht ausgeschöpften Kreditermächtigungen des Vorjahres **vorrangig** vor der Aufnahme von Krediten auf Grund der Ermächtigung des § 99 Abs. 2 HGO.

  Auch die Kreditermächtigung des **Vorvorjahres** gilt weiter, aber nur bis zur Vollendung der Bekanntmachung der Haushaltssatzung. Beispielsweise gilt im Jahre 2013 die Kreditermächtigung des Jahres 2012, sofern sie noch nicht ausgeschöpft ist, bis zum Ende des Jahres 2013 und unabhängig davon, ob und wann die Haushaltssatzung für das Jahr 2013 bekannt gemacht ist **und** es gilt die Kreditermächtigung des Jahres 2011 bis zur Vollendung der Bekanntmachung der Haushaltssatzung 2013.

- § 99 Abs. 2 HGO = Aufnahme von Krediten für Investitionen und Investitionsförderungsmaßnahmen bis zu einem Betrag der einem Viertel der Kreditermächtigung des Vorjahres entspricht, wenn die Deckungsmittel für die Fortsetzung von Bauten, Beschaffungen und sonstigen Leistungen des Finanzhaushalts nach § 99 Abs. 1 Nr. 1 HGO nicht ausreichen. Diese Kreditaufnahmen bedürfen keiner **eigenständigen** aufsichtsbehördlichen Genehmigung (mehr)[172], sondern sie sind in die Genehmigung des **Gesamtbetrages der Kreditaufnahmen** im Rahmen der Haushaltssatzung einzubeziehen.[173]

  Nicht konsequent ist, dass die anteilige Kreditaufnahme auf der Grundlage des Vorjahreswertes der Kreditermächtigung berechnet wird. Ein realistischer und zeitnaher Maßstab wäre hier der absehbare bzw. voraussichtliche Kreditbedarf des neuen Haushaltsjahres, da die Kreditbedarfe in den einzelnen Haushaltsjahren schon sehr unterschiedlich sein können.

- § 99 Abs. 1 Nr. 3 HGO = In der vorläufigen Haushaltsführung ist die Abwicklung von Umschuldungen möglich. Dieses ist eine zwangsläufig richtige Entscheidung des

---

[171] Gemeinden können in der vorläufigen Haushaltswirtschaft dann erhöhte Realsteuerhebesätze realisieren, wenn sie eine spezielle Hebesatzsatzung beschlossen haben. Vgl. hierzu Daneke in KVR Hessen, Erl. zu § 99 HGO, Rdnr. 21.

[172] Art. 1 Nr. 3 des Gesetzes zur Änderung kommunalrechtlicher Vorschriften vom 17.10.1996 (GVBl. I S. 456). Der Wegfall der Genehmigung von Krediten im Rahmen der vorläufigen Haushaltsführung nach § 99 Abs. 2 HGO wird unterschiedlich beurteilt. Sicherlich handelt es sich einerseits hier um eine Verwaltungsvereinfachungsmaßnahme. Andererseits wird durch diese Regelung die Aufsichtsbehörde bei der Kreditgenehmigung der neuen Haushaltssatzung ohne die Möglichkeit der vorherigen Prüfung der finanziellen Leistungsfähigkeit dahingehend in „Zugzwang" gebracht, zumindest das Viertel der Kreditermächtigung des Vorjahres zu genehmigen, wenn diese Ermächtigung in der haushaltslosen Zeit in Anspruch genommen wurde.

[173] Vgl. Nr. 3 Hw. zu § 99 HGO.

Gesetzgebers, weil Umschuldungen keiner erneuten Ermächtigung durch die Haushaltssatzung bedürfen. Umschuldungen erhöhen zudem nicht den Kreditbestand der Gemeinde, weil sich Kredittilgung und Kreditaufnahme betragsmäßig entsprechen (Ziffer 9.2.7)

b) Leistung von Aufwendungen und Auszahlungen sowie das Eingehen von Verpflichtungsermächtigungen in der haushaltslosen Zeit

Die Ermächtigungen zur Leistung von Aufwendungen und Auszahlungen sowie die Gültigkeit von Verpflichtungsermächtigungen in der haushaltslosen Zeit werden zunächst im Überblick am nachstehenden Schaubild deutlich:

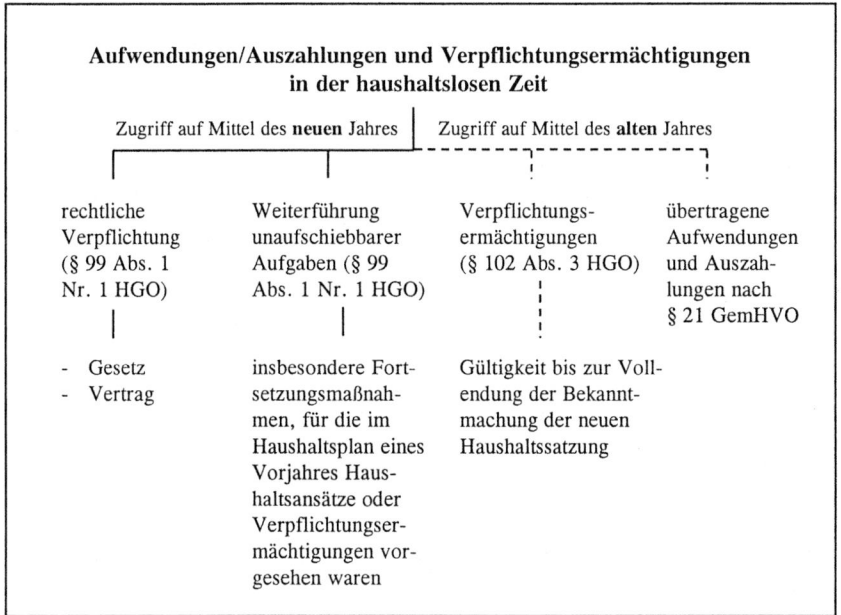

In der haushaltslosen Zeit

Leistung von Aufwendungen und Auszahlungen

In der haushaltslosen Zeit darf die Gemeinde die Aufwendungen und Auszahlungen leisten, zu denen sie rechtlich verpflichtet ist. Dazu zählen alle Aufwendungen und Auszahlungen, die sich auf Grund einer **vertraglichen** oder **gesetzlichen Verpflichtung** (durch Gesetz, Satzung bzw. Rechtsverordnung) ergeben, z. B. Miet- und Pachtverträge, Weiterzahlung von Personalaufwendungen (Arbeits- bzw. Werkverträge), Leistungen der Sozialhilfe (gesetzliche Verpflichtung). **Neue Vertragsabschlüsse** während der vorläufigen Haushaltsführung sind **nicht zulässig**, es sei denn, sie ergeben sich aus einer gesetzlichen Verpflichtung (Einhaltung der Verkehrssicherungspflichten). Rechtliche Verpflichtungen können sich auch aus **Urteilen** ergeben, die die Gemeinde zur Leistung einer Zahlung verpflichten (z. B. Rückzahlung von zu Unrecht erhobenen Erschließungsbeiträgen).

Zudem darf sie Aufwendungen und Auszahlungen leisten, die für die Weiterführung notwendiger Aufgaben unaufschiebbar sind.

- Das Kriterium der „**Weiterführung**" setzt voraus, dass im Vorjahr Haushaltsmittel für diese Aufgaben vorgesehen waren. Dies umfasst auch die Weiterführung von bestehenden Einrichtungen der Gemeinde, es sei denn, die Gemeindevertretung hat in ihrem Haushaltssanierungskonzept (§ 92 Abs. 4 HGO) die Schließung dieser Einrichtung vorgesehen (siehe Nr. 1 Hw. zu § 99 HGO). Neue Einrichtungen oder eine Ausweitung des Leistungsangebots während der vorläufigen Haushaltsführung sind demnach nicht möglich.

- Eine weitere Voraussetzung ist, dass es sich um „**notwendige Aufgaben**" handelt. Grundsätzlich sind hiermit alle Maßnahmen und Einrichtungen gemeint, die im Interesse der Gemeinde und ihrer Bürger notwendig sind, z. B. den Weiterbetrieb öffentlicher Einrichtungen, die Beschaffung von Arbeitsmaterial, Kauf von Heizöl. Allerdings ist es schwer, eine eindeutige Grenze zu den „nicht notwendigen Aufgaben" zu ziehen, so dass immer der Einzelfall zu beurteilen ist.

- Des weiteren müssen die Aufwendungen/Auszahlungen „**unaufschiebbar**" sein, d. h. sie können nicht bis zur Vollendung der Bekanntmachung der Haushaltssatzung zurückgestellt werden. Bei einer abschließenden Beurteilung ist sicherlich auch der Grundsatz der Wirtschaftlichkeit und Sparsamkeit zu beachten (siehe Ziffer 7.2.2).

Ausdrücklich ist die **Fortsetzung** von bereits begonnenen Bauten, Beschaffungen und sonstigen Leistungen des Finanzhaushalts in § 99 Abs. 1 Nr. 1 HGO erwähnt. Bei diesen Maßnahmen handelt es sich insbesondere um Fortsetzungsmaßnahmen, die in der mittelfristigen Ergebnis- und Finanzplanung (§ 101 HGO, Kapitel 12) enthalten sind (Nr. 2 Hw. zu § 99 HGO). Diese Regelung entspricht dem allgemeinen Haushaltsgrundsatz der Wirtschaftlichkeit und Sparsamkeit, denn ein Baustillstand führt z. B. zu erheblichen Kostensteigerungen. Kriterium für eine Fortsetzungsmaßnahme im Sinne von § 99 Abs. 1 HGO ist, dass

- im Haushaltsplan „**eines**" Vorjahres
  (d. h. es muss nicht im unmittelbar vorangegangenen Haushaltsjahr eine Veranschlagung vorhanden gewesen sein – allerdings muss ein zeitlicher und sachlicher Bezug zu der Maßnahme bestehen, die in der haushaltslosen Zeit durchgeführt werden soll)

- Beträge
  (d. h. es kann sich sowohl um einen Auszahlungsansatz als auch um einen Ansatz für Verpflichtungsermächtigungen handeln)

vorgesehen waren. Dem Gesetzestext ist nicht ausdrücklich zu entnehmen, dass Voraussetzung für eine Fortsetzungsmaßnahme auch der tatsächliche „Beginn" (z. B. Vergabe eines Auftrages oder Aufnahme der Bauarbeiten) der Maßnahme ist. Eine Veranschlagung könnte daher bei weiter Auslegung als ausreichend angesehen werden. Die abschließende Qualifizierung, ob es sich um eine Fortsetzungsmaßnahme im Sinne von

§ 99 Abs. 1 HGO handelt, ist unter Beachtung der Unaufschiebbarkeit sowie der Wirtschaftlichkeit und Sparsamkeit der jeweiligen Maßnahme **im Einzelfall** zu entscheiden.[174]

Die im Rahmen des Jahresabschlusses **übertragenen Ermächtigungen für Aufwendungen und Auszahlungen nach § 21 GemHVO** können in der „haushaltslosen" Zeit ohne Prüfung der Voraussetzungen des § 99 HGO in Anspruch genommen werden, da diese Ermächtigungen bereits durch die Haushaltssatzung und den Haushaltsplan des bzw. eines Vorjahres gegeben sind (es wird hier nicht auf Haushaltsansätze des neuen Haushaltsjahres zugegriffen).

Gültigkeit von Verpflichtungsermächtigungen

Gemäß § 102 Abs. 3 HGO gelten die Verpflichtungsermächtigungen des Vorjahres während der vorläufigen Haushaltsführung bis zur Vollendung der Bekanntmachung der Haushaltssatzung für das neue Jahr weiter. Dies hat zur Folge, dass die Gemeinde die Verpflichtungsermächtigungen des abgelaufenen Jahres auch in dieser Zeit in Anspruch nehmen kann. Voraussetzung ist allein, dass die Verpflichtungsermächtigungen im alten Jahr bei den entsprechenden Haushaltspositionen noch nicht ausgeschöpft sind[175] (siehe Ziffer 8.3.2).

Die Problematik für die konkrete Umsetzung dieser Vorschrift zeigt sich am folgenden Beispiel:

Verpflichtungsermächtigung 2013	3.000.000 €
- davon zu Lasten des Jahres 2014	2.000.000 €
- davon zu Lasten des Jahres 2015	1.000.000 €

Die Verpflichtungsermächtigung wurde in 2013 nicht in Anspruch genommen.

Die Haushaltssatzung für das Haushaltsjahr 2014 wird im April 2014 bekannt gemacht.

Die Verpflichtungsermächtigung 2013 gilt bis zur Vollendung der Bekanntmachung im April 2014 weiter. Dabei entspricht der Anteil zu Lasten des Jahres 2015 weiterhin dem Begriff der Verpflichtungsermächtigung, weil in 2014 immer noch ein späteres Haushaltsjahr, nämlich das Jahr 2015, belastet wird. Bei der Verpflichtungsermächtigung über 2.000.000 € für 2014 dagegen wird in der vorläufigen Haushaltsführung der Begriff der

---

[174] Vgl. Daneke in KVR Hessen, Erl. zu § 99 HGO, Rdnr. 15. Wirtschaftliche Schäden könnten z. B. durch Wegfall oder Kürzungen von Zuwendungen Dritter, Vertragsstrafen oder Schadensersatzleistungen entstehen.

[175] Ein „Zugriff" bzw. „Vorgriff" auf Verpflichtungsermächtigungen des neuen Haushaltsjahres ist in der HGO nicht vorgesehen.
Die Möglichkeit der Inanspruchnahme der Verpflichtungsermächtigungen aus dem Vorjahr in der haushaltslosen Zeit führt in bestimmten Situationen dazu, dass während der haushaltslosen Zeit eine größere haushaltsrechtliche Ermächtigung gegeben ist, als nach der Bekanntmachung der Haushaltssatzung. Siehe hierzu auch Ziffer 8.7, Sachverhalt 3 und Daneke in KVR Hessen, Erl. zu § 102 HGO, Rdnr. 27. Als Lösungsmöglichkeit dieser Problematik wird hier die Verlängerung der Geltungsdauer der Verpflichtungsermächtigungen um ein Jahr – analog der Kreditermächtigung nach § 103 Abs. 3 HGO – vorgeschlagen.

Verpflichtungsermächtigung nicht mehr erfüllt, da eine Belastung des laufenden Jahres 2014 ausgelöst wird.

Insofern stellt sich die Frage, ob jetzt zumindest für diesen Teil § 99 Abs. 1 HGO (gesetzliche Verpflichtung bzw. Unaufschiebbarkeit) anzuwenden ist. Die Verfasser sind der Auffassung, dass § 102 Abs. 3 HGO gegenüber § 99 Abs. 1 HGO eine Spezialregelung darstellt, auch wenn aus der Verpflichtungsermächtigung eine Ermächtigung für das laufende Jahr wird. Die Verpflichtungsermächtigung war nämlich im Vorjahr bereits in der Haushaltssatzung und im Haushaltsplan formell enthalten. Insofern wird der Haushalt des Vorjahres noch ausgeführt, wenn auch verspätet.

c) Gültigkeit von Kassenkrediten

Zur Sicherung der Liquidität, die auch während der haushaltslosen Zeit gewährleistet bleiben muss, sieht § 105 Abs. 1 Satz 2 HGO vor, dass die Kassenkreditermächtigung des Vorjahres bis zur Vollendung der Bekanntmachung der neuen Haushaltssatzung Gültigkeit hat. Es handelt sich hierbei um eine Obergrenze (Höchstbetrag), die auch in der vorläufigen Haushaltsführung nicht überschritten werden darf (siehe auch Ziffer 11.2.2.4).

d) Gültigkeit des Stellenplans

Der Stellenplan ist Bestandteil des Haushaltsplanes und damit auch der Haushaltssatzung. Hinsichtlich der Personalwirtschaft regelt § 99 Abs. 3 HGO, dass der Stellenplan des Vorjahres weiterhin Gültigkeit besitzt, bis die Haushaltssatzung für das neue Haushaltsjahr bekannt gemacht ist. Somit kann die Gemeinde während der vorläufigen Haushaltsführung, soweit dies durch den Stellenplan abgedeckt ist, Personal einstellen, befördern oder in eine höhere Vergütungs- oder Lohngruppe einstufen. Eine Ausnahme besteht bei gegebenen **tariflichen** Höhergruppierungs- bzw. Höherstufungsansprüchen. In diesen Fällen ist eine entsprechende Einstufung auch dann vorzunehmen, wenn dies der Stellenplan des Vorjahres nicht hergibt[176] (siehe hierzu Ziffer 14.1.2.4).

7.2.5.3   Übungen

Sachverhalt Nr. 1

Auf Grund eines Brandschadens im Rathaus der Gemeinde E im August 2013 sind alle für die Aufstellung des Haushaltsplanes für das Jahr 2014 wichtigen Unterlagen beschädigt worden. Die Wiederherstellung wird bis zum Ende des Jahres 2013 andauern. Erst danach kann das förmliche Verfahren (Aufstellungsverfahren, Beschlüsse usw.) weitergeführt werden. Es wird davon ausgegangen, dass die Haushaltssatzung und der Haushaltsplan mit Anlagen für das Jahr 2014 erst zum 1. April 2014 vorgelegt werden kann.

---

[176] Insofern gehen das Tarifrecht und die daraus resultierenden Vertragsansprüche dem Haushaltsrecht vor.

Aufgabe:

Prüfen Sie, ob dies mit den haushaltsrechtlichen Bestimmungen vereinbar ist.

Lösung:

Die Haushaltssatzung ist mit dem Haushaltsplan und seinen Anlagen der Aufsichts-behörde vorzulegen. Nach Beschlussfassung durch die Gemeindevertretung ist der Gemeindevorstand für die Vorlage zuständig (§ 97 Abs. 4 Satz 1 HGO).

Darüber hinaus ist im zweiten Satz der o. g. Rechtsvorschrift auch ein Termin genannt. Hiernach **soll** die Vorlage der Haushaltssatzung spätestens einen Monat vor Beginn des Haushaltsjahres, also am 30. November des dem Haushaltsjahr vorangehenden Jahres, erfolgen (Grundsatz der Vorherigkeit). Durch diese Terminsetzung in § 97 Abs. 4 Satz 2 HGO ergibt sich für den Gemeindevorstand die Verpflichtung, den Entwurf der Haus-haltssatzung so rechtzeitig aufzustellen, dass der Gemeindevertretung genügend Zeit für die Beratung und Beschlussfassung verbleibt und nach der Beschlussfassung die beschlossene Haushaltssatzung mit ihren Anlagen rechtzeitig im Sinne des § 97 Abs. 4 Satz 2 HGO der Aufsichtsbehörde vorgelegt werden kann.

Es handelt sich hier um eine Soll-Bestimmung, d. h. solange die Verwaltung nicht besondere Umstände dartun und beweisen kann, sind sie für die Verwaltung ebenso verbindlich wie Mussvorschriften.[177] In der Praxis treten sehr oft Beeinträchtigungen im zeitlichen Ablauf des formellen Verfahrens zum Zustandekommen der Haushaltssatzung auf. In besonders begründeten Ausnahmefällen kann somit von diesem Termin abge-wichen werden. Der durch den Sachverhalt vorgegebene Fall ist sicherlich ein solcher Ausnahmefall. Insofern liegt ein besonderer Umstand vor, der ein Abweichen von dem Grundsatz der Vorherigkeit rechtfertigt.

Sachverhalt Nr. 2

Die Haushaltssatzung der Gemeinde E für das Haushaltsjahr 2014 wird nicht vor April 2014 bekannt gemacht werden. In den Monaten Januar und Februar 2014 sollen folgende Aufwendungen/Auszahlungen geleistet bzw. Aufträge erteilt werden:

a) Nach einem schweren Unwetter muss das Rathausdach mit einem Kostenaufwand von 30.000 € erneuert werden. In dem Haushaltsentwurf, der bereits in der Gemein-devertretung eingebracht wurde, sind Mittel für diese Maßnahme nicht vorgesehen.

b) Für die Fortführung des Parkplatzbaues am gemeindlichen Friedhof werden 400.000 € benötigt. Bereits im Haushaltsplan 2013 war der erste Teilbetrag für diese Maßnahme veranschlagt.

c) Mit dem Bau des seit Jahren geplanten Theaters soll begonnen werden. Im Haushaltsplanentwurf 2014 ist die erste Teilrate von 1.400.000 € eingestellt.

---

[177] Urteil des Bundesverwaltungsgerichts vom 02.12.1959 – VC 106.58 –, DVBl. 1960 S. 252.

d) Die Fachstelle „Zentrale Dienste" will die Telefongebühren an die Telekom AG überweisen. Außerdem ist der Papierbestand der Verwaltung weitgehend verbraucht. Statt der benötigten Menge für das 1. Quartal 2014 soll bereits jetzt der Gesamtjahresbedarf bestellt werden, weil dann ein Rabatt von 10 % zu erzielen ist.

e) Mit dem Bau einer Schule soll begonnen werden, damit zum Schuljahresbeginn 2015 die Schule fertig gestellt ist. Im Haushaltsplanentwurf 2014 sind als erste Rate Baukosten von 2.000.000 € enthalten. Nach einer Verfügung des Bauordnungsamtes darf das bisherige Schulgebäude nur bis zum 01.07.2015 genutzt werden.

f) Im Haushaltsplanentwurf 2014 ist als erste Rate für den Bau des seit Jahren geplanten Freibades ein Betrag 1.400.000 € vorgesehen. Bereits im November 2013 hat der Bauunternehmer U den Auftrag zur Errichtung des Freibades erhalten.

Aufgabe:

Prüfen Sie, ob die Geschäftsvorfälle aus haushaltsrechtlicher Sicht geleistet werden dürfen.

Lösung:[178]

Alle vorstehenden Aufwendungen und Auszahlungen sind nach den Vorschriften der vorläufigen Haushaltsführung gemäß § 99 HGO zu beurteilen, da die Haushaltssatzung der Gemeinde E voraussichtlich erst im April 2014 bekannt gemacht wird. Die Gemeinde E befindet sich bis dahin in der so genannten haushaltslosen Zeit.

a) Das Rathausdach der Gemeinde E wurde bei einem Unwetter beschädigt. Da das Rathausdach „nur" repariert wird und keine über seinen ursprünglichen Zustand hinausgehende wesentliche Verbesserung erfolgt (§ 41 Abs. 3 GemHVO), handelt es sich um einen Aufwand, der zahlungswirksam wird. Gemäß § 4 Abs. 3 i. V. m. §§ 2 Abs. 1 und 58 Nr. 5 GemHVO ist dieser zahlungswirksame Aufwand als außerordentlicher Aufwand zu klassifizieren und im Teilergebnishaushalt nachzuweisen.

Nach der Aufgabenstellung ist zu prüfen, ob der zahlungswirksame Aufwand für die Reparatur in der haushaltslosen Zeit geleistet werden darf. Die Gemeinde darf in der Zeit der vorläufigen Haushaltsführung u. a. zahlungswirksame Aufwendungen leisten, die für die Weiterführung notwendiger Aufgaben unaufschiebbar sind (§ 99 Abs. 1 Nr. 1 HGO). Ein intaktes Rathaus ist schon aus Gründen der Aufrechterhaltung des Dienstbetriebes und des Vermögenserhaltes notwendig. Darüber hinaus ergibt sich aus der Fürsorgepflicht des Dienstherren gegenüber den Beschäftigten eine rechtliche Verpflichtung auf funktionsfähige Diensträume. Damit sind die Kriterien „Weiterführung" und „notwendige Aufgaben" erfüllt. Des Weiteren kann die Reparatur nicht bis zur Vollendung der Bekanntmachung der Haushaltssatzung verschoben werden, da der Dienstbetrieb auch in der haushaltslosen Zeit sicherzustellen ist. Darüber hinaus können unter Umständen von dem beschädigten

---

[178] Bei den Lösungen wird auf die direkte Finanzrechnung abgestellt, siehe auch Ziffer 6.5.1.2.

Rathausdach Gefahren für die Bediensteten und Bürger ausgehen, die ebenfalls ein schnelles Handeln notwendig machen.

Die Leistung der zahlungswirksamen Aufwendung von 30.000 € ist demnach zulässig. Dabei ist es ohne Bedeutung, dass die Mittel bisher im Haushaltsplanentwurf nicht vorgesehen waren (sie sind dann im Rahmen der Haushaltsberatungen noch mit zu berücksichtigen).

b) Der Parkplatzneubau am gemeindlichen Friedhof stellt eine Veränderung (Erhöhung) des Sachanlagevermögens (§ 49 Abs. 3 Nr. 1.2 i. V. m. § 58 Nr. 17 GemHVO) dar, da es sich hier um Herstellungskosten im Sinne von § 41 Abs. 3 GemHVO handelt. Nach § 4 Abs. 4 i. V. m. § 3 Abs. 1 Nr. 25 GemHVO sind Auszahlungen für Investitionen im Teilfinanzhaushalt zu veranschlagen.

Nach der Aufgabenstellung ist zu prüfen, ob für die Fortführung der Bauarbeiten in der haushaltslosen Zeit Auszahlungen geleistet werden dürfen. Die Gemeinde darf nach § 99 Abs. 1 Nr. 1 HGO insbesondere Baumaßnahmen (Parkplatzneubau am gemeindlichen Friedhof) des Finanzhaushalts fortsetzen, für die im Haushaltsplan eines Vorjahres Beträge vorgesehen waren. Die Zulässigkeit der Leistung der Auszahlungen könnte sich zum einen aus einer rechtlichen Verpflichtung ergeben, nämlich dann, wenn im Vorjahr bereits entsprechende vertragliche Vereinbarungen mit den bauausführenden Firmen bezüglich des Parkplatzneubaus geschlossen wurden. Zum anderen handelt es sich um eine klassische Baufortsetzungsmaßnahme, da im Haushaltsplan 2013 bereits Haushaltsmittel veranschlagt waren. Eine Unterbrechung dieser Investitionsmaßnahme widerspräche dem Grundsatz der Wirtschaftlichkeit und Sparsamkeit. Die Auszahlung ist demnach gemäß § 99 Abs. 1 Nr. 1 HGO zulässig.

c) Der Neubau des Theaters stellt eine Veränderung (Erhöhung) des Sachanlagevermögens (§ 49 Abs. 3 Nr. 1.2 i. V. m. § 58 Nr. 17 GemHVO) dar, da es sich hier um Herstellungskosten im Sinne von § 41 Abs. 3 GemHVO handelt. Nach § 4 Abs. 4 i. V. m. § 3 Abs. 1 Nr. 25 GemHVO sind Auszahlungen für Investitionen im Teilfinanzhaushalt zu veranschlagen.

Nach der Aufgabenstellung ist zu prüfen, ob für den Neubau des Theaters in der haushaltslosen Zeit Aufträge erteilt werden dürfen. Es sind die gleichen Voraussetzungen wie für den Parkplatzneubau am gemeindlichen Friedhof zu prüfen (siehe Fall b). In der haushaltslosen Zeit dürfen für diese Investitionsmaßnahme **keine** Auszahlungen geleistet werden, da

- es sich **nicht** um eine Fortsetzungsmaßnahme im Sinne des § 99 Abs. Nr. 1 HGO handelt (die erstmalige Bereitstellung von Beträgen für diese Maßnahme ist im Haushalt 2014 vorgesehen),
- **keine** rechtliche Verpflichtung zur Leistung von Investitionsauszahlungen für diese freiwillige gemeindliche Aufgabe besteht.
- zudem keine Gründe erkennbar sind, dass diese Maßnahme der unaufschiebbaren Weiterführung gemeindlicher Aufgaben dient.

d) Sowohl bei der Zahlung der Telefongebühren als auch bei der Bestellung von Büromaterial (Papierbestellung) handelt es sich um Ressourcenverbrauch und damit um
ordentliche Aufwendungen für Sach- und Dienstleistungen nach § 2 Abs. 1 Nr. 12
GemHVO, die zu einem Mittelabfluss führen, d. h. zahlungswirksam werden.
Gemäß § 4 Abs. 3 i. V. m. § 2 Abs. 1 Nr. 12 GemHVO sind diese zahlungswirksamen Aufwendungen als ordentliche Aufwendungen zu klassifizieren (§ 58 Nr. 4
GemHVO) und im Teilergebnishaushalt nachzuweisen.

Nach der Aufgabenstellung ist zunächst zu prüfen, ob der zahlungswirksame Aufwand für Telefongebühren an die Telekom AG in der haushaltslosen Zeit geleistet
werden darf. Die Gemeinde darf in der Zeit der vorläufigen Haushaltsführung u. a.
zahlungswirksame Aufwendungen leisten, zu denen sie rechtlich verpflichtet ist (§ 99
Abs. 1 Nr. 1 HGO). Die Zahlung der Telefongebühren beruht auf der vertraglichen
Verbindung mit der Telekom AG, so dass der zahlungswirksame Aufwand geleistet
werden darf.

Des Weiteren ist nach der Aufgabenstellung zu prüfen, ob die Bestellung von Büromaterial in der haushaltslosen Zeit erfolgen darf. Die Gemeinde darf in der Zeit der
vorläufigen Haushaltsführung u. a. zahlungswirksame Aufwendungen leisten und
damit auch Aufträge erteilen, die für die Weiterführung notwendiger Aufgaben
unaufschiebbar sind. Für die Weiterführung notwendiger Aufgaben wird konkret nur
die Papiermenge des 1. Quartals benötigt. Bei der Bestellung des Gesamtbedarfs
kann jedoch ein Rabatt von 10 % erzielt werden. Dieser Geschäftsvorgang ist unter
Beachtung des Grundsatzes der Wirtschaftlichkeit und Sparsamkeit nach § 92 Abs. 2
HGO zu sehen. Unter dem Aspekt der Muss-Vorschrift ist diese Bestellung für das
gesamte Jahr auch während der vorläufigen Haushaltsführung zulässig. Es handelt
sich somit um die auch aus wirtschaftlichen Gründen notwendige unaufschiebbare
Aufgabenerfüllung im Sinne des § 99 Abs. 1 Nr. 1 HGO.

e) Der Bau einer Schule stellt eine Veränderung (Erhöhung) des Sachanlagevermögens
(§ 49 Abs. 3 Nr. 1.2 i. V. m. § 58 Nr. 17 GemHVO) dar, da es sich hier um Herstellungskosten im Sinne von § 41 Abs. 3 GemHVO handelt. Nach § 4 Abs. 4
i. V. m. § 3 Abs. 1 Nr. 25 GemHVO sind Auszahlungen für Investitionen im Teilfinanzhaushalt zu veranschlagen.

Nach der Aufgabenstellung ist zu prüfen, ob für den Bau der Schule in der haushaltslosen Zeit Aufträge erteilt werden dürfen. Es sind die gleichen Voraussetzungen wie
für den Parkplatzneubau am gemeindlichen Friedhof zu prüfen (siehe Fall b). Da es
sich bei dem Bau der Schule **nicht** um eine Fortsetzungsmaßnahme im Sinne des
§ 99 Abs. Nr. 1 HGO handelt (erstmalige Veranschlagung von Baukosten im
Haushaltsplan 2014), dürfen in der haushaltslosen Zeit grundsätzlich für diese
Investitionsmaßnahme keine Auszahlungen geleistet werden. Allerdings ist in diesem
Zusammenhang zu berücksichtigen, dass das bisherige Schulgebäude nur bis zum
01.07. des folgenden Jahres benutzt werden kann. Bis zu diesem Zeitpunkt muss das
neue Schulgebäude fertig gestellt sein. Aus diesem Grunde ist auch der Beginn der
Schulbaumaßnahme vor dem Hintergrund der Weiterführung notwendiger Aufgaben
in den kommenden Jahren (Fortsetzung des Schulunterrichts) zulässig und die
Leistung der Investitionsauszahlung unaufschiebbar.

f) Der Bau des Freibades stellt eine Veränderung (Erhöhung) des Sachanlagevermögens (§ 49 Abs. 3 Nr. 1.2 i. V. m. § 58 Nr. 17 GemHVO) dar, da es sich hier um Herstellungskosten im Sinne von § 41 Abs. 3 GemHVO handelt. Nach § 4 Abs. 4 i. V. m. § 3 Abs. 1 Nr. 25 GemHVO sind Auszahlungen für Investitionen im Teilfinanzhaushalt zu veranschlagen.

Nach der Aufgabenstellung ist zu prüfen, ob für den Bau des Freibades in der haushaltslosen Zeit Aufträge erteilt bzw. Auszahlungen geleistet werden dürfen. Es sind die gleichen Voraussetzungen wie für den Parkplatzneubau am gemeindlichen Friedhof zu prüfen (siehe Fall b).

In der haushaltslosen Zeit dürfen Auszahlungen für den Bau des Freibades geleistet werden, da

* es sich um eine Fortsetzungsmaßnahme im Sinne des § 99 Abs. 1 Nr. 1 HGO handelt; Voraussetzung für die Auftragsvergabe in 2013 war, dass bereits Beträge für diese Maßnahme im Vorjahr bereitgestellt sein mussten.
* durch die Auftragsvergabe an den Bauunternehmer U eine rechtliche Verpflichtung zur Leistung der Investitionsauszahlungen für diese freiwillige gemeindliche Aufgabe besteht (Bauvertrag).

Sachverhalt Nr. 3

Die Haushaltssatzung der Gemeinde E für das Haushaltsjahr 2014 wird nicht vor April 2014 bekannt gemacht werden. In den Monaten Januar und Februar 2014 sollen folgende Finanzierungen („Erzielung von Erträgen und Einzahlungen") vorgenommen werden:

a) Die kommunale Investition „Bau einer Schwimmhalle" soll fortgesetzt werden. Im Haushaltsjahr 2014 besteht insgesamt ein Bedarf von 1.000.000 € (übertragene Ermächtigungen aus 2013 und Haushaltsplanentwurf 2014). Diese investiven Auszahlungen sollen durch Kreditaufnahmen finanziert werden. Im Haushaltsjahr 2013 waren 1.000.000 € als Kreditermächtigung in der Haushaltssatzung vorgesehen, von denen allerdings bisher nur 700.000 € benötigt wurden.

b) Es sollen die Mieten für die Wohnhäuser erhöht und die Hundesteuern festgesetzt werden.

Aufgabe:

Prüfen Sie, ob die Einzahlungen bzw. Erträge erzielt/erhoben werden können.

Lösung:

Alle vorstehenden Finanzierungsmöglichkeiten sind nach den Vorschriften der vorläufigen Haushaltsführung gemäß § 99 HGO zu beurteilen, da die Haushaltssatzung der Gemeinde E voraussichtlich erst im April 2014 bekannt gemacht wird. Die Gemeinde E befindet sich bis dahin in der so genannten haushaltslosen Zeit.

a) Gemäß § 103 Abs. 1 HGO dürfen Kredite unbeschadet des § 93 Abs. 3 HGO nur im Finanzhaushalt und nur für Investitionen, Investitionsförderungsmaßnahmen und zur Umschuldung aufgenommen werden. Da es sich bei dem Bau einer Schwimmhalle um eine Veränderung (Erhöhung) des Sachanlagevermögens (§ 49 Abs. 3 Nr. 1.2 GemHVO) handelt – es liegen Herstellungskosten im Sinne von § 41 Abs. 3 GemHVO vor – ist die Voraussetzung „Investition" (§ 58 Nr. 17 GemHVO) erfüllt. Somit ist grundsätzlich eine Kreditfinanzierung unter Beachtung des § 93 Abs. 3 HGO möglich.[179]

Die Kreditermächtigung des Haushaltsjahres 2013 ist nicht ausgeschöpft, so dass vorrangig die Inanspruchnahme der Kreditermächtigung des Vorjahres zu prüfen ist. Gemäß § 103 Abs. 3 HGO gilt die Kreditermächtigung zunächst bis zum Ende des auf das Haushaltsjahr folgenden Jahres, d. h. bezogen auf den Sachverhalt bis zum Ende des Haushaltsjahres 2014. Das bedeutet, dass die Kreditermächtigung in dem noch nicht ausgeschöpften Umfang (1.000.000 € ./. 700.000 € = 300.000 €) bis zum Ende des Haushaltsjahres 2014, ggf. sogar bis zur Vollendung der Bekanntmachung der Haushaltssatzung 2015, ausgenutzt werden kann. Der Betrag von 300.000 € steht demnach zur Verfügung. Eine Genehmigung der Aufsichtsbehörde ist dazu nicht erforderlich.

Um den Auszahlungsbedarf von insgesamt 1.000.000 € zu decken, werden noch 700.000 € aus dem Kreditkontingent des neuen Haushaltsjahres benötigt. Zu prüfen ist daher, inwieweit im Rahmen der vorläufigen Haushaltsführung auf die Kreditermächtigung des Haushaltsjahres 2014 zugegriffen werden darf. Gemäß § 99 Abs. 2 HGO darf die Gemeinde Kredite für Investitionen bis zu einem Viertel des Gesamtbetrages der in der Haushaltssatzung des Vorjahres festgesetzten Kredite aufnehmen, wenn die Zahlungsmittel für die Fortsetzung der Bauten, der Beschaffungen und der sonstigen Leistungen des Finanzhaushalts nicht ausreichen. Es wird unterstellt, dass die anderen Zahlungsmittel nicht ausreichen, so dass die Voraussetzungen nach § 99 Abs. 2 HGO erfüllt sind. Die Kreditermächtigung des Vorjahres betrug 1.000.000 €. Demnach kann die Gemeinde im Rahmen der vorläufigen Haushaltsführung aus dem Kreditkontingent für 2014 einen Betrag von 250.000 € aufnehmen, so dass insgesamt nur eine Kreditaufnahme von 550.000 € für die Maßnahme möglich ist. In Ermangelung weiterer Angaben im Sachverhalt kann die Finanzierung des Restbetrages nicht abschließend geprüft werden. Unter Umständen könnte der restliche Betrag von 450.000 € durch Kassenkredite „vorfinanziert" werden, sofern und soweit die Ermächtigung des Vorjahres (siehe oben Ziffer 7.2.5.2 c) zur Zeit noch nicht ausgeschöpft ist.

b) Sowohl bei den Mieten für Wohnhäuser als auch bei der Hundesteuer handelt es sich um Ressourcenaufkommen, die zu einem Mittelzufluss führen, d. h. zahlungswirksam werden. Während es sich bei den Mieterträgen um privatrechtliche Leistungsentgelte nach § 2 Abs. 1 Nr. 1 GemHVO handelt, liegen bei der Hundesteuer Erträge aus Steuern nach § 2 Abs. 1 Nr. 5 GemHVO vor. Gemäß § 4 Abs. 3 i. V. m. § 2 Abs. 1 Nr. 1 und 5 GemHVO sind beide Ertragsarten als ordentliche

---

[179] Aufgrund fehlender Angaben im Sachverhalt ist eine weitergehende Prüfung im Sinne von § 93 HGO (vorrangige/nachrangige Deckungsmittel) nicht möglich. Die Beachtung der Grundsätze der Erzielung von Erträgen und Einzahlungen wird daher unterstellt.

Erträge zu klassifizieren (§ 58 Nr. 14 GemHVO) und im Teilergebnishaushalt nachzuweisen.

Zu prüfen ist, ob diese ordentlichen Erträge im Rahmen der vorläufigen Haushaltsführung festgesetzt bzw. erhöht werden können. Die Erhebung dieser zahlungswirksamen Erträge einschließlich möglicher Erhöhungen ist zulässig, denn die genannten Deckungsmittel werden aufgrund besondere Rechtsgrundlagen (Mietverträge bzw. Hundesteuersatzung) festgesetzt. Das Fehlen der Haushaltssatzung 2014 tangiert insofern die Erhebung, Festsetzung und Erhöhung dieser Ertragsarten nicht, sodass § 99 Abs. 1 HGO keine Anwendung findet.

7.2.6 Öffentlichkeit

7.2.6.1 Grundsatz

Der Grundsatz der Öffentlichkeit ist ein wesentlicher Bestandteil des demokratischen Gemeinwesens. Er dient dazu, das Interesse der Einwohner und Bürger an der kommunalen Selbstverwaltung zu pflegen und ihnen Einblick in die Tätigkeit – und insbesondere in die Haushalts- und Finanzwirtschaft – der Gemeinde zu ermöglichen.[180] In Hessen ist dieser Grundsatz im Bereich des Haushaltsrechts als **Informationsgrundsatz** ausgeprägt, eine direkte Beteiligung der Einwohner und Bürger ist nicht vorgesehen.[181] Eine vollständige und möglichst umfassende Information über die Haushalts- und Finanzwirtschaft soll aber durch folgende Verfahrensgrundsätze gewährleistet werden (siehe auch Ziffer 11.3.4 bis 11.3.6):

a) Auslegung des Entwurfs der Haushaltssatzung § 97 Abs. 2 HGO)

Der Entwurf der Haushaltssatzung und des Haushaltplanes einschließlich seiner Anlagen ist an sieben Tagen öffentlich auszulegen. Dadurch soll den Einwohnern und Abgabepflichtigen Gelegenheit gegeben werden, die Unterlagen einzusehen. Die Gemeinde kann sich darauf beschränken, den Entwurf nur an Arbeitstagen auszulegen, wenn dabei sichergestellt wird, dass dadurch die Zahl von sieben Tagen nicht unterschritten wird.[182]

Um dieser Vorschrift Gewicht zu verleihen, sollten die Gemeinden darauf achten, dass möglichst den interessierten Personen Hilfestellung bei der Einsichtnahme durch einen sachkundigen Mitarbeiter der Verwaltung geboten wird.

---

[180] Birkenfeld, Kommunalrecht, Rdnr. 295.

[181] Nach § 8 b Abs. 2 Nr. 4 HGO ist ein Bürgerentscheid über die Haushaltssatzung (einschließlich der Wirtschaftspläne der Eigenbetriebe) ausdrücklich ausgeschlossen.

[182] Zur Darstellung der Einzelheiten des Zustandekommens der Haushaltssatzung siehe Ziffer 11.3.

b) Beratung und Beschlussfassung des Entwurfes der Haushaltssatzung und des Haushaltsplanes in öffentlicher Sitzung (§ 97 Abs. 3 HGO)

Die Beratung des Entwurfes der Haushaltssatzung und des Haushaltsplanes sowie die Beschlussfassung hierüber müssen zwingend in öffentlicher Sitzung der Gemeindevertretung erfolgen, ein Ausschluss der Öffentlichkeit gem. § 52 Abs. 1 Satz 2 HGO ist nicht zulässig.[183]

c) Öffentliche Bekanntmachung der von der Gemeindevertretung beschlossenen Haushaltssatzung und öffentliche Auslegung des Haushaltsplanes und seiner Anlagen (§ 97 Abs. 5 HGO)

Die von der Gemeindevertretung beschlossene Haushaltssatzung einschließlich einer u. U. erforderlichen Genehmigung ist öffentlich bekannt zu machen. Für die Bekanntmachung ist das Muster 1 für die Haushaltssatzung und die Bekanntgabe der Haushaltssatzung nach § 154 Abs. 4 Nr. 1 HGO i. V. m. § 60 GemHVO zu verwenden. Abweichungen sind nicht zugelassen. Der Haushaltsplan selbst ist nicht bekannt zu machen, er wird mit seinen Anlagen im Anschluss an die Bekanntmachung der Haushaltssatzung an sieben Tagen öffentlich ausgelegt.

d) Öffentlichkeit der Ausführung des Haushaltes (§ 52 HGO)

Die Überwachung der Gemeindefinanzen und der Ausführung des Haushaltsplanes obliegt der Gemeindevertretung in Vertretung der Einwohner und Bürger (Öffentlichkeit) gemäß den Festsetzungen in § 50 HGO. Die Entscheidung über folgende Angelegenheiten im Bereich der Haushaltswirtschaft kann die Gemeindevertretung gem. § 51 HGO **nicht übertragen:**

*   die Zustimmung zu über- und außerplanmäßigen Aufwendungen und Auszahlungen nach näherer Maßgabe des § 100 HGO
*   die Beratung der Jahresabschlusses (§ 112 HGO) und die Entlastung des Gemeindevorstandes
*   die Festsetzung öffentlicher Abgaben und privatrechtlicher Entgelte, die für größere Teile der Gemeindebevölkerung von Bedeutung sind
*   die Errichtung, Erweiterung, Übernahme und Veräußerung von öffentlichen Einrichtungen und wirtschaftlichen Unternehmen sowie die Beteiligung an diesen
*   die Umwandlung der Rechtsform von Eigenbetrieben oder wirtschaftlichen Unternehmen, an denen die Gemeinde beteiligt ist
*   die Übernahme von Bürgschaften, den Abschluss von Gewährverträgen und die Bestellung anderer Sicherheiten für Dritte

---

[183] *„Verstöße gegen den Öffentlichkeitsgrundsatz stellen einen schweren Verfahrensmangel dar und bewirken die Nichtigkeit der zu Unrecht in nichtöffentlicher Sitzung erfolgten Beschlüsse und Wahlen."* Birkenfeld, Kommunalrecht, Rdnr. 395.

Durch diese (nicht vollständige) Aufzählung der nicht übertragbaren Angelegenheiten wird vor dem Hintergrund der Bestimmung des § 52 Abs. 1 HGO deutlich gemacht, dass die Öffentlichkeit auch bei der Ausführung des Haushaltes beteiligt ist. Gemäß § 52 Abs. 1 HGO sind die Sitzungen der Gemeindevertretung grundsätzlich öffentlich[184]. Die Gemeindevertretung kann zwar für einzelne Angelegenheiten die Öffentlichkeit ausschließen, jedoch durchbricht diese Möglichkeit nicht das Prinzip der Öffentlichkeit.

f) Öffentliche Bekanntmachung des Beschlusses über den Jahresabschluss, den zusammengefassten Jahresabschluss, den Gesamtabschluss und die Entlastung des Gemeindevorstandes (§ 114 Abs. 2 HGO)

Der Beschluss der Gemeindevertretung über den Jahresabschluss, den zusammengefassten Jahresabschluss und den Gesamtabschluss sowie die Entlastung des Gemeindevorstandes ist öffentlich bekannt zu machen. Im Anschluss an die Bekanntmachung sind der Jahresabschluss, der zusammengefasste Jahresabschluss und der Gesamtabschluss mit dem Rechenschaftsbericht an sieben Tagen öffentlich auszulegen; in der Bekanntmachung ist auf die Auslegung hinzuweisen.

Ein Muster für die Bekanntmachung der Beschlüsse über die Jahresabschlüsse besteht nicht.

Abschließend soll noch auf eine aktuelle Tendenz hinsichtlich der **Beteiligung** der Öffentlichkeit an politischen Entscheidungen – und damit auch bei der Aufstellung der Haushaltssatzung - hingewiesen werden. Immer mehr Kommunen in Deutschland setzen auf das Instrument der Bürgerbeteiligung. In vielen Kommunen – auch in Hessen[185] – wird diskutiert, ob die Einbeziehung der Bürger in den Aufstellungsprozess des Haushalts sinnvoll und praktikabel ist. Mit der Einführung eines **Bürgerhaushalts** werden folgende Ziele verfolgt[186] [187]:

- mehr Transparenz für die Bürger über den Haushalt, die Haushaltsplanung und die Entwicklung der Gemeindefinanzen zu schaffen,
- den Dialog zwischen den Bürgern und der Gemeindevertretung zu verbessern; Modernisierung der Verwaltung durch Partizipation der Bürger ist eines der Kernziele,
- durch die Bürgerkonsultation Entscheidungshilfen für die Politik zu generieren (z. B. durch partizipative Evaluation von Dienstleistungen).

---

[184] *„Der Öffentlichkeitsgrundsatz gewährt den Zuschauern das Recht auf Zutritt zu den Sitzungen, unabhängig davon, ob es sich bei den Interessierten um Einwohner, Bürger oder Ortsfremde handelt. Das Zutrittsrecht beschränkt sich jedoch auf die passive Teilnahme an der Sitzung, auf das Zuhören."* Birkenfeld, Kommunalrecht, Rdnr. 397.

[185] Im Rahmen einer Projektarbeit der Hochschule für Polizei und Verwaltung, Fachbereich Verwaltung (Abteilungen Gießen und Mühlheim) wurde im Sommer 2005 von den Studiengruppen 2-04-01 und 02 die Einführung eines Bürgerhaushalts in der Stadt Oberursel untersucht.

[186] Löhr, Ulrike; Wie viel Bürgerbeteiligung ist bei den Finanzen möglich? in: innovative Verwaltung 4/2010, S. 23 ff.

[187] Wagner, M und Ruesch, M; Ausprägung und Merkmale der deutschen Bürgerhaushalte in: innovative Verwaltung 9/2013,S. 36 ff.

Für die Aufstellung eines Bürgerhaushalts gibt es kein gesetzlich vorgeschriebenes Verfahren. Vielmehr haben sich im Laufe der letzten Jahre zahlreiche verschiedene Varianten/Modelle herausgebildet[188]. Grundsätzlich lassen sich bei der Aufstellung von Bürgerhaushalten in Deutschland folgende drei Phasen erkennen:

1. Informationsphase
2. Beteiligungs- bzw. Konsultationsphase
3. Rechenschaftsphase

Das **Etatrecht** der Gemeindevertretung wird dadurch **nicht geändert oder eingeschränkt**, da die Beteiligung der Bürger in Deutschland einen konsultativen Charakter hat, keinen Beschließenden. Die Bürger werden aufgerufen zu allen Haushaltsbereichen Vorschläge z. B. für Investitionen und/oder zu Sparmaßnahmen einzubringen.

Ein aktuelles Beispiel soll verdeutlichen, dass z. B. auch eine Online-Beteiligung bei der Aufstellung eines Bürgerhaushalt möglich ist. So hat die Stadt Monheim am Rhein (NRW) erstmals zum Haushalt 2012 alle Einwohner aufgefordert, über 20 geplante Investitionen online zu diskutieren, Ideen entwickeln und abzustimmen.[189] Ähnliche Vorgehensweise der Bürgerbeteiligung ist auch im Kreistag Friesland (Nds.) vorgesehen. Hier wurde ab Herbst 2012 das Mitmach-Programm „Liquid Feedback" eingeführt. Den Friesländer Bürgern wird damit die Möglichkeit eröffnet, sich zu anstehenden Großprojekten zu äußern, eigene Anträge in den Kreistag einzubringen und öffentlich zu diskutieren. Auch hier ist eine bindende Wirkung des Bürgervotums nicht vorgesehen.[190]

7.2.6.2 Übung

Sachverhalt

Die von der Gemeindevertretung der Gemeinde E beschlossene Haushaltssatzung wird öffentlich bekannt gemacht. Der Bürger B liest die Bekanntmachung am 20.12. in der Tageszeitung und wundert sich, dass die ihn interessierende Produktgruppe „Sportförderung" nicht abgedruckt ist. Die Bekanntmachung enthält nur Gesamtzahlen, die für ihn keine Aussagekraft und keinen Informationswert besitzen.

Aufgabe:

Welche Auskunft geben Sie dem Bürger B, wenn er die Verwaltung zum vorgenannten Problem befragt?

---

[188] Weitere Informationen zum Thema Bürgerhaushalt sind im Internet verfügbar, z. B. www.buergerhaushalt.org sowie http://bund.offenerhaushalt.de/.

[189] Spierling, Detlev; Premiere der Online-Beteiligung beim Bürgerhaushalt, in: innovative Verwaltung 5/2012, S. 16 und Interview mit Bürgermeister Daniel Zimmermann: Die Online-Beteiligung beim Haushalt zeigt, dass die Bürger mit entscheiden wollen, in: innovative Verwaltung 5/2012, S. 17.

[190] DStGB vom 18.07.2012, Liquid Feedback, Piraten-Programm an der Nordseeküste – Erster Landkreis führt Liquid Feedback ein.
Eine detaillierte Beschreibung des Prinzips von Liquid Democracy und des Programms Liquid Feedback ist zu finden unter: DStGB vom 09.05.2012, Piraten setzen auf andere Politikinstrumente.

Lösung:

Die von der Gemeindevertretung beschlossene Haushaltssatzung (nicht der Haushaltsplan) ist gemäß § 97 Abs. 5 HGO öffentlich bekannt zu machen. Für die Bekanntmachung selbst ist von der Gemeinde das Muster für die Haushaltssatzung und die Bekanntmachung der Haushaltssatzung (Muster 1 zu § 94 i. V. m. § 97 HGO) zu verwenden. Nach § 154 Abs. 4 Nr. 1 HGO i. V. m. § 60 GemHVO sind die Gemeinden verpflichtet, diese Muster zu verwenden. Aus diesem Muster gehen nur die Gesamtzahlen und die erteilten Genehmigungen hervor.

Dem Anliegen des Bürgers, Einsicht in die Produktgruppe „Sportförderung" zu nehmen, wird erst durch die öffentliche Auslegung des Haushaltsplanes mit seinen Anlagen im Anschluss an die öffentliche Bekanntmachung entsprochen. In Rahmen der Bekanntmachung der Haushaltssatzung ist der Auslegungszeitraum und -ort anzugeben. Erst dann hat der Bürger B an sieben Tagen Gelegenheit, den Haushaltsplan einschließlich der für ihn interessanten Produktgruppe einzusehen (siehe auch Ziffer 11.3.8).

7.3 Planungsgrundsätze

Übersicht über die Planungsgrundsätze:

→ Grundsatz der Vollständigkeit und Einheit
→ Grundsatz der Periodenabgrenzung und Kassenwirksamkeitsprinzip
→ Grundsatz der Haushaltswahrheit und -klarheit
→ Grundsatz der Bruttoveranschlagung
→ Grundsatz der Einzelveranschlagung
→ Grundsatz der Veranschlagung von Investitionen
→ Grundsatz der Jährlichkeit und zeitlichen Bindung

Die Planungsgrundsätze, die in der HGO und in den §§ 10 bis 17 GemHVO geregelt sind, enthalten sowohl allgemeine als auch konkrete Einzelregelungen, die sich auf die **Planung** des Haushalts beziehen. Häufig werden sie auch als „Veranschlagungsgrundsätze" bezeichnet.[191] Diese Planungsgrundsätze finden auch auf die Ausführung des Haushalts und sinngemäß ebenso bei der Aufstellung des Jahresabschlusses Anwendung, wobei hier noch die Grundsätze der ordnungsmäßigen Buchführung (GoB) hinzutreten (siehe Kapitel 15 ff.).

---

[191] Vgl. Bernhardt u. a., Kommunales Finanzmanagement NRW, 7. Auflage, Ziffer 9.3.

7.3.1   Vollständigkeit und Einheit

7.3.1.1   Allgemeines

Die beiden Grundsätze „Vollständigkeit" und „Einheit" ergeben sich aus § 95 Abs. 2 HGO. Hiernach enthält **der Haushaltsplan** der Gemeinde **alle** im Haushaltsjahr für die Erfüllung der Aufgaben voraussichtlich

- anfallenden Erträge und eingehenden Einzahlungen,
- entstehenden Aufwendungen und zu leistenden Auszahlungen und
- benötigten Verpflichtungsermächtigungen.

Beide Grundsätze beziehen sich auf den Haushaltsplan, allerdings aus unterschiedlichen Betrachtungswinkeln. Durch den Planungsgrundsatz der Einheit soll gewährleistet werden, dass nur **ein** Haushaltsplan je Gemeinde erstellt wird; durch den Grundsatz der Vollständigkeit wird dieser Aspekt dahingehend ergänzt, dass in diesem Haushaltsplan **alle** Erträge und Einzahlungen, alle Aufwendungen und Auszahlungen sowie Verpflichtungsermächtigungen enthalten sind.

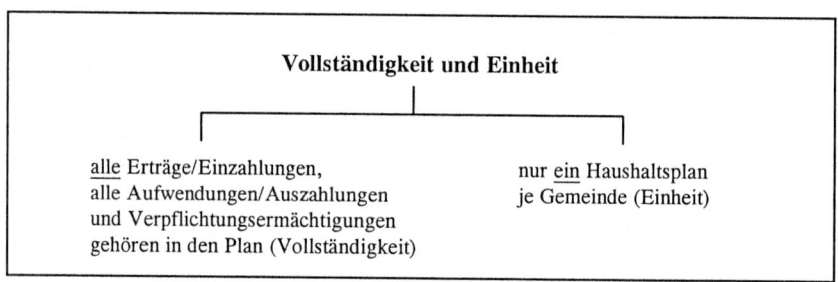

Vollständigkeit und Einheit

<u>alle</u> Erträge/Einzahlungen,
alle Aufwendungen/Auszahlungen
und Verpflichtungsermächtigungen
gehören in den Plan (Vollständigkeit)

nur <u>ein</u> Haushaltsplan
je Gemeinde (Einheit)

7.3.1.2   Vollständigkeit

Nach dem Grundsatz der Vollständigkeit soll gemäß § 95 Abs. 2 HGO sichergestellt werden, dass sich die **gesamte Haushaltswirtschaft** aus **dem Haushaltsplan** ergibt, um einen Gesamtüberblick der gemeindlichen Finanzen zu erhalten. Im Umkehrschluss ist es demnach unzulässig, Beträge außerhalb des Haushaltsplanes zu bewirtschaften.

Bewusstes bzw. fahrlässiges Weglassen oder Verschweigen von Erträgen/Einzahlungen und Aufwendungen/Auszahlungen widerspricht zudem auch dem Grundsatz der Haushaltswahrheit und -klarheit (Ziffer 7.3.3) und könnte ebenso den Grundsatz des Haushaltsausgleichs gefährden.[192] Der Grundsatz der Vollständigkeit wird allerdings durch die Regelung des § 8 Abs. 1 i. V. m. Nr. 1 Hw. zu § 8 GemHVO „durchbrochen", da der Nachtragshaushaltsplan - neben den Vorgängen, die sowieso zum Erlass einer Nachtrags-haushaltssatzung führen (§ 98 HGO) - nur **die wesentlichen Änderungen bei den Erträgen und Aufwendungen und den Einzahlungen und Auszahlungen enthalten**

---

[192] Vgl. Notheis/Ade, Das neue kommunale Haushaltsrecht Baden-Württemberg, Ziffer 4.2.3.

soll. Dies ist dem Grundsatz der Wirtschaftlichkeit geschuldet (siehe Ziffer 14.1.3). Allerdings hat das keine Auswirkungen auf die Rechnungslegung.

Da § 95 Abs. 2 HGO „nur" auf Erträge/Einzahlungen und Aufwendungen/Auszahlungen sowie auf die Verpflichtungsermächtigungen abstellt, ist im Zusammenhang mit dem Grundsatz der Vollständigkeit auf folgende Besonderheiten hinzuweisen:

* interne Leistungsbeziehungen
  Zur Darstellung des vollständigen Ressourcenverbrauchs und -aufkommens sind nach § 4 Abs. 3 i. V. m. Nr. 4 Hw. zu § 4 GemHVO sowie Nr. 2 Hw. zu § 2 GemHVO neben den Aufwendungen und Erträgen auch die Erlöse und Kosten aus internen Leistungsbeziehungen in den Teilergebnishaushalten abzubilden[193] (siehe Ziffer 6.5.2.4.1 und Kapitel 17).

* zu aktivierende Eigenleistungen[194]
  Zur Darstellung des vollständigen Ressourcenverbrauchs und -aufkommens sind auch die zu aktivierenden Eigenleistungen abzubilden. Dies wäre dann der Fall, wenn die Gemeinde mit eigenem Personal Vermögen schafft, z. B. die Mitarbeiter des Bauhofes erstellen Spielgeräte für den Kindergarten. Die entstehenden Aufwendungen für Personal und Material sind gemäß § 41 Abs. 3 GemHVO einschl. Hw. als Herstellungskosten anzusehen.[195] (siehe Ziffer 16.2.5 und Ziffer 17.1.3).

Ziel des Grundsatzes der Vollständigkeit ist es,

* die stetige Aufgabenerfüllung zu ermöglichen, denn nur wenn die Erträge/Einzahlungen, Aufwendungen/Auszahlungen und Verpflichtungsermächtigungen veranschlagt sind, besteht eine finanzielle Ermächtigungsgrundlage für den Gemeindevorstand[196].

* durch die Darstellung des gesamten Ressourcenverbrauchs und Ressourcenaufkommens eines Haushaltsjahres die Wahrung der intergenerativen Gerechtigkeit zu dokumentieren. Daneben wird das Vermögen einer objektiven Bewertung unterzogen.

* durch die Darstellung aller Einzahlungen und Auszahlungen eines Haushaltsjahres die Zahlungsfähigkeit/Liquidität zu sichern.

---

[193] Z. B. Inanspruchnahme des Bauhofes, Serviceleistungen des Fachdienstes Personal, der Gemeindekasse, des Rechtsamtes usw. Ausführlich siehe Nr. 4 Hw. zu § 4 GemHVO.
Insbesondere sind interne Leistungsverrechnungen in den Teilergebnishaushalten zu veranschlagen, in denen bei der Gebührenbemessung für die Leistung der Wasserversorgung und die Abwasserbeseitigung umweltpolitische Gesichtspunkte berücksichtigt werden, die über die aufgrund eines Gesetzes oder einer Rechtsverordnung bestehenden Vorgaben hinausgehen. Da die dadurch entstehenden Kosten abgabenrechtlich nicht den Benutzern der Einrichtung auferlegt werden können, sind deshalb dem Gebührenhaushalt durch interne Leistungsverrechnungen entsprechende Mittel der korrespondierenden Produktbereiche zuzuführen - siehe Nr. 2 Hw. zu § 93 HGO.
[194] Die Bezeichnung „zu aktivierende Eigenleistungen" beruht auf der Begebenheit, dass erst nach Verwirklichung der Maßnahme eine Aktivierung in der Vermögensrechnung (Bilanz) als „aktivierte Eigenleistungen" (vgl. Kontengruppe 52) erfolgen kann.
[195] Die aktivierbare Eigenleistung führt im Ergebnishaushalt zu einem ordentlichen Ertrag, z. B. könnte der Buchungssatz lauten: Spielgeräte Kindergarten an aktivierte Eigenleistungen.
[196] Vgl. § 92 Abs. 1 HGO i. V. m. § 96 HGO.

7.3.1.3 Ausnahmen zum Grundsatz der Vollständigkeit

Es gibt aber auch Einzahlungen und Auszahlungen, die zwar über die Finanzbuchhaltung abgewickelt werden, die aber letztlich **nicht zu veranschlagen** sind, da sie **nicht** in unmittelbarem Zusammenhang mit der gemeindlichen Aufgabenerfüllung stehen[197]. Gleichwohl sind diese Einzahlungen und Auszahlungen in der Finanzrechnung nachzuweisen[198] (§ 47 Abs. 2 und 3 GemHVO sowie Muster 16 und 17 zur GemHVO) und im Anhang zum Jahresabschluss anzugeben (§ 50 Abs. 2 Nr. 9 GemHVO). Um dies zu ermöglichen, ist ein Hauptbuch für Vorschüsse und Verwahrgelder und andere haushaltsunwirksame Vorgänge zu führen (Nr. 5, Satz 2 Hw. zu § 15 GemHVO). Es handelt sich dabei um „fremde Zahlungsmittel" gemäß § 15 GemHVO.

Unter Zahlungsmitteln im Sinne der GemHVO werden nach § 58 Nr. 38 GemHVO Bestände an Bargeld, Schecks und Guthaben auf Bankkonten verstanden. Die fremden Zahlungsmittel werden nach § 15 GemHVO wie folgt eingeteilt:

- **durchlaufende Zahlungsmittel und die zur Selbstbewirtschaftung zugewiesenen Mittel nach § 15 Abs. 1 GemHVO**

Durchlaufende Zahlungsmittel sind nach § 58 Nr. 10 GemHVO die Beträge, die für einen Dritten lediglich vereinnahmt und verausgabt werden. Sie stellen **rein kassenmäßige Vorgänge** dar, die aus der Wahrnehmung von Kassengeschäften für Dritte entstehen. Sie beschränken sich auf den eigentlichen Bereich der Kasse. Merkmal durchlaufender Zahlungsmittel ist auch die fehlende Entscheidungsbefugnis der Gemeinde, die praktisch nur eine Art Botentätigkeit ausübt (haushaltsunwirksame Vorgänge nach Nr. 1 Hw. zu § 15 GemHVO).

Bei den durchlaufenden Zahlungsmitteln handelt sich **insbesondere** um solche Zahlungsmittel, bei denen die Gemeinde

– aufgrund eines Gesetzes
– unmittelbar für den Haushalt eines anderen öffentlichen Auftraggebers

tätig wird, in dem sie vereinnahmt oder verausgabt.

Beispiele hierfür sind:

- Weiterleitung der Gemeindeschlüsselzuweisungen durch die Landkreise nach § 14 FAG
- Landeszuweisung an den Landkreis für den Ausbau von gemeindlichen Kindergärten nach § 33 Abs. 1 Satz 1 Nr. 6 FAG (projektbezogene Zuweisung zum Ausbau von Kinderbetreuungseinrichtungen). Die Zuweisung wird zwar dem Landkreis bewilligt, ist aber aufgrund der gesetzlichen Zweckbestimmung der jeweiligen Gemeinde zuzuordnen und weiterzuleiten.[199]
- Lohnsteuer und Arbeitnehmeranteile der Sozialversicherung

---

[197] Amerkamp/Kröckel/Rauber, Gemeindehaushaltsrecht Hessen, Kommentar, Erl. zu § 15 GemHVO, Rdnr. 2.

[198] Vgl. Nr. 5 zu § 15 GemHVO.

[199] Vgl. Amerkamp/Kröckel/Rauber, Gemeindehaushalt Hessen, Kommentar, Erl. zu § 38 Rdnr. 26.

- Abrechnung der Umsatzsteuer bei Betrieben gewerblicher Art (Nr. 3 Hw. zu § 15 GemHVO)[200], siehe hierzu auch Ziffer 7.3.4.2
- Beträge aus der Zwangsvollstreckung öffentlich-rechtlicher Geldforderungen aufgrund von Vollstreckungsersuchen fremder Kassen (§ 1 Abs. 1 Satz 2 GemKVO)
- Beträge aus der Zwangsvollstreckung für die Tierseuchenkasse (§ 5 Abs. 9 Hess. Ausführungsgesetz zum Tierseuchengesetz)[201] [202]
- Aufwendungen und Auszahlungen der Delegationsgemeinden, die die Aufgaben nach § 4 HAG SGB XII für die Landkreise durchführen. Die Kosten werden den Delegationsgemeinden von den Landkreisen erstattet (und bei den Landkreisen auch im Haushalt veranschlagt)[203]
- Finanzwirtschaftliche Vorgänge, die von der Gemeinde im Rahmen der für einen Verband (Zweckverband, Wasser- und Bodenverband), bei dem die Gemeinde Mitglied ist, übernommenen Geschäftsführung abgewickelt werden nach Nr. 2 Hw. zu § 15 GemHVO (sogenannte fremde Kassengeschäfte nach § 2 GemKVO, siehe Ziffer 13.6.1.2)

Ebenfalls nicht veranschlagt werden die der Gemeinde zur Selbstbewirtschaftung zugewiesenen Mittel. Hier erhält die Gemeinde von der anderen juristischen Person des öffentlichen Rechts Mittel tatsächlich überwiesen. Aus diesen fremden Mitteln werden dann die entsprechenden Auszahlungen geleistet.

- **fremde Zahlungsmittel nach § 15 Abs. 2 GemHVO**

Eine Veranschlagung erfolgt auch nicht bei

- Zahlungsmittel, die eine Kasse des zur Übernahme der Kosten endgültig verpflichteten Aufgabenträgers an Stelle der Gemeindekasse einnimmt oder ausgibt,
- Zahlungsmittel, die eine andere Kasse, die unmittelbar mit dem zur Übernahme der Kosten endgültig verpflichteten Aufgabenträgers abrechnet oder an Stelle der Gemeindekasse einnimmt oder ausgibt.

---

[200] Nr. 3 Hw. zu § 15 GemHVO: *„Führt die Gemeinde einen Betrieb gewerblicher Art (z. B. Hallenbad) in ihrem Haushalt, werden im Falle der Vorsteuerabzugsberechtigung (§ 15 UStG) die auf seine Erträge und Einzahlungen entfallende Umsatzsteuer und die bei den Aufwendungen und Auszahlungen anfallende Vorsteuer im Verwahr- und Vorschussbuch gebucht und zu den Zahlungsterminen mit dem Finanzamt abgerechnet.“* Eine Veranschlagung der Umsatz- bzw. Vorsteuerbeträge erfolgt nicht.

[201] Siehe Hess. Ausführungsgesetz zum Tierseuchengesetz (HAGTierSG) vom 14.12.2010 (GVBl. I, S. 623) sowie Amerkamp/Kröckel/Rauber, Gemeindehaushaltsrecht Hessen, Kommentar, Erl. zu § 15 GemHVO, Rdnr. 3.

[202] Für Gemeinden ohne eigene Vollstreckungsstelle vollstreckt die Kasse des Landkreises. Die weiterzuleitenden Beträge sind nicht zu veranschlagen. Die in diesem Zusammenhang entstehenden Gebühren und Auslagen der Vollstreckungsstelle sind hingegen im Haushalt des Landkreises bzw. der Gemeinde zu veranschlagen, da es sich hier um Entgelte für Leistungen handelt. Vgl. Amerkamp/Kröckel/Rauber, Gemeindehaushaltsrecht Hessen, Kommentar, Erl. zu § 15 GemHVO, Rdnr. 3.

[203] Amerkamp/Kröckel/Rauber, Gemeindehaushaltsrecht Hessen, Kommentar, Erl. zu § 15 GemHVO, Rdnr. 5.

Der Unterschied zu § 15 Abs. 1 GemHVO liegt darin, dass in diesem Fall zwar auch die Gemeinde tätig wird, sie aber den endgültigen Kostenträger direkt zur Zahlung veranlasst, also **keine finanzielle Abwicklung durch die Gemeindekasse** erfolgt. Beispiel hierfür ist insbesondere das Wohngeld, das von der Gemeinde bzw. dem Landkreis ermittelt und festgesetzt wird, die Auszahlung erfolgt jedoch nicht durch die Gemeindekasse, sondern durch die zuständige Staatskasse, die von der Gemeinde direkt zur Zahlung angewiesen wird (§ 1 Abs. 1 Satz 1 der Verordnung über die für die Gewährung von Wohngeld zuständigen Stellen).[204]

Vollständigkeitshalber wird an dieser Stelle auch auf folgenden Sachverhalt hingewiesen, die nicht im Haushalt zu veranschlagen sind:

Einzahlungen und Auszahlungen, die irrtümlich bei der Gemeindekasse eingegangen und zurückgezahlt bzw. weitergeleitet werden (§ 10 Abs. 2 Nr. 2 und Abs. 3 Nr. 2 GemKVO). Diese Einzahlungen und Auszahlungen können auch aus der Natur der Sache heraus nicht veranschlagt, sondern nur über die Finanzbuchhaltung abgewickelt werden.

7.3.1.4 Besonderheiten zum Grundsatz der Vollständigkeit

Eine Besonderheit stellen die

- „Veranschlagung" und „Abwicklung" von Kassenkrediten (§ 105 HGO) und
- „Veranschlagung" der Zuführung eines Überschusses an die Rücklage sowie die Entnahme aus einer Rücklage zum Ausgleich des Haushalts (§ 24 GemHVO)

dar.

• Veranschlagung der Kassenkredite

Klar und eindeutig geregelt ist in der HGO, dass der „Höchstbetrag der Kassenkredite" in der Haushaltssatzung **„festzusetzen"** ist (siehe Ziffer 11.2.2.4). Eine Darstellung bzw. **Veranschlagung** der Einzahlungen aus der Aufnahme von Kassenkrediten und den Auszahlungen zur Rückzahlung von Kassenkrediten **im Haushalt**, insbesondere im Finanzhaushalt, ist allerdings weder nach der direkten noch nach der indirekten Methode vorgesehen (siehe § 3 Abs. 1 und 2 GemHVO sowie in den Mustern 8 und 9).[205] [206]Dies wird damit begründet, dass es sich hier weder um Erträge und Aufwendungen des Ergebnishaushalts handelt, noch um Einzahlungen und Auszahlungen des Finanzhaushalts, da durch diese Transaktionen lediglich der Bestand der flüssigen Mittel (Kassenbestand) verändert wird, Nr. 4 Hw. zu § 15 GemHVO.

---

[204] Amerkamp/Kröckel/Rauber, Gemeindehaushaltsrecht Hessen, Kommentar, Erl. zu § 15 GemHVO, Rdnr. 6.
[205] Vgl. Nr. 3 Hw. zu § 105 HGO.
[206] Vgl. Nr. 9 Satz 3 Hw. zu § 4 GemHVO.

• **Kassentechnische Abwicklung der Kassenkredite**

Buchungs- bzw. kassentechnisch sind die Aufnahme von Kassenkrediten und deren Rückzahlung hingegen - wie **Zahlungsmittel nach § 15 GemHVO** (fremde Zahlungsmittel) - in der **Finanzrechnung** nachzuweisen, Nr. 9 Satz 3 Hw. zu § 4 GemHVO. Nr. 3 Hw. zu § 105 HGO schreibt vor, dass diese Zahlungsvorgänge im Hauptbuch für fremde Zahlungsmittel (Verwahr- und Vorschussbuch) nachgewiesen und sowohl in der direkten (§ 47 Abs. 2 Nr. 35 und 36 GemHVO) als auch in der indirekten (§ 47 Abs. 3 Nr. 16 und 17 GemHVO) Finanzrechnung dargestellt werden müssen (vgl. Muster 16 und 17 zu GemHVO). Der Bestand an noch nicht zurückgezahlten Kassenkrediten am Stichtag des Jahresabschlusses ist in der Bilanz auf der Passivseite unter „Verbindlichkeiten aus Kreditaufnahmen für die Liquiditätssicherung", § 49 Abs. 4 Nr. 4.3 GemHVO, anzugeben (Nr. 4 Hw. zu § 105 HGO).

Losgelöst von der oben stehenden Problematik sind in jedem Fall die **Zinsen für die Kassenkredite als ordentliche Aufwendungen** nach § 2 Abs. 1 Nr. 19 GemHVO sowohl im Ergebnishaushalt als auch im Teilergebnishaushalt (§ 4 Abs. 3 GemHVO) zu veranschlagen. Da die Zinsen für Kassenkredite auch einen Mittelabfluss bewirken, d. h. zahlungswirksam werden, werden sie auch im Finanzhaushalt (Auszahlungen aus laufender Verwaltungstätigkeit) berücksichtigt.

• **Veranschlagung der Zuführung eines Überschusses an die Rücklage sowie die Entnahme aus einer Rücklage zum Ausgleich des Haushalts**

Nach Nr. 5 Hw. zu § 24 GemHVO sind im Rahmen der Veranschlagung (Haushaltsplanung) weder die Zuführung eines Überschusses an die Rücklage (§ 24 Abs. 1 GemHVO) noch die Entnahme aus einer Rücklage zum Ausgleich des Haushalts (§ 24 Abs. 3 GemHVO) darzustellen, da es sich auch in diesen Fällen weder um Aufwendungen noch um Erträge des Ergebnishaushalts handelt (siehe Ziffer 10.2.1.1).

Im Falle eines Überschusses im Ergebnishaushalt ist dieser Überschuss im Haushalt Muster 7 auszuweisen. Erst bei der Aufstellung des Jahresabschlusses wird dann der Überschuss

a) des ordentlichen Ergebnisses der Rücklage des ordentlichen Ergebnisses zugeführt (§ 23 Abs. 1 GemHVO)

b) des außerordentlichen Ergebnisses der Rücklage des außerordentlichen Ergebnisses zugeführt (§ 23 Abs. 1 GemHVO)

Im Falle der Entnahme aus einer Rücklage zum Ausgleich des Haushalts im Rahmen der Veranschlagung (Haushaltsaufstellung) ist zunächst im Ergebnishaushalt das geplante Defizit (Fehlbedarf) auszuweisen. In der Praxis wird in diesem Fall am Ende des Muster 7 (Ergebnishaushalt) aus Gründen der Verbesserung der Aussagefähigkeit[207] eine zusätzliche Zeile ergänzt, um die geplante Entnahme aus einer Rücklage zu dokumentieren. Dies führt aber zu keiner Veranschlagung.

---

[207] Vgl. Hw. zu § 60 GemHVO.

7.3.1.5 Einheit

Die Gemeinde stellt nur **einen** Haushaltsplan für das Haushaltsjahr auf. Dieser Veranschlagungsgrundsatz der sachlichen Einheit ist aus mehreren Bestimmungen, insbesondere der Gemeindeordnung, zu entnehmen, z. B.

- nach § 94 Abs. 1 HGO hat die Gemeinde für jedes Jahr nur **eine** Haushaltssatzung zu erlassen, dessen Anlage **der** Haushaltsplan ist.
- in § 95 HGO ist nur die Rede vom **dem Haushaltsplan**, der alle im Haushaltsjahr für die Erfüllung der Aufgaben eingehenden Erträge und Einzahlungen, zu leistenden Aufwendungen und Auszahlungen sowie die notwendigen Verpflichtungsermächtigungen enthält und der die Grundlage für die Haushaltswirtschaft der Gemeinde darstellt.

Es gilt der Grundsatz des **Einheitshaushaltsplanes**, d. h. alle nach dem Grundsatz der Vollständigkeit erforderlichen Veranschlagungen sind grundsätzlich in einem einzigen Haushaltsplan vorzunehmen. Neben- oder Schattenhaushalte sind nicht zulässig.

Der Grundsatz der Einheit kann ebenso aus der Perspektive der „Einheitlichkeit" der Darstellung der Haushaltssatzung und des Haushaltsplanes gesehen werden; hierzu trägt die verbindliche Vorgabe der Muster nach § 60 GemHVO bei.

7.3.1.6 Ausnahmen zum Grundsatz der Einheit

Als Ausnahmen zum Grundsatz der Einheit des Haushaltsplanes werden diejenigen Regelungen der Haushaltswirtschaft bezeichnet, die es bestimmten Einrichtungen **vorschreiben** bzw. **erlauben**, Sonderpläne einzurichten.

Ausnahmen zur Einheit

☞ Eigenbetriebe (§ 115 Abs. 1 Nr. 3 HGO)

☞ rechtlich selbstständige Stiftungen (§ 116 Abs. 1 HGO)

☞ rechtlich unselbstständige Versicherungs- und Versorgungseinrichtungen (§ 115 Abs. 1 Nr. 4 HGO)

☞ Eigen- und Beteiligungsgesellschaften aufgrund von Sondergesetzen (§ 122 HGO)

☞ Rechtsfähige Anstalten des öffentlichen Rechts (§ 126a HGO)

• Für wirtschaftliche Unternehmen ohne eigene Rechtspersönlichkeit und öffentliche Einrichtungen, für die aufgrund gesetzlicher Vorschriften Sonderrechnungen geführt werden (Eigenbetriebe), sind nach § 115 Abs. 1 Nr. 3 i. V. m. § 127 HGO besondere Wirtschaftspläne aufzustellen. Dies gilt ebenso für eigenbetriebsähnliche Einrichtungen nach § 121 Abs. 2 HGO.

• Für rechtlich selbstständige Stiftungen sowie Vermögen, die die Gemeinde treuhänderisch zu verwalten hat, sind Sonderhaushaltspläne nach § 116 HGO verbindlich vorgeschrieben. Das gilt aber nicht für **unbedeutende** Treuhandvermögen (§ 116 Abs. 2 HGO) und rechtlich unselbstständige Stiftungen (§ 115 Abs. 2 HGO), die im Haushalt der Gemeinde gesondert nachzuweisen sind.

• Für rechtlich unselbstständige Versorgungs- und Versicherungseinrichtungen der Gemeinde sind Sonderhaushaltspläne nach § 115 Abs. 1 Nr. 4 i. V. m. Abs. 4 HGO aufzustellen. Beispiel sind Zusatzversorgungskassen und Krankenversicherungen, die von Gemeinden geführt werden, jedoch in der Praxis eher selten vorkommen.

• Für Eigen- oder Beteiligungsgesellschaften (§ 122 HGO), die auf Grund ihrer rechtlichen Selbständigkeit nach Sondergesetzen (AktG, GmbHG) planen und Rechnung zu legen haben.

• Für rechtsfähige Anstalten des öffentlichen Rechts ist ein eigener Haushalt aufstellen, für den die Bestimmungen des Sechsten Teils der HGO einschließlich der dazu ergangenen Durchführungsbestimmungen entsprechend gelten (§ 126a HGO). Ist die rechtsfähige Anstalt des öffentlichen Rechts überwiegend wirtschaftlich tätig, so kann sie in ihrer Satzung bestimmen, dass für die Wirtschafts- und Haushaltsführung die Vorschriften über die Eigenbetriebe sinngemäß angewendet werden (§ 126a Abs. 9 Satz 4 HGO).

Allerdings erfolgt durch die Pflichtanlagen nach § 1 Abs. 4 Nr. 9 und 10 GemHVO (Ziffer 6.6) sowie durch den nach § 112 Abs. 5 HGO vorgeschriebenen zusammengefassten Jahresabschluss (Ziffer 15.8.3) immer noch eine Einbindung in den Haushalt. Darüber hinaus dient auch der Beteiligungsbericht nach § 123a HGO als Informationsquelle für die Gemeindevertretung und die Öffentlichkeit, der zwar ebenfalls jährlich, jedoch vom Haushalt unabhängig, zu erstellen ist.

7.3.1.7 Übungen

Sachverhalt Nr. 1

Die Gemeinde E möchte folgende Einrichtungen in finanzieller Hinsicht im Haushaltsplan nachweisen:

a) Wasserwerk (Aktiengesellschaft, deren Kapital zu 100 % im Eigentum der Gemeinde steht),

b) Wohlfahrtsstiftung, die von der Gemeinde errichtet wurde und verwaltet wird (juristische Person des öffentlichen Rechts)[208],

---

[208] Hierbei wird unterstellt, dass die Voraussetzungen des § 120 HGO erfüllt sind.

c)   Abfallbeseitigung (Regiebetrieb),
d)   Gaswerk als Eigenbetrieb,
e)   rechtlich unselbstständige Schulstiftung und
f)   Stadtwerke GmbH

Aufgabe:

Begutachten Sie die Zulässigkeit der gemeindlichen Absicht.

Lösung:

a)   Die Gemeinde betätigt sich in einer privatrechtlichen Rechtsform, und zwar in der
     Form einer Kapitalgesellschaft (juristische Person des privaten Rechts). Da das
     Kapital (Aktien) zu 100 % von der Gemeinde gehalten wird, handelt es sich um eine
     Eigengesellschaft.

     Die Gemeinde hat die Rechtsform einer Aktiengesellschaft gewählt, so dass für die
     Planung und Rechnungslegung das Aktiengesetz – nicht die HGO – anzuwenden ist.
     Eine Veranschlagung im Haushaltsplan ist wegen der rechtlichen Selbständigkeit und
     aktienrechtlicher Bestimmungen nicht möglich. Allerdings sind nach § 1 Abs. 4
     Nr. 10 GemHVO der Wirtschaftsplan und der neueste Jahresabschluss (Bilanz-
     sowie Gewinn- und Verlustrechnung) dem Haushaltsplan als Pflichtanlage beizu-
     fügen. Darüber hinaus ist nach § 112 Abs. 5 Nr. 2 HGO der Jahresabschluss der
     Aktiengesellschaft der Gemeinde mit dem Jahresabschluss der Aktiengesellschaft
     zusammenzufassen (konsolidierter Jahresabschluss).

b)   Diese Wohlfahrtsstiftung ist eine juristische Person des öffentlichen Rechts und dem-
     zufolge rechtlich selbstständig. Nach § 116 Abs. 1 HGO ist in diesen Fällen ein
     besonderer Haushaltsplan aufzustellen; eine Veranschlagung im Haushaltsplan der
     Gemeinde ist unzulässig. Es ist umstritten, ob es sich hier um eine Pflichtanlage
     nach § 1 Abs. 4 Nr. 10 GemHVO handelt, da hier keine Beteiligung vorliegt. Nach
     Nr. 10 Hw. zu § 1 GemHVO ist es der Gemeinde freigestellt, dem Haushaltsplan
     weitere Anlagen beizufügen. Da nach dem Sachverhalt die Voraussetzungen für die
     Einbeziehung in den Gesamtabschluss gegeben sind, erfolgt nach § 112 Abs. 5 Nr. 4
     HGO eine Einbindung in den vorgeschriebenen konsolidierten Jahresabschluss der
     Gemeinde.

c)   Die Abfallbeseitigung wird als Regiebetrieb geführt. Der Regiebetrieb ist im Gegen-
     satz zum Eigenbetrieb eine rechtlich, organisatorisch, personell und haushaltsrecht-
     lich komplett in die Gemeinde eingegliederte Organisationsform. Die Aufnahme der
     Abfallbeseitigung in den Haushaltsplan ist nicht nur zulässig, sondern auch ver-
     pflichtend, da die öffentlichen Aufgaben (Produkte) unmittelbar von der eigentlichen
     Verwaltung erfüllt werden. Es liegt keine Ausnahme vom Grundsatz der Vollstän-
     digkeit und Einheit vor.

d)   Das Gaswerk wird als Eigenbetrieb geführt. Es handelt sich um ein wirtschaftliches
     Unternehmen ohne eigene Rechtspersönlichkeit, bei dem die Wirtschaftsführung,
     Vermögensverwaltung und Rechnungslegung so einzurichten ist, dass sie eine vom

übrigen Gemeindevermögen abgesonderte Betrachtung der Verwaltung und des Ergebnisses ermöglichen (§ 127 Abs. 1 HGO). Nach § 115 Abs. 1 Nr. 3 i. V. m. § 127 Abs. 3 HGO sind aufgrund des Eigenbetriebsgesetzes Sonderrechnungen zu führen. Eine Veranschlagung im Haushaltsplan ist demnach unzulässig.

Zu beachten sind auch hier die Vorschriften nach § 1 Abs. 4 Nr. 9 (Pflichtanlagen) und § 112 Abs. 5 Nr. 1 HGO (konsolidierter Jahresabschluss).

e) Die rechtlich unselbstständige Schulstiftung gehört zwar zum Sondervermögen einer Gemeinde gemäß § 115 Abs. 1 Nr. 2 HGO. Jedoch unterliegt dieses Sondervermögen den Vorschriften der Haushaltswirtschaft. Die Aufnahme der Schulstiftung in den Haushaltsplan ist gemäß § 115 Abs. 2 HGO geboten. Sie ist aber gesondert im Haushalt nachzuweisen.

f) Bei der Stadtwerke GmbH handelt es sich – ebenfalls wie im Fall a) – um eine privatrechtliche Rechtsform in der Gestalt einer Kapitalgesellschaft. Hier ist für die Planung und Rechnungslegung das GmbH-Gesetz – nicht die HGO – einschlägig.

Des Weiteren siehe Lösung wie zu Fall a)

Sachverhalt Nr. 2

Im Rahmen der Aufgabenerfüllung der Gemeinde fallen folgende Geschäftsvorfälle an:

a) Das Sporthaus M überweist zur Erlangung einer Zuwendungsbestätigung (Spendenquittung) 1.000 €, die von der Gemeinde an den örtlichen Sportverein weitergeleitet werden sollen.

b) Der Fachbereich Jugend, Familie und Soziales bewirkt die Leistungen nach dem Bundesausbildungsförderungsgesetz (BAFöG) unmittelbar aus den Mitteln des Landeshaushalts[209] (endgültig verpflichteter Aufgabenträger).

c) Der Landkreis W leitet die vom Land Hessen im Rahmen des Lasten- und Finanzausgleichs gewährten Gemeindeschlüsselzuweisungen nach § 8 ff. FAG an die kreisangehörigen Städte und Gemeinden weiter.

Aufgabe:

Begutachten Sie, ob die vorstehenden Geschäftsvorgänge über den Haushaltsplan abzuwickeln sind.

---

[209] Im Rahmen der Auftragsverwaltung führen die Länder das Gesetz im Auftrag des Bundes aus (§ 39 BAFöG).

Lösung:

a) Dieses Verfahren dient zur Ausstellung einer Zuwendungsbestätigung (Spenden-bescheinigung), welches heute nur noch vereinzelt praktiziert wird, da Vereine, die vom Finanzamt als gemeinnützig anerkannt sind, selbst Spendenbescheinigungen ausstellen dürfen.

Bei der Spende des Sporthauses M handelt es sich nach der Definition des § 58 Nr. 10 GemHVO um Beträge, die für einen Dritten – hier: örtlicher Sportverein – lediglich vereinnahmt und verausgabt werden, demnach um durchlaufende Zahlungsmittel. Eine Veranschlagung im Haushaltsplan ist somit gemäß § 15 Abs. 1 GemHVO unzulässig.

b) Der Fachbereich Jugend, Familie und Soziales bewirtschaftet hier Zahlungsmittel, die durch die Wahrnehmung von Aufgaben eines anderen öffentlichen Aufgaben-trägers entstehen. Da die angesprochenen Zahlungsmittelflüsse nicht über die Bücher der Gemeinde abgewickelt werden, dürfen sie nach § 15 Abs. 2 GemHVO nicht im gemeindlichen Haushaltsplan veranschlagt werden.

c) Nach § 14 FAG werden die Gemeindeschlüsselzuweisungen für die kreisangehörigen Städte und Gemeinden den Landkreisen überwiesen. Die Landkreise haben sie unverzüglich weiterzuleiten. Sie dürfen nur mit Forderungen auf rückständige Kreis-umlage aufgerechnet werden.[210] Fraglich ist, ob es sich hier **aus Sicht des Land-kreises W** um durchlaufende Zahlungsmittel im Sinne von § 15 Abs. 1 GemHVO handelt. Hiernach sind durchlaufende Zahlungsmittel insbesondere solche, die aufgrund eines Gesetzes unmittelbar für den Haushalt eines anderen öffentlichen Aufgabenträgers eingenommen oder ausgegeben werden. Diese Voraussetzungen liegen hier vor, mit der Konsequenz, dass hier eine Ausnahme vom Grundsatz der Vollständigkeit vorliegt. Eine Veranschlagung im Haushalt des Landkreises W erfolgt nicht.

Aus Sicht der kreisangehörigen Städte und Gemeinden handelt es sich um ordent-liche Erträge, die nach § 4 Abs. 3 i. V. m. § 2 Abs. 1 Nr. 7 GemHVO im Teil-ergebnishaushalt für den Produktbereich 16 zu veranschlagen sind.

7.3.2   Periodenabgrenzung und Kassenwirksamkeitsprinzip

7.3.2.1   Einführung

Die Termini „Grundsatz der Periodenabgrenzung" und „Kassenwirksamkeitsprinzip" lassen sich in Hessen aus der Nr. 1 Hw. zu § 10 GemHVO ableiten. In anderen Bundes-ländern wird von dem Periodisierungs- und Kassenwirksamkeitsprinzip[211] (Nieder-sachsen) oder von dem Grundsatz der periodengerechten Zuordnung der Finanz-vorfälle[212] (Nordrhein-Westfalen) gesprochen. Unabhängig von den unterschiedlichen

---

[210] Vgl. § 14 Satz 3 FAG.
[211] Vgl. Rose, Kommunale Finanzwirtschaft Niedersachsen, Kap. 7.4.
[212] Vgl. Bernhardt u. a., Kommunales Finanzmanagement NRW, Kap. 9.3.3.

Bezeichnungen dieser Planungsgrundsätze geht es um den Zeitpunkt und die Höhe der Veranschlagung der Erträge und Aufwendungen sowie der Einzahlungen und Auszahlungen bezogen auf das jeweilige Haushaltsjahr.

Bereits aus § 95 Abs. 2 HGO ergibt sich, dass der Haushaltsplan nur die „im Haushaltsjahr" voraussichtlich anfallenden Erträge und eingehenden Einzahlungen, entstehenden Aufwendungen und zu leistenden Auszahlungen sowie die benötigten Verpflichtungsermächtigungen enthalten darf. § 10 Abs. 2 GemHVO konkretisiert diese Bestimmung und unterscheidet in zwei Prinzipien:

⇨ **Periodenabgrenzung** für Aufwendungen und Erträge im Ergebnishaushalt,
⇨ **Kassenwirksamkeitsprinzip** für Auszahlungen und Einzahlungen im Finanzhaushalt.

Nicht explizit angeführt sind in § 10 GemHVO die Verpflichtungsermächtigungen, obwohl auch sie nach § 95 Abs. 2 HGO ebenso im Haushaltsplan zu „planen" und zu veranschlagen sind. Für die Verpflichtungsermächtigungen findet das Kassenwirksamkeitsprinzip sinngemäß Anwendung (siehe auch Ziffer 8.3.1).

7.3.2.2 Periodenabgrenzung im Ergebnishaushalt

Nach § 10 Abs. 2 GemHVO sind die Erträge (§ 58 Nr. 14 GemHVO) und Aufwendungen (§ 58 Nr. 4 GemHVO) des Ergebnishaushaltes in ihrer voraussichtlichen Höhe (unter Berücksichtigung des Grundsatzes der Haushaltswahrheit, Ziffer 7.3.3.2) in dem Haushaltsjahr zu veranschlagen, dem sie **wirtschaftlich** zuzurechnen sind. Damit wird der Ergebnishaushalt der Aufgabe gerecht, die Quellen und Ursachen des Ressourcenaufkommens und des Ressourcenverbrauchs aufzuzeigen[213]. Dies setzt allerdings voraus, dass stringent abgegrenzt wird, in welcher Periode (Haushaltsjahr) die Aufwendungen und Erträge **wirtschaftlich verursacht** werden, unabhängig von der tatsächlichen Zahlung (Nr. 1 Hw. zu § 10 GemHVO). Auch die internen Leistungsverrechnungen, die nach dem Grundsatz der Vollständigkeit in den jeweiligen Teilergebnishaushalten abgebildet werden (siehe Ziffer 7.3.1.2), sind periodengerecht zu veranschlagen. Damit wird die Planung des Ergebnisses verursachungsgerecht auf das Haushaltsjahr begrenzt. In diesem Zusammenhang spricht man auch von dem Grundsatz der Verursachungsgerechtigkeit.[214] Gerade diese Verursachungsgerechtigkeit trägt dem Prinzip der „**intergenerativen Gerechtigkeit**" Rechnung (Ziffer 1.5.2).

Dieser Grundsatz gilt nicht nur für die Planung des Ergebnishaushalts (§ 10 Abs. 2 GemHVO), sondern auch für die kommunale Bilanz nach § 40 Nr. 4 GemHVO (Ziffer 16.2.8.4).

Zur Verdeutlichung des Grundsatzes der Periodenabgrenzung sollen folgende **Beispiele** beitragen:

---

[213] Vgl. LT-Drs. 16/2463, S. 28 – 48, Begründung zu § 114 b Abs. 3 HGO (jetzt: § 95 HGO).
[214] Vgl. Bellefontaine u. a., Kommunale Doppik Rheinland-Pfalz, Kommentar zu § 9 GemHVO, Nr. 7.

⇨ Zur Reinigung der Straßen und Gehwege wird für den Bauhof der Gemeinde zum 01.01.2014 eine neue Kehrmaschine im Wert von 10.000 € angeschafft. Es wird davon ausgegangen, dass diese Kehrmaschine vier Jahre genutzt werden kann.

Da die Kehrmaschine vier Jahre genutzt wird, sind dem Haushaltsjahr 2014 nur ¼ der Anschaffungskosten verursachungsgerecht zuzuordnen, d. h. das Haushaltsjahr 2014 ist mit Aufwand für Abschreibungen (Wertminderung des Vermögensgegenstandes) in Höhe von 2.500 € zu belasten.

⇨ Die Kraftfahrzeugsteuer für den Dienstwagen des Bürgermeisters beträgt für den Zeitraum 01.10.2014 bis 30.09.2015 insgesamt 400 €. Es handelt sich um eine Jahressteuer, die zum 01.10.2014 zu bezahlen ist.

Das Haushaltsjahr 2014 darf wirtschaftlich nur für drei Monate mit dem Aufwand für Kraftfahrzeugsteuer belastet werden, d. h. nur mit 100 €. Die restlichen 300 € werden erst im nächsten Jahr (2015) zu Aufwand. Im Jahresabschluss 2014 ist der ergebnisunwirksame Betrag von 300 € als aktiver Rechnungsabgrenzungsposten auszuweisen (Ziffer 16.3.3).

⇨ Die Gemeinde erhebt für die 25-jährige Bereitstellung eines Familiengrabes im Haushaltsjahr 2014 eine Gebühr von 1.500 € für die Grabnutzung, die im Haushaltsjahr 2014 in voller Höhe zu bezahlen ist.

Nach der Periodenabgrenzung muss diese Gebühr als Ertrag auf die 25 Jahre (Zeitraum des Nutzungsrechts) verteilt werden, d. h. im Jahr 2014 sind verursachungsgerecht 60 € als Ressourcenaufkommen zu veranschlagen. Der restliche Betrag in Höhe von 1.440 € ist im Jahresabschluss 2014 als passiver Rechnungsabgrenzungsposten auszuweisen (Ziffer 16.3.8) und über den restlichen Zeitraum des Nutzungsrechts ebenfalls mit jährlich 60 € als Ertrag zu berücksichtigen, in dieser Höhe wird der passive Rechnungsabgrenzungsposten jährlich aufgelöst.

Bei den vorgenannten Beispielen handelt es sich um Aufwendungen bzw. Erträge, die hinsichtlich ihrer wirtschaftlichen Zuordnung **teilweise in die Periode des laufenden und teilweise eines späteren Haushaltsjahres** fallen. Soweit es sich allerdings um Aufwendungen und Erträge handelt, die ein bereits abgelaufenes Jahr betreffen **und** im Einzelfall erheblich sind, aber keine Berücksichtigung mehr im Rahmen des Jahresabschlusses finden konnten, sind sie als **periodenfremde** Vorgänge und damit als außerordentliche Aufwendungen und Erträge nach § 58 Nr. 5 GemHVO zu erfassen (siehe auch Ziffer 6.5.1.1 und Kapitel 17).[215]

Beispiele:

⇨ Zuweisung des Landes im Haushaltsjahr 2014 für Hochwasserschäden an Schulen im Haushaltsjahr 2012[216] (Erheblichkeit wird hier unterstellt)

Es handelt sich hier um einen periodenfremden Ertrag im Haushaltsjahr 2014, da der Grund für die Zuweisung – nämlich die Hochwasserschäden – bereits im Haushaltsjahr 2012 vorlag.

---

[215] Vgl. Amerkamp/Kröckel/Rauber, Gemeindehaushaltsrecht Hessen, Kommentar, Erl. zu § 40 GemHVO, Rdnr. 34.

[216] Die Ausnahmeregelung nach § 16 Abs. 1 GemHVO greift hier nicht, da es sich nicht um eine „allgemeine" Zuweisung handelt (siehe Ziffer 7.3.2.4).

⇨ In Vorjahren wurden Rückstellungen zum Ausgleich der aufgelaufenen Verluste des Eigenbetriebs Abfallwirtschaft in unzureichender Höhe gebildet. Aufgrund der Verpflichtung zum Ausgleich wird im Haushaltsjahr 2014 der aufgelaufene Verlust 2011 abgedeckt (§ 11 Abs. 6 EigBGes).

Aus der Perspektive des Haushaltsjahres 2014 handelt es sich hier um einen periodenfremden Aufwand, der nicht im laufenden Haushaltsjahr (2014), sondern in Vorjahren wirtschaftlich verursacht wurde.

Abschließend noch Beispiele, bei denen die Aufwendungen und Erträge **wirtschaftlich im laufenden Haushaltsjahr verursacht** werden, die tatsächliche Zahlung aber erst in folgenden Jahren erfolgt:

⇨ Das auf dem Bankkonto bei der Sparkasse verfügbare Bankguthaben wird zum Teil vom 02.11.2014 bis 02.01.2015 sicher angelegt (Festgeld), da es zur Zeit für Auszahlungen nicht benötigt wird. Die Zinsgutschrift erfolgt nach Ablauf der Festgeldanlage.
Die Zahlung der Zinserträge für das Festgeld, die im Geschäftsverkehr üblicherweise nachträglich erfolgt – hier im Jahr 2015 –, stellt Ressourcenaufkommen für das Haushaltsjahr 2014 dar.

⇨ Beamter A arbeitet vom 01.01.2014 bis 31.12.2014 im Fachdienst Zentrale Dienste. Neben seinen Beamtenbezügen, die monatlich ausgezahlt werden, erhöht sich der Pensionsanspruch, der nach Eintritt in den Ruhestand zu Zahlungen führt.

Da durch seine Arbeitsleistung im Haushaltsjahr 2014 die Erhöhung des Pensionsanspruchs verursacht wurde, muss nach dem Grundsatz der Periodenabgrenzung auch in diesem Jahr der Aufwand berücksichtigt werden (Zuführung zu Pensionsrückstellungen). Die Auszahlung erfolgt erst in späteren Jahren, nämlich dann, wenn der Beamte A in den Ruhestand getreten ist (Ziffer 16.3.6.2).

7.3.2.3 Besonderheit bei der Veranschlagung von Personalaufwendungen

Ausdrücklich geregelt ist der Grundsatz der Periodenabgrenzung für die Beamtenbezüge in § 16 Abs. 2 Satz 2 GemHVO. Hiernach sind die für den ersten Monat des Haushaltsjahres (z. B. Januar 2014) vor dessen Beginn **zu zahlenden Beträge** für Personalaufwendungen (Auszahlung der Dienst- und Versorgungsbezüge für Beamte für den Monat Januar 2014 erfolgt nach den beamtenrechtlichen Vorschriften bereits am letzten Arbeitstag des Monats Dezember 2013) in die Veranschlagung des neuen Jahres (Haushaltsjahr 2014) einzubeziehen, da sie nach der wirtschaftlichen Verursachung in das neue Haushaltsjahr gehören. Dies führt zur folgender Veranschlagung:

• Die Personalaufwendungen für Beamte für den Monat Januar 2014 sind im Ergebnishaushalt 2014 zu veranschlagen, da sie diesem Haushaltsjahr wirtschaftlich zuzuordnen sind.

• Die Zahlung der Beamtenbezüge für Januar 2014 vollzieht sich bereits im Dezember des Vorjahres, so dass auch die Zahlung im Finanzhaushalt des

Vorjahres abzuwickeln sind (siehe Ziffer 7.3.2.5 – Grundsatz der Kassenwirksamkeit im Finanzhaushalt).[217]

Darüber hinaus richtet sich gemäß § 16 Abs. 2 Satz 1 GemHVO die Höhe der Veranschlagung der Personalaufwendungen nach den im Haushaltsjahr **voraussichtlich besetzten Stellen**, nicht nach den Stellen, die im Stellenplan ausgewiesen sind. Eine Orientierung hierfür liefert der Stellenplan selbst, da neben der Gesamtzahl der Stellen für jede Besoldungs- und Entgeltgruppe auch die im Vorjahr besetzten Stellen nach § 5 Abs. 2 Satz 1 GemHVO anzugeben sind (siehe Muster 14 zur GemHVO und Ziffer 6.5.3 Stellenplan). Außerdem ist bei der Planung des jeweiligen Haushaltsjahres unerlässliche Voraussetzung, dass alle sonstigen Personalentwicklungen, die im Laufe des Haushaltsjahres auftreten und Auswirkungen auf die Höhe der Personalaufwendungen haben, z. B. Stellenneubesetzungen, Beförderungen, Stellenabbau usw., ebenfalls berücksichtigt werden.[218]

7.3.2.4   Ausnahmen zur Periodenabgrenzung

• **§ 16 Abs. 1 GemHVO**[219]

Eine Ausnahme von dem Grundsatz der Periodenabgrenzung gilt nach Nr. 1 Hw. zu § 10 GemHVO für die **Rückzahlungen** (= "eigentlich periodenfremd") bei Abgaben, abgabenähnlichen Erträgen und allgemeinen Zuweisungen gemäß § 16 Abs. 1 GemHVO. Hiernach sind Abgaben (Steuern, Gebühren und Beiträge), abgabenähnliche Erträge (Entgelte für Leistungen auf privatrechtlicher Grundlage, z. B. Eintrittsgelder) und allgemeine Zuweisungen (Schlüsselzuweisungen), die die Gemeinde zurückzuzahlen hat, bei den Erträgen abzusetzen, auch wenn sie sich auf **Erträge der Vorjahre** beziehen. Dies gilt entsprechend für geleistete Umlagen (Kreisumlage, Krankenhausumlage und LWV-Umlage bei den Landkreisen und kreisfreien Städten), die an die Gemeinde zurückgezahlt werden.[220]

> **Beispiel:**
> Kalkulierte Erträge aus Gewerbesteuer für 2014:   4.000.000 €
> Rückzahlung an Unternehmer A, der im Jahr 2012 zu viel
> vorausgezahlt hat (Absetzung nach § 16 Abs. 1 GemHVO)   - 200.000 €
> Ansatz 2014 für Erträge aus Gewerbesteuer: 3.800.000 €

---

[217] Vor dem Abschlussstichtag geleistete Auszahlungen sind in der Bilanz als aktive Rechnungsabgrenzungsposten nachzuweisen, soweit sie Aufwand für eine bestimmte Zeit nach diesem Tag darstellen (§ 45 Abs. 1 GemHVO), siehe auch Nr. 2 Hw. zu § 45 GemHVO. Im Folgejahr wird diese aktive Rechnungsabgrenzung dann durch den entsprechenden Aufwandsbuchung für Bezüge Beamte wieder aufgelöst.

[218] Vgl. Bellefontaine u. a., Kommunale Doppik Rheinland-Pfalz, Erl. zu § 13 Nr. 2.

[219] Die Autoren gehen bei der Anwendung des § 16 GemHVO davon aus, dass diese Regelung nur dann greift, wenn die Buchung in dem Jahr der wirtschaftlichen Zugehörigkeit nicht mehr möglich ist.

[220] Es handelt sich hierbei ebenfalls um eine Ausnahme vom Bruttoprinzip, da z. B. die Rückzahlungen im Sinne von § 16 Abs. 1 GemHVO nicht als außerordentliche Aufwendungen und die Nachzahlungen im Sinne von § 16 Abs. 1 GemHVO nicht als außerordentliche Erträge behandelt werden.

Diese Verfahrensweise wird damit begründet, dass das tatsächliche Steueraufkommen eines Zeitraumes für die Finanzstatistik und im Folgenden für die Berechnung des Kommunalen Finanzausgleichs (KFA) relevant ist[221].

- **Nachzahlungen bei Abgaben, abgabeähnlichen Entgelten und allgemeine Zuweisungen**

Maßgebend für die Zuordnung der Erträge aus Abgaben, abgabeähnlichen Entgelten und allgemeinen Zuweisungen nach dem Grundsatz der Periodenabgrenzung ist das Jahr, in dem die Nachzahlungen festgestellt werden, nicht das Jahr, aus dem die Erträge resultieren.

Beispiel:
Kalkulierte Erträge aus Gewerbesteuer für 2014:   4.000.000 €
Nachzahlung von Unternehmer E aufgrund der Steuerdaten
aus 2011; Bescheid zur Nachzahlung im Juli 2014:   20.000 €

Nachtragsansatz 2014 für Erträge aus Gewerbesteuer: 4.020.000 €

Bei der (Steuer-)Nachzahlung handelt es sich **nicht** um einen außerordentlichen Ertrag, da für die Periodenabgrenzung das Jahr maßgebend ist, in dem die Nachzahlung festgestellt wird. Es handelt sich laut Beispielsfall um eine Steuerfestsetzung für das Jahr 2014, sodass die Nachzahlung dem Nachtragsergebnisplan 2014 zuzuordnen ist.

- **Geringfügige Beträge**

Als Ausfluss aus dem Grundsatz der Wirtschaftlichkeit sowie dem Wesentlichkeitsprinzip[222] kann von der Bildung (und damit auch für die Planung) von geringfügigen Rechnungsabgrenzungsposten abgesehen werden, soweit steuer- oder abgabenrechtliche Vorschriften dem nicht entgegenstehen, Nr. 1 Hw. zu § 45 GemHVO. Bei mehreren gleichartigen Fällen, z. B. gleichartige Versicherungsprämien, liegt die Geringfügigkeitsgrenze bei 2.000 €.[223]

Inwieweit die Festlegung dieser Betragsgrenze sachgerecht und sinnvoll ist, bleibt abzuwarten. Im Rahmen der Prüfung der ersten Jahresabschlüsse besteht bei den Revisionsämtern die Tendenz, diese „Geringfügigkeit" an der „**Wesentlichkeit**" (95 v. H.) bezogen auf die Bilanzposition festzumachen.[224]

---

221 Vgl. Satz 2 Hw. zu § 16 GemHVO und Amerkamp/Kröckel/Rauber, Gemeindehaushaltsrecht Hessen, Kommentar, Erl. zu § 16 GemHVO, Rdnr. 2.

222 Nach dem Wesentlichkeitsprinzip ist es zulässig, von der Abgrenzung als Rechnungsabgrenzungsposten bei den Beträgen abzusehen, die wegen ihrer Geringfügigkeit zu keiner Beeinträchtigung der tatsächlichen Ergebnis- und Vermögenslage der Gemeinde führen, Vgl. Amerkamp/Kröckel/Rauber, Gemeindehaushaltsrecht Hessen, Kommentar, Erl. zu § 45, Rdnr. 7.

223 Vgl. Erläuterungen zum KVKR zu den Kontengruppen 29 „Aktive Rechnungsabgrenzung" und 49 „Passive Rechnungsabgrenzung".

224 So die Verfahrensweise z. B. bei der Revision des Lahn-Dill-Kreises.

Beispiel hierzu:
Aktive Rechnungsabgrenzung nach der Eröffnungsbilanz: 136.000 €
davon 5 v. H.   6.800 €

Daraus ergibt sich, dass die **Summe** von geringfügigen Beträgen, die nicht abgegrenzt werden, den Betrag von 6.800 € nicht übersteigen soll. Es bleibt abzuwarten, inwieweit sich diese Betrachtungsweise in der Praxis durchsetzt.

Um diese Problematik grundsätzlich zu umgehen, haben viele Kommunen – gerade im Bereich der Versicherungen u. dergl. – die Verträge auf das Kalenderjahr umgestellt. Im Kommentar zur GemHVO wird den Gemeinden empfohlen, die von ihr festgelegte Wertgrenze mit dem Rechnungsprüfungsamt abzustimmen und als allgemeine Bewertungsregel (§ 50 Abs. 2 Nr. 1 GemHVO) in den Anhang aufzunehmen.[225]

7.3.2.5 Kassenwirksamkeitsprinzip im Finanzhaushalt

Nach § 10 Abs. 2 GemHVO sind die Einzahlungen (§ 58 Nr. 12 GemHVO) und Auszahlungen (§ 58 Nr. 7 GemHVO) nur in Höhe der im Haushaltsjahr voraussichtlich eingehenden oder zu leistenden Beträge zu veranschlagen. Die Veranschlagung erfolgt unter Berücksichtigung des angenommenen Einganges (der tatsächlichen Annahme von Beträgen) und Ausganges (der tatsächlichen Leistung von Zahlungen) durch die Gemeinde. Dieses Prinzip wird als Grundsatz der Kassenwirksamkeit bezeichnet.

Anzumerken ist in diesem Zusammenhang, dass im Finanzhaushalt nur die Aufwendungen und Erträge berücksichtigt werden, die zahlungswirksam sind, d. h. die einen Mittelzufluss bzw. Mittelabfluss bewirken. **Zahlungsunwirksame Aufwendungen und Erträge** werden im Rahmen der Ermittlung des Zahlungsmittelflusses aus laufender Verwaltungstätigkeit im Finanzhaushalt[226]
a) bei der direkten Methode überhaupt nicht berücksichtigt (siehe Muster 8)
b) bei der indirekten Methode heraus gerechnet (siehe Muster 9).

Damit wird der Finanzhaushalt der Aufgabe gerecht, die Zahlungsströme vollständig und zeitraumbezogen abzubilden und die Finanzierungsquellen darzustellen, um einen Überblick über die **voraussichtliche finanzielle Lage der Gemeinde** zu ermöglichen.[227] In diesem Zusammenhang wird auch die geplante Entwicklung des Zahlungsmittelbestandes aufgezeigt (bei einem Zahlungsmitteldefizit sind die Gründe anzugeben).[228] Man spricht in diesem Zusammenhang auch von der Cash-flow-Rechnung bzw. Kapitalflussrechnung.

Bei Beantwortung der Frage nach der Kassenwirksamkeit (also dem Zeitpunkt der tatsächlichen Zahlung) ist in der Regel von der Fälligkeit einer Zahlung auszugehen, weil zu diesem Termin mit dem Eingang oder der Leistung gerechnet werden muss. Der

---

[225] Amerkamp/Kröckel/Rauber, Gemeindehaushaltsrecht Hessen, Kommentar, Erl. zu § 45, Rdnr. 7.
[226] Siehe hierzu ausführlich Ziffer 6.5.1.2.1.
[227] Vgl. LT-Drs. 16/2463, S. 28 – 48, Begründung zu § 114 b Abs. 3 HGO und Nr. 1 Hw. zu § 3 GemHVO (jetzt: § 95 HGO).
[228] Vgl. Nr. 2 Hw. zu § 3 GemHVO.

Fälligkeitstag ist der Tag, an dem nach gesetzlichen Vorschriften sowie nach den Vertrags- oder sonstigen Bestimmungen eine Einzahlung spätestens entrichtet werden muss, wenn die Schuld als rechtzeitig beglichen gelten soll. Demnach ist der Fälligkeitstag der Tag, an dem eine Zahlung für den Schuldner kraft Gesetzes oder Vertrages fällig wird, d. h. zu erfüllen ist (§ 271 BGB).[229]

Nicht nur die rechtliche Fälligkeit, sondern auch der Zeitpunkt der **voraussichtlichen Zahlung bzw. Annahme von Beträgen** müssen sich auf das Haushaltsjahr beziehen, für das der Haushaltsplan gerade aufgestellt wird. Erst dann kann die Veranschlagung der Einzahlungen und Auszahlungen erfolgen. Zur Verdeutlichung des Kassenwirksamkeitsprinzips sollen folgende Beispiele beitragen, die bereits unter Ziffer 7.3.2.2 im Zusammenhang mit dem Grundsatz der Periodenabgrenzung dargestellt wurden:

⇨ Zur Reinigung der Straßen und Gehwege wird für den Bauhof der Gemeinde zum 01.01.2014 eine neue Kehrmaschine im Wert von 10.000 € angeschafft. Es wird davon ausgegangen, dass diese Kehrmaschine vier Jahre benutzt werden kann.

Der gesamte Auszahlungsbetrag in Höhe von 10.000 € ist im Teilfinanzhaushalt im Haushaltsjahr 2014 zu veranschlagen (da hier eine Investition vorliegt, § 4 Abs. 4 i. V. m. § 3 Abs. 1 Nr. 26 GemHVO[230]) siehe auch Ziffer 6.5.1.2.2.

⇨ Die Kraftfahrzeugsteuer für den Dienstwagen des Bürgermeisters beträgt für den Zeitraum 01.10.2014 bis 30.09.2015 insgesamt 400 €. Es handelt sich um eine Jahressteuer, die zum 01.10.2014 zu zahlen ist.

Der gesamte Auszahlungsbetrag in Höhe von 400 € ist im Haushaltsjahr 2014 in den Finanzhaushalt einzustellen.

⇨ Die Gemeinde erhebt für die 25-jährige Bereitstellung eines Familiengrabes im Haushaltsjahr 2014 eine Gebühr von 1.500 € für die Grabnutzung, die im Haushaltsjahr 2014 in voller Höhe zu zahlen ist.

Aufgrund des Gebührenbescheides ist zu unterstellen, dass die gesamte Gebühr für die Grabnutzung im Haushaltsjahr 2014 gezahlt wird. Sie ist daher in voller Höhe im Finanzhaushalt zu berücksichtigen (Ziffer 6.5.1.2.2).

⇨ Beamter A arbeitet vom 01.01.2014 bis 31.12.2014 im Fachdienst Zentrale Dienste. Neben seinen Beamtenbezügen, die monatlich ausgezahlt werden, erwirbt der Beamte A auch einen Pensionsanspruch, der mit Eintritt in den Ruhestand zu zahlen ist.

Die Zuführungen zu Pensionsrückstellungen stellen zahlungsunwirksame Aufwendungen dar, die im Finanzhaushalt 2014 nicht berücksichtigt werden (Ziffer 6.5.1.2.2).

⇨ Periodenabgrenzung für die Beamtenbezüge in § 16 Abs. 2 Satz 2 GemHVO

Der Auszahlungsbetrag für die Beamtenbezüge Januar 2014 ist bereits im Finanzhaushalt 2013 zu berücksichtigen (siehe Ziffer 7.3.2.3 und 6.7 Übung 3.f).

---

[229] Siehe dazu Bernhardt/Schünemann/Schwingeler, Kommunales Anordnungs-, Kassen-, Rechnungslegungs- und Prüfungsrecht NRW, 7. Auflage Witten 1999, S. 77 und 136.

[230] Bei der indirekten Methode lautet die Rechtsgrundlage § 4 Abs. 5 i. V. m. § 3 Abs. 2 Nr. 11 GemHVO.

Inwiefern diese detaillierte Planung des Finanzhaushalts auch einzelfallbezogen in der Praxis gewährleistet werden kann, ist u. a. auch abhängig von der jeweils eingesetzten DV-Software. Vereinfachend wird daher in der Praxis für die Planung des Zahlungsmittelflusses aus laufender Verwaltungstätigkeit davon ausgegangen, dass grundsätzlich **zahlungswirksame** Erträge und Aufwendungen (z. B. Vergütungen, Aufwendungen für Sach- und Dienstleistungen, jedoch **nicht** Abschreibungen oder Zuführungen zu Rückstellungen bzw. Inanspruchnahme einer in Vorjahren gebildeten Rückstellung) näherungsweise betragsgleich zu entsprechenden Ein- und Auszahlungen führen.[231]

Das Kassenwirksamkeitsprinzip kommt insbesondere bei mehrjährigen Investitionsmaßnahmen im Teilfinanzhaushalt zum Tragen, da hier nur die **jeweiligen Jahresraten** im Haushaltsplan zu veranschlagen sind. Dadurch bedingt würde bei Maßnahmen, die sich über mehrere Jahre erstrecken, eine notwendige Handhabe einer Auftragsvergabe für künftige Jahre fehlen. Sofern ein Gesamtauftrag bzw. ein Auftrag vergeben werden soll, der über die im Teilfinanzhaushalt veranschlagte Auszahlungsermächtigung hinausgeht, ist die Veranschlagung einer Verpflichtungsermächtigung erforderlich (Ziffer 8.3).

Das Kassenwirksamkeitsprinzip und die Veranschlagung von Verpflichtungsermächtigungen für eine mehrjährige Investitionsmaßnahme soll am folgenden Beispiel dargestellt werden:

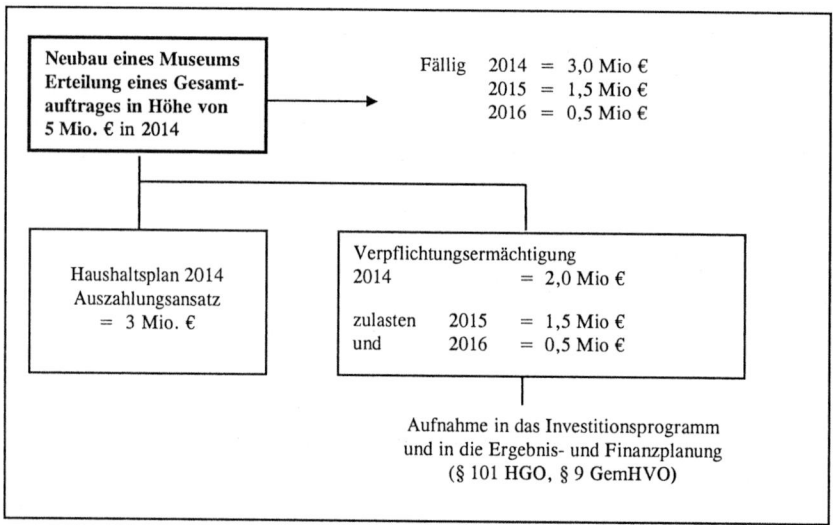

| Neubau eines Museums Erteilung eines Gesamtauftrages in Höhe von 5 Mio. € in 2014 | Fällig   2014 = 3,0 Mio €
         2015 = 1,5 Mio €
         2016 = 0,5 Mio € |

Haushaltsplan 2014
Auszahlungsansatz
= 3 Mio. €

Verpflichtungsermächtigung
2014   = 2,0 Mio €

zulasten   2015   = 1,5 Mio €
und   2016   = 0,5 Mio €

Aufnahme in das Investitionsprogramm
und in die Ergebnis- und Finanzplanung
(§ 101 HGO, § 9 GemHVO)

---

[231] Vgl. Doppik Hessen, Abschlussdokumentation NKRS, Kap. 3.1.2. Andernfalls wäre im Zweifel eine postenscharfe Planung mit dezidierter Annahme von Zahlungslaufzeiten für Forderungen und Verbindlichkeiten notwendig, siehe auch Ziffer 6.5.1.2.1.

7.3.2.6 Besonderheit im Rahmen des Kassenwirksamkeitsprinzips

Eine Besonderheit stellt die Veranschlagung von Erschließungsbeiträgen nach BauGB und von Beiträgen nach dem KAG in den **Teilfinanzhaushalten** dar. Den Investitionsauszahlungen für eine beitragsfähige Maßnahme stehen die von den Beitragspflichtigen zu zahlenden Beiträge gegenüber. Im Rahmen der Beitragskalkulation sind dabei auch die beitragspflichtigen gemeindlichen Grundstücke zu berücksichtigen. Hinweis Nr. 3 zu § 49 GemHVO regelt in diesem Zusammenhang, dass Beiträge für Investitionen, die von der Gemeinde für Grundstücke, deren Eigentümerin sie ist, gezahlt werden, den Wert der Grundstücke erhöhen und als Zugang zum Buchwert zu behandeln sind[232], siehe hierzu auch Ziffer 16.2.5.

7.3.2.7 Übungen

Sachverhalt Nr. 1

Die kreisfreie Stadt E will in 2014 mit dem Bau einer Grundschule beginnen. Nach der wirtschaftlichsten Lösung und aufgrund vorliegender Pläne und Kostenberechnungen wird mit einem voraussichtlichen Auszahlungsvolumen von 9 Mio. € gerechnet. Der Bauzeitenplan sieht folgende Verteilung der Auszahlungen vor:

2014 = 3 Mio. €, 2015 = 4 Mio. € und 2016 = 2 Mio. €.

Geplant ist, dass die Grundschule nach den Sommerferien 2016 (also zum 01.09.2016) für den Schulbetrieb fertiggestellt ist und dann für 80 Jahre genutzt werden kann. Um eine zügige Durchführung der Maßnahme zu gewährleisten, soll in 2014 der Auftrag für die gesamte Maßnahme vergeben werden.

Aufgabe:

Stellen Sie die Veranschlagung der Schulbaumaßnahme in dem Teilergebnis- und Teilfinanzhaushalt der kreisfreien Stadt E formlos dar. Begründen Sie Ihre Entscheidungen.

Bearbeitungshinweis:

Die Stadt E hat sich für die direkte Methode der Finanzrechnung entscheiden.[233]

---

[232] Hinweis Nr. 3 zu § 49 GemHVO wird in diesem Zusammenhang so verstanden, dass bestehende Bedenken gegen eine Verfahrensweise, mit der die Gemeinde Bescheide gegen sich selbst richten kann (Zusammenfallen von Gläubiger und Schuldner), als unbeachtlich anzusehen sind.

[233] Siehe Kap. 6.5.1.2.1 (Wahlrecht bei der Darstellung der Finanzrechnung) und Kap. 6.5.2.4.2. Wird die Finanz**rechnung** nach der direkten Methode geführt, dann ist auch der Finanz**haushalt** nach der direkten Methode aufzustellen gemäß § 3 Abs. 1 GemHVO.

Lösung:

Der Bau der Grundschule könnte eine Investition nach § 58 Nr. 17 GemHVO sein, sofern es sich hierbei um Herstellungskosten im Sinne von § 41 Abs. 3 GemHVO handelt. Durch den Bau der Grundschule wird ein neuer Vermögensgegenstand hergestellt und damit das Sachanlagevermögen der Gemeinde vermehrt (§ 49 Abs. 3 Nr. 1.2 GemHVO). Nach § 4 Abs. 4 i. V. m. § 3 Abs. 1 Nr. 25 GemHVO sind Auszahlungen für Investitionen in das Sachanlagevermögen sowohl im Teilfinanzhaushalt als auch im Finanzhaushalt zu veranschlagen.

Gemäß § 4 Abs. 1 GemHVO sind in den Teilhaushalten Produktbereiche, Produktgruppen und Produkte (§ 58 Nr. 25 bis 27 GemHVO) darzustellen. Die Teilfinanzhaushalte sind nach § 4 Abs. 2 GemHVO nach vorgegebenen Produktbereichen oder nach der örtlichen Organisation produktorientiert zu gliedern. In Ermangelung einer Angabe im Sachverhalt bezüglich der örtlichen Organisation wird unterstellt, dass die kreisfreie Stadt E ihre Teilhaushalte nach den vorgegebenen Produktbereichen gliedert. Maßgebend ist daher Muster 12 zur GemHVO. Der Bau der Grundschule ist dem Produktbereich 03 „Schulträgeraufgaben" und, sofern tiefer gegliedert wird, der Produktgruppe „Grundschulen" zuzuordnen.

Das Muster 11 für den Teilfinanzhaushalt enthält keine weiteren Vorgaben, in welcher Differenzierung die Darstellung der Investitionen zu erfolgen hat. Die kreisfreie Stadt E muss daher bei der Differenzierung der investiven Auszahlungen mindestens die Untergliederung nach § 3 Abs. 1 Nr. 24 bis 27 GemHVO (direkte Methode) vornehmen. Sie kann darüber hinaus tiefer z. B. bis auf einzelne Maßnahmen untergliedern. Sofern die kreisfreie Stadt E die Differenzierung nach der Mindestgliederung gemäß § 3 Abs. 1 GemHVO wählt, wäre im Teilfinanzhaushalt im Bereich der Auszahlungen für Investitionstätigkeit die Mindestgliederung „Auszahlungen für Baumaßnahmen" (Hauptkonto 842) zu beplanen.

Bei der Veranschlagung von Auszahlungen ist u. a. § 10 Abs. 2 GemHVO zu beachten. Hiernach sind die Auszahlungen nur in Höhe der im Haushaltsjahr voraussichtlich zu leistenden Beträge zu veranschlagen (Kassenwirksamkeitsprinzip). Die Beträge sind sorgfältig zu schätzen, soweit sie nicht errechenbar sind. Dies hat zur Konsequenz, dass die kreisfreie Stadt E nicht das gesamte Auszahlungsvolumen von 9 Mio. € im Haushaltsplan 2014 veranschlagen darf, sondern jeweils nur die Beträge, die sich aus dem Bauzeitenplan für die jeweiligen Jahre ergeben. In diesem Zusammenhang wird unterstellt, dass die Angaben im Bauzeitenplan nach dem Grundsatz der Haushaltswahrheit – sorgfältig (siehe Ziffer 7.3.3) berechnet bzw. sorgfältig geschätzt – ermittelt wurden.

Da im Haushaltsjahr 2014 ein Gesamtauftrag in Höhe von 9,0 Mio. € vergeben werden soll, aber nach § 10 Abs. 2 GemHVO „nur" 3,0 Mio. € als Auszahlungsermächtigung im Haushaltsplan 2014 enthalten sind, muss über den Restbetrag von 6,0 Mio. € eine Verpflichtungsermächtigung veranschlagt werden. Verpflichtungsermächtigungen sind Ermächtigungen zum Eingehen von Verpflichtungen, die künftige Haushaltsjahre mit Auszahlungen für Investitionen zu belasten (§ 94 Abs. 2 Nr. 1 d) HGO); siehe Kapitel 8. Die Verpflichtungsermächtigung verteilt sich wie folgt: zulasten 2015 = 4 Mio. €, zulasten 2016 = 2 Mio. €.

Fraglich ist, ob diese Schulbaumaßnahme auch Auswirkungen auf den Teilergebnishaushalt des Produktbereichs 03 „Schulträgeraufgaben" und damit auch auf den Ergebnishaushalt hat. Während der Bauphase wird der Ergebnishaushalt nicht tangiert, da weder Ressourcenaufkommen noch Ressourcenverbrauch ausgelöst wird. Erst nach der Fertigstellung bzw. mit der Inbetriebnahme nach den Sommerferien 2016 entstehen eine Vielzahl von Aufwendungen, z. B. Personalkosten (für den Hausmeister und die Schulsekretärin – nicht für die Lehrkräfte, da diese Landesbedienstete sind), Reinigung, Energiekosten sowie sonstige Bewirtschaftungskosten, und insbesondere beginnt der Werteverlust, da es sich hier um einen Vermögensgegenstand handelt, dessen Nutzung zeitlich begrenzt ist (80 Jahre). Nach § 43 Abs. 1 GemHVO ist der Vermögensgegenstand planmäßig über die Dauer der voraussichtlichen Nutzung abzuschreiben (lineare Abschreibung).

Unterstellt, dass sich die Herstellungskosten auf 9,0 Mio. € belaufen und die Grundschule zum 01.09.2016 in Betrieb genommen wird, ist für die Berechnung der Abschreibung folgendes zu beachten:

Nach § 10 Abs. 2 GemHVO ist bei der Veranschlagung von Erträgen und Aufwendungen (und insbesondere bei den Aufwendungen für Abschreibungen) der Grundsatz der Periodenabgrenzung zu beachten. Hiernach sind die Erträge und Aufwendungen in ihrer voraussichtlichen Höhe in dem Haushaltsjahr zu veranschlagen, dem sie wirtschaftlich zuzurechnen sind, d. h. die Gesamtkosten der Maßnahme sind über 80 Jahre zu verteilen. Darüber hinaus ist im Haushaltsjahr 2016 zu beachten, dass in diesem Jahr nur eine Abschreibung für die Monate September bis Dezember 2016 (4 Monate) erfolgen darf. Es ergibt sich folgende Berechnung:

⇨ 9,0 Mio. € : 80 Jahre = 112.500 € Abschreibung p. a.

⇨ 112.500 € : 12 Monate * 4 Monate = 37.500 € Abschreibung für 2016

Da der Aufwand für Abschreibungen nicht zahlungswirksam ist, wird der Finanzhaushalt nicht berührt.

Veranschlagung	Teilfinanzhaushalt	Teilergebnishaushalt
im Haushaltsjahr 2014	Auszahlung: 3,0 Mio. € Verpflichtungserm.: 6,0 Mio. €	keine Veranschlagung
im Haushaltsjahr 2015	Auszahlung: 4,0 Mio. € Verpflichtungserm.: 0 €	keine Veranschlagung
im Haushaltsjahr 2016	Auszahlung: 2,0 Mio. € Verpflichtungserm.: 0 €	Abschreibung: 37.500 € u. a. z. B. Personalaufwendungen, Bewirtschaftungskosten (siehe oben)

In diesem Zusammenhang sind auch die Erläuterungspflichten nach § 17 Abs. 1 Nr. 2 und 3 GemHVO zu beachten.

Sachverhalt Nr. 2

Die Gemeinde E stellt zur Zeit den Haushaltsplan 2014 auf. Dem Fachdienst „Finanzen" liegen folgende Anfragen zur periodengerechten Zuordnung einzelner Finanzvorfälle vor:

a) Lehrgangskosten

Zwei Beschäftige des Fachbereichs „Sicherheit und Ordnung" sollen im Haushaltsjahr 2014 an der Fortbildung „neue Löschtechniken" teilnehmen. Aufgrund der großen Nachfrage sind erst ab November 2014 zwei Plätze frei. Die Fortbildung erstreckt sich über die Monate November 2014 bis Februar 2015. Die Rechnung in Höhe von 1.200 € ist nach Abschluss der Fortbildung zu zahlen.

b) Miete für das Dorfgemeinschaftshaus

Um das 50-jährige Jubiläum im Januar 2015 gebührend zu feiern, reserviert der Landfrauenverein bereits jetzt schon das Dorfgemeinschaftshaus. Vertragsgemäß ist die Miete hierfür im Vormonat zu überweisen.

c) Grundstücksverkauf

Das für eine Erweiterung des Kindergartens vor 30 Jahren zu einem Preis von 10.000 € erworbene Grundstück wird nicht mehr benötigt. Die Veräußerung ist im Haushaltsjahr 2014 geplant. Aufgrund der guten Lage des Grundstückes haben schon mehrere Bürger ihr Interesse an dem Grundstück bekundet. Es wird mit einem Verkaufserlös von 25.000 € gerechnet. Sämtliche Nebenkosten des Kaufvertrages werden von dem Käufer getragen.

Aufgabe:

Prüfen Sie, in welcher Höhe die Finanzvorfälle im Haushaltsplan 2014 zu veranschlagen sind.

Bearbeitungshinweis:

Die Gemeinde E hat sich für die direkte Methode der Finanzrechnung entscheiden.[234]

---

[234] Siehe Kap. 6.5.1.2.1 (Wahlrecht bei der Darstellung der Finanzrechnung) und Kap. 6.5.2.4.2. Wird die Finanz**rechnung** nach der direkten Methode geführt, dann ist auch der Finanz**haushalt** nach der direkten Methode aufzustellen gemäß § 3 Abs. 1 GemHVO.

Lösung:

a) Lehrgangskosten

Bei den Lehrgangskosten handelt es sich um ordentliche Aufwendungen für Sach- und Dienstleistungen nach § 2 Abs. 1 Nr. 12 GemHVO, die sowohl im Ergebnis- als auch im Teilergebnishaushalt zu veranschlagen sind (§ 4 Abs. 3 GemHVO).

Zu prüfen ist, ob die gesamten Lehrgangskosten in Höhe von 1.200 € im Ergebnishaushalt 2014 (Ergebnis- und Teilergebnishaushalt) zu veranschlagen sind. Nach § 10 Abs. 2 GemHVO sind die Aufwendungen in ihrer voraussichtlichen Höhe in dem Haushaltsjahr zu veranschlagen, in dem sie wirtschaftlich verursacht wurden. Da sich die Lehrgangsdauer über das Haushaltsjahr hinaus erstreckt, muss eine Abgrenzung dahingehend erfolgen, dass die anteiligen Lehrgangskosten für die Monate November und Dezember dem Haushaltsjahr 2014 zugeordnet werden müssen. Es ist folgende Berechnung anzustellen:

$$1.200 \text{ €} : 4 \text{ Monate} * 2 \text{ Monate} = 600 \text{ €}$$

Im Haushalt 2014 sind daher Aufwendungen für Sach- und Dienstleistungen in Höhe von 600 € zu veranschlagen. Die restlichen 600 € Lehrgangskosten für die Monate Januar und Februar 2015 sind im Ergebnishaushalt 2015 zu veranschlagen.

Bei den Lehrgangskosten handelt es sich um zahlungswirksame Aufwendungen. Somit sind auch die Auswirkungen im Finanzhaushalt zu berücksichtigen (§ 3 Abs. 1 GemHVO). Zu prüfen ist, ob die Lehrgangskosten von 1.200 € im Finanzhaushalt 2014 zu Buche schlagen. Nach § 10 Abs. 2 GemHVO sind Auszahlungen nur in Höhe der im Haushaltsjahr voraussichtlich zu leistenden Beträge zu veranschlagen. Da die Zahlung (Mittelabfluss) erst nach Abschluss des Lehrgangs erfolgt – und damit im Februar 2015 – sind die Auszahlungen für Lehrgangskosten erst im Haushaltsjahr 2015 zu berücksichtigen.

Anmerkung:
Inwiefern diese detaillierte Planung des Finanzhaushalts in der Praxis gewährleistet werden kann, ist u. a. auch abhängig von der jeweiliges eingesetzten DV-Software. Vereinfachend wird daher in der Praxis für die Planung des Zahlungsmittelflusses aus laufender Verwaltungstätigkeit davon ausgegangen, dass zahlungswirksame Erträge und Aufwendungen betragsgleich zu entsprechenden Ein- und Auszahlungen führen.[235] Insofern dient dieser Sachverhalt nur dem Übungszweck.

b) Miete für das Dorfgemeinschaftshaus

Bei der Miete für das Dorfgemeinschaftshaus handelt es sich um ordentliche Erträge aus privatrechtlichen Leistungsentgelten nach § 2 Abs. 1 Nr. 1 GemHVO, die sowohl im Ergebnis- als auch Teilergebnishaushalt zu veranschlagen sind (§ 4 Abs. 3 GemHVO).

Zu prüfen ist, ob die Mieterträge im Ergebnishaushalt 2014 (Ergebnis- und Teilergebnishaushalt) zu veranschlagen sind. Nach § 10 Abs. 2 GemHVO sind die Erträge in ihrer

---

[235] Vgl. Doppik Hessen, Abschlussdokumentation NKRS, Kap. 3.1.2.

voraussichtlichen Höhe in dem Haushaltsjahr zu veranschlagen, dem sie wirtschaftlich zuzurechnen sind. Da das Dorfgemeinschaftshaus erst im Januar 2015 von den Landfrauen genutzt wird, ist der Mietertrag auch dem Haushaltsjahr 2015 wirtschaftlich zuzurechnen, unabhängig davon, dass bereits im Dezember 2014 die Miete an die Gemeinde gezahlt wird. Im Haushaltsjahr 2014 erfolgt daher im Ergebnishaushalt keine Veranschlagung für diesen Anlass.

Bei den Mieterträgen handelt es sich um zahlungswirksame Erträge. Somit sind auch die Auswirkungen im Finanzhaushalt zu berücksichtigen (§ 3 Abs. 1 GemHVO). Zu prüfen ist, ob die Mieterträge im Finanzhaushalt 2014 zu veranschlagen sind. Nach § 10 Abs. 2 GemHVO sind Einzahlungen nur in Höhe der im Haushaltsjahr voraussichtlich eingehenden Beträge zu veranschlagen. Laut Sachverhalt erfolgt die Zahlung der Miete bereits im Dezember 2014, so dass der Finanzhaushalt tangiert ist (bilanziell erfolgt am Jahresende 2014 eine Abgrenzung als passiver Rechnungsabgrenzungsposten).

c) Grundstücksverkauf

Bei dem Grundstücksverkauf handelt es sich um einen Abgang aus Vermögensgegenständen des Sachanlagevermögens nach § 3 Abs. 1 Nr. 21 GemHVO, da das Anlagevermögen durch den Verkauf vermindert wird. Der Vorgang ist sowohl im Teilfinanz als auch im Finanzhaushalt zu veranschlagen (§ 4 Abs. 4 i. V. m. § 3 Abs. 1 Nr. 21 GemHVO) und zwar unter Beachtung des § 10 Abs. 2 GemHVO als Einzahlung in Höhe von 25.000 €.

Zu prüfen ist, ob der Grundstücksverkauf auch den Ergebnishaushalt 2014 (Ergebnis und Teilergebnishaushalt) berührt, da es sich hier um einen außerordentlichen Ertrag im Sinne von § 58 Nr. 5 i. V. m. § 2 Abs. 3 GemHVO handeln könnte. Hiernach liegt ein außerordentlicher Ertrag vor, wenn die Einzahlungen aus Veräußerungen von Vermögensgegenständen den Restbuchwert übersteigen. Laut Sachverhalt übersteigt die Einzahlung aus Veräußerung den Restbuchwert mit 15.000 €. Nach § 2 Abs. 3 GemHVO ist der **Gewinn** aus der Veräußerung als außerordentlicher Ertrag im Ergebnishaushalt 2014 zu veranschlagen, da nach § 10 Abs. 2 GemHVO dieser Ertrag dem Haushaltsjahr 2014 wirtschaftlich zuzurechnen ist.

Es handelt sich zwar um einen zahlungswirksamen Ertrag, der aber nach § 3 Abs. 1 Nr. 1 bis 8 GemHVO aufgrund der direkten Methode des Finanzhaushalts nicht in der Summe der Einzahlungen aus laufender Verwaltungstätigkeit (§ 3 Abs. 1 Nr. 9 GemHVO) und damit auch nicht in dem Zahlungsmittelüberschuss/Zahlungsmittelbedarf aus laufender Verwaltungstätigkeit (§ 3 Abs. 1 Nr. 19 GemHVO) berücksichtigt wird, sondern nach § 3 Abs. 1 Nr. 29 Zahlungsmittelüberschuss/Zahlungsmittelfehlbedarf aus Investitionstätigkeit.

Sachverhalt Nr. 3

Die Gemeinde E stellt im Juli 2014 den I. Nachtragshaushaltsplan[236] 2014 auf. Bei der Ermittlung des Ansatzes für die Gewerbesteuer liegt dem Fachdienst „Finanzen" folgende Informationen vor:

Nachzahlung aus 2011 (festgestellt im Januar 2014):   20.000 €
Rückzahlung aus 2012 (festgestellt im Mai 2014):   100.000 €
Ansatz für 2014:   2.500.000 €

Aufgabe:

Prüfen Sie, in welcher Höhe der Finanzvorfall im Nachtragshaushaltsplan 2014 zu veranschlagen ist.

Bearbeitungshinweis:

Die Gemeinde E hat sich für die direkte Methode der Finanzrechnung entscheiden.[237]

Lösung:

Bei der Gewerbesteuer handelt es sich um ordentliche Erträge aus Steuern nach § 2 Abs. 1 Nr. 5 GemHVO, die sowohl im Ergebnis- als auch im Teilergebnishaushalt zu veranschlagen sind (§ 4 Abs. 3 GemHVO).

Zu prüfen ist, ob die Steuernachzahlungen 2011 und Steuerrückzahlungen 2012 im ordentlichen Ergebnis des Nachtragshaushaltes 2014 (Ergebnis- und Teilergebnishaushalt) zu veranschlagen sind, oder ob es sich hier um außerordentliche Erträge bzw. außerordentliche Aufwendungen im Sinne von § 58 Nr. 5 GemHVO handelt, da periodenfremde Erträge (Nachzahlung) bzw. periodenfremde Aufwendungen (Rückzahlung) vorliegen.

Bei der Steuerrückzahlung handelt es sich nicht um einen außerordentlichen Aufwand, sondern hier könnte § 16 Abs. 1 GemHVO einschlägig sein, wonach Abgaben, die die Gemeinde zurückzuzahlen hat, bei den Erträgen abzusetzen sind, auch wenn sie sich auf Erträge der Vorjahre beziehen. Bei der Gewerbesteuer handelt es sich um Abgaben im Sinne des § 16 Abs. 1 GemHVO, sodass hier eine Verrechnung erfolgen „muss" (es handelt sich hier nicht um eine Kann-Bestimmung).

Bei der Steuernachzahlung handelt es sich nicht um einen außerordentlichen Ertrag, da für die Periodenabgrenzung der Gewerbesteuer das Jahr maßgebend ist, in dem die Steuernachzahlung festgestellt wird.

---

[236] Siehe Kapitel 14.1.
[237] Siehe Kap. 6.5.1.2.1 (Wahlrecht bei der Darstellung der Finanzrechnung) und Kap. 6.5.2.4.2. Wird die Finanz**rechnung** nach der direkten Methode geführt, dann ist auch der Finanz**haushalt** nach der direkten Methode aufzustellen gemäß § 3 Abs. 1 GemHVO.

Im Ergebnishaushalt 2014 sind daher Erträge aus Gewerbesteuer von 2.420.000 € anzusetzen.

Bei den Erträgen aus Gewerbesteuer handelt es sich um zahlungswirksame Erträge. Zu prüfen ist daher auch, ob die Erträge aus der Gewerbesteuer den Finanzhaushalt 2014 tangieren. Da erfahrungsgemäß nicht alle Gewerbetreibende fristgerecht bezahlen wollen (oder können), sind hinsichtlich der Höhe der voraussichtlich eingehenden Einzahlungen aus Gewerbesteuer unter Umständen Abstriche vorzunehmen (siehe auch Anmerkungen zu Fall 2.a). Allerdings ist auch zu berücksichtigen, dass im laufenden Jahr auch Einzahlungen aus Veranlagungen des Vorjahres eingehen.

7.3.3 Haushaltsklarheit und Haushaltswahrheit

Der Grundsatz der Haushaltsklarheit und Haushaltswahrheit zielt zum einen darauf ab,

⇨ den Haushaltsplan übersichtlich, nachvollziehbar, transparent und in verständlicher Form zu gestalten und zum anderen
⇨ mit dem Haushaltsplan eine richtige und verlässliche Planungs- und Bewirtschaftungsgrundlage zu erstellen.

Somit wird der Haushaltsplan sowohl für die Gemeindevertretung und die Aufsichtsbehörde als auch für den Bürger und nicht zuletzt für alle Gemeindebediensteten „lesbar" und zu einer grundlegenden Steuerungs- und Informationsquelle.

Der Grundsatz der Haushaltsklarheit und Haushaltswahrheit ist in keiner Rechtsnorm ausdrücklich beschrieben, sondern ergibt sich vielmehr aus der Beachtung aller haushaltsrechtlichen Vorschriften.

7.3.3.1 Haushaltsklarheit

Dem Grundsatz der Haushaltsklarheit wird insbesondere durch folgende Vorschriften Rechnung getragen:

• **§ 4 Abs. 2 GemHVO – produktorientierte Gliederung des Haushalts**

Der Gesamthaushalt ist in Teilhaushalte zu gliedern (siehe Ziffer 6.5.2). Jeder Teilhaushalt wiederum ist in einen Teil**ergebnis**haushalt und einen Teil**finanz**haushalt nach vorgegebenen Produktbereichen (vgl. Nr. 1 und Nr. 6 Hw. zu § 4 GemHVO) **oder** nach der örtlichen Organisation produktorientiert (vgl. Nr. 1 und Nr. 7 Hw. zu § 4 GemHVO) zu untergliedern[238]. Die Teilhaushalte sind somit unabhängig von der gewählten Gestaltungsalternative in jedem Fall produktorientiert zu gliedern, um eine Outputsteuerung zu gewährleisten (Nr. 5 Hw. zu § 4 GemHVO). Eine rechtliche Verpflichtung für eine tiefere Aufgliederung der Teilhaushalte, z. B. in Produktgruppen

---

[238] In diesen Fällen muss von der Gemeinde sichergestellt werden, dass die finanzstatistischen Anforderungen erfüllt werden, siehe Nr. 1 Hw. zu § 4 GemHVO.

oder in Produkte (vgl. Muster 12 zu GemHVO), besteht nicht. Eine ausführliche Darstellung hierzu findet sich bei Ziffer 6.5.2.

- **§ 4 Abs. 3 GemHVO – Inhalte des Teilergebnishaushalts**

Die Teilergebnishaushalte, die eine Untergliederung des Ergebnishaushaltes darstellen, müssen mindestens die nach § 2 Abs. 1 GemHVO vorgegebenen Ertrags- und Aufwandsposition ausweisen, **einschließlich** der Kosten und Erlöse aus den internen Leistungsverrechnungen (Ziffer 7.3.5.1).

Darüber hinaus sind Teilabschlüsse für das Verwaltungsergebnis, das Finanzergebnis, das ordentliche und das außerordentliche Ergebnis, das Ergebnis der internen Leistungsbeziehungen sowie des Jahresergebnisses **vor und nach** internen Leistungsbeziehungen zu erstellen (§ 4 Abs. 3 Satz 2 i. V. m. Muster 10 zur GemHVO).

Neben dem zu planenden Haushaltsjahr (z. B. Haushaltsjahr 2014) sind mindestens der Haushaltsansatz des Vorjahres (Haushaltsjahr 2013) und das Ergebnis des Jahresabschlusses (Haushaltsjahr 2012) anzugeben, um eine Entwicklung (Zeitreihe) der Erträge und Aufwendungen sowie der Kosten und Erlöse zu dokumentieren.

Ausführliche Darstellung siehe Ziffer 6.3.2 und 6.5.2.4.1.

- **§ 4 Abs. 4 bis 6 GemHVO – Inhalte des Teilfinanzhaushalts**

Die Teilfinanzhaushalte bilden mindestens die Einzahlungen und Auszahlungen aus **Investitionstätigkeit** der Gemeinde ab, während die Einzahlungen und Auszahlungen aus **Finanzierungstätigkeit** entweder in den jeweiligen Teilhaushalten maßnahmenbezogen **oder** zentral im Produktbereich „Allgemeine Finanzwirtschaft" veranschlagt werden können. Hier wird der Gemeinde ein Wahlrecht zugestanden.[239]

Bei den Einzahlungen und Auszahlungen **aus Investitionstätigkeit** sind neben den Ansätzen für das Haushaltsjahr ebenso nach § 4 Abs. 6 GemHVO der Gesamtauszahlungsbedarfes der Investitionsmaßnahmen, die Summe der bisher bereitgestellten Haushaltmittel und die benötigten Verpflichtungsermächtigungen (Kapitel 8), der Haushaltsansatz des Vorjahres sowie das Ergebnis des letzten Jahresabschlusses anzugeben.

Auch für die Teilfinanzhaushalte sind für jedes Haushaltsjahr Teilabschlüsse zu bilden (der Saldo aus den anteiligen Einzahlungen und Auszahlungen aus Investitionstätigkeit und aus Finanzierungstätigkeit nach § 4 Abs. 6 letzter Satz i. V. m. Muster 11 GemHVO).

Ausführliche Darstellung siehe Ziffer 6.5.2.4.2.

---

[239] Nr. 9 Hw. zu § 4 GemHVO widerspricht dem Verordnungstext in § 4 Abs. 4 und 5 GemHVO, da nach diesem Hinweis eine dezentrale Veranschlagung von Einzahlungen und Auszahlungen aus Finanzierungstätigkeit wegen des Gesamtdeckungsprinzips nicht zulässig sei. Problematik hierzu siehe Ziffer 6.5.2.4.2.

- **§ 4 Abs. 2 Satz 5 i. V. m. § 10 Abs. 3 GemHVO – Ziele und Kennzahlen**

In den Teilhaushalten **sollen**[240] außerdem

⇨ Leistungsziele/produktorientierte Ziele – unter Berücksichtigung des einsetzbaren Ressourcenaufkommens und des voraussichtlichen Ressourcenverbrauchs – formuliert werden und

⇨ Kennzahlen zur Messung der Zielerreichung angegeben werden.

Die Anforderung an die Teilhaushalte nach Formulierung von Leistungs- bzw. Produktzielen und Kennzahlen ergibt sich aus den Zielen, die mit der Verwaltungsreform und der Einführung des NKRS verfolgt werden, z. B.

- Steuerung der Kommunalverwaltungen von der herkömmlichen Bereitstellung der Ausgabeermächtigungen und Personalstellen auf eine Steuerung nach Zielen für die kommunalen Dienstleistungen umzustellen[241]
- Weiterentwicklung von Führungsmethoden, insbesondere die Steuerung über Ziele und Zielvereinbarungen, und zwar auf allen Verwaltungsebenen (also verwaltungsintern) sowie zwischen Gemeindevertretung und Verwaltung (Gemeindevorstand)
- Darstellung der Verwaltungsleistungen als Produkte[242]
- die Entwicklung von Kennzahlen über Kosten und Qualität der Verwaltungsleistungen für Steuerungszwecke (Nachprüfbarkeit der Umsetzung der Ziele)[243]

Fazit:
Das NKRS sieht vor, dass den gebildeten Produktbereichen/Produktgruppen/Produkten[244] (siehe oben: produktorientierte Gliederung des Haushalts) Ziele und Kennzahlen hinzugefügt werden, die die Grundlage für die Erfolgskontrolle und Steuerung der Haushaltswirtschaft bilden (§ 10 Abs. 3 Satz 2 GemHVO).

Voraussetzung für die Formulierung von Leistungszielen bzw. produktorientierten Zielen ist die Darstellung der Verwaltungsleistungen als Produkte und damit einhergehend die Erstellung einer Produktbeschreibung. Die Ergebnisse der Produktdefinition können in einem individuellen Produktplan[245] oder in den jeweiligen Teilhaushalt dokumentiert werden. Ein verbindliches Muster für eine Produktbeschreibung gibt es nicht[246]; allerdings haben sich folgende Mindestanforderungen etabliert:

---

[240] Es handelt sich hier um eine Soll-Bestimmung, d. h. solange die Verwaltung nicht besondere Umstände dartun und beweisen kann, sind sie für die Verwaltung ebenso verbindlich wie Mussvorschriften (Urteil des Bundesverwaltungsgerichts vom 02.12.1959 – VC 106.58 – DVBl. 1960 S. 252).

[241] Vgl. LT-Drs. 16/2463, S. 28 – 43, Ziffer I.1.

[242] Vgl. LT-Drs. 16/2463, S. 28 – 43, Ziffer I.1.

[243] Vgl. LT-Drs. 16/2463, S. 28 – 43, Ziffer I.1 sowie Nr. 2 Hw. zu § 4 GemHVO.

[244] Haushaltsrechtliche Definitionen siehe § 58 Nr. 25 – 27 GemHVO.

[245] Vgl. Doppik Hessen, Abschlussdokumentation NKRS, Kap. 3.4.2.1.

[246] Muster für ein Produktblatt in Doppik Hessen, Abschlussdokumentation NKRS, Kap. 3.4.2.1.

Allgemeine Produktangaben:
- Produktbereich
- Produktverantwortliche/r
- Produktart (intern/extern)

- Produktgruppe
- Organisationseinheit/Fachbereich
- Auftragsgrundlage (hoheitlich/freiwillig)

Allgemeine Produktinformation:
- Kurzbeschreibung des Produkts
- Kennzahlen
- Beschreibung der mit dem Produkt
  angestrebten Ziele/Ergebnisse

- Zielgruppe/n
- Beschreibung der einzelnen Leistungen

Zu dem Begriff „Ziele" gibt es vielfältige Definitions- und Erklärungsansätze. Nach Nr. 5 Hw. zu § 10 GemHVO sind Ziele Aussagen über erreichbare, angestrebte Zustände, die als Ergebnisse von Entscheidungen durch die Realisierung von Produkten bzw. Maßnahmen eintreten sollen. Dabei sind drei Zieldimensionen – Zielinhalt, Zielhorizont und Zielvorschrift – hinreichend zu konkretisieren, um eine Steuerungsfunktion der Ziele zu gewährleisten. Beispiele für mögliche Produktziele sind in Nr. 6 Hw. zu § 10 GemHVO aufgezeigt.

In der Praxis lassen sich viele Kommunen bei der Zielfindung von dem betriebswirtschaftlichen Instrument der Balanced Scorecard (BSC) leiten. Die BSC basiert auf der Idee, dass dauerhafter Erfolg nicht nur durch die Verfolgung eines Ziels möglich ist, sondern dass mehreren Zielen gleichzeitig nachgegangen werden soll, um längerfristig Erfolge zu sichern. Insofern sollten nicht nur finanzwirtschaftliche Aspekte (Stückkosten, Kostendeckungsgrad), sondern auch die Faktoren

- Bürger- und Kundenperspektive (Gemeinwohlorientierung),
- interne Verwaltungs- und Prozessperspektive (Gestaltung der Verwaltungsprozesse, Mitarbeiterzufriedenheit ...) und
- Auftragserfüllung/Leistungswirkung (Output [Menge, Zeit]/Outcome [welche Wirkung entfaltet das Produkt]).

berücksichtigt werden.

Um die Zielerreichung messbar und kontrollierbar zu machen, werden Kennzahlen benötigt. Gemäß Nr. 7 Hw. zu § 10 GemHVO sollen Kennzahlen Auskunft über die produktorientierte Zielerreichung geben, so dass für jedes Ziel/jedes Zielfeld mindestens eine Kennzahl vorhanden sein sollte. Grundsätzlich können drei Dimensionen durch Kennzahlen dargestellt werden:[247]

1. Finanzkennzahlen, z. B. Kostendeckungsgrad, Stück- bzw. Platzkosten
2. Quantitätskennzahlen, z. B. Anzahl von Bescheiden, Veranstaltungen, Fachkräften
3. Qualitätskennzahlen, z. B. Anzahl erfolgreicher Widersprüche, Fehlerquote

Weitere anschauliche Beispiele für Kennzahlen sind in Nr. 7 Hw. zu § 10 GemHVO dargestellt. Hier ist auch der Hinweis zu finden, dass neben reinen Finanzkennzahlen auch Kennzahlen zur Produktmenge (Quantität) sowie Qualitätskennzahlen eine sinnvolle Ergänzung darstellen.

---

[247] Vgl. During/Tepassé: Praktische Verwaltungssteuerung mit Kennzahlen und Zielen in einem kennzahlengestützten Steuerungssystem, in: der gemeindehaushalt 7/2006, S. 151.

An dieser Stelle soll nicht vertieft auf die Anforderungen an Produkte und Produkt-
beschreibungen, Ziele und Zielfindung sowie auf Kennzahlen und Kennzahlensysteme
eingegangen werden; es wird auf Ziffer 6.5.2, die einschlägige Fachliteratur[248] sowie
auf Veröffentlichungen von Produktbüchern und Produkthaushalten der Kommunen
im Internet verwiesen.

Anzumerken ist in diesem Zusammenhang, dass die Ziele und Kennzahlen durch die
Aufnahme in den Haushaltsplan über § 1 der Haushaltssatzung Bestandteil der Haushaltssatzung werden. **Sollen die Ziele oder Kennzahlen im laufenden Jahr verändert werden, bedarf dies einer förmlichen Haushaltsplanänderung, die gemäß
§ 98 Abs. 1 HGO nur durch eine Nachtragssatzung möglich ist (Ziffer 14.1.2.8).**

Als praktisches Beispiel soll hier der Teilhaushalt 2014 des Landkreises Gießen zum
Produkt „Kreiskasse, Erledigung von Kassengeschäften" dienen. Der Landkreis
Gießen arbeitet seit 2009/2010 mit einem kennzahlengestützten Zielsystem im Sinn
einer Balanced Scorecard (BSC).

---

[248] Arbeitsergebnisse, Berichte und Kikos-Datenbank der KGSt (z. B. B 2 und 3/2005, B 8/1994). Doppik
Hessen, Abschlussdokumentation NKRS. Klieve (Hrsg.). Der doppische Haushalt. Neues kommunales
Finanzmanagement. Recklinghausen 2003. NVS – Leitfaden zur Erstellung einer Balanced Scorecard
für Produkte, Hess. Ministerium der Finanzen. 2005. Hopp/Göbel. Management in der öffentlichen
Verwaltung. 4. Auflage. 2013. Bals/Hack/Reichard (Hrsg.). Führung und Organisation. Band 3. 2001
und Neues kommunales Finanz- und Produktmanagement. Band 10. 2004. HSGB, Grundzüge des
neuen Gemeindehaushaltsrechts. S. 16 ff. 2013.

BSC - Kennzahlengestütztes Zielsystem

Organisationseinheit	Fachdienst Kreiskasse
Produkt	11.1.21 Kreiskasse, Erledigung von Kassengeschäften
Vision	Erfüllung der gesetzlichen Aufgaben bei ressourcensparender Arbeitsgestaltung mit motivierten und flexiblen MitarbeiterInnen. Gewährleistung der Liquiditätssicherheit bei gleichzeitiger Zinsoptimierung.

Rechtmäßigkeit / Wirtschaftlichkeit/ Gebühren

Ziel						
1. Sicherstellung einer gesetzeskonformen Sachbearbeitung (rechtmäßige Entscheidungen)	1.1 Kennzahl:	Quote rechtmäßiger Bescheide				
		2010	2011	2012	2013	2014
	Soll	97%	98%	98%	98%	100%
	Ist	98%	98%	98%		

Gemeinwohlorientierung / Bürger- und Kundenperspektive

Ziel						
1. Tagfertig arbeiten	1.1 Kennzahl:	Erstellen des Tagesabschlusses und Überweisung der Auszahlungen am folgenden Arbeitstag				
		2010	2011	2012	2013	2014
	Soll	1	1	1	1	1
	Ist	1	1	1		

Personal- und Organisationsentwicklung sowie Prozessabläufe und Strukturen

Ziel						
1. Konstante fachliche und persönliche Weiterbildung der MitarbeiterInnen	1.1 Kennzahl:	Durchschnittliche Fortbildungstage pro MitarbeiterIn				
		2010	2011	2012	2013	2014
	Soll	2	2	2	2	2
	Ist	2	1	1		
	1.2 Kennzahl	Fortbildungsquote MitarbeiterInnen (Anzahl Mitarbeiter, die an Fobi teilgenommen haben/ Gesamtzahl Mitarbeiter)				
		2010	2011	2012	2013	2014
	Soll			80%	80%	80%
	Ist	80%	50%	45%		
2. Sicherstellung des Informationsflusses durch regelmäßigen, internen Informationsaustausch	2.1 Kennzahl:	Anzahl der gemeinsamen Dienstbesprechungen				
		2010	2011	2012	2013	2014
	Soll	2	2	1	1	1
	Ist	2	1	1		
	2.2 Kennzahl:	Anzahl der Dienstbesprechungen innerhalb der Sachgebiete				
	Vollstreckung	2010	2011	2012	2013	2014
	Soll	6	6	6	6	6
	Ist	6	6	6		
	Buchhaltung	2010	2011	2012	2013	2014
	Soll	6	6	6	6	6
	Ist	6	6	5		

	3.1 Kennzahl:	Quote der automatisierten Buchungen (alle Zahlungseingänge der Abfallwirtschaft)				
3. Optimierung der Arbeitsabläufe		2010	2011	2012	2013	2014
	Soll	60%	65%	65%	70%	70%
	Ist	61,05%	59,84%	65,17%		

Anmerkung: die Datenbasis der Jahre 2010 und 2011 bezieht sich nur auf die Zahlungseingänge der Abfallwirtschaft. Ab 2012 werden alle Zahlungseingänge der Verwaltung zugrunde gelegt.

	4.1 Kennzahl:	Zeitraum zwischen Fälligkeit/ Mahndatum (Kalendertage)				
4. Zeitnahe Ausstellung der Mahnung nach Fälligkeit		2010	2011	2012	2013	2014
	Soll	40	30	25	20	30
	Ist	40	32	52*		

*Anmerkung: Aufgrund einer umfangreichen Programmaktualisierung (Release 2.0) konnte in den ersten drei Monaten nicht gemahnt werden

Fachspezifische Ausrichtung /Auftragserfüllung

Ziel

	1.1 Kennzahl:	Auftragserledigungsquote *				
1. Beibehaltung der Vollstreckungsqualität		2010	2011	2012	2013	2014
	Soll	105%	105%	100%	100%	100%
	Ist	106%	112%	104%		

*Anmerkung: Eine Erledigungsquote von über 100% wird erzielt, wenn in einem Jahr mehr Aufträge abgearbeitet werden als neu hinzukommen.

	1.2 Kennzahl:	Zahlungsquote				
		2012	2011	2012	2013	2014
	Soll	80%	80%	80%	80%	80%
	Ist	77,22%	79%	78%		

Rechnungsabwicklung in der Gesamtverwaltung
(Dieses Ziel nimmt somit nicht nur Bezug auf das Produkt Kreiskasse)

	2.1 Kennzahl:	Abweichung zwischen Fälligkeit und Zahlung in Tagen.				
2. Wirtschaftliches Handeln (Realisierung von Liquiditäts- und Zinsvorteilen) ohne Gefährdung der Zahlungsmoral		2010	2011	2012	2013	2014
	Soll	Datenerhebung ab 2012			0	5
	Ist			8,19*		

Anmerkung: Das Fälligkeitsdatum wird bei jedem Buchungsvorgang exakt erfasst. Bei Rechnungen die "sofort" fällig sind, wird eine Bearbeitungszeit von 14 Tagen nach dem Rechnungseingang berücksichtigt.
* der Wert 2012 bezieht sich auf den Zeitraum Juni-Dez. 2012 (mit der Einführung der veränderten Buchungsabwicklung)

- **Nr. 4 Hw. § 10 GemHVO – Besondere Veranschlagung von Erträgen bzw. Einzahlungen**

Die Ansätze aus Erträgen bzw. Einzahlungen (z. B. zweckgebundene Zuweisungen, Beiträge) sind für das betreffende Vorhaben zweckgebunden zu veranschlagen. Erlöse aus dem Verkauf von Vermögensgegenständen und Kapitalrückflüsse sind dem Produktbereich zuzuordnen, in dem sie entstehen.

- **§ 10 Abs. 4 GemHVO – Sicherung der Transparenz der Ressourcen- und Zahlungsmittelabflüsse**

Für denselben Zweck sollen Aufwendungen und Auszahlungen nicht an verschiedenen Stellen im Haushaltsplan veranschlagt werden. Wird ausnahmsweise anders verfahren, ist auf die Ansätze gegenseitig zu verweisen.

- **§ 11 Satz 1 GemHVO – Verpflichtungsermächtigungen sind in den Teilfinanzhaushalten maßnahmenbezogen zu veranschlagen**

ausführlich siehe Ziffer 8.4

- **§ 101 HGO i. V. m. § 9 GemHVO – mittelfristige Ergebnis- und Finanzplanung**

Die Gemeinde hat ihrer Haushaltswirtschaft eine fünfjährige Planung über den Umfang und Zusammensetzung der voraussichtlichen Aufwendungen sowie der Auszahlungen für Investitionen und Investitionsförderungsmaßnahmen und die Deckungsmöglichkeiten anzugeben. Diese mittelfristige Ergebnis- und Finanzplanung ist jährlich der Entwicklung anzupassen und fortzuführen (ausführlich Kapitel 12).

- **§ 6 GemHVO – Vorbericht**

Insbesondere der Vorbericht, der als Pflichtanlage dem Haushaltsplan beizufügen ist (§ 1 Abs. 4 Nr. 1 GemHVO), soll neben dem Überblick über den Stand und die Entwicklung der Haushaltswirtschaft im Haushaltsjahr unter Einbeziehung der beiden Vorjahre auch einen Ausblick auf wesentliche Veränderungen der Rahmenbedingungen und Entwicklungen innerhalb des Finanzplanungszeitraumes geben (Ziffer 6.6). Durch die Änderung der GemHVO im Dezember 2011 wurde diese „Berichtspflicht" dahingehend erweitert, dass in dem Vorbericht künftig die Auswirkungen, die sich durch die erwartete Bevölkerungsentwicklung auf die Gemeinde und ihre Einrichtungen voraussichtlich ergeben werden, dargestellt werden sollen.

- **§ 1 Abs. 4 GemHVO – weitere Anlagen zum Haushaltsplan**

Darüber hinaus sind auch die weiteren Anlagen zum Haushaltsplan – sowohl die pflichtigen, als auch die freiwilligen[249] – wichtige Instrumente und Informationsquellen zur Lesbarkeit des Haushaltsplanes. Ausführlich hierzu siehe Ziffer 6.6.

---

[249] Vgl. Nr. 10 Hw. zu § 1 GemHVO.

- **§ 17 GemHVO – Erläuterungen**

Mit den Erläuterungen nach § 17 GemHVO wird die Transparenz des Haushalts verbessert und die Beratung in den kommunalen Gremien erleichtert. Auch der Bürger kann bei der Einsichtnahme nach § 97 HGO die vorgenommenen Veranschlagungen leichter nachvollziehen (Nr. 1 Hw. zu § 17 GemHVO). Die Erläuterungen sollen möglichst in knapper Form über die wesentlichen Planungsgrundlagen eines Haushaltsansatzes Auskunft geben (Nr. 2 Hw. zu § 17 GemHVO). Kurz und prägnant gehaltene Erläuterungen erhöhen die Lesbarkeit eines Haushaltsplanes beträchtlich.

Der Umfang der Erläuterungen in den verschiedenen Haushaltsplänen der Gemeinden kann unterschiedlich sein. Teils werden von den Gemeinden Erläuterungen nur in der Erläuterungsspalte vorgesehen, teils werden freiwillig besondere Anlagen zum Haushaltsplan mit ausführlichen Erläuterungen erstellt.

§ 17 GemHVO unterscheidet in

- **Pflichterläuterungen** (z. B. für Ansätze von Erträgen und Aufwendungen, soweit sie erheblich sind oder von den Ansätzen des Vorjahres erheblich abweichen; für neue Investitionsmaßnahmen, für die Notwendigkeit und Höhe von Verpflichtungsermächtigungen usw.)
- **freiwillige Erläuterungen**, wenn es die Gemeinde für erforderlich hält. Die Beurteilung und Entscheidung in diesen Fällen ist Angelegenheit der Gemeinde.

7.3.3.2 Haushaltswahrheit

Die Aussagefähigkeit und Qualität eines Haushaltsplanes hängt weitgehend von der Richtigkeit und Genauigkeit seiner Haushaltsansätze ab. Das setzt voraus, dass die Gemeinden im Rahmen der Planung und Veranschlagung der Erträge und Aufwendungen sowie Einzahlungen und Auszahlungen größte Sorgfalt walten lassen müssen.

Die Forderung des § 10 Abs. 2 letzter Halbsatz GemHVO lautet:

„Sie (die Erträge und Aufwendungen sowie die Einzahlungen und Auszahlungen) sind sorgfältig zu schätzen, soweit sie nicht errechenbar sind." Mit dieser Forderung nach Sorgfalt ist verbunden, dass es keine Über- und Unterschätzung der Erträge/Einzahlungen und Aufwendungen/Auszahlungen geben soll, d. h. es ist vorsichtig[250] und sachgerecht vorzugehen; insbesondere dürfen keine Scheinansätze gebildet werden, nur um den Haushalt auszugleichen (fiktive Erträge/Einzahlungen). In der Umsetzung bedeutet dies:

„Dass die Ertrags- und Einzahlungspositionen eher vorsichtig und niedriger, Aufwands- und Auszahlungspositionen ihrerseits vorsichtig, aber in diesem Fall eher im oberen Bereich des Denkbaren angesiedelt werden sollten, …"[251]

---

[250] Das in § 40 Abs. 3 GemHVO verankerte Vorsichtsprinzip kann als ein allgemeingültiger Haushaltsgrundsatz gesehen werden, der ebenso für die Berechnung und Schätzung der Haushaltsansätze Anwendung findet. Vgl. Amerkamp/Kröckel/Rauber, Gemeindehaushaltsrecht Hessen, Kommentar, Erl. zu § 10 GemHVO, Rdnr. 16.

[251] Amerkamp/Kröckel/Rauber, Gemeindehaushaltsrecht Hessen, Kommentar, Erl. zu § 10 GemHVO, Rdnr. 17.

Nicht explizit angeführt sind in § 10 Abs. 2 GemHVO die Verpflichtungsermächtigungen. Da es sich hier um einen allgemeinen Planungsgrundsatz handelt und die benötigten Verpflichtungsermächtigungen nach § 95 Abs. 2 HGO ebenso im Haushaltsplan zu „planen" und zu veranschlagen sind, gilt diese Vorschrift auch für die Verpflichtungsermächtigungen entsprechend.

In § 16 Abs. 2 Satz 1 GemHVO sind hingegen für die Veranschlagung von Personalaufwendungen konkrete Vorgaben enthalten. Hiernach richten sich die Personalaufwendungen nur an den voraussichtlich besetzten Stellen (ausführlich siehe Ziffer 7.3.2.3).

Darüber hinaus bietet § 10 Abs. 2 letzter Halbsatz GemHVO zwei Methoden an, um der Forderung nach Haushaltswahrheit gerecht zu werden: **Berechnung oder Schätzung**.

Die vorrangige Methode ist die Berechnung der Ansätze. In den gemeindlichen Haushaltsplänen ist die Zahl der Ansätze, die sich exakt oder annähernd genau errechnen lassen, leider in der Minderheit.

Möglichkeiten der weitgehenden Berechnung:

- Mieten, Pachten,
- Grundsteuer sowie

- Vereins- und Versicherungsbeiträge,
- Zins- und Tilgungsleistungen.

Beispiele zur weitgehenden Schätzung von Ansätzen:

- Sozialhilfe,
- Kfz-Betrieb,
- Winterdienst,
- Friedhofsgebühren.

- Gebäudeunterhaltung,
- Energieversorgung,
- Gewerbesteuer

Ziel der sorgfältigen Schätzung der Ansätze ist es, die Abweichungen zwischen den veranschlagten Beträgen und den späteren Rechnungsbeträgen so gering wie möglich zu halten. Zu diesem Zweck hat die Gemeinde alle möglichen und erreichbaren Hilfsmittel heranzuziehen.

Beispiele für Hilfsmittel:

- Vorjahresergebnisse und Besonderheiten des Vorjahres
- Werte aus der Kosten- und Leistungsrechnung
- zu erwartende Veränderungen für das neue Haushaltsjahr
- Orientierungsdaten für die Finanzplanung (siehe Ziffer 12.5)
- Steuerschätzungen des „Arbeitskreises Steuerschätzungen" (Beirat des Bundesministeriums der Finanzen)
- Planungszahlen der Industrie- und Handelskammer, der Handwerkskammern sowie sonstiger regionaler und überregionaler Verbände
- eigene und fremde Statistiken und Entwicklungen (insbesondere die individuelle demographische Entwicklung)

Sofern zukünftig vermehrt über Zielvereinbarungen (Vorgabe von Sach- **und Finanzzielen**) geplant und gesteuert wird, kommt den Ergebnissen der Kosten- und Leistungsrechnung bei der Bemessung des Finanzrahmens (Budgets) eine besondere Bedeutung zu, da hier solide Kennzahlen generiert werden können (z. B. Kosten pro Platz, Kosten pro Produkt, siehe Ziffer 7.3.5.1).

Abschließend ist festzuhalten, dass es trotz genauester Planungen und unter Berücksichtigung aktueller Entwicklungen aus unterschiedlichen Gründen immer zu Abweichungen kommen kann und wird. **Insofern ist dem Grundsatz der Haushaltswahrheit und Klarheit auch dann Rechnung getragen, wenn den Berechnungen und Schätzungen alle zum Zeitpunkt der Erstellung des Haushalts verfügbaren Datenquellen und Erkenntnisse zugrunde gelegt wurden und für einen Dritten schlüssig und nachvollziehbar sind.**

7.3.3.3 Übung

Sachverhalt

Im Rahmen der Planung des Haushalts 2014 werden von der Gemeinde E die Erträge aus der Gewerbesteuer gegenüber dem Vorjahr um 3,3 %[252] angehoben. Der zuständige Haushaltssachbearbeiter hat bei der Schätzung der Gewerbesteuererträge die Orientierungsdaten für die Haushalts- und Finanzplanung der Gemeinden (GV) des Landes Hessen zugrunde gelegt, die eine derartige Steigerung vorsehen. Bekannt ist dem Sachbearbeiter, dass im kommenden Haushaltsjahr zwei der größten Betriebe der Gemeinde ihren Betriebssitz in den Nachbarort verlegen, also als Steuerzahler ausfallen.

Trotz kritischer Nachfragen eines Kollegen, der ebenfalls für die Aufstellung des Haushalts zuständig ist, bleibt der Haushaltssachbearbeiter bei seiner Meinung; er sieht die Orientierungsdaten für die Planung als verbindlich an.

Aufgabe:

Ist die Auffassung des Haushaltssachbearbeiters richtig?

Lösung:

Der Haushaltssachbearbeiter hat den Haushaltsplan unter anderem unter Beachtung der allgemeinen Haushalts- und Planungsgrundsätze aufzustellen. Der in diesem Fall zu beachtende Grundsatz wäre neben der Vollständigkeit insbesondere der Grundsatz der Haushaltswahrheit. Danach sind die Erträge und Aufwendungen sowie die Einzahlungen und Auszahlungen sorgfältig zu schätzen, soweit sie nicht errechenbar sind.

Bei der Gewerbesteuer handelt es sich um Ressourcenaufkommen, die zu einem Mittelzufluss führen, d. h. zahlungswirksam werden. Nach § 58 Nr. 14 GemHVO liegen somit Erträge aus Steuern vor, die gemäß § 4 Abs. 3 i. V. m. § 2 Abs. 1 Nr. 5 GemHVO als ordentliche Erträge zu klassifizieren und im Teilergebnishaushalt nachzuweisen sind.

Zu prüfen ist, ob diese ordentlichen Erträge nach dem Grundsatz der Haushaltswahrheit richtig festgesetzt wurden. Zunächst ist festzustellen, dass die Erträge aus der Gewerbesteuer kaum zu berechnen sind; demzufolge wendet der Sachbearbeiter die richtige Methode der Schätzung an.

---

[252] Für Übungszwecke unterstellt.

Im Bereich der methodischen Schätzung geht er von einem Hilfsmittel, den Orientierungsdaten für die Haushalts- und Finanzplanung der Gemeinden (GV) des Landes Hessen aus. Es ist daher zu prüfen, ob dieses herangezogene Hilfsmittel bei der Schätzung von den Erträgen aus der Gewerbesteuer verbindlich ist. Gemäß § 101 Abs. 2 HGO i.V.m § 9 Abs. 3 GemHVO sollen bei der Aufstellung und Fortschreibung der mittelfristigen Ergebnis- und Finanzplanung die vom Hessischen Ministerium des Innern und für Sport im Einvernehmen mit dem Hessischen Ministerium der Finanzen bekannt gegebenen Orientierungsdaten (Finanzplanungserlass) berücksichtigt werden.

Die Vorschrift nach § 9 Abs. 3 GemHVO ist als „Soll-Vorschrift" formuliert. Hiernach sollen die Gemeinden bei der Aufstellung und Fortschreibung der mittelfristigen Ergebnis- und Finanzplanung die bekannt gegebenen Orientierungsdaten „berücksichtigen". Da es sich aber bei den Orientierungsdaten um landesweite Durchschnittswerte handelt und strukturelle Unterschiede nicht angemessen berücksichtigt werden können, weist der Finanzplanungserlass explizit darauf hin, dass es Aufgabe der Gemeinden bleibt, aufgrund der besonderen örtlichen Gegebenheiten die für ihre Planung maßgebenden Einzelwerte selbst zu ermitteln (Ziffer 12. 5 und 12.6.).

Eine besondere örtliche Gegebenheit bei der Gemeinde E liegt vor, da zwei der größten Steuerzahler das Gemeindegebiet verlassen. In diesem Fall ist es unrealistisch, von einer Steigerung der Gewerbesteuererträge auszugehen. Insofern liegt ein Verstoß gegen den Grundsatz der Haushaltswahrheit vor, da bei den Berechnungen und Schätzungen nicht alle zum Zeitpunkt der Erstellung des Haushalts verfügbaren und relevanten Datenquellen und Erkenntnisse berücksichtigt wurden. Der Haushaltssachbearbeiter hat daher die Gewerbesteuererträge entsprechend niedriger zu veranschlagen.

7.3.4   Bruttoprinzip

7.3.4.1   Grundsatz

Die Bruttoveranschlagung steht in enger Verbindung mit dem Grundsatz der Vollständigkeit (Ziffer 7.3.1) sowie der Haushaltswahrheit und Haushaltsklarheit (Ziffer 7.3.3).

Rechtsgrundlage für das Bruttoprinzip im Rahmen der Planung des kommunalen Haushalts ist § 10 Abs. 1 GemHVO, der die Anforderung formuliert, dass die Erträge, Aufwendungen, Einzahlungen und Auszahlungen in voller Höhe **und** getrennt voneinander (demnach brutto) zu veranschlagen sind, soweit nicht etwas anderes bestimmt ist. § 10 Abs. 1 GemHVO gestattet damit nicht, dass Erträge und Aufwendungen, Einzahlungen und Auszahlungen vorab verrechnet und nur noch der Saldo (Differenz) veranschlagt wird.

Dieser Grundsatz gilt nicht nur für die Planung des Ergebnis- und Finanzhaushalts (§ 10 Abs. 1 GemHVO), sondern auch für die kommunale Bilanz nach § 38 Abs. 2 GemHVO; in diesem Zusammenhang wird von dem Saldierungsverbot gesprochen (Ziffer 16.2.8.7). Er gehört zu den nicht mehr wegzudenkenden Prinzipien einer kommunalen Haushaltsführung und bildet die Voraussetzung für die Erreichung des Ziels, den Haushaltsplan vollständig sowie so übersichtlich und klar wie nur möglich zu gestalten. Das Nettoprinzip hingegen - Erlaubnis zur Verrechnung der Erträge mit Aufwendungen und der Einzahlungen mit Auszahlungen - würde den tatsächlichen Haushaltsverlauf verschleiern.

Zur Verdeutlichung des Bruttoprinzips sollen folgende **Beispiele** beitragen; die Veranschlagung erfolgt nach § 3 Abs. 1 GemHVO - direkte Methode:

- Kauf eines Dienstwagens im Wert von 50.000 €;
  der alte Dienstwagen wird mit seinem Restbuchwert von 10.000 € in Zahlung genommen.

  Veranschlagung:
  - Auszahlung in Höhe von 50.000 € für Investitionen in das Sachanlagevermögen (§ 3 Abs. 1 Nr. 26 GemHVO)
  - Einzahlung in Höhe von 10.000 € aus Abgängen von Vermögensgegenständen des Sachanlagevermögens (§ 3 Abs. 1 Nr. 21 GemHVO)

- Einrichtung eines naturwissenschaftlichen Klassenraumes mit einem Auszahlungsvolumen von 200.000 €; das Land beteiligt sich mit einer zweckgebundenen Zuweisung in Höhe von 100.000 €.

  Veranschlagung:
  - Auszahlung in Höhe von 200.000 € für Investitionen in das Sachanlagevermögen (§ 3 Abs. 1 Nr. 26 GemHVO)
  - Einzahlung in Höhe von 100.000 € aus Investitionszuweisungen (§ 3 Abs. 1 Nr. 20 GemHVO)

- Kreditaufnahme in Höhe von 1.000.000 €; Auszahlungskurs: 98 v. H.

  Veranschlagung:
  - Einzahlung in Höhe von 1.000.000 € (= Rückzahlungsverpflichtung) aus der Aufnahme von Krediten (§ 3 Abs. 1 Nr. 31 GemHVO)
  - Auszahlung in Höhe von 20.000 € für Kapitalbeschaffung/Kreditbeschaffungskosten (§ 3 Abs. 1 Nr. 17 GemHVO)

(siehe ausführlich hierzu Ziffer 7.3.4.4, Übungsfall 3)

Im Rahmen der Ausführung des Haushalts kann es aber gerade bei der Inzahlungnahme von beweglichen Sachen des Anlagevermögens oder bei Kreditaufnahmen mit Disagio zu **Aufrechnungen von Forderungen und Verbindlichkeiten** (§ 387 BGB) zwischen den Geschäftspartnern kommen. Es handelt sich hier um rein kassentechnische Verrechnungen, die im allgemeinen Geschäftsverkehr üblich und durch § 16 Abs. 1 Satz 2 GemKVO gedeckt sind. Es handelt sich hier um kassenrechtliche Aufrechnungen von Forderungen und Verbindlichkeiten, die das Bruttoprinzip im Rahmen der Veranschlagung gemäß § 10 Abs. 1 GemHVO **nicht** berühren und damit keine Auswirkung auf die äußere Gestaltung des Haushaltsplanes haben.

7.3.4.2 Besonderheiten zum Bruttoprinzip

- **Rabatte, Preisnachlässe und Skontierungen**

Zu beachten ist, dass Skontogewährungen, Rabatte und ähnliche Abzüge nicht als Erträge bzw. Einzahlungen zu Gunsten der Gemeinde anzusehen sind; sie verringern vielmehr den jeweiligen Kaufpreis und damit die Auszahlungen. Dies verdeutlicht auch Nr. 1 Hw. zu § 41 GemHVO, wonach bei der Ermittlung der Wertansätze für erworbene Vermögensgegenstände des Anlage- und Umlaufvermögens Skonto und Rabatte als „**Anschaffungskostenminderungen**" dargestellt sind (Ziffer 16.2.5).

Skonto, Preisnachlässe und Rabatte sind nur dann im **Rahmen der Veranschlagung** zu beachten, sofern diese Anschaffungskostenminderungen im Vorfeld, d. h. bei der Planung bereits verbindlich sind, wie z. B. feststehende Behördenrabatte.

Im allgemeinen Geschäftsverkehr ist es aber üblich, dass Rabatte erst im Rahmen der konkreten Verkaufsverhandlungen und Skonto erst bei Bezahlung der Rechnung wirksam werden. Diese Anschaffungskostenminderungen sind aber bei der Planung in der Regel nicht bekannt, so dass auch hier „brutto" zu veranschlagen ist.

Hinsichtlich der buchungstechnischen Behandlung von nachträglich gewährten Skonti, Rabatten und sonstigen Preisnachlässen wird auf Ziffer 15.6.8.2 verwiesen[253].

- **Betriebe gewerblicher Art**

Sofern im Haushalt der Gemeinde Betriebe gewerblicher Art (z. B. Schwimmbäder, Parkhäuser, Messehallen u. Ä.), die umsatzsteuerpflichtig sind, veranschlagt werden, ist folgendes zu beachten:

- Weder die Umsatzsteuer noch die Vorsteuer sind Aufwand und Ertrag, d.h. es erfolgt keine Veranschlagung im Ergebnishaushalt. Insofern findet hier bei den Aufwendungen (z. B. Instandhaltungen) und Erträgen (Gebühren) eine Art Nettoveranschlagung statt.[254]
- Dies gilt ebenso für die Veranschlagung von investiven Maßnahmen (z. B. Baumaßnahmen, Beschaffungen); hier sind nur die Anschaffungs- und Herstellungskosten netto (also ohne Umsatzsteuer) im Teilfinanzhaushalt bereit zu stellen (siehe Nr. 4 Hw. zu § 41 GemHVO).
- Es erfolgt auch keine Veranschlagung der Mehrwertsteuer und der Vorsteuerbeträge im Finanzhaushalt der Gemeinde, da es sich hier um durch-

---

253 Werden Rabatte, Skonti und sonstige Preisnachlässe nachträglich gewährt, wird zunächst das Aufwendungs- bzw. Bilanzkonto mit dem vollen Wert belastet. Anschließend erfolgt die Berichtigungsbuchung.

254 Vgl. Bernhardt u. a., Kommunales Finanzmanagement NRW, Ziffer 9.3.5.3. Stellt ein Betrieb gewerblicher Art z. B. Rechnungen oder Gebührenbescheide im Volumen von 238.000 € aus, die Umsatzsteueranteile zum Steuersatz von 19 v. H. enthalten, so sind als Ertrag nur 200.000 € zu berücksichtigen. Beim Restbetrag von 38.000 € handelt es sich um die in Rechnung gestellte Umsatzsteuer, die zum nächsten Steuertermin an das Finanzamt abzuführen ist. Insofern wird dieser Betrag als erfolgsneutrale Verbindlichkeit gegenüber dem Finanzamt behandelt.

laufende Zahlungsmittel nach § 15 Abs. 1 GemHVO handelt, siehe
Ziffer 7.3.1.3.[255]

In der Finanzrechnung allerdings sind die Beträge zu buchen (Verwahr- und Vorschussbuch gemäß Nr. 3 Hw. zu § 15 GemHVO), da ein besonderer Ausweis der
Umsatzsteuer und der Vorsteuer zu erfolgen hat. Ebenso ist beim Jahresabschluss ein
evtl. Bestand dieser Steuerbeträge zum 31.12. als haushaltsunwirksame Einzahlung
bzw. Auszahlung auszuweisen (Nr. 5 Hw. zu § 15 GemHVO sowie § 47 Abs. 2
GemHVO i. V. m. Muster 16 Zeile 35 bis 36 für die direkte Finanzrechnung).

Hinsichtlich der buchungstechnischen Behandlung wird auf Ziffer 15.6 verwiesen.

7.3.4.3 Ausnahmen zum Bruttoprinzip

Der Grundsatz der Bruttoveranschlagung wird durch bestimmte Vorschriften der Hess.
Gemeindeordnung und der GemHVO durchbrochen[256]. Im Folgenden werden die Ausnahmen aufgeführt:

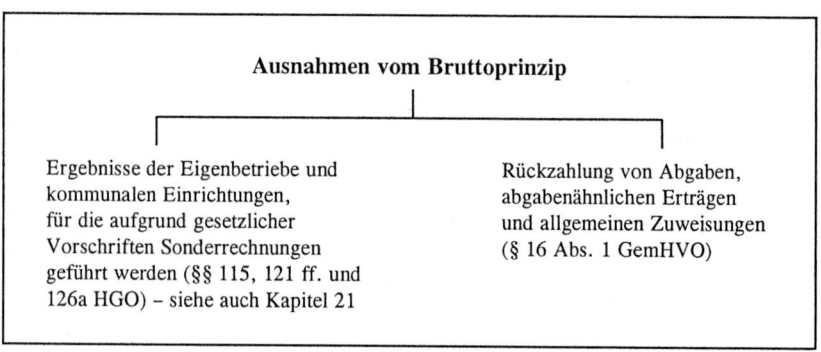

Ausnahmen vom Bruttoprinzip

Ergebnisse der Eigenbetriebe und kommunalen Einrichtungen, für die aufgrund gesetzlicher Vorschriften Sonderrechnungen geführt werden (§§ 115, 121 ff. und 126a HGO) – siehe auch Kapitel 21

Rückzahlung von Abgaben, abgabenähnlichen Erträgen und allgemeinen Zuweisungen (§ 16 Abs. 1 GemHVO)

- Als Ausnahme vom Bruttoprinzip gilt die **Behandlung der Ergebnisse der Eigenbetriebe, der Anstalten des öffentlichen Rechts und der kommunalen Einrichtungen, für die auf Grund gesetzlicher Vorschriften Sonderrechnungen geführt
  werden** sowie der **Unternehmen, an denen die Gemeinde beteiligt ist** (siehe
  Kapitel 21).

Diese Wirtschaftsbetriebe richten ihre Wirtschaftsführung nach besonderen
Vorschriften aus. In diesem Zusammenhang siehe §§ 115, 121 ff. und 126a HGO.

---

[255] Nr. 3 Hw. zu § 15 GemHVO: *„Führt die Gemeinde einen Betrieb gewerblicher Art (z. B. Hallenbad)
in ihrem Haushalt, werden im Falle der Vorsteuerabzugsberechtigung (§ 15 UStG) die auf seine Erträge
und Einzahlungen entfallende Umsatzsteuer und die bei den Aufwendungen und Auszahlungen
anfallende Vorsteuer im Verwahr- und Vorschussbuch gebucht und zu den Zahlungsterminen mit dem
Finanzamt abgerechnet. "* Eine Veranschlagung der Umsatz- bzw. Vorsteuerbeträge erfolgt nicht.

[256] Vgl. Amerkamp/Kröckel/Rauber, Gemeindehaushaltsrecht Hessen, Kommentar, Erl. zu § 10
GemHVO, Rdnr. 10 und 11.

Wie bereits im Rahmen des Grundsatzes der Einheit (Ziffer 7.3.1.6) ausgeführt, werden bestimmte kommunale Sondervermögen außerhalb des Haushalts abgewickelt (z. B. Eigenbetriebe, eigenbetriebsähnliche Einrichtungen, rechtlich selbstständige Stiftungen, Anstalten des öffentlichen Rechts, Eigen- und Beteiligungsgesellschaften). Insoweit tritt an die Stelle einer getrennten Veranschlagung von Ressourcen- und Zahlungsmittelbewegungen die Übernahme des wirtschaftlichen Ergebnisses (Gewinnabführung an den Gemeindehaushalt [Ertrag/Einzahlung] oder Zuschuss der Gemeinde zur Deckung von Verlusten [Aufwendungen/Auszahlungen]).[257] Es handelt sich hierbei um „Netto-Beträge". Um Details über das Entstehen oder die Zusammensetzung dieser „Netto-Beträge" zu erfahren, sind Einblicke in die jeweiligen Sonderrechnungen erforderlich.

- § 16 Abs. 1 GemHVO regelt eine weitere Ausnahme vom Prinzip der Bruttoveranschlagung. Er bestimmt, dass **Abgaben, abgabeähnliche Erträge und allgemeine Zuweisungen**, die die Gemeinde zurückzuzahlen hat, nicht als außerordentliche Aufwendungen zu veranschlagen sind, sondern von den Erträgen abgesetzt werden **müssen**, auch wenn sie sich auf Erträge aus Vorjahren beziehen. Dies gilt entsprechend auch für geleistete Umlagen, die **an die Gemeinde zurückgezahlt** werden. Für die Veranschlagung folgt daraus, dass in diesen Fällen nur der Betrag zu veranschlagen ist, der nach Abzug der vorhersehbaren und gerade bei Abgaben häufigen Zurückzahlungen als voraussichtlicher Gesamtertrag verbleibt. Dies ist der korrekten Ausweisung der Zahlungsmittelflüsse für die Zwecke der Finanzstatistik und des Finanzausgleichs geschuldet (vgl. Hw. zu § 16 GemHVO und Ziffer 7.3.2.4)[258].

Zu den **Abgaben** im Sinne des § 16 Abs. 1 GemHVO gehören: Steuern, Verwaltungsgebühren, Benutzungsgebühren, öffentlich-rechtliche Beiträge (siehe § 1 Abs. 1 KAG und Ziffer 2.2). Zu den **abgabeähnlichen Entgelten** im Sinne des § 16 Abs. 1 GemHVO zählen die den Gebühren nahe stehenden Erträge auf privatrechtlicher Basis (z. B. Eintrittsgelder). Die **allgemeinen Zuweisungen sind Zuweisungen** des Bundes, des Landes, einer Gemeinde oder eines Gemeindeverbandes, die der Gemeinde **ohne Bindung** an einen bestimmten Verwendungszweck zufließen und über deren Verwendung sie auch selbst entscheiden kann, z. B. Schlüsselzuweisungen.

In der Praxis kann es unter Umständen dazu kommen, dass Rückzahlungen die erwarteten Erträge übersteigen. Die Regelung des § 16 Abs. 1 GemHVO führt dann dazu, dass bei Voraussehbarkeit dieser Situation im Haushalt **ein negativer Ertragsansatz** zu bilden ist. Eine Veranschlagung der Differenz als Aufwendung ist unzulässig.[259]

---

[257] Vgl. Amerkamp/Kröckel/Rauber, Gemeindehaushaltsrecht Hessen, Kommentar, Erl. zu § 10 GemHVO, Rdnr. 11. Somit wird auch der Trennung von allgemeinem und Sondervermögen der Gemeinde Rechnung getragen (§ 115 Abs. 2 und 4 HGO).

[258] Vgl. Amerkamp/Kröckel/Rauber, Gemeindehaushaltsrecht Hessen, Kommentar, Erl. zu § 16 GemHVO, Rdnr. 2.

[259] Damit wird sichergestellt, dass das tatsächliche Steueraufkommen (in diesem Fall eben ein Negativbetrag) bei den Berechnungen des Kommunalen Finanzausgleichs berücksichtigt wird – siehe Hw. Satz 2 zu § 16 GemHVO.

7.3.4.4 Übungen

Sachverhalt Nr. 1

Die Gemeinde E möchte im Haushaltsjahr 2014 für den Produktbereich „Kultur und Wissenschaft", Produktgruppe „Volkshochschule" ein neues Filmgerät kaufen. Der zuständige Sachbearbeiter C informiert sich im Rahmen der Haushaltsplanung durch Internetrecherche, Fachkataloge und Nachfragen bei entsprechenden Anbietern über die Preise, um einen verlässlichen Haushaltsansatz zu ermitteln. In diesem Zusammenhang findet er einen Anbieter, der der Gemeinde einen Behördenrabatt von 10 v. H. verbindlich zusagt. Die Recherche ergibt, dass das für die Zwecke der Volkshochschule in Frage kommende Filmgerät in etwa 2.200 € (ohne Rabatt/ohne Nachlass) kosten wird. Das alte Gerät soll mit einem Wert von 200 € (Buchwert) in Zahlung gegeben werden.

Der Sachbearbeiter C beantragt daraufhin, dass ein Betrag in Höhe von 2.000 € für die Anschaffung des Filmgerätes in dem Haushalt 2014 bereitgestellt wird.

Aufgabe:

Veranschlagen Sie diesen Geschäftsvorgang in dem entsprechenden Teilhaushalt für das Haushaltsjahr 2014 und begründen Sie Ihre Vorgehensweise.

Bearbeitungshinweis:

Die Gemeinde E hat sich für die direkte Methode der Finanzrechnung entscheiden.[260]

Lösung:

Bei der Anschaffung des Filmgerätes könnte eine Investition nach § 58 Nr. 17 GemHVO vorliegen, wenn es sich hierbei um Anschaffungskosten im Sinne von § 41 Abs. 2 GemHVO handelt. Hiernach sind Anschaffungskosten die Aufwendungen, die geleistet werden müssen, um einen Vermögensgegenstand zu erwerben. Das Filmgerät soll zur Aufgabenerfüllung käuflich erworben werden; es handelt sich hierbei um Sachanlagevermögen nach § 49 Abs. 3 Nr. 1.2 GemHVO. Nach § 4 Abs. 4 i. V. m. § 3 Abs. 1 Nr. 26 GemHVO sind Auszahlungen für Investionen in das sonstige Sachanlagevermögen im Teilfinanzhaushalt zu veranschlagen.

Zu prüfen ist, ob der Betrag in Höhe von 2.000 € unter Beachtung der Planungsgrundsätze die richtige Veranschlagungshöhe darstellt.

Gemäß § 10 Abs. 1 GemHVO sind die Einzahlungen und Auszahlungen in voller Höhe und getrennt voneinander zu veranschlagen (Bruttoprinzip). Nach dem Sachverhalt handelt es sich hier einmal um eine Auszahlung von 2.200 € für die Anschaffung des neuen Filmgerätes und zum anderen um eine Einzahlung von 200 € für die Inzahlung-

---

[260] Siehe Kap. 6.5.1.2.1 (Wahlrecht bei der Darstellung der Finanzrechnung) und Kap. 6.5.2.4.2. Wird die Finanzrechnung nach der direkten Methode geführt, dann ist auch der Finanzhaushalt nach der direkten Methode aufzustellen gemäß § 3 Abs. 1 GemHVO.

nahme des alten Gerätes. Die Einzahlung ist nach § 3 Abs. 1 Nr. 21 GemHVO als Einzahlung aus dem Abgang von Vermögensgegenständen zu klassifizieren und darf aufgrund des Bruttoprinzips nicht mit der Auszahlung aufgerechnet werden. Auch ist die Ausnahmeregelung nach § 16 Abs. 1 GemHVO hier nicht anwendbar.

Darüber hinaus würde eine „Netto-Darstellung" der Klarheit und Übersichtlichkeit sowie der Darstellung des Ablaufs der Haushaltswirtschaft nicht entsprechen.

Abschließend ist noch zu klären, inwieweit der Behördenrabatt, der lt. Sachverhalt verbindlich Gültigkeit hat, im Rahmen der Veranschlagung u. U. als Ertrag zu berücksichtigen ist. Nach Nr. 1 Hw. zu § 41 GemHVO handelt es sich bei Rabatten um Anschaffungskostenminderungen und nicht um Erträge, sie reduzieren unmittelbar die Höhe der Anschaffungskosten. Übertragen auf den Sachverhalt wären demnach nur Anschaffungskosten von 1.980 € für das Filmgerät als Auszahlungen für Investitionen in das sonstige Sachanlagevermögen zu veranschlagen.

Unter Berücksichtigung der oben gemachten Ausführungen ergibt sich folgende Veranschlagung für den Haushalt 2014:

Auszug aus dem Haushaltsplan 2014[261]

Produktbereich: Wissenschaft und Kultur
Produktgruppe: Volkshochschule   Muster 11

Teilfinanzhaushalt – vereinfachte Darstellung
- Euro-

| Nr. | Bezeichnung | Haushaltsansatz | | | Ergebnis des Jahres-abschlusses |
		2014	Verpflichtungs-ermächtigung	2013	2012
1	2	3	4	5	6
	Einzahlungen aus Investitionstätigkeit				
	Einzahlungen aus Abgängen von Vermögensgegenständen des Sachanlagevermögens und des immateriellen Anlagevermögens	200 €		0	0,00
	Summe investive Einzahlungen	200 €		0	0,00
	Auszahlungen aus Investitionstätigkeit				
	Auszahlungen für Investitionen in das sonstige Sachanlagevermögen und immaterielle Anlagevermögen	1.980 €			
	Summe investive Auszahlungen	1.980 €	0	0	0,00
	Saldo aus Investitionstätigkeit (Einzahlungen ./. Auszahlungen)	**1.780 €**		0	0,00

---

[261] Da es sich um einen „Auszug" aus dem Teilfinanzhaushalt handelt, wurde auf die Darstellung der Einzahlungen und Auszahlungen aus Finanzierungstätigkeit verzichtet.

Sachverhalt Nr. 2

Der Sachbearbeiter R, der erst seit einem Monat im Fachdienst „Finanzen" arbeitet, ist für alle Angelegenheiten rund um die Gewerbesteuer zuständig. Bei der Veranschlagung der Haushaltsansätze für das Jahr 2014 ermittelt er folgende Beträge:

- Erträge aus Gewerbesteuer: 25.000.000 €
- Gewerbesteuerumlage: 5.500.000 €

Nach seiner Auffassung ist hier § 16 Abs. 1 GemHVO einschlägig. Demzufolge sind im Haushaltsplan 2014 insgesamt Erträge aus Gewerbesteuer in Höhe von 19.500.000 € zu veranschlagen.

Aufgabe:

Begutachten Sie die Auffassung des Sachbearbeiters R.

Lösung:

Bei den Erträgen aus der Gewerbesteuer handelt es sich um ordentliche Erträge aus Steuern und steuerähnlichen Erträgen einschließlich Erträge aus gesetzlichen Umlagen nach § 2 Abs. 1 Nr. 5 GemHVO, die im Ergebnis- und Teilergebnishaushalt zur veranschlagen sind. Grundlagen für die Erhebung der Gewerbesteuer sind Art. 106 Abs. 6 GG, das Gewerbesteuergesetz, das Realsteuerzuständigkeitsgesetz sowie die Haushaltssatzung. Es wird unterstellt, dass der Sachbearbeiter R auf diesen Grundlagen den Gesamtertrag der Gewerbesteuer für das Haushaltsjahr 2014 ermittelt hat.

Bei der Gewerbesteuerumlage handelt es sich um einen ordentlichen Aufwand aus gesetzlichen Umlageverpflichtungen nach § 2 Abs. 1 Nr. 15 GemHVO, der ebenfalls im Ergebnis- und Teilergebnishaushalt zu veranschlagen ist. Grundlagen für die Zahlung der Gewerbesteuerumlagen sind Art. 106 Abs. 6 GG und das Gemeindefinanzreformgesetz. Auch hier wird unterstellt, dass die Höhe der Gewerbesteuerumlage richtig ermittelt wurde.

Bei der Aufstellung des Haushalts sind die Planungsgrundsätze nach § 10 ff. GemHVO zu beachten. Der Sachverhalt zielt auf das Bruttoprinzip nach § 10 Abs. 1 GemHVO ab. Hiernach sind bezogen auf den Ergebnishaushalt die Erträge und Aufwendungen in voller Höhe und getrennt voneinander zu veranschlagen, soweit in der GemHVO nichts anderes bestimmt ist. Nach § 16 Abs. 1 GemHVO dürfen ausnahmsweise Abgaben, abgabeähnliche Erträge und allgemeine Zuweisungen, die die Gemeinde zurückzuzahlen hat, bei den Erträgen abgesetzt, auch wenn sie sich auf Erträge der Vorjahre beziehen. Aufgrund dieser Regelung hat Sachbearbeiter R für die Haushaltsplanung 2014 die Gewerbesteuererträge mit der Gewerbesteuerumlage verrechnet.

Abgaben sind nach § 1 KAG Steuern, Gebühren und Beiträge. Bei der Gewerbesteuer handelt es sich somit um eine Abgabe im Sinne von § 16 Abs. 1 GemHVO, nicht aber bei der Gewerbesteuerumlage. Die Gewerbesteuerumlage ist eine gesetzlich vorgeschriebene Beteiligung des Bundes und der Länder an dem Aufkommen der Gewerbesteuer und ist damit nicht an den ursprünglichen Abgabepflichtigen zurückzuzahlen. Damit ist die Ausnahmeregelung in diesem Fall nicht anwendbar. Die richtige Veranschlagung für den Haushalt 2014 sieht folgendermaßen aus:

Auszug aus dem Haushaltsplan 2014:

Produktbereich: Allgemeine Finanzwirtschaft
Produktgruppe: Steuern, allgemeine Zuweisungen, allgemeine Umlagen

Teilergebnishaushalt - vereinfachte Darstellung
- Euro -

Nr.	Konten	Bezeichnung	Haushaltsansatz		Ergebnis des Jahresabschlusses
			2014	2013	2012
1	2	3	4	5	6
5		Ordentliche Erträge ... Steuern, steuerähnliche Erträge einschl. Erträge aus gesetzlichen Umlagen ...	25.000.000	26.000.000	24.999.000,05
		Summe der ordentlichen Erträge			
16		Ordentliche Aufwendungen ... Steueraufwendungen einschl. Aufwendungen aus gesetzlichen Umlageverpflichtungen ...	5.500.000	5.600.000	5.499.000,99
19		**Summe der ordentlichen Aufwendungen**			
20		**Verwaltungsergebnis**			

Sachverhalt Nr. 3

Die Gemeinde E will im Haushaltsjahr 2014 zur Finanzierung der Investitionen und Investitionsförderungsmaßnahmen von 4 Mio. € einen Kredit in gleicher Höhe aufnehmen. Aufgrund der Erfahrungen der vorangegangenen Jahre wird davon ausgegangen, dass ein Disagio von 2 v.H. einzuplanen ist.[262]

Aufgabe:

Stellen Sie die erforderlichen Veranschlagungen im Finanzhaushalt des Haushaltsjahr 2014 dar.

---

[262] Dieser Sachverhalt soll nur das Bruttoprinzips vertiefen. Deshalb sind in diesem Sachverhalt weder Angaben zu Zinsaufwendungen noch zu Tilgungsmodalitäten und damit auch nicht zu der Auflösung des Disagios enthalten.

Bearbeitungshinweis:

Die Gemeinde E hat sich für die direkte Methode der Finanzrechnung entscheiden.[263]

Lösung:

Bei der Kreditaufnahme handelt es sich nach § 58 Nr. 20 GemHVO um das unter der Verpflichtung zur Rückzahlung von Dritten oder von Sondervermögen mit Sonderrechnung aufgenommene Kapital mit Ausnahme der Kassenkredite. Kredite dürfen gemäß § 103 HGO unter Beachtung des § 93 Abs. 3 HGO nur im Finanzhaushalt und nur für Investitionen, Investitionsförderungsmaßnahmen und zur Umschuldung aufgenommen werden. Laut Sachverhalt handelt es sich um keine Umschuldung, da mit den Krediten Investitionen und Investitionsförderungsmaßnahmen finanziert werden sollen. Die Beachtung der Subsidiarität der Kreditaufnahme im Sinne von § 93 Abs. 3 HGO wird in Ermangelung weiterer Angaben unterstellt.

Nach § 103 Abs. 1 HGO dürfen Kredite nur im Finanzhaushalt aufgenommen werden; § 3 Abs. 1 GemHVO konkretisiert diese Vorgabe und führt in Nr. 31 dazu aus, dass die Zahlungsströme aus der Finanzierungstätigkeit und damit die Einzahlungen aus Kreditaufnahmen in dem Finanzhaushalt zu nachzuweisen sind (vgl. Muster 8, Zeile 31). Zu prüfen ist weiter, ob ebenso eine Veranschlagung im Teilfinanzhaushalt erfolgt. Nach § 4 Abs. 4 i. V. m. § 3 Abs. 1 Nr. 31 GemHVO (direkte Methode) ist eine Veranschlagung der Einzahlungen aus Kreditaufnahmen (= Einzahlungen aus Finanzierungstätigkeit) in den jeweiligen Teilfinanzhaushalten möglich, sofern sich die Gemeinde **nicht** für die **zentrale** Veranschlagung im Produktbereich 16 „Allgemeine Finanzwirtschaft" entschieden hat.[264]

Zu prüfen ist weiter, in welcher Höhe eine Veranschlagung zu erfolgen hat. Nach dem Grundsatz der Kassenwirksamkeit (§ 10 Abs. 2 GemHVO) sind Einzahlungen nur in Höhe der im Haushaltsjahr voraussichtlich eingehenden Beträge zu veranschlagen; sie sind sorgfältig zu schätzen, soweit sie nicht errechenbar sind. Dies gilt ebenso für die Auszahlungen des anfallenden Disagios. Es kann davon ausgegangen werden, dass bei beiden Beträgen diese Anforderungen erfüllt sind.

Fraglich ist, ob durch das Disagio in Höhe von 2 v. H. der Kreditsumme die Einzahlung aus der Aufnahme von Krediten um 80.000 € mindert, da das Disagio vom Kreditbetrag einbehalten wird. Nach dem Bruttoprinzip gemäß § 10 Abs. 1 GemHVO sind die Erträge und Aufwendungen sowie die Einzahlungen und Auszahlungen in voller Höhe und getrennt voneinander zu veranschlagen. Bezogen auf den Sachverhalt sind danach die Einzahlungen aus der Aufnahme von Krediten in voller Höhe (4 Mio. €) in den Haushaltsplan 2014 einzustellen. Das Bruttoprinzip wird für die Aufnahme von Krediten in

---

[263] Siehe Kap. 6.5.1.2.1 (Wahlrecht bei der Darstellung der Finanzrechnung) und Kap. 6.5.2.4.2. Wird die **Finanzrechnung** nach der direkten Methode geführt, dann ist auch der **Finanzhaushalt** nach der direkten Methode aufzustellen gemäß § 3 Abs. 1 GemHVO.

[264] Nr. 9 Hw. zu § 4 GemHVO widerspricht dem Verordnungstext in § 4 Abs. 4 und 5 GemHVO, da nach diesem Hinweis eine dezentrale Veranschlagung von Einzahlungen und Auszahlungen aus Finanzierungstätigkeit wegen des Gesamtdeckungsprinzips nicht zulässig sei. Problematik hierzu siehe Ziffer 6.5.2.4.2.

§ 41 Abs. 1 GemHVO nochmals konkretisiert; hiernach sind die Verbindlichkeiten (hierzu zählen nach § 58 Nr. 35 GemHVO auch Kreditaufnahmen) mit ihrem **Rückzahlungsbetrag**[265] anzusetzen. Eine Aufrechnung darf daher bei der Veranschlagung nicht erfolgen.

Die bei der Aufnahme von Krediten u. U. anfallenden Kreditbeschaffungskosten (Disagio, einmalige Verwaltungskostenbeiträge u. Ä.[266]) sind Beträge,

- um den die Rückzahlungsbeträge die Auszahlungsbeträge übersteigen (hier: 80.000 €).
- die zum Zeitpunkt der Kreditaufnahme in voller Höhe zahlungswirksam werden (vorab fällige Auszahlungen, die in späteren Jahren zu Aufwand führen).
- die als **aktive Rechnungsabgrenzungsposten** zu bilanzieren sind und über die Laufzeit des Kredits aufgelöst und damit als Aufwand ergebniswirksam werden.[267]

Diese Beträge stellen Zugänge zu aktiven Rechnungsabgrenzungsposten dar und sind folglich nach § 3 Abs. 1 Nr. 17 GemHVO im Finanzhaushalt als „sonstige ordentliche Auszahlungen ... , die sich nicht aus Investitionstätigkeit[268] ergeben" nachzuweisen.

Damit schmälern sie den Zahlungsmittelüberschuss (oder erhöhen den Zahlungsmittelbedarf) aus laufender Verwaltungstätigkeit (§ 3 Abs. 1 Nr. 19 GemHVO).

Aus Vereinfachungsgründen wird hier davon ausgegangen, dass im Haushaltsjahr 2014 keine Auflösung des Disagios veranschlagt wird. Ebenfalls außen vor gelassen ist die Berechnung und Veranschlagung von Zinsaufwendungen.

---

[265] Amerkamp/Kröckel/Rauber, Gemeindehaushalt Hessen, Kommentar, Erl. zu § 41 Rdnr. 6: „*Der Begriff „Rückzahlungsbetrag" ist im engeren Sinne nur auf Darlehensverbindlichkeiten anwendbar; ...*"
[266] Kreditbeschaffungskosten sind auch die Ansparraten für Darlehen aus dem Investitionsfonds – Abteilung B, siehe Nr. 5 Satz 1 Hw. zu § 45 GemHVO.
[267] Amerkamp/Kröckel/Rauber, Gemeindehaushalt Hessen, Kommentar, Erl. zu § 45 Rdnr. 24/25 sowie Nr. 5 Hw. zu § 45 GemHVO.
[268] Es handelt sich hier eindeutig um Auszahlungen aus **Finanzierung**stätigkeit.

Auszug aus dem Haushaltsplan 2014 (die Angaben sind auf den Sachverhalt reduziert):

Finanzhaushalt (Muster 8) – vereinfachte Darstellung
- Euro -

Nr.	Kon-ten	Bezeichnung	Haushaltsansatz 2014
17	837, 848	Sonstige ordentliche Auszahlungen und sonstige außerordentliche Auszahlungen, die sich nicht aus Investitionstätigkeit ergeben	80.000 €
19		Zahlungsmittelüberschuss oder Zahlungsmittelbedarf aus laufender Verwaltungstätigkeit (Saldo aus Nrn. 9 und 18)	- 80.000 €
28		Summe der Auszahlungen aus Investitionstätigkeit (Nrn. 24 bis 27)	4.000.000 €
29		Zahlungsmittelüberschuss oder Zahlungsmittelbedarf aus Investitionstätigkeit (Saldo aus Nrn. 23 und 28)	- 4.000.000 €
30		Zahlungsmittelüberschuss oder Zahlungsmittelbedarf (Summe aus Nrn. 19 und 29)	- 4.080.000 €
31	826	Einzahlung aus der Aufnahme von Krediten und wirtschaftlich vgl. Vorgängen für Investitionen	4.000.000 €
33		Zahlungsmittelüberschuss oder Zahlungsmittelbedarf aus Finanzierungstätigkeit (Saldo aus Nrn. 31 und 32)	4.000.000 €
34		Änderung des Zahlungsmittelbestandes zum Ende des Haushaltsjahres (Summe aus Nrn. 30 und 33)	- 80.000 €

7.3.5   Einzelveranschlagung

7.3.5.1   Grundsatz der Einzelveranschlagung

Der Grundsatz der Einzelveranschlagung lässt sich aus den Vorschriften der GemHVO nicht mehr so deutlich und stringent – wenn überhaupt noch – herauslesen, wie aus § 7 Abs. 3 der aufgehobenen GemHVO-Vwbuchfg 2009.[269] Lediglich in § 10 Abs. 1 GemHVO wird von einer „getrennten" Veranschlagung von Erträgen, Aufwendungen, Einzahlungen und Auszahlungen gesprochen. Weiterhin befindet sich in Nr. 2 Hw. zu § 10 GemHVO eine Aussage dahingehend, dass für Vorhaben, für die Investitionszuweisungen des Landes oder des Bundes beantragt werden, entsprechend den Förderungsanträgen eine **getrennte Veranschlagung** erfolgen soll. Darüber hinaus kann je nach Bedeutung und Umfang eine Trennung bei gleichartigen Maßnahmen (z. B. Neubau von Gesamtschulen) vorgenommen werden, allerdings nicht durch eine weitergehende Differenzierung der Ertrags- und Aufwendungsarten bzw. der Einzahlungs- und Auszahlungsarten, sondern durch eine weitere Unterteilung der Produktbereiche bzw. der Produktgruppen.

Daraus lässt sich schließen, dass der hessische Verordnungsgeber für die Haushaltswirtschaft nach den Grundsätzen der doppelten Buchführung **bei der Veranschlagung** auf

---

[269] § 7 Abs. 3 der aufgehobenen GemHVO-Vwbuchfg 2009 beinhaltete die Forderung, dass Einnahmen einzeln nach ihrem Entstehungsgrund, die Ausgaben nach Einzelzwecken zu veranschlagen sind.

eine differenzierte, ausführliche Darstellung der Erträge und Aufwendungen sowie der Einzahlungen und Auszahlungen, z. B. auf der Basis des KVKR, verzichtet[270].

Dies deckt sich auch mit den Zielsetzungen des NKRS, wonach

- die Steuerung der Kommunalverwaltungen durch die Vorgabe von Zielen für die kommunalen Dienstleistungen (Output-orientiert) erfolgen soll und
- die Haushaltsinformationen sinnvoll konzentriert werden sollen, um vor allem die Übersichtlichkeit des Haushalts zu verbessern (siehe Ziffer 7.3.3).

Deutlich wird dies auch aus der Formulierung in § 4 Abs. 1 GemHVO. Hiernach sind in den **Teilhaushalten** – unabhängig von ihrer Tiefengliederung in Produktbereiche, Produktgruppen oder Produkte – auch immer die „**Gesamt**"beträge der Erträge und Aufwendungen bzw. der Einzahlungen und Auszahlungen für Investitionstätigkeit je Produktgruppe und Produktbereich zusammengefasst darzustellen.[271] Durch die Änderung der GemHVO im Dezember 2011 müsste diese Forderungen auch auf die Darstellung der Einzahlungen und Auszahlungen aus Finanzierungstätigkeit ausgedehnt werden, soweit diese nicht zentral veranschlagt werden.[272] Insofern bedarf es noch einer Klarstellung durch den Verordnungsgeber.

Bei der Neugestaltung des Haushalts mit Ausrichtung auf die Output-Orientierung rücken vielmehr die Produkte und die produktorientierten Ziele sowie die Kennzahlen zur Zielerreichung in den Vordergrund der Beratungen und Entscheidungen. Dem trägt der Verordnungsgeber in der Weise Rechnung, dass in den Teilhaushalten Leistungs- ziele/produktorientierte Ziele sowie Kennzahlen bestimmt werden sollen, siehe § 4 Abs. 2 und § 10 Abs. 3 GemHVO (Ziffer 7.3.3).

An dieser Stelle muss angemerkt werden, dass sich in der Praxis die Planung des Haus- halts noch auf der Basis einzelner Konten vollzieht, da solide Kennzahlen (z. B. Kosten pro Platz), die für die Ermittlung von Budgetwerten/-rahmen Voraussetzung sind, derzeit noch nicht oder nicht vollständig vorhanden sind. Insofern fallen die Planungsebene und die Darstellungsebene des Haushaltsplanes auseinander (siehe Ziffer 6.5.2.4.2). Erst wenn die Informationen der Kosten- und Leistungsrechnung über mehrere Jahre ausge- wertet und analysiert sind (und damit verlässliche Kennzahlen vorliegen), ist der Grund- stein für die Aufstellung eines Haushalts im Wege des Output-orientierten Budge- tierungsverfahrens[273] gelegt.

---

[270] Im Rahmen der Ausführung des Haushaltsplanes (Buchführung) müssen die Bestimmungen der §§ 32 ff. GemHVO beachtet werden. Hiernach ist nach § 33 Abs. 4 GemHVO der Buchführung ein Kontenplan zugrunde zu legen, der aus dem verbindlichen KVKR zu entwickeln ist. Demgemäß sind die Erträge, Aufwendungen, Einzahlungen und Auszahlungen nach dem Grundsatz der Richtigkeit, Willkürfreiheit und Verständlichkeit sehr detailliert auf die entsprechenden Konten zu buchen (siehe Kapitel 17 und 18).

[271] Vgl. Nr. 3 Hw. zu § 4 GemHVO.

[272] Nr. 9 Hw. zu § 4 GemHVO widerspricht dem Verordnungstext in § 4 Abs. 4 und 5 GemHVO, da nach diesem Hinweis eine dezentrale Veranschlagung von Einzahlungen und Auszahlungen aus Finan- zierungstätigkeit wegen des Gesamtdeckungsprinzips nicht zulässig sei. Problematik hierzu siehe Ziffer 6.5.2.4.2.

[273] Vgl. Schwarting, Den kommunalen Haushaltsplan – kameral und doppisch – richtig lesen und verstehen, Kap. IV.2 und Schaubild 47.

- **Einzelveranschlagung im Ergebnishaushalt und Teilergebnishaushalt**

Der **Ergebnishaushalt** stellt eine „Absummierung" oder „Aufrechnung" aller Teilergebnishaushalte dar. Eine direkte Veranschlagung im Sinne von Planung des Ressourcenaufkommens und des Ressourcenverbrauchs findet hier nicht statt. Für die Darstellung und Tiefenausprägung der Aufwendungen und Erträge des Ergebnishaushalts ist § 2 i. V. m. Muster 7 GemHVO zu beachten (siehe Ziffer 6.5.1.1).

Die **Teilergebnishaushalte** stellen eine Untergliederung des Ergebnishaushalts dar. Ihnen kommt eine besondere Bedeutung bei den Beratungen und Entscheidungen über den Haushaltsplan zu. Sie **müssen** die in § 2 Abs. 1 GemHVO vorgegebene **Mindestgliederung** aufweisen[274]. Bei dieser Mindestgliederung handelt es sich um Ertrags- und Aufwandsarten, die nach sachlichen Gesichtspunkten zu Ertrags- und Aufwandsgruppen (Ertrags- und Aufwandspositionen) zusammengefasst (aggregiert) werden.

Außerdem besteht die Verpflichtung, die Erlöse und Kosten aus internen Leistungsbeziehungen abzubilden (§ 4 Abs. 3 i. V. m. Nr. 4 Hw. GemHVO). Die äußere Gestaltung des Teilergebnishaushalts hinsichtlich der Darstellung der Erträge, Aufwendungen, Erlöse und Kosten ist durch Muster 10 zur GemHVO verbindlich vorgegeben. Darüber hinaus gibt es keine konkreten Vorgaben, so dass sich in der Praxis unterschiedliche Darstellungsformen – insbesondere im Hinblick auf die Darstellung und Formulierung (und auch der Qualität) der produktorientierten Ziele und der Kennzahlen zur Zielerreichung – entwickelt haben (siehe auch Teilhaushalt des Landkreises Gießen mit kennzahlengestütztem Zielsystem einer Balanced Scorecard, Ziffer 7.3.3.1).

Wie oben bereits ausgeführt, stellt die Struktur des § 2 Abs. 1 GemHVO eine Mindestgliederung dar, wobei folgendes auftreten kann bzw. zu beachten ist:

- eine Position, die mehrjährig keinen Betrag aufweist, kann entfallen.[275]
- grundsätzlich können **weitergehende Unterteilungen** vorgenommen werden[276]. Zur grundsätzlichen Problematik des Inhaltes des Teilergebnishaushalts wird auf Ziffer 6.5.2.4.1 verwiesen.
- es wäre demnach z. B. **unzulässig**, die Aufwandsarten Personal- und Versorgungsaufwendungen zusammenzufassen.

---

[274] Vgl. Nr. 4 Hw. zu § 4 GemHVO.

[275] Vgl. Nr. 4 Satz 2 Hw. zu § 4 GemHVO und Fußnote 1 zum Muster 10 der GemHVO.

[276] Je stärker eine Gemeinde in der Darstellung ihrer Teilergebnispläne die Aufwands- und Ertragspositionen ausdifferenziert, desto mehr entfernt sie sich von dem skizzierten Leitbild des Gesetzgebers (Führen und Steuern über Zielvereinbarungen, Outputorientierung), siehe Ziffer 6.5.2.4.1.

Beispiel für einen Teilergebnishaushalt (Muster 10 zur GemHVO):

Produktbereich:					Muster 10
Produktgruppe:		Telergebnishaushalt			zu § 4 Abs. 3

- Euro -

Nr. 277	Konten	Bezeichnung	Haushalts-ansatz		Ergebnis des Jahresab-schlusses
			2014	2013	2012
1	2	3	4	5	6
		Ordentliche Erträge			
1	50	Privatrechtliche Leistungsentgelte			
2	51	Öffentlich-rechtliche Leistungsentgelte			
3	548-549	Kostenersatzleistungen und -erstattungen			
4	52	Bestandsveränderungen und aktivierte Eigenleistungen			
5	55	Steuern, steuerähnliche Erträge einschl. Erträge aus gesetzl. Umlagen			
6	547	Erträge aus Transferleistungen			
7	540-543	Erträge aus Zuweisungen und Zuschüssen für laufende Zwecke und allgemeine Umlagen			
8	546	Erträge aus der Auflösung von Sonderposten aus Investitions-zuweisungen, -zuschüssen und Investitionsbeiträgen			
9	53	Sonstige Erträge			
		Summe der ordentlichen Erträge			
		Ordentliche Aufwendungen			
11	62,63, 640 ...	Personalaufwendungen			
12	644-646	Versorgungsaufwendungen			
13	60,61, 67 - ...	Aufwendungen für Sach- und Dienstleistungen			
14	66	Abschreibungen			
15	71	Aufwendungen. f. Zuweisungen und Zuschüsse sowie besondere Finanzaufwendungen			
16	73	Steueraufwendungen einschl. Aufwendungen aus gesetzlichen Umlageverpflichtungen			
17	72	Transferaufwendungen			
18	70, 74, 76	Sonstige ordentliche Aufwendungen			
19		**Summe der ordentlichen Aufwendungen**			
20		**Verwaltungsergebnis**			
21	56,57	Finanzerträge			
22	77	Zinsen und ähnliche Aufwendungen			
23		**Finanzergebnis**			
26		**Ordentliches Ergebnis (Verwaltungs- und Finanzergebnis)**			
27	59	Außerordentlicher Ertrag			
28	79	Außerordentlicher Aufwand			
29		**Außerordentliches Ergebnis**			
		Jahresergebnis vor internen Leistungsbeziehungen (ordentliches Ergebnis und außerordentliches Ergebnis)			
		Erlöse aus internen Leistungsbeziehungen			
		Kosten aus internen Leistungsbeziehungen			
		Ergebnis der internen Leistungsbeziehungen			
		Jahresergebnis nach internen Leistungsbeziehungen			

---

277 Die Angabe der Nummerierung in dieser Spalte des Vordrucks ergibt sich aus dem Muster 7 Ergebnishaushalt.

- **Einzelveranschlagung im Finanzhaushalt und Teilfinanzhaushalt**

Durch die Änderung der GemHVO im Dezember 2011 räumt der Verordnungsgeber den Kommunen jetzt für die Aufstellung der Finanzrechnung und in der Folge auch für den Finanzhaushalt ein Wahlrecht zwischen der direkten und indirekten Methode ein.[278] Für die Darstellung und Tiefenausprägung der Einzahlungen und Auszahlungen des Finanzhaushalts ist

- – bei der direkten Methode § 3 Abs. 1 i. V. m. Muster 8 GemHVO
- – bei der indirekten Methode § 3 Abs. 2 i. V. m. Muster 9 GemHVO

zu beachten (siehe Ziffer 6.5.1.2.1 und 6.5.1.2.2).

In den **Teilfinanzhaushalten** sind nur die

- – Einzahlungen und Auszahlungen für Investitionen und Investitionsförderungsmaßnahmen (= Investitionstätigkeit) sowie
- – die Einzahlungen und Auszahlungen aus Finanzierungstätigkeit, soweit sie nicht zentral veranschlagt werden.[279]

dargestellt. **Nicht** in den Teilfinanzhaushalten enthalten sind die Einzahlungen und Auszahlungen aus Verwaltungstätigkeit.

In den Teilfinanzhaushalten der Produktbereiche 01 bis 15 sind die Einzahlungen und Auszahlungen aus Investitionstätigkeit und sofern die Einzahlungen und Auszahlungen aus Finanzierungstätigkeit **nicht zentral veranschlagt** werden, auch diese mindestens nach den Vorgaben des § 3 Abs. 1 bzw. 2 GemHVO zu gliedern (siehe hierzu § 4 Abs. 4 bzw. 5 GemHVO). Sofern die Einzahlungen und Auszahlungen aus Finanzierungstätigkeit nicht (oder nur teilweise) in den Produktbereichen 01 bis 15 veranschlagt werden, sind sie im Teilfinanzhaushalt des Produktbereichs 16 zu veranschlagen.

In diesem Kontext ist auch Nr. 3 Hw. zu § 10 GemHVO zu sehen, wonach gleichartige Maßnahmen nach Möglichkeit – und sofern eine getrennte Veranschlagung aufgrund der Bedeutung und des Umfang nicht erforderlich ist – im Interesse der Übersichtlichkeit zusammengefasst werden sollten. Allerdings kann in Einzelfällen eine getrennte Veranschlagung geboten sein, z. B. dann, wenn für Investitionsvorhaben getrennte Investitionszuweisungen des Landes oder des Bundes beantragt werden (Nr. 2 Hw. zu § 10 GemHVO).

Folgende Darstellung soll die Mindestgliederungsvorgaben im Vergleich zwischen der direkten und indirekten Methode des Teilfinanzhaushaltes verdeutlichen.

---

[278] Für die Finanzrechnung wird dieses Wahlrecht bereits in § 47 Abs. 1 GemHVO normiert.

[279] Nr. 9 Hw. zu § 4 GemHVO widerspricht dem Verordnungstext in § 4 Abs. 4 und 5 GemHVO, da nach diesem Hinweis eine dezentrale Veranschlagung von Einzahlungen und Auszahlungen aus Finanzierungstätigkeit wegen des Gesamtdeckungsprinzips nicht zulässig sei. Problematik hierzu siehe Ziffer 6.5.2.4.2.

Vergleich Teilfinanzhaushalt direkte / indirekte Methode

(Auszug[1] aus Muster 11 zur GemHVO)

Direkte Methode
§ 4 Abs. 4 i. V. m. § 3 Abs. 1 GemHVO

Nr.	Bezeichnung	Haushaltsansatz		
		2013	VE	2012
1	2	3	4	5
	Einzahlungen aus Investitionstätigkeit			
	– Einzahlungen aus Investitionszuweisungen und -zuschüssen sowie aus Investitionsbeiträgen			
	– Einzahlungen aus Abgängen von Vermögensgegenständen des Sachanlagevermögens und des immateriellen Anlagevermögens			
	– Einzahlungen aus Abgängen von Vermögensgegenständen des Finanzanlagevermögens			
	Einzahlungen aus Finanzierungstätigkeit			
	– Einzahlungen aus der Aufnahme von Krediten und wirtschaftlich vergleichbaren Vorgängen für Investitionen			
	Summe			
	Auszahlungen aus Investitionstätigkeit			
	– Auszahlungen für den Erwerb von Grundstücken und Gebäuden			
	– Auszahlungen für Baumaßnahmen			
	– Auszahlungen für Investitionen in das sonstige Sachanlagevermögen und immaterielle Anlagevermögen			
	– Auszahlung für Investitionen in das Finanzanlagevermögen			
	Auszahlungen aus Finanzierungstätigkeit			
	– Auszahlungen für die Tilgung von Krediten und wirtschaftlich vergleichbaren Vorgängen für Investitionen			
	Summe			
	Saldo (Einzahlungen ./. Auszahlungen)			

Indirekte Methode[2]
§ 4 Abs. 5 i. V. m. § 3 Abs. 2 GemHVO

Nr.	Bezeichnung	Haushaltsansatz		
		2013	VE	2012
1	2	3	4	5
	Einzahlungen aus Investitionstätigkeit			
	– Einzahlungen aus Investitionszuweisungen und -zuschüssen sowie aus Investitionsbeiträgen			
	– Einzahlungen aus Abgängen von Vermögensgegenständen des Sachanlagevermögens und des immateriellen Anlagevermögens			
	– Einzahlungen aus Abgängen von Vermögensgegenständen des Finanzanlagevermögens			
	Einzahlungen aus Finanzierungstätigkeit			
	– Einzahlungen aus der Aufnahme von Krediten und wirtschaftlich vergleichbaren Vorgängen			
	Summe			
	Auszahlungen aus Investitionstätigkeit			
	– Auszahlungen für Investitionen in das Sachanlagevermögen und immaterielle Anlagevermögen			
	– Auszahlung für Investitionen in das Finanzanlagevermögen (davon: Auszahlungen aus der Gewähren von Krediten)			
	Auszahlungen aus Finanzierungstätigkeit			
	– Auszahlungen aus der Tilgung von Krediten und wirtschaftlich vergleichbaren Vorgängen			
	Summe			
	Saldo (Einzahlungen ./. Auszahlungen)			

---

1 In den Beispielen fehlen die Spalten 6 bis 9, siehe Muster 11
2 Für den Teilfinanzhaushalt wird bei beiden Methoden das Muster 11 zur GemHVO verwendet, da § 60 GemHVO keine getrennten Muster vorgibt. Siehe hierzu auch Ziffer 6.5.2.4.2.

Während die Gliederungstiefe nach der direkten und indirekten Methode im Teilfinanzhaushalt bei den **Einzahlungen** aus Investitions- und Finanzierungstätigkeit überwiegend
übereinstimmt, ist bei der direkten Methode die Gliederung der **Auszahlungen** aus
Investitionstätigkeit deutlich detaillierter und orientiert sich an den Bezeichnungen des
KVKR.

In der Praxis sind viele Kommunen dazu übergegangen, unmittelbar im Anschluss an den
jeweiligen Teilfinanzhaushalt insbesondere bei der indirekten Methode die Auszahlungs-
position „**Auszahlungen für Investitionen in das Sachanlagevermögen und immaterielle Anlagevermögen**" detaillierter aufzuschlüsseln. Dies wird nachvollziehbar damit
begründet, dass hierdurch die Beratungen und Entscheidungen über den Haushalt (und
insbesondere über anstehende Investitionen) erleichtert werden (siehe hierzu auch
Ziffer 6.5.2.4.2), z. B.

- Auszahlungen für aktivierte Investitionszuweisungen und -zuschüsse
- Auszahlungen für den Erwerb von Grundstücken und Gebäuden
- Auszahlungen für Baumaßnahmen
- Auszahlungen für Investitionen in das bewegliche Sachanlagevermögen und
  immaterielle Anlagevermögen

Sofern Teilfinanzhaushalte nur auf der Ebene des Produktbereichs gebildet werden,
erfolgt auch hier – mit der gleichen Begründung – im Anschluss eine differenzierte Darstellung der Einzelmaßnahmen.

Beispiel Kreisstraßen:	Neubau Brücke Franziskusstraße
	Ausbau Bahnhofstraße
	Ausbau Graffweg
	Verkehrsbeschilderung Neuanlagen 2013
Beispiel Grundschulen:	Otto-Dönges-Schule Nidda
	Kurt-Moosdorf-Schule Echzell
	...

In diesem Zusammenhang ist der Bezug zu § 11 Satz 1 GemHVO herzustellen, wonach
in den Teilfinanzhaushalten die Verpflichtungsermächtigungen maßnahmenbezogen zu
veranschlagen sind. Gleichzeitig ist aber auch hier eine Zusammenfassung/Verdichtung
im Rahmen der Veranschlagung der Verpflichtungsermächtigungen vorgesehen, und
zwar können Verpflichtungsermächtigungen für Investitionen unterhalb einer von der
Gemeindevertretung bestimmten Wertgrenze zusammengefasst ausgewiesen werden
(siehe Ziffer 8.4).

7.3.5.2 Ausnahmen zur Einzelveranschlagung

Eine Ausnahme vom Grundsatz der Einzelveranschlagung bilden die **Verfügungsmittel**
nach § 13 GemHVO. Es handelt sich hier um Mittel für dienstliche Zwecke, für die
keine zweckbezogenen Aufwendungen veranschlagt sind (Nr. 1 Hw. zu § 13 und § 58
Nr. 36 GemHVO).

Umgangssprachlich wird hier von so genannten „zweckfreien Ansätzen" gesprochen, da sie

- zum einen losgelöst von der Produktorientierung (nach § 4 Abs. 2 GemHVO) für alle Bereiche und
- zum anderen losgelöst von der Kategorisierung der Aufwendungen (nach § 2 Abs. 1 GemHVO) für alle Aufwandsarten (z. B. Sach- und Dienstaufwendungen oder Transferaufwendungen)

verwendet werden können.

Nach § 13 GemHVO **sind** Verfügungsmittel für den Vorsitzenden der Gemeindevertretung zu veranschlagen[280], während **entweder** dem Bürgermeister **oder** dem Gemeindevorstand Verfügungsmittel für dienstliche Zwecke zur Verfügung gestellt werden **können**. Eine Verpflichtung zur Veranschlagung besteht damit nur für die Verfügungsmittel des Vorsitzenden der Gemeindevertretung. Des Weiteren geht hieraus eindeutig hervor, dass die Veranschlagung von Verfügungsmitteln zu Gunsten von Ortsbeiräten, Kinder-, Jugend-, Senioren- oder Ausländerbeiräten **haushaltsrechtlich ausgeschlossen** ist[281].

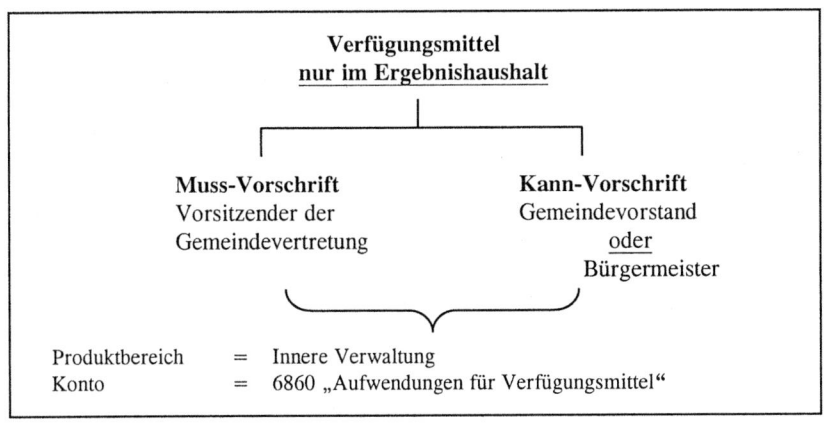

Das Recht der Verfügung über die Verfügungsmittel ist auf den Vorsitzenden der Gemeindevertretung einerseits und entweder auf den Gemeindevorstand als Organ **oder** den Bürgermeister als Person andererseits beschränkt, und zwar können solche Aufwendungen, die z. B. der Repräsentation dienen[282] und für die anderweitig **keine zweckbezogenen Aufwendungen** veranschlagt sind, aus diesen Haushaltsansätzen

---

[280] Vgl. Nr. 3 Hw. zu § 13 GemHVO. Für die Erledigung / Wahrnehmung seiner Aufgaben sind dem Vorsitzenden der Gemeindevertretung gemäß § 57 Abs. 5 die erforderlichen Mittel zur Verfügung zu stellen.

[281] Vgl. Amerkamp/Kröckel/Rauber, Gemeindehaushaltsrecht Hessen, Kommentar, Erl. zu § 13 GemHVO, Rdnr. 4.

[282] Dienstliche Zwecke sind ausnahmslos solche, die einen Bezug zur Dienstausübung in Gestalt von Repräsentation und Öffentlichkeitsarbeit haben. Damit ist die Verwendung für Wahlkampfzwecke ausgeschlossen (BVerfGE 44, 125 ff.). Vgl. Amerkamp/Kröckel/Rauber, Gemeindehaushaltsrecht Hessen, Kommentar, Erl. zu § 13 GemHVO, Rdnr. 5.

bestritten werden. Sollten allerdings zweckbezogene Aufwendungen im jeweiligen Haushaltsplan vorhanden sein, ist die Inanspruchnahme der Verfügungsmittel hierfür ausdrücklich versagt (Nr. 2 Hw. zu § 13 GemHVO).

Diese Regelung ist allerdings kritisch zu hinterfragen. In der Kommentierung von Amerkamp/Kröckel/Rauber zum Gemeindehaushaltsrecht Hessen, Erl. zu § 13 GemHVO, Rdnr. 4, wird ausgeführt, dass die Gemeinde sowohl Verfügungsmittel als auch Mittel für Repräsentationen und Öffentlichkeitsarbeit veranschlagen darf. *„Macht die Gemeinde jedoch von dieser Möglichkeit Gebrauch, ist zu beachten, dass die Verfügungsmittel insoweit nicht herangezogen werden dürfen, als für diese Zwecke eigens ausgewiesene Mittel zur Verfügung stehen."*[283] Es stellt sich die Frage, inwiefern Mittel für Öffentlichkeitsarbeit in den jeweiligen Teilergebnishaushalten einzeln und detailliert „ausgewiesen" werden. Diese Einzeldarstellung steht im Widerspruch zu der Output-orientierten Darstellung des Haushalts, da eben gerade keine detaillierten Aufwandsarten „ausgewiesen" werden sollen (siehe Ziffer 7.3.5.1). Des Weiteren ist es Anliegen der „neuen" Steuerung, über Zielvereinbarungen zukünftig keine einzelnen Aufwandsarten zu beplanen, sondern der Verwaltung einen Finanzrahmen (Budget) zur Erfüllung des jeweiligen Ziels zur Verfügung zu stellen. Vor diesem Hintergrund gewinnt man den Eindruck, dass die Definition nach § 58 Nr. 36 GemHVO aus dem kameralen Rechnungswesen übernommen wurde, ohne sie auf die Anforderungen des NKRS anzupassen.

An die Veranschlagung der Verfügungsmittel hat der Verordnungsgeber eine Reihe von Beschränkungen[284] geknüpft, und zwar hinsichtlich

⇨ der Höhe

Verfügungsmittel sind/können im Ergebnishaushalt nur in „angemessener Höhe" veranschlagt werden. Der unbestimmte Rechtsbegriff „angemessen" ist in den Hinweisen konkretisiert:

Hiernach **sollten in der Regel** insgesamt 0,5 vom Tausend der **ordentlichen** Erträge der Ergebnisrechnung des letzten **Jahresabschlusses** nicht überschritten werden (siehe Nr. 4 Hw. zu § 13 GemHVO).

Sollten im Laufe des Haushaltsjahres die Verfügungsmittel nicht ausreichen und wird eine Erhöhung des Ansatzes in Erwägung gezogen, so wäre dies nur im Wege einer Nachtragshaushaltssatzung zu verwirklichen (siehe Ziffer 14.1.2.7), da eine Überschreitung des Haushaltsansatzes **nicht möglich** ist.

⇨ der Übertragbarkeit

Die am Jahresende nicht verbrauchten Mittel dürfen nicht übertragen werden; sie gelten als eingespart (§ 21 Abs. 5 GemHVO, siehe auch Ziffer 7.4.4)

---

[283] Vgl. Amerkamp/Kröckel/Rauber, Gemeindehaushalt Hessen, Kommentar, Erl. zu § 13 Rdnr. 4.

[284] Vgl. Amerkamp/Kröckel/Rauber, Gemeindehaushaltsrecht Hessen, Kommentar, Erl. zu § 13 GemHVO, Rdnr. 1. Der Kommentar spricht von einer „haushaltsrechtlichen Sonderstellung" der Verfügungsmittel.

⇨ der Deckungsfähigkeit

Die Ansätze der Verfügungsmittel dürfen nicht für deckungsfähig erklärt werden (§ 20 Abs. 4 GemHVO, siehe auch Ziffer 7.4.3.2).

7.3.5.3 Übungen

Sachverhalt Nr. 1

Auf Vorschlag des zuständigen Budgetverantwortlichen sollen im Rahmen der Aufstellung des Haushalts im Produktbereich „Sportförderung", Produktgruppe „Hallenbäder" die Personalaufwendungen, Versorgungsaufwendungen und Aufwendungen für Sach- und Dienstleistungen wegen Geringfügigkeit der Aufwendungen (im Vergleich zum gesamten Ergebnishaushalt) zusammengefasst werden. Dies trägt auch dem Grundsatz der Haushaltsklarheit Rechnung.

Darüber hinaus kann auf die Darstellung der Ertragsposition nach § 2 Abs. 1 Nr. 5 GemHVO „Steuern und steuerähnliche Erträge einschließlich Erträge aus gesetzlichen Umlagen" in dieser Produktgruppe verzichtet werden, da schon über mehrere Jahre hier keine Erträge zu verzeichnen sind.

Aufgabe:

Beurteilen Sie, ob diese Verfahrensweise rechtlich zulässig ist.

Lösung:

Es handelt sich hier um einen Vorschlag des Budgetverantwortlichen im Rahmen der Aufstellung des Haushaltsplanes. Da im Sachverhalt nur Erträge und Aufwendungen der Produktgruppe „Hallenbäder" angesprochen werden, handelt es sich um die Aufstellung des Teilergebnishaltes.

Bei der Aufstellung des Planes sind die Veranschlagungsgrundsätze zu beachten. Einschlägig könnte hier der Grundsatz der Einzelveranschlagung in Verbindung mit dem Grundsatz der Haushaltswahrheit und -klarheit sein (§ 10 Abs. 1 i. V. m. § 4 GemHVO). Hiernach sind die Erträge, Aufwendungen, Einzahlungen und Auszahlungen getrennt zu veranschlagen. Zu prüfen ist, ob die Personal- und Versorgungsaufwendungen sowie die Aufwendungen für Sach- und Dienstleistungen zusammengefasst im Teilergebnishaushalt dargestellt werden dürfen.

Nach § 4 Abs. 1 i. V. m. § 4 Abs. 3 GemHVO sind in den Teilhaushalten nach Produktgruppen die Gesamtbeträge der Erträge und Aufwendungen nach § 2 Abs. 1 GemHVO nachzuweisen. Nr. 4 Hw. zu § 4 GemHVO konkretisiert den Inhalt des Teilergebnishaushalts dahingehend, dass die in § 2 Abs. 1 GemHVO vorgegebene Mindestgliederung der Erträge und Aufwendungen nachgewiesen werden muss. Dies schließt eine Zusammenfassung der Aufwandsarten Personalaufwendungen (Nr. 10), Versorgungsaufwendungen (Nr. 11) und Aufwendungen für Sach- und Dienstleistungen (Nr. 12) aus.

Vollständigkeitshalber wird darauf hingewiesen, dass außerdem

– nach § 4 Abs. 3 GemHVO die Verpflichtung besteht, Erlöse und Kosten aus internen Leistungsbeziehungen abzubilden (siehe ausführlich auch in Nr. 4 Hw. zu § 4 GemHVO).
– nach § 10 Abs. 3 GemHVO produktorientierte Ziele sowie Kennzahlen zur Zielerreichung bestimmt werden sollen (siehe ausführlich auch in Nrn. 5 ff. Hw. zu § 10 GemHVO).

Darüber hinaus ist noch zu prüfen, ob die Darstellung der Ertragsposition für „Steuern und steuerähnliche Erträge einschließlich Erträge aus gesetzlichen Umlagen" entfallen kann, da sie seit mehreren Jahren keine Beträge aufweist. Diesem Wunsch des Fachbereichsleiters kann entsprochen werden (siehe Nr. 4 Hw. zu § 4 GemHVO i. V. m. Fußnote 1 zu Muster 10 der GemHVO).

Die äußere Form des Teilergebnishaushaltes ist in dem verbindlichen Muster 10 zur GemHVO vorgegeben.

Sachverhalt Nr. 2

Im Nachtragshaushalt 2014 der Gemeinde E sollen neben den Verfügungsmitteln für den Vorsitzenden der Gemeindevertretung auch für den Vorsitzenden des Haupt- und Finanzausschusses Verfügungsmittel bereitgestellt werden, da dieser vermehrt Repräsentationsaufgaben wahrnimmt. Um eine möglichst wirtschaftliche Verwendung der Mittel zu gewährleisten, soll ein Übertragbarkeitsvermerk angebracht werden.

Aufgabe:

Beurteilen Sie, ob diese Verfahrensweise rechtlich zulässig ist.

Lösung:

Bei den Verfügungsmitteln handelt es sich um Mittel für dienstliche Zwecke, insbesondere für vielfältige repräsentative Zwecke, für die keine zweckbezogenen Aufwendungen veranschlagt sind (Nr. 1 Hw. zu § 13 i. V. m. § 58 Nr. 36 GemHVO). Sie sind im Ergebnishaushalt zu veranschlagen.

Zu prüfen ist, ob für die Vorsitzenden der Gemeindevertretung und des Haupt- und Finanzausschusses Verfügungsmittel veranschlagt werden dürfen. § 13 GemHVO regelt hierzu eindeutig, dass für den Vorsitzenden der Gemeindevertretung Verfügungsmittel zu veranschlagen sind, während entweder für den Gemeindevorstand oder für den Bürgermeister Verfügungsmittel veranschlagt werden können. Die Veranschlagung von Verfügungsmitteln zu Gunsten anderer Funktionsträger oder Gremien ist damit ausgeschlossen. Der Finanzausschuss (hier: Haupt- und Finanzausschuss) ist zwar ein Pflichtausschuss (§ 62 Abs. 1 HGO) und genießt vor diesem Hintergrund eine Sonderstellung gegenüber den anderen fakultativen Ausschüssen, aber für den Vorsitzenden dieses Ausschusses ist die Veranschlagung von Verfügungsmitteln nach § 13 GemHVO unzulässig.

Zu prüfen ist des Weiteren, ob die Verfügungsmittel für übertragbar erklärt werden dürfen. Dies hat der Verordnungsgeber nach § 13 GemHVO i. V. m. § 21 Abs. 5 GemHVO für die Verfügungsmittel ausdrücklich ausgeschlossen.

Sowohl die Veranschlagung von Verfügungsmitteln für den Vorsitzenden des Haupt- und Finanzausschusses als auch die Anbringung eines Übertragungsvermerks sind somit unzulässig.

7.3.6 Veranschlagung von Investitionen

Investitionen haben in der öffentlichen Finanzwirtschaft eine hervorgehobene Stellung, da sie aufgrund ihrer Folgekosten (z. B. Abschreibungen, Personal- und Betriebskosten) die zukünftigen Ergebnishaushaltshalte einer Gemeinde stark beeinflussen können. Dies kommt auch durch die Einzelbestimmung des § 12 GemHVO zum Ausdruck, die die Vorbereitung der Veranschlagung **und** die Veranschlagung selbst grundsätzlich regelt.

Da § 12 GemHVO mit „**Investitionen**" überschrieben ist, wird unterstellt, dass der Verordnungsgeber alle Regelungen des § 12 GemHVO ausschließlich auf **Investitionen** bezieht.

7.3.6.1 Investitionen und Investitionsförderungsmaßnahmen

Zur Klärung der Begriffe sind die Begriffsbestimmungen des § 58 GemHVO heranzuziehen.

§ 58 Nr. 17 GemHVO: **Investitionen** sind Auszahlungen für die Veränderung des Anlagevermögens. Die nähere Bestimmung des Anlagevermögens ist in § 49 Abs. 3 Nr. 1 GemHVO einschl. Hinweise zu § 49 GemHVO umrissen.

§ 58 Nr. 18 GemHVO: **Investitionsförderungsmaßnahmen** sind Zuweisungen, Zuschüsse **und** Darlehen für Investitionen Dritter (anderer) **und** für Investitionen der Sondervermögen mit Sonderrechnung.

Die haushaltsrechtlichen Vorschriften differenzieren begrifflich zwischen Investitionen und Investitionsförderungsmaßnahmen. Da jede Investitionsförderungsmaßnahme zugleich auch eine Veränderung des Anlagevermögens darstellt, weil sie entweder die immateriellen Vermögensgegenstände (bei Zuweisungen und Zuschüssen) oder das Finanzanlagevermögen (bei Darlehensgewährung) erhöht, entspricht sie bilanztechnisch und damit begrifflich auch der Investition. Rein terminologisch ist diese Differenzierung daher nicht erforderlich, da die Investitionsförderungsmaßnahmen eine Teilmenge der Investitionen darstellen (siehe auch Fußnote bei Ziffer 6.4.3).

Entscheidend für die Zuordnung einer Maßnahme zum Begriff der Investition ist somit die Aktivierbarkeit als Anlagevermögen (Ziffer 16.3.1).

● **Vorbereitung und Veranschlagung von Investitionen**

Nach § 12 Abs. 1 GemHVO soll, **bevor Investitionen** von **erheblicher Bedeutung** beschlossen werden, unter mehreren in Betracht kommenden Möglichkeiten durch einen Wirtschaftlichkeitsvergleich, mindestens durch einen Vergleich der Anschaffungs- und Herstellungskosten und der Folgekosten, die für die Gemeinde wirtschaftlichste Lösung ermittelt werden. Diese Vorschrift konkretisiert den Haushaltsgrundsatz der Wirtschaftlichkeit und Sparsamkeit (Ziffer 7.2.2) und enthält in Verbindung mit den dazugehörigen Hinweisen konkrete Handlungsanweisungen:

- Durchführung einer Wirtschaftlichkeitsberechnung **noch vor Beschlussfassung** der Gemeindevertretung (= Grundsatzbeschluss) im Sinne von § 51 Nr. 11 und 19 HGO, d. h. bezogen auf die Haushaltsplanung noch vor der Veranschlagung im Investitionsprogramm bzw. Teilfinanzhaushalt. Dies wiederum setzt voraus, dass diese Maßnahme auch tatsächlich realisiert werden kann (nicht gegen bestehende Planungen usw. verstößt) und für die Aufgabenerfüllung der Gemeinde erforderlich ist.

- Bei der Ermittlung der wirtschaftlichsten Lösung sind nicht nur die Gesamtkosten (einschließlich Folgekosten und zu erwartende Mehr- oder Mindererträge sowie -einzahlungen), sondern auch der Gesamtnutzen der Maßnahme zu berücksichtigen. Hierzu wird in geeigneten Fällen die Anwendung von Methoden der Nutzen-Kosten-Untersuchung empfohlen, Nr. 1 Hw. zu § 12 GemHVO.

- Bei der Berechnung der Folgekosten, wie z. B. Abschreibungen, Aufwendungen für Unterhaltung, sonstige Betriebskosten, Personalaufwendungen, sind auch die Aufwendungen für die Finanzierung (Schuldendienst) zu berücksichtigen.[285] Ausführlich siehe zu Ziffer 7.2.2.1 sowie Anlage 2 zur GemHVO (Muster zur Berechnung jährlicher Folgekosten).

- Unter Wirtschaftlichkeitsgesichtspunkten kann diese Vorgehensweise dann unterbleiben, wenn es sich um Investitionen von **nicht** erheblicher finanzieller Bedeutung handelt (Umkehrschluss aus § 12 Abs. 1 GemHVO). An dieser Stelle muss jetzt der unbestimmte Rechtsbegriff der erheblichen finanziellen Bedeutung ausgelegt werden. „Eine **erhebliche finanzielle Bedeutung** der Maßnahme ist gegeben, wenn die Gesamt- und/oder Folgekosten der Maßnahme im Verhältnis zum Gesamtvolumen des Haushalts und zur Größe der Gemeinde außergewöhnlich hoch sind."[286] Es empfiehlt sich hier, eine entsprechende Wertgrenze für die Gemeinde festzulegen.

---

[285] Vgl. Amerkamp/Kröckel/Rauber, Gemeindehaushaltsrecht Hessen, Kommentar, Erl. zu § 12 GemHVO, Rdnr. 8.

[286] Amerkamp/Kröckel/Rauber, Gemeindehaushaltsrecht Hessen, Kommentar, Erl. zu § 12 GemHVO, Rdnr. 6.

- **Besondere Voraussetzungen bei der Veranschlagung von Baumaßnahmen**

Nach § 12 Abs. 2 GemHVO dürfen Auszahlungen und Verpflichtungsermächtigungen (Ziffer 8.4) für **Baumaßnahmen** erst veranschlagt werden, wenn konkrete Unterlagen vorliegen, aus denen folgende Angaben erkannt werden können:

a) Art der Bauausführung,
b) Kosten der Maßnahme,
c) Kosten des Grunderwerbs,
d) Kosten der Einrichtung,
e) voraussichtliche Jahresraten,
f) Kostenbeteiligungen Dritter,
g) Bauzeitenplan und
h) Schätzung der jährlichen Haushaltsbelastungen durch Unterhaltungskosten.

Durch die Konkretisierung „**Baumaßnahmen**"[287] wird zu anderen Veränderungen des Anlagevermögens abgegrenzt, z. B. zu Veränderungen des immateriellen Anlagevermögens und zum Finanzanlagevermögen.

Sofern sich die Baumaßnahme über mehrere Jahre erstreckt, sind die über das Haushaltsjahr hinaus benötigten Auszahlungen im Investitionsprogramm (Ziffer 12.4.3.1) zu berücksichtigen. Die voraussichtlich entstehenden Folgekosten sind in der mittelfristigen Ergebnis- und Finanzplanung einzustellen (Ziffer 12.4.3.2).

Bei der Höhe der Auszahlungen für Baumaßnahmen ist zu beachten, dass, soweit die Planung und/oder Bauleitung durch **eigenes Personal** erfolgt **und** diese Aufwendungen Herstellungskosten im Sinne von § 41 Abs. 3 GemHVO darstellen, aktivierbare Eigenleistungen entstehen können[288], die nachrichtlich im Teilfinanzhaushalt angegeben werden können, um damit ein vollständiges Bild über die Kosten der Investition zusammenzustellen.

Mit dieser Vorschrift des § 12 Abs. 2 GemHVO werden hohe Anforderungen an die Verwaltung gestellt. Die Gemeinde sollte sich frühzeitig darüber informieren, welche Auszahlungen und insbesondere Aufwendungen in Form von Folgekosten konkret für die Erstellung und Unterhaltung einer Anlage oder Einrichtung auf sie zukommen werden.

Zu beachten ist in diesem Zusammenhang des Weiteren, dass die Vorschrift nach § 12 Abs. 2 GemHVO auch auf die Maßnahmen anzuwenden ist, für die noch keine Auszahlungen, aber bereits Verpflichtungsermächtigungen im Haushaltsplan veranschlagt werden.

---

[287] An dieser Stelle kann nicht der Auffassung von Amerkamp/Kröckel/Rauber im Kommentar zu § 12 GemHVO, Rdnr. 2 und 8 gefolgt werden, wonach es sich hier um einen allgemeinen Grundsatz für die Veranschlagung von Auszahlungen für Baumaßnahmen handelt, der **über die investive Tätigkeit** der Gemeinde hinausgeht. Dem widerspricht zum einen die Überschrift des § 12 GemHVO und zum anderen wird in § 12 Abs. 2 GemHVO im Zusammenhang mit den „Auszahlungen für Baumaßnahmen" ebenso von Verpflichtungsermächtigungen gesprochen, die nach § 102 HGO nur für Investitionen veranschlagt werden dürfen. Für die **nicht investiven Baumaßnahmen** (z. B. größere Instandsetzungen, die i. d. R. Aufwendungen darstellen) gilt ohnehin der Grundsatz der Sparsamkeit und Wirtschaftlichkeit nach § 92 Abs. 2 HGO unmittelbar.

[288] Vgl. Nr. 8 Hw. zur § 41 GemHVO.

Von der Erstellung dieser umfangreichen Unterlagen für **Baumaßnahmen** sind **Ausnahmen** gemäß § 12 Abs. 3 GemHVO dann zulässig, wenn

- es sich um Vorhaben von **geringer finanzieller Bedeutung** handelt;

  hier würde der Aufwand für die Erstellung umfangreicher Unterlagen nach § 12 Abs. 2 GemHVO außer Verhältnis stehen. Für die Auslegung bzw. Beurteilung dieser „geringen finanziellen Bedeutung" könnte sich z. B. an der nach § 11 Satz 3 GemHVO festgelegten Wertgrenze orientiert werden. Grundsätzlich handelt es sich hier um Maßnahmen, deren finanzielle Bedeutung aus Sicht der jeweiligen Kommune von untergeordneter Bedeutung sind.

- es sich um unabweisbare Instandsetzungen[289] handelt;

  eine Instandsetzung ist unabweisbar, wenn sie sich zwingend aus der Aufgabenerfüllung der Gemeinde ergibt und ein dringendes sachliches Bedürfnis zur Erfüllung der Aufgabe besteht sowie eine Verschiebung auf einen Zeitpunkt, zu dem die nach § 12 Abs. 2 GemHVO erforderlichen Unterlagen vorliegen, nicht möglich ist oder wirtschaftlich unzweckmäßig wäre (Ziffer 14.2.3.2).

In diesen Fällen **muss** jedoch **mindestens** eine **Kostenberechnung** vorliegen. Darüber hinaus sind diese Ausnahmetatbestände nach § 17 Abs. 1 Nr. 9 GemHVO zwingend zu erläutern.

7.3.6.2 Veranschlagung der Investitionen im Teilfinanzhaushalt

Gemäß § 4 Abs. 4 GemHVO (direkte Methode) bzw. gemäß § 4 Abs. 5 GemHVO (indirekte Methode) sind die Einzahlungen und Auszahlungen aus Investitionstätigkeit im **Teilfinanzhaushalt** nach Produktbereichen, Produktgruppen bzw. Produkten zu veranschlagen (siehe 7.3.5). Hinsichtlich der äußeren und inhaltlichen Gestaltung des Teilfinanzhaushalts wird auf § 4 Abs. 6 und Muster 11 zur GemHVO verwiesen, welches verbindlich für die Erstellung des Teilfinanzhaushaltes anzuwenden ist (Ziffer 6.5.2.4.2), z. B. Angabe des Gesamtauszahlungsbedarfs, bisher bereitgestellte Haushaltsmittel usw.

Im **Finanzhaushalt** wird die Gesamtsumme aller Auszahlungen aus Investitionstätigkeit abgebildet; siehe hierzu ausführlich Ziffer 6.5.1.2.

7.3.6.3 Übung

Sachverhalt

Die Gemeinde E will in den Jahren 2014 – 2015 den Bau einer großen Sporthalle durchführen. Nachdem für den Bau die wirtschaftlichste Lösung ermittelt ist und die notwendigen Baupläne und sonstigen Unterlagen erstellt sind, muss die Investitionsmaßnahme haushaltsrechtlich veranschlagt werden.

---

[289] Instandsetzungen sind i. d. R. Aufwendungen und keine Investitionen. Insofern steht die Überschrift des § 12 GemHVO im Widerspruch zu dieser Ausnahmeregelung.

Zur Aufstellung des Haushaltsplanes 2014 und der Finanzplanung 2013 bis 2017 erhält die Kämmerei folgende Angaben:

a) Der Vertrag über den Kauf eines Grundstückes im Werte von 400.000 € wird im November 2013 unterzeichnet. Die Zahlung des Kaufpreises wird fällig je zur Hälfte am 01.12.2014 und am 01.12.2015.

b) Baukosten werden in Höhe von 3,5 Mio. € anfallen und kassenwirksam werden mit 1,5 Mio. € in 2014 und 2 Mio. € in 2015. Von den Auszahlungen für 2015 sollen 500.000 € erst im Januar 2015 ausgeschrieben werden. Der Restauftrag von 1,5 Mio € soll bereits in 2014 vergeben werden.

c) Einrichtungskosten in Höhe von 150.000 € werden 2015 anfallen. Der Auftrag wird im Dezember 2014 vergeben.

d) Einzahlungen sind nicht zu erwarten.

Aufgabe:

Nehmen Sie Stellung dazu, in welchen Spalten des Muster 11 (zu § 4 Abs. 4 GemHVO), die anfallenden Auszahlungen und Verpflichtungsermächtigungen einzutragen und welche Besonderheiten zu beachten sind (nur Haushaltsjahre 2014 und 2015).

Bearbeitungshinweis:

Die Gemeinde E hat sich für die direkte Methode der Finanzrechnung entscheiden.[290]

Lösung:

Bei dem Bau der Sporthalle handelt es sich um eine Investition im Sinne von § 58 Nr. 17 GemHVO, da das Sachanlagevermögen nach § 49 Abs. 3 Nr. 1 GemHVO der Gemeinde erhöht wird. Gemäß § 4 Abs. 4 GemHVO sind Auszahlungen für Investitionen – hier Auszahlungen für Investitionen in das Sachanlagevermögen – im Teilfinanzhaushalt zu veranschlagen. Nach dem Bearbeitungshinweis hat sich die Gemeinde E für die direkte Methode bei der Erstellung des Finanzhaushalts entschieden. Hiernach wäre folgende Unterteilung für die Veranschlagung der Investitionsmaßnahme nach der **direkten Methode** erforderlich:

§ 3 Abs. 1 Nr. 24 (Konto 841) = Auszahlungen für den Erwerb von Grundstücken und Gebäuden
§ 3 Abs. 1 Nr. 25 (Konto 842) = Auszahlungen für Baumaßnahmen
§ 3 Abs. 1 Nr. 26 (Konto 843) = Auszahlungen für Investitionen in das bewegliche Sachanlagevermögen und immaterielle Anlagevermögen

---

[290] Siehe Kap. 6.5.1.2.1 (Wahlrecht bei der Darstellung der Finanzrechnung) und Kap. 6.5.2.4.2. Wird die Finanz**rechnung** nach der direkten Methode geführt, dann ist auch der Finanz**haushalt** nach der direkten Methode aufzustellen gemäß § 3 Abs. 1 GemHVO.

Sofern die Gemeinde E ihren Haushalt nach den vorgegebenen Produktbereichen aufstellt, ist der Produktbereich „Sportförderung" und evtl. die Produktgruppe „Sportstätten" zu bilden (§ 4 GemHVO i. V. m. Muster 12).

Bei der Veranschlagung dieser Investitionsmaßnahme sind die Veranschlagungsgrundsätze nach den §§ 10 ff. GemHVO zu beachten, insbesondere § 12 Abs. 1 und 2 GemHVO i. V. m. § 92 Abs. 2 HGO – Beachtung des Grundsatzes der Wirtschaftlichkeit und Sparsamkeit bei der Veranschlagung von Investitionen. Nach dem Sachverhalt sind die Voraussetzungen des § 12 Abs. 1 und 2 GemHVO erfüllt.

Darüber hinaus ist auch § 10 Abs. 2 GemHVO, der Grundsatz der Kassenwirksamkeit, zu beachten, da z. B.

- bereits in 2013 der Kaufvertrag für den Grunderwerb abgeschlossen wurde, die Zahlungen aber erst in den Jahren 2014 und 2015 erfolgen.
- bereits im Jahr 2014 der Auftrag für die Baukosten in Höhe von 1,5 Mio. € sowie der Auftrag für die Einrichtungskosten in Höhe von 150.000 € vergeben werden sollen.

In diesen Fällen ist die Veranschlagung einer Verpflichtungsermächtigung erforderlich. Es handelt sich hier um eine Ermächtigung zum Eingehen von Verpflichtungen, künftige Haushaltsjahre mit Auszahlungen für Investitionen und Investitionsförderungsmaßnahmen zu belasten (§ 94 Abs. 2 Nr. 1 d) HGO).

Folgende Veranschlagungen sind vorzunehmen:

a) Grunderwerbskosten, Finanzrechnungskonto 841

Haushaltsjahr 2014
Spalte 3: 200.000 € - Haushaltsansatz 2014
Spalte 7: 400.000 € - Gesamtauszahlungsbedarf
Spalte 9: Erläuterung der neuen Maßnahme (auch im Vorbericht möglich)
nach § 17 Abs. 1 Nr. 2 GemHVO

Haushaltsjahr 2015
Spalte 3: 200.000 € - Haushaltsansatz 2015
Spalte 5: 200.000 € - Haushaltsansatz 2014
Spalte 7: 400.000 € - Gesamtauszahlungsbedarf
Spalte 8: 200.000 € - davon bisher bereitgestellt

b) Hochbaukosten, Finanzrechnungskonto 842

Haushaltsjahr 2014
Spalte 3: 1.500.000 € - Haushaltsansatz 2014
Spalte 4: 1.500.000 € - Verpflichtungsermächtigung
Spalte 7: 3.500.000 € - Gesamtauszahlungsbedarf
Spalte 9: - Erläuterung der neuen Maßnahme (auch im Vorbericht möglich):
u. U. schon 2013 geschehen – § 17 Abs. 1 Nr. 2 GemHVO
- Notwendigkeit und Höhe der Verpflichtungsermächtigungen erläutern
nach § 17 Abs. 1 Nr. 3 GemHVO (auch im Vorbericht möglich)
- Verteilung der Belastungen auf die künftigen Haushaltsjahre nach
§ 11 GemHVO

Haushaltsjahr 2015
Spalte 3: 2.000.000 € - Haushaltsansatz 2015
Spalte 5: 1.500.000 € - Haushaltsansatz 2014
Spalte 7: 3.500.000 € - Gesamtauszahlungsbedarf
Spalte 8: 1.500.000 € - davon bisher bereitgestellt
Spalte 9: Erläuterung der bisherigen Abwicklung nach § 17 Abs. 1 Nr. 2 GemHVO

c) Einrichtungskosten, Finanzrechnungskonto 843

Haushaltsjahr 2014
Spalte 4: 150.000 € - Verpflichtungsermächtigung
Spalte 7: 150.000 € - Gesamtauszahlungsbedarf
Spalte 9: - Erläuterung der neuen Maßnahme (auch im Vorbericht möglich):
u. U. schon 2013 geschehen – § 17 Abs. 1 Nr. 2 GemHVO
- Notwendigkeit und Höhe der Verpflichtungsermächtigungen erläutern
nach § 17 Abs. 1 Nr. 3 GemHVO (auch im Vorbericht möglich)
- Verteilung der Belastungen auf die künftigen Haushaltsjahre nach
§ 11 GemHVO

Haushaltsjahr 2015
Spalte 3: 150.000 € - Haushaltsansatz 2015
Spalte 7: 150.000 € - Gesamtauszahlungsbedarf
Spalte 9: Erläuterung der bisherigen Abwicklung nach § 17 Abs. 1 Nr. 2 GemHVO

7.3.7 Jährlichkeit und zeitliche Bindung

7.3.7.1 Grundsatz der Jährlichkeit

Die Begriffe „Jährlichkeit" und „zeitliche Bindung" sind in ihrem Wesensgehalt gleichartig, wobei sich im kommunalen Haushaltsrecht der Grundsatz der Jährlichkeit auf die Phase der Aufstellung des Haushaltsplanes und der Grundsatz der zeitlichen Bindung auf den Bereich der Ausführung des Haushaltsplanes bezieht. § 94 Abs. 1 HGO legt die Verpflichtung fest, dass die Gemeinde für jedes Haushaltsjahr eine Haushaltssatzung zu erlassen hat (Pflichtsatzung). Der Begriff „Haushaltsjahr" wird durch § 94 Abs. 4 HGO definiert; danach entspricht ein Haushaltsjahr dem Kalenderjahr, soweit für einzelne

Bereiche nichts anderes bestimmt ist[291]. Weitergehend in diesen Betrachtungen wird durch die Bestimmung des § 94 Abs. 2 HGO geregelt, dass die Haushaltssatzung die Festsetzung des Haushaltsplanes einschließt.

Der Haushaltsplan bezieht sich demnach ebenfalls auf ein konkretes Haushaltsjahr. Nach § 95 Abs. 2 HGO sind im Haushaltsplan **alle im Haushaltsjahr** für die Erfüllung der Aufgaben der Gemeinde voraussichtlich

⇨ anfallenden Erträge und eingehenden Einzahlungen,
⇨ entstehenden Aufwendungen und zu leistenden Auszahlungen und
⇨ benötigten Verpflichtungsermächtigungen

zu veranschlagen.

Konkret auf die Veranschlagung bezogen bedeutet der Grundsatz der Jährlichkeit, insbesondere in Verbindung mit dem Grundsatz der Periodenabgrenzung und Kassenwirksamkeit (Ziffer 7.3.2) sowie den anderen Veranschlagungsgrundsätzen, demnach:

- Erträge = sind in dem Haushaltsjahr zu veranschlagen, in dem sie wirtschaftlich entstehen

- Aufwendungen = sind in dem Haushaltsjahr zu veranschlagen, dem sie wirtschaftlich zuzurechnen sind

- Einzahlungen = sind in dem Haushaltsjahr zu veranschlagen, in dem sie eingehen

- Auszahlungen = sind in dem Haushaltsjahr zu veranschlagen, in dem sie geleistet werden und

- Verpflichtungsermächtigungen = sind in dem Haushaltsjahr zu veranschlagen, in dem die Verpflichtungen eingegangen werden sollen.

Ausdrückliche Regelungen zum Grundsatz der Jährlichkeit **von Auszahlungen für Investitionen** enthält Nr. 2 Hw. zu § 12 GemHVO:

⇨ *„Die Veranschlagung von Auszahlungen von Investitionen ist nur zulässig, wenn die Maßnahme **auch tatsächlich** im Haushaltsjahr durchgeführt oder begonnen werden kann **und** voraussichtlich Zahlungen zu leisten sein werden."*

Die Möglichkeit gemäß § 94 Abs. 3 Satz 2 HGO, wonach die Haushaltssatzung Festsetzungen für zwei Haushaltsjahre enthalten kann (so genannter Doppelhaushalt), stellt **keine** Ausnahme vom Grundsatz der Jährlichkeit dar, da in diesem Fall die Gemeinde die Festsetzungen **nach Jahren getrennt** vorzunehmen hat (siehe Kapitel 11).

[291] Die GemHVO enthält keine Regelungen über ein abweichendes Wirtschaftsjahr (z. B. vom 1. Oktober bis zum 30. September), so dass für einzelne Bereiche aus eigener Entscheidung der Gemeinde im doppischen System ein abweichendes Wirtschaftsjahr nicht möglich ist, auch wenn die Eigenart des Betriebes es erfordern würde (siehe Ziffer 11.1.2).

7.3.7.2 Grundsatz der zeitlichen Bindung

Wie bereits ausgeführt, sind die Grundsätze der Jährlichkeit und der zeitlichen Bindung ihrem Wesen nach gleichartig; sie beziehen sich nur auf verschiedene Phasen des Ablaufs der Haushaltswirtschaft. Der Grundsatz der zeitlichen Bindung bezieht sich aufbauend auf dem Prinzip der Jährlichkeit auf die **Ausführung des Haushaltsplanes** und bedeutet, dass über die im Haushaltsplan veranschlagten Erträge und Einzahlungen, Aufwendungen und Auszahlungen sowie Verpflichtungsermächtigungen nur bis zum Ende des Haushaltsjahres verfügt werden darf. Nicht ausgenutzte Verfügungsberechtigungen erlöschen grundsätzlich am Jahresende.

7.3.7.3 Ausnahmen zur Jährlichkeit und zeitlichen Bindung

Der Haushaltsgrundsatz der Jährlichkeit wird durch mehrere Regelungen durchbrochen, um die Kontinuität in der Haushaltsführung sicherzustellen. Folgende Darstellung soll diese Regelungen im Überblick zeigen:

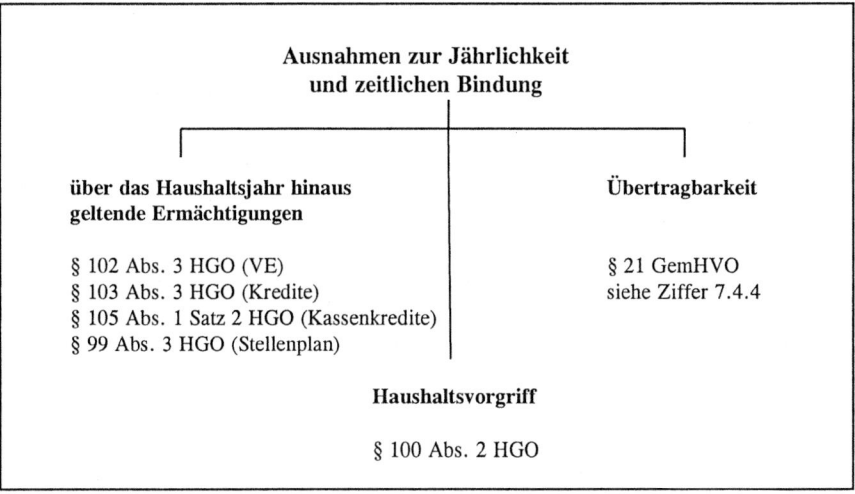

Diese Ausnahmen werden im Einzelnen wie folgt erläutert:

- **Über das Haushaltsjahr hinaus geltende Ermächtigungen**

    - Die Verpflichtungsermächtigungen gelten gemäß § 102 Abs. 3 HGO über das Haushaltsjahr hinaus, wenn die Haushaltssatzung für das folgende Haushaltsjahr nicht rechtzeitig öffentlich bekannt gemacht wird, bis zur Vollendung der Bekanntmachung dieser Haushaltssatzung (siehe Kapitel 8 und Ziffer 7.2.5.2).

    - Die Kreditermächtigung gilt gemäß § 103 Abs. 3 HGO bis zum Ende des auf das Haushaltsjahr folgenden Jahres und, wenn die Haushaltssatzung für das übernächste

Jahr nicht rechtzeitig bekannt gemacht wird, bis zur Vollendung der Bekanntmachung dieser Haushaltssatzung (siehe Kapitel 9 und Ziffer 7.2.5.2).

- Die Ermächtigung zur Aufnahme von Kassenkrediten gilt gemäß § 105 Abs. 1
  Satz 2 HGO über das Haushaltsjahr hinaus bis zur Vollendung der Bekanntmachung der neuen Haushaltssatzung (siehe Kapitel 9 und Ziffer 7.2.5.2).

- Der Stellenplan des Vorjahres gilt nach § 99 Abs. 3 HGO weiter, bis die
  Haushaltssatzung für das neue Haushaltsjahr bekannt gemacht ist (siehe
  Ziffern 6.5.3 und 7.2.5.2).

● **Haushaltsvorgriff**

Unter Beachtung der umfangreichen Voraussetzungen des § 100 Abs. 2 HGO kann für
überplanmäßige Auszahlungen für Investitionen und Investitionsförderungsmaßnahmen auf Mittel des folgenden Jahres zugegriffen werden (siehe Ziffer 14.2.4.1).

● **Übertragbarkeit**

Die Übertragbarkeit nach § 21 GemHVO wird wegen der besonderen Bedeutung unter
Ziffer 7.4.4 gesondert behandelt.

7.4   Deckungsgrundsätze

7.4.1   Allgemeines

Die Deckungsgrundsätze sind ein wichtiger Bestandteil, um eine flexible und wirtschaftliche Haushaltsausführung zu ermöglichen. Sie bewirken, dass die Budgetverantwortlichen (Ziffer 5.2) auf unerwartete, nicht planbare Entwicklungen und aufgrund sich
ständig ändernder Rahmenbedingungen innerhalb ihres Finanzrahmens sofort reagieren
können, ohne das formale Verfahren nach § 100 HGO für über- und außerplanmäßige
Mittelbewilligungen (Ziffer 14.2) oder die Verpflichtung zum Erlass einer Nachtragssatzung nach § 98 HGO (Ziffer 14.1) durchlaufen zu müssen. Damit wird die im NKRS
proklamierte dezentrale Ressourcenverantwortung gestärkt bzw. überhaupt erst ermöglicht. Dies steht auch nicht im Widerspruch zu dem ausschließlichen Etat- bzw. Budget-
recht der Gemeindevertretung, da

⇨ die Gemeindevertretung über Inhalt, Umfang und Ziele der Haushaltswirtschaft mit
   Beschluss der Haushaltssatzung den finanziellen Rahmen vorgegeben hat und

⇨ über die in § 28 Abs. 1 GemHVO verankerte Berichtspflicht (siehe Ziffer 13.3.2)
   sichergestellt ist, dass mehrmals[292] jährlich über den Stand des Haushaltsvollzugs
   unterrichtet wird.

---

[292] Vgl. Nr. 2 Hw. zu § 28 GemHVO. Hiernach sind die Anzahl der jährlichen Berichte von den örtlichen
Verhältnissen abhängig. Allerdings hat der Gemeindevorstand hat die Gemeindevertretung mindestens
zweimal jährlich durch einen Bericht zu informieren.

Die Deckungsgrundsätze nach der GemHVO im Überblick:

→ Grundsatz der Gesamtdeckung
→ Grundsatz der unechten Deckungsfähigkeit
→ Grundsatz der echten Deckungsfähigkeit
→ Grundsatz der Übertragbarkeit

7.4.2 Grundsatz der Gesamtdeckung

Gemäß § 18 GemHVO dienen

⇨ die Erträge des Ergebnishaushalts insgesamt der Deckung der Aufwendungen des Ergebnishaushalts (Nr. 1) und
⇨ die Einzahlungen des Finanzhaushalts insgesamt zur Deckung der Auszahlungen des Finanzhaushalts (Nr. 2),

sofern durch weitere Regelung der GemHVO nicht etwas anderes bestimmt ist, z. B. in den §§ 19 ff. GemHVO.

Diese Regelung kodifiziert den Grundsatz der Gesamtdeckung, wonach grundsätzlich **alle Erträge** zur Deckung **aller Aufwendungen** herangezogen werden können. Dies gilt gleichermaßen auch für **alle Einzahlungen** zu Gunsten **aller Auszahlungen**. Damit wird erreicht, dass ein bestimmter Ressourcenzuwachs nicht für einen bestimmten Ressourcenverbrauch reserviert werden darf bzw. bestimmte Einzahlungen nicht für bestimmte Auszahlungen. So ist es nicht erforderlich, den Erlös aus der Veräußerung eines Schulgrundstückes wieder für den Produktbereich „Schulträgeraufgaben" zu verwenden.

Der Grundsatz der Gesamtdeckung kommt insbesondere im Ergebnishaushalt zum Tragen. Da die allgemeinen Deckungsmittel[293] zentral im Produktbereich 16 zu veranschlagen sind, können die Unterdeckungen in den Produktbereichen 1 bis 15 durch den Überschuss des Produktbereichs 16 ausgeglichen (alle Erträge decken alle Aufwendungen) werden.

Der Grundsatz der Gesamtdeckung soll eine möglichst flexible Mittelbewirtschaftung sicherstellen. Vorteile der Gesamtdeckung sind hiernach:

⇨ Die Gemeinde kann ihre Investitionen beweglicher finanzieren, da z. B. die Einzahlungen aus Krediten – aufgrund des Gesamtdeckungsprinzips – nicht an bestimmte investive Maßnahmen gebunden sind. Dies gilt auch dann, wenn diese Kredite maßnahmenbezogen in den Teilfinanzhaushalten 01 bis 15 veranschlagt

---

[293] Z. B. Schlüsselzuweisungen, Steuererträge usw.

sind.[294] Etwas anderes gilt, wenn es sich um **zweckgebundene Kredite** handelt, z. B. nach dem Hess. Investitionsfondsgesetz[295].

⇨ Überschüsse eines Teilhaushalts (Budgets) können ohne Weiteres mit Fehlbeträgen eines anderen Teilhaushalts (Budgets) ohne umständliches Verfahren ausgeglichen werden. Zum Beispiel können Einzahlungsausfälle bei der Zahlung der Zuweisungen des Bundes oder Landes innerhalb des Finanzhaushalts aufgefangen werden, bevor etwa eine zusätzliche Kreditaufnahme erforderlich ist.

An dieser Stelle wird aber auch darauf hingewiesen, dass durch die Gesamtdeckung nachteilige Folgen entstehen, da z. B. durch die **zentrale Veranschlagung** der Einzahlungen aus Krediten (siehe Nr. 9 Hw. zu § 4 GemHVO) der Überblick über die Darstellung der Finanzierung einzelner Vorhaben verloren geht.

Die Formulierung „**soweit in dieser Verordnung nichts anderes bestimmt ist**", ist ein Hinweis darauf, dass Ausnahmen von dem Grundsatz der Gesamtdeckung vorgesehen bzw. besondere Regelungen in der GemHVO enthalten sind, nämlich:

⇨ Ausnahme vom Grundsatz der Gesamtdeckung:
§ 19 GemHVO „**Zweckbindung**" (siehe Ziffer 7.4.2.1)

⇨ Besondere Regelungen zum Grundsatz der Gesamtdeckung:
§ 20 GemHVO „**Deckungsfähigkeit**" (siehe Ziffer 7.4.3)
§ 24 Abs. 3 GemHVO „Verwendung von Erträgen aus Veräußerung"[296]

Abschließend ist zum Grundsatz der Gesamtdeckung anzumerken, dass die Regelungen des § 18 GemHVO missverständlich sind. So wird z. B. durch die Formulierung in § 18 Nr. 2 GemHVO der Eindruck erweckt, dass die Einzahlungen aus Krediten (als Einzahlungen des Finanzhaushaltes) **insgesamt** zur Deckung der Auszahlungen des Finanzhaushaltes (und damit auch zu Auszahlungen für konsumtive Zwecke) herangezogen werden können. Gerade eine solche Finanzierung ist nach § 103 Abs. 1 HGO ausdrücklich untersagt, da die Einzahlungen aus Krediten nur zur Finanzierung von Auszahlungen für Investitionen, Investitionsförderungsmaßnahmen und für Umschuldungen verwendet werden dürfen (Kapitel 9). Der Verordnungsgeber sollte hier ein Stufenverfahren vorsehen, um die Deckungsregeln nach § 18 GemHVO zu konkretisieren[297].

---

[294] Nr. 9 Hw. zu § 4 GemHVO widerspricht dem Verordnungstext in § 4 Abs. 4 und 5 GemHVO, da nach diesem Hinweis eine dezentrale Veranschlagung von Einzahlungen und Auszahlungen aus Finanzierungstätigkeit wegen des Gesamtdeckungsprinzips nicht zulässig sei. Problematik hierzu siehe Ziffer 6.5.2.4.2.

[295] Die für die Beantragung erforderlichen Ausführungsbestimmungen und Vordrucke findet man auf den Internetseiten der Landestreuhandstelle (LTH).

[296] Siehe Nr. 3 Hw. zu § 25 GemHVO sowie Ziffer 10.2.1.1. „ ... *Da Überschüsse im außerordentlichen Ergebnis i. d. R. aus Vermögensveräußerung entstehen, führt ihre Verwendung zum Ausgleich des ordentlichen Ergebnisses wirtschaftlich betrachtet dazu, dass Fehlbeträge aus der laufenden Verwaltung mit Überschüssen aus dem Abgang von Vermögen finanziert werden.* "

[297] So ist z. B. in § 14 Nr. 3 GemHVO Rheinland-Pfalz explizit geregelt, dass „die Einzahlungen aus Investitionstätigkeit und aus der Aufnahme von Investitionskrediten insgesamt zur Deckung der Auszahlungen aus Investitionstätigkeit dienen".

7.4.2.1 Ausnahmen von der Gesamtdeckung

● **Allgemeines**

Der Grundsatz der Gesamtdeckung kann **nicht ausnahmslos** angewendet werden. Es gibt bei den Gemeinden auch Erträge und Einzahlungen, die nur für einen bestimmten Zweck verwendet werden dürfen. Die Zweckbindung hat demnach Vorrang vor dem Grundsatz der Gesamtdeckung. Erhält eine Gemeinde z. B. eine Zuweisung für den Bau eines Kindergartens, darf sie dieses Geld **nicht** im Rahmen der Gesamtdeckung für den Bau eines Rathauses verwenden. Der Zuweisungsgeber macht seine Geldleistung von der zweckgerechten Verwendung abhängig.

Um dieser, bei einigen Erträgen und Einzahlungen, auftretenden Beschränkung der Verwendung Rechnung zu tragen, regelt § 19 Abs. 1 und Abs. 4 GemHVO die Ausnahme von der Gesamtdeckung.

Hiernach **sind** die **zahlungswirksamen** Erträge und Einzahlungen auf die Verwendung für bestimmte Aufwendungen und Auszahlungen zu beschränken, wenn

⇨ die Beschränkung sich aus der **Herkunft** oder **Natur** der Erträge ergibt oder

⇨ ein **sachlicher Zusammenhang** dies erfordert **und** durch die Zweckbindung die **Bewirtschaftung der Mittel erleichtert** wird.

Mit dieser Regelung wird deutlich gemacht, dass bestimmte Erträge und Einzahlungen aus der Gesamtdeckung herausgenommen werden, mit der Folge, dass diese Erträge und Einzahlungen nur für bestimmte Einzelzwecke zur Verfügung stehen. Es ist aber darauf hinzuweisen, dass nach Nr. 1 Hw. zu § 19 GemHVO die Zweckbindung eine **Ausnahme** vom Grundsatz der Gesamtdeckung darstellt, d. h. im Umkehrschluss, dass die Zweckbindung **nicht der Regelfall** sein soll, da ansonsten der Grundsatz der Gesamtdeckung ausgehöhlt und damit wirkungslos wird. Ziel des NKRS ist es, die ohnehin knappen Ressourcenzuwächse möglichst flexibel einzusetzen (und eben nur ausnahmsweise einer Zweckbindung zu unterwerfen), um einen möglichst großen Handlungsspielraum zu erreichen. Folgendes Schaubild lässt sich hieraus ableiten:

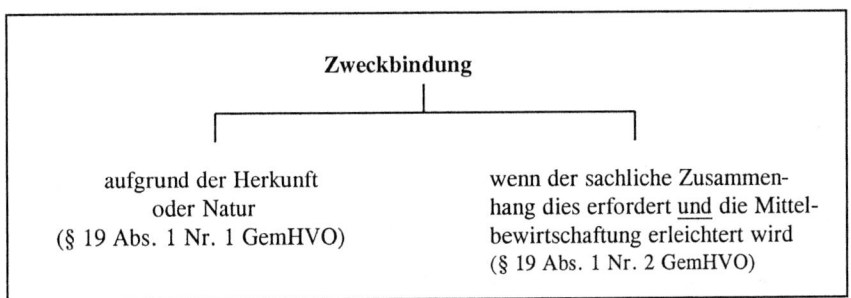

Die Voraussetzung, wonach nur **zahlungswirksame** Erträge einer Zweckbindung unterliegen können (Nr. 1 Hw. zu § 19 GemHVO), ist der Sicherstellung der Liquidität geschuldet und ergibt sich u. a. aus dem Zusammenhang mit der Folgewirkung der

Zweckbindung, nämlich der unechten Deckungsfähigkeit (siehe unten). So können beispielsweise zahlungsunwirksame Erträge **nicht** zu Gunsten von z. B. zahlungswirksamen Aufwendungen zweckgebunden werden bzw. zahlungsunwirksame Mehrerträge können nicht für zahlungswirksame Mehraufwendungen verwendet werden.[298]

- **verpflichtende Zweckbindung aufgrund der Herkunft oder Natur des zahlungswirksamen Ertrages bzw. der Einzahlung**

Gemäß § 19 Abs. 1 Nr. 1 GemHVO ist Voraussetzung einer verpflichtenden Beschränkung, dass sich diese aus der Herkunft oder der Natur des Ertrages bzw. der Einzahlung ableitet.

Eine Beschränkung aus der „Herkunft des Ertrages/der Einzahlung" (Wer hat die Mittel bereitgestellt?) dürfte in der kommunalen Praxis weniger von Bedeutung sein. Diese würde voraussetzen, dass allein aus der Tatsache, dass eine bestimmte Person oder ein bestimmter Träger der öffentlichen Finanzwirtschaft den Ertrag/die Einzahlung gewährt, ohne weitere Zweckangaben eine Verwendungsbeschränkung gegeben ist.

Unter „Natur des Ertrages/der Einzahlung" (Wozu werden die Mittel bereitgestellt?) fallen solche Vorgänge, die geradezu zwingend für eine zweckbestimmte Verwendung vorgesehen sind, z. B. zweckgebundene Zuweisungen und Zuschüsse Dritter (hierunter sind auch die Spenden für einen bestimmten Zweck zu subsumieren). Die ausschließliche Verwendung der Erträge bzw. Einzahlungen kann ihre Grundlage in einem Spezialgesetz haben, also nicht in Vorschriften des kommunalen Haushaltsrechts begründet sein. Immer, wenn auf Grund eines Gesetzes, Vertrages (z. B. Schenkungsverträge oder Verträge, die eine Beteiligung einer Nachbargemeinde oder eines Unternehmens an einer Baumaßnahme vorsehen) oder Verwaltungsaktes (z. B. Bewilligungsbescheid nach § 23 LHO) eine zweckgebundene Zuwendung veranschlagt wird, *muss* die Gemeinde eine Zweckbindung erklären. Nach Nr. 1 Hw. zu § 19 GemHVO ist die Voraussetzung in erster Linie bei staatlichen Investitionshilfen gegeben (z. B. nach dem FAG). So ist z. B. in § 21 Abs. 1 FAG geregelt, dass die „Besonderen Finanzzuweisungen" im Haushalt des Empfängers **zweckgebunden** zu vereinnahmen sind. Nach § 37 Abs. 3 FAG i. V. m. Nr. 10 Hw. zu § 4 GemHVO ist die Schulumlage ebenfalls zweckzubinden und im Produktbereich 03 „Schulträgeraufgaben" zu veranschlagen. Eine Zweckbindung von Krediten kann sich aus dem Hess. Investitionsfondsgesetz ergeben.[299]

Der Nachweis der zweckentsprechenden Verwendung der Mittel ist i. d. R. durch den im Bewilligungsbescheid vorgeschriebenen Verwendungsnachweis oder in sonstiger Weise – spätestens nach Abschluss der Maßnahme – zu erbringen (Nr. 2 Hw. zu § 19 GemHVO).

---

[298] Es drängt sich hier die Frage auf, ob diese Zweckbindung auch zwischen zahlungsunwirksamen Erträgen (z. B. Auflösung von Sonderposten) und zahlungsunwirksamen Aufwendungen (z. B. Abschreibung) möglich ist (oder als Folge der bereits erfolgten zweckgebundenen Einzahlungen – Investitionshilfe nach dem FAG – auch für den Ergebnishaushalt Gültigkeit hat). Wie das Beispiel verdeutlicht, wäre diese Variante insbesondere dann praxisrelevant, wenn sich das aus Zuweisungen und Zuschüssen finanzierte Anlagevermögen im Laufe des Haushaltsjahres hinsichtlich der Abschreibungsdauer verändert und damit auch die Auflösung der Sonderposten tangiert.

[299] Näheres zum Hess. Investitionsfonds siehe auf der Homepage des Hess. Ministeriums des Innern, http://www.rp-giessen.hessen.de/irj/RPGIE_Internet?cid=65ed8c4091d2c0b514ffb74f1d02996e.

- **verpflichtende Zweckbindung, wenn der sachliche Zusammenhang die Zweckbindung des zahlungswirksamen Ertrages bzw. der Einzahlung erfordert und die Bewirtschaftung der Mittel erleichtert wird**

Eine weitere Alternative der verpflichtenden Beschränkung ergibt sich aus § 19 Abs. 1 Nr. 2 GemHVO, wenn ein **sachlicher Zusammenhang** dies **erfordert** <u>und</u> durch die Zweckbindung die **Bewirtschaftung der Mittel erleichtert** wird.

Ein **sachlicher Zusammenhang** wird immer dann anzunehmen sein, wenn zwischen Ertrags- und Aufwandsart bzw. Einzahlungs- und Auszahlungsart **im Einzelfall eine unmittelbare Verbindung** besteht, z. B. Erträge und Aufwendungen bzw. Einzahlungen und Auszahlung betreffen denselben Teilhaushalt[300]. Somit ist die Zweckbindung z. B. von Steuern immer ausgeschlossen, da nach § 3 Abs. 1 AO Steuern Geldleistungen sind, die nicht eine Gegenleistung für eine besondere Leistung darstellen und von einem öffentlich-rechtlichen Gemeinwesen zur Erzielung von Einnahmen allen auferlegt werden, bei denen der Tatbestand zutrifft, an den das Gesetz die Leistungspflicht knüpft; die Erzielung von Einnahmen kann Nebenzweck sein. Das Gleiche gilt für Schlüsselzuweisungen, die nach § 5 Abs. 1 FAG die Finanzkraft der Kommen stärken sowie die unterschiedliche Finanzkraft verringern sollen. Eine unmittelbare Verbindung zu bestimmten Aufwendungen kann daher nicht hergestellt werden. Des Weiteren muss die Beschränkung der Erträge/Einzahlungen auf bestimmte Aufwendungen/Auszahlungen auch **erforderlich** sein. Dies wäre dann gegeben, wenn **ohne Zweckbindungsvermerk die zweckentsprechende Verwendung nicht gewährleistet werden** kann. Darüber hinaus muss die Zweckbindung auch die **Bewirtschaftung der Mittel erleichtern.**[301]

Alle drei Voraussetzungen treffen nach Auffassung des Vorschriftengebers bei der Erhebung von Benutzungsgebühren und Beiträgen nach dem BauGB und KAG zu, so dass diese nach Nr. 1 Hw. zu § 19 GemHVO zuzubinden sind. An dieser Stelle wird ausdrücklich darauf hingewiesen, dass sich nach Auffassung der Verfasser bei den Entgelten keine verbindliche Zweckbindung aus den Gesetzen ableiten lässt[302], aber aus Gründen der Kostendeckung, Praktikabilität und der Folgen (unechte Deckungsfähigkeit) eine Zweckbindung sinnvoll erscheint.

Die Regelung der Zweckbindung ist aus dem kameralen Haushaltsrecht (§ 17 Abs. 1 Nr. 2 GemHVO 1974) übernommen worden, allerdings mit dem Unterschied, dass diese Zweckbindung seinerzeit **nicht verpflichtend** war. Hierunter wurde die Bewirtschaftung in Budgets subsumiert, um die Budgetverantwortlichen auch in die „Einnahmen"entwicklung einzubinden. Da nach der **GemHVO** Budgets kraft Verordnung bestehen (§ 4 Abs. 1 GemHVO), **müssten** nach der gleichen Auslegung von damals alle Teilhaushalte einen Zweckbindungsvermerk erhalten (verpflichtende Zweckbindung).

---

[300] Amerkamp/Kröckel/Rauber, Gemeindehaushaltsrecht Hessen, Kommentar, Erl. zu § 19 GemHVO, Rdnrn. 4.

[301] Amerkamp/Kröckel/Rauber, Gemeindehaushaltsrecht Hessen, Kommentar, Erl. zu § 19 GemHVO, Rdnrn. 4 und 5.

[302] Die Frage, ob Gebühren und Beiträge zuzubinden sind oder nicht, wird bis heute kontrovers diskutiert, allerdings mit der Tendenz der Verneinung. So z. B. OVG Münder, NVwZ-RR 2000, 383, 387 (Gebührenerträge unterliegen der Gesamtdeckung). Weitere Ausführungen hierzu siehe Amerkamp/Kröckel/Rauber, Gemeindehaushaltsrecht Hessen, Kommentar, Erl. zu § 19 GemHVO, Rdnrn. 6, 6a.

Das würde bedeuten, dass die in § 18 GemHVO geregelte Gesamtdeckung auf die Teilhaushalte heruntergebrochen wird und die Zweckbindung damit zum Regelfall. Die Folge ist, dass die Flexibilität für den Gesamthaushalt eingeschränkt wird, z. B. Einzahlungen aus Grundstücksverkäufen bei Schulen könnten dann auch wieder nur für Investitionsauszahlungen für Schulen verwendet werden.

Der Verordnungsgeber verabschiedet sich damit ausdrücklich von der bisher geltenden Betrachtung, wonach die Zweckbindung als Ausnahme anzusehen ist. Dies ist umso kritischer zu sehen, da nach § 19 Abs. 2 GemHVO ohne Zweckbindung ebenfalls die Möglichkeit eröffnet wird, Erträge und Einzahlungen in die Budgetbewirtschaftung mit einzubeziehen. Siehe hierzu ausführlich Ziffer 7.4.3.2.4.

- **Erklärung der Zweckbindung**

Die Zweckbindung **muss zwingend** durch Haushaltsvermerk[303] ausgewiesen werden (Nr. 1 Hw. zu § 19 GemHVO). Dieser Haushaltsvermerk wird i. d. R. bei den jeweiligen Teilergebnis- bzw. Teilfinanzhaushalten angebracht, in denen die Erträge/Einzahlungen für zweckgebunden erklärt werden müssen. Ein solcher Vermerk könnte lauten:

> „Die zahlungswirksamen Erträge aus ... (z. B. Zuweisungen und Zuschüssen für laufende Zwecke) der Produktgruppe/des Produktes ... (z. B. Feuerwehr) sind gemäß § 19 Abs. 1 GemHVO zweckgebunden zu Gunsten der Aufwendungen für ... der Produktgruppe/des Produkts ..."

> „Die Einzahlungen aus ... (z. B. Investitionszuweisungen) der Produktgruppe/des Produktes ... sind gemäß § 19 Abs. 4 und 1 GemHVO zweckgebunden zu Gunsten der Auszahlungen für ... (Investitionen in das Sachanlagevermögen) der Produktgruppe/des Produkts ..."

Diese „Zweckbindungsvermerke" werden von der Gemeindevertretung im Rahmen der Beschlussfassung der Haushaltssatzung mit beschlossen und erhalten dadurch „Satzungscharakter". Eine Änderung der Haushalts- bzw. in diesem Fall der Zweckbindungsvermerke im Laufe eines Haushaltsjahres ist nur durch eine Nachtragssatzung möglich (Ziffer 14.1.2.6).

In diesem Zusammenhang muss darauf hingewiesen werden, dass mit der erklärten Zweckbindung keine Garantie für eine zweckentsprechende Verwendung der Mittel erfolgt. Dies muss zum einen das Berichtwesen (§ 28 GemHVO) und zum anderen der Verwendungsnachweis (oder ein „sonstiger Nachweis") sicherstellen. In der Praxis werden hierfür im Rahmen des DV-Programms besondere „Deckungskreise" eingerichtet.

---

[303] Ein Haushaltsvermerk ist eine einschränkende oder erweiternde Bestimmung zu Ansätzen des Haushaltsplanes, insbesondere Vermerke über Deckungsfähigkeit, Übertragbarkeit, Zweckbindung und Sperren gemäß Nr. 5 Hw. zu § 17 GemHVO.

- **Unechte Deckungsfähigkeit als Folge des Zweckbindungsvermerks**

Durch § 19 Abs. 1 Satz 2 GemHVO ergibt sich aus der verpflichtenden Zweckbindung auch die Folge einer „unechten Deckungsfähigkeit", d. h. zweckgebundene **Mehrerträge** dürfen für entsprechende **Mehraufwendungen** verwendet werden (Nr. 3 Hw. zu § 19 GemHVO, siehe auch Ziffer 7.4.3.1). Dies bedeutet, dass Mehrerträge (also über den Haushaltsansatz hinausgehende zahlungswirksame Erträge) bei dem zweckgebundenen Ertragsansatz für Mehraufwendungen (über den Haushaltsansatz hinausgehende Aufwendungen) zu Gunsten des durch den Zweckbindungsvermerk bestimmten entsprechenden Aufwendungsansatz verwendet werden dürfen, d. h. also für deren Deckung. Entsprechendes gilt gemäß § 19 Abs. 4 GemHVO für Einzahlungen und Auszahlungen.

Solche Mehraufwendungen/Mehrauszahlungen gelten nach § 19 Abs. 3 GemHVO rechtstechnisch **nicht** als überplanmäßige Aufwendungen/überplanmäßige Auszahlungen (gesetzliche Fiktion). Dies hat zur Konsequenz, dass § 100 HGO einschließlich des Zustimmungsverfahren insoweit **nicht zur Anwendung** kommt (siehe hierzu auch Ziffer 14.2). Auch vor diesem Hintergrund ist es konsequent, dass nur die Erträge, die zu Einzahlungen führen, nach § 19 GemHVO zweckgebunden werden dürfen.

7.4.3 Grundsatz der Deckungsfähigkeit

Die Deckungsfähigkeit nach der GemHVO unterscheidet in die **echte und unechte Deckungsfähigkeit.** Während die echte Deckungsfähigkeit nur zwischen Aufwandspositionen bzw. Auszahlungspositionen oder Verpflichtungsermächtigungen stattfindet, ist bei der unechten Deckungsfähigkeit auch immer die Ertrags- bzw. Einzahlungsseite involviert.

Ein weiterer wesentlicher Unterschied besteht darin, dass bei der echten Deckungsfähigkeit der Gesamtbetrag des Ergebnis- bzw. des Finanzhaushalts und der Gesamtbetrag der festgesetzten Verpflichtungsermächtigungen **nicht** verändert wird. Bei der unechten Deckungsfähigkeit hingegen ist systemimmanent, dass sich das Volumen des Ergebnis- bzw. des Finanzhaushalts erhöht bzw. vermindert.

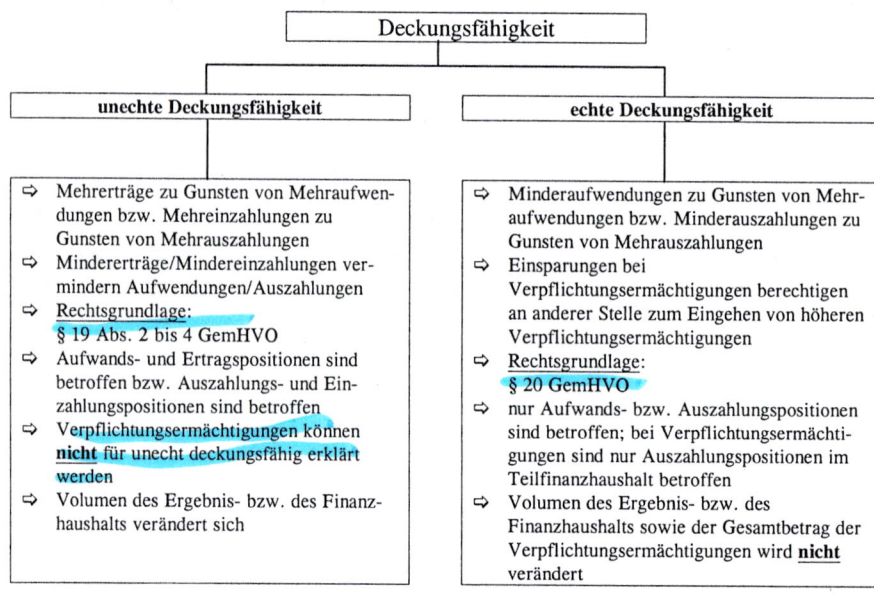

7.4.3.1 Unechte Deckungsfähigkeit

Die unechte Deckungsfähigkeit hat in § 19 Abs. 2 bis 4 GemHVO ihre Rechtsgrundlage. Hiernach **kann im Haushaltsplan bestimmt** werden, dass

⇨ bestimmte zahlungswirksame Mehrerträge bestimmte Ansätze für Aufwendungen erhöhen (**Verstärkungsvermerk**).

⇨ bestimmte zahlungswirksame Mindererträge bestimmte Ansätze für Aufwendungen vermindern (**Verminderungsvermerk**).

Entsprechendes gilt auch für Einzahlungen und Auszahlungen.

Die Regelung eröffnet eine **flexible Mittelbewirtschaftung**, da im Verlauf des Haushaltsjahres die Möglichkeit eröffnet wird, die Aufwendungen und Auszahlungen sowohl im positiven Sinn (Verstärkungsvermerk) als auch im negativen Sinn (Verminderungsvermerk) an sich u. U. ändernde Ertrags- und Einzahlungssituationen anzupassen. Ein formelles Verfahren nach § 100 HGO und ein damit verbundener besonderer Verwaltungsaufwand ist hier nicht erforderlich. Vielmehr verbleibt die Bearbeitung und Entscheidung im Verantwortungsbereich des Budgetverantwortlichen.

Die unechte Deckungsfähigkeit ist von der Zweckbindung dahingehend abzugrenzen, dass es sich hier gerade um die **zahlungswirksamen Erträge und Einzahlungen** handelt, die **nicht** nach § 19 Abs. 1 GemHVO **zweckgebunden werden müssen**.

Auch bei der unechten Deckungsfähigkeit wird auf **zahlungswirksame** Erträge und Einzahlungen abgestellt, um nach dem Grundsatz der Gesamtdeckung die Liquidität im

Finanzhaushalt sicherzustellen (Ziffer 7.4.2.1). So können zahlungsunwirksame Mehrerträge zahlungswirksame Mehraufwendungen nicht decken.

- **Wirkung des Verstärkungsvermerkes/Verminderungsvermerkes**

Gehen nun im Rahmen eines Verstärkungsvermerkes bei einer zahlungswirksamen Ertragsposition **höhere Erträge als veranschlagt** ein, können in Höhe der zahlungswirksamen Mehrerträge ohne besonderes formelles Verfahren die dazugehörenden Aufwandspositionen des jeweiligen Teilhaushalts/Budgets überschritten werden (unechte Deckungsfähigkeit).

Die dann geleisteten Mehraufwendungen gelten gemäß § 19 Abs. 3 GemHVO **nicht** als überplanmäßige Aufwendung. Diese Fiktion des Gesetzes ist erforderlich, weil nach der Begriffsdefinition des § 58 Nr. 32 GemHVO an sich Mehraufwendungen im Verfahren der unechten Deckungsfähigkeit auch überplanmäßige Aufwendungen sind. Das dafür vorgesehene umfangreiche formelle Verfahren nach § 100 HGO braucht jedoch nicht durchlaufen zu werden, da durch den Deckungsvermerk (hier: unechte Deckungsfähigkeit nach § 19 Abs. 2 GemHVO) die verfahrensrechtliche Seite schon abgedeckt ist. Der Budgetverantwortliche kann somit ohne Einschaltung des Fachdienstes Finanzen (Finanzverwaltung / Kämmerei) über die Mehrerträge verfügen. Es reicht dafür ausschließlich die Feststellung des Einganges von Mehrerträgen.

Dieses Verfahren ist im umgekehrten Fall auch bei zahlungswirksamen **Minder**erträgen angezeigt, wobei die Aufwandsermächtigungen dann entsprechend zu verringern sind. Durch den Verminderungsvermerk werden die Budgetverantwortlichen insbesondere in die Pflicht genommen, den vorgegebenen Finanzrahmen nur dann auszuschöpfen, wenn die entsprechenden zahlungswirksamen Erträge auch realisiert werden. Die Intention des Verminderungsvermerks kann aber i. d. R. nur bei freiwilligen Aufgaben bzw. freiwilligen Produktangeboten Wirkung entfalten (oder bei gesetzlichen Aufgaben zur Standardherabsetzung führen[304]).

Das Gleiche gilt für Mehreinzahlungen und Mehrauszahlungen bzw. Mindereinzahlungen und Minderauszahlungen nach § 19 Abs. 4 GemHVO, wobei in diesem Zusammenhang auch auf § 27 Abs. 2 GemHVO hingewiesen werden muss. Hiernach darf über Ansätze für Auszahlungen für Investitionen nur verfügt werden, soweit die Deckungsmittel rechtzeitig bereitgestellt werden können.[305]

Wegen der „Formlosigkeit"[306] ist die unechte Deckungsfähigkeit ein einfaches Verfahren zur Bereitstellung von Mehraufwendungen bzw. Mehrauszahlungen (siehe Ziffer 14.2.2).

In der Praxis werden diese Art von Haushaltsvermerken in Form von so genannten Deckungskreisen (Deckungsringe) im DV-Programm hinterlegt, so dass eine gewisse

---

[304] Standards beschreiben die Art und Weise der Aufgabenwahrnehmung, z. B. Kinderbetreuung mit Mittagstischangebot, Beförderungsdienst zum Kindergarten usw.

[305] Siehe Nr. 3 Hw. zu § 27 GemHVO i. V. m. Ziffer 13.2.2.2.

[306] Es ist lediglich die Anbringung eines entsprechenden Haushaltsvermerks (Deckungsvermerks) erforderlich, siehe Ziffer 7.4.3.1.1.

Plausibilitätskontrolle gewährleistet ist. Allerdings darf nicht übersehen werden, dass dieser Automatismus zwar die Flexibilität und die praktische Handhabung erleichtern, jedoch der Gesamtüberblick über ein Budget erschwert wird. So ist es durchaus möglich, dass im Rahmen des Vermerks bestimmte Mehrerträge zwar vorhanden sind, die dann zusätzlich verwendet werden. Bei anderen Positionen des selben Budgets, die nicht in den Vermerk eingebunden sind, können jedoch Mindererträge vorliegen, so dass der Gesamtbudgetabschluss gefährdet wird. Dies zeigt deutlich, dass auf ein individuelles und regelmäßiges Finanzcontrolling nicht verzichtet werden kann.[307]

7.4.3.1.1 Erklärung der unechten Deckungsfähigkeit

Nach 19 Abs. 2 GemHVO ist die unechte Deckungsfähigkeit „zu bestimmen". Diese Formulierung ist so auszulegen, dass die unechte Deckungsfähigkeit ausdrücklich durch einen Haushaltsvermerk[308] erklärt werden muss, z. B.

> „Gemäß § 19 Abs. 2 GemHVO dürfen zahlungswirksame Mehrerträge für Mehraufwendungen innerhalb des Budgets ... (Produktbereich/Produktgruppe/ Produkt) verwendet werden."

> „Zahlungswirksame Mindererträge des Budgets ... reduzieren nach § 19 Abs. 2 GemHVO die Aufwandsermächtigungen für ..."

> „Gemäß § 19 Abs. 2 und 4 GemHVO berechtigen Mehreinzahlungen im Budget ... zur Leistung von Mehrauszahlungen für Investitionen in das Sachanlagevermögen für ..."

Diese „Deckungsvermerke" werden von der Gemeindevertretung im Rahmen der Beschlussfassung der Haushaltssatzung mit beschlossen und erhalten dadurch „Satzungscharakter". Eine Änderung der Haushalts- bzw. in diesem Fall der Deckungsvermerke im Laufe eines Haushaltsjahres ist nur durch eine Nachtragssatzung möglich (Ziffer 14.1.2.6).

In der Praxis sind aufgrund der angespannten Haushalts- und Finanzlagen auch anteilige Einschränkungen anzutreffen, da bei allem Streben nach Flexibilität auch der Haushaltsausgleich nicht aus den Augen verloren werden darf, z. B. Mehrerträge berechtigen „nur" in Höhe von z. B. 50 v. H. zu Mehraufwendungen.

Für die Darstellung der Haushaltsvermerke empfiehlt sich folgende Vorgehensweise:

- Haushaltsvermerke, die für alle Teilhaushalte/Budgets gleichermaßen gelten, sollten an einer zentralen Stelle im Haushaltsplan dargestellt werden (z. B. vor den Teilhaushalten).
- Haushaltsvermerke, die sich nur auf einzelne Budgets beziehen, sollten im Anschluss des jeweiligen Teilhaushalts/Budgets dargestellt werden (Transparenz).

---

[307] Bernhardt u. a., Kommunales Finanzmanagement NRW, Ziffer 14.3.1.
[308] Ein Haushaltsvermerk ist eine einschränkende oder erweiternde Bestimmung zu Ansätzen des Haushaltsplanes, insbesondere Vermerke über Deckungsfähigkeit, Übertragbarkeit, Zweckbindung und Sperren gemäß Nr. 5 Hw. zu § 17 GemHVO.

7.4.3.1.2 Ausnahmen von der unechten Deckungsfähigkeit

Zahlungswirksame Mehrerträge

⇨ aus Steuerbeteiligungen und eigenen Steuern, soweit sie nicht zur Deckung über-planmäßiger Umlageverpflichtungen (z. B. bei der Gewerbesteuerumlage) benötigt werden, siehe Nr. 4 Hw. zu § 19 GemHVO,
⇨ aus allgemeinen Zuweisungen (z. B. Schlüsselzuweisung),
⇨ aus allgemeinen Umlagen (z. B. die Kreisumlage bei den Landkreisen)

sind von der Einbeziehung in die unechte Deckungsfähigkeit ausgenommen (§ 19 Abs. 2 Satz 2 i. V. m. Nr. 4 Hw. zu § 19 GemHVO). Dies ergibt sich zwingend aus dem Charakter dieser Erträge als allgemeine Deckungsmittel, der eine ausschließliche Verwendung - z. B. für ein bestimmtes Budget - verbietet.

7.4.3.1.3 Verbindung zur echten Deckungsfähigkeit

Um den Kontext zu der echten Deckungsfähigkeit zu verstehen, sollte erst Ziffer 7.4.3.2 beachtet werden; daher wird hier auf Ziffer 7.4.3.2.4 verwiesen.

7.4.3.2 Echte Deckungsfähigkeit

• **Allgemeines**

Bevor die echte Deckungsfähigkeit nach § 20 GemHVO erläutert werden kann, ist zunächst eine Abgrenzung zu den Wirkungen des Grundsatzes der Einzelveranschlagung vorzunehmen (Ziffer 7.3.5).

Nach dem Grundsatz der Einzelveranschlagung werden die Haushaltmittel für das jeweilige Haushaltsjahr **nicht** auf der Basis einzelner Ertrags- und Aufwandskonten des KVKR veranschlagt, sondern nach den verdichteten Ertrags- und Aufwands**positionen** gemäß § 2 Abs. 1 GemHVO.

Vor diesem Hintergrund besteht bereits eine gewisse Flexibilität dahingehend, dass innerhalb der jeweiligen Aufwandsposition nach § 2 Abs. 1 GemHVO Umschichtungen vorgenommen werden können, z. B.

innerhalb des Produktbereichs „Sportförderung" werden 10.000 € mehr als geplant für Büromaterial benötigt, aber gleichzeitig können entsprechende Mittel bei den Aufwendungen für Leasing eingespart werden. Dies ist ohne weiteres möglich, da beide Aufwandsarten der Aufwandsposition „Aufwendungen für Sach- und Dienstleistungen" angehören und insgesamt der Haushaltsansatz der Aufwandsposition „Aufwendungen für Sach- und Dienstleistungen" nicht über-schritten wird[309].

---

[309] In der Praxis erfolgt die Planung des Haushalts zurzeit überwiegend noch auf der Basis einzelner Konten, da solide Kennzahlen (Kosten pro Produkt) noch nicht generiert werden können; siehe hierzu auch Ziffer 6.5.2.4 und 7.3.5.1. Nach dem Grundsatz der Einzelveranschlagung haben die von der

In diesen Fällen liegt noch keine Inanspruchnahme der Deckungsfähigkeit im Sinne von § 20 GemHVO vor.

Die *echte* Deckungsfähigkeit[310] im Sinne von § 20 GemHVO erlaubt es, Mehraufwendungen bei einer Aufwandsposition durch Minderaufwendungen bei einer anderen Aufwandsposition zu leisten. Es handelt sich also hier um ein **Verschieben von Haushaltsmitteln zwischen den Aufwandsarten** nach § 2 Abs. 1 GemHVO, z. B. Mehraufwendungen bei der Aufwandsposition „Aufwendungen für Sach- und Dienstleistungen" (§ 2 Abs. 1 Nr. 12 GemHVO) können durch Minderaufwendungen bei der Aufwandsposition „Personalaufwendungen" (§ 2 Abs. 1 Nr. 10 GemHVO) gedeckt werden. Ein formelles Verfahren nach § 100 HGO und ein damit verbundener besonderer Verwaltungsaufwand ist hier nicht erforderlich. Vielmehr verbleibt die Bearbeitung und Entscheidung im Verantwortungsbereich des Budgetverantwortlichen.

Gleiches gilt für die Auszahlungsarten aus Investitionstätigkeit[311] nach § 3 Abs. 1 Nrn. 24 bis 27 GemHVO[312] sowie für Verpflichtungsermächtigungen nach § 11 GemHVO (Ziffer 8.5), d. h. die echte Deckungsfähigkeit ermöglicht also Mehrauszahlungen bzw. zusätzliche Verpflichtungsermächtigungen bei einer Haushaltsposition durch Minderauszahlungen bzw. nicht benötigte Verpflichtungsermächtigungen bei anderen Haushaltspositionen auszugleichen.

Insofern ist die echte Deckungsfähigkeit eine **Ausnahme vom Grundsatz der betraglichen** Bindung nach § 10 Abs. 2 letzter Hs. GemHVO (Nr. 4 Hw. zu § 20 GemHVO)

Im Gegensatz zur unechten Deckungsfähigkeit gemäß § 19 Abs. 1 Satz 2 und Abs. 2 GemHVO spielt sich die echte Deckungsfähigkeit nur zwischen Aufwands- bzw. Auszahlungspositionen bzw. Verpflichtungsermächtigungen ab (Ziffer 7.4.3).

Gemeinde evtl. unterhalb der jeweiligen Ertrags- und Aufwandspositionen nach § 2 Abs. 1 GemHVO geplanten Werte keine Außenwirkung, sondern stellen nur einen internen Bewirtschaftungsplan dar.

[310] Der Zusatz „echte" soll zur unechten Deckungsfähigkeit nach § 19 Abs. 1 Satz 2 und Abs. 2 GemHVO abgrenzen, weil im Verfahren nach § 20 GemHVO die Mittelbereitstellung im Rahmen des vorgegebenen Haushaltsvolumens erfolgt. Die Bereitstellung zusätzlicher Haushaltsmittel nach § 19 Abs. 2 GemHVO führt dagegen zu einer Überschreitung des Haushaltsvolumens (Mehrerträge/Mehreinzahlungen führen zu Mehraufwendungen/Mehrauszahlungen – siehe Ziffer 7.4.3).

[311] Der Verordnungsgeber stellt bei der Deckungsfähigkeit **ausdrücklich auf die Auszahlungen für Investitionen ab.** Demnach dürfen Einsparungen bei den Auszahlungen für Finanzierungstätigkeit – sofern sie im Teilfinanzhaushalt veranschlagt sind – nicht herangezogen werden.

[312] Es wird hier nur auf die direkte Methode des Finanzhaushalts abgestellt.

● **Arten der echten Deckungsfähigkeit**

Im Rahmen der Deckungsfähigkeit wird einerseits unterschieden in

⇨ Deckungsfähigkeit
 - kraft Verordnung und
 - kraft Vermerk

und anderseits in

⇨ die gegenseitige Deckungsfähigkeit und
⇨ die einseitige Deckungsfähigkeit.

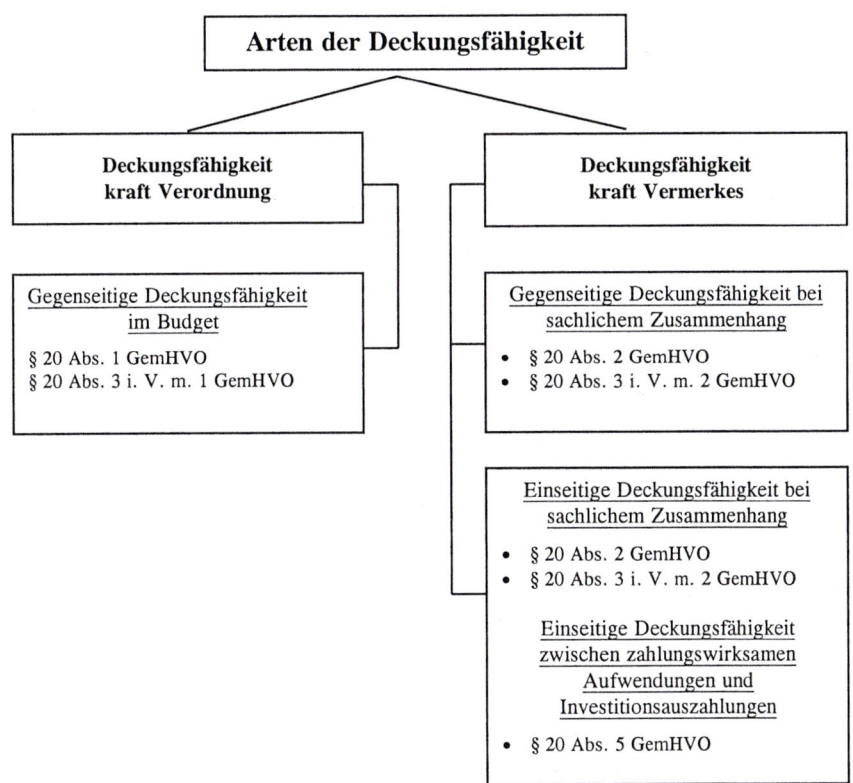

- **Begriff: Deckungsfähigkeit kraft Verordnung**

Unter der Deckungsfähigkeit kraft Verordnung versteht man, dass diese Deckungsfähigkeit besteht, **ohne dass hierfür ein ausdrücklicher Haushaltsvermerk**[313] erforderlich ist. Dies wird aus der Formulierung in § 20 Abs. 1 GemHVO deutlich, wonach die Ansätze der **in einem Budget** veranschlagten Aufwendungen gegenseitig deckungsfähig „sind", siehe Nr. 1 Hw. zu § 20 GemHVO.

Möchte man diese Deckungsfähigkeit kraft Verordnung einschränken oder gar ausschließen, ist dies wiederum nur mittels eines ausdrücklichen Haushaltsvermerks möglich, z. B.

> „Von der Deckungsfähigkeit nach § 20 Abs. 1 GemHVO werden die Transferaufwendungen (oder die Personalaufwendungen) ausgenommen."[314]

Bei der **Deckungsfähigkeit kraft Verordnung** handelt es sich immer um die **gegenseitige Deckungsfähigkeit** (siehe Ziffer 7.4.3.2.1).

- **Begriff: Deckungsfähigkeit kraft Vermerk**

Unter der Deckungsfähigkeit kraft Vermerk versteht man, dass diese Deckungsfähigkeit durch einen **ausdrücklichen Haushaltsvermerk formuliert werden muss**, siehe Nr. 2 Hw. zu § 20 GemHVO. Dies wird deutlich aus der Formulierung „**können ... erklärt werden**" (§ 20 Abs. 2, Abs. 3 und Abs. 5 GemHVO), z. B.

> „Die Personal- und Versorgungsaufwendungen werden gemäß § 20 Abs. 2 GemHVO über alle Teilhaushalte hinweg für gegenseitig deckungsfähig erklärt."

Bei der Deckungsfähigkeit **kraft Vermerk** ist sowohl die **gegenseitige** als auch die **einseitige** Deckungsfähigkeit möglich.

Diese „Deckungsvermerke"[315] werden von der Gemeindevertretung im Rahmen der Beschlussfassung der Haushaltssatzung mit beschlossen und erhalten dadurch „Satzungscharakter". Eine Änderung der Haushalts- bzw. in diesem Fall der Deckungsvermerke im Laufe eines Haushaltsjahres ist nur durch eine Nachtragssatzung möglich (Ziffer 14.1.2.6).

---

[313] Vgl. Nr. 5 Hw. zu § 17 GemHVO. Haushaltsvermerke sind einschränkende oder erweiternde Bestimmungen zu den Ansätzen des Haushaltsplanes, insbesondere Vermerke über Deckungsfähigkeit, Übertragbarkeit, Zweckbindung und Sperren.

[314] Zur Sinnhaftigkeit von Einschränkung der Deckungsfähigkeit im Budget siehe auch Ausführungen zu Ziffer 7.4.3.2.2.

[315] Vgl. Nr. 5 Hw. zu § 17 GemHVO. Haushaltsvermerke sind einschränkende oder erweiternde Bestimmungen zu den Ansätzen des Haushaltsplanes, insbesondere Vermerke über Deckungsfähigkeit, Übertragbarkeit, Zweckbindung und Sperren.

- **Begriff: Gegenseitige Deckungsfähigkeit**

Bei der gegenseitigen Deckungsfähigkeit im Sinne von § 20 GemHVO können die beteiligten Haushaltspositionen ihre Haushaltsmittel gegenseitig austauschen. Das bedeutet, dass die Aufwands- bzw. Auszahlungspositionen und die Verpflichtungsermächtigungen untereinander sowohl **deckungsberechtigt** (d. h. die Haushaltsposition kann verstärkt werden) als auch **deckungspflichtig** (d. h. die Haushaltsposition kann Mittel an die deckungsberechtigte Haushaltsposition abgeben) sind.

- **Begriff: Einseitige Deckungsfähigkeit**

Bei der einseitigen Deckungsfähigkeit können nur die Mittel einer Haushaltsposition zur Verstärkung einer anderen Haushaltsposition in Anspruch genommen werden, ohne dass aber die Möglichkeit besteht, im umgekehrten Fall die Mittel der anderen Haushaltsposition zur Verstärkung zu verwenden. Hier ist die jeweilige Haushaltsposition deckungsberechtigt (d. h. diese Haushaltsposition kann überschritten werden), während die jeweils andere Haushaltsposition nur deckungspflichtig ist (d. h. diese Haushaltsposition kann nur Mittel an die deckungsberechtigte Haushaltsposition abgeben).

Eine Umkehrung dieses Verhältnisses kann im Rahmen der Ausführung des Haushaltsplanes von der Verwaltung **nicht mehr** vorgenommen werden. Es wird schon bei der Planung festgelegt, welche Haushaltsposition deckungsberechtigt und welche deckungspflichtig ist.

7.4.3.2.1 Deckungsfähigkeit kraft Verordnung

Die Deckungsfähigkeit kraft Verordnung – also ohne ausdrücklichen Haushaltsvermerk – gilt für alle in einem Budget veranschlagten zahlungswirksamen Aufwendungen, Auszahlungen und Verpflichtungsermächtigungen.

Zunächst ist hier der Begriff „Budget" noch einmal in Erinnerung zu rufen (ausführlich siehe Ziffer 6.2.5). Ein Budget im Sinne der GemHVO ist nach § 58 Nr. 9 GemHVO ein vorgegebener **Finanzrahmen**, der einer Organisationseinheit zur selbstständigen und eigenverantwortlichen Bewirtschaftung im Rahmen eines vorgegebenen Leistungsumfangs zugewiesen wird. Jeder Teilhaushalt – entweder auf Produktbereichs-, Produktgruppen- oder Produktebene – bildet nach § 4 Abs. 1 GemHVO ein Budget (= Bewirtschaftungseinheit)[316]. Diese Budgetierung dient der dezentralen Ressourcenverantwortung[317] (ein Kernelement des NKRS) und stärkt die Eigenverantwortlichkeit sowie das Kostenbewusstsein der Budgetverantwortlichen.

Der vorgegebene Finanzrahmen wird durch die Beschlussfassung der Haushaltssatzung von der Gemeindevertretung beschlossen und ist damit für die Ausführung des Haus-

---

[316] Hierbei wird unterstellt, dass jeder Teilhaushalt auch von nur einer Organisationseinheit bewirtschaftet wird.

[317] Vgl. Umstellung des Haushaltsrechts auf ein ressourcenverbrauchsorientiertes Rechnungswesen, Ziffer 4.3.4.

haltsplanes verbindlich. Die hierdurch entstehende Flexibilität (z. B. innerhalb der jeweiligen Aufwandspositionen nach § 2 Abs. 1 GemHVO bzw. Auszahlungspositionen nach § 3 Abs. 1 Nrn. 24 bis 27[318] GemHVO können Umschichtungen vorgenommen werden) wurde bereits unter Ziffer 7.4.3.2 erläutert. Darüber hinaus enthält § 20 GemHVO noch weitergehende Regelungen, die die Bewirtschaftung des Finanzrahmens (= Budgets) im Sinne von einer „echten" (vollständigen) dezentralen Ressourcenverantwortung noch beweglicher gestalten.

Da jeder Teilhaushalt ein Budget bildet (§ 4 Abs. 1 GemHVO) und die Teilhaushalte jeweils aus einem Teilergebnis- und einem Teilfinanzhaushalt bestehen, enthält § 20 GemHVO Deckungsregelungen für

⇨   die Aufwendungen im Budget in § 20 Abs. 1 GemHVO,
⇨   die Auszahlungen im Budget in § 20 Abs. 3 GemHVO und
⇨   die Verpflichtungsermächtigungen im Budget in § 20 Abs. 3 GemHVO,

auf die im Anschluss näher eingegangen wird.

Schließlich kann die Gemeinde weitergehende Budgetierungsrichtlinien erlassen, die dann entsprechend zu berücksichtigen sind. Aufgrund der Vielzahl von individuellen Budgetierungsrichtlinien wird auf Beispiele aus der kommunalen Praxis verwiesen, die auch überwiegend im Internet veröffentlicht sind.

•   Deckungsfähigkeit der Aufwendungen im Budget

Nach § 20 Abs. 1 GemHVO **sind** die Ansätze der in einem Budget veranschlagten zahlungswirksamen Aufwendungen **gegenseitig** deckungsfähig, wenn im Haushaltsplan nichts anderes bestimmt ist (= gegenseitige Deckungsfähigkeit kraft Verordnung, Ziffer 7.4.3.2).

Die Beschränkung der Deckungsfähigkeit kraft Verordnung auf „zahlungswirksame" Aufwendungen ist folgerichtig, da ansonsten die Liquidität im Finanzhaushalt nicht mehr gewährleistet wäre.

---

[318] Der Verordnungsgeber stellt bei der Deckungsfähigkeit **ausdrücklich auf die Auszahlungen für Investitionen ab.** Demnach dürfen Einsparungen bei den Auszahlungen für Finanzierungstätigkeit – sofern sie im Teilfinanzhaushalt veranschlagt sind – nicht herangezogen werden.

Beispiel für einen Teilergebnishaushalt 2014 (Muster 10 zur GemHVO):

Produktbereich: Kultur und Wissenschaft

Teilergebnishaushalt – vereinfachte Darstellung
- Euro -

Nr.*	Konten¹	Bezeichnung²	Haushaltsansatz		Ergebnis des Jahresab-schlusses
			2014	2013	2012
1	2	3	4	5	6
2		Ordentliche Erträge Öffentlich-rechtliche Leistungsentgelte ...	46.000	40.000	36.000
10		**Summe der ordentlichen Erträge**			
11		Ordentliche Aufwendungen Personalaufwendungen	550.000	510.000	499.000
12		Versorgungsaufwendungen	95.000	90.000	80.000
13		Aufwendungen für Sach- und Dienstleistungen	800.000	750.000	749.000
14		Abschreibungen	100.000	100.000	90.000
15		Aufwendungen für Zuweisungen u. Zuschüsse ...	0	0	0
19		**Summe der ordentlichen Aufwendungen**			
20		**Verwaltungsergebnis**			
21		Finanzerträge			
22		Zinsen und ähnliche Aufwendungen			
23		**Finanzergebnis**			
26		**Ordentliches Ergebnis**			
27		Außerordentlicher Ertrag			
28		Außerordentlicher Aufwand			
29		**Außerordentliches Ergebnis**			
30		**Jahresergebnis vor internen Leistungsbeziehungen**			
		Leistungen aus internen Leistungsbeziehungen Kosten aus internen Leistungsbeziehungen			
		Ergebnis der internen Leistungsbeziehungen			
		Jahresergebnis nach internen Leistungsbeziehungen			

*) Die Angaben in der Spalte 1 beziehen sich im Beispielsfall auf die Positionsangaben des Ergebnishaushalts (Muster 7). Da es hinsichtlich der Positionsangaben im Teilergebnishaushalt keine verbindlichen Vorgaben gibt, wäre auch eine fortlaufende Nummerierung möglich.

1) Auf die Angabe der Konten wurde hier verzichtet, da sie für die Fallbeispiele von untergeordneter Bedeutung sind. Insofern wird auf die Muster 7 und Muster 10 zur GemHVO verwiesen.

2) In der Spalte 3 werden im Beispielsfall Erträge und Aufwendungen nach § 2 Abs. 1 GemHVO dargestellt; es handelt sich hierbei um die nach Nr. 4 Hw. zu § 4 GemHVO vorgeschriebene Mindestgliederung.

Variante 1:

Werden z. B. innerhalb der Aufwandsposition „Aufwendungen für Sach- und Dienstleistungen" (Nr. 13) 10.000 € Mehraufwendungen für Büromaterial (zahlungswirksamer Aufwand) benötigt und können diese zusätzlichen Aufwendungen nicht (oder nicht in voller Höhe) innerhalb der Aufwandsposition „Aufwendungen für Sach- und Dienstleistungen" aufgefangen werden, aber im Bereich der Personalaufwendungen (Nr. 11) sind entsprechende Einsparungen (bei zahlungswirksamen Aufwendungen) gegeben, so ist dies durch die gegenseitige Deckungsfähigkeit nach § 20 Abs. 1 GemHVO gedeckt. Die durch die Deckungsfähigkeit erlangte Flexibilität kommt dadurch zum Ausdruck, dass **kein** formelles Bereitstellungsverfahren erforderlich ist, sondern dass die Entscheidung im Verantwortungsbereich des Budgetverantwortlichen liegt.

Erst wenn den zusätzlichen Aufwendungen von 10.000 € keine ausreichenden Einsparungen bei anderen zahlungswirksamen Aufwandspositionen gegenüberstehen (und keine übertragenen Haushaltsermächtigungen aus Vorjahren verfügbar sind sowie auch keine Mehrerträge im Rahmen der unechten Deckungsfähigkeit zur Verfügung stehen), liegt eine überplanmäßige Aufwendung vor (siehe Ziffer 14.2).

Variante 2:

Entsteht z. B. bei der Haushaltsposition „Aufwand für Zuweisungen und Zuschüsse" im Laufe des Haushaltsjahres 2014 ein Bedarf, aber ein entsprechender Budgetansatz ist im jeweiligen Teilergebnishaushalt **nicht** vorhanden[319], kann dieser Mehrbedarf auch nicht im Rahmen der Deckungsfähigkeit nach § 20 Abs. 1 GemHVO durch andere Haushaltspositionen aufgefangen werden, da die gegenseitige Deckungsfähigkeit nach dem Wortlaut der GemHVO nur zwischen „**veranschlagten**" Aufwendungen Gültigkeit entfaltet[320]. Warum der Verordnungsgeber hier nur auf die „veranschlagten" Aufwendungen/Auszahlungen abstellt, lässt sich auch aus den Hw. zu § 20 GemHVO nicht nachvollziehen und widerspricht dem eigentlichen Budgetgedanken, wonach die Organisationseinheiten innerhalb des vorgegebenen Finanzrahmens und Leistungsumfangs (Erreichung von vorgegebenen Zielen) selbständig und eigenverantwortlich wirtschaften dürfen.[321]

Variante 3:

Da sich die Deckungsfähigkeit nur auf **zahlungswirksame** Aufwendungen beschränkt, ist es **nicht** möglich, dass z. B. Minderaufwendungen bei der Haushaltsposition „Abschreibungen" (Nr. 14) für Mehraufwendungen bei der Haushaltsposition „Personalaufwendungen" (Nr. 11) herangezogen werden können.

---

[319] Dabei wird unterstellt, dass auch keine Aufwandsermächtigungen aus Vorjahren übertragen wurden, was bei „sonstigen ordentlichen Aufwendungen" i. d. R. auch nicht der Fall sein dürfte.

[320] In diesem Fall würde eine außerplanmäßige Aufwendung entstehen – siehe hierzu ausführlich Ziffer 14.1 und 14.2.

[321] Hält der Verordnungsgeber an der Voraussetzung fest, dass die Deckungsfähigkeit im Budget nur für „veranschlagte" Aufwendungen/Auszahlungen Gültigkeit hat, besteht die Gefahr, dass diese Regelung in der Praxis dadurch umgangen wird, dass Haushaltspositionen mit geringen, gleichwohl nicht benötigten Werten beplant werden, um die größtmögliche Budgetflexibilität zu erreichen.

Nach dem Wortlaut des § 20 Abs. 1 GemHVO ist die gegenseitige Deckungsfähigkeit grundsätzlich bei **allen zahlungswirksamen Aufwandspositionen** des Teilergebnishaushalts (§ 4 Abs. 3 GemHVO), die einen Haushaltsansatz aufweisen, möglich, d. h. **einschließlich der außerordentlichen Aufwendungen.**[322] **Nicht hierzu zählen die Kosten aus internen Leistungsbeziehungen,** die in den Teilergebnishaushalten abzubilden sind, da sich die Deckungsfähigkeit nach § 20 Abs. 1 GemHVO nur auf die „Aufwendungen" bezieht[323] (auf die Ausnahmen wird unter Ziffer 7.4.3.2.3 eingegangen).

• **Deckungsfähigkeit der Auszahlungen für Investitionen im Budget**

Wie bereits oben ausgeführt, bildet jeder Teilhaushalt ein Budget (§ 4 Abs. 1 GemHVO) und ein Teilhaushalt wiederum setzt sich aus einem Teilergebnis- und einem Teilfinanzhaushalt zusammen. Gemäß § 20 Abs. 3 i. V. m. Abs. 1 GemHVO gelten für die Deckungsfähigkeit der **Auszahlungen für Investitionen** im Budget (= Teilfinanzhaushalt) die Ausführungen zur „Deckungsfähigkeit der Aufwendungen im Budget" entsprechend, wobei dann lediglich auf Auszahlungspositionen für Investitionstätigkeit abzustellen ist[324].

---

[322] Da nach § 4 Abs. 1 GemHVO jeder Teilhaushalt ein Budget bildet, ergibt sich hieraus im Umkehrschluss, dass es keine Veranschlagungen außerhalb eines Budgets geben kann. Vgl. hierzu auch Bellefontaine u. a., Kommunale Doppik Rheinland-Pfalz, Erl. 3 zu § 16 GemHVO.

[323] Kritisch ist in diesem Zusammenhang anzumerken, dass der Ausschluss der Kosten aus internen Leistungsbeziehungen aus der Deckungsfähigkeit nicht dem Budgetgedanken Rechnung trägt.

[324] Der Verordnungsgeber stellt bei der Deckungsfähigkeit **ausdrücklich auf die Auszahlungen für Investitionen** ab. Demnach dürfen Einsparungen bei den Auszahlungen für Finanzierungstätigkeit – sofern sie im Teilfinanzhaushalt veranschlagt sind – nicht herangezogen werden.

Beispiel für einen Teilfinanzhaushalt 2014 nach der direkten Methode (§ 4 Abs. 4 GemHVO i. V. m. Muster 11 zur GemHVO):

Produktbereich: Kultur und Wissenschaft

Teilfinanzhaushalt – vereinfachte Darstellung
- Investitionstätigkeit -
- Euro-

Nr.*	Bezeichnung**	Haushaltsansatz			Ergebnis des Jahresabschlusses 2012	Investitions- und Investitionsförderungsmaßnahmen		Erläuterungen
		2014	VE	2013		Gesamtauszahlungsbedarf	davon bisher bereit gestellt	
1	2	3	4	5	6	7	8	9
	Einzahlungen aus Investitionstätigkeit							
1	Einzahlungen aus Investitionszuweisungen und –zuschüssen sowie aus Investitionsbeiträgen							
2	Einzahlungen aus Abgängen von Vermögensgegenständen des Sachanlagevermögens und des immateriellen Anlagevermögens				Für die Deckungsfähigkeit nach § 20 GemHVO ist die Einzahlungsseite nicht relevant.			
3	Einzahlungen aus Abgängen von Vermögensgegenständen des Finanzanlagevermögens							
	Einzahlungen aus Finanzierungstätigkeit							
4	Einzahlungen aus der Aufnahme von Krediten und wirtschaftlich vergleichbaren Vorgängen für Investitionen							
5	Summe							
	Auszahlungen aus Investitionstätigkeit							
6	Auszahlungen für den Erwerb von Grundstücken und Gebäuden	0	0	0	0	0	0	
7	Auszahlungen für Baumaßnahmen	1.800.000	0	0	0	1.800.000	0	
8	Auszahlungen für Investitionen in das sonstige Sachanlagevermögen und immaterielle Anlagevermögen	200.000	0	0	0	200.000	0	
9	Auszahlungen für Investitionen in das Finanzanlagevermögen	0	0	0	0	0	0	
	Auszahlungen aus Finanzierungstätigkeit							
10	Auszahlung für die Tilgung von Krediten und wirtschaftlich vergleichbaren Vorgängen für Investitionen							
11	Summe	2.000.000	0	0	0	2.000.000	0	
12	Saldo (Einzahlungen ./. Auszahlungen)	- 2.000.000						

*)   Die Angaben in der Spalte 1 werden im Beispielsfall beginnend bei „1" fortlaufend durchnummeriert. Da es hinsichtlich der Nummerierung keine verbindlichen Vorgaben gibt, wäre auch eine Nummerierung in Anlehnung an den Finanzhaushalt, Muster 8, möglich.

**) In der Spalte 2 werden die Haushaltspositionen aus Investitionstätigkeit nach § 3 Abs. 1 Nrn. 20 bis 22, Nrn. 24 bis 27 sowie Nrn. 31 und 32 GemHVO getrennt nach Einzahlungen und Auszahlungen dargestellt, siehe hierzu auch Ziffer 7.3.5 und 6.5.2.4.2.

Variante 1)

Werden z. B. innerhalb der Haushaltsposition „Auszahlungen für Investitionen in das sonstige Sachanlagevermögen und immaterielle Anlagevermögen" (Nr. 8) 10.000 € Mehrauszahlungen für Einrichtungsgegenstände benötigt und im Bereich „Auszahlungen für Baumaßnahmen" (Nr. 7) sind entsprechende Einsparungen möglich, so ist dies durch die gegenseitige Deckungsfähigkeit nach § 20 Abs. 3 i. V. m. Abs. 1 GemHVO gedeckt.

Variante 2)

Im Laufe des Haushaltsjahres 2014 ergibt sich im Produktbereich „Kultur und Wissenschaft[325]" ein Bedarf dahingehend, dass eine **Investitionsförderungsmaßnahme** in Höhe von 10.000 € an den Verein X geleistet werden soll (nicht bei der Haushaltsplanung berücksichtigt), die nach § 3 Abs. 1 Nr. 26 GemHVO ebenfalls unter die Haushaltsposition „Auszahlungen für Investitionen in das sonstige Sachanlagevermögen und immaterielle Anlagevermögen" (Nr. 8) zu subsumieren ist. Da Einsparungen bei den Auszahlungen für Baumaßnahmen in gleicher Höhe möglich sind, könnte nach § 20 Abs. 3 i. V. m. Abs. 1 GemHVO der Mehrbedarf für die Investitionsförderungsmaßnahme (Zuschuss an den Verein X) gedeckt werden.

Dies widerspricht allerdings den Vorschriften des § 98 Abs. 2 Nr. 4 HGO, wonach bei Auszahlungen für **bisher nicht veranschlagte Investitionsförderungsmaßnahmen** zwingend eine Nachtragssatzung zu erlassen ist (siehe ausführlich Ziffer 14.1.2.3). Der Widerspruch ist dadurch aufzulösen, dass die Regelungen der HGO als Gesetz den Regelungen der Verordnung vorgehen und **die an sich mögliche Deckungsfähigkeit nicht in Anspruch** genommen werden darf.

Es ist fraglich, ob der Verordnungsgeber diese Konsequenz gesehen hat. Auch hier ist es erforderlich, dass der Verordnungsgeber eine widerspruchsfreie Regelung trifft.

• **Deckungsfähigkeit der Verpflichtungsermächtigungen im Budget**

Die Verpflichtungsermächtigungen (Begriff siehe Ziffer 8.1) sind nach § 11 i. V. m. § 4 Abs. 6 GemHVO maßnahmenbezogen in den Teilfinanzhaushalten zu veranschlagen und somit Gegenstand des von der Gemeindevertretung[326] zur Verfügung gestellten Finanzrahmens (= Budget). Gemäß § 20 Abs. 3 i. V. m. Abs. 1 GemHVO gelten für die Deckungsfähigkeit der Verpflichtungsermächtigungen im Budget die Ausführungen zu der „Deckungsfähigkeit der Aufwendungen sowie der Auszahlungen für Investitionen im Budget" entsprechend, wobei dann auf die Haushaltspositionen, für die Verpflichtungsermächtigungen veranschlagt sind, abzustellen ist.

Die Inanspruchnahme der Deckungsfähigkeit bei Verpflichtungsermächtigungen führt dazu, dass, sofern bei einer Haushaltsposition nach § 3 Abs. 1 Nr. 24 bis 27[327] GemHVO Verpflichtungsermächtigungen eingespart werden, bei der jeweils anderen Haushaltsposition höhere Verpflichtungen zu Lasten künftiger Haushaltsjahre eingegan-

---

[325] Zum Beispiel: Bau eines Keltenmuseums.
[326] Im Rahmen der Beschlussfassung der Haushaltssatzung.
[327] Finanzhaushalt nach der direkten Methode gemäß § 3 Abs. 1 GemHVO.

gen werden dürfen. Können die zusätzlichen Verpflichtungsermächtigungen nicht innerhalb des Budgets aufgefangen werden, liegt eine überplanmäßige Verpflichtungsermächtigung vor (siehe Ziffer 14.3).

7.4.3.2.2 Deckungsfähigkeit kraft Vermerk

Nach § 20 Abs. 2 und Abs. 3 GemHVO **können** die in einem Budget veranschlagten
Ansätze für zahlungswirksame Aufwendungen, Auszahlungen und Verpflichtungsermächtigungen, mit den Ansätzen **eines anderen Budgets** für gegenseitig oder einseitig
deckungsfähig erklärt werden. Entsprechendes gilt für **nicht** zahlungswirksame Aufwendungen.

Als Voraussetzung dieser Deckungsfähigkeit **kraft Vermerk** ist aber **immer** ein „sachlicher Zusammenhang" zu fordern. Dieser sachliche Zusammenhang ist z. B. gegeben

- bei Aufwendungen/Auszahlungen/Verpflichtungsermächtigungen, die zu einer
  Kontengruppe gehören[328].
- zwischen Teilhaushalten, die zu einer Produktgruppe/einem Produktbereich
  gehören.

Die Deckungsfähigkeit kraft Vermerk nach § 20 Abs. 2 und Abs. 3 GemHVO kann
sowohl als **einseitige oder als gegenseitige** Deckungsfähigkeit formuliert werden.

Mit dieser gesetzlichen Regelung eröffnet der Verordnungsgeber folgende Flexibilität:

⇨ Budgetübergreifende Deckungsfähigkeit zwischen bestimmten Aufwands- bzw. Auszahlungsarten, z. B.

   „Die (zahlungswirksamen[329]) Personal- und Versorgungsaufwendungen (Angabe
   der Kontengruppen) sind gemäß § 20 Abs. 2 GemHVO über alle Teilhaushalte
   hinweg gegenseitig deckungsfähig."[330] [331]

   „Die Auszahlungen für den Erwerb von Grundstücken aller Teilhaushalte des
   Produktbereichs Schulträgeraufgaben sind gemäß § 20 Abs. 2 GemHVO gegenseitig deckungsfähig."

Diese Deckungsfähigkeit kraft Vermerk sollte aber nur auf notwendige Fälle
beschränkt werden, da es nicht mit dem Sinn und dem Zweck der Budgetierung
vereinbar ist, einen zur Zielerreichung vorgegebenen Finanzrahmen (= Budget)
durch Haushaltsvermerke zu unterlaufen bzw. so einzuschränken, dass faktisch eine
dezentrale Ressourcenverantwortung nicht möglich wird.[332]

---

[328] Amerkamp/Kröckel/Rauber, Gemeindehaushaltsrecht Hessen, Kommentar, Erl. zu § 20 GemHVO,
Rdnr. 5.
[329] Zur Verdeutlichung der Rechtslage wird das Wort „zahlungswirksam" eingefügt.
[330] Deckungsvermerk aus dem Haushalt des Lahn-Dill-Kreises 2013.
[331] In der Praxis ist zu beachten, dass hierfür DV-technisch mehrere Deckungskreise für den jeweiligen
Teilhaushalt eingerichtet werden müssen.
[332] Amerkamp/Kröckel/Rauber, Gemeindehaushaltsrecht Hessen, Kommentar, Erl. zu § 20 GemHVO,
Rdnr. 2, 4 und 6.

⇨ Budgetübergreifende Deckungsfähigkeit innerhalb eines Produktbereiches oder einer Produktgruppe

Nach § 20 Abs. 1 GemHVO besteht „nur" innerhalb **eines** Teilhaushaltes die gesetzliche Deckungsfähigkeit (Deckungsfähigkeit kraft Verordnung). Werden z. B. Teilhaushalte auf der Ebene der Produkte gebildet, handelt es sich naturgemäß um kleine Budgets.[333] Um dennoch eine flexible Mittelbewirtschaftung sicherzustellen, kann es durchaus sinnvoll sein zwischen einzelnen Teilhaushalten auf Produktebene einer Produktgruppe eine Deckungsfähigkeit herzustellen[334] (oder zwischen Teilhaushalten auf Produktgruppenebene eines Produktbereichs), z. B.

> „Die Ansätze für zahlungswirksame Aufwendungen, Auszahlungen und Verpflichtungsermächtigungen der Teilhaushalte X, Y und Z werden gemäß § 20 Abs. 2 GemHVO jeweils für gegenseitig deckungsfähig erklärt."

⇨ Budgetübergreifende Deckungsfähigkeit zwischen **nicht** zahlungswirksamen Aufwendungen

Durch die Änderung der GemHVO im Dezember 2011 wird jetzt ausdrücklich eine Deckungsfähigkeit zwischen **zahlungsunwirksamen** Aufwendungen möglich, z. B.

> „Die zahlungsunwirksamen Versorgungsaufwendungen (z. B. Zuführung zu Pensionsrückstellungen ...) sind gemäß § 20 Abs. 2 GemHVO über alle Teilhaushalte hinweg gegenseitig deckungsfähig."

> „Die Abschreibungen der Teilhaushalte X, Y und Z (oder „aller" Teilhaushalte) sind gemäß § 20 Abs. 2 GemHVO gegenseitig deckungsfähig."

• **Deckungsfähigkeit der zahlungswirksamen Aufwendungen zu Gunsten von Investitionsauszahlungen im Budget**

Eine besondere Art der Deckungsfähigkeit **kraft Vermerk** stellt die Regelung nach § 20 Abs. 5 GemHVO dar. Hiernach können zahlungswirksame Aufwendungen **eines Budgets** zu Gunsten von Investitionsauszahlungen **des Budgets** für **einseitig deckungsfähig** erklärt werden. Kurz: Eingesparte Auszahlungen im Teilergebnishaushalt (= konsumtive zahlungswirksame Aufwendungen) können für Auszahlungen im Teilfinanzhaushalt (Investitionen) herangezogen werden. Insofern handelt es sich um eine besondere Art der Deckungsfähigkeit, weil hier eine Deckungsfähigkeit zwischen dem Teilergebnis- und Teilfinanzhaushalt ausdrücklich zugelassen wird. An diese Art der Deckungsfähigkeit sind aber enge **Voraussetzungen** geknüpft:

⇨ Es ist nur die „**einseitige**" Deckungsfähigkeit zu Gunsten von Investitionsauszahlungen möglich, um sicherzustellen, dass Kredite nicht für konsumtive Zwecke aufgenommen werden.

---

[333] Ob eine derartig kleinteilige Teilhaushaltsbildung sinnvoll ist, kann zumindest bei kleineren Kommunen bezweifelt werden, denn größere Flexibilität bei der Bewirtschaftung erhält die Gemeinde, wenn sie ihre Teilhaushalte nach Produktgruppen bzw. -bereichen bildet, sofern sie nicht die Teilhaushaltsbildung nach der örtlichen Organisation vornimmt. Zur Teilhaushaltsbildung siehe grundsätzlich Ziffer 6.5.2.

[334] Bellefontaine u. a., Kommunale Doppik Rheinland-Pfalz, Erl. 4 zu § 16 GemHVO.

⇨ Die betroffenen Haushaltspositionen müssen in demselben Teilhaushalt (= Budget) veranschlagt sein und damit von der gleichen Organisationseinheit bewirtschaftet werden.

⇨ Es müssen Einsparungen bei **zahlungswirksamen Aufwendungen** vorliegen.

⇨ Es muss ein Haushaltsvermerk angebracht sein, z. B.:

> „Zahlungswirksame Einsparungen bei den Aufwendungen für Sach- und Dienstleistungen werden nach § 20 Abs. 5 GemHVO zu Gunsten von Mehrauszahlungen für Investitionen in das Sachanlagevermögen in demselben Teilhaushalt für einseitig deckungsfähig erklärt."

7.4.3.2.3 Ausnahmen von der Deckungsfähigkeit

Von der Deckungsfähigkeit im Sinne des § 20 GemHVO gibt es zwei Ausnahmen:

⇨ Die **Mittel für die Fraktionen** (§ 36 a Abs. 4 HGO) dürfen nicht für deckungsfähig erklärt werden, § 20 Abs. 4 GemHVO.

⇨ Die **Verfügungsmittel** dürfen nicht für deckungsfähig erklärt werden, §§ 13 und 20 Abs. 4 GemHVO.

Hier stellt sich die Frage, ob diese Ausnahmen nur dann greifen, wenn es sich um eine Deckungsfähigkeit kraft Vermerk § 20 Abs. 2 GemHVO handelt, woraus man nach dem reinen Wortlaut der Verordnung schließen kann[335], oder, ob der Verordnungsgeber diese **Aufwandspositionen grundsätzlich von der Deckungsfähigkeit** ausschließen wollte. Von den Autoren wird dies unterstellt. Insofern ist es notwendig, dass der Verordnungsgeber für eine Klarstellung im Verordnungstext sorgt (siehe hierzu Ziffer 7.4.3.2.1).

7.4.3.2.4 Deckungsfähigkeit: Verbindung zur unechten Deckungsfähigkeit und zur Zweckbindung

Analysiert man die Deckungsfähigkeit nach § 20 GemHVO aus der Budgetierungssicht, so kommt man zu dem Ergebnis, dass es sich hier um klassische „Aufwandsbudgets" bzw. „Auszahlungsbudgets" handelt, da die gesetzliche Deckungsfähigkeit nur Aufwendungen bzw. Auszahlungen kraft Verordnung für gegenseitig deckungsfähig erklärt[336]. Um aber ein ganzheitliches und sinnvoll strukturiertes Budgetmanagement zu implementieren, sollte den Budgetbeauftragten auch die Verantwortung der Ertrags- bzw. Einzahlungsseite übertragen werden, z. B. in Form so genannter „Zuschuss- bzw. Saldobudgets".

Nach der hessischen Rechtslage kann die Ertrags- bzw. Einzahlungsseite bei der gesetzlichen Budgetierung in der Weise berücksichtigt werden, **dass die Deckungsfähigkeit nach § 20 GemHVO mit der unechten Deckungsfähigkeit nach § 19 Abs. 2 und Abs. 4 GemHVO** (insbesondere auch in Form der Verminderungsvermerke, siehe

---

[335] Vom reinen Wortlaut des § 20 Abs. 4 GemHVO „... erklärt werden" könnte man schließen, dass sich die Einschränkung nur auf die Deckungsfähigkeit nach § 20 Abs. 2 GemHVO bezieht.

[336] Die Deckungsfähigkeit der Verpflichtungsermächtigungen werden hier außer Acht gelassen, da es keine unechte Deckungsfähigkeit bei den Verpflichtungsermächtigungen geben kann.

Ziffer 7.4.3.1) **kombiniert** wird, so dass die Wirkung eines „**Zuschussbudgets**" erreicht werden kann. Damit wird die Budgetverantwortung erweitert und daneben durch den Verstärkungsvermerk (Ziffer 7.4.3.1) die Haushaltsausführung flexibler gestaltet.

Beispiel:

„Die Ansätze für Aufwendungen in den Teilhaushalten des **Produktbereiches** X sind gemäß § 20 Abs. 2 GemHVO gegenseitig deckungsfähig. Gleichzeitig erhöhen die zahlungswirksamen Mehrerträge nach § 19 Abs. 2 GemHVO die in den Teilhaushalten veranschlagten Ansätze für Aufwendungen entsprechend."

Auch ein Zweckbindungsvermerk nach § 19 Abs. 1 GemHVO kann mit der Deckungsfähigkeit nach § 20 GemHVO kombiniert werden. Dabei muss aber sichergestellt sein, dass die mit der Zweckbindung von Erträgen bzw. Einzahlung verbundene unechte Deckungsfähigkeit nicht dazu führt, dass zweckgebundene Mehrerträge oder Mehreinzahlungen durch die Zulassung der echten Deckungsfähigkeit zweckwidrig verwendet werden, siehe Nr. 3 Hw. zu § 20 GemHVO.

7.4.3.2.5 Inanspruchnahme der Deckungsfähigkeit

Nach § 20 Abs. 6 GemHVO können bei der Deckungsfähigkeit die deckungsberechtigten Haushaltspositionen zu Lasten der deckungspflichtigen Haushaltspositionen erhöht werden. Diese Regelung bezieht sich ausschließlich auf den Haushaltsvollzug, da im Bedarfsfall die bei den deckungspflichtigen Haushaltspositionen bis zum Jahresende ersparten oder einzusparenden Mittel bei den deckungsberechtigten Haushaltspositionen verwendet werden dürfen.

Bevor aber von der Deckungsfähigkeit im Laufe des Haushaltsjahres Gebrauch gemacht werden darf, sind folgende Voraussetzungen zu prüfen:

- Ist ein Deckungsvermerk vorhanden, sofern es sich nicht um eine gesetzlich geregelte Deckungsfähigkeit handelt, die auch nicht eingeschränkt oder aufgehoben wurde?

- Sind bei der deckungsberechtigten Haushaltsposition die Mittel nicht mehr in ausreichender Höhe vorhanden?

- Tritt bei der deckungspflichtigen Haushaltsposition auf das **gesamte Haushaltsjahr** bezogen voraussichtlich eine Ersparnis mindestens in der Höhe ein, in der von der Deckungsfähigkeit Gebrauch gemacht werden soll?

In der Praxis werden solche Haushaltsvermerke in dem DV-System hinterlegt und im Rahmen der Haushaltsausführung automatisch verarbeitet. Außerhalb von DV gestütztem Rechnungswesen könnten diese Aufgaben aufgrund der Datenmengen nicht mehr praktikabel geleistet werden. Entsteht dann ein Mehraufwendungs- oder Mehrauszahlungsbedarf, sucht das DV-System automatisch Einsparungen bei Positionen, die sich im „Deckungskreis" befinden und schichtet dann die Ermächtigung um. Dabei kann es vorkommen, dass Ermächtigungen umgesetzt werden, die zunächst als eingespart erscheinen, aber dann doch noch benötigt werden. Solche Fehlentwicklungen müssen bei dem bestehenden Automatismus im Rahmen eines regelmäßigen Finanzcontrollings und Berichtswesen erkannt und aufgedeckt werden, um notfalls auch manuell gegenzusteuern.

In diesem Zusammenhang ist auch darauf hinzuweisen, dass die Deckungsvermerke nach § 20 GemHVO nicht die Zweckbindung von Erträgen bzw. Einzahlungen nach § 19 Abs. 1 GemHVO berührt, d. h. die zweckbestimmte Verwendung muss nach wie vor sichergestellt und nachgewiesen werden, entweder durch den im Bewilligungsbescheid vorgeschriebenen Verwendungsnachweis oder in sonstiger Weise nach Abschluss der Maßnahme (siehe Ziffer 7.4.2.1).

7.4.3.2.6 Übungen

Sachverhalt Nr. 1

Der Haushaltsplan der kreisfreien Stadt E wird nach dem in Muster 12 vorgegebenen Produktbereichsplan gegliedert. Im Haushalt 2014 sollen folgende Teilhaushalte[337] veranschlagt und mit den angegebenen Haushaltsvermerken versehen werden.

a) Teilhaushalt Musikschulen	Mehrerträge bei den „Zuweisungen des Landes zu den Aufwendungen für Musikschulen" nach § 26 a FAG dürfen zu Gunsten der Mehraufwendungen in diesem Teilhaushalt verwendet werden.
b) Teilhaushalt Steuern, allgemeine Zuweisungen, allgemeine Umlagen	Erträge aus der Schlüsselzuweisung sind zu Gunsten der Aufwendungen für Zinsen zweckgebunden.
c) Teilhaushalt Tageseinrichtungen für Kinder	Die Zuweisung zur Projektförderung nach § 33 FAG für Kinderbetreuungseinrichtungen sind zweckgebunden zu Gunsten der Auszahlungen im Teilhaushalt Tageseinrichtungen für Kinder.
d) Teilhaushalt Grundschulen Teilhaushalt Hauptschulen Teilhaushalt Realschulen Teilhaushalt Gesamtschulen	Die Aufwendungen der aufgeführten Teilhaushalte sind gegenseitig deckungsfähig.
e) Teilhaushalt Brandschutz Teilhaushalt Rettungsdienst Teilhaushalt Sportstätten und Bäder	Die Verpflichtungsermächtigungen der aufgeführten Teilhaushalte sind gegenseitig deckungsfähig.
f) Alle Teilhaushalte	Die Personalaufwendungen alle Teilhaushalte werden für gegenseitig deckungsfähig erklärt.

Aufgabe:

Prüfen Sie die Zulässigkeit der Deckungsvermerke. Sofern Sie einen Deckungsvermerk **nicht** für zulässig halten, formulieren Sie eine zulässige Alternative. Die Prüfung bzw. die Lösung ist auf den Kernpunkt zu beschränken.

---

[337] Bildung der Teilhaushalte auf der Ebene der Produktgruppen.

Lösung:

- **Allgemeine Einführung**

Nach § 4 Abs. 1 GemHVO sind in den Teilhaushalten mindestens die Produktbereiche darzustellen. Eine weitere Differenzierung in Produktgruppen und Produkte ist den Kommunen freigestellt. Der Haushalt der kreisfreien Stadt E, der nach dem vorgegebenen Produktbereichsplan gegliedert wird, bildet Teilhaushalte auf der Ebene der Produktgruppen (§ 58 Nr. 27 GemHVO). Jeder Teilhaushalt bildet kraft Verordnung ein Budget (§ 4 Abs. 1 GemHVO), so dass die im Sachverhalt angegebenen Teilhaushalte gleichzeitig Budgets darstellen.

a) Bei dem Teilhaushalt Musikschule soll ein Haushaltsvermerk angebracht werden, der sich auf den Teilergebnishaushalt bezieht, da von Mehrerträgen und Mehraufwendungen die Rede ist.

Zu prüfen ist, ob die Mehrerträge bei den Zuweisungen des Landes nach § 26 a FAG zu Gunsten von Mehraufwendungen in dem Teilergebnishaushalt Musikschulen verwendet werden können. Es handelt sich hier um einen Haushaltsvermerk, der auf die unechte Deckungsfähigkeit nach § 19 Abs. 2 GemHVO abzielt. Voraussetzung hierfür ist, dass es sich um einen zahlungswirksamen Ertrag handelt.

Bei den Zuweisungen nach § 26 a FAG handelt es sich um besondere Finanzzuweisungen, die den Kommunen zum Ausgleich besonderer Belastungen gewährt werden, hier zu den „Ausgaben"[338] für Musikschulen. Es handelt sich somit um einen Ertrag, der auch zu Einzahlungen führt und damit die flüssigen Mittel erhöht (§ 58 Nr. 12 GemHVO). Nach § 21 Abs. 1 FAG sind die besonderen Finanzzuweisungen im Haushaltsplan der Gemeinden **zweckgebunden** zu vereinnahmen. Vor diesem Hintergrund ist zu prüfen, ob sich in diesem Fall eine Verpflichtung zur Zweckbindung der Erträge nach § 19 Abs. 1 GemHVO ergeben könnte. Hiernach sind Erträge, die zu Einzahlungen führen, auf die Verwendungen für bestimmte Aufwendungen zu beschränken, wenn sich die Beschränkung aus der Herkunft oder Natur der Erträge ergibt. Dies ist hier gegeben, da die Zuweisung nicht nur zweckgebunden zu vereinnahmen, sondern auch zweckgebunden zu verwenden ist.

Ergebnis:

Nach § 19 Abs. 1 GemHVO ist hier zwingend ein Zweckbindungsvermerk anzubringen. Die Zweckbindung bewirkt „automatisch", dass zweckgebundene Mehrerträge für entsprechende Mehraufwendungen verwendet werden dürfen (= unechte Deckungsfähigkeit). Der Haushaltsvermerk ist daher entsprechend zu ändern, z. B.

„Die Erträge aus den Zuweisungen zu den Ausgaben[339] für Musikschulen sind gemäß § 19 Abs. 1 GemHVO zu Gunsten der Aufwendungen des Teilhaushaltes Musikschulen zweckgebunden."

---

[338] In § 26 a FAG wird noch der Terminus „Ausgaben" verwendet.

[339] In § 26 a FAG wird noch der Terminus „Ausgaben" verwendet.

b) Bei dem Teilhaushalt Steuern, allgemeine Zuweisungen, allgemeine Umlagen soll ein Zweckbindungsvermerk angebracht werden, der sich auf den Teilergebnishaushalt bezieht (Schlüsselzuweisungen = ordentliche Erträge, Zinsen = ordentliche Aufwendungen).

Zu prüfen ist, ob die Schlüsselzuweisungen zu Gunsten der Aufwendungen für Zinsen zweckgebunden werden dürfen. Nach § 19 Abs. 1 GemHVO sind Erträge, die zu Einzahlungen führen, auf die Verwendungen für bestimmte Aufwendungen zu beschränken, wenn sich die Beschränkung aus der Natur oder Herkunft der Erträge ergibt bzw. wenn ein sachlicher Zusammenhang dies erfordert und durch die Zweckbindung die Bewirtschaftung der Mittel erleichtert wird. Zunächst ist zu prüfen, ob die Schlüsselzuweisungen zu einem zahlungswirksamen Ertrag führen.

Bei den Schlüsselzuweisungen handelt es sich um allgemeine Finanzzuweisungen, die die Finanzkraft der Kommunen stärken sollen (§ 5 Abs. 1 FAG). Insofern liegt ein Ertrag, der zu Einzahlungen führt und die flüssigen Mittel erhöht (§ 58 Nr. 12 GemHVO), vor. Allerdings lässt die Klassifizierung der Schlüsselzuweisung als allgemeine Finanzzuweisung keine Zweckbindung zu; es handelt sich um ein allgemeines Deckungsmittel.

Ergebnis:

Der angebrachte Zweckbindungsvermerk ist nicht zulässig, da sich dieser Ertrag weder aufgrund seiner Herkunft noch seiner Natur oder eines sachlichen Zusammenhangs auf bestimmte Aufwendungen beschränken lässt. Vielmehr handelt es sich in diesem Fall um ein **allgemeines Deckungsmittel**, welches nicht für bestimmte Aufwandspositionen zweckgebunden werden darf.

Auch eine unechte Deckungsfähigkeit nach § 19 Abs. 2 GemHVO ist hier nicht möglich, da nach Satz 2 dieser Vorschrift ausdrücklich allgemeine Zuweisungen hiervon ausgenommen sind, siehe Nr. 4 Hw. zu § 19 GemHVO.

c) Bei dem Teilhaushalt Tageseinrichtungen für Kinder soll ebenfalls ein Zweckbindungsvermerk angebracht werden. Nach § 33 Abs. 1 Nr. 6 FAG können für Investitionen im Bereich der kommunalen Kinderbetreuungseinrichtungen Zuwendungen gewährt werden. Hieraus ist zu schließen, dass sich der Haushaltsvermerk auf den Teilfinanzhaushalt bezieht, da es um Investitionen bzw. Investitionszuwendungen geht.

Zu prüfen ist, ob die Zuwendung zur Projektförderung nach § 33 Abs. 1 FAG für Kinderbetreuungseinrichtungen zu Gunsten der Auszahlungen im Teilhaushalt Tageseinrichtungen für Kinder zweckgebunden werden darf. Nach § 19 Abs. 1 i. V. m. Abs. 4 GemHVO sind Einzahlungen auf die Verwendung für bestimmte Auszahlungen zu beschränken, wenn sich die Beschränkung aus der Natur oder Herkunft der Einzahlung ergibt bzw. wenn ein sachlicher Zusammenhang dies erfordert und durch die Zweckbindung die Bewirtschaftung der Mittel erleichtert wird. Im vorliegenden Fall könnte sich die Verpflichtung zur Zweckbindung aus der Herkunft oder Natur der Einzahlung ergeben. Nach § 33 FAG werden den Kommu-

nen Projektzuweisungen für Investitionen gewährt (hier für kommunale Kinderbetreuungseinrichtungen), die **ausschließlich dazu bestimmt sind, die „Ausgaben"**[340] **zu decken**, die die Kommunen selbst tragen.

Ergebnis:

Die Verpflichtung zur Zweckbindung ergibt sich aus § 33 Abs. 1 FAG und erfordert
einen ausdrücklichen Haushaltsvermerk. Der angebrachte Vermerk ist somit richtig.

d) Bei den aufgezählten Teilhaushalten soll eine gegenseitige Deckungsfähigkeit ermög-
    licht werden, die sich auf Teilergebnishaushalte bezieht (Aufwendungen sollen für
    gegenseitig deckungsfähig erklärt werden).

Zu prüfen ist, ob eine gegenseitige Deckungsfähigkeit zwischen den Aufwendungen
der aufgeführten Teilhaushalte möglich ist. Eine „gegenseitige Deckungsfähigkeit"
ist nur im Rahmen der echten Deckungsfähigkeit nach § 20 GemHVO möglich.
Hiernach sind nach § 20 Abs. 1 GemHVO kraft Verordnung die in **einem** Budget
veranschlagten Aufwendungen gegenseitig deckungsfähig, wenn im Haushaltsplan
nichts anderes bestimmt ist. Dem Sachverhalt ist nicht zu entnehmen, dass die kreisfreie Stadt E Aufwendungen von dieser Deckungsfähigkeit ausschließen möchte.

Fraglich ist, ob darüber hinaus eine gegenseitige Deckungsfähigkeit zwischen den
aufgeführten Teilhaushalten möglich ist. Nach § 20 Abs. 2 GemHVO können
Ansätze für zahlungswirksame Aufwendungen, die in einem Budget veranschlagt
sind, mit Ansätzen für zahlungswirksame Aufwendungen eines anderen Budgets für
gegenseitig deckungsfähig erklärt werden, wenn sie sachlich zusammenhängen. Dies
gilt auch für **nicht** zahlungswirksame Aufwendungen.

Ein **sachlicher Zusammenhang** ist sicherlich bei den hier aufgeführten Teilhaushalten zu bejahen, da es sich hier um Schulen und damit um Schulträgeraufgaben
handelt; alle aufgeführten Teilhaushalte gehören dem Produktbereich 03 an.

Ergebnis:

Gemäß § 20 Abs. 2 GemHVO können die zahlungswirksamen Aufwendungen der
aufgezählten Teilhaushalte für gegenseitig deckungsfähig erklärt werden.

Gemäß § 20 Abs. 2 GemHVO können die **nicht** zahlungswirksamen Aufwendungen
der aufgezählten Teilhaushalte für gegenseitig deckungsfähig erklärt werden.

Empfehlung:
Der Haushaltsvermerk sollte dahingehend präzisiert werden, dass mit diesem Vermerk

– die zahlungswirksamen Aufwendungen **oder**
– die nicht zahlungswirksamen Aufwendungen **oder**

---

[340] In § 33 Abs. 1 FAG wird noch der Terminus „Ausgaben" verwendet.

– sowohl die zahlungswirksamen als auch die nicht zahlungswirksamem Aufwendungen - jeweils für sich -

für gegenseitig deckungsfähig erklärt werden sollen.

e) Bei den aufgezählten Teilhaushalten soll eine gegenseitige Deckungsfähigkeit ermöglicht werden. Da Verpflichtungsermächtigungen für gegenseitig deckungsfähig erklärt werden sollen, bezieht sich der Haushaltsvermerk auf die Teilfinanzhaushalte (§ 102 HGO i. V. m. § 11 GemHVO).

Zu prüfen ist, ob eine gegenseitige Deckungsfähigkeit zwischen den Verpflichtungsermächtigungen der aufgeführten Teilhaushalte möglich ist. Auch in diesem Fall ist § 20 GemHVO anzuwenden, wonach gemäß § 20 Abs. 3 und Abs. 1 GemHVO kraft Verordnung auch die in **einem** Budget veranschlagten Verpflichtungsermächtigungen gegenseitig deckungsfähig sind, wenn im Haushaltsplan nichts anderes bestimmt ist. Dem Sachverhalt ist nicht zu entnehmen, dass die kreisfreie Stadt E Verpflichtungsermächtigungen von dieser Deckungsfähigkeit ausschließen möchte.

Fraglich ist, ob eine gegenseitige Deckungsfähigkeit zwischen den aufgeführten Teilhaushalten möglich ist. Nach § 20 Abs. 3 i. V. m. Abs. 2 GemHVO können Ansätze für Verpflichtungsermächtigungen, die in einem Budget veranschlagt sind, mit Ansätzen für Verpflichtungsermächtigungen eines anderen Budgets für gegenseitig deckungsfähig erklärt werden, wenn sie **sachlich zusammenhängen**. Ein sachlicher Zusammenhang ist sicherlich bei den Teilhaushalten Brandschutz und Rettungsdienst zu bejahen, da auch beide Teilhaushalte dem Produktbereich Sicherheit und Ordnung (Produktbereich 02) angehören. Fraglich ist dies allerdings bei dem Teilhaushalt Sportstätten und Bäder, der dem Produktbereich Sportförderung (Produktbereich 08) zuzuordnen ist. Zu beachten ist hier, dass ein sachlicher Zusammenhang auch dann angenommen werden kann, wenn die Auszahlungen für Investitionstätigkeit, für die Verpflichtungsermächtigungen vorgesehen sind, ähnlich sind (denselben Zweck verfolgen), z. B. Auszahlungen für Baumaßnahmen. Auch in diesem Fall ist ein sachlicher Zusammenhang denkbar, insbesondere dann, wenn die Immobilien der Kommune zentral bewirtschaftet werden, z. B. von der Organisationseinheit „Gebäude- und Immobilienmanagement".

Ergebnis:

Gemäß § 20 Abs. 3 i. V. m. Abs. 2 GemHVO können die Verpflichtungsermächtigungen in den Teilhaushalten Brandschutz und Rettungsdienst für gegenseitig deckungsfähig erklärt werden. Inwiefern ein sachlicher Zusammenhang auch zu dem Teilhaushalt Sportstätten und Bäder anzunehmen ist, lässt sich aufgrund fehlender Informationen nicht abschließend aus den Angaben des Sachverhalts herauslesen. Sofern sich die Deckungsfähigkeit der Verpflichtungsermächtigungen auf investive Auszahlungen für den selben Zweck erstrecken soll, z.B. Auszahlungen für Baumaßnahmen, wäre auch in diesem Fall die gegenseitige Deckungsfähigkeit nach § 20 Abs. 3 i.V.m. Abs.2 GemHVO möglich.

f) Zwischen allen Teilhaushalten soll eine gegenseitige Deckungsfähigkeit für Personalaufwendungen ermöglicht werden. Demnach bezieht sich der Haushaltsvermerk auf alle Teilergebnishaushalte.

Zu prüfen ist, ob eine gegenseitige Deckungsfähigkeit zwischen den Personalaufwendungen aller Teilhaushalte – also budgetübergreifend – möglich ist. Vor diesem Hintergrund ist § 20 Abs. 2 GemHVO zu prüfen. Hiernach können Ansätze für zahlungswirksame Aufwendungen, die in einem Budget veranschlagt sind, mit Ansätzen für zahlungswirksame Aufwendungen eines anderen Budgets für gegenseitig deckungsfähig erklärt werden, wenn sie sachlich zusammenhängen.

Ergebnis:

Ein sachlicher Zusammenhang ist eindeutig bei den Personalaufwendungen gegeben. Der angebrachte Deckungsvermerk ist damit möglich und auch in der Praxis häufig anzutreffen.

Sachverhalt Nr. 2

Im Rahmen der dezentralen Ressourcenverantwortung beabsichtigt die Gemeinde E, dass Mehrerträge im Teilhaushalt Sportstätten und Bäder nur zur Hälfte dem Budget zur Verfügung stehen sollen. Mindererträge in diesem Budget sollen im vollen Umfang zu Minderaufwendungen führen. Dieses soll bereits im Haushaltsplan des kommenden Jahres durch einen entsprechenden Haushaltsvermerk abgesichert werden.

Aufgabe:

Begutachten Sie, wie die Gemeinde E ihr Vorhaben realisieren kann. Formulieren Sie einen evtl. notwendigen Haushaltsvermerk.

Lösung:

Der Sachverhalt bezieht sich auf den Teilergebnishaushalt, da in dem Haushaltsvermerk Regelungen hinsichtlich Mehr- und Mindererträgen bzw. Mehr- und Minderaufwendungen enthalten sein sollen.

Gemäß § 19 Abs. 2 GemHVO kann im Haushaltsplan bestimmt werden, dass bestimmte zahlungswirksame Mehrerträge bestimmte Ansätze für Aufwendungen erhöhen (= Verstärkungsvermerk) oder bestimmte zahlungswirksame Mindererträge bestimmte Ansätze für Aufwendungen vermindern (= Verminderungsvermerk). Ein Ausnahmetatbestand von dieser gesetzlichen Regelung liegt hier nicht vor (z. B. Steuern, allgemeine Zuweisungen). Voraussetzung für die Wirksamkeit der Verstärkungs- bzw. Verminderungsvermerke ist die Anbringung eines entsprechenden Haushaltsvermerks.

Ein Haushaltsvermerk ist nach Nr. 5 Hw. zu § 17 GemHVO eine einschränkende oder erweiternde Bestimmung zu Ansätzen des Haushaltsplanes, insbesondere Vermerke über Deckungsfähigkeit, Übertragbarkeit, Zweckbindung und Sperren.

Darüber hinaus liegt es im Ermessen der Gemeinde E, ob und inwiefern sie weitergehende Budgetierungsrichtlinien erlässt, die Regelungen dahingehend beinhalten, dass Mehrerträge nicht in voller Höhe dem Teilhaushalt/Budget zur Verfügung stehen. Aufgrund der sich stetig verschlechternden Finanzlage der Kommunen wird immer häufiger von eingeschränkten Verstärkungsvermerken bzw. von Verminderungsvermerken Gebrauch gemacht. Insofern kann die Gemeinde ihr Vorhaben realisieren.

Die erforderlichen Haushaltsvermerke könnten lauten:

- „Gemäß § 19 Abs. 2 GemHVO dürfen Mehrerträge im Teilhaushalt Sportstätten und Bäder zu 50 v. H. zur Leistung von Mehraufwendungen in diesem Teilhaushalt verwendet werden."
- „Gemäß § 19 Abs. 2 GemHVO reduzieren Mindererträge im Teilhaushalt Sportstätten und Bäder die Ansätze für Aufwendungen in entsprechender Höhe in diesem Teilhaushalt."

Sachverhalt Nr. 3

Die Gemeinde E hat eine Hundesteuersatzung erlassen, deren § 8 folgenden Wortlaut hat:

> „Die Erträge aus der Steuer dürfen nur für die Unterhaltung des gemeindeeigenen Tierheimes verwendet werden."

Der Bürgermeister will daraufhin die Steuererträge auf die Verwendung zur Unterhaltung des Tierheims beschränken und, sofern Steuer**mehr**erträge entstehen, ebenso verfahren. Im Haushaltsplanentwurf soll deshalb ein entsprechender Vermerk angebracht werden.

Aufgabe:

Prüfen Sie die Zulässigkeit des vorgesehenen Haushaltsvermerks.

Lösung:

In Betracht könnte hier ein Zweckbindungsvermerk nach § 19 Abs. 1 GemHVO oder ein Verstärkungsvermerk nach § 19 Abs. 2 GemHVO kommen.

• Prüfung des Zweckbindungsvermerks

Zu prüfen ist, ob die Hundesteuer zu Gunsten der Haushaltsposition „Aufwendungen für Sach- und Dienstleistungen" (die die Unterhaltung von Gebäuden beinhaltet) zweckgebunden werden darf. Nach § 19 Abs. 1 GemHVO sind Erträge, die zu Einzahlungen führen, auf die Verwendung für bestimmte Aufwendungen zu beschränken, wenn sich die Beschränkung aus der Natur oder Herkunft der Erträge ergibt bzw. wenn ein sachlicher Zusammenhang dies erfordert und durch die Zweckbindung die Bewirtschaftung der Mittel erleichtert wird.

Zunächst ist zu prüfen, ob die Hundesteuer zu einem zahlungswirksamen Ertrag führt. Die Hundesteuer ist eine von der Gemeinde erhobene Steuer nach § 7 Abs. 2 KAG (siehe Ziffer 2.3.1.6). Steuerpflichtig sind die Hundehalter der Gemeinde, die aufgrund der geltenden Hundesteuersatzung (§ 2 KAG) die entsprechenden Beträge an die Gemeinde zu zahlen haben. Damit handelt es sich um einen zahlungswirksamen Ertrag im Sinne von § 19 Abs. 1 GemHVO.

Fraglich ist aber, ob sich aus der Ertragsart „Hundesteuer" eine Beschränkung der Verwendung aufgrund der Natur, der Herkunft oder des sachlichen Zusammenhangs herleiten lässt. Die Erhebung der Hundesteuer verfolgt überwiegend ordnungspolitische Ziele. Diese Steuer soll nämlich dazu beitragen, die Zahl der Hunde in der Gemeinde zu begrenzen. Sie wird nicht deswegen erhoben, um Gebäude (hier: das Tierheim) zu unterhalten. Des weiteren sind unterschiedliche Produktbereiche betroffen (Tierheim = Produktgruppe Ordnungsangelegenheiten, Hundesteuer = Produktgruppe Steuern, allgemeine Zuweisungen, allgemeine Umlagen), so dass auch hier kein sachlicher Zusammenhang erkennbar ist. Eine Zweckbindung nach § 19 Abs. 1 GemHVO ist damit haushaltsrechtlich nicht möglich.

• **Prüfung der unechten Deckungsfähigkeit**

Zu prüfen ist, ob hier ein Verstärkungsvermerk nach § 19 Abs. 2 GemHVO angebracht werden kann. Hiernach kann im Haushaltsplan bestimmt werden, dass bestimmte zahlungswirksame Mehrerträge bestimmte Ansätze für Aufwendungen erhöhen. Nach Satz 2 dieser Vorschrift sowie Nr. 4 Hw. zu § 19 GemHVO sind allerdings ausdrücklich Mehrerträge aus Steuern hiervon ausgeschlossen. Damit kann auch **kein** Verstärkungsvermerk angebracht werden.

Ergebnis:
Die Anbringung eines Haushaltsvermerkes ist weder nach § 19 Abs. 1 GemHVO (= Zweckbindungsvermerk) noch nach Abs. 2 GemHVO (= Verstärkungsvermerk) haushaltsrechtlich möglich.

7.4.4 Grundsatz der Übertragbarkeit

7.4.4.1 Allgemeines

Die Ansätze für Erträge und Einzahlungen, Aufwendungen und Auszahlungen sowie für Verpflichtungsermächtigungen werden zwar gewissenhaft für ein Haushaltsjahr geplant, jedoch kann es im Rahmen der Ausführung des Haushaltes immer wieder vorkommen, dass die bereitgestellten finanziellen Ressourcen bzw. Zahlungsmittel nicht oder nicht vollständig in Anspruch genommen werden können (z. B. witterungsbedingte Verzögerungen bei Investitionsmaßnahmen). Nach dem Grundsatz der Jährlichkeit und zeitlichen Bindung gelten dann die am Jahresende nicht in Anspruch genommenen Ermächtigungen als eingespart. Diese Sachlage widerspricht aber den Anforderungen an ein modernes Finanzmanagement, welches eine flexible und wirtschaftliche Aufgabenerfüllung/Zielerreichung gewährleisten soll, um insbesondere eine Abkehr vom so genannten „Dezemberfieber"[341] sicherzustellen.

Die Übertragbarkeit ist eine Ausnahme vom Grundsatz der Jährlichkeit und zeitlichen Bindung und ermöglicht, dass die bis zum Jahresende nicht ausgenutzten Ermächtigungen (Aufwendungen und Auszahlungen eines Teilhaushalts/Budgets) ganz oder teilweise in das nächste Jahr „übertragen" werden können (siehe Ziffer 7.3.7).

In diesem Zusammenhang ist aber darauf hinzuweisen, dass bei einer Vielzahl von Fällen im Bereich der **Aufwendungen** aufgrund der Periodenabgrenzung eine Übertragung nicht mehr notwendig ist, weil z. B. durch erforderliche Rückstellungsbildungen die Mittel im Folgejahr zur Verfügung stehen. **Für Auszahlungen für Investitionen im Teilfinanzhaushalt kann und darf keine Rückstellung erfolgen, da es sich hier um keine laufenden planmäßigen Aufwendungen handelt.** In diesen Fällen ist nur die Übertragung der nicht in Anspruch genommenen Mittel nach § 21 Abs. 2 GemHVO möglich.[342]

Um den vollständigen Ressourcenverbrauch abzubilden, ist es am Jahresende erforderlich, genau abzugrenzen, ob eine Rückstellung zu bilden oder eine Übertragung vorzunehmen ist. Hierbei ist grundsätzlich nach der Wirkung zu unterscheiden:

⇨ Bei der Rückstellung wird der Aufwand periodisch dem laufenden Haushaltsjahr zugeordnet.

⇨ Bei der Übertragung wird der Aufwand periodisch dem nächsten bzw. übernächsten Haushaltsjahr zugeordnet.

Folgendes vereinfachtes Beispiel soll dies verdeutlichen:

---

[341] Dezemberfieber: Um ein Verfallen der Haushaltsmittel bzw. eine Kürzung in den Folgejahren zu umgehen, werden im Dezember Aufwendungen/Auszahlungen geleistet, ohne dass sie für die Aufgabenerfüllung erforderlich waren.

[342] Vgl. Amerkamp/Kröckel/Rauber, Gemeindehaushaltsrecht Hessen, Kommentar, Erl. zu § 39 GemHVO, Rdnr. 47.

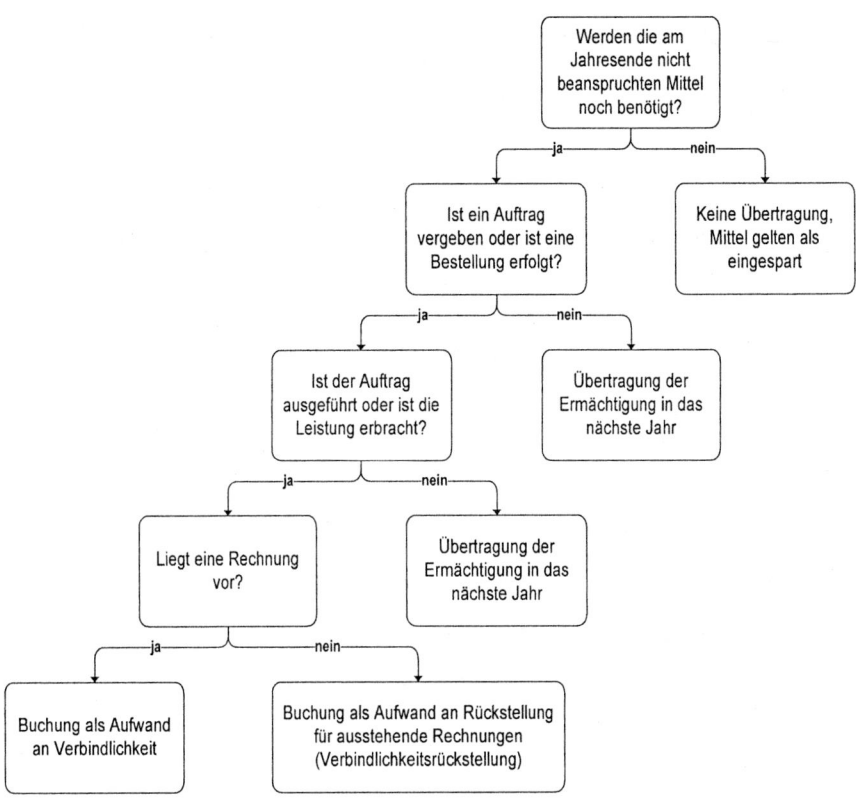

Nicht berücksichtigt hierbei sind die Besonderheiten, die bei der Bildung einer Instandhaltungsrückstellung nach § 39 Abs. 1 Nr. 4 GemHVO zu beachten sind[343] – siehe hierzu Ausführungen zu Ziffer 16.3.6.6.

In welchen Fällen und unter welchen Voraussetzungen darüber hinaus Rückstellungen zu bilden sind, ist in Ziffer 16.3.6 ausführlich dargestellt.

7.4.4.2 Übertragbarkeit

Bei der Übertragbarkeit handelt es sich – wie bei der Deckungsfähigkeit – um ein Instrument der flexiblen und wirtschaftlichen Haushaltsführung, welches in § 21 GemHVO geregelt ist.

---

[343] Siehe Nr. 11 Hw. zu § 39 GemHVO. Hiernach sind Rückstellungen für unterlassene Instandhaltungen nur zu bilden, wenn die konkrete Absicht besteht, die Maßnahmen im folgenden Haushaltsjahr durchzuführen.

An dieser Stelle sei angemerkt, dass § 21 GemHVO nur die Übertragbarkeit für Aufwendungen und Auszahlungen regelt, während die Übertragbarkeit von Kreditermächtigungen in § 103 Abs. 3 HGO dargestellt wird (Nr. 1 S. 2 Hw. zu § 21 GemHVO und Ziffer 7.4.4.6).

Ebenso wie bei der Deckungsfähigkeit wird auch bei der Übertragbarkeit unterschieden in

⇨ die Übertragbarkeit „kraft Verordnung" und
⇨ die Übertragbarkeit „kraft Vermerk":

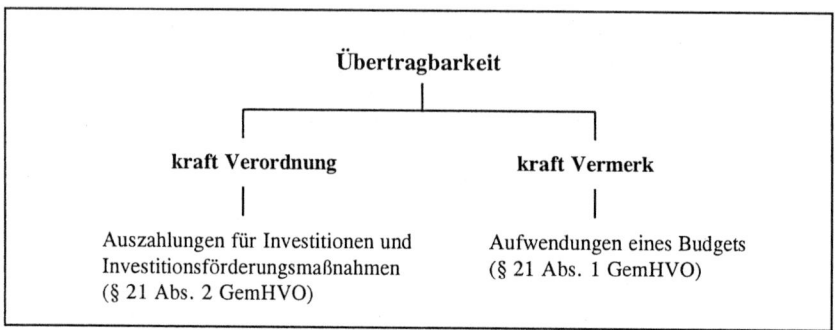

Übertragbarkeit

kraft Verordnung

Auszahlungen für Investitionen und Investitionsförderungsmaßnahmen (§ 21 Abs. 2 GemHVO)

kraft Vermerk

Aufwendungen eines Budgets (§ 21 Abs. 1 GemHVO)

• **Begriff: Übertragbarkeit kraft Verordnung**

Unter der Übertragbarkeit **kraft Verordnung** versteht man, dass diese Übertragbarkeit besteht, ohne dass hierfür ein ausdrücklicher Haushaltsvermerk[344] erforderlich ist. Dies lässt sich aus der Formulierung in § 21 Abs. 2 GemHVO ableiten, wonach die Ansätze für ... ihren Zweck „**verfügbar bleiben**".

• **Begriff: Übertragbarkeit kraft Vermerk**

Unter der Übertragbarkeit **kraft Vermerk** versteht man, dass diese Übertragbarkeit durch einen ausdrücklichen Haushaltsvermerk formuliert werden muss. Dies wird deutlich aus der Formulierung in § 21 Abs. 1 GemHVO, wonach die Ansätze für Aufwendungen ... für „**übertragbar erklärt werden**".

7.4.4.3 Übertragbarkeit von Aufwendungen

Nach § 21 Abs. 1 GemHVO können die Ansätze für Aufwendungen eines **Budgets ganz oder teilweise für übertragbar erklärt** werden. Es handelt sich hier um die Übertragbarkeit, die durch ausdrücklichen Vermerk im Haushaltsplan auszuweisen ist, „Übertragbarkeit kraft Vermerk" nach Nr. 1 Hw. zu § 21 GemHVO. Da jeder Teilhaushalt ein

---

[344] Vgl. Nr. 5 Hw. zu § 17 GemHVO. Haushaltsvermerke sind einschränkende oder erweiternde Bestimmungen zu den Ansätzen des Haushaltsplanes, insbesondere Vermerke über Deckungsfähigkeit, Übertragbarkeit, Zweckbindung und Sperren.

Budget bildet (§ 4 Abs. 1 GemHVO) kann es keine Aufwendungen „außerhalb" eines Budgets geben.

Beispiel für einen Übertragungsvermerk:
„Die Ansätze für Aufwendungen des Teilhaushalts/Budgets ... sind nach § 21 Abs. 1 GemHVO übertragbar."

Mit der Anbringung eines Übertragungsvermerks wird kein Automatismus ausgelöst, d. h. es werden am Jahresende nicht „automatisch", ohne weitere Prüfung, alle nicht in Anspruch genommenen Mittel übertragen, sondern die Entscheidung, ob und in welcher Höhe eine Übertragung der Ansätze notwendig und erforderlich ist, liegt im Verantwortungsbereich des Budgetverantwortlichen (siehe hierzu auch Ziffer 7.4.4.1). Aus Gründen der Wirtschaftlichkeit und Sparsamkeit können nur die Beträge übertragen werden, die tatsächlich (d. h. nur in der erforderlichen Höhe) noch in den folgenden Jahren benötigt werden (d. h. der Zweck bzw. das Ziel darf noch nicht erfüllt sein), um Schattenhaushalte nicht entstehen zu lassen. Die übertragenen Ermächtigungen stehen dann im folgenden Haushaltsjahr zusätzlich zu den „neuen" Haushaltsansätzen bereit.

Nach § 21 Abs. 1 Satz 2 GemHVO bleiben die übertragenen Ermächtigungen **längstens** bis zum Ende des **zweiten** auf die Veranschlagung folgenden Jahres verfügbar.

Beispiel:
Im Rahmen des Jahresabschlusses 2013 wird ein Betrag in Höhe von 10.000 € übertragen. Dieser Betrag kann dann **längstens** bis zum 31.12.2015 in Anspruch genommen werden.

Damit setzt zwar der Verordnungsgeber eine zeitliche Begrenzung, um eine ausgedehnte Bewirtschaftung konsumtiver Mittel über „Schattenhaushalte" zu vermeiden, aber dem „Dezemberfieber" wird wirksam vorgebeugt. Die Erfahrungen zeigen, dass die übertragenen konsumtiven Mittel fast ausnahmslos spätestens im übernächsten Jahr (hier: 2015) verbraucht werden.

Aus den Formulierungen **„ganz oder teilweise für übertragbar erklärt werden"** und **„längstens"** ist zu schließen, dass die Übertragbarkeit auf Teilbeträge und/oder nur auf ein Haushaltsjahr begrenzt werden kann.[345] Diese Einschränkungen können dann zum Einsatz kommen, wenn sich zeigt, dass

⇨ die übertragenen Ermächtigungen nicht zeitnah abgebaut, sondern „angespart" werden oder

⇨ der Ergebnishaushalt bzw. die Ergebnisrechnung nicht ausgeglichen ist oder werden kann.

Hierdurch würden einerseits Ressourcen gebunden, die an anderen Stellen u. U. wirtschaftlicher und sinnvoller eingesetzt werden könnten; und zum anderen darf der Grundsatz der stetigen Aufgabenerfüllung nicht außer Acht gelassen werden (Ziffer 7.2.1.1).

---

[345] Amerkamp/Kröckel/Rauber, Gemeindehaushaltsrecht Hessen, Kommentar, Erl. zu § 21 GemHVO, Rdnr. 5.

In § 21 Abs. 1 GemHVO wird hinsichtlich der Übertragbarkeit **nicht unterschieden** in zahlungswirksame und nicht zahlungswirksame Aufwendungen, da von „**Ansätze für Aufwendungen eines Budgets**" die Rede ist. Nach der derzeitigen Rechtslage ist daher beides möglich. Es ist allerdings kritisch zu hinterfragen, ob die Übertragung zahlungsunwirksamer Aufwendungen (z. B. Abschreibungen, Zuführungen zu Rückstellungen) im Sinne einer wirtschaftlichen Haushaltsführung überhaupt möglich bzw. erforderlich ist.

Bei der Übertragung von zahlungswirksamen Aufwendungen sind auch die Auswirkungen auf den Finanzhaushalt (genauer: Zahlungsmittelfluss aus laufender Verwaltungstätigkeit), also auf die Liquidität, zu beachten. Konkret bedeutet dies, dass die aus den übertragenen Ermächtigungen resultierenden Liquiditätsabflüsse ebenfalls in entsprechender Höhe in den nächsten Haushaltsjahren zu finanzieren und unter Umständen bei der Höhe der Kassenkreditermächtigung zu berücksichtigen sind.

- **Übertragbarkeit von Fraktionsmitteln**

Nach § 21 Abs. 4 GemHVO können die Ansätze für die Fraktionsmittel nach § 36 a Abs. 4 HGO ebenso wie die übrigen Aufwendungen ganz oder teilweise für übertragbar erklärt werden. Auch sie bleiben dann längstens bis zum Ende des zweiten auf die Veranschlagung folgenden Jahres verfügbar. Sind sie bis dahin nicht in Anspruch genommen, gelten sie als eingespart. **Scheidet allerdings eine Fraktion aus der Gemeindevertretung aus, verbleiben die nicht verwendeten und die übertragenen Mittel im Haushalt und gelten als eingespart.**[346]

7.4.4.4 Übertragbarkeit von Auszahlungen für Investitionen und Investitionsförderungsmaßnahmen

Die Übertragbarkeit von Auszahlungen für Investitionen und Investitionsförderungsmaßnahmen ist in § 21 Abs. 2 GemHVO geregelt. Hiernach bleiben die Auszahlungen für Investitionen und Investitionsförderungsmaßnahmen bis zur Fälligkeit der letzten Zahlung für ihren Zweck verfügbar.

Die Übertragbarkeit von Auszahlungen für Investitionen und Investitionsförderungsmaßnahmen erfolgt „**kraft Verordnung**", d. h. ein ausdrücklicher Haushaltsvermerk ist nicht erforderlich, Nr. 2 S. 2 Hw. zu § 21 GemHVO. Darüber hinaus gibt es hier grundsätzlich keine zeitliche Begrenzung, wie z. B. in Abs. 1 die Zwei-Jahres-Frist, sondern die Dauer der Übertragbarkeit ist an den **Zeitpunkt „der Fälligkeit der letzten Zahlung"** gebunden, d. h. die Haushaltsansätze bleiben so lange verfügbar, bis die Maßnahme abgeschlossen ist und alle Auszahlungen erfolgt sind. Wann eine Zahlung in diesem Sinne fällig wird, bestimmt sich nach dem zu Grunde liegenden Rechtsverhältnis der Gemeinde mit ihrem Vertragspartner.[347]

---

[346] Eine Fraktion scheidet in diesem Sinne aus der Gemeindevertretung immer dann aus, wenn der Fraktionsstatus erlischt – siehe § 36 a HGO.

[347] Amerkamp/Kröckel/Rauber, Gemeindehaushaltsrecht Hessen, Kommentar, Erl. zu § 21 GemHVO, Rdnr. 6.

• **Besonderheit bei Baumaßnahmen und Beschaffungen**

Bei Baumaßnahmen und Beschaffungen ist die Übertragung **längstens** jedoch zwei Jahre nach Schluss des Haushaltsjahres erlaubt, in dem der **Bau oder der Gegenstand in seinen wesentlichen Teilen benutzt werden kann.** Bis zu diesem Zeitpunkt ist auch zu erwarten, dass die entsprechende Schlussrechnung vorliegt, sodass dann keine weiteren Auszahlungen mehr anstehen. Durch diese Regelung soll eine zügige Abwicklung der Maßnahmen gewährleistet werden. In diesem Kontext ist auch die Regelung nach § 21 Abs. 2 Satz 2 GemHVO zu sehen, wonach für „diese Maßnahmen" (= Baumaßnahmen und Beschaffungen), die im **Haushaltsjahr nicht begonnen** wurden, die Ansätze für Auszahlungen ebenfalls nur bis zum Ende des zweiten dem Haushaltsjahr folgenden Jahres verfügbar bleiben. Auch hier liegt der Fokus auf einem zügigen Beginn bzw. einer zügigen Realisierung der Maßnahmen.

Die Begriffe „Baumaßnahmen" und „Beschaffungen" sind nicht als Begriffsbestimmung in § 58 GemHVO definiert.

⇨ Unter **Baumaßnahmen** werden Neu-, Erweiterungs- und Umbauten sowie aktivierungsfähige Instandsetzungen an Bauten verstanden, soweit sie **nicht der Unterhaltung** baulicher Anlagen dienen.[348]

⇨ Unter **Beschaffungen** wird die Anschaffung von Gegenständen des Anlagevermögens verstanden.[349]

Die Zwei-Jahres-Frist bei den Maßnahmen, die bereits in **wesentlichen Teilen** benutzt werden, beginnt zu dem Zeitpunkt, an dem die **Baumaßnahme oder Beschaffung zweckentsprechend benutzt werden kann** (die tatsächliche Nutzung ist hier nicht Voraussetzung).

Beispiel:
Der neu erbaute Kindergarten ist nutzbar ab   01.12.2013,
lediglich die Außenanlagen sind noch nicht fertiggestellt.
Offizielle Einweihung des Kindergartens erfolgt am   15.01.2014.

Schluss des Haushaltsjahres, in dem der Bau in seinen
wesentlichen Teilen benutzt werden kann, ist der   31.12.2013.

Auszahlungsansätze bleiben längstens verfügbar bis zum   31.12.2015.

7.4.4.5 Übertragbarkeit der über- und außerplanmäßigen Aufwendungen und Auszahlungen

Nach § 21 Abs. 3 GemHVO gelten die Vorschriften der Absätze 1 und 2 entsprechend für über- und außerplanmäßige Aufwendungen und Auszahlungen, wenn sie bis zum Ende des Haushaltsjahres zwar in Anspruch genommen, jedoch noch nicht geleistet wurden. Hierdurch werden die Fälle erfasst, in denen nach § 100 HGO über- und außerplanmäßige Ermächtigungen bewilligt, Aufträge vergeben oder andere vertragliche

---

[348] Amerkamp/Kröckel/Rauber, Gemeindehaushaltsrecht Hessen, Kommentar, Erl. zu § 21 GemHVO, Rdnr. 8.
[349] Ebenda.

Bindungen eingegangen wurden, aber noch keine Lieferung bzw. Leistung erfolgt ist (Nr. 3 Hw. zu § 21 GemHVO und Ziffer 14.2.3.4).

Da nach § 21 Abs. 3 GemHVO die Absätze 1 und 2 entsprechend gelten, gilt die Übertragbarkeit

⇨ für **über- und außerplanmäßige Aufwendungen** <u>nicht</u> kraft Verordnung, sondern muss nach Absatz 1 „erklärt" werden. Da ein nachträglicher Haushaltsvermerk im Sinne von Nr. 5 Hw. zu § 17 GemHVO nicht angebracht werden kann, muss im Rahmen der Bewilligungsentscheidung die Übertragbarkeit und deren Dauer (längstens bis zum Ende des zweiten auf die Bewilligung folgenden Jahres) gleich mit geregelt werden.[350]

⇨ für **über- und außerplanmäßige Auszahlungen für Investitionen** sowie **Investitionsförderungsmaßnahmen** kraft Verordnung, d. h. sie bleiben ohne weiteres Zutun bis zur Fälligkeit der letzten Zahlung für ihren Zweck verfügbar, bei Baumaßnahmen und Beschaffungen längstens jedoch zwei Jahre nach Schluss des Haushaltsjahres, in dem der Bau oder der Gegenstand in seinen wesentlichen Teilen genutzt werden kann.

7.4.4.6 Übertragbarkeit von Kreditermächtigungen

Nach § 103 Abs. 3 HGO gilt die Kreditermächtigung bis zum Ende des auf das Haushaltsjahr folgenden Jahres und, wenn die Haushaltssatzung für das übernächste Jahr nicht rechtzeitig öffentlich bekannt gemacht wird, bis zur Vollendung der Bekanntmachung dieser Haushaltssatzung.

Beispiel:
Die Haushaltssatzung für das Haushaltsjahr 2013 enthält eine Kreditermächtigung in Höhe von 10.000.000 €, die im Haushaltsjahr 2013 in Höhe von 6.000.000 € ausgeschöpft wird. Die restliche Kreditermächtigung von 4.000.000 € aus dem Haushaltsjahr 2013 gilt nach § 103 Abs. 3 HGO im Haushaltsjahr 2014 weiter. Unterstellt, dass die Kreditermächtigung aus 2013 im Haushaltsjahr 2014 mit weiteren 3.000.000 € in Anspruch genommen wird, bleiben die restlichen 1.000.000 € verfügbar, bis die Haushaltssatzung für 2015 bekannt gemacht wird.

Der Grundsatz der Subsidiarität ist nicht nur bei der Veranschlagung der Kredite zu beachten, sondern verstärkt auch bei der tatsächlichen Kreditaufnahme. Nach dem Kassenwirksamkeitsprinzip (§ 95 Abs. 2 HGO i. V. m. § 10 Abs. 2 GemHVO) dürfen Kredite nur in der Höhe des im Haushaltsjahr notwendigen Bedarfs veranschlagt und nur zur Deckung des gegenwärtigen Bedarfs in Anspruch genommen werden.

Um dieser Forderung gerecht zu werden, hat der Gesetzgeber den Zeitraum der Kreditermächtigung – abweichend vom Jährlichkeitsgrundsatz – weit gesteckt. Hier wurde die Erfahrung berücksichtigt, dass die zu finanzierenden Auszahlungen für Investitionen und Investitionsförderungsmaßnahmen trotz Beachtung der Kassenwirksamkeit nicht immer

---

[350] Vgl. Amerkamp/Kröckel/Rauber, Gemeindehaushaltsrecht Hessen, Kommentar, Erl. zu § 23 GemHVO, Rdnr. 11 – 14.

wie geplant abgewickelt werden können und zwangsläufig zu Übertragungen von Ermächtigungen am Jahresende führen. Die Verlängerung des Kreditermächtigungszeitraumes ermöglicht es, die tatsächliche Kreditaufnahme dem kassenwirksamen Auszahlungsbedarf anzupassen (z. B. bedingen Bauverzögerungen Verschiebungen bei der Kreditabrufung).

7.4.4.7 Ausnahmen zur Übertragbarkeit

Von der Übertragbarkeit ausgenommen sind

⇨ nach Nr. 3 Hw. zu § 11 GemHVO die **Verpflichtungsermächtigungen** (siehe Kapitel 8).
⇨ nach den §§ 13 und 21 Abs. 5 GemHVO die **Verfügungsmittel** (siehe Ziffer 7.3.5.2).

7.4.4.8 Verfahren der Übertragbarkeit

Die übertragenen Haushaltsmittel werden als „**aus Vorjahren übertragene Ermächtigungen**" bezeichnet.[351] Sie erhöhen die Haushaltspositionen des folgenden Haushaltsjahres entsprechend.

Allerdings erfolgt hier keine Buchung in der Finanzbuchhaltung, da durch die Übertragung weder Aufwands- noch Auszahlungskonten angesprochen werden. Somit erscheinen sie auch in keiner Rechnungslegungskomponente (Ergebnis-, Finanz- und Vermögensrechnung). Gleichwohl sind die übertragenen Ermächtigungen aus Gründen der Recht- und Ordnungsmäßigkeit (GoB) zu dokumentieren. In der Praxis werden entsprechende Neben- bzw. Hilfsrechnungen zum Jahresabschluss erstellt, die je nach DV-Ausstattung u. U. manuell überwacht werden müssen. Dies ist eine unbefriedigende Lösung, so dass Kommunen dazu übergegangen sind, weitere Spalten in den Mustern 15 (Ergebnisrechnung) und 19 (Teilfinanzrechnung) zur GemHVO einzurichten, um die übertragenen Ermächtigungen nachzuweisen.[352] Es sei hier angemerkt, dass diese Verfahrensweise unter Nr. 1 Hw. zu § 60 GemHVO subsumiert werden kann, wonach Zusätze zur Verbesserung der Aussagefähigkeit zulässig sind.

Da die gesamten „in das folgende Jahr zu übertragende Haushaltsermächtigungen" erhebliche Auswirkungen auf die Gesamtfinanzsituation der Gemeinde haben (können), sind sie als Pflichtanlage dem Jahresabschluss nach § 112 Abs. 4 Nr. 2 HGO als „**Übersicht über die in das folgende Jahr zu übertragenden Haushaltsermächtigungen**" beizufügen. Der Gemeindevorstand soll den Jahresabschluss der Gemeinde innerhalb von vier Monaten nach Ablauf des Haushaltsjahres aufstellen und die Gemeindevertretung

---

[351] Ableitung aus der Begriffsbestimmung nach § 58 Nr. 6 und 32 GemHVO.
[352] In einem nicht veröffentlichen Abstimmungsprotokoll HMdIS vom 21.10.2008 wird ausgeführt, dass die Erweiterung um zusätzliche Spalten der Muster 14 (neu: Muster 15) und 18 (neu: Muster 19) zur GemHVO in der Eigenverantwortung der Kommunen liegt; seitens des HMdIS gibt es hierzu keine verbindlichen Vorgaben.

unverzüglich über die wesentlichen Ergebnisse der Abschlüsse unterrichten (§ 112 Abs. 9 HGO).

Eine weitergehende Darstellung ist dem Thema Jahresabschluss vorbehalten (Kapitel 15).

7.4.4.9 Übungen

Sachverhalt Nr. 1

Im Haushaltsplan 2014 der Gemeinde E ist im Teilfinanzhaushalt „Sportstätten" der Neubau einer Sporthalle veranschlagt. Um die Beratungen und Entscheidungen über die anstehende Investition zu erleichtern, stellt die Gemeinde E in diesem Teilfinanzhaushalt die Auszahlungen für diese Investition differenziert dar. Die Einzahlungen und Auszahlungen aus Finanzierungstätigkeit werden zentral im Produktbereich 16 veranschlagt.

Produktbereich: Sportförderung
Produktgruppe: Sportstätten   Teilfinanzhaushalt
- Investitionstätigkeit -
- Euro-

Nr.	Bezeichnung	Haushaltsansatz			Ergebnis des Jahresab-schlusses 2012	Investitions- und Investitionsförderungsmaßnahmen		Erläuterungen
		2014	VE	2013		Gesamtauszahlungsbedarf	davon bisher bereitgestellt	
1	2	3	4	5	6	7	8	9
	Einzahlungen aus Investitionstätigkeit							
	Einzahlungen aus Investitionszuweisungen und –zuschüssen sowie aus Investitionsbeiträgen	500.000		0	0			
	Summe	500.000		0	0			
	Auszahlungen aus Investitionstätigkeit							
	Auszahlungen für Baumaßnahmen	2.500.000	0	0	0	2.500.000	0	in 2015
	Auszahlungen für Investitionen in das sonstige Sachanlagevermögen und immaterielle Anlagevermögen - Auszahlungen für Einrichtung	0	300.000	0	0	300.000	0	
	Summe	2.500.000	300.000			2.500.000	0	
	Saldo (Einzahlungen ./. Auszahlungen)	-2.000.000		0	0	2.800.000	0	

Im Laufe des Jahres 2014 wird mit den Arbeiten noch nicht begonnen, da der Bewilligungsbescheid des Landes zur Finanzierung der Maßnahme noch nicht vorliegt.

Aufgabe:

Können die Haushaltsmittel für die Baumaßnahme, die Einrichtungskosten sowie die Landeszuweisung in das nächste Haushaltsjahr übertragen werden? Wenn ja, in welcher Höhe?

Lösung:

Aufgabe 1:

Der Neubau der Sporthalle stellt eine Investition im Sinne von § 58 Nr. 17 i. V. m. § 49 Abs. 3 GemHVO und § 41 Abs. 3 GemHVO dar, da das Sachanlagevermögen der Gemeinde E erhöht wird. Nach § 4 Abs. 4 i. V. m. § 3 Abs. 1 Nr. 25 und 26 GemHVO sind Auszahlungen für Investitionen in dem jeweiligen Teilfinanzhaushalt zu veranschlagen. Die Gemeinde hat die Investitionsmaßnahme richtig im Teilfinanzhaushalt veranschlagt.

Zu prüfen ist, ob die im Haushaltsplan 2014 veranschlagten Haushaltsmittel in das nächste Haushaltsjahr übertragen werden können.

⇨ **Auszahlungen für die Baumaßnahmen**

Für die Übertragung von Auszahlungen für Investitionen ist § 21 Abs. 2 GemHVO einschlägig. Hiernach **bleiben** grundsätzlich Ansätze für Investitionsauszahlungen bis zur Fälligkeit der letzten Zahlung für ihren Zweck verfügbar. Fraglich ist, ob dies auch so uneingeschränkt für Maßnahmen Gültigkeit hat, die im Haushaltsjahr noch nicht begonnen wurden (oder ob in diesen Fällen eine Neuveranschlagung im nächsten Jahr zu erfolgen hat). § 21 Abs. 2 Satz 2 GemHVO greift das Thema auf und regelt, dass Auszahlungsansätze für Maßnahmen, die im Haushaltsjahr nicht begonnen wurden, bis zum Ende des zweiten dem Haushaltsjahr folgenden Jahres verfügbar bleiben. Bezogen auf den Sachverhalt erfolgt im Haushaltsjahr 2014 die erstmalige Veranschlagung dieser Investitionsmaßnahme, so dass diese Haushaltsmittel durch die Ermächtigung zur Übertragung bis zum 31.12.2016 verfügbar bleiben.

Wird im Haushaltsjahr 2014 mit der Maßnahme begonnen, so gilt § 21 Abs. 2 Satz 1 GemHVO, d. h. die Auszahlungsansätze bleiben bis zur Fälligkeit der letzten Zahlungen für ihren Zweck verfügbar. Da es sich hier um eine Baumaßnahme handelt, ist die Zwei-Jahres-Frist zu beachten, die dann maßgebend ist, wenn der Bau in seinen wesentlichen Teilen benutzt werden kann.

Bei der Übertragbarkeit nach § 21 Abs. 2 GemHVO handelt es sich um die Übertragbarkeit kraft Verordnung, so dass ein ausdrücklicher Haushaltsvermerk nicht erforderlich ist.

Ergebnis:

Der Auszahlungsansatz 2014 für Baumaßnahmen der Sporthalle in Höhe von 2.500.000 €
kann in voller Höhe in das nächste Haushaltsjahr übertragen werden. Ein
Haushaltsvermerk ist hier nicht erforderlich.

⇨ **Verpflichtungsermächtigung für die Inneneinrichtung**

§ 21 GemHVO kann für Verpflichtungsermächtigungen nicht angewendet werden, da
hier nur die Übertragbarkeit für Aufwendungen und Auszahlungen (Nr. 1 Hw. zu § 21
GemHVO) geregelt wird. Daraus ist zu schließen, dass eine Übertragbarkeit für Verpflichtungsermächtigungen nicht vorgesehen ist.

Bestätigt wird dies durch

- Nr. 3 Hw. zu § 11 GemHVO, wonach Verpflichtungsermächtigungen nicht
  übertragbar sind.
- § 102 Abs. 3 HGO, wonach die Verpflichtungsermächtigungen nur bis zum Ende
  des Haushaltsjahres in Anspruch genommen werden können, es sei denn, dass die
  Haushaltssatzung des folgenden Jahres nicht rechtzeitig öffentlich bekannt gemacht
  wurde, dann bis zur Vollendung der Bekanntmachung dieser Haushaltssatzung.

Ergebnis:

Die Verpflichtungsermächtigung 2014 für die Inneneinrichtung in Höhe von 300.000 €
kann nicht in das nächste Haushaltsjahr übertragen werden. Soll in 2015 (aufgrund des
zwischenzeitlich vorliegenden Bewilligungsbescheides) mit dem Bau tatsächlich begonnen werden, ist ein entsprechender Auszahlungsansatz zu veranschlagen.

⇨ **Zuweisung des Landes zum Neubau der Sporthalle**

§ 21 GemHVO kann für Einzahlungen aus Landeszuweisungen nicht angewendet
werden, da hier nur die Übertragbarkeit für Aufwendungen und Auszahlungen (Nr. 1
Hw. zu § 21 GemHVO) geregelt wird.

Ergebnis:

Daraus ist zu schließen, dass haushaltsrechtlich eine Übertragbarkeit für Zuweisungen
des Landes im Sinne von § 21 GemHVO nicht vorgesehen ist und damit auch keine
Dokumentation im Buchführungssystem und im Rahmen des Jahresabschlusses nach
§ 112 Abs. 4 Nr. 2 HGO erfolgt. Dies hat **aber nicht zur Folge**, dass der Anspruch auf
die Landeszuweisung verfällt, da nach § 96 Abs. 2 HGO durch den Haushaltsplan
Ansprüche weder begründet noch aufgehoben werden. Dies ist sinngemäß auf die Übertragbarkeit anzuwenden.

Noch nicht bewilligte oder noch nicht abgerufene Zuwendungen, die in einem „früheren bzw. abgelaufenen" Haushaltsjahr veranschlagt waren, müssen daher manuell überwacht werden und bewirken einen Zahlungsmittelzufluss in dem Haushaltsjahr, in dem sie tatsächlich eingehen (= kassenwirksam werden).

Sachverhalt Nr. 2

Im Teilhaushalt „Haushalts- und Finanzmanagement" der Gemeinde E wird am 01.12.2013 eine größere Menge Papier bestellt, da der Haushaltsplan 2014 sowie der Jahresabschluss 2013 gedruckt und an die Gremien verteilt werden sollen. Aufgrund von Lieferschwierigkeiten des Zulieferers kann zum 15.12.2013 nur ca. die Hälfte der Bestellung geliefert werden. Die andere Hälfte des bestellten Papiers wird voraussichtlich am 31.01.2014 geliefert. Die Rechnung, die erst am 02.02.2014 eingeht, beläuft sich auf insgesamt 5.000 €. Die Mittel stehen haushaltsrechtlich im Jahr 2013 in voller Höhe zur Verfügung. Das restliche Budget wird im Haushaltsjahr 2013 planmäßig abgewickelt.

Um eine flexible Haushaltsführung zu gewährleisten, hat die Gemeinde E folgenden Haushaltsvermerk angebracht:

„Gemäß § 21 Abs. 1 GemHVO werden die Aufwendungen im Budget Haushalts- und Finanzmanagement für übertragbar erklärt."

Aufgabe:

Der Budgetverantwortliche möchte die Mittel, die in 2013 haushaltsrechtlich zur Verfügung stehen, in das neue Haushaltsjahr „retten". Kann er die Mittel in Höhe von 5.000 € in voller Höhe in das nächste Haushaltsjahr übertragen?

Lösung:

Bei der Papierbestellung (= Büromaterial) handelt es sich um Ressourcenverbrauch, der zu einem Zahlungsmittelabfluss führt. Gemäß § 4 Abs. 3 i. V. m. § 2 Abs. 1 Nr. 12 GemHVO sind diese zahlungswirksamen Aufwendungen als ordentliche Aufwendungen zu klassifizieren (§ 58 Nr. 4 GemHVO) und im zutreffenden Teilergebnishaushalt nachzuweisen.

Zu prüfen ist, ob die im Haushaltsplan 2013 nicht verbrauchten Haushaltsmittel in das nächste Haushaltsjahr übertragen werden können. Eine Übertragbarkeit wäre möglich, wenn die Voraussetzungen des § 21 Abs. 1 GemHVO erfüllt sind. Hiernach können die Ansätze für Aufwendungen eines Budgets ganz oder teilweise für übertragbar erklärt werden. Sie bleiben längstens bis zum Ende des zweiten auf die Veranschlagung folgenden Jahres verfügbar.

Ein entsprechender Haushaltsvermerk, der nach § 21 Abs. 1 GemHVO Voraussetzung ist, wurde im Haushaltsplan angebracht (= Übertragbarkeit kraft Vermerk). Darüber hinaus handelt es sich um eine Aufwendung im Budget (jeder Teilhaushalt bildet ein Budget gemäß § 4 Abs. 1 GemHVO). Laut Aufgabenstellung sollen die Mittel von 2013 nach 2014 übertragen werden, so dass auch die zeitliche Begrenzung des § 21 Abs. 1 Satz 2 GemHVO eingehalten wird.

Abschließend ist zu prüfen, in welcher Höhe die Ermächtigung aus 2013 in das nächste Haushaltsjahr übertragen werden darf. Hierbei ist nach § 10 Abs. 2 GemHVO der Grundsatz der Periodenabgrenzung zu berücksichtigen, wonach die Aufwendungen dem Haushaltsjahr zuzuordnen sind, in dem sie wirtschaftlich entstanden sind. Laut Sachverhalt wird ca. die Hälfte der Papierbestellung bereits am 15.12.2013 geliefert; dies entspricht einem Wert von ca. 2.500 €[353] (der genaue Rechnungsbetrag ist noch nicht bekannt), der wirtschaftlich dem Haushaltsjahr 2013 zuzurechnen ist. Zu prüfen ist daher, ob in diesem Fall eine Rückstellung zu bilden ist. Mit dem Ausweis einer Rückstellung wird eine noch ungewisse Verbindlichkeit der Rechnungsperiode zugeordnet, in der sie rechtlich bzw. wirtschaftlich verursacht wurde (Nr. 2 Hw. zu § 39 GemHVO). Das gelieferte Papier ist dem Haushaltsjahr bzw. der Rechnungsperiode 2013 zuzuordnen. In dieser Höhe (ca. 2.500 €) ist somit eine Rückstellung für ausstehende Rechnungen nach § 39 GemHVO zu bilden.

Für die restlichen 2.500 €, die nach der Bildung der Rückstellung bei der Haushaltsposition Aufwendungen für Sach- und Dienstleistungen noch zur Verfügung stehen, kann eine Übertragung der Ermächtigung in das nächste Haushaltsjahr vorgenommen werden.

Sachverhalt Nr. 3

Im Teilhaushalt der Produktgruppe „Rettungsdienst" (Teilfinanzhaushalt) der Gemeinde E ist im Haushaltsjahr 2013 für eine aktivierungsfähige Instandhaltungsmaßnahme am Gebäude, in dem der Rettungsdienst untergebracht ist, ein Betrag in Höhe von 400.000 € vorgesehen. Der Auftrag für die Durchführung der Maßnahme wurde im Juni 2013 vergeben. Am 31.12.2013 ist die Maßnahme bereits zu ¾ fertig gestellt. Eine Rechnung der beauftragten Firma wurde noch nicht vorgelegt.

Aufgabe:

Welche Maßnahme muss der Budgetverantwortliche veranlassen, damit die Rechnung nach kompletter Fertigstellung beglichen werden kann?

---

[353] Der Fall ist für die Lösung einer Rückstellung konzipiert. Wenn es keine Zweifel über die Höhe der Rechnung gibt (d. h. der genaue Rechnungsbetrag steht fest), dann wäre eine Verbindlichkeit zu buchen. Es sollte bei der Fall-Lösung mindestens erkannt werden, dass es zu einer Aufwandsbelastung von ca. 2.500 € im alten Jahr kommt.

Lösung:

Die aktivierungsfähige Instandhaltungsmaßnahme für das Gebäude des Rettungsdienstes stellt eine Investition im Sinne von § 58 Nr. 17 i. V. m. § 49 Abs. 3 GemHVO und § 41 Abs. 3 GemHVO dar, da das Sachanlagevermögen der Gemeinde E erhöht wird.[354] Nach § 4 Abs. 4 i. V. m. § 3 Abs. 1 Nr. 25 GemHVO sind Auszahlungen für Baumaßnahmen im zuständigen Teilfinanzhaushalt zu veranschlagen. Die Gemeinde hat die Investitionsmaßnahme richtig im Teilfinanzhaushalt veranschlagt.

Zu prüfen ist, ob die im Haushaltsplan 2013 veranschlagten Haushaltsmittel in das nächste Haushaltsjahr übertragen werden können bzw. ob die teilweise Fertigstellung der Instandhaltungsmaßnahme bereits eine bilanzielle Berücksichtigung im Jahresabschluss auslöst, z. B. durch Bildung einer Rückstellung (vgl. Übung 22). Dies ist zu verneinen, da bei Auszahlungen gemäß § 10 Abs. 2 GemHVO der Kassenwirksamkeitsgrundsatz anzuwenden ist. Demnach sind Auszahlungen auch erst dann zu leisten bzw. dem Haushaltsjahr zuzuordnen, in dem sie tatsächlich zum Zahlungsmittelabfluss führen. Aktivierungsfähiger Erhaltungsaufwand darf nicht zurückgestellt werden, da er nicht zu den laufenden planmäßigen Aufwendungen zählt.[355]

Um die Rechnung im folgenden Jahr zu begleichen, könnte eine Übertragung der Ermächtigung nach § 21 Abs. 2 GemHVO in Betracht kommen. Hiernach **bleiben** grundsätzlich Ansätze für Investitionsauszahlungen bis zur Fälligkeit der letzten Zahlung für ihren Zweck verfügbar. Da es sich bei der aktivierungsfähigen Instandhaltungsmaßnahme um eine Investition im Sinne von § 58 Nr. 17 GemHVO handelt, die auch bereits begonnen wurde (die Maßnahme steht bereits kurz vor dem Abschluss), können die Haushaltsmittel in voller Höhe in das nächste Haushaltsjahr übertragen werden. Sie stehen dann für denselben Zweck zu Verfügung, sodass die Begleichung der Rechnung gewährleistet ist.

---

[354] Eine detaillierte Prüfung, ob es sich hier tatsächlich um eine aktivierungsfähige Instandhaltungsmaßnahme handelt, kann aufgrund fehlender Angaben nicht erfolgen. Zudem liegt der Schwerpunkt der Übung bei dem Thema „Übertragbarkeit".

[355] Vgl. Amerkamp/Kröckel/Rauber, Gemeindehaushaltsrecht Hessen, Kommentar, Erl. zu § 39 GemHVO, Rdnr. 47.

Inhaltsverzeichnis

8.   Verpflichtungsermächtigungen[356]

8.1   Begriff

Verpflichtungsermächtigungen sind Ermächtigungen zum Eingehen von Verpflichtungen, die künftige Haushaltsjahre mit Auszahlungen für Investitionen und Investitionsförderungsmaßnahmen belasten (§ 94 Abs. 2 Nr. 1 d) HGO).

Überwiegend liegen Verpflichtung (z. B. Auftragsvergabe, Abschluss eines Kaufvertrages nach § 433 BGB) und Bezahlung (= Auszahlung nach § 58 Nr. 7 GemHVO) im gleichen Haushaltsjahr, so dass keine Auszahlungsermächtigung für künftige Haushaltsjahre erforderlich ist. Soll nun im laufenden Haushaltsjahr nur eine rechtliche Verpflichtung eingegangen werden z. B. nur ein Auftrag vergeben werden, dessen Bezahlung aber vorhersehbar erst in späteren Haushaltsjahren erfolgt, muss im laufenden Haushaltsjahr eine entsprechende Ermächtigung im Haushaltsplan geschaffen werden. Dies geschieht durch die Veranschlagung einer Verpflichtungsermächtigung. Durch diese Verpflichtungsermächtigung wird nun für bestimmte Maßnahmen im Haushaltsplan eine zusätzliche Ermächtigung geschaffen, die z. B. eine Auftragsvergabe im Haushaltsjahr erlaubt, deren Bezahlung erst in späteren Haushaltsjahren erfolgt.

Im kommunalen Haushaltsrecht ist die Veranschlagung von Verpflichtungsermächtigungen **nur bei Auszahlungen für Investitionen und Investitionsförderungsmaßnahmen**[357] erforderlich bzw. überhaupt zulässig. Diese Auszahlungsarten sind begrifflich in § 58 Nr. 17 und 18 GemHVO definiert.

Demnach ist die Veranschlagung von Verpflichtungsermächtigungen nur bei Auszahlungen für

-   immaterielle Vermögensgegenstände (§ 49 Abs. 3 Nr. 1.1 GemHVO)
-   Sachanlagevermögen (§ 49 Abs. 3 Nr. 1.2 GemHVO)
-   Finanzanlagevermögen (§ 49 Abs. 3 Nr. 1.3 GemHVO)

zulässig.

Dies deckt sich mit den Vorschriften der §§ 4 Abs. 6 i. V. m. 11 GemHVO, wonach die Verpflichtungsermächtigungen nur in den Teil**finanz**haushalten veranschlagt werden (siehe Ziffer 6.5.2.4.2), da diese die Auszahlungen für Investitionstätigkeit abbilden.

Die Beschränkung der Veranschlagung von Verpflichtungsermächtigungen nur auf Investitionen und Investitionsförderungsmaßnahmen ist jedoch nicht unproblematisch, da auch für **zahlungswirksame Aufwendungen,** also im Teil**ergebnis**haushalt, unter Umständen Verpflichtungen eingegangen werden, die künftige Haushaltsjahre mit Auszahlungen belasten, z. B. bei dem Abschluss von Mietverträgen, die in künftigen Jahren zu Mietzahlungen führen. Diese Verpflichtungen können betragsmäßig erhebliche Summen ausmachen und die Haushalte der künftigen Jahre in spürbarem Maße belasten.

---

[356] Siehe zu dieser Thematik auch Daneke in KVR Hessen, Erl. zu § 102 HGO.
[357] Siehe Fußnote bei Ziffer 6.4.3.

Unstreitig ist, dass bei Geschäften der laufenden Verwaltung keine besonderen haushaltsrechtlichen Ermächtigungen erforderlich sind. In einer „Grauzone" bewegt man sich allerdings, **wenn größere Unterhaltungs- bzw. Erhaltungsaufwendungen** an Gebäuden durchgeführt werden müssen, die sich über zwei oder mehrere Jahre erstrecken, z. B. bei umfangreichen Brandschutzmaßnahmen, und aus wirtschaftlichen Gründen ein Gesamtauftrag vergeben werden soll. Dies wäre ein typischer Fall für die Veranschlagung einer Verpflichtungsermächtigung, wenn es sich um eine investive Maßnahme handeln würde. Nach der HGO und der GemHVO ist aber die Veranschlagung von Verpflichtungsermächtigungen im Teilergebnishaushalt für zahlungswirksame Aufwendungen **nicht vorgesehen.**

Dieser Problematik müssen sich immer mehr Kommunen stellen, da durch die bilanziellen Abgrenzungskriterien zukünftig mehr Maßnahmen als Instandhaltungsaufwendungen zu qualifizieren sind und zu zahlungswirksamen Aufwendungen führen. Einige Gemeinden (insbesondere Großstädte) helfen sich durch die Ausweisung von besonderen "Bindungsermächtigungen". Sicherlich ist dies im Rahmen des Selbstgestaltungsrechts der Gemeinde möglich, aber keine haushaltsrechtlich abgesicherte Lösung im Sinne von § 96 Abs. 1 HGO. Um nicht gegen haushaltsrechtliche Vorschriften zu verstoßen, sind viele Gemeinden dazu übergegangen, auf die Gesamtausschreibung der Maßnahmen zu verzichten; dies steht allerdings im Widerspruch zum Grundsatz der Wirtschaftlichkeit und Sparsamkeit, siehe Ziffer 7.2.2.

Unabhängig von den haushaltsrechtlichen Unsicherheiten bleibt jedoch, dass für Maßnahmen, die nicht "Geschäfte der laufenden Verwaltung" sind, zumindest ein Beschluss der Gemeindevertretung erforderlich ist. Somit ist die Information von Gemeindevertretung und Verwaltung über kostenintensive zukünftige Auszahlungsbelastungen gesichert (siehe §§ 9, 50, 51, 66 HGO). Allerdings stellt sich die Frage, ob dies vor dem Hintergrund des neuen Steuerungsanspruchs der ressourcenverbrauchsorientierten Haushalte ausreichend ist. Eine Lösungsmöglichkeit wäre die Zulässigkeit der Veranschlagung von Verpflichtungsermächtigungen auch in den Teilergebnishaushalten – ähnlich wie auf Landesebene. Dies würde neben einer besseren Information der Aufsichtsbehörde auch zu mehr Transparenz - insbesondere im Hinblick auf die finanzielle Lage der Kommunen - beitragen (siehe Grundsatz der Haushaltswahrheit und Haushaltsklarheit, siehe Ziffer 7.3.3).

8.2   Bedeutung für die Haushaltswirtschaft

Die Bedeutung – und daraus folgend die Notwendigkeit – der Verpflichtungsermächtigungen für die Haushaltswirtschaft kommt besonders dadurch zum Ausdruck, dass Auszahlungen für Investitionen und Investitionsförderungsmaßnahmen nur in Höhe der im Haushaltsjahr voraussichtlichen zu leistenden Beträge veranschlagt werden dürfen (Kassenwirksamkeitsprinzip nach § 10 Abs. 2 GemHVO, siehe Ziffer 7.3.2), aber bei größeren, sich über mehrere Jahre erstreckenden Investitionsvorhaben es häufig erforderlich ist, schon zu Beginn der Maßnahme Aufträge zu erteilen, die erst in einem, zwei oder späteren Jahren Auszahlungen verursachen.

Mit Hilfe der Verpflichtungsermächtigungen ist es somit möglich, Verträge abzuschließen, Aufträge und Bewilligungsbescheide (bei Investitionsförderungsmaßnahmen) zu erteilen, die erst in zukünftigen Jahren zu Auszahlungen führen; **die Veranschlagung der Verpflichtungsermächtigungen im Haushaltsplan ist die dafür erforderliche haushaltsrechtliche Grundlage** (§ 102 Abs. 1 HGO). Für Investitionen und Investitionsförderungsmaßnahmen, die sich in der Regel über mehrere Jahre erstrecken, ist dies ein geeignetes Mittel zur zügigen Abwicklung bzw. Beginn von Maßnahmen, ohne dass die später benötigten teilweise erheblichen Auszahlungsmittel zu früh bereitgestellt (und damit auch finanziert) werden müssen. Diese Verpflichtungen haushaltsrechtlich nicht abzusichern, wäre – insbesondere mit Blick auf ihren Einfluss auf künftige Haushalte – gefährlich und steht nicht im Einklang mit dem Grundsatz der stetigen Aufgabenerfüllung (siehe Ziffer 7.2.1.1).

Nicht unerwähnt bleiben darf die Bedeutung der Verpflichtungsermächtigung für den Grundsatz der Wirtschaftlichkeit und Sparsamkeit (siehe Ziffer 7.2.2). Durch die Möglichkeit, zu Beginn einer Investitionsmaßnahme einen Gesamtauftrag zu vergeben, kann es zu Einsparungen bei der Auftragsvergabe kommen und Probleme bei der Abgrenzung von Gewährleistungsmängeln werden vermieden.

Aus gesamthaushaltswirtschaftlicher Sicht darf nicht übersehen werden, dass durch die Verpflichtungsermächtigungen die Haushalte der künftigen Jahre präjudiziert werden. Soweit die Verpflichtungsermächtigungen in Anspruch genommen werden, ist dann bezüglich der bereitzustellenden Auszahlungsmittel kein Entscheidungsspielraum mehr gegeben (Selbstbindung der Gemeinde). Dieses ist mit ein Grund, den Gesamtbetrag der Verpflichtungsermächtigungen in der Haushaltssatzung festzusetzen und unter bestimmten Voraussetzungen der Genehmigungspflicht zu unterwerfen (siehe Ziffer 8.6).

8.3   Umfang und zeitliche Beschränkung der Verpflichtungsermächtigungen

8.3.1   Umfang

Grundsätzlich besteht **keine gesetzliche Pflicht** Verpflichtungsermächtigungen zu veranschlagen (§ 102 Abs. 1 HGO), wenn in den Finanzplanungsjahren Investitionsauszahlungen vorgesehen sind, es sei denn, dass bereits im laufenden Haushaltsjahr Verpflichtungen für die jeweiligen Investitionsauszahlungen eingegangen werden sollen, deren Bezahlung aber erst in künftigen Haushaltsjahren erfolgen. In diesem Kontext ist auch die Regelung des § 95 Abs. 2 Nr. 3 HGO zu sehen, wonach nur die „benötigten" Verpflichtungsermächtigungen im Haushaltsplan zu veranschlagen sind. Auch Nr. 4 Hw. zu § 12 GemHVO weist noch einmal ausdrücklich darauf hin, dass die Veranschlagung von Verpflichtungsermächtigungen nach dem Grundsatz der Jährlichkeit nur zulässig ist, wenn für die Maßnahme im Haushaltsjahr eine rechtliche Verpflichtung eingegangen werden soll.

Das hat zur Folge, dass als Verpflichtungsermächtigungen nicht automatisch die in den zukünftigen Haushaltsjahren noch zu erwartenden Auszahlungen veranschlagt werden dürfen. Der Betrag der zu veranschlagenden Verpflichtungsermächtigungen ist also nicht gleich dem Differenzbetrag aus den gesamten Auszahlungen für ein Vorhaben abzüglich der bereits bereitgestellten Mittel und dem Haushaltsansatz im Haushaltsjahr.

Bei der Veranschlagung von Verpflichtungsermächtigungen ist vielmehr nach folgendem Schema vorzugehen:

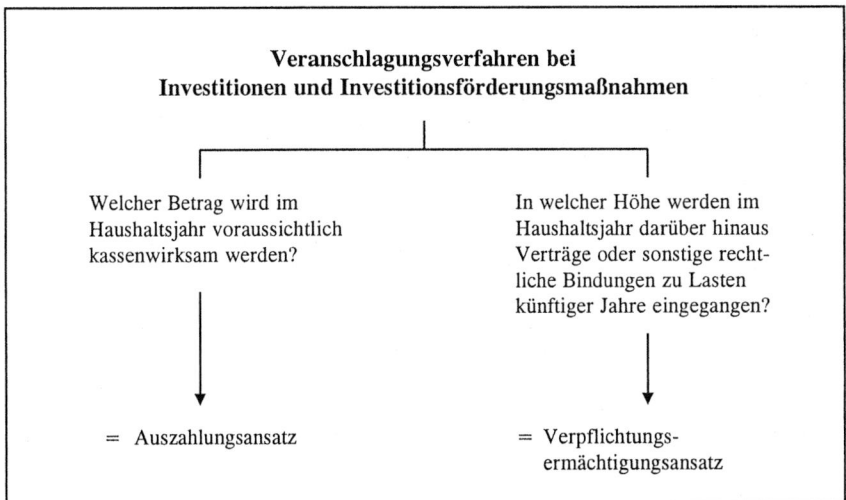

Veranschlagungsverfahren bei Investitionen und Investitionsförderungsmaßnahmen

Welcher Betrag wird im Haushaltsjahr voraussichtlich kassenwirksam werden?

In welcher Höhe werden im Haushaltsjahr darüber hinaus Verträge oder sonstige rechtliche Bindungen zu Lasten künftiger Jahre eingegangen?

= Auszahlungsansatz

= Verpflichtungsermächtigungsansatz

Beispiele:

Die Gemeinde E plant für das Haushaltsjahr 2014 den Bau einer Bücherei mit Auszahlungen von je 200.000 € in 2014, 2015 und 2016.

Variante A:

Vor Baubeginn im März 2014 soll ein Gesamtauftrag an einen Bauunternehmer vergeben werden. Gemäß § 10 Abs. 2 GemHVO ist in dem Teilfinanzhaushalt für das Jahr 2014 ein Betrag von 200.000 € als Auszahlungsermächtigung einzustellen. Zusätzlich ist für den Vertragsabschluss im Haushalt 2014 gemäß § 102 Abs. 1 HGO eine Verpflichtungsermächtigung in Höhe von 400.000 € im Teilfinanzhaushalt zu veranschlagen.

Die gesamte Maßnahme ist darüber hinaus im Investitionsprogramm, welches Grundlage für die mittelfristige Ergebnis- und Finanzplanung ist, einzustellen (siehe Kapitel 12).

Sofern die Verpflichtungsermächtigung in 2014 in voller Höhe in Anspruch genommen wird, ist eine erneute Veranschlagung einer Verpflichtungsermächtigung in 2014 nicht erforderlich.

Variante B:

Soll dagegen im Haushaltsjahr 2014 nur ein Teilauftrag in Höhe von 400.000 € vergeben werden, der in den Haushaltsjahren 2014 und 2015 mit jeweils 200.000 € voraussichtlich kassenwirksam wird, beträgt die zu veranschlagende Verpflichtungsermächtigung im Haushaltsjahr 2014 nur 200.000 €; die restlichen 200.000 € sind durch den Auszahlungsansatz 2014 gedeckt.

Die weiteren Baukosten, die nach dem Bauzeitenplan voraussichtlich in 2016
benötigt werden, sind dann in späteren Haushaltsjahren bereitzustellen.

An der Veranschlagung und Darstellung im Investitionsprogramm ändert sich
gegenüber der Variante A nichts.

8.3.2 Zeitliche Beschränkung

Nach § 102 Abs. 3 HGO gelten Verpflichtungsermächtigungen bis zum Ende des Haushaltsjahres ihrer Veranschlagung. Sie gelten darüber hinaus weiter, wenn die Haushaltssatzung für das folgende Jahr vor Beginn des Haushaltsjahres noch nicht öffentlich
bekannt gemacht ist, bis zu deren Bekanntmachung. Die Weitergeltung der Verpflichtungsermächtigungen bis zur Vollendung der Bekanntmachung der Haushaltssatzung für
das folgende Jahr   (siehe hierzu auch Ziffer 7.2.5.2) versetzt die Gemeinde während
dieser Zeit in die Lage, die nicht ausgeschöpften Verpflichtungsermächtigungen des
abgelaufenen Jahres während der vorläufigen Haushaltsführung noch in Anspruch zu
nehmen, z. B. um Aufträge für Maßnahmen zu erteilen, für die Ansätze im neuen Jahr
zwar vorgesehen sind, die aber mangels Bekanntmachung der Haushaltssatzung für das
neue Jahr noch nicht in Anspruch genommen werden können[358]. Die Verpflichtungsermächtigungen des abgelaufenen Jahres dürfen dann mit Vollendung der Bekanntmachung der Haushaltssatzung des neuen Jahres nicht mehr in Anspruch genommen
werden. Eine weitere Übertragung der Verpflichtungsermächtigungen ist nach Nr. 3 Hw.
zu § 11 GemHVO ausgeschlossen (siehe auch Ziffer 7.4.4).

**Die Verpflichtungsermächtigungen dürfen nach § 102 Abs. 2 HGO grundsätzlich zu
Lasten der dem Haushaltsjahr folgenden drei Jahre veranschlagt werden.** Dieser
Zeitraum ist bewusst auf den Finanzplanungszeitraum[359] abgestellt, da ohne die mittelfristige Ergebnis- und Finanzplanung eine Veranschlagung von Verpflichtungsermächtigungen nicht zulässig ist (siehe Nr. 1 Hw. zu § 102 HGO).

Wie § 102 Abs. 2 HGO weiter bestimmt, dürfen Verpflichtungsermächtigungen nur ver-
anschlagt werden, wenn die Finanzierung der aus ihrer Inanspruchnahme entstehenden
Auszahlungen in den künftigen Jahren „**gesichert erscheint**"[360]. Dies ist sicherlich dem
Grundsatz der stetigen Aufgabenerfüllung geschuldet, siehe Ziffer 7.2.1.1. Ob dies der
Fall ist, ergibt sich in aller Regel aus der mittelfristigen Ergebnis- und Finanzplanung.
Die mittelfristige Ergebnis- und Finanzplanung ist gemäß § 101 Abs. 1 HGO für fünf
Jahre aufzustellen, wobei erstes Planungsjahr das laufende Haushaltsjahr (also das

---

[358] Die Möglichkeit der Inanspruchnahme der Verpflichtungsermächtigungen aus dem Vorjahr in der haushaltslosen Zeit führt in bestimmten Situationen dazu, dass während der haushaltslosen Zeit eine größere
haushaltsrechtliche Ermächtigung gegeben ist, als nach der Bekanntmachung der Haushaltssatzung.
Siehe hierzu auch Ziffer 8.7, Sachverhalt 3 und Daneke in KVR Hessen, Erl. zu § 102 HGO, Rdnr. 26
und 27. Als Lösungsmöglichkeit dieser Problematik wird hier die Verlängerung der Geltungsdauer der
Verpflichtungsermächtigungen um ein Jahr – analog der Kreditermächtigung nach § 103 Abs. 3 HGO –
vorgeschlagen.

[359] Zur mittelfristigen Ergebnis- und Finanzplanung insgesamt siehe Kapitel 12.

[360] Diese Formulierung soll deutlich machen, dass hier keine Sicherstellung der Finanzierung in rechtlicher
oder tatsächlicher Hinsicht verlangt wird, da dies bei der Planung und Aufstellung der Haushaltssatzung
auch gar nicht möglich wäre. Allerdings müssen die in Kap. 7 dargestellten Planungsgrundsätze beachtet
werden. Siehe hierzu auch Daneke in KVR Hessen, Erl. zu § 102 HGO, Rdnr. 19.

Vorjahr aus Sicht des aufzustellenden Haushaltsplans) ist. Ausgehend hiervon sind bei der Veranschlagung von Verpflichtungsermächtigungen im Haushaltsplanjahr (hier: 2014) nur noch drei Finanzplanungsjahre vorhanden.

Ansatz Vorjahr	Ansatz Haushaltsplanjahr	Ansatz	Ansatz	Ansatz
2013	2014	2015	2016	2017
Aufstellung Haushaltsplan 2014	Verpflichtungs-ermächtigung	⊢———	voraussichtlich — fällig ———	——————►

In die Ergebnis- und Finanzplanung sind aber nicht nur die Auszahlungen aus Verpflichtungsermächtigungen und ihre voraussichtliche Finanzierung aufzunehmen, sondern sie umfasst alle Aufwendungen und Auszahlungen sowie Erträge und Einzahlungen der Gemeinde, die in diesen Jahren voraussichtlich anfallen (§ 101 Abs. 2 HGO). Somit wird erreicht, dass die Frage der Finanzierbarkeit der künftigen Auszahlungen aus Verpflichtungsermächtigungen unter Beachtung der **gesamten Haushaltswirtschaft** geprüft und beantwortet wird.

§ 102 Abs. 2 HGO schließt aber eine Veranschlagung von Verpflichtungsermächtigungen über den Finanzplanungszeitraum hinaus bis zum Abschluss einer Maßnahme nicht aus. Zur Frage der gesicherten Finanzierung in diesen Fällen bestimmt § 1 Abs. 4 Nr. 4 GemHVO, dass die voraussichtliche Deckung der Auszahlungen, auf die sich die mittelfristige Ergebnis- und Finanzplanung noch nicht erstreckt, besonders darzustellen ist. Dazu gibt dazu Nr. 5 Hw. zu § 1 GemHVO vor, dass die „Übersicht über die aus Verpflichtungsermächtigungen voraussichtlich fällig werdenden Auszahlungen" (Muster 3) um die späteren, als von den der mittelfristigen Planung erfassten Jahre, zu erweitern ist. In diesen Fällen muss in der Übersicht mindestens

a) der Betrag der vorgesehenen Kreditaufnahme   **und**
b) der Betrag der erwarteten Investitionszuweisungen und –zuschüsse (z. B. des Landes)

ersichtlich sein.

Die Sicherung der Finanzierung der Auszahlungen aus Verpflichtungsermächtigungen (§ 102 Abs. 2 HGO) hat noch einen weiteren Aspekt. Eine gesicherte Finanzierung wird dann vermutet, wenn die mittelfristige Ergebnis- und Finanzplanung ausgeglichen ist (§ 9 Abs. 4 GemHVO), siehe Ziffer 12.2.2. Dies bezieht sich nicht nur auf das Haushaltsjahr, in dem die Verpflichtungsermächtigung in Anspruch genommen wird und die Haushaltsjahre, in denen daraus Zahlungen erfolgen, sondern insbesondere auch auf die dann folgenden Jahre, in denen die aus einer evtl. Kreditaufnahme resultierenden Schuldendienstbelastungen zu finanzieren sind. Eine unausgeglichene Ergebnis- und Finanzplanung könnte nun die Frage aufwerfen, ob Verpflichtungsermächtigungen mit Auszahlungen zu Lasten dieser und späterer unausgeglichenen Jahre überhaupt veranschlagt werden dürfen. Bei der Unverbindlichkeit der mittelfristigen Ergebnis- und

Finanzplanung (sie wird der Gemeindevertretung lediglich zur Unterrichtung vorgelegt, siehe § 101 Abs. 4 HGO und Ziffer 12.4.3.2) erscheint dies aber als eine zu strenge Auslegung des § 102 Abs. 2 HGO zu sein und in der Praxis wohl auch nicht durchführbar. Dennoch ist die Gemeinde insofern zum Handeln gezwungen, als dass sie alle Anstrengungen unternehmen muss, um die Unausgeglichenheit sowohl im Rahmen der Ergebnis- und Finanzplanung als auch bei der Haushaltsplanung nicht wirklich eintreten zu lassen (siehe hierzu auch Ziffer 8.6, Genehmigung der Verpflichtungsermächtigungen). Durch die Änderung der HGO im Dezember 2011 wird mit § 92 Abs. 4 Nr. 3 HGO zukünftig auch der mittelfristigen Ergebnis- und Finanzplanung besondere Bedeutung beigemessen, da die Kommunen zur Aufstellung eines Haushaltssicherungskonzepts bereits dann verpflichtet sind, wenn die Ergebnis- und Finanzplanung unausgeglichen ist (siehe auch Ziffer 10.1 und 10.4).

8.4   Veranschlagung der Verpflichtungsermächtigungen

Die Veranschlagung von Verpflichtungsermächtigungen ist nach dem Haushaltsgrundsatz der Jährlichkeit (siehe Ziffer 7.3.7) nur zulässig, wenn für die Maßnahme im Haushaltsjahr eine rechtliche Verpflichtung eingegangen werden soll (siehe Nr. 4 Hw. zu § 11 GemHVO). Nach § 102 Abs. 1 HGO dürfen Verpflichtungen zur Leistung von Auszahlungen für Investitionen und Investitionsförderungsmaßnahmen in künftigen Jahren nur eingegangen werden, wenn der Haushaltsplan hierzu ermächtigt. Eine haushaltsplanmäßige Ermächtigung und damit eine Veranschlagung im Haushaltsplan ist also erforderlich.

Die Veranschlagung hat gemäß § 4 Abs. 6 GemHVO zwangsläufig im Teilfinanzhaushalt zu erfolgen, da Verpflichtungsermächtigungen nur für Investitionen und Investitionsförderungsmaßnahmen veranschlagt werden dürfen. Darüber hinaus ist bei der Veranschlagung noch folgendes zu beachten:

- **Sachgerechte Ergebnis- und Finanzplanung**

  Die Veranschlagung von Verpflichtungsermächtigungen (und deren Inanspruchnahme) ist ohne sachgerechte Ergebnis- und Finanzplanung nicht vertretbar, Nr. 1 Hw. zu § 102 HGO. Insofern ist die Veranschlagung der Investitionsmaßnahme im Investitionsprogramm und der Ergebnis- und Finanzplanung Voraussetzung für die Veranschlagung von Verpflichtungsermächtigungen (ausführlich siehe Ziffer 8.3.2).

- **Maßnahmenbezogene Veranschlagung**

  Nach § 11 GemHVO sind die Verpflichtungsermächtigungen in den Teilfinanzhaushalten maßnahmenbezogen zu veranschlagen, d. h. der entsprechende Betrag wird bei der sachlich zuständigen Haushaltsposition (Produktkonto) dargestellt. Dies wird dadurch erreicht, dass in dem verbindlichen Muster 11 (Teilfinanzhaushalt) in der Spalte 4 die Ansätze für die Verpflichtungsermächtigungen nach Auszahlungspositionen der Investitionstätigkeit (z. B. Grunderwerb, Baukosten ...)

ausgewiesen werden (siehe hierzu auch Grundsatz der Einzelveranschlagung, Ziffer 7.3.5.1, sowie die Darstellung zum Teilfinanzhaushalt bei Ziffer 6.5.2.4.2).

Ausnahme:
Von der „Einzeldarstellung" der Verpflichtungsermächtigungen **kann** abgewichen werden, wenn die Gemeindevertretung bestimmt hat, dass Verpflichtungsermächtigungen für Investitionen unterhalb einer von ihr festzulegenden Wertgrenze zusammengefasst auszuweisen sind (§ 11 Satz 3 GemHVO). Bei der Festlegung der Wertgrenze ist auf die einzelne Verpflichtungsermächtigungen abzustellen.[361]

Die Festlegung dieser Wertgrenze kann sowohl in der Haushaltssatzung als auch durch einen Haushaltsvermerk erfolgen (Nr. 1 Hw. zu § 11 GemHVO). Die aufgrund der festgelegten Wertgrenze zusammengefassten Verpflichtungsermächtigungen sind zu erläutern (Nr. 3 Hw. zu § 17 GemHVO). Siehe hierzu auch Grundsatz der Haushaltsklarheit, Ziffer 7.3.3.1 „Pflichterläuterungen".

Auffallend ist, dass § 11 Satz 3 GemHVO nur von Verpflichtungsermächtigungen **für Investitionen** – nicht für Investitionsförderungsmaßnahmen – spricht. Nach der Definition gemäß § 58 Nr. 17 GemHVO versteht man unter einer Investition die Veränderung des gesamten Anlagevermögens, wozu auch die Investitionsförderungsmaßnahmen nach § 58 Nr. 18 GemHVO zählen.[362]

• **Unterlagen nach § 12 Abs. 2 GemHVO**

Verpflichtungsermächtigungen für **Baumaßnahmen** dürfen erst veranschlagt werden, wenn die in § 12 Abs. 2 GemHVO aufgezählten Unterlagen (Pläne, Kostenberechnungen, Erläuterungen, Bauzeitenplan, Folgekostenberechnungen usw.) vorliegen, d. h. die entsprechenden Vorplanungen sind bereits abgeschlossen.

Ausnahme:
Bei Vorhaben von geringer finanzieller Bedeutung und bei unabweisbaren Instandsetzungen ist nur eine Kostenberechnung erforderlich.

• **Erläuterungspflichten**

Eine Erläuterungspflicht ergibt sich aus § 17 Abs. 1 Nr. 3 GemHVO. Hiernach **sind** die Notwendigkeit und Höhe der jeweiligen Verpflichtungsermächtigungen zu erläutern.

Darüber hinaus ist nach § 11 Satz 2 GemHVO bei der Veranschlagung anzugeben, wie sich die Belastungen voraussichtlich auf die künftigen Jahre verteilen werden, d. h. es ist darzustellen, in welchen Jahren und in welcher Höhe die veranschlagten Verpflichtungsermächtigungen voraussichtlich zu Auszahlungen führen werden.

---

361 Amerkamp/Kröckel/Rauber, Gemeindehaushaltsrecht Hessen, Kommentar, Erl. zu § 11 GemHVO, Rdnr. 10.
362 Siehe Fußnote bei Ziffer 6.4.3.

Bezogen auf das Beispiel zu Ziffer 8.3.1, Variante A) ist zu dem „Ansatz Verpflichtungsermächtigungen 2014" (400.000 €) folgende Erläuterung anzugeben:

fällig in 2015:   200.000 €
fällig in 2016:   200.000 €

In der Regel sind diese Angaben in der Erläuterungsspalte (Muster 11, Spalte 9) anzugeben, soweit nicht die Erläuterungen an einer anderen Stelle im Haushaltsplan dargestellt werden.

Diese Angaben zur voraussichtlichen Fälligkeit ergeben sich

1. aus dem Investitionsprogramm i. V. m. der mittelfristigen Ergebnis- und Finanzplanung

und

2. sind die Grundlage für die Erstellung der Übersicht über die aus Verpflichtungsermächtigungen in den einzelnen Jahren voraussichtlich fällig werdenden Auszahlungen, einer Pflichtanlage zum Haushaltsplan (§ 1 Abs. 4 Nr. 4 GemHVO, Muster 3, siehe unten).

In diesem Zusammenhang ist auf die Nr. 3 Hw. zu § 17 GemHVO hinzuweisen, wonach die aufgrund einer von der Gemeindevertretung festgelegten Wertgrenze zusammengefassten Verpflichtungsermächtigungen für mehrere Investitionsvorhaben ebenfalls zu erläutern sind.

- **Anlage zum Haushaltsplan nach § 1 Abs. 4 Nr. 4 GemHVO**

Dem Haushaltsplan ist gemäß § 1 Abs. 4 GemHVO als Pflichtanlage eine Übersicht über die aus Verpflichtungsermächtigungen in den einzelnen Jahren voraussichtlich fällig werdenden Auszahlungen beizufügen. Für diese Pflichtanlage gibt es nach § 60 Nr. 3 GemHVO ein verbindliches Muster, Muster 3 zur GemHVO. Nachrichtlich wird in diesem Muster auch die sich aus der mittelfristigen Ergebnis- und Finanzplanung voraussichtlich ergebende Kreditaufnahme in den jeweiligen Jahren angegeben (siehe auch Ziffer 6.6). Diese Information wird wegen der Genehmigungsbedürftigkeit der veranschlagten Verpflichtungsermächtigungen benötigt – siehe § 102 Abs. 4 HGO, Nr. 5 Hw. zu § 1 GemHVO und Ziffer 8.6.

Werden Auszahlungen in den Jahren fällig, auf die sich die mittelfristige Ergebnis- und Finanzplanung noch nicht erstreckt, so ist das Muster 3, die Übersicht über die aus Verpflichtungsermächtigungen voraussichtlich fällig werdenden Auszahlungen, entsprechend zu erweitern (siehe Ziffer 8.3.2 und Nr. 5 Hw. zu § 1 GemHVO).

In der Übersicht über die Verpflichtungsermächtigungen (Muster 3) bezüglich der Vorjahresermächtigungen sind **nicht** die tatsächlich in Anspruch genommenen, sondern die seinerzeit veranschlagten Verpflichtungsermächtigungen aufzuführen. Die Darstellung der tatsächlich in Anspruch genommenen Verpflichtungsermächtigungen ist schon deshalb nicht möglich, da bei Aufstellung der Übersicht nach § 1

Abs. 4 Nr. 4 GemHVO die Ergebnisse des Vorjahres noch gar nicht vorliegen können (Abschluss des Vorjahres liegt zeitlich in der Regel nach dem Termin der Aufstellung des Haushaltsplanes). Somit können in der Übersicht nur die ursprünglich geplanten Beträge ausgewiesen werden.

8.5 Verpflichtungsermächtigungen im Rahmen der Haushaltsausführung

Im Laufe des Haushaltsjahres unterliegen die Verpflichtungsermächtigungen ebenso wie die Aufwendungen und Auszahlungen den Bewirtschaftungs- und Überwachungsregeln der Aufwendungen und Auszahlungen gemäß § 27 GemHVO[363]. Hiernach sind sie so zu bewirtschaften, dass sie für die im Haushaltsjahr anfallenden Verpflichtungen ausreichen und sie dürfen erst in Anspruch genommen werden, wenn die Aufgabenerfüllung es erfordert. Des Weiteren ist die Inanspruchnahme der Verpflichtungsermächtigungen in geeigneter Weise zu überwachen (§ 27 Abs. 4 GemHVO i. V. m. Nr. 6 Hw. zu § 11 GemHVO). Näheres hierzu siehe Ziffer 13.2.4.

Trotz sorgfältigster Planungen kann es während des Haushaltsvollzugs zu Abweichungen kommen. In diesen Fällen lässt die GemHVO die Deckungsfähigkeit gemäß § 20 Abs. 3 GemHVO auch für Verpflichtungsermächtigungen zu. Hiernach gelten die Bestimmungen über die echte Deckungsfähigkeit nach § 20 Abs. 1 GemHVO entsprechend, d. h. innerhalb eines Budgets sind die Verpflichtungsermächtigungen **kraft Verordnung** gegenseitig deckungsfähig, soweit im Haushaltsplan keine Einschränkung erfolgt, siehe Ziffer 7.4.3.2.1. Darüber hinaus können Verpflichtungsermächtigungen, die in einem Budget veranschlagt sind, nach § 20 Abs. 3 i. V. m. Abs. 2 GemHVO mit Verpflichtungsermächtigungen eines anderen Budgets für gegenseitig oder einseitig **erklärt** werden, wenn ein sachlicher Zusammenhang besteht (siehe Ziffer 7.4.3.2.2).

In § 20 Abs. 3 GemHVO sind ebenfalls nur Verpflichtungsermächtigungen **für Investitionen**, nicht für Investitionsförderungsmaßnahmen, angesprochen. Nach der Definition gemäß § 58 Nr. 17 GemHVO versteht man unter einer Investition die Veränderung des gesamten Anlagevermögens, wozu auch die Investitionsförderungsmaßnahmen nach § 58 Nr. 18 GemHVO zählen.[364]

Können Mehrbedarfe bei Verpflichtungsermächtigungen nicht durch § 20 GemHVO aufgefangen werden, besteht noch die Möglichkeit der Inanspruchnahme von über- und außerplanmäßigen Verpflichtungsermächtigungen gemäß § 102 Abs. 5 HGO (ausführlich siehe Ziffer 14.3).

Ausdrücklich ausgeschlossen hingegen hat der Verordnungsgeber die Übertragbarkeit der Verpflichtungsermächtigungen – siehe Nr. 3 Hw. zu § 11 GemHVO und Ziffer 8.3.2.

---

[363] Siehe Ziffer 13.2.4.
[364] Siehe Fußnote bei Ziffer 6.4.3.

8.6   Genehmigung der Verpflichtungsermächtigungen

Der Gesamtbetrag der Verpflichtungsermächtigungen, also die in § 3 der Haushalts-satzung angegebene Summe der bei den einzelnen Haushaltspositionen veranschlagten Einzelbeträge gemäß § 94 Abs. 2 Nr. 1 d) HGO, bedarf gemäß § 102 Abs. 4 HGO im Rahmen der Haushaltssatzung der Genehmigung der Aufsichtsbehörde, wenn in den Jahren, zu deren Lasten sie veranschlagt sind, Kreditaufnahmen vorgesehen sind. Ob in den einzelnen Jahren Kreditaufnahmen vorgesehen sind, ergibt sich aus der mittelfristi-gen Ergebnis- und Finanzplanung, genauer: aus der Darstellung der Deckung nach § 101 Abs. 2 HGO **sowie** aus dem Muster 3, der Übersicht über die aus Verpflichtung-sermächtigungen voraussichtlich fällig werdenden Auszahlungen. Gemäß Nr. 2 Hw. zu § 102 HGO und Nr. 5 Hw. zu § 1 GemHVO bilden die mittelfristige Ergebnis- und Finanzplanung und die Übersicht nach § 1 Abs. 4 Nr. 4 GemHVO die **wesentliche Grundlage für**

a) die Feststellung der Genehmigungsbedürftigkeit

und

b) Genehmigung der Verpflichtungsermächtigungen.

Die Genehmigungsbedürftigkeit des Gesamtbetrages der veranschlagten Verpflichtungs-ermächtigungen ist allein von der Tatsache abhängig, dass im Finanzplanungszeitraum oder darüber hinausgehend in den Jahren, zu deren Lasten die Verpflichtungsermäch-tigungen veranschlagt sind, Kreditaufnahmen **dem Grunde nach** vorgesehen sind. Es kommt also nicht darauf an, wie sich die Beträge der veranschlagten Verpflichtungs-ermächtigungen zu den Beträgen der vorgesehenen Kreditaufnahmen verhalten. **Wenn in einem der Jahre, in denen die Verpflichtungsermächtigungen voraussichtlich kassen-wirksam werden, eine Kreditaufnahme dem Grunde nach vorgesehen ist, führt dies zur Genehmigungsbedürftigkeit des in § 3 der Haushaltssatzung genannten Gesamt-betrages der veranschlagten Verpflichtungsermächtigungen.**

Übersicht
über die aus Verpflichtungsermächtigungen voraussichtlich
fällig werdenden Auszahlungen

Verpflichtungsermächtigung im Haushaltsplan des Jahres[1]	Voraussichtlich fällige Auszahlungen[2, 3] 1000 EUR				
	20..	20..	20..	20..	20..
1	2	3	4	5	6
20..					
20..					
20..					
20..					
Summe					
Nachrichtlich					
In der Ergebnis- und Finanzplanung vorgesehene Kreditaufnahmen					

[1] In Spalte 1 sind das Haushaltsjahr und alle früheren Jahre aufzuführen, in denen Verpflichtungsermächtigungen veranschlagt waren, aus deren Inanspruchnahme noch Auszahlungen fällig werden.

[2] In Spalte 2 ist das dem Haushaltsjahr folgende Jahr, in den Spalten 3 bis 6 die sich anschließenden Jahre einzusetzen.

[3] Werden Auszahlungen aus Verpflichtungsermächtigungen in den Jahren fällig, auf die sich die Ergebnis- und Finanzplanung noch nicht erstreckt, sind die voraussichtlichen Kreditaufnahmen in diesen Jahren nach § 1 Abs. 4 Nr. 4 zweiter Halbsatz dieser Verordnung zu übernehmen. Erforderlichenfalls sind weitere Kopfspalten hinzuzufügen.

Die Genehmigungsbedürftigkeit des Gesamtbetrages der Verpflichtungsermächtigungen in Abhängigkeit von der Tatsache einer voraussichtlichen Kreditaufnahme in den Jahren der voraussichtlichen Kassenwirksamkeit ergibt sich aus der in § 103 Abs. 2 HGO geregelten Genehmigungsbedürftigkeit dieser Kredite in den Haushaltssatzungen der jeweiligen künftigen Jahre. Nimmt die Gemeinde Verpflichtungsermächtigungen in Anspruch und geht sie damit rechtliche Verpflichtungen zur Leistung von Auszahlungen ein, die sie in den Jahren der Kassenwirksamkeit dieser Auszahlungen über Kreditaufnahmen finanziert, müsste in diesen Jahren eine aufsichtsbehördliche Genehmigung dieser Kreditaufnahmen zwingend erfolgen, obwohl ggf. Gründe vorliegen, die eine Versagung der Genehmigung erforderlich machen. Um diese Situation zu vermeiden, wird bereits im Rahmen der Haushaltssatzung, die diese Verpflichtungsermächtigungen enthält, von der Aufsichtsbehörde geprüft, ob die spätere Kreditfinanzierung den in § 103 Abs. 2 Satz 2 und 3 HGO genannten Maßstäben entspricht und daraufhin entschieden, ob eine Genehmigung der Inanspruchnahme dieser Verpflichtungsermächtigungen uneingeschränkt oder mit Bedingungen oder Auflagen erteilt werden kann oder ganz oder teilweise zu versagen ist.

Zumindest bis zur Höhe der Kreditbeträge, die zur Finanzierung der aus der Inanspruchnahme von Verpflichtungsermächtigungen in den einzelnen Jahren fällig werdenden Auszahlungen benötigt werden, ist die Aufsichtsbehörde an ihre bezüglich des Gesamtbetrages der Verpflichtungsermächtigungen erteilte Genehmigung gebunden und kann eine spätere Genehmigung des (Teil-)Betrages der Kredite, der zur Finanzierung der

Inanspruchnahme der Verpflichtungsermächtigungen notwendig ist, nicht versagen (Selbstbindung der Aufsichtsbehörde).

Inhalt und Umfang der Prüfung, ob der Gesamtbetrag der Verpflichtungsermächtigungen genehmigt werden kann, richten sich nach den für die Genehmigung des Gesamtbetrages der Kredite geltenden Bestimmungen (§ 102 Abs. 4 Satz 2 HGO, Nr. 2 Satz 2 Hw. zu § 102 HGO), was letztlich daraus resultiert, dass die Genehmigung des Gesamtbetrages der Verpflichtungsermächtigungen eine vorweggenommene Genehmigung der zu ihrer Finanzierung notwendigen Kreditaufnahme darstellt. Daher findet § 103 Abs. 2 Satz 2 und 3 HGO sinngemäß Anwendung; danach richtet sich die Genehmigung nach den Grundsätzen einer geordneten Haushaltswirtschaft (siehe auch Nr. 9 Hw. zu § 103 HGO) und ist in der Regel zu versagen, wenn sich für die Aufsichtsbehörde Anhaltspunkte für die Annahme ergeben, dass die Übernahme der vorgesehenen (zur Finanzierung der Auszahlungen aus der Inanspruchnahme der Verpflichtungsermächtigungen notwendigen) Kreditverpflichtungen nicht mit der dauernden Leistungsfähigkeit der Gemeinde in Einklang stehen bzw. die dauernde Leistungsfähigkeit gefährden, siehe hierzu auch Ziffer 9.2.3.7.

8.7 Übungen

Sachverhalt und Aufgabe Nr. 1

Prüfen und begründen Sie, ob und in welcher Höhe bei den nachstehenden Sachverhalten Verpflichtungsermächtigungen zu veranschlagen sind:

a) Die Gemeinde E will eine Grundschule mit einem Gesamtauszahlungsbedarf von 2 Mio. € bauen. Die Baukosten fallen je zur Hälfte in 2014 und 2015 an. Den Gesamtauftrag soll das Unternehmen U in 2014 erhalten.

b) Wie vor, jedoch sollen Jahresaufträge jeweils zu Beginn der Jahre 2014 und 2015 erteilt werden.

c) Die Gemeinde E will von der Firma F eine DV-Anlage für die Jahre 2014 bis 2018 mieten (jährliche Mietaufwendungen laut Vertrag = 600.000 €).

d) Die Gemeinde E wird in 2014 einen Bewilligungsbescheid über 300.000 € an das Unternehmen U erteilen. Der Zuschuss dient der Kostenbeteiligung an der Errichtung eines neuen Werksgebäudes (Wirtschaftsförderung) und wird zu je einem Drittel in 2014, 2015 und 2016 ausgezahlt.

e) Die Gemeinde E will in 2015 einige qm Straßenland erwerben. Der Vertrag über den Kaufpreis von 300 € soll bereits im Dezember 2014 abgeschlossen werden.

Lösung:

a) Eine Verpflichtungsermächtigung wäre zu veranschlagen, wenn die Gemeinde E in 2014 eine Verpflichtung eingehen möchte, die künftige Haushaltsjahre mit Auszahlungen für Investitionen und Investitionsförderungsmaßnahmen belasten (§ 94 Abs. 2 Nr. 1 d HGO).

Der Bau der Grundschule mit einem Gesamtauszahlungsbedarf von 2 Mio. € ist eine Investition i. S. v. § 58 Nr. 17 GemHVO. Das Anlagevermögen (§ 49 Abs. 3 Nr. 1.2 GemHVO) wird durch die Auszahlung verändert.

Mit der Auftragsvergabe für die **gesamte** Investitionsmaßnahme verpflichtet sich die Gemeinde E in künftigen Jahren, hier im Jahr 2015, eine Auszahlung für eine Investition (Bau der Grundschule) zu leisten. Die Gesamtauftragsvergabe in 2014 erfordert bereits in diesem Jahr eine haushaltsrechtliche Ermächtigung in voller Höhe. Sie wird geschaffen durch die Veranschlagung eines Haushaltsansatzes in 2014 in Höhe von 1 Mio. € (einzusetzen in Spalte 3 des Musters 11) und einer Verpflichtungsermächtigung von 1 Mio. € (einzusetzen in Spalte 4 des Musters 11). Die Veranschlagung der Verpflichtungsermächtigung bei der einzelnen Haushaltsposition (maßnahmenbezogene Veranschlagung) ergibt sich aus § 11 GemHVO. Auf die weiteren Bestimmungen der §§ 11 und 17 GemHVO (Erläuterungspflichten) in diesem Zusammenhang wird verwiesen.

b) Bei der abgewandelten Variante des Sachverhaltes zu a) ist eine Veranschlagung von Verpflichtungsermächtigungen weder erforderlich noch zulässig. Auftragsvergaben und Bezahlung der eingegangenen Verpflichtungen erfolgen jeweils zu Lasten des Haushaltsansatzes (also 2014 bzw. 2015).

c) Die Anmietung einer DV-Anlage ist keine Investition oder Investitionsförderungsmaßnahme, da eine Veränderung des Anlagevermögens nicht stattfindet; die Gemeinde wird weder rechtliche noch wirtschaftliche Eigentümerin der DV-Anlage. Somit handelt es sich gemäß § 4 Abs. 3 i. V. m. § 2 Abs. 2 Nr. 12 GemHVO um ordentliche Aufwendungen für Sach- und Dienstleistungen (lt. Muster 13 – KVKR – Hauptkonto 671). Auch wenn der Mietvertrag in 2014 mit der Wirkung bis 2018 abgeschlossen wird, sieht das Haushaltsrecht hierfür die Veranschlagung von Verpflichtungsermächtigungen nicht vor.

d) Laut Sachverhalt dient der Zuschuss als Finanzhilfe zur Errichtung eines neuen Werkgebäudes, Produktbereich Wirtschaft und Tourismus, Produktgruppe Wirtschaftsförderung (§ 4 Abs. 2 GemHVO i. V. m. Muster 12). Da das Anlagevermögen des Dritten vergrößert wird, handelt es sich aus Sicht der Gemeinde E um eine Investitionsförderungsmaßnahme i. S. v. § 58 Nr. 18 GemHVO (Zuschüsse für Investitionen Dritter).

Nach § 102 Abs. 1 HGO ist die Veranschlagung von Verpflichtungsermächtigungen auch bei Investitionsförderungsmaßnahmen zulässig bzw. erforderlich. Haushaltsrechtliche Voraussetzung für den Erlass des Bewilligungsbescheides ist eine haushaltsrechtliche Ermächtigung in Höhe von 300.000 €. Der in 2014 bewilligte Betrag wird in 2014, 2015 und 2016 kassenwirksam. Somit ist neben dem Haushaltsansatz in 2014 in Höhe von 100.000 € ein Verpflichtungsermächtigungsansatz in Höhe von 200.000 € (fällig in 2015 und 2016 mit je 100.000 € – § 11 GemHVO) zu veranschlagen. (Ansonsten siehe die Lösung zu a).

e) Der Erwerb von Grundvermögen stellt eine Investition dar (Veränderung des Anlagevermögens, hier: Grundstücke gemäß § 58 Nr. 17 i. V. m. § 49 Abs. 3 Nr. 1.2 GemHVO). Somit ist hier die Veranschlagung von Verpflichtungsermächtigungen möglich und für den Abschluss des Kaufvertrages auch haushaltsrechtlich erforderlich, da die Verpflichtung bereits in 2014 eingegangen wird, die Bezahlung aber erst in 2015 erfolgen soll.

Sachverhalt Nr. 2

Die Gemeinde E möchte in 2014 zwei größere Bauvorhaben beginnen. Die zuständigen Fachbereiche informieren die Kämmerei wie folgt:

a) Neubau des Rathauses

Der Kaufvertrag für das Grundstück ist bereits in 2013 abgeschlossen. Der Gesamtkaufpreis von 500.000 € ist mit 400.000 € in 2013 und 100.000 € in 2014 zu zahlen. Die Baukosten belaufen sich auf voraussichtlich 15.000.000 €. Ein Bauunternehmen wird im Frühjahr 2014 einen Auftrag für die Gesamtherstellung des Gebäudes einschließlich der Außenanlagen (schlüsselfertige Übergabe) erhalten. Nach dem Bauzeitenplan verteilen sich die entsprechenden Auszahlungen wie folgt:

     2014   4.000.000 €
     2015   7.500.000 €
     2016   3.500.000 €

Die Einrichtungsgegenstände (Auszahlungen von 150.000 €) werden voraussichtlich in 2016 bestellt und bezahlt.

b) Bau des Sportzentrums Südstadt

Der Vertrag über den Grunderwerb (Grunderwerbskosten von 450.000 €) soll im März 2014 geschlossen werden. Der Eigentümer verlangt die Auszahlung je zur Hälfte zum 15.08.2014 und 15.02.2015.

Die Baukosten werden auf insgesamt 4.000.000 € geschätzt und werden mit 2.500.000 € in 2014 und 1.500.000 € in 2015 anfallen. Das Hochbauamt beabsichtigt, von den Auszahlungen für 2015 den Betrag von 1.000.000 € erst im Januar 2015 auszuschreiben, weil es sich um Spezialarbeiten handelt. Den Restauftrag von 3.000.000 € soll in 2014 eine Baufirma erhalten. Die Außenanlagen (gärtnerische Arbeiten) sollen erst im Januar/Februar 2016 durchgeführt werden. Der Auftrag über die Gesamtkosten von 25.000 € (**nicht** in den bisherigen Baukosten enthalten, aber bei der selben Haushaltsposition abzuwickeln) soll bereits Ende 2015 vergeben werden.

Die Einrichtungskosten von 75.000 € fallen in 2015 an. Wegen der langen Lieferzeit soll der Auftrag bereits im Dezember 2014 vergeben werden.

Aufgaben:

a) Veranschlagen Sie die Maßnahmen in den Haushaltsplänen für die Jahre 2014 und 2015. Erläuterungen nach § 17 GemHVO sind nicht anzubringen.

b) Fertigen Sie die entsprechende Übersicht gemäß § 1 Abs. 4 Nr. 4 GemHVO für die Haushaltsjahre 2014 und 2015.

c) Beurteilen Sie die Genehmigungsbedürftigkeit der im Haushaltsjahr 2014 vorzusehenden Verpflichtungsermächtigungen.

Bearbeitungshinweise für Aufgabe b):

- Verpflichtungsermächtigungen 2012 zu Lasten des Jahres 2015: 3.000.000 €
- Verpflichtungsermächtigungen 2013 zu Lasten des Jahres 2015: 3.815.000 €
- Verpflichtungsermächtigungen 2013 zu Lasten des Jahres 2016: 2.715.000 €
- im Finanzplan vorgesehene Kreditaufnahmen des Jahres 2015: 7.715.000 €
- im Finanzplan vorgesehene Kreditaufnahmen des Jahres 2016: 6.250.000 €
- im Finanzplan vorgesehene Kreditaufnahmen des Jahres 2017: 8.350.000 €
- im Finanzplan vorgesehene Kreditaufnahmen des Jahres 2018: 5.000.000 €

Lösung:

a) Die Lösung ist auf den nächsten Seiten abgedruckt.

Produktbereich: Innere Verwaltung
Produktgruppe: Verwaltungssteuerung und -service

Teilfinanzhaushalt – Investitionstätigkeit -
- Euro -
vereinfachte Darstellung

Haushaltsjahr 2014

Nr.	Bezeichnung	Haushaltsansatz			Ergebnis des Jahres-abschlusses 2012	Investitions- und Investitions-förderungsmaßnahmen		Erläuterungen
		2014	Verpflichtungs-ermächtigungen	2013		Gesamtaus-zahlungsbedarf	davon bisher bereitgestellt	
1	2	3	4	5	6	7	8	9
	Auszahlungen aus Investitionstätigkeit							
	Auszahlung .f. d. Erwerb v. Grundstücken u. Gebäuden	100.000	0	400.000	0	500.000	400.000	
	Auszahlung für Baumaßnahmen	4.000.000	11.000.000	0	0	15.000.000	0	fällig 2015: 7,5 Mio. fällig 2016: 3,5 Mio.
	Auszahlung f. Investitionen i. d. sonstige Sachanlagevermögen und immaterielle Anlagevermögen	0	0	0	0	150.000	0	
	Summe investive Auszahlungen	4.100.000	11.000.000	400.000	0	15.650.000	400.000	

Haushaltsjahr 2015

Nr.	Bezeichnung	Haushaltsansatz			Ergebnis des Jahres-abschlusses 2013	Investitions- und Investitions-förderungsmaßnahmen		Erläuterungen
		2015	Verpflichtungs-ermächtigungen	2014		Gesamtaus-zahlungsbedarf	davon bisher bereitgestellt	
1	2	3	4	5	6	7	8	9
	Auszahlungen aus Investitionstätigkeit							
	Auszahlung .f. d. Erwerb v. Grundstücken u. Gebäuden	0	0	100.000	400.000	500.000	500.000	
	Auszahlung für Baumaßnahmen	7.500.000	0	4.000.000	0	15.000.000	4.000.000	
	Auszahlung f. Investitionen i. d. sonstige Sachanlage-vermögen und immaterielle Anlagevermögen	0	0	0	0	150.000	0	
	Summe investive Auszahlungen	7.500.000	0	4.100.000	400.000	15.650.000	4.500.000	

Produktbereich: Sportförderung
Produktgruppe: Sportstätten

Teilfinanzhaushalt – Investitionstätigkeit -
- Euro -
vereinfachte Darstellung

Haushaltsjahr 2014

Nr.	Bezeichnung	Haushaltsansatz			Ergebnis des Jahresabschlusses	Investitions- und Investitionsförderungsmaßnahmen		Erläuterungen
		2014	Verpflichtungsermächtigungen 2013	2013	2012	Gesamtauszahlungsbedarf	davon bisher bereitgestellt	
1	2	3	4	5	6	7	8	9
	Auszahlungen aus Investitionstätigkeit							
	Auszahlung f. d. Erwerb v. Grundstücken u. Gebäuden	225.000	225.000	0	0	450.000	0	fällig 2015: 225 T€
	Auszahlung für Baumaßnahmen	2.500.000	500.000	0	0	4.025.000	0	fällig 2015: 500 T€
	Auszahlung f. Investitionen i. d. sonstige Sachanlagevermögen und immaterielle Anlagevermögen	0	75.000	0	0	75.000	0	fällig 2015: 75 T€
	Summe investive Auszahlungen	2.725.000	800.000	0	0	4.550.000	0	0

Haushaltsjahr 2015

Nr.	Bezeichnung	Haushaltsansatz			Ergebnis des Jahresabschlusses	Investitions- und Investitionsförderungsmaßnahmen		Erläuterungen
		2015	Verpflichtungsermächtigungen 2014	2014	2013	Gesamtauszahlungsbedarf	davon bisher bereitgestellt	
1	2	3	4	5	6	7	8	9
	Auszahlungen aus Investitionstätigkeit							
	Auszahlung f. d. Erwerb v. Grundstücken u. Gebäuden	225.000	0	225.000	0	450.000	225.000	fällig 2016: 25 T€
	Auszahlung für Baumaßnahmen	1.500.000	25.000	2.500.000	0	4.025.000	2.500.000	
	Auszahlung f. Investitionen i. d. sonstige Sachanlagevermögen und immaterielle Anlagevermögen	75.000	0	0	0	75.000	0	
	Summe investive Auszahlungen	1.800.000	25.000	2.725.000	0	4.550.000	2.725.000	

Zu b):

Übersicht[365]
über die aus Verpflichtungsermächtigungen
voraussichtlich fällig werdenden Auszahlungen
für das Haushaltsjahr 2014

Verpflichtungs- ermächtigungen im	Voraussichtlich fällige Auszahlungen - in 1.000 € -		
Haushaltsplan des Jahres	2015	2016	2017
1	2	3	4
2012	3.000	0	0
2013	3.815	2.715	0
2014	8.300	3.500	0
Summe	**15.115**	**6.215**	**0**
nachrichtlich: in der Ergebnis- und Finanz- planung vorgesehene Kreditaufnahmen	7.715	6.250	8.350

... für das Haushaltsjahr 2015

Verpflichtungs- ermächtigungen im	Voraussichtlich fällige Auszahlungen - in 1.000 € -		
Haushaltsplan des Jahres	2016	2017	2018
1	2	3	4
2013	2.715	0	0
2014	3.500	0	0
2015	25	0	0
Summe	**6.240**	**0**	**0**
nachrichtlich: In der Ergebnis- und Finanz- planung vorgesehene Kreditaufnahmen	6.250	8.350	5.000

---

[365] Muster 3 (zu § 1 Abs. 4 Nr. 4 GemHVO) – Pflichtanlage zum Haushaltsplan.

Zu c):

Aus vorstehender Übersicht (Muster 3) für das Haushaltsjahr 2014 ergibt sich, dass die Verpflichtungsermächtigungen des Jahres 2014 in den Jahren 2015 und 2016 kassenwirksam werden. In beiden Jahren sind nach dieser Übersicht Kreditaufnahmen vorgesehen. Daher bedarf der Gesamtbetrag der in § 3 der Haushaltssatzung für das Haushaltsjahr 2014 vorgesehenen Verpflichtungsermächtigung der Genehmigung der Aufsichtsbehörde, § 102 Abs. 4 HGO. Die Genehmigung ist nach den Grundsätzen einer geordneten Haushaltswirtschaft zu erteilen oder zu versagen. Da die Aufsichtsbehörde mit der Genehmigung der Inanspruchnahme der Verpflichtungsermächtigungen eine Selbstbindung bezüglich der Genehmigung der Kreditaufnahmen in den Jahren der Kassenwirksamkeit dieser Verpflichtungsermächtigungen eingeht, prüft sie anhand der für die Genehmigung von Kreditaufnahmen maßgeblichen Kriterien, ob die Inanspruchnahme der Verpflichtungsermächtigungen genehmigt werden kann. Sie wird die Genehmigung mit Bedingungen oder Auflagen erteilen oder ganz oder teilweise versagen, wenn sie feststellt, dass die späteren Kreditaufnahmen nicht mit der dauernden Leistungsfähigkeit der Gemeinde in Einklang stehen bzw. die dauernde Leistungsfähigkeit der Gemeinde gefährdet (siehe Ziffer 8.5).

Sachverhalt Nr. 3:

Im Haushaltsplan der Gemeinde E für 2013 ist bei dem Produktbereich Kinder-, Jugend- und Familienhilfe für den Bau der Kindertagesstätte „Rappelkiste" eine Verpflichtungsermächtigung von 1.000.000 € zu Lasten der Jahres 2014 und 2015 mit je 500.000 € veranschlagt. Aufgrund sich verzögernder Grundstücksverhandlungen kann der Auftrag jedoch nicht bis zum Ende des Jahres 2013 vergeben werden. Das Hochbauamt rechnet nunmehr mit einer Auftragsvergabe im Januar 2014.

Aufgabe:

Begutachten Sie, was haushaltsrechtlich zu veranlassen ist, damit der Auftrag im Januar 2014 vergeben werden kann.

Lösung:

Gemäß § 102 Abs. 3 HGO gelten die Verpflichtungsermächtigungen bis zum Ende des Haushaltsjahres (der Veranschlagung); demnach kann die Ermächtigung des Jahres 2013 bis Ende 2013 ausgeschöpft werden. Die bis dahin nicht in Anspruch genommenen Verpflichtungsermächtigungen verfallen. Sie gelten jedoch dann weiter, wenn die Haushaltssatzung für das folgende Haushaltsjahr nicht rechtzeitig bekannt gemacht ist, und zwar bis zur Vollendung der Bekanntmachung dieser Haushaltssatzung. Eine weitere Übertragung der Verpflichtungsermächtigungen ist explizit nach Nr. 3 Hw. zu § 11 GemHVO ausgeschlossen.

Nach der Fallgestaltung ist davon auszugehen, dass im Jahr 2014 ein Haushaltsansatz in Höhe von 500.000 € zur Verfügung steht. Für die Lösung der Aufgabe kommt es also darauf an, ob zum Zeitpunkt der Auftragsvergabe im Jahre 2014 die Haushaltssatzung für dieses Jahr bereits bekannt gemacht wurde oder nicht.

a) **Bekanntmachung ist zum Zeitpunkt der Auftragsvergabe noch nicht erfolgt**

Die Verpflichtungsermächtigung des Jahres 2013 ist gemäß § 102 Abs. 3 HGO noch gültig, d. h. die Gemeinde kann die Auftragsvergabe in Höhe von 1.000.000 € in 2014 vornehmen, auch soweit die Kassenwirksamkeit noch in 2014 eintritt. Dies wird auch nicht durch den Wortlaut des § 102 Abs. 1 HGO gehindert („… Auszahlungen in künftigen Jahren …"), denn diese Betrachtung bezieht sich auf das Jahr der Veranschlagung der Verpflichtungsermächtigung.

b) **Bekanntmachung ist zum Zeitpunkt der Auftragsvergabe bereits vollendet**

Die Verpflichtungsermächtigung des Jahres 2013 ist erloschen. Dafür steht jedoch jetzt ein Haushaltsansatz zur Verfügung, der sich jedoch nur auf 500.000 € beläuft. Eine Verpflichtungsermächtigung über 500.000 €, deren Inanspruchnahme in 2015 kassenwirksam wird, ist nach Lage des Falles nicht vorhanden, da ja bereits in 2013 eine vollständige Ermächtigung vorlag. Hier tritt nun der Fall ein, dass die vorhandene Ermächtigung nicht ausreicht, um die Auftragsvergabe vorzunehmen. Eine überplanmäßige Verpflichtungsermächtigung (§ 102 Abs. 5 HGO) kommt nicht in Betracht, da in 2014 keine Verpflichtungsermächtigung veranschlagt sein kann. Jedoch besteht die Möglichkeit einer außerplanmäßigen Verpflichtungsermächtigung nach § 102 Abs. 5 HGO. Zur Bereitstellung außerplanmäßiger Verpflichtungs- ermächtigungen ausführlich siehe Ziffer 14.3.

Inhaltsverzeichnis

9. Kommunale Schuldenwirtschaft

9.1 Abgrenzung des kommunalen Schuldenbegriffs

9.1.1 Kommunale Schulden

Im Zivilrecht leitet sich der Begriff der Schulden aus dem Inhalt des Schuldverhältnisses ab. Ein Schuldverhältnis im Sinne von § 241 BGB begründet grundsätzlich eine Verpflichtung zum Tun, Dulden oder Unterlassen. Von Schulden im zivilrechtlichen Sinne spricht man in der Regel aber nur dann, wenn ein Schuldverhältnis die Verpflichtung begründet, Geld zu bezahlen.

Der Begriff der Schulden hat im Rahmen der aktuellen Veränderungen des kommunalen Rechnungswesens ebenfalls gravierende Veränderungen erfahren. Definierte noch die bis Ende 2008 geltende Gemeindehaushaltsverordnung Schulden als „Rückzahlungsverpflichtungen aus Kreditaufnahmen und ihnen wirtschaftlich gleichkommenden Vorgängen sowie aus der Aufnahme von Kassenkrediten" (§ 45 Nr. 21 GemHVO 1974), so gilt mit Inkrafttreten des doppischen Haushaltsrechtes folgende Definition des Begriffes Schulden: „sämtliche Verpflichtungen gegenüber Dritten, zum Beispiel Rückzahlungsverpflichtungen aus Kreditaufnahmen und ihnen wirtschaftlich gleichkommenden Vorgängen, Aufnahme von Kassenkrediten, Rückstellungen" (§ 58 Nr. 30 GemHVO).

Als Schulden sind nun also nicht mehr nur Rückzahlungsverpflichtungen aus Kreditaufnahmen zu verstehen, sondern sämtliche finanziellen Verpflichtungen zu betrachten, auch diejenigen aus Liefer- und Leistungsbeziehungen zu Dritten und, was im Umfang wesentlich bedeutsamer ist, auch die Rückstellungen, auf die später genauer einzugehen ist.

Einen umfassenden Überblick über die Schulden vermittelt die jährliche Vermögensrechnung (Bilanz) auf der Passivseite (siehe Ziffer 16.3.7). Dem jährlichen Haushaltsplan sind jeweils Übersichten über den voraussichtlichen Stand der Verbindlichkeiten aus Anleihen, Kreditaufnahmen und Rechtsgeschäften, die Kreditaufnahmen wirtschaftlich gleichkommen und der Rückstellungen zu Beginn und Ende des Haushaltsjahres sowie über den Stand zu Beginn des Vorjahres beizufügen (§ 1 Abs. 4 Nr. 5 GemHVO).

Im Überblick werden gemeindliche Schulden wie folgt unterschieden:

Arten kommunaler Schulden im Überbblick

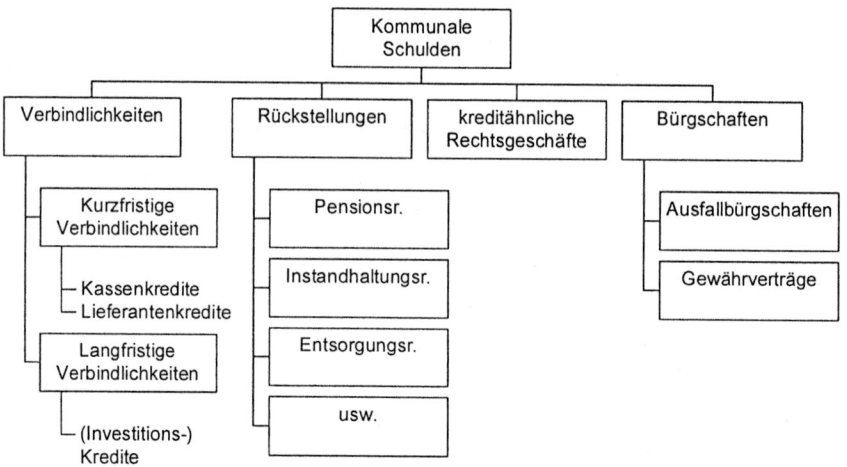

9.1.2   kurzfristige Verbindlichkeiten

Der Kaufmann versteht unter Verbindlichkeiten finanzielle Verpflichtungen gegenüber Dritten. Sie entstehen durch die Entgegennahme von Lieferungen und Leistungen, die Übernahme vertraglicher Verpflichtungen oder die Verwirklichung gesetzlicher Tatbestände (z. B. Steuerverbindlichkeiten). Verbindlichkeiten sind „Verpflichtungen gegenüber Dritten, die dem Grunde und der Höhe nach sicher sind" (§ 58 Nr. 35 GemHVO). Das doppische Rechnungswesen verlangt nun von den Kommunen die Erfassung und Verbuchung aller, also nun auch der kurzfristigen Verbindlichkeiten (z. B. unbezahlten Lieferantenrechnungen). Zu den Verbindlichkeiten gehören auch Kredite, die jedoch ob ihrer Laufzeit zumeist als langfristige Verbindlichkeiten apostrophiert werden.

9.1.3   Kredite

Kredite sind im kommunalen Haushaltsrecht des Landes Hessen definiert als das unter der Verpflichtung zur Rückzahlung von Dritten oder Sondervermögen mit Sonderrechnung aufgenommene Kapital mit Ausnahme der Kassenkredite (§ 58 Nr. 20 GemHVO). Näheres s. u. Ziffer 9.2.

9.1.4 Rückstellungen

Rückstellungen werden gebildet, um wahrscheinliche zukünftige Auszahlungen dem Haushaltsjahr ihrer Verursachung periodengerecht zuzuordnen.[366] Die GemHVO definiert in § 58 Nr. 29 GemHVO Rückstellung als „Passivposten der Bilanz, der dazu dient, durch zukünftige Handlungen bedingte Wertminderungen der Rechnungsperiode als Aufwand zuzurechnen; sie ist bezüglich ihres Eintretens oder ihrer Höhe nach nicht völlig sicher". Diese Definition ist durchaus missverständlich, da nach kaufmännischem Verständnis nicht zukünftige, sondern gegenwärtige oder frühere Handlungen oder Ereignisse die Bildung von Rückstellungen auslösen, wenn sie wahrscheinlich zukünftige Zahlungen bewirken. Wofür im Einzelnen Rückstellungen zu bilden sind oder gebildet werden können, ist in § 39 GemHVO detailliert geregelt, siehe auch Ziffer 16.3.6.

9.1.5 Bürgschaften, Gewährverträge usw.

Im Zusammenhang mit der Schuldenwirtschaft sind auch die Bürgschaften und Verpflichtungen aus Gewährverträgen[367] zu nennen. Zum Zeitpunkt der Übernahme von Bürgschaften und Gewährverträgen sollten zwar noch keine konkreten Zahlungsverpflichtungen vorliegen, sondern lediglich sog. Eventualverbindlichkeiten. Jedoch liegt es in der Natur derartiger Rechtsgeschäfte, dass sich bei ungünstigem Verlauf Zahlungsverpflichtungen daraus entwickeln können.

Die **Bürgschaft** ist die Verpflichtung des Bürgen gegenüber dem Gläubiger eines Dritten, für die Erfüllung der Verbindlichkeit des Dritten einzustehen (§ 765 Abs. 1 BGB).

Gewährverträge sind Verträge, durch die die Gemeinde verspricht, für einen bestimmten Erfolg einzutreten, insbesondere für die Gefahr (das Risiko), die dem Vertragspartner aus irgendeiner Unternehmung künftig erwachsen kann.

Alle **weiteren Verpflichtungen**, die den vorgenannten Bürgschaften und Gewährverträgen gleichkommen, sind in diesem Zusammenhang zu betrachten.

Risiken dieser Art sind zunächst nur „unter der Bilanz" als Gesamtsumme informatorisch darzustellen (siehe § 50 Nr. 4 und 5 GemHVO). Sobald eine Inanspruchnahme der Gemeinde wahrscheinlich wird, ist eine entsprechende Rückstellung zu bilden.

9.1.6 Kassenkredite

Kassenkredite sind zwar zivilrechtlich auch Darlehen, haushaltsrechtlich aber bei Dritten aufgenommene Gelder zur Sicherung der Liquidität der Kasse (§ 105 HGO) und somit keine Finanzierungsmittel des Haushaltes (Näheres hierzu s. u. Ziffer 9.5).

---

[366] Vgl. Gablers Wirtschaftslexikon und Wöhe: Einführung in die Allgemeine Betriebswirtschaftslehre jeweils unter dem Stichwort „Rückstellung".

[367] Siehe hierzu auch Daneke in KVR Hessen, Erl. zu § 104 HGO.

9.1.7   Kreditähnliche Geschäfte

Zahlungsverpflichtungen, die den Krediten wirtschaftlich gleichkommen, sind in HGO und GemHVO nicht näher definiert. Der Gesetzgeber hat lediglich die Begründung von Zahlungsverpflichtungen im Rahmen der laufenden Verwaltung aus der ansonsten geltenden Genehmigungspflicht herausgenommen (§ 103 Abs. 7 Satz 3 HGO, Näheres s. u. Ziffer 9.3). Eine beispielhafte Aufzählung von kreditähnlichen Rechtsgeschäften enthält Nr. 12 Hw zu § 103 HGO.

9.2   Kreditwirtschaft

9.2.1   Begriff und Arten

9.2.1.1   Begriff

Wie bereits unter Ziffer 9.1.3 ausgeführt, definiert die GemHVO in § 58 Nr. 20 Kredite als das unter der Verpflichtung zur Rückzahlung von Dritten (z. B. Banken) oder von Sondervermögen mit Sonderrechnung (z. B. Stadtwerke als Eigenbetrieb der Gemeinde) aufgenommene Kapital mit Ausnahme der Kassenkredite. Diese dürfen gemäß § 103 Abs. 1 HGO nur im Finanzhaushalt und nur für Investitionen, Investitionsförderungsmaßnahmen und zur Umschuldung aufgenommen werden.

Zivilrechtlich sind Kredite Darlehen i. S. v. §§ 488 ff. BGB. Die Form der Kapitalaufnahme ist unerheblich für die Begriffsbestimmung.

9.2.1.2   Arten von Krediten

Überblick

Kredite werden in unterschiedlichen Rechts- und Bewirtschaftungsformen am Markt angeboten. Das bedingt, dass die Arten der Kredite nach verschiedenen Kriterien je nach Betrachtungsstandpunkt eingeteilt werden. Die Verfasser beschränken sich auf die nachstehend aufgeführten wichtigsten Einteilungen:

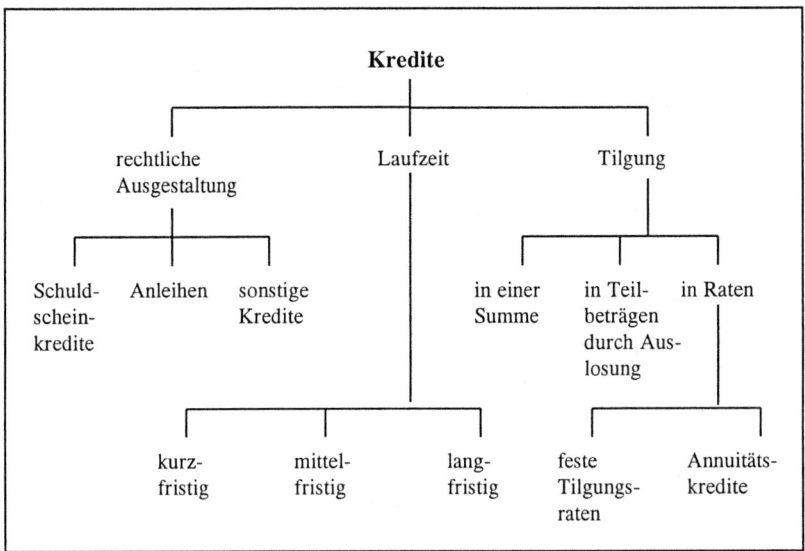

Rechtliche Ausgestaltung der Kredite

Von der rechtlichen Ausgestaltung der Kreditaufnahmen her unterscheidet man folgende Formen:

* Schuldscheinkredite

  Hier wird der Kredit von bestimmten institutionellen Geldgebern (Banken, Sparkassen usw.) gewährt. In einem Schuldschein (Schuldurkunde) werden die Darlehensbedingungen festgelegt. Diese Kreditform wird bevorzugt im kommunalen Bereich genutzt.

* Anleihen

  Das Kapital wird von einer unbestimmten Zahl von Geldgebern (auch Privatpersonen) durch den Kauf von Wertpapieren (z. B. Schuldverschreibungen, Schatzbriefe, Kommunalobligationen) aufgebracht. Die Wertpapiere werden an der Börse gehandelt und unterliegen damit Kursschwankungen. Anleihen werden in der Regel vom Bund und den Ländern aufgelegt; teilweise auch von Großstädten.

* sonstige Kredite

  Hierunter fallen z. B. Kredite im Rahmen eines Bausparvertrages oder Hypothekenkredite.

Laufzeit der Kredite

In der Verbindlichkeitenübersicht gem. § 52 Abs. 2 GemHVO sind zu unterscheiden:

- kurzfristige Kredite mit einer (Rest-)Laufzeit bis zu einem Jahr
- mittelfristige Kredite mit einer (Rest-)Laufzeit von einem bis fünf Jahren
- langfristige Kredite mit einer (Rest-)Laufzeit von mehr als fünf Jahren

Kommunale Investitionskredite haben oft eine Laufzeit von 30 Jahren oder mehr.

Tilgung der Kredite

Die Kredite werden nach Art der Tilgung wie folgt unterschieden:

- Rückzahlung in einer Summe (gesamtbetragsfällig)

  Hier wird der Kredit nach Ablauf der vereinbarten Laufzeit in einer Summe zurückgezahlt. Das Kapital wird während der gesamten Laufzeit voll verzinst.

- Rückzahlung in Raten (Ratenkredit)

  Die gängigste und bei den Kommunalkrediten übliche Form der Rückzahlung ist die in Raten. Hier unterscheidet man die Rückzahlung

  in   festen Tilgungsraten (d. h. über die gesamte Laufzeit wird in gleich hohen Raten getilgt) in der Kombination mit fallenden Zinszahlungen – resultierend aus der sinkenden Restschuld – ergibt sich eine im Zeitablauf sinkende Zahlungsbelastung und

  in   Tilgung zuzüglich ersparter Zinsen (d. h. mit zunehmender Laufzeit vergrößert sich der Tilgungsbetrag um die geringer werdenden Zinsen, die jeweils vom Restschuldenstand berechnet werden.) Darlehen mit diesen Rückzahlungsbedingungen werden auch Annuitätenkredite genannt.

- Rückzahlung in Teilbeträgen durch Auslosung

  Bei der Rückzahlung von Anleihen in Teilbeträgen ist nicht festlegbar, welcher Gläubigerkreis von der Teilrückzahlung betroffen wird. Aus diesem Grunde werden die Wertpapiere ausgelost, die durch die Teilrückzahlung gegenstandslos geworden sind.

Zur Verdeutlichung dieser unterschiedlichen Tilgungsarten werden nachfolgend zwei Beispiele dargestellt.

a) **Tilgungsplan bei gleich bleibender Tilgungsrate (Ratenkredit)**

Kreditgeber: Sparkasse der Stadt X
Kreditbetrag: 100.000,00 €
Wertstellung: 01.07.2014   Tilgung ab 2015

Kapital €	Zinsen 6,0 % €	Tilgung 2,5 % gleich-bleibend €	Gesamt-leistung €	fällig am	Haushalts-jahr
100.000,00	3.000,00	0	3.000,00	31.12.	2014
100.000,00	6.000,00	2.500,00	8.500,00	31.12.	2015
97.500,00	5.850,00	2.500,00	8.350,00	31.12.	2016
95.000,00	5.700,00	2.500,00	8.200,00	31.12.	2017
92.500,00	5.550,00	2.500,00	8.050,00	31.12.	2018
90.000,00	....	....	usw.		

b) **Tilgungsplan bei Tilgung zuzüglich ersparter Zinsen (Annuitätskredit)**

Kreditgeber: Sparkasse der Stadt X
Kreditbetrag: 100.000,00 €
Wertstellung: 01.07.2014   Tilgung ab 2015

Kapital €	Zinsen 6,0 % €	Tilgung 2,5 % zzgl. erspar-ter Zinsen €	Gesamt-leistung €	fällig am	Haushalts-jahr
100.000,00	3.000,00	0	3.000,00	31.12.	2014
100.000,00	6.000,00	2.500,00	8.500,00	31.12.	2015
97.500,00	5.850,00	2.650,00	8.500,00	31.12.	2016
94.850,00	5.691,00	2.809,00	8.500,00	31.12.	2017
92.041,00	5.522,46	2.977,54	8.500,00	31.12.	2018
89.063,46	....	....	usw.		

Die Rückzahlungsbedingungen und ihre Bedeutung für die Haushaltswirtschaft werden im Zusammenhang mit der weiteren Erläuterung der Kreditwirtschaft näher behandelt.

9.2.2   Kreditgeber

Gemäß nach § 58 Nr. 20 GemHVO kann die Gemeinde Kredite von Dritten und von Sondervermögen mit Sonderrechnung aufnehmen.

Die Gemeinde ist also in der Wahl ihrer Kreditgeber kaum eingeschränkt. In Frage kommen neben Banken sowohl öffentliche Institutionen (Bund, Länder, Parafiski) als auch Unternehmen und Privatpersonen. Wichtig ist nur, dass der Kreditgeber **zu wirtschaftlichen** Bedingungen anbietet. Auch die Kapitalaufnahme bei Sondervermögen mit Sonderrechnung gehört zu den Krediten vom Kreditmarkt. Zu Sondervermögen mit Sonderrechnung und Treuhandvermögen der Gemeinde gehören z. B. Versorgungs- und Verkehrsunternehmen als Eigenbetriebe und rechtlich selbständige Stiftungen (siehe hierzu auch Ziffer 16.5). Schulden aus diesem Bereich sind Kredite i. S. v. § 58 Nr. 20 GemHVO.

9.2.3   Voraussetzungen der Kreditaufnahme

9.2.3.1   Allgemeines

Wegen der besonderen Bedeutung der Kreditaufnahme für die Haushaltswirtschaft hat der Gesetzgeber hier auch sehr weitreichende Regelungen getroffen. Zu nennen sind hier die Vorschriften der §§ 93 Abs. 3, 94 Abs. 2, 103 und 71 HGO. Folgende Darstellung verdeutlicht in Kurzform die Voraussetzungen der Kreditaufnahmen:

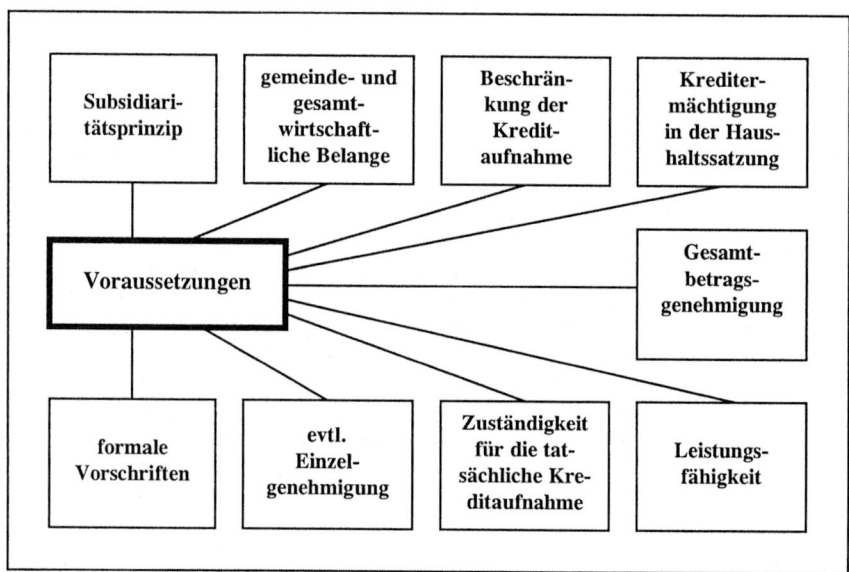

9.2.3.2 Subsidiaritätsprinzip

Nach § 93 Abs. 3 HGO darf die Gemeinde Kredite nur aufnehmen, wenn eine andere Finanzierung nicht möglich ist oder wirtschaftlich unzweckmäßig wäre.

Welche andere Finanzierungsmöglichkeiten bestehen, ist unter Ziffer 7.2.4 ausgeführt. An dieser Stelle bleibt festzuhalten, dass die Nachrangigkeit der Kreditfinanzierung regelmäßig auch dem Grundsatz der Wirtschaftlichkeit entspricht, weil Kreditaufnahmen in der Regel erhebliche Zinsbelastungen nach sich ziehen.

9.2.3.3 Beachtung gemeindewirtschaftlicher Belange

Das Subsidiaritätsprinzip ist aber nicht absolut anzuwenden. Der Zusatz „wirtschaftlich unzweckmäßig" erlaubt es unter bestimmten Voraussetzungen, von der Nachrangigkeit abzuweichen. Die Zweckmäßigkeit oder Unzweckmäßigkeit einer Kreditaufnahme ist im **Rahmen der Haushaltswirtschaft** unter verschiedenen Aspekten zu sehen. Eine Kreditaufnahme ist auch unabhängig von anderen Finanzierungsmöglichkeiten in die Überlegung mit einzubeziehen, wenn es um die Finanzierung langlebiger Investitionsmaßnahmen geht. Unter dem Gesichtspunkt der Zumutbarkeit einer Belastung der Einwohner (§ 10 HGO) wurde in der Vergangenheit zuweilen angeführt, dass bei Vermeidung einer Kreditfinanzierung ausschließlich die gegenwärtigen Abgabepflichtigen erhebliche Belastungen (Beiträge, Steuern usw.) tragen, obwohl die künftigen Generationen noch einen Nutzen von diesen Investitionen haben. Nach der Umstellung auf das doppische Rechnungswesen und das Ressourcenverbrauchskonzept wird allerdings der Aspekt der Generationengerechtigkeit über die Abschreibung von langlebigen Vermögensgegenständen dargestellt.

Ein weiterer Aspekt, der bei der Nachrangigkeit der Kreditfinanzierung zu beachten ist, ist die Frage nach der möglichst beweglichen Haushaltsführung. Bei strikter Beachtung des Subsidiaritätsprinzips müssten zunächst alle vorhandenen Eigenmittel (Grundstückserlöse und andere Erlöse aus Veräußerung von Anlagevermögen ..., mögliche Steuererhöhungen usw.) ausgeschöpft werden. Die Folge wäre einerseits, dass bei weiterem Finanzbedarf die angebotenen Kreditkonditionen ohne jegliche Ausweichmöglichkeit angenommen werden müssten. Andererseits würde bei einem plötzlichen Finanzbedarf eine schnelle und unkomplizierte Reaktion unmöglich. Eine dann notwendige Kreditfinanzierung wäre nur im Rahmen eines zeitaufwendigen Verfahrens zum Erlass einer Nachtragssatzung möglich.

Selbstverständlich ist eine Kreditaufnahme vorzuziehen, wenn der Schuldzins unter dem Guthabenzins liegt (evtl. bei zweckgebundenen Krediten der öffentlichen Hand; vgl. § 93 Abs. 3 HGO).

9.2.3.4 Beachtung gesamtwirtschaftlicher Belange

Nach § 92 Abs. 1 HGO hat die Gemeinde bei der Führung ihrer Haushaltswirtschaft dem gesamtwirtschaftlichen Gleichgewicht Rechnung zu tragen. Im Rahmen dieser Verpflichtung ist auch die Frage der Kreditaufnahme zu sehen. Aus gesamtwirtschaftlichen Überlegungen heraus kann durchaus die Nachrangigkeit der Kreditaufnahme durchbrochen werden. Der Kreditmarkt lebt von Angebot und Nachfrage wie jeder andere Markt. Genauso wie die Kreditbeschränkung nach § 19 StWG zur Beruhigung des Kreditmarktes und damit der konjunkturellen Entwicklung beiträgt, wirkt eine verstärkte Kreditaufnahme belebend. Dieses gilt insbesondere deshalb, weil Kredite nur für Investitionen und Investitionsförderungsmaßnahmen aufgenommen werden dürfen. Somit ist die Vorschrift des § 93 Abs. 3 HGO bezüglich der wirtschaftlichen Zweckmäßigkeit der Kreditaufnahme auch unter gesamtwirtschaftlichen Gesichtspunkten zu sehen.

9.2.3.5 Beschränkung der Kreditaufnahme

Nach § 103 Abs. 1 HGO dürfen Kredite nur im Finanzhaushalt und nur für Investitionen, Investitionsförderungsmaßnahmen und zur Umschuldung aufgenommen werden.

Investitionen sind Auszahlungen für die Veränderung des Anlagevermögens (siehe § 58 Nr. 17 GemHVO), Anlagevermögen ist das in § 49 Abs. 3 Nr. 1 GemHVO genannte Vermögen, namentlich die immateriellen Vermögensgegenstände, die Sachanlagen und die Finanzanlagen. Welche Vermögensgegenstände darunter im Einzelnen zu fassen sind, ergibt sich aus Muster 13 zur GemHVO, Kontenklassen 0 und 1.

Investitionsförderungsmaßnahmen sind Zuweisungen, Zuschüsse und Darlehen für Investitionen Dritter und für Investitionen der Sondervermögen mit Sonderrechnung (siehe § 58 Nr. 18 GemHVO). Sondervermögen mit Sonderrechnung sind insbesondere die Eigenbetriebe. Aus bilanzieller Sicht bedarf es bei der Frage der Beschränkung der Kreditaufnahme jedoch keiner Abgrenzung der Investitionsförderungsmaßnahmen zu den Investitionen, da jede Investitionsförderungsmaßnahme zugleich auch eine Veränderung des Anlagevermögens darstellt, weil sie entweder die immateriellen Vermögensgegenstände (bei Zuweisungen und Zuschüssen) oder das Finanzanlagevermögen (bei Darlehensgewährung) erhöht, entspricht sie bilanztechnisch und damit begrifflich auch der Investition. Rein terminologisch ist diese Differenzierung daher nicht erforderlich, da die Investitionsförderungsmaßnahmen eine Untermenge der Investitionen darstellen.

Wegen der Gesamtdeckung innerhalb des Haushaltes (§ 18 Nr. 2 GemHVO, siehe auch Ziffer 7.4.2), bildet die Summe der investiven Auszahlungsansätze des Finanzhaushaltes die Obergrenze der Kreditaufnahme des betreffenden Jahres. Hiervon sind die auf Investitionen bezogenen Ansätze von Einzahlungen (zweckgebundene Zuweisungen und Zuschüsse außer Schuldendiensthilfen) abzusetzen. Diese Einzahlungen dienen zweckentsprechend zur Finanzierung der Auszahlungen für Investitionen und Investitionsförderungsmaßnahmen. Somit ist der Finanzierungsbedarf, der über Kredite abgedeckt werden kann, dementsprechend geringer. Darüber hinaus ist eine Kreditfinanzierung des kommunalen Haushaltes unzulässig.

Bei den Umschuldungen ist definitionsgemäß die Höhe der Einzahlungen gleich der Höhe der Auszahlungen (Kreditaufnahme und Rückzahlung), sie erhöhen also nicht den Schuldenstand, und können daher bei der vorstehenden Betrachtung außer Acht gelassen werden.

Auch im staatlichen Haushaltsrecht gilt die Bindung an die Investitionsausgaben (Art. 115 GG, § 18 BHO, § 18 LHO Hessen). Hier sind aber im Gegensatz zum kommunalen Bereich darüber hinausgehende Kreditaufnahmen zur Abwehr einer Störung des gesamtwirtschaftlichen Gleichgewichts zulässig. Unter dem Schlagwort „deficit-spending" wird hier also die Möglichkeit eröffnet, in Zeiten einer Rezession der Wirtschaft, über kürzere Zeiträume (ein oder zwei Jahre) Kreditaufnahmen für konsumtive Ausgaben zuzulassen. Zusammen mit einem bewusst in Kauf genommenen Defizit-Haushalt soll so die ausgefallene private Nachfrage durch den Staat ersetzt werden.

Diese gesamtwirtschaftlich notwendige Aufgabe wird den Gemeinden allerdings nicht zugemutet. Für die Gemeinden steht die Tragbarkeit ihrer Schulden im Vordergrund. Dieses geschieht sicherlich auch nicht zuletzt wegen ihrer beschränkten Einnahmebeschaffungsmöglichkeiten.

9.2.3.6 Kreditermächtigung in der Haushaltssatzung

Die Beschaffung von Einnahmen ist i. d. R. nicht auf eine entsprechende Einnahmeermächtigung im Haushaltsplan zurückzuführen. Vielmehr werden die Finanzierungsmittel in der Haushaltswirtschaft auf Grund spezialgesetzlicher Regelungen (z. B. Steuergesetze, Gebührensatzungen), privatrechtlicher Verträge (z. B. Mietverträge) usw. erzielt. Im Hinblick auf die Möglichkeit der Erzielung von Einzahlungen aus Krediten hat der Gesetzgeber wegen der besonderen Folgewirkungen der Kredite auf die Haushaltswirtschaft eine besondere Ermächtigungsnorm vorgesehen.

Nach § 94 Abs. 2 Nr. 1 c HGO ist in der Haushaltssatzung (siehe Kapitel 11) die vorgesehene Kreditaufnahme für Investitionen und Investitionsförderungsmaßnahmen mit ihrem Gesamtbetrag festzusetzen.

Kredite zur Umschuldung sind nicht in die Haushaltssatzung aufzunehmen. Dieses ist auch sinnvoll, weil es sich um keine Erhöhung des gemeindlichen Schuldenstandes handelt. Die abgelösten Kredite waren einerseits bereits in Kreditermächtigungen von früheren Haushaltssatzungen enthalten und andererseits sind wirtschaftlich günstige Rahmenbedingungen für eine Umschuldung (niedrige Zinsen) oft nicht längerfristig absehbar und entziehen sich so einer sinnvollen haushaltswirtschaftlichen Planung.

Die Kreditermächtigung in der Haushaltssatzung ist eine der Voraussetzungen zur Kreditaufnahme für Investitionen und Investitionsförderungsmaßnahmen. Der in § 2 der Haushaltssatzung nach dem verbindlichen Muster (Muster 1 [zu § 60 Nr. 1 GemHVO und § 94 HGO]) festgesetzte Betrag ist gleichzeitig der höchstmögliche Kreditaufnahmebetrag. Ein evtl. darüber hinausgehender Bedarf kann nur im Rahmen einer Nachtragssatzung (§ 98 HGO) befriedigt werden. Die festgesetzte Kreditermächtigung ist aber nicht gleichzeitig auch eine Verpflichtung zur Aufnahme von Krediten. Auch bei der tatsächlichen Aufnahme der Kredite ist in besonderem Maße das Nachrangigkeitsprinzip zu beachten.

Festzusetzender Betrag ist die Summe der Rückzahlungsverpflichtungen der Kredite (§ 41 Abs. 1 GemHVO) i. V. m. § 58 Nr. 20 GemHVO.

Alle übrigen Schulden im haushaltsrechtlichen Sinne (kreditähnliche Geschäfte, Kassenkredite) sind nicht Gegenstand der Festsetzung in § 2 der Haushaltssatzung.

9.2.3.7 Genehmigung der Kredite

Nach § 103 Abs. 2 Satz 1 HGO bedarf der Gesamtbetrag der in der Haushaltssatzung (§ 2) vorgesehenen Kreditaufnahmen für Investitionen und Investitionsförderungsmaßnahmen (also nicht der für Umschuldungen vorgesehenen Beträge) der Genehmigung der Aufsichtsbehörde. Es handelt sich also um eine Gesamtgenehmigung der vorgesehenen Kreditaufnahme, eine Genehmigung der einzelnen später zu vorzunehmenden tatsächlichen Kreditaufnahmen ist nur in Ausnahmefällen vorgesehen. Die Genehmigung soll nach den Grundsätzen einer geordneten Haushaltswirtschaft erteilt oder versagt werden. Die Aufsichtsbehörde kann, wenn sie es für erforderlich hält, die Genehmigung unter Bedingungen erteilen oder mit Auflagen verbinden. Wenn die Aufsichtsbehörde feststellt, dass die aus der vorgesehenen Kreditaufnahme resultierenden Kreditverpflichtungen, also insbesondere die Belastungen mit Zins- und Tilgungsleitungen, nicht mit der dauernden Leistungsfähigkeit der Gemeinde in Einklang stehen, kann sie die Genehmigung für den gesamten vorgesehenen Betrag oder einen Teil davon verweigern.

Zu den Grundsätzen einer geordneten Haushaltswirtschaft gehört insbesondere die Gewährleistung der stetigen Aufgabenerfüllung. Die Gemeinde darf also keine Kreditverpflichtungen eingehen, die dazu führen, dass sie ihren Aufgaben zukünftig nicht mehr in dem notwendigen Umfang nachkommen kann. Vor allem ablesbar ist dies am ordentlichen Ergebnis. Wenn das ordentliche Ergebnis negativ ist (§ 24 Abs. 2 GemHVO), ist dies ein Indikator für die Gefährdung der stetigen Aufgabenerfüllung. Die Aufsichtsbehörde prüft also nicht nur die sich im betreffenden Haushaltsplan widerspiegelnde Situation eines Jahres, sondern darüber hinaus insbesondere die im Ergebnis- und Finanzplan darzustellende Entwicklung der kommenden Jahre, in denen die aus Kreditaufnahmen entstehenden Zahlungsverpflichtungen dargestellt sind.

Wenn die Aufsichtsbehörde feststellt, dass die Kreditaufnahme und die daraus resultierenden Belastungen mit der dauernden Leistungsfähigkeit der Gemeinde in Einklang steht und eine stetige Aufgabenerfüllung weiterhin gesichert ist, besteht kein Grund, die Genehmigung zu versagen.

Stellt die Aufsichtsbehörde jedoch fest, dass hiervon nicht auszugehen ist, so hat sie mehrere Möglichkeiten des Eingreifens, wobei der Grundsatz der Verhältnismäßigkeit zu wahren und das mildeste Mittel anzuwenden ist, das zu dem beabsichtigten Erfolg führt.

- **Bedingungen und Auflagen**

Die Aufsichtsbehörde erteilt die (Gesamt-)Genehmigung unter Bedingungen oder Auflagen. Dabei bedeutet die Erteilung unter Bedingungen, dass die Genehmigung erst wirksam wird, wenn die Bedingung eintritt (aufschiebende Bedingung). Die ebenfalls nach dem Verwaltungsrecht mögliche auflösende Bedingung, wonach die Genehmigung zunächst wirksam wird, dann aber entfällt, wenn die Bedingung nicht realisiert wird, kann für die Genehmigung von Kreditaufnahmen nicht verwendet werden, da während der Geltung der Genehmigung vorgenommene Kreditaufnahmen nicht ohne gravierende wirtschaftliche Nachteile wieder rückgängig gemacht werden können, sollte die Genehmigung entfallen. Eine aufschiebende Bedingung könnte sein, dass die Genehmigung erst dann wirksam wird, wenn der Bewilligungsbescheid des Landes über eine Zuweisung vorliegt.

„Auflagen" bedeutet, dass die Genehmigung wirksam ist, aber der Gemeinde auferlegt wird, bestimmte Dinge zu tun oder zu unterlassen, z. B. nur jede zweite frei werdende Stelle wieder zu besetzen. Die Wirksamkeit der Genehmigung hängt nicht davon ab, ob die Gemeinde die Auflage auch tatsächlich erfüllt.

- **Einzelgenehmigung**

Die Aufsichtsbehörde erteilt zwar die Gesamtgenehmigung, behält sich aber vor, jede einzelne Kreditaufnahme im Rahmen des genehmigten Gesamtbetrages einzeln zu genehmigen. Sie prüft dann die Kreditkonditionen und die aktuelle Finanzlage der Gemeinde und entscheidet, ob diese einzelne Kreditaufnahme mit der Leistungsfähigkeit der Gemeinde in Einklang steht.

- **Teilbetragsgenehmigung**

Die Aufsichtsbehörde genehmigt nur einen Teil der vorgesehenen Kreditaufnahme (z. B. den Teil, der für die Finanzierung bereits begonnener und fortzuführender Investitionen benötigt wird), und versagt die Genehmigung für den Restbetrag. Die Gemeindevertretung muss dann beschließen, wie die Investitionen an den genehmigten Kreditbetrag angepasst werden, z. B. durch Kürzung, Verschiebung oder Streichung. Dies erfolgt durch erneuten Beschluss über die Haushaltssatzung, der auch „Beitrittsbeschluss" genannt wird, weil die Gemeindevertretung damit der aufsichtsbehördlichen Entscheidung „beitritt".

- **Versagung der Genehmigung**

Sofern die finanzielle Situation der Gemeinde es erforderlich macht, kann die Aufsichtsbehörde die Genehmigung auch vollständig versagen. Dies macht eine völlige Überarbeitung des Haushaltsplanes und eine erneute Beschlussfassung über die Haushaltssatzung mit dem Ziel notwendig, eine deutliche Reduzierung der Kreditaufnahme auf den von der Aufsichtsbehörde für genehmigungsfähig erachteten Umfang vorzunehmen.

Zum Inhalt und Umfang der aufsichtsbehördlichen Mitwirkung siehe auch Ziffer 11.3.7.

9.2.3.8   Dauerhafte Leistungsfähigkeit

§ 103 Abs. 2 Satz 3 HGO lässt Kreditaufnahmen nur zu, wenn die aus Kreditaufnahmen entstehenden Verpflichtungen mit der dauernden Leistungsfähigkeit der Gemeinde in Einklang stehen. Die Prüfung, ob dies der Fall ist, obliegt zunächst der Gemeinde im Rahmen ihrer Investitions-, Haushalts-, Ergebnis- und Finanzplanung selbst. Andererseits unterliegt der in der Haushaltssatzung (§ 2) festgesetzte Gesamtbetrag der Kreditaufnahmen für Investitionen und Investitionsförderungsmaßnahmen der Genehmigung durch die Aufsichtsbehörde. Kreditaufnahmen für Umschuldungen fallen folglich nicht darunter.

Die Gemeinde hat also grundsätzlich eigenverantwortlich darauf zu achten, dass die aus Kreditaufnahmen entstehenden Verpflichtungen mit ihrer dauernden Leistungsfähigkeit in Einklang stehen. Die Gemeinde hat also ihr besonderes Augenmerk auf die Frage zu richten, ob die für Zins- und Tilgungsverpflichtungen aufzubringenden Mittel auf Dauer noch erwirtschaftet werden können. Die Beantwortung dieser Frage ist nicht durch die evtl. Festlegung bestimmter Prozentrelationen zu den so genannten allgemeinen Deckungsmitteln, zur Gesamteinnahme oder die Festlegung z. B. bestimmter Höchstsätze der Pro-Kopf-Verschuldung möglich. Die sog. Pro-Kopf-Verschuldung ist zwar in der Presse oder bei den Mandatsträgern ein beliebtes Argument, eine weitere Kreditaufnahme zu befürworten oder abzulehnen. Tatsächlich ist sie aber nicht geeignet, die gestellten Fragen zu beantworten.

Folgendes **Beispiel** soll dieses verdeutlichen:

> Herr A und Herr B nehmen jeweils einen Kredit in Höhe von 20.000 € auf. Beide haben also eine Pro-Kopf-Verschuldung von 20.000 €. Der Schuldendienst beträgt für beide gleichermaßen z. B. 500 € monatlich. A verdient 4.000 € im Monat, der monatliche Verdienst von B beträgt nur 1.000 €. Frage: Können beide die Belastungen bei gleicher Pro-Kopf-Verschuldung gleich gut tragen?

> Eine Antwort erübrigt sich hier wohl. Das Beispiel verdeutlicht:

> Nicht die Frage nach der absoluten Schuldenhöhe ist entscheidend, sondern wichtiger ist die Frage nach dem Schuldendienst (also die Zins- und Tilgungsleistungen), um dann überzuleiten auf die entscheidende Frage: Reichen die laufenden Mittel aus, um den Schuldendienst finanzieren zu können?

Wichtige Aspekte auf die Frage nach einer noch möglichen Kreditaufnahme gibt das im Rahmen des Ergebnishaushaltes darzustellende ordentliche Ergebnis im Hinblick auf die Zinslast. Für die Frage der Aufbringung der Tilgung ist enthält auch der Finanzhaushalt wichtige Informationen. Nach den haushaltsrechtlichen Bestimmungen (§ 92 Abs. 4 HGO i. V. m. § 24 GemHVO) ist ein Haushaltssicherungskonzept aufzustellen, wenn der Ergebnishaushalt einen Fehlbedarf ausweist, der nicht durch Mittel aus der aus Überschüssen des ordentlichen Ergebnisses gebildeten Rücklage ausgeglichen werden kann.

Es kommt bei der Frage nach der dauernden Leistungsfähigkeit darauf an, wie sich das „ordentliche Ergebnis" entwickelt und zwar nicht nur bezogen auf das anstehende Haushaltsjahr, sondern auf den mittelfristigen Finanzplanungszeitraum. Sobald die Gemeinde nicht mehr in der Lage ist, den Anforderungen des § 24 Abs. 1 und 2 GemHVO gerecht zu werden, ist die dauernde Leistungsfähigkeit nicht mehr gegeben. Der Ergebnishaushalt weist dann einen Fehlbedarf aus, der die Gemeinde zwingt, notwendige Maßnahmen einzuleiten, um diesen Fehlbedarf in der Ausführung des Haushaltes gar nicht entstehen zu lassen bzw. den Haushaltsausgleich wieder herzustellen (siehe hierzu auch Ziffer 10.2).

9.2.3.9 Zuständigkeit für den Abschluss des Kreditvertrages

Die in § 2 der Haushaltssatzung gegebene Ermächtigung zur Aufnahme von Krediten ist die Festlegung nach dem Höchstbetrag. Es ergibt sich nun die Frage, wer die Entscheidung über die **tatsächliche** Kreditaufnahme im Rahmen der Ausführung des Haushalts trifft (z. B. Vertragsabschluss mit dem Kreditinstitut). In § 51 HGO ist kein ausdrücklicher Zuständigkeitsvorbehalt für die Gemeindevertretung vorgesehen.

Stattdessen regelt § 103 Abs. 1 Satz 2 HGO die grundsätzliche Zuständigkeit der Gemeindevertretung für die Entscheidung über die Aufnahme eines einzelnen Kredites.

Diese Zuständigkeit kann die Gemeindevertretung jedoch übertragen, in dem sie eine „andere Regelung" (§ 103 Abs. 1 Satz 2 2. Hs. HGO) trifft. Übertragen werden kann die Zuständigkeit sowohl auf einen Ausschuss, z. B. den Finanzausschuss, der nach § 62 Abs. 1 Satz 2 HGO ohnehin zwingend zu bilden ist, oder auf den Gemeindevorstand. Diese Möglichkeit der Übertragung ist auch praxisgerecht und wird daher in der kommunalen Praxis fast überall wahrgenommen, denn die Kreditmarktbedingungen verändern sich laufend, sodass die Gemeinde die Möglichkeit haben muss, hierauf flexibel und schnell zu reagieren, was durch die i. d. R. langfristig festgelegten Termine der Sitzungen der Gemeindevertretung kaum möglich ist. Der in der Regel wöchentlich (§ 69 Abs. 1 HGO) tagende Gemeindevorstand kann diese Anforderungen weitaus eher erfüllen.

9.2.3.10 Evtl. Einzelgenehmigung

Grundsätzlich unterliegt die Kreditaufnahme im kommunalen Bereich nicht der Einzelgenehmigung. D. h., die tatsächliche Kreditaufnahme beim Geldgeber muss nicht jeweils einzeln von der Aufsichtsbehörde genehmigt werden, es sei denn, sie hat sich dies bei der Gesamtgenehmigung vorbehalten (s. o. Ziffer 9.2.3.7).

Eine Einzelgenehmigung der Kreditaufnahme kann weiterhin im Zusammenhang mit der Beachtung des gesamtwirtschaftlichen Gleichgewichts ggf. angeordnet werden. Nach § 103 Abs. 4 Nr. 1 HGO ist eine Einzelgenehmigung erforderlich, sofern die Kreditaufnahme durch **den Bund** nach § 19 StWG beschränkt worden ist. Diese Beschränkung darf nach § 20 Abs. 2 StWG allerdings nur bis zur Höhe von 80 % der Kreditaufnahmen nach dem Durchschnitt der letzten 5 Jahre reichen. Für Gemeinden, die in der Vergangenheit zurückhaltend waren, stellt diese Regelung eine Benachteiligung dar. Hier sollten Ausnahmemöglichkeiten geschaffen werden. Bei der bestehenden Regelung muss somit eine Gemeinde im Rahmen ihrer Kreditpolitik auch diese Konsequenz bedenken.

Die Einzelgenehmigung kann nach Maßgabe der Kreditbeschränkung versagt werden. Folge der Kreditbeschränkung ist die verminderte Investitionstätigkeit und damit ein Mittel zur Konjunkturdämpfung.[368]

Nach § 103 Abs. 5 HGO kann die Kreditaufnahme auch aus kreditwirtschaftlichen Gründen („wenn die Kreditbedingungen die Entwicklung am Kreditmarkt ungünstig beeinflussen oder die Versorgung der Gemeinden mit Krediten zu wirtschaftlich vertretbaren Bedingungen stören könnten") einer Einzelgenehmigung der Aufsichtsbehörde unterliegen, wenn dies durch Rechtsverordnung bestimmt wird. Eine solche Rechtsverordnung ist jedoch bisher nicht erlassen worden.

9.2.3.11   Formale Vorschriften bei der Kreditaufnahme

Nach § 71 Abs. 2 HGO bedürfen Erklärungen, durch welche die Gemeinde verpflichtet werden soll, der Schriftform oder müssen in elektronischer Form mit einer dauerhaft überprüfbaren qualifizierten elektronischen Signatur versehen sein. Zu diesen Erklärungen gehört auch der Kreditvertrag (Schuldurkunde). Verpflichtungserklärungen sind vom Bürgermeister oder dessen allgemeinen Vertreter und einem weiteren Mitglied des Gemeindevorstandes zu unterzeichnen. Die Bevollmächtigung von Gemeindebediensteten ist möglich, sofern die Bevollmächtigung in der vorgenannten Form erfolgt ist.

9.2.4   Ausgestaltung der Kredite (Kreditbedingungen)

9.2.4.1   Allgemeines

Die Gemeinden sind eigenverantwortlich gehalten, die Kreditbedingungen zu prüfen. Unter Kreditbedingungen sind die Bedingungen gemeint, die der Gläubiger bei der Hergabe des Kapitals stellt. Hierunter werden subsumiert:

---

[368] Bisher hat der Bund nur einmal von der Möglichkeit nach § 19 StWG Gebrauch gemacht. Dieses geschah mit der Verordnung über die Begrenzung der Kreditaufnahme durch Bund, Länder, Gemeinden und Gemeindeverbände im Haushaltsjahr 1973 vom 01.06.1973, auch Schuldendeckelverordnung genannt (BGBl. I 1973 S. 504). In dieser Verordnung wurde für den Bund, die Länder und die Gemeinden (GV) jeweils ein Höchstbetrag der Kreditaufnahme festgesetzt. Im Rahmen der Einzelgenehmigung wurde dann unter Berücksichtigung der Nettokreditaufnahmen (Kreditaufnahme abzüglich Kredittilgung) der Vorjahre eine Kreditaufnahme genehmigt bzw. abgelehnt.

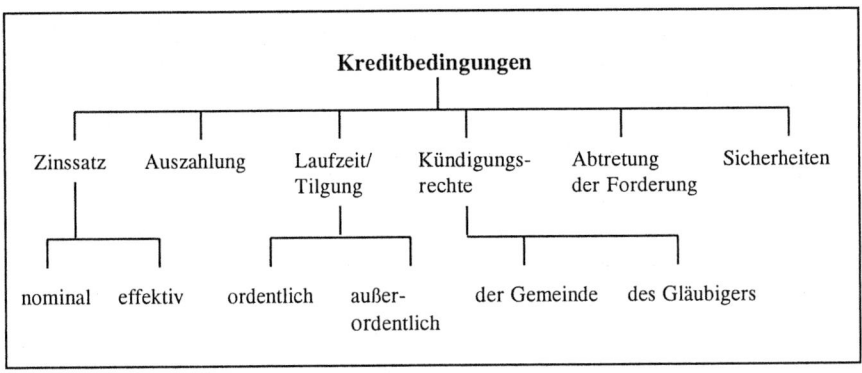

9.2.4.2 Zinssatz

Der **Nominalzinssatz** ist Ausdruck der Auszahlungen für Zinsen, die der Kredit jährlich verursacht. Er ist allerdings kein Kriterium zur Beurteilung der Wirtschaftlichkeit des jeweiligen Kreditangebotes. Bei der Frage nach der Wirtschaftlichkeit eines Kreditangebotes ist der sog. **Effektivzinssatz** zu beachten, der unter Berücksichtigung der Kreditbeschaffungskosten (z. B. Disagio, einmaligen Verwaltungskosten, Gebühren) und der laufenden Kosten sowie der Laufzeit im Einzelfall zu ermitteln ist. Auch die unterschiedlichen Zahlungsmodalitäten der Zins- und Tilgungsleistungen (z. B. vierteljährlich, halbjährlich, jährlich nachträglich; sofortige Abzug unterjähriger Tilgung vom Restkapital) haben Einfluss auf den Effektivzinssatz.

Die Kreditgeber sind gesetzlich verpflichtet, den Effektivzinssatz im Kreditangebot zu nennen. Mithilfe der Datenverarbeitung werden die einzelnen Effektivzinssätze maschinell ermittelt.[369]

Im Zusammenhang mit dem Zinssatz ist auch eine evtl. Zinsgleitklausel zu beachten. Die Zinsgleitklausel erlaubt eine automatische Anpassung des Zinssatzes an die veränderte Kapitalmarktlage bzw. erlaubt es dem Gläubiger, einseitig einen neuen Zinssatz festzusetzen. Die Zinsgleitklausel ist nicht zu verwechseln mit der Zinsanpassungsklausel, die eine neue vertragliche Vereinbarung voraussetzt.

Bei der Zinsgleitklausel wird vielfach ein bestimmtes Verhältnis zum Basiszinssatz der Europäischen Zentralbank festgeschrieben. Diese Gleitklauseln sollten unter dem Gesichtspunkt der Wirtschaftlichkeit und im Interesse der Haushaltssicherheit vermieden werden.

---

[369] Eine ausführliche Darstellung der Effektivzinssätze und deren Berechnung enthält Klümper/Möllers/ Zimmermann, Kommunale Kosten- und Wirtschaftlichkeitsrechnung, 17. Auflage Witten 2010, S. 337.

9.2.4.3 Auszahlung

Die Auszahlung der Kredite erfolgt nicht immer in voller Höhe des Nennbetrages (Rückzahlungsbetrag). Da das Disagio (Abgeld) als Kreditbeschaffungskosten Auswirkungen auf den Effektivzinssatz hat, bedarf es besonderer Beachtung.

Ein etwaiges Disagio ist als aktiver Rechnungsabgrenzungsposten (§ 45 Abs. 3 GemHVO) in der Vermögensrechnung (siehe Ziffer 16.3.3) auszuweisen und wird zeitanteilig aufgelöst, soweit er nicht als zeitanteiliger Aufwand auf das aktuelle Haushaltsjahr entfällt. Der als Aufwand zu berücksichtigende Anteil wirkt sich jeweils auf das ordentliche Ergebnis und damit auf den Haushaltsausgleich aus.

Unabhängig vom Kostenfaktor usw. sind die Kreditbeschaffungskosten später bei einer möglichen Umschuldung von Bedeutung (siehe Ziffer 9.2.7).

9.2.4.4 Laufzeit und Tilgung

Die Laufzeit eines Kredites ergibt sich aus der Höhe der jährlichen Tilgung (z. B. 2 v. H. feststehende Tilgung = 50 Jahre Laufzeit).

Hinsichtlich der Tilgung unterscheidet man in

*   ordentliche Tilgung
    (die Leistung des im Haushaltsjahr zurückzuzahlenden Betrages bis zu der in den Rückzahlungsbedingungen festgelegten Mindesthöhe) und

*   außerordentliche Tilgung
    (die über die ordentliche Tilgung hinausgehende Rückzahlung einschließlich Umschuldung).

Bei der Wahl der Tilgungsbedingungen sind die finanziellen Möglichkeiten der Gemeinde zu berücksichtigen. Ist aus der Haushaltssituation keine kurzfristige Tilgungsmöglichkeit zu erkennen, werden i. d. R. auch geringe Tilgungsraten anzustreben sein. Kredite mit langen Laufzeiten haben geringere Tilgungssätze. Kreditlaufzeiten von bis zu 40 Jahren sind üblich. Diese können bei festen Tilgungsraten in Höhe von 2,5 % bzw. bei Annuitätenkrediten mit anfänglicher Tilgung von 1 % erreicht werden. Bei Annuitätenkrediten wachsen den Tilgungsbeträgen die ersparten Zinsen zu, dadurch kann die Zahlungsbelastung durch Zinsen und Tilgung während der gesamten Kreditlaufzeit konstant gehalten werden. Dadurch wird die Laufzeit der Kredite erheblich verringert, so z. B. bei 1 % anfänglicher Tilgung je nach Zinssatz auf etwa 30 bis 40 Jahre. Auch wenn nach § 18 GemHVO auch im Finanzhaushalt das Gesamtdeckungsprinzip besteht und somit Kredite nicht einzelnen Investitionsvorhaben zugeordnet werden können, so sollte doch die Laufzeit der Kredite und die Lebensdauer der Investitionen aufeinander abgestimmt sein. Auf keinen Fall darf die Tilgungsdauer des Kredites die durchschnittliche Nutzungsdauer der damit finanzierten Maßnahmen übersteigen. Verfügt die Gemeinde dagegen über eine ausreichende Finanzkraft, so ist gegen eine kürzere Tilgungsdauer nichts einzuwenden.

Aus betriebswirtschaftlicher Sicht führt die Gesamtdeckung der Kredite mit der damit verbundenen langfristigen Laufzeit zu dem Problem, dass u. U. Anlagevermögen mit kurzer Nutzungsdauer (z. B. Hardware DV-Bereich, Kraftfahrzeuge) langfristig finanziert wird. Insofern sind die Gemeinden aufgerufen, diesen Aspekt bei der Kreditfinanzierung zu berücksichtigen.

9.2.4.5 Kündigungsrechte

Kredite müssen für die Gemeinde grundsätzlich immer kündbar sein, um eine vorzeitige völlige bzw. teilweise Tilgung zu ermöglichen. In diesem Zusammenhang wird auf § 489 BGB hingewiesen. Ein Kündigungsrecht sollte nicht länger als für die ersten 5 Jahre ausgeschlossen sein. Sofern dies die Kreditbedingen nicht zulassen, sollte der Gemeinde zumindest das Recht eingeräumt sein, Sondertilgungen in größerem Umfang leisten zu können.

Aus Gründen der Haushaltssicherheit und um die Kreditbelastung langfristig überschaubar zu halten, ist ein Kündigungsrecht des Gläubigers nach Möglichkeit auszuschließen bzw. nur zum Zwecke der Zinsanpassung zuzulassen. Eine gewisse Sonderstellung nehmen hier die Sparkassen – als bevorzugte Kreditgeber der Gemeinden – ein. Ihnen ist zum Zwecke der Zinsregulierung von jeher ein Kündigungsrecht eingeräumt. Falls Kündigungsklauseln vereinbart werden, sollte auf eine ausreichende Kündigungsfrist geachtet werden.

9.2.4.6 Abtretung der Forderung

Dem Gläubiger sollte das Recht zur Abtretung der Forderungen an einen anderen grundsätzlich nicht gegeben werden. Dieses geschieht deshalb, weil die Gemeinde aus Gründen der Haushaltssicherheit den Kredit während der gesamten Laufzeit mit einem ihr vorher bekannten Gläubiger abwickeln sollte. Ist eine Abtretung ausnahmsweise vertraglich doch eingeräumt, sollte die Gemeinde sich die jeweilige Zustimmung zur Abtretung vorbehalten.

9.2.4.7 Sicherheiten

Dem Wesen der öffentlichen Kredite entsprechend ist die Bestellung von Sicherheiten grundsätzlich unzulässig (§ 103 Abs. 8 HGO). Nur mit Zustimmung der Aufsichtsbehörde sind Ausnahmen zulässig, wenn die Sicherheitsbestellung der Verkehrsübung entspricht. Der Verkehrsübung entspricht eine Sicherheitsleistung, wenn sie im Geschäftsverkehr unter Berücksichtigung der besonderen Stellung der Gemeinden im Kreditgeschäft üblich ist. Beispiel hierfür sind Hypotheken auf Wohnhäuser. Insgesamt ist jedoch ein strenger Maßstab bei der Frage nach Sicherheitsleistungen anzulegen.

9.2.5   Dauer der Kreditermächtigung

Gemäß § 103 Abs. 3 HGO gilt die Kreditermächtigung eines Haushaltsjahres bis zum Ende des nächsten Haushaltsjahres und, wenn die Haushaltssatzung für das übernächste Jahr nicht rechtzeitig öffentlich bekannt gemacht wird, bis zur Bekanntmachung dieser Haushaltssatzung. Die Einzelheiten des Verfahrens und die technische Abwicklung werden bei Ziffer 7.4.4.6 dargestellt.

9.2.6   Veranschlagung der Kredite und der Folgekosten

Kredite einschließlich der geplanten Kredite zur Umschuldung[370] sind nach § 3 Abs. 1 Nr. 31 GemHVO (bzw. § 3 Abs. 2 Nr. 14 GemHVO bei indirekter Finanzrechnung) im Finanzhaushalt zu veranschlagen. Gleiches gilt für die Tilgung von Krediten (§ 3 Abs. 1 Nr. 32 GemHVO bzw. § 3 Abs. 2 Nr. 15 GemHVO bei indirekter Finanzrechnung). Die Kreditzinsen sind im Ergebnishaushalt darzustellen (§ 2 Abs. 1 Nr. 19 GemHVO). Die Zahlung der Tilgung bewirkt keine Veränderung des Eigenkapitals bzw. Reinvermögens, sodass es sich hier nicht um eine ergebniswirksame Auszahlung handelt.

Gem. § 4 Abs. 4 GemHVO sind die Einzahlungen aus Kreditaufnahmen entweder zentral im Teilhaushalt „Allgemeine Finanzwirtschaft" (Produktbereich 16) oder im sachlich zuständigen Teilhaushalt zu veranschlagen, letzteres in erster Linie bei projektbezogenen Krediten z. B. im Rahmen öffentlicher Förderung. Näheres dazu siehe Kapitel 6 Finanzhaushalt; das gleiche gilt für die Tilgung. Auch wenn die Verordnung keine verbindliche Zuordnung vornimmt, erscheint eine Zuordnung der Kapitalmarktkredite zum Teilhaushalt allgemeine Finanzwirtschaft sachgerecht und methodisch konsequent. Letztlich wird durch die zentrale Veranschlagung dokumentiert, dass die Kredite im Rahmen der Gesamtdeckung nach § 18 GemHVO als sog. allgemeine Deckungsmittel des Finanzhaushaltes dienen. Eine objektbezogene Kreditveranschlagung kommt dagegen nur ausnahmsweise bei Spezialkrediten zur Projektförderung oder aus anderen wichtigen Gründen in Betracht. Sicherlich wäre eine konsequente teilhaushaltsbezogene Stückelung der Kreditverträge auch aus dem Gesichtspunkt der Wirtschaftlichkeit nicht zu empfehlen. Die derzeitige Funktion der Kredite erlaubt es, die tatsächliche Aufnahme unter Liquiditätsgesichtspunkten vorzunehmen; wobei auch die Frage des günstigsten Zeitpunktes der Aufnahme eine Rolle spielen wird.

Auch wenn die Einzahlungen aus Krediten grundsätzlich zweckfrei sind, ist vom Haushaltsrecht her nicht ausgeschlossen, dass Kredite gemäß § 19 GemHVO für zweckgebunden[371] erklärt werden können. Dieses wird dann erforderlich sein, wenn die Kredite z. B. auf Grund von Gesetzen für bestimmte Maßnahmen bewilligt werden (z. B. Kredite aus dem Hess. Investitionsfonds). Denkbar ist jedoch auch eine Zweckbindung auf Grund einer besonderen Vereinbarung mit dem Gläubiger.

---

[370] Sofern bereits im Rahmen der Haushaltsplanaufstellung Umschuldungen vorgesehen sind, empfiehlt es sich, die Summe der Umschuldung Muster 8 (Muster 9 bei indirekter Finanzrechnung) jeweils in einer gesonderten Zeile zu Position 31 (16) und Position 32 (17) darzustellen („- davon Umschuldung...") damit der Zusammenhang mit der Haushaltssatzung gem. Muster 1 deutlich wird.

[371] Siehe hierzu Ziffer 7.4.2.1.

Daraus ergibt sich, dass auch die

- Kreditzinsen,
- Kredittilgung und
- Kreditbeschaffungskosten usw.

i. d. R. im Produktbereich 16 zu veranschlagen sind, soweit sie nicht dezentral in anderen Teilhaushalten ausgewiesen werden (Vgl. Ziffer 6).

9.2.7 Umschuldung

Die Kreditaufnahme ist nach § 103 Abs. 1 HGO auch zur Umschuldung möglich. Hierunter ist die Ablösung von Krediten durch andere Kredite zu verstehen.

Eine Umschuldung findet i. d. R. statt, wenn nach Ablauf der Zinsbindungsfrist der Kredit gekündigt wird (seitens der Gemeinde, wenn die aktuellen Zinsen niedriger als die bisherigen sind, seitens des Kreditgebers, wenn sie höher sind). Die Gemeinde zahlt dann das noch nicht getilgte Kapital an den bisherigen Kreditgeber zurück und nimmt in dieser Höhe einen Kredit zu veränderten Bedingungen neu auf, dies kann auch beim bisherigen Kreditgeber sein, wenn dieser das günstigste Angebot unterbreitet. Man spricht dann nicht von Umschuldung, sondern von Prolongation, da Umschuldung einen Gläubigerwechsel beinhaltet.

Hierbei ist aber zu beachten, dass mit der neuen Kreditaufnahme ggf. erneut Kreditbeschaffungskosten anfallen. Ferner ist noch zu berücksichtigen, dass die Laufzeit des neuen Kredites nicht über die Restlaufzeit des abzulösenden Kredites hinausgehen sollte. Der Tilgungssatz muss also so festgelegt werden, dass der neue Kredit innerhalb der Restlaufzeit des alten Kredites getilgt wird.

Auch wenn rein rechtlich Kündigungsmöglichkeiten bestehen (§ 489 BGB bzw. vertraglich vereinbart), sollte hiervon nur dann Gebrauch gemacht werden, wenn ein wirklicher wirtschaftlicher Vorteil entsteht. Hierbei ist jedoch auch die „Vertragstreue" bei bestehenden Geschäftsverbindungen nicht außer Acht zu lassen, außerdem verlangen Kreditgläubiger i. d. R. eine so genannte „Vorfälligkeitsentschädigung", was den scheinbaren Vorteil eines niedrigeren Zinssatzes leicht wieder zunichtemachen kann.

Eine Umschuldung ist aber auch denkbar, um eine Vielzahl von Einzelkrediten wirtschaftlich günstiger in der Form eines „neuen" Gesamtkredites abzuwickeln (geringerer Verwaltungsaufwand).

9.2.8 Übungen

Sachverhalt Nr. 1

Die Gemeinde G will einen Kredit von 5 Mio. € aufnehmen. Der Zahlungsmittelbestand auf den Konten der Gemeindekasse beträgt zzt. 6 Mio. € und ist frei verfügbar. Der Bürgermeister prüft, ob die Kreditaufnahme zulässig ist. Folgende Kreditkonditionen sind zu berücksichtigen:

- Der Kredit ist mit 1 % zu tilgen.

- Der Kredit ist mit 4,0 % zu verzinsen. Der Bürgermeister will zurzeit als Tagesgeld angelegte Mittel (2,5 % Guthabenzins) trotz der Verfügbarkeit nicht einsetzen, weil er dieses Geld für einen im übernächsten Jahr geplanten Rathausneubau einsetzen will.

- Der Kreditbedarf der Gemeinde G beträgt im gesamten Zeitraum der Finanzplanung 20 Mio. €. In diesem Zeitraum wird voraussichtlich auch der gesamte Zahlungsmittelbestand eingesetzt. Am Kapitalmarkt deutet sich eine Verteuerung der Kredite an.

Aufgabe:

Begutachten Sie die Zulässigkeit dieser Kreditaufnahme unter dem Aspekt der Subsidiarität.

Lösung:

Nach § 93 Abs. 3 HGO darf die Gemeinde Kredite nur aufnehmen, wenn eine andere Finanzierung nicht möglich ist oder wirtschaftlich unzweckmäßig wäre. Hier wird der Grundsatz der Subsidiarität angesprochen, d. h. eine Kreditaufnahme soll erst erfolgen, wenn die übrigen Finanzierungsmöglichkeiten (§ 93 Abs. 2 HGO) ausgeschöpft sind. Dieser Grundsatz gilt aber nicht ausschließlich. Bei der Kreditaufnahme ist die wirtschaftliche Zweckmäßigkeit zu prüfen. So kann aus wirtschaftlichen Überlegungen heraus durchaus von einer Nachrangigkeit der Kreditaufnahme abgesehen werden.

Laut Sachverhalt ist im übernächsten Jahr der Neubau eines Rathauses geplant. Dieser Neubau wird einen erhöhten Finanzbedarf verursachen und damit – wenn kein ausreichender Zahlungsmittelbestand vorhanden wäre – einen erhöhten Kreditbedarf bedingen. Ferner ist für den gesamten Planungszeitraum eine Kreditaufnahme von 20 Mio. € vorgesehen. Wenn dieser über den gesamten Zeitraum gleichmäßig verteilt anfällt und darüber hinaus der Zahlungsmittelbestand ebenfalls gleichmäßig zum Einsatz kommt, ist den Erfordernissen einer kontinuierlichen Finanzpolitik Rechnung getragen. Diese Absicht ist mit den Vorschriften des § 93 Abs. 3 HGO vereinbar. Der Einsatz anderer Finanzierungsmittel würde sonst in den Folgejahren einen erhöhten Kreditbedarf verursachen. Die Gemeinde hätte auch keine Möglichkeit mehr, bei hohen Kreditkonditionen durch den Einsatz von Eigenmitteln einer Kreditaufnahme auszuweichen.

Auch der Vergleich der Kreditzinsen mit den Guthabenzinsen vorhandener Zahlungsmittel ändert nichts an dieser Entscheidung. Zwar sind zzt. 1,5 Prozentpunkte mehr für die Kreditzinsen aufzubringen, aber es deutet sich eine Verteuerung der Kredite am Kapitalmarkt an, sodass dieses Verhältnis nur ungünstiger werden kann. Deshalb kann eine Kreditaufnahme dem Einsatz anderer Finanzierungsmittel in diesem Fall vorgezogen werden.

Sachverhalt Nr. 2

Die Gemeinde G will in den Jahren 2014 bis 2016 jeweils 15 Mio. € Kredite aufnehmen. Die Auszahlungen der Finanzhaushalte unterteilen sich wie folgt:

Art der Auszahlungen/Einzahlungen	2014 Mio €	2015 Mio €	2016 Mio €
Auszahlungen			
Darlehensgewährungen	2	4	2
Baumaßnahmen	9	6	10
Tilgung von Krediten (ohne Umschuldung)	4	7	10
Investitionszuschüsse	2	12	1
Disagio	1	-	-
Umschuldung	-	-	1
Einzahlungen			
Zuweisungen/Zuschüsse für Investitionen	-	2	-

Aufgabe:

Prüfen Sie die Zulässigkeit dieser Kreditveranschlagungen in Bezug auf § 103 Abs. 1 HGO.

Lösung:

Nach § 103 Abs. 1 HGO dürfen Kredite nur im Finanzhaushalt und nur für Investitionen, Investitionsförderungsmaßnahmen und zur Umschuldung aufgenommen werden. Von den im Sachverhalt aufgeführten Auszahlungen gehören hierzu:

> Darlehensgewährungen
> Baumaßnahmen
> Investitionszuschüsse
> Umschuldung

Die Summe der bei diesen Auszahlungsarten ausgewiesenen Ansätze stellt die Höchstgrenze der Kreditaufnahmen dar. Diese Höchstbeträge sind um die zweckgebundenen Zuweisungen und Zuschüsse für Investitionen zu kürzen, weil der mit diesen

Mitteln geförderte Investitionsanteil nicht auch noch mit Krediten finanziert werden kann (keine Doppelfinanzierung). Somit verbleiben in den Jahren folgende Kreditaufnahme-möglichkeiten:

2014 Mio. €	2015 Mio. €	2016 Mio. €
13	20	14

Die laut Sachverhalt vorgesehen Kreditaufnahmen i. H. v. 15 Mio. € sind lediglich im Jahr 2015 zulässig. In 2014 und 2016 dürfen gemäß § 103 Abs. 1 HGO nur 13 Mio. bzw. 14 Mio. € aufgenommen werden. In § 2 der Haushaltssatzung des Jahres 2016 erscheinen jedoch lediglich 13 Mio. €, da der auf Umschuldungen entfallende Betrag der Kreditaufnahme nur im Haushaltsplan veranschlagt, aber nicht in der Haushaltssatzung festgesetzt wird.

Sachverhalt Nr. 3

Die Gemeinde G beabsichtigt, zur Finanzierung ihres Haushaltes einen Kredit vom Kreditmarkt i. H. v. 5 Mio. € zu veranschlagen. Sie rechnet mit folgenden Konditionen:

Zinsen	=	6 v. H.
Tilgung	=	5 v. H.
Auszahlungskurs	=	98 v. H.[372]

Die Kreditaufnahme ist für den 01.04. des Haushaltsjahres vorgesehen, wobei mit einer halbjährlichen Zins- und Tilgungsleistung (erstmals zum 01.10.) gerechnet wird.

Aufgabe:

Bilden Sie die erforderlichen Ansätze (einschließlich Buchungskonten) im Haushaltsplan (vereinfachte Darstellung).

---

[372] Die Kreditkonditionen sind aus Übungsgründen zur Verdeutlichung der Veranschlagung sämtlicher Kreditkosten dargestellt. Sie entsprechen nicht immer der aktuellen Marktlage.

Lösung:

a) Finanzhaushalt gem. Muster 8

Planungs-position	Buchungs-konto	Bezeichnung	Ansatz €
		Produktbereich: 16 **Allgemeine Finanzwirtschaft**	
31	*826*	<u>Einzahlungen</u> Kredite von privaten Unternehmen	5.000.000
32	*846*	<u>Auszahlungen</u> Tilgung der Kredite von priv. Untern.	125.000[373]

b) Ergebnishaushalt

Planungs-position	Buchungs-konto	Bezeichnung	Ansatz €
22	*771* *773*	Bankzinsen Auflösung von Disagio	225.000[374] 3.750[375]

Sachverhalt Nr. 4

Die Sparkasse G bietet am 11.11... einen äußerst günstigen Kredit i. H. v. 3 Mio. € zu 4,0 % Zinsen und 1 % Tilgung zuzüglich ersparter Zinsen bei einem Auszahlungskurs von 100 % an. Das Angebot gilt aber nur bis zum 12.11... Die Gemeinde G benötigt diesen Kredit dringend, zumal sie wegen der bisher angespannten Lage am Kreditmarkt ihre Kreditermächtigung i. H. v. 10 Mio. € nicht ausgenutzt hat. Bürgermeister B gibt der Sparkasse am gleichen Tage mündlich die Zusage. Die Gemeindevertretung hat die Entscheidung über die Kreditaufnahme auf den Gemeindevorstand übertragen. Nach dem Terminplan tagt der Gemeindevorstand am 20.11...

Aufgabe:

Begutachten Sie, wer für die Kreditaufnahme zuständig ist und welche Formvorschriften zu beachten sind.

---

[373] 5 v. H. von 5.000.000 € = 250.000 € : 2 (ein halbes Jahr) = 125.000 €.
[374] 6 v. H. von 5.000.000 € = 300.000 € * 3/4 (ein Dreivierteljahr) = 225.000 €.
[375] 2 v. H. von 5.000.000 € = 100.000 € : 20 Jahre * 3/4 = 3.750 €.

Lösung:

Eine ausschließliche Zuständigkeit der Gemeindevertretung für die Entscheidung über eine Kreditaufnahme sieht § 51 HGO nicht vor. Die Gemeindevertretung hat bereits in der Haushaltssatzung die Gesamtsumme der Kreditaufnahme festgelegt. Weiterhin hat sie gemäß § 103 Abs. 1 Satz 2 HGO die Entscheidungszuständigkeit für Kreditaufnahmen auf den Gemeindevorstand übertragen. Laut Sachverhalt kann jedoch aus Termingründen keine Entscheidung des Gemeindevorstandes bis zum Annahmezeitpunkt mehr herbeigeführt werden.

Gemäß § 70 Abs. 3 HGO kann der Bürgermeister in dringenden Fällen, wenn die vorherige Entscheidung des Gemeindevorstandes nicht eingeholt werden kann, die erforderlichen Maßnahmen von sich aus anordnen.

Angesichts der günstigen Konditionen und des dringenden Bedarfs würde die Nichtannahme des Kreditangebotes erhebliche Nachteile für die Gemeinde bringen. Ein dringender Fall ist also anzunehmen. Folglich kann der Bürgermeister nach § 70 Abs. 3 HGO die Entscheidung über die Kreditaufnahme treffen, er muss jedoch dem Gemeindevorstand unverzüglich hierüber berichten.

Der Abschluss eines Kreditvertrages über 3 Mio. € kann sicherlich nicht mehr als Geschäft der laufenden Verwaltung im Sinne des § 71 Abs. 2 Satz 3 HGO angesehen werden. Der Kreditvertrag (Schuldurkunde) muss daher vom Bürgermeister oder seinem allgemeinen Vertreter und einem weiteren Beigeordneten handschriftlich unterzeichnet werden (§ 71 Abs. 2 Satz 1 und 2 HGO).

9.3   Kreditähnliche Geschäfte

9.3.1   Bedeutung der kreditähnlichen Geschäfte

Neben der Aufnahme von Krediten bedarf das Eingehen kreditähnlicher Verpflichtungen der aufsichtsbehördlichen Genehmigung. Eine Genehmigung ist nicht erforderlich für die Begründung von Zahlungsverpflichtungen im Rahmen der laufenden Verwaltung.

Der Begriff „kreditähnliche Geschäfte" ist ein unbestimmter Rechtsbegriff, dessen konkreter Inhalt durch Auslegung zu bestimmen ist. Entsprechend dem Zweck der Norm geht es im Kern um zukünftige Zahlungsverpflichtungen, die durch gegenwärtiges Handeln begründet werden. Hinzutreten muss der für Kredite typische Umstand, dass der gegenwärtige Handlungsspielraum erweitert und damit zukünftiger Handlungsspielraum eingeschränkt wird. Dabei sind Geschäfte der laufenden Verwaltung ausdrücklich vom Genehmigungsvorbehalt ausgenommen.

Die rechtliche Ausgestaltung ist unerheblich, somit muss nicht unbedingt ein Rechtsgeschäft der Zahlungsverpflichtung zugrunde liegen. Ein Verwaltungsakt ist ebenfalls denkbar (z. B. § 99 BauGB - Verrentung eines Enteignungsanspruchs im Enteignungsverfahren, § 59 BauGB - Abfindung im Umlegungsverfahren). Typische Beispiele für kreditähnliche Geschäfte der Gemeinden sind (Nr. 12 Hw. zu § 103 HGO):

- Leasingverträge,
- Schuldübernahmen,
- Leibrentenverträge,
- Gewährung von Schuldendiensthilfen an Dritte,
- gestundete Restkaufgelder in Zusammenhang mit Grundstücksgeschäften.

Die vorgenannten Geschäfte fallen nicht unter die Kredite gemäß § 58 Nr. 20 GemHVO und werden nicht in § 2 der Haushaltssatzung aufgenommen. Derartige Geschäftsvorfälle werden als Rechtsgeschäfte nach § 103 Abs. 7 HGO behandelt.

In der Praxis kommen kreditähnliche Geschäfte von der Fallzahl her heute ungleich häufiger vor, als Kreditaufnahmen im Rahmen der Kreditermächtigung gemäß § 2 der Haushaltssatzung. Vom Volumen her sind aber die Kreditaufnahmen im Rahmen des § 2 der Haushaltssatzung in der Regel gewichtiger.

Im sogenannten Leasing-Erlass des Innenministeriums (Leasing-Finanzierungen im kommunalen Bereich vom 7. Juli 1997 StAnz 30/1997 S. 2174) werden Leasing-Finanzierungen ausdrücklich den kreditähnlichen Rechtsgeschäften zugeordnet und somit unter Genehmigungsvorbehalt gestellt, soweit sie nicht als Geschäfte der laufenden Verwaltung anzusehen sind.

In der Praxis sind in letzter Zeit verstärkt sog. „Sale-and-lease-back-Geschäfte" anzutreffen. Gemeinden veräußern Anlagevermögen (in der Regel Grundstücke und Gebäude) an einen Investor. Da sie das veräußerte Anlagevermögen jedoch weiterhin benötigen, erfolgt eine an das Verkaufsgeschäft gekoppelte Rückmietung des Vermögens (Leasing). Dadurch erhöht sich die Liquidität der Gemeinde und unter kameralen Gesichtspunkten wurde Haushaltsausgleich durch die aus dem Verkauf zu erzielenden Einnahmen unterstützt. Allerdings ist nicht zu verkennen, dass die Gemeinden damit ihre Vermögenssubstanz abbauen. Nach Ablauf der Leasingzeit sind die Gemeinden zudem unter Entrichtung einer Ablösezahlung verpflichtet, das Vermögen zurück zu erwerben. Insofern müssen diese Geschäfte allein aus dem Gesichtspunkt der Wirtschaftlichkeit betrachtet werden und stellen durchaus eine Finanzierungsalternative im kommunalen Finanzmanagement dar. Volkswirtschaftlich zu beachten ist jedoch, dass der Investor kommunales Anlagevermögen über Abschreibungen steuermindernd einsetzen kann, sodass letztlich auch Steuerausfälle für sämtliche Gebietskörperschaften entstehen.

9.3.2 Voraussetzungen zum Eingehen von kreditähnlichen Geschäften einschließlich Genehmigung

Bei der Vielzahl der gemeindlichen Betätigungen kommen kreditähnliche Geschäfte in allen Bereichen vor.

Derartige Rechtsgeschäfte sollen aber nur abgeschlossen werden, wenn die unter Ziffer 9.2.3 beschriebenen Voraussetzungen sinngemäß gegeben sind. Nach § 103 Abs. 7 HGO ist zu beachten, dass kreditähnliche Geschäfte der Genehmigung der Aufsichtsbehörde bedürfen. Nach § 103 Abs. 7 HGO gelten Abs. 2 Satz 2 und 3 sowie Abs. 6 sinngemäß. Das bedeutet, dass die aus den kreditähnlichen Rechtsgeschäften übernommenen Verpflichtungen mit der dauernden Leistungsfähigkeit der Gemeinde in Einklang stehen müssen. Dies hat die Aufsichtsbehörde im Rahmen des Genehmigungsverfahrens zu prüfen. Diese Form präventiver Aufsicht verpflichtet die Aufsichtsbehörden einzugreifen, wenn es sich um die Verletzung einer Rechtspflicht handelt. Ausgenommen von dieser Genehmigungspflicht sind die Begründungen von Zahlungsverpflichtungen im Rahmen der laufenden Verwaltung (z. B. Mietverträge oder Leasingverträge mit geringem Umfang).

9.3.3 Ausgestaltung

Bezüglich der laufenden Zahlungsverpflichtungen ist ein besonders strenger Maßstab anzulegen. Sinngemäß kann auf die Ausführungen zu Ziffer 9.2.4 verwiesen werden.

9.3.4 Verbindung zum Haushaltsplan

Die sich aus dem Abschluss von kreditähnlichen Geschäften ergebenden Zahlungsverpflichtungen sind haushaltsrechtlich zu berücksichtigen. Somit sind entsprechend § 3 Abs. 1 Nr. 32 GemHVO die Tilgung bzw. tilgungsähnliche Leistungen im Finanzhaushalt und alle Aufwendungen (Zinsen usw.) im Ergebnishaushalt aufzunehmen (§ 2 Abs. 1 Nr. 19 GemHVO).

Der Schuldendienst wird aber nicht im Produktbereich 16 nachgewiesen, sondern dort, wo das zahlungswirksame Rechtsgeschäft vom Aufgabenbereich her hingehört.

So wird z. B. die Leibrente für die Übernahme eines Grundstückes für Grundschulzwecke im Produktbereich 03 nachgewiesen.

Im Ergebnis wird also der Schuldendienst für kreditähnliche Geschäfte über den gesamten Haushalt verteilt veranschlagt und abgewickelt.

Nach der derzeitigen Rechtslage ist bei Leibrenten im Zusammenhang mit Investitionen und Investitionsförderungsmaßnahmen wegen der Auszahlungsbelastungen künftiger Jahre auch die Veranschlagung von Verpflichtungsermächtigungen erforderlich. Diese Veranschlagung wird in der Praxis häufig wegen der Unsicherheit von Dauer und Höhe der Belastung nicht durchgeführt.

Leasingraten sowohl für Mobilien als auch für Immobilien, die später in das Eigentum der Gemeinde übergehen, sind nach Nr. 7 des Erlasses vom 07.07.1997, St.Anz. S. 2174 (sog. „Leasingerlass") im Ergebnishaushalt zu veranschlagen. Lediglich die beim Eigentumsübergang anfallenden Auszahlungen (z. B. Zahlung einer Ablösesumme in Höhe des Restbuchwertes) sind im Finanzhaushalt zu veranschlagen.

9.4 Sicherheitsleistungen, Bürgschaften und Gewährverträge

9.4.1 Sicherheitsleistungen[376]

Nach § 104 Abs. 1 HGO darf eine Gemeinde grundsätzlich keine Sicherheiten zu Gunsten Dritter bestellen. Mit dieser Vorschrift will der Gesetzgeber erreichen, dass die Gemeinde über das Verbot der Bestellung von Sicherheiten im Zusammenhang mit Kreditgeschäften (§ 103 Abs. 8 HGO) hinaus, auch in allen übrigen Fällen ihr für die Aufgabenerfüllung benötigtes Vermögen nicht einer Beschränkung unterwirft.

Solche Sicherheitsleistung sind

- die in § 232 BGB genannten Sicherheitsleistungen wie z. B.

  - Bestellung von Hypotheken
  - Verpfändung von Forderungen der genannten Art
  - Verpfändung von beweglichen Sachen (§ 1204 BGB)

- darüber hinaus aber noch weitere Sicherheitsgeschäfte wie z. B.

  - Übernahme einer Bürgschaft (§§ 765 ff. BGB)
  - Sicherungsübereignung
  - Bestellung einer Grundschuld im Rahmen einer Sicherungsabrede
  - Verpfändung sonstiger Rechte (§§ 1273 ff. BGB)

Der Grund für ein grundsätzliches Verbot zur Bestellung von Sicherheiten ergibt sich im Wesentlichen aus der Tatsache, dass die Gemeinde als öffentlich-rechtliche Körperschaft und Bestandteil des Staates (Land) ohnehin mit ihrem gesamten Vermögen und ihrer ganzen Finanzkraft (Steuerkraft usw.) für ihre Verbindlichkeiten haftet.

Eine Ausnahme vom Verbot der Bestellung von Sicherheiten ist nach § 104 Abs. 1 Satz 2 HGO allerdings mit Zustimmung der Aufsichtsbehörde möglich. In der Praxis kommen Ausnahmen vom Verbot der Bestellung von Sicherheiten selten vor.

9.4.2 Bürgschaften, Gewährverträge usw.

9.4.2.1 Allgemeines

Begrifflich sind die Bürgschaften und Gewährverträge bereits oben unter Ziffer 9.1.5 dargestellt. Folgendes Beispiel dient der Verdeutlichung:

Eine Wohnungsbaugesellschaft beabsichtigt, ein Wohnheim zur vorübergehenden Unterbringung von Obdachlosen (gemeindliche Aufgabe) zu errichten. Zur teilweisen Finanzierung wird auf der Grundlage eines Förderprogramms ein Kredit benötigt. Nach den Bewilligungsbedingungen der Kredit gebenden Bank hat die Gemeinde die Ausfallbürgschaft für den Kredit zu übernehmen, d. h. sie tritt mit allen Rechten und Pflichten in das Kreditverhältnis ein, wenn die Wohnungsbaugesellschaft nicht zahlungsfähig sein sollte.

---

[376] Vgl. Daneke in KVR Hessen, Erl. zu § 104 HGO

In diesem Fall führt ein Privatunternehmen eine gemeindliche Aufgabe durch. Auf Grund der zunehmenden Privatisierung gemeindlicher Leistungen ergibt sich vermehrt die Notwendigkeit für Gemeinden, zur Absicherung der Kreditfinanzierung dieser privatwirtschaftlich geführten Einrichtungen und Unternehmen/Gesellschaften entsprechende Bürgschaften zu übernehmen.

Die Bürgschaft kann für eine bestehende, künftige oder bedingte Verbindlichkeit übernommen werden (§ 765 Abs. 2 BGB). Nach § 766 BGB bedarf der Bürgschaftsvertrag der Schriftform (Ausnahme nach § 350 HGB für Kaufleute). Eine selbstschuldnerische Bürgschaft liegt vor, wenn der Bürge auf die Einrede der Vorausklage verzichtet (§ 773 Abs. 1 Ziffer 1 BGB – aber §§ 349, 351 HGB beachten).

9.4.2.2 Voraussetzungen

Eine entsprechende Voraussetzung zur Übernahme von Bürgschaften, Verpflichtungen aus Gewährverträgen und ähnlichen Rechtsgeschäften (§ 104 Abs. 2 und 3 HGO) ist die Bestimmung, dass sie nur im Rahmen der gemeindlichen Aufgabenerfüllung übernommen werden dürfen. Diese Beschränkung bringt Probleme mit sich. Da der Begriff „Aufgaben der Gemeinde" nicht festgelegt ist und vor allem auch wegen der Vielzahl der freiwilligen Aufgaben nicht festgelegt werden kann, wird wohl immer im Einzelfall zu entscheiden sein, ob eine Bürgschaft übernommen werden kann oder nicht (z. B. Bürgschaftsübernahmen für private Unternehmen, Profi-Sportvereine usw.).

Eine weitere Voraussetzung zur Übernahme von Bürgschaften usw. ist die Genehmigung durch die Aufsichtsbehörde im Einzelfall (§ 104 Abs. 2 Satz 2 HGO), soweit es sich nicht um Geschäfte handelt, die im Rahmen der laufenden Verwaltung (§ 104 Abs. 2 Satz 2 HGO) oder zur Förderung des Städte- und Wohnungsbaues (§ 104 Abs. 4 HGO) abgeschlossen werden oder die für den Haushalt keine besondere Belastung (§ 104 Abs. 4 HGO) darstellen. Letzteres wird dann der Fall sein, wenn die Gemeinde die Inanspruchnahme aus einer Bürgschaft finanziell verkraften kann, ohne dass ihr dies größere Probleme verursacht.

Nach § 51 Nr. 15 HGO gehört die Übernahme von Bürgschaften usw. zur ausschließlichen Entscheidungskompetenz der Gemeindevertretung. Somit ist stets deren Beschluss erforderlich.

9.4.2.3 Ausgestaltung der Bürgschaften usw.

Wegen der evtl. Verpflichtungen aus Bürgschaftsübernahmen usw. sind die zugrunde liegenden Rechtsgeschäfte (Kreditverträge usw.) hinsichtlich ihrer Konditionen sinngemäß nach den gleichen Kriterien zu untersuchen wie unter Ziffer 9.2.4 für die gemeindlichen Kredite beschrieben.

Zu unterscheiden ist zwischen einer selbstschuldnerischen Bürgschaft und einer Ausfallbürgschaft. Bei der selbstschuldnerischen Bürgschaft braucht der säumige Zahlungspflichtige nur einmal erfolglos gemahnt werden, dann kann der Gläubiger ohne weitere

Voraussetzungen an den Bürgen herantreten. Dieser muss dann in die Zahlungsverpflichtungen des Schuldners sofort eintreten. Bei einer Ausfallbürgschaft muss der Gläubiger zunächst mit allen Mitteln (bis zur Zwangsvollstreckung) versuchen, seine Zahlung vom Schuldner zu erhalten. Erst wenn der konkrete Schuldnerausfall belegt ist, kann der Bürge in Anspruch genommen werden. Insofern ist der Gemeinde zu empfehlen, ausschließlich Ausfallbürgschaften zu übernehmen.

Auf die Muster 1 und 2 (modifizierte Ausfallbürgschaften) als Anlage zu Nr. 2 Hw zu § 104 HGO wird hingewiesen.

9.4.2.4 Verbindung zum Haushalt

Unmittelbar hat eine von der Gemeindevertretung beschlossene Bürgschaftsübernahme usw. keine Verbindung zum Haushaltsplan. Sobald eine Inanspruchnahme aus einer Bürgschaft wahrscheinlich wird, ist eine entsprechende Rückstellung zu bilden, dies stellt einen Aufwand dar, der im Ergebnishaushalt und der Ergebnisrechnung darzustellen ist. Bei der Inanspruchnahme der Gemeinde sind die dann fälligen Auszahlungen im Haushaltsplan nachzuweisen.

Sie sind in dem Produktbereich anzusiedeln, in dem die „gemeindliche Aufgabe" zu veranschlagen wäre (z. B. Inanspruchnahme aus einer Bürgschaft für den Bau eines Kindergartens der Kirchengemeinde X im Produktbereich 06).

9.4.3 Übung

Sachverhalt

Die kreisfreie Stadt S hat in den letzten Jahren eine extrem hohe Arbeitslosenzahl zu beklagen. Diese liegt erheblich über dem Landesdurchschnitt. Zum Abbau der Arbeitslosenzahlen bemüht sich die Gemeinde, Betriebe in ihrem Gemeindebereich anzusiedeln. U. a. verhandelt sie mit der Firma X, die in einer leer stehenden Lagerhalle einen Zweigbetrieb für die Herstellung von Isolierfenstern eröffnen will. Die Firma macht aber die Eröffnung des Betriebes von der Übernahme einer Bürgschaft durch die Stadt S für einen Kredit in Höhe von 500.000 € abhängig. Dieser Kredit ist für die erheblichen Instandsetzungskosten der Lagerhalle erforderlich. Da die Firma nach den eingeholten Auskünften als sehr solide anzusehen ist, stimmt die Stadtverordnetenversammlung der Bürgschaft zu, zumal die Lage der städtischen Finanzen als gut zu bezeichnen ist.

Die Aufsichtsbehörde will jedoch die notwendige Genehmigung nicht erteilen.

Aufgabe:

Begutachten Sie die Rechtmäßigkeit des Beschlusses der Stadtverordnetenversammlung zur Übernahme der Bürgschaft.

Lösung:

Nach § 104 Abs. 2 HGO darf eine Gemeinde Bürgschaften nur übernehmen, wenn diese im Rahmen ihrer Aufgabenerfüllung liegen. Es ergibt sich demnach die Frage, ob die im Sachverhalt angesprochene Maßnahme eine Aufgabe der Stadt S darstellt.

Nach § 2 HGO sind die Gemeinden in ihrem Gebiet, soweit die Gesetze nicht ausdrücklich etwas anderes bestimmen, ausschließliche und eigenverantwortliche Träger der öffentlichen Verwaltung. Weder Grundgesetz noch Hess. Verfassung weisen die Förderung der Gewerbeansiedlung in die ausschließliche Kompetenz des Staates. Eine so genannte „Kompetenz aus der Natur der Sache" zu Gunsten des Staates kann auch nicht angenommen werden. Andere Rechtsnormen, die ausdrücklich eine Förderung im vorstehenden Sinne verbieten, bestehen nicht. Die Kompetenzen der Gemeinde reichen allerdings nur so weit, wie es sich um Angelegenheiten der örtlichen Gemeinschaft (Art. 28 Abs. 2 GG) handelt. Die Übernahme der Bürgschaft muss also im Rahmen der freien Leistungsverwaltung zur Daseinsvorsorge zum gemeindlichen Wirkungskreis i. S. v. § 2 HGO zählen.

Ferner darf eine Bürgschaftsübernahme im Einzelfall die durch Gesetz und Recht gezogenen Grenzen nicht überschreiten. Es ist in erster Linie darauf zu achten, für welchen Raum die Maßnahme Wirkung zeigt. Die Stadt S hat laut Sachverhalt extrem hohe Arbeitslosenzahlen. Ihr Bestreben ist es also, diesen Missstand abzubauen, zumal ihr hierdurch unmittelbar und mittelbar erhebliche Kosten entstehen (Sozialhilfeleistungen usw.) und sich ihre Einnahmesituation verschlechtert (Minderung des Gemeindeanteils an der Einkommensteuer, Gewerbesteuer usw.).

Auch wenn die Ansiedlung des Gewerbebetriebes nicht nur auf dem Arbeitsmarkt der Stadt S wirkt, sondern auch auf den der Gemeinden des Umlandes, so ist es dennoch eine Aufgabe der Stadt S. Über den räumlichen Bezug hinaus wird in neuerer Zeit vermehrt auf eine funktionelle Komponente abgestellt.

Die unmittelbare Wirtschaftsförderung gehört zum Aufgabenbereich der Gemeinde[377]. Somit kann auch die Übernahme einer Bürgschaft im vorliegenden Sachverhalt als eine Angelegenheit im Rahmen der Aufgabenerfüllung angesehen werden. Bedenken könnten allenfalls erhoben werden, wenn die Übernahme der Bürgschaft die Grenzen des Gebotes der wirtschaftlichen Haushaltsführung (§ 92 Abs. 2 HGO) sprengen würde.

In diesem Zusammenhang hat also die Stadt für die Maßnahme möglichst wenig auszugeben. Unter wirtschaftlichen Gesichtspunkten hat sie die Auswirkungen auf andere Maßnahmen und auf die Zukunft zu beachten. Die Übernahme der Bürgschaft führt zunächst einmal nicht zu Ausgaben. Bei der Solidität der Firma ist auch das Risiko gering. Mit Blick auf die gesamte Finanzsituation wird die Förderungsmaßnahme auf Dauer zu Einsparungen (z. B. Sozialhilfe, Arbeitslose finden Beschäftigung) und Mehrerträgen (Gemeindeanteil an der Einkommensteuer, Gewerbesteuer usw.) führen, also insgesamt zu Ergebnissen i. S. v. § 92 Abs. 2 HGO. Eine Beurteilung aus der gesamten Finanzsituation der Stadt heraus lässt nach der Vorgabe des Sachverhaltes den Schluss

---

[377] Siehe z. B. Urteil VG Münster vom 18.2.1962 - 2 K 530/61.

zu, dass die Wahrnehmung der sonstigen Aufgaben durch diese Maßnahme auch nicht gefährdet ist.

Es bestehen also keine Gründe, die eine Verweigerung der Genehmigung durch die Aufsichtsbehörde stützen würden.

9.5   Kassenkredite

9.5.1   Aufgabe und Bedeutung der Kassenkredite

Der Kassenkredit ist begrifflich bereits oben unter Ziffer 9.1.6 dargestellt.

Nach § 105 Abs. 1 Satz 1 HGO kann die Gemeinde Kassenkredite zur rechtzeitigen Leistung ihrer Auszahlungen bis zu dem in der Haushaltssatzung festgesetzten Höchstbetrag aufnehmen. Diese Aufnahme ist jedoch nur möglich, wenn keine anderen Mittel zur Verfügung stehen. Kassenkredite sind Darlehen i. S. d. §§ 488 ff. BGB, also Schulden der Gemeinde. Haushaltsrechtlich zählen sie jedoch gemäß § 58 Nr. 20 GemHVO nicht zu den Krediten.

Aufgabe des Kassenkredites ist die Aufrechterhaltung der Zahlungsfähigkeit (Liquidität) der Kasse. Unabhängig von der haushaltsmäßigen Deckung kann im Rahmen der Ausführung des Haushaltsplanes die Situation eintreten, dass der Eingang von Finanzierungsmitteln und die Verpflichtung zur Leistung von Auszahlungen zeitlich so weit auseinander fallen, dass die Kasse nicht in der Lage ist, ihren Zahlungsverpflichtungen nachzukommen.

Zur Vermeidung dieses Zustandes hat der Gesetzgeber verschiedene Vorkehrungen und Möglichkeiten geschaffen. Eine dieser Möglichkeiten ist die Aufnahme von Kassenkrediten. Da dieses aber – wie bereits oben festgestellt – eine Angelegenheit der Kasse ist (vgl. § 18 GemKVO), erscheint eine Vertiefung an dieser Stelle nicht sinnvoll.[378] Hier soll lediglich auf die Verbindung zum Haushaltsplan eingegangen werden.

9.5.2   Verbindung zum Haushaltsplan

Kassenkredite haben keine unmittelbare Verbindung mit dem Haushaltsplan. Sie sind nicht Gegenstand der Haushaltsfinanzierung. Ihre Rückzahlung erfolgt somit auch nicht aus Haushaltsmitteln, sondern aus liquiden Mitteln der Kasse. Aufnahme und Tilgung der Kassenkredite werden also unabhängig vom Haushaltsplan über Zahlungsmittelkonten abgewickelt. Lediglich im Vorbericht zum Haushaltsplan ist über eine evtl. Inanspruchnahme zu berichten (§ 6 GemHVO). Die aus der Aufnahme von Kassenkrediten entstehenden Kosten (Zinsen, Bearbeitungsgebühren u.ä.) finden allerdings ihren Niederschlag im Haushaltsplan. Genau wie beim Investitionskredit (§ 58 Nr. 20

---

[378] Näheres hierzu siehe Bernhardt/Schünemann/Schwingeler, Kommunales Anordnungs-, Kassen-, Rechnungslegungs- und Prüfungsrecht NRW, 7. Auflage Witten 1999, S. 177 ff.

GemHVO) sind die Zinsen des Kassenkredites im Ergebnishaushalt im Produktbereich 16 Konto 771 zu veranschlagen (Zeile 22 des Muster 7).

Da die andauernde Haushaltsnotlage vieler Gemeinden dazu geführt hat, dass die in den Ergebnishaushalten erkennbaren Defizite faktisch durch Kassenkredite finanziert werden, hat sich der Verordnungsgeber im Jahre 2011 entschlossen, eine Darstellung der Kassenkredite in der Finanzrechnung als Teil des Jahresabschlusses vorzuschreiben. Dies betrifft diejenigen Kassenkredite, die Einzelvertraglich geregelt und über besondere Kreditkonten bei den Banken abgewickelt werden. Zum Jahresabschlussstichtag offenstehende Kontokorrentkredite finden dagegen ihren Niederschlag ausschließlich auf den entsprechenden Konten der Vermögensrechnung. (Dazu mehr im Kapitel 18).

9.5.3 Genehmigungspflicht

Mit Inkrafttreten der Gesetzesänderung vom 16. Dezember 2011 unterliegt der im Rahmen der Haushaltsatzung festzulegende Höchstbetrag der Kassenkredite nunmehr gemäß § 105 Abs. 2 HGO[379] wieder der Genehmigung der Aufsichtsbehörde.

---

[379] Siehe hierzu auch Daneke in KVR Hessen, Erl. zu § 105 HGO.

Inhaltsverzeichnis

10. Haushaltsausgleich

10.1 Bedeutung und Umfang

Nach § 92 Abs. 1 HGO hat die Gemeinde ihre Haushaltswirtschaft so zu planen und zu führen, dass die dauernde Aufgabenerfüllung gesichert ist. Nr. 1 Hw. zu § 24 GemHVO führt hierzu aus, dass ein regelmäßig ausgeglichener Haushalt die Annahme rechtfertigt, dass die erforderliche finanzielle Leistungsfähigkeit für die stetige Aufgabenerfüllung durch die Gemeinde gegeben ist.

Die Ausgleichsverpflichtung kann aber nur erfüllt werden, wenn die vorhandenen bzw. erzielbaren Deckungsmittel auf Dauer ausreichen, um den Finanzbedarf zu decken. Folgerichtig sieht das Gesetz den Haushaltsausgleich gemäß § 92 Abs. 3 HGO als „Sollvorschrift" vor. Sollvorschriften sind, solange die Verwaltung nicht besondere Umstände **dartun** und **beweisen** kann, für die Verwaltung ebenso verbindlich wie Muss-Vorschriften (Urteil des Bundesverwaltungsgerichtes vom 2. Dezember 1959). Mit der Sollvorschrift in § 92 Abs. 3 HGO wird also die Verpflichtung zum Haushaltsausgleich nicht gelockert, jedoch den Fällen Rechnung getragen, in denen ein Ausgleich trotz äußerster Sparsamkeit und Ausschöpfung aller Einnahmequellen unter Beachtung des § 10 HGO nicht erreicht werden kann (siehe auch Nr. 5 Hw. zu § 92 HGO).

Die Formulierung „Haushalt" bedeutet, dass nicht nur der aufzustellende Haushaltsplan in Einnahme und Ausgabe[380] ausgeglichen sein soll. Auch die Ausführung des Haushaltes, die Nachtragsplanung nach § 98 HGO sowie die Deckung von über- und außerplanmäßigen Ausgaben nach § 100 HGO und nicht zuletzt der Jahresabschluss sind nach Möglichkeit ausgeglichen zu gestalten, siehe auch Nr. 2 Satz 2 Hw. zu § 24 GemHVO. Außerdem erstreckt sich der Grundsatz auch auf die mittelfristige Ergebnis- und Finanzplanung (§ 9 Abs. 4 GemHVO).

In der Haushaltswirtschaft nach den Grundsätzen der doppelten Buchführung wird der Haushaltsausgleich zusätzlich auch nach bilanziellen Maßstäben (siehe auch Kapitel 16) betrachtet, da um den Betrag, um den die Aufwendungen die Erträge übersteigen, das Eigenkapital gemindert wird. Umgekehrt tritt eine Eigenkapitalmehrung ein. Ist also in einem Haushaltsjahr der Bestand des Eigenkapitals zwischen Eröffnungs- und Schlussbilanz zurückgegangen, ist der Haushaltsausgleich[381] verfehlt worden. Ist das Eigenkapital dagegen gleich geblieben oder sogar gewachsen, wurde der Haushaltsausgleich gewahrt. Letztlich spiegelt sich in dieser Betrachtung auch der Begriff der „Intergenerativen Gerechtigkeit" wider: Die Nutznießer der gemeindlichen Einrichtungen und Leistungen in einem Jahr sollen den durch die Nutzung entstandenen Vermögensverzehr möglichst vollständig ersetzen, also den gemeindlichen Vermögensbestand am Ende des Jahres an die Nutzer des nächsten Jahres so weitergeben, wie sie ihn selbst übernommen haben.

---

[380] In dieser zunächst allgemeinen Betrachtung wird der Begriff Einnahmen synonym für Erträge und Einzahlungen und der Begriff Ausgaben synonym für Aufwendungen und Auszahlungen verwendet.

[381] An dieser Stelle wird noch nicht zwischen dem für den Ausgleich relevanten ordentlichen und dem außerordentlichen Ergebnis unterschieden.

Im haushaltsrechtlichen Sinne bezieht sich der Haushaltsausgleich auf die Deckung der Aufwendungen durch die Erträge im Ergebnishaushalt. Dabei wird unterschieden zwischen dem ausgleichsrelevanten ordentlichen Ergebnis (Deckung der ordentlichen Aufwendungen durch die ordentlichen Erträge, siehe auch Nr. 2 Satz 1 Hw. zu § 24 GemHVO) und dem außerordentlichen Ergebnis, siehe hierzu im Einzelnen die Darstellung bei Ziffer 6.5.1.1 dieses Buches. Gemäß § 92 Abs. 3 Satz 2 HGO gilt der Ergebnishaushalt als ausgeglichen, wenn der Gesamtbetrag der ordentlichen Erträge ebenso hoch ist wie der Gesamtbetrag der ordentlichen Aufwendungen. Es kann also sein, dass der Ergebnishaushalt insgesamt ein Defizit ausweist, weil das außerordentliche Ergebnis defizitär ist, trotzdem aber der Haushaltsausgleich als gegeben gilt, wenn die ordentlichen Erträge die ordentlichen Aufwendungen decken, das ordentliche Ergebnis also ausgeglichen ist. Die unten dargestellten Folgen eines nicht ausgeglichenen Haushalts treten also in einem solchen Fall nicht ein.

Durch die Änderung der HGO im Dezember 2011 wurden die Haushaltsausgleichsvorschriften deutlich verschärft. So wurde in die Betrachtung auch die Berücksichtigung von Fehlbeträgen aus Vorjahren einbezogen, d. h., Haushaltsausgleich im eigentlichen Sinne besteht erst dann, wenn der Ergebnishaushalt ausgeglichen ist und keine Fehlbeträge aus Vorjahren (mehr) abzudecken sind, dies ergibt sich aus § 92 Abs. 3 Satz 1 HGO.

Allerdings ist hier kritisch anzumerken, dass der Gesetzgeber dann nicht konsequent in Satz 2 der Vorschrift (und in Folge der Verordnungsgeber in § 24 GemHVO) verlangt, dass der jahresbezogene Ausgleich erst dann gegeben ist, wenn ein Überschuss der ordentlichen Erträge über die ordentlichen Aufwendungen besteht, der die Fehlbeträge aus Vorjahren abdeckt. In der Fassung des § 92 Abs. 3 Satz 2 HGO i. V. m. § 24 GemHVO wird der Haushaltsausgleich schon dann als gegeben angesehen, wenn die ordentlichen Erträge die ordentlichen Aufwendungen lediglich decken, also keinen Überschuss zur Fehlbetragsdeckung erwirtschaften. Die Situation eines zwar ausgeglichenen ordentlichen Ergebnisses bei noch nicht abgedeckten Vorjahresfehlbeträgen wird nur durch die Verpflichtung zur Aufstellen eines Haushaltssicherungskonzeptes gem. § 92 Abs. 4 Nr. 2 HGO und Nr. 7 Hw. zu § 92 HGO erfasst, siehe auch unten Ziffer 10.2.1.1.

Die angespannte Finanzlage der Gemeinden bringt es zwangsläufig mit sich, dass Probleme beim Ausgleich der kommunalen Haushaltspläne bestehen bzw. der Ausgleich nur mit großen Mühen herbeigeführt werden kann. Aus diesem Grunde beschäftigen sich die Ausführungen zu den nachstehenden Gliederungspunkten ausführlich mit dem Verfahren des Haushaltsausgleichs.

10.2 Ausgleich des Ergebnishaushaltes

10.2.1 im Grundsatz und bei der Planaufstellung

10.2.1.1 im ordentlichen Ergebnis

Insbesondere der Grundsatz der Wirtschaftlichkeit und Sparsamkeit (siehe Ziffer 7.2.2) und die Grundsätze der Erzielung von Erträgen und Einzahlungen (siehe Ziffer 7.2.4) erfordern, dass im Ergebnishaushalt zunächst von der Aufwandseite her alle Möglichkeiten der sparsamen Ansatzbildung zum Tragen kommen. Auf der Ertragsseite sind die Möglichkeiten zur Erzielung von Erträgen voll auszuschöpfen. Unter dem Begriff „materieller Haushaltsausgleich" versteht man demnach die Summe aller Maßnahmen, die dazu führen, dass die Aufwendungen so weit reduziert (Ausschöpfung aller Sparmöglichkeiten) und die Erträge so weit gesteigert werden, dass das ordentliche Ergebnis ausgeglichen ist, siehe hierzu auch Nr. 3 Hw. zu § 24 GemHVO. Darüber hinaus sollte ein möglichst hoher Überschuss der ordentlichen Erträge über die ordentlichen Aufwendungen angestrebt werden, um einerseits evtl. Unterdeckungen im außerordentlichen Ergebnis ausgleichen und andererseits die vorgesehene Rücklage für Überschüsse des ordentlichen Ergebnisses füllen zu können, die zum Ausgleich von evtl. Unterdeckungen im ordentlichen Ergebnis künftiger Jahre gebildet wird.

Auch wenn Aufwendungen und Erträge zunächst einmal völlig unabhängig von damit ggf. verbundenen Zahlungen betrachtet werden, so ist doch darauf hinzuweisen, dass ein Überschuss der zahlungswirksamen Erträge über die zahlungswirksamen Aufwendungen mindestens in einer solchen Höhe anfallen sollte, dass daraus im Finanzhaushalt die ordentlichen Tilgungsleistungen gedeckt werden können, siehe hierzu auch unten Ziffer 10.3.

Unter dem Begriff „formeller Haushaltsausgleich" versteht man die buchungs- bzw. darstellungstechnische Abwicklung. Die näheren Bestimmungen zum Ausgleich des ordentlichen Ergebnisses trifft § 24 GemHVO. Zuvor ist noch auf die Bestimmungen des § 49 Abs. 4 Nr. 1 GemHVO zur Bilanzgliederung (siehe auch Ziffer 16.3.4) bezogen auf das Eigenkapital zu verweisen. Danach sind im Eigenkapital u. a. auszuweisen

- Rücklagen aus Überschüssen des ordentlichen Ergebnisses
- Rücklagen aus Überschüssen des außerordentlichen Ergebnisses

Die Verpflichtung zur Bildung dieser Rücklagen ergibt sich auch aus § 106 Abs. 2 HGO i. V. m. § 23 GemHVO.

§ 24 Abs. 1 GemHVO befasst sich mit der Überschusssituation. Danach ist der Betrag, um den der Gesamtbetrag der ordentlichen Erträge einschließlich der Zins- und sonstigen Finanzerträge den Gesamtbetrag der ordentlichen Aufwendungen einschließlich der Zins- und sonstigen Finanzaufwendungen übersteigt, im Haushaltsplan als Überschuss auszuweisen und bei der Aufstellung des Jahresabschlusses der aus Überschüssen des ordentlichen Ergebnisses des Ergebnishaushalts gebildeten Rücklage zuzuführen. Dies gilt jedoch nur, soweit dieser Überschuss nicht zum Ausgleich des außerordentlichen Ergebnisses (s. u.) benötigt wird, also für den Fall, dass die außerordentlichen Aufwendungen die außerordentlichen Erträge übersteigen und keine andere Möglichkeit zum Ausgleich besteht. Der Verordnungsgeber geht also davon aus, dass im Regelfall die ordentlichen Erträge höher sind als die ordentlichen Aufwendungen. Zur Überschusssituation beim Jahresabschluss siehe § 46 Abs. 3 Satz 2 GemHVO.

§ 24 Abs. 2 GemHVO befasst sich demgegenüber mit der Defizitsituation, also dem Übersteigen des Gesamtbetrages der ordentlichen Aufwendungen und der Zins- und sonstigen Finanzaufwendungen über den Gesamtbetrag der ordentlichen Erträge und der Zins- und sonstigen Finanzerträge. Wenn bei den Aufwendungen alle Einsparungsmöglichkeiten genutzt und alle Ertragsmöglichkeiten ausgeschöpft worden sind, darf der Unterschiedsbetrag im Haushaltsplan als Fehlbedarf und bei der Aufstellung des Jahresabschlusses als Fehlbetrag ausgewiesen werden. Sofern entsprechende Beträge dort vorhanden sind, dürfen bei der Aufstellung des Jahresabschlusses **vor dem Abschluss der Bücher** Mittel aus der aus Überschüssen des ordentlichen Ergebnisses des Ergebnishaushalts gebildeten Rücklage zum Ausgleich des Fehlbetrages verwendet werden, sofern bei den Aufwendungen alle Einsparungsmöglichkeiten genutzt und alle Ertragsmöglichkeiten ausgeschöpft worden sind. Da die Inanspruchnahme der Rücklage aus Überschüssen des ordentlichen Ergebnisses hierbei auf Verwaltungsebene erfolgt und damit kein Raum für eine entsprechende Disposition durch die Gemeindevertretung bleibt, sollte dieser Vorgang, um ihn publik und seinen finanzwirtschaftlichen Hintergrund bewusst zu machen, im Anhang ausreichend dokumentiert werden.

Wenn die Gemeinde also aus Überschüssen des ordentlichen Ergebnisses in vorangegangenen Jahren diese Rücklagenposition entsprechend aufgefüllt hat, kann sie nun zum Ausgleich des aktuellen Jahres benötigten Beträge hier entnehmen[382]. Der Verordnungsgeber hat also durchaus bedacht, dass im Verlaufe mehrerer Jahre sich Überschüsse und Unterdeckungen im ordentlichen Ergebnis abwechseln können und ein Ausgleich ggf. im Mehrjahreszeitraum betrachtet werden muss. Solange die Gemeinde also Unterdeckungen im ordentlichen Ergebnis mit in der entsprechenden Rücklage angesammelten Überschüssen der Vorjahre ausgleichen kann, befindet sie sich noch nicht in der ein zusätzliches Handeln erforderlich machenden Defizitsituation, die § 24 GemHVO in Abs. 3 und 4 aufgreift.

Wenn ein Ausgleich des ordentlichen Ergebnisses über die entsprechende Rücklage nicht möglich ist, weil diese mangels Überschüssen in den Vorjahren überhaupt noch nicht gebildet ist oder weil diese nicht über einen ausreichenden Bestand verfügt, dürfen Mittel aus dem außerordentlichen Ergebnis des Ergebnishaushalts des Haushaltsjahres und Mittel der aus Überschüssen des außerordentlichen Ergebnisses der Vorjahre gebildeten Rücklage zum Ausgleich verwendet werden. Sofern die Gemeinde also in Vorjahren Überschüsse der außerordentlichen Erträge über die außerordentlichen Aufwendungen erzielt und diese der Rücklage für das außerordentliche Ergebnis zugeführt hat, kann sie nun Beträge aus dieser Rücklage entnehmen, um das ordentliche Ergebnis auszugleichen. Gleiches gilt, wenn in dem aktuellen Jahr ein Überschuss des außerordentlichen Ergebnisses entsteht.

---

[382] Nr. 5 Hw. zu § 24 GemHVO führt hierzu aus: „Die Zuführung eines Überschusses an die Rücklage sowie die Entnahme aus einer Rücklage zum Ausgleich des Haushalts bedarf keiner Veranschlagung im Haushalt. Die bei der Aufstellung des Jahresabschlusses abzuwickelnden Vorgänge sind zwangsläufige Folge der rechtlichen Vorgaben (§ 24 Abs. 1 bis 3); dafür ist auch kein Beschluss eines Gemeindeorgans erforderlich."

In beiden Fällen soll Voraussetzung sein, dass diese Mittel nicht für die Finanzierung von unabweisbaren Investitionen oder zur vordringlichen außerordentlichen Tilgung von Krediten benötigt werden. Wenn die Gemeinde also beabsichtigt, mit der Rücklage aus Überschüssen des außerordentlichen Ergebnisses oder mit einem im aktuellen Jahr entstehenden Überschuss daraus unabweisbare Investitionen zu finanzieren, hat dies Vorrang. Ebenso soll es Vorrang haben, wenn die Gemeinde aus diesen Beträgen Kredite außerordentlich tilgen will, um ihren Schuldenstand und in Folge ihre Zinsbelastung senken will.[383]

Da Überschüsse im außerordentlichen Ergebnis i. d. R. aus Vermögensveräußerungen entstehen, führt ihre Verwendung zum Ausgleich des ordentlichen Ergebnisses wirtschaftlich betrachtet dazu, dass Fehlbeträge aus der laufenden Verwaltungstätigkeit mit Überschüssen aus dem Abgang von Vermögen finanziert werden. Dies mag im Einzelfall eines Jahres hinnehmbar sein, darf aber kein Dauerzustand werden. Daher hat der Verordnungsgeber auch für den Fall des Ausgleiches des ordentlichen Ergebnisses über diesen Weg genauso wie für den Fall, dass dessen Ausgleich überhaupt nicht möglich ist, in § 92 Abs. 4 HGO i. V. m. § 24 Abs. 4 GemHVO vorgeschrieben, dass ein **Haushaltssicherungskonzept** aufzustellen ist. Das Haushaltssicherungskonzept ist bei einem unausgeglichenen ordentlichen Ergebnis nur für den Fall entbehrlich, dass ein Ausgleich über Abs. 2, also die Rücklage aus Überschüssen des ordentlichen Ergebnisses, hergestellt werden kann. Wenn der Ausgleich nur über das außerordentliche Ergebnis, also über Abs. 3, möglich ist, muss ein Haushaltssicherungskonzept aufgestellt werden, was auch durch Nr. 4 Hw. zu § 24 GemHVO ausdrücklich bekräftigt wird.

Im Haushaltssicherungskonzept[384] sind die Ursachen für den nicht ausgeglichenen Ergebnishaushalt zu beschreiben. Die Gemeinde muss also zunächst darlegen, warum es ihr nicht möglich ist, den Ergebnishaushalt im ordentlichen Ergebnis auszugleichen. Sie muss sodann verbindliche Festlegungen treffen über:

– das Konsolidierungsziel,
– die dafür notwendigen Maßnahmen und
– den angestrebten Zeitraum, in dem der Ausgleich des Ergebnishaushalts erreicht werden soll.

Im Haushaltssicherungskonzept sind also die Maßnahmen zu beschreiben, mit denen ein nachhaltiger Haushaltsausgleich erreicht werden soll (Nr. 4 Satz 2 Hw. zu § 1 GemHVO).

---

[383] Es muss an dieser Stelle dahingestellt bleiben, ob diese, noch aus kameraler Vorstellung resultierende Betrachtung des Verordnungsgebers tatsächlich greifen kann. Investitionen und Tilgungen stellen Auszahlungen, also liquiditätswirksame Vorgänge dar, während außerordentliche Erträge und aus dem außerordentlichen Ergebnis gebildete Rücklagen zunächst einmal völlig zahlungsunabhängig sind. Allenfalls kann es Verbindungen zwischen den Zahlungseingängen aus außerordentlichen Erträgen (z. B. bei Vermögensveräußerung zu einem Preis oberhalb des Bilanzwertes) und den genannten Auszahlungen geben. Dies lässt sich allerdings aus dem Verordnungstext keinesfalls eindeutig entnehmen. Der Verordnungsgeber sollte bei dieser zentralen Vorschrift des Haushaltsrechts umgehend für eine Klarstellung und Erläuterung sorgen, wie diese Vorschrift in der kommunalen Praxis zu verstehen und anzuwenden ist.

[384] Siehe hierzu auch die Darstellung bei Daneke in KVR Hessen, Erl. zu § 92 HGO ab Rdnr. 64.

Das Konsolidierungsziel ist primär die dauerhafte Deckung der ordentlichen Aufwendungen durch die ordentlichen Erträge bezogen auf ein Haushaltsjahr. Weitergehend ist natürlich auch die Eigenkapitalaufholung, also die „Wiederauffüllung" von durch Fehlbeträgen verzehrtem Eigenkapital als Konsolidierungsziel zu nennen.

Die dafür notwendigen Maßnahmen betreffen sowohl die Aufwandseite als auch die Ertragsseite der Haushaltes. Die Gemeinde muss alle Möglichkeiten der Einsparung von Aufwand, z. B. durch Leistungsabbau oder Personalreduzierung und der Ausschöpfung von Erträgen (insbesondere Erhöhung von Abgaben und Entgelten) benennen, in ihrer Realisierbarkeit untersuchen und darstellen sowie die zur Realisierung notwendigen Maßnahmen aufführen.

Abschließend muss die Gemeinde darlegen, in welchem Zeitraum, ggf. in welchen Stufen sie das Konsolidierungsziel erreichen will.

Das Haushaltssicherungskonzept (Pflichtanlage zum Haushaltsplan, siehe § 1 Abs. 4 Nr. 3 GemHVO, Nr. 4 Satz 1 Hw. zu § 1 und Nr. 4 Satz 2 Hw. zu § 24 GemHVO) ist von der Gemeindevertretung zu beschließen und der Aufsichtsbehörde mit der Haushaltssatzung vorzulegen, Nr. 4 Satz 3 Hw. zu § 1 GemHVO. Es ist also spätestens parallel zum Aufstellungsprozess der Haushaltssatzung (siehe Ziffer 11.3) zu erstellen und der Aufsichtsbehörde mit der Haushaltssatzung vorzulegen, weil es wichtige Informationen zur Beurteilung der Frage enthält, ob die Haushaltsgenehmigungen nach den Grundsätzen einer geordneten Haushaltswirtschaft erteilt werden können (Nr. 4 Satz 4 Hw. zu § 1 GemHVO). Ohne Vorlage eines Haushaltssicherungskonzeptes kann die Aufsichtsbehörde über die Genehmigung der genehmigungsbedürftigen Teile einer Haushaltssatzung, die im ordentlichen Ergebnis nicht oder nur über § 24 Abs. 3 GemHVO ausgeglichen ist, nicht entscheiden; sie müsste eine solche Haushaltssatzung mit der Auflage an die Gemeinde zurückgeben, sie mit dem beschlossenen Haushaltssicherungskonzept erneut zu Genehmigung vorzulegen.

Es reicht nicht aus, die im Haushaltssicherungskonzept zu machenden Angaben in den Vorbericht (siehe Ziffer 6.6) zu integrieren, was durch Nr. 2 Hw. zu § 6 GemHVO ausdrücklich klargestellt wird. Dies ist nicht zuletzt darin begründet, dass der Vorbericht als Anlage zum Haushaltsplan nicht Gegenstand der Beschlussfassung über die Haushaltssatzung ist, diese bezieht sich auf die Bestandteile des Haushaltsplanes nach § 1 Abs. 1 GemHVO, vgl. auch Nr. 2 Hw. zu § 97 HGO und Ziffer 11.3.2.1. Das Haushaltssicherungskonzept bedarf aber einer eigenen Beschlussfassung durch die Gemeindevertretung und muss daher gesondert aufgestellt und beschlossen werden.

10.2.1.2 im außerordentlichen Ergebnis

Gemäß § 58 Nr. 5 GemHVO sind außerordentliche Aufwendungen und Erträge im Einzelfall erhebliche Aufwendungen und Erträge, die wirtschaftlich andere Haushaltsjahre betreffen, oder selten oder unregelmäßig anfallen, bzw. Aufwendungen und Erträge aus Veräußerungen von Vermögensgegenständen des Anlagevermögens, die den Restbuchwert übersteigen beziehungsweise unterschreiten.

Gemäß § 2 Abs. 3 GemHVO sind außerordentliche Erträge und außerordentliche Aufwendungen insbesondere Gewinne und Verluste aus der Veräußerung von Vermögensgegenständen des Anlagevermögens. Erzielt die Gemeinde z. B. beim Verkauf eines Grundstückes einen höheren Preis als den Betrag, mit dem das Grundstück bilanziert ist, hat sie in Höhe des übersteigenden Betrages einen außerordentlichen Ertrag. Liegt der Verkaufspreis unter dem Bilanzwert, hat sie in Höhe der Differenz einen außerordentlichen Aufwand.

Weitere außerordentliche Erträge bzw. Aufwendungen sind u. a. solche, die periodenfremd sind, also wirtschaftlich ein Haushaltsjahr betreffen, das schon abgeschlossen ist und nicht mehr bebucht werden kann, sodass die buchungsmäßige Zuordnung zum aktuellen Jahr erfolgen muss. Einen Gesamtüberblick über die Vorgänge, die als außerordentliche Erträge bzw. außerordentliche Aufwendungen behandelt werden, erhält man beim Studium der Kontengruppen 59 bzw. 79 des Muster 13 zur GemHVO (Kommunaler Verwaltungskontenrahmen).

Zu beachten ist, dass nach § 58 Nr. 5 GemHVO Aufwendungen und Erträge, die wirtschaftlich andere Haushaltsjahre betreffen oder selten oder unregelmäßig anfallen, nur dann als außerordentliche Aufwendungen und Erträge gelten, wenn sie **im Einzelfall als erheblich** anzusehen sind, was die Gemeinde betragsmäßig unter Auslegung dieses unbestimmten Rechtsbegriffes festlegen muss, während Aufwendungen und Erträge aus Veräußerungen von Vermögensgegenständen des Anlagevermögens, die den Restbuchwert unterschreiten beziehungsweise übersteigen, unabhängig vom Betrag immer als außerordentliche Aufwendungen bzw. Erträge gelten.

Das außerordentliche Ergebnis ist der Saldo aus den außerordentlichen Erträgen und den außerordentlichen Aufwendungen.

Die haushaltsrechtlichen Vorschriften beinhalten keine Verpflichtung zum Ausgleich des außerordentlichen Ergebnisses bei der Planaufstellung, verlangen also kein Tätigwerden der Gemeinde für den Fall, dass das außerordentliche Ergebnis des Haushaltsplanes nicht ausgeglichen ist (die außerordentlichen Aufwendungen übersteigen die außerordentlichen Erträge). Es ist ohnehin bei der Haushaltsplanung sehr schwierig abzuschätzen, zu welchen Vorgängen mit welchen Beträgen es im außerordentlichen Bereich beim Haushaltsvollzug kommen wird, sodass die Betrachtungen hier eher auf der abschlusstechnischen Seite liegen.

Ein unausgeglichenes außerordentliches Ergebnis führt genauso zur Eigenkapitalminderung wie ein unausgeglichenes ordentliches Ergebnis. Die Gemeinde muss also im Interesse ihres Vermögenserhaltes dafür sorgen, dass sich im Zeitverlauf Fehlbeträge und Überschüsse im außerordentlichen Ergebnis ausgleichen (siehe auch unten). Dies ergibt sich auch aus Nr. 4 Hw. zu § 25 GemHVO, wonach auch für einen außerordentlichen Fehlbetrag der Grundsatz einer unverzüglichen Ausgleichsverpflichtung gilt.

Für den Fall, dass Überschüsse im außerordentlichen Ergebnis entstehen (die außerordentlichen Erträge sind höher als die außerordentlichen Aufwendungen), sind diese der Rücklage für das außerordentliche Ergebnis zuzuführen, soweit sie nicht zur Finanzierung von unabweisbaren Investitionen oder zur vordringlichen außerordentlichen

Tilgung von Krediten und nicht zum Ausgleich des ordentlichen Ergebnisses benötigt werden (siehe oben Ziffer 10.2.1.1).

Wenn in einem Haushaltsjahr also die außerordentlichen Aufwendungen die außerordentlichen Erträge übersteigen und somit ein Fehlbetrag im außerordentlichen Ergebnis entsteht, kann die Gemeinde diesen Fehlbetrag über mehrere Möglichkeiten abdecken. § 24 Abs. 1 letzter Hs. GemHVO sieht einen Ausgleich über das ordentliche Ergebnis (wenn positiv) vor, allerdings nur, wenn das ordentliche Ergebnis hierfür **benötigt** wird, also keine andere Möglichkeit besteht[385].

Andere und nach dieser Lesart vorrangige Deckung ist der Ausgleich mit einem entsprechenden Bestand der Rücklage aus Überschüssen des außerordentlichen Ergebnisses, da für die hessischen Gemeinden der Grundsatz der Ergebnisspaltung besteht, also die getrennte Betrachtung und Behandlung des ordentlichen und des außerordentlichen Ergebnisses. Steht eine solche Rücklage nicht oder nicht in der benötigten Höhe zur Verfügung und erfolgt kein Ausgleich mit dem ordentlichen Ergebnis nach § 24 Abs. 1 letzter Hs. GemHVO, erfolgt der Ausgleich mit Überschüssen im außerordentlichen Ergebnis der folgenden Jahre, um deren Entstehen die Gemeinde dann natürlich bemüht sein muss.

10.2.2   beim Jahresabschluss[386]

10.2.2.1   im ordentlichen Ergebnis

Die Regelungen für den Umgang mit Fehlbeträgen, die mit der Erstellung des Jahresabschlusses entstehen, enthält § 25 GemHVO einschließlich der hierzu ergangenen Hinweise.

Wenn ein Jahresfehlbetrag beim ordentlichen Ergebnis entsteht, der nicht vollständig mit der Rücklage für das ordentliche Ergebnis verrechnet werden kann, soll dieser unverzüglich durch Überschüsse des ordentlichen Ergebnisses folgender Haushaltsjahre ausgeglichen werden (Abs. 1). Gemäß Nr. 2 Hw. zu § 25 GemHVO soll ein Fehlbetrag beim ordentlichen Ergebnis unverzüglich, d. h. möglichst schon im Rahmen des Haushaltsvollzugs des Folgejahres ausgeglichen werden. Bei der Aufstellung eines Nachtragshaushalts für das folgende Jahr sollte die Erwirtschaftung eines Überschusses im ordentlichen Ergebnis angestrebt werden, um den Fehlbetrag des Vorjahres auszugleichen.

Die Gemeinde muss also alle Anstrengungen unternehmen, um in den dem Defizitjahr folgenden Jahren Überschüsse im ordentlichen Ergebnis zu erwirtschaften, mit denen der Fehlbetrag ausgeglichen werden kann. Das ist dann jedoch problematisch, wenn das Entstehen des Fehlbetrages nicht durch einen einmaligen Vorgang (z. B. ein einmaliger hoher Ausfall von Gewerbesteuern) bedingt ist, sondern strukturell, also dauerhaft

---

[385] Durch Nr. 6 Hw. zu § 92 HGO („Ein negativer Saldo aus außerordentlichen Erträgen und außerordentlichen Aufwendungen kann so beträchtlich sein, dass die Forderung nach einem sofortigen Ausgleich durch ein entsprechendes ordentliches Ergebnis nicht angemessen wäre.") wird eingeräumt, dass dieser Ausgleich auch über mehr als ein Jahr hinweg erfolgen kann.

[386] siehe hierzu Ziffer 16.3.4.

erfolgt, die Gemeinde also aufgrund ihrer gesamten wirtschaftlichen Rahmenbedingungen langfristig nicht in der Lage ist, das ordentliche Ergebnis auszugleichen oder sogar Überschüsse zu erzielen. Dem trägt § 25 GemHVO in seinen weiteren Bestimmungen Rechnung.

Durch Absatz 2 wird geregelt, dass ein nach Abs. 1, also durch Überschüsse folgender Jahre, nicht oder nicht vollständig ausgleichbarer Fehlbetrag aus Überschüssen des außerordentlichen Ergebnisses folgender Haushaltsjahre ausgeglichen werden darf, soweit diese Mittel nicht für die Finanzierung von unabweisbaren Investitionen oder zur vordringlichen außerordentlichen Tilgung von Krediten benötigt werden (siehe oben Ziffer 10.2.1.1).

Wenn die Gemeinde ihren Jahresabschluss erstellt hat, werden das ordentliche und das außerordentliche Ergebnis bilanziell zunächst in den Hauptkonten 340 bzw. 341 nachgewiesen. Über die Verwendung dieser Ergebnisse entscheidet die Gemeindevertretung im Rahmen des Beschlusses über den Jahresabschluss, soweit nicht unter Anwendung von § 24 Abs. 3 GemHVO ein Ausgleich zwischen einem Überschuss im außerordentlichen Ergebnis und einem Fehlbetrag im ordentlichen Ergebnis vor Abschluss der Bücher vorgenommen wird. (Verbleibende) Überschüsse werden dann i. d. R. den entsprechenden Rücklagen zugeführt (Hauptkonten 325 bzw. 326). Sind Fehlbeträge entstanden und können diese nicht oder nicht vollständig nach den Abs. 1 oder 2 des § 25 GemHVO ausgeglichen werden, sind sie auf neue Rechnung vorzutragen (Abs. 3), d. h. auf die Hauptkonten 331 bzw. 332 evtl. mit jahresbezogener Unterteilung umzubuchen.

Die Gemeinde muss auch jetzt weiterhin alle Möglichkeiten ausschöpfen, diesen vorgetragenen Fehlbetrag mit Überschüssen des ordentlichen bzw. des außerordentlichen Ergebnisses folgender Jahre auszugleichen. Ein nach fünf Jahren noch nicht ausgeglichener Fehlbetrag kann mit dem Eigenkapital (gemeint ist hier die Netto-Position im Eigenkapital) verrechnet werden. Hierbei handelt es sich um ein Wahlrecht. Wenn die Gemeinde absieht, dass es ihr auch in einem späteren als dem fünften Jahr nach dem Fehlbetragsjahr nicht möglich sein wird, den Fehlbetrag auszugleichen, wird sie sinnvollerweise von der Möglichkeit Gebrauch machen, diesen mit der Nettoposition zu verrechnen, d. h. die Nettoposition wird um den Fehlbetrag vermindert. Wenn die Gemeinde jedoch der Auffassung ist, dass sie den Fehlbetrag späterhin noch ausgleichen kann, wird sie diesen auch nach fünf Jahren weiterhin vortragen.

Solange ein Fehlbetrag nicht ausgeglichen oder mit dem Eigenkapital verrechnet ist, besteht kein Haushaltsausgleich, § 92 Abs. 3 Satz 1 HGO. Auch diese Situation erfordert die Aufstellung eines Haushaltssicherungskonzeptes, § 92 Abs. 4 Nr. 2 HGO, siehe hierzu oben Ziffer 10.2.1.1.

10.2.2.2   im außerordentlichen Ergebnis

Für Fehlbeträge beim außerordentlichen Ergebnis gilt, dass diese innerhalb von fünf Jahren ausgeglichen werden sollen. Die Gemeinde muss also, wie oben geschildert, bemüht sein, durch Überschüsse des außerordentlichen Ergebnisses folgender Jahre einen Ausgleich herbeizuführen. Wenn dies nicht möglich ist, kann wie beim ordentlichen

Ergebnis eine Verrechnung mit der Nettoposition erfolgen (§ 25 Abs. 4 i. V. m. Abs. 3 Satz 2 GemHVO, Nr. 4 Hw. zu § 25 GemHVO).

10.2.2.3 Ausweis der Fehlbeträge auf der Aktivseite der Bilanz

Wenn ordentliche und/oder außerordentliche Fehlbeträge mit der Nettoposition verrechnet werden sollen und diese nicht in der dafür benötigten Höhe zur Verfügung steht, ist der übersteigende Betrag auf der Aktivseite der Bilanz unter dem Posten „Nicht durch Eigenkapital gedeckter Fehlbetrag" auszuweisen (Abs. 5). Anders ausgedrückt: Das Eigenkapital auf der Passivseite der Bilanz kann nicht kleiner als „Null" werden, also nicht negativ sein. Wenn die Nettoposition durch Fehlbeträge aufgezehrt ist und weitere Fehlbeträge anfallen, das Eigenkapital also rechnerisch negativ wird, wird das Eigenkapital mit „Null" ausgewiesen und der Ausweis der weiteren Fehlbeträge erfolgt dann auf der Aktivseite der Bilanz (Hauptkonto 299).

In den Hinweisen zur GemHVO ist als Anlage 3 ein Schema veröffentlicht, wie beim Ausgleich von Fehlbeträgen systematisch vorzugehen ist.

10.3 Ausgleich des Finanzhaushaltes

Die Verpflichtung zum Haushaltsausgleich in der Haushaltswirtschaft nach den Grundsätzen der doppelten Buchführung bezieht sich auf den Ergebnishaushalt und innerhalb des Ergebnishaushaltes auf das ordentliche Ergebnis. Es soll also der laufende Ressourcenverbrauch (ordentlicher Aufwand) durch das laufende Ressourcenaufkommen (ordentlicher Ertrag) gedeckt werden, unabhängig davon, ob der jeweilige Ertrag oder Aufwand mit tatsächlichen Zahlungen (Liquiditätsveränderungen) verbunden ist oder nicht.

Wie in Ziffer 6.5.1.2 dargestellt, weist der Finanzhaushalt die zahlungswirksamen Vorgänge aus, getrennt nach dem Finanzmittelfluss aus laufender Verwaltungstätigkeit, dem Finanzmittelfluss aus Investitionstätigkeit und dem Finanzmittelfluss aus Finanzierungstätigkeit und er weist aus, wie sich der Zahlungsmittelbestand zwischen Jahresanfang und Jahresende verändert. Eine – wie im Ergebnishaushalt – ausdrückliche Verpflichtung zum Ausgleich des Finanzhaushaltes ist den haushaltsrechtlichen Vorschriften nicht zu entnehmen. Allerdings differenziert der Grundsatz des Haushaltsausgleichs aus § 92 Abs. 3 Satz 1 HGO nicht nach Ergebnis- und Finanzhaushalt, so dass er sich prinzipiell auch auf den Finanzhaushalt erstrecken dürfte.

Ungeachtet dessen muss die Gemeinde immer sicherstellen, dass jederzeit die Fähigkeit besteht, die zu leistenden Zahlungen tatsächlich bewirken zu können, ggf. unter Inanspruchnahme von Kassenkrediten (siehe Ziffer 9.5). Idealerweise ist der Zahlungsmittelbestand am Jahresende mindestens genauso hoch wie am Jahresanfang, ohne dass sich die Verbindlichkeiten aus Kassenkrediten erhöht haben. Eine Minderung des Zahlungsmittelendbestandes gegenüber dem Anfangsbestand sollte allenfalls dadurch entstanden sein, dass

- Auszahlungen zulasten von Rückstellungen oder Verbindlichkeiten, die in Vorjahren gebildet wurden, vorgenommen wurden,
- Investitionsauszahlungen getätigt wurden,
- Kredite außerordentlich getilgt wurden oder
- Kassenkredite zurückgezahlt wurden.

Bezogen auf die drei vorstehend genannten Finanzmittelflüsse ist zum Ausgleich jeweils folgendes festzuhalten:

Der **Finanzmittelfluss aus laufender Verwaltungstätigkeit** sollte im Saldo immer positiv sein. Entsprechende Überschüsse dienen vorrangig der Finanzierung der Tilgung aufgenommener Kredite und der Investitionsfinanzierung. Dies wird deutlich, wenn man sich die Situation eines Privathaushaltes vorstellt, der einen Kredit z. B. für ein neues Auto aufnimmt. Dieser Kredit muss aus den laufenden monatlichen Einnahmen zurückgezahlt werden. Ist dies nicht möglich, würde sich der Kontostand des Privathaushaltes immer weiter verringern, negativ werden und dann ggf. ein Dispositionslimit erreichen, was zur Zahlungsunfähigkeit des Privathaushaltes führen kann. Für die Gemeinde gilt grundsätzlich das Gleiche: Der Finanzmittelfluss aus laufender Verwaltungstätigkeit muss einen Überschuss erbringen, der es zumindest ermöglicht, daraus die Tilgungsleistungen zu decken, die ansonsten durch Kassenkredite finanziert werden müssten, was bedeutet, dass sich die bilanzielle Verschuldung der Gemeinde nicht verringert, lediglich langfristige Verbindlichkeiten in (ggf. sogar höher zu verzinsende) kurzfristige Verbindlichkeiten umgewandelt werden.

Über die Finanzierung der Tilgung hinaus sollte der Finanzmittelfluss aus laufender Verwaltungstätigkeit weitere Überschüsse erwirtschaften, die dann dazu dienen, die investiven Auszahlungen mitzufinanzieren, also einen evtl. Bedarf an Investitionskrediten zu verringern. Im Saldo des Zahlungsmittelflusses aus Investitionstätigkeit wird dargestellt, in welcher Höhe die investiven Auszahlungen nicht durch investive Einzahlungen gedeckt werden.

Der Zusammenhang der drei Zahlungsmittelflüsse des Finanzhaushaltes lässt sich insgesamt wie folgt darstellen:

Fall a)

Saldo des Zahlungsmittelflusses aus laufender Verwaltungstätigkeit (Überschuss)		500.000 €
Einzahlungen aus Investitionstätigkeit	1.500.000 €	
Auszahlungen aus Investitionstätigkeit	6.000.000 €	
Saldo des Finanzmittelflusses aus Investitionstätigkeit		-4.500.000 €
Einzahlungen aus Finanzierungstätigkeit (Kreditaufnahmen)	4.400.000 €	
Auszahlungen aus Finanzierungstätigkeit (Kredittilgungen)	400.000 €	
Saldo aus Finanzierungstätigkeit		4.000.000 €
Änderung des Zahlungsmittelbestandes		0 €

Fall b)

Saldo des Zahlungsmittelflusses aus laufender Verwaltungstätigkeit (Überschuss)		300.000 €
Einzahlungen aus Investitionstätigkeit	1.500.000 €	
Auszahlungen aus Investitionstätigkeit	6.000.000 €	
Saldo des Finanzmittelflusses aus Investitionstätigkeit		-4.500.000 €
Einzahlungen aus Finanzierungstätigkeit (Kreditaufnahmen)	4.500.000 €	
Auszahlungen aus Finanzierungstätigkeit (Kredittilgungen)	400.000 €	
Saldo aus Finanzierungstätigkeit		4.100.000 €
Änderung des Zahlungsmittelbestandes		-100.000 €

Im Fall a) kann der Überschuss aus laufender Verwaltungstätigkeit (500.000 €) die Tilgung (400.000 €) in voller Höhe decken und darüber hinaus noch einen Teil (100.000 €) der nicht durch investive Einzahlungen gedeckten investiven Auszahlungen finanzieren, in dieser Höhe wird also keine Kreditaufnahme benötigt.

Im Fall b) reicht der Überschuss aus laufender Verwaltungstätigkeit (300.000 €) nicht aus, um die Tilgung (400.000 €) in voller Höhe zu decken. Die nicht durch investive Einzahlungen gedeckten investiven Auszahlungen müssten in voller Höhe (4.500.000 €) durch Kredite finanziert werden, zudem würde ein (zusätzlicher) Kassenkreditbedarf von 100.000 € entstehen, sofern nicht Zahlungsmittelbestände vorhanden sind, die hierfür eingesetzt werden können. Eine denkbare Erhöhung der Kreditaufnahme über den Saldo aus Investitionstätigkeit hinaus, da die Investitionen ja 6 Mio. € betragen, kommt nicht in Betracht, da dies gegen den Subsidiaritätsgrundsatz aus § 93 Abs. 3 HGO verstoßen würde, siehe auch Ziffer 7.2.4, denn es stehen ja in Höhe der Einzahlungen aus Investitionstätigkeit andere Finanzierungsmöglichkeiten zur Verfügung.

10.4 Ausgleich der mittelfristigen Ergebnis- und Finanzplanung

Wie bereits unter Ziffer 10.1 ausgeführt, soll auch die mittelfristige Ergebnis- und Finanzplanung (§ 101 HGO, § 9 GemHVO, vgl. Kapitel 12) ausgeglichen gestaltet werden (§ 9 Abs. 4 GemHVO), zum Charakter einer Soll-Vorschrift siehe ebenfalls oben Ziffer 10.1.

Ebenso wie für ein Haushaltsjahr soll auch im Rahmen der Ausschöpfung aller Finanzierungsmöglichkeiten und einer sparsamen Ausgabenpolitik der Ausgleich der Finanzplanung in den einzelnen Jahren herbeigeführt werden.

Dabei kommt der Ergebnisplanung besondere Bedeutung zu, denn auch im Finanzplanungszeitraum gilt der Ausgleich als vorhanden, wenn das ordentliche Ergebnis innerhalb der Ergebnisplanung in Aufwand und Ertrag ausgeglichen ist. Da die Möglichkeiten der Beeinflussung der kommunalen Finanzen im Hinblick auf die Erzielung des Haushaltsausgleichs eher mittel- als kurzfristig wirksam sind, ist die Herbeiführung eines Ausgleichs der Ergebnis- und Finanzplanung und das Aufzeigen der dafür notwendigen Maßnahmen mindestens genauso wichtig wie beim jährlichen Haushaltsplan.

Gemäß § 92 Abs. 4 Nr. 3 HGO ist die Gemeinde auch dann verpflichtet, ein Haushaltssicherungskonzept aufzustellen, wenn nach der Ergebnis- und Finanzplanung im Planungszeitraum Fehlbeträge erwartet werden, siehe hierzu oben Ziffer 10.2.1.1. und Nr. 7 Hw. zu § 92 HGO.

10.5 Übung

Sachverhalt

In der Gemeindevertretung der Gemeinde G wird derzeit der vom Gemeindevorstand eingebrachte Haushaltsplan für das nächste Jahr beraten. Der Ergebnishaushalt stellt sich zusammengefasst wie folgt dar:

Summe der ordentlichen Erträge	28.100.000 €	
Summe der ordentlichen Aufwendungen	29.300.000 €	
Verwaltungsergebnis		-1.200.000 €
Finanzerträge	150.000 €	
Zinsen und ähnliche Aufwendungen	850.000 €	
Finanzergebnis		-700.000 €
Ordentliches Ergebnis		**-1.900.000 €**
Außerordentliche Erträge	100.000 €	
Außerordentliche Aufwendungen	300.000 €	
Außerordentliches Ergebnis		**-200.000 €**
Jahresergebnis		**-2.100.000 €**

Die Gemeinde G hat in vorangegangenen Jahren einen Überschuss von insgesamt 2.000.000 € im ordentlichen Ergebnis erzielt und der Rücklage für Überschüsse des ordentlichen Ergebnisses zugeführt.

Aufgabe 1:

Beurteilen Sie die finanzielle Situation der Gemeinde G im Hinblick auf den Haushaltsausgleich.

Lösung:

Gemäß § 92 Abs. 3 Satz 1 HGO soll der Haushalt in jedem Haushaltsjahr ausgeglichen sein. Maßstab für den Haushaltsausgleich ist der Ergebnishaushalt. Gemäß § 92 Abs. 3 Satz 2 HGO gilt der Ergebnishaushalt als ausgeglichen, wenn der Gesamtbetrag der ordentlichen Erträge und der Zins- und sonstigen Finanzerträge mindestens ebenso hoch ist wie der Gesamtbetrag der ordentlichen Aufwendungen und der Zins- und sonstigen Finanzaufwendungen oder wenn der Fehlbedarf im ordentlichen Ergebnis des Ergebnishaushalts und der Fehlbetrag im ordentlichen Ergebnis der Ergebnisrechnung durch die Inanspruchnahme von Mitteln der Rücklagen ausgeglichen werden können. Relevant für den Haushaltsausgleich ist im vorliegenden Fall also zunächst der Betrag von 1,9 Mio. € Defizit im ordentlichen Ergebnis.

Da die Gemeinde in den Vorjahren Überschüsse im ordentlichen Ergebnis erzielt hat, waren diese der entsprechenden Rücklage zuzuführen (§ 46 Abs. 3 Satz 2 i. V. m. § 49 Abs. 4 Nr. 1.2.1 GemHVO). Diesen Bestand könnte die Gemeinde G nach § 24 Abs. 2 GemHVO zum Ausgleich des ordentlichen Ergebnisses verwenden. Da der Bestand dieser Rücklage höher ist als das Defizit im ordentlichen Ergebnis, ist der Haushaltsausgleich gegeben. Dabei wird unterstellt, dass bei den Aufwendungen alle Einsparungsmöglichkeiten genutzt und alle Ertragsmöglichkeiten ausgeschöpft worden sind. Obwohl jahresbezogen ein Defizit im ordentlichen Ergebnis besteht, ist das Ausgleichserfordernis erfüllt; da dies über § 24 Abs. 2 GemHVO möglich war, ist ein Haushaltssicherungskonzept nicht erforderlich. Das Defizit im außerordentlichen Ergebnis ist für die Frage, ob Haushaltsausgleich besteht, nicht von Bedeutung. Es muss auch im Rahmen der Haushaltsplanung nicht weiter behandelt werden (siehe auch oben Ziffer 10.2.1.2).

Aufgabe 2:

Abweichend von Aufgabe 1 soll gelten, dass eine Rücklage aus Überschüssen des ordentlichen Ergebnisses nicht besteht. Der Fehlbetrag im ordentlichen Ergebnis kann daher nicht hierüber ausgeglichen werden.

Gemeindevertreter Schlau beantragt nun, zur Erreichung des Haushaltsausgleichs einige gemeindeeigene Grundstücke zu veräußern. Begutachten Sie, ob diese Maßnahme geeignet ist, den Haushaltsausgleich tatsächlich zu erreichen.

Lösung:

Wenn die Gemeinde Vermögensgegenstände, dazu gehören auch Grundstücke, veräußert, entstehen Einzahlungen im Finanzhaushalt (§ 3 Abs. 1 Nr. 21 bzw. Abs. 2 Nr. 10 GemHVO), der Ergebnishaushalt ist also zunächst überhaupt nicht betroffen. Es muss aber berücksichtigt werden, zum welchem Preis die Grundstücke veräußert werden, und wie sich dieser Preis in Bezug zum bilanziellen Wert des Grundstückes darstellt. Wird das Grundstück zu genau dem Preis verkauft, mit dem es bilanziert ist, entsteht ein Aktivtausch in der Bilanz, in Höhe des Abganges beim Sachanlagevermögen entsteht ein Zugang beim Umlaufvermögen (Forderungen bzw. flüssige Mittel), folglich entstehen keine Auswirkungen beim Eigenkapital, der Ergebnishaushalt ist demnach nicht tangiert. Würde das Grundstück zu einem geringeren Preis verkauft, als es bilanziert ist, entsteht sogar ein Verlust, da dem Abgang im Anlagevermögen kein mindestens gleich hoher Zugang im Umlaufvermögen gegenübersteht, dies wäre über eine Eigenkapitalminderung auszugleichen. Nur wenn der Verkaufspreis höher ist als der bilanzierte Wert, kommt in Höhe der Differenz ein Gewinn zustande, der unter dem Aspekt des Haushaltsausgleiches Relevanz hat.

Gewinne aus Vermögensveräußerungen sind jedoch gemäß § 2 Abs. 3 GemHVO als außerordentliche Erträge deklariert und fallen somit in das außerordentliche Ergebnis, so dass keine Wirkung im ordentlichen Ergebnis und keine unmittelbare Wirkung auf den Haushaltsausgleich eintritt.

Gemäß § 24 Abs. 3 GemHVO dürfen jedoch Mittel aus dem außerordentlichen Ergebnis des Ergebnishaushalts und Mittel der aus Überschüssen des außerordentlichen Ergebnisses der Vorjahre gebildeten Rücklage zum Ausgleich verwendet werden. Zu Letzterem enthält der Sachverhalt keine Angaben. Weitere Voraussetzung ist, dass diese Mittel nicht für die Finanzierung von unabweisbaren Investitionen oder zur vordringlichen außerordentlichen Tilgung von Krediten benötigt werden[387]. Auch dazu enthält der Sachverhalt keine Angaben. Würden die vom Gemeindevertreter Schlau genannten Grundstücke tatsächlich veräußert und würde dabei ein Preis über dem Bilanzwert erzielt werden, könnte der übersteigende Betrag gemäß § 24 Abs. 3 GemHVO zum Haushaltsausgleich verwendet werden. Auch wenn damit ein Haushaltsausgleich vollständig dargestellt werden könnte, befreit dies die Gemeinde nicht davon, ein Haushaltssicherungskonzept nach Abs. 24 Abs. 4 GemHVO aufzustellen, da dies nur dann entbehrlich ist, wenn ein Ausgleich nach § 24 **Abs. 2** GemHVO erfolgt, nicht jedoch, wenn dieser nach **Abs. 3** geschieht.

---

[387] Siehe Anmerkungen bei Ziffer 10.2.1.1.

Inhaltsverzeichnis

11.   Haushaltssatzung

11.1   Rechtsnatur und Bedeutung der Haushaltssatzung

11.1.1   Gemeindliches Satzungsrecht[388]

Das Grundgesetz bestimmt in Art. 28 Abs. 2 ausdrücklich, dass den Gemeinden das Recht einzuräumen ist, alle Angelegenheiten der örtlichen Gemeinschaft in eigener Verantwortung zu regeln. Die Gewährleistung der Selbstverwaltung umfasst auch die Grundlagen der finanziellen Eigenverantwortung. Dem folgt Art. 137 HV. Dieses Recht steht auch den Gemeindeverbänden im Rahmen ihres gesetzlichen Aufgabenbereichs zu. Damit ist der Erlass allgemeiner Rechtsvorschriften durch die Gemeinden im Rahmen ihres Selbstverwaltungsrechtes institutionell abgesichert.

So wird auch in der Hess. Gemeindeordnung (§ 5 HGO) den Gemeinden im Einklang mit dem Grundgesetz und der Landesverfassung das Recht zuerkannt, die Angelegenheiten der örtlichen Gemeinschaft durch Satzungen zu regeln (Landkreise: § 5 HKO). Dem Landeswohlfahrtsverband ist das Satzungsrecht in § 3 des Gesetzes über den Landeswohlfahrtsverband Hessen gegeben.

Eingeschränkt wird dieses Recht nur insofern, als die satzungsrechtlichen Regelungen anderer Rechtsnormen nicht entgegenstehen dürfen. Das verfassungsmäßig gewährleistete Satzungsrecht lässt es aber zu, dass von Gemeinde zu Gemeinde unterschiedliche Regelungen bestehen können. Der Gleichheitsgrundsatz wird dadurch nicht verletzt.

Vor der ranglichen Einordnung der Satzung ist im Gefüge der Rechtsnormen zunächst einmal begrifflich die Satzung zu klären.

Bei Satzungen handelt es sich um Rechtsvorschriften, die von einer in den Staat eingeordneten Körperschaft des öffentlichen Rechts im Rahmen der ihr gesetzlich verliehenen Satzungsbefugnis im Bereich ihrer eigenen Angelegenheiten mit Wirksamkeit für die ihr angehörigen bzw. unterworfenen Personen erlassen werden.[389] Satzungen sind somit keine Gesetze im formellen, wohl aber im materiellen Sinne.

Die Abgrenzung zur Rechtsverordnung ergibt sich daraus, dass die Satzung nicht den verfassungsrechtlichen Anforderungen an die Bestimmtheit von Verordnungsermächtigungen oder die Publikation von Rechtsverordnungen unterworfen ist. Da die Rechtsverordnungen staatliches Recht darstellen, sind sie ranghöher als kommunales Satzungsrecht. Die Satzung ist auch nicht gleichzusetzen mit Verwaltungsvorschriften, die sich an nachgeordnete Stellen wenden.

---

[388] Satzungsrecht ist eine vorrangig dem allgemeinen Kommunalrecht zuzuordnende Rechtsmaterie. Im Rahmen dieses Buches kann die Thematik daher nur insoweit angesprochen werden, als sie zum Verständnis des Begriffes der Haushaltssatzung notwendig ist. Auf die vielfältige Literatur zum Satzungsbegriff des allgemeinen Kommunalrechts (Fachbücher, Kommentare, Aufsätze mit Verweisen zur jeweiligen Rechtsprechung) wird daher verwiesen.

[389] Siehe hierzu auch Bennemann in KVR Hessen, Erl. zu § 5 HGO, Rdnr. 2, m. w. N.

Der Erlass einer Satzung stellt ferner keinen Verwaltungsakt dar. Er ist ein Rechtssetzungsakt. Er kann daher nicht durch eine Anfechtungsklage angefochten werden. Allerdings ist jedes Verwaltungsgericht verpflichtet, die Rechtsgültigkeit einer Satzung zu überprüfen, wenn im Rahmen einer Klage ein Verwaltungsakt angefochten wird, der sich auf eine Satzung stützt (konkretes Normenkontrollverfahren). In Hessen ist es zudem möglich, dass Satzungen, also auch die Haushaltssatzung[390], im Wege eines abstrakten Normenkontrollverfahrens überprüft werden können (§ 47 Abs. 1 Nr. 2 VwGO, § 15 Abs. 1 Hess. Ausführungsgesetz zur VwGO).

Die gemeindlichen Satzungen sind jedoch zu unterscheiden in Satzungen im formellen Sinne und Satzungen im materiellen Sinne, wobei Satzungen im formellen Sinne keine allgemein verbindliche Wirkung nach außen entfalten. Hierzu gehören die Hauptsatzung und die Haushaltssatzung.[391] Dieser weitgehend vertretenen Auffassung kann bezogen auf die Hauptsatzung und die wesentlichen Teile der Haushaltssatzung gefolgt werden. Allerdings ist bezüglich des § 5 der Haushaltssatzung[392] anzumerken, dass von ihm sehr wohl eine Außenwirkung ausgeht. Er ist – sofern nicht besondere Hebesatzungen von einer Gemeinde erlassen werden – die Rechtsgrundlage für die Erhebung der Grund- und Gewerbesteuer.

11.1.2 Haushaltssatzung als besondere Satzung

Haushaltssatzung	Satzung allgemein
bis auf § 5 keine Außenwirkung	Außenwirkung
verbindliches Muster	i. d. R. kein verbindliches Muster
zeitlich begrenzt (Kalenderjahr)	zeitlich unbegrenzt
Pflichtsatzung	bis auf Hauptsatzung nur bedingte (z. B. Erschließungsbeitragssatzung) bzw. keine Verpflichtung zum Erlass der Satzung
Inkrafttreten immer am 1. Januar eines Jahres (evtl. rückwirkend)	i. d. R. Inkrafttreten am Tage nach der Bekanntmachung
Vorlagepflicht	keine Vorlagepflicht

Die Tatsache, dass die Haushaltssatzung in der Lehre nur als eine Satzung im formellen Sinne angesehen wird, beeinträchtigt jedoch nicht ihre Bedeutung für die Gemeinde, bildet sie doch die Rechtsgrundlage der gemeindlichen Haushaltsführung für ein Jahr.

---

[390] Bennemann, a. a. O., Rdnrn. 30 und 219 ff.
[391] Bennemann, a. a. O., Rdnr. 30.
[392] Siehe GemHVO Muster 1 zu § 60 Nr. 1 (§ 94 i. V. m. § 97 HGO).

Durch die Festsetzung des Haushaltsplanes in der Satzung erhält dieser seine Rechtsverbindlichkeit. Ferner enthält die Haushaltssatzung weitere für die Haushalts- und Wirtschaftsführung einer Gemeinde entscheidende Regelungen. All diese Regelungen binden jedoch – ausgenommen die Festsetzungen in § 5 der Haushaltssatzung – nur die Gemeinde; genauer gesagt die Gemeindevertretung und den Gemeindevorstand mit der Verwaltung. Insofern kann hier auch von der „Innenwirkung" der Haushaltssatzung gesprochen werden. Genauso wie für den Haushaltsplan gilt für die Haushaltssatzung, dass Ansprüche und Verbindlichkeiten Dritter weder begründet noch aufgehoben werden (§ 96 Abs. 2 HGO). „Außenwirkung" entsteht nur durch die Festsetzung der Realsteuerhebesätze im § 5 der Haushaltssatzung. Hier wird der Steuerpflichtige getroffen.

Aber auch in weiteren Punkten unterscheidet sich die Haushaltssatzung von den Satzungen allgemeiner Art.

Während für die gemeindliche Satzung bis auf wenige Ausnahmen keine verbindlichen Muster vorgeschrieben sind, gilt für die Haushaltssatzung ein verbindliches Muster (Muster 1 zu § 60 Nr. 1 GemHVO [zu § 94 i. V. m. § 97 HGO], siehe auch Nr. 1 der Hinweise zu § 94 HGO). Ferner unterliegt die Haushaltssatzung einer zeitlichen Begrenzung. Sie wird grundsätzlich für ein Haushaltsjahr (Kalenderjahr) erlassen (§ 94 Abs. 1 und 4 HGO).[393] Die Satzung allgemein hat eine unbestimmte, auf die Zukunft gerichtete Gültigkeit.

Die Haushaltssatzung zählt wie die Hauptsatzung zu den Pflichtsatzungen, d. h. die Gemeinde muss sie erlassen. Diese Verpflichtung trifft für die übrigen Satzungen nicht unbedingt zu (§ 5 Abs. 1 HGO).

Die Haushaltssatzung gehört zu den Angelegenheiten, über die die Gemeindevertretung selbst entscheiden muss. Sie kann diese Entscheidungsbefugnisse nicht auf andere Stellen übertragen (§ 51 Nr. 7 und § 97 Abs. 3 HGO).

Die Haushaltssatzung – als Pflichtsatzung der Gemeinde – ist zeitlich begrenzt. Gemäß § 94 Abs. 1 HGO ist sie grundsätzlich für jedes Haushaltsjahr zu erlassen.[394] Sollte eine Gemeinde, vertreten durch die Gemeindevertretung, nicht bereit sein, eine Haushaltssatzung zu erlassen, greifen die Aufsichtsmittel nach §§ 135 ff. HGO.

Haushaltsjahr ist nach § 94 Abs. 4 HGO das Kalenderjahr, also der Zeitraum vom 01.01. bis 31.12. eines Jahres. Eine Ausnahme ist nur zulässig, wenn durch Gesetz oder Rechtsverordnung etwas anderes bestimmt ist. Die GemHVO enthält keine Regelungen über ein abweichendes Wirtschaftsjahr. Für die inzwischen wieder aufgehobene **Verwaltungsbuchführung** bestimmte § 34 GemHVO-Vwbuchfg 2009 nur, dass für Unternehmen und Einrichtungen, für die keine Sonderrechnungen geführt werden, ein vom Haushaltsjahr abweichendes Wirtschaftsjahr festgelegt werden konnte. Eine solche Regelung ist jedoch für die Haushaltswirtschaft nach den Grundsätzen der doppelten Buchführung nicht getroffen.

---

[393] Es ist auch ein Erlass für zwei Haushaltsjahre, nach Jahren getrennt, zulässig (§ 94 Abs. 3 Satz 2 HGO).

[394] Es ist auch ein Erlass für zwei Haushaltsjahre zulässig, siehe vorstehende Fußnote.

Nach § 94 Abs. 3 Satz 2 HGO kann die Haushaltssatzung Festsetzungen für zwei Jahre enthalten, allerdings nach Jahren getrennt (Doppelhaushalt).[395]

Vorteil eines Doppelhaushaltes, auch Zwei-Jahres-Haushalt genannt, ist zum einen die Verbindlichkeit und Verlässlichkeit einer längerfristigen Planung, zum anderen wird häufig auch die Arbeitsersparnis bei der Aufstellung genannt, die sich beim zweiten Haushaltsjahr auswirkt.

Andererseits ist festzuhalten, dass schon ein Haushaltsjahr aufgrund der schnell wechselnden Finanzsituationen kaum wirklich sicher planbar ist und in den meisten Gemeinden daher im Laufe des Haushaltsjahres mindestens eine Nachtragssatzung erforderlich wird, ggf. müssen sogar mehrere Nachtragssatzungen erlassen werden. Das gilt erst recht für das zweite Jahr des Doppelhaushaltes.

Die Arbeitsersparnis für das zweite Jahr kann daher durch den Mehraufwand für die erforderlichen Nachtragssatzungen durchaus wieder aufgezehrt werden.

Wenn die Gemeinde sich für einen Doppelhaushalt entscheidet, bedeutet dies nicht, dass das Haushaltsjahr dann 24 Monate umfasst, sondern dass gleichzeitig zwei Jahre geplant werden, aber jedes Jahr getrennt. Würde die Gemeinde z. B. einen Doppelhaushalt für die Jahre 2013 und 2014 aufstellen wollen, müssten alle Ansätze im Haushaltsplan getrennt nach den beiden Jahren gebildet werden (siehe auch § 7 Abs. 1 GemHVO), die Muster für den Ergebnis- und Finanzhaushalt (Muster 7 und 8 bzw. 9) sowie für die Teilergebnis- und Teilfinanzhaushalte (Muster 10 und 11) sowie weitere Muster (siehe Nr. 1 Hw. zu § 7 GemHVO) würden entsprechend um eine Jahresspalte erweitert. In der Haushaltsatzung werden ebenfalls in den jeweiligen Paragrafen die Festsetzungen nach Jahren getrennt getroffen.

Bei Aufstellung eines Doppelhaushaltes hat die Gemeinde Nr. 2 Hw. zu § 7 GemHVO zu beachten, wonach der Gemeindevorstand die Fortschreibung der mittelfristigen Ergebnis- und Finanzplanung (siehe Kapitel 12) um ein weiteres Planungsjahr vor Beginn des zweiten Haushaltsjahres des „Doppelhaushalts" der Gemeindevertretung vorzulegen und die neuesten Unterlagen nach § 1 Abs. 4 Nr. 9 und 10 GemHVO beizufügen hat.

Letztlich ist noch festzuhalten, dass die Haushaltssatzung immer – evtl. rückwirkend – am 1. Januar des Jahres in Kraft tritt, für das sie erlassen wird, völlig unabhängig davon, wann sie bekannt gemacht wird.

---

[395] Siehe hierzu auch Daneke in KVR Hessen, Erl. zu § 94 HGO, Rdnrn. 39 – 51.

11.2 Inhalt der Haushaltssatzung

11.2.1 Gesetzliche Grundlagen

Die Gemeindeordnung schreibt im § 94 Abs. 2 HGO vor, welche Regelungen in der Haushaltssatzung getroffen werden müssen. Weitere Regelungen können gemäß § 94 Abs. 2 Satz 2 HGO in die Haushaltssatzung aufgenommen werden, sofern sie sich auf Erträge, Einzahlungen, Aufwendungen und Auszahlungen und den Stellenplan des Haushaltsjahres beziehen.

Die vorgeschriebenen Regelungen des § 94 Abs. 2 HGO sind auch im Wortlaut verbindlich vorgeschrieben. Auf Grund der §§ 154 Abs. 3 und 4 HGO wurde durch die GemHVO der Inhalt der Haushaltssatzung bezüglich der Mindestinhalte bestimmt durch Muster 1 zu § 60 Nr. 1 GemHVO (§ 94 i. V. m. § 97 HGO).

11.2.2 Pflichtinhalte der Haushaltssatzung (§ 94 Abs. 2 HGO)

11.2.2.1 Festsetzung des Haushaltsplanes

In der Satzung sind gemäß Muster 1 zur GemHVO

- die Erträge und Aufwendungen des Ergebnishaushaltes, getrennt nach ordentlichem und außerordentlichem Ergebnis (siehe Ziffer 6.5.1.1) und der sich daraus ergebende Saldo,

- die Einzahlungen und Auszahlungen des Finanzhaushaltes, getrennt nach Investitionstätigkeit und Finanzierungstätigkeit sowie der Saldo aus laufender Verwaltungstätigkeit[396] und der sich daraus ergebende Gesamtsaldo

festzustellen.

Nach dem verbindlichen Muster 1 hat die Festsetzung wie folgt zu erfolgen:

---

[396] Insofern weicht das Muster 1 vom Wortlaut des § 94 HGO ab, weil dieser die Festsetzung im Finanzhaushalt unter Angabe des Gesamtbetrages der Einzahlungen und Auszahlungen aus laufender Verwaltungstätigkeit und des sich daraus ergebenden Saldos fordert; Muster 1 sieht aber nur die Saldoangabe aus laufender Verwaltungstätigkeit ohne Angabe des Gesamtbetrages der Einzahlungen und Auszahlungen vor.

---

§ 1

Der Haushaltsplan für das Haushaltsjahr .... wird

im Ergebnishaushalt

> ### im ordentlichen Ergebnis
> mit dem Gesamtbetrag der Erträge auf ... EUR
> mit dem Gesamtbetrag der Aufwendungen auf ... EUR
> mit einem Saldo von ... EUR
>
> ### im außerordentlichen Ergebnis
> mit dem Gesamtbetrag der Erträge auf ... EUR
> mit dem Gesamtbetrag der Aufwendungen auf ... EUR
> mit einem Saldo von ... EUR
> ausgeglichen[397]/mit einem Überschuss/Fehlbedarf von ... EUR,

im Finanzhaushalt

> mit dem Saldo aus den Einzahlungen und Auszahlungen
> aus laufender Verwaltungstätigkeit auf ... EUR
>
> und dem Gesamtbetrag der
>
> Einzahlungen aus Investitionstätigkeit auf ... EUR
> Auszahlungen aus Investitionstätigkeit auf ... EUR
> mit einem Saldo von ... EUR
>
> Einzahlungen aus Finanzierungstätigkeit auf ... EUR
> Auszahlungen aus Finanzierungstätigkeit auf ... EUR
> mit einem Saldo von ... EUR
>
> ausgeglichen/mit einem Zahlungsmittelüberschuss/
> Zahlungsmittelbedarf des Haushaltsjahres von ... EUR
>
> festgesetzt

Die Erträge und Aufwendungen des Ergebnishaushaltes und die Einzahlungen und Auszahlungen des Finanzhaushaltes, die in § 1 der Haushaltssatzung festgesetzt werden, sind
die Endsummen des Ergebnishaushaltes gemäß Muster 7 GemHVO und des Finanzhaushaltes gemäß Muster 8 (bei direkter) oder 9 (bei indirekter Finanzrechnung[398]) zur
GemHVO. Es handelt sich somit um eine Addition der Einzelansätze. Bei der Überleitung der Angaben des Muster 7 (Ergebnishaushalt) ist zu beachten, dass die Beträge in

---

[397] Das Wort „ausgeglichen" darf hier nicht im Sinne von Haushaltsausgleich verstanden werden, sondern
lediglich als Angabe, dass die gesamten Erträge und die gesamten Aufwendungen des Ergebnishaushaltes gleich hoch sind. Haushaltsausgleich im eigentlichen Sinne besteht, wenn die ordentlichen Erträge
die ordentlichen Aufwendungen decken, also das ordentliche Ergebnis ausgeglichen ist, siehe hierzu auch
Kapitel 10. Dem Verordnungsgeber ist anzuraten, den Aufbau des Muster 1 an dieser Stelle der Struktur
des § 24 GemHVO folgen zu lassen.

[398] Siehe hierzu Ziffer 6.5.1.2.

Zeilen 10 (Summe der ordentlichen Erträge) und 21 (Finanzerträge) insgesamt den Gesamtbetrag der Erträge im ordentlichen Ergebnis darstellen und dass die Beträge in Zeilen 20 (Summe der ordentlichen Aufwendungen) und 22 (Zinsen und ähnliche Aufwendungen) insgesamt den Gesamtbetrag der Aufwendungen im ordentlichen Ergebnis darstellen.

Der Haushaltsplan selbst hat keine Satzungsqualität. Erst durch die Einbeziehung in die Haushaltssatzung erhält er Rechtsverbindlichkeit. Die Festsetzung des Haushaltsplanes ist somit notwendiger und unverzichtbarer Bestandteil der Haushaltssatzung. Mit der Festsetzung der Gesamtbeträge erfolgt gleichzeitig die Festsetzung der Einzelansätze der Erträge, Aufwendungen, Einzahlungen und Auszahlungen. Die Verwendung und die Höhe der einzelnen Ermächtigung im Haushaltsplan wird festgelegt. Auch die Haushaltsvermerke und gegebenenfalls die für verbindlich erklärten Erläuterungen erhalten Rechtsnormcharakter. Sie können grundsätzlich nur durch eine Änderung der Satzung (Nachtragssatzung) verändert werden. Diese Bindungswirkung kann nicht in gleichem Umfang auf die Einnahmeseite übertragen werden. Während die Haushaltssatzung i. V. m. dem Haushaltsplan die Ermächtigungsgrundlage für die Aufwendungen, Auszahlungen und Verpflichtungsermächtigungen der Gemeinde darstellt, sind die Ertrags-/Einzahlungsansätze des Haushaltes „nur" die Vorstellungen der Gemeinde zur Finanzierung ihrer Ausgaben. Die tatsächliche Erhebung der Erträge und Einzahlungen im laufenden Haushaltsjahr wird nicht etwa durch die Höhe der jeweiligen Ansätze begrenzt. Eine Begrenzung gilt lediglich für die Kreditaufnahme durch die in § 2 der Haushaltssatzung gegebene Kreditermächtigung. Mit der Festsetzung in der Haushaltssatzung soll unterstrichen werden, dass – auch mit Blick auf den Haushaltsausgleich (§ 92 Abs. 3 HGO) – die Verpflichtung besteht, diese Ansätze nach Möglichkeit zu erreichen.

11.2.2.2 Festsetzung der Kreditermächtigung

In der Satzung ist der Gesamtbetrag der vorgesehenen Kreditaufnahmen festzusetzen.

Nach dem verbindlichen Muster hat die Festsetzung wie folgt zu erfolgen:

---

§ 2

Der Gesamtbetrag der Kredite, deren Aufnahme im Haushaltsjahr ...... zur Finanzierung von Investitionen und Investitionsförderungsmaßnahmen erforderlich ist, wird auf .... EUR festgesetzt.

(*Alternativ*: Kredite werden nicht veranschlagt.)

Als Kredite, die in § 2 der Haushaltssatzung festgesetzt werden, gelten die Kredite i. S. v. § 58 Nr. 20 GemHVO, das ist das unter der Verpflichtung zur Rückzahlung von Dritten oder von Sondervermögen mit Sonderrechnung aufgenommene Kapital mit Ausnahme der Kassenkredite. Es ist der Gesamtrückzahlungsbetrag (ohne Abzug der

Kreditbeschaffungskosten) festzusetzen (§ 10 Abs. 1 GemHVO). Zur Thematik der Kredite insgesamt siehe Kapitel 9.

Umschuldungsbeträge sind zwar im Haushaltsplan zu veranschlagen, nicht aber in den § 2 der Haushaltssatzung aufzunehmen. Näheres dazu siehe bei Ziffer 9.2.7.

Kreditähnliche Geschäfte i. S. d. § 103 Abs. 7 HGO finden keine Aufnahme in § 2 der Haushaltssatzung, weil es sich nicht um Kredite i. S. d. § 58 Nr. 20 GemHVO handelt.

Die Kreditermächtigung ist eine der Voraussetzungen zur Aufnahme von Krediten durch die Gemeinde. Der Gesetzgeber hat nicht zuletzt wegen der erheblichen Folgewirkungen der Kreditaufnahmen auf die gemeindliche Haushaltswirtschaft eine besondere Ermächtigungsgrundlage in der Form einer satzungsrechtlichen Regelung geschaffen.

Die Kreditermächtigung bewirkt, dass die Gemeinde nur bis zur Höhe des Gesamtbetrages lt. § 2 der Haushaltssatzung Kredite aufnehmen darf. Eine evtl. erforderliche Überschreitung dieses Betrages bedarf des Erlasses einer Nachtragssatzung (§ 98 HGO), siehe hierzu auch Kapitel 14. Die tatsächliche Inanspruchnahme der Kreditermächtigung ist aber genau wie bei der Haushaltsplanung unter den Kriterien des § 93 Abs. 3 HGO zu sehen.

11.2.2.3 Festsetzung des Gesamtbetrages der Verpflichtungsermächtigungen

Der Gesamtbetrag der im Haushaltsplan veranschlagten Verpflichtungsermächtigungen ist in der Satzung festzusetzen. Das verbindliche Muster schreibt die Festsetzung wie folgt vor:

---

§ 3

Der Gesamtbetrag von Verpflichtungsermächtigungen im Haushaltsjahr ..... zur Leistung von Auszahlungen in künftigen Jahren für Investitionen und Investitionsförderungsmaßnahmen wird auf .... EUR festgesetzt.

(*Alternativ*: Verpflichtungsermächtigungen werden nicht veranschlagt.)

Die Thematik der Verpflichtungsermächtigungen wird in Kapitel 8 dieses Buches behandelt.

Der Gesamtbetrag der Verpflichtungsermächtigungen ist eine Addition der Einzelansätze, die in den jeweiligen Teilfinanzhaushalten veranschlagt sind.

Die Aufnahme von Verpflichtungsermächtigungen in die Haushaltssatzung soll darauf verweisen, welche Belastungen diese Ermächtigungen für die künftige Haushaltswirtschaft darstellen. Sie präjudizieren die künftige Haushaltsgestaltung. In den Jahren, in denen die Zahlungsverpflichtungen aus den in Anspruch genommenen Verpflichtungsermächtigungen fällig werden, ist bezüglich der dann in den Haushaltsplan aufzunehmenden Auszahlungsansätze kein Entscheidungsspielraum mehr gegeben.

Durch die Aufnahme der Verpflichtungsermächtigungen in die Haushaltssatzung wurde auch erreicht, dass bei einer erforderlichen Erhöhung des Gesamtbetrages im laufenden Haushaltsjahr und der damit zwangsläufig verbundenen Erhöhung der künftigen Jahresbelastungen eine Nachtragshaushaltssatzung erlassen werden muss (siehe hierzu auch Kapitel 14).

11.2.2.4 Festsetzung des Höchstbetrages der Kassenkredite

Der Höchstbetrag der Kredite zur Aufrechterhaltung der Liquidität der Kasse ist in der Haushaltssatzung festzusetzen.

Nach dem verbindlichen Muster hat die Festsetzung wie folgt zu erfolgen:

---

§ 4

Der Höchstbetrag der Kassenkredite, die im Haushaltsjahr ..... zur rechtzeitigen Leistung von Auszahlungen in Anspruch genommen werden dürfen, wird auf .... EUR festgesetzt.

(*Alternativ*: Kassenkredite werden nicht beansprucht.)

Zur Frage der Kassenkredite siehe Ziffer 9.5.[399]

Während die Regelungen in den §§ 1 bis 3 der Haushaltssatzung unmittelbar der Festsetzung des Haushaltsplanes dienen, soll die Festsetzung des Höchstbetrages der Kassenkredite in der Haushaltssatzung die Sicherung der kassenmäßigen (liquiditätsmäßigen) Abwicklung des Haushaltsplanes gewährleisten. Somit hat der Kassenkredit auch unmittelbar keine Verbindung zum Haushaltsplan. Nur die Kosten des Kassenkredites (Zinsen usw.) finden ihren Niederschlag im Haushaltsplan.

Ein Anhaltspunkt für die Höhe der voraussichtlich benötigten Kassenkredite ergibt sich aus der Darstellung der Zahlungsmittelsalden im Finanzhaushalt. Die Gemeinde muss aber auch unterjährige Schwankungen berücksichtigen, sodass die Kassenkreditermächtigung in der Haushaltssatzung ggf. deutlich höher sein kann bzw. muss als der im Finanzhaushalt ausgewiesene (negative) Jahresendstand des Zahlungsmittelbestandes.

Kassenkredite sind zwar auch Darlehen i. S. d. § 488 Abs. 1 BGB, aber im kommunalen Bereich haushaltsrechtlich nicht mit den Krediten gemäß § 58 Nr. 20 GemHVO gleichzusetzen.

---

[399] Siehe auch Bernhardt/Schünemann/Schwingeler, Kommunales Anordnungs-, Kassen-, Rechnungslegungs- und Prüfungsrecht NRW, 7. Auflage Witten 1999, S. 181 ff.

Im kommunalen Bereich muss begrifflich streng zwischen Krediten für Investitionen und Investitionsförderungsmaßnahmen einerseits sowie Kassenkrediten andererseits unterschieden werden, damit eine zutreffende Zuordnung zu den jeweiligen Festsetzungen in §§ 2 und 4 der Haushaltssatzung erfolgen kann.

In Muster 16 Zeilen 35 und 36 und Muster 17 Zeilen 19 und 20 (direkte bzw. indirekte Finanzrechnung) ist die gesonderte Ausweisung der Kassenkredite und ihrer Tilgung vorgesehen. Dies kann sich jedoch nur auf Kassenkredite beziehen, die als sog. Festbetragskredite aufgenommen werden.

11.2.2.5 Festsetzung der Realsteuerhebesätze

Die Haushaltssatzung hat die Festsetzung der Steuersätze zu enthalten, die für jedes Haushaltsjahr neu festzusetzen sind. Hierbei handelt es sich um die Realsteuern[400], diese umfassen nach § 3 Abs. 2 AO die Grundsteuer und die Gewerbesteuer.

Laut verbindlichem Muster hat die Festsetzung folgenden Wortlaut:[401]

---

§ 5

Die Steuersätze für die Gemeindesteuern werden für das Haushaltsjahr ...... wie folgt festgesetzt:

1. Grundsteuer
    a) für die land- und forstwirtschaftlichen Betriebe
        (Grundsteuer A) auf   ...... v.H.
    b) für die Grundstücke
        (Grundsteuer B) auf   ...... v.H.

2. Gewerbesteuer auf   ...... v.H.

Nach Art. 106 Abs. 6 GG steht das Aufkommen der Realsteuern den Gemeinden zu. Im Rahmen der Finanzgarantie des Grundgesetzes wird hier für die Gemeinden die Realsteuergarantie zum verfassungsrechtlichen Anspruch. Art. 106 Abs. 6 Satz 2 GG bestimmt in diesem Zusammenhang ferner, dass den Gemeinden das Recht einzuräumen ist, die Hebesätze der Realsteuern im Rahmen der Gesetze festzusetzen. Nach Art. 105 Abs. 2 i. V. m. Art. 72 Abs. 2 GG fällt die Schaffung des rechtlichen Rahmens in die konkurrierende Gesetzgebungskompetenz des Bundes. Demnach sind vom Bund das Grundsteuergesetz und das Gewerbesteuergesetz erlassen worden.

Das Land Hessen hat mit dem „Gesetz über die Zuständigkeit der Gemeinden für die Festsetzung und Erhebung der Realsteuern" vom 03.12.1981 (GVBl. I S. 413) bestimmt,

---

[400] Siehe Ziffern 2.3.1 und 3.3.
[401] Zu beachten ist, dass der Hebesatz der Gewerbesteuer mindestens 200 v. H. beträgt, auch wenn er niedriger festgesetzt ist, dies ergibt sich aus § 16 Abs. 4 Satz 2 Gewerbesteuergesetz.

dass für die Festsetzung und Erhebung der Realsteuern die hebeberechtigten Gemeinden zuständig sind.

Derzeit besitzen die Gemeinden das Recht, die Hebesätze für die Grundsteuern A und B und die Gewerbesteuer festzusetzen. Da es sich um einen Akt der Rechtsetzung handelt, bedarf es hierzu einer Satzung. Das nach Art. 106 Abs. 5 GG mögliche Hebesatzrecht für den Gemeindeanteil an der Einkommensteuer[402] wurde bisher nicht verwirklicht.[403]

Die Hebesätze werden in v. H.-Sätzen festgesetzt. Die Festsetzung hat gemäß § 25 Abs. 2 GrStG und § 16 GewStG für ein oder mehrere Kalenderjahre zu erfolgen. In der Regel erfolgt die Festsetzung der Hebesätze mit der Haushaltssatzung (§ 94 Abs. 2 Nr. 3 HGO), also mit der Folge einer jährlichen Festsetzung. Eine Änderung der Hebesätze mit dem Ziel der Erhöhung kann nur bis zum 30.06. eines Jahres erfolgen (§ 25 Abs. 3 GrStG bzw. § 16 Abs. 3 GewStG), allerdings dann mit Rückwirkung auf den 01.01. eines Jahres. Nach dem 30.06. darf die Festsetzung der Hebesätze die Höhe der letzten Festsetzung nicht überschreiten; siehe hierzu auch Kapitel 14.

Will die Gemeinde die Realsteuerhebesätze für einen längeren Zeitraum als ein Jahr festsetzen, kann sie dieses nur mittels einer gesonderten Hebesatzsatzung. Nachfolgend ist ein Beispiel einer solchen Hebesatzsatzung abgedruckt:

---

[402] Siehe Ziffer. 3.3.2.2.

[403] Siehe im Einzelnen hierzu Bernhardt/Mutschler/Schwingeler, Kommunales Finanz- und Abgabenrecht NRW, 12. Auflage, Witten 2010.

Satzung
über die Festsetzung der Steuersätze für die
Grund- und Gewerbesteuer in der Gemeinde G

Auf Grund des § 25 des Grundsteuergesetzes vom 7. August 1973 (BGBl. I S. 965), zuletzt geändert durch Artikel 38 des Gesetzes vom 19. Dezember 2008 (BGBl. I S. 2794), des § 16 des Gewerbesteuergesetzes in der Fassung der Bekanntmachung vom 15. Oktober 2002 (BGBl. I S. 4167), zuletzt geändert durch Artikel 5 des Gesetzes vom 7. Dezember 2011 (BGBl. I S. 2592) und des § 1 des Gesetzes über die Zuständigkeit der Gemeinden für die Festsetzung und Erhebung der Realsteuern vom 03.12.1981 (GVBl. I S. 413) i. V. m. § 5 der Hessischen Gemeindeordnung in der ab 1. April 2005 geltenden Fassung (GVBl. I S. 142), zuletzt geändert durch Artikel 1 des Gesetzes vom 16. Dezember 2011 (GVBl. I S. 786) hat die Gemeindevertretung der Gemeinde G am .... die nachstehende Satzung beschlossen:

§ 1

Die Hebesätze für die Grundsteuern und für die Gewerbesteuer werden für das Gebiet der Gemeinde G wie folgt festgesetzt:

1. Grundsteuer

    a) für die land- und forstwirtschaftlichen
       Betriebe (Grundsteuer A)   170 v. H.

    b) für die Grundstücke
       (Grundsteuer B)   300 v. H.

2. für die Gewerbesteuer   380 v. H.

§ 2

Die vorstehenden Hebesätze gelten für die Haushaltsjahre 2014, 2015 und 2016.

§ 3

Diese Satzung tritt am 01.01.2014 in Kraft.

Ist eine Hebesatzsatzung erlassen[404], hat der dennoch jährlich in die Haushaltssatzung aufzunehmende § 5 nur deklaratorische Bedeutung. Die Haushaltssatzung hat dann keine Außenwirkung und ist nur eine Satzung im formellen Sinn. Die nachrichtliche Aufnahme der Hebesätze in der Haushaltssatzung ist kenntlich zu machen (z. B. „die Gemeindesteuern **sind** festgesetzt").[405]

Der v. H.-Satz des Realsteuerhebesatzes führt durch Vervielfältigung des so genannten Steuermessbetrages (§ 13 GrStG, § 14 GewStG) zur Steuerschuld. Der Steuermessbetrag wird bundeseinheitlich durch die Finanzbehörden (Finanzämter) per Bescheid festgesetzt. Erst durch die Vervielfältigung mit den gemeindlichen Hebesätzen wird die Steuerschuld,

---

[404] Siehe auch OVG NRW, Urteil vom 06.08.1990, der gemeindehaushalt 1991, S. 189.
[405] Siehe Fußnote 2 zu Muster 1 zu § 60 Nr. 1 GemHVO (§ 94 i. V. m. § 97 HGO).

ggf. von Gemeinde zu Gemeinde unterschiedlich, der Höhe nach bestimmt. Zur Verdeutlichung dieser Ausführungen dient folgendes vereinfachtes Beispiel:

> Grundstückseigentümer A besitzt in der Gemeinde G und in der Gemeinde K je ein völlig wertgleiches Grundstück (je ein Einfamilienhaus mit Einliegerwohnung). Die Steuermessbeträge lauten dabei auf jeweils 90,00 €. Die Gemeinde G hat den Hebesatz für die Grundsteuer B auf 240 v. H. festgesetzt und die Gemeinde K auf 260 v. H. Somit hat A in der Gemeinde G 216,00 € (90,00 € x 240 v. H.) und in der Gemeinde K 234,00 € (90,00 € x 260 v. H.) Grundsteuer zu zahlen.[406]

An diesem Beispiel wird deutlich, in welchem Umfange einer Gemeinde die Möglichkeit verbleibt, ihr Steueraufkommen zu bestimmen. Veränderungen im Bereich der Basisberechnung (also bei der Ermittlung des Steuermessbetrages etwa durch höhere Freibeträge usw.) führen ohne Einflussnahme der Gemeinde zu Minder- oder Mehrerträgen bei den Realsteuern.

Aber auch im eigenen Einflussbereich bestehen für die Gemeinde Grenzen bei der Festsetzung der Höhe der Hebesätze. Nach § 10 HGO hat die Gemeinde ihr Vermögen und ihre Einkünfte so zu verwalten, dass die Gemeindefinanzen gesund bleiben. Auf die wirtschaftliche Leistungsfähigkeit der Abgabepflichtigen ist Rücksicht zu nehmen. Ferner bestimmt § 93 Abs. 2 HGO eine Rangfolge bei der Erzielung der Erträge und Einzahlungen, wobei Steuern erst nach Ausschöpfung aller sonstigen Einnahmemöglichkeiten (mit Ausnahme der Kredite) erhoben werden dürfen.

In der Haushaltssatzung der Landkreise und des Landeswohlfahrtsverbandes werden an Stelle der Steuerhebesätze im § 5 der Haushaltssatzung die v. H.-Sätze der Kreisumlage bzw. der Verbandsumlage festgesetzt (§ 53 HKO, § 14 Gesetz über den Landeswohlfahrtsverband Hessen).[407]

Die sonstigen kommunalen Steuern werden ausschließlich auf Grund von Spezialgesetzen bzw. des KAG jeweils i. V. m. kommunalen Steuersatzungen erhoben. Derzeit bestehen in Hessen keine speziellen Steuergesetze für die kommunalen Steuern. Alle Steuererhebungen der Gemeinde erfolgen auf Basis des § 7 Abs. 2 KAG (Steuerfindungsrecht) i. V. m. der jeweiligen Steuersatzung nach § 2 KAG (z. B. Hundesteuer, Spielapparatesteuer, Zweitwohnungssteuer und neuerdings auch eine Kulturförderabgabe, auch als „Bettensteuer" bezeichnet). Die Erhebung dieser Steuern ist also völlig unabhängig von der Haushaltssatzung und kann demnach auch in der vorläufigen Haushaltsführung (siehe Ziffer 7.2.5) uneingeschränkt erfolgen.

---

[406] Näheres zur Ermittlung und Festsetzung der Realsteuern siehe Ziffer 2.3.1.5 sowie bei Bernhardt/ Mutschler/Schwingeler, Kommunales Finanz- und Abgabenrecht NRW, 12. Auflage Witten 2010.

[407] Näheres zur Ermittlung und Festsetzung von Umlagen siehe Ziffer 3.4.2.4 sowie bei Bernhardt/ Mutschler/Schwingeler, Kommunales Finanz- und Abgabenrecht NRW, 12. Auflage Witten 2010.

11.2.2.6 Festsetzung des Stellenplanes

Der Stellenplan[408] für die Beamten und Arbeitnehmer ist nach § 95 Abs. 3 Satz 2 HGO, § 1 Abs. 1 Nr. 3 GemHVO, Nr. 1 Hw. zu § 95 HGO, Nr. 1 Hw. zu § 1 GemHVO Teil des Haushaltsplanes. Der Stellenplan enthält gemäß § 5 Abs. 1 GemHVO die im Haushaltsjahr erforderlichen Stellen der Beamten und der nicht nur vorübergehend eingestellten Arbeitnehmer. Für die Aufstellung ist das Muster 14 GemHVO (zu § 5 Abs. 1 und 2) zu verwenden.

Da der Stellenplan Teil des Haushaltsplanes ist, erstreckt sich die Beschlussfassung über die Haushaltssatzung auch auf die Festsetzung des Stellenplanes. Dies erfolgt in § 6 der Haushaltssatzung. Die Gemeinde hat also in der Haushaltssatzung einen § 6 mit folgendem Wortlaut aufzunehmen:

---

§ 6

Es gilt der von der Gemeindevertretung als Teil des Haushaltsplanes beschlossene Stellenplan.

11.2.3 Fakultative (freiwillige) Inhalte der Haushaltssatzung

Nach § 94 Abs. 2 Satz 2 HGO kann die Haushaltssatzung weitere Vorschriften enthalten, die sich auf die Erträge, Einzahlungen, Aufwendungen und Auszahlungen und den Stellenplan des Haushaltsjahres beziehen, siehe auch Nr. 2 Hw. zu § 94 HGO.

Von dieser Möglichkeit machen die Gemeinden zunehmend mehr Gebrauch. Denkbar sind z. B.

- Bestimmungen im Zusammenhang mit der Bewirtschaftung der Aufwands- und Auszahlungsansätze, der Ansätze für Verpflichtungsermächtigungen und des Stellenplans,

- globale oder spezielle Sperrungen von Ansätzen im Ergebnis- bzw. Finanzhaushalt,

- Festsetzung von Betragsgrenzen i. S. d. §§ 98 oder 100 HGO oder § 11 Satz 3 GemHVO

- Regelungen zur Handhabung der Haushaltsvermerke und

- Regelungen zur Budgetierung.

In der Praxis werden diese Probleme vielfach in besonderen internen Geschäftsanweisungen bzw. in besonderen Beschlüssen der Gemeindevertretung gelöst. Der Transparenz der Haushaltswirtschaft würde es sicherlich dienen, wenn derartige Regelungen in die Haushaltssatzung übernommen würden.

---

[408] Siehe auch Ziffer 6.3.5.

Beispiele für weitere Regelungen in der Haushaltssatzung sind:

§ 7   Die Aufwandsansätze der Kontengruppe 60 und 61 sind zu 90 v. H. freige-
       geben. Der Restbetrag bedarf der Freigabe durch den Finanzausschuss.

§ 8   (1) Als erheblich im Sinne von § 98 Abs. 2 Nr. 1 HGO gilt ein Fehlbetrag,
           wenn er 10 % des gesamten Haushaltsvolumens im Ergebnishaushalt
           überschreitet.
       (2) Als erheblicher Umfang im Sinne von § 98 Abs. 2 Nr. 2 HGO gilt im
           Ergebnishaushalt ein Betrag von 5 % der Aufwendungen des Ergebnis-
           haushaltes und im Finanzhaushalt ein Betrag von 5 % der Auszahlun-
           gen aus Investitionstätigkeit.
       (3) Als unerheblich im Sinne von § 98 Abs. 3 Nr. 1 HGO gilt ein Betrag bis
           zu 50.000 €.

§ 9   Als erheblich im Sinne des § 100 Abs. 1 letzter Satz HGO gelten im Finanz-
       haushalt über- und außerplanmäßige Auszahlungen, wenn sie 100.000 € im
       Einzelfall übersteigen.

11.3   Zustandekommen der Haushaltssatzung

11.3.1   Überblick

Entsprechend der Bedeutung der Haushaltssatzung für die kommunale Aufgabenerfüllung
und der Auswirkungen, die Haushaltssatzung und Haushaltsplan auf das örtliche
Gemeinschaftsleben haben, ist das Verfahren über das Zustandekommen der Haushaltssatzung (somit auch des Haushaltsplanes) sehr genau geregelt (§ 97 HGO und Hinweise
hierzu). Hierdurch wird im erhöhten Maße die Rechtssicherheit gewährleistet. Gleichzeitig wurde besonderer Wert auf eine weitgehende Mitwirkung der Öffentlichkeit
gelegt. Das nachstehende Schaubild soll zunächst einen Überblick vermitteln.

Zustandekommen der Haushaltssatzung
Vorverfahren (vgl. Nr. 1 Satz 2 Hw. zu § 97 HGO): Vorschläge der budgetverantwortlichen Stellen mit zentraler Zusammenstellung in der Finanzverwaltung, ggf. auch dezentrale Erstellung der Teilhaushalte gem. § 4 GemHVO, siehe auch Kapitel 6
Vorbereitung des Entwurfes durch den für die Verwaltung des Finanzwesens bestellten Beigeordneten (Kämmerer) bzw. wenn ein solcher nicht vorhanden ist durch den Bürgermeister
Feststellung des Entwurfs durch den Gemeindevorstand

⤶	⤷
Vorlage an die Gemeindevertretung evtl. mit abweichender Meinung des Kämmerers	Auslegung des Entwurfes an sieben Tagen mit vorheriger Bekanntmachung

Sofern vorhanden bzw. betroffen Anhörung der Ortsbeiräte (§ 82 Abs. 3 HGO), des Ausländerbeirates (§ 88 HGO) und des Jugendhilfeausschusses (§ 71 Abs. 3 Kinder- und Jugendhilfegesetz, jetzt Achtes Buch Sozialgesetzbuch)	

↳   ↱

Beratung durch den Finanzausschuss, dabei ggf. mündliche Stellungnahme des Kämmerers bei abweichender Auffassung, ggf. Beratung in den weiteren Ausschüssen
Beratung und Beschlussfassung der Gemeindevertretung über die Haushaltssatzung in öffentlicher Sitzung, dabei ggf. mündliche Stellungnahme des Kämmerers bei abweichender Auffassung

⇓

Vorlage an die Aufsichtsbehörde

↱   ↳

Genehmigung der genehmigungsbedürftigen Teile der Haushaltssatzung (sofern gegeben) durch die Aufsichtsbehörde	

↳

öffentliche Bekanntmachung der Haushaltssatzung mit Hinweis auf die Auslegung des Haushaltsplanes ggf. mit Wortlaut der aufsichtsbehördlichen Genehmigung	
öffentliche Auslegung des Haushaltsplanes an sieben Tagen	
Rechtswirksamkeit nach vollendeter Auslegung	Inkrafttreten zum 1. Jan. des Haushaltsjahres, ggf. rückwirkend

Die Dauer des Verfahrens ist von Gemeinde zu Gemeinde unterschiedlich. Die Beschlussfassung über die Haushaltssatzung muss (im Sinne einer Sollvorschrift) jedoch zu einem solchen Zeitpunkt erfolgen, dass die ausgefertigte Haushaltssatzung bis zum 30. November (ein Monat vor Beginn des Haushaltsjahres) der Aufsichtsbehörde vorliegt, unabhängig von der Genehmigungsbedürftigkeit. Die Gemeinde muss also das Verfahren so rechtzeitig beginnen, dass sie unter Berücksichtigung ihrer Zeitbedarfe für die einzelnen Verfahrensschritte diesen Vorlagetermin einhalten kann.

Es soll an dieser Stelle jedoch nicht verschwiegen werden, dass in der Praxis die wenigsten Gemeinden tatsächlich diese Zeitvorgaben einhalten können. In den meisten Gemeinden ist zu Beginn des Haushaltsjahres die Haushaltssatzung noch nicht bekannt gemacht, sodass zunächst die Vorschriften über die vorläufige Haushaltsführung (siehe Ziffer 7.2.5) greifen. Auch wenn es die Gemeinde im Einzelfall schafft, die Haushaltssatzung noch im „alten" Jahr zu beschließen, ist das folgende aufsichtsbehördliche

Genehmigungsverfahren (wenn die Haushaltssatzung genehmigungsbedürftige Teile enthält) i. d. R. nicht mehr so rechtzeitig abgeschlossen, dass die Haushaltssatzung noch vor Beginn des Haushaltsjahres bekanntgemacht und der Haushaltsplan an sieben Tagen ausgelegt werden kann (siehe unten).

11.3.2 Erstellung des Verwaltungsentwurfes der Haushaltssatzung

11.3.2.1 Allgemeines

Die Zuständigkeit für die Aufstellung des Haushaltsplanes liegt beim Gemeindevorstand (§ 66 Abs. 1 Satz 3 Nr. 6 HGO) als Verwaltungsbehörde der Gemeinde. Auch wenn diese Vorschrift nur vom Haushaltsplan spricht, ist damit zwangsläufig die Aufstellung der Haushaltssatzung eingeschlossen, da Satzung und Plan einander bedingen und der Haushaltsplan ein notwendiger Bestandteil der Haushaltssatzung ist und durch sie festgesetzt wird. Diese Folge ergibt sich auch daraus, dass – als Endpunkt des Aufstellungsverfahrens durch die Verwaltungsbehörde – der Gemeindevorstand den Entwurf der Haushaltssatzung feststellt, was wiederum den Entwurf des Haushaltsplanes einschließt.

Sofern für die Verwaltung des Finanzwesens ein Beigeordneter, der sog. „Kämmerer" (bezüglich der Aufgaben und der Stellung des Kämmerers siehe Ziffer 5.1), bestellt ist, bereitet er den Entwurf vor. Hierbei handelt es sich um eine Spezialvorschrift gegenüber § 70 Abs. 1 Satz 1 HGO, wonach der Bürgermeister die Beschlüsse des Gemeindevorstandes vorbereitet. Ist ein Kämmerer nicht bestellt, so wird der Entwurf vom Bürgermeister vorbereitet, der in diesem Fall automatisch die Kämmererfunktion innehat.

Nach der Vorbereitung durch den bestellten Kämmerer oder ansonsten durch den Bürgermeister wird der Entwurf vom Gemeindevorstand aufgestellt (§ 66 Abs. 1 Satz 3 Nr. 6 HGO), das umfasst insbesondere die Entwurfsfeststellung nach § 97 Abs. 1 HGO, was den Haushaltsplan mit seinen Anlagen einschließt, denn ohne Haushaltsplan kann eine Haushaltssatzung nicht aufgestellt werden, denn sie fasst die Einzelbeträge des Haushaltsplanes wie oben dargestellt zusammen.

Bezüglich des Begriffes „Anlagen" in § 97 HGO ist zu beachten, dass dieser in unterschiedlicher Bedeutung verwendet wird. Gemäß Nr. 2 Hw. zu § 97 HGO sind Anlagen grundsätzlich der Haushaltsplan mit dessen Anlagen (§ 1 Abs. 4 GemHVO). Die Anlagen zum Haushaltsplan sind nach diesem Hinweis jedoch nicht in die Beschlussfassung über die Haushaltssatzung einbezogen. Im Sinne des § 97 Abs. 3 Satz 1 HGO sind ist unter Anlagen also der Haushaltsplan in seinen Bestandteilen im Sinne des § 1 Abs. 1 und 2 GemHVO (Gesamthaushalt, unterteilt in Ergebnis- und Finanzhaushalt, Teilhaushalte und Stellenplan) ohne Anlagen nach Abs. 4 gemeint, in allen anderen Regelungen des § 97 HGO umfasst der Begriff „Anlagen" den Haushaltsplan in seinen Bestandteilen und mit seinen Anlagen gemäß § 1 Abs. 4 GemHVO.

Kämmerer bzw. Bürgermeister stellen den Entwurf natürlich nicht ohne Mitwirkung der Verwaltung auf, faktisch wird das interne Aufstellungsverfahrens ja immer von der für die Finanzverwaltung zuständigen Organisationseinheit der Gemeindeverwaltung (z. B.

Kämmereiamt, Finanzfachdienst o. Ä.) durchgeführt. Wie sich dieses Verfahren abwickelt und ob Bürger oder Gewerbe vorab angehört werden („Bürgerhaushalt"), regelt jede Gemeinde in eigener Verantwortung (Nr. 1 Satz 2 Hw. zu § 97 HGO).

I. d. R. erfolgt zeitgleich mit der Aufstellung des Haushaltsplanes auch die Aufstellung der Ergebnis- und Finanzplanung und des Entwurfes des Investitionsprogramms gemäß § 101 HGO (siehe hierzu auch Kapitel 12). Dies ist sinnvoll und rechtlich unbedenklich, da nach § 101 Abs. 4 HGO die Ergebnis- und Finanzplanung spätestens mit dem Entwurf der Haushaltssatzung der Gemeindevertretung vorzulegen ist. Zudem beschließt die Gemeindevertretung gesondert über das Investitionsprogramm, dessen Entwurf der Ergebnis- und Finanzplanung zugrunde liegt. Unabhängig davon sprechen aber auch eine Reihe von Gründen für die gleichzeitige Aufstellung von Haushaltsplan sowie Ergebnis- und Finanzplanung und Investitionsprogramm. U. a. sind es Folgende:

- Die Ergebnis- und Finanzplanung ist gemäß § 9 Abs. 1 GemHVO nach der sich aus § 2 Abs. 1 und § 3 Abs. 1 ergebenden Ordnung und nach Jahren gegliedert aufzustellen. Es liegt also auf der Hand, die für den Haushaltsplan erforderlichen Daten um die drei verbleibenden Finanzplanungsjahre zu erweitern. Diese können dann von den Fachabteilungen ermittelt werden. Bestimmte Positionen wie Personalaufwendungen sollten jedoch zentral ermittelt und fortgeschrieben werden. Für die Ergebnis- und Finanzplanung gilt ein Schema, das als Anlage 1 zu Nr. 1 Hw. zu § 9 GemHVO bekanntgemacht ist.

- Für die Erstellung des Investitionsprogramms gibt es hinsichtlich der formalen Gestaltung keine Vorschriften (§ 9 Abs. 2 GemHVO). Zu den Mindestanforderungen enthalten Nr. 4 und Nr. 5 Hw. zu § 9 GemHVO Angaben. Die geforderten Daten lassen sich durch die Ausweitung der Daten des Finanzhaushaltes um die Daten der Investitionsplanungsjahre ermitteln. Viele Gemeinden sind inzwischen dazu übergegangen, das Investitionsprogramm in den Teilfinanzhaushalt zu integrieren und damit eine Darstellung in der Tiefe des Teilfinanzhaushaltes zu ermöglichen, was durch § 9 Abs. 2 letzter Satz GemHVO auch ausdrücklich zugelassen wird. Da die Fachverwaltung die Folgejahre berücksichtigen muss, bietet sich die gleichzeitige Aufstellung des Investitionsprogrammes an, siehe hierzu auch Kapitel 12.

- Gemäß § 1 Abs. 4 Nr. 2 GemHVO sind die Ergebnis- und Finanzplanung und das Investitionsprogramm Anlage zum Haushaltsplan. Wird durch eine zeitlich spätere Haushaltsplanung der Finanzplan und das Investitionsprogramm wesentlich geändert, so ist ein entsprechender Nachtrag beizufügen. Eine zeitgleiche Erstellung dieser Planwerke vermeidet dieses.

- Soweit im Vorbericht zum Haushaltsplan (Anlage zum Haushaltsplan gemäß § 1 Abs. 4 Nr. 1 GemHVO) Angaben zum Finanzplanungszeitraum (siehe § 6 GemHVO und Hinweise hierzu) gemacht werden, können sie der Ergebnis- und Finanzplanung bzw. dem Investitionsprogramm entnommen werden.

- Die zeitgleiche bzw. integrierte Erstellung des Haushaltsplanes sowie der Ergebnis- und Finanzplanung und des Investitionsprogramms ist nicht zuletzt auch deshalb von Vorteil, als hierdurch die Haushaltsplanung nicht nur jahresbezogen, sondern mittelfristig gehandhabt wird. Mit Blick auf die Forderung des § 92 Abs. 1 HGO, nämlich

„Sicherung der stetigen Erfüllung der Aufgaben", handelt es sich um ein nicht zu unterschätzendes Hilfsmittel.

Nach diesen Vorbemerkungen wird nun das eigentliche Vorverfahren dargestellt.

11.3.2.2   Anforderung der Vorschläge zum Haushaltsplan, zur Ergebnis- und Finanzplanung und zum Investitionsprogramm

Der Kämmerer bzw. der Bürgermeister (in der praktischen Abwicklung natürlich die für die Aufstellung zuständige Organisationseinheit) fordert bei entsprechender Terminsetzung von den Fachverwaltungen die Vorschläge und Unterlagen für den Haushaltsplan sowie die Ergebnis- und Finanzplanung und das Investitionsprogramm an.

Die erforderlichen Ansatzberechnungen und dergl. sowie die weiteren Unterlagen (z. B. nach § 12 GemHVO, Erläuterungen gem. § 17 GemHVO) sind üblicherweise mit vorzulegen. Das Verfahren der formalen Gestaltung kann z. B. in einer Geschäftsanweisung über die Aufstellung des Haushaltsplanes sowie der Ergebnis- und Finanzplanung und des Investitionsprogramms geregelt sein.

11.3.2.3   Zusammenstellung der Meldungen

Empfänger der Meldungen und Unterlagen ist die Finanzverwaltung der Gemeinde. Sie hat unter Beachtung der haushaltsrechtlichen Bestimmungen die Anforderungen der Ämter/Fachbereiche zu prüfen und evtl. Korrekturen vorzunehmen (z. B. Umwandlung eines angemeldeten Ansatzes oder eines Teilbetrages davon in eine Verpflichtungsermächtigung, wenn nach den vorgelegten Bauzeitplänen von einer Kassenwirksamkeit zu erteilender Aufträge im zu planenden Haushaltsjahr nicht auszugehen ist). Einschließlich der von der Finanzverwaltung selbst zu ermittelnden Daten führt die Zusammenstellung der Meldungen zum sog. „Verwaltungsentwurf" der Pläne. Das Ergebnis dieser Zusammenstellung kann im günstigsten Fall zu einem Ausgleich zwischen den Erträgen und Aufwendungen im Ergebnishaushalt bzw. den Einzahlungen und Auszahlungen im Finanzhaushalt führen. Das wird in der Regel aber eine Wunschvorstellung bleiben. Tatsächlich sind in den meisten Gemeinden die Aufwands- bzw. Auszahlungsanmeldungen – teilweise erheblich – höher als die entsprechenden Deckungsmittel.

11.3.2.4   Bestrebungen zum Ausgleich des Haushaltsplanes und des Finanzplanes

Nach § 92 Abs. 3 HGO und § 9 Abs. 4 GemHVO muss (im Sinne einer Soll-Vorschrift) die Haushaltswirtschaft der Gemeinde ausgeglichen sein (siehe hierzu auch Kapitel 10). Aufgabe der Finanzverwaltung, des Kämmerers oder Bürgermeisters und letztlich des Gemeindevorstandes ist es nun, die Anforderungen der Ämter/Fachbereiche mit den gegebenen Möglichkeiten, also der Finanzierbarkeit, in Einklang zu bringen. Dieses bedeutet nun, dass die Aufwendungen, Auszahlungen und Verpflichtungsermächtigungen, aber auch die Erträge und Einzahlungen so verändert werden (durch Streichungen, Ansatzerhöhungen usw.), dass das Ziel „Haushaltsausgleich" erreicht wird.

Die so gewonnenen „Erkenntnisse" werden dann mit der Fachverwaltung abgestimmt; d. h. die Veränderungen sollten nach Möglichkeit einvernehmlich vorgenommen werden. Letztlich wird der Bürgermeister bzw. der Kämmerer aber die letzte Entscheidung fällen, da er für die finanzwirtschaftliche Ausgewogenheit des dem Gemeindevorstand vorzulegenden Entwurfes verantwortlich ist.

11.3.3 Formale Erstellung des Entwurfs der Haushaltssatzung

Der vom Kämmerer bzw. Bürgermeister (zusammen mit der Finanzverwaltung der Gemeinde) vorbereitete Entwurf ist gemäß § 97 Abs. 1 HGO vom Gemeindevorstand festzustellen. Hierzu ist notwendig, dass dem Gemeindevorstand dieser Entwurf vom Kämmerer bzw. Bürgermeister vorgelegt wird. Mit der Feststellung ist das Aufstellungsverfahren im Sinne des § 66 Abs. 1 Satz 3 Nr. 6 HGO abgeschlossen. Die Feststellung des Entwurfs der Haushaltssatzung durch den Gemeindevorstand erfolgt durch Beschlussfassung in einer Sitzung des Gemeindevorstands (Nr. 1 Hw. zu § 97 HGO). Im Rahmen des Feststellungsbeschlusses können durch den Gemeindevorstand noch Änderungen im Haushaltsplan bzw. in der Haushaltssatzung vorgenommen werden. Nach Feststellung durch den Gemeindevorstand wird der Entwurf gemäß § 97 Abs. 1 HGO der Gemeindevertretung zur Beratung und Beschlussfassung zugeleitet.

Der Kämmerer ist berechtigt, seine abweichende Stellungnahme zu dem Entwurf des Gemeindevorstandes der Gemeindevertretung vorzulegen. Dies wird immer dann der Fall sein, wenn der Gemeindevorstand gegenüber dem vom Kämmerer zur Feststellung vorgelegten Entwurf Änderungen vorgenommen hat, die der Kämmerer nicht für vereinbar mit den finanzwirtschaftlichen Gegebenheiten der Gemeinde hält, die also im Ergebnis vom Gemeindevorstand gegen das Votum des Kämmerers gefasst wurden. Damit hat die Gemeindevertretung die Möglichkeit, eingehend die unterschiedlichen Auffassungen und Argumente zu werten. Das Recht, eine abweichende Stellungnahme vorzulegen, steht dann auch dem Bürgermeister zu, wenn der Bürgermeister die Aufgaben des Kämmerers selbst wahrnimmt. Da der Bürgermeister zugleich aber auch „Sprecher" des Gemeindevorstandes ist und als solcher dessen Beschlüsse gegenüber der Gemeindevertretung zu vertreten hat, tritt er dann in einer Doppelfunktion auf. Es muss also klar sein, dass er seine abweichende Stellungnahme in seiner Eigenschaft als Kämmerer abgibt, in seiner Eigenschaft als Sprecher des Gemeindevorstandes steht ihm dieses Recht natürlich nicht zu. Allerdings gibt § 59 Satz 4 HGO dem Bürgermeister allgemein das Recht, im Rahmen der Sitzungen der Gemeindevertretung, und i. V. m. § 62 Abs. 5 HGO der Sitzungen der Ausschüsse, eine von der Auffassung des Gemeindevorstandes abweichende Meinung zu vertreten.

Mit der Vorlage des Entwurfes der Haushaltssatzung und ihrer Anlagen an die Gemeindevertretung sind die Entwürfe offiziell existent. Diese Vorlage geschieht im Allgemeinen in der Form der so genannten Einbringung (Nr. 3 Hw. zu § 97 HGO) in die Gemeindevertretung. Das bedeutet, dass der Tagesordnungspunkt „Einbringung des Entwurfes der Haushaltssatzung mit ihren Anlagen" in einer entsprechenden Sitzung der Gemeindevertretung behandelt werden muss. Üblicherweise ist damit eine Einbringungsrede des Bürgermeisters bzw. des Kämmerers verbunden, in der der Entwurf begründet wird und die kommunalen und gesamtwirtschaftlichen Rahmenbedingungen für dessen

Gestaltung dargelegt werden. Die Gemeindevertretung verweist dann den Entwurf der Haushaltssatzung mit ihren Anlagen zur Beratung an den gemäß § 62 Abs. 1 Satz 2 HGO pflichtmäßig zu bildenden Finanzausschuss, ggf. auch an weitere Fachausschüsse, Nr. 7 Hw. zu § 97 HGO. Sofern vorhanden, ist der Entwurf auch den Ortsbeiräten (§ 82 Abs. 3 HGO) und dem Ausländerbeirat (§ 88 Abs. 2 HGO) zuzuleiten. Eine Verletzung dieser Vorschriften erfährt eine Heilung durch Zeitablauf, § 5 Abs. 4 HGO. Bei den Landkreisen und den Gemeinden, die Jugendhilfeträger sind, erfolgt die Zuleitung auch an den Jugendhilfeausschuss.[409]

11.3.4 Unterrichtung der Einwohner

Nach § 97 Abs. 2 HGO ist der Entwurf der Haushaltssatzung mit ihren Anlagen nach vorheriger öffentlicher Bekanntmachung an sieben Tagen öffentlich auszulegen.

Nachdem die Einbringung erfolgt ist, muss also der Entwurf der Haushaltssatzung mit ihren Anlagen, also Haushaltsplan in Bestandteilen und Anlagen, an sieben Tagen öffentlich ausgelegt werden. Mit dieser Vorschrift will der Gesetzgeber bereits beim Zustandekommen die Beteiligung der Öffentlichkeit erreichen und somit die besondere Bedeutung der Haushaltssatzung und ihrer Anlagen für das Gemeindewohl herausstellen.

Die Auslegung muss unverzüglich nach der Vorlage an die Gemeindevertretung (Einbringung) erfolgen. Sie dauert sieben Tage, wobei der erste Auslegungstag spätestens 12 Tage vor der Beschlussfassung liegen muss. Daraus folgt, dass zwischen Einbringung und Beschlussfassung mindestens 12 Tage liegen müssen, dieser Zeitraum kann nicht abgekürzt werden.

Beispiel:	Beschlussfassung am	20.11.2013
	Erster Auslegungstag ist der	08.11.2013
	Einbringung spätestens am	07.11.2013[410]

Die sieben Auslegungstage müssen nicht aufeinander folgende Kalendertage sein, eine Beschränkung auf Arbeitstage ist möglich. Die Auslegung kann jedoch auch an arbeitsfreien Tagen (Samstag, Sonntag, Feiertag) erfolgen, wenn an diesen Tagen die Möglichkeit der Einsicht besteht. Die Auslegung muss vorher, d. h. vor dem ersten Auslegungstag, öffentlich bekannt gemacht werden. Siehe zu den Verfahrensregelungen des § 97 Abs. 2 HGO auch die Hinweise Nr. 3 bis 6 zu § 97 HGO.

Durch die Auslegung soll den interessierten Einwohnern Gelegenheit gegeben werden, sich über die Inhalte des Haushaltsplanentwurfes zu informieren. Um die Einwohner von der Auslegung in Kenntnis zu setzen, muss diese vorher mit Angabe der Auslegungstage, der Auslegungszeiten und des Auslegungsortes öffentlich bekannt gemacht werden (§ 97 Abs. 2 Satz 2 HGO). Hierfür gelten die Vorschriften der Bekanntmachungsverordnung[411]

---

[409] Siehe hierzu ausführlich Daneke, KVR Hessen, Erl. zu § 97 HGO, Rdnrn. 11 – 16.

[410] In diesem Beispiel ist die kürzest mögliche Zeitfolge angegeben. In der Praxis liegen zwischen Einbringung und Beschlussfassung i. d. R. deutlich längere Zeiträume.

[411] Verordnung über öffentliche Bekanntmachungen der Gemeinden und Landkreise vom 12. Oktober 1977 (GVBl. I Seite 409).

in Verbindung mit der Hauptsatzung der Gemeinde. Eine solche öffentliche Bekanntmachung könnte – zeitlich in Anlehnung an das v. g. Beispiel – etwa folgenden Wortlaut haben:

Öffentliche Bekanntmachung

Der Entwurf der Haushaltssatzung der Gemeinde G für das Haushaltsjahr 2014 mit ihren Anlagen liegt gemäß § 97 Abs. 2 der Hessischen Gemeindeordnung in der ab 1. April 2005 geltenden Fassung (GVBl. I S. 142), zuletzt geändert durch Artikel 1 des Gesetzes vom 16. Dezember 2011 (GVBl. I S. 786) an folgenden Tagen während der Dienststunden (08:00 Uhr bis 12:00 Uhr, 13:30 Uhr bis 15:30 Uhr) im Rathaus der Gemeinde G, Rathausstraße 1, Zimmer 123, zur Einsicht aus:

Freitag,	08.11.2013	Donnerstag,	14.11.2013
Montag,	11.11.2013	Freitag,	15.11.2013
Dienstag,	12.11.2013	Montag,	18.11.2013
Mittwoch,	13.11.2013		

G, den 07.11.2013   gez. Unterschrift
                                     Bürgermeister

In der Praxis wird jedoch von der Möglichkeit der Einsichtnahme in den Haushaltsplanentwurf durch die Einwohner sehr selten Gebrauch gemacht. Die Funktion der Unterrichtung der Öffentlichkeit über die haushaltswirtschaftlichen Vorstellungen des Gemeindevorstandes nimmt die örtliche Presse wahr, die in der Regel ausführlich über die Inhalte des Haushaltsplanentwurfes berichtet. Gleichwohl ist die Auslegung zwingendes Verfahrenserfordernis mit der Folge, dass eine unterbliebene, unrichtige oder unrichtig bekannt gemachte Auslegung ein wirksames Zustandekommen der Haushaltssatzung hindert. Viele Gemeinden veröffentlichen den Entwurf der Haushaltssatzung und des Haushaltsplanes auch auf ihrer Internetseite, was aber keinesfalls die Auslegung ersetzt, siehe auch Nr. 6 Hw. zu § 97 HGO.

Im Gegensatz zu anderen Bundesländern, z. B. Nordrhein-Westfalen, ist in Hessen die Möglichkeit, dass Einwohner und Abgabepflichtige Einwendungen gegen den Entwurf der Satzung und ihrer Anlagen erheben können, nicht gegeben.

11.3.5 Beratung im Finanzausschuss und den Fachausschüssen

Gemäß § 97 Abs. 3 Satz 2 HGO, Nr. 7 Hw. zu § 97 HGO soll der Entwurf der Haushaltssatzung mit ihren Anlagen vor der Beratung und Beschlussfassung durch die Gemeindevertretung eingehend im Finanzausschuss der Gemeindevertretung behandelt werden. Einen Finanzausschuss muss die Gemeindevertretung gemäß § 62 Abs. 1 Satz 2 HGO bilden.

Die Verpflichtung zur eingehenden Behandlung ist als Sollvorschrift formuliert, von daher ist ein Abweichen von dieser Pflicht nur bei Vorliegen besonderer Umstände zulässig. Wichtig ist insbesondere, dass die Gemeinde durch eine entsprechende Terminplanung ausreichend Zeit für die eingehende Behandlung im Finanzausschuss einplant.

Der Gemeindevertretung steht es darüber hinaus natürlich frei, den Entwurf auch in den anderen Ausschüssen, die sie gebildet hat, behandeln zu lassen. Dies gilt zumindest dann, wenn der Aufgabenbereich des jeweiligen Fachausschusses von den Festsetzungen des Haushaltsplanes oder der Haushaltssatzung betroffen ist.

Die Art und Weise der Beratung ist von Gemeinde zu Gemeinde recht unterschiedlich. Während vor allem in kleineren Gemeinden nahezu jede einzelne Haushaltsposition (Beträge, Produkte, Ziele, Kennzahlen usw.) erörtert wird (ohne dass dies automatisch zu einer Änderung führt), beschränkt sich die Beratung in anderen Gemeinden häufig auf die Anträge der Fraktionen, mit denen diese eine Änderung oder Streichung von Ansätzen oder das Einstellen völlig neuer Ansätze begehren.

Der Kämmerer ist berechtigt, seine abweichende Auffassung in der Beratung des Finanzausschusses zu vertreten. Dies bedeutet die mündliche Darlegung und Begründung der abweichenden Auffassung zum Entwurf des Gemeindevorstandes.

11.3.6   Beschlussfassung durch die Gemeindevertretung

Der Finanzausschuss gibt eine Beschlussempfehlung an die Gemeindevertretung, die als Zustimmung zum Entwurf oder Ablehnung des Entwurfes der Haushaltssatzung zu fassen ist.

Da die Haushaltssatzung eine Pflichtsatzung der Gemeinde ist, muss die Gemeindevertretung einen positiven Beschluss fassen. Stimmt sie dem Entwurf des Gemeindevorstandes nicht zu, muss sie diesen veranlassen, einen Entwurf der Haushaltssatzung vorzulegen, der ihren Vorstellungen entspricht. Eine bloße Ablehnung des Entwurfes ohne weitere Vorgaben ist rechtswidrig und muss vom Bürgermeister beanstandet werden (§ 63 Abs. 1 HGO).

Die Beschlussfassung erfolgt über die Haushaltssatzung mit Anlagen, wobei hierunter der Haushaltsplan in seinen Bestandteilen, aber ohne seine Anlagen zu verstehen ist (siehe oben). Der Beschluss muss einheitlich gefasst werden, da Haushaltssatzung und Haushaltsplan finanzwirtschaftlich eine Einheit bilden. Dies schließt nicht aus, dass zu einzelnen Festsetzungen der Haushaltssatzung und des Haushaltsplanes Einzelbeschlüsse gefasst werden, vgl. auch Nr. 9 Hw. zu § 97 HGO. Am Ende der Beratung durch die Gemeindevertretung, die Einzelbeschlüsse umfassen kann, muss entsprechend dem Wesen der Haushaltssatzung als Pflichtsatzung ein positiver und einheitlicher Beschluss hierüber gefasst werden. Der Beschlussfassung gehen, je nach örtlichen Gepflogenheiten, eingehende Stellungnahmen der Fraktionen und Debatten und Beschlüsse zu Einzelpositionen voraus. Die Beschlussfassung über die Haushaltssatzung kann die Gemeindevertretung gem. § 51 Nr. 7 HGO nicht übertragen.

Die Beratungsdauer zwischen Einbringung und Beschlussfassung ist örtlich sehr unterschiedlich. Die Beschlussfassung muss jedoch zu einem Zeitpunkt erfolgen, der es ermöglicht, den Vorlagetermin 30. November (einen Monat vor Beginn des Haushaltsjahres gemäß § 97 Abs. 4 Satz 2 HGO) auch unter Berücksichtigung evtl. Planüberarbeitung, Neudruck usw. einzuhalten.

Die Beratung und Beschlussfassung der Haushaltssatzung mit ihren Anlagen muss zwingend in öffentlicher Sitzung der Gemeindevertretung erfolgen, d. h. die Öffentlichkeit kann zu den jeweiligen Tagesordnungspunkten nicht ausgeschlossen werden. Nachdem die Öffentlichkeit durch die Auslegung des Entwurfes bereits Einsicht in die Vorstellungen des Gemeindevorstandes nehmen konnte, ist durch die Regelung in § 97 Abs. 3 Satz 1 HGO sichergestellt, dass sie nun auch verfolgen kann, wie diese durch die Gemeindevertretung im weiteren Verfahren behandelt werden. Man spricht hier insgesamt vom **Grundsatz der Öffentlichkeit** oder der **Publizität**.[412] Datenschutz und Steuergeheimnis müssen jedoch gewahrt sein, Nr. 9 Hw. zu § 97 HGO.

In der Beratung kann der Kämmerer ebenso wie in der Beratung des Finanzausschusses seine abweichende Auffassung zum Entwurf des Gemeindevorstandes vertreten.

Die Beschlussfassung über die Haushaltssatzung erfolgt mit der Mehrheit der abgegebenen Stimmen (§ 54 Abs. 1 HGO).

11.3.7 Vorlage an die Aufsichtsbehörde

Die von der Gemeindevertretung beschlossene Haushaltssatzung ist vollständig mit allen Anlagen der Aufsichtsbehörde vorzulegen (§ 97 Abs. 4 HGO, Nr. 10 Hw. zu § 97 HGO).

Wer Aufsichtsbehörde ist, richtet sich für die Gemeinden nach § 136 HGO und für die Landkreise nach § 54 Abs. 1 HKO sowie für den Landeswohlfahrtsverband nach § 17 Gesetz über den Landeswohlfahrtsverband Hessen. Danach ist Aufsichtsbehörde

- für die Gemeinden bis zu 50.000 Einwohnern der Landrat als untere staatliche Verwaltungsbehörde[413]
- für die Gemeinden mit mehr als 50.000 Einwohner und für die Landkreise der Regierungspräsident
- für die Landeshauptstadt Wiesbaden und die Stadt Frankfurt am Main sowie den Landeswohlfahrtsverband der Minister des Innern

Die Vorlage soll spätestens einen Monat vor Beginn des Haushaltsjahres erfolgen (§ 97 Abs. 4 Satz 2 HGO), also spätestens am 30.11. des Vorjahres. Damit soll sichergestellt sein, dass eine evtl. notwendige Genehmigung der Aufsichtsbehörde noch so rechtzeitig erteilt werden kann, dass die Bekanntmachung der Haushaltssatzung vor Beginn des

---

[412] Siehe hierzu auch Ziffer 7.2.6.
[413] Für sog. „Schutzschirmgemeinden" gilt § 4 Abs. 3 des Gesetzes zur Sicherstellung der dauerhaften finanziellen Leistungsfähigkeit konsolidierungsbedürftiger Kommunen (Schutzschirmgesetz - SchuSG) vom 14. Mai 2012, GVBl. S. 128, danach entscheidet über Genehmigungen nach den §§ 102 bis 105 HGO anstelle des Landrates der Regierungspräsident.

Haushaltsjahres, also spätestens bis zum 31. Dezember, vollendet werden kann (Grundsatz der Vorherigkeit). Diese Sollvorschrift erlaubt jedoch auch eine spätere Vorlage, wenn begründete Ausnahmefälle dieses erfordern (siehe auch Ziffer 7.2.5.2). Hierdurch wird die Rechtswirksamkeit der Haushaltssatzung und ihrer Anlagen nicht beeinträchtigt. Bei Nichtvorlage bzw. nicht rechtzeitiger Vorlage kann die Aufsichtsbehörde von ihren Aufsichtsmitteln Gebrauch machen (§§ 137 ff HGO).

Die Verpflichtung zur Vorlage gilt unabhängig davon, ob die Haushaltssatzung genehmigungsbedürftige Festsetzungen enthält oder nicht.

Genehmigungsbedürftige Festsetzungen in der Haushaltssatzung sind:

- der Gesamtbetrag der Kredite für Investitionen und Investitionsförderungsmaßnahmen in § 2 der Haushaltssatzung gemäß § 103 Abs. 2 HGO (siehe hierzu Kapitel 9),

- der Gesamtbetrag der Verpflichtungsermächtigungen in § 3 der Haushaltssatzung, wenn in den Jahren, zu deren Lasten sie veranschlagt sind, Kreditaufnahmen vorgesehen sind, gemäß § 102 Abs. 4 HGO (siehe hierzu Kapitel 8) und

- der Höchstbetrag der Kassenkredite in § 4 der Haushaltssatzung gemäß § 105 Abs. 2 GemHVO (siehe hierzu Kapitel 9).

Bezüglich der für die Erteilung oder Versagung der Genehmigung maßgeblichen Umstände wird auf die Ausführungen in den o. g. Kapiteln verwiesen. Daneben wird die Aufsichtsbehörde im Rahmen der Rechtsaufsicht weitere Betrachtungen zur Haushaltssatzung und zum Haushaltsplan mit seinen Anlagen anstellen, insbesondere ob die für die Aufstellung und die Haushaltswirtschaft insgesamt geltenden Vorschriften eingehalten wurden und bei Verstößen mit den entsprechenden aufsichtsbehördlichen Instrumenten (§§ 137 ff. HGO) reagieren.

11.3.8　Bekanntmachung der Haushaltssatzung

Nach § 97 Abs. 5 HGO, Nr. 10 und 11 Hw. zu § 97 HGO ist die Haushaltssatzung – wie jede andere gemeindliche Satzung – öffentlich bekannt zu machen (§ 5 Abs. 3 Satz 1 HGO). Die Bekanntmachung erfolgt nach der Beschlussfassung der Gemeindevertretung über die Haushaltssatzung. Die Form der Bekanntmachung ist verbindlich vorgeschrieben (GemHVO Muster 1). Enthält die Haushaltssatzung genehmigungsbedürftige Teile (s. o.), so erfolgt die Bekanntmachung erst nach Erteilung der Genehmigung (§ 97 Abs. 5 Satz 2 HGO). Mit der Bekanntmachung der Haushaltssatzung ist der Wortlaut der Genehmigung bekannt zu machen (§ 7 Bekanntmachungsverordnung, siehe auch v. g. Muster).

Die Bekanntmachung erfolgt gemäß den durch die Hauptsatzung der Gemeinde getroffenen Bestimmungen (§ 7 Abs. 3 HGO).

Nach der Bekanntmachung ist der Haushaltsplan mit seinen Anlagen an sieben Tagen öffentlich auszulegen (§ 97 Abs. 5 Satz 1 HGO). Zeit und Ort sind in der Bekanntmachung anzugeben. Die Sieben-Tages-Frist bedeutet, dass Gelegenheit bestehen muss, an sieben Tagen den Haushaltsplan nebst Anlagen einzusehen, also in der Regel sieben Arbeitstage, die Ausführungen oben in Ziffer 11.3.4 (Auslegung des Entwurfes) gelten sinngemäß auch für die hier dargestellte Auslegung.

Die Haushaltssatzung tritt mit Beginn des Haushaltsjahres (1. Januar) in Kraft; wird sie nach Beginn des Haushaltsjahres bekannt gemacht, rückwirkend zu diesem Datum.

11.4 Übungen

Sachverhalt Nr. 1

Die Gemeinde G hat am 16. Januar 2014 ihre Haushaltssatzung für 2014 veröffentlicht. Der Grundstückseigentümer E hält die darin erfolgte Anhebung der Hebesätze für die Realsteuern für rechtswidrig. Gegen diese Festsetzung will E vor dem Verwaltungsgericht gerichtlich vorgehen.

Aufgabe:

Begutachten Sie die Möglichkeiten einer gerichtlichen Überprüfung.

Lösung:

Nach § 40 Abs. 1 VwGO ist der Verwaltungsrechtsweg in allen öffentlich-rechtlichen Streitigkeiten nicht verfassungsrechtlicher Art gegeben. E wendet sich gegen die Haushaltssatzung. Die Rechtmäßigkeit dieser Satzung richtet sich nach § 94 HGO und damit nach öffentlichem Recht. Somit ist der Verwaltungsrechtsweg gegeben.

Die weiteren Zulässigkeitsvoraussetzungen ergeben sich nach der Klageart. Die Anfechtungs- oder Verpflichtungsklage nach § 42 VwGO scheiden aus, da sich E nicht durch einen Verwaltungsakt, sondern durch die Haushaltssatzung als materielles Gesetz beschwert fühlt.

Die Erhebung einer Feststellungsklage nach § 43 VwGO ist auch nicht möglich, da E nicht unmittelbar durch die Haushaltssatzung berührt wird.

Nach § 47 Abs. 1 Nr. 2 VwGO entscheidet das Oberverwaltungsgericht im Rahmen seiner Gerichtsbarkeit auf Antrag über die Gültigkeit von anderen im Rang unter dem Landesgesetz stehenden Rechtsvorschriften (also auch Satzungen), sofern das Landesrecht dieses bestimmt (abstraktes Normenkontrollverfahren). Eine entsprechende Bestimmung trifft § 15 Abs. 1 Hess. Ausführungsgesetz zur VwGO. E ist also berechtigt, die Rechtmäßigkeit der Haushaltssatzung im Wege eines abstrakten Normenkontrollverfahrens vom Oberverwaltungsgericht (in Hessen: Verwaltungsgerichtshof) überprüfen zu lassen.

Daneben hat E die Möglichkeit, im Rahmen eines Streitverfahrens gegen einen auf Grund dieser Haushaltssatzung erlassenen Verwaltungsakt (z. B. Grundsteuerbescheid) die Satzung überprüfen zu lassen. Das zuständige Gericht muss nämlich in diesem Verfahren (z. B.: Anfechtungsklage gegen den Grundsteuerbescheid) prüfen, ob die Haushaltssatzung ganz oder teilweise gegen übergeordnetes Recht verstößt oder aus anderen Gründen rechtswidrig ist. In dieser so genannten konkreten Normenkontrolle ist die formelle und materielle Rechtswirksamkeit zu überprüfen.

Sachverhalt Nr. 2

Im Amtsblatt der Gemeinde G (Arbeitszeit: Fünftagewoche) ist u. a. bekannt gemacht, dass der Entwurf der Haushaltssatzung in der Zeit vom 10.09. bis 16.09. während der Dienststunden öffentlich (montags bis freitags) ausliegt.

Aufgabe:

Begutachten Sie, ob die Auslegungsfrist den haushaltsrechtlichen Bestimmungen entspricht.

Lösung:

Nach § 97 Abs. 2 HGO und den Hinweisen zu § 97 HGO ist der Entwurf der Haushaltssatzung mit ihren Anlagen nach vorheriger öffentlicher Bekanntmachung an sieben Tagen öffentlich auszulegen. Nach dem Sachverhalt liegt der Satzungsentwurf in der Zeit vom 10.09. bis 16.09. öffentlich aus. Das sind zwar die geforderten sieben Tage, aber durch die Beschränkung auf die Dienststunden verringert sich tatsächlich der Zeitraum der Auslage auf fünf Tage, denn am Wochenende (Samstag/Sonntag) wird nicht gearbeitet und somit besteht keine Möglichkeit der Einsichtnahme. Der Gesetzgeber will aber durch die Festsetzung einer Frist von sieben Tagen sicherstellen, dass in der gesamten Zeitspanne eine Einsichtsmöglichkeit besteht. Die Begrenzung auf die Dienststunden ist grundsätzlich möglich, wenn sie einen Zeitraum von etwa sechs bis acht Stunden umfassen. Ein geringerer Zeitraum würde dem Sinn der Vorschriften widersprechen.

Sachverhalt Nr. 3

Zur Sitzung der Gemeindevertretung der Gemeinde G am 17.01.2014 leitet der Kämmerer seinen Haushaltsentwurf für das Haushaltsjahr 2014 der Gemeindevertretung zur Beratung und Beschlussfassung zu. Die Gemeindevertretung beschließt in gleicher Sitzung, diesen Entwurf abzulehnen.

Während der Debatte am 17.01.2014 macht Gemeindevertreter A u. a. den Vorschlag, einen neuen Haushaltsplan-Entwurf in der März-Sitzung zu verabschieden und ihn ab 01.04.2014 ein Jahr, also bis 31.03.2015, rechtsgültig werden zu lassen. Gemeindevertreterin E empfiehlt dagegen, ohne Beschluss die Haushaltssatzung 2013 nochmals anzuwenden und die Haushaltsansätze 2013 auch für 2014 gelten zu lassen. Gemeindevertreter B schlägt schließlich vor, doch nur die Teilhaushalte für die Produktbereiche 01 bis 15 zu beraten und zu beschließen. Produktbereich 16 sei besser Ende 2014 zu beraten und der Gesamthaushalt und die ganzen Übersichten seien ohnehin überflüssig und nicht erforderlich.

Aufgaben:

a) Begutachten Sie, gegen welche haushaltsrechtlichen Bestimmungen das Verfahren und der Beschluss vom 17.01.2014 verstoßen.

b) Nehmen Sie zu den Vorschlägen der Gemeindevertreter A, E und B kritisch Stellung.

c) Prüfen Sie, ob bei einem ordnungsgemäß zugeleiteten Entwurf der Haushaltssatzung nach der Ablehnung durch die Gemeindevertretung gegen diesen Beschluss Maßnahmen unternommen werden können.[414]

Lösung:

a) Nach § 97 Abs. 4 HGO soll die Haushaltssatzung spätestens einen Monat vor Beginn des neuen Haushaltsjahres der Aufsichtsbehörde vorgelegt werden. Die Ausgestaltung als Soll-Vorschrift bedeutet, dass ohne zwingende Gründe hiervon nicht abgewichen werden kann. Es ist der Grundsatz der Vorherigkeit angesprochen, d. h. das Aufstellungsverfahren für die Haushaltssatzung einschließlich Haushaltsplan soll vollständig abgeschlossen sein, bevor das Haushaltsjahr beginnt. Hierdurch wird die Rechtssicherheit erhöht, denn die Haushaltssatzung und der Haushaltsplan sind die Leitlinien der Haushaltswirtschaft für ein Haushaltsjahr. Die Monatsfrist des § 97 Abs. 4 HGO soll die Einhaltung des Vorherigkeitsprinzips sicherstellen.

Die Vorlage des Satzungsentwurfes durch die Verwaltung am 17.01.2014, also bereits im begonnen Haushaltsjahr, ist zu spät. Gründe, die diese Verspätung rechtfertigen könnten, sind im Sachverhalt nicht ersichtlich.

Des Weiteren ist festzustellen, dass der Kämmerer den Entwurf der Satzung der Gemeindevertretung zugeleitet hat. Nach § 97 Abs. 1 HGO stellt der Gemeindevorstand den Entwurf der Haushaltssatzung fest und legt ihn der Gemeindevertretung zur Beratung und Beschlussfassung vor. Die Sonderfunktion des Kämmerers bezieht sich nur auf die Vorbereitung des Entwurfes, nicht auf seine Vorlage. Diese Vorschrift steht in Einklang mit § 66 Abs. 1 Satz 3 Nr. 2 HGO, wonach der Gemeindevorstand die Beschlüsse der Gemeindevertretung vorbereitet. Somit war die Zuleitung des Satzungsentwurfs an die Gemeindevertretung durch den Kämmerer nicht rechtens.

Die Ablehnung des Entwurfes kann aus folgendem Grund rechtens sein: Es ist die Frage zu stellen „Ist der Entwurf der Haushaltssatzung nebst Anlagen überhaupt existent?" Nach den haushaltsrechtlichen Vorschriften (§ 97 Abs. 1 HGO) wird der Entwurf der Haushaltssatzung nebst Anlagen vom Gemeindevorstand festgestellt. Der Gemeindevorstand leitet den Entwurf der Satzung nebst Anlagen der Gemeinde-

---

vertretung zu. Dieses ist offensichtlich laut Sachverhalt nicht geschehen. Ob der Gemeindevorstand nachträglich den Satzungsentwurf festgestellt und „weitergeleitet" hat, geht aus dem Sachverhalt nicht hervor. Insofern kann die Frage der Rechtsgültigkeit des Ablehnungsbeschlusses nicht endgültig geklärt werden. Sollte der Gemeindevorstand nicht entsprechend § 97 Abs. 1 HGO tätig gewesen sein, wäre der Beschluss insoweit rechtens, als der Satzungsentwurf rechtlich nicht existent ist und die Gemeindevertretung damit zum Ausdruck bringt, dass sie einen formal ordnungsgemäß zu Stande gekommenen und vorgelegten Entwurf beraten will.

Ferner ist festzustellen, dass die Gemeindevertretung in dieser Sitzung ohnehin nicht über Annahme oder Ablehnung des Satzungsentwurfs entscheiden konnte. Nach § 97 Abs. 2 HGO ist der Entwurf der Haushaltssatzung nach der Einbringung an sieben Tagen öffentlich auszulegen, wobei der erste Auslegungstag spätestens der zwölfte Tag vor der Beschlussfassung sein muss. Daraus ergibt sich, dass Einbringung und Beschlussfassung nicht in der gleichen Sitzung der Gemeindevertretung erfolgen können, die beschließende Sitzung kann frühestens zwölf Tage nach der Einbringungssitzung stattfinden. Weiterhin soll der Entwurf der Haushaltssatzung mit ihren Anlagen vor der Beschlussfassung im Finanzausschuss eingehend behandelt werden (§ 97 Abs. 3 Satz 2 HGO). Ein Abweichen von der Sollvorschrift ist bei Vorliegen entsprechender besonderer Gründe zwar zulässig, diese sind aber hier nicht ersichtlich.

b)   Gemeindevertreter A

Wie bereits bei a) ausgeführt, würde die Verabschiedung im März einen Verstoß gegen den Grundsatz der Vorherigkeit darstellen.

Ferner kann der Anregung des A, die Satzung ab 01.04. gelten zu lassen, nicht gefolgt werden. Nach § 94 Abs. 3 HGO tritt die Haushaltssatzung mit Beginn des Haushaltsjahres in Kraft. Haushaltsjahr ist nach § 94 Abs. 4 HGO das Kalenderjahr, also der Zeitraum vom 01.01. bis 31.12. Abweichungen sind nicht möglich, auch nicht für einzelne Bereiche, da dies in den geltenden haushaltsrechtlichen Vorschriften nicht vorgesehen ist. Somit würde ein Beschluss i. S. d. Anregung des Gemeindevertreters A gegen geltendes Recht verstoßen.

Gemeindevertreterin E

Die Empfehlung der Frau E verstößt gegen § 94 Abs. 1 HGO. Danach hat eine Gemeinde für jedes Jahr eine Haushaltssatzung zu erlassen. Nach § 94 Abs. 3 Satz 2 HGO kann zwar eine Haushaltssatzung Festsetzungen für zwei Jahre enthalten, aber nach Jahren getrennt. Dieses trifft aber laut Sachverhalt hier nicht zu. Eine Weitergeltung bzw. unveränderte Übernahme der Haushaltssatzung nebst Haushaltsplan des Vorjahres ist aber auch schon aus praktischen Erwägungen heraus nicht möglich. Einerseits sind in aller Regel Auszahlungsermächtigungen bzw. Verpflichtungsermächtigungen erschöpft und andererseits sind zumindest im Finanzhaushalt die Ansätze des Vorjahres für Investitionen nicht auch im neuen Haushaltsjahr verwendbar. Ferner hat die Gemeindevertretung nach § 51 Nr. 7 i. V. m. § 94 Abs. 1 und § 97 Abs. 3 HGO die Haushaltssatzung zu beschließen. Dieses ist nicht nur das Recht der Gemeindevertretung, sondern auch ihre Verpflichtung.

Gemeindevertreter B

Nach § 97 Abs. 3 HGO hat die Gemeindevertretung den Entwurf der Haushaltssatzung und ihrer Anlagen zu beraten und zu beschließen. Unverzichtbarer Bestandteil der Haushaltssatzung ist der Haushaltsplan. Der Haushaltsplan besteht gemäß § 1 Abs. 1 und 2 GemHVO aus dem Ergebnis- und dem Finanzhaushalt, den Teilhaushalten und dem Stellenplan. Die Teilhaushalte können nach vorgegebenen Produktbereichen oder nach der örtlichen Organisation gebildet werden (§ 4 Abs. 2 GemHVO). Hier wurde offenkundig eine produktbereichsbezogene Teilhaushaltsbildung entsprechend Muster 12 zur GemHVO vorgenommen. Somit ist der Haushaltsplan nur einschließlich des Produktbereiches 16 als Haushaltsplan zu bezeichnen. Auch der Gesamthaushalt ist unverzichtbarer Bestandteil des Haushaltsplanes. Nach § 1 Abs. 4 GemHVO sind dem Haushaltsplan die dort bezeichneten Anlagen beizufügen. Somit kann auch auf die Übersichten zum Haushaltsplan (Anlagen) nicht verzichtet werden. Ein Beschluss i. S. d. Anregung des Gemeindevertreters B wäre nicht rechtens.

c) Nach § 63 Abs. 1 Satz 1 HGO hat der Bürgermeister einem Beschluss der Gemeindevertretung zu widersprechen, wenn der Beschluss das Recht verletzt. Nach Satz 2 dieser Vorschrift kann der Bürgermeister einem Beschluss der Gemeindevertretung widersprechen, wenn der Beschluss das Wohl der Gemeinde gefährdet. Der Widerspruch muss unverzüglich, spätestens jedoch innerhalb von zwei Wochen nach der Beschlussfassung gegenüber dem Vorsitzenden der Gemeindevertretung ausgesprochen werden. Inwieweit im vorliegenden Fall das Wohl der Gemeinde gefährdet ist, kann aus dem Sachverhalt nicht ersehen werden. Dies wäre jedenfalls dann der Fall, wenn im Haushaltsplan Maßnahmen vorgesehen sind, die für das Wohl der Gemeinde wichtig sind, deren Nichtdurchführung auf Grund fehlender Haushaltssatzung also das Wohl der Gemeinde gefährden würde.

Hier liegt jedoch eindeutig eine Rechtsverletzung vor, weil die Gemeindevertretung nach § 94 Abs. 1 i. V. m. § 97 Abs. 3 HGO verpflichtet ist, über die Haushaltssatzung zu beraten und (positiv) zu beschließen. Eine Ablehnung und Rückverweisung ist zwar möglich, dann muss dies jedoch mit dem konkreten Auftrag der Umarbeitung im Sinne des Willens der Gemeindevertretung und anschließenden erneuten Vorlage verbunden sein, was aus dem Sachverhalt jedoch nicht ersichtlich ist. Daher muss der Bürgermeister dem Ablehnungsbeschluss gemäß § 63 Abs. 1 Satz 1 HGO widersprechen. Auf die weiteren Rechtsfragen im Zusammenhang mit dem Widerspruch (insbesondere Beanstandung gemäß § 63 Abs. 2 HGO, Eintritt des Gemeindevorstandes gemäß § 63 Abs. 4 HGO, aufsichtsbehördliches Tätigwerden nach §§ 137 ff. HGO) ist an dieser Stelle nicht näher einzugehen.

Sachverhalt Nr. 4

Die Gemeindevertretung der Gemeinde G überträgt die Zuständigkeit für den Beschluss über die Haushaltssatzung auf den Finanzausschuss. Dieser soll künftig in nicht öffentlicher Sitzung die Haushaltssatzung beraten und beschließen.

Aufgabe:

Begutachten Sie die Rechtmäßigkeit dieses Beschlusses.

Lösung:

Nach § 51 Nr. 7 HGO gehört der Erlass der Haushaltssatzungen zu den Angelegenheiten der Gemeindevertretung, deren Entscheidung sie nicht übertragen kann. Auch § 97 Abs. 3 HGO bestimmt, dass der Entwurf der Haushaltssatzung nebst Anlagen von der Gemeindevertretung in öffentlicher Sitzung zu beraten und zu beschließen ist. Somit ist eine Übertragung der Entscheidungsbefugnis auf den Finanzausschuss nicht möglich. Auch die Verweisung der Beratung in die nicht öffentliche Sitzung wäre nicht rechtens, da auch die Ausschusssitzungen grundsätzlich öffentlich sind (§ 62 Abs. 5 i. V. m. § 52 HGO). Die Behandlung der Haushaltssatzung ist kein Punkt, der in nicht öffentlicher Sitzung zu beraten wäre.

Bezüglich der Maßnahmen gegen diesen Beschluss der Gemeindevertretung siehe Lösung c) zu obigem Sachverhalt Nr. 3.

Sachverhalt Nr. 5

Der Gemeindevertretung der Gemeinde G will am 14. November 2014 die Haushaltssatzung für das Jahr 2015 verabschieden. Nach der Beratung im Finanzausschuss sollen folgende Daten zur Beschlussfassung empfohlen werden:

a) Realsteuerhebesätze:

Grundsteuer A	140 v. H.
Grundsteuer B	280 v. H.
Gewerbesteuer	380 v. H.

b) Höchstbetrag der Kassenkredite = 3.000.000 €

c) Verpflichtungsermächtigungen zu Lasten der dem Haushaltsjahr folgenden Jahre:

2015	5.430.000 €
2016	6.468.000 €
2017	3.288.000 €

d) Laut Haushaltsplanentwurf 2015 sind Einzahlungen aus Kreditaufnahmen in Höhe von 6.000.000 € veranschlagt, davon 1.500.000 zur Umschuldung, außerdem ist die ordentliche Tilgung von Krediten i. H. v. 850.000 € vorgesehen.

Nach dem Finanzplan sind in den drei Finanzplanungsjahren Kreditaufnahmen (ohne Umschuldung) vorgesehen:

2016   3.000.000 €
2017   9.000.000 €
2018   8.000.000 €

e) Die ordentlichen Erträge des Jahres 2015 betragen 69.270.300 €, davon entfallen auf die Auflösung von Sonderposten 1.217.100 €, die Finanzerträge belaufen sich auf 860.000 € und die außerordentlichen Erträge auf 2.248.800 €.

Die ordentlichen Aufwendungen betragen 68.689.200 €, davon entfallen auf Abschreibungen 2.459.000 € und auf Zugänge zu Pensionsrückstellungen 1.280.000 €. Die Finanzaufwendungen belaufen sich auf 2.870.500 € und die außerordentlichen Aufwendungen auf 537.800 €.

Investitionsauszahlungen sind i. H. v. 15.730.400 € geplant, Investitionseinzahlungen von 9.700.000 €.

Aufgabe:

a) Fertigen Sie den Entwurf der Haushaltssatzung (§§ 1 - 6) für das Haushaltsjahr 2015.

b) Prüfen Sie, ob die Haushaltssatzung genehmigungsbedürftige Teile enthält, und wenn ja, ob die formalen Voraussetzungen für eine Genehmigung vorliegen.

Lösung:

zu a)

siehe nächste Seite

Haushaltssatzung der Gemeinde G
für das Haushaltsjahr 2015

Auf Grund der §§ 94 ff. der Hessischen Gemeindeordnung in der ab 1. April 2005 geltenden Fassung (GVBl. I S. 142), zuletzt geändert durch Artikel 1 des Gesetzes vom 16. Dezember 2011 (GVBl. I S. 786) hat die Gemeindevertretung der Gemeinde G am 14. November 2014 folgende Haushaltssatzung beschlossen:

§ 1

Der Haushaltsplan für das Haushaltsjahr 2015 wird

im Ergebnishaushalt

im ordentlichen Ergebnis

mit dem Gesamtbetrag der Erträge auf	70.130.300 EUR
mit dem Gesamtbetrag der Aufwendungen auf	71.559.700 EUR
mit einem Saldo von	-1.429.400 EUR

im außerordentlichen Ergebnis

mit dem Gesamtbetrag der Erträge auf	2.248.800 EUR
mit dem Gesamtbetrag der Aufwendungen auf	537.800 EUR
mit einem Saldo von	1.711.000 EUR
mit einem Überschuss von	281.600 EUR,

im Finanzhaushalt

mit dem Saldo aus den Einzahlungen und Auszahlungen aus laufender Verwaltungstätigkeit auf	2.803.500 EUR

und dem Gesamtbetrag der

Einzahlungen aus Investitionstätigkeit auf	9.700.000 EUR
Auszahlungen aus Investitionstätigkeit auf	15.730.400 EUR
mit einem Saldo von	-6.030.400 EUR
Einzahlungen aus Finanzierungstätigkeit auf	6.000.000 EUR
Auszahlungen aus Finanzierungstätigkeit auf	2.350.000 EUR
mit einem Saldo von	3.650.000 EUR
mit einem Finanzmittelüberschuss des Haushaltsjahres von	423.100 EUR

festgesetzt.

§ 2

Der Gesamtbetrag der Kredite, deren Aufnahme im Haushaltsjahr 2015 zur Finanzierung von Investitionen und Investitionsförderungsmaßnahmen erforderlich ist, wird auf 4.500.000 EUR festgesetzt.

§ 3

Der Gesamtbetrag von Verpflichtungsermächtigungen im Haushaltsjahr 2015 zur Leistung von Auszahlungen in künftigen Jahren für Investitionen und Investitionsförderungsmaßnahmen wird auf 15.186.000 EUR festgesetzt.

§ 4

Der Höchstbetrag der Kassenkredite, die im Haushaltsjahr 2015 zur rechtzeitigen Leistung von Auszahlungen in Anspruch genommen werden dürfen, wird auf 3.000.000 EUR festgesetzt.

§ 5

Die Steuersätze für die Gemeindesteuern werden für das Haushaltsjahr 2015 wie folgt festgesetzt:

1. Grundsteuer
   a) für die land- und forstwirtschaftlichen Betriebe
      (Grundsteuer A) auf   140 v.H.
   b) für die Grundstücke (Grundsteuer B) auf   280 v.H.

2. Gewerbesteuer auf   380 v.H.

§ 6

Es gilt der von der Gemeindevertretung als Teil des Haushaltsplanes beschlossene Stellenplan.

G, den 2014   Der Gemeindevorstand
                                     Unterschrift

zu b)

Genehmigungsbedürftige Festsetzungen in der Haushaltssatzung sind der Gesamtbetrag der Kredite für Investitionen und Investitionsförderungsmaßnahmen in § 2 der Haushaltssatzung gemäß § 103 Abs. 2 HGO, der Gesamtbetrag der Verpflichtungsermächtigungen in § 3 der Haushaltssatzung, wenn in den Jahren, zu deren Lasten sie veranschlagt sind, Kreditaufnahmen vorgesehen sind, gemäß § 102 Abs. 4 HGO und der Höchstbetrag der Kassenkredite gem. § 105 HGO.

In § 2 der vorstehenden Haushaltssatzung wird der Gesamtbetrag der Kredite auf 4.500.000 € festgesetzt. Diese Festsetzung bedarf nach § 103 Abs. 2 HGO der Genehmigung der Aufsichtsbehörde.

In § 3 der vorstehenden Haushaltssatzung wird der Gesamtbetrag der Verpflichtungsermächtigungen auf 15.186.000 € festgesetzt. Diese sollen in den Jahren 2016 – 2018 voraussichtlich kassenwirksam werden. Lt. Sachverhalt sind in den Jahren 2016 – 2018 Kreditaufnahmen vorgesehen. Diese Festsetzung bedarf daher nach § 102 Abs. 4 HGO ebenfalls der Genehmigung der Aufsichtsbehörde.[415]

---

[415] Für die Frage der Genehmigungsbedürftigkeit kommt es lediglich darauf an, dass in einem der Jahre, in denen die Verpflichtungsermächtigungen voraussichtlich kassenwirksam werden, Kreditaufnahmen

In § 4 der vorstehenden Haushaltssatzung wird der Höchstbetrag der Kredite auf
3.000.000 € festgesetzt. Diese Festsetzung bedarf nach § 105 Abs. 2 HGO der Genehmigung der Aufsichtsbehörde.

Sachverhalt Nr. 6

Die Aufsichtsbehörde versagt die Genehmigung für die von der Gemeinde G in § 3 der
Haushaltssatzung festgesetzten Verpflichtungsermächtigungen. Die Gemeinde G ist mit
der Ablehnung nicht einverstanden und möchte dagegen rechtlich vorgehen.

Aufgabe:

Begutachten Sie, welche rechtlichen Möglichkeiten die Gemeinde G gegen die Versagung
der Genehmigung des § 3 der Haushaltssatzung ausschöpfen kann.[416]

Lösung:

Bei der Frage nach der Klageart ist das angestrebte Ziel bedeutsam. Hinsichtlich der
Ablehnung der Genehmigung wäre die Erhebung einer Anfechtungsklage gemäß § 42
VwGO nicht sinnvoll, denn hiermit kann nur die Beseitigung der Ablehnung erreicht
werden. Ziel der Klage der Gemeinde G ist aber die Erteilung der Genehmigung. Dieses
kann nur durch eine Verpflichtungsklage gemäß § 42 Abs. 1 VwGO erreicht werden.

---

dem Grunde nach vorgesehen sind. Eine betragsmäßige Abhängigkeit von vorgesehener
Kreditaufnahme und kassenwirksamen Verpflichtungsermächtigungen besteht nicht, siehe hierzu
Kapitel 8.

[416] Der Fall kann nur mit Kenntnissen des Verwaltungsrechts gelöst werden. Insofern dient er der
Vervollständigung der Gesamtproblematik.

Inhaltsverzeichnis

12.   Mittelfristige Ergebnis- und Finanzplanung mit Investitionsprogramm[417]

12.1   Begriffliche Abgrenzungen

12.1.1   Allgemeines

„Planung" und „Finanzplanung" sind weder gesetzlich, noch in der Wissenschaft eindeutig definiert. Überhaupt werden insbesondere im Zusammenhang mit der Finanzplanung verschiedene Begriffe benutzt, die einer Deutung bedürfen.

Zum besseren Verständnis folgen an dieser Stelle zunächst einige Abgrenzungen und Erläuterungen.

Planung   wird allgemein als Vorbereitung von bestimmten Maßnahmen (Entscheidungen und Handlungen) angegeben, die auf ein bestimmtes Ziel gerichtet sind. „Planung" will durch gedankliche Vorwegnahme künftigen Handelns bzw. Geschehens unter Beachtung des Rationalprinzips die Dauerhaftigkeit gegenwärtiger Entscheidungen sichern oder diese überhaupt erst ermöglichen.[418]

Die Vielgestaltigkeit der Planungstätigkeit kennt u. a. die

- Zielplanung,
- Aufgabenplanung,
- Mittelplanung,
- Planung der Ressourcen (d. h. Summe aller einsetzbaren, zielgerichteten Mittel und Maßnahmen) und
- Wegeplanung (wie Mittel zur Zielerreichung eingesetzt werden).

Von der Planung zu unterscheiden ist der **Plan** selbst. Nicht jede Planung mündet in einen Plan.

Prognose   wird eine wissenschaftlich begründete und empirisch nachprüfbare Aussage über eine Erwartung genannt. Sie ist Grundlage und Teil der Planung.

Programm   stellt einen durch Eliminierung der Handlungsalternativen aus der Planung abgeleiteten, durch Übersetzung in eine operable Sprache konkretisierten Teilverwirklichungsplan (Aktionsplan, Maßnahmenkatalog, Ordnungsmodell) mit Entscheidungsrelevanz (Verbindlichkeit, Realisationschancen und Berechenbarkeit) dar.[419]

---

[417] Siehe zur Thematik dieses Kapitels insgesamt auch Daneke in KVR Hessen, Erl. zu § 101 HGO.
[418] Meichsner/Seeger/Steenbock, Kommunale Finanzplanung, Erl. Grundlagen B 1.11, S. 1.
[419] Meichsner/Seeger/Steenbock, a. a. O., S. 2.

12.1.2 Kommunale finanzielle Planung

Die Gemeinden planen bei ihrer Aufgabenwahrnehmung in vielen unterschiedlichen Bereichen, z. B. Flächennutzungsplan, Organisationsplan sowie im Bereich der Fachplanung (Bebauungsplan, Verkehrsplan, Schulentwicklungsplan, Sozialplan etc.). Da sich dieses Buch mit dem Haushaltsrecht befasst, wird hier nur näher auf die gemeindlichen Planungen im Haushaltsrecht eingegangen.

Die gemeindlichen finanziellen Planungen lassen sich unter dem zeitlichen Aspekt wie folgt einordnen:[420]

- kurzfristige Planung   =   Haushaltsplan (Ein-Jahres-Zeitraum)

- mittelfristige Planung   =   Finanzplanung (Fünf-Jahres-Zeitraum)

- langfristige Planung   =   Investitionsbedarfsplanung,
                              Finanzperspektiven, strategische Ziele,
                              Prioritätenkataloge (länger als 5 Jahre)

Auf der Grundlage der gesetzlichen Vorgaben wird im Haushaltsrecht grundsätzlich unterschieden in „Haushaltsplanung" und „Finanzplanung". Während die Haushaltsplanung unter Kapitel 6 beschrieben wird, soll hier die Finanzplanung dargestellt werden. Nachfolgendes Schaubild verdeutlicht, dass die Finanzplanung den Oberbegriff für zwei Planungskomponenten darstellt.

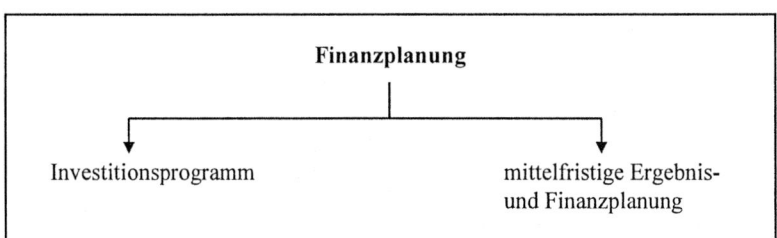

Unter Finanzplanung wird allgemein eine mittelfristige monetäre Planung verstanden, die sich – nach den gesetzlichen Vorschriften – über einen Fünf-Jahres-Zeitraum erstreckt (siehe hierzu auch Ziffer 12.3).

Die Ergebnis- und Finanzplanung ist eine Einschätzung der erwarteten Entwicklung der Haushaltswirtschaft über einen **mittelfristigen** Zeitraum, wobei neben den Prognosen zur gesamtwirtschaftlichen Entwicklung auch kommunalpolitische Schwerpunkte und Besonderheiten der Gemeinde zu berücksichtigen sind (Nr. 1 Hw. zu § 101 HGO).

---

[420] Der Planungszeitraum im Rahmen der Ergebnis- und Finanzplanung (kurz-, mittel- und langfristig) korrespondiert nicht mit den bei den Verbindlichkeiten verwendeten Fristen (siehe Ziffer 9.2.1.2).

12.2   Bedeutung der Finanzplanung

12.2.1   Gesamtwirtschaftliche Bedeutung

Die Ausführungen im Zusammenhang mit den Aufgaben und Zielen der öffentlichen Finanzwirtschaft (siehe Ziffer 1.5) haben bereits deutlich gemacht, dass die öffentliche Hand im erheblichen Maße die Gesamtwirtschaft beeinflusst. Daher ist es erforderlich, dass die Haushaltswirtschaft von Bund, Ländern und Gemeinden nicht nur jahresbezogen, sondern auch mittelfristig geplant wird.

Die Einbeziehung der Gemeinden in die Finanzplanung ist auch deshalb besonders wichtig, weil die Gemeinden einen erheblichen Anteil aller Investitionen der öffentlichen Hand tätigen. Insofern sind die kommunalpolitischen Investitionsentscheidungen von erheblicher Bedeutung für die Konjunkturpolitik und tangieren somit die in § 1 StWG formulierten Ziele, nämlich die Beachtung des gesamtwirtschaftlichen Gleichgewichts.

Darüber hinaus kommt die gesamtwirtschaftliche Bedeutung der kommunalen finanziellen Planungen auch bei der Beurteilung der Konvergenzkriterien im Rahmen des Maastricht-Vertrages zum Ausdruck, z. B. Defizitquote, Schuldenstandsquote, da die kommunale Verschuldung bei der Einhaltung der Grenzwerte berücksichtigt wird. [421]

Eine Darstellung der **kommunalen** Planungen im Rahmen der gesamtstaatlichen Finanzplanung ist also unverzichtbar und die Erforderlichkeit hat daher auch in § 16 StWG und in den gemeindlichen Haushaltsvorschriften (in Hessen: § 101 HGO) ihren Niederschlag gefunden. Die Gesamtheit der gemeindlichen Finanzplanung zusammen mit der Finanzplanung des Bundes und der Länder bildet somit eine wichtige Entscheidungshilfe für die Maßnahmen der öffentlichen Hand i. S. v. § 1 StWG.

In diesem Zusammenhang ist auch der Stabilitätsrat als ein wichtiges Gremium für die Finanzplanung zu erwähnen – (§ 51 HGrG)[422]. Der Stabilitätsrat ist ein gemeinsames Gremium des Bundes und der Länder und u. a. für die Koordinierung der Haushalts- und Finanzplanungen des Bundes, der Länder, der Gemeinden und Gemeindeverbände zuständig. Seine Hauptaufgabe besteht allerdings in der Überwachung der Haushalte des Bundes und der Länder (Art. 109 a GG) sowie der Feststellung von drohenden Haushaltsnotlagen (§ 4 StabiRatG).

Dem Stabilitätsrat gehören an:

- der Bundesminister für Finanzen,
- der Bundesminister für Wirtschaft und Technologie,
- die Länderfinanzminister und -senatoren,

Den Vorsitz führen jährlich im Wechsel der Bundesminister der Finanzen und der Vorsitzende der Finanzministerkonferenz der Länder.

---

[421] Vgl. Schwarting, Der kommunale Haushalt, Rdnr. 326.

[422] Mit dem Gesetz zur Abschaffung des Finanzplanungsrates (BT-Drucksache 17/983) wurden die Aufgaben auf den Stabilitätsrat übertragen (Stabilitätsratsgesetz – StabiRatG BGBl I S. 2702).

Der Stabilitätsrat berät die gesamt- und finanzwirtschaftlichen Rahmenbedingungen bei der Aufstellung der Haushalts- und Finanzpläne und gibt Empfehlungen zur Koordinierung der Finanzplanung auf allen drei Ebenen (Bund, Länder und Gemeinden). Die Koordinierung erstreckt sich auf

- eine einheitliche Systematik,
- einheitliche volks- und finanzwirtschaftliche Annahmen (Orientierungsdaten, siehe Ziffer 12.5) und
- Schwerpunktermittlung für eine den gesamtwirtschaftlichen Erfordernissen entsprechende Erfüllung der öffentlichen Aufgaben (§ 51 Abs. 2 HGrG).

Der Stabilitätsrat berücksichtigt

- die vom Konjunkturrat (§ 18 StWG) für die öffentliche Hand zur Erreichung der Ziele des Stabilitätsgesetzes für erforderlich gehaltenen Maßnahmen,
- die von den Arbeitskreisen für Steuerschätzung[423] erarbeiteten Daten und
- die Daten und Prognosen der Wirtschaftsinstitute, Forschungsinstitute usw.

12.2.2 Gemeindewirtschaftliche Bedeutung

Wie bereits unter Ziffer 6.2.2 dargestellt, ist die Ergebnis- und Finanzplanung die Grundlage der Haushaltsplanung. § 101 HGO bestimmt, dass die Gemeinde ihrer Haushaltswirtschaft eine fünfjährige Ergebnis- und Finanzplanung zu Grunde zu legen hat. Eine Haushaltsplanung losgelöst von der Ergebnis- und Finanzplanung ist angesichts der umfangreichen Aufgaben der Gemeinden undenkbar und würde zwangsläufig auf Dauer die stetige Erfüllung der Aufgaben nach § 92 Abs. 1 HGO gefährden.

Durch das NKRS (siehe auch Ziffern 4.3.4 und 4.3.5) wird die gemeindewirtschaftliche Bedeutung der Ergebnis- und Finanzplanung deutlich aufgewertet, da zukünftig die Steuerung der Kommunalverwaltungen durch die Vorgabe von Zielen für die kommunalen Produkte (Outputsteuerung) erfolgen soll[424]. Dies hat zur Folge, dass die Gemeinden strategische und operative Ziele[425] formulieren (schriftlich fixieren) und vereinbaren müssen, die sich nicht nur auf das nächste Haushaltsjahr beschränken, sondern eben

---

[423] Dem Arbeitskreis "Steuerschätzungen" gehören neben dem federführenden BMF, das BMWi, die fünf großen Wirtschaftsforschungsinstitute, das Statistische Bundesamt, die Deutsche Bundesbank, der Sachverständigenrat zur Begutachtung der gesamtwirtschaftlichen Entwicklung, die Länderfinanzministerien und die Bundesvereinigung kommunaler Spitzenverbände an. Er tagt in der Regel zweimal jährlich und nimmt für jede in der Bundesrepublik erhobene Steuerart (mit Ausnahme der Kirchensteuer) eine Schätzung vor. Im Mai erfolgt eine mittelfristige Schätzung für den Zeitraum der anstehenden mittelfristigen Finanzplanung, im Herbst werden die Steuereinnahmen für das jeweils laufende und für das kommende Haushaltsjahr noch einmal überprüft. Die aktuellen Steuerschätzungen sind im Internet auf der homepage des Bundesfinanzministeriums hinterlegt (www.bundesfinanzministerium.de/Web/DE/ Themen/ Steuern/ Steuerschaetzungen_und_Steuer-einnahmen/steuerschaetzungen_einnahmen.html)

[424] Vgl. Adrian u. a.: Handbuch Kommunalpolitik Hessen, S. 144.

[425] An dieser Stelle wird nicht vertieft auf die Bereiche Zielfindung, Zielvereinbarungen und Zielbeziehung eingegangen. Dies bleibt der Fachliteratur vorbehalten, z. B. Fischer/Unger, Die neue Kommunalverwaltung Band 3, Führung und Organisation, München 2001 sowie KGSt-Berichte.

gerade zukunftsorientiert ausgerichtet sind[426]. Auf dieser Basis erfolgt die mittelfristige finanzielle Planung. **Dies verdeutlicht den engen Zusammenhang zwischen Zielsetzung, Zielvereinbarung und Finanzplanung. Hierdurch wird zudem erreicht, dass sich der Fokus bei den Haushaltsberatungen verstärkt auch auf die Entwicklung in den folgenden Jahren richtet und eben nicht nur auf das kommende Haushaltsjahr.**[427] Dieser Planungsmechanismus trägt dem Gedanken der Globalsteuerung Rechnung. Allerdings darf an dieser Stelle nicht unerwähnt bleiben, dass die Ergebnis- und Finanzplanung immer nur eine **unverbindliche Planung** ist, die jederzeit verändert werden kann (siehe Ziffern 12.6.1 und 12.7.1).

Neben dieser grundsätzlichen Bedeutung erfüllt die Finanzplanung aber noch weitere Funktionen bzw. Steuerungsmechanismen. Die wesentlichen sind:

* Informationsfunktion und Transparenz

  Die Finanzplanung dient den Gemeindeorganen, dem Staat, den Gewerbetreibenden und den Einwohnern als Orientierungshilfe und Informationsquelle über die beabsichtigten politischen Zielsetzungen und deren finanzwirtschaftlichen Auswirkungen auf den Haushalt der Gemeinde.

* Koordinationsfunktion

  Die Finanzplanung integriert und koordiniert die verschiedenen Fachplanungen (Kommunalentwicklungsplan, Bebauungsplan, Schulentwicklungsplan usw.) unter dem Aspekt der finanziellen Möglichkeiten. Zwangsläufig sind die Fachplanungen der teilweise konkurrierenden Aufgabenbereiche aufeinander abzustimmen bzw. zu harmonisieren. Fehl-, Früh- und Doppelplanungen können so in der Regel vermieden werden.

* Stabilisierungsfunktion

  Durch die – über ein Haushaltsjahr hinausgehende – mittelfristige Planung der gemeindlichen Finanzen kann eine beständige und gleichmäßige Haushaltspolitik betrieben werden. Der Einsatz von Eigen- und Fremdkapital und die steuerliche Belastung der Einwohner werden mittelfristig geplant.[428]

* Entscheidungshilfe

  Die Finanzplanung ist eine wichtige Grundlage bei der Entscheidung bzw. Verwirklichung der Gemeindeentwicklungsplanung usw. Eine mittelfristige Aussage über die Finanzierbarkeit der einzelnen Planungen ist für die weitere Entwicklung einer Gemeinde wichtig. In diesem Kontext ist auch der Grundsatz der stetigen Aufgabenerfüllung nach § 92 Abs. 1 HGO zu sehen (siehe Ziffer 7.2.1.1).

---

[426] Vgl. Körner, H., Neues Kommunales Rechnungs- und Steuerungssystem, Kap. 6 sowie § 10 Abs. 3 GemHVO.

[427] Vgl. Henneke u. a., Recht der kommunalen Haushaltswirtschaft, Rdnr. 5 zu § 6.

[428] Vgl. § 10 Satz 2 HGO: „Auf die wirtschaftliche Leistungsfähigkeit der Abgabepflichtigen **ist** Rücksicht zu nehmen."

- **Rationalisierungs- und Sicherungsaufgabe**

Das wirtschaftliche Handeln einer Gemeinde wird durch eine planvolle Mittelbeschaffung verbunden mit einer entsprechend abgestimmten Investitionspolitik erheblich gefördert. Auch innerhalb der Verwaltung ist ein Einsatz der Arbeitskräfte für Planung, Ausführung usw. von Investitionsmaßnahmen sowie zur Erledigung der übrigen Verwaltungstätigkeit leichter. Hierdurch wird die Effektivität der Verwaltung erhöht.

- **Frühwarnsystem/Risikoanalyse**

Nach § 9 Abs. 4 GemHVO soll die mittelfristige Ergebnis- und Finanzplanung in den einzelnen Jahren ausgeglichen sein. Ist die Ergebnis- und Finanzplanung in **jedem der Planungsjahre ausgeglichen,** kann angenommen werden, dass die stetige Erfüllung der gestellten Aufgaben (§ 92 Abs. 1 HGO) gewährleistet ist (Nr. 1 Hw. zu § 101 HGO).

Ist hingegen in den Finanzplanungsjahren **kein** Haushaltsausgleich mehr gewährleistet[429], z. B.

- durch Folgekosten für getätigte Investitionen, die erst nach deren Fertigstellung zu berücksichtigen sind,
- durch staatliche Einflussnahme auf die gemeindlichen Finanzen, die erst mit zeitlicher Verzögerung wirksam werden,

ist dies ein Indikator dafür, dass die stetige Aufgabenerfüllung nicht mehr gesichert ist (Nr. 1 Hw. zu § 101 HGO). Nr. 1 Satz 3 Hw. zu § 101 HGO erweitert diesen Zeitraum sogar auf die **nach** dem Planungszeitraum der Ergebnis- und Finanzplanung liegende Haushaltsjahre. Hiernach ist die stetige Aufgabenerfüllung auch dann nicht mehr gewährleistet, wenn zwar die Finanzplanungsjahre ausgeglichen sind, aber für die nach dem Planungszeitraum liegenden Haushaltsjahre bereits Entwicklungen absehbar sind, die eine gegenteilige Einschätzung nahelegen.[430] In diesem Zusammenhang kommt der Finanzplanung die Aufgabe eines **Frühwarnsystem** hinsichtlich der Beurteilung der finanziellen Leistungsfähigkeit[431] einer Gemeinde zu.[432] Dieses Frühwarnsystem kann allerdings nur dann greifen, wenn sichergestellt ist, dass alle Folgekosten in der Finanzplanung berücksichtigt werden[433]. Vor diesem Hintergrund sind die konstanten Fortschreibungen der Haushaltsansätze in den Finanzplanungsjahren, wie sie teilweise in der Praxis vorkommen, kritisch zu bewerten. Sofern

---

429 Durch die Änderung der HGO im Dezember 2011 werden mit § 92 Abs. 4 Nr. 3 HGO zukünftig die Kommunen zur Aufstellung eines Haushaltssicherungskonzepts bereits dann verpflichtet sind, wenn die Ergebnis- und Finanzplanung unausgeglichen ist (siehe auch Ziffer 10.1, 10.4, 12.7.1).

430 Siehe Ziffer 7.2.1.1.

431 Nach Nr. 1 Hw. zu § 24 GemHVO deutet ein „regelmäßig" ausgeglichener Haushalt darauf hin, dass die finanzielle Leistungsfähigkeit für die stetige Aufgabenerfüllung durch die Gemeinde gegeben ist.

432 Sind nach der Ergebnis- und Finanzplanung im Planungszeitraum Fehlbeträge zu erwarten, hat die Gemeinde ein Haushaltssicherungskonzept zu erstellen, siehe § 92 Abs. 4 Nr. 3 HGO.

433 Die Folgekosten (Betriebskosten, Finanzierungskosten) sind in der Ergebnis- und Finanzplanung zu berücksichtigen. Wegen der Berechnung der Folgekosten wird auf § 12 GemHVO und auf Anlage 2 zur GemHVO „Muster für die Berechnung jährlicher Folgekosten" verwiesen, Nr. 2 Hw. zu § 101 HGO.

keine spezifischen Informationen aus der Kosten- und Leistungsrechnung generiert werden können, sollten zumindest Durchschnittswerte eingepflegt werden, um die Aussagekraft der Finanzplanung zu gewährleisten – oder negativ ausgedrückt – nicht zu manipulieren[434].

Nur wenn die Finanzplanung auf vollständigen Daten basiert, kann die Gemeinde der „Soll-Vorschrift" gemäß § 101 Abs. 6 HGO nachkommen. Hiernach soll die Gemeinde rechtzeitig geeignete Maßnahmen treffen, die erforderlich sind, um eine geordnete Haushaltsentwicklung im Finanzplanungszeitraum zu sichern[435]. Kurz: Sie soll rechtzeitig Gefahren und Risiken anhand der Finanzplanung erkennen und konsequent gegensteuern, z. B. in Form von Änderung der Zielvorgaben, Reduzierung der Standards, Verschiebung oder Streichung von geplanten Investitionen etc.

12.3 Zeitlicher Rahmen der Finanzplanung

Gemäß § 101 Abs. 1 HGO umfasst die Finanzplanung fünf Haushaltsjahre und ist damit der mittelfristigen Planung zuzurechnen (siehe Ziffer 12.1.2). Erstes Planungsjahr ist das „laufende" Haushaltsjahr.

Zum Beispiel wird der Haushaltsplan 2014 in 2013 erstellt, sodass das **laufende** Haushaltsjahr 2013 gleichzeitig das erste Jahr der Finanzplanung ist. Die Finanzplanung zum Haushalt 2014 umfasst demnach die Jahre 2013 bis 2017.

Laufendes Jahr	Haushaltsjahr (neu zu planendes Jahr)	Planungsjahre der mittelfristigen Ergebnis- und Finanzplanung sowie des Investitionsprogramms		
2013	2014	2015	2016	2017

Das vorstehende Beispiel verdeutlicht, dass die ersten beiden Jahre der Finanzplanung im Haushaltsplan (hier: 2014) zu finden sind. Faktisch werden nur drei weitere Jahre zusätzlich durch die Finanzplanung abgedeckt; man spricht in diesem Zusammenhang von den „echten" Finanzplanungsjahren.

Vor dem Hintergrund der weit reichenden Bedeutung der Finanzplanung (siehe Ziffer 12.2) stellt sich die Frage, ob die drei Finanzplanungsjahre über das Haushaltsjahr hinaus diesen Anforderungen gerecht werden. Für eine Erweiterung des Planungszeitraumes spricht, dass auch die Folgekosten der in den Finanzplanungsjahren geplanten Investitionsmaßnahmen transparent werden (Folgekosten entstehen i. d. R. erst nach Fertigstellung der Investitionsmaßnahme)[436]. Diese Überlegung gewinnt gerade in den Jahren an Bedeutung, in denen vom Bund oder vom Land Konjunkturprogramme zur Stützung der Wirtschaft aufgelegt werden.[437] Die Gemeinden werden hierdurch animiert verstärkt antizyklisch zu investieren, um in den Genuss der staatlichen Zuweisungen zu

---

434 Vgl. auch Schwarting, Der kommunale Haushalt, Rdnr. 344.

435 Vgl. Doppik Hessen, Abschlussdokumentation NKRS, Kap. 3.1.8.

436 Vgl. auch Schwarting, Der kommunale Haushalt, Rdnr. 344 ff.

437 Wirtschafts- und Finanzkrise 2009/2010; hier wurden die Konjunkturpakete I und II aufgelegt, die u. a. insbesondere eine Erhöhung öffentlicher Investitionen im Rahmen des Zukunftsinvestitionsgesetzes beinhalteten.

kommen, ohne die tatsächlichen Auswirkungen auf den Ergebnishaushalt in den folgenden Jahren (d. h. außerhalb des gesetzlich vorgeschriebenen Finanzplanungszeitraumes) zu kennen.[438] Fakt ist, dass durch neue Investitionen die Folgekosten tendenziell ansteigen. Dies führt zwangsläufig zu einer zunehmenden Einengung des finanziellen Spielraums des Ergebnishaushalts in den Folgejahren bzw. erhöht die ausgewiesenen Defizite, die nicht mehr Gegenstand der Finanzplanung sind.

Andererseits könnten aber gerade bei energetischen Sanierungen spürbare Reduzierungen des Energiebedarfs zu Entlastungen im Ergebnishaushalt führen, die allerdings erst zeitlich verzögert wirksam werden und daher auch nicht innerhalb der gesetzlich vorgeschriebenen Finanzplanungsjahre transparent werden.

Gegen eine Erweiterung des Planungszeitraumes spricht der hohe Unsicherheitsfaktor, da die Erfahrungen zeigen, dass sich erhebliche Differenzen zwischen den Finanzplanungsdaten und den tatsächlich eingetretenen Entwicklungen ergeben. Diese teilweise erheblichen Differenzen sind i. d. R. nicht auf mangelhafte Planungen zurückzuführen, sondern zum einen auf veränderte politische Zielsetzungen und damit einhergehend veränderte Prioritätensetzung; und zum anderen auf veränderte Rahmenbedingungen, die die Gemeinden nicht zu vertreten haben, z. B.

- gesetzliche Änderungen im Steuerrecht,
- veränderte Förderungs- und Zuwendungsmodalitäten (z. B. spätere Finanzierungszusagen/Bewilligungsbescheide, Streichung von Förder„töpfen" ...)
- gesetzliche Übertragung neuer Aufgaben
- die zunehmende Globalisierung und deren unmittelbare Auswirkung auf die deutsche Wirtschaft (weltweite Finanzkrisen – „Krisenjahr 2009").

In der Praxis ist man dazu übergegangen, zumindest im Investitionsprogramm, eine weitere Spalte für „spätere Haushaltsjahre" einzupflegen, um dort in einer Summe die Beträge für Investitionen und Investitionsförderungsmaßnahmen darzustellen, die nach dem letzten Planungsjahr anfallen.[439]

12.4   Umfang und Form der Finanz- und der Investitionsplanung

12.4.1   Einheitlichkeit

Wegen der gesamtwirtschaftlichen Bedeutung der Finanzplanung ist nach einem einheitlichen Planungssystem vorzugehen. Es muss eine Vergleichbarkeit der Kommunen untereinander, aber auch der Kommunen mit den staatlichen Ebenen möglich sein. Dieses herbeizuführen ist u. a. Aufgabe des Stabilitätsrates (siehe Ziffer 12.2.1).

---

[438] Siehe Fachkommentar Tebbe/Gnädinger: Mit dem Konjunkturpaket in die Folgekostenfalle?, in: innovative Verwaltung 5/2009, S. 32 - 33.

[439] Siehe hierzu Ziffer 12.4.3.1, Muster eines Teilfinanzhaushalts mit integriertem Investitionsprogramm.

12.4.2 Vollständigkeit der Planungsträger

Die Finanzplanung muss auch umfassend sein, d. h. alle Träger der öffentlichen Hand haben sie zu erstellen, also auch sämtliche Gemeinden und Gemeindeverbände mit ihren Sondervermögen (§ 115 HGO), Treuhandvermögen (§ 116 HGO) und Mehrheitsbeteiligungen (§ 122 HGO, insbes. Abs. 4 Nr. 1 b). In diesem Zusammenhang wird darauf hingewiesen, dass die Finanzplanung der kommunalen Eigenbetriebe, sonstiger kommunaler Sondervermögen und Treuhandvermögen mit Sonderrechnung von dem Hessischen Ministerium des Innern und für Sport im Einvernehmen mit dem Hessischen Sozialministerium im Erlassverfahren geregelt wird (Nr. 3 Hw. zu § 9 GemHVO).[440]

12.4.3 Inhalt und Form

In Hessen umfasst die **Finanzplanung** sowohl die mittelfristige Ergebnis- und Finanzplanung als auch das Investitionsprogramm (siehe Ziffer 12.1.2). Vor diesem Hintergrund werden die beiden Planungskomponenten **getrennt** betrachtet. Bereits an dieser Stelle sei darauf hingewiesen, dass die allgemeinen Haushaltsgrundsätze (siehe Ziffer 7.2) auch bei der Aufstellung der Finanzplanung – also bei beiden Planungskomponenten – sinngemäß anzuwenden sind. Dem Planungsgrundsatz der Vollständigkeit kommt hier eine besondere Bedeutung zu, um die Aussagekraft der Finanzplanung zu stärken (siehe Ziffer 12.2). Somit sind auch die im Haushaltssicherungskonzept dargestellten Maßnahmen bei der mittelfristigen Ergebnis- und Finanzplanung zu berücksichtigen.

12.4.3.1 Investitionsprogramm

Nach § 101 Abs. 3 HGO ist der **Entwurf** des Investitionsprogramms Grundlage für die Ergebnis- und Finanzplanung, so dass zunächst das Investitionsprogramm näher dargestellt werden soll.

Da der Entwurf des Investitionsprogramms (d. h. das noch von der Gemeindevertretung zu beschließende Investitionsprogramm) Grundlage für die Ergebnis- und Finanzplanung ist, kann hieraus abgeleitet werden, dass der Planungszeitraum des Investitionsprogramms **mindestens** den der Ergebnis- und Finanzplanung umfassen muss, obwohl dies nicht ausdrücklich geregelt ist.

Nach Nr. 2 Hw. zu § 101 HGO beinhaltet das Investitionsprogramm die in dem Planungszeitraum

– **vorgesehenen** Investitions- und Investitionsförderungsmaßnahmen mit den **voraussichtlichen** Anschaffungs- bzw. Herstellungskosten **und**
– deren Finanzierungsmöglichkeiten (z. B. Zuweisungen[441], Zuschüsse, Beiträge, eigene Mittel[442], Kredite[443]).

---

[440] Vgl. St.Anz. Land Hessen 14/2012, S. 406 ff. Dieser Erlass hat auch Gültigkeit für kommunale Krankenhäuser sowie für Mehrheitsbeteiligungen nach § 122 Abs. 4 Nr. 1 HGO.

[441] Soweit es sich um zweckgebundene Zuweisungen handelt, ist die Zuordnung zu einzelnen Investitionen unproblematisch. Sofern es sich allerdings um Investitionspauschalen handelt (Allgemeine

Damit wird zum ersten Mal die Darstellung der Finanzierungsmöglichkeiten im Investitionsprogramm zum Standard erhoben, was bis dato als freiwillige Angabe angesehen wurde. Dies wird ausdrücklich begrüßt, da durch diese zusätzlichen Informationen die Beratungen und Beschlussfassung in der Gemeindevertretung und in den Ausschüssen erleichtert wird und insgesamt zu einer verbesserten Transparenz beiträgt. Auch Nr. 4 Hw. zu § 9 GemHVO bestimmt, dass die Darstellung der „einzelnen" Maßnahmen mindestens zu so gliedern ist, dass die für den Teil 2 der Anlage 1 zur GemHVO benötigten Angaben ersichtlich sind, d. h. dass auch die maßnahmenbezogenen Einzahlungen für Investitionen abzubilden sind[444] (siehe nachfolgende Beispiele). Die Folgekosten, z. B. Betriebskosten, Finanzierungskosten usw. sind hingegen in der Ergebnis- und Finanzplanung zu berücksichtigen (Nr. 2 Hw. zu § 101 HGO).

Detaillierter wird das Investitionsprogramms in § 9 Abs. 2 GemHVO beschrieben. Danach sind die im Planungszeitraum (siehe Ziffer 12.3) vorgesehenen Investitionen (§ 58 Nr. 17 GemHVO) und Investitionsförderungsmaßnahmen (§ 58 Nr. 18 GemHVO) nach Jahresabschnitten aufzunehmen. Hieraus wird teilweise in der Praxis hergeleitet, dass auch nur diese Maßnahmen im Investitionsprogramm enthalten sein dürfen. Alle weiteren beabsichtigten, aber nicht finanzierbaren Maßnahmen werden dann in so genannten Prioritätenlisten vorgehalten und können als weitere Anlagen im Sinne von Nr. 10 Hw. zu § 1 GemHVO dem eigentlichen Investitionsprogramm beigefügt werden.

Eine weitaus bessere Möglichkeit ist die Zusammenfassung bzw. Auflistung aller anstehenden Investitionen und Investitionsförderungsmaßnahmen in einem Programm bei gleichzeitiger Darstellung der im Planungszeitraum vorgesehenen Maßnahmen. Dieses Verfahren ermöglicht eine umfassende Prioritätensetzung. Ferner wird hierdurch auch der gesamte Investitionsbedarf einer Gemeinde in finanzieller Hinsicht deutlich. Im

---

Investitionspauschale und Schulbaupauschale nach dem FAG), müssen die Investitionspauschalen auf die in Betracht kommenden Investitionen verteilt werden; dies ist nur durch weitere Zusatzberechnungen möglich.

[442] Der Gesetzgeber hat nicht geregelt, was unter „eigene Mittel" als Finanzierungsmöglichkeit zu verstehen ist. Es könnte sich z. B. um Verkaufserlöse aus Abgängen von Vermögensgegenständen des Anlagevermögens, aber auch um Zahlungsmittelüberschüsse aus Verwaltungstätigkeit handeln. Während sich die Verkaufserlöse noch relativ einfach als Finanzierungsmöglichkeit einer Investition zurechnen lassen, gestaltet sich dies bei einem Zahlungsmittelüberschuss aus Verwaltungstätigkeit schon etwas aufwendiger. Es stellt sich daher die Frage, ob es an dieser Stelle nicht einfacher ist, lediglich den „noch von der Gemeinde zu finanzierenden Anteil" darzustellen.

[443] Diese Anforderung nach maßnahmenbezogener Darstellung der Kredite kann nur dann ohne weitere Zusatzberechnungen erfüllt werden, sofern es sich um zweckgebundene Kredite handelt bzw. wenn Kredite dezentral veranschlagt werden. Die dezentrale Veranschlagung von Krediten ist allerdings widersprüchlich geregelt (§ 4 Abs. 4 und 5 GemHVO und Nr. 9 Hw. zu § 4 GemHVO); weitere Ausführungen siehe Ziffer 6.5.2.

[444] Die Formulierung dieser Anforderung führt zwangsläufig zu Nebenrechnungen und zusätzlichem Erläuterungsaufwand, da es Finanzierungsmöglichkeiten geben kann, die in einem anderen Produktbereich zu veranschlagen sind (z. B. Verkaufserlöse aus dem allgemeinen Grundvermögen, Investitionspauschale, Kreditaufnahmen) bzw. die zur Finanzierung von mehreren Investitionen herangezogen werden (z. B. pauschale Investitionsförderung, Schulbaupauschale). Eine maßnahmenbezogene Darstellung der Finanzierung einer Investition ist daher nur mit zusätzlichen Nebenrechnungen (z. B. Aufteilung der Investitionspauschale, der Schulbaupauschale) bzw. mit zusätzlichen Erläuterungen (z. B. wenn die Finanzierung in anderen Produktbereichen zu veranschlagen ist wie bei Verkaufserlösen, Kreditaufnahmen) möglich (insbesondere dann, wenn das Investitionsprogramm in den Teilfinanzhaushalt integriert wird).

Verhältnis zu den durchführbaren Maßnahmen im Planungszeitraum entsteht eine wertvolle Information über die Finanzkraft einer Gemeinde, die bei den reinen Prioritätenlisten fehlt. Sie sind in der Regel auch nur reine „Wunschkataloge".

Hinsichtlich der Form des Investitionsprogramms ist zunächst festzustellen, dass es nach § 60 GemHVO **kein verbindliches Muster** für die Gemeinden gibt. Allerdings beschreibt § 9 Abs. 2 GemHVO weitere formelle Anforderungen. So sollen in jedem Planungsjahr die fortzuführenden und neuen Maßnahmen mit den auf das betreffende Jahr entfallenden Teilbeträgen wiedergegeben werden. Diese geforderte Trennung in fortzuführende und neue Maßnahmen zielt darauf ab, bei einer unausgeglichenen Ergebnis- und Finanzplanung u. U. neue investive Maßnahmen zu verschieben oder gänzlich zu streichen, um die finanzielle Leistungsfähigkeit in den zukünftigen Jahren zu gewährleisten.[445]

Voraussetzung für die Veranschlagung von „neuen"[446] Investitionen und Investitionsförderungsmaßnahmen im Investitionsprogramm (also in den „echten" Finanzplanungsjahren) ist nach dem Grundsatz der Sparsamkeit und Wirtschaftlichkeit (Ziffer 7.2.2) zumindest die nach § 12 Abs. 1 GemHVO erforderliche Kostenvergleichsrechnung[447], während die nach § 12 Abs. 2 GemHVO notwendigen Unterlagen (Pläne, Kostenberechnungen usw.) erst zu dem Zeitpunkt vollständig vorliegen müssen, zu dem eine Veranschlagung von Auszahlungen oder Verpflichtungsermächtigungen im Teilfinanzhaushalt erfolgt (Ziffer 7.3.6 und 8.4).

Investitionen und Investitionsförderungsmaßnahmen, deren Investitionssummen[448] eine von der Gemeinde im Vorfeld festgelegten Wertgrenze[449] **unterschreiten**, können zusammengefasst werden. Der Verordnungsgeber zielt demnach darauf ab, dass aus Gründen der Übersichtlichkeit und Praktikabilität solche Maßnahmen zusammengefasst werden können, deren Investitionssumme von geringer finanzieller Bedeutung sind. Nach Nr. 4 Hw. zu § 9 GemHVO muss aber auch in diesen Fällen die Trennung nach Jahren bestehen bleiben. Indikatoren für die Auslegung des unbestimmten Rechtsbegriffs „geringe finanzielle Bedeutung" sollte z. B. die Größe der Gemeinde, die Finanzkraft der Gemeinde, das Investitionsvolumen der Gemeinde sein. Sinnvoll ist die Festlegung von Festbeträgen.

---

[445] Vgl. StAnz. 46/2013, S. 1400 ff., II.7 Durchführung von Investitionsmaßnahmen (Finanzplanungserlass 2014): *„Für die Erfüllung von Pflichtaufgaben kann es in Einzelfällen erforderlich sein, Investitionsmaßnahmen trotz schlechter Finanzlage zu realisieren. Dagegen sind Investitionen außerhalb des pflichtigen Aufgabenbereichs, auch wenn sie wünschenswert sein sollten, ausgeschlossen."*

[446] Für die fortzuführenden Investitionen müssen die Voraussetzungen nach § 12 Abs. 1 und 2 GemHVO **bereits** vorliegen; siehe hierzu Ziffer 7.3.6.

[447] Vgl. StAnz. 46/2013, S. 1400 ff., II.7 Durchführung von Investitionsmaßnahmen (Finanzplanungserlass 2014): *„Der Haushaltsgrundsatz der Sparsamkeit und Wirtschaftlichkeit gebietet, aus allen in Betracht kommenden Möglichkeiten durch einen Vergleich der Anschaffungs- oder Herstellungskosten sowie der Folgekosten die für die Kommune wirtschaftlichste Lösung zu ermitteln."*

[448] Während nach § 24 GemHVO 1974 „unbedeutende Investitionen und Investitionsförderungsmaßnahmen" zusammengefasst werden konnten, konkretisiert der Verordnungsgeber in § 9 Abs. 2 GemHVO, dass eine Zusammenfassung von Investitionen und Investitionsförderungsmaßnahmen nur unter dem finanziellen Aspekt möglich ist.

[449] Die Festlegung von Wertgrenzen im Rahmen des Haushaltsrechts kann in der Haushaltssatzung (fakultativer Teil, siehe Ziffer 11.2.3) oder durch einfachen Beschluss der Gemeindevertretung erfolgen.

Im Gegensatz zu § 11 GemHVO[450] ist in § 9 Abs. 2 GemHVO allerdings nicht explizit geregelt, welches Organ der Gemeinde die Wertgrenze festlegt. Da die Festlegung einer Wertgrenze i. S. v. § 9 Abs. 2 GemHVO grundsätzlich das Etatrecht der Gemeindevertretung berührt, wird in Anlehnung an § 11 GemHVO hier ebenfalls eine Zuständigkeit zu Gunsten der Gemeindevertretung gesehen.

Nr. 4 Hw. zu § 9 GemHVO macht deutlich, dass der Verordnungsgeber für das Investitionsprogramm nur **Mindestanforderungen** hinsichtlich des Inhalts und der Form des Investitionsprogramms vorsieht; insbesondere wird darauf hingewiesen, dass die weitere Ausgestaltung des Investitionsprogramms freigestellt ist. Dies lässt den Schluss zu, dass die Gemeinde das Investitionsprogramm sowohl in zeitlicher als auch in sachlicher Hinsicht ausdehnen darf.

Dadurch, dass die Darstellung der Finanzierungsmöglichkeiten jetzt zu den Mindestanforderungen zählt, ist Nr. 5 Hw., Satz 1 zu § 9 GemHVO überflüssig geworden.

Der Aufbau eines Investitionsprogramms in Anlehnung an Anlage 1, Teil 2 zur GemHVO unter Berücksichtigung der vorstehenden Mindestanforderungen wird in dem nachfolgenden Beispiel (Auszug) des Investitionsprogramms einer Mittelstadt (2013 bis 2017) dargestellt:

---

[450] Nach § 11 GemHVO kann die Gemeindevertretung bestimmen, dass Verpflichtungsermächtigungen für Investitionen unterhalb einer vor ihr festzulegenden Wertgrenze zusammengefasst ausgewiesen werden.

Investitionsprogramm 2013 – 2017 (Auszug)

Maßnahme	Gesamt-auszahlung Tausend €	bis 2012 finanziert Tausend €	Finanzierungsraten					Finanzierungsmöglichkeiten B = Beiträge E = eigene Mittel K = Kredite Z = Zuweisungen/Zuschüsse				
			2013 Tausend €	2014 Tausend €	2015 Tausend €	2016 Tausend €	2017 Tausend €	2013 Tausend €	2014 Tausend €	2015 Tausend €	2016 Tausend €	2017 Tausend €
Produktbereich: Verkehrsflächen und -anlagen, ÖPNV												
Neugestaltung Bahnhofsvorplatz Westseite	1.100	100	500	500	0	0	0	500 (K)	200 (Z) 100 (K)	200 (Z)	0	0
<u>Neu</u> Grundhafte Erneuerung der Berliner Allee*)	2.100	0	0	0	100	900	1.100	0	0	100 (K)	900 (K)	1.050 (B) 50 (K)
Neubau S-Bahn-Haltestelle	3.205	0	235	970	2.000	0	0	235 (B)	550 (Z) 420 (K)	1.500 (Z) 500 (K)	0	0

*) Einstufung der Berliner Allee: innerörtlicher Durchgangsverkehr

Die Option, das Investitionsprogramm mit den jeweiligen Teil**finanz**haushalten zu verbinden (§ 9 Abs. 2 letzter Satz GemHVO), wird in der Praxis von vielen Kommunen genutzt[451]. Dieses bietet sich an, da der Teilfinanzhaushalt neben den Einzahlungen aus Investitionstätigkeit folgende weitere Daten vorhält (siehe § 4 Abs. 6 GemHVO):

- Gesamtauszahlungsbedarf,
- bisher bereitgestellte Haushaltsmittel,
- benötigte Verpflichtungsermächtigungen,
- Ansatz des Haushaltsjahres (= des zu planenden Haushaltsjahres),
- Ansatz des Vorjahres (= des laufenden Haushaltsjahres) sowie
- das Ergebnis des letzten Jahresabschlusses.

Es sind dann lediglich die drei dem Haushaltsjahr folgenden Jahre (die „echten" Finanzplanungsjahre – siehe Ziffer 12.3) zu ergänzen.

Bei der Integration des Investitionsprogramms in den Teilfinanzhaushalt wird neben der gesetzlich geforderten fünfjährigen Planung auch das Ergebnis des letzten Jahresabschlusses dargestellt, so dass dann insgesamt sechs Jahre nachgewiesen werden.[452] Darüber hinaus kann aus Gründen der Nachvollziehbarkeit und Plausibilität noch eine weitere Spalte ergänzt werden, in der die erforderlichen Mittel für **„spätere Jahre"** (über den Finanzplanungszeitraum hinausgehenden Jahre) dargestellt werden können.

Für die Integration des Investitionsprogramms in den Teilfinanzhaushalt spricht, dass

- an einer Stelle die gesamte Investitionsmaßnahme (Beginn, Verlauf und voraussichtlicher Abschluss der Maßnahme) dokumentiert ist. Dies erhöht die Transparenz und erleichtert den Überblick.
- sich die Gremien während den Beratungsphasen konzentrierter und detaillierter mit dem einzelnen Projekt beschäftigen können.

Die Vorteile einer derartigen Gestaltung des Investitionsprogramms werden insbesondere bei einer zeitgleichen Aufstellung von Haushaltsplan und Ergebnis- und Finanzplanung/Investitionsprogramm deutlich (siehe auch Ziffer 11.3.2.1). Auch bei einer zeitversetzten Planung ist die Entwicklung des Teilfinanzhaushalts aus dem gültigen Investitionsprogramm – insbesondere bei einem Einsatz technischer Hilfsmittel – möglich.

Bereits an dieser Stelle sei darauf hingewiesen, dass durch die Integration des Investitionsprogramms in den Teilfinanzhaushalt eine separate Beschlussfassung des Investitionsprogramms i. S. v. § 101 Abs. 3 HGO **nicht entbehrlich** wird (siehe Ziffer 12.6).

---

[451] In NRW gibt es kein separates Investitionsprogramm mehr, da die gesamte Finanzplanung in den Haushaltsplan integriert wird. Vgl. § 84 GO NRW und § 6 Abs. 1 GemHVO NRW sowie Bernhardt/ Mutschler/Stockel-Veltmann, Kommunales Finanzmanagement NRW, Kap. 7. Ebenso Berit Adam: Analyse der Unterschiede zwischen den (beabsichtigten) kommunalen haushaltsrechtlichen Regelungen in Nordrhein-Westfalen, Hessen und Niedersachsen, in: der gemeindehaushalt 7/2005, S. 151, 152, 156.

[452] In Rheinland-Pfalz sind in dem Ergebnis- und Finanzhaushalt sowie in den Teilergebnis- und Teilfinanzhaushalten immer die Werte von sechs Jahren nebeneinander darzustellen. Vgl. § 1 Abs. 2 GemHVO RhPf. Siehe auch Berit Adam, a. a. O., der gemeindehaushalt 7/2005, S. 151.

Beispiel eines Investitionsprogramms, welches in den Teilfinanzhaushalt integriert wird.

Produktbereich: Verkehrsflächen und -anlagen, ÖPNV
Produktgruppe: Gemeindestraßen
Produkt: Herstellung und Betrieb öffentlicher Infrastruktureinrichtungen

Muster 11
§ 4 Abs. 4 GemHVO

Teilfinanzhaushalt mit integriertem Investitionsprogramm 2013 – 2017 (Auszug)

Nr	Bezeichnung	Haushaltsansatz			Ergebnis d. Jahresabschlusses 2012	Investitionen und Inv.-förderungsmaßnahmen		Erl.	Investitionsprogramm in T€			
		2014	VE	2013		Gesamtauszahlungsbedarf	davon bisher bereitgestellt		2015	2016	2017	spätere Jahre
1	2	3	4	5	6	7	8	9	10	11	12	13
1	**Einzahlungen aus Investitionstätigkeit**											
	Investitionszuweisungen und -zuschüsse sowie aus Investitionsbeiträgen	0		53.000	0,00				200.000	250.000	400.000	0
	Abgängen von Vermögensgegenständen des Sachanlagevermögens und des immateriellen Anlagevermögens	150.000		27.000	0,00				0	0	0	0
	Einzahlungen aus Finanzierungstätigkeit[1]											
	Aufnahme von Krediten											
	Summe investive Einzahlungen	150.000		80.000	0,00				200.000	250.000	400.000	0
	Auszahlungen aus Investitionstätigkeit											
	Erwerb von Grundstücken und Gebäuden	30.000		0	0,00	30.000	0		0	0	0	0
	Baumaßnahmen	270.000	200.000	100.000	240.299,48	2.210.300	340.300	VE: fällig in 2014	500.000	300.000	800.000	0
	Auszahlungen aus Finanzierungstätigkeit[2] Tilgung von Krediten und wirtschaftlich vergleichbaren Vorgängen für Investitionen											
	Summe investive Auszahlungen	300.000	200.000	100.000	240.299,48	2.240.300	340.300		500.000	300.000	800.000	
	Saldo aus Investitionstätigkeit (Einzahlungen ./. Auszahlungen)	-150.000		-20.000	-240.299,48				-300.000	-50.000	-400.000	

In der Praxis werden die einzelnen Investitionsvorhaben (hier: Gemeindestraßen) nochmals gesondert darstellt, wobei in diesem Zusammenhang **erläutert** wird,
a) ob es sich jeweils um eine **Fortführungsmaßnahme** oder um eine neue **Maßnahme** handelt.
b) wie sich im Einzelfall die Finanzierungsmöglichkeiten darstellen; sofern die Kredite zentral veranschlagt werden (wie im Beispiel), kann dann der auf die einzelne Maßnahme entfallende Kreditbetrag (ebenso die Tilgung) sowie die Finanzierung aus Zahlungsmittelüberschüssen bzw. Verkaufserlöse aus anderen Produktbereichen dargestellt werden.

---

[1] Die maßnahmenbezogene Darstellung der Kredite (= dezentrale Veranschlagung) kann nur dann ohne weitere Zusatzberechnungen erfüllt werden, sofern es sich um zweckgebundene Kredite handelt. Die dezentrale Veranschlagung von Krediten ist allerdings widersprüchlich geregelt (§ 4 Abs. 4 und 5 GemHVO und Nr. 9 VV zu § 4 GemHVO); weitere Ausführungen siehe Ziffer 6.5.2.
[2] Siehe Ausführungen zu den Einzahlungen aus Finanzierungstätigkeit; dies gilt für die Tilgung von Krediten entsprechend.

12.4.3.2   Mittelfristige Ergebnis- und Finanzplanung

Während in der HGO „nur" von der „Ergebnis- und Finanzplanung" die Rede ist (§ 101 HGO), spricht die GemHVO von der „mittelfristigen Ergebnis- und Finanzplanung" (§ 9 GemHVO). Es ist hier aber von dem gleichen Planungszeitraum auszugehen (siehe Ziffer 12.3). Im Folgenden wird aus Gründen der Praktikabilität von der „Ergebnis- und Finanzplanung" gesprochen.

Grundlage für die Erstellung der Ergebnis- und Finanzplanung ist der Entwurf eines Investitionsprogramms (siehe Ziffer 12.4.3.1). Vor dem Hintergrund, dass die vornehmlich aus den Investitionen resultierenden Folgekosten (z. B. Unterhaltungsaufwand, Bewirtschaftungsaufwand, Abschreibungen usw.) die Ergebnisplanung und die Auszahlungen für Investitionen und Investitionsförderungsmaßnahmen die Finanzplanung berühren, ist dies auch evident und nachvollziehbar (siehe Ziffer 12.2.2 und 12.3).

§ 101 Abs. 2 HGO bestimmt , dass in der Ergebnis- und Finanzplanung

- der Umfang und die Zusammensetzung der voraussichtlichen Aufwendungen sowie
- die Auszahlungen für Investitionen und Investitionsförderungsmaßnahmen und
- deren Deckungsmöglichkeiten, d. h.
   a. Erträge als Deckungsmöglichkeiten der voraussichtlichen Aufwendungen
   b. Einzahlungen als Deckungsmöglichkeiten der Auszahlungen für Investitionen und Investitionsförderungsmaßnahmen

darzustellen sind. Die GemHVO konkretisiert in § 9 Abs. 1 GemHVO den Inhalt der Ergebnis- und Finanzplanung. Hiernach besteht sie aus

1. einer Übersicht über die Entwicklung der Erträge und Aufwendungen und des geplanten Ergebnisses des Ergebnishaushalts – entsprechend der Ordnung nach § 2 Abs. 1 GemHVO,

2. einer Übersicht über die vorgesehene Verwendung von Rücklagen,

3. einer Übersicht über die Entwicklung des Zahlungsmittelüberschusses oder Zahlungsmittelfehlbedarfs aus laufender Verwaltungstätigkeit, der Investitionszuweisungen und -zuschüsse und Investitionsbeiträge, der vorgesehenen Einzahlungen aus der Veränderung von Vermögensgegenständen und von Finanzanlagen sowie der Investitionsauszahlungen, der Tilgungen und der Aufnahme von Krediten und Anleihen des Finanzhaushalts – entsprechend der Ordnung nach § 3 Abs. 1 GemHVO,

wobei nach einzelnen Planungsjahren differenziert wird.

Auch hier ist hinsichtlich der Form der Ergebnis- und Finanzplanung zunächst festzustellen, dass es nach § 60 GemHVO **kein verbindliches Muster** für die Gemeinden gibt. Nr. 1 Hw. zur § 9 GemHVO verweist allerdings auf ein „Muster" für die Ergebnis- und Finanzplanung, welches als Anlage 1 der GemHVO beigefügt ist. Dieses Muster unterteilt sich in

1. **Erträge und Aufwendungen**
   und orientiert sich an der Ordnung nach § 2 Abs. 1 GemHVO (auffallend ist, dass die Position „Steuern und steuerähnliche Erträge einschl. Erträge aus gesetzlichen Umlagen" - Kontengruppe 55 - **tiefer gegliedert** ist, da es sich hier um die Hauptertragsquellen der Gemeinden handelt),

2. **Einzahlungen und Auszahlungen für Investitionen**
   und enthält alle Einzahlungen und Auszahlungen, die sich sowohl auf die Investitionstätigkeit als auch auf die Finanzierungstätigkeit beziehen[453].

Vergleicht man dieses Muster (Anlage 1 zur GemHVO) mit den inhaltlichen Anforderungen nach § 9 Abs. 1 GemHVO, so stellt man fest, dass folgende Informationen **nicht** durch die Anlage 1 abgedeckt werden:

- die Übersicht über die Entwicklung des Zahlungsmittelüberschusses oder Zahlungsmittelfehlbedarfs **aus laufender Verwaltungtätigkeit,**

- die Übersicht über die vorgesehene Verwendung von Rücklagen.

Um den gesetzlichen Anforderungen Rechnung zu tragen, ist daher die Anlage 1 um diese beiden Übersichten zu ergänzen (Nr. 1 Hw. zu § 9 GemHVO).

Kritisch ist an dieser Stelle die nach § 9 Abs. 1 GemHVO geforderte Übersicht über die vorgesehene Verwendung von Rücklagen zu sehen, da die Verwendung (Entnahme bzw. Zuführung) von Rücklagen weder Erträge noch Einzahlungen darstellt und sie somit nicht unter die Deckungsmöglichkeiten i. S. v. § 101 Abs. 2 HGO subsumiert werden kann. Es handelt sich hier vielmehr um die Verwendung von bilanziellen Vorjahresergebnissen.[454] Hier sollte eine Änderung des Verordnungstextes erfolgen.

Da die Ergebnis- und Finanzplanung nicht als verbindliches Muster im Sinne von § 60 GemHVO ausgestaltet ist, besteht daher grundsätzlich die Möglichkeit, weitere Übersichten, textliche Erläuterungen, tiefere Gliederungen einzelner Aufwandspositionen etc. vorzunehmen. Wegen der finanzstatistischen Vergleichbarkeit müssen etwaige weitergehende Gliederungen jedoch dem Grundmuster eindeutig zugeordnet werden können.

Zusammengefasst bleibt festzuhalten, dass es sich bei der Ergebnis- und Finanzplanung um eine Darstellung der Aufwendungen und Auszahlungen sowie der Erträge und Einzahlungen auf der Ebene des **Gesamthaushaltes** (des Ergebnis- und Finanzhaushalts) über den Fünf-Jahres-Zeitraum handelt. Hierbei sind die Werte jährlich der neuesten Entwicklung anzupassen, d. h. Überarbeitung und Aktualisierung der bestehenden Planungsjahre sowie Ergänzung des jeweils neu hinzukommenden Finanzplanungsjahres (ein Jahr fällt fort/ein neues Jahr kommt hinzu) gemäß § 101 Abs. 5 HGO.

---

[453] Die Aufnahme von Krediten sowie deren Tilgung (Einzahlungen und Auszahlungen aus Finanzierungstätigkeit) sind keine Investitionstätigkeit. Vor diesem Hintergrund sollte die Bezeichnung unter Punkt 2 „Einzahlungen und Auszahlungen für Investitionen" des Musters überdacht werden.

[454] Auf die zeitliche Problematik, die bei der Inanspruchnahme von Rücklagen im Rahmen der Planungsjahre zu beachten ist (Rückgriff auf Rücklagenbestände erst nach Jahresabschluss des Vorjahres möglich), wird hier nicht näher eingegangen.

Darüber hinaus wird den Gemeinden ebenso die Möglichkeit eröffnet, die Ergebnis- und Finanzplanung mit dem **Teilhaushalten** zu verbinden (Nr. 2 Hw. zu § 9 GemHVO).

Auf der Basis des als Anlage 1 beigefügten Musters zur GemHVO ist nachstehend ein **Auszug** aus der Ergebnis- und Finanzplanung einer mittelgroßen Stadt wiedergegeben.

Ergebnis- und Finanzplanung für den Planungszeitraum 2013 bis 2017
- Beträge in 1.000 Euro –

1. Erträge und Aufwendungen (Auszug)

KVKR	Arten der Erträge und Aufwendungen	- Planungszeitraum -				
		2013	2014	2015	2016	2017
	Erträge					
50	Privatrechtliche Leistungsentgelte	1.100	1.000	1.200	1.100	1.100
51	Öffentlich-rechtliche Leistungsentgelte	4.600	4.800	4.800	4.900	4.900
548-549	Kostenersatzleistungen und -erstattungen	4.100	4.000	4.200	4.300	4.300
52	Bestandsveränderungen und aktivierte Eigenleistungen	0	0	0	0	0
5500	Gemeindeanteil an der Einkommensteuer	17.700	18.900	19.500	19.900	20.000
5504	Gemeindeanteil an der Umsatzsteuer	1.700	1.800	1.800	1.900	1.900
5551	Grundsteuer A	1.000	1.000	1.000	1.000	1.000
5552	Grundsteuer B	6.300	6.500	6.500	6.500	6.500
5553	Gewerbesteuer	10.000	10.000	10.000	10.000	10.000
5559	Andere Steuern	200	200	200	200	200
	...	...	...	...	...	...
	Summe der ordentlichen Erträge[455]	**58.879**	**61.759**	**63.589**	**66.027**	**67.333**

---

[455] Aufgrund des Auszugscharakters der Darstellung ergibt die Summe der abgegebenen Einzelpositionen nicht die hier genannten Beträge.

KVKR	Arten der Erträge und Aufwendungen	- Planungszeitraum -				
		2013	2014	2015	2016	2017
	Aufwendungen					
62, 63, 640-643, 647-649, 65	Personalaufwendungen	16.802	16.492	17.045	17.594	18.177
644-646	Versorgungsaufwendungen	1.074	1.113	1.152	1.193	1.238
60, 61, 67-69	Aufwendungen für Sach- und Dienstleistungen	10.839	11.423	11.119	11.546	11.193
66	Abschreibungen	2.886	3.169	3.168	3.222	3.321
71	Aufwendungen für Zuweisungen und Zuschüsse sowie besondere Finanzaufwendungen	4.619	5.168	5.184	5.175	5.195
73	Steueraufwendungen einschl. Aufwendungen aus gesetzlichen Umlageverpflichtungen	27.249	26.141	26.349	26.756	27.093
72	Transferaufwendungen	733	566	566	566	566
70, 74, 76	Sonstige ordentliche Aufwendungen	107	84	80	84	88
	Summe der ordentlichen Aufwendungen	64.309	64.156	64.663	66.136	66.871
	Verwaltungsergebnis	-5.430	-2.397	-1.074	-109	462
56, 57	Finanzerträge	1.150	965	841	772	766
77	Zinsen und ähnliche Aufwendungen	1.678	1.650	1.770	2.063	2.104
	Finanzergebnis	-528	-685	-929	-1.291	-1.338
	Ordentliches Ergebnis	-5.958	-3.082	-2.003	-1.400	-876
59	Außerordentliche Erträge	16	23	23	25	20
79	Außerordentliche Aufwendungen	0	0	0	0	0
	Außerordentliches Ergebnis	16	23	23	25	20
	Jahresergebnis	-5.942	-3.059	-1.980	-1.375	-856

2. Einzahlungen und Auszahlungen für Investitionen (Auszug)

- Beträge in 1.000 Euro -

Art der Einzahlung/Auszahlung	- Planungszeitraum -				
	2013	2014	2015	2016	2017
Einzahlungen					
Aufnahme von Krediten und Begebung von Anleihen	2.217	0	1.000	1.100	3.000
Investitionszuweisungen, -zuschüsse und Investitionsbeiträge	857	481	2.000	2.000	500
Verkaufserlöse aus Abgängen von Vermögensgegenständen des Anlagevermögens	4.862	5.150	3.000	2.000	2.000
Rückzahlung von gewährten Krediten	99	93	0	0	0
Summe der Einzahlungen	8.035	5.724	6.000	5.100	5.500
Auszahlungen					
Tilgung von Krediten	1.083	1.262	2.000	1.800	2.000
Investitionen für immaterielle Vermögensgegenstände, Sachanlagen und Finanzanlagen	3.361	2.867	6.500	4.200	3.500
davon:					
Investitionszuweisungen, -zuschüsse und Investitionsbeiträge	93	60	50	100	100
Investitionen in Finanzanlagen	0	0	0	0	0
davon:					
Ausleihungen					
Summe der Auszahlungen	4.444	4.129	8.500	6.000	5.500
Saldo	3.591	1.595	-2.500	-900	0

12.5   Hilfsmittel für die Ergebnis- und Finanzplanung

Eine Ergebnis- und Finanzplanung ist bzw. wird dann eine reale Grundlage für die Haushaltswirtschaft einer Gemeinde, wenn diese alle verfügbaren Statistiken bzw. Orientierungshilfen bei ihrer Planung berücksichtigt.

Insbesondere weisen § 101 Abs. 2 HGO als auch § 9 Abs. 3 GemHVO auf die Anwendung der jährlich vom Hessischen Ministerium des Innern und für Sport im Einvernehmen mit dem Hessischen Ministerium der Finanzen erlassenen Orientierungsdaten (sog. Finanzplanungserlass) hin. Damit erhalten die Kommunen Hinweise auf die nach gegenwärtigem Sach- und Rechtsstand voraussichtlichen Entwicklungen wichtiger Ertrags- und Aufwandspositionen in ihren Haushalten. Der Finanzplanungserlass wird im Staatsanzeiger des Landes Hessen[456] und auf der Internetseite des Hessischen Ministeriums des Innern und für Sport[457] veröffentlicht (Nr. 5 Hw. zu § 101 HGO).

---

[456] Vgl. St.Anz. 46/2013, S. 1400 ff. (Finanzplanungserlass 2014).

[457] http://verwaltung.hessen.de/irj/HMdI_Internet?cid=ded139410b66be48ce0b0379139dfda8 vom 28.12.2013.

Auszug aus den
Orientierungsdaten für die Finanzplanung bis 2017 der hessischen Gemeinden/GV

A. Steuereinnahmen / Steuererträge	2014	2015	2016	2017
1.1 Gemeindeanteil an Lohnsteuer, veranl. Einkommensteuer, Zinsabschlag [1]	+ 5,5	+ 4,5	+ 5,0	+ 5,0
1.2 Kompensationsmittel Familienleistungsausgleich [2]	- 3,5	+ 1,0	+ 3,0	+ 3,0
2. Gemeindeanteil an den Steuern vom Umsatz [3]	+ 3,0	+ 1,0	+ 3,0	+ 3,0
3. Gewerbesteuer (brutto) [4]	+ 4,0	+ 6,0	+ 3,0	+ 3,0
4. Grundsteuer A	0	+ 5,5	0	0
5. Grundsteuer B	+ 2,0	+ 4,5	+ 2,0	+ 2,0
B. Kommunaler Finanzausgleich				
1. Steuerverbundmasse [5] [7]	+ 3,0	+ 0,5	+ 3,5	+ 4,5
2. Umlagegrundlagen [6] [7]				
- Kreisumlage	+ 2,5	+ 3,0	+ 4,5	+ 4,5
- Verbandsumlage	+ 3,0	+ 2,5	+ 4,5	+ 4,5
C. Ausgaben / Aufwendungen	Vgl. Ausführungen unter I 3.			
1. Gesamtausgaben, -aufwendungen				
2. Gewerbesteuerumlagen [8]	+ 4,0	+ 4,0	+ 3,0	+ 3,0

1) Istwert 2012 bzw. geschätzter Vergleichswert für 2013:   2.542,9 Mio. Euro   2.734,2 Mio. Euro
2) Istwert 2012 bzw. geschätzter Vergleichswert für 2013:   200,0 Mio. Euro   218,0 Mio. Euro
3) Istwert 2012 bzw. geschätzter Vergleichswert für 2013:   354,8 Mio. Euro   370,0 Mio. Euro
4) Istwert 2012 bzw. geschätzter Vergleichswert für 2013:   4.187,0 Mio. Euro   4.111,0 Mio. Euro
5) einschl. Spitzabrechnung und Korrektur bei den Gemeinden
6) Vergleichswerte für 2013 (vorläufig) Kreisumlage   4.700,3 Mio. Euro
                 Verbandsumlage   8.237,8 Mio. Euro
7) Bei den Werten für 2016 und 2017 ist zu berücksichtigen, dass die Auswirkungen des Urteils des Staatsgerichtshofes vom 21. Mai 2013 noch zu quantifizieren sind.
8) Istwert 2012 bzw. geschätzter Vergleichswert für 2013:   747,9 Mio. Euro   736,0 Mio. Euro

*) Wegen der neuen Schuldenregel des Grundgesetzes, die für die Länderhaushalte ein Neuverschuldungsverbot enthält, gibt es keine Empfehlungen mehr bezüglich einer maximal zulässigen „Ausgaben"linie für Länder und Kommunen (siehe Finanzplanungserlass 2014, Ausführungen unter I.3)

Die Vorschrift nach § 9 Abs. 3 GemHVO ist als Soll-Vorschrift formuliert. Hiernach sollen die Gemeinden bei der Aufstellung und Fortschreibung der mittelfristigen Ergebnis- und Finanzplanung die bekannt gegebenen Orientierungsdaten „berücksichtigen". Da es sich aber bei den Orientierungsdaten um landesweite Durchschnittswerte handelt und strukturelle Unterschiede nicht angemessen berücksichtigt werden können, weist der Finanzplanungserlass explizit darauf hin, dass es Aufgabe der Gemeinden bleibt, aufgrund der besonderen örtlichen Gegebenheiten die für ihre Planung maßgebenden Einzelwerte selbst zu ermitteln (siehe Finanzplanungserlass 2014, Ausführungen unter I.6).

Weitere Hilfestellungen bei der Aufstellung und Fortschreibung der mittelfristigen Ergebnis- und Finanzplanung geben allgemeine Erfahrungswerte, statistische Indexzahlen z. B. der Bauwirtschaft, Steuerschätzungen des Bundes und der Länder, um nur einige weitere Orientierungshilfen konkret zu nennen. Die Beobachtung der eigenen Haushaltswirtschaft anhand der Rechnungsdaten über mehrere Jahre ist in der Regel ebenfalls eine gute Basis zur Ermittlung der Veränderungsdaten im Planungszeitraum. Ferner ist die spezielle Ermittlung von Einzelwerten durch die Fachabteilungen/Fachbereiche in der Gemeindeverwaltung (unter Berücksichtigung der Zielvorgaben und -vereinbarungen) von Bedeutung, um eine möglichst reale Ergebnis- und Finanzplanung zu erstellen.

12.6 Zustandekommen der Ergebnis- und Finanzplanung sowie des Investitionsprogramms

12.6.1 Rechtliche Erwägungen

Im Zusammenhang mit dem Zustandekommen der Haushaltssatzung (siehe Ziffer 11.3) ist bereits die Erstellung der Ergebnis- und Finanzplanung sowie des Investitionsprogramms abgehandelt. Insofern kann hierauf grundsätzlich verwiesen werden.

§ 101 Abs. 3 HGO enthält hierzu Vorschriften, die im Wesentlichen inhaltsgleich mit den Bestimmungen über das Zustandekommen der Haushaltssatzung sind, auch bezüglich der Stellung des „Kämmerers". Besonders hervorzuheben ist an dieser Stelle noch einmal, dass die Gemeindevertretung das Investitionsprogramm gesondert[458] beschließen muss, da das Investitionsprogramm kein Bestandteil des Haushaltsplanes ist - auch dann nicht, wenn es in die Teilfinanzhaushalte integriert wird (Nr. 3 Hw. zu § 101 HGO). Darüber hinaus handelt es sich hier um eine Aufgabe, die **nicht übertragbar** ist (§ 101 Abs. 3 i. V. m. § 51 Nr. 7 HGO). Durch diese Beschlussfassung wird das Investitionsprogramm zur Leitlinie der Investitionsplanung und ist vom Gemeindevorstand und der Verwaltung dahingehend zu beachten bzw. umzusetzen, als dass z. B. alle Vorbereitungen getroffen werden, um die für die Veranschlagung der Investitionen erforderlichen Voraussetzungen nach § 12 Abs. 2 GemHVO zu erfüllen.[459] Von ihm kann nur abge-

---

[458] Separater Tagesordnungspunkt bei der Sitzung der Gemeindevertretung bzw. gesonderter Beschluss.

[459] Der Bindung an das Investitionsprogramm kommt zukünftig im Rahmen der Erhebung von wiederkehrenden Straßenbeiträgen (§ 11a KAG) eine besondere Bedeutung zu, sofern die Abrechnung der geplanten Verkehrsanlagen anhand des Durchschnitts der im Zeitraum von bis zu fünf Jahren zu erwartenden Aufwendungen ausgegangen wird (Ziffer 2.3.3)

wichen werden, wenn die Gemeindevertretung dem zustimmt. Allerdings ermächtigt das Investitionsprogramm aber den Gemeindevorstand **nicht** Verpflichtungen einzugehen oder Auszahlungen zu leisten, Nr. 4 Hw. zu § 101 HGO. Dazu bedarf es immer einer entsprechenden Ermächtigung (Veranschlagung) im Haushaltsplan (§ 96 Abs. 1 HGO).

Dagegen ist haushaltsrechtlich nicht ausdrücklich bestimmt, wer den Ergebnis- und Finanzplan aufstellt. § 101 Abs. 4 HGO bestimmt lediglich, dass die Ergebnis- und Finanzplanung der Gemeindevertretung **zur Unterrichtung** vorzulegen ist. Es kann daher zunächst einmal von der allgemeinen Zuständigkeit des Gemeindevorstandes nach § 66 Abs. 1 Satz 3 Nr. 2 HGO ausgegangen werden. Auch ohne dass dies gesetzlich eindeutig geregelt ist, wird man auf Grund der besonderen und grundlegenden Bedeutung der Ergebnis- und Finanzplanung für die Haushaltswirtschaft davon ausgehen können, dass dem Kämmerer bei der Aufstellung der Ergebnis- und Finanzplanung die gleichen Funktionen und Rechte zustehen wie bei der Haushaltssatzung und dem Investitionsprogramm. Im Gegensatz zum Investitionsprogramm wird die Ergebnis- und Finanzplanung allerdings von der Gemeindevertretung nur zur Kenntnis genommen („zur Unterrichtung vorgelegt"). Sie fasst keinen Beschluss hierüber. Aus diesem Grund, aber auch deswegen, weil der Ergebnis- und Finanzplan „nur" eine „Vorausschau" der gemeindlichen Haushaltswirtschaft darstellt, entfaltet er keine Bindungswirkung.

Bezüglich des Zeitpunktes der Vorlage der Ergebnis- und Finanzplanung bestimmt § 101 Abs. 5 HGO, dass der Ergebnis- und Finanzplan **spätestens** mit dem Entwurf der Haushaltssatzung der Gemeindevertretung vorzulegen ist.[460] Da der Ergebnis- und Finanzplan auf dem Investitionsprogramm beruht (Investitionsprogramm ist Grundlage für die Ergebnis- und Finanzplanung, § 101 Abs. 3 Satz 1 HGO) und das Investitionsprogramm von der Gemeindevertretung beschlossen wird, wäre ein zeitlicher Ablauf idealerweise so zu gestalten, dass zunächst der Gemeindevorstand den Entwurf des Investitionsprogramms aufstellt und der Gemeindevertretung zur Beratung und Beschlussfassung vorlegt, und dass erst nach diesem Beschluss der Gemeindevorstand den Ergebnis- und Finanzplan und den Entwurf des Haushaltsplanes aufstellt. Unter Umständen könnten sich bei der Aufstellung des Haushaltsplanes dann noch wesentliche Änderungen für die folgenden Jahre ergeben. In diesen Fällen ist gemäß § 9 Abs. 2 Satz 5 GemHVO das Investitionsprogramm sowie nach § 1 Abs. 4 Nr. 2 GemHVO die Ergebnis- und Finanzplanung entsprechend fortzuschreiben bzw. anzupassen. Diese rechtliche Regelung ist so zu interpretieren, dass eine nochmalige Beschlussfassung des Investitionsprogramms durch die Gemeindevertretung entbehrlich ist.

Dieser Verfahrensablauf ist jedoch in den allermeisten Gemeinden auf Grund des erheblichen zeitlichen Aufwandes nicht zu leisten und auf Grund der gesetzlichen Bestimmungen auch nicht notwendig, da nach § 101 Abs. 3 Satz 1 HGO Grundlage für die Ergebnis- und Finanzplanung der vom Gemeindevorstand aufgestellte **Entwurf** des Investitionsprogramms ist. Daraus folgt, dass in der Regel vom Gemeindevorstand (nach Vorbereitung durch den Kämmerer, vgl. Ziffer 11.3.2.1) zeitgleich der Entwurf des Investitionsprogramms, der Ergebnis- und Finanzplan und der Entwurf des Haushaltsplanes erstellt und diese Unterlagen demnach auch zeitgleich, nämlich durch die Einbringung,

---

460 Wird ein Haushaltsplan für zwei Jahre erstellt (sog. „Doppelhaushalt") ist § 7 Abs. 2 GemHVO zu beachten. Hiernach ist die Fortschreibung der Ergebnis- und Finanzplanung im ersten Haushaltsjahr der Gemeindevertretung vor Beginn des zweiten Haushaltsjahres vorzulegen.

der Gemeindevertretung vorgelegt werden. Kommt es während der Beratungsphase der Gemeindevertretung zu Änderungen, sind auch in diesem Fall die wesentlichen Änderungen für die folgenden Jahre entsprechend fortzuschreiben.

12.6.2   Praktisches Verfahren

Bei der Ermittlung der Daten der Ergebnis- und Finanzplanung, insbesondere für die weiteren drei Jahre, tritt als besonderes Problem das zeitliche Auseinanderklaffen von Aufstellung (Planung) und Planungsjahr zutage.

Hilfen zur Ermittlung aussagefähiger Werte sind, wie auch bereits unter Ziffer 12.5 ausgeführt:

- Zielvorgaben und Zielvereinbarungen der Politik,
- eigene und fremde Statistiken (insbesondere die demographische Entwicklung[461])
- absehbare rechtliche bzw. tatsächliche Veränderungen,
- Orientierungsdaten (Bund, Land usw.)[462] und
- besondere Steuerschätzungen (z. B. Arbeitskreis Steuerschätzungen)

An den Hilfsmitteln wird deutlich, dass im Gegensatz zur Haushaltsplanaufstellung bei der Ergebnis- und Finanzplanung die Schätzung der Daten immer mehr in den Vordergrund tritt. Eine Errechnung wird nur schwer und dann auch nur in Einzelfällen möglich sein.

Um die Rahmenbedingungen der Planung, der wesentlichen Veränderungen und die Entwicklung wichtiger Planungskomponenten innerhalb des Zeitraums der Ergebnis- und Finanzplanung nachvollziehen zu können, sind im Vorbericht unter dem Punkt „Ausblick" entsprechende Ausführungen zu machen (§ 6 Abs. 2 GemHVO, siehe auch Ziffer 6.6). In diesem Zusammenhang soll auch insbesondere dargestellt werden, welche Auswirkungen sich durch die erwartete Bevölkerungsentwicklung auf die Gemeinde und ihre Einrichtungen voraussichtlich ergeben werden.

12.7   Ergebnis- und Finanzplanung im Vergleich zum Haushaltsplan

12.7.1   Gemeinsamkeiten und Unterschiede

- Der Haushaltsplan enthält nur Erträge und Einzahlungen sowie Aufwendungen und Auszahlungen für ein Jahr (Kalenderjahr); die Ergebnis- und Finanzplanung dagegen für fünf Jahre (Basisjahr ist das laufende Haushaltsjahr = von der Gemeindevertretung bereits beschlossener Haushaltsplan).

---

[461] Hierzu gibt es für die hessischen Städte und Gemeinden eine Prognose der Hessen-Agentur für das Jahr 2030 (www.hessen-nachhaltig.de/web/vitale-orte-2020/Gemeindedatenbank).
[462] Vgl. Nr. 5 Hw. zu § 101 HGO.

- Die Ergebnis- und Finanzplanung ist weitgehend identisch wie der Gesamthaushalt (Ergebnis- und Finanzhaushalt nach § 1 Abs. 2 GemHVO) gegliedert.[463]
- Für die Ergebnis- und Finanzplanung und den Haushaltsplan gilt gleichermaßen der Grundsatz der Vollständigkeit (siehe Ziffern 12.2 und 12.4.3 sowie Ziffer 7.3.1).

- Die Verbindlichkeit des Haushaltsplanes ist für Gemeindeorgane und Verwaltung gegeben, und zwar durch Feststellung in der Haushaltssatzung. Hierdurch wird der Haushaltsplan eine konkrete und verbindliche Handlungsgrundlage für die gemeindliche Haushaltswirtschaft (§ 95 Abs. 1 HGO).

Die Ergebnis- und Finanzplanung wird **nicht festgestellt**, sondern von der Gemeindevertretung zur Kenntnis genommen. Sie stellt praktisch eine prognostizierende und quantifizierende Finanzvorschau dar (siehe Ziffer 12.6.1). Von der Gemeindevertretung beschlossen wird hingegen das Investitionsprogramm (§ 101 Abs. 3 Satz 2 HGO).

- Bei der Haushaltssatzung und beim Haushaltsplan hat die Gemeindevertretung ein Kontrollrecht, beim Ergebnis- und Finanzplan dagegen nur ein Informationsrecht.

- Die finanzpolitische Funktion des Haushaltsplanes legt § 96 HGO (Ermächtigung der Verwaltung) fest. Die Ergebnis- und Finanzplanung ist hier in enger Verbindung zu sehen. Sie soll für mehrere Jahre den Haushalt und damit auch die stetige Aufgabenerfüllung sichern und sorgt für eine Abstimmung der Haushaltspolitik.

Auch wenn das Investitionsprogramm durch die Gemeindevertretung beschlossen wird, ermächtigt es den Gemeindevorstand nicht, Verpflichtungen einzugehen bzw. Auszahlungen zu leisten. Hierzu bedarf es immer einer entsprechenden Ermächtigung im Haushaltsplan (Nr. 4 Hw. zu § 101 HGO).

- Für beide Planungswerke gilt das Gebot des Haushaltsausgleichs (§ 92 Abs. 4 HGO i. V. m. Nr. 1 Hw. zu § 92 HGO, § 9 Abs. 4 GemHVO), sodass es auch hier zu einer politischen Schwerpunktbildung im Rahmen der finanzwirtschaftlich vertretbaren Rangfolge kommt (siehe Ziffer 12.2.2 und Kapitel 10).

Durch die Änderung der HGO im Dezember 2011 wird mit § 92 Abs. 4 Nr. 3 HGO zukünftig auch dem Haushaltsausgleich der mittelfristige Ergebnis- und Finanzplanung besondere Bedeutung beigemessen, da die Kommunen zur Aufstellung eines Haushaltssicherungskonzepts bereits dann verpflichtet sind, wenn die Ergebnis- und Finanzplanung unausgeglichen ist (siehe auch Ziffern 6.2.2, 10.1 und 10.4)

- Haushaltsplan und Ergebnis- und Finanzplan in der Gesamtheit aller Gemeinden und in Verbindung mit Bund und Land erfüllen eine wirtschaftspolitische Funktion, indem sie das gesamtwirtschaftliche Leistungsvermögen beeinflussen. Sie werden in die Zielprojektion der Gesamtwirtschaft eingepasst (siehe Ziffer 12.2.1).

- Wie auch der Haushaltsplan ist insbesondere der Ergebnis- und Finanzplan ein globales Orientierungsmittel für die private Wirtschaft. Durch die Offenlegung der finanzpolitischen Ziele und Absichten wird die Unternehmenspolitik beeinflusst.

---

[463] Die Kontengruppe 55 „Steuern und steuerähnliche Erträge einschließlich Erträge aus gesetzlichen Umlagen" ist in der Ergebnis- und Finanzplanung tiefer gegliedert. Somit können die „Hauptertragsquellen" detaillierter dargestellt werden (siehe Anlage 1 zur GemHVO).

12.7.2   Verbindung zum Haushalt

Auf Grund der haushaltsrechtlichen Bestimmungen finden sich einige direkte Verknüpfungen zwischen Haushaltsplan und Ergebnis- und Finanzplan. Im Wesentlichen handelt es sich um folgende:

- Pflichtanlage zum Haushaltsplan

  Gemäß § 1 Abs. 4 Nr. 2 GemHVO sind der Ergebnis- und Finanzplan sowie das ihm zu Grunde liegende Investitionsprogramm dem Haushaltsplan beizufügen.[464]

  Ergeben sich bei der Aufstellung des Haushaltsplanes wesentliche Änderungen für die folgenden Jahre, sind beide Planungskomponenten entsprechend fortzuschreiben (§ 1 Abs. 4 Nr. 2, 2. Hs, § 9 Abs. 2 Satz 5 GemHVO). Eine nochmalige Beschlussfassung des Investitionsprogramms ist nicht erforderlich.

  In diesem Kontext ist auch die Regelung nach § 8 Abs. 3 GemHVO zu sehen. Hiernach sind auch bei neuen Verpflichtungsermächtigungen im Rahmen des Nachtragshaushaltsplanes die Auswirkungen auf die Ergebnis- und Finanzplanung lediglich anzugeben. Dies impliziert, dass in diesen Fällen die Ergebnis- und Finanzplanung nicht in Gänze neu zu erstellen ist.

- Erläuterungen im Vorbericht

  Nach § 6 Abs. 1 GemHVO soll der Vorbericht einen Überblick über den Stand und die Entwicklung der Haushaltswirtschaft im Haushaltsjahr unter Einbeziehung der beiden Vorjahre geben. Insbesondere sollten wesentliche Punkte, in denen der Haushaltsplan vom Ergebnis- und Finanzplan abweicht, dargestellt werden (Nr. 1 Hw. zu § 6 GemHVO).

  Darüber hinaus enthält der Vorbericht im Rahmen eines Ausblicks auch Aussagen hinsichtlich der wesentlichen Veränderung der Rahmenbedingungen der Planung und die Entwicklung wichtiger Planungskomponenten innerhalb des Zeitraums der Ergebnis- und Finanzplanung (§ 6 Abs. 2 GemHVO).

- Auswirkungen des Haushaltssicherungskonzepts

  Bei der Frage nach der Leistungsfähigkeit einer Gemeinde, die Voraussetzung für die stetige Aufgabenerfüllung ist (§ 92 Abs. 1 HGO), ist eine jahresbezogene Beurteilung nicht sehr aussagekräftig. In Verbindung mit der Kreditaufnahme (§ 103 Abs. 3 HGO) ist nur mittelfristig eine in etwa verlässliche Aussage über die Finanzsituation einer Gemeinde möglich. Dazu ist es notwendig, dass die Festlegungen im Haushaltssicherungskonzept (insbesondere den Konsolidierungszeitraum und die konkreten Maßnahmen) in der Ergebnis- und Finanzplanung berücksichtigt werden müssen.

---

[464] In NRW und Nds. ist die Ergebnis- und Finanzplanung kein separates Planungswerk, sondern in den Haushaltsplan integriert und wird damit zum Bestandteil des Haushaltsplanes. Vgl. Berit Adam, a. a. O. in: der gemeindehaushalt 7/2005, S. 151, 152, 156.

• Auswirkungen der Investitionsentscheidungen

Ein wichtiger Punkt bei Investitionsentscheidungen sind die Folgekosten[465]. Sie beeinflussen nicht unerheblich die finanzwirtschaftlichen Möglichkeiten einer Gemeinde in den folgenden Jahren (siehe Ziffer 12.2.2). Die Berücksichtigung dieser Folgekosten in der Ergebnis- und Finanzplanung ist daher besonders wichtig. Eine Aussage hierüber wird auch im Vorbericht zum Haushaltsplan verlangt (Nr. 1 Hw. zu § 6 GemHVO). Die Berücksichtigung der Investitionen im Investitionsprogramm und damit im Ergebnis- und Finanzplan führt auch dazu, dass evtl. Folgeinvestitionen ermittelt und im Plan aufgenommen werden.

12.8 Übung

Sachverhalt

Die Gemeinde E will den Haushaltsplan 2014 und die entsprechende Ergebnis- und Finanzplanung gleichzeitig aufstellen.

Nach den Orientierungsdaten des Landes (jährlicher Finanzplanungserlass des Ministeriums des Innern und für Sport im Einvernehmen mit dem Ministerium der Finanzen) wird die Gewerbesteuer bei einem Hebesatz von 400 % (Ansatz 2013 = 10 Mio. €) mit jährlichen Steigerungsraten von + 9 % (nach neuesten Schätzungen besonders günstig) gerechnet. In der Gemeinde E ist aber nach der eigenen Statistik nur mit Steigerungsraten von jährlich + 8 % zu rechnen. Ferner beabsichtigt die Gemeinde E ab 2013 jährliche Kreditaufnahmen (Kreditmarkt) von 3 Mio. € (angenommene Konditionen: Zinsen = 8 %, Tilgung = 2 % fest, Auszahlungskurs = 100 %, Aufnahme jeweils zum 01.01., Zins und Tilgung fällig jeweils zum 31.12.). Die Ansätze 2013 für Zinsen betragen 500.000 € und für Tilgung 100.000 €, hierbei sind die Schuldendienstleistungen für die Kreditaufnahme in 2013 noch nicht berücksichtigt. Diese Beträge werden über den Finanzplanungszeitraum gleichbleibend fortgeschrieben.[466]

Aufgaben:

a) Begutachten Sie, ob eine zeitgleiche Aufstellung von Haushaltsplan und Finanzplan zulässig ist.

b) Welche Jahre umfasst der Finanzplan? Begründen Sie Ihre Entscheidung.

c) Begutachten Sie, inwieweit die Orientierungsdaten des Landes verbindlich sind.

d) Fertigen Sie einen Auszug aus dem Finanzplan (in vereinfachter Form).

---

[465] Die Folgekosten (Betriebskosten, Finanzierungskosten) sind in der Ergebnis- und Finanzplanung zu berücksichtigen. Wegen der Berechnung der Folgekosten wird auf § 12 GemHVO und auf Anlage 2 zur GemHVO „Muster für die Berechnung jährlicher Folgekosten" verwiesen, Nr. 2 Hw. zu § 101 HGO.

[466] Alle Zahlenangaben sind für Übungszwecke konzipiert und entsprechen deshalb nicht immer der aktuellen Praxis- und Marktlage.

Bearbeitungshinweis:

Auf die Ermittlung der Gewerbesteuerumlage wird aus Vereinfachungsgründen verzichtet.

Lösung:

a) Nach § 101 Abs. 4 HGO ist die Ergebnis- und Finanzplanung spätestens mit dem Entwurf der Haushaltssatzung der Gemeindevertretung vorzulegen. Hieraus ergibt sich, dass die Ergebnis- und Finanzplanung, als Anlage zum Haushaltsplan (§ 1 Abs. 4 Nr. 2 GemHVO), spätestens zeitgleich mit dem Haushaltsplan zu erstellen ist. Diese Art des Verfahrens bietet sich auch an, da bei einer zeitversetzten Erstellung dieser Planungswerke evtl. Abweichungen mit darzustellen wären (§ 1 Abs. 4 Nr. 2, 2. Hs. GemHVO und § 6 Abs. 1 i. V. m. Nr. 1 Hw. GemHVO).

b) Nach § 101 Abs. 1 Satz 2 HGO ist das erste Planungsjahr der Ergebnis- und Finanzplanung das laufende Haushaltsjahr. Die Aufstellung des Haushaltes 2014 soll unter Berücksichtigung des § 97 Abs. 4 HGO im Jahre 2013 erfolgen. Somit ist das laufende Haushaltsjahr im vorliegenden Falle das Haushaltsjahr 2013. Ausgehend vom laufenden Haushaltsjahr 2012 umfasst die Finanzplanung die Jahre 2014 bis 2017 (fünf Jahre gemäß § 101 Abs. 1 HGO).

c) Nach § 9 Abs. 3 GemHVO sollen bei der Aufstellung und Fortschreibung der Ergebnis- und Finanzplanung die vom Ministerium des Innern und für Sport im Einvernehmen mit dem Ministerium der Finanzen auf der Grundlage der Empfehlungen des Stabilitätsrates bekannt gegebenen Orientierungsdaten berücksichtigt werden (sog. Finanzplanungserlass). Nach dieser „Sollvorschrift" ist also die Gemeinde E gehalten, ohne zwingende Gründe nicht von diesen Orientierungsdaten abzuweichen. Sinn dieser Daten ist nämlich u. a., dass die öffentliche Hand bei ihrer Ergebnis- und Finanzplanung die vom Stabilitätsrat herausgegebenen einheitlichen volks- und finanzwirtschaftlichen Annahmen sowie die Schwerpunkte für eine den gesamtwirtschaftlichen Erfordernissen entsprechende Aufgabenerfüllung berücksichtigt.

Auch die Gemeinde E ist nach § 92 Abs. 1 HGO verpflichtet, diesen gesamtwirtschaftlichen Aspekten Rechnung zu tragen. Diese Verpflichtung geht allerdings nicht so weit, dass die Gemeinde die Orientierungsdaten unverändert übernehmen muss. Genauso wie das Ministerium des Innern und für Sport des Landes die Orientierungsdaten des Stabilitätsrates den Verhältnissen im eigenen Lande anpassen muss, hat die Gemeinde die speziellen örtlichen Verhältnisse zu berücksichtigen. Somit muss die Gemeinde E bei der Schätzung ihrer eigenen Gewerbesteuereinnahmen neben den Orientierungsdaten des Landes die eigenen Daten berücksichtigen. Explizit weist der sog. Finanzplanungserlass darauf hin, dass es Aufgabe der Gemeinden bleibt, aufgrund der besonderen örtlichen Gegebenheiten die für ihre Planung maßgebenden Einzelwerte selbst zu ermitteln. D. h., auch wenn das Land eine günstigere Entwicklung auf Grund des Konjunkturverlaufes annimmt, ist hier sicherlich eine unveränderte Übernahme der Steigerungsraten von 9 % bedenklich. Eine Steigerungsrate von 8 % ist bezogen auf die örtlichen Verhältnisse höchstens vertretbar. Insgesamt ist also festzuhalten, dass die Gemeinde E von den Orientierungsdaten des Landes abweichen kann.

d) Die Ergebnis- und Finanzplanung – in Anlehnung an die **Anlage 1** zur GemHVO – ist auszugsweise nachfolgend dargestellt (lt. Aufgabenstellung in vereinfachter Form).

Ergebnis- und Finanzplanung für den Planungszeitraum 2013 bis 2017
– Beträge in 1.000 Euro –

1. Erträge und Aufwendungen (Auszug)

KVKR	Arten der Erträge und Aufwendungen	Planungszeitraum				
		2013	2014	2015	2016	2017
	Erträge					
5553	Gewerbesteuer	10.000	10.800	11.664	12.597	13.605
72	**Aufwendungen** Zinsen und ähnliche Aufwendungen	740	975	1.206	1.431	1.652

2. Einzahlungen und Auszahlungen für Investitionen (Auszug)

Art der Einzahlung/Auszahlung	Planungszeitraum				
	2013	2014	2015	2016	2017
Einzahlungen Aufnahme von Krediten und der Begebung von Anleihen	3.000	3.000	3.000	3.000	3.000
Summe der Einzahlungen					
Auszahlungen Tilgung von Krediten	160	220	280	340	400
Summe der Auszahlungen					

Inhaltsverzeichnis

13.   Ausführung und Überwachung des Haushaltsplans, Kassen- und Anordnungswesen

13.1   Mittelbewirtschaftende Stellen

Je nach örtlicher Organisation der Gemeindeverwaltung (siehe auch Ziffer 5.2) finden sich in der kommunalen Praxis sehr unterschiedliche Regelungen über die Zuständigkeiten und das Verfahren für die Ausführung des Haushaltsplanes, also die Inanspruchnahme der mit dem Haushalt gegeben Ermächtigungen[467]. Die Stellen innerhalb der Gemeindeverwaltung, die mit der Ausführung des Haushaltsplanes befasst sind, nennt man üblicherweise „**mittelbewirtschaftende Stellen**", wobei dieser Begriff weder in der HGO noch in der Gemeindehaushaltsverordnung genannt oder definiert ist.

Der Begriff besitzt jedoch in der staatlichen Haushaltswirtschaft eine rechtliche Bedeutung, siehe § 9 LHO. Danach ist bei jeder (Landes)-Dienststelle, die Einnahmen oder Ausgaben[468] bewirtschaftet, ein Beauftragter für den Haushalt zu bestellen, soweit der Leiter der Dienststelle diese Aufgabe nicht selbst wahrnimmt.

Wie schon bei Ziffer 5.2 dargestellt, kann die Institution des Beauftragten für den Haushalt, insbesondere unter den Rahmenbedingungen des NKRS, auch für die Gemeinde Modell für eine Organisation der Mittelbewirtschaftung bei dezentraler Ressourcenverantwortung und großen Finanzvolumen von Teilhaushalten (vgl. Ziffer 6.5.2) sein.

Auf der Gemeindeebene ist jedoch zunächst der Bürgermeister der finanzwirtschaftlich Verantwortliche. Sofern ein Beigeordneter für die Verwaltung des Finanzwesens (Kämmerer) bestellt ist, ist dieser der finanzwirtschaftlich Verantwortliche. Der Bürgermeister bzw. Kämmerer ist aber nicht für die Ausführung des Haushaltsplanes bei jeder einzelnen Haushaltsposition, sondern nur für die Gesamtfinanzabwicklung zuständig (Näheres zur Abgrenzung siehe Kapitel 5).

Daraus ergibt sich, dass die mittelbewirtschaftenden Stellen auf Gemeindeebene besonders zu betrachten sind. Auch unter den Bedingungen des Haushalts- und Rechnungswesens nach den Grundsätzen der doppelten Buchführung finden sich in der kommunalen Praxis Organisationsformen von mittelbewirtschaftenden Stellen, die dem früheren kameralen Recht entstammen, u. a.:

- jeder Sachbearbeiter für die Finanzen seines Sachgebietes
- spezieller Haushaltssachbearbeiter in einer Abteilung, einem Amt oder Fachbereich
- Haushaltsabteilungen in größeren Städten
- zentrale Rechnungsstellen für Dezernate
- zentrale Rechnungsstellen für die Gesamtverwaltung, entweder bei der Finanzverwaltung oder beim Hauptamt

---

[467] Zur Ermächtigungswirkung des Haushaltsplanes siehe Ziffer 6.4.
[468] Die LHO verwendet noch nicht die doppischen Begriffe „Erträge", „Einzahlungen", „Aufwendungen" und „Auszahlungen".

Diese Stellen bzw. Organisationseinheiten führen in der Regel auch die Haushaltsüberwachung (zum Begriff s. u. Ziffer 13.2.4) durch, denn eine mittelbewirtschaftende Stelle ist natürlich nur funktionsfähig, wenn sie über den jeweiligen Stand der Mittelinanspruchnahme informiert ist.

Der Begriff der mittelbewirtschaftenden Stelle ist allerdings nicht mit dem Begriff der Anordnungsbefugnis (s. u. Ziffer 13.6.2.2) zu verwechseln, der die Ermächtigung umschreibt, Kassenanordnungen zu erteilen, also insbesondere die Gemeindekasse (s. u. Ziffer 13.6.1) anzuweisen, Auszahlungen zu leisten oder Einzahlungen anzunehmen. Inwieweit die Anordnungsbefugnis deckungsgleich mit der Bewirtschaftungsbefugnis ist, wird von Gemeinde zu Gemeinde unterschiedlich geregelt sein. Es muss jedoch festgehalten werden, dass unter den Rahmenbedingungen des NKRS und der über die Teilhaushaltsbildung und Budgetierung (siehe Ziffer 6.5.2) eingeführten dezentralen Ressourcenverantwortung die Befugnisse zur Bewirtschaftung der Haushaltsmitteln und die Befugnisse zur Anordnungserteilung (als Endpunkt von Bewirtschaftung) deckungsgleich sein sollten.

Unter den Rahmenbedingungen des NKRS stellt sich ohnehin die Frage, auf welche Strukturen des Haushaltes sich die „Bewirtschaftung", auch im Sinne von Steuerung, bezieht. Während das bisherige kamerale Haushaltsrecht die Bewirtschaftung vorwiegend auf die einzelne im Haushaltsplan genannte Position, die frühere „Haushaltsstelle" bezog, steht bei der Bewirtschaftung nach Maßgabe des heutigen doppischen Haushaltsrechts das „Budget" im Vordergrund, das aus dem jeweiligen Teilhaushalt (siehe Ziffer 6.5.2) entwickelt ist. Die in einem Budget (vgl. zum Begriff § 58 Nr. 9 GemHVO) zusammengefassten Haushaltspositionen werden also gemeinsam bewirtschaftet und die Mittelinanspruchnahme wird im Hinblick auf die mit dem Budget verbundene Aufgabenstellung (Produktzielerreichung) und die budgetbezogenen Erträge (vgl. § 10 Abs. 3 GemHVO) gesteuert.

13.2   Zuweisung, Bewirtschaftung und Überwachung von Haushaltsmitteln und Verpflichtungsermächtigungen

13.2.1   Zuweisung von Haushaltsmitteln und Verpflichtungsermächtigungen

Spezielle Rechtsgrundlage für die gemeindliche Finanzwirtschaft ist die Haushaltssatzung. Der Haushaltsplan als Bestandteil des § 1 der Haushaltssatzung regelt die Mittelverteilung durch die sachliche Zuordnung der Gesamterträge bzw. -einzahlungen und Gesamtaufwendungen bzw. -auszahlungen zu den einzelnen Teilhaushalten. Das gleiche gilt für die Verpflichtungsermächtigungen, die durch § 3 der Haushaltssatzung festgesetzt werden. Da die Haushaltssatzung gemäß § 94 Abs. 3 HGO mit Beginn des Haushaltsjahres in Kraft tritt und für das gesamte Haushaltsjahr gilt, erfolgt die Zuweisung der Haushaltsansätze und Verpflichtungsermächtigungen – für jedes Haushaltsjahr neu – auf Grund des Haushaltsplans. Die dort vorhandenen Positionen stellen die Ermächtigung dar, Aufwendungen und Auszahlungen zu leisten und Verpflichtungen einzugehen. Gleichzeitig beauftragen sie die mittelbewirtschaftenden Stellen, die veranschlagten Erträge bzw. Einzahlungen zu bewirtschaften (s. u. Ziffer 13.4).

Die Zuweisung von Haushaltsansätzen und Verpflichtungsermächtigungen erfolgt somit auf Grund des Haushaltsplans, natürlich unter der Voraussetzung, dass die zugehörige Haushaltssatzung rechtsgültig zustande gekommen ist, denn damit tritt die Ermächtigungswirkung des § 96 HGO ein, siehe auch Ziffer 6.4. Insbesondere bei größeren Verwaltungen erfolgt die Zuweisung zudem förmlich durch hausinterne Rundschreiben oder Ähnliches.

Ohne vorhandene rechtswirksame Haushaltssatzung (vorläufige Haushaltsführung) geschieht die Mittelverwaltung nach den Vorschriften des § 99 HGO (siehe dazu Ziffer 7.2.5.2), allerdings erfolgt keine konkrete Mittelzuweisung.

Die Gemeindevertretung, der Gemeindevorstand, der Bürgermeister bzw. der Kämmerer oder auch die Kämmerei können die Zuweisung von Haushaltsmitteln beschränken. So werden z. B. in der Praxis bestimmte Aufwendungs- bzw. Auszahlungsansätze oder Teile davon erst mit Zeitablauf (z. B. jeweils ein Zwölftel der Ansätze zu Beginn eines jeden Monats) oder aufgrund besonderer Entscheidungen freigegeben. Solche „Sperren" können aus der Sicht der Gesamtfinanzverwaltung erforderlich sein, um eine möglichst gleichmäßige Mittelverwendung über das gesamte Jahr zu erreichen, sodass Kassenkredite (siehe Ziffer 9.5) vermieden bzw. möglichst gering gehalten werden können oder der Haushaltsausgleich von vornherein zentral beeinflusst werden kann. Solche Regelungen stellen keine haushaltswirtschaftlichen Sperren i. S. d. § 107 HGO dar, weil diese nur bei konkreten Gefährdungen des Haushaltsausgleichs anzuwenden sind und dafür ein besonderes Verfahren erforderlich ist (s. u. Ziffer 13.3.1). Man bezeichnet solche Beschränkungen vielmehr als Kassenbewirtschaftungspläne, weil sie regelmäßig die Aufgabe haben, die Kassenliquidität zu unterstützen.

Die weitere Zuweisung von Haushaltsansätzen und Verpflichtungsermächtigungen innerhalb eines Budgets erfolgt i. d. R. durch die Leitung der Organisationseinheit, die für das Budget verantwortlich ist.

13.2.2 Bewirtschaftung der Haushaltsmittel und Verpflichtungsermächtigungen

13.2.2.1 Grundsätze für den Gesamthaushalt

Die sachgerechte Inanspruchnahme der durch den Haushaltsplan zugewiesenen Haushaltsmittel bedarf weiterer Erwägungen. § 27 Abs. 1 GemHVO bestimmt deshalb auch ausdrücklich, dass die Haushaltsansätze so zu bewirtschaften sind, dass sie für die im Haushaltsjahr anfallenden Aufwendungen und Auszahlungen ausreichen.

Die konkrete Aufgabe der mittelbewirtschaftenden Stellen liegt also darin, ihre Ermächtigungen so in Anspruch zu nehmen, dass diese für das gesamte Haushaltsjahr ausreichen. Der Begriff „Inanspruchnahme" umfasst dabei bereits die Auftragsvergaben und sonstige Bindungen, weil hierdurch spätere Auszahlungen begründet werden, siehe auch Nr. 1 Hw. zu § 27 GemHVO. Bewirtschaftung von Haushaltsansätzen bedeutet somit konkret die Verfügung über die Haushaltsmittel, sei es durch vertragliche oder sonstige

Bindungen (z. B. durch Bewilligungsbescheide für Zuweisungen in Form eines Verwaltungsaktes) oder durch direkte Aufwendungen bzw. Auszahlungen.

Ein weiterer Aspekt der Mittelbewirtschaftung ist in § 27 Abs. 1 GemHVO angesprochen, wonach die Haushaltsmittel erst in Anspruch genommen werden dürfen, wenn die Aufgabenerfüllung es erfordert. Dieses Prinzip stellt auf die Sparsamkeit gemäß § 92 Abs. 2 HGO ab (vgl. Ziffer 7.2.2), denn solange eine Auszahlung nicht geleistet ist, können für die nicht eingesetzten Zahlungsmittel Zinserträge erzielt bzw. bei nicht vorhandenen Kassenmitteln Zinsaufwendungen für Kassenkredite erspart werden. Dieser Grundsatz bedarf einer konkreten Auslegung. Es kann nämlich im Einzelfall aus sachlichen oder haushaltsrechtlichen Gründen notwendig sein, eine Auszahlung früher zu leisten, als nach der Aufgabenerfüllung notwendig ist. Beispiele dafür sind, wenn eine bestimmte Ware nur zu einem feststehenden Termin im Handel ist (Vorratslagerung) oder wenn Preisnachlässe termingebunden gewährt werden. In diesen Fällen steht der Termin der Warenverwendung hinter dem der Warenbeschaffung zurück. In der Regel ist allerdings der letztmögliche Beschaffungs- bzw. Zahlungstermin im Rahmen der Zahlungsfristen (siehe auch unten Fußnote bei 13.6.2.1, Finanzplanungserlass) als wirtschaftlichste Lösung auszunutzen, so z. B. bei der Zahlung von Schuldendienstleistungen oder bei Mieten.

Für die Verpflichtungsermächtigungen gelten die Bewirtschaftungsgrundsätze gemäß § 27 Abs. 4 GemHVO, Nr. 6 Hw. zu § 27 GemHVO entsprechend.

13.2.2.2   Besondere Grundsätze für Auszahlungen für Investitionen des Finanzhaushalts

Bezüglich der Auszahlungsansätze für Investitionen[469] des Finanzhaushaltes[470] enthält § 27 Abs. 2 GemHVO zusätzliche Bewirtschaftungsgrundsätze. Während bei der Inanspruchnahme der Aufwendungen des Ergebnishaushaltes die Deckung (Finanzierung) der Aufwendungen im Einzelfall[471] nicht zu beachten ist, dürfen die Ermächtigungen für Investitionen erst in Anspruch genommen werden, wenn die rechtzeitige Bereitstellung der Deckungsmittel gesichert werden kann („… soweit die Deckungsmittel rechtzeitig bereitgestellt werden können.").

Als Inanspruchnahme der Haushaltsansätze im Sinne des § 27 Abs. 1 GemHVO sind bereits die Ausschreibung von Leistungen bzw. die Erteilung von Aufträgen und ähnliche Maßnahmen, die Zahlungsverpflichtungen der Gemeinde begründen können, anzusehen (Nr. 1 Hw. zu § 27 GemHVO).

---

[469] Die Vorschrift differenziert an dieser Stelle nicht zwischen Investitionen und Investitionsförderungsmaßnahmen, es wird gleichwohl davon ausgegangen, dass der Verordnungsgeber hier die Investitionsförderungsmaßnahmen mit eingeschlossen hat, zumal Investitionsförderungsmaßnahmen eine Teilmenge der Investitionen darstellen, siehe auch Fußnote bei Ziffer 6.4.3.

[470] Die Vorschrift im Wortlaut nennt den Finanzhaushalt und die Teilfinanzhaushalte. Der Finanzhaushalt enthält jedoch keine einzelnen Investitionen und ihre Finanzierung, sondern nur deren Gesamtbetrag. Die einzelne Investition findet sich im jeweiligen Teilfinanzhaushalt.

[471] Die Beachtung der Deckung kann sich z. B. aus einem Verminderungsvermerk nach § 19 GemHVO ergeben, siehe Ziffer 7.4.3.1.

Bei den Deckungsmitteln ist zwischen den speziellen Einzahlungen für die Maßnahme und den allgemeinen Deckungsmitteln zu unterscheiden. Die Sicherung der speziellen Einzahlungen, im Finanzhaushalt regelmäßig Zuweisungen und mit der Maßnahme zusammenhängende Verkaufserlöse bzw. Beiträge, kann in der Regel von den zuständigen Fachdienststellen beurteilt werden, während über die allgemeinen Deckungsmittel wie Kredite oder allgemeine Veräußerungserlöse und damit über die Gesamtfinanzsituation nur die Finanzverwaltung Erkenntnisse besitzt. Die mittelbewirtschaftende Stelle kann somit gar nicht vollständig selbst darüber entscheiden, ob die Deckung der Auszahlung im Einzelfall gesichert ist. In der Praxis bestehen deshalb regelmäßig Dienstanweisungen, nach denen der Beginn einer Investitionsmaßnahme, also bereits die erste Auftragsvergabe, von der Zustimmung des Kämmerers bzw. der Finanzverwaltung abhängig ist, sofern nicht die Finanzverwaltung in Bezug auf die allgemeinen Deckungsmittel vorab Freigaben erteilt hat.

Der Begriff „rechtzeitige Bereitstellung" i. S. d. § 27 Abs. 2 GemHVO ist jedoch weit auszulegen. Einmal bedeutet dieses die Sicherstellung des Zahlungseinganges generell, sodass die Deckungsmittel nicht vor Beginn der Maßnahme auch tatsächlich bei der Kasse eingegangen sein müssen. Dieses ist ja auch vor allem bei Zuweisungen kaum möglich, weil die Zahlungen nach dem jeweiligen Baufortschritt, also nachträglich, geleistet werden. Zum anderen brauchen die Deckungsmittel nicht unbedingt rechtlich abgesichert zu sein. Die Gemeinde muss lediglich damit rechnen können, dass die erforderlichen Finanzierungsmittel im Laufe des Haushaltsjahres verfügbar sind.

Inwieweit die rechtzeitige Bereitstellung der Deckungsmittel für die Auszahlungen als gesichert angesehen werden kann, hängt von der jeweiligen Finanzierungsart ab. Die Gemeinde muss bei vorsichtiger Abwägung aller in Betracht kommender Umstände damit rechnen können, dass die erforderlichen Mittel bei eintretendem Bedarf verfügbar sind (vgl. Nr. 3 Hw. zu § 27 GemHVO). Zuweisungen und Zuschüsse sind als gesichert anzusehen, wenn entsprechende Bewilligungsbescheide oder sonstige rechtlich verbindliche Zusagen vorliegen. Beiträge sind als gesichert anzusehen, wenn eine entsprechende Satzung rechtsgültig besteht und die Maßnahme die rechtlichen Voraussetzungen für eine Beitragserhebung erfüllt. Kredite sind dann gesichert, wenn die Haushaltssatzung und damit die entsprechende Kreditermächtigung rechtsgültig zustande gekommen ist (vgl. Ziffer 11.3), sofern nicht die Aufsichtsbehörde Auflagen oder Vorbehalte ausgesprochen hat (vgl. Ziffer 9.2.3). Bei speziellen Kreditformen wie Förderkrediten muss ggf. der Abschluss eines entsprechenden Kreditvertrages oder der Eingang einer entsprechenden verbindlichen Zusage abgewartet werden.

Eine Finanzierungsproblematik kann sich ggf. dann ergeben, wenn Grundstücks- oder sonstige Vermögensveräußerungen zur Finanzierung dienen sollen. In diesen Fällen müsste die Gemeinde im Zweifelsfall die Realisierung der Veräußerung abwarten und einen Maßnahmenbeginn bis dahin zurückstellen, was in der Praxis erhebliche Probleme mit sich bringen kann.

Eine weitere Voraussetzung für die Verfügung über Mittel für Investitionen ist gemäß § 27 Abs. 2 Satz 2 GemHVO, dass die Finanzierung anderer, bereits begonnener Maßnahmen nicht beeinträchtigt werden darf. Die Gemeinde darf also nicht Finanzierungsmittel, die bei einer bereits begonnenen Maßnahme benötigt werden, zu einer später beginnenden Maßnahme „umschichten", wenn dadurch die Finanzierung der zuerst begonnenen Maßnahme gefährdet wird. Dadurch sollen „Investitionsruinen" verhindert werden.

Auch wenn die haushaltsmäßige Finanzierung gesichert ist, muss die Gemeinde insbesondere Zuweisungen und Zuschüsse von Dritten, und wenn die Maßnahme beitragsfähig ist, meist auch Beiträge, vorfinanzieren, da diese i. d. R. erst eingehen, wenn die Investitionsauszahlungen bereits geleistet sind. Sofern die Gemeinde nicht über dafür ausreichende Zahlungsmittelbestände verfügt, muss sie sicherstellen, dass eine ausreichende Kassenkreditermächtigung in § 4 der Haushaltssatzung besteht.

13.2.3   Auftragsvergaben

Bei der Vergabe von Aufträgen handelt es sich um Geschäftsabwicklungen im Rahmen des bürgerlichen Rechts. Ein Vertrag kommt durch ein Angebot und die Annahme des Angebotes zustande. Die Annahme eines Angebotes wird in der Verwaltung regelmäßig als Auftragsvergabe bezeichnet.

Der Grundsatz der Wirtschaftlichkeit und Sparsamkeit (§ 92 Abs. 2 HGO)[472] verpflichtet die Gemeinde, das für die jeweils benötigte Leistung günstigste Angebot zu ermitteln und anzunehmen. Dazu ist es zunächst erforderlich, über mehrere Angebote zu verfügen. Das wird dadurch erreicht, dass jeder in Frage kommende Lieferant die Möglichkeit der Angebotsabgabe erhält. Die allgemeine Zugänglichkeit wird i. d. R. durch eine **öffentliche Ausschreibung** der zu erbringenden Lieferung oder Leistung erreicht. Daneben finden, sofern die Voraussetzungen dazu erfüllt sind, die **beschränkte Ausschreibung** oder die **freihändige Vergabe**, jeweils ggf. mit vorausgehenden Teilnahmewettbewerb[473], Anwendung.

Zu unterscheiden ist bei der Vergabeart weiterhin die Art der Leistung, nämlich in

* Bauleistungen gemäß der Vergabe- und Vertragsordnung für Bauleistungen (VOB),
* sonstige Leistungen (Lieferungen und Dienstleistungen) gemäß der Vergabe- und Vertragsordnung für Leistungen (VOL) sowie
* freiberufliche Leistungen (im Sinne des § 18 Abs. 1 Nr. 1 EStG) gemäß der Vergabeordnung für freiberufliche Leistungen (VOF).

Die für die Art der Auftragsvergabe maßgeblichen Vorschriften ergeben sich aus der Höhe des Auftragswertes. Bei Erreichen der sog „Schwellenwerte" finden die Vorschriften der §§ 97 ff. des Gesetzes gegen Wettbewerbsbeschränkungen (GWB) sowie der aufgrund dieses Gesetzes erlassenen Vergabeverordnung (VgV) Anwendung (vgl. auch Nr. 1 Hw. zu § 29 GemHVO), mit denen die Regelungen der Europäischen Union zum

---

[472] Siehe hierzu auch Ziffer 7.2.2.

[473] Bei einem Teilnahmewettbewerb fordert die Gemeinde geeignete Unternehmen öffentlich dazu auf, sich um Einbeziehung in die beschränkte Ausschreibung oder die Vergabeverhandlungen zu bewerben und wählt dann aus den eingegangenen Bewerbungen diejenigen aus, die sie zur Angebotsabgabe auffordern will.

Vergaberecht in nationales Recht umgesetzt werden, sofern diese Regelungen aufgrund EU-Rechts nicht unmittelbar in den Mitgliedstaaten gelten. Das Erreichen oder Übersteigen der Schwellenwerte führt dann zu einem europaweiten Vergabeverfahren. Werden die Schwellenwerte nicht erreicht, richtet sich das Vergabeverfahren nach den haushaltsrechtlichen Bestimmungen, insbesondere § 29 GemHVO, vgl. Nr. 2 Hw. zu § 29 GemHVO.

Die Schwellenwerte betragen gemäß § 2 Abs. 1 VgV i. V. m. Art. 7 Richtlinie 2004/18/EG (Vergabekoordinierungsrichtlinie) seit dem 01.01.2014 für Bauleistungen 5.186.000 € und für alle anderen Leistungen 207.000 €. Weiterhin finden besondere Schwellenwerte für bestimmte Auftraggeber[474] Anwendung. Maßgebend sind die Nettobeträge ohne Umsatzsteuer (§ 1 Abs. 1 VgV).

Da im kommunalen Bereich die überwiegende Zahl der Aufträge unterhalb der Schwellenwerte liegt, soll das Vergabeverfahren nachfolgend anhand der haushaltsrechtlichen Vorschriften dargestellt werden, wobei Besonderheiten des GWB-Rechts jeweils ergänzend genannt werden.

§ 29 Abs. 1 GemHVO sieht vor, dass einer Auftragsvergabe grundsätzlich eine **öffentliche Ausschreibung** voranzugehen hat. Das GWB verwendet hierfür den Begriff „offenes Verfahren" und verpflichtet in § 101 Abs. 7 GWB die öffentlichen Auftraggeber zu dessen Anwendung. Dadurch findet am Markt ein Leistungswettbewerb der entsprechenden Unternehmen mit dem Ergebnis des günstigsten Angebotes für die Gemeinde statt. Bei den Ausschreibungen darf allerdings das Problem der Unternehmensabsprachen nicht übersehen werden.

Das Verfahren der öffentlichen Ausschreibung bis hin zur Auftragsvergabe ist im Überblick darzustellen:

Die beabsichtigte Leistung (Bau einer Straße, Errichtung einer Schule, Kauf von Schreibtischen) wird öffentlich ausgelobt. Dieses geschieht unter grober Beschreibung des Leistungsumfanges in Anzeigen der Tagespresse, in Fachzeitschriften oder elektronischen Vergabemedien (z. B. Bundesanzeiger, Hessische Auftragsdatenbank). Nachstehend ist ein Beispiel einer solchen Anzeige abgedruckt:

---

[474] Z. B. für Liefer- und Dienstleistungsaufträge der obersten oder oberen Bundesbehörden sowie vergleichbarer Bundeseinrichtungen 134 000 €, vgl. § 2 VgV.

Öffentliche Ausschreibung der Gemeinde G

Die Gemeinde G beabsichtigt, nachfolgende Arbeiten im Rahmen einer öffentlichen Ausschreibung zu vergeben:

1. **Zimmerarbeiten.** Erweiterung der Weiltorschule, 17 m³ Nadelholz liefern, 1.000 lfdm Bauholz verzimmern, 4,7 m³ Brettschichtholz liefern, 60 lfdm Brettschichtholz verzimmern, 425 m² Rauspundschalung verlegen. Eröffnungstermin: 24.10.2014, Gebühr 14,00 €.

2. **Klempnerarbeiten.** Erweiterung Weiltorschule, 410 m² Dachflächen mit Titanzinkblechen in Doppelstehfalzdeckung, 54 lfdm Dachrinnen. Eröffnungstermin: 24.10.2014, Gebühr 22,00 €.

3. **Markierungsarbeiten.** B 3, 2.000 Schmalstrich 12 cm, 300 m Randlinien 25 cm, 150 m Haltebalken 5 cm, 300 St. Fußwegkästchen 12/50, 85 St. Pfeile, 20 m² Demarkierung. Eröffnungstermin: 24.10.2014, Gebühr 10,00 €.

Abholung der Angebotsunterlagen ab sofort in 99999 G, Rathausplatz 3, Zimmer 22. Postversand oder Direktabholung nur gegen Verrechnungsscheck mit Angabe der Buchungsstelle 1234 bzw. Barzahlung.

G, den 24.09.2014   **Der Gemeindevorstand**
                                                    Unterschrift

---

Auf Anfrage der Unternehmen werden gegen Verwaltungsgebühr bzw. Ersatz der Kosten die Einzelunterlagen (Leistungsverzeichnisse) über den Umfang und die Ausführung der gewünschten Leistung bzw. Lieferung diesen zugesandt. Bis zu einem bestimmten Termin müssen die Angebote der Unternehmen bei der Gemeinde eingehen. An diesem Termin erfolgt die so genannte Submission, die Öffnung der bis dahin verschlossenen Angebote. Bei Bauleistungen können Vertreter der anbietenden Unternehmen anwesend sein.

Zunehmend finden bei der Abwicklung dieser Verfahren elektronische Prozesse statt, bei denen der Austausch zwischen Gemeinde und Unternehmen rein in Dateiform erfolgt.

Die Submissionsunterlagen erhält dann der zuständige Sachbearbeiter zur rechnerischen, technischen und wirtschaftlichen Prüfung. Verhandlungen über die Preise der Angebote sind nicht zulässig, lediglich klärende Nachfragen sind erlaubt. Erscheinen der Gemeinde die Preise zu hoch, kann sie lediglich die gesamte Ausschreibung aufheben und muss dann neu ausschreiben.

Die Auftragsvergabe erfolgt jetzt nicht unbedingt nach dem billigsten Angebot, sondern nach dem Grundsatz der Wirtschaftlichkeit. Gemäß § 97 Abs. 5 GWB wird der Zuschlag auf das wirtschaftlichste Angebot erteilt. Dabei sind zumindest folgende Aspekte zu berücksichtigen:

- erforderliche Sachkunde des Bieters einschließlich dessen Leistungsfähigkeit
- Zuverlässigkeit des Bieters
- technische und wirtschaftliche Mittel des Bieters
- Angebotspreis

Durch den Zuschlag, der schriftlich zu erfolgen hat, kommt der Vertrag zwischen der Gemeinde und dem nach diesen Kriterien günstigsten Bieter zustande. Dies ist Geschäft der laufenden Verwaltung im Rahmen der Ermächtigungswirkung des Haushaltsplanes.

Nicht in jedem Fall ist es sinnvoll, eine öffentliche Ausschreibung bzw. ein offenes Verfahren durchzuführen, sodass demzufolge § 29 Abs. 1 GemHVO bzw. § 101 Abs. 7 GWB als weitere Möglichkeiten die beschränkte Ausschreibung und die freihändige Vergabe zulässt. Das GWB verwendet hierfür in § 101 Abs. 1 die Begriffe „Nicht offenes Verfahren", „Verhandlungsverfahren" bzw. „Wettbewerblicher Dialog". Die Notwendigkeit dieser Verfahren ergibt sich aus der Natur des Geschäftes oder durch besondere Umstände, jeweils im Einzelfall.

Bei einer **beschränkten Ausschreibung** fordert die Gemeinde vorab ausgewählte Unternehmen schriftlich zur Angebotsabgabe auf. Das weitere Verfahren entspricht dann dem der öffentlichen Ausschreibung.

Bei der **freihändigen Vergabe** wird der Auftrag ohne förmliche Ausschreibung unmittelbar an ein Unternehmen vergeben. Gleichwohl sollen mehrere Angebote vorab eingeholt werden (sog. Preiseinziehung), sofern dies möglich und sinnvoll ist.

Sowohl der beschränkten Ausschreibung als auch der freihändigen Vergabe kann ein öffentlicher Teilnahmewettbewerb vorausgehen, dadurch wird auch bei diesen Vergabearten jedem interessierten Unternehmen die Teilnahmemöglichkeit eröffnet. Dabei fordert die Gemeinde öffentlich interessierte Unternehmen auf, sich um die Zulassung zur Teilnahme zu bewerben, und wählt dann unter den Bewerbungen nach vorab definierten Kriterien diejenigen aus, die sie bei der beschränkten Ausschreibung auffordern oder bei der freihändigen Vergabe beteiligen will.

Die öffentliche und die beschränkte Ausschreibung werden auch als förmliches, die freihändige Vergabe wird auch als nichtförmliches Vergabeverfahren bezeichnet.

Um den Verzicht auf eine öffentliche Ausschreibung zu rechtfertigen, müssen besondere Gründe vorliegen; die wichtigsten sind nachstehend im Überblick enthalten:[475]

---

[475] Ein vollständiger Überblick über die Gründe für ein Abweichen vom Grundsatz der öffentlichen Ausschreibung ergibt sich aus § 3 Abs. 3 – 5 der Vergabe- und Vertragsordnung für Bauleistungen (VOB 2012) bzw. § 3 Abs. 3 – 6 der Vergabe- und Vertragsordnung für Leistungen (VOL/A) Ausgabe 2009.
Bei freiberuflichen Leistungen, z. B. Architekten- oder Ingenieurleistungen, findet immer das Verhandlungsverfahren statt, i. d. R. mit vorangehendem Teilnahmewettbewerb, vgl. § 1 Abs. 2 der Vergabeordnung für freiberufliche Leistungen (VOF), Ausgabe 2009. Die VOF findet jedoch nur bei Auftragsvergaben oberhalb der Schwellenwerte Anwendung, bei anderen Auftragsvergaben erfolgt i. d. R. eine freihändige Vergabe.
Durch § 9 Abs. 1 des Hessischen Vergabegesetzes (siehe Darstellung unten) vom 25.03.2013, in Kraft ab 01.07.2013, wird die Ermächtigung zum Erlass einer Rechtsverordnung erteilt, Vergabefreigrenzen, bis zu denen eine Beschränkte Ausschreibung und Freihändige Vergabe ohne Nachweis deren Voraussetzungen nach den allgemein als Haushaltsvorschrift eingeführten Vergabe- und Vertragsordnungen zulässig sind, sowie die Bedingungen für deren Inanspruchnahme zu bestimmen. Bis zum Erlass einer solchen Verordnung gelten die in § 9 Abs. 2 Vergabegesetz festgelegten Vergabefreigrenzen.

- wenn die Leistung nur von einem beschränkten Kreis von Unternehmen ordnungsgemäß erbracht werden kann, z. B. wegen besonderer technischer Einrichtungen oder fachkundiger Arbeitskräfte

- wenn die öffentliche Ausschreibung einen Aufwand verursachen würde, der zum erreichbaren Vorteil oder im Hinblick auf den Wert der Leistung unvertretbar wäre

- wenn eine öffentliche Ausschreibung kein annehmbares Ergebnis gebracht hat

- wenn die öffentliche Ausschreibung aus anderen Gründen unzweckmäßig ist, z. B. wegen Geheimhaltung oder Dringlichkeit, auch aus konjunkturpolitischen Gründen (schnelle Vergabe).

Voraussetzungen für eine freihändige Vergabe können sein:

- wenn für die Leistung nur ein bestimmter Unternehmer in Frage kommt, z. B. Inhaber eines patentierten Verfahrens

- wenn die Leistung nach Art und Umfang nicht von vornherein eindeutig festgelegt werden kann (z. B. schwierige Ermittlung von Fehlerquellen bei Reparaturen)

- wenn eine kleinere Leistung sich von einer bereits vergebenen größeren Leistung nicht ohne Nachteile trennen lässt

- wenn wegen besonderer Dringlichkeit der Leistung keine beschränkte Ausschreibung möglich ist

- wenn bereits durchgeführte öffentliche oder beschränkte Ausschreibungen ohne Erfolg waren und eine erneute Ausschreibung kein annehmbares Ergebnis erwarten lässt

- wenn eine beschränkte Ausschreibung einen Aufwand verursachen würde, der zum erreichbaren Vorteil oder im Hinblick auf den Wert der Leistung unvertretbar wäre.

Gemäß § 29 Abs. 2 GemHVO sind bei der Vergabe von Aufträgen und dem Abschluss von Verträgen Vergabegrundsätze anzuwenden, die vom Innenministerium bekannt gegeben werden. Als ein solcher Vergabegrundsatz ist Nr. 2 der Hw. zu § 29 GemHVO anzusehen, wonach unterhalb der EU-Schwellenwerte grundsätzlich die Teile A (Abschnitt 1), B und C der Vergabe- und Vertragsordnung für Bauleistungen (VOB) sowie die Teile A (Abschnitt 1) und B der Vergabe- und Vertragsordnung für Leistungen (VOL) in der jeweils geltenden Fassung anzuwenden sind[476]. Weitere Vergabegrundsätze werden im Staatsanzeiger für das Land Hessen veröffentlicht.

Auf die v. g. Vergabeordnungen sowie weitere Informationen zum Vergaberecht kann über den Internetauftritt des Bundesministeriums für Wirtschaft und Technologie, Stichwort „Vergaberecht" zugegriffen werden.

[476] Oberhalb der Schwellenwerte gelten die Vergabeordnungen gemäß GWB bzw. VgV.

Die Vergabeordnung für freiberufliche Leistungen (VOF) gilt nur oberhalb der Schwellenwerte und ist daher nicht von den Vergabegrundsätzen des § 29 Abs. 2 GemHVO erfasst.

Die Vergabe- bzw. Vertragsordnungen sind Normenwerke, die von den öffentlichen Auftraggebern und der Auftrag nehmenden Privatwirtschaft in entsprechenden Ausschüssen erarbeitet und durch Bekanntmachung des Bundesministeriums für Wirtschaft und Technologie veröffentlicht werden, siehe auch Fußnote oben.

Auf örtlicher Ebene haben die Gemeinden regelmäßig ergänzende Vorschriften zu VOL und VOB in Form von Dienstanweisungen zur Auftragsvergabe erlassen. Darin sind u. a. die Entscheidungs- und Prüfungsbefugnisse sowie die konkreten betragsbezogenen Auslegungen für die Anwendung der beschränkten Ausschreibung bzw. der freihändigen Vergabe enthalten.

Die Vergabeordnungen einschließlich der örtlichen Ergänzungen stellen Regelungen für das Verhalten der Gemeinden bei Vertragsabschlüssen dar. Sie sind deshalb keine vertragsbegründende Willenserklärung für Angebot und Annahme. Dieses wird durch einen förmlichen Auftrag der Gemeinde erreicht (Auftragsschreiben), wobei die Gemeinden im Rahmen des Auftrages regelmäßig die Bestimmungen der VOB bzw. VOL zum Vertragsinhalt machen.

Am 1. Juli 2013 ist das Hessisches Vergabegesetz (VergabeG) vom 25. März 2013, GVBl. I S. 121 in Kraft getreten. Es regelt die Vergabe und Ausführung öffentlicher Aufträge u. a. der Gemeinden und Gemeindeverbände (Landkreise, LWV) sowie ihrer Eigenbetriebe. Der Einbeziehung der Eigenbetriebe kommt hier besondere Bedeutung zu, da für diese das Haushaltsvergaberecht, also für Auftragsvergaben unterhalb der EU-Schwellenwerte, nicht gilt. Da § 29 GemHVO und die hiernach eingeführten Vergabe- und Vertragsordnungen (VOB, VOL) mangels entsprechender Rechtsverordnung nach § 15 Abs. 3 EigBGes nicht für die Eigenbetriebe gelten, sind diese nicht zur Anwendung der VOB oder VOL verpflichtet. Sie müssen aber die mit dem Vergabegesetz eingeführten Grundsätze, insbesondere den Gleichbehandlungs- und Transparenzgrundsatz beachten, siehe § 2 VergabeG.

Das VergabeG ist gegenüber den anderen Rechtsgrundlagen des Vergaberechts, die in diesem Abschnitt behandelt werden, wie folgt abzugrenzen:

Von dem Gesetz erfasst sind nur Auftragsvergaben ab einem bestimmten Schwellenwert, dieser wird durch Rechtsverordnung bekanntgemacht. Solange dieser Schwellenwert nicht festgesetzt ist, gilt ein Betrag von 10.000 Euro netto, also ohne Umsatzsteuer.

Das Gesetz gilt nicht für Vergabeverfahren u. a. nach dem Recht der Europäischen Union oder nach Bundesrecht, wenn dieses entgegenstehende Vorgaben enthält, im Ergebnis also bei Erreichen oder Überschreiten der EU-Schwellenwerte.

Bezüglich der durch Bekanntmachungen nach § 29 Abs. 2 GemHVO eingeführten Ausführungsvorschriften und Vergabe- und Vertragsordnungen (VOB, VOL), jeweils Teil A, Abschnitt 1, gilt, dass diese unberührt bleiben, soweit deren Vorschriften diesem

Gesetz nicht widersprechen. Sofern sich Widersprüche zwischen Vergabegesetz und diesen Vorschriften ergeben, hat folglich das Vergabegesetz Vorrang, dies gilt z. B. für bestimmte Regelung in § 13 VergabeG zu den Zahlungsfristen.

Aus haushaltsrechtlicher Sicht ist der vorstehende Überblick, der durch die nachfolgenden Übungen ergänzt wird, ausreichend. Das Vergaberecht hat sich durch die Anforderungen des gemeinsamen Marktes innerhalb der Europäischen Union und durch die europäische und nationale Gesetzgebung und Rechtsprechung[477] zu einer außerordentlich komplexen Spezialmaterie entwickelt, sodass zur Vertiefung der Thematik auf die jeweils aktuelle Spezialliteratur verwiesen wird.

Nachstehend wird der Ablauf eines förmlichen Vergabeverfahrens im Schaubild dargestellt:

---

[477] Exemplarisch wird hierzu auf die Problematik der Ausschreibungspflicht für gemeindliche Grundstücksverkäufe verwiesen, vgl. hierzu insbesondere die Entscheidung des Europäischen Gerichtshofes vom 25. März 2010 (Rs.C 451/08), mit der reine Grundstücksverkäufe als ausschreibungsfrei erklärt wurden, auch wenn der Verkauf im Rahmen städtebaurechtlicher Vorgaben der Gemeinde wie Bauleitplanung oder städtebauliche Verträge erfolgt. Ausschreibungspflichtig sind aber demnach Verkäufe, mit denen die Kommune ein unmittelbares wirtschaftliches Interesse verfolgt, z. B. eigene Beschaffungszwecke.

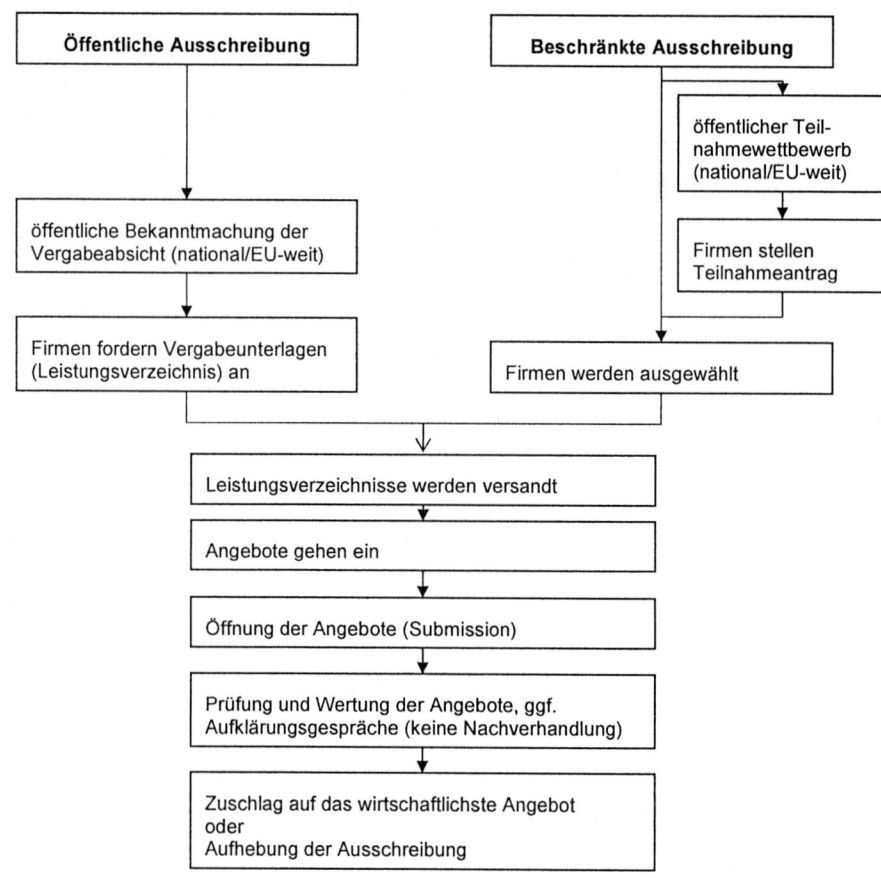

13.2.4 Überwachung der Haushaltsmittel und Verpflichtungsermächtigungen

Die Bewirtschaftung von Haushaltsmitteln und Verpflichtungsermächtigungen, besonders in Bezug auf die Einhaltung der Ansätze (vgl. Nr. 4 Satz 2 Hw. zu § 27 GemHVO), ist nur mithilfe einer laufenden Überwachung möglich. § 27 Abs. 3 und 4 GemHVO bestimmen daher, dass die Inanspruchnahme der Haushaltsansätze sowie der bewilligten über- und außerplanmäßigen Aufwendungen und Auszahlungen[478] und der Verpflichtungsermächtigung zu überwachen ist. Die Überwachung muss sicherstellen, dass die noch zur Verfügung stehenden Mittel stets zu erkennen sind. Eine bestimmte Form der Überwachung ist nicht vorgeschrieben, sie muss lediglich „auf geeignete Weise" erfolgen. Die erteilten, aber noch nicht erfüllten Aufträge und die Durchführung

---

[478] Nähere Ausführungen hierzu finden sich in Ziffer 14.2.

ähnlicher Maßnahmen, die Zahlungsverpflichtungen der Gemeinde begründen, sind einzubeziehen (Nr. 4 Hw. zu § 27 GemHVO).

Die haushaltsrechtlichen Vorschriften stellen daher lediglich inhaltliche Mindestanforderungen für die Haushaltsüberwachung auf. Die einzelne Gemeinde muss diese organisatorisch und DV-technisch umsetzen. Sie muss zunächst klären, auf welcher Ebene sie die Überwachung vornehmen will.

In Betracht kommt vor allem, die Haushaltsüberwachung auf der Ebene des aus dem jeweiligen Teilhaushalt abgeleiteten Budgets vorzunehmen, zumindest soweit die im Budget kraft Gesetzes geltende gegenseitige Deckungsfähigkeit der Aufwendungen bzw. Auszahlungen nicht beschränkt worden ist. Dies ergibt sich aus der Definition des Budgets als Finanzrahmen mit eindeutig zugeordneter Verantwortung, § 58 Nr. 9 GemHVO.

Als weitere Überwachungsebene kommt die Zeilenposition aus dem Muster 9 des jeweiligen Teilergebnishaushaltes (die sich i. d. R. aus dem Muster 7 entwickelt, vgl. auch Ziffer 6.5.2) in Betracht. Das bedeutet z. B., dass alle Aufwendungen für den Bezug von Sach- und Dienstleistungen eines bestimmten Teilhaushaltes oder Produktes in Summe überwacht werden. Dies dürfte für die Gemeinde i. d. R. die sinnvollste und verwaltungsökonomischste Lösung darstellen. Für den Finanzhaushalt gilt dies natürlich entsprechend (Muster 8 bzw. 9 und 10), wobei die Investitionsauszahlungen regelmäßig auf der Ebene der einzelnen Maßnahme überwacht werden.

Letztlich kann die Überwachung auch bezüglich jeder einzelnen Buchungsstelle, die sich aus dem aus Muster 12 abgeleiteten Produkt und dem Konto nach Muster 13 (KVKR) zur GemHVO, insgesamt auch als Produktkonto bezeichnet, ergibt, erfolgen. Aufgrund der außerordentlich großen Zahl derartiger Produktkonten, die im Haushaltsvollzug zu bebuchen sind, und des entsprechenden Überwachungsaufwandes kann dies nur für kleine Gemeinden in Betracht kommen.

Die technische Durchführung der Haushaltsüberwachung auf der jeweils gewählten Ebene ist sehr stark von der eingesetzten Softwarelösung für das Finanzwesen abhängig. Daraus ergibt sich i. d. R. auch, ob die Überwachung zentral oder dezentral organisiert ist. Unabhängig von der Organisation muss es für die jeweils mittelbewirtschaftende Stelle jederzeit erkennbar sein, welche Mittel noch zur Verfügung stehen.

Für die Ertrags- bzw. Einzahlungsseite ist eine Haushaltsüberwachung nicht vorgeschrieben und auch nicht erforderlich, weil diese Ansätze keine Beschränkungen des tatsächlichen Umfanges dieser Beträge bedeuten und die Informationen über den Stand jederzeit aus den geführten Konten für die Erträge und Einzahlungen zu beziehen sind. Dieses dient der vom Verordnungsgeber geforderten Überwachung der Erträge und Forderungen (§ 26 GemHVO).

Bezüglich der Verpflichtungsermächtigungen ist darauf hinzuweisen, dass einerseits ihre Inanspruchnahme an sich zu überwachen ist (§ 27 Abs. 4 GemHVO), andererseits die aus ihrer Inanspruchnahme ergebenden Zahlungsverpflichtungen dann aber auch in die

Haushaltsüberwachung der Jahre hineinwirken, in denen diese Zahlungen fällig werden, da sie die verfügbaren Mittel dieser Jahre mindern.

13.2.5   Übungen

Sachverhalt Nr. 1

Zum 01.12.2014 soll die neue Grundschule in der Gemeinde G in Betrieb genommen werden. Die Firma F bietet an, die notwendige Erstausstattung an Kreide, Schwämmen usw. in der letzten Novemberwoche zu einem Gesamtpreis von 4.000 € zu liefern. Gleichzeitig teilt sie mit, dass bei Abnahme bis zum 30.09.2014 noch ein um 10 % niedriger Verkaufspreis angeboten werden könne. Die Sachbearbeiterin im Schulverwaltungsamt der Gemeinde G bedauert gegenüber der Firma F, dieses preisgünstige Angebot auf Grund der Vorschrift des § 27 Abs. 1 Satz 2 GemHVO nicht annehmen zu können.

Aufgabe:

Begutachten Sie die Entscheidung der Sachbearbeiterin im Schulverwaltungsamt.

Lösung:

Konkrete Regelungen über die Bewirtschaftung von Haushaltsmitteln enthält § 27 Abs. 1 Satz 2 GemHVO. Danach darf erst dann, wenn der Aufgabenzweck es erfordert, über die Haushaltsansätze verfügt werden. Da die neue Grundschule erst zum 01.12.2014 in Betrieb genommen werden soll, braucht auch erst zu diesem Zeitpunkt die notwendige Erstausstattung an Kreide, Schwämmen u. Ä. vorhanden zu sein. Eine Lieferung im November des Jahres würde dafür durchaus reichen. Da der Sachverhalt Lieferbesonderheiten wie z. B. längere Lieferfristen nicht enthält, dürfte die Bestellung etwa Anfang November 2013 erforderlich werden.

Dem gegenüber steht das Angebot der Lieferfirma, bei einer Lieferung bis zum 30.09.2014 10 % Preisnachlass zu gewähren. Die Gemeinde würde somit bei der vorzeitigen Abnahme 400 € sparen, was aufgrund des Grundsatzes der Wirtschaftlichkeit und Sparsamkeit[479] gemäß § 92 Abs. 2 HGO zu beachten ist, zumal der Sachverhalt keine Anhaltspunkte über evtl. Lagerschwierigkeiten bei vorzeitiger Lieferung enthält.

Es fragt sich somit, in welchem Verhältnis die konkrete Regelung des § 27 Abs. 1 Satz 2 GemHVO zum Grundsatz der Wirtschaftlichkeit und Sparsamkeit steht. Rein gesetzessystematisch ist festzustellen, dass die Gemeindeordnung als formelles Gesetz der Gemeindehaushaltsverordnung als rein materielles Recht vorgeht. Somit wäre der Grundsatz der Wirtschaftlichkeit und Sparsamkeit nach § 92 Abs. 2 HGO vorzuziehen. § 27 Abs. 1 Satz 2 GemHVO schließt dieses aber entgegen der Ansicht der Sachbearbeiterin auch nicht aus, denn die dort angesprochene „Aufgabenerfüllung" bedeutet ja immer eine

---

wirtschaftliche und sparsame Aufgabenerfüllung, denn jedes Handeln der Gemeinde unterliegt diesen Erwägungen. Insofern bedingt eine wirtschaftlich sinnvolle Aufgabenerfüllung die Beschaffung der Ausrüstungsgegenstände bis zum 30.09.2014, um den niedrigen Kaufpreis zu erhalten. Eine 10%ige Einsparung kann ja auch nicht durch Zinsgewinne auf dem Girokonto ausgeglichen werden.

Mit ihrer Entscheidung verstößt die Sachbearbeiterin sowohl unmittelbar gegen § 27 Abs. 1 Satz 2 GemHVO als auch gegen § 92 Abs. 2 HGO durch Nichtbeachtung des Grundsatzes der Wirtschaftlichkeit und Sparsamkeit.

Sachverhalt Nr. 2

Im Haushaltsplan (zuständiger Teilfinanzhaushalt) der Gemeinde G ist in 2014 Folgendes erstmalig veranschlagt:

Neubau eines Verwaltungsgebäudes (Produkt 11.1.01)

11.1.01/8201	Zuweisungen des Landes	500.000 €
11.1.01/8202	Zuweisungen der Bundesagentur für Arbeit	250.000 €
11.1.01.8420	Bauauszahlungen Hochbau	2.000.000 €

Der Sachstand im Februar 2014 lautet:

Im vorliegenden Zuweisungsbescheid des Landes ist die Auszahlung der 500.000 € für den 10. Dezember 2014 zugesichert, falls bis dahin der Rohbau planmäßig erstellt ist. Die Bundesagentur für Arbeit hat bereits schriftlich zugesagt, mindestens 250.000 € in 2014 auszuzahlen.

Die Gemeinde will den Neubau i. H. v. 250.000 € mit vorhandenen, hierfür angesparten Zahlungsmittelbeständen finanzieren, die jedoch bis zum 30.12.2014 als Festgelder angelegt sind, und den Restbetrag mit Krediten.

Aufgabe:

Begutachten Sie, ob bereits im Februar 2014 der Auftrag für die Hochbauarbeiten vergeben werden kann.

Bearbeitungshinweis: Die Haushaltssatzung für 2014 ist im Januar 2014 ordnungsgemäß bekannt gemacht worden.

Lösung:

Im Haushaltsplan der Gemeinde G für 2014 sind im zuständigen Finanzhaushalt für Bauauszahlungen zur Errichtung eines Verwaltungsgebäudes 2.000.000 € veranschlagt. Aus dem Sachverhalt ist eine Verfügungsbeschränkung für Auszahlungen dieses Teilhaushaltes nicht ersichtlich, die Ermächtigungswirkung des Haushaltsplanes ist gegeben.

Gemäß § 27 Abs. 2 GemHVO dürfen jedoch Ansätze für Auszahlungen für Investitionen des Finanzhaushalts und der Teilfinanzhaushalte erst in Anspruch genommen werden, wenn die rechtzeitige Bereitstellung der Deckungsmittel gesichert ist. Aus diesem Grunde ist die Finanzierung der Maßnahme näher zu untersuchen.

- Zuweisung des Landes

  Der Zuweisungsbescheid (Verwaltungsakt im Sinne der Zweistufentheorie im allgemeinen Verwaltungsrecht) sichert die Auszahlung zum 10.12.2014 zu. Die Haushaltswirtschaft wird vom Prinzip der Jährlichkeit[480] beherrscht, sodass der Begriff „rechtzeitig" im § 27 Abs. 2 GemHVO auf den Zahlungseingang im Laufe des Haushaltsjahres abstellt, was hier gegeben ist. Die Zuweisungsleistung und damit der Deckungsanteil von 500.000 € sind gesichert.

  Die Rohbauerstellung als weitere Bedingung für die Zuweisungszahlung liegt im Bereich der Gemeinde und soll ja gerade durch die Auftragsvergabe im Februar 2014 sichergestellt werden.

- Zuweisung der Bundesagentur für Arbeit

  Die Auszahlungszusage der Bundesagentur für Arbeit erfüllt ebenfalls die Anforderungen der Deckungsabsicherung i. S. d. § 27 Abs. 2 GemHVO und der Hinweise hierzu.

- Kreditaufnahme

  Da die Haushaltsatzung 2014 lt. Sachverhalt ordnungsgemäß bekannt gemacht worden ist, ist davon auszugehen, dass die darin enthaltene Kreditermächtigung aufsichtsbehördlich genehmigt wurde. Einschränkungen sind aus dem Sachverhalt nicht ersichtlich. Der Eingang der benötigten Kredite ist daher als gesichert anzusehen.

- Zahlungsmittelbestand

  Gemäß des Grundsatzes der Jährlichkeit reicht die Verfügbarkeit der Mittel bis 31.12.2014 aus, was hier mit dem Termin des 30.12.2014 gegeben ist.

Aus dem Sachverhalt ergibt sich nicht, dass die Finanzierungsmittel für den Neubau anderweitig benötigt werden. Die Bereitstellung der Deckungsmittel i. S. d. § 27 Abs. 2 GemHVO ist somit gesichert, sodass der Auftrag erteilt werden kann.

---

[480] Vgl. Ziffer 7.3.7.

Sachverhalt Nr. 3

Bei der Gemeinde G wird die Haushaltsüberwachung auf der Basis von Buchungsstellen (Produktkonten) geführt. Bei dem Konto 616100 (Instandhaltung der Gebäude und Außenanlagen) der Produktgruppe 06.5 (Tageseinrichtungen für Kinder), die einen Teilhaushalt bildet, fallen die entscheidenden Arbeiten bereits in den ersten Monaten des Jahres 2014 an. Für die Durchführung der Haushaltsüberwachung sind folgende Informationen zu verarbeiten:

Im Haushaltsjahr 2014 sind für das Produktkonto 104.000 € bereitgestellt. Außerdem steht eine Vorjahresermächtigung aus 2013 von 16.000 € zur Verfügung.

Folgende Vorgänge fallen an und sind der Haushaltsüberwachung zuzuführen:

1.	07.01.	Auftrag Fa. Walter, Neudeckung des Daches	68.000 €
2.	07.01.	Auszahlung Fa. Meier, Fensterreparatur (ohne vorherige Auftragsbuchung)	200 €
3.	10.01.	Auftrag Fa. Riese, Erneuerung der Türen	10.000 €
4.	21.01.	Erster Abschlag Fa. Walter	20.000 €
5.	28.01.	Auftrag Fa. Weinreich, Anstreicherarbeiten	800 €
6.	28.01.	Zweiter Abschlag Fa. Walter	20.000 €
7.	07.02.	Erster Abschlag Fa. Riese	6.000 €
8.	11.02.	Gesamtrechnung Fa. Weinreich	900 €
9.	14.02.	Schlussrechnung Fa. Walter	70.200 €
10.	19.02.	Soll-Übertragung von Produktkonto 06.5/703000 gem. § 20 Abs. 6 GemHVO	2.000 €
11.	19.02.	Auftrag Fa. Haak, Erneuerung des Fußbodens	40.000 €
12.	25.02.	Schlussrechnung Fa. Riese	9.300 €
13.	07.03.	Berechtigte Nachforderung der Fa. Walter	600 €
14.	07.03.	Gesamtrechnung Fa. Haak	39.900 €

Aufgaben:

3.1 Führen Sie die Haushaltsüberwachung für das im Sachverhalt genannte Produktkonto in Form einer Liste und nehmen Sie die notwendigen Buchungen vor.

3.2 Erläutern und begründen Sie die bei 3.1 durchgeführten Buchungen ausführlich. Aus der Darstellung sollen Sinn und Technik der Haushaltsüberwachung zu erkennen sein.

Lösung:

Zu 3.1:

Die Haushaltsüberwachung für das Produktkonto soll in Form einer Liste geführt werden. Die Liste mit den einzelnen Buchungen ist auf der nächsten Seite dargestellt.

Haushaltsüberwachungsliste

Produktkonto: 06.5/616100

Datum	Lfd.Nr	Hinweis Nr.	Text	Ermächtigung	Aufträge	Anordnung	Summe Aufträge	Summe Anordnung	verfügbar
			Ansatz	104.000					104.000
			Erm. Vorj.	16.000					120.000
07. 01.	1		Fa. Walter		68.000		68.000	0	52.000
07. 01.	2		Fa. Meier			200	68.000	200	51.800
10.01.	3		Fa. Riese		10.000		78.000	200	41.800
21. 01.	4	1	Fa. Walter		-20.000	20.000	58.000	20.200	41.800
28. 01.	5		Fa. Weinreich		800		58.800	20.200	41.000
28. 01.	6	1	Fa. Walter		-20.000	20.000	38.800	40.200	41.000
07.02.	7	3	Fa. Riese		-6.000	6.000	32.800	46.200	41.000
11. 02.	8	5	Fa. Weinreich		-800	900	32.000	47.100	40.900
14.02.	9	1	Fa. Walter		-28.000	30.200	4.000	77.300	38.700
19. 02.	10		Sollübertragung	2.000			4.000	77.300	40.700
19. 02.	11		Fa. Haak		40.000		44.000	77.300	700
25. 02.	12	3	Fa. Riese		-4.000	3.300	40.000	80.600	1.400
07.03.	13		Fa. Walter			600	40.000	81.200	800
07.03.	14	11	Fa. Haak		-40.000	39.900	0	121.100	900

Zu 3.2:

- Eröffnung der Haushaltsüberwachung

  Wenn die Haushaltsüberwachung wie hier in Listenform geführt wird, sind zunächst die bereitgestellten Haushaltsmittel vorzutragen. Diese bestehen laut Sachverhalt aus dem Ansatz des Produktkontos von 104.000 €, der in Spalte 5 einzusetzen ist. In Spalte 4 empfiehlt es sich, einen Hinweis auf die Art der Haushaltsmittel zu geben.

  Die aus 2013 übertragenen Ermächtigungen von 16.000 € stehen neben dem Ansatz als verfügbare Haushaltsmittel zur Verfügung, sodass über insgesamt 120.000 € auf dem Produktkonto verfügt werden kann.

  In der Spalte „lfd. Nr." wird nun jede Buchung einzeln durchnummeriert.

- Buchung 1

  Die Neudeckung des Daches wird ca. 68.000 € kosten. Bereits bei der Auftragserteilung an die Fa. Walter muss dieser Betrag eingeplant, d. h. vom verfügbaren Betrag abgesetzt werden, weil die Mittel nun nicht mehr für andere Zwecke einsetzbar sind[481]. Die 68.000 € sind darum in Spalte 6 zu erfassen, die für Aufträge vorgesehen ist. In Spalte 8 erscheint der Betrag ein zweites Mal, weil hier die Zahlen der Spalte 6 aufgerechnet werden. Der vorgenannte Betrag ist dann vom verfügbaren Betrag in Spalte 10 abzuziehen, sodass jetzt nur noch 52.000 € verfügbar sind.

- Buchung 2

  Für die Auszahlung von 200 € an die Fa. Meier war kein Auftrag vorgemerkt. Der Betrag ist somit unmittelbar in Spalte 7 zu übernehmen und erscheint dann entsprechend als Aufrechnungsbetrag in Spalte 9. Er vermindert den verfügbaren Betrag auf 51.800 €. In der Aufrechnungsspalte 8 für Aufträge muss wieder der Betrag von 68.000 € erscheinen, weil hier stets der neueste Buchungsstand ausgewiesen wird.

- Buchung 3

  Der Auftrag der Fa. Riese führt nach einer Buchung in Spalte 6 zu einer Erhöhung der Gesamtaufträge in Spalte 8 auf 78.000 €. In Spalte 9 müssen wiederum 200 € erscheinen, weil der Stand der Auszahlungen am 10.01.2014 200 € beträgt. Der verfügbare Betrag verringert sich um 10.000 €.

- Buchung 4

  Die Fa. Walter erhält einen Abschlag auf den Auftrag vom 07.01.2014. Da es sich um eine Auszahlung handelt, erfolgt die Buchung des Betrages zunächst in den Spalten 7 und 9. Der verfügbare Betrag (Spalte 10) ändert sich nicht, weil dieses Geld bereits am 07.01.2014 durch Vormerkung des Gesamtauftrages von 68.000 € eingeplant und vom verfügenden Betrag abgesetzt wurde. Aus dem Auftrag wurde

---

[481] Dies entspricht auch der durch Nr. 4 Hw. zu § 27 GemHVO vorgegebenen Einbeziehung der erteilten, aber noch nicht erfüllten Aufträge in die Haushaltsüberwachung.

nun teilweise eine Auszahlung. Es findet somit nur eine Verschiebung von 20.000 €
von den Aufträgen (Vormerkungen) zu den Anordnungen (Auszahlung) statt. Die
Anordnungen erhöhen sich um 20.000 €, während sich die Vormerkungen um diesen
Betrag verringern. Die 20.000 € sind darum auch in Spalte 6 abzusetzen. In Spalte 8
verringert sich ebenfalls der Aufrechnungsbetrag um 20.000 € auf nunmehr 58.000 €.

Die Richtigkeit der Rechnung kann jeweils nach folgender Formel geprüft werden:

> verfügbarer Betrag
> minus Aufrechnung Aufträge
> minus Aufrechnung Anordnungen
> = verfügbarer Betrag am Buchungstag

Gegenrechnung am 21.01.2014:

$$
\begin{aligned}
&120.000 \ € \\
-\ &58.000 \ € \\
-\ &20.200 \ €
\end{aligned}
$$

noch verfügbar   <u>41.800 €</u>

Da hier eine Auszahlung zu einem bereits vorgemerkten Betrag gebucht wurde, ist
auf die Buchung des Ursprungsbetrages hinzuweisen, damit jederzeit festzustellen ist,
wie viel noch für den Auftrag vorgemerkt ist. In Spalte 3 ist darum die Buchungsnummer des Auftrages anzugeben, also die Ziffer 1.

- Buchung 5

Siehe dazu die Erläuterungen zu den Buchungen 1 und 3.

- Buchungen 6 und 7

Siehe dazu die Erläuterungen zur Buchung 4.

- Buchung 8

Es wird zunächst auf die Buchung 4 verwiesen. Neu hieran ist jedoch, dass erstmals
eine Gesamtrechnung zu zahlen ist. Die Auszahlung der 900 € wird in Spalte 7
gebucht und in Spalte 9 addiert. Vorgemerkt waren für den Auftrag 800 €, sodass
eine Mehrbelastung von 100 € vorliegt. In der Spalte 6 wird der bei Nr. 5 einge-
buchte Betrag wieder abgesetzt. Zwischen den Spalten 6 und 7 besteht nun ein Unterschied von 100 €, der die Gemeinde entgegen der Planung mehr belastet und darum
beim verfügbaren Betrag in Abzug zu bringen ist, sodass nur noch 40.900 € zur Verfügung stehen.

Die Kontrollrechnung beweist wiederum die Richtigkeit:

$$
\begin{aligned}
&120.000 \ € \\
-\ &32.000 \ € \\
-\ &47.100 \ €
\end{aligned}
$$

noch verfügbar   <u>40.900 €</u>

• **Buchung 9**

Von der Schlussrechnung der Fa. Walter in Höhe von 70.200 € müssen die bisherigen Zahlungen = 2 x 20.000 € abgesetzt werden, so dass eine Auszahlung über 30.200 € in Spalte 7 aufzunehmen ist. Vorgemerkt sind jedoch nur noch 28.000 €, weil bei den Buchungsnummern 4 und 6 bereits insgesamt 40.000 € vom Auftrag abgesetzt wurden. Eine nicht eingeplante Belastung von 2.200 € (Spalte 6 minus Spalte 7) verringert den verfügbaren Betrag auf 38.700 €.

• Buchung 10

Am 19.02.2014 wird eine sog. Soll-Übertragung (Ansatzverschiebung) in Höhe von 2.000 € gemäß § 20 Abs. 6 GemHVO im Rahmen der gegenseitigen Deckungsfähigkeit[482] vom Produktkonto 06.5/703000 vorgenommen. Diese wird erforderlich, weil der verfügbare Betrag für weitere Buchungen nicht mehr ausreicht. Die Buchung Nr. 11 zeigt bereits, dass noch ein Auftrag über 40.000 € erteilt werden soll, jedoch am 15.02.2014 nur noch 38.700 € verfügbar sind.

Durch die Soll-Übertragung erhöht sich die Ermächtigung um 2.000 €, sodass dieser Betrag in Spalte 5 zu buchen ist. Der verfügbare Gesamtbetrag erhöht sich auf 122.000 €, sodass nach Abzug der Aufträge und Anordnungen am 19.02.2014 noch 40.700 € zur Verfügung stehen.

• Buchung 11

Siehe dazu die Erläuterungen zu den Buchungen 1 und 3.

• Buchung 12

Siehe dazu zunächst die Erläuterung zu Buchung 9. Die noch zu zahlende Summe von 3.300 € liegt um 700 € unter dem geschätzten Betrag, so dass der verfügbare Betrag in Spalte 10 eine Verbesserung auf 1.400 € erfährt.

Die Kontrollrechnung beweist die Richtigkeit dieser Aussage:

$$122.000 \text{ €}$$
$$- 40.000 \text{ €}$$
$$\underline{- 80.600 \text{ €}}$$

noch verfügbar   <u>1.400 €</u>

• Buchung 13

Es handelt sich um einen auszuzahlenden Betrag, der nicht mehr vorgemerkt ist, weil der Ursprungsauftrag an die Firma Walter bereits endgültig bei Buchungsnummer 11 ausgebucht wurde. In Spalte 3 erfolgt somit kein Hinweis mehr auf den Ursprungsbetrag. Es liegt somit eine reine Auszahlung vor, sodass auf die Erläuterungen zu Buchung 2 verwiesen wird.

---

[482] Zur Deckungsfähigkeit siehe Ziffer 7.4.3.

- Buchung 14

Siehe dazu die Erläuterungen zu Buchung 12.

Am 07.03.2014 stehen somit bei dem Produktkonto 06.5/616100 noch 900 € für weitere, über den Sachverhalt hinausgehende Vorgänge zur Verfügung.

Sachverhalt Nr. 4

Bei der Gemeinde G stehen folgende Beschaffungen bzw. Bauleistungen an:

a) Es sollen Spezialschreibstifte im Wert von insgesamt 40 € einmalig beschafft werden.

b) Anschaffung einer Straßenkehrmaschine im Wert von rd. 220.000 € einschl. Umsatzsteuer.

c) Auftrag an eine Baufirma, die gerade das Sportzentrum errichtet, eine bisher nicht ausgeschriebene Zwischenwand dort einzubauen (Kosten 10.000 €).

d) Auf eine öffentliche Ausschreibung hat sich nur ein Bieter gemeldet, dessen Angebot sich aber als unwirtschaftlich darstellt.

e) Nach einem Unwetter ist das Rathausdach neu einzudecken.

Aufgabe:

Prüfen Sie, ob in den vorstehenden Fällen öffentlich bzw. beschränkt auszuschreiben oder eine freihändige Vergabe zulässig ist.

Lösung:

a) Es handelt sich um eine einmalige Beschaffung mit sehr geringem Auftragsvolumen. Bereits bei einer beschränkten Ausschreibung würden die dafür entstehenden Kosten (Arbeit des Sachbearbeiters, Schreibarbeit, Material, Porto und Durchführung einer Submission) sicherlich weit höher als das Beschaffungsvolumen von 40 € sein. Aus Gründen der Wirtschaftlichkeit und Sparsamkeit ist eine freihändige Vergabe deshalb angebracht. Dies schließt nicht aus, dass zuvor bei etwa drei in Betracht kommenden Firmen eine Preiseinziehung (eine telefonische oder Internet-Preisanfrage dürfte hier ausreichen) erfolgt.

b) Es ist zunächst zu prüfen, ob ein europaweites Verfahren gemäß VgV durchzuführen ist, denn die Auftragssumme von 220.000 € liegt über dem Schwellenwert von 207.000 € gem. § 2 Ziff. 2 VgV. Die Schwellenwerte sind jedoch Beträge ohne Umsatzsteuer, so dass aus dem Betrag von 220.000 € die Umsatzsteuer heraus-zurechnen ist. Der Nettobetrag beläuft sich demnach auf rd. 185.000 € und liegt daher unter dem Schwellenwert. Es finden also die Vorschriften der GemHVO (§ 29) Anwendung.

Die Auftragssumme ist unzweifelhaft als erheblich anzusehen. Allerdings wird mit der Beschaffung einer Straßenkehrmaschine eine spezielle Leistung verlangt, die im gesamten Bundesgebiet nur von einigen Firmen erbracht werden kann. Es ist kostengünstiger, die möglichen Lieferfirmen unmittelbar um die Abgabe eines Angebotes zu bitten (beschränkte Ausschreibung), als öffentlich auszuschreiben. Außerdem geht die Gemeinde bei einer beschränkten Ausschreibung sicher, dass alle infrage kommenden Unternehmen die Nachfrageinformation erhalten.

c) Eine Baufirma errichtet zur Zeit ein Sportzentrum, was sicherlich ein Auszahlungsvolumen von mehr als 1 Mio. € bedeutet. Diese Investition dürfte natürlich öffentlich ausgeschrieben worden sein, sodass das bauausführende Unternehmen das günstigste Angebot vorweisen konnte. Insofern bestehen auch keine Bedenken, den zusätzlichen Einbau einer Zwischenwand freihändig an dieses Unternehmen zu vergeben, zumal es doch zum Gesamtauftrag in einem untergeordneten Verhältnis steht. Dazu kommt die Überlegung, dass es wahrscheinlich gar nicht möglich ist, eine andere Firma mitten in den Bauarbeiten die Zwischenwand einziehen zu lassen, weil dieses in einem Arbeitsgang in Zusammenhang mit den übrigen Rohbauarbeiten abzuwickeln ist. Weiterhin könnten Probleme im Hinblick auf die Gewährleistung entstehen. Aus alledem ergibt sich die Zulässigkeit einer freihändigen Vergabe an die bauausführende Firma.

d) Wenn sich bei einer öffentlichen Ausschreibung nur ein Bieter bewirbt, muss die Gemeinde abwägen, ob sie dieses Angebot annimmt, was i. d. R. dann der Fall sein wird, wenn es wirtschaftlich vertretbar ist, oder ob sie das Verfahren wiederholt. Lt. Sachverhalt ist das Angebot unwirtschaftlich, sodass die Gemeinde dieses Angebot nicht anzunehmen braucht, sie kann und wird die Ausschreibung aufheben.

Es ist jetzt wenig sinnvoll, die öffentliche Ausschreibung zu wiederholen. Es ist anzunehmen, dass derselbe Kreis von Unternehmen wiederum die Anzeige zur Kenntnis nimmt und die Angebotssituation sich nicht ändert. Es bietet sich deshalb vielmehr eine beschränkte Ausschreibung an, in der bestimmte Unternehmen zum Angebot aufgefordert werden. In der Regel werden die angeschriebenen Unternehmen ein Angebot abgeben, und sei es nur aus dem Grund, ihr Interesse an einer Einbeziehung in den Bieterkreis zu dokumentieren..

e) Zur Erfüllung der öffentlichen Aufgaben ist ein betriebsbereites Verwaltungsgebäude unbedingt notwendig. Wenn nun das Rathausdach neu einzudecken ist, sind die Unwetterschäden doch erheblich, sodass sich durch Umwelteinflüsse negative Auswirkungen auf die Diensträume ergeben. Dieses könnte zur Nichtbenutzung der Räumlichkeiten führen. Eine umgehende Dachreparatur ist somit angebracht. Öffentliche und beschränkte Ausschreibungen erfordern einen mehrwöchigen Arbeitsaufwand. Wegen der besonderen Dringlichkeit kann deshalb unabhängig vom Auftragsvolumen eine freihändige Vergabe erfolgen. Der durch die Zeitverzögerung eintretende Folgeschaden wird sicherlich höher sein als der durch Ausschreibung zu erzielende Preisvorteil.

13.3   Haushaltswirtschaftliche Sperre und Berichtspflichten gegenüber der Gemeindevertretung

13.3.1   Haushaltswirtschaftliche Sperre

Bereits bei Ziffer 13.2 wurde festgestellt, dass die mit dem Haushaltsplan gegebenen Ermächtigungen (Ansätze) nicht uneingeschränkt zur Verfügung stehen. Neben praktischen Einschränkungsmöglichkeiten wie in Form von Kassenbewirtschaftungsplänen enthält § 27 GemHVO weitere beschränkende Bewirtschaftungsgrundsätze. Eine besondere Form der Verfügungsbeschränkung beinhaltet § 107 HGO, nämlich die haushaltswirtschaftliche Sperre. Die Vorschrift ist in engem Zusammenhang mit den Regelungen des § 28 GemHVO, der Unterrichtungspflicht, zu sehen, siehe unten Ziffer 13.3.2.

Nach § 107 HGO kann der Gemeindevorstand die Inanspruchnahme von Aufwendungs- oder Auszahlungsansätzen und Verpflichtungsermächtigungen sperren, sofern die Entwicklung der Erträge, der Einzahlungen, der Aufwendungen oder der Auszahlungen es erfordert. Sperren bedeutet dabei nach dem Wortlaut der Vorschrift, dass der Gemeindevorstand – als Organ – im Einzelfall selbst über die Leistung von Aufwendungen und Auszahlungen oder das Eingehen von Verpflichtungen bei den von der Sperre betroffenen Haushaltspositionen entscheidet und nicht mehr die mittelbewirtschaftende Stelle innerhalb der Verwaltung, siehe auch Nr. 1 Hw. zu § 107 HGO.

Mit der „Entwicklung der Erträge, der Einzahlungen, der Aufwendungen oder der Auszahlungen" können nur negative Tendenzen angesprochen sein, die den Haushaltsausgleich[483] gefährden. Eine positive Entwicklung dagegen bedingt zwangsläufig nicht die Notwendigkeit einer haushaltswirtschaftlichen Sperre.

Die Möglichkeit, Einfluss auf das Ausgabegebaren im Haushaltsjahr bzw. bei Verpflichtungsermächtigungen auf die Entwicklung der Finanzplanung zu nehmen, ist in Planungsschwierigkeiten begründet. Der Haushaltsplan eines Jahres wird bereits im Vorjahr erstellt, sodass Vorausberechnungen und Schätzungen etwa einen Zeitraum von eineinhalb Jahren umfassen und deshalb in vielen Bereichen sehr schwierig sind. Dazu kommt, dass konjunkturelle Veränderungen auf die gemeindlichen Haushaltspläne sehr kurzfristig einwirken. Im laufenden Jahr können zwar die Haushaltspläne durch Nachtragspläne so geändert werden, dass der Ausgleich herbeigeführt werden kann. Jedoch bedingt das Instrument der Nachtragsplanung ein schwerfälliges und zeitraubendes Verfahren auf Grund der Formvorschriften des § 98 Abs. 4 i. V. m. § 97 HGO.

Es war deshalb eine Möglichkeit zu schaffen, um im Bedarfsfall kurzfristig und wirkungsvoll einer Gefährdung des Haushaltsausgleichs entgegensteuern zu können. Dieses Instrument muss das Verwaltungsorgan der Gemeinde besitzen, weil die Gemeindevertretung nicht unmittelbar über die notwendigen Finanzinformationen verfügt und auch die Herbeiführung eines Beschlusses der Gemeindevertretung einen gewissen Zeitaufwand erfordert. Dem Gemeindevorstand wird deshalb gemäß § 107 HGO das Recht zum Erlass einer haushaltswirtschaftlichen Sperre zugesprochen.

---

[483] Siehe zum Haushaltsausgleich insgesamt Kapitel 10.

Er hat somit die Möglichkeit, die Ausführung von Beschlüssen der Gemeindevertretung zu verhindern, weil der Haushaltsplan ja im Rahmen der Haushaltssatzung von der Gemeindevertretung erlassen wurde. Er befindet sich demnach in einer sehr starken Position. Die HGO enthält keine ausdrücklichen Regelungen darüber, ob die Gemeindevertretung die vom Gemeindevorstand verhängte Sperre aufheben kann. Dies wird nach den allgemeinen Regelungen des Kommunalverfassungsrechts zu entscheiden sein. Insgesamt legen diese jedoch die Annahme nahe, dass die Gemeindevertretung berechtigt ist, die Sperre wieder aufzuheben, allerdings könnte der Bürgermeister diesem Beschluss nach § 63 Abs. 1 Satz 2 HGO widersprechen, sofern durch die Aufhebung der Sperre das Wohl der Gemeinde gefährdet ist.

Wie bereits angedeutet, muss der Haushaltsausgleich bei einer Fortdauer der uneingeschränkten Ausführung des Haushaltsplanes gefährdet sein, damit der Gemeindevorstand von dem Instrument des § 107 HGO Gebrauch machen kann. Bei einem bereits unausgeglichen festgesetzten Haushalt besteht die Gefährdung in der Überschreitung des Defizitbetrages, siehe auch Nr. 1 Hw. zu § 107 HGO.

Dieses liegt insgesamt dann vor, wenn sich abzeichnet, dass die Gesamterträge nicht mehr die Höhe der Gesamtaufwendungen erreichen bzw. die Gesamtauszahlungen nicht mehr durch die Gesamteinzahlungen gedeckt sind. Solche Fälle sind im Wesentlichen auf Verschiebungen der Ertragsseite zurückzuführen, wenn also Erträge und damit verbundene Einzahlungen nicht wie geplant eingehen. Wenn sich z. B. ein im Haushaltsplan veranschlagtes Steueraufkommen von 40 Mio. € auf 35 Mio. € verringert, weist der Ergebnishaushalt eine Deckungslücke von 5 Mio. € auf mit entsprechender Auswirkung im Saldo aus laufender Verwaltungstätigkeit des Finanzhaushaltes. Diese Deckungslücke kann dadurch geschlossen werden, dass zahlungswirksame Aufwendungsermächtigungen im selben Umfang gesperrt werden, sodass der Haushaltsausgleich wieder hergestellt wird, wenn auch bei einem geringeren Gesamtvolumen des Haushaltes.

Eine Gefährdung geht von der Aufwand- bzw. Auszahlungsseite in der Regel nicht aus, weil Mehrbeträge gemäß § 100 Abs. 1 HGO nur zulässig sind, wenn eine Deckung[484] vorliegt. Die Mehrbeträge werden also jeweils vom Gesamthaushalt aufgefangen. Zeichnen sich jedoch unvorhergesehene allgemeine Kostensteigerungen ab, wie z. B. außergewöhnliche Baukostenerhöhungen oder nicht voraussehbare Abschlüsse von Tarifverträgen, kann auch von dieser Seite der Haushaltsausgleich gefährdet werden. Durch eine jetzt (vgl. auch Nr. 2 Satz 2 Hw. zu § 107 HGO) einsetzende haushaltswirtschaftliche Sperre dürfen andere im Haushaltsplan vorgesehene Aufwendungen bzw. Auszahlungen nicht geleistet werden, sodass diese Einsparungen zur Deckung der vorgenannten ausgleichsgefährdenden Mehrbeträge eingesetzt werden können. Dadurch werden die später erforderlichen Bewilligungen nach § 100 Abs. 1 HGO möglich. Insgesamt werden Ermächtigungen verschoben, sodass der Haushaltsausgleich bei Beibehaltung des Gesamthaushaltsvolumens wieder hergestellt wird.

Verpflichtungsermächtigungen bewirken Auszahlungen in späteren Haushaltsjahren. Ist der Haushaltsausgleich im Rahmen der Finanzplanung gefährdet, kann die haushaltswirtschaftliche Sperre auf die Verpflichtungsermächtigungen ausgedehnt werden.

---

[484] Vgl. Ziffer 14.2

Gemäß Nr. 1 Satz 2 Hw. zu § 107 HGO kann sich die Sperre auch auf die Besetzung von Planstellen beziehen, z. B. könnte eine Sperre dahingehend erlassen werden, dass freie Stellen nicht mehr besetzt werden dürfen.

Der Erlass einer haushaltswirtschaftlichen Sperre liegt im pflichtgemäßen Ermessen des Gemeindevorstandes. Der Ermessensspielraum wird jedoch dann „auf Null" reduziert, wenn der Haushaltsausgleich nur durch eine haushaltswirtschaftliche Sperre erreicht werden kann. Form und Umfang der Sperre sind durch die Gemeindehaushaltsverordnung nicht vorgegeben. In der Praxis erfolgen regelmäßig prozentuale Ansatzkürzungen für den Ergebnishaushalt, wobei einzelne Teilhaushalte oder bestimmte Positionen innerhalb von Teilhaushalten ausgenommen werden können. Daneben gibt es natürlich die Möglichkeit, gezielt Haushaltsansätze ganz oder anteilig zu sperren, vor allem bei freiwilligen Aufwendungen und nicht begonnenen Investitionsmaßnahmen des Finanzhaushaltes. Im Einzelfall ist die Entscheidung nach ihrem Wirkungsgrad und den tatsächlichen Möglichkeiten zu treffen. Auch eine haushaltswirtschaftliche Sperre kann Ansprüche oder Verbindlichkeiten nicht aufheben (vgl. § 96 Abs. 2 HGO und Ziffer 6.4). Deshalb sollte sich die Sperre auf Haushaltsansätze, denen eine rechtliche Verpflichtung (vertragliche Bindung, gesetzliche Verpflichtung) zu Grunde liegt, naturgemäß nicht beziehen.

Dabei sei noch einmal deutlich darauf verwiesen, dass nicht erst gewartet werden darf, bis der Haushalt auch tatsächlich nicht mehr ausgeglichen ist, sondern dass das Instrument der haushaltswirtschaftlichen Sperre gerade diesen Tatbestand verhindern soll. Es muss gehandelt werden, sobald sich eine Gefährdung des Haushaltsausgleichs abzeichnet.

Der Gemeindevorstand kann die von ihm verhängte haushaltswirtschaftliche Sperre natürlich selbst ganz oder teilweise wieder aufheben oder modifizieren. Dieses ergibt sich zwangsläufig aus der Ermächtigung, die Sperre auszusprechen. Ansonsten endet die Sperre, sobald die betroffene haushaltsrechtliche Ermächtigung erlischt, also i. d. R. mit dem Ablauf des Haushaltsjahres (Nr. 3 Hw. zu § 107 HGO). Allerdings wird man davon ausgehen müssen, dass, soweit Ermächtigungen über das Haushaltsjahr hinaus fortgelten[485], auch die Sperre fortgilt, sofern sie nicht ausdrücklich aufgehoben wird.

13.3.2 Unterrichtungspflichten gegenüber der Gemeindevertretung

Wie bereits oben dargestellt, bestimmt die Gemeindevertretung durch den Haushaltsplan die finanzpolitischen Richtlinien für die Verwaltung, gleichzeitig ermächtigt der Haushaltsplan die Verwaltung, Aufwendungen und Auszahlungen zu leisten und Verpflichtungen einzugehen. Daraus resultiert ein Anspruch der Gemeindevertretung darauf, über die Inanspruchnahme der Ermächtigungen und über gewichtige Verschiebungen des Finanzrahmens informiert zu werden. Eine solche Unterrichtung erfolgt zwar generell mit der Vorlage des Jahresabschlusses im folgenden oder sogar übernächsten Jahr (vgl. § 114 Abs. 1 HGO), was aber keine Reaktionen der Gemeindevertretung mit Wirkung für das aktuelle Jahr mehr zulässt. § 28 GemHVO normiert daher eine Berichtspflicht für

---

[485] Vgl. Ziffer 7.4.4, Übertragbarkeit.

das laufende Haushaltsjahr, die in regelmäßige und anlassbezogene Unterrichtungspflichten differenziert.

Nach § 28 Abs. 1 GemHVO ist die Gemeindevertretung mehrmals jährlich über den Haushaltsvollzug zu unterrichten. Ein regelmäßiges Berichtswesen ist für die Steuerung und Kontrolle des Haushaltsvollzugs unverzichtbar. In den Berichten ist auch darzustellen, inwieweit die Produkt-, Leistungs- und sonstigen Ziele, die sich aus § 4 Abs. 2 letzter Satz GemHVO ergeben, erreicht werden (vgl. Nr. 1 Hw. zu § 28 GemHVO).

Die Anzahl der jährlichen Berichte ist von den örtlichen Verhältnissen abhängig. Der Gemeindevorstand hat der Gemeindevertretung mindestens zweimal im Haushaltsjahr einen Bericht vorzulegen. Die Berichte sind so zeitgerecht vorzulegen, dass die Gemeindevertretung noch in der Lage ist, Maßnahmen mit finanziellen Auswirkungen auf das laufende Haushaltsjahr zu beschließen (Nr. 2 Hw. zu § 28 GemHVO).

Anlassbezogen ist der Gemeindevertretung nach § 28 Abs. 2 GemHVO unverzüglich zu berichten, wenn sich das geplante Ergebnis des Ergebnishaushalts oder des Finanzhaushalts wesentlich verschlechtert oder wenn sich die Gesamtauszahlungen einer Maßnahme der Teilfinanzhaushalte (Investitions- oder Investitionsförderungsmaßnahme) wesentlich erhöhen werden. Durch Nr. 3 der Hw. zu § 28 GemHVO wird gefordert, dass das regelmäßige Berichtswesen nach § 28 Abs. 1 GemHVO eine Gefährdung des Haushaltsvollzugs entsprechend § 28 Abs. 2 Nrn. 1 und 2 GemHVO frühzeitig erkennen lassen soll.

• Ergebnisverschlechterung

Der Gemeindevorstand muss die Gemeindevertretung unverzüglich unterrichten, wenn sich abzeichnet, dass sich das geplante Ergebnis des Ergebnishaushalts (Zeile 30 des Muster 7 zur GemHVO oder des Finanzhaushalts (Zeile 34 des Muster 8 bzw. Zeile 19 des Muster 9 zur GemHVO) wesentlich verschlechtert. Dies erfolgt unabhängig davon, ob der Gemeindevorstand eine haushaltswirtschaftliche Sperre nach § 107 HGO erlassen hat oder nicht. Was jeweils als wesentlich anzusehen ist, muss die Gemeinde nach eigenem Ermessen aufgrund ihrer örtlichen Situation festlegen.

Wenn eine haushaltswirtschaftliche Sperre nach § 107 HGO erlassen wurde, liegen dieser, wie oben ausgeführt, Umstände zu Grunde, die einer Ergebnisverschlechterung entsprechen. Daher ist in diesen Fällen immer auch die Unterrichtungspflicht gegeben.

Die Situation, dass eine wesentliche Ergebnisverschlechterung eintritt, ohne dass eine haushaltswirtschaftliche Sperre nach § 107 HGO ausgesprochen wird, kann z. B. im letzten Quartal des Haushaltsjahres eintreten, wenn eine haushaltswirtschaftliche Sperre keine Wirkung mehr entfalten kann, weil über die Ansätze weitgehend verfügt ist, oder wenn im Haushalt der Gemeinde überhaupt nur Ansätze enthalten sind, denen eine zwingende rechtliche Verpflichtung zu Grunde liegt.

- Wesentliche Erhöhung der Gesamtauszahlungen einer Investitionsmaßnahme eines Teilfinanzhaushaltes

Die Selbstverwaltung einer Gemeinde zeigt sich nicht zuletzt an der Investitionskapazität. Hier trifft die Gemeindevertretung im Rahmen des Haushaltsplanes noch auf echte Handlungsalternativen und kann politisch entscheiden. Die Entscheidung zeigt sich letztlich in der Veranschlagung der einzelnen Investitionsmaßnahmen in den Teilfinanzhaushalten. Werden die veranschlagten Auszahlungen wesentlich überschritten, ist die Gemeindevertretung darüber unverzüglich zu informieren. Der Begriff „wesentlich" ist auch hier von jeder Gemeinde auszulegen. In der Praxis werden konkrete Regelungen entweder in die Hauptsatzung oder Haushaltssatzung aufgenommen bzw. im Rahmen eines einfachen Beschlusses der Gemeindevertretung festgelegt. Dies erfolgt entweder durch prozentuale Festlegungen oder Festbeträge oder als Kombination beider Möglichkeiten.

Die Unterrichtung der Gemeindevertretung erfolgt durch den Gemeindevorstand.

13.4   Erhebung von Einzahlungen[486]

13.4.1   Erfassung der Erträge und rechtzeitige Einziehung der Forderungen

Wie schon mehrfach beschrieben, stehen über der gesamten Haushaltswirtschaft die oberste Grundsätze der Wirtschaftlichkeit und Sparsamkeit und des Haushaltsausgleichs (§ 92 Abs. 2 und 3 HGO). Ein Aspekt dieses Prinzips ist der Auftrag des § 26 GemHVO, die Erträge vollständig zu erfassen und die Forderungen rechtzeitig einzuziehen, siehe auch Hw. zu § 26 GemHVO. Als Forderung ist jeder auf die Zahlung von Geld gerichtete Anspruch zu verstehen. Die Gemeinde muss darauf bedacht sein, dass die Einzahlungen bei Fälligkeit auch auf den Konten der Gemeindekasse eingehen. Dieses bringt auf der einen Seite Zinsgewinne durch Guthaben auf den Girokonten bzw. durch angelegte Festgelder. Auf der anderen Seite wird die Kasse möglichst liquide gehalten, so dass Zinsaufwendungen für Kassenkredite vermieden bzw. verringert werden. Darin zeigt sich konkret ein Aspekt des wirtschaftlichen Verhaltens der Gemeinde. Diese Aufgabenstellung wird heute auch als „Forderungsmanagement" bezeichnet.

Die Aufgabe der Forderungseinziehung, also die Realisierung des Zahlungsanspruches, trifft natürlich primär die Gemeindekasse (s. u. Ziffer 13.6.1), die die Einzahlungen notfalls per Zwang einzuziehen hat. Ohne Annahmeanordnung (s. u. Ziffer 13.6.2) der Fachdienststellen der Verwaltung hat aber die Gemeindekasse keine Kenntnis über die Höhe und Fälligkeit eines Betrages, sodass zunächst einmal die rechtlichen Voraussetzungen für die Einziehung von Einzahlungen durch die mittelverwaltenden Stellen geschaffen werden müssen.

---

[486] Der Begriff „Einzahlungen" wird in dieser Ziffer aus Vereinfachungsgründen zusammenfassend sowohl für die (einzahlungswirksamen) Erträge des Ergebnishaushaltes als auch für die Einzahlungen des Finanzhaushaltes verwendet.

Aber nicht nur die mittelbewirtschaftenden Stellen sind durch § 26 GemHVO angesprochen. Vielmehr muss die Verwaltung auch die rechtlichen Voraussetzungen zur Begründung der Einzahlungen rechtzeitig, d. h. frühestmöglich im Haushaltsjahr schaffen. Z. B. müssen Erschließungsbeiträge abgerechnet, Zuweisungen beantragt und abgerufen oder Gebühren kostendeckend kalkuliert und erhoben werden, siehe auch Nr. 1 Hw. zu § 26 GemHVO.

Auch der Finanzverwaltung als zentraler Stelle kommt in diesem Bereich eine wichtige Funktion zu. Sie hat vor allem die allgemeinen Deckungsmittel, insbesondere die Krediteinzahlungen, so zeitig zu beschaffen, dass die Kasse die anfallenden Auszahlungen ohne Überziehung ihrer Konten leisten kann.

Die Einziehung der Einzahlungen ist nicht durch den Haushaltsansatz der entsprechenden Haushaltsposition begrenzt. Es bestehen weder rechtliche noch praktische Bedenken, höhere Beträge einzuziehen, als im Haushaltsplan veranschlagt sind. Die zusätzlichen Einzahlungen bedürfen auch keiner Bewilligung, weil sie keine Gefährdung des Haushaltsausgleichs bedeuten, sondern diesen sogar begünstigen. Steht für eine Einzahlungsart im Haushaltsplan keine entsprechende Buchungsstelle (Produktkonto) zur Verfügung, kann die Finanzverwaltung ohne Weiteres eine solche einrichten.

13.4.2 Überwachung der Einzahlungen

Aus der Verpflichtung zur vollständigen Erfassung der Erträge, die der Gemeinde zustehen und dem rechtzeitigen Einzug der Forderungen leitet sich die Verpflichtung ab, den Eingang der Einzahlungen zu überwachen. Diese Überwachungsfunktion obliegt der Gemeindekasse. Sie erhält die Annahmeanordnungen und übernimmt die Beträge als Forderungen in die entsprechenden Bücher bzw. Konten. Bei einem Zahlungseingang erfolgt dann die entsprechende Ausgleichsbuchung. Durch sog. „Offene-Posten-Listen" kann jederzeit nachverfolgt werden, welche fällig gewordenen Forderungen noch nicht ausgeglichen sind.

Daneben haben natürlich die mittelverwaltenden Stellen Interesse am Zahlungseingang. Im Einzelfall wollen auch sie Schlüsse aus der Zahlungsmoral von Dritten ziehen (z. B. kein Verkauf von Stadtplänen an zahlungsunfähige Buchhandlungen). Aus dieser praktischen Erwägung heraus hat die Gemeindekasse die mittelbewirtschaftenden Stellen über Besonderheiten beim Zahlungseingang zu unterrichten. Regelmäßig werden dafür in den Gemeinden konkrete Regelungen in Dienstanweisungen aufgenommen. Bei Bedarf werden auch die zuständigen Sachbearbeiter der mittelbewirtschaftenden Stellen den tatsächlichen Eingang einer Forderung mit Hilfe der Datenverarbeitung verfolgen.

Vor allem bei größeren Forderungen wird sich auch die Finanzverwaltung wegen der Auswirkungen auf den Gesamthaushalt einschalten. In der Praxis enthalten die Dienstanweisungen für die Gemeindekasse regelmäßig Regelungen über Berichtspflichten der Kasse gegenüber der Finanzverwaltung.

13.4.3   Kleinbeträge

Im privaten Rechtsverkehr ist es üblich, auf die Einziehung von geringfügigen Beträgen zu verzichten, vor allem dann, wenn die Kosten der Einziehung größer sind als die Forderung selbst. Diese Überlegungen gibt es auch auf Gemeindeebene, wo das Prinzip der Wirtschaftlichkeit gemäß § 92 Abs. 2 HGO konkret anzuwenden ist. Beim Verzicht auf den Einzug von Einzahlungen bedeutet dieses, dass die mittelbewirtschaftenden Stellen erst gar keine Annahmeanordnungen fertigen, sondern in den Akten (Büroverfügung) den Verzicht begründen. Die Kasse erhält von solchen Entscheidungen keine Kenntnis. Diese Möglichkeit ist nicht mit einer Niederschlagung oder einem Erlass (s. u.) zu verwechseln, weil dort zunächst eine Buchung der Forderung durch Annahmeanordnung erfolgt.

§ 31 GemHVO sieht folglich auch die Möglichkeit vor, auf die Einziehung von Beträgen unter 10 € zu verzichten. Da aber die Forderungen der Gemeinde unterschiedlicher Rechtsnatur sind (öffentlich-rechtlich und privatrechtlich in den verschiedenen Unterarten), ist zunächst zu untersuchen, auf welche Einzahlungsarten § 31 GemHVO Anwendung findet.

Im Hinblick auf die Rechtsgrundlagen ergibt sich dabei folgender Überblick:[487]

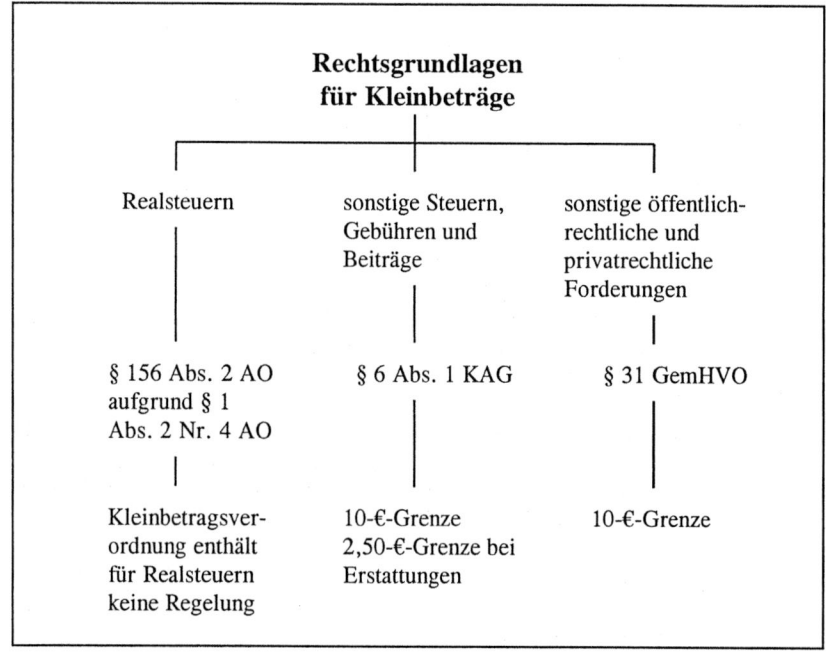

**Rechtsgrundlagen
für Kleinbeträge**

Realsteuern	sonstige Steuern, Gebühren und Beiträge	sonstige öffentlich-rechtliche und privatrechtliche Forderungen
§ 156 Abs. 2 AO aufgrund § 1 Abs. 2 Nr. 4 AO	§ 6 Abs. 1 KAG	§ 31 GemHVO
Kleinbetragsverordnung enthält für Realsteuern keine Regelung	10-€-Grenze 2,50-€-Grenze bei Erstattungen	10-€-Grenze

---

[487] Siehe auch Hw. zu § 31 GemHVO.

Gemäß § 1 Abs. 2 Nr. 4 AO sind die Bestimmungen des § 156 AO auch für die Grund- und Gewerbesteuern der Gemeinde (Realsteuern) anwendbar. Als Bundesrecht geht diese Bestimmung sowohl dem Kommunalabgabengesetz als auch der Gemeindehaushaltsverordnung vor. § 156 Abs. 1 Nr. 1 AO gibt dem Bundesfinanzminister die Ermächtigung, eine konkrete Betrags-Grenze für Kleinbeträge festzusetzen, allerdings höchstens bis zu 10 €. Die Bestimmungen des § 1 der Kleinbetragsverordnung vom 19. Dezember 2000 (BGBl. I S. 1790, 1805) sehen zwar für eine Reihe von Steuerarten Kleinbetragsregelungen vor, nicht aber für die Grund- und Gewerbesteuer[488]. Insofern besteht für die Realsteuern keine spezielle Kleinbetragsregelung.

Unabhängig davon besteht nach § 156 Abs. 2 AO die Möglichkeit, auf die Einziehung einer Realsteuereinzahlung zu verzichten, wenn die Kosten der Einziehung außer Verhältnis zur Einzahlungshöhe stehen. Hierbei ist der Betrag nicht entscheidend.

Das Kommunalabgabengesetz ist die Rechtsgrundlage für alle gemeindlichen Abgaben, soweit spezielle bundes- oder landesrechtliche Regelungen dieses nicht einschränken (§ 1 Abs. 1 KAG). Für die Kleinbeträge der Realsteuern ist – wie oben dargestellt – zunächst die Abgabenordnung anzuwenden, sodass § 6 KAG für die verbleibenden Gemeindesteuern sowie für Gebühren und Beiträge anzuwenden ist. Für die auf Grund anderer Gesetze zu erhebenden Abgaben, dazu gehören auch die Realsteuern und die Erschließungsbeiträge nach Baugesetzbuch, bestimmt § 1 Abs. 2 KAG ausdrücklich, dass die Vorschriften (u. a.) des § 6 KAG auch hier gelten, sofern die anderen Gesetze keine Regelungen treffen. Wie oben festgestellt, triff die AO keine Regelungen über Kleinbeträge bei den Realsteuern. Daher kann die Vorschrift des § 6 Abs. 1 KAG auch für die Realsteuern herangezogen werden.

Gemäß § 6 KAG kann davon abgesehen werden, kommunale Abgaben festzusetzen, zu erheben oder nachzufordern, wenn der Betrag niedriger ist als zehn Euro. Von einer Erstattung kann abgesehen werden, wenn der Betrag niedriger ist als 2,50 Euro.

§ 31 GemHVO (als Rechtsverordnung auch gegenüber dem Kommunalabgabengesetz als formelles Recht nachrangig) kann somit nur noch die sonstigen öffentlich-rechtlichen Forderungen wie z. B. aus öffentlich-rechtlichen Verträgen und im Wesentlichen die privatrechtlichen Einzahlungen umfassen. Die Grenze für Kleinbeträge liegt hier bei 10 €.

Bei den §§ 6 KAG und 31 GemHVO handelt es sich um „Kann-Vorschriften". Es liegt also im pflichtgemäßen Ermessen der Gemeinde, ob auf die Einziehung verzichtet wird. Allerdings verengt sich der Ermessensspielraum bei einmal erfolgten positiven Entscheidungen durch den Gleichbehandlungsgrundsatz. Sofern die Einziehung von Kleinbeträgen aus grundsätzlichen Erwägungen geboten ist (z. B. bei Buß- oder Verwarnungsgeldern sowie bei Verwaltungsgebühren und Eintrittsentgelten, aber auch bei Säumniszuschlägen und Vollstreckungskosten – ein Verzicht würde hier dem Sinn der Einzahlung widersprechen) sind die Gemeinden verpflichtet, auch Kleinbeträge einzuziehen.

---

[488] Die Festsetzung eines Kleinbetrages von 2,00 € in § 2 der Kleinbetragsverordnung bezieht sich nur auf den Gewerbesteuermessbetrag, den das Finanzamt festsetzt, und nicht auf die Gewerbesteuer selbst.

Zwischen den juristischen Personen des öffentlichen Rechts können gemäß § 31 Satz 2 GemHVO im Falle der Gegenseitigkeit abweichende Regelungen getroffen werden, nach denen auch höhere Beträge nicht festgesetzt und angefordert werden. Dieses ist aber nicht im Rahmen der Abgabenordnung und des Kommunalabgabengesetzes möglich, weil dort die Ermächtigungsgrundlagen fehlen. Lediglich § 31 GemHVO lässt dieses zu, somit also nur für den Bereich der sonstigen öffentlich-rechtlichen Forderungen sowie privatrechtlichen Ansprüche. Auf Grund der Bestimmungen der Bundes- und Landeshaushaltsordnungen werden Forderungen zwischen Bund und Ländern bis zu bestimmten Beträgen nicht festgesetzt. Die Gemeinden sind in diese Regelungen nicht einbezogen. Sie könnten aber mit Bund und Ländern sowie untereinander entsprechende Vereinbarungen abschließen. Allerdings sind solche Absprachen bisher nicht bekannt und auch weitgehend überflüssig, weil der Zahlungsverkehr in diesem Bereich doch nicht sehr umfangreich ist bzw. sich nicht in geringfügigen Größenordnungen abspielt.

Die Kleinbetragsregelungen orientieren sich an den Kosten der Einziehung von Einzahlungen. Berechnungen der Praxis haben ergeben, dass erst die Einziehung von Einzahlungen ab einem bestimmten Betrag wirtschaftlich sinnvoll ist.

13.4.4   Rundungen

In früheren Zeiten des überwiegenden Bargeldverkehrs gab es bei den Gemeindekassen oft Engpässe, vor allem wenn Pfennige als Wechselgeld benötigt wurden. Es bestand somit ein Bedarf, die Forderungen der Gemeinden abrunden zu können (Rundung nach unten zu Gunsten des Schuldners). Heute im Zeitalter des bargeldlosen Verkehrs erübrigt sich eigentlich eine solche Möglichkeit, weil es für die Beteiligten rechtlich und praktisch ohne Bedeutung ist, ob die Überweisung einer Forderung nun z. B. mit 141,28 € oder 141,20 € erfolgt. Auch bei der DV-Bearbeitung ist dieses ohne Belang.

Die GemHVO hat deshalb darauf verzichtet, Abrundungsmöglichkeiten bei Forderungen vorzusehen. Allerdings sind im Kommunalabgabengesetz Vorschriften über Rundungen enthalten, was aus den oben geschilderten Gründen jedoch unverständlich ist.

Der nachstehende Überblick reicht wegen der geringen praktischen Bedeutung für die Gesamtdarstellung aus.

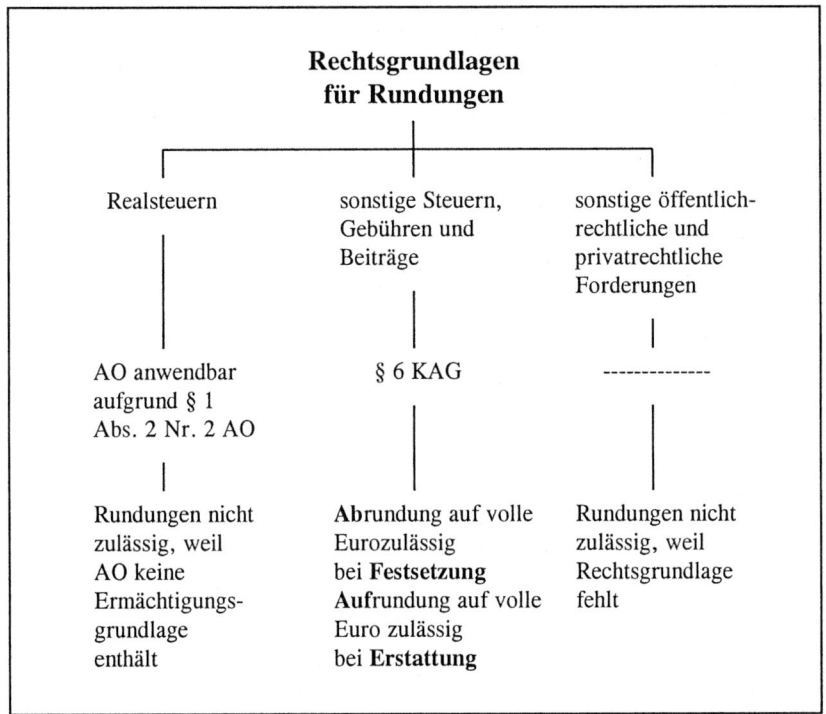

Rechtsgrundlagen für Rundungen

Realsteuern	sonstige Steuern, Gebühren und Beiträge	sonstige öffentlich-rechtliche und privatrechtliche Forderungen
AO anwendbar aufgrund § 1 Abs. 2 Nr. 2 AO	§ 6 KAG	--------------
Rundungen nicht zulässig, weil AO keine Ermächtigungs-grundlage enthält	**Abrundung auf volle Euro**zulässig bei **Festsetzung** **Aufrundung auf volle Euro zulässig** bei **Erstattung**	Rundungen nicht zulässig, weil Rechtsgrundlage fehlt

13.4.5 Übung

Sachverhalt

Die zuständigen Dienststellen der Gemeinde G möchten auf die Erhebung der nach-stehenden Forderungen aus Kostengründen (Einziehungskosten sind größer als die Forderungsbeträge) verzichten:

a) Kanalbenutzungsgebühr   2,38 €
b) Gewerbesteuer   9,24 €
c) Mietrestforderung   7,93 €
d) Restforderung aus Erschließungsbeitrag   11,22 €

Aufgaben:

5.1 Ist der jeweilige Verzicht auf die Erhebung zulässig?

5.2 Können die im Sachverhalt genannten Forderungen auch auf volle Euro abgerundet werden?

5.3 Wie wäre der Sachverhalt zu behandeln, wenn es sich bei a) und d) um Erstattungs-beträge handeln würde?

Lösung:

Bei den Forderungen des Sachverhaltes handelt es sich um unterschiedliche Einzahlungsarten, sodass jede Forderung für sich zu betrachten ist. Entscheidend für die Lösung ist das Auffinden der entsprechenden Rechtsgrundlage. Dabei besteht dieselbe Normengruppe sowohl für die Erhebung von Kleinbeträgen als auch für die bei Aufgabe 5.2 angesprochene Problematik der Rundungen. Aus diesem Grunde ist es angebracht, die Aufgaben 5.1 und 5.2 im Zusammenhang zu lösen.

a)   Kanalbenutzungsgebühr

Es handelt sich um eine öffentlich-rechtliche Benutzungsgebühr i. S. d. § 10 KAG, somit um eine Abgabe gemäß § 1 Abs. 1 KAG. Bundes- und landesrechtliche Spezialvorschriften gibt es für diesen Bereich nicht, sodass das Kommunalabgabengesetz anzuwenden ist. Als formelles Landesgesetz geht es der Gemeindehaushaltsverordnung vor.

Gemäß § 6 Abs. 1 KAG kann auf Forderungen unter 10 € verzichtet werden, so dass die Gemeinde die Kanalbenutzungsgebühr von 2,38 € nicht zu erheben braucht. Eine Abrundung der Forderung könnte gemäß § 6 Abs. 2 KAG auf volle Euro und damit auf 2,00 € erfolgen.

b)   Gewerbesteuer

Gemäß § 1 Abs. 2 Nr. 4 AO sind die Bestimmungen der Abgabenordnung über die Durchführung der Besteuerung auch auf die Realsteuern, zu denen die Gewerbesteuer gemäß § 3 Abs. 2 AO zählt, anzuwenden. § 156 AO beinhaltet dann auch konkrete Regelungen über Kleinbeträge. Die nach § 156 Abs. 1 Nr. 1 AO erlassene Kleinbetragsverordnung vom 19.12.2000 enthält für eine Reihe von Steuern Ermächtigungen zum Erhebungsverzicht bei Kleinbeträgen. Die Gewerbesteuer ist allerdings in diesem Katalog nicht enthalten, sodass ein genereller Verzicht auf den Kleinbetrag nicht möglich ist. Allerdings kann nach § 156 Abs. 2 AO auf die Festsetzung der Steuern verzichtet werden, wenn die Kosten der Einziehung in keinem Verhältnis zur Steuerforderung stehen, was laut Sachverhalt vorliegt.

Für Rundungen enthält die AO dagegen keine Ermächtigungsgrundlage, sodass eine solche unzulässig ist. Insofern ist die Gemeinde, wenn sie nicht auf die Erhebung verzichten will, verpflichtet, die Gewerbesteuerforderung in voller Höhe und damit auf 9,24 € festzusetzen.

c)   Mietrestforderung

Es handelt sich um eine privatrechtliche Forderung, so dass weder die Abgabenordnung noch das Kommunalabgabengesetz anwendbar sind. Beide gelten nur bei öffentlich-rechtlichen Forderungen. Es verbleibt somit die Regelung des § 31 GemHVO. Danach kann nur auf Forderungen unter 10 € verzichtet werden, sodass die hier bestehende Mietrestforderung von 7,93 € nicht festgesetzt und erhoben werden muss.

Falls die Gemeinde aus grundsätzlichen Erwägungen dennoch die Mietrestforderung einziehen will, ist eine Abrundung jedoch unzulässig, weil eine gesetzliche Ermächtigung für Forderungen des Privatrechts nicht vorliegt. Die Festsetzung würde dann 7,93 € betragen.

d) Restforderung aus Erschließungsbeitrag

Gemäß § 1 Abs. 1 KAG zählen auch die Beiträge zu den Abgaben. Soweit bundes- und landesrechtliche Gesetze nichts anderes regeln, ist das Kommunalabgabengesetz anwendbar. Erschließungsbeiträge werden auf Grund der §§ 127 ff. BauGB erhoben, sodass zunächst die Vorschriften dieses Gesetzes zu prüfen sind. Lediglich § 135 Abs. 5 BauGB enthält eine Regelung über die Nichtfestsetzung von Erschließungsbeiträgen, allerdings nur in den Fällen des Vorliegens öffentlichen Interesses und unbilliger Härten. Hier geht es um das wirtschaftliche Interesse der Gemeinde, sodass die Regelung des Bundesbaugesetzes nicht zutrifft. Auch Regelungen über die Rundung von Erschließungsbeiträgen enthält das Baugesetzbuch nicht.

Somit ist gemäß § 1 Abs. 2 KAG das Kommunalabgabengesetz anwendbar. Wie bei der Lösung zu a) dargestellt, kann gemäß § 6 KAG sowohl auf die Festsetzung von Beträgen bis 10 € verzichtet werden, als auch eine Abrundung auf volle Euro erfolgen. Der Erschließungsbeitrag von 11,22 € muss daher festgesetzt und eingezogen werden, er kann jedoch auf 11,00 € abgerundet werden. Die Abgabenordnung kommt in diesem Fall nicht in Betracht.

Würde es sich bei dem unter a) genannten Vorgang um eine Erstattung handeln, könnte die Gemeinde von der Auszahlung absehen, da der Betrag niedriger ist als 2,50 Euro (§ 6 Abs. 1 KAG). Würde die Erstattung vorgenommen, könnte der Erstattungsbetrag von 2,38 Euro auf 3,00 Euro aufgerundet werden (§ 6 Abs. 2 KAG).

Würde es sich bei dem unter d) genannten Vorgang um eine Erstattung handeln, müsste die Gemeinde den Betrag von 11,22 Euro erstatten, da er über 2,50 Euro liegt. Sie kann ihn auf 12,00 Euro aufrunden.

13.5   Stundung, Niederschlagung und Erlass

13.5.1   Generelle Begriffsabgrenzungen

Bevor die Materie im Einzelnen dargestellt wird, sind zum Grundverständnis die einzelnen Begriffe zu definieren und voneinander abzugrenzen (siehe auch die Begriffsbestimmungen in § 58 Nrn. 13, 24 und 32 GemHVO).

Stundung:	Gewährung eines Zahlungsaufschubes oder Leistungsaufschubes
Niederschlagung:	Zurückstellung der Weiterverfolgung eines fälligen Anspruchs ohne Verzicht auf den Anspruch selbst
Erlass:	Verzicht auf einen Anspruch

13.5.2   Rechtsgrundlagen

Bei der Bewirtschaftung von Einzahlungen kommt es auf die Art der Einzahlung an, um die zutreffende Rechtsgrundlage zu finden. Dieses wurde bereits beim Problem der Kleinbeträge und Rundungen deutlich (siehe Ziffern 13.4.3 und 13.4.4), sodass an dieser Stelle nicht noch einmal die Begründungen für die unterschiedlichen Rechtsgrundlagen zu wiederholen sind. Es reicht deshalb der nachstehende Überblick, wobei die in einigen Gesetzen enthaltenen Spezialregelungen (z. B. §§ 32 und 33 GrStG, § 42 SGB I für soziale Leistungen) der Behandlung der Spezialliteratur vorbehalten sind.

**Übersicht über die Rechtsgrundlagen
von Stundung, Niederschlagung und Erlass[489]**

	Realsteuern	sonstige Steuern, Gebühren, Beiträge	privatrechtliche und sonstige öffentlich-rechtliche Forderungen
Stundung	§§ 222, 234, 238, 239, 241 - 248 AO i. V. m. § 1 Abs. 2 Nr. 5 AO	§§ 222, 234, 238, 239, 241 - 248 AO i. V. m. § 4 Abs. 1 Nr. 5 KAG bei einmaligen Beiträgen nach § 11 KAG auch unmittelbar aufgrund § 11 Abs. 12 KAG	§ 30 Abs. 1 GemHVO mit Hinweisen
Nieder-schlagung	§ 261 AO i. V. m. § 4 Abs. 1 Nr. 6 KAG	§ 261 AO i. V. m. § 4 Abs. 1 Nr. 6 KAG	§ 30 Abs. 2 GemHVO mit Hinweisen
Erlass	§§ 47, 227 AO i. V. m. § 1 Abs. 2 Nr. 2 bzw. Nr. 5 AO	§§ 47, 227 AO i. V. m. § 4 Abs. 1 Nr. 2b bzw. Nr. 5a KAG	§ 30 Abs. 3 GemHVO mit Hinweisen

Für Übungen im Auffinden der zuständigen Rechtsnorm bieten sich sinngemäß die Fälle des Sachverhalts Nr. 5 bei 13.4.5 an, bei denen ähnliche Probleme für Kleinbeträge und Rundungen anstanden.

13.5.3   Stundung

13.5.3.1   Voraussetzungen

Die Vorschriften über die Stundung in den §§ 222 AO und 30 Abs. 1 GemHVO stimmen textlich weitgehend überein. § 222 AO enthält lediglich noch folgenden zusätzlichen Text: „Die Stundung soll in der Regel auf Antrag und gegen Sicherheitsleistung erfol-

---

[489] Siehe auch Nr. 11 Hw. zu § 30 GemHVO.

gen". Dazu kommt noch § 234 AO mit der Regelung der Verzinsungspflicht gestundeter Beträge, während diese Bestimmung unmittelbar in den § 30 Abs. 1 GemHVO eingearbeitet ist. Wegen der weitgehenden Gleichheit der Vorschriften kann die Materie gemeinsam für alle Forderungsarten behandelt werden, zumal auch bei Stundungen nach § 30 Abs. 1 GemHVO von den Gemeinden im Bedarfsfall Sicherheiten verlangt werden, siehe auch Nr. 3 Hw. zu § 30 GemHVO.

Wie bereits bei der generellen Definition angesprochen, bedeutet eine Stundung die Gewährung eines Zahlungs- oder Leistungsaufschubs, somit die Hinausschiebung eines Fälligkeitstermins. Ob nun der Fälligkeitstermin für die Gesamtforderung verschoben oder ob Ratenzahlung gewährt wird, richtet sich nach der Notwendigkeit des Einzelfalles. In der Praxis werden überwiegend Ratenzahlungen gewährt, weil die Schuldner die Zahlung wegen ihrer Höhe nicht auf einmal leisten können. Denkbar wäre aber auch ein Gesamtaufschub, z. B. wenn ein Schuldner erst zu einem bestimmten Termin über die notwendigen Zahlungsmittel verfügt.

Die Stundung wird regelmäßig vom Zahlungspflichtigen beantragt, weil dieser Interesse am Zahlungsaufschub hat. Die Stundungsbewilligung erfolgt überwiegend in der Form des Verwaltungsaktes als Stundungsbescheid, auch wenn nach den Vorschriften des § 31 Abs. 1 GemHVO entschieden wird; es sei denn, es handelt sich um eine rein privatrechtliche Forderung, dann ist auch die Stundung in privatrechtlicher Vertragsform zu bewilligen.

Eine Stundung ist nur zulässig, wenn die Einziehung von Ansprüchen eine erhebliche Härte für den Schuldner bedeuten würde und der Anspruch durch die Stundung nicht gefährdet erscheint. Die „erhebliche Härte für den Schuldner" ist im konkreten Einzelfall zu beurteilen. Sie kann z. B. dann vorliegen, wenn auf Grund ungünstiger wirtschaftlicher Verhältnisse der Schuldner sich vorübergehend in ernsthaften Zahlungsschwierigkeiten befindet oder eine fristgerechte Einziehung der Forderung dieses bewirken würde. Das ist sicherlich z. B. immer dann gegeben, wenn die Existenz eines Unternehmens dadurch gefährdet würde. Zahlungsunwillige sowie notorische Nichtzahler erfüllen die Voraussetzungen dagegen nicht.

Wie bereits erwähnt, darf als weitere Voraussetzung der Anspruch nicht gefährdet werden. Es dürfen also keine Anzeichen dafür vorhanden sein, dass z. B. der Schuldner durch die Stundung frei werdende Mittel oder Vermögensgegenstände anderweitig einsetzt. Auch darf der Schuldner die Stundung nicht dazu benutzen, sich durch Wohnsitzwechsel oder wegen des Fehlens eines festen Wohnsitzes seinen Verpflichtungen und damit dem Zugriff der Gemeinde zu entziehen. Eine Entscheidung kann nur im pflichtgemäßen Ermessen in jedem Einzelfall getroffen werden.

Regelmäßig hat der Schuldner eine entsprechende Sicherheitsleistung zu erbringen, so z. B. durch Bürgschaften, Abtretungen, Sicherheitsübereignungen oder gar durch Hypotheken und Grundschulden. Dadurch wird das Stundungsrisiko (Forderungsausfall) für die Gemeinde verringert.

Nach Nr. 2 der Hw. zu § 30 GemHVO sollten Stundungen grundsätzlich unter dem Vorbehalt des jederzeitigen Widerrufs ausgesprochen werden, weil nicht ausgeschlossen werden kann, dass während der Stundungsfrist Tatsachen bekannt werden, die die Forderung als gefährdet erscheinen lassen.

Durch die Novellierung des KAG mit Gesetz vom 21.11.2012 wurde ein spezieller Stundungstatbestand für einmalige Beiträge (siehe zum Beitragsrecht Ziffer 2.3.3) in § 11 Abs. 12 KAG eingeführt. Danach soll bei einmaligen Beiträgen auf Antrag eine Zahlung in Raten eingeräumt werden, wenn die Beitragsschuldnerin oder der Beitragsschuldner ein berechtigtes Interesse nachweist. Der Antrag ist vor Fälligkeit des Beitrags zu stellen. Höhe und Fälligkeit der Rate werden durch Bescheid bestimmt, wobei die Beitragsschuld in bis zu fünf aufeinander folgenden Jahresraten zu begleichen ist. Der jeweilige Restbetrag ist jährlich mit höchstens 3 Prozent über dem zu Beginn des Jahres geltenden Basiszinssatz nach § 247 des Bürgerlichen Gesetzbuches zu verzinsen. In der Gesetzesbegründung heißt es dazu u. a.: Der neue Abs. 12 ermöglicht eine Stundung und Ratenzahlung. Diese spezielle Stundungsregelung findet neben dem allgemeinen Stundungstatbestand nach § 4 Abs. 1 Nr. 5 a i. V. m. § 222 AO Anwendung. Sie gilt nur für einmalige Beiträge und nicht für wiederkehrende Beiträge, die nach § 222 AO zu stunden sind. Im Stundungsantrag muss ein berechtigtes Interesse dargelegt werden, sodass nicht jedermann diese Stundung in Anspruch nehmen kann. Insbesondere können die finanzielle Leistungsfähigkeit des Beitragspflichtigen und soziale Gesichtspunkte berücksichtigt werden. Die Regelung führt zum einen zu einer zeitlichen Streckung der Beitragsschuld, zum anderen beschränkt sie die Stundung auf einen für den Beitragsberechtigten absehbaren Zeitraum.

13.5.3.2   Verzinsung der gestundeten Forderungen

Sowohl § 234 AO als auch § 30 Abs. 1 GemHVO sehen vor, dass die gestundeten Beträge zu verzinsen sind. Damit soll die Gemeinde vor allem für den Zinsverlust, verursacht durch die ausstehende Einzahlung, entschädigt werden. Die Verzinsung hat aber auch die Bedeutung, dass der Schuldner sich genau zu überlegen hat, ob er eine Stundung beantragt, weil diese mit zusätzlichen Kosten verbunden ist. Die Stundung soll damit keine kostengünstige Alternative zu einem Kapitalmarktkredit sein.

§ 238 AO sieht eine Verzinsung von 0,5 % für jeden vollen Monat vor, wobei jede Forderung auf den nächsten durch 50 € teilbaren Betrag abzurunden ist. Dagegen spricht § 30 Abs. 1 GemHVO nur von einer angemessenen Verzinsung, ohne konkrete Prozentsätze zu nennen. Gemäß Nr. 4 Hw. zu § 30 GemHVO kann ein Zinssatz von drei Prozentpunkten über dem jeweiligen Basiszins (§ 247 BGB) der Europäischen Zentralbank (EZB) als angemessen angesehen werden.

Zur Verzinsung bei der Stundung von einmaligen Beiträgen nach § 11 Abs. 12 KAG wird auf die vorhergehende Ziffer verwiesen.

Auf die Verzinsung kann ausnahmsweise verzichtet werden. Einmal ist dieses im Rahmen der Wirtschaftlichkeit allgemein bei Kleinbeträgen gemäß §§ 156 AO in Verbindung mit der Kleinbetragsverordnung, 6 KAG und 31 GemHVO möglich (siehe Ziffer 13.4.3). Zum anderen kann ein Verzicht ausgesprochen werden, wenn die Erhebung der Zinsen eine unbillige Härte bedeuten würde, sodass in diesen Fällen auf die wirtschaftliche Situation des Schuldners abgestellt wird, siehe auch Nr. 5 Hw. zu § 30 GemHVO.

13.5.3.3 Bewilligungsverfahren

Über die Stundungsbewilligung kann nur die Dienstelle innerhalb der Verwaltung (Amt, Abteilung, Fachbereich usw.) entscheiden, die den Anspruch festgesetzt hat. Nur diese verfügt über den Sachbezug. Da der Gemeindekasse jedoch die Einziehung der Forderung obliegt und diese vielleicht sogar schon Maßnahmen der Beitreibung eingeleitet hat, kann die Entscheidung nur in Absprache mit der Kasse erfolgen. Insofern sieht § 15 Abs. 1 GemKVO auch folgerichtig vor, dass Stundungsentscheidungen nur im Benehmen mit der Gemeindekasse zu fällen sind. Nur ausnahmsweise kann die Gemeindekasse selbst mit der Stundungsbearbeitung beauftragt werden, was in der Praxis wegen der Trennung der Anordnungs- und Ausführungsgeschäfte wohl kaum Anwendung findet.

Die Stundungsentscheidung wird der Kasse unverzüglich mitgeteilt. Bei Bewilligung wird eine so genannte Stundungsmitteilung in Schriftform gefertigt. Durch diese Mitteilung wird die Ursprungsanordnung für die jetzt gestundete Forderung in Bezug auf die darin enthaltenen Zahlungstermine geändert. Unterschriftsbefugt für Stundungsmitteilungen ist deshalb auch funktionsbezogen nur derjenige, der die Annahmeanordnung unterzeichnet hat (siehe auch Nr. 1 VV zu § 16 GemKVO a. F.). Eine erneute Kassenanordnung im Sinne von § 6 Abs. 1 GemKVO ist nicht erforderlich.

Durch die Stundung wird die periodenmäßige Zuordnung (vgl. Ziffer 7.3.2) nicht verändert. Die Erträge bzw. Einzahlungen werden am Jahresende in der noch nicht ausgeglichenen Höhe als Forderungen in der Vermögensrechnung (Bilanz) nachgewiesen.

Die einzelnen Zuständigkeiten zwischen Gemeindevertretung und Gemeindevorstand bzw. Gemeindevorstand und Verwaltung sollten durch Grundsatzbeschlüsse, diejenigen innerhalb der Verwaltung sollten in einer Dienstanweisung geregelt werden. Die Zuständigkeitsregelungen werden regelmäßig nach der Höhe der Einzelforderungen festgesetzt, z. B. bis 5.000 € der Amtsleiter (Fachbereichsleiter), über 5.000 € bis 10.000 € der Bürgermeister oder der Dezernent, über 10.000 € bis 50.000 € der Gemeindevorstand. Über größere Beträge entscheidet dann die Gemeindevertretung.

Die Dienstanweisung sollte aber nicht nur die Zuständigkeiten abgrenzen, sondern das gesamte Verfahren regeln, um eine Vereinheitlichung innerhalb der Verwaltung herbeizuführen. Ein Beispiel für eine solche Dienstanweisung ist bei Ziffer 13.5.6 abgedruckt.

13.5.4   Niederschlagung

13.5.4.1   Voraussetzungen

Bei den Steuern, Gebühren und Beiträgen sind auf Grund der Verweisungsregelung des § 4 Abs. 1 Nr. 6 KAG die Vorschriften des § 261 AO anzuwenden. Dies gilt auch für die Realsteuern, da § 261 AO nicht im Verweisungskatalog des § 1 Abs. 2 AO enthalten ist. Sonstige Niederschlagungen von Forderungen der Gemeinde sind nach § 30 Abs. 2 GemHVO zu entscheiden. Beide Vorschriften stimmen jedoch inhaltlich überein, so dass sich eine einheitliche Besprechung anbietet.

Bei einer Niederschlagung handelt es sich um die Rückstellung der Weiterverfolgung eines fälligen Anspruchs ohne Verzicht auf den Anspruch selbst, siehe auch Nr. 6 Hw. zu § 30 GemHVO. Die Niederschlagung ist somit nicht mit der Problematik der Kleinbeträge (siehe Ziffer 13.4.3) oder eines Erlasses (siehe Ziffer 13.5.5) zu verwechseln, weil in diesen Fällen endgültig auf die Einziehung der Forderung verzichtet wird.

Ansprüche dürfen nur niedergeschlagen werden, wenn feststeht, dass die Einziehung keinen Erfolg haben wird oder die Kosten der Einziehung außer Verhältnis zur Höhe des Anspruches stehen. Das Vorliegen dieser Voraussetzungen ist nach Zweckmäßigkeits- und Wirtschaftlichkeitsgesichtspunkten zu prüfen. Die Gemeinde soll bei der Einziehung des Anspruches nicht zu aussichtslosen oder unverhältnismäßig kostspieligen Schritten veranlasst werden.

Die genannten Voraussetzungen richten sich nach objektiven auf den Erfolg der Einziehung bezogenen Kriterien, d. h. wenn die Beitreibung fruchtlos verlaufen ist und auch in absehbarer Zeit keinen Erfolg haben wird oder wenn die Beitreibung nicht möglich ist, weil der Schuldner nicht erreicht werden kann (unbekannter Aufenthaltsort, Firma wurde aufgelöst). Bei der Niederschlagung bleibt die subjektive Lage des Schuldners (erhebliche Härte o. Ä.) außer Betracht.

Um einen Anspruch niederzuschlagen, muss das Vorliegen einer der beiden genannten Voraussetzungen feststehen; die bloße Möglichkeit genügt nicht. Besonders die Erfolglosigkeit der Beitreibung muss durch Tatsachen begründet werden und darf nicht auf Vermutungen fußen.

In Abgrenzung zur Stundung ist noch darauf zu verweisen, dass der Fälligkeitstermin für die Forderung bei einer Niederschlagung bestehen bleibt und nicht wie bei einer Stundung verschoben wird. Die weitere Rechtsverfolgung wird somit nicht aufgehoben, sondern lediglich aufgeschoben. Eine Mitteilung der Niederschlagung an den Schuldner ist nicht erforderlich (Nr. 6 Satz 2 Hw. zu § 30 GemHVO).

13.5.4.2   Arten

Zu unterscheiden ist gemäß § 58 Nr. 24 GemHVO zwischen einer befristeten und einer unbefristeten Niederschlagung.

Bei der **befristeten Niederschlagung** kann von einer Weiterverfolgung des Anspruchs vorläufig abgesehen werden, wenn die Beitreibung **vorübergehend** keinen Erfolg haben würde. Eine Kontrolle über die Fälle der befristeten Niederschlagungen ist wegen der Vorläufigkeit der Maßnahmen notwendig. Durch Nr. 7 Hw. zu § 30 GemHVO werden die Gemeinden angehalten, bei der befristeten Niederschlagung die Ansprüche in Niederschlagungslisten nachzuhalten und dort weiterzuverfolgen. Anhand der Niederschlagungsliste ist die Zahlungsbereitschaft bzw. Zahlungsfähigkeit des Schuldners in angemessenen Zeitabständen zu überprüfen. Dieses sollte zumindest einmal im Haushaltsjahr erfolgen. Gegebenenfalls ist die Verjährung rechtzeitig zu unterbrechen. Insofern erfüllen die Niederschlagungslisten die Funktion einer „Wiedervorlage", wie sie ansonsten im übrigen Geschäftsablauf Anwendung findet.

Eine unbefristete Niederschlagung kommt nur in Frage, wenn die Einziehung wegen der wirtschaftlichen Verhältnisse des Schuldners (z. B. mehrmalige erfolglose Vollstreckungsversuche mit nicht zu erwartender Besserungsaussicht) oder aus anderen Gründen (z. B. Tod, Auflösung der Firma) dauernd ohne Erfolg bleiben wird, siehe auch Nr. 7 Hw. zu § 30 GemHVO. Die unbefristete Niederschlagung ist außerdem zulässig, wenn die Kosten der Beitreibung im Verhältnis zur Höhe des Anspruches zu groß sind. Zu den Kosten der Beitreibung zählt auch der anteilige sonstige Verwaltungsaufwand. Bei einer unbefristeten Niederschlagung darf von einer weiteren Verfolgung des Anspruches abgesehen werden, sodass sich hier die Führung von Niederschlagungslisten erübrigt. Gleichwohl kann es bei Abgabenansprüchen angezeigt sein, zumindest rechtzeitig vor Ablauf der Zahlungsverjährung nach § 228 AO eine Unterbrechungshandlung i. S. d. § 231 AO zu bewirken, um den Anspruch aufrecht zu erhalten, da er durch Eintritt der Zahlungsverjährung erlöschen würde (vgl. § 47 AO).

Sowohl bei der befristeten als auch bei der unbefristeten Niederschlagung ist die Beitreibung der Forderungen erneut zu versuchen, wenn sich Anhaltspunkte dafür ergeben, dass sie Erfolg haben könnte.

13.5.4.3   Praktisches Verfahren

Da die Niederschlagung aus der Sicht der Gemeinde erfolgt, geht ihr kein Antrag des Schuldners voraus. Bei dieser verwaltungsinternen Maßnahme ergeht deshalb auch kein Niederschlagungsbescheid. Das zuständige Fachamt, welches die Forderung per Annahmeanordnung erzeugt hat, entscheidet über die Niederschlagung. Dieses muss natürlich in Zusammenarbeit mit der Gemeindekasse geschehen, weil nur diese über die Informationen der Einziehungsproblematik verfügt.

Buchungstechnisch wird der niedergeschlagene Betrag weiterhin als Ertrag des Haushaltsjahres ausgewiesen, dem er als Ressourcenzuwachs zugeordnet wurde. Die Forderung wird in der Debitorenbuchhaltung ausgebucht und erzeugt eine korrespondierende Aufwendungsbuchung in Form einer Abschreibung auf Forderungen wegen Uneinbringlichkeit (Konto 6671), insbesondere bei unbefristeten Niederschlagungen, oder in Form einer Einzelwertberichtigung beim Konto 6672 in Höhe des voraussichtlichen Forderungsausfalles bei befristeter Niederschlagung, siehe auch Nr. 12 Hw. zu § 30 GemHVO. In beiden Fällen wird das Ergebnis des Ergebnishaushaltes geschmälert.

Wie bei der Stundung sollte das Verfahren im einer Dienstanweisung geregelt werden, die auch die Entscheidungsbefugnisse genau festsetzt. Ein solches Beispiel ist bei Ziffer 13.5.6 abgedruckt.

13.5.4.4   Pauschalwertberichtigung

Die Pauschalwertberichtigung ist eine summarische Bereinigung von Forderungen, die hinsichtlich ihres Einganges zweifelhaft erscheinen. Die seitherige kamerale Haushaltswirtschaft hatte hierfür den Begriff der pauschalen Niederschlagung verwendet.

Da die Pauschalwertberichtigung keine einzelne konkrete Forderung betrifft und insofern nicht als Niederschlagung anzusehen ist, wird sie hier nicht weiter behandelt, auf die entsprechenden Ausführungen in Ziffer 17.2.3.1 wird verwiesen.

13.5.5   Erlass

13.5.5.1   Voraussetzungen

Der Erlass einer Forderung bedeutet den endgültigen Verzicht auf den Anspruch. Rechtsgrundlagen können die § 227 AO und § 30 Abs. 3 GemHVO sein, je nachdem, um welche Forderung es sich handelt (siehe Ziffer 13.5.2). § 30 Abs. 3 GemHVO stellt als Voraussetzung für einen Erlass darauf ab, dass die Einziehung der Forderung eine besondere Härte für den Schuldner bedeuten muss. § 227 AO geht dagegen weiter, in dem er den Erlass zulässt, wenn die Einziehung einer Forderung unbillig wäre.

Darunter fallen zunächst einmal die persönlichen Billigkeitsgründe des Schuldners, wie sie in § 30 Abs. 3 GemHVO und Nr. 9 Hw. zu § 30 GemHVO umschrieben sind. Der Erlass einer Forderung wäre z. B. möglich, wenn eine Steuereinziehung die Fortführung eines Gewerbebetriebes erheblich gefährden oder die Lebensexistenz eines einzelnen derart beeinträchtigt würde, dass er Sozialhilfe beantragen müsste. Vorrangig sind jedoch immer Stundung und Niederschlagung zu prüfen, weil ein einmal ausgesprochener Erlass eines Anspruches dauerhaft ist. Daraus ergibt sich, dass ein Erlass nur im äußersten Ausnahmefall ausgesprochen werden kann. So z. B. wäre bei der vorgenannten Steuerzahlung zunächst zu prüfen, ob nicht eine Stundung oder Niederschlagung in Frage kommt. Ein Erlass wäre erst dann zu erwägen, wenn z. B. das die Steuer schuldende Unternehmen vererbt und nur fortgeführt wird, wenn keine Steuerforderungen mehr auf dem Betrieb ruhen.

Neben den persönlichen Billigkeitsgründen sind nach der Abgabenordnung auch sachliche Billigkeitsgründe möglich. Sie müssen objektiv gegeben sein, also unabhängig von der wirtschaftlichen Situation des Schuldners vorliegen. Dieses ist dann gegeben, wenn eine Besteuerung im Einzelfall der Gesetzesabsicht zuwiderlaufen würde, weil der Gesetzgeber diesen besonderen Fall nicht bedacht hat. Das ist natürlich äußerst selten. An einem konstruierten Beispiel soll es erläutert werden: A erbt von seinem Vater einige Kunstgegenstände, die sich als Leihgabe in einem staatlichen Museum befinden. A will die Leihgabe weiter auf Dauer dem Museum belassen. Da er juristisch der Erbe ist, würde für diese Kunstgegenstände Erbschaftssteuer anfallen. Aus sachlichen Gründen wäre aber eine Besteuerung durch den Staat, der ja die Leihgabe nutzt, nicht gerechtfertigt, so dass ein Steuererlass gewährt werden kann.

13.5.5.2   Praktisches Verfahren

Dem Erlass hat ein Antrag des Schuldners vorauszugehen, über den die zuständige Dienststelle entscheidet. Zwar erfolgt die Entscheidung regelmäßig in Form eines Verwaltungsaktes, jedoch bei privatrechtlichen Forderungen gemäß § 397 BGB durch eine privatrechtlichen Vertrag und nicht durch eine einseitige Willenserklärung.

Ein Erlass führt zu einem Entfall des Anspruches, folglich kann dieser nicht realisiert werden und ist daher auszubuchen (Nr. 12 Hw. zu § 30 GemHVO), was zu einem Abschreibungsaufwand wegen Uneinbringlichkeit (Konto 6671) führt.

13.5.6   Beispiel einer Dienstanweisung

Nr. 10 Hw. zu § 30 GemHVO empfiehlt den Gemeinden, nähere Einzelheiten über Voraussetzungen, Zuständigkeiten und Verfahren bei Stundung, Niederschlagung und Erlass von Ansprüchen unter Beachtung von weiteren gesetzlichen Regelungen (z. B. §§ 9, 51, 66, 77 HGO) in einer Dienstanweisung oder Satzung zu regeln und verweist auf entsprechende Landesvorschriften.

Nachstehend ist als Beispiel hierfür die „Dienstanweisung über das Forderungsmanagement" der Stadt Langen (Hessen) auszugsweise wiedergegeben:

Dienstanweisung über das Forderungsmanagement bei der Stadt Langen

(Auszug)

Teil C - STUNDUNG

9   Begriff

9.1   Die Stundung ist eine Maßnahme, durch die die Fälligkeit eines Anspruchs hinausgeschoben wird.

10   Voraussetzungen

10.1   Forderungen dürfen ganz oder teilweise nur dann gestundet werden, wenn

10.1.1 ihre Einziehung bei Fälligkeit eine erhebliche Härte für den/die Schuldner/-in bedeuten würde und

10.1.2 die Forderung durch die Stundung nicht gefährdet erscheint.

10.2   Eine erhebliche Härte für den/die Schuldner/-in liegt insbesondere vor, wenn er/sie sich vorübergehend in ernsthaften Zahlungsschwierigkeiten befindet oder durch die Zahlung in solche geraten würde.

10.3   Eine Gefährdung der Forderung ist z.B. anzunehmen, wenn die konkrete Möglichkeit besteht, dass der/die Schuldner/-in sich der Verpflichtung zur Leistung entziehen will oder wenn Umstände vorliegen, die auf eine wesentliche Verschlechterung seiner/ihrer wirtschaftlichen Verhältnisse schließen lassen.

10.4   Keine Gefährdung ist anzunehmen, wenn von dem Schuldner / der Schuldnerin eine Sicherheit angeboten oder auf Verlangen der Stadt gestellt wird.

11   Verfahren

11.1   Stundung ist in der Regel nur auf schriftlichen Antrag zu gewähren.
Die Einkommens- und Vermögensverhältnisse des Schuldners / der Schuldnerin sind zu prüfen.
Eine Sicherheitsleistung ist zu fordern, wenn zweifelhaft ist, ob der/die Schuldner/-in bei Fälligkeit seinen/ihren Zahlungsverpflichtungen nachkommen kann.

11.2   Vor der Entscheidung über den Antrag ist bei der Stadtkasse nachzufragen, ob

11.2.1 weitere Rückstände des Schuldners / der Schuldnerin vorhanden sind,

11.2.2 wegen der Zahlungsmoral des Schuldners / der Schuldnerin Bedenken bestehen,

11.2.3 bereits Beitreibungs- bzw. Vollstreckungsmaßnahmen eingeleitet sind.

11.3   Öffentlich-rechtliche Forderungen werden durch Verwaltungsakt (Stundungsverfügungen), privatrechtliche Forderungen durch vertragliche Vereinbarungen gestundet.

Die Entscheidung über den Antrag ist dem/der Schuldner/-in schriftlich mitzuteilen.

Bei Stundungen mit Ratenzahlung ist in der Widerrufsklausel vorzusehen, dass der Gesamtbetrag fällig wird, wenn einer der Teilbeträge (Raten) nicht pünktlich, d.h. binnen drei Tagen nach Fälligkeit, gezahlt wird.

11.4   Die Stadtkasse erhält ein Duplikat der Stundungsverfügung bzw. -vereinbarung.

11.5 Gestundete Beträge sind grundsätzlich angemessen zu verzinsen.

Die Zinsberechnung richtet sich bei öffentlichen Abgaben nach den gesetzlichen Bestimmungen.

Privatrechtliche Forderungen sind vom Tage der Stundung an mit einem Zinssatz von 3 % über dem Basiszinssatz der Europäischen Zentralbank, mindestens aber mit 6 % zu verzinsen.

Im Falle nicht nur kurzfristiger Stundungen privatrechtlicher Forderungen sind jeweils die Zinsen zu erheben, die die Sparkasse Langen-Seligenstadt in der Infrage kommenden Zeit für langfristige Darlehen berechnen würde.

Stundungszinsen unter 10 € sind nicht zu erheben.

In besonders gelagerten Einzelfällen kann auf eine Verzinsung ganz oder teilweise verzichtet werden. Die Entscheidung hierüber trifft - in Abhängigkeit von der Höhe des Zinsbetrages, auf dessen Erhebung verzichtet werden soll – der/die nach Ziffer 20 Zuständige.

12 Zuständigkeiten

12.1 Die Zuständigkeiten ergeben sich aus Anlage 1 Ziffer 1 zu dieser Dienstanweisung. (hier nicht abgedruckt)

Teil D - NIEDERSCHLAGUNG

13 Begriff

13.1 Niederschlagung ist die befristete oder unbefristete Zurückstellung der Weiterverfolgung eines fälligen Anspruchs der Stadt ohne Verzicht auf den Anspruch selbst.

13.2 Die Niederschlagung ist eine verwaltungsinterne Maßnahme, die keines Antrags des Schuldners / der Schuldnerin bedarf.

Durch die Niederschlagung erlischt der Anspruch nicht; die weitere Rechtsverfolgung wird daher nicht ausgeschlossen. Die Niederschlagung unterbricht auch nicht die Verjährung.

13.3 Eine Mitteilung an den/die Schuldner/-in ist nicht erforderlich.

Wird dennoch eine Mitteilung gemacht, ist darin das Recht vorzubehalten, den Anspruch später erneut geltend zu machen.

14 Voraussetzungen

14.1 Forderungen der Stadt dürfen befristet niedergeschlagen werden, wenn ihre Einziehung wegen der wirtschaftlichen Verhältnisse des Schuldners / der Schuldnerin oder aus anderen Gründen vorübergehend keinen Erfolg haben würde und eine Stundung nicht zweckmäßig ist (befristete Niederschlagung).

    z.B.   - zwei fruchtlose Pfändungsversuche oder
            - zwei fruchtlose Aufenthaltsermittlungsversuche.

14.2 Eine unbefristete Niederschlagung kommt nur in Betracht, wenn feststeht, dass die Kosten der Einziehung in keinem wirtschaftlichen Verhältnis zur Höhe der Forderungen stehen oder wenn die Einziehung wegen der wirtschaftlichen Verhältnisse des Schuldners / der Schuldnerin oder auch aus anderen Gründen dauernd ohne Erfolg bleiben wird (unbefristete Niederschlagung).

    z.B.   bei Forderungen gegen eine Kapitalgesellschaft, bei der das Insolvenzverfahren erfolglos durchgeführt wurde, wenn die zwangsweise Beitreibung einer Forderung erfolglos durchgeführt wurde, wenn der/die Schuldner/-in verstorben ist und die Vollstreckung gegen die Erben nicht möglich ist,

wenn der/die Schuldner/-in infolge fortgeschrittenen Alters, unheilbarer Krankheit oder körperlichen Gebrechens dauernd erwerbsunfähig und sein/ihr Unvermögen zur Erfüllung der Forderung erwiesen ist.

15   Verfahren

15.1 Die Niederschlagung setzt eine eingehende Prüfung der wirtschaftlichen Verhältnisse des Schuldners / der Schuldnerin voraus.
Die Nichteinziehbarkeit einer Forderung ist durch die Niederschrift über den fruchtlosen Pfändungsversuch und darüber hinaus ggf. durch Abnahme der eidesstattlichen Versicherung nachzuweisen.
Diese Voraussetzungen sind von der Stadtkasse zu prüfen.

15.2 Die notwendige Abgangsanordnung wird von der Stadtkasse erstellt und dann von dem jeweils betroffenen Fachdienst unterschrieben. Dies ist gleichzeitig die Mitteilung über die erfolgte Niederschlagung.

15.3 Die befristet niedergeschlagenen Beträge sind von der Stadtkasse in einer "Überwachungsliste für befristet niedergeschlagene Forderungen" festzuhalten.

15.4 Bei befristet niedergeschlagenen öffentlich-rechtlichen Forderungen ist die Beitreibung jährlich zu versuchen.
Bei privatrechtlichen Ansprüchen sind Vollstreckungsmaßnahmen jährlich zu wiederholen. Die entsprechenden Bearbeitungsvermerke sind in die Überwachungsliste einzutragen.

15.4.1 Ist abzusehen, dass die Beitreibung einer befristet niedergeschlagenen Forderung dauernd erfolglos bleiben wird, ist sie unbefristet niederzuschlagen.
Darüber ist ein Aktenvermerk zu fertigen.

15.4.2 Auch bei unbefristet niedergeschlagenen Forderungen ist eine erneute Einziehung zu versuchen, falls sich Anhaltspunkte für einen Erfolg ergeben.
Die zur Unterbrechung bzw. Hemmung einer drohenden Verjährung notwendigen Maßnahmen sind rechtzeitig durchzuführen. Für öffentlich-rechtliche Forderungen gelten die in § 231 AO genannten Unterbrechungshandlungen. Bei privatrechtlichen Forderungen gelten die §§ 203 ff. BGB; hierbei ist zu berücksichtigen, dass die schriftliche Mahnung keine Hemmung der Verjährung bewirkt.

15.5 Auf die Niederschlagung von Forderungen unter 25 € wird nach zweimaligen fruchtlosen Pfändungs- oder Aufenthaltsermittlungsversuchen verzichtet. Diese Beträge sind auszubuchen.

16   Zuständigkeiten

16.1 Die Zuständigkeiten ergeben sich aus Anlage 1 Ziffer 2 zu dieser Dienstanweisung. (hier nicht abgedruckt)

Teil E – Erlass

17   Begriff

17.1 Erlass ist der gänzliche oder teilweise Verzicht auf eine festgelegte Forderung der Stadt. Die Forderung erlischt hierdurch endgültig, bei teilweisem Erlass in Höhe des Betrages, um den die Forderung herabgesetzt wird.

18 Voraussetzungen

18.1 Forderungen dürfen ganz oder zum Teil erlassen werden, wenn ihre Einziehung nach Lage des einzelnen Falls für den/die Schuldner/-in eine besondere Härte bedeuten würde oder unbillig wäre. Das gleiche gilt für die Rückzahlung oder Anrechnung von geleisteten Beträgen.

18.2 Eine besondere Härte ist insbesondere anzunehmen, wenn sich der/die Schuldner/-in in einer unverschuldeten, nicht nur vorübergehenden wirtschaftlichen Notlage befindet und zu befürchten ist, dass die Weiterverfolgung der Forderung zu einer Existenzgefährdung führen würde.
Unbillig ist, was dem Rechtsempfinden nicht genügt, d. h. mit ihm unvereinbar ist. Sachliche Unbilligkeitsgründe sind solche, die aus dem Tatbestand selbst hervorgehen und von den außerhalb des Tatbestandes liegenden persönlichen Gründen unabhängig sind.
Persönliche Unbilligkeitsgründe liegen vor, wenn die Einziehung nach der wirtschaftlichen Lage des Schuldners / der Schuldnerin unbillig erscheint, d. h. wenn im Falle des Versagens der Billigkeitsmaßnahme das wirtschaftliche Bestehen des Schuldners / der Schuldnerin gefährdet wäre.

18.3 Für den Erlass eines Anspruchs bedarf es in der Regel eines Antrages des Schuldners / der Schuldnerin.

19 Verfahren

19.1 Die erlassenen Forderungen sind abzuschreiben (auszubuchen). Der Verzicht auf die Geltendmachung eines Anspruches kommt einem Erlass gleich (Nr. 10 der Verwaltungsvorschriften zu § 43 GemHVO).
Für bereits niedergeschlagene Forderungen ist ein entsprechender Aktenvermerk zu fertigen.

20 Zuständigkeiten

20.1 Die Zuständigkeiten ergeben sich aus Anlage 1 Ziffer 3 zu dieser Dienstanweisung. (hier nicht abgedruckt)

Teil F - VERGLEICH

21 Begriff

21.1 Vergleich ist ein Vertrag, durch den der Streit oder die Ungewissheit der Parteien über ein Rechtsverhältnis oder die Unsicherheit über die Verwirklichung eines Anspruchs durch gegenseitiges Nachgeben beseitigt wird.

22 Grundsätze und Zuständigkeiten

22.1 Für die Verfügung über Geldforderungen der Stadt im Wege des Vergleichs, die eine Stundung, Niederschlagung oder einen Erlass enthalten, gelten - abgesehen von den Zuständigkeiten - die gleichen Grundsätze wie für Stundung, Niederschlagung oder Erlass.

22.2 Die Berechtigung des Fachdienstes Rechtsamt, mit Zustimmung des Haftpflichtversicherers Vergleiche abzuschließen, wird hiervon nicht berührt.

22.3 Prozessvergleiche dürfen grundsätzlich nur vorbehaltlich eines befristeten Widerrufs und ggf. vorbehaltlich der Genehmigung der städtischen Organe geschlossen werden, wobei für den Widerruf oder die Genehmigung eine ausreichende Frist auszubedingen ist, damit die Entscheidungen der zuständigen Stellen eingeholt werden können.

22.4 Ein Ratenzahlungsvergleich kann haushaltsrechtlich sowohl im Stundungsverfahren als auch im befristeten Niederschlagungsverfahren abgewickelt werden. Der Stadtkasse sind vom Fachbereich die vereinbarten Raten und die Fälligkeitstage mitzuteilen.
Die aufgrund des Ratenzahlungsvergleichs anfallenden Zinsen sind mindestens einmal jährlich anzuordnen.

22.5 Die Zuständigkeiten ergeben sich aus Anlage 1 Ziffer 4 zu dieser Dienstanweisung. (hier nicht abgedruckt)

Teil G - GEMEINSAME VORSCHRIFTEN

23   Eingang von Stundungs- und Erlassanträgen

23.1 Die Stadtkasse ist von dem Eingang von Stundungs- und Erlassanträgen unverzüglich schriftlich zu benachrichtigen. Aus dem Schreiben muss hervorgehen, bis wann mit der Entscheidung gerechnet wird. Kann die Entscheidung über einen Erlassantrag nicht innerhalb von 14 Tagen erfolgen, ist zunächst eine Stundung vorzuschlagen.

23.2 Soweit bereits die Vollstreckung eingeleitet ist, hat die Stadtkasse die Vollstreckungsstelle vom Eingang des Stundungs- bzw. Erlassantrags zu benachrichtigen bzw. zu veranlassen, dass die Vollstreckung vorläufig ausgesetzt wird.

24   Besonders bedeutsame Angelegenheiten, Jahresbericht

24.1 Der Magistrat ist unverzüglich durch die gemäß Anlage 1 (hier nicht abgedruckt) jeweils zuständigen Fachbereich zu unterrichten, wenn über Stundungen, Niederschlagungen oder Erlasse entschieden wurde, die sich wegen ihrer Höhe oder wegen der Person des Schuldners / der Schuldnerin als besonders bedeutsam darstellen.

24.2 Nach Abschluss eines jeden Haushaltsjahres ist dem Magistrat vom Fachdienst 33 - Controlling und Finanzen, Referat Kasse und Steuern, ein Bericht über die Stundungen, Niederschlagungen und Erlasse des abgelaufenen Jahres vorzulegen, die nicht vom Magistrat entschieden wurden.

25   Mehrere Forderungen

25.1 Soweit sich mehrere Forderungen der Stadt gegen einen/eine Schuldner/-in richten, sind die Bestimmungen dieser Dienstanweisung stets auf die Einzelforderung zu beziehen.

Teil H - EINLEGEN VON RECHTSMITTELN

26   Einlegen von Rechtsmitteln

26.1 Durch die Einlegung eines Rechtsmittels (Widerspruch, Anfechtungsklage) wird die Vollziehung des angefochtenen Verwaltungsakts, mit dem öffentliche Abgaben und Kosten im Sinne von § 80 Abs. 2 Nr. 1 Verwaltungsgerichtsordnung (VwGO) angefordert werden, nicht gehemmt, insbesondere die Erhebung eines fälligen Betrages nicht aufgehalten. Öffentliche Abgaben in diesem Sinne sind insbesondere alle Steuern, Gebühren und öffentlich-rechtlichen Beiträge.

26.2 Der Fachbereich, der den angefochtenen Verwaltungsakt erlassen hat, kann die Vollziehung aussetzen. Die Vollziehung kann auch gegen Sicherheit ausgesetzt werden (§ 80 Abs. 4 Satz 1,2 VwGO). Die Aussetzung soll erfolgen, wenn ernstliche Zweifel an der Rechtmäßigkeit des angefochtenen Verwaltungsakts bestehen oder wenn die Vollziehung für den Betroffenen eine unbillige, nicht durch überwiegende öffentliche Interessen gebotene Härte zur Folge hätte (§ 80 Abs. 4 Satz 3 VwGO).

26.3 Die Stadtkasse ist von der Vollziehungsaussetzung schriftlich zu benachrichtigen.

26.4 Im Übrigen haben Widerspruch und Anfechtungsklage gegen Verwaltungsakte, mit denen eine öffentlich-rechtliche Geldforderung festgesetzt wird, aufschiebende Wirkung (§ 80 Abs. 1 VwGO).

Teil I - BEWERTUNG STÄDTISCHER FORDERUNGEN - BILANZTECHNISCHE VORGEHENSWEISE

Bei zweifelhaften Forderungen ist regelmäßig und zeitnah zu prüfen, ob diese nach den Vorschriften in Teil D dieser Dienstanweisung niedergeschlagen werden können.

Nach dem Abschlussstichtag (31.12.) eines jeden Jahres ist der gesamte Forderungsbestand zu bewerten und sind Wertberichtigungen gemäß den nachfolgenden Grundsätzen vorzunehmen. Niedergeschlagene Forderungen sind dabei nicht mehr zu berücksichtigen, da sie unterjährig in Abgang gestellt wurden und daher im zu bewertenden Forderungsbestand nicht mehr enthalten sind.

27   Einzelwertberichtigung

27.1. Bei der Einzelwertberichtigung werden einzelne Forderungen separat im Wert berichtigt – z. B. Forderungen, die durch Insolvenz des Schuldners besonders risikobehaftet sind.

27.2. Bei der pauschalierten Einzelwertberichtigung findet eine pauschale Wertberichtigung in Abhängigkeit von bestimmten Kriterien statt; entscheidende Kriterien sind hierbei die Forderungsart, das Alter der Forderung und die erfahrungsgemäße Durchsetzbarkeit.

28   Pauschalwertberichtigung

28.1. Bei der Pauschalwertberichtigung werden die nicht durch Einzelwertberichtigung oder pauschalierte Einzelwertberichtigung korrigierten Forderungen abschließend pauschal im Wert berichtigt. Auch bei diesen Forderungen ist dem allgemeinen Ausfallrisiko Rechnung zu tragen – z. B. wegen unvorhersehbarer Ereignisse im Umfeld der Schuldner, abschwächender Konjunktur etc.

13.5.7   Übungen

Sachverhalt Nr. 1

Die Gemeinde G beabsichtigt, aufgrund der folgenden Sachverhalte Stundungen auszusprechen:

a) Der Gastwirt W bittet, die fällige Gewerbesteuer drei Monate später zahlen zu dürfen, weil er zu diesem Zeitpunkt eine Einkommensteuererstattung erwartet. Ansonsten müsste er erhebliche Zinsverluste für vorzeitig in Anspruch genommene Spargelder hinnehmen.

b) Der Schreinermeister S bittet um die Stundung einer Gewerbesteuerforderung bis zur in drei Monaten fälligen Einkommensteuererstattung des Finanzamtes. Er weist darauf hin, dass sein Kreditkontingent vollständig ausgeschöpft sei und auch dringende Lohnforderungen gegen ihn anstehen. Sparvermögen steht nicht zur Verfügung. Größere Gewinne werde sein Betrieb erst wieder in einem halben Jahr abwerfen.

c) Der Gewerbetreibende G bittet um die Stundung seiner Gewerbesteuerzahlung. Er begründet den Antrag damit, dass er noch erhebliche Handwerkerrechnungen zu begleichen habe. Vom Finanzamt kommt die Auskunft, dass sich ein Insolvenzverfahren anbahne.

Aufgabe:

Begutachten Sie die rechtliche Zulässigkeit der vorgenannten Stundungen.

Lösung:

Bei der in allen Teilsachverhalten angesprochenen Gewerbesteuer handelt es sich um eine Realsteuer, so dass gemäß § 1 Abs. 2 Nr. 5 AO über die Stundung nach den Vorschriften des § 222 AO zu entscheiden ist. Voraussetzung für eine Stundung ist, dass die Einziehung der Gewerbesteuer zum Fälligkeitstermin eine erhebliche Härte für den Schuldner darstellen würde und der Anspruch durch die Stundung nicht gefährdet erscheint. In Bezug auf die Voraussetzungen sind die Teilfälle wie folgt zu beurteilen:

a) Die vom Gastwirt geltend gemachte Härte liegt darin, dass er die zur Gewerbesteuerzahlung notwendigen Mittel unter Zinsverlust vom Sparbuch abheben muss. Das Argument des Zinsverlustes ist jedoch nicht zu beachten, weil bei jeder Zahlung ein Zinsverlust für den Zahlenden eintritt, indem eine mögliche Geldanlage mit der Zahlung entfällt. Dazu kommt, dass die zu erzielenden Zinsgewinne auf dem Sparbuch sicherlich geringer sind als die gemäß § 234 AO festzusetzenden Stundungszinsen, so dass die sofortige Zahlung dem Gastwirt sogar wirtschaftliche Vorteile bringen wird. Es liegt somit keine Härte für den Gastwirt vor, da er zur Zeit durchaus zahlungsfähig ist. Auch das Argument der sich abzeichnenden Einkommensteuererstattung ist nicht triftig, weil jede Steuer für sich und unabhängig von anderen zu sehen ist, und die Einkommensteuer durch das Finanzamt (Land) erhoben bzw. erstattet wird. – Die Stundung ist nach alledem unzulässig.

b) Der Schreinermeister S verfügt zur Zeit über keine Mittel zur Begleichung der Forderung, zumal auch eine Finanzierung über den Kreditmarkt nicht möglich ist. Die Zahlung kann somit zu dem Fälligkeitstermin objektiv nicht erfolgen. Insofern verfügt S erst wieder mit der Einkommensteuererstattung über entsprechende Zahlungsmittel, so dass bis zu diesem Zeitpunkt gestundet werden kann. Aus dem Sachverhalt sind Gefährdungen der Zahlung nicht ersichtlich, so dass das Vorliegen dieser Voraussetzung unterstellt werden kann. Zudem kann durch eine Abtretung der Einkommensteuererstattung des Finanzamtes an die Gemeinde die gestundete Gewerbesteuerzahlung gesichert werden.

c) Wie im Fall b) verfügt der Gewerbetreibende zzt. über keine ausreichenden Mittel, so dass die Einziehung der Gewerbesteuer bei Fälligkeit eine besondere Härte für ihn darstellen würde. Allerdings wäre der Anspruch bei einer Stundung gefährdet, weil damit zu rechnen ist, dass G später zahlungsunfähig sein wird, zumal sich ein Insolvenzverfahren anbahnt. Wegen der Gefährdung des Zahlungseinganges ist die Stundung gemäß § 222 AO unzulässig. Die Gemeinde muss versuchen, die Forderung schnellstens zu verwirklichen.

Sachverhalt Nr. 2

Die Gemeinde G stundet zulässigerweise eine zum 25.10.2013 fällige Forderung von 4.540 €. Dabei handelt es sich um einen Anspruch aus Abfallbeseitigungsgebühren. Es werden Monatsraten von je 900 €, erstmals fällig zum 25.01.2014, festgesetzt.

Aufgabe:

Ermitteln Sie die festzusetzenden Stundungszinsen.

Lösung:

Es handelt sich um ein öffentlich-rechtliches Entgelt (Benutzungsgebühr), somit um eine Abgabe nach § 1 Abs. 1 KAG. Gemäß § 4 Abs. 1 Nr. 5 KAG ist für die Berechnung der Stundungszinsen § 234 AO anzuwenden. Danach sind Zinsen zu erheben, zumal der Sachverhalt keinen Anhaltspunkt für einen Zinsverzicht enthält. Gemäß § 238 Abs. 1 AO betragen die Zinsen für jeden vollen Monat 0,5 %. Die Forderung ist dabei auf volle 50 €, also auf 4.500 €, abzurunden.

In der Praxis gibt es zwei Berechnungsverfahren, die nachstehend Anwendung finden.

a)   Konventionelles Berechnungsverfahren

Zahlungs-termine	Betrag €	Stundungs-dauer	Restbetrag €	gerundeter Betrag €	Zinsen €
-	-	25.10. - 25.01.	4.540,00	4.500,00	67,50
25.01.14	900,00	26.01. - 25.02.	3.640,00	3.600,00	18,00
25.02.14	900,00	26.02. - 25.03.	2.740,00	2.700,00	13,50
25.03.14	900,00	26.03. - 25.04.	1.840,00	1.800,00	9,00
25.04.14	900,00	26.04. - 25.05.	940,00	900,00	4,50
25.05.14	900,00	26.05. - 25.06.	40,00	-	-
25.06.14	40,00	-	-	-	-
				Stundungszinsen	**112,50**

Der Zinsbetrag ist auf volle € zum Vorteil des Steuerpflichtigen zu runden, also auf 112,00 €.

b) vereinfachtes Berechnungsverfahren

Ausgangsbasis sind die Raten, wobei zu überlegen ist, wie lange eine einzelne Rate zu verzinsen ist, bis sie gezahlt wird. Auf dieser Grundlage ergibt sich nachstehende Berechnung:

Rate vom 25.05.2014	=	7 Monate
Rate vom 25.04.2014	=	6 Monate
Rate vom 25.03.2014	=	5 Monate
Rate vom 25.02.2014	=	4 Monate
Rate vom 25.01.2014	=	3 Monate

25 Monate x 0,5 % x 900,00 €

= $\underline{112,50}$ €   abgerundet 112,00 €

Sachverhalt Nr. 3

Im Ergebnishaushalt der Gemeinde G für das Haushaltsjahr 2014 ist bei der Produktgruppe 08.2 – Sportstätten und Bäder – unter anderem die Miete für die Hausmeisterwohnung der Sporthalle mit 1.800 € veranschlagt.

Der ledige Hausmeister H ist Ende Juli 2014 verstorben. Angehörige und finanzielle Mittel einschließlich Vermögen sind nicht vorhanden. Nach dem Tod des Hausmeisters wird festgestellt, dass lediglich die Miete für Januar 2014 in Höhe von 150 € überweisen wurde.

Aufgaben:

8.1. Begutachten Sie, was bezüglich der geschuldeten Miete für die Zeit vom 01.02. bis 31.07.2014 zu veranlassen ist.

8.2 Wie ändert sich die Lösung, wenn der Hausmeister zu diesem Zeitpunkt seine Tätigkeit aufgegeben hätte und unbekannt verzogen wäre?

Lösung:

Zu 8.1:

Es ist zunächst zu unterstellen, dass für die Jahresmiete von 1.800 € per Annahmeanordnung eine Ertragsbuchung bei gleichzeitiger Buchung einer entsprechenden Forderung erzeugt wurde. Da die Wohnung ab August 2014 nicht mehr an den Hausmeister vermietet ist, sind die Ertrags- und die Forderungsbuchung entsprechend zu korrigieren, d. h. um 5 x 150 € = 750 €.

Es verbleibt eine Forderung für Februar – Juli in Höhe von 6 x 150 € = 900 €, die nicht mehr einbringlich ist. Bei der ausstehenden Miete handelt es sich um eine privatrechtliche Forderung, sodass § 30 GemHVO heranzuziehen ist. Es fragt sich, ob in diesem Fall eine Niederschlagung der Mietforderung möglich ist. Voraussetzung dazu ist gemäß § 30 Abs. 2 GemHVO, dass die Einziehung des Anspruches keine Aussicht auf Erfolg hat. Dieses ist gegeben, weil der Zahlungspflichtige verstorben ist und Angehörige, auf die im Rahmen des Erbrechtes evtl. zurückgegriffen werden könnte, nicht vorhanden sind. Finanzielle Mittel einschließlich Vermögen sind laut Sachverhalt nicht vorhanden. Eine Einziehung ist somit praktisch nicht realisierbar. Da sie auch zum späteren Zeitpunkt nicht möglich sein wird, erfolgt deshalb eine unbefristete Niederschlagung. Eine Eintragung in die Niederschlagungsliste erübrigt sich bei einer unbefristeten Niederschlagung.

In Höhe der Niederschlagung erfolgt nun eine Aufwandsbuchung bei Konto 6671 (Abschreibung auf Forderungen wegen Uneinbringlichkeit), da die Ertragsbuchung für die Zeit von Januar – Juli 2014 nicht verändert wird, denn hier bestand ja noch das Mietverhältnis mit dem Hausmeister.

Zu 8.2:

Auch in diesem Fall erfolgt eine Niederschlagung, weil die Forderung nicht realisiert werden kann. Dieses geschieht wegen einer möglichen späteren Verwirklichung in Form einer befristeten Niederschlagung, sodass die bestehende Forderung von 900 € in die entsprechende Niederschlagungsliste aufzunehmen ist. Von Zeit zu Zeit hat das zuständige Fachamt zu prüfen, ob der Aufenthaltsort des ehemaligen Hausmeisters bekannt ist, um dann gegebenenfalls die Gemeindekasse zu erneuten Beitreibungsaktivitäten zu veranlassen. Es empfiehlt sich zudem, einen Vermerk in das Melderegister eintragen zu lassen, damit von dort unverzüglich Informationen über den neuen Wohnort dem zuständigen Fachamt übergeben werden können.

Die Gemeinde muss zudem abschätzen, ob durch diese Situation ein Forderungsausfall droht. Wenn sie der Auffassung ist, dass die Wahrscheinlichkeit, die Mietforderung noch zu realisieren, bei 50 % liegt, müsste sie eine Einzelwertberichtigung über 450 € über das Konto 6672 ergebniswirksam als Aufwand buchen.

13.6   Kassen- und Anordnungswesen

Das Kassenrecht regelt die Aufgaben, die Organisation und das Personal der Gemeindekasse, die Kassenanordnungen, den Zahlungsverkehr, die Verwaltung der Kassenmittel und Wertgegenstände, die örtliche Prüfung der Gemeindekasse usw.[490] Die Neufassung der Verordnung über die Kassenführung der Gemeinden (GemKVO) im Dezember 2011 wurde erforderlich, da eine Abstimmung mit den Vorschriften über die Buchführung in der GemHVO vorzunehmen ist und die Entwicklungen bei der technischen Abwicklung des Zahlungsverkehrs sowie die Sicherheitsanforderungen bei der Anwendung der elek-

---

[490] Gemäß § 154 Abs. 3 Nr. 9 HGO kann der Minister des Innern im Einvernehmen mit dem Minister der Finanzen durch Rechtsverordnung die Aufgaben und Organisation der Gemeindekasse und der Sonderkassen, deren Beaufsichtigung und Prüfung usw. regeln.

tronischen Signatur zu berücksichtigen sind. Die gesetzlichen Grundlagen des Kassenrechts der hessischen Kommunen sind geregelt in:

* der Hessischen Gemeindeordnung (HGO)
  § 110 HGO – Gemeindekasse
  § 111 HGO – Übertragung von Kassengeschäften, Automation
  einschließlich der dazu erlassenen Hinweise

* der Verordnung über die Kassenführung der Gemeinden (Gemeindekassenverordnung – GemKVO)

Die GemKVO enthält Rahmen- und Mindestanforderungen, die eine geordnete und sichere Erledigung der Kassengeschäfte gewährleisten sollen, zugleich aber ausreichend Spielraum für eine zweckmäßige und wirtschaftliche Kassenorganisation belassen. Regelungen, die nicht von grundsätzlicher Bedeutung sind, sind in Dienstanweisungen[491] und Einzelanweisungen zu treffen, um den örtlichen Gegebenheiten Rechnung zu tragen. Gemäß § 33 GemKVO bedürfen diese Regelungen aus Sicherheitsgründen immer der Schriftform.

Die GemKVO gilt für Sonderkassen der Sondervermögen[492] entsprechend, soweit in der GemKVO (§ 30 ff. GemKVO) oder in anderen Rechtsvorschriften nichts anderes bestimmt ist.

Anmerkung:[493]
Für die GemKVO vom 27. Dezember 2011 (GVBl. I S. 830) sind derzeit keine Hinweise/Verwaltungsvorschriften erlassen. Die Verwaltungsvorschriften (VV) zur Gemeindekassenverordnung in der seinerzeitigen Fassung (Erlass vom 21.04.1977, StAnz. S. 924), geändert durch Erlass vom 10.09.1986 (StAnz. S. 1859) sind durch Zeitablauf Ende 1997 außer Kraft getreten. Die weitere Anwendung bzw. Beachtung dieser „alten" VV als Grundsätze ordnungsgemäßer Erledigung der Kassengeschäfte ist insofern möglich, als sie in der Haushaltswirtschaft nach den Grundsätzen der doppelten Buchführung anwendbar sind.

Zu beachten ist, dass für die Buchführung, das Inventar und den Jahresabschluss die Verordnung über die Aufstellung und Ausführung des Haushaltsplanes der Gemeinden (GemHVO) einschließlich der dazu erlassenen Hinweise (Hw.) anzuwenden sind (§ 32 ff. GemHVO).

---

[491] Der Hessische Städte- und Gemeindebund stellt seinen Mitgliedsstädten und -gemeinden den Entwurf einer Dienstanweisung für die Gemeindekasse zur Verfügung.

[492] Gemäß § 117 HGO sind für Sondervermögen (z. B. Eigenbetriebe) und Treuhandvermögen, für die Sonderrechnungen geführt werden, Sonderkassen einzurichten.

[493] Siehe hierzu auch Daneke in KVR Hessen, Erl. zu § 110 HGO, Rdnr. 2.

13.6.1   Stellung, Aufbau und Aufgaben der Gemeindekasse

13.6.1.1   Stellung der Gemeindekasse, Einheitskasse

Nach § 110 Abs. 1 HGO erledigt die Gemeindekasse **alle** Kassengeschäfte[494] der Gemeinde. Aus dieser gesetzlichen Grundlage lässt sich ableiten, dass

- eine Gemeindekasse **einzurichten ist,** soweit nicht unter den besonderen Voraussetzungen des § 111 HGO eine Ausnahme zulässig ist (siehe Ziffer 13.6.1.5). Sie ist damit Bestandteil der Gemeindeverwaltung.
- die Gemeindekasse **alle Kassengeschäfte** zu erledigen hat. Für die Bündelung der Kassengeschäfte an einer Stelle in der Verwaltung sprechen sowohl organisatorische sowie wirtschaftliche Überlegungen (z. B. Erleichterung des Überblicks über die Liquiditäts- und Finanzlage der Gemeinde, Zinsvorteile bei der Anlage von Zahlungsmitteln, effektiver Personal- und DV-Einsatz, bessere Gewährleistung der Kassensicherheit usw.). Hieraus lässt sich der **Grundsatz der Einheitskasse** ableiten.

Von dem **Grundsatz der Einheitskasse** gibt es eine **Ausnahme:**

Nach § 117 HGO ist die Gemeindekasse (Einheitskasse) **nicht für die Kassengeschäfte von Sonder- und Treuhandvermögen** (§§ 115, 116 HGO, siehe Ziffer 16.5) zuständig. Hierfür sind vielmehr sogenannte **Sonderkassen** einzurichten, die die Kassenvorgänge der Sonder- und Treuhandvermögen zwar getrennt von den übrigen gemeindlichen Kassengeschäften in der Buchführung und den Abschlüssen nachweisen, aber mit der Gemeindekasse verbunden werden sollen.

Durch diese „Verbindung" der Sonderkassen mit der Gemeindekasse soll eine wirtschaftliche und sparsame Kassenorganisation ermöglicht und Synergieeffekte im personellen, fachlichen und technischen Bereich genutzt werden (z. B. gemeinsames Personal, gemeinsames Forderungsmanagement, gemeinsame Liquiditätsplanung, gemeinsame Softwarenutzung usw.).[495]

Der Grundsatz der Einheitskasse verlangt nicht, dass **alle** Kassengeschäfte einer Gemeinde **räumlich und organisatorisch** an einer Stelle zusammenzufassen sind. Dies würde insbesondere bei größeren Städten zu organisatorischen Problemen führen und die Kundenorientierung/Bürgernähe behindern. Daher besteht die Möglichkeit zur Dezentralisierung der Kassengeschäfte nach den §§ 3 und 4 GemKVO, wonach – soweit es erforderlich ist – Zahlstellen, Handvorschüsse, Einzahlungskassen und Zahlungen mithilfe von Automaten (in bar, mittels Geldkarte oder über ein Girokonto[496]) eingerichtet werden können. Hierbei handelt es sich um Einrichtungen bzw. Maßnahmen zur Erleichterung des Zahlungsverkehrs, die das Prinzip der Einheitskasse aber nicht durchbrechen.

---

[494] Die „Kassengeschäfte" im Sinne von § 110 Abs. 1 HGO sind in § 1 GemKVO definiert (siehe Nr. 1 Hw. zu § 110 HGO). Siehe hierzu auch Ziffer 13.6.1.2 – Aufgaben der Gemeindekasse.

[495] Siehe hierzu auch Helmut Hagemann: Zu den rechtlichen Möglichkeiten von Kooperation bei den Kassenaufgaben im kommunalen Beteiligungsmanagement, in: KKZ 6/2002, S. 129 ff.

[496] Siehe hierzu Mitteilung des Städte- und Gemeindebundes NRW: Einrichtung von Schulgirokonten, in: ZKF 10/2002, S. 239 sowie Rolf Sturme: Was wird aus der Einheitskasse?, in: KKZ 2/2002, S. 32 ff.

Der Aufbau der Gemeindekasse im Überblick:

Gemeindekasse/Einheitskasse nach § 110 HGO	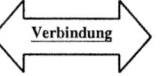	Sonderkasse nach § 117 HGO

Teile der Gemeindekasse

- organisatorisch selbst-
  ständige Einrichtungen
  neben der Gemeindekasse
- getrennte Buchführung für
  Sonder- und Treuhand-
  vermögen
- getrennte Rechnungslegung
  für Sonder- und Treuhandvermögen

Zahlstellen (§ 3 Abs. 1 GemKVO):
- ausgelagerte, dezentrale Teile der Gemeindekasse, die
  Kassengeschäfte vor Ort wahrnehmen, z. B. bei
  Schwimmbädern, Theatern, Büchereien, Museen, Zoos,
  Schlachthöfen usw.
- Bürgermeister regelt die Errichtung und die Aufgaben der
  einzelnen Zahlstellen
- in Erledigung von Kassenaufgaben bleiben die Zahlstellen
  Teile der Gemeindekasse; sie unterstehen dabei **fachlich
  dem Kassenverwalter.**

**Handvorschüsse, Einzahlungskassen und Zahlun-
gen mit Hilfe von Automaten (§ 4 GemKVO):**
- an einzelne Personen (z. B. Vollziehungsbeamte) oder
  einzelnen Dienststellen können **zur Leistung von geringfügigen Zahlungen oder als Wechselgeld** Handvorschüsse (in bar, mittels Geldkarte oder bargeldlos über
  ein Girokonto) gewährt werden (z. B. für Porto, Teil-
  nehmergebühren, Frachtkosten usw.)
- Bürgermeister bestimmt die Dienststellen/Bediensteten
  sowie die Höchstbeträge und die Abrechnungstermine
- die Bediensteten, die Handvorschüsse verwalten, unterstehen organisatorisch i. d. R. **nicht** der Gemeindekasse.
  Der zuständige Amtsleiter/Budgetverantwortliche hat die
  ordnungsgemäße Abwicklung der Handvorschüsse zu
  überwachen
- für Einzahlungskassen (Geldannahmestellen) und für
  Zahlungen mit Hilfe von Automaten gelten die Vorschriften für Handvorschüsse entsprechend

Neu seit dem 01.01.2012

Zahlstellen nicht als Teile der Gemeindekasse (§ 3 Abs. 2 GemKVO):
- Einrichtung nur, sofern Kassengeschäfte in „geringem Umfang" erledigt werden[497]
- unterstehen fachlich **nicht** der Gemeindekasse, sondern dem zuständigen Amtsleiter/Budgetverant-
  wortlichen
- Bürgermeister regelt die Errichtung, ordnungsgemäße Verwaltung und Prüfung dieser Zahlstellen

---

[497] Es gibt derzeit noch keine Anhaltspunkte, wie der „geringe Umfang" der Kassengeschäfte auszulegen
sein wird. Siehe hierzu auch Daneke in KVR Hessen, Erl. zu § 110 HGO, Rdnr. 39.

13.6.1.2   Aufgaben der Gemeindekasse

Wie bereits unter Ziffer 13.6.1.1 ausgeführt, erledigt die Gemeindekasse alle Kassengeschäfte. Der Begriff „**Kassengeschäfte**" ist in § 1 GemKVO definiert. Bevor die Aufgaben der Gemeindekasse im Überblick dargestellt werden, ist folgende Differenzierung vorzunehmen:

Grundsätzlich wird unterschieden in

* „eigene" Kassengeschäfte nach § 1 GemKVO
und
* „fremde" Kassengeschäfte nach § 2 GemKVO.

Die „eigenen" Kassengeschäfte nach § 1 GemKVO lassen sich in folgende Bereiche einteilen:

* **originäre Kassengeschäfte;**
es handelt sich hier um Kassengeschäfte, die von der Gemeindekasse zu erledigen **sind**, soweit sie nicht an eine Stelle außerhalb der Gemeindeverwaltung übertragen wurden (§ 111 HGO)

* **Kassengeschäfte, mit denen auch andere Stellen innerhalb der Gemeindeverwaltung beauftragt werden können** (§ 110 Abs. 1 Satz 2 HGO sowie § 1 Abs. 1 Satz 1 Nr. 4 und Satz 2 GemKVO), soweit nicht in anderen Rechtsvorschriften (z. B. vollstreckungsrechtlichen Bestimmungen) etwas Abweichendes bestimmt ist

* **weitere Aufgaben des Rechnungswesens, die der Gemeindekasse übertragen werden können** (§ 1 Abs. 2 GemKVO)

Die der Gemeindekasse zugewiesenen Funktionen/Aufgaben können ihr nicht entzogen werden. Das schließt nicht aus, sie mit anderen Stellen der Gemeindeverwaltung organisatorisch zu verbinden. Dabei müssen die Befugnisse des Kassenverwalters ohne Einschränkung erhalten bleiben, Nr. 3 Hw. zu § 110 HGO).

Aufgaben der Gemeindekasse nach der GemKVO im Überblick:

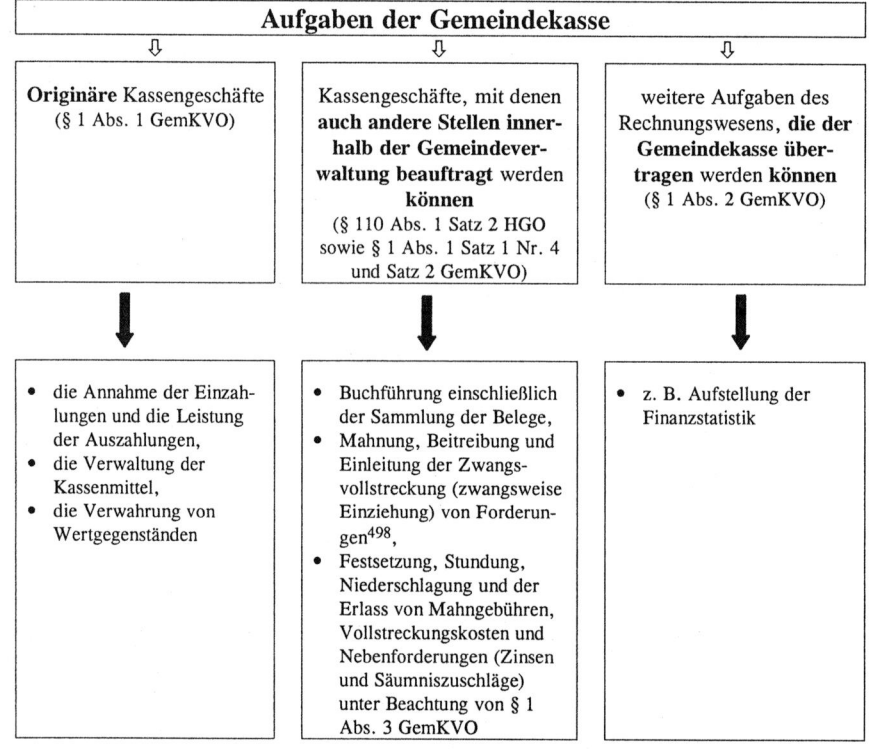

Aufgaben der Gemeindekasse		
⇓	⇓	⇓
Originäre Kassengeschäfte (§ 1 Abs. 1 GemKVO)	Kassengeschäfte, mit denen **auch andere Stellen innerhalb der Gemeindeverwaltung beauftragt** werden **können** (§ 110 Abs. 1 Satz 2 HGO sowie § 1 Abs. 1 Satz 1 Nr. 4 und Satz 2 GemKVO)	weitere Aufgaben des Rechnungswesens, **die der Gemeindekasse übertragen** werden **können** (§ 1 Abs. 2 GemKVO)
⬇	⬇	⬇
• die Annahme der Einzahlungen und die Leistung der Auszahlungen, • die Verwaltung der Kassenmittel, • die Verwahrung von Wertgegenständen	• Buchführung einschließlich der Sammlung der Belege, • Mahnung, Beitreibung und Einleitung der Zwangsvollstreckung (zwangsweise Einziehung) von Forderungen[498], • Festsetzung, Stundung, Niederschlagung und der Erlass von Mahngebühren, Vollstreckungskosten und Nebenforderungen (Zinsen und Säumniszuschläge) unter Beachtung von § 1 Abs. 3 GemKVO	• z. B. Aufstellung der Finanzstatistik

Nicht der Dispositionsbefugnis des Bürgermeisters unterliegen die Aufgaben, die aufgrund **eines Spezialgesetzes direkt der Gemeindekasse zugewiesen** werden, z. B. Aufgaben der Vollstreckung nach dem Hessischen Verwaltungsvollstreckungsgesetz.[499]

Darüber hinaus darf die Gemeindekasse auch Aufgaben nach § 1 Abs. 1 GemKVO für **andere Aufgabenträger übernehmen**, sogenannte **fremde Kassengeschäfte** nach § 2 GemKVO. Voraussetzung ist, dass dies **durch Gesetz** oder aufgrund eines Gesetzes bestimmt[500] oder **durch den Bürgermeister angeordnet** ist (§ 2 GemKVO). Eine solche

---

[498] So kann z. B. die Einleitung der Zwangsvollstreckung dem Rechtsamt übertragen werden.

[499] Vgl. § 16 HessVwVG sowie Schneider/Dreßler/Lüll, Hessische Gemeindeordnung, Kommentar, Erl. zu § 110 HGO, Ziffer 4.2.

[500] Eine gesetzliche Grundlage für die Übernahme fremder Kassengeschäfte bildet z. B. das Gesetz über kommunale Gemeinschaftsarbeit (KGG). Nach § 24 Abs. 1 des Gesetzes über kommunale Gemeinschaftsarbeit (KGG) können Gemeinden und Landkreise vereinbaren, dass eine der beteiligten Gebietskörperschaften einzelne Aufgaben (z. B. Kassengeschäfte) der übrigen Beteiligten in ihre Zuständigkeit übernimmt, insbesondere den übrigen Beteiligten die Mitbenutzung einer von ihr betriebenen Einrichtung gestattet, oder sich verpflichtet, solche Aufgaben für die übrigen Beteiligten durchzuführen. Auch nach § 33 KGG können anstelle der Bildung eines Gemeindeverwaltungsverbandes Gemeinden vereinbaren, dass eine Gemeinde die Aufgaben eines Gemeindeverwaltungsverbandes erfüllt.

Anordnung durch den Bürgermeister ist nur zulässig, wenn die Übernahme der Kassengeschäfte im Interesse der Gemeinde liegt und gewährleistet ist, dass die fremden Kassengeschäfte bei der Prüfung der Gemeindekasse mitgeprüft werden können. So kann die Gemeindekasse z. B. die Kassengeschäfte eines Zweckverbandes, bei dem sie Mitglied ist, oder einer anderen kommunalen Gebietskörperschaft übernehmen sowie die Führung von Sonderkassen für Sonder- und Treuhandvermögen, insbesondere von Eigenbetrieben.[501]

Im Rahmen der Prüfung der Voraussetzungen nach § 2 GemKVO sollte auch das Leistungsentgelt für die Erledigung der fremden Kassengeschäfte berücksichtigt werden, da in aller Regel die fremden Kassengeschäfte von der Gemeindekasse gegen Entgelt erledigt werden. Dies ergibt sich aus den Grundsätzen der Erzielung von Erträgen und Einzahlungen nach § 93 HGO.

13.6.1.3 Personal der Gemeindekasse

In Praxis werden die Kassengeschäfte innerhalb der Gemeindeverwaltung geführt. Nach § 110 Abs. 2 HGO hat dann die Gemeinde einen **Kassenverwalter** und einen **Stellvertreter** zu bestellen. Aufgrund der besonderen Stellung und Verantwortung des Kassenverwalters und seines Stellvertreters ist die Bestellung nach § 73 Abs. 1 Satz 1 HGO Aufgabe des Gemeindevorstandes.[502] Die Zustimmung der Gemeindevertretung hingegen ist nicht erforderlich.

Nach § 110 Abs. 3 HGO können der Kassenverwalter und sein Stellvertreter **haupt- oder ehrenamtlich** angestellt werden. Die Tendenz in hessischen Kommunen zeigt deutlich, dass ehrenamtliche Kassenverwalter absolute Ausnahme sind. Darüber hinaus können der Kassenverwalter und sein Stellvertreter sowohl **Beamte** als auch **Arbeitnehmer** sein.

Bei der Bestellung des Kassenverwalters und seines Stellvertreters sind jedoch folgende **Hinderungsgründe** bzw. Befangenheitsverhältnisse **zwingend** zu beachten, um Interessenskonflikte zu vermeiden und nicht den Anschein entstehen zu lassen, dass durch verwandtschaftliche Beziehungen die Unvoreingenommenheit verloren geht:

---

[501] Vgl. Henneke/Pünder/Waldhoff, Recht der Kommunalfinanzen, Rdnr. 5 zu § 36.

[502] Vgl. Hess. VGH, Beschluss vom 03.05.1994 – 1 TG 2991/93, in: HSGB 1994, S. 299. Hiernach ist die Bestellung und Abberufung des Kassenverwalter und seines Stellvertreters nicht als eine laufende Verwaltungsangelegenheit im Sinne von § 70 Abs. 2 HGO eingestuft worden. „... *Wegen der Sonderstellung, die eine Gemeindekasse und deren Leiter innerhalb der Verwaltungsorganisation einer Kommune einnehmen, ist davon auszugehen, dass sowohl die Bestellung des Kassenverwalters wie auch dessen Abberufung der Anstellung von Gemeindebediensteten und ihrer Entlassung im Sinne des § 73 Abs. 1 Satz 1 HGO gleichzustellen ist. Auch die in § 70 Abs. 2 HGO vorgenommene Abgrenzung der Zuständigkeiten des Bürgermeisters und des Gemeindevorstands ist im Falle der Bestellung und Abberufung des Kassenverwalters wegen der besonderen Verantwortung und der herausgehobenen Stellung des Kassenverwalters ein Argument dafür, dass für die streitige Maßnahme "wegen der Bedeutung der Sache" der Gemeindevorstand zuständig ist. ...*".

- Der Leiter und die Prüfer des Rechnungsprüfungsamtes (siehe Kapitel 21) können **nicht gleichzeitig** die Aufgaben des Kassenverwalters oder seines Vertreters wahrnehmen (§ 110 Abs. 3 HGO).
- Anordnungsbefugte (s. u. Ziffer 13.6.2.2) Gemeindebedienstete können **nicht gleichzeitig** die Aufgaben des Kassenverwalters oder seines Vertreters wahrnehmen (§ 110 Abs. 3 HGO).
- Der Kassenverwalter und sein Vertreter dürfen miteinander oder mit dem Bürgermeister, den Beigeordneten sowie dem Leiter und den Prüfern des Rechnungsprüfungsamtes **nicht** bis zum dritten Grade verwandt oder bis zum zweiten Grade verschwägert[503] oder durch Ehe oder durch eingetragene Lebenspartnerschaft verbunden sein (§ 110 Abs. 4 HGO)

Die Mindestanforderungen für die Einrichtung und den Geschäftsgang der Gemeindekasse sind in § 5 GemKVO[504] geregelt.

13.6.1.4   Grundsatz der Trennung von Anordnung und Ausführung

Für die Kassengeschäfte gilt der Grundsatz der Trennung zwischen Anordnung und Ausführung, d. h. dass bei den einzelnen Kassengeschäften grundsätzlich zwei organisatorisch getrennte Stellen beteiligt sein müssen, um Fehler und Veruntreuungen zu vermeiden (Vier-Augen-Prinzip). Praktisch bewirkt der Grundsatz, dass es ausschließlich Aufgabe der Verwaltung ist, Zahlungen, Buchungen und die Verwahrung von Gegenständen anzuordnen (das bedeutet die Befugnis, der Kasse Anordnungen zu erteilen, siehe Ziffer 13.6.2), während es ausschließlich Aufgabe der Kasse ist, die Anordnungen der Verwaltung kassenmäßig auszuführen.[505]

Der Grundsatz der Trennung von Anordnung und Ausführung lässt sich aus folgenden Rechtsgrundlagen herleiten:

- § 110 Abs. 3 Satz 3 HGO
  Die anordnungsberechtigten Gemeindebediensteten können nicht gleichzeitig die Aufgaben eines Kassenverwalters oder seines Vertreters wahrnehmen.
- § 110 Abs. 5 HGO
  Der Kassenverwalter, sein Stellvertreter und die anderen in der Gemeindekasse beschäftigten Bediensteten sind **nicht befugt**, Zahlungen anzuordnen.
- § 6 Abs. 1 GemKVO
  Die Gemeindekasse darf nur aufgrund einer schriftlichen oder bei automatisierten Verfahren in elektronischer Form übermittelten Anordnungen im Sinne von § 6 Abs. 1 Nr. 1 bis 3 GemKVO tätig werden.
- § 6 Abs. 3 GemKVO
  Bedienstete der Gemeindekassen dürfen keine Kassenanordnungen erteilen.

---

[503] Vgl. §§ 1589 ff. BGB.

[504] Vgl. VV zu § 5 GemKVO. Die VV zur GemKVO sind zwar durch Zeitablauf Ende 1997 außer Kraft getreten. Die weitere Anwendung bzw. Beachtung dieser „alten" VV als Grundsätze ordnungsgemäßer Erledigung der Kassengeschäfte ist insofern möglich, als sie in der Haushaltswirtschaft nach den Grundsätzen der doppelten Buchführung anwendbar sind (siehe auch Ziffer 13.6).

[505] Vgl. Amerkamp, Hessisches Gemeindewirtschaftsrecht, Kommentar, Erl. zu § 6 GemKVO, Ziff. I.

Siehe zum Thema „Anordnungswesen" auch die Ausführungen bei Ziffer 13.6.2

In diesem Zusammenhang ist auch zu erwähnen, dass der Leiter und die Prüfer des Rechnungsprüfungsamtes nach § 130 Abs. 5 HGO Zahlungen **weder anordnen noch ausführen dürfen**; dies ergibt sich naturgemäß aus ihrer Aufgabenstellung der Prüfung der Kassengeschäfte (siehe zum Prüfungswesen insgesamt Kapitel 21).

13.6.1.5 Übertragung von Kassengeschäften an Stellen außerhalb der Gemeindeverwaltung

Kassengeschäfte können nach § 111 HGO ganz oder teilweise von einer Stelle außerhalb der Gemeindeverwaltung besorgt werden. Voraussetzung dafür ist, dass die ordnungsgemäße Erledigung und die Prüfung[506] nach den für die Gemeinde geltenden Vorschriften sichergestellt ist (= privatrechtliche Übertragung) sowie die Beachtung des Datenschutzes nach § 4 Hessisches Datenschutzgesetz (Nr. 2 Hw. zu § 111 HGO). Daneben besteht auch die Möglichkeit der öffentlich-rechtlichen Übertragung von Kassengeschäften nach dem Gesetz über kommunale Gemeinschaftsarbeit (KGG), z. B. auf einen Zweckverband, gemäß § 111 Abs. 1 Satz 3 HGO.

Die Option, Kassengeschäfte ganz oder teilweise auf eine Stelle außerhalb der Gemeindeverwaltung zu übertragen, beruht auf dem Grundsatz der Wirtschaftlichkeit und Sparsamkeit (§ 92 Abs. 2 HGO), z. B. wenn Dritte über technische Einrichtungen verfügen, deren Vorhaltung und Unterhaltung im Hinblick auf ihren Ausnutzungsgrad für die einzelne Verwaltung zur kostspielig wären.

Grundlage für die Übertragung der Kassengeschäfte muss eine schriftliche Vereinbarung mit dem „Auftragnehmer" sein, in der dieser die Einhaltung der sich aus der HGO, GemKVO einschließlich Hinweise sowie internen Vorschriften ergebenden Voraussetzungen zusichert. Grundlage für die Übertragung der Kassengeschäfte können somit

- eine öffentlich-rechtliche Vereinbarung nach dem KGG (öffentlich-rechtliche Übertragung)
  oder
- ein Vertrag (privatrechtliche Übertragung)

sein.

Lässt eine Gemeinde z. B. den **Zahlungsverkehr** ganz oder teilweise durch eine Stelle außerhalb der Gemeindeverwaltung besorgen, ist § 25 GemKVO zu beachten. Bei der **Übertragung der Buchführung** ist § 26 GemKVO zu berücksichtigen.

---

[506] Die Prüfung umfasst die örtliche und die überörtliche Prüfung, vgl. Nr. 1 Hw. zu § 111 HGO.

13.6.2   Kassenanordnungen

Die Kassenanordnungen sind im zweiten Abschnitt der Verordnung über die Kassenführung der Gemeinden (§ 6 ff. GemKVO) geregelt.

Kassenanordnungen sind hiernach:
schriftliche oder bei automatisierten Verfahren in elektronischer Form übermittelte Anordnungen der mittelbewirtschaftenden Stellen (siehe Ziffer 13.1) an die Kasse zur Vornahme bestimmter Kassengeschäfte (§ 6 Abs. 1 GemKVO).

Nach § 6 GemKVO gilt für das gemeindliche Kassenwesen der **Anordnungszwang**, d. h. die Kasse darf grundsätzlich nur auf besondere schriftliche oder bei automatisierten Verfahren in elektronischer Form übermittelte Anordnungen (Kassenanordnungen) hin tätig werden. Im Umkehrschluss bedeutet dies, dass die Kasse nicht befugt ist, aufgrund mündlicher Anordnungen tätig zu werden. Dies schließt auch mündlich erteilte Anordnungen des Bürgermeisters oder des Kämmerers ein.[507]

Darüber hinaus darf die Gemeindekasse Kassenanordnungen, die in der Form nicht den Vorschriften entsprechen oder die sonst zu Bedenken Anlass geben, erst ausführen, wenn die anordnende Stelle die Kassenanordnung berichtigt hat oder sie aufrechterhält.

Ausnahmen von dem Erfordernis der Zahlungsanordnung sind in § 10 GemKVO geregelt, auf diese wird in Ziffer 13.6.2.1 näher eingegangen.

13.6.2.1   Arten der Kassenanordnungen

In § 6 Abs. 1 GemKVO wird in drei Arten von Kassenanordnungen unterschieden:

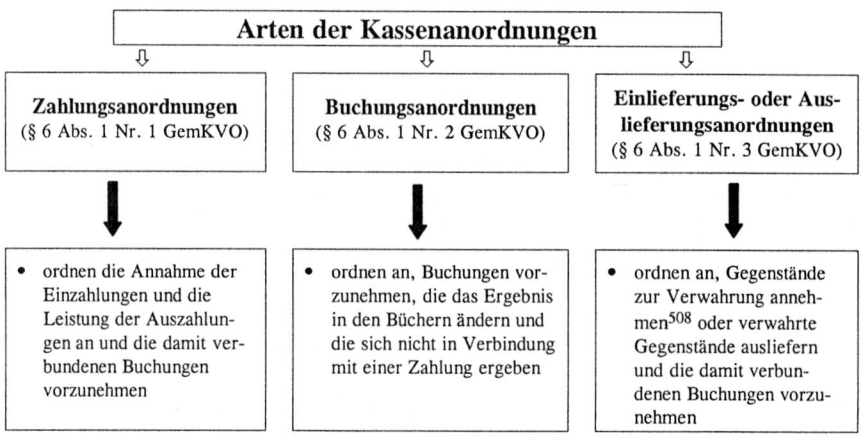

Arten der Kassenanordnungen		
⇩	⇩	⇩
Zahlungsanordnungen (§ 6 Abs. 1 Nr. 1 GemKVO)	**Buchungsanordnungen** (§ 6 Abs. 1 Nr. 2 GemKVO)	**Einlieferungs- oder Auslieferungsanordnungen** (§ 6 Abs. 1 Nr. 3 GemKVO)
• ordnen die Annahme der Einzahlungen und die Leistung der Auszahlungen an und die damit verbundenen Buchungen vorzunehmen	• ordnen an, Buchungen vorzunehmen, die das Ergebnis in den Büchern ändern und die sich nicht in Verbindung mit einer Zahlung ergeben	• ordnen an, Gegenstände zur Verwahrung annehmen[508] oder verwahrte Gegenstände ausliefern und die damit verbundenen Buchungen vorzunehmen

---

[507] Vgl. Amerkamp, Gemeindewirtschaftsrecht, Kommentar, Erl. zu § 6 GemKVO, Ziff. II Nr. 1.
[508] Vgl. §§ 20 und 21 GemKVO.

In den §§ 7 und 8 GemKVO sind Vorschriften über den **Mindestinhalt** von Zahlungsanordnungen getroffen worden[509].

Nach § 7 Abs. 2 GemKVO sind **Zahlungsanordnungen unverzüglich zu erteilen,** sobald die Verpflichtung zur Leistung, der Zahlungspflichtige oder Empfangsberechtigte, der Betrag und die Fälligkeit feststehen[510]. Nur dann kann eine effektive und wirtschaftliche Überwachung und Bewirtschaftung der Haushaltsmittel sichergestellt werden (siehe Ziffer 13.2.4).

Wie bereits unter Ziffer 13.6.2 ausgeführt, darf die Kasse grundsätzlich nur auf besondere schriftliche oder bei automatisierten Verfahren in elektronischer Form übermittelte Anordnungen (Kassenanordnungen) hin tätig werden. § 10 GemKVO regelt **Ausnahmen von dem Erfordernis der Zahlungsanordnung.** Hiernach darf die Gemeindekasse Einzahlungen ohne Zahlungsanordnung annehmen und buchen, wenn für sie zu erkennen ist, dass sie empfangsberechtigt ist (z. B. bei Forderungen der Gemeinde). Die entsprechende Zahlungsanordnung ist jedoch in diesem Fall unverzüglich nachträglich einzuholen (§ 10 Abs. 1 GemKVO).

Gänzlich ohne Zahlungsanordnung darf die Gemeindekasse lediglich in folgenden Fällen Zahlungen annehmen oder leisten und buchen (§ 10 Abs. 2 und 3 GemKVO):

* Kassenmittel[511], die die Gemeindekasse von einer anderen Stelle für Auszahlungen für Rechnungen dieser Stelle erhält,
* Einzahlungen, die irrtümlich bei der Gemeindekasse eingezahlt und die an den Einzahler zurückgezahlt oder an die empfangsberechtigte Stelle weitergeleitet werden,
* Einzahlungen, die die Gemeindekasse im Rahmen ihrer Zuständigkeit bei der Mahnung, Beitreibung und der Einleitung der Zwangsvollstreckung selbst festsetzt (z. B. Mahngebühren, Vollstreckungskosten, Säumniszuschläge usw.),
* die an eine andere Stelle abzuführenden Mittel, die für deren Rechnung angenommen wurden.

---

[509] Die VV zur GemKVO sind zwar durch Zeitablauf Ende 1997 außer Kraft getreten. Allerdings enthalten die „alten" VV weitere sinnvolle Anforderungen, die in Zahlungsanordnungen enthalten sein „sollten". Die weitere Anwendung bzw. Beachtung dieser „alten" VV als Grundsätze ordnungsgemäßer Erledigung der Kassengeschäfte ist insofern möglich, als sie der Haushaltswirtschaft nach den Grundsätzen der doppelten Buchführung anwendbar sind (siehe auch Ziffer 13.6).

[510] Vgl. § 16 GemKVO in Verbindung mit den §§ 26 und 27 GemHVO. Während im Finanzplanungserlass bis 2017 (StAnz. 46/2013, S. 1400 ff.) keine Aufforderung an die Gemeinden zur Einhaltung der Zahlungstermine mehr enthalten ist, wurde im Finanzplanungserlass bis 2016 (StAnz. 40/2012, S. 1094 ff., Finanzplanungserlass II.8) noch folgende Anforderung formuliert: *„Als Gläubiger haben die Kommunen als Ausfluss des Wirtschaftlichkeitsprinzips für eine unverzügliche Realisierung ihrer Forderungen Sorge zu tragen. Da der öffentlichen Hand auch mit Blick auf die Einhaltung der Zahlungstermine durchaus eine Vorbildfunktion zukommt, wiederhole ich meine Bitte an die hessischen Kommunen, durch organisatorische Maßnahmen sicherzustellen, dass bei einwandfrei erbrachten Lieferungen und Leistungen die gesetzlich vorgegebenen oder vereinbarten Zahlungsfristen eingehalten werden. Bei berechtigten Mängelrügen sollte nicht die Zahlung des gesamten Betrages, sondern nur ein dem Mangel angemessener Teilbetrag ausgesetzt werden."*

[511] Vgl. § 34 Nr. 6 GemKVO.

13.6.2.2   Anordnungsbefugnis

Die Anordnungsbefugnis wird in § 6 Abs. 2 GemKVO geregelt.

> Unter der **Anordnungsbefugnis** versteht man das Recht, der Kasse Anordnungen zu erteilen.

Die Erteilung von Kassenanordnungen gehört zu den Geschäften der laufenden Verwaltung. Bei der Anordnungsbefugnis ist zu unterscheiden in

* die Anordnungsbefugnis **kraft Gesetz**
  für den Bürgermeister und die hauptamtlichen Beigeordneten aufgrund der allgemeinen Regelung der HGO über die Erledigung der laufenden Verwaltungsangelegenheiten (§ 70 Abs. 1 und 2 HGO).

Die Übertragung von Arbeitsgebieten an hauptamtliche Beigeordnete durch den Bürgermeister schließt die Anordnungsbefugnis für das betreffende Arbeitsgebiet ein[512].

und in

* die Anordnungsbefugnis **durch Auftrag**
  § 6 Abs. 2 GemKVO regelt die **Übertragung** der Anordnungsbefugnis an die Bediensteten der Gemeinde. Demnach regelt der Bürgermeister[513] die Befugnis, Kassenanordnungen zu erteilen. Die Namen der Personen, die Anordnungen erteilen dürfen, sowie Form und Umfang der Anordnungsbefugnis – einschließlich Unterschriftsproben – sind der Gemeindekasse mitzuteilen.

Die Anordnungsbefugnis an Bedienstete sollte auf ihre **Produktbereiche, Produktgruppen bzw. Produkte beschränkt** und <u>kann</u> auf **Höchstbeträge** der einzelnen Anordnungen begrenzt werden[514].

Der Anordnungsbefugte übernimmt mit der Unterschrift (§ 7 Abs. 1 Nr. 8 GemKVO) die Verantwortung dafür, dass die haushaltsrechtlichen Voraussetzungen zur Erteilung der Kassenanordnung zu Lasten des Haushalts vorliegen (§ 7 Abs. 3

---

[512] Vgl. Nr. 6 VV zu § 6 GemKVO. Die VV zur GemKVO sind zwar durch Zeitablauf Ende 1997 außer Kraft getreten. Die weitere Anwendung bzw. Beachtung dieser „alten" VV als Grundsätze ordnungsgemäßer Erledigung der Kassengeschäfte ist insofern möglich, als sie in der Haushaltswirtschaft nach den Grundsätzen der doppelten Buchführung anwendbar sind (siehe auch Ziffer 13.6).

[513] Die Zuständigkeit des Bürgermeisters nach den Vorschriften GemKVO schließt nicht aus, dass sie vom zuständigen Beigeordneten (Kämmerer) wahrgenommen werden können. Die Zuständigkeitsvorbehalte bringen lediglich zum Ausdruck, dass die betreffenden Aufgaben nicht zu den Kassengeschäften gehören, für deren Erledigung kraft gesetzlichen Auftrages der Kassenverwalter zuständig ist.

[514] Vgl. Nr. 7 VV zu § 6 GemKVO. Die VV zur GemKVO sind zwar durch Zeitablauf Ende 1997 außer Kraft getreten. Die weitere Anwendung bzw. Beachtung dieser „alten" VV als Grundsätze ordnungsgemäßer Erledigung der Kassengeschäfte ist insofern möglich, als sie in der Haushaltswirtschaft nach den Grundsätzen der doppelten Buchführung anwendbar sind (siehe auch Ziffer 13.6).

GemKVO), d. h. dass die Haushaltsmittel zur Verfügung stehen und keiner haushaltsrechtlichen Sperre (s. o. Ziffer 13.3.1) unterliegen.[515]

Nicht anordnungsbefugt sind:

* der Kassenverwalter, sein Stellvertreter und die anderen in der Gemeindekasse beschäftigten Bediensteten (§ 110 Abs. 5 HGO, siehe auch Ziffer 13.6.1.4).
* der Leiter und die Prüfer des Rechnungsprüfungsamts (§ 130 Abs. 5 HGO).
* Personen, die nicht Gemeindebedienstete sind, z. B. Gemeindevertreter, Lehrer im Dienste des Landes[516].

  Allerdings sind seit geraumer Zeit zur Weiterentwicklung des kommunalen Haushalts- und Rechnungswesens Ausnahmen nach § 133 HGO zugelassen, z. B. kann im Rahmen der Budgetierung die Anordnungsbefugnis auch auf Schulleiter übertragen werden.[517]

13.6.2.3 Feststellungsbefugnis

Die Feststellungsbefugnis (sachliche und rechnerische Feststellung) wird in § 11 GemKVO geregelt.

> Unter der **Feststellungsbefugnis** versteht man das Recht, durch schriftliche oder durch eine elektronische Signatur erstellte Bescheinigung die Richtigkeit des Anspruchs bzw. der Zahlungsverpflichtung zu erklären.

Nach § 11 Abs. 1 GemKVO ist **jeder Anspruch und jede Zahlungsverpflichtung auf ihren Grund und ihre Höhe zu prüfen**. Die Richtigkeit ist schriftlich oder durch eine elektronische Signatur[518] zu bescheinigen (= sachliche und rechnerische Feststellung). In den Fällen, in denen eine Ausnahme von dem Erfordernis der Zahlungsanordnung besteht (§ 10 Abs. 2 Nr. 1 und 2 und Abs. 3 GemKVO) entfällt naturgemäß auch eine sachliche und rechnerische Feststellung.

Die sachliche und rechnerische Feststellung ist **vor Erteilung einer Anordnung** zu treffen (§ 11 Abs. 2 GemKVO). Ansonsten ist die Feststellung nach Eingang oder Leistung der Zahlung **unverzüglich** nachzuholen. Die anordnungsbefugte Stelle hat der Gemeindekasse eine Bestätigung, dass die Feststellung vorliegt, als Beleg zuzuleiten, sofern die Feststellung nicht mit der Anordnung verbunden ist.

---

[515] Vgl. Henneke/Strobl/Diemert, Recht der kommunalen Haushaltswirtschaft, Rdnr. 56 zu § 12.

[516] Vgl. Nr. 8 VV zu § 6 GemKVO. Die VV zur GemKVO sind zwar durch Zeitablauf Ende 1997 außer Kraft getreten. Die weitere Anwendung bzw. Beachtung dieser „alten" VV als Grundsätze ordnungsgemäßer Erledigung der Kassengeschäfte ist insofern möglich, als sie in der Haushaltswirtschaft nach den Grundsätzen der doppelten Buchführung anwendbar sind (siehe auch Ziffer 13.6).

[517] Vgl. Amerkamp, Gemeindewirtschaftsrecht, Kommentar, Erl. zu § 6 GemKVO, Ziff. II Nr. 2.

[518] Vgl. § 34 Nr. 5 GemKVO.

Der Bürgermeister[519] regelt die Befugnis für die sachliche und rechnerische Feststellung und deren Form. Die GemKVO enthält keine weiteren eigenen Vorschriften über das Feststellungsverfahren und den Inhalt der Feststellung. Nach Nr. 3 „alte" VV zu § 11 GemKVO sind hierfür von den Gemeinden die Nrn. 11.2, 12, 13.2 bis 19 VV zu § 70 LHO entsprechend anzuwenden. Diese Vorschriften sind auf die Belange der Gemeinden abgestimmt und waren der GemKVO als Anlage 1 beigefügt[520]. Da diese „alte" Anlage 1 zur GemKVO nach wie vor in der Praxis noch Beachtung findet und in Ermangelung neuerer Hinweise sollen sie hier in ihrem vollen Wortlaut wiedergegeben werden. Zur Anwendung der VV zur GemHVO siehe ausführliche in Ziffer 13.6.

Aufgrund ihrer besonderen Bedeutung sind sie nachstehend im Wortlaut wiedergegeben:

Auszug aus den VV zu § 70 LHO

11. Feststellung der sachlichen und rechnerischen Richtigkeit

11.2 Beamte und Angestellte sollen die Feststellungsbescheinigungen in Angelegenheiten, die ihre eigene Person oder ihre Angehörigen betreffen, nicht abgeben.

12. Inhalt der Bescheinigung der sachlichen Richtigkeit

12.1 Der Feststeller der sachlichen Richtigkeit übernimmt mit der Unterschrift des Vermerks nach den Nrn. 14 oder 18 die Verantwortung dafür, daß

12.1.1 die in der förmlichen Zahlungsanordnung, in den ihr beigefügten Anlagen und in den dazugehörigen, aber nicht beigefügten Unterlagen enthaltenen, für die Zahlung maßgebenden und sie begründenden Angaben richtig sind, soweit deren Richtigkeit nicht von dem Feststeller der rechnerischen Richtigkeit zu bescheinigen ist,

12.1.2 die nach § 7 GemKVO erforderlichen übrigen Angaben in der förmlichen Zahlungsanordnung, ihren Anlagen und den begründenden Unterlagen enthalten sind, soweit nicht die Verantwortung hierfür dem Anordnungsbefugten obliegt,

12.1.3 nach den geltenden Vorschriften und nach den Grundsätzen der Wirtschaftlichkeit verfahren worden ist,

12.1.4 die Lieferung oder Leistung als solche und auch die Art ihrer Ausführung geboten war,

12.1.5 die Lieferung oder Leistung entsprechend der zugrunde liegenden Vereinbarung oder Bestellung sachgemäß und vollständig ausgeführt worden ist,

12.1.6 Abschlagsauszahlungen, Vorleistungen (Vorauszahlungen), Pfändungen und Abtretungen vollständig und richtig berücksichtigt worden sind.

---

[519] Die Zuständigkeit des Bürgermeisters nach den Vorschriften GemKVO schließt nicht aus, dass sie vom zuständigen Beigeordneten wahrgenommen werden können. Die Zuständigkeitsvorbehalte bringen lediglich zum Ausdruck, dass die betreffenden Aufgaben nicht zu den Kassengeschäften gehören, für die Erledigung kraft gesetzlichen Auftrages der Kassenverwalter zuständig ist.

[520] Die Verwaltungsvorschriften zur LHO zu § 70 LHO sind durch Erlass des HMdF vom 11. April 2000 (StAnz. S. 1359) neu in Kraft gesetzt worden. Gegenüber der als Anlage 1 zur GemKVO auf der folgenden Seite dargestellt Fassung sind sie teilweise geändert worden. Eine auf die Belange der Kommunen abgestimmte neue Fassung ist noch nicht als Anlage zur GemKVO veröffentlicht worden.

12.2 Die Festlegung der Verantwortung nach Nr. 19 bleibt unberührt.

12.3 Die sachliche Richtigkeit darf unter entsprechender Ergänzung des Vermerks nach Nr. 14.1 auch bescheinigt werden, wenn bei nicht vertragsgemäßer Erfüllung

12.3.1 ein Schaden nicht entstanden ist (z. B. Überschreitung der Ausführungsfristen ohne nachteilige Folgen) oder

12.3.2 die erforderlichen Maßnahmen zur Abwendung eines Nachteils ergriffen worden sind (z. B. Verlängerung der Gewährleistungsfristen, Minderung des Rechnungsbetrages, Hinterlegung von Sicherheiten).

12.4 Die Verantwortung des Feststellers der sachlichen Richtigkeit erstreckt sich in der Regel nicht auf den Inhalt der im selben Arbeitsvorgang mit der förmlichen Zahlungsanordnung erstellten maschinell lesbaren Datenträger. § 12 Abs. 2 GemKVO bleibt unberührt.

13. Feststeller der sachlichen Richtigkeit

13.2 Mit der Feststellung der sachlichen Richtigkeit dürfen nur Beamte und Angestellte beauftragt werden, die dazu befähigt sind. Befähigt ist, wer alle Sachverhalte, deren Richtigkeit er zu bescheinigen hat, zu übersehen und zu beurteilen vermag.

14. Form der Bescheinigung der sachlichen Richtigkeit

14.1 Der Feststeller hat die sachliche Richtigkeit durch Unterschrift des Vermerks „Sachlich richtig" mit Angabe der Amtsbezeichnung oder der Vergütungsgruppe zu bescheinigen.

Sind an der Feststellung der sachlichen Richtigkeit mehrere Beamte oder Angestellte beteiligt, so muß aus jeder Bescheinigung (Teilbescheinigung) der Umfang der Verantwortung ersichtlich sein. Beschränkt sich eine Teilbescheinigung auf die fachtechnische Beurteilung einer Anlage oder Unterlage zu einer Zahlungsanordnung, so ist sie durch Unterschrift unter dem Vermerk „Fachtechnisch richtig" abzugeben.

14.2 Nicht zutreffende Angaben sind zu berichtigen.

15. Inhalt der Bescheinigung der rechnerischen Richtigkeit

15.1 Der Feststeller der rechnerischen Richtigkeit übernimmt mit der Unterschrift des Vermerks nach den Nrn. 17 oder 18 die Verantwortung dafür, daß der anzunehmende oder auszuzahlende Betrag sowie alle auf Berechnungen beruhenden Angaben in der förmlichen Zahlungsanordnung, in den ihr beigefügten Anlagen und in den dazugehörenden, aber nicht beigefügten Unterlagen richtig sind. Die Feststellung der rechnerischen Richtigkeit erstreckt sich mithin auch auf die Feststellung der Richtigkeit der den Berechnungen zugrundeliegenden Ansätze nach den Berechnungsunterlagen (z. B. Bestimmungen, Verträge, Tarife).

15.2 Die Festlegung der Verantwortung nach den Nrn. 17.1 letzter Satz und 19 bleibt unberührt.

15.3 Die Verantwortung des Feststellers der rechnerischen Richtigkeit erstreckt sich in der Regel nicht auf den Inhalt der im selben Arbeitsvorgang mit der förmlichen Zahlungsanordnung erstellten maschinell lesbaren Datenträger. § 12 Abs. 2 GemKVO bleibt unberührt.

15.4. Die Bescheinigung der rechnerischen Richtigkeit entfällt, soweit betragslose Zahlungsanordnungen auf Buchungen beruhende Angaben nicht enthalten (§§ 9 GemKVO).

16. Feststeller der rechnerischen Richtigkeit

16.1 Zur Feststellung der rechnerischen Richtigkeit sind befugt

16.1.1 Beamte, die mindestens dem mittleren Dienst und

16.1.2 Angestellte, die einer vergleichbaren Vergütungsgruppe des BAT angehören.

16.2 Der Bürgermeister oder der von ihm Beauftragte kann die Befugnis auf bestimmte Beamte und Angestellte beschränken.

17. Form der Bescheinigung der rechnerischen Richtigkeit

17.1 Der Feststeller hat die rechnerische Richtigkeit durch Unterschrift des Vermerks „Rechnerisch richtig" zu bescheinigen. Der Vermerk ist möglichst neben oder unter den ermittelten Zahlungsbetrag zu setzen und mit Angabe der Amtsbezeichnung oder der Vergütungsgruppe zu versehen. Sind an der Feststellung der rechnerischen Richtigkeit mehrere Beamte oder Angestellte beteiligt, so muß aus jeder Teilbescheinigung der Umfang der Verantwortung der Beteiligten ersichtlich sein.

17.2 Nicht zutreffende Angaben sind zu berichtigen.

17.3 Sind die Endbeträge auf beigefügten Anlagen oder in dazugehörenden, aber nicht beigefügten Unterlagen geändert, so lautet der Vermerk „Rechnerisch richtig mit . . . DM . . . Pf". Der Betrag ist nur in Ziffern anzugeben.

18. Zusammengefasste Bescheinigung der sachlichen und rechnerischen Richtigkeit

Die Bescheinigungen der sachlichen und der rechnerischen Richtigkeit können zusammen gefasst werden, wenn der Feststeller die Voraussetzungen nach den Nrn. 13 und 16 erfüllt. In diesem Falle lautet der Feststellungsvermerk

- „Sachlich und rechnerisch richtig (mit . . . DM . . . Pf)" oder

- „Fachtechnisch und rechnerisch richtig (mit . . . DM . . . Pf)".

Sind an der zusammengefaßten Bescheinigung mehrere Beamte oder Angestellte beteiligt, so muß aus jeder Teilbescheinigung der Umfang der Verantwortung der Beteiligten ersichtlich sein.

19. Verantwortung des Feststellers in besonderen Fällen

19.1 Der Feststeller, der in förmlichen Zahlungsanordnungen, in den ihr beigefügten Anlagen oder in dazugehörenden, aber nicht beigefügten Unterlagen die sachliche oder rechnerische Richtigkeit bescheinigt, ist für die Richtigkeit der Angaben nicht verantwortlich, soweit andere Feststeller Teilbescheinigungen abgegeben haben (Nrn. 14, 17 und 18). Den Teilbescheinigungen der Feststeller der eigenen Dienststelle sind die Teilbescheinigungen gleichzustellen, die von Beamten oder Angestellten anderer Stellen abgegeben worden sind, und zwar

19.1.1 einer Dienststelle des Landes,

19.1.2 einer Dienststelle des Bundes oder eines anderen Landes,

19.1.3 einer anderen Gemeinde oder Gemeindeverbandes oder

19.1.4 einer bundes- oder landesunmittelbaren juristischen Person des öffentlichen Rechts, die unter § 105 BHO/LHO fällt.

19.2 Sind Teilbescheinigungen auf Grund schriftlicher Verträge oder sonstiger Vereinbarungen von anderen Personen (z. B. Architekten, Ingenieuren) abgegeben worden, so gilt Nr. 19.1 entsprechend. Wenn in Verträgen oder sonstigen Vereinbarungen die Anwendung dieser Vorläufigen Verwaltungsvorschriften vorgesehen ist, so sind die Teilbescheinigungen mit dem Wortlaut nach den Nrn. 14, 17 und 18 abzugeben; andernfalls sind Inhalt und Form der Teilbescheinigungen in den Verträgen oder sonstigen Vereinbarungen festzulegen.

19.3 Treffen Beamte oder Angestellte Maßnahmen, die zu Zahlungsanordnungen führen, so gelten die Unterschriften auf den die einzelnen Maßnahmen betreffenden Unterlagen zugleich als Feststellung und Teilbescheinigung, wenn die Nrn. 11 bis 18 beachtet sind.

19.4 Werden die einer förmlichen Zahlungsanordnung beigefügten Anlagen oder die dazugehörenden, aber nicht beigefügten Unterlagen mit Hilfe automatischer Datenverarbeitungsanlagen erstellt oder nachgeprüft, so ist das Verfahren nach § 12 GemKVO zu regeln.

19.5 Ist eine lückenlose Nachprüfung von Angaben nicht möglich, so beschränkt sich die Verantwortung des Feststellers der sachlichen Richtigkeit darauf, daß Bedenken gegen die Richtigkeit dieser Angaben nicht bestehen. Entsprechendes gilt, wenn

19.5.1 Leistungen durch Zähler, Uhren oder sonstige Kontrolleinrichtungen abgelesen werden oder

19.5.2 Leistungen nur unmittelbar an Dritte erbracht werden können (z. B. Sachleistungen an Heiminsassen).

19.6 Muß ausnahmsweise (z. B. bei Erkrankung, nach Versetzung oder Ausscheiden des zuständigen Feststellers) die sachliche Richtigkeit von einem anderen Beamten oder Angestellten bescheinigt werden, der den Sachverhalt nicht in vollem Umfang übersehen und beurteilen kann, so gilt Nr. 19.5 entsprechend. Der Feststeller hat in diesen Fällen in der Bescheinigung der sachlichen Richtigkeit anzugeben, wie weit und weshalb die Nachprüfung der Angaben nicht in vollem Umfang durchgeführt werden konnte.

19.7 Die Einschränkung der Verantwortung nach den Nrn. 19.1 bis 19.6 tritt nur ein, sofern nicht offensichtlich Anlaß zu Zweifeln besteht.

13.6.3   Zahlungsverkehr

Grundsätzlich können Zahlungen durch die Übergabe von Zahlungsmitteln (bar), durch Überweisung bzw. Einzahlungen auf das Konto der Gemeinde (unbar) erfolgen. Der Zahlungsverkehr[521] ist aber nach Möglichkeit unbar abzuwickeln (§ 12 Abs. 1 GemKVO),[522] um eine größere Sicherheit für die Gemeindekasse zu erreichen, aber auch aus Gründen der Arbeitserleichterung.

---

[521] Vgl. Begriffsbestimmung gemäß § 34 Nr. 8 GemKVO.

[522] Auf die Besonderheiten bei den Auszahlungen der Transferleistungen im sozialen Bereich wird an dieser Stelle nicht vertieft eingegangen. Allerdings ist in diesem Zusammenhang anzumerken, dass eine bargeldlose Abwicklung dann nicht möglich ist, wenn der Hilfeempfänger über kein Bankkonto verfügt.

Neben den gesetzlichen Zahlungsmitteln (Bargeld, Schecks, Postschecks) dürfen **Einzahlungen** auch mittels Geldkarten, Debitkarten und Kreditkarten entgegengenommen werden (§ 13 Abs. 1 GemKVO)[523]. Auszahlungen hingegen sollen nur ausnahmsweise (Entscheidung durch den Bürgermeister) mittels Debit- oder Kreditkarten geleistet werden (§ 13 Abs. 2 GemKVO).

Aus Gründen der Kassensicherheit dürfen Zahlungsmittel grundsätzlich nur in den Räumen der Gemeindekasse und nur von den damit beauftragten Personen angenommen oder ausgezahlt werden (§ 12 Abs. 2 GemKVO). Allerdings gibt es auch Aufgabenbereiche, die eine Ausnahmeregelung erforderlich werden lassen, z. B. bei Vollziehungsbeamten, Sozialarbeitern usw. In diesen Fällen dürfen die von dem Bürgermeister ermächtigten Personen Zahlungsmittel außerhalb der Räume der Gemeindekasse annehmen oder auszahlen. Eine weitere Ausnahme stellen Kassenautomaten dar, die in den letzten Jahren vermehrt in den Verwaltungsgebäuden aufgestellt wurden.

Hinsichtlich der Anforderungen an Einzahlungsquittungen, Auszahlungen und Auszahlungsnachweise wird auf § 14 ff. GemKVO verwiesen. Abschließend ist noch darauf hinzuweisen, dass die Gemeindekasse Forderungen eines Empfangsberechtigten gegen Forderungen der Gemeinde aufrechnen soll, wenn die Voraussetzungen vorliegen (§ 16 Abs. 1 Satz 2 GemKVO).

13.6.4   Verwaltung der Kassenmittel und Verwahrung von Wert- und anderen Gegenständen

Die Verwaltung der Kassenmittel (§ 34 Nr. 6 GemKVO) ist in § 18 GemKVO geregelt. Der Bürgermeister regelt die Errichtung von Konten bei Kreditinstituten und die Bewirtschaftung des Kassenbestandes. Aufgabe der Gemeindekasse ist es, darauf zu achten, dass

- die erforderlichen Kassenmittel zur Leistung der Auszahlungen rechtzeitig verfügbar sind (Liquiditätsplanung).

    Dazu ist es erforderlich, dass die anordnenden Stellen die Gemeindekasse unterrichten, wenn größere Ein- oder Auszahlungen anstehen (§ 18 Abs. 2 GemKVO).

- vorübergehend nicht benötigte Kassenmittel sicher und ertragbringend angelegt werden (Liquiditätssicherung).

    Die Sicherheit der Geldanlage hat Vorrang vor der Höhe des Ertrages. Das Risiko der Anlage muss in einem angemessenen Verhältnis zum Ertrag stehen (Erlass vom 18.02.2009, Az.: IV 24 – 15 i 01.08). Die Anlage von Zahlungsmittelbeständen in Aktien, Investmentanteilen und ähnlichen Anlageformen ist wegen der möglichen Kursverluste **nicht zulässig**. Bei festverzinslichen Wertpapieren soll deren Laufzeit mit der Anlagefrist möglichst übereinstimmen (Nr. 1 Hw. zu § 22 GemHVO).

---

[523] Vgl. Begriffsbestimmung gemäß § 34 Nr. 7 GemKVO.

Sofern nicht etwas anderes bestimmt ist, hat die Gemeindekasse den Bürgermeister über die Anlage vorübergehend nicht benötigter Kassenmittel regelmäßig zu unterrichten.

- zur Sicherung der Liquidität rechtzeitig Kassenkredite aufgenommen werden.

Auch in diesem Fall hat die Gemeindekasse unverzüglich die Weisung des Bürgermeisters einzuholen nach § 18 Nr. 3 GemKVO. Der Höchstbetrag der Kassenkreditermächtigung ist in der Haushaltssatzung festgesetzt und zu beachten (siehe Ziffer 11.2.2.4, zu Kassenkrediten insgesamt Ziffer 9.5).

Die Zahlungsmittel, die Vordrucke für Schecks und Überweisungsaufträge sowie die technischen Hilfsmittel zur Identifikation im Zahlungsverkehr sind sicher aufzubewahren. Die entsprechenden Sicherheitsvorkehrungen bestimmt der Bürgermeister (siehe § 19 Abs. 1 GemKVO). In diesem Zusammenhang sind auch die Sicherheitsvorkehrungen für die Beförderung von Zahlungsmitteln zu regeln.

Die Verwahrung von Wert- und anderen Gegenständen ist in den §§ 20 und 21 GemKVO geregelt.

13.6.5   Gemeindekasse und Finanzbuchhaltung

Die Einführung des NKRS in Hessen berührt auch das Kassenwesen, insbesondere die Hauptaufgaben Buchführung und Zahlungsverkehr. Vor allem die Buchführung, die alle Geschäftsvorfälle und die sich aus ihnen ergebenen Auswirkungen auf das Gemeindevermögen aufzeichnet, entwickelt sich zu einer Finanzbuchhaltung nach kaufmännischem Vorbild.[524] In den Gemeindeordnungen von Nordrhein-Westfalen und Schleswig-Holstein wird daher anstelle des Begriffs „Gemeindekasse" der Begriff **„Finanzbuchhaltung"** verwendet.

Auch die Länder Niedersachsen, Rheinland-Pfalz, Saarland und Nordrhein-Westfalen haben auf diese Entwicklung reagiert und als Folge davon die Gemeindekassenverordnungen aufgehoben; grundsätzliche Vorschriften für die Zahlungsabwicklung und über die Finanzbuchhaltung wurden in die Gemeindeordnungen und die Gemeindehaushaltsverordnungen integriert.[525] Das Land Hessen hat sich dieser Entwicklung **nicht** angeschlossen und zum 01.01.2012 die Verordnung über die Kassenführung der Gemeinden (Gemeindekassenverordnung – GemKVO) vollständig neu gefasst.

Insgesamt stellt sich zurzeit die Situation so dar, dass die neuen haushaltsrechtlichen Regelungen hinsichtlich der Organisation des Haushalts- und Rechnungswesens lediglich Rahmen- bzw. Mindestvorschriften enthalten, die eine ordnungsgemäße und sichere Abwicklung gewährleisten sollen. An vielen Stellen sind noch Fragen zur zukünftigen

---

524 Vgl. Henneke/Strobl/Diemert, Recht der kommunalen Haushaltswirtschaft, Rdnr. 1 zu § 12.
525 Vgl. Henneke/Strobl/Diemert, Recht der kommunalen Haushaltswirtschaft, Rdnr. 98 zu § 12.

Einrichtung der Buchführung und Zahlungsabwicklung, zur Optimierung der Organisation, zum internen Kontrollsystem usw. offen.[526]

Nach § 1 Abs. 1 Nr. 4 GemKVO handelt es sich bei der Buchführung um eine Aufgabe, die nach § 110 Abs. 1 Satz 2 HGO von den Kassengeschäften abgetrennt werden kann, d. h. mit der Wahrnehmung dieser Aufgabe kann eine andere Stelle in der Gemeindeverwaltung beauftragt werden (siehe Ziffer 13.6.1.2). Im Zuge der heute üblichen DV-gestützten Buchführung ist eine Abtrennung durchaus üblich. In diesen Fällen wird die Buchführung häufig der Kämmerei übertragen, stellenweise erfolgt auch eine dezentrale Buchung der Geschäftsvorfälle in den jeweiligen Fachbereichen.

Zu beachten ist, dass die Vorschriften über die Buchführung nicht in der GemKVO, sondern in den §§ 32 ff. GemHVO enthalten sind. Weitergehende Ausführungen zu dem Thema Buchführung sind den speziellen Kapiteln 15 – 18 vorbehalten.

---

[526] Vgl. Bauer/Maier, Optimierung der Organisation des Haushalts- und Rechnungswesens im Rahmen der Einführung des Neuen kommunalen Finanzwesens, in: der Gemeindehaushalt 4/2007, S. 73 ff.

Inhaltsverzeichnis

14.   Nachtragssatzung, Nachtragsplan und Bewilligung von zusätzlichen Haushaltsmitteln

14.1   Nachtragssatzung und Nachtragsplan[527]

14.1.1   Notwendigkeit der Nachtragssatzung

Die GemHVO trägt der Philosophie des NKRS Rechnung[528] und bestimmt, dass jeder Teilhaushalt kraft Verordnung eine Bewirtschaftungseinheit (Budget) bildet (§ 4 Abs. 1 GemHVO). So kann im Rahmen der Budgetierung – je nach individueller Ausgestaltung – ein Großteil der unterjährig auftretenden Abweichungen aufgefangen werden (siehe Ziffer 6.2.5 und 7.4.3).

Allerdings können im Laufe eines Haushaltsjahres[529] – trotz sorgfältiger Vorbereitungen und Planungen sowie größtmöglicher Flexibilisierung bei der Ausführung des Haushalts – immer wieder Umstände eintreten, die eine Änderung bzw. Ergänzung der ursprünglichen Haushaltssatzung notwendig machen. Gerade in den letzten Jahren wird deutlich, dass durch die zunehmende Globalisierung und deren unmittelbare Auswirkungen auf die kommunalen Haushalte[530] kurzfristig, d. h. noch innerhalb des laufenden Haushaltsjahres, Anpassungen bzw. Fortschreibungen unumgänglich werden. Zudem spielt auch der Zeitpunkt der Aufstellung der Haushaltssatzung eine Rolle. Da die Haushaltssatzung bereits Mitte des Vorjahres geplant wird, sind zu diesem Zeitpunkt nicht alle (finanziellen, konjunkturellen ...) Entwicklungen und Tendenzen erkennbar oder prognostizierbar. § 98 HGO trägt dem Rechnung und regelt, dass die ursprüngliche Haushaltssatzung (siehe Ziffer 11) durch „Nachtragssatzung" geändert werden kann[531]. Hierbei ist die Anzahl der Nachtragssatzungen nicht begrenzt[532]. Demnach ist es möglich, dass mehrere Nachtragssatzungen innerhalb eines Haushaltsjahres verabschiedet werden können. Um die Fortschreibungen nachzuvollziehen, werden die Nachtragssatzungen nummeriert, 1. Nachtragssatzung, 2. Nachtragssatzung usw. [533]. Die Nachtragssatzungen müssen spätestens bis zum Ablauf des Haushaltsjahres (31.12.) von der Gemeindevertretung beschlossen werden (siehe Ziffer 14.1.4). In Anbetracht dieser zeitlichen Vorgabe ist naturgemäß die Anzahl der Nachtragssatzungen begrenzt (Beachtung der Besonderheit bei der Änderung der Hebesätze für die Realsteuern – siehe hierzu Ziffer 14.1.4).

Vor diesem Hintergrund und der beschriebenen Planungsunsicherheit erlassen die Gemeinden in der Regel Haushaltssatzungen für ein Haushaltsjahr und verzichten über-

---

[527] Siehe zu dieser Thematik auch Daneke in KVR Hessen, Erl. zu § 98 HGO.

[528] Adrian u. a., Handbuch Kommunalpolitik Hessen, Kap. II.4.1.6. *„Nach der Philosophie des NKRS sollten Nachtragssatzungen dem Grunde nach überflüssig werden, da über die Budgets die Finanzströme flexibler gehandhabt werden kann, als dies bislang über die einzelnen Veranschlagungen in den Haushaltsplänen der Fall war."*

[529] Siehe § 94 Abs. 4 GemHVO.

[530] Banken- und Finanzkrise seit 2008.

[531] Im Bereich der Haushaltswirtschaft bezeichnet man die Änderungssatzung als Nachtragssatzung gemäß § 98 HGO.

[532] Vgl. Schwarting, Der kommunale Haushalt, Rdnr. 611.

[533] So hat z. B. der Bundestag nach dem 1. Halbjahr 2009 bereits den 2. Nachtrag zum Bundeshaushalt 2009 verabschiedet (BdSt Hessen aktuell Nr. 12 – 03.07.2009).

wiegend auf die Möglichkeit des Erlasses einer Haushaltssatzung für zwei Jahre (zu Vor- und Nachteilen eines Doppelhaushalts siehe Ziffer 11.1).

Nach Nr. 1 Hw. zu § 98 HGO ist allerdings in den Fällen **keine Nachtragssatzung** zu erlassen, in denen die Gemeindevertretung selbst ihren Beschluss über die Haushaltssatzung ändern möchte, bevor diese Haushaltssatzung rechtswirksam geworden ist, d. h. es soll eine Änderung vorgenommen werden, **noch bevor** diese Haushaltssatzung öffentlich bekannt gemacht und damit rechtswirksam zustande gekommen ist. In der Praxis könnte sich ein solcher Fall ergeben, wenn das Genehmigungsverfahren bei der Aufsichtsbehörde – aus welchen Gründen auch immer – längere Zeit in Anspruch nimmt, die Gemeindevertretung aber eine, aus ihrer Sicht dringende, Änderung der Haushaltssatzung vornehmen möchte. In diesem Fall ist ein erneuter Beschluss der Gemeindevertretung über die Haushaltssatzung erforderlich und die geänderte Haushaltssatzung ist dann der Aufsichtsbehörde nachzureichen.[534]

Da der Haushaltsplan Bestandteil der Haushaltssatzung ist (§ 94 Abs. 2 HGO), bedingt eine Planfortschreibung die Änderung der Haushaltssatzung. Eine Änderung der Haushaltssatzung ohne gleichzeitige Haushaltsplanänderung ist zwar theoretisch möglich (z. B. nur Erhöhung der Kassenkreditermächtigung in § 4 der Haushaltssatzung), jedoch in der Praxis kaum anzutreffen. Durch die Nachtragssatzung einschließlich Nachtragsplan werden Haushaltssatzung und Haushaltsplan ergänzt, fortgeschrieben, berichtigt oder geändert.

Grundsätzlich steht es der Gemeinde frei, ob und zu welchem Zeitpunkt sie innerhalb eines Haushaltsjahres Nachtragssatzungen erlässt, d. h. sie kann jederzeit Nachtragssatzungen erlassen, wenn sie es für notwendig oder angebracht hält[535]. Neben dieser im Ermessen der Gemeinde stehenden Möglichkeit, eine Nachtragssatzung zu erlassen, muss die Gemeinde in verschiedenen Situationen aufgrund gesetzlicher Regelung zwingend eine Nachtragssatzung erlassen. Diese besonderen Regelungen bedürfen daher einer gezielten Betrachtung.

Für das formelle Erlassverfahren der Nachtragssatzungen gelten die Vorschriften für die Haushaltssatzung entsprechend (§ 98 Abs. 4 HGO i. V. m. § 97 HGO). Die Nachtragssatzungen treten nach der vollendeten Bekanntmachung rückwirkend zum 01.01. des Haushaltsjahres in Kraft (siehe Ziffer 11.3).

14.1.2   Pflicht zum Erlass einer Nachtragssatzung

14.1.2.1   Überblick

Die wichtigsten Tatbestandsmerkmale, die zum Erlass einer Nachtragssatzung **zwingen**, enthält § 98 Abs. 2 HGO; es gibt jedoch darüber hinaus noch weitere Erfordernisse, die einen Erlass einer Nachtragssatzung notwendig machen können. Zunächst daher folgende Übersicht zur Systematisierung:

---

[534] Siehe auch Ausführungen bei Daneke in KVR Hessen, Erl. zu § 98 HGO, Rdnr. 2.
[535] Vgl. Nr. 3 Satz 1 Hw. zu § 98 HGO.

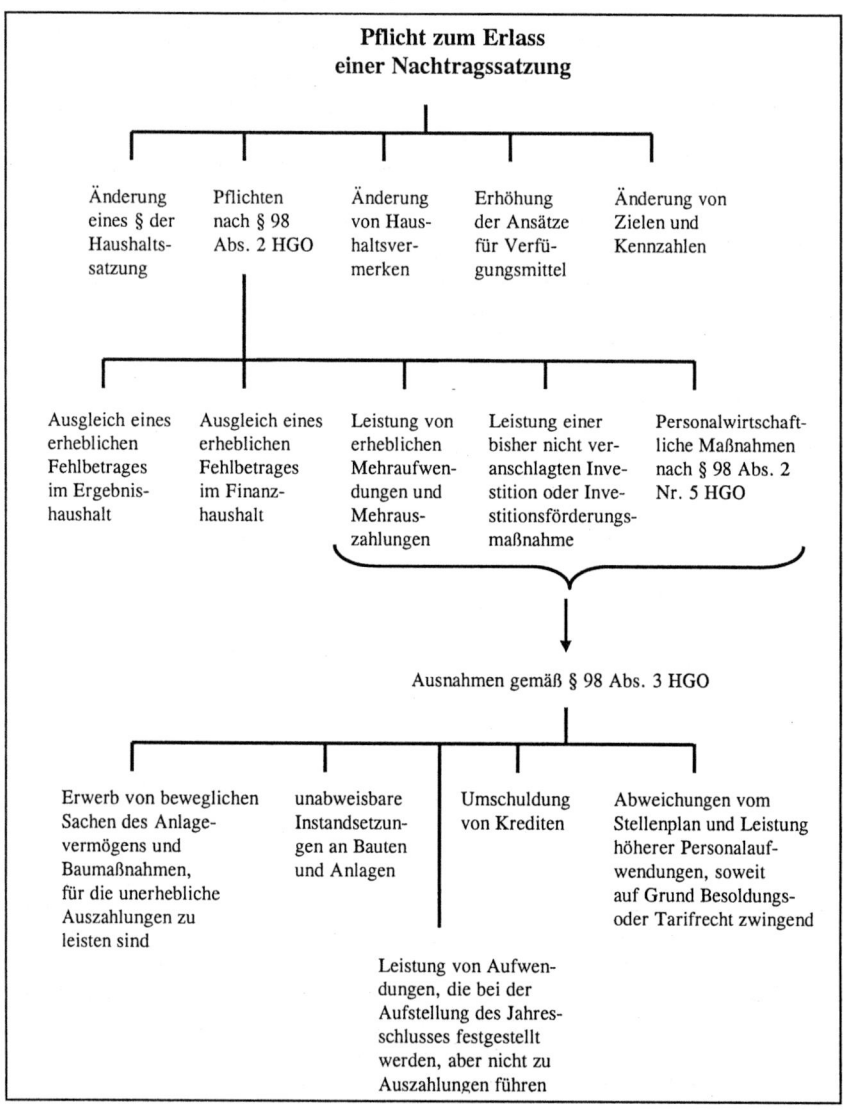

Die einzelnen - zunächst schlagwortartig aufgeführten - Pflichten bedürfen einer eingehenden Erläuterung.

14.1.2.2 Änderung eines Paragrafen der Haushaltssatzung

Soweit die Gemeinde Festsetzungen der ursprünglichen Haushaltssatzung ändern möchte, bedarf es aus der Natur der Sache des Erlasses einer Nachtragssatzung (die Haushaltssatzung kann nur durch eine Nachtragssatzung geändert werden). Dies kann insbesondere dann der Fall sein, wenn durch Änderungen im Laufe des Haushaltsjahres der Ursprungsplan insgesamt nicht mehr den Vorstellungen der Gemeinde entspricht, z. B.:

§ 1 der Haushaltssatzung bedarf bei einer Fortschreibung des Haushaltsplanes einer Änderung, da die Gesamtsummen des § 1 (für den Ergebnis- und Finanzhaushalt) in der Nachtragssatzung neu festgesetzt werden.[536] Dieses gilt auch dann, wenn trotz Änderung einzelner Haushaltspositionen die Gesamtsummen des Ergebnis- bzw. des Finanzhaushalts unverändert bleiben. Rechtlich gesehen handelt es sich dabei um eine Neufestsetzung, da die Addition der Ansätze der Haushaltspositionen, die zu den jeweiligen Gesamtsummen führen, sich inhaltlich geändert hat. Die Änderung des Haushaltsplanes erfordert ausnahmslos den Erlass einer Nachtragssatzung. Nicht darunter fallen die Bewilligungen von über- und außerplanmäßigen Aufwendungen und Auszahlungen i. S. v. § 100 HGO,[537] siehe hierzu auch Ziffer 14.1.3.

Bei einer Änderung des Kreditvolumens ist § 2 der Haushaltssatzung entsprechend anzupassen.

Die Erhöhung des Gesamtbetrages der Verpflichtungsermächtigungen führt zu einer Änderung des § 3 der Haushaltssatzung. Wie aus der Darstellung zu Ziffer 14.2.6 ersichtlich ist, sind über- und außerplanmäßige Verpflichtungsermächtigungen nur zulässig, wenn in gleicher Höhe Einsparungen bei anderen Verpflichtungsermächtigungen vorhanden sind (§ 102 Abs. 5 HGO). Demnach darf die Gemeinde den in § 3 der Haushaltssatzung festgesetzten Gesamtbetrag der Verpflichtungsermächtigungen nicht überschreiten. Den Gesamtbetrag überschreitende zusätzliche Verpflichtungsermächtigungen können somit nur über eine Nachtragssatzung bereitgestellt werden, auch dann, wenn es sich nur um geringfügige Überschreitungen handelt.

Wenn eine Änderung des Höchstbetrages der Kassenkredite erforderlich wird, ist § 4 der Haushaltssatzung entsprechend zu ändern.

Auch die Hebesätze der Realsteuern in § 5 der Haushaltssatzung können durch Nachtragssatzung geändert werden. Bei einer Erhöhung muss jedoch gemäß § 25 Abs. 3 GrStG bzw. § 16 Abs. 3 GewStG der Beschluss der Gemeindevertretung bis zum 30.06. des laufenden Haushaltsjahres erfolgen (Näheres siehe Ziffer 14.1.4)[538].

Will die Gemeinde den Stellenplan ändern, kann sie dies ebenfalls nur durch Nachtragssatzung umsetzen, da der gültige Stellenplan durch § 6 der Haushaltssatzung festgesetzt wird. In der Nachtragssatzung ist dann in § 6 das Datum des Beschlusses über den

---

[536] Vgl. Muster 2 zu § 60 Nr. 2 GemHVO.
[537] Vgl. § 8 Abs. 1 Satz 2 i. V. m. Nr. 2 Hw. zu § 8 GemHVO.
[538] Für die Erhöhung der Hebesätze der Kreis- und Schulumlage, die von Landkreisen festgesetzt werden, muss der Beschluss des Kreistages bis zum 31.08. des laufenden Haushaltsjahres erfolgen gemäß § 37 Abs. 5 FAG.

geänderten Stellenplan einzusetzen. Das ist in der Regel das Datum der Beschlussfassung über die Nachtragssatzung, da der Stellenplan als Bestandteil des Haushaltsplanes (§ 95 Abs. 3 Satz 2 HGO, § 1 Abs. 1 Nr. 3 GemHVO) Anlage zur Haushaltssatzung und damit auch Anlage zur Nachtragssatzung ist.

Letztlich sind auch die fakultativen (freiwilligen) Festsetzungen in den **§§ 7 ff. der Haushaltssatzung** nur durch eine Nachtragssatzung änderbar.[539]

14.1.2.3   Pflichten nach § 98 Abs. 2 HGO

§ 98 Abs. 2 HGO regelt Voraussetzungen, nach denen **zwingend** und **unverzüglich** eine Nachtragssatzung zu erlassen ist. Nach § 100 Abs. 5 HGO bleiben die Vorschriften des § 98 Abs. 2 HGO unberührt. Dies hat zur Konsequenz, dass zunächst geprüft werden muss, ob ein Sachverhalt vorliegt, der den Erlass einer Nachtragssatzung zwingend zur Folge hat, **bevor über- und außerplanmäßige Aufwendungen und Auszahlungen nach § 100 HGO möglich sind.**

Vor diesem Hintergrund sind die Ausführungen in diesem Kapitel so strukturiert, dass zunächst die Vorschriften zur Nachtragssatzung (Ziffer 14.1) und anschließend die Regelungen für über- und außerplanmäßige Aufwendungen und Auszahlungen (Ziffer 14.2) dargestellt werden.

Ausgleich eines erheblichen Fehlbetrages[540] des Ergebnishaushalts (Nr. 1)

Diese Regelung bezieht sich ausschließlich auf den Ergebnishaushalt, in dem gemäß § 2 GemHVO Aufwendungen und Erträge veranschlagt werden. Grundsätzlich zeichnet sich ein Fehlbetrag ab, wenn im Laufe des Jahres ersichtlich ist, dass

- die tatsächlichen Erträge hinter den geplanten Erträgen zurückbleiben, z. B. bedingt durch Steuerausfälle, insbesondere bei der Gewerbesteuer,
- und/oder die **Summe[541]** der tatsächlichen Aufwendungen höher ist als die der geplanten Aufwendungen.

Nach dem Gesetzestext muss dieser Fehlbetrag „**erheblich**" sein. Die Pflicht zum Erlass einer Nachtragssatzung besteht auch dann, wenn ein bereits veranschlagter Fehlbedarf (Planung) sich **wesentlich erhöht**. Wann ein Fehlbetrag **erheblich** ist bzw. sich **wesentlich erhöht**, richtet sich z. B. nach der Größe der Gemeinde, nach deren Haushalts-

---

[539] Fakultative Festsetzungen in der Haushaltssatzung sind in Ziffer 11.2.3 näher beschrieben. Durch die Aufnahme in die Haushaltssatzung erhalten die fakultativen Regelungen **Satzungscharakter** und können daher nur durch eine Nachtragssatzung geändert werden. Es empfiehlt sich, fakultative Regelungen so zu gestalten, dass sie unterjährig unter bestimmten Voraussetzungen „geöffnet" werden können, z. B.: „Über die Aufhebung der Stellenbesetzungssperre entscheidet die Gemeindevertretung".

[540] Ein Defizit wird im Rahmen der Planung als Fehlbedarf und beim Jahresabschluss als Fehlbetrag bezeichnet; siehe hierzu auch §§ 24 und 25 GemHVO.

[541] **Einzelfälle** sind nach § 98 Abs. 2 Nr. 3 HGO zu prüfen.

volumen, sodass die Gemeindeordnung dazu keine konkrete Aussage trifft[542]. Eine sachgerechte Beurteilung der Erheblichkeit ist letztlich den Gemeinden überlassen.[543] Den Gemeinden wird empfohlen, eine örtliche Regelung durch Hauptsatzung, Haushaltssatzung oder einfachen Beschluss (Richtlinienbeschluss) der Gemeindevertretung herbeizuführen. In der Praxis werden prozentuale Festlegungen (etwa 2 bis 10 %) in Bezug auf Erträge und Aufwendungen des Ergebnishaushalts vorgenommen. Daneben sind vereinzelt auch Festbeträge als Maßstab anzutreffen (siehe Beispiele zu Ziffer 14.1.2.5).

Die bloße Feststellung eines erheblichen Fehlbetrages reicht aber für die Nachtragspflicht alleine nicht aus, sondern es muss zunächst versucht werden, diesen Fehlbetrag durch Ausnutzung jeder Sparmöglichkeit zu reduzieren. Bereits § 92 Abs. 2 HGO beinhaltet den Grundsatz der Sparsamkeit, der insbesondere in dieser Situation konkret anzuwenden ist. Als wirksame Maßnahme ist z. B. eine haushaltswirtschaftliche Sperre nach § 107 HGO denkbar (siehe Ziffer 13.3).

Wenn trotz Ausnutzung zusätzlicher Erträge und aller Sparmöglichkeiten ein „erheblicher" Fehlbetrag verbleibt, ist für die Nachtragspflicht **zudem noch Voraussetzung,** dass die Deckung des Fehlbetrages[544] nur durch Änderung der Haushaltssatzung erreicht werden kann. Diese weitere Voraussetzung ist sinnvoll, denn was sollte eine Pflichtnachtragssatzung bewirken, wenn der Haushaltsausgleich dadurch nicht herbeigeführt werden kann? Eine bloße Information der Gemeindevertretung über die Gefährdung des Haushaltsausgleichs hat ohnehin gemäß § 28 Abs. 2 GemHVO zu erfolgen[545]. Da die Aufwandseite keine Ausgleichsmöglichkeiten mehr bietet (alle Sparmöglichkeiten sind ausgenutzt), muss der Ausgleich im Fall des § 98 Abs. 2 Nr. 1 HGO über Mehrerträge erzielt werden. Konkret wäre dies im Rahmen einer Nachtragssatzung nur durch die Erhöhung der in § 5 der Haushaltssatzung festgesetzten Realsteuerhebesätze erreichbar. Diese Änderung muss jedoch bis zum 30.06. des laufenden Jahres durch die Gemeindevertretung beschlossen sein (Näheres siehe Ziffer 14.1.4).

Die Änderung anderer Paragrafen der Haushaltssatzung kommt nicht in Betracht, weil dadurch keine weiteren Erträge realisiert werden können. Die §§ 2, 3 und 4 der Haushaltssatzung scheiden bereits aus der Natur der Bestimmungen heraus aus (keine Ertragsbegründungen). Eine Neufestsetzung des § 1 der Haushaltssatzung bewirkt ebenfalls unmittelbar keine neue Ertragsbeschaffung, sondern ist die Folge einer Planänderung, die auf Grund der Ausführungen zu Ziffer 14.1.2.2 eine Nachtragspflicht verursacht.

Der Rechtsnorm ist allerdings nicht zweifelsfrei zu entnehmen, welcher Fehlbetrag des Ergebnishaushalts gemeint ist, da nach § 2 Abs. 2 GemHVO im Ergebnishaushalt für jedes Haushaltsjahr ein „ordentliches Ergebnis" und ein „Jahresergebnis" (einschl. außerordentliche Aufwendungen und Erträge) dargestellt wird[546].

---

[542] In diesem Zusammenhang sind sicherlich ebenso die individuelle finanzielle Lage und die Entwicklungsperspektive der Gemeinde sowie die speziellen örtlichen Besonderheiten zu berücksichtigen.

[543] Vgl. Daneke in KVR Hessen, Erl. zu § 98 HGO, Rdnr. 11.

[544] Oder zumindest die anteilmäßige Deckung.

[545] Vgl. Ziffer 13.3.2.

[546] Ergebnisspaltung in ordentliches und außerordentliches Ergebnis.

Vor dem Hintergrund, wonach die Rechtsnorm darauf abzielt, einen „Haushaltsausgleich" herbeizuführen, kann gefolgert werden, dass es sich hier nur um das ordentliche Ergebnis handeln kann[547]. Für das ordentliche Ergebnis als Maßstab spricht zudem die im Gesetz vorgesehene Ausgleichsmöglichkeit, wenn man unterstellt, dass der Gesetzgeber **nicht** durch die Erhöhung der Realsteuerhebesätze das außerordentliche Ergebnis ausgleichen wollte. Es wäre auch nicht sachgerecht, Fehlbeträge des außerordentlichen Ergebnisses, die aufgrund von periodenfremden, seltenen und unregelmäßigen Vorgängen[548] entstanden sind, über die Erhöhung laufender, regelmäßiger (also ordentlicher) Erträge auszugleichen.

Ausgleich eines erheblichen Fehlbetrages des Finanzhaushalts (Nr. 2)

Diese Regelung bezieht sich ausschließlich auf den Finanzhaushalt, in dem gemäß § 3 GemHVO **Einzahlungen und Auszahlungen** veranschlagt werden. Allerdings sind die Begriffe „Fehlbetrag" und „Haushaltsausgleich" in diesem Zusammenhang irreführend, da

- der Begriff „Fehlbetrag" i. d. R. im Zusammenhang mit dem Haushaltsausgleich im Sinne von § 92 Abs. 3 HGO verwendet wird (siehe Kapitel 10),
- für den Finanzhaushalt weder in der HGO noch in der GemHVO ein „Haushaltsausgleich" normiert ist.

Vor diesem Hintergrund und der eigentlichen Funktion des Finanzhaushaltes, der im Wesentlichen die Liquiditätsströme der Gemeinde abbilden soll, wird davon ausgegangen, dass der Gesetzgeber unter einem „Fehlbetrag im Finanzhaushalt" in Sinne von § 98 Abs. 2 Nr. 2 HGO einen **Zahlungsmittelbedarf**[549] bzw. eine „Liquiditätslücke" versteht. Ursächlich hierfür kann sein, wenn

- die tatsächlichen Einzahlungen hinter den geplanten Einzahlungen zurückbleiben und/oder
- die tatsächlichen Einzahlungen nicht ausreichen, um die tatsächlichen Auszahlungen zu finanzieren.

Aufgrund der seit Jahren angespannten Finanzlage der Gemeinden und daraus resultierender Defizite im Ergebnishaushalt werden viele Gemeinden bereits bei der Planung

---

[547] Nach § 92 Abs. 3 Nr. 1 HGO gilt der Ergebnishaushalt als ausgeglichen, wenn
a) der Gesamtbetrag der **ordentlichen** Erträge und der Zins- und sonstigen Finanzerträge ebenso hoch ist wie der Gesamtbetrag der **ordentlichen** Aufwendungen und der Zins- und sonstigen Finanzaufwendungen oder
b) der Fehlbedarf im ordentlichen Ergebnis des Ergebnishaushalts und der Fehlbetrag im ordentlichen Ergebnis der Ergebnisrechnung durch die Inanspruchnahme von Mitteln der Rücklagen ausgeglichen werden können.
Siehe auch Nr. 1 Satz 3 Hw. zu § 24 GemHVO sowie Kapitel 10.
[548] Vgl. § 58 Nr. 5 GemHVO: Definition außerordentlicher Erträge und Aufwendungen.
[549] Siehe § 47 Abs. 2 Nr. 34 GemHVO (direkte Methode) bzw. § 47 Abs. 3 Satz 2 Nr. 5 GemHVO (indirekte Methode): „Für jedes Haushaltsjahr sind dabei auszuweisen ... die Summe der Salden nach Nr. 1 bis 4 als Zahlungsmittelüberschuss oder Zahlungsmittelbedarf des Haushaltsjahres".

einen Zahlungsmittel**fehlbedarf**[550] im laufenden Haushaltsjahres ausweisen, der dann über Kassenkredite gedeckt werden muss. Folgerichtig ist dann auch die Erweiterung bei der Auslegung des § 98 Abs. 2 Nr. 2 HGO auf die **wesentliche Erhöhung** eines bereits ausgewiesenen Zahlungsmittel**fehlbedarfs**.

Hinsichtlich der Auslegung der Begriffe der „Erheblichkeit" bzw. der „Wesentlichkeit" des Zahlungsmittel**fehl**betrages i. S. v. § 98 Abs. 2 Nr. 2 wird auf die Ausführungen zur Erheblichkeit des Fehlbetrages des Ergebnishaushalts verwiesen (siehe auch Beispiele zu Ziffer 14.1.2.5).

Um zahlungsfähig zu bleiben, erwächst die Nachtragspflicht daraus, dass die Liquiditätslücke nur durch Änderung der Haushaltssatzung erreicht werden kann. In Betracht kommen hier insbesondere folgende Sachverhalte:

- Änderung des § 2 der Haushaltssatzung (Erhöhung des Kreditvolumens)

  Voraussetzung hierfür ist, dass zusätzliche Kreditaufnahmen für Investitionen und Investitionsförderungsmaßnahmen benötigt werden, da geplante Einzahlungen aus Investitionstätigkeit nicht eingehen, was zu einer „Verschlechterung" des Zahlungsmittelflusses aus Investitionstätigkeit führt. Dies kann jedoch nur Ausnahmefälle betreffen, da grundsätzlich die Gemeinde nach § 27 Abs. 2 GemHVO nur über Auszahlungsansätze für Investitionen verfügen darf, soweit die Deckungsmittel rechtzeitig bereitgestellt werden können. Es könnte aber im Laufe des Haushaltsjahres der Fall eintreten, dass Deckungsmittel, die als bisher „rechtzeitig bereitgestellt" eingestuft wurden, nicht oder nicht in voller Höhe eingehen (z. B. Rechtsgrundlage für Beitragserhebung fällt aufgrund neuer Rechtsprechung weg).

- Änderung des § 4 der Haushaltssatzung (Erhöhung der Kassenkredite)

  Voraussetzung hierfür ist, dass geplante Einzahlungen aus laufender Verwaltungstätigkeit nicht eingehen (z. B. erheblicher Anstieg im Bereich der Forderungen, deutliche Steuerausfälle nach dem 30.06.), was zu einer „Verschlechterung des Zahlungsmittelflusses aus Verwaltungstätigkeit" führt.

Leistung von erheblichen Mehraufwendungen und Mehrauszahlungen (Nr. 3)

Die betragliche Bindung an **einzelne Ansätze** des Haushaltsplanes ist durch die Budgetbildung gemäß § 4 Abs. 1 GemHVO i. V. m. § 20 Abs. 1 und 3 GemHVO nur noch bedingt als Grundsatz vorhanden, sie entfaltet im NKRS vielmehr ihre Gültigkeit auf der Budgetebene. § 100 HGO eröffnet jedoch die Möglichkeit, den vorgegebenen Finanzrahmen (Budget) zu überschreiten. Diese Budget- bzw. Ansatzüberschreitungen führen dazu, dass die Haushaltsplanansätze nicht mehr der geplanten Entwicklung der Haushaltswirtschaft entsprechen. Bei geringfügigen Veränderungen ist das für den Gesamthaushalt unproblematisch, da durch Einsparungen bei anderen Haushaltspositionen oder vorhandenen Mehrerträge bzw. Mehreinzahlungen ein Ausgleich geschaffen wird.

---

[550] Vgl. **Muster 8** zu § 3 Abs. 1 GemHVO Nr. 34 i. V. m. § 3 Abs. 1 Nr. 34 GemHVO bei der **direkten** Methode des Finanzhaushalts bzw. **Muster 9** zu § 3 Abs. 2 GemHVO Nr. 19 i. V. m. § 3 Abs. 2 Satz 2 Nr. 4 bei der indirekten Methode.

Erhebliche Abweichungen von vorgegebenen Finanzrahmen (Budgets) wirken sich hingegen auf die Struktur des Gesamthaushaltes aus. Deshalb hat der Gesetzgeber für erhebliche nicht veranschlagte oder zusätzliche Aufwendungen und Auszahlungen bei „einzelnen" Ansätzen[551] oder vorgegebenen Finanzrahmen (Budgets) **eine Pflichtnachtragssatzung** vorgesehen, unabhängig davon, ob es sich um ordentliche oder außerordentliche Aufwendungen (siehe § 58 Nr. 5 GemHVO) handelt[552]. Wegen ihrer Bedeutung können solche Änderungen nicht mehr im vereinfachten Verfahren nach § 100 HGO abgewickelt werden. Hier kommt nur noch das umfangreiche Verfahren eines Satzungsbeschlusses in Betracht.

Nach Nr. 4 Hw. zu § 98 HGO bedarf es in diesen Fällen auch dann einer Nachtragssatzung, wenn die aufgrund dieser Aufwendungen entstehenden Auszahlungen in einem der folgenden Haushaltsjahre zu leisten sind. Daraus ist zu schließen, dass die erheblichen Mehraufwendungen nicht auch gleichzeitig in dem Jahr des Entstehens zahlungswirksam werden müssen (sondern erst in späteren Jahren), z. B. bei einer Rückstellungsbildung für anhängige Gerichtsverfahren oder drohende Verpflichtungen aus Bürgschaften usw.[553]

Die Begriffe „nicht veranschlagt" und „zusätzlich" stehen für die haushaltsrechtlichen Bezeichnungen „außerplanmäßig" und „überplanmäßig", wie sie in § 58 Nrn. 6 und 32 GemHVO definiert sind. Erhebliche Mehraufwendungen und Mehrauszahlungen im Rahmen der Deckungsfähigkeit nach den §§ 19 und 20 GemHVO bedingen dagegen keine Pflicht zum Erlass einer Nachtragssatzung. Gemäß der Fiktion in § 19 Abs. 3 und Abs. 4 GemHVO gelten Mehraufwendungen und Mehrauszahlungen im Rahmen der unechten Deckungsfähigkeit nicht als überplanmäßige Aufwendungen bzw. Auszahlungen, während bei den Mehraufwendungen und Mehrauszahlungen nach § 20 GemHVO durch die Möglichkeit der Plananpassung nach § 20 Abs. 6 GemHVO keine Überplanmäßigkeit entstehen kann.[554] Damit sind allein Mehraufwendungen und Mehrauszahlungen i. S. d. § 100 HGO angesprochen, bei denen im Rahmen der „Erheblichkeit" die Vorrangigkeit des Nachtrages zu beachten ist.

Wann eine Mehraufwendung und Mehrauszahlung erheblich ist, muss auch hier jede Gemeinde im Rahmen ihres pflichtgemäßen Ermessens selbst bestimmen (siehe oben). In der Praxis haben sich dafür Prozentsätze (2 bis 5 % der gesamten Aufwendungen bzw. Auszahlungen) bewährt, die zum Teil auch mit Festbeträgen gekoppelt werden. Dabei ist darauf zu achten, dass gemäß § 98 Abs. 2 Nr. 3 HGO die Erheblichkeit der Mehraufwendungen und Mehrauszahlungen bei einzelnen vorgegebenen Finanzrahmen (Budget) und damit auch der Prozentsatz **sich auf das Verhältnis zu den gesamten Aufwendungen und Auszahlungen des Haushaltes** (Ergebnis- bzw. Finanzhaushalt) und **nicht** auf den bisherigen Ansatz bzw. den bisherigen vorgegebenen Finanzrahmen (Budget) beziehen (siehe Beispiele zu Ziffer 14.1.2.5).

---

[551] Da nach § 4 Abs. 1 GemHVO jeder Teilhaushalt ein Budget bildet und alle Ansätze einem Teilhaushalt zugeordnet werden, kann es keine Ansätze außerhalb eines Budgets geben. Der Gesetzestext berücksichtigt hier noch nicht den Verordnungstext.

[552] Ob dies auch für die außerordentlichen Aufwendungen gilt, die aus Vermögensveräußerungen entstehen (Einzahlungen i. V. m. Verkauf unter dem Buchwert), ist aus dem derzeitigen Gesetzestext nicht eindeutig zu erkennen.

[553] Vgl. Daneke in KVR Hessen, Erl. zu § 98 HGO, Rdnr. 23.

[554] Zur weiteren Begründung siehe ausführliche Darstellung bei Ziffer 7.4.3.2.

Leistung von Auszahlungen für bisher nicht veranschlagte Investitionen oder Investitionsförderungsmaßnahmen (Nr. 4)

Die gemeindliche Finanzhoheit im Rahmen der Selbstverwaltung kommt besonders bei der Entscheidung über die Verwendung freier Finanzmittel zum Ausdruck. Da die Gemeinde die Einrichtungen für ihre Bevölkerung schaffen soll, sind Entscheidungen über die Vornahme von Investitionen wichtige Entscheidung im Rahmen der kommunalen Selbstverwaltung (Definition der Investitionen siehe § 58 Nr. 17 GemHVO). Dazu zählen auch die Investitionsförderungsmaßnahmen (Definition der Investitionsförderungsmaßnahmen siehe § 58 Nr. 18 GemHVO)[555]. Die Gemeindevertretung bestimmt die Selbstverwaltung der Gemeinde und damit auch die Investitions- und Investitionsförderungstätigkeit. Sie realisiert dies über Haushaltssatzung und Haushaltsplan. Sollen **neue** Maßnahmen durchgeführt werden, kann dieses zwangsläufig nur über eine Änderung des Haushaltsplanes und der Haushaltssatzung erfolgen. Man kann aber auch einfach feststellen, dass die Wichtigkeit der Investitionen und Investitionsförderungen eine solche umfassende Behandlung erfordert. Zudem müssen sich die Finanzierungen dieser Maßnahmen voll im Haushaltsplan der Gemeinde widerspiegeln.

Bei der Nachtragspflicht handelt es sich immer um **bisher nicht veranschlagte Investitionen**, für die also bisher keine Ermächtigungen (Auszahlungen) vorgesehen waren. Es kann sich deshalb auch nur um **außerplanmäßige Auszahlungen** handeln. Mehrauszahlungen für bereits veranschlagte Maßnahmen erfordern somit keine Nachtragssatzung nach dieser Vorschrift, sondern sind nach § 98 Abs. 2 Nr. 3 HGO zu beurteilen. Im Bereich der Bauinvestitionen kann die Veranschlagung von Planungskosten noch keine „bereits veranschlagten Investitionsauszahlung" bedingen, weil gemäß § 12 Abs. 2 GemHVO vor Veranschlagung einer Bauinvestition die notwendigen Pläne erst vorliegen müssen.

Bisher nicht veranschlagte Investitionsförderungsmaßnahmen können ebenfalls nur über einen Nachtrag eingestellt werden. Hierbei handelt es sich um investive Transferleistungen an Dritte, die in der Regel freiwilliger Natur sind (siehe § 58 Nr. 18 GemHVO).

Mit dieser Regelung will der Gesetzgeber erreichen, dass Auszahlungen für bisher nicht veranschlagte Investitionen und Investitionsförderungsmaßnahmen nur im umfangreichen Verfahren der Nachtragsplanung (formelle Bedingungen nach § 98 Abs. 4 HGO i. V. m. § 97 HGO) und nicht mit einem einfachen Beschluss bereitgestellt werden. Grund hierfür ist, dass mit – teilweise erheblichen – Folgekosten für diese Maßnahmen gerechnet werden muss und diese finanziellen Auswirkungen auch im Gesamtzusammenhang mit der Ergebnis- und Finanzplanung beraten werden sollen. Ausnahmetatbestände, z. B. bei unerheblichen Auszahlungen für Investitionen, werden unter Ziffer 14.1.2.4 behandelt.

---

[555] Siehe Fußnote bei Ziffer 6.4.3.

Einstellung, Beförderung oder Einstufungen in eine höhere Entgeltgruppe von Beamten, oder Arbeitnehmern[556], wenn der Stellenplan die hierzu notwendigen Stellen nicht enthält (Nr. 5)

Wie oben ausgeführt, ist der Stellenplan Bestandteil des Haushaltsplanes. Der Gemeindevorstand ist also bei der Personalwirtschaft in gleicher Weise an den Stellenplan gebunden wie bei der Haushaltswirtschaft an den Haushaltsplan. Er kann die Personalwirtschaft also nur insoweit führen, als der Stellenplan die hierzu notwendigen Stellen enthält. Gemäß § 5 GemHVO enthält der Stellenplan die Stellen für die Beamten und der **nicht nur vorübergehend** eingestellten Arbeitnehmer. Darüber hinaus ist dem Stellenplan eine Übersicht über die vorgesehene Zahl der Beamten im Vorbereitungsdienst, der Auszubildenden und der Praktikanten beizufügen (§ 5 Abs. 3 Nr. 2 GemHVO).

Damit ist klargestellt, dass die befristete, also vorübergehende Beschäftigung von Arbeitnehmern (z. B. Vertretungskräfte im Fall von Krankheit oder Erziehungszeiten, Aushilfskräfte u. Ä.) ohne Rücksicht darauf vorgenommen werden kann, ob der Stellenplan die entsprechenden Stellen enthält. In diesen Fällen kommt es lediglich darauf an, ob die notwendigen Haushaltsmittel für die Personalaufwendungen bereitstehen. Anders verhält es sich jedoch bei der unbefristeten Beschäftigung von Arbeitnehmern und bei den Beamten. Hier ist die Bindung an den Stellenplan gegeben, d. h. der Gemeindevorstand als zuständiges Organ für die Personalentscheidungen (§ 73 Abs. 1 HGO) darf nur insoweit Einstellungen vornehmen, als der Stellenplan freie Stellen hierfür nachweist und er darf nur insoweit Beförderungen (bei den Beamten) und Höherstufungen (bei Arbeitnehmern) vornehmen, als der Stellenplan freie Stellen in dieser Wertigkeit vorsieht.

Wenn diese Voraussetzungen nicht vorliegen, besteht nach § 98 Abs. 2 Nr. 5 HGO i. V. m. Nr. 1 Hw. zu § 1 GemHVO die Pflicht, den Stellenplan im Wege einer Nachtragssatzung zu ändern, um die haushaltsrechtlichen Voraussetzungen zu schaffen.

Hingegen besteht in den Fällen **keine** Nachtragspflicht, in denen die Gemeindevertretung in der Haushaltssatzung Regelungen über die Bewirtschaftung des Stellenplans trifft, z. B. Möglichkeiten der Umsetzung von Stellen zu einer anderen Organisationseinheit aus organisatorischen Gründen, Nr. 1 Satz 3 Hw. zu § 1 GemHVO i.V.m. Nr. 4 Hw. zu § 5 GemHVO.

14.1.2.4 Ausnahmen von der Verpflichtung zum Erlass einer Nachtragssatzung nach § 98 Abs. 3 HGO

§ 98 Abs. 2 HGO regelt die Tatbestände, bei deren Vorliegen die Gemeinde zum Erlass einer Nachtragssatzung verpflichtet ist. Allerdings gibt es hierzu aus Gründen der Praktikabilität und Verhältnismäßigkeit nach § 98 Abs. 3 HGO Ausnahmetatbestände. Diese

---

[556] Der Gesetzgeber verwendet hier noch nicht die neue tarifliche Terminologie. Durch den TVöD wurde die Unterscheidung in Angestellte und Arbeiter aufgegeben und der Begriff **„Beschäftigte"** eingeführt. Die §§ 5 GemHVO und 98 HGO verwenden jedoch den noch etwas allgemeineren Begriff „Arbeitnehmer", der im Weiteren Verwendung findet.

Ausnahmen beziehen sich nur auf Abs. 2 Nr. 3 – 5.[557] Folglich bestehen zu den Nachtragspflichten nach Abs. 2 Nr. 1 und 2 **keine** Ausnahmeregelungen.

Ausnahmeregelungen gem. § 98 Abs. 3 Nr. 1 HGO

Die Nachtragspflicht gemäß § 98 Abs. 2 Nr. 3 – 5 HGO findet keine Anwendung auf **den Erwerb von beweglichen Sachen des Anlagevermögens und Baumaßnahmen, für die unerhebliche Auszahlung zu leisten sind** (Abs. 3 Nr. 1).

Diese Ausnahmeregelung bezieht sich auf § 98 Abs. 2 Nr. 4 HGO. In dieser Vorschrift wird bestimmt, dass für bisher nicht veranschlagte Investitionen und Investitionsförderungsmaßnahmen eine Nachtragspflicht besteht, Abs. 3 Nr. 1 nimmt hiervon die unerheblichen Auszahlungen für bewegliche Sachen des Anlagevermögens und Baumaßnahmen aus. Eine Nachtragspflicht für solche Maßnahmen widerspräche dem Grundsatz der Wirtschaftlichkeit und Sparsamkeit.

Was als unerheblich anzusehen ist, muss die Gemeinde anhand ihrer Gegebenheiten eigenverantwortlich bestimmen. Dies geschieht häufig durch Festbeträge, etwa 10.000 € bis 100.000 € je nach Gemeindegröße. Durch diese Regelung wird vermieden, dass die Gemeinde in allen Fällen einer außerplanmäßigen Auszahlung für bewegliche Sachen des Anlagevermögens und für Baumaßnahmen eine Nachtragssatzung erlassen muss; eine Nachtragspflicht wird in solchen Fällen nur bei erheblichen Auszahlungen begründet. Daraus folgt aber auch, dass für andere Investitionen (z. B. Erwerb von Grundstücken oder Beteiligungen) und insbesondere bei Investitionsförderungsmaßnahmen[558], unabhängig von der Höhe der hierfür zu leistenden, nicht veranschlagten Auszahlungen, **keine Ausnahme von der Nachtragspflicht besteht.**

Im Falle der Anwendung der Ausnahmeregelung greifen jedoch die Vorschriften des § 100 HGO, wonach die außerplanmäßigen Auszahlungen unvorhergesehen, unabweisbar und gedeckt sein müssen (siehe hierzu Ziffer 14.2.3.2). Ist eine dieser Voraussetzungen nicht erfüllt, kann die Bereitstellung der notwendigen Mittel nur im Wege der Nachtragssatzung nach § 98 Abs. 1 HGO erfolgen (siehe Ziffer 14.2.3.2).

Die Nachtragspflicht gemäß § 98 Abs. 2 Nr. 3 – 5[559] HGO findet weiterhin keine Anwendung auf **Instandsetzungen an Bauten und Anlagen, die unabweisbar sind** (Abs. 3 Nr. 1).

Diese Ausnahmeregelung bezieht sich auf § 98 Abs. 2 Nr. 3 HGO, wonach eine Nachtragssatzung zu erlassen ist, wenn bisher nicht veranschlagte oder zusätzliche Aufwen-

---

[557] Es ist offensichtlich, dass im Gesetzestext der HGO ein Schreibfehler vorliegt; hiernach beziehen sich die Ausnahmetatbestände auf Abs. 2 Nr. **2** bis 5. Richtig ist, dass sich die Ausnahmetatbestände auf Abs. 2 Nr. 3 bis 5 beziehen.

[558] Vor dem Hintergrund der Verhältnismäßigkeit ist dies nicht nachvollziehbar. Auch hier könnte die Nachtragspflicht für unerhebliche Auszahlungen entfallen.

[559] Es ist offensichtlich, dass im Gesetzestext der HGO ein Schreibfehler vorliegt; hiernach beziehen sich die Ausnahmetatbestände auf Abs. 2 Nr. **2** bis 5. Richtig ist, dass sich die Ausnahmetatbestände auf Abs. 2 Nr. 3 bis 5 beziehen.

dungen und Auszahlungen bei einzelnen Haushaltspositionen[560] bzw. einzelnen vorgegebenen Budgets in einem im Verhältnis zu den gesamten Aufwendungen und Auszahlungen erheblichen Umfang geleistet werden müssen. Abs. 3 Nr. 1 nimmt hiervon die Aufwendungen und Auszahlungen[561] für Instandsetzungen an Bauten und Anlagen, die unabweisbar sind – **unabhängig** von ihrer Größenordnung – aus. **Unabweisbar sind Aufwendungen und Auszahlungen dann, wenn sie zeitlich unaufschiebbar und sachlich notwendig sind.**[562] Zum Inhalt dieser Begriffe wird auf die Ausführungen in Ziffer 14.2.3.2 verwiesen. Eine Unabweisbarkeit kann z. B. bestehen bei Unwetter- oder Brandschäden, bei drohender Verletzung der Verkehrssicherungspflicht oder bei der Notwendigkeit des Weiterbetriebes einer Einrichtung zur Vermeidung wirtschaftlicher Schäden. Mit dieser Vorschrift wird die Gemeinde in die Lage versetzt, die notwendigen Maßnahmen unabhängig von den damit verbundenen Aufwendungen und Auszahlungen schnellstmöglich zu treffen, ohne ein längeres Verfahren der Aufstellung, Beschlussfassung und ggf. Genehmigung der Nachtragssatzung abwarten zu müssen. Auch für diese Maßnahmen werden die Mittel im Wege der über- oder außerplanmäßigen Aufwendungen und Auszahlungen gemäß § 100 HGO bereitgestellt. Zu beachten ist aber auch hier, dass die Deckung gewährleistet sein muss. Ist dies nicht der Fall, muss eine Nachtragssatzung gem. § 98 Abs. 1 HGO erlassen werden (siehe Ziffer 14.2.3.2).

Ausnahmeregelungen gem. § 98 Abs. 3 Nr. 2 HGO

Die Pflicht zum Erlass einer Nachtragssatzung besteht **nicht** bei der **Umschuldung** von Krediten. Umschuldung ist die Ablösung von Krediten durch andere Kredite verbunden mit einem Gläubigerwechsel, wodurch der Schuldenstand der Gemeinde nicht erhöht wird. Zudem sind Umschuldungen in Einzahlungen und Auszahlungen ausgeglichen, sodass hierdurch kein Zahlungsmittelfehlbetrag bzw. eine ungedeckte Auszahlung entstehen kann. Näheres dazu siehe bei Ziffer 9.2.7.

Diese Vorschrift ist ebenfalls eine Ausnahmeregelung zu § 98 Abs. 2 Nr. 3 HGO. Sie soll die Gemeinde in die Lage versetzen, Umschuldungen möglichst flexibel vornehmen zu können, um ein kreditwirtschaftlich optimales Ergebnis zu erreichen. Der zeitaufwändige Erlass einer Nachtragssatzung bei Umschuldungen, die zu bisher nicht veranschlagten oder zusätzlichen Auszahlungen (die ja zudem durch die entsprechenden Einzahlungen gedeckt sind) in erheblichem Umfang führen, würde das Bestreben der Gemeinde nach einem optimalen Kreditmanagement, das mitunter sehr kurzfristige Entscheidungen notwendig macht, erheblich behindern.

---

[560] Da nach § 4 Abs. 1 GemHVO jeder Teilhaushalt ein Budget bildet und alle Ansätze einem Teilhaushalt zugeordnet werden, kann es keine „einzelnen Ansätze" außerhalb eines Budgets geben. Gesetzestext und Verordnungstext sollten hier aufeinander abgestimmt werden.

[561] In der Regel wird es sich bei Instandsetzungen an Bauten und Anlagen um Aufwendungen handeln. In besonderen Fällen kann auch Herstellungsaufwand vorliegen, der zur Aktivierung führt, so dass es sich in diesen Fällen um investive Auszahlungen handelt. Siehe hierzu Abgrenzung von Herstellungs- und Erhaltungsaufwand Nr. 7 und 10 Hw. zu § 41 GemHVO.

[562] Vgl. Daneke in KVR Hessen, Erl. zu 100 HGO, Rdnr. 14 ff.

Ausnahmeregelungen gem. § 98 Abs. 3 Nr. 3 HGO

Die Nachtragspflicht gemäß § 98 Abs. 2 Nr. 3 – 5[563] HGO findet keine Anwendung, soweit sie **auf Grund des Besoldungs- oder Tarifrechts zwingend erforderlich** sind, auf

Abweichungen vom Stellenplan

Diese Vorschrift ist eine Ausnahmeregelung zu § 98 Abs. 2 Nr. 5 HGO, wonach eine Nachtragspflicht besteht, wenn Beamte oder Arbeitnehmer[564] eingestellt, befördert oder in eine höhere Vergütungs- oder Lohngruppe eingestuft werden sollen und der Stellenplan die hierzu notwendigen Stellen nicht enthält. Dies bezieht sich weniger auf die Einstellung als vielmehr auf die Beförderung (bei Beamten) bzw. Höhergruppierung (bei Arbeitnehmern). Insbesondere im tariflichen Bereich (Arbeitnehmer) bestehen auf Grund der Tätigkeitsmerkmale ggf. Ansprüche auf eine Eingruppierung, die den übertragenen Tätigkeitsmerkmalen entspricht (siehe hierzu beispielsweise §§ 22, 23 BAT[565]). Diese Ansprüche bestehen unabhängig davon, ob im Stellenplan eine entsprechend dotierte Stelle vorhanden ist oder nicht[566]. Einem gegebenen tariflichen Höhergruppierungsanspruch muss die Gemeinde also entsprechen, daher nimmt § 98 Abs. 3 Nr. 3 HGO diese Fälle von der Nachtragspflicht aus. Im Beamtenbereich gibt es eine dem Tarifrecht vergleichbare Anspruchsgrundlage nicht. Hier besteht allenfalls dann ein Beförderungsanspruch, wenn der Dienstherr z. B. auf Grund von Ungleichbehandlung seine Fürsorgepflicht verletzt.

die Leistung höherer Personalaufwendungen

Diese Vorschrift ist wiederum eine Ausnahmeregelung zu § 98 Abs. 2 Nr. 3 HGO, wonach eine Nachtragspflicht besteht, wenn bisher nicht veranschlagte oder zusätzliche Aufwendungen bei einzelnen Haushaltspositionen[567] bzw. einzelnen vorgegebenen Budgets in einem im Verhältnis zu den gesamten Aufwendungen erheblichen Umfang geleistet werden müssen. Die Ausnahmeregelung findet dann Anwendung, wenn es auf Grund des Besoldungs- oder Tarifrechtes zwingend erforderlich ist, höhere (als im Haushaltsplan vorgesehene) Personalaufwendungen zu leisten. Die Vorschrift beinhaltet insbesondere die Fälle, in denen die Besoldungs- und Tariferhöhungen höher ausfallen als dies bei der Aufstellung des Haushaltes angenommen

---

[563] Es ist offensichtlich, dass im Gesetzestext der HGO ein Schreibfehler vorliegt; hiernach beziehen sich die Ausnahmetatbestände auf Abs. 2 Nr. 2 bis 5. Richtig ist, dass sich die Ausnahmetatbestände auf Abs. 2 Nr. 3 bis 5 beziehen.

[564] Der Gesetzgeber verwendet hier noch nicht die neue tarifliche Terminologie. Durch den TVöD wurde die Unterscheidung in Angestellte und Arbeiter aufgegeben und der Begriff „Beschäftigte" eingeführt. Die §§ 5 GemHVO und 98 HGO verwenden jedoch den noch etwas allgemeineren Begriff „Arbeitnehmer", der im Weiteren Verwendung findet.

[565] Aus den Überleitungstarifverträgen ergibt sich, dass die §§ 22, 23 BAT bis zum Inkrafttreten der Eingruppierungsvorschriften des TVöD (mit Entgeltordnung) noch Anwendung finden; vgl. § 17 Tarifvertrag zur Überleitung der Beschäftigten der kommunalen Arbeitgeber in den TVöD und zur Regelung des Übergangsrechts (TVÜ-VKA).

[566] Insofern gehen das Tarifrecht und die daraus resultierenden Vertragsansprüche dem Haushaltsrecht vor.

[567] Da nach § 4 Abs. 1 GemHVO jeder Teilhaushalt ein Budget bildet und alle Ansätze einem Teilhaushalt zugeordnet werden, kann es keine „Ansätze" außerhalb eines Budgets geben. Der Gesetzestext berücksichtigt hier noch nicht den Verordnungstext.

wurde und dadurch zusätzliche Aufwendungen entstehen, die im Sinne des § 98 Abs. 2 Nr. 3 HGO erheblich sind. Da die Bediensteten auf Grund des Besoldungs- oder Tarifrechtes Anspruch auf die Leistung einer erhöhten Besoldung und höheren Entgelte haben und diesem Anspruch nicht entgegengehalten werden kann, dass die hierzu notwendigen Haushaltsmittel erst im Wege einer zeitaufwändigen Nachtrags- satzung bereitzustellen wären, macht eine Nachtragspflicht keinen Sinn, sodass § 98 Abs. 3 Nr. 3 HGO diese Mehraufwendungen von der Nachtragspflicht des Abs. 2 Nr. 3 ausnimmt.

Ausnahmeregelungen gem. § 98 Abs. 3 Nr. 4 HGO

Die Nachtragspflicht gemäß § 98 Abs. 2 Nr. 3 - 5[568] HGO findet ebenfalls keine Anwen- dung auf **nicht veranschlagte oder zusätzliche Aufwendungen, die bei der Aufstellung des Jahresabschlusses festgestellt werden und nicht zu Auszahlungen führen.**

Diese Vorschrift ist wiederum eine Ausnahmeregelung zu § 98 Abs. 2 Nr. 3 HGO, wonach eine Nachtragspflicht besteht, wenn bisher nicht veranschlagte oder zusätzliche **Aufwendungen** bei einzelnen Haushaltspositionen[569] bzw. einzelnen vorgegebenen Budgets in einem im Verhältnis zu den gesamten Aufwendungen erheblichen Umfang geleistet werden müssen.

Die Ausnahmeregelung findet auf die Sachverhalte Anwendung, die typischerweise in zeitlicher und sachlicher Nähe zum Jahresabschluss auftreten[570] (so genannte Jahres- abschlussarbeiten), z. B. Überprüfung von rückstellungspflichtigen Posten nach § 39 GemHVO (z. B. Rückstellungen für Instandhaltungen, Pensionen u. ä.) oder Über- prüfung der Werthaltigkeit im Bereich der Forderungen (z. B. Berichtigung von zweifel- haften Forderungen, Ausbuchung von uneinbringlichen Forderungen[571]). In diesem Zusammenhang können erhebliche, ungeplante Aufwendungen auftreten. Voraussetzung für diese Aufwendungen ist, dass sie zwar Einfluss auf das laufende Ergebnis haben, aber in dieser Rechnungsperiode **keine Auszahlungen nach sich ziehen**[572], es sich also nicht um pagatorische Größen handelt.[573] Diese Haushaltsansatzüberschreitungen können auch gar nicht durch eine Nachtragshaushaltssatzung legitimiert werden, weil sie erst nach dem Termin festgestellt werden können, an dem die Nachtragshaushaltssatzung spätestens beschlossen werden muss (31. Dezember).[574]

---

[568] Es ist offensichtlich, dass im Gesetzestext der HGO ein Schreibfehler vorliegt; hiernach beziehen sich die Ausnahmetatbestände auf Abs. 2 Nr. 2 bis 5. Richtig ist, dass sich die Ausnahmetatbestände auf Abs. 2 Nr. 3 bis 5 beziehen.

[569] Da nach § 4 Abs. 1 GemHVO jeder Teilhaushalt ein Budget bildet und alle Ansätze einem Teilhaushalt zugeordnet werden, kann es keine „Ansätze" außerhalb eines Budgets geben. Der Gesetzestext berücksichtigt hier noch nicht den Verordnungstext.

[570] Sollten allerdings Informationen bzw. Fakten, die z. B. zu einer Erhöhung einer Rückstellung führen (Insolvenz eines Unternehmens), im Laufe des Haushaltsjahres bekannt werden, so sind die Vorschrif- ten der §§ 98 und 100 HGO entsprechend zu beachten.

[571] Siehe hierzu Nr. 12 Hw. zu § 30 GemHVO.

[572] Gleichwohl kann durch die Bildung einer neuen oder höheren Rückstellung eine Auszahlung in einem folgenden Haushaltsjahr entstehen, nämlich dann, wenn eine Inanspruchnahme der Rückstellung erfolgt.

[573] Vgl. Nr. 5 Hw. zu § 98 HGO.

[574] Amerkamp u. a., Die Hessische Kommunalrechtsnovelle 2005, Begründung der Landesregierung zu § 114 e HGO - jetzt § 98 HGO (LT-Drs. 16/2463, S. 28 ff.).

14.1.2.5   Praktische Anwendung der unbestimmten Rechtsbegriffe des § 98 HGO

§ 98 HGO enthält eine Vielzahl von unbestimmten Rechtsbegriffen, die zu konkretisieren sind. Wie schon mehrfach betont, liegt die Auslegung bzw. konkrete Festsetzung im pflichtgemäßen Ermessen der Gemeindevertretung[575]. Die Gemeinde kann also nicht willkürlich handeln und unterliegt in ihren Festsetzungen der Kommunalaufsicht im Rahmen der Rechtskontrolle. Es empfiehlt sich, genaue Regelungen in der Hauptsatzung, in der Haushaltssatzung oder per Richtlinienbeschluss zu treffen. Nachstehend sind **Beispiele** für Regelungen im Sinne von § 98 HGO dargestellt. Bei der Auswahl der Basisgrößen/Berechnungsgrundlagen sollte aus Gründen der Praktikabilität und Kontinuität darauf geachtet werden, dass

* ein enger Bezug zu der jeweiligen Festsetzung vorhanden ist,

* sie schnell, leicht und nachvollziehbar ermittelt werden können (Negativbeispiel wäre die Summe aus den Auszahlungen aus laufender Verwaltungstätigkeit, Investitionstätigkeit und Finanzierungstätigkeit, da sie nicht schnell errechenbar ist)

* sie keinen größeren Schwankungen unterliegen (z. B. Berücksichtigung von periodenfremden, seltenen oder unregelmäßigen Erträgen oder Aufwendungen).

1. Als erheblich i. S. d. § 98 Abs. 2 Nr. 1 HGO gilt ein Fehlbetrag im Ergebnishaushalt, der 5 v. H. der Summe der ordentlichen Erträge des Ergebnishaushalts übersteigt.

    Als erheblich i. S. d. § 98 Abs. 2 Nr. 2 HGO gilt ein Fehlbetrag im Finanzhaushalt, der 3 v. H. der Summe der Auszahlungen aus Investitionstätigkeit übersteigt.

2. Als erheblich sind Mehraufwendungen i. S. d. § 98 Abs. 2 Nr. 3 HGO dann anzusehen, wenn sie im Einzelfall 3 v.H. der Summe der ordentlichen Aufwendungen des Ergebnishaushalts übersteigen.

    Als erheblich sind Mehrauszahlungen i. S. d. § 98 Abs. 2 Nr. 3 HGO dann anzusehen, wenn sie im Einzelfall 3 v.H. der Summe der Auszahlungen aus Investitionstätigkeit übersteigen.

3. Als unerheblich i. S. d. § 98 Abs. 3 Nr. 1 HGO gelten Auszahlungen für den Erwerb von beweglichen Sachen des Anlagevermögens und Baumaßnahmen, die nicht mehr als ... € betragen.

14.1.2.6   Änderung von Haushaltsvermerken

Haushaltsvermerke sind gemäß Nr. 5 Hw. zu § 17 GemHVO einschränkende oder erweiternde Bestimmungen zu Ansätzen des Haushaltsplans, insbesondere Vermerke über

* die Beschränkung der Verwendung von Erträgen und Einzahlungen für bestimmte Aufwendungen und Auszahlungen nach § 19 Abs. 1 und 4 GemHVO (Zweckbindung),

* die Auswirkungen von Mehr- und Mindererträgen auf Aufwandsermächtigungen bzw. Mehr- und Mindereinzahlungen auf Auszahlungsermächtigungen (unechte Deckungsfähigkeit nach § 19 Abs. 2 und 4 GemHVO),

---

[575] In diesem Zusammenhang sind sicherlich ebenso die individuelle finanzielle Lage und die Entwicklungsperspektive der Gemeinde sowie die speziellen örtlichen Besonderheiten zu berücksichtigen.

- die echte Deckungsfähigkeit nach § 20 Abs. 1 GemHVO innerhalb der Budgets, wenn diese eingeschränkt werden soll,
- die echte Deckungsfähigkeit nach § 20 Abs. 2 GemHVO,
- die Übertragbarkeit im Ergebnishaushalt (§ 21 Abs. 1 GemHVO) sowie
- die Beschränkung der Inanspruchnahme von Haushaltsmitteln nach § 17 Nr. 8 GemHVO (sogenannte Sperrvermerke).

Soll ein solcher Vermerk geändert oder neu angebracht werden, bedarf es einer Fortschreibung des Haushaltsplanes, z. B. in der Spalte „Erläuterungen"[576] oder im Bereich der Haushaltsvermerke. Da der Haushaltsplan durch die Festsetzung der Gesamtbeträge in § 1 der Haushaltssatzung Bestandteil der Haushaltssatzung ist (siehe Ziffer 11.2), stellt die Vermerkänderung eine Änderung des § 1 der Haushaltssatzung dar. Wie bereits bei Ziffer 14.1.2.2 festgestellt, bedarf es dazu einer Nachtragssatzung. Die bei den Gemeinden zuweilen geübte Handhabung des einfachen Beschlusses der Gemeindevertretung zur Herbeiführung einer Vermerkänderung reicht dazu nicht aus.

Das Gleiche gilt, wenn die Gemeinde während des Haushaltsjahres die Ausgestaltung bzw. die Rahmenbedingungen der Budgetierung ändern möchte. Befinden sich solche Regelungen in einem Paragrafen der Haushaltssatzung (im fakultativen Bereich, siehe Ziffer 11.2.3), ergibt sich offensichtlich eine Nachtragssatzungspflicht. Auch wenn die Rahmenbedingungen der Budgetierung nicht in der Haushaltssatzung, sondern lediglich im Haushaltsplan vermerkt sind, kann eine Änderung nur durch Nachtragsatzung erfolgen, weil der Haushaltsplan über die Festsetzung in § 1 der Haushaltssatzung Bestandteil der Haushaltssatzung ist.

In der Praxis ist natürlich zu überlegen, ob eine gewünschte Vermerkänderung den Aufwand einer Nachtragssatzung rechtfertigt.

Ein besonderes Problem stellt der „Pflicht"-Zweckbindungsvermerk nach § 19 Abs. 1 Satz 1 GemHVO (siehe hierzu auch Ziffer 7.4.2.1) dar.

Danach **sind** zahlungswirksame Erträge auf die Verwendung für bestimmte Aufwendungen zu beschränken, wenn

- sich dieses aus der Herkunft oder Natur der Erträge ergibt,
- ein sachlicher Zusammenhang dies erfordert und durch die Zweckbindung die Bewirtschaftung der Mittel erleichtert wird.

Entsprechendes gilt für Einzahlungen und Auszahlungen gemäß § 19 Abs. 4 GemHVO.

Die Worte **„sind zu beschränken"** bewirken ausdrücklich die Anbringung eines Zweckbindungsvermerkes in diesen Fällen. Erhält nunmehr z. B. eine Gemeinde eine nicht im Haushalt enthaltene zweckgebundene Landeszuweisung (Einzahlung), müsste sie die Zweckbindung für diese Zuweisung aussprechen. Für die außerplanmäßige Einzahlung wäre keine Nachtragssatzung notwendig, wohl aber für den notwendigen Vermerk. Haushaltsvermerke können nämlich nur in Haushaltsplänen angebracht werden, sodass damit ein Nachtragsplan und eine Nachtragssatzung notwendig wären. Diese Rechtsfolge

---

[576] Die Spalte „Erläuterungen" gibt es nach den verbindlich vorgeschriebenen Mustern für die Teilhaushalte nur noch im Teilfinanzhaushalt (Muster 11 zum GemHVO).

kann jedoch in der Praxis nicht umgesetzt werden, wenn man bedenkt, wie viele zweckgebundene Zuweisungen oder Zuschüsse[577] (zum Teil auch geringfügige Beträge) bei der Haushaltsplanung nicht bekannt waren und damit außerplanmäßig eingehen. Die Gemeinden würden in einer Vielzahl von Fällen wegen der Pflichtvermerke Nachtragspläne und Nachtragssatzungen auflegen müssen.[578]

14.1.2.7 Erhöhung der Ansätze der Verfügungsmittel

Gemäß § 13 Satz 2 GemHVO dürfen die Ansätze für Verfügungsmittel[579] nicht überschritten werden. Aufwendungen über den Ansatz hinaus sind somit unzulässig. Diese ausdrückliche gesetzliche Regelung in Bezug auf die Verfügungsmittel widerspricht grundsätzlich dem Budgetgedanken des NKRS, wird aber historisch damit begründet, dass es sich hier um sogenannte „zweckfreie Ansätze" handelt, auf die ein besonderes Augenmerk gerichtet werden soll.

Benötigt die Gemeinde bei dieser Position zusätzliche Haushaltsmittel, verbleibt ihr nur die Änderung des Haushaltsplanes mit Erhöhung des entsprechenden Ansatzes. In einem Nachtragsplan kann die Gemeinde natürlich alle Ansätze ändern, also auch die der Verfügungsmittel. Ein Nachtragsplan bedingt aber wegen der bereits mehrfach beschriebenen Verbindung zu § 1 der Haushaltssatzung eine Nachtragssatzung.

Auch hier sind die bei Ziffer 14.1.2.6 geübten Bedenken der Effizienz der Nachtragssatzung angebracht.

14.1.2.8 Änderung von Zielen und Kennzahlen

Auf Grund der Regelung des § 10 Abs. 3 GemHVO i. V. m. § 4 Abs. 2 GemHVO sollen produktorientierte Leistungsziele sowie Kennzahlen zur Messung der Zielerreichung in den Teilhaushalten bestimmt werden. Damit sind diese Informationen bzw. Daten Teil des Haushaltsplans. Sollen nun die Ziele oder Kennzahlen im laufenden Jahr geändert werden, bedarf dieses einer förmlichen Haushaltsplanänderung. Da der Haushaltsplan durch die Festsetzung der Gesamtbeträge in § 1 der Haushaltssatzung Bestandteil der Haushaltssatzung ist, diese aber gemäß § 98 Abs. 1 HGO nur durch eine Nachtragssatzung geändert werden kann, führt die Änderung von Zielen und Kennzahlen zu einer Nachtragssatzung.

Die von den Teilnehmern der Transferebene Hessen gemachten Anregungen im Rahmen der Vereinfachung das Nachtragshaushaltsverfahren finden auch bei den Verfassern Zustimmung. Hiernach könnte ein Nachtragshaushaltsverfahren unterbleiben, wenn keine

---

[577] Definition von Zuweisung und Zuschuss siehe Nr. 21 Hw. zu § 49 GemHVO.

[578] Der Verordnungsgeber hat wohl diese rechtliche Konsequenz übersehen und ist aufgerufen, eine praxisnahe Änderung der Regelungen herbeizuführen.

[579] § 58 Nr. 36 GemHVO: Mittel, die für dienstliche Zwecke, für die keine zweckbezogenen Aufwendungen veranschlagt sind, zur Verfügung stehen, siehe hierzu auch Ziffer 7.3.5.2

Verschlechterung des geplanten Jahresergebnisses zu erwarten ist und die Produktziele bzw. Leistungsstrukturen nicht wesentlich verändert werden.[580]

14.1.3   Inhalt des Nachtragsplanes

Wenn sich aus den bei Ziffer 14.1.2 dargestellten Gründen eine Pflicht zum Erlass einer Nachtragssatzung mit Nachtragsplan ergibt oder die Gemeinde freiwillig einen Nachtragsplan aufstellt, ist es sinnvoll, den Nachtragsplan so auszugestalten, dass der Ursprungsplan in allen Bereichen auf den neuesten Stand der Haushaltswirtschaft gebracht wird. Damit wird der Haushalt umfassend fortgeschrieben und bleibt verbindlicher Rahmen für die Haushaltsausführung.

Es wäre aber viel zu aufwändig, jede auch noch so kleine Änderung in den Nachtragsplan aufzunehmen. Deshalb muss der Nachtragshaushaltsplan gemäß § 8 Abs. 1 GemHVO auch nur die **erheblichen** Änderungen der Erträge, Aufwendungen, Einzahlungen, Auszahlungen und der Verpflichtungsermächtigungen sowie die damit im Zusammenhang stehenden Änderungen der Ziele und Kennzahlen enthalten, die im Zeitpunkt seiner Aufstellung überschaubar sind. Der unbestimmte Rechtsbegriff „erheblich" ist von der Gemeinde auszulegen, **allerdings unabhängig von den Begriffen des § 98 HGO**. In der Praxis schwanken die Beträge je nach Größenordnung der Gemeinden zwischen 1.000 € und 50.000 €, wobei allerdings seitens der Verfasser Bedenken bestehen, ob nicht auch bei Milliardenetats ein Betrag von 50.000 € zu hoch angesetzt ist. Insgesamt ist aber festzustellen, dass der für den Haushaltsplan geltende Grundsatz der Vollständigkeit (§ 95 Abs. 2 HGO, siehe auch Ziffer 7.3.1) beim Nachtragsplan durchbrochen wird.

Trotz Vorliegen der Voraussetzung „Erheblichkeit" nicht aufgenommen werden müssen gemäß § 8 Abs. 1 Satz 2 GemHVO die bereits nach § 100 HGO bewilligten über- und außerplanmäßigen Aufwendungen und Auszahlungen.[581] Der Nachtragsplan soll also nicht die Funktion haben, über bereits verfügte Finanzpositionen Auskunft zu geben. Insofern gibt der Nachtragsplan nur eingeschränkt die laufende Entwicklung des Haushaltsjahres wieder. Dieses ist vertretbar, weil entweder die Gemeindevertretung selbst die über- oder außerplanmäßige Bewilligungen beschlossen hat oder gemäß § 100 Abs. 1 Satz 3 zweiter Halbsatz HGO über die Bereitstellung der unerheblichen Mittelbereitstellungen informiert wurde. Außerdem hätte eine Erhöhung des Ansatzes nur eine rein deklaratorische Bedeutung, da über die Mittel bereits verfügt wurde. In der Praxis ist eine Reihe von Gemeinden aus Überlegungen der Haushaltsklarheit (Ziffer 7.3.3.1) aber dazu übergegangen, freiwillig auch die erheblichen über- und außerplanmäßigen Aufwendungen und Auszahlungen in den Nachtragshaushalt zu übernehmen.

Eine Pflicht zur Aufnahme bereits über- und außerplanmäßig entstandener Aufwendungen und Auszahlungen in den Nachtragsplan besteht gemäß § 8 Abs. 2 GemHVO allerdings dann, wenn Mehrerträge bzw. Mehreinzahlungen oder Kürzungen von Auf-

---

[580] Doppik Hessen, Abschlussdokumentation NKRS, Kap. 3.1.9, Fußnote 53.

[581] Vgl. Nr. 2 Hw. zu § 8 GemHVO. Hiernach setzt § 8 Abs. 1 Satz 2 GemHVO voraus, dass § 100 Abs. 1 HGO eingehalten ist, wonach über- und außerplanmäßige Aufwendungen bzw. Auszahlungen u. a. nur zulässig sind, wenn ihre Deckung gewährleistet ist.

wendungen und Auszahlungen veranschlagt werden, die zur Deckung dieser über- und außerplanmäßigen Beträge verwendet wurden. Diese Regelung erreicht, dass die Mehrerträge bzw. Mehreinzahlungen oder Minderaufwendungen bzw. Minderauszahlungen als Haushaltsverbesserungen nicht ein zweites Mal zur Deckung herangezogen werden. Das nachstehende Beispiel mag dieses verdeutlichen:

Die kreisfreie Stadt S wird im Haushaltsjahr über 200.000 € Mehrerträge bei den Schlüsselzuweisungen erzielen. Zwischenzeitlich wurde eine überplanmäßige Aufwendung für Transferleistungen im Produktbereich Soziale Leistungen in Höhe von 40.000 € aus diesem Mehrertrag gedeckt. Da die Transferleistungen bereits entstanden und ausgezahlt sind, brauchen sie grundsätzlich gemäß § 8 Abs. 1 Satz 2 GemHVO nicht mehr in den Nachtrag aufgenommen zu werden. Die Mehrerträge von 200.000 € dagegen gehören in den Nachtragsplan, weil sie in der Stadt S als erheblich gelten. Sie sind aber nur noch zu einem Betrag von 160.000 € frei verfügbar. Würde man also die damit gedeckten überplanmäßigen Aufwendungen nicht in den Nachtrag aufnehmen, würde unberechtigterweise der gesamte Betrag im Rahmen der Gesamtdeckung freie Finanzierungsmittel darstellen. Es muss somit wie folgt veranschlagt werden:

Erträge aus Schlüsselzuweisung   + 200.000 €

Aufwendung Transferleistung   +   40.000 €

Es verbleiben frei verfügbare zusätzliche Mittel von 160.000 €

Eine Erleichterung des Verfahrens liegt darin, dass geringfügige Mehraufwendungen bzw. Mehrauszahlungen nicht in den Nachtragsplan aufzunehmen sind. Sie werden ohnehin durch ebenfalls nicht veranschlagte geringfügige Mehrerträge bzw. Mehreinzahlungen und/oder Minderaufwendungen bzw. Minderauszahlungen in Regel ausgeglichen, sodass der Gesamthaushalt unbeeinflusst bleibt.

Als Entscheidungshilfe für das praktische Vorgehen bietet sich folgendes Raster an, welches sich auf den Ergebnishaushalt bezieht. Es ist im Finanzhaushalt, d. h. für Einzahlungen, Auszahlungen und Verpflichtungsermächtigungen gleichermaßen anzuwenden:

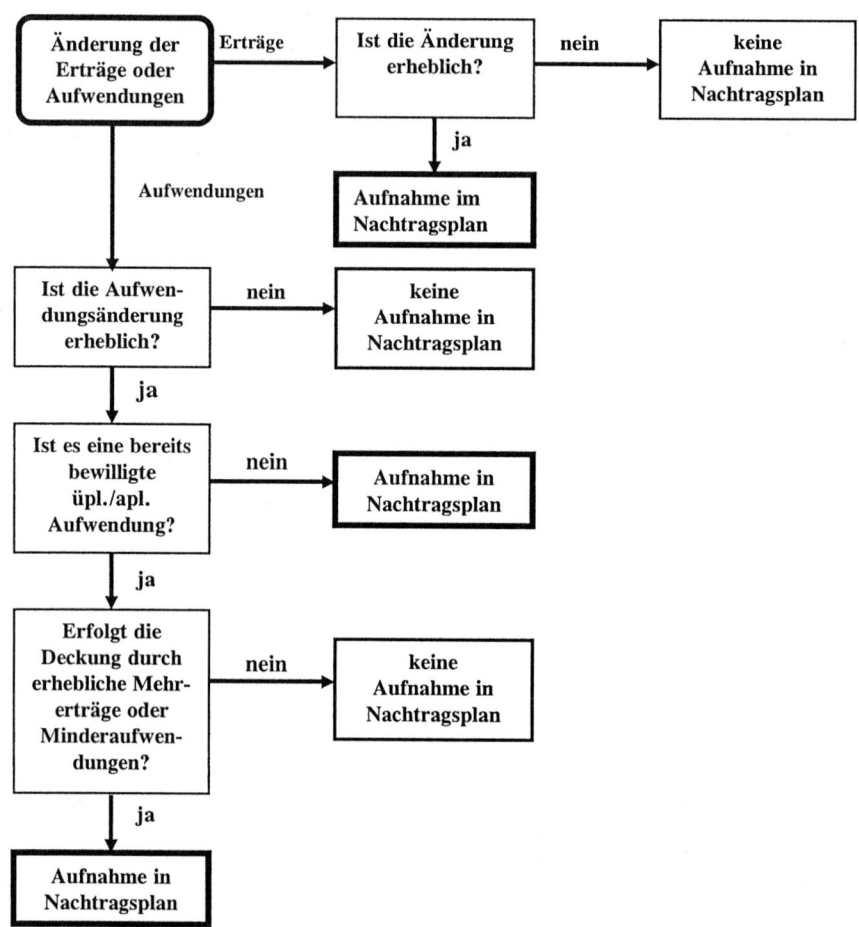

Werden **neue Verpflichtungsermächtigungen** (siehe Kapitel 8) im Nachtragsplan veranschlagt, sind darüber hinaus nach § 8 Abs. 3 GemHVO deren Auswirkungen auf die mittelfristige Ergebnis- und Finanzplanung (siehe Kapitel 12) anzugeben. Eine solche Pflichterläuterung ist auch gemäß § 11 Satz 2 GemHVO bei jeder Veranschlagung von Verpflichtungsermächtigungen im Haushaltsplan erforderlich.

Der Begriff „**neue Verpflichtungsermächtigungen**" muss so verstanden werden, dass er sowohl die erstmalige Veranschlagung von Verpflichtungsermächtigungen als auch die Erhöhung eines bereits veranschlagten Betrages erfasst. Außerdem ist die dem Haushaltsplan gemäß § 1 Abs. 4 Nr. 4 GemHVO beizufügende „Übersicht über die aus

Verpflichtungsermächtigungen in den einzelnen Jahren voraussichtlich fällig werdenden Auszahlungen" entsprechend zu ergänzen, was für die Beurteilung der Leistungsfähigkeit der Gemeinde erforderlich ist.

Während Muster für den Teilergebnis- und Teilfinanzhaushalt des Haushaltsplanes vorgeschrieben sind (siehe Muster 10 und 11 [zu § 4 Abs. 3 bis 5[582] GemHVO]), fehlen solche konkreten Vorgaben für den Nachtragshaushaltsplan. Allerdings ist für die Nachtragshaushaltssatzung ein verbindliches Muster (Muster 2 GemHVO [zu § 98 HGO]) vorgeschrieben, welches in § 1 neben den neuen Werten des Haushaltsplanes auch die Veränderungssummen enthält. Daraus ergibt sich, dass der Nachtragsplan mindestens folgende Kopfspalten enthalten muss:

Neuer Ansatz	Ansatz bisher	Abweichungen mehr (+) / weniger (-)

Bei Investitionen und Investitionsförderungsmaßnahmen im Teilfinanzhaushalt gelten diese Spalten auch für Verpflichtungsermächtigungen. Darüber hinaus müssen im Nachtrag des Teilfinanzhaushalts noch folgende Spalten enthalten sein:

- Gesamtauszahlungsbedarf[583]
- davon bisher bereitgestellt[584]
- Erläuterungen (siehe § 17 GemHVO)

14.1.4   Zustandekommen der Nachtragssatzung

Besteht gemäß § 98 Abs. 2 HGO die Pflicht zum Erlass einer Nachtragssatzung, so ist diese unverzüglich zu erlassen. Die Verwaltung der Gemeinde muss also ohne schuldhaftes Verzögern nach Bekanntwerden des begründenden Tatbestandes mit den Vorbereitungen beginnen und schnellstens einen Beschluss der Gemeindevertretung herbeiführen.

Eine Nachtragssatzung ist spätestens bis zum Ablauf des Haushaltsjahres – gemäß § 94 Abs. 4 HGO ist das Haushaltsjahr mit dem Kalenderjahr identisch – von der Gemeindevertretung zu beschließen. Entscheidend für die zeitliche Komponente ist somit ausschließlich der Beschluss bis zum 31.12. des entsprechenden Jahres. Nach Nr. 2 Hw. zu § 98 HGO ist das etwaige Genehmigungsverfahren, die Bekanntmachung der Nachtragssatzung und die öffentliche Auslegung des Nachtragsplans auch dann durchzuführen, wenn das Haushaltsjahr abgelaufen ist. Die Nachtragssatzung tritt rückwirkend zum 1. Januar des Haushaltsjahres in Kraft, für das sie erlassen wurde.

---

582 Für den Teilfinanzhaushalt wird sowohl für die direkte als auch für die indirekte Methode das Muster 11 verwendet, auch wenn sich das Muster 11 nur auf § 4 Abs. 4 GemHVO bezieht. Siehe hierzu auch Ziffer 6.5.2.4.2.

583 Unter Umständen ist der Gesamtauszahlungsbedarf anzupassen. Im Rahmen des Nachtragshaushalts ist der neue Gesamtauszahlungsbedarf, d. h. einschl. Änderungen anzugeben.

584 Siehe hierzu Inhalte des Teilfinanzhaushalts in Ziffer 6.5.2.4.2.

Es drängt sich grundsätzlich die Frage auf, ob der Erlass einer Nachtragssatzung am Ende des Haushaltsjahres überhaupt noch Wirkung entfalten kann bzw. ob dies sinnvoll ist. Es ist u. a. dann sinnvoll, eine Nachtragsatzung am Ende eines Haushaltsjahres zu erlassen, wenn durch sie Änderungen vorgenommen werden, die über das abgelaufene Haushaltsjahr hinaus Wirksamkeit entfalten, z. B.

- bei der Erhöhung der Kreditermächtigung, da diese auch noch im folgenden und ggf. sogar im danach folgenden Haushaltsjahr gilt.

- bei der Erhöhung von Auszahlungen im Teilfinanzhaushalt, da diese Mittel durch die Übertragbarkeit kraft Verordnung auch noch in den folgenden Haushaltsjahren zur Verfügung stehen.

- bei der Erhöhung von Aufwendungen im Teilergebnishaushalt, sofern ein Übertragbarkeitsvermerk angebracht ist.[585]

Beim Erlass der Haushaltssatzung ist als weitere zeitliche Begrenzung erläutert, dass eine Erhöhung der Realsteuerhebesätze in § 5 der Haushaltssatzung gemäß § 25 Abs. 3 GrStG und § 16 Abs. 3 GewStG bis zum 30. Juni für das laufende Jahr beschlossen sein muss.[586] Dieses entspricht dem Gedanken einer gewissen Voraussehbarkeit bei Steuererhöhungen (Vertrauensschutz). Da § 25 Abs. 2 GrStG und § 16 Abs. 2 GewStG die Realsteuern als Jahressteuern (Hebesatz ist mindestens für ein Kalenderjahr festzusetzen) beschreibt, können im Laufe des Haushaltsjahres durch eine Nachtragssatzung die Hebesätze der Haushaltssatzung nur rückwirkend zum Beginn des Haushaltsjahres erhöht werden. Deshalb kommt es bei der Nachtragssatzung zur selben zeitlichen Begrenzung wie bei der Haushaltssatzung, wenn die Steuersätze des § 5 erhöht werden sollen. Eine Nachtragssatzung, mit der die Hebesätze angehoben werden sollen, muss daher von der Gemeindevertretung bis zum 30.06. eines Jahres beschlossen sein. Insofern wird durch die Steuergesetze (Bundesrecht bricht Landesrecht) der durch § 98 Abs. 1 HGO vorgegebene Beschlusszeitpunkt für die Nachtragssatzung eingeschränkt.

Gemäß § 98 Abs. 4 HGO sind die Vorschriften des § 97 HGO „Erlass der Haushaltssatzung" auch auf die Nachtragssatzung im vollen Umfang anzuwenden (siehe dazu Ziffern 11.3 und 11.4).

Bezüglich der Genehmigungsbedürftigkeit der Festsetzungen in § 2 (Kredite), § 3 (Verpflichtungsermächtigungen) und § 4 (Kassenkredite) der Nachtragssatzung ist Folgendes festzuhalten:

Für die Nachtragssatzung gelten in Bezug auf die genehmigungsbedürftigen Festsetzungen grundsätzlich die gleichen Bestimmungen wie für die Haushaltssatzung (siehe Ziffer 11.3.7). Dies betrifft zunächst die Fälle, in denen der Gesamtbetrag der Kredite, der Gesamtbetrag der Verpflichtungsermächtigungen oder der Höchstbetrag der Kassenkredite erhöht wird. Hier ist der neue Gesamt- bzw. Höchstbetrag gemäß §§ 103 Abs. 2, § 102 Abs. 4 und § 105 Abs. 2 HGO genehmigungsbedürftig. **Eine Genehmigungs-**

---

[585] Vgl. Uwe Friedl: Ist der Erlass einer Nachtragssatzung am Ende des Haushaltsjahres sinnvoll und mit haushaltsrechtlichen Vorschriften vereinbar?, in: der gemeindehaushalt 7/1989, S. 148 ff.

[586] Für die Erhöhung der Hebesätze der Kreis- und Schulumlage, die von Landkreisen festgesetzt werden, muss der Beschluss des Kreistages bis zum 31.08. des laufenden Haushaltsjahres erfolgen, gemäß § 37 Abs. 5 FAG.

bedürftigkeit besteht dagegen nicht, wenn durch die Nachtragssatzung die entsprechenden Festsetzungen auf „Null" reduziert werden.

Unterschiedliche Betrachtungsweisen bezüglich der Genehmigungsbedürftigkeit ergeben sich in den Fällen, in denen die ursprünglich genehmigten Festsetzungen in § 2 (Gesamtbetrag der Kredite), § 3 (Gesamtbetrag der Verpflichtungsermächtigungen) und § 4 (Höchstbetrag der Kassenkredite) der Haushaltssatzung durch die Nachtragssatzung nicht geändert oder reduziert werden.

Während die Aufsichtsbehörden und die Ministerialebene eher zu der Auffassung neigen, dass auch in diesen Fällen eine Genehmigungsbedürftigkeit besteht, wird dies von der Verwaltungspraxis vehement verneint. Allein im Hinblick auf den vom Landesgesetzgeber in den letzten Jahren betriebenen Abbau von Genehmigungsvorbehalten in der HGO ist der Auffassung der Praxis, dass in diesen Fällen eine Genehmigungsbedürftigkeit nicht besteht, zu folgen[587].

14.1.5 Übungen

Sachverhalt Nr. 1

Bei der Gemeinde E, deren ordentliches Ergebnis ausgeglichen veranschlagt ist (der Gesamtbetrag der ordentlichen Erträge und Aufwendungen beläuft sich auf 35.000.000 €), fallen im Laufe des Haushaltsjahres folgende Sachverhalte an:

a) Durch ein Unwetter wird das Rathaus der Gemeinde E stark beschädigt. Die nicht veranschlagten Instandsetzungsaufwendungen[588] (vor allem Dach- und Fenstererneuerung) werden auf 400.000 € geschätzt. Das Budget des Produktbereichs 01 „Innere Verwaltung" kann diese zusätzlichen Aufwendungen nicht auffangen.

b) Es soll ein Kindergarten gebaut werden. Im Haushaltsplan des Vorjahres war ein Haushaltsansatz von 50.000 € für Planungskosten vorgesehen, der auch in voller Höhe in Anspruch genommen wurde. Obwohl die Planung für diese Maßnahme abgeschlossen war, wurde der benötigte Betrag von 300.000 € für die Bauausführung irrtümlich nicht veranschlagt.

c) Durch das bereits bei a) beschriebene Unwetter ist auch das Vereinsheim der Sportfreunde e. V. unbenutzbar geworden. Der Verein Sportfreunde e.V. will ein neues Vereinsheim errichten, an deren Kosten sich die Gemeinde E mit 15.000 € beteiligen will. Mittel dafür sind im Haushaltsplan nicht vorgesehen.

d) Auf dem Gelände der Sporthalle sollen Fertiggaragen aufgestellt werden, deren Kosten in Höhe von 20.000 € nicht veranschlagt sind.

e) Es zeichnet sich Mitte Juli ab, dass trotz Ausnutzung jeder Sparmöglichkeit und Ausschöpfung aller Ertragsmöglichkeiten der Ergebnishaushalt der Gemeinde E in diesem Haushaltsjahr wohl mit einem Fehlbetrag von 2.000.000 € abschließen wird.

---

[587] Siehe hierzu auch Daneke in KVR Hessen, Erl. zu § 98 HGO, Rdnr. 43.
[588] Es handelt sich hier nicht um aktivierbare Maßnahmen.

In der Hauptsatzung der Gemeinde E sind die Wertgrenzen nach § 98 HGO wie folgt festgesetzt:

1. Als erheblich i. S. d. § 98 Abs. 2 Nr. 1 HGO gilt ein Fehlbetrag im Ergebnishaushalt, der 2 v. H. der Summe der ordentlichen Erträge des Ergebnishaushalts übersteigt.

2. Als erheblich sind Mehraufwendungen i. S. d. § 98 Abs. 2 Nr. 3 HGO dann anzusehen, wenn sie im Einzelfall 1 v. H. der Summe der ordentlichen Aufwendungen des Ergebnishaushalts übersteigen.
   Diese Wertgrenze hat auch für Mehrauszahlungen i. S. d. § 98 Abs. 2 Nr. 3 HGO Gültigkeit.[589]

3. Als unerheblich i. S. d. § 98 Abs. 3 Nr. 1 HGO gelten Auszahlungen für den Erwerb von beweglichen Sachen des Anlagevermögens und Baumaßnahmen, die nicht mehr als 25.000 € betragen.

Aufgabe:

Begutachten Sie, ob die im Sachverhalt enthaltenen Tatbestände eine Pflicht zur Nachtragssatzung begründen. Unterstellen Sie hierbei, dass die Deckung der Mehrbedarfe nicht durch Deckungsmöglichkeiten nach den §§ 19 und 20 GemHVO gewährleistet ist.

Lösung:

a) Bei den Instandsetzungsarbeiten handelt es sich nach § 41 Abs. 3 GemHVO i. V. m. Nr. 7 Hw. nicht um aktivierungsfähige Maßnahmen, sondern um außerordentliche Aufwendungen nach § 58 Nr. 5 GemHVO, da sie erheblich sind, selten oder unregelmäßig vorkommen und demnach nicht planbar sind.

Eine Pflicht zur Nachtragssatzung könnte sich aus § 98 Abs. 2 Nr. 3 HGO ergeben, weil diese bisher nicht veranschlagten Aufwendungen für die Instandsetzung des Rathauses nicht im Rahmen des Budgets abgedeckt werden können. Voraussetzung dazu ist, dass die Mehraufwendungen von 400.000 € als erheblich im Verhältnis zu den ordentlichen Aufwendungen des Ergebnishaushalts zu werten sind. Auf Grund der Hauptsatzung der Gemeinde E sind Mehraufwendungen i. S. dieser Vorschrift dann erheblich, wenn sie 1 v. H. der ordentlichen Aufwendungen des Ergebnishaushalts übersteigen[590]. Die ordentlichen Aufwendungen des Ergebnishaushalts der Gemeinde E belaufen sich in diesem Haushaltsjahr auf 35.000.000 €, sodass die Erheblichkeitsgrenze nach § 98 Abs. 2 Nr. 3 HGO bei 350.000 € liegt. Die Mehraufwendungen für die Arbeiten am Rathaus übersteigen diesen Betrag um 50.000 €. Sie stellen somit eine erhebliche Mehraufwendung i. S. d. § 98 Abs. 2 Nr. 3 HGO dar und können nur durch eine Nachtragssatzung bereitgestellt werden.

---

[589] Aus Vereinfachungsgründen wird hier die gleiche Wertgrenze zugrunde gelegt; siehe hierzu auch Ziffer 14.1.2.5.

[590] Die Gemeinde E orientiert sich bei der Auslegung der Erheblichkeit im Sinne von § 98 Abs. 2 Nr. 3 HGO als Maßstab an den ordentlichen Aufwendungen, die auch bei der Beurteilung der Erheblichkeit von **außerordentlichen** Aufwendungen Gültigkeit hat.

Zu prüfen ist anschließend, ob ein Ausnahmetatbestand nach § 98 Abs. 3 HGO vorliegt. In Betracht kommen könnte hier § 98 Abs. 3 Nr. 1 HGO, wonach keine Nachtragspflicht besteht, wenn es sich um eine Instandsetzung an Bauten und Anlagen handelt, die unabweisbar sind – unabhängig von ihrer Höhe.

Unabweisbar sind Aufwendungen dann, wenn sie zeitlich unaufschiebbar und sachlich notwendig sind. Laut Sachverhalt handelt es sich um die Beseitigung von Unwetterschäden. Die Aufwendungen von 400.000 € belegen, dass erhebliche Schäden zu beseitigen sind. Die Funktionsfähigkeit des Rathauses ist für die praktische Verwaltungsarbeit unerlässlich. Würden die Reparaturarbeiten nicht sofort in Angriff genommen, besteht die Gefahr, dass sich die Schäden vergrößern würden. Insofern sind die zusätzlichen Instandsetzungsaufwendungen für die Reparatur sachlich und zeitlich unaufschiebbar und demnach unabweisbar.

Obwohl es sich um eine erhebliche Mehraufwendung i. S. d. § 98 Abs. 2 Nr. 3 HGO handelt, ist gemäß § 98 Abs. 3 Nr. 1 HGO eine Nachtragssatzung nicht erforderlich.[591]

b) Es ist wiederum zu prüfen, ob sich eine Verpflichtung zum Erlass einer Nachtragssatzung aus § 98 Abs. 2 Nr. 3 HGO ergibt, da in dem Sachverhalt keine Hinweise auf bestehende Deckungsmöglichkeiten nach den §§ 19 und 20 GemHVO enthalten sind.

In der Lösung zu a) wurde bereits festgestellt, dass die Erheblichkeitsgrenze durch die Hauptsatzung auf 350.000 € festgesetzt ist, die auch für Mehrauszahlungen Gültigkeit hat. Der für den Kindergartenneubau benötigte Jahresbetrag von 300.000 € liegt somit **unter** dieser Grenze, so dass nach § 98 Abs. 2 Nr. 3 HGO keine Pflichtnachtragssatzung zu erlassen wäre.

Es fragt sich allerdings, ob hier überhaupt ein Fall des § 98 Abs. 2 Nr. 3 HGO vorliegt oder vielmehr eine Nachtragssatzung gemäß § 98 Abs. 2 Nr. 4 HGO, also für eine nicht veranschlagte Investition, erforderlich ist.

Bei dem Neubau handelt es sich um eine Investition i. S. v. § 58 Nr. 17 GemHVO, da kommunales Anlagevermögen (Sachanlagevermögen gemäß § 49 Abs. 3 Nr. 1.2 GemHVO) durch den Neubau (Herstellungskosten gemäß § 41 Abs. 3 GemHVO) erhöht wird. Laut Sachverhalt wurden im Vorjahr Planungskosten für diese Investitionsmaßnahme zur Verfügung gestellt, die auch in voller Höhe in Anspruch genommen wurden. Daraus kann geschlossen werden, dass die Planungsarbeiten abgeschlossen sind. Mit der eigentlichen Bauausführung soll im laufenden Haushaltsjahr begonnen werden.[592] Eine klare Trennung zwischen Planung und Ausführung der Baumaßnahme ist damit gegeben.

Die Aufwendungen sind dann als über- oder außerplanmäßige Aufwendungen nach § 100 HGO zu behandeln. Fehlt es jedoch bei dessen Anwendung am Vorhandensein der Deckung, so wäre gleichwohl eine Nachtragssatzung zu erlassen, jedoch dann gemäß § 98 Abs. 1 HGO, vgl. Daneke in KVR Hessen, Erl. zu § 98 HGO, Rdnr. 34.

592 Insofern handelt es sich um eine Fortführungsmaßnahme.

Für die Beurteilung, ob es sich um einen Fall nach § 98 Abs. 2 Nr. 4 HGO handelt, ist zu prüfen ist, ob Haushaltsmittel für die **Ausführung der Baumaßnahme** veranschlagt waren. Der Begriff „bisher nicht veranschlagt" in § 98 Abs. 2 Nr. 4 HGO bezieht **sich auf die Veranschlagung im Haushaltsjahr.** Laut Sachverhalt wurde es aber versäumt die erforderlichen Baukosten zu veranschlagen. Insofern handelt es sich um bisher nicht veranschlagte Auszahlungen im Sinne von § 98 Abs. 2 Nr. 4 HGO, die eine Nachtragssatzungspflicht auslösen, wenn im laufenden Jahr mit der Bauausführung begonnen werden soll. Eine Ausnahme nach § 98 Abs. 3 Nr. 1 HGO kommt nicht in Betracht, da die Unerheblichkeitsgrenze (25.000 €) überschritten ist.

c) Die Gemeinde E will einen Zuschuss in Höhe von 15.000 € zur Investition eines Dritten leisten (der Neubau des Vereinsheims erhöht das Anlagevermögen des Vereins und ist damit eine Investition eines Dritten), sodass es sich gemäß § 58 Nr. 18 GemHVO um eine Investitionsförderungsmaßnahme der Gemeinde handelt[593].

Laut Sachverhalt (Unwetter war nicht voraussehbar) sind Mittel für diese Investitionsförderung nicht im Haushaltsplan enthalten; es handelt sich daher um eine nicht veranschlagte Auszahlung. Eine Pflicht zum Erlass einer Nachtragssatzung gemäß § 98 Abs. 2 Nr. 3 HGO ergibt sich hier nicht, da die Wertgrenze von 350.000 € (siehe Lösung zu a) deutlich unterschritten wird. Es könnte jedoch der Fall des § 98 Abs. 2 Nr. 4 HGO vorliegen, wonach u. a. bisher nicht veranschlagte Investitionsförderungsmaßnahmen nur durch Erlass einer Nachtragssatzung bereitzustellen sind. Diese Voraussetzungen treffen zu, sodass die Nachtragspflicht nach dieser Vorschrift zu bejahen ist.

Zu prüfen ist anschließend, ob ein Ausnahmetatbestand nach § 98 Abs. 3 HGO vorliegt, zumal sich die Auszahlungssumme für diese Investitionsförderungsmaßnahme „nur" auf 15.000 € beläuft. Das Gesetz sieht allerdings für nicht veranschlagte Investitionsförderungsmaßnahmen – auch wenn diese geringfügig sind – keine Ausnahmen vor, so dass der Erlass einer Nachtragssatzung zur Verpflichtung wird.

d) Die Aufstellung der Fertiggaragen ist gemäß § 58 Nr. 17 GemHVO zu den Investitionen zu zählen, da es sich um eine Neuerrichtung von Gebäuden handelt und die Art der Bauausführung nicht entscheidend ist (Erweiterung des kommunalen Anlagevermögens gemäß § 49 Abs. 3 Nr. 1.2 GemHVO). Laut Sachverhalt sind die dafür benötigten Mittel von 20.000 € bisher nicht veranschlagt, sodass die Verpflichtung zum Erlass einer Nachtragssatzung gemäß § 98 Abs. 2 Nr. 4 HGO gegeben ist (Näheres zur Auslegung siehe Lösung b).

Es fragt sich allerdings, ob die Ausnahme nach § 98 Abs. 3 Nr. 1 HGO anzuwenden ist. Bei der Aufstellung von Fertiggaragen handelt es sich unzweifelhaft um eine Auszahlung für eine Baumaßnahme. Diese ist auch unerheblich, weil die Gemeinde E die Wertgrenze der Unerheblichkeit laut Sachverhalt auf 25.000 € festgelegt hat.

---

593 Siehe hierzu auch § 38 Abs. 4 i. V. m. Nr. 3 Hw. zu § 49 GemHVO.

Insofern liegt eine Ausnahme nach § 98 Abs. 3 Nr. 1 HGO vor, sodass der Erlass einer Nachtragssatzung nicht erforderlich ist.

Die Auszahlungen sind dann als außerplanmäßige Auszahlungen nach § 100 HGO zu behandeln. Fehlt es jedoch bei dessen Anwendung am Vorhandensein der Deckung, so wäre gleichwohl eine Nachtragssatzung zu erlassen, jedoch dann gemäß § 98 Abs. 1 HGO.[594]

e) Eine Nachtragssatzung wäre gemäß § 98 Abs. 2 Nr. 1 HGO erforderlich, wenn der Fehlbetrag erheblich wäre und er nur durch den Erlass einer Nachtragssatzung gedeckt werden kann. Eine andere Deckung (Einsparungen bei Aufwendungen oder Mehrerträge) sind laut Sachverhalt ausgeschlossen.

Auf Grund der Hauptsatzung der Gemeinde E gilt ein Fehlbetrag dann als erheblich, wenn er 2 v. H. der ordentlichen Erträge des Ergebnishaushalts von 35.000.000 € = 700.000 € übersteigt, was bei dem vorliegenden Fehlbetrag von 2.000.000 € der Fall ist. Dieser Fehlbetrag muss jedoch – wie oben dargestellt – durch den Erlass der Nachtragssatzung gedeckt werden können. Dieses kann wegen der zusätzlichen Ertragsbeschaffung nur durch Änderung des § 5 der Haushaltssatzung geschehen, weil alle anderen Bestimmungen der Haushaltssatzung keine Erträge begründen.

Gemäß § 25 Abs. 3 GrStG und § 16 Abs. 3 GewStG muss eine Nachtragssatzung, in der die Steuersätze (§ 5 der Haushaltssatzung) angehoben werden sollen, von der Gemeindevertretung bis zum 30. Juni des Jahres beschlossen werden. Im vorliegenden Fall wird der Fehlbetrag erst im Juli des Jahres festgestellt, sodass die Erhöhung der Hebesätze zu diesem Zeitpunkt nicht mehr möglich ist. Eine Erhöhung zu einem späterem Zeitpunkt des Jahres scheidet gemäß § 25 Abs. 2 GrStG und § 16 Abs. 2 GewStG aus, weil die Realsteuern Jahressteuern und somit immer nur für ein ganzes Kalenderjahr festzusetzen sind.

Durch eine die Haushaltssatzung ändernde Nachtragssatzung kann somit der Haushaltsausgleich nicht herbeigeführt werden, sodass trotz des erheblichen Fehlbetrages im Ergebnishaushalts die Gemeinde E nicht zum Erlass einer Nachtragssatzung verpflichtet ist.

Allerdings muss nach § 28 Abs. 2 Nr. 2 GemHVO die Gemeindevertretung unverzüglich über diesen Umstand informiert werden.[595]

Sachverhalt Nr. 2

Die Gemeinde E stellt im August 2014 den 1. Nachtragsplan für dieses Haushaltsjahr auf. Der Nachtrag wurde gemäß § 98 Abs. 2 Nr. 4 HGO aufgrund eines nicht veranschlagten Sporthallenneubaus erforderlich, mit dem noch in 2014 begonnen werden soll.

---

594 Vgl. Daneke in KVR Hessen, Erl. zu § 98 HGO, Rdnr. 34.
595 Vgl. Ziffer 13.3.2.

Dafür werden 700.000 € für den Grunderwerb und 300.000 € für den Hochbau noch im laufenden Jahr benötigt. Für Verpflichtungsermächtigungen besteht kein Bedarf.

Außerdem sind bei der Aufstellung des Nachtragsplanes folgende Finanzvorfälle durch den Fachdienst Finanzen zu beachten:

Geschäftsvorfall	Änderungs- betrag €	Ansatz bisher €
bereits geleistete überplanmäßige Aufwendungen, die durch die Mehrerträge in gleicher Höhe bei den **Schlüsselzuweisungen** gedeckt sind: - Kraftstoffe Fuhrpark - Straßenunterhaltung - Pachten Kindergärten	70.000 20.000 45.000 5.000	830.000 85.000 55.000 20.000
Mehrertrag aus dem Verkauf alter Musik- instrumente (500 € über dem Buchwert) der Musikschule	500	-
Mehraufwendungen bei den Personalaufwendun- gen der Musikschule	10.000	200.000
Gebührenerhöhung aufgrund der neuen Gebühren- satzung zum 01.08. bei der Musikschule	6.000	40.000
voraussichtliche, aber noch nicht geleistete Mehraufwendungen bei der Unterhaltung der Musikschule	50.000	50.000
Mehrerträge bei der Grundsteuer B	40.000	4.500.000
Mehrerträge bei der Spielapparatesteuer	2.000	150.000
Mehrerträge bei der Hundesteuer	400	30.000
Anstieg der Zinsaufwendungen	15.000	300.000

Aufgabe:

Erläutern Sie, welche Finanzvorfälle in dem Nachtragshaushaltsplan zu berücksichtigen sind. Stellen Sie für die Musikschule und den Sporthallenneubau die entsprechenden Teilhaushalte für den Entwurf des 1. Nachtragshaushaltsplanes 2014 auf; eine verein-fachte Darstellung ist ausreichend.

Bearbeitungshinweise:

- Die Gemeinde E hat in der Hauptsatzung Erträge, Aufwendungen, Einzahlungen und Auszahlungen i. S. d. § 8 Abs. 1 GemHVO als erheblich erklärt, wenn diese einen Betrag von 5.000 € übersteigen.

- Bei der Erstellung der jeweiligen Teilhaushalte kann auf die Spalten „Gesamtauszahlungsbedarf", „bisher bereitgestellt" und „Erläuterungen" sowie auf die Teilabschlüsse verzichtet werden.

Lösung:

Überplanmäßige Aufwendungen

Bei den im Sachverhalt angegebenen Finanzvorfällen handelt es sich durchweg um überplanmäßige Aufwendungen nach § 58 Nr. 32 GemHVO. Die Deckung dieser Mehraufwendungen erfolgt durch Mehrerträge in gleicher Höhe bei den Schlüsselzuweisungen. Gemäß § 8 Abs. 1 GemHVO brauchen nach § 100 HGO bewilligte über- und außerplanmäßige Aufwendungen und Auszahlungen nicht veranschlagt werden, da sie bereits das Verfahren nach § 100 HGO durchlaufen haben. Ebenfalls liegt kein Sonderfall nach § 8 Abs. 2 GemHVO vor, so dass diese Geschäftsvorfälle im Rahmen der Nachtragsplanungen unberücksichtigt bleiben.

Finanzvorfälle der Musikschule

Gemäß § 4 Abs. 2 GemHVO i. V. m. Muster 12 zur GemHVO ist die Musikschule bei einem produktorientierten Haushalt dem Produktbereich 04 „Kultur und Wissenschaft" zuzuordnen. Da sich die Angaben nach dem Sachverhalt lediglich auf die Musikschule beziehen, wird der Teilergebnishaushalt auf der Ebene der Produktgruppe „Musikschule" dargestellt.

Im 1. Nachtragshaushalt der Gemeinde E sind nach § 8 GemHVO folgende Veranschlagungen vorzunehmen:

- Bei dem Mehrertrag aus der Veräußerung von Musikinstrumenten von 500 € handelt es sich um einen außerordentlichen Ertrag nach § 58 Nr. 5 i. V. m. § 2 Abs. 3 GemHVO, da bei dem Verkauf des beweglichen Anlagevermögens 500 € über dem Buchwert erzielt wurden (= Gewinn). Dieser Mehrertrag ist unerheblich i. S. v. § 8 Abs. 1 GemHVO, da die Gemeinde E in ihrer Haushaltssatzung den unbestimmten Rechtsbegriff so ausgelegt hat, dass erhebliche Änderungen erst ab 5.000 € vorliegen. Eine Aufnahme in den Nachtragshaushaltsplan erfolgt deshalb nicht.

- Bei den Mehraufwendungen für Personalaufwendungen der Musikschule (+ 10.000 €) handelt es sich um ordentliche Aufwendungen nach § 2 Abs. 1 Nr. 10 GemHVO, die aufgrund ihrer Höhe in den Nachtragshaushalt aufzunehmen sind.

- Bei der Gebührenerhöhung handelt es sich um Mehrerträge aufgrund einer Gebührensatzung, die nach § 2 Abs. 1 Nr. 2 GemHVO den öffentlich-rechtlichen Leistungsentgelten und damit den ordentlichen Erträgen zugeordnet werden können. Der Veränderungsbetrag übersteigt die in der Hauptsatzung festgelegte Erheblichkeitsgrenze und ist daher im Nachtragshaushalt zu veranschlagen.

- Bei den voraussichtlichen Mehraufwendungen für die Unterhaltung der Musikschule handelt es sich um ordentliche Aufwendungen für Sach- und Dienstleistungen im Sinne von § 2 Abs. 1 Nr. 12 GemHVO. Auch hier übersteigt der Veränderungsbetrag die Erheblichkeitsgrenze, so dass dieser Finanzvorfall im Rahmen der Nachtragsplanungen zu berücksichtigen ist.

In Ermangelung weiterer Angaben im Sachverhalt wird davon ausgegangen, dass sich die gesamten Aufwendungen für Sach- und Dienstleistungen auf 50.000 € belaufen, die durch die Unterhaltungsaufwendungen für die Musikschule auf nunmehr 100.000 € ansteigen.

Ein Nachtrag für den Teilergebnishaushalt könnte in Anlehnung an Muster 10 zur GemHVO folgendermaßen aussehen:

Aus Vereinfachungsgründen kann lt. Bearbeitungshinweis auf die Teilabschlüsse verzichtet werden.

Produktbereich: Kultur und Wissenschaft
Produktgruppe: Musikschulen

Teilergebnishaushalt - vereinfachte Darstellung
- Euro -

Nr.	Konten 596	Bezeichnung	Haushaltsansatz 2014		Abweichung Mehr (+) / Weniger (-)
			Neuer Ansatz	Ansatz bisher	
1	2	3	4	5	6
		Ordentliche Erträge Öffentlich-rechtliche Leistungsentgelte	46.000	40.000	+ 6.000
		Summe der ordentlichen Erträge			+ 6.000
		Ordentliche Aufwendungen Personalaufwendungen Aufwendungen für Sach- und Dienstleistungen	210.000 100.000	200.000 50.000	+ 10.000 + 50.000
		Summe der ordentlichen Aufwendungen			+ 60.000
		Verwaltungsergebnis			- 54.000
		Finanzerträge Zinsen und ähnliche Aufwendungen			0 0
		Finanzergebnis			0
		Ordentliches Ergebnis (Verwaltungsergebnis und Finanzergebnis)			- 54.000
		Außerordentlicher Ertrag Außerordentlicher Aufwand			0 0
		Außerordentliches Ergebnis			0
		Jahresergebnis vor internen Leistungsbeziehungen (ordentliches Ergebnis und außerordentliches Ergebnis)			-54.000
		Erlöse aus internen Leistungsbeziehungen Kosten aus internen Leistungsbeziehungen			0 0
		Ergebnis der internen Leistungsbeziehungen			0
		Jahresergebnis nach internen Leistungsbeziehungen			-54.000

---

[596] Auf die Angabe der Konten wurde hier verzichtet, da sie für die Fallbeispiele von untergeordneter Bedeutung sind. Insofern wird auf die Muster 7 und 10 zur GemHVO verwiesen.

Finanzvorfälle der Allgemeinen Finanzwirtschaft

Die weiteren Finanzvorfälle sind gemäß § 4 Abs. 2 GemHVO i. V. m. Muster 12 zur GemHVO bei einem produktorientierten Haushalt dem Produktbereich 16 „Allgemeine Finanzwirtschaft" zuzuordnen. Im 1. Nachtragshaushalt der Gemeinde E sind nach § 8 GemHVO folgende Veranschlagungen vorzunehmen:

- Die Mehrerträge aus der Grundsteuer B (+ 40.000 €), der Spielapparatesteuer (+ 2.000 €) sowie der Hundesteuer (+ 400 €) sind ordentliche Erträge nach § 2 Abs. 1 Nr. 5 GemHVO – Erträge aus Steuern. Während die Mehrerträge aus der Spielapparatesteuer und der Hundesteuer unerheblich i. S. v. § 8 Abs. 1 GemHVO sind und daher nicht in den Nachtragshaushaltsplan aufgenommen werden müssen (siehe Ausführungen zur Musikschule), ist der Mehrertrag bei der Grundsteuer B erheblich. In Ermangelung weiterer Angaben im Sachverhalt (z. B. weitere Erträge aus anderen Steuerarten) und aus Gründen den Vereinfachung wird davon ausgegangen, dass sich die gesamten Steuern und steuerähnliche Erträge einschließlich Erträge aus gesetzlichen Umlagen von insgesamt bisher 4.500.000 € durch den Mehrertrag bei der Grundsteuer B auf nunmehr 4.540.000 € erhöhen.

- Bei den Mehraufwendungen für Zinsen handelt es sich um ordentliche Aufwendungen nach § 2 Abs. 1 Nr. 19 GemHVO, die in die Nachtragsplanungen mit aufzunehmen sind.

Finanzvorfälle für Sporthallenneubau

Gemäß § 4 Abs. 2 GemHVO i. V. m. Muster 12 zur GemHVO ist der Sporthallenneubau bei einem produktorientierten Haushalt dem Produktbereich 08 „Sportförderung" zuzuordnen. Im 1. Nachtragshaushalt der Gemeinde E sind nach § 98 Abs. 2 Nr. 4 HGO i. V. m. § 8 GemHVO folgende Veranschlagungen vorzunehmen:

Bei den Kosten für den Grunderwerb (700.000 €) und den Baukosten (300.000 €) handelt es sich um Auszahlungen für Investitionen in das Sachanlagevermögen nach § 58 Nr. 17 i. V. m. § 49 Abs. 3 Nr. 1.2 GemHVO, die nach § 4 Abs. 4 GemHVO (direkte Methode) bzw. nach § 4 Abs. 5 GemHVO (indirekte Methode) im Teilfinanzhaushalt zu veranschlagen sind (siehe Ziffer 7.3.5.1). Bei der Darstellung des Teilfinanzhaushaltes wird auf die direkte Methode abgestellt.

Ein Nachtrag für den Teilfinanzhaushalt könnte in Anlehnung an Muster 11 zur GemHVO folgendermaßen aussehen:

Aus Vereinfachungsgründen kann lt. Bearbeitungshinweis auf die auf die Spalten „Gesamtauszahlungsbedarf", „bisher bereitgestellt" und „Erläuterungen" sowie auf die Teilabschlüsse verzichtet werden.

Produktbereich: Sportförderung

Teilfinanzhaushalt
– Investitionstätigkeit –
- Euro -

Nr.	Bezeichnung	Haushaltsansatz 2014			Verpflichtungs-ermächtigungen 2014		
		Neuer Ansatz	Ansatz bisher	Mehr(+) / Weniger (-)	Neu	Bis-her	Verän-derung
1	2	3	4	5	6	7	8
	Einzahlungen aus Investitionstätigkeit						
	Einzahlung aus Finanzierungstätigkeit						
	Summe						
	Auszahlungen aus Investitionstätigkeit						
	- Auszahlungen für den Erwerb von Grundstücken	700.000	0	+700.000	0	0	0
	- Auszahlungen für Baumaßnahmen	300.000	0	+300.000	0	0	0
	Auszahlungen aus Finanzierungstätigkeit						
	Summe						
	Saldo (Einzahlungen ./. Auszahlungen)						

Da es sich hier um eine neue Maßnahme handelt, ist sie nach § 17 Abs. 1 Nr. 2 GemHVO zu erläutern. Siehe hierzu auch Grundsatz der Einzelveranschlagung, Ziffer 7.3.5.1

14.2 Über- und außerplanmäßige Aufwendungen und Auszahlungen[597]

14.2.1 Begriff der über- und außerplanmäßigen Aufwendungen und Auszahlungen

Bereits bei der Problematik der Pflichtnachtragssatzung gemäß § 98 Abs. 2 HGO sind mehrfach die Begriffe „überplanmäßig" und „außerplanmäßig" angesprochen und vereinfachend mit den Begriffen „zusätzlich" bzw. „bisher nicht veranschlagt" gleichgestellt worden. Im Zusammenhang mit den Regelungen des § 100 HGO müssen diese Definitionen jetzt ergänzt und präzisiert werden.

---

[597] Siehe zu dieser Thematik auch Daneke in KVR Hessen, Erl. zu § 100 HGO.

Mehraufwendungen/ Mehrauszahlungen

überplanmäßig (§ 58 Nr. 32 GemHVO)	außerplanmäßig (§ 58 Nr. 6 GemHVO)
Ermächtigungen, die die im Haushaltsjahr und/oder die übertragenen Ermächtigungen aus Vorjahren übersteigen.	für deren Zweck im Haushaltsplan keine Ermächtigungen veranschlagt und keine aus Vorjahren übertragenen Ermächtigungen verfügbar sind.

Beachtung der gesetzlichen Fiktion nach § 100 Abs. 4 HGO:
Nicht veranschlagte oder zusätzliche Aufwendungen, die erst bei der Aufstellung des Jahresabschlusses festgestellt werden können und nicht zu Auszahlungen führen, gelten **nicht** als überplanmäßige oder außerplanmäßige Aufwendungen.

Beispiele hierzu siehe Ausnahmetatbestände nach § 98 Abs. 3 Nr. 4 HGO, Ziffer 14.1.2.4

Sowohl der Begriff „überplanmäßig" als auch der Begriff „außerplanmäßig" haben den Plan, also den Haushaltsplan, als Wortbestandteil. Sie drücken damit gewisse Abweichungen von den Ermächtigungen bzw. Ansätzen[598] des Haushaltsplanes aus.

In der Haushaltswirtschaft nach den Grundsätzen der doppelten Buchführung werden die Abweichungen von Haushaltsermächtigungen nicht an einzelnen Aufwands- bzw. Auszahlungskonten nach dem KVKR[599] bzw. an den einzelnen Haushaltspositionen der Muster 10 und 11 gemessen, sondern an dem Finanzrahmen des jeweiligen Budgets.[600] Vor dem Hintergrund der **Output-orientierten Steuerung** weist die Gemeindevertretung durch die Beschlussfassung der Haushaltssatzung (und damit auch der Teilhaushalte) den Organisationseinheiten zur Erstellung der vorgesehenen Produkte (zur Erreichung der Ziele nach § 10 Abs. 3 GemHVO) einen Finanzrahmen zur selbständigen und eigenverantwortlichen Bewirtschaftung zu (§ 58 Nr. 9 GemHVO). Innerhalb dieses Finanzrahmens gilt grundsätzlich kraft Verordnung die gegenseitige Deckungsfähigkeit (§ 20 Abs. 1 GemHVO), so dass zwischen den Budgetansätzen Mehraufwendungen/ Mehrauszahlungen ohne förmliches Verfahren durch Minderaufwendungen/Minderauszahlungen aufgefangen werden können (siehe Ziffer 7.4.3.2). Sofern bei der Gemeinde weitergehende Budgetierungsrichtlinien erlassen werden bzw. Deckungsvermerke nach § 20 Abs. 2 GemHVO angebracht sind[601], sind diese entsprechend zu berücksichtigen.

---

[598] Der Begriff „Haushaltsansatz" ergibt sich aus den Mustern zur GemHVO, die nach § 60 GemHVO verbindlich sind.

[599] Vgl. Muster 13 GemHVO.

[600] Nach § 4 Abs. 1 GemHVO bildet jeder Teilhaushalt ein Budget (Bewirtschaftungseinheit).

[601] Die Deckungsfähigkeit nach § 20 Abs. 2 GemHVO stellt auf den budgetübergreifenden sachlichen Zusammenhang ab, z. B. alle Personalaufwendungen können für gegenseitig deckungsfähig erklärt werden.

Entscheidet sich eine Gemeinde z. B. für die Bildung von Teilhaushalten auf der Ebene der Produktbereiche (Mindestgliederung), entsteht eine über- bzw. außerplanmäßige Aufwendung/Auszahlung immer in Bezug zu dem dort ausgewiesenen Finanzrahmen.

Nachstehende Beispiele sollen dies verdeutlichen:[602]

Produktbereich: Kultur und Wissenschaft

Teilergebnishaushalt - vereinfachte Darstellung
- Euro -

Nr.	Kon-ten[603]	Bezeichnung	Haushaltsansatz		Ergebnis des Jahresabschlusses
			2014	**2013**	**2012**
1	**2**	**3**	**4**	**5**	**6**
		Ordentliche Erträge			
		Öffentlich-rechtliche Leistungsentgelte	46.000	40.000	36.000
		...			
		Summe der ordentlichen Erträge			
		Ordentliche Aufwendungen			
		Personalaufwendungen	550.000	510.000	499.000
		Versorgungsaufwendungen	95.000	90.000	80.000
		Aufwendungen für Sach- und Dienstleistungen	800.000	750.000	749.000
		Abschreibungen	100.000	100.000	90.000
		...			
		Summe der ordentlichen Aufwendungen			
		Verwaltungsergebnis			
		Finanzerträge			
		Zinsen und ähnliche Aufwendungen			
		Finanzergebnis			
		Ordentliches Ergebnis			
		Außerordentlicher Ertrag			
		Außerordentlicher Aufwand			
		Außerordentliches Ergebnis			

Werden z. B. innerhalb des Budgetansatzes „Aufwendungen für Sach- und Dienstleistungen" 10.000 € mehr als geplant für Büromaterial benötigt und werden gleichzeitig im Bereich Kultur und Wissenschaft entsprechende Mittel bei den Aufwendungen für den Verbrauch von Energie eingespart, entstehen noch keine überplanmäßigen Aufwendungen, da der Budgetansatz „Aufwendungen für Sach- und Dienstleistungen" nicht überschritten wird. Insofern haben die von der Gemeinde evtl. unterhalb der jeweiligen Budgetansätze (also auf Kontenebene) geplanten Werte bei einzelnen Aufwandsarten keine Außenwirkung, sondern stellen nur einen internen Bewirtschaftungsplan dar.

Ausgangsfall bleibt gleich, allerdings können die zusätzlichen Aufwendungen nicht (oder nicht in voller Höhe) innerhalb des Budgetansatzes „Aufwendungen für Sach- und Dienstleistungen" aufgefangen werden; aber im Bereich der Personalaufwendungen sind entsprechende Einsparungen zu verzeichnen. Auch in diesem Fall entstehen keine überplanmäßigen Aufwendungen, da dann die gegenseitige Deckungsfähigkeit kraft Ver-

---

[602] Der Teilergebnisplan ist nur auszugsweise dargestellt.

[603] Auf die Angabe der Konten wurde hier verzichtet, da sie in diesem Zusammenhang von untergeordneter Bedeutung sind. Insofern wird auf die Muster 7 und 8 (direkte Finanzrechnung) zur GemHVO verwiesen.

ordnung gemäß § 20 Abs. 1 GemHVO greift, sofern keine einschränkenden Haushaltsvermerke angebracht wurden.

Erst wenn den zusätzlichen zahlungswirksamen Aufwendungen von 10.000 € keine ausreichenden Einsparungen bei anderen zahlungswirksamen Budgetansätzen gegenüberstehen (und keine übertragenen Haushaltsermächtigungen aus Vorjahren verfügbar sind sowie auch keine Mehrerträge im Rahmen der unechten Deckungsfähigkeit zur Verfügung stehen), liegt ein überplanmäßiger Bedarf vor.

Eine außerplanmäßige Abweichung liegt vor, wenn z. B. ein „Aufwand für Zuweisungen und Zuschüsse" (§ 2 Abs. 1 Nr. 14 GemHVO) im Laufe des Haushaltsjahres entsteht, aber kein entsprechender Budgetansatz im jeweiligen Teilergebnishaushalt vorhanden ist[604]. Dieser Mehrbedarf kann auch nicht im Rahmen der Deckungsfähigkeit nach § 20 Abs. 1 GemHVO durch andere Budgetansätze aufgefangen werden, da die gegenseitige Deckungsfähigkeit nach dem Wortlaut der GemHVO nur zwischen „veranschlagten" Aufwendungen Gültigkeit entfaltet[605]. Warum der Gesetzgeber hier nur auf die „veranschlagten" Aufwendungen/Auszahlungen abstellt, lässt sich auch aus den Hinweisen zu § 20 GemHVO nicht nachvollziehen und widerspricht dem eigentlichen Budgetgedanken, wonach die Organisationseinheiten innerhalb des vorgegebenen Finanzrahmens und Leistungsumfangs selbständig und eigenverantwortlich wirtschaften dürfen.

Für den Teilfinanzhaushalt gelten diese Ausführungen entsprechend, wobei dann lediglich auf Auszahlungspositionen abzustellen ist. Darüber hinaus ist zu beachten, dass die Deckungsfähigkeit kraft Verordnung dann nach § 20 Abs. 3 i. V. m. Abs. 1 GemHVO gilt.

Für Haushaltsmittel, die von der Deckungsfähigkeit kraft Verordnung ausgenommen wurden (§ 20 Abs. 1 GemHVO)[606], ist der jeweilige Einzelansatz bzw. die jeweilige Einzelermächtigung maßgebend (siehe Ziffer 7.4.3).

Überplanmäßige Abweichungen liegen demnach vor, wenn die Ermächtigungen des Haushaltsjahres, genauer: des Finanzrahmens je Budget überschritten werden. Auf Grund der Definition des § 58 Nr. 32 GemHVO bezieht sich dieser Ermächtigungsumfang nicht nur auf die Mittelbereitstellung des laufenden Haushaltsjahres, sondern auch auf die aus Vorjahren übertragenen Ermächtigungen. Eine Mehraufwendung/Mehrauszahlung ist somit gemäß § 58 Nr. 32 GemHVO überplanmäßig, wenn entweder die Ermächtigung des laufenden Jahres bzw. eine aus Vorjahren übertragene Ermächtigung oder natürlich beide bei dem entsprechenden Finanzrahmen vorhanden sind, aber insgesamt nicht ausreichen.

Im Umkehrschluss liegt demnach eine außerplanmäßige Abweichung vor, wenn weder eine Ermächtigung im laufenden Haushaltsplan noch eine Ermächtigung aus Vorjahren

---

[604] Dabei wird unterstellt, dass auch keine Aufwandsermächtigungen aus Vorjahren übertragen wurden, was bei „sonstigen ordentlichen Aufwendungen" i. d. R. auch nicht der Fall sein dürfte.

[605] Ausführungen zur Deckungsfähigkeit nach § 20 GemHVO siehe Ziffer 7.4.3.2.

[606] Nach § 20 Abs. 1 GemHVO i. V. m. Nr. 1 Hw. zu § 20 GemHVO kann die gegenseitige Deckungsfähigkeit kraft Verordnung durch einen ausdrücklichen Haushaltsvermerk eingeschränkt werden. Dies ist eine individuelle Entscheidung der jeweiligen Kommune.

vorhanden ist, also für den gewünschten „Zweck" (Budgetansatz) im Haushaltsjahr weder Mittel veranschlagt sind noch aus Vorjahren Ermächtigungen zur Verfügung stehen (§ 58 Nr. 6 GemHVO).

Um den Besonderheiten der Haushaltswirtschaft nach den Grundsätzen der doppelten Buchführung gerecht zu werden, enthält § 100 Abs. 4 HGO eine gesetzliche Fiktion für den **Ergebnishaushalt** dahingehend, dass **nicht** als über- oder außerplanmäßige **Aufwendungen gelten:**

• nicht veranschlagte oder zusätzliche Aufwendungen, die erst bei der Aufstellung des Jahresabschlusses festgestellt werden können   **und**

• in der Rechnungsperiode nicht zu Auszahlungen führen
(damit wird zumindest der Finanzhaushalt dieser Rechnungsperiode nicht tangiert).

Es handelt sich typischerweise um die Fälle, bei denen im Zusammenhang mit der Erstellung des Jahresabschlusses, **also nach Ablauf des Haushaltsjahres,** Aufwendungen erkennbar werden, z. B. für die Zuführung zu Rückstellungs- oder Verbindlichkeitspositionen, und mit denen keine Auszahlungen[607] in der Rechnungsperiode verbunden sind, also kein tatsächlicher Zahlungsmittelabfluss. Dies hat zur Folge, dass in diesen Fällen die Regelungen für über- und außerplanmäßige Aufwendungen nach § 100 HGO keine Anwendung finden. Darüber hinaus entsteht nach § 98 Abs. 3 Nr. 4 HGO auch keine Nachtragspflicht (siehe Ziffer 14.1.2.4 und Ziffer 15.8).

Wie später festzustellen sein wird, hat die Begriffsunterscheidung in „überplanmäßig" und „außerplanmäßig" **mit Ausnahme der Fälle des § 100 Abs. 2 HGO** keine rechtliche Wirkung. Sie charakterisiert lediglich die Art der Mehraufwendung bzw. Mehrauszahlungen in Relation zu den Haushaltsermächtigungen.

14.2.2   Verhältnis zur Nachtragssatzung und zu anderen Bereitstellungsmöglichkeiten für Mehraufwendungen/Mehrauszahlungen

Überplanmäßige Aufwendungen und Auszahlungen stellen Abweichungen von der betraglichen Bindung des Haushaltsplanes dar, während bei außerplanmäßige Aufwendungen und Auszahlungen keine Ermächtigungen im Haushaltsplan vorgesehen sind. Diese Mehrbedarfe kommen in der Praxis immer wieder vor, da bei der Aufstellung des Haushaltsplanes eine Reihe von Ansätzen nur geschätzt werden können. Auch bei weitgehend vorausberechenbaren Ansätzen entstehen Mehrbedarfe, da der Haushaltsplan bereits etwa Mitte des Vorjahres aufgestellt wird und im Zeitraum von ca. 18 Monaten auch bei diesen Ansätzen unvorhergesehene Veränderungen eintreten können. Diesen Tatsachen hat auch die Gemeindeordnung Rechnung getragen, indem sie ein formelles Verfahren zur Bereitstellung von über- und außerplanmäßigen Aufwendungen und Auszahlungen vorsieht, welches weiter unten noch ausführlich dargestellt wird.

---

[607] Die gesetzliche Regelung ist in diesem Zusammenhang missverständlich und kann nur durch Interpretation an Klarheit gewinnen. Gemeint ist, dass nicht unmittelbar mit der Aufwandbuchung eine Auszahlung verbunden sein darf, weil sehr wohl z. B. bei der Bildung einer Rückstellung mit großer Wahrscheinlichkeit später Zahlungen anfallen werden. Siehe zu dieser Thematik auch Daneke in KVR Hessen, Erl. zu § 100 HGO, Rdnr. 40 ff. und Erl. zu § 98 HGO, Rdnr. 39 ff.

Bei Ziffer 14.1.2 wurde bereits festgestellt, dass bestimmte Mehraufwendungen und Mehrauszahlungen nicht nach dem oben angedeuteten Verfahren, sondern nur durch Nachtragssatzung bereitgestellt werden können. Bei den Ziffern 7.4.3.1 und 7.4.3.2 werden als echte und unechte Deckungsfähigkeit zwei einfache Bereitstellungsverfahren aufgrund Verordnung (Budgetierung) und aufgrund von Haushaltsvermerken vorgestellt, die ebenfalls nicht zu über- bzw. außerplanmäßigen Aufwendungen und Auszahlungen führen. Aus dieser Vielzahl von Deckungsmöglichkeiten für Mehrbedarfe ergibt sich die Notwendigkeit, eine gewisse Reihenfolge zu schaffen, um die Prüfung zur Bereitstellung von Mehraufwendungen und Mehrauszahlungen durchführen zu können.

Die Frage nach der Reihenfolge des Einsatzes der Bereitstellungsverfahren wird nach dem Verwaltungsaufwand und dem Sinn der Vorschriften entschieden. Es ist naturgemäß wirtschaftlicher, ein Verfahren ohne großen Verwaltungsaufwand zu wählen, als evtl. sogar die Gemeindevertretung einzuschalten, damit diese die Mittel bewilligt. Die Prüfung der Frage „Wie können Mittel für die Mehrbedarfe bereitgestellt werden?" muss deshalb immer in der nachstehend aufgeführten und begründeten Reihenfolge der Bereitstellungsarten erfolgen.

a) Mittelbereitstellung auf Grund eines Zweckbindungsvermerkes gemäß § 19 Abs. 1 GemHVO oder Verstärkungsvermerks gemäß § 19 Abs. 2 GemHVO (unechte Deckungsfähigkeit)

Gemäß § 19 Abs. 1 Satz 1 GemHVO sind unter bestimmten Voraussetzungen zahlungswirksame Erträge auf die Verwendung für bestimmte Aufwendungen zu beschränken (zweckzubinden)[608]. Unter Beachtung dieser Voraussetzungen dürfen nach § 19 Abs. 1 Satz 2 GemHVO zweckgebundene Mehrerträge für entsprechende Mehraufwendungen verwendet werden. Ein Zweckbindungsvermerk beinhaltet demnach also immer auch die **Wirkung** der unechten Deckungsfähigkeit. Dies gilt gemäß § 19 Abs. 4 GemHVO auch für Einzahlungen und Auszahlungen des Finanzhaushalts.

Treffen die Voraussetzungen gemäß § 19 Abs. 1 GemHVO nicht zu, kann nach § 19 Abs. 2 und Abs. 4 GemHVO durch Haushaltsvermerk bestimmt werden, dass zahlungswirksame Mehrerträge bzw. Mehreinzahlungen bestimmte Ansätze für Aufwendungen bzw. Auszahlungen erhöhen („klassische" unechte Deckungsfähigkeit).

Nach Nr. 2 a Hw. zu § 100 HGO sind die Vorschriften des § 100 HGO **nicht anzuwenden**, wenn die Haushaltsansatzüberschreitungen (Mehrbedarfe) durch zweckgebundene Mehrerträge (§ 19 GemHVO) oder im Rahmen der Deckungsfähigkeit[609] (§ 20 GemHVO) gedeckt werden können.

---

[608] Siehe zur Zweckbindung insgesamt Ziffer 7.4.2.1.

[609] Der Hinweis Nr. 2 a zu § 100 HGO ist missverständlich formuliert. Die „unechte" Deckungsfähigkeit, die nicht mit zweckgebundenen Mehrerträgen/Mehreinzahlungen nach § 19 Abs. 1 GemHVO verwechselt werden darf und ebenfalls in § 19 GemHVO geregelt ist (allerdings im Abs. 2), ist nicht aufgeführt. Es kann aber davon ausgegangen werden, dass auch bei der unechten Deckungsfähigkeit die Vorschriften des § 100 HGO nicht anzuwenden sind, da nach § 19 Abs. 3 GemHVO die

Ein formelles Bereitstellungsverfahren und damit ein besonderer Verwaltungs-aufwand ist in diesen Fällen des § 19 GemHVO nicht erforderlich, sodass diese Art der Bereitstellung von zusätzlichen Ermächtigungen neben der echten Deckungs-fähigkeit (siehe b) den geringsten Verwaltungsaufwand verursacht; die Bearbeitung und Entscheidung verbleibt im Fachbereich bzw. bei den Produkt(bereichs)verant-wortlichen/Budgetverantwortlichen. Voraussetzung für die Anwendung ist allein der bereits genannte Vermerk im Haushaltsplan.

Darüber hinaus stellt § 19 Abs. 3 GemHVO i. V. m. Nr. 3 Hw. zu § 19 GemHVO eindeutig klar, dass Mehraufwendungen und Mehrauszahlungen nach § 19 Abs. 1, Abs. 2 und Abs. 4 GemHVO **nicht** als überplanmäßige Aufwendungen bzw. Auszahlungen gelten.

b)   Echte Deckungsfähigkeit gemäß § 20 GemHVO[610]

Einsparungen bei einer Aufwandsposition können für Mehraufwendungen bei einer anderen Aufwandspositionen verwendet werden. Voraussetzung dafür ist, dass sich die betroffenen Aufwandspositionen in einem gemeinsamen Budget befinden und dass die kraft Verordnung geltende Deckungsfähigkeit nicht durch Haushaltsvermerk eingeschränkt bzw. gänzlich ausgeschlossen ist (§ 20 Abs. 1 GemHVO). Entspre-chendes gilt für Auszahlungen nach § 20 Abs. 3 GemHVO.

Für die von der gesetzlichen Deckungsfähigkeit ausgenommenen Aufwendungs-bzw. Auszahlungsansätze sowie für die budgetübergreifende Deckungsfähigkeit nach § 20 Abs. 2 GemHVO gilt die echte Deckungsfähigkeit nur, sofern ein entsprechen-der Deckungsvermerk angebracht ist.

Eine besondere Form der echten Deckungsfähigkeit ist in § 20 Abs. 5 GemHVO geregelt, wonach zahlungswirksame Aufwendungen eines Budgets zu Gunsten von Investitionsauszahlungen des **Budgets** für einseitig deckungsfähig erklärt werden können (siehe Ziffer 7.4.3.2).

Nach Nr. 2 a Hw. zu § 100 HGO sind die Vorschriften des § 100 HGO **nicht anzuwenden**, wenn die Haushaltsansatzüberschreitungen (Mehrbedarfe) im Rahmen der Deckungsfähigkeit (§ 20 GemHVO) gedeckt werden können.

Auch bei der echten Deckungsfähigkeit ist kein formelles Bereitstellungsverfahren erforderlich; die Bearbeitung verbleibt bis zur Entscheidungsfindung beim Fach-bereich bzw. bei dem Produkt(bereichs)verantwortlichen/Budgetverantwortlichen, sodass die echte Deckungsfähigkeit weniger aufwendig ist, als die nachstehenden Verfahren.

Mehraufwendungen/Mehrauszahlungen nach § 19 Abs. 2 und Abs. 4 nicht als überplanmäßige Aufwendungen gelten.
[610] Siehe hierzu Ziffer 7.4.3.2.

c) Pflichtnachtragssatzung (§ 100 Abs. 5 HGO i. V. m. § 98 Abs. 2 HGO)

Nach § 98 Abs. 2 HGO kann bei bestimmten Fällen vorrangig die Pflicht zur Nachtragssatzung bestehen (siehe Ziffer 14.1.2.3), sofern kein Ausnahmetatbestand nach § 98 Abs. 3 HGO vorliegt (siehe Ziffer 14.1.2.4). Auf den Vorrang des § 98 Abs. 2 HGO im Verhältnis zu § 100 HGO wird ausdrücklich in Nr. 1 Hw. zu § 100 HGO hingewiesen.

Dies ist (mit der freiwilligen Nachtragssatzung unter Buchstabe e) die aufwändigste Bereitstellungsmöglichkeit für Mehrbedarfe – sowohl für Aufwendungen als auch für Auszahlungen –, weil hierfür nach § 98 Abs. 4 HGO das gesamte formelle Verfahren des § 97 HGO durchzuführen ist.

d) Bewilligung von überplanmäßigen Aufwendungen und Auszahlungen (§ 100 HGO)

Finden die Buchstaben a) bis c) **keine Anwendung**, verbleibt nur die Bereitstellung als überplanmäßige Aufwendung bzw. Auszahlung. Dazu – und das wird noch ausführlich zu erläutern sein – hat der mittelbewirtschaftende Fachbereich bzw. Produkt(bereichs)- bzw. Budgetverantwortliche einen Bewilligungsantrag an die Finanzverwaltung zu richten. Die Entscheidung über die Bewilligung trifft entweder der Gemeindevorstand oder die Gemeindevertretung, siehe Ziffer 14.2.3.3. Gegenüber der echten und unechten Deckungsfähigkeit sowie der Verwendung von zweckgebundenen Mehrerträgen/Mehreinzahlungen tritt somit der Bearbeitungsvorgang erstmals aus dem Fachbereich (aus der Produkt(bereichs)- bzw. Budgetverantwortung) heraus und wird damit formeller und aufwendiger, sodass dieses Verfahren nachrangig zu prüfen ist.

e) freiwillige Nachtragssatzung (§ 98 Abs. 1 HGO)

Die freiwillige Nachtragssatzung ist ebenso wie die Pflichtnachtragssatzung mit einem sehr aufwendigen Verfahren verbunden, so dass in der Praxis zur Bereitstellung für **einzelne** Mehraufwendungen bzw. Mehrauszahlungen wohl kaum eine solche Nachtragssatzung mit Nachtragsplan erlassen wird. Wenn die Gemeinde jedoch aus anderen Gründen zeitgleich einen Nachtragsplan vorbereitet, können eine einzelne Mehraufwendungen bzw. Mehrauszahlungen natürlich berücksichtigt werden.

Außerplanmäßige Aufwendungen und Auszahlungen können nicht in diesem Schema abgehandelt werden, da solche Mehrbedarfe nicht in den Verfahren zu a) und b) bereitgestellt werden können. Sie erfordern immer eine Bearbeitung nach § 98 oder § 100 HGO, da die Verfahren zu a) und b) immer einen Budgetansatz ohne einschränkenden Haushaltsvermerk bzw. einen Budgetansatz mit entsprechenden Haushaltsvermerken voraussetzen.

14.2.3 Bewilligung von über- und außerplanmäßigen Aufwendungen und Auszahlungen

14.2.3.1 Ermittlung des Mehrbedarfs

Der Ausgangspunkt für das Bewilligungsverfahren einer Mehraufwendung bzw. Mehrauszahlung nach § 100 HGO ist die Feststellung der Höhe des über- bzw. außerplanmäßigen Bedarfs. Dabei müssen die im Bereich der Begriffsabgrenzung (siehe Ziffer 14.2.1) vorgestellten Definitionen (überplanmäßige bzw. außerplanmäßige Aufwendungen und Auszahlungen) in Bezug auf die Höhe des Mehrbedarfs präzisiert werden.

Grundlage ist zunächst der **Mehrbedarf bis zum Ende des Haushaltsjahres**. Weiß die Verwaltung z. B. im August des Haushaltsjahres bereits, dass die Haushaltsmittel erschöpft sind und eine Rechnung über 20.000 € vorliegt sowie ein weiterer Auftrag über 10.000 € im Dezember zu erteilen ist[611], so ist der Mehrbedarf auf insgesamt 30.000 € festzusetzen. Der augenblickliche Bedarf alleine ist nicht maßgebend. Dieses ergibt sich allein schon aus dem **Prinzip der Jährlichkeit** (Haushaltswirtschaft für ein Jahr, siehe Ziffer 7.3.7), das dem gesamten Haushaltsrecht zu Grunde liegt.

§ 100 Abs. 3 HGO bestätigt für die über- und außerplanmäßigen Aufwendungen und Auszahlungen diesen Grundsatz aus spezieller Sicht, da dort sogar Maßnahmen, die erst später über- oder außerplanmäßige Mehrbedarfe verursachen könnten (z. B. beim Eingehen von Zahlungsverpflichtungen durch Erlass von Bewilligungsbescheiden, Auftragsvergaben, Bestellungen, Vertragsabschlüsse usw.), einer Bewilligung nach § 100 HGO im Vorfeld bedürfen und **nicht erst** bei Vorliegen der Rechnung bzw. Ausführung einer sonstigen Zahlungsverpflichtung.[612] Nach Nr. 8 Hw. zu § 100 HGO ist in diesen Fällen die Entscheidung über die Zulassung einer Haushaltsansatzüberschreitung bereits herbeizuführen, **bevor Maßnahmen getroffen werden, durch die überplanmäßige oder außerplanmäßige Aufwendungen und Auszahlungen entstehen können**. Das oft in der Praxis geübte Verfahren, in Teilbeträgen Mittel für Mehrbedarfe bereitzustellen, obwohl zumindest in etwa der Gesamtbedarf feststeht, ist somit unzulässig.

Während bei außerplanmäßigen Aufwendungen und Auszahlungen der zusätzliche Bedarf auch gleichzeitig den Umfang des Mehrbedarfs ausmacht, ergibt sich bei einer überplanmäßigen Aufwendung und Auszahlung der Bedarf auf Grund der nachstehenden Berechnung, wobei natürlich auf das entsprechende Budget bzw. die entsprechende Haushaltsposition abzustellen ist. Die konkreten Werte sind der Haushaltsüberwachung[613] zu entnehmen (siehe Ziffer 13.2.4).

Dieses Berechnungsschema ist „neutral" formuliert, so dass es für Aufwendungen und Auszahlungen verwendet werden kann.

---

[611] Vgl. Nr. 1 Hw. zu § 27 GemHVO.

[612] Insbesondere soll damit sichergestellt werden, dass sich die Unabweisbarkeit nicht dadurch ergibt, dass eine z. B. durch Auftragsvergabe eingegangene Zahlungsverpflichtung nunmehr erfüllt werden muss. In diesem Zusammenhang kommt der Haushaltsüberwachung nach § 27 Abs. 3 GemHVO eine besondere Bedeutung zu.

[613] Siehe § 27 Abs. 3 GemHVO und Nr. 4 Hw. dazu.

Ermächtigungen aus Vorjahren (§ 21 GemHVO)
+   Haushaltsansatz lt. Haushaltsplan
+/- Veränderungen durch Nachträge
+/- Ermächtigungen nach § 19 GemHVO
+/- Ermächtigungen nach § 20 GemHVO
+/- bereits bewilligte üpl/apl Beträge
-    Haushaltssperren

Gesamtermächtigung

-    bisherige Inanspruchnahme
-    Vormerkungen (z. B. Aufträge o. ä. Maßnahmen, die Zahlungsverpflichtungen
     auslösen)
-    noch bestehender, aber noch nicht vorgemerkter Bedarf (bis zum Jahresende)
     einschl. des überplanmäßigen Bedarfs

Ergebnis

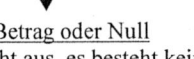

Positiver Betrag oder Null   Negativer Betrag
Ermächtigung reicht aus, es besteht kein   1. Sofern eine **Haushaltssperre** besteht,
überplanmäßiger Bedarf.   ist vorrangig die Aufhebung dieser
                                        Sperre zu veranlassen.
                                     2. Besteht keine Haushaltssperre oder ist
                                        trotz Aufhebung der Haushaltssperre
                                        das Ergebnis negativ, ist dieser Betrag
                                        die Summe des überplanmäßigen
                                        Bedarfs.

Um die Gesamtermächtigung des Haushaltsjahres zu ermitteln, sind als Ausgangswerte die Haushaltsermächtigung des Ursprungsplanes sowie bestehende aus Vorjahren übertragene Ermächtigungen[614] zu Grunde zu legen. Diese Ermächtigung kann sich durch

• Veränderungen in Nachtragsplänen,
• Ermächtigungen nach § 19 GemHVO (Zweckbindung sowie Verstärkungs- bzw. Verminderungsvermerk),
• Ermächtigungen nach § 20 GemHVO,
• sowie durch bereits bewilligte überplanmäßige Beträge

erhöhen oder verringern. Unter Umständen wird die Gesamtermächtigung von bestehenden **Haushaltssperren** (siehe Ziffer 13.3.1) negativ tangiert. Davon abzusetzen sind die bereits verfügten bzw. in Anspruch genommenen Beträge. Außerdem sind die Vormerkungen abzusetzen. „Vorgemerkter Betrag" ist ein haushaltsrechtlicher Ausdruck im Bereich der Haushaltsüberwachung. In der Regel sind es vertragliche Verpflichtungen (Aufträge), die die Gemeinde bereits eingegangen ist.[615] Diese Beträge werden als bereits

---

[614] Die Inanspruchnahme von Haushaltsermächtigungen aus Vorjahren (§ 21 GemHVO) stellen keine überplanmäßigen Aufwendungen bzw. Auszahlungen dar. In diesen Fällen sind die Vorschriften des § 100 HGO nicht anzuwenden, siehe Nr. 2 b Hw. zu § 100 HGO.

[615] Siehe Nr. 1 Hw. zu § 27 GemHVO. Hiernach liegt eine Inanspruchnahme der Haushaltsansätze im Sinne von § 27 Abs. 1 GemHVO bereits bei der Ausschreibung von Leistungen bzw. der Erteilung

in Anspruch genommen behandelt. Zu berücksichtigen sind zuletzt auch noch die bis zum Jahresende entstehenden Bedarfe, die noch nicht „vorgemerkt" sind.

Das Ergebnis, also die Differenz zwischen der Summe der Gesamtermächtigung und der verfügten Beträge (einschl. der Vormerkungen) sowie des noch benötigten Bedarfs, gibt Auskunft, ob ein überplanmäßiger Bedarf besteht. Dieses ist dann gegeben, wenn die Differenz negativ ausfällt. Zwingend zu prüfen ist dann, ob durch die Aufhebung einer u. U. bestehenden Haushaltssperre der Mehrbedarf gedeckt werden kann. Andernfalls kann der Bedarf dagegen noch im Rahmen der Ermächtigung des Haushaltsjahres gedeckt werden.

14.2.3.2 Voraussetzungen für die Bewilligung

Die Bewilligung von über- und außerplanmäßigen Aufwendungen und Auszahlungen ist gemäß § 100 Abs. 1 Satz 1 HGO nur zulässig, wenn sie unvorhergesehen **und** unabweisbar sind **und** die Deckung gewährleistet ist. Diese unmittelbaren Voraussetzungen sind aber nur dann zu prüfen, wenn nicht eine vorrangige Pflicht zur Nachtragssatzung gemäß § 98 Abs. 2 HGO besteht oder ein überplanmäßiger Bedarf wegen der Art der Haushaltsposition (siehe § 13 GemHVO – Verfügungsmittel) ausscheidet. Aus diesem Grund erfolgt eine Bewilligungsprüfung jeweils im Ablauf der nachstehend noch einmal aufgezeigten Stufen, die in der Reihenfolge „von links nach rechts" zu behandeln sind.

Auf die Besonderheit der Mittelbereitstellung nach § 100 Abs. 2 HGO wird unter Ziffer 14.2.4 eingegangen.

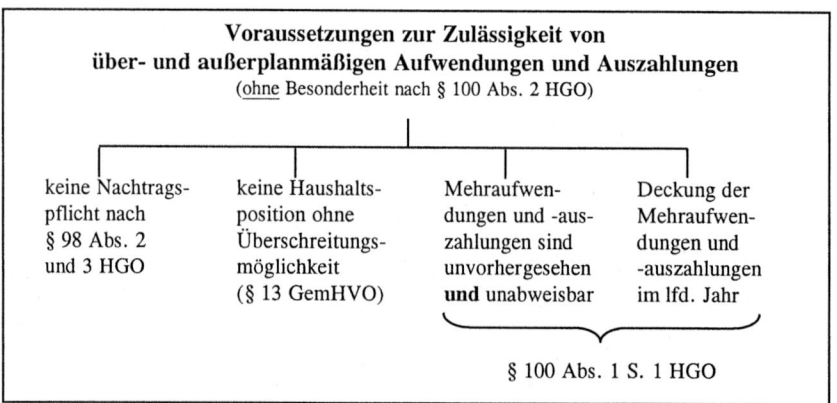

Dabei ist zu beachten, dass **sämtliche** Voraussetzungen vorliegen müssen. Die einzelnen Stufen bedürfen einer eingehenden Erläuterung.

---

von Aufträgen und ähnlichen Maßnahmen, die Zahlungsverpflichtungen der Gemeinde begründen können, vor.

a) Pflichtnachtragssatzung

Eine Pflichtnachtragssatzung ist bei bisher nicht veranschlagten oder zusätzlichen Aufwendungen und Auszahlungen in den Fällen des § 98 Abs. 2 Nr. 3 und 4 HGO erforderlich (§ 100 Abs. 5 HGO), soweit keine Ausnahmetatbestände nach § 98 Abs. 3 HGO vorliegen. Wenn sich hieraus eine Nachtragspflicht ergibt, kann das Verfahren nach § 100 HGO nicht angewandt werden. Insofern ist § 98 Abs. 2 HGO gegenüber § 100 HGO vorrangig anzuwenden. Zur Erläuterung der Pflichtnachtragssatzung siehe Ziffer 14.1.2.

b) Nicht überschreitbare Haushaltsposition

Überplanmäßige Aufwendungen sind bei den Verfügungsmitteln unzulässig, da nach § 13 Satz 2 GemHVO die Ansätze hierfür weder überschritten noch für deckungsfähig oder übertragbar erklärt werden dürfen. Insofern gilt für die Verfügungsmittel, die nur für dienstliche Zwecke, für die keine zweckbezogenen Aufwendungen veranschlagt sind[616], eine Sonderregelung. Der Gesetzgeber will die „persönlichen Mittel" des Gemeindevorstandes/Bürgermeisters und des Vorsitzenden der Gemeindevertretung besonders überwachen und deshalb nicht im einfachen Verfahren nach § 100 HGO bereitstellen. Daher darf die einmal geschaffene Haushaltsermächtigung nicht überschritten werden.

Erst wenn die bei a) und b) zu prüfenden Tatbestände nicht vorliegen, wird der Weg zum eigentlichen Bewilligungsverfahren der über- und außerplanmäßigen Aufwendungen und Auszahlungen frei. Dabei ist das Vorliegen der in § 100 Abs. 1 Satz 1 HGO genannten Begriffe „unvorhergesehen", „unabweisbar" und „Deckung gewährleistet" zu prüfen. **Sollte eine der drei nachfolgenden Voraussetzungen nicht vorliegen, kann eine Mittelbereitstellung nur in Form einer freiwilligen Nachtragssatzung nach § 98 Abs. 1 HGO erfolgen.**

c) „unvorhergesehen"[617][618]

Unvorhergesehen bedeutet, dass niemand, der an dem Aufstellungsverfahren des Haushaltsplanes oder eines späteren Nachtragsplanes in irgendeiner Weise beteiligt war und auf die Bildung der Haushaltsansätze Einfluss nehmen konnte, dem Grunde und der Höhe nach vorhersehen konnte oder bei Anwendung der notwendigen Sorgfalt hätte vorhersehen müssen, dass beim Haushaltsvollzug Aufwendungen bzw. Auszahlungen entstehen werden, für die kein oder kein ausreichender Haushaltsansatz gebildet ist, siehe Nr. 4 Satz 2 Hw. zu § 100 HGO.

---

[616] Siehe § 58 Nr. 36 i. V. m. Nr. 1 Hw. zu § 13 GemHVO.

[617] Siehe hierzu auch Daneke in KVR Hessen, Erl. zu § 100 HGO, Rdnrn. 12 ff.

[618] Das Kriterium „unvorhergesehen" ist in der Praxis sehr problematisch, und zwar insbesondere dann, wenn bekannt war, dass eine rechtliche Verpflichtung zur Leistung besteht, aber hierfür (versehentlich) keine Mittel im Haushalt veranschlagt waren. Diese Mittel können dann nur im Wege eines Nachtrages bereitgestellt werden, welcher i. d. R. ein längerfristiges Verfahren zur Folge hat. Siehe hierzu auch Fachaufsatz von Horst Bernhardt, „Halten die Regelungen des NKF in Nordrhein-Westfalen den Anforderungen eines modernen kommunalen Finanzmanagements Stand?", in: der gemeindehaushalt 5/2005, S. 97 ff.

Ein Mehrbedarf ist folglich **dann nicht unvorhergesehen**, wenn im **Entwurf** des Haushaltsplans des Gemeindevorstandes ausreichende Mittel für einen bestimmten Zweck vorgesehen waren, diese aber durch die Gemeindevertretung im Beratungs- und Beschlussfassungsverfahren soweit reduziert wurden, dass sie für die Leistung der später tatsächlich anfallenden Aufwendungen und Auszahlungen nicht mehr ausreichen.[619]

d)   „unabweisbar"[620]

Ein Mehrbedarf ist unabweisbar, wenn er sich zwingend aus der Aufgabenerfüllung der Gemeinde ergibt und ein dringendes sachliches Bedürfnis zur Erfüllung der Aufgabe besteht sowie eine Verschiebung der Aufwendungen und Auszahlungen auf einen Zeitpunkt, zu dem Haushaltsmittel hierfür zur Verfügung stehen (durch Nachtrag oder den Haushaltsplan des folgenden Jahres), nicht möglich ist oder wirtschaftlich unzweckmäßig wäre. Nach Nr. 4 Satz 3 Hw. zu § 100 HGO bedeutet Unabweisbarkeit, dass die Aufwendungen bzw. Auszahlungen für die Weiterführung einer kommunalen Aufgabe erforderlich ist.

Bei der Prüfung des Vorliegens des Kriteriums „unabweisbar" ist also einerseits auf die **sachliche Notwendigkeit** und andererseits auf die **zeitliche Unaufschiebbarkeit** abzustellen.

• Die sachliche Notwendigkeit ist dann gegeben, wenn aus rechtlichen Gründen, also insbesondere auf Grund von Gesetzen oder bestehenden Verträgen, eine Verpflichtung zum Handeln, hier speziell zur Leistung von Aufwendungen und Auszahlungen, besteht. Dies gilt insbesondere für den Betrieb und die Funktionsfähigkeit der Einrichtungen, zu deren Vorhalten die Gemeinde verpflichtet ist, für die Aufrechterhaltung der öffentlichen Sicherheit und Ordnung und für die Verkehrssicherungspflicht.

• Die zeitliche Unaufschiebbarkeit ist dann gegeben, wenn mit der Leistung der Aufwendungen und Auszahlungen nicht abgewartet werden kann, bis die hierzu notwendigen haushaltsrechtlichen Ermächtigungen durch eine Nachtragssatzung für das laufende Haushaltsjahr oder die Haushaltssatzung für das folgende Jahr bereitgestellt sind.

Die Frage, ob die Leistung unabweisbar ist, muss im Zweifelsfall auch aus dem Grundsatz der Wirtschaftlichkeit und Sparsamkeit (§ 92 Abs. 2 HGO) heraus beantwortet werden. **Die Leistung der Aufwendungen bzw. Auszahlungen ist folglich auch dann unabweisbar, wenn ein Aufschub unwirtschaftlich wäre.**

Zur weiteren praktischen Auslegung des Begriffes „unabweisbar" sei es erlaubt zu bemerken, dass in der Praxis diese Bewilligungsvoraussetzung zum Teil sehr weit ausgelegt wird. Dieses gilt vor allem im Bereich der freiwilligen Aufgaben, wo die Unabweisbarkeit als Folge der politischen Vorgaben (Beschlüsse der Gemeinde-

---

[619] Unter Umständen müssen hier der Bürgermeister oder der Gemeindevorstand diesem Beschluss widersprechen; siehe hierzu auch Daneke in KVR Hessen, Erl. zu § 100 HGO, Rdnr. 13.

[620] Siehe hierzu auch Daneke in KVR Hessen, Erl. zu § 100 HGO, Rdnrn. 14 ff.

vertretung u. Ä.) entsteht. Entscheidungen **ohne** Alternativen gibt es dagegen vor allem bei gesetzlichen oder vertraglichen Zahlungsbindungen (z. B. im Bereich der Personalaufwendungen, der Energiekosten, Leistung der Sozialhilfe).

e) Deckung der über- und außerplanmäßigen Aufwendungen und Auszahlungen

Grundsätzlich dürfen über- und außerplanmäßige Aufwendungen und Auszahlungen nur geleistet werden, wenn der Haushalt diese zusätzlichen Aufwendungen bzw. Auszahlungen auch tragen kann. Konkret bedeutet dies,

- dass durch die Leistung von über- und außerplanmäßigen **Aufwendungen** weder der Haushaltsausgleich (siehe Kapitel 10) im ordentlichen Ergebnis (§ 92 Abs. 3 HGO) gefährdet werden darf (bei Gemeinden, deren Ergebnishaushalt nicht ausgeglichen ist, der ausgewiesene Fehlbedarf nicht erhöht wird), noch der Saldo des außerordentlichen Ergebnisses sich gegenüber der Planung verschlechtert.

  Daraus folgt, dass ein **Mehrbedarf im ordentlichen Ergebnis** auch nur durch ordentliche Deckungsmöglichkeiten gedeckt werden kann, da ansonsten der Haushaltsausgleich – der nach § 92 Abs. 3 HGO am ordentlichen Ergebnis gemessen wird – nicht gewährleistet werden kann[621] (bzw. der im ordentlichen Ergebnis ausgewiesene Fehlbetrag erhöht werden würde).

  Ein **Mehrbedarf im außerordentlichen Ergebnis** ist demnach durch außerordentliche Deckungsmöglichkeiten zu decken. Ausnahmsweise sind hier auch ordentliche Deckungsmöglichkeiten denkbar, sofern die Ausgleichsregelungen nach § 24 Abs. 1 GemHVO beachtet werden.

- dass sich durch die Leistung von über- und **außerplanmäßigen zahlungswirksamen Aufwendungen und Auszahlungen** nicht die Liquiditätslage (der Saldo) im Finanzhaushalt gegenüber der Planung verschlechtern darf.

Es müssen somit an einer anderen Stelle im Haushalt Deckungsmittel vorhanden sein, die für den Bedarf einsetzbar sind.

Nach dem Wortlaut des Gesetzes **muss** die Deckung gewährleistet sein. Dieses kann sich wegen des Grundsatzes der Jährlichkeit nur auf das laufende Haushaltsjahr beziehen und grundsätzlich nicht darüber hinausgehen. Da die Deckung „im selben Haushaltsjahr" gewährleistet sein muss, kann auf der anderen Seite z. B. ein Mehrbedarf im März des Jahres durch eine zu erwartende Deckung gegen Ende des Haushaltsjahres finanziert werden. Allerdings muss zum Zeitpunkt der Entscheidung über die Leistung der über- oder außerplanmäßigen Aufwendung/Auszahlung die Deckung als gesichert angesehen werden können[622].

Es gibt unterschiedliche Auslegungen, ob Mehraufwendungen bzw. Mehrauszahlungen bei einem insgesamt unausgeglichenen Haushalt zulässig sind. Soweit dieses verneint wird, stellt man auf die nicht bestehende Möglichkeit ab, eine Deckung aus

---

[621] Vgl. Nr. 3 Hw. zu § 100 HGO.

[622] Analoge Anwendung der Nr. 3 Hw. zu § 27 GemHVO hinsichtlich der Auslegung, unter welchen Rahmenbedingungen die „Deckung als gesichert angesehen werden kann".

dem Haushalt wegen der Unterdeckung insgesamt zu erzielen. Nach Auffassung der Verfasser besteht die Möglichkeit der Deckung doch sehr wohl auch bei unausgeglichenen Haushaltsplänen, sofern eine konkrete Einsparung oder Mehrerträge bzw. Mehreinzahlungen bei anderen Haushaltspositionen innerhalb des Haushaltes gegeben sind. Die Gemeinde muss sich ja innerhalb ihres – wenn auch unausgeglichenen Haushaltsplanes – bewegen können. In diesem Rahmen kann die Deckung herbeigeführt werden. Im Ergebnis bedeutet dies, dass eine über- oder außerplanmäßige Aufwendung bei unausgeglichenem Ergebnishaushalt dann möglich ist, wenn dadurch der Fehlbetrag nicht erhöht wird.

Die Deckungsmöglichkeiten stellen sich im Überblick wie folgt dar:

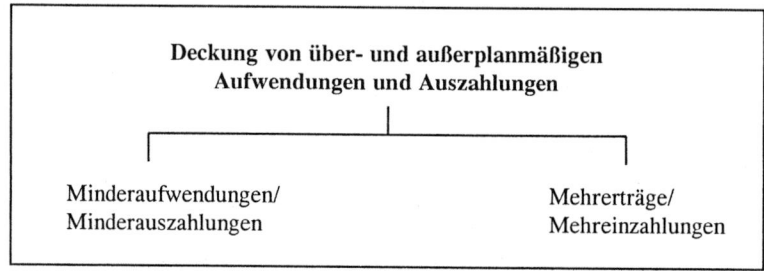

Wie bereits oben schon ausgeführt, darf es bei der Deckung der über- und außerplanmäßigen Aufwendungen und Auszahlungen **nicht zur einer Verschlechterung der Salden des Ergebnis- und Finanzhaushalts** kommen. In diesem Zusammenhang ist zu beachten, dass über- und außerplanmäßige **Aufwendungen im Ergebnishaushalt, die in der Regel zahlungswirksam sind**[623] – also zu Auszahlungen führen – auch **nur durch zahlungswirksame Minderaufwendungen und/oder zahlungswirksame Mehrerträge gedeckt werden können.** Dies ist zwar nicht ausdrücklich im Gesetzestext geregelt, es ergibt sich aber aus dem unmittelbaren Einfluss der zahlungswirksamen Mehraufwendungen auf den Finanzhaushalt, da hier der Mittelabfluss (die eigentliche Zahlung) erfolgt. Möglich wird der Mittelabfluss nur dann, wenn im Finanzhaushalt auch eine ausreichende Liquidität vorhanden ist.

Im Umkehrschluss bedeutet dies, dass zahlungsunwirksame Aufwendungen im Ergebnishaushalt durch Minderaufwendungen und/oder Mehrerträge unabhängig von ihrer Zahlungswirksamkeit gedeckt werden können.

Eine Differenzierung nach Zahlungswirksamkeit bzw. Zahlungsunwirksamkeit entfällt im Teilfinanzhaushalt (hier werden nur zahlungswirksame Rechengrößen dargestellt).

Die vorgenannten Deckungsmöglichkeiten stehen rechtlich gleichrangig nebeneinander. **Aus Gründen der Sparsamkeit (§ 92 Abs. 2 HGO) sollten jedoch zunächst Minderaufwendungen bzw. Minderauszahlungen herangezogen werden.**

---

[623] Es sei denn, es handelt sich um Abschreibungen, Zuführungen zu Rückstellungen o. Ä.

Minderaufwendungen/Minderauszahlungen

Die erste Deckungsmöglichkeit stellen demnach

⇨ im Ergebnishaushalt Minderaufwendungen und

⇨ im Finanzhaushalt Minderauszahlungen

dar.[624] Nach dem Grundsatz der Gesamtdeckung gemäß § 18 GemHVO können diese Einsparungen somit grundsätzlich für Mehrbedarfe unabhängig von der Zuordnung zu den Budgets verwendet werden[625]. Diese mögliche budgetübergreifende Inanspruchnahme steht allerdings im Widerspruch zu dem Grundgedanken und den Zielen der Budgetierung, insbesondere zu der aus der Budgetverantwortung resultierende Budgetsicherheit/Budgetgarantie[626]. Daher sollte auf Einsparungen aus anderen Budgets nur in Ausnahmefällen zurückgegriffen werden (z. B. bei wichtigen gesamtgemeindlichem Interesse), da ansonsten die Budgetakzeptanz unterlaufen wird.

Des Weiteren kann auf Einsparungen bei Haushaltspositionen zurückgegriffen werden, die von der gesetzlichen Deckungsfähigkeit ausgenommen sind und den geplanten Haushaltsansatz nicht bis zum Jahresende ausschöpfen.

Zwingend zu beachten ist allerdings, dass Einsparungen bei Aufwendungen oder Auszahlungen, denen zweckgebundene Erträge oder Einzahlungen gegenüberstehen, nur dann zur Deckung in Anspruch genommen werden dürfen, wenn die zweckgebundenen Erträge oder Einzahlungen auch zweckentsprechend abgewickelt werden können.

Minderaufwendungen bzw. Minderauszahlungen können dann **nicht** zur Deckung herangezogen werden, wenn sie auf einem sog. Verminderungsvermerk nach § 19 Abs. 2 GemHVO basieren, da in diesen Fällen die Minderaufwendungen/Minderauszahlungen die Mindererträge/Mindereinzahlungen auffangen.[627]

Der Grundsatz der Gesamtdeckung gilt auch für Ermächtigungen, die aus dem Vorjahr übertragen wurden. Werden aus dem Vorjahr übertragene Ermächtigungen ganz oder teilweise innerhalb ihres Budgets nicht mehr benötigt, können auch sie als Aufwands- oder Auszahlungseinsparungen angesetzt werden[628].

---

[624] An dieser Stelle sind nur Minderaufwendungen/Minderauszahlungen gemeint, die nicht bereits im Rahmen der Deckungsfähigkeit nach § 20 GemHVO als Deckung herangezogen wurden.

[625] Der Grundsatz der Gesamtdeckung bezieht sich nach dem Wortlaut der Vorschrift auf die Deckung der Aufwendungen durch Erträge bzw. Auszahlungen durch Einzahlungen und in einem weiteren Verständnis bezieht er sich aber auch auf die Deckung von Mehraufwendungen durch Minderaufwendungen im gesamten Ergebnishaushalt bzw. Mehrauszahlungen durch Minderauszahlungen im gesamten Finanzhaushalt.

[626] Vgl. KGSt Bericht Nr. 9/1997, Kap. 7 sowie Bals/Hack/Reichard, Neues kommunales Finanz- und Produktmanagement, Kap. 4.

[627] Siehe hierzu auch Daneke in KVR Hessen, Erl. zu § 100 HGO, Rdnr. 22.

[628] Aufgrund der Gestaltung der Muster für die Teilergebnisrechnung ist eine Dokumentation einer solchen Inanspruchnahme schwierig. Die Gemeinde müsste ggf. zusätzliche Spalten verwenden, um einen Nachweis der Inanspruchnahme der übertragenen Ermächtigungen als Deckung nachzuweisen.

Abschließend ist noch die Möglichkeit zu beleuchten, ob und inwiefern zahlungswirksame Minderaufwendungen (z. B. eingesparte Unterhaltungsaufwendungen oder Energiekosten) zur Deckung von investiven Mehrauszahlungen (z. B. Kauf von zusätzlichen beweglichem Anlagevermögen) herangezogen werden können. Dass diese „einseitige" Querfinanzierung zwischen dem Ergebnis- und Finanzhaushalt grundsätzlich zulässig ist, bestätigt § 20 Abs. 5 GemHVO. Voraussetzung ist hierbei, dass sich diese einseitige Deckungsfähigkeit auf das gleiche Budget bezieht und durch einen ausdrücklichen Haushaltsvermerk erklärt werden muss, siehe Ziffer 7.4.3.2.2.

Unabhängig von der Deckungsfähigkeit nach § 20 Abs. 5 GemHVO, d. h. unabhängig von dem jeweiligen Budget, führen zahlungswirksame Minderaufwendungen gegenüber der Planung

⇨ zum einen zu einer Verbesserung des Ergebnishaushalts und

⇨ zum anderen zu einer höheren Liquidität im Rahmen des Zahlungsmittelflusses aus Verwaltungstätigkeit.

Demnach könnten grundsätzlich Minderaufwendungen, die zu Minderauszahlungen aus Verwaltungstätigkeit führen, zur Deckung von Mehrauszahlungen aus Investitionstätigkeit herangezogen werden, da es nach dem derzeitigen gesetzlichen Stand keine Vorgaben zum Ausgleich des Finanzhaushalts gibt. Entsprechendes gilt auch für zahlungswirksame Mehrerträge (siehe Ziffer 10.3).

Dies sehen allerdings die Autoren kritisch, insbesondere dann, wenn der Bestand an Kassenkrediten ständig steigt. Denn solange der Zahlungsmittelüberschuss aus Verwaltungstätigkeit nicht so hoch ist, um die Tilgungsleistungen abzudecken, müssen Kassenkredite aufgenommen werden, um die Liquidität der Gemeinde sicherzustellen.[629] Damit „verdient" die Gemeinde nicht genügend im „laufenden Geschäft" (Ergebnishaushalt), um ihren laufenden Zahlungsverpflichtungen – Tilgung von Krediten – nachzukommen. De facto würde dies bezogen auf das obige Beispiel bedeuten, dass der investive Mehrbedarf ebenfalls über Kassenkredite finanziert werden würde, da im Ergebnishaushalt kein Überschuss über die ordentliche Tilgung hinaus erwirtschaftet wird, um hieraus Investitionen zu finanzieren.

Dieses Beispiel zeigt deutlich, dass eine Fokussierung des Haushaltsausgleichs auf das ordentliche Ergebnis alleine nicht ausreicht, um die stetige Aufgabenerfüllung der Gemeinde und insbesondere die Liquidität der Gemeinden sicherzustellen.

Die zur Deckung dienenden Einsparungen müssen auf das Jahresende ausgerichtet sein. Das bedeutet, dass die Beträge nicht nur zur Zeit des über- bzw. außerplanmäßigen Bedarfs „frei" sind, sondern auch bis zum Jahresende **nicht** benötigt werden. Dazu zählt auch, dass sie nicht als Ermächtigung in das kommenden Haushaltsjahr vorgetragen werden sollen. Die Inanspruchnahme bei den entsprechenden Haushaltspositionen sind von der Finanzbuchhaltung nachzuhalten und im Rahmen der Haushaltsüberwachung zu berücksichtigen, damit eine weitere Verwendung ausgeschlossen wird.

---

[629] An dieser Stelle wird nicht vertiefend darauf eingegangen, dass auch der Abbau der Altbestände an Kassenkrediten u. Ä. vorrangig zu berücksichtigen ist. Näheres hierzu siehe Ziffer 10.3.

Mehrerträge/Mehreinzahlungen

Die zweite Deckungsmöglichkeit stellen Mehrerträge bzw. Mehreinzahlungen dar. Im Rahmen der Gesamtdeckung können solche Erträge bzw. Einzahlungen, die bisher nicht eingeplant sind, zusätzlich für nicht vorgesehene Mehraufwendungen bzw. Mehrauszahlungen verwendet werden. In diesem Zusammenhang ist aber darauf zu achten, dass die Mehrerträge bzw. Mehreinzahlungen auch tatsächlich eintreten.[630] [631]

Bezogen auf die Deckungsmöglichkeiten nach § 100 HGO ist die Gesamtdeckung gemäß § 18 GemHVO auf die jeweiligen „Gesamthaushalte" (Ergebnis- bzw. Finanzhaushalt) beschränkt, d. h.

*   Mehrerträge des Ergebnishaushalts können nur zur Deckung der Aufwendungen des Ergebnishaushalts,

*   Mehreinzahlungen des Finanzhaushalts nur zur Deckung der Auszahlungen des Finanzhaushalts herangezogen werden,

soweit nichts anderes in der GemHVO geregelt ist.

In § 19 GemHVO ist etwas anderes geregelt. Die Zweckbindung gemäß § 19 GemHVO ist eine Ausnahme vom Grundsatz der Gesamtdeckung[632]. Hiernach dürfen zweckgebundene Mehrerträge bzw. Mehreinzahlungen **nicht im Rahmen der Gesamtdeckung** herangezogen werden, da sie nur für entsprechende Mehraufwendungen bzw. Mehrauszahlungen zu verwenden sind (Einzeldeckung).

Unabdingbare Deckungspflicht

Die **Vorschrift über die unabdingbare Deckungspflicht** in § 100 Abs. 1 Satz 1 HGO stößt in Praxis und Literatur auf heftige Kritik. Ist nämlich eine nicht geringfügige Mehraufwendung oder Mehrauszahlung unvorhergesehen und unabweisbar, muss die Gemeinde sie leisten, auch wenn eine Deckung nicht vorhanden ist. Müssen z. B. Beamtengehälter oder Sozialhilfeleistungen überplanmäßig gezahlt werden, ohne dass die Gemeinde diese Mehraufwendungen decken kann, darf sie die Zahlung nicht mit Hinweis auf § 100 Abs. 1 Satz 1 HGO verweigern. Vorrangige Rechtsnormen verlangen die Auszahlung dieser Beträge, unabhängig von ihrer haushaltsmäßigen Deckung.[633] Die Normierung nimmt also bewusst in Kauf, dass die

---

[630] Im Kommentar zu § 100 HGO werden Bedenken dahingehend geäußert, dass eine Deckung durch Mehrerträge bei der Gewerbesteuer nicht gewährleistet wäre, da in diesem Fall nie sicher ist, ob nicht zu einem späteren Zeitpunkt eine Rückzahlung der Gewerbesteuer geleistet werden muss. Siehe Daneke in KVR Hessen, Erl. zu § 100 HGO, Rdnr. 21.

[631] Der Eingang einer als Deckung dienenden Mehreinzahlung bzw. die Realisierung eines als Deckung dienenden Mehrertrags muss noch nicht tatsächlich erfolgt sein, aber es muss unzweifelhaft klar sein, dass der Mehrertrag bzw. Mehreinzahlung entstehen wird, z. B. durch Eingang eines Bewilligungsbescheides – siehe Daneke in KVR Hessen, Erl. zu § 100 HGO, Rdnr. 24.

[632] Siehe Nr. 1 Hw. zu § 19 GemHVO.

[633] Insofern ist der Gesetzgeber dringend dazu aufgerufen, die Deckungsregelung in § 100 Abs. 1 HGO in eine Soll-Vorschrift umzuwandeln. Siehe hierzu auch den Fachaufsatz von Horst Bernhardt, „Halten die Regelungen des NKF in Nordrhein-Westfalen den Anforderungen eines modernen kommunalen Finanzmanagements Stand?", in: der gemeindehaushalt 5/2005, S. 97 ff.

Gemeinden keine andere Wahl haben, als in begründeten Einzelfällen gegen das Gesetz zu verstoßen.

14.2.3.3   Entscheidungszuständigkeit

Die Zustimmung zu überplanmäßigen und außerplanmäßigen Aufwendungen und Auszahlungen fällt **nach Maßgabe des § 100 HGO** in die ausschließliche Zuständigkeit der Gemeindevertretung (§ 51 Nr. 8 HGO). Gemäß § 100 Abs. 1 Satz 2 HGO entscheidet über die Leistung über- und außerplanmäßiger Aufwendungen und Auszahlungen grundsätzlich der Gemeindevorstand. Allerdings steht dies gemäß 2. Hs. dieser Vorschrift unter dem Vorbehalt, „soweit die Gemeindevertretung keine andere Regelung trifft". Es ist also möglich, dass die Gemeindevertretung generell oder für bestimmte Fälle[634] eine Regelung treffen kann, wonach sie selbst über die Bewilligung dieser Mehraufwendungen bzw. Mehrauszahlungen entscheidet, Nr. 5 Hw. zu § 100 HGO. Auch eine Delegation dieser Aufgabe auf einen Ausschuss (i. d. R. der Finanzausschuss) ist möglich § 62 Abs. 1 HGO.

Unterschiedlich gesehen werden die Fälle, in denen es um eine Delegation „nach unten" (also auf den Bürgermeister, den Kämmerer oder einzelne Bedienstete) geht. Fraglich ist hierbei insbesondere, ob dies nur auf Grund von § 100 Abs. 1 Satz 2 2. Hs. HGO durch die Gemeindevertretung möglich ist oder der Gemeindevorstand selbst entsprechende Regelungen treffen kann. In der HGO ist jedoch an keiner anderen Stelle eine Regelung getroffen worden, die der Gemeindevertretung die Kompetenz einräumt, Befugnisse unterhalb der Ebene des Gemeindevorstandes zu regeln. Daher wird auch hier davon auszugehen sein, dass der Gemeindevorstand berechtigt ist, die ihm durch § 100 Abs. 1 Satz 2 1. Hs. HGO übertragene Entscheidungskompetenz für über- und außerplanmäßige Aufwendungen und Auszahlungen auf den Bürgermeister oder andere Personen zu übertragen, zumal deren Entscheidungen als Entscheidungen des Gemeindevorstandes der Gemeindevertretung zur Kenntnis zu geben sind, was unten noch näher erläutert wird. [635]

Eine ausschließliche Zuständigkeit der Gemeindevertretung in Sinne einer **vorherigen Zustimmung** ergibt sich aus § 100 Abs. 1 Satz 3 i. V. m. Nr. 6 Satz 1 Hw. zu § 100 HGO für diejenigen über- und außerplanmäßigen Aufwendungen und Auszahlungen, die **nach Umfang oder Bedeutung erheblich** sind. Es handelt sich hierbei wiederum um unbestimmte Rechtsbegriffe, die von der Gemeinde sachgerecht auszulegen sind.

Nach dem **Umfang** erhebliche Mehraufwendungen bzw. Mehrauszahlungen lassen sich betragsmäßig oder prozentual festlegen. Abzuleiten sind diese Werte aus der Summe der Erträge oder Aufwendungen des Ergebnishaushalts bzw. der Einzahlungen oder Auszahlungen aus Investitions- und Finanzierungstätigkeit[636] oder der Größe der Gemeinde. Festzuhalten ist dabei insbesondere, dass die **Beträge deutlich niedriger sein müssen** als die Beträge, die nach § 98 Abs. 2 HGO als erheblich anzusehen sind. Es empfiehlt sich,

---

[634] Vgl. Nr. 5 Satz 2 Hw. zu § 100 HGO. Hiernach sollten möglichst betragliche Wertgrenzen festgelegt werden.

[635] Siehe zur Problematik der Entscheidungszuständigkeit auch Daneke in KVR Hessen, Erl. zu § 100 HGO, Rdnrn. 25 – 28.

[636] Vgl. Ziffer 14.1.2.4.

eine konkrete Abgrenzung in der Hauptsatzung, der Haushaltssatzung oder durch Beschluss der Gemeindevertretung vorzunehmen. In der Praxis werden z. B. für Gemeinden in der Größe von 20.000 bis 50.000 Einwohnern Beträge zwischen 10.000 und 50.000 € als erheblich im Sinne von § 100 Abs. 1 Satz 3 HGO angesehen.

Beispiel aus dem Lahn-Dill-Kreis (Auszug aus § 7 der Haushaltssatzung 2013)

§ 7
Weitere Vorschriften

(1) Als im Umfang unerheblich im Sinne des § 100 Abs. 1 Satz 3 HGO und damit nicht der vorherigen Zustimmung des Kreistages bedürfend gelten
1. im **Ergebnishaushalt**
   a. überplanmäßige Aufwendungen bis zu einem Betrag von 50 % der im Teilergebnishaushalt bei der maßgeblichen Position (Kontengruppe/Ergebniskonto) veranschlagten Aufwendungen, höchstens jedoch 250.000 € im Einzelfall,
   b. außerplanmäßige Aufwendungen bis zu einem Betrag von 100.000 € im Einzelfall,
   c. über- und außerplanmäßige Aufwendungen, soweit sie auf gesetzlicher, vertraglicher oder tariflicher Verpflichtung beruhen,
2. im **Finanzhaushalt** (Investitionsprogramm)
   a. überplanmäßige Auszahlungen für Investitionen und Investitionsförderungsmaßnahmen bis zu einem Betrag von 50 % der im jeweiligen Teilfinanzhaushalt (Investitionsprogramm) veranschlagten Programmposition, höchstens jedoch 250.000 € im Einzelfall,
   b. außerplanmäßige Auszahlungen für Investitionen und Investitionsförderungsmaßnahmen bis zu einem Betrag von 100.000 € im Einzelfall,
soweit keine Deckungsfähigkeit gegeben ist. Über die Leistung der nach Satz 1 unerheblichen Aufwendungen und Auszahlungen entscheidet der Kreisausschuss.

(2) Über- und außerplanmäßige Aufwendungen und Auszahlungen, die nach ihrer Bedeutung erheblich sind, bedürfen unbeschadet ihrer Höhe der vorherigen Zustimmung des Kreistages.

(3) Für über- und außerplanmäßige Verpflichtungsermächtigungen gilt aufgrund § 102 Abs. 5 HGO Abs. 1 Nr. 2 entsprechend.

(4) ...

Zu beurteilen, ob eine über- oder außerplanmäßige Aufwendungen oder Auszahlungen von ihrer **Bedeutung** her erheblich ist, dürfte in der Praxis wesentlich problematischer sein. Hier könnte sich u. U. eine Erheblichkeit bereits bei weitaus geringeren Beträgen als bei der Erheblichkeit nach dem Umfang ergeben. Denkbar wäre der Fall der Leistung einer über- oder außerplanmäßigen Aufwendung bzw. Auszahlung für einen Zweck, der kommunalpolitisch höchst umstritten ist.

Die ausschließliche, also auch nicht delegierbare Zuständigkeit der Gemeindevertretung für diejenigen über- und außerplanmäßigen Aufwendungen und Auszahlungen, die nach Umfang **oder** Bedeutung erheblich sind, ergibt sich neben der Regelung in § 100 Abs. 1 Satz 3 HGO auch aus § 51 Nr. 8 HGO.

Im Zweifel darüber, ob die Haushaltsüberschreitungen nach Umfang oder Bedeutung erheblich sind, ist die Zustimmung der Gemeindevertretung einzuholen, damit keine Konflikte zwischen den Gemeindeorganen entstehen, Nr. 6 Satz 2 Hw. zu § 100 HGO.

Die Haushaltsüberschreitungen, die von der Gemeindevertretung nicht selbst bewilligt worden sind, müssen ihr spätestens bis zum Ende des Kalendervierteljahres, das nach dem Tag der Bewilligung beginnt, zur Kenntnis gebracht werden, § 100 Abs. 1 letzter Hs. i. V. m. Nr. 7 Hw. zu § 100 HGO.[637]

14.2.3.4   Übertragbarkeit der über- und außerplanmäßigen Aufwendungen und Auszahlungen

Unter Umständen kann die Übertragung der über- und außerplanmäßigen Aufwendungen und Auszahlungen erforderlich werden, und zwar in den Fällen, in denen nach § 100 Abs. 3 HGO über- und außerplanmäßige Ermächtigungen bewilligt und bis zum Ende des Haushaltsjahres in Anspruch genommen wurden (z. B. Vergabe von Aufträgen, Abschluss von vertraglichen Bindungen, Erlass von Bewilligungsbescheiden usw.), aber noch keine Lieferung erfolgt bzw. Leistung erbracht ist (siehe Nr. 3 Hw. zu § 21 GemHVO).

Die Übertragbarkeit der über- und außerplanmäßigen Aufwendungen und Auszahlungen ist in § 21 Abs. 3 GemHVO geregelt. Hiernach gelten die Absätze 1 und 2 des § 21 GemHVO (Regelungen bezüglich Übertragbarkeit) entsprechend für über- und außerplanmäßige Aufwendungen und Auszahlungen. In diesen Fällen wirkt die Bewilligung nach § 100 HGO über das Haushaltsjahr hinaus.

Da nach § 21 Abs. 3 GemHVO die Absätze 1 und 2 des gleichen Paragrafen entsprechend gelten, gilt die Übertragbarkeit

* für **über- und außerplanmäßige Aufwendungen** nicht kraft Verordnung, sondern muss nach Absatz 1 „erklärt" werden. Da ein nachträglicher Haushaltsvermerk im Sinne von Nr. 5 Hw. zu § 17 GemHVO nicht angebracht werden kann, muss im Rahmen der Bewilligungsentscheidung die Übertragbarkeit und deren Dauer (längstens bis zum Ende des zweiten auf die Bewilligung folgenden Jahres) gleich mit geregelt werden. [638]

* für **über- und außerplanmäßige Auszahlungen und für Investitionen** sowie **Investitionsförderungsmaßnahmen** kraft Verordnung, d. h. sie bleiben ohne weiteres Zutun bis zur Fälligkeit der letzten Zahlung für ihren Zweck verfügbar, bei Baumaßnahmen und Beschaffungen längstens jedoch zwei Jahre nach Schluss des Haushaltsjahres, in dem der Bau oder der Gegenstand in seinen wesentlichen Teilen genutzt werden kann.

14.2.3.5   Praktisches Beantragungs- und Bewilligungsverfahren

Der Mehrbedarf wird vom mittelbewirtschaftenden Fachamt/Fachbereich bzw. von dem Produkt(bereichs)verantwortlichen/Budgetverantwortlichen festgestellt. Sobald der Bedarf ermittelt ist, also **bereits vor** der Auftragsvergabe, muss eine über- bzw. außer-

---

[637] Beispiel: Eine vom Gemeindevorstand am 15. Mai bewilligte Mehraufwendung ist der Gemeindevertretung bis zum 30. September zur Kenntnis zu bringen.

[638] Vgl. Amerkamp/Kröckel/Rauber, Gemeindehaushaltsrecht Hessen, Kommentar, Erl. zu § 21 GemHVO, Rdnrn. 11 – 14 und Ziffer 7.4.4.5.

planmäßige Aufwendung bzw. Auszahlung beantragt werden. Dieses geschieht in der Regel mittels Antragsvordruck an die Kämmerei (Fachbereich Finanzen) als sachbearbeitende Stelle. Sollte es sich um eine über- bzw. außerplanmäßige **Aufwendung** handeln, ist es sinnvoll, die Übertragbarkeit und deren Dauer (längstens bis zum Ende des zweiten auf die Bewilligung folgenden Jahres) gemäß § 21 Abs. 3 und Abs. 1 GemHVO gleich mit zu beantragen. Dort werden die Voraussetzungen überprüft und die Entscheidung der zuständigen Stelle (siehe Ziffer 14.2.3.3) herbeigeführt. Die Entscheidung wird dem antragstellenden Amt/Fachbereich bzw. Produkt(bereichs)verantwortlichen/ Budgetverantwortlichen, der Finanzbuchhaltung und ggf. dem Rechnungsprüfungsamt mitgeteilt. Erst dann kann über den benötigten Betrag verfügt bzw. eine vertragliche Bindung eingegangen werden. Das Verfahren führt – wie bereits mehrfach angedeutet – zur Möglichkeit einer Ansatzüberschreitung in Höhe der genehmigten über- bzw. außerplanmäßigen Aufwendungen bzw. Auszahlungen. Eine Veränderung des Haushaltsansatzes erfolgt nicht.

Gemäß § 100 Abs. 1 letzter Halbsatz HGO sind die vom Gemeindevorstand (oder aufgrund der Delegationsmöglichkeit „nach unten" von dem Bürgermeister, Kämmerer usw.) bewilligten über- und außerplanmäßigen Aufwendungen und Auszahlungen der Gemeindevertretung alsbald zur Kenntnis zu bringen, damit diese über die gesamte Abwicklung des von ihr beschlossenen Haushaltsplanes unterrichtet ist. In Nr. 7 Hw. zu § 100 HGO wird diese Verpflichtung konkretisiert, siehe Ziffer 14.2.3.3.

14.2.4 Deckung von überplanmäßigen Auszahlungen im folgenden Haushaltsjahr

14.2.4.1 Voraussetzungen der Bewilligung

Beim vorangehenden Gliederungspunkt wurde festgestellt, dass die Bewilligung von über- und außerplanmäßigen Auszahlungen nur dann zulässig ist, wenn alle drei Voraussetzungen des § 100 Abs. 1 HGO (unvorhergesehen, unabweisbar **und** Deckung – im laufenden Haushaltsjahr – gewährleistet) vorliegen. Im Investitionsbereich gibt es in Bezug auf die Deckung zwar keine Ausnahme, jedoch eine Besonderheit gemäß § 100 Abs. 2 HGO. Unter bestimmten Voraussetzungen ist nämlich eine Deckung nicht im selben Haushaltsjahr, sondern im kommenden Jahr zulässig, wenn die Deckung im laufenden Jahr nur durch Erlass einer Nachtragssatzung möglich wäre. Auf die **Deckung im laufenden Jahr** wird in diesen Fällen verzichtet. Dieses ist auch die einzige Abweichung von den zwingenden Voraussetzungen des § 100 Abs. 1 HGO.

Die Voraussetzungen des § 100 Abs. 2 HGO im Einzelnen:

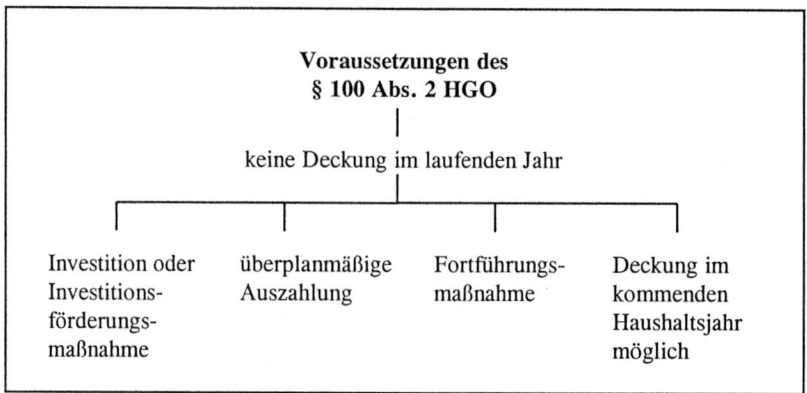

Aus der Vielzahl und der Strenge der Voraussetzungen wird ersichtlich, dass die Möglichkeit, die Deckung von überplanmäßigen Mehrauszahlungen ins nächste Haushaltsjahr zu verschieben, nur die **Ausnahme** bei der Bewilligung von Mehrauszahlungen sein kann. Die Nachrangigkeit gegenüber § 100 Abs. 1 HGO kommt durch die Formulierung „... **auch dann zulässig** ...“ zum Ausdruck.

Sinn und Zweck des § 100 Abs. 2 HGO ist, die Gemeinde auch in angespannten Finanzsituationen nicht zur Einstellung begonnener Investitionen, vor allem im Bausektor, zu zwingen, wenn im nächsten Jahr die Mittel ohnehin zur Verfügung stehen. Da ausschließlich auf die Mittel der nächsten Periode abgestellt wird, bezeichnet man dieses Verfahren auch als „**Haushaltsvorgriff**“. Es muss jedoch deutlich darauf hingewiesen werden, dass auch bei diesem Haushaltsvorgriff die sonstigen Bestimmungen des § 100 HGO zwingend eingehalten werden müssen: Die Mehrauszahlung muss also unvorhergesehen und unabweisbar sein und es darf kein Fall einer Nachtragspflicht nach § 98 Abs. 2 Nr. 3 HGO (Erheblichkeit) vorliegen. Auch gelten bezüglich der Mehrauszahlung nach § 100 Abs. 2 HGO die vorstehend geschilderten Zuständigkeits- bzw. Entscheidungsbefugnisse unverändert.

Der Sinn des § 100 Abs. 2 HGO wird besonders bei den nachstehenden Erläuterungen der Bewilligungsvoraussetzungen deutlich.

a)　Deckung im laufenden Jahr nur durch Erlass einer Nachtragssatzung möglich

　　Die Anwendung des § 100 Abs. 2 HGO beschränkt sich auf die Fälle, in denen es der Gemeinde nicht möglich ist, durch Mehreinzahlungen und/oder Minderauszahlungen (s. o.) eine Deckung im laufenden Jahr bereitzustellen, was zur Folge hat, dass sie eine Nachtragssatzung erlassen müsste, insbesondere zur Erhöhung der Kreditermächtigung.

b)   Investition oder Investitionsförderungsmaßnahme[639]

Die Mehrauszahlungen müssen

* bei Investitionen gemäß § 58 Nr. 17 GemHVO
  <u>oder</u>
* bei Investitionsförderungsmaßnahmen gemäß § 58 Nr. 18 GemHVO

anfallen.[640]

c)   überplanmäßige Auszahlungen

Es muss sich um eine **überplanmäßige Auszahlungen** i. S. d. § 58 Nr. 32 GemHVO handeln (zum Begriff siehe Ziffer 14.2.1). **Außerplanmäßige Auszahlungen sind somit von diesem Verfahren ausgeschlossen** und können – sofern keine Deckung im laufenden Haushaltsjahr möglich ist – nur durch Nachtragssatzung mit Nachtragsplan bereitgestellt bzw. müssen in das nächste Haushaltsjahr verschoben werden.

d)   Fortsetzungsmaßnahme

Die Investition muss im kommenden Jahr fortgesetzt werden. Fortsetzungsmaßnahmen fallen in der Praxis regelmäßig in Form der Baumaßnahmen an. Vor allem größere Projekte ziehen sich über das Ende des Haushaltsjahres hinaus, vielfach sogar über mehrere Jahre. Die Veranschlagung und Deckung der Auszahlungen (zahlungswirksamen Beträge) ist im Rahmen des Bauzeitenplanes oft sehr schwierig. Der Baufortschritt hängt von vielen Faktoren ab, die vor allem beim Wetter schwer zu kalkulieren sind. Erfolgt z. B. der Baufortschritt langsamer als geplant, sind am Jahresende noch Mittel des Haushaltsansatzes verfügbar. Sie werden dann erst im kommenden Haushaltsjahr benötigt. Gemäß § 21 Abs. 2 GemHVO bleiben sie im Rahmen der aus Vorjahren übertragenen Ermächtigungen auch der Haushaltswirtschaft des nächsten Jahres erhalten.

Geschieht die Abwicklung der Baumaßnahme zügiger als geplant, sind im Haushaltsjahr zur Begleichung der jetzt zusätzlich anfallenden Rechnungen überplanmäßige Auszahlungen erforderlich, die jedoch im Rahmen des Investitionsprogramms erst für das kommende Jahr eingeplant sind. Damit solche, insgesamt finanzierte, Investitionen wegen fehlender Deckung im einzelnen Haushaltsjahr nicht gestoppt werden müssen, was ja auch wirtschaftliche Nachteile für die Gemeinde bedeuten würde (Forderungen des Unternehmens bei Baustillstand, erneute Rüstkosten für die Baufortsetzung im kommenden Jahr usw.), hat der Gesetzgeber mit § 100 Abs. 2 HGO den Vorgriff auf Deckungsmittel des kommenden Jahres geschaffen. Der Haushaltsvorgriff ist praktisch das Gegenstück zur übertragenen Ermächtigung aus Vorjahren nach § 21 Abs. 2 GemHVO.

---

[639] Siehe Fußnote bei Ziffer 6.4.3.

[640] Durch die im Rahmen des NKRS stringentere Abgrenzung zwischen Herstellungskosten und Erhaltungsaufwand könnte es auch sinnvoll sein, den Haushaltsvorgriff auf Erhaltungsaufwendungen auszudehnen, z. B. bei größeren Gebäudesanierungen. Siehe hierzu auch Fachaufsatz von Horst Bernhardt, „Halten die Regelungen des NKF in Nordrhein-Westfalen den Anforderungen eines modernen kommunalen Finanzmanagements Stand?", in: der gemeindehaushalt 5/2005, S. 97 ff.

Aus der Darstellung dieser Voraussetzung wird die Intention des Gesetzgebers für die Schaffung des § 100 Abs. 2 HGO doch sehr deutlich, die in den besonderen Fällen der Investitionsfortsetzungen den Grundsatz der Jährlichkeit zu Gunsten einer flexiblen Haushaltsführung zurücktreten lässt.

e) Deckung im kommenden Haushaltsjahr

Wie bereits in der Eingangsphase dargestellt und zwischenzeitlich mehrfach wiederholt, entfällt zwar die Deckung im laufenden Haushaltsjahr, sie wird jedoch durch eine Deckung **im kommenden Jahr** ersetzt, sodass der Grundsatz „Mehrauszahlungen dürfen nur bei einer vorhandenen Deckung geleistet werden" erhalten bleibt.

Der in § 100 Abs. 2 HGO verwandte Begriff „Deckung" ist mit dem in Abs. 1 der selben Vorschrift aufgeführten Wort „Deckung" identisch. Da Investitionen und Investitionsförderungsmaßnahmen dem Finanzhaushalt zuzuordnen sind, verbleiben als mögliche Deckungen Mehreinzahlungen und Minderauszahlungen dieses Haushalts (siehe grundsätzliche Darstellungen der Deckungsmöglichkeiten bei Ziffer 14.2.3).

Der typische Fall der Deckung im Rahmen des § 100 Abs. 2 HGO ist die Einsparung bei der selben Haushaltsposition im kommenden Haushaltsjahr. Es findet dann ein „**konkreter Haushaltsvorgriff**" statt, weil die Investitionskosten sich nicht insgesamt erhöhen, sondern sich nur im Zeitablauf der Maßnahme verschieben. Die vorgesehenen Jahresbeträge sind dem Investitionsprogramm zu entnehmen.

Beispiel sei eine Baumaßnahme für eine Sporthalle, die wegen der günstigen Witterungsbedingungen **schneller** als geplant abgewickelt werden kann.

Haushaltsjahr	Ansatz laut Haushaltsplan bzw. Investitionsprogramm €	tatsächliche Auszahlungsabwicklung €
2014	2.000.000	2.100.000
2015	1.500.000	1.400.000
Insgesamt	**3.500.000**	**3.500.000**

Der Gesamtauszahlungsbedarf bleibt gleich, es verschieben sich lediglich die Teilbeträge in den Haushaltsjahren, sodass innerhalb der Maßnahme die Deckung erfolgen kann (Einsparungen in 2015 decken Mehrauszahlungen in 2014).

Die Deckung braucht aber nicht zwingend aus den vorgesehenen Gesamtkosten der Maßnahme erfolgen. Dieses ist vor allem immer dann auch nicht möglich, wenn die Mehrauszahlungen **nicht aufgrund einer Zeitverschiebung, sondern auf Kostenerhöhungen zurückzuführen** sind. Das Gesamtauszahlungsvolumen der Maßnahme wird somit überschritten. Bezogen auf das vorstehende Beispiel würde im Haushaltsjahr 2015 der Betrag nicht eingespart werden können, sondern die Gesamtkosten erhöhen sich durch die Mehrauszahlung in 2014 auf 3.600.000 €. Die Maßnahme selbst kann diese Mehrauszahlungen nun nicht mehr auffangen, sodass der Finanzhaushalt des kommenden Jahres die Deckung übernehmen muss.

Dieses ist im Rahmen der mittelfristigen Ergebnis- und Finanzplanung einschließlich der im Zeitpunkt des Auftretens des überplanmäßigen Bedarfs vorliegenden Fortschreibungserkenntnisse zu beurteilen. Z. B. können schon Mehreinzahlungen oder Minderauszahlungen gegenüber der dem Haushaltsplan beizufügenden mittelfristigen Ergebnis- und Finanzplanung erkennbar sein. Es können alle Finanzierungsmittel des Finanzhaushaltes herangezogen werden. Notfalls muss die Gemeinde, um die Deckung der überplanmäßigen Auszahlungen sicherzustellen, Maßnahmen im Investitionsprogramm des nächsten Jahres finanziell kürzen oder gar streichen bzw. sonstige – vor allem freiwillige – Auszahlungen so sperren, dass die Deckung durch konkrete Änderung des Investitionsprogramms herbeigeführt wird.[641]

Wichtig ist noch einmal der deutliche Hinweis, dass die Deckung der Mehrauszahlung nach § 100 Abs. 2 HGO ausschließlich im **nächsten** Haushaltsjahr und nicht in anderen Jahren der Ergebnis- und Finanzplanung zu erfolgen hat.

Durch diese Art der Deckung wird vom Gesetzgeber in Kauf genommen, dass im laufenden Haushaltjahr eine Verschlechterung des Zahlungsmittelsaldos eintritt, der jedoch im nächsten Jahr durch die dann erfolgende Deckung der Zahlung wieder beseitigt wird. In diesem Zusammenhang ist zu beachten, dass die Zahlungsfähigkeit im laufenden Haushaltsjahr durch genügend Spielraum im Rahmen der Kassenkreditermächtigung vorhanden sein muss.

Das praktische Bewilligungsverfahren stimmt mit dem nach § 100 Abs. 1 HGO vollständig überein[642]. Wegen der Besonderheit der Deckungsmöglichkeit im folgenden Haushaltsjahr ist die überplanmäßige Auszahlung vom Fachamt/Fachbereich bzw. vom Produkt-(bereichs-) bzw. Budgetverantwortlichen besonders sorgfältig zu begründen und von der Kämmerei (Fachdienst Finanzen) unter Einbeziehung der Finanzbuchhaltung entsprechend zu überprüfen sowie nachzuhalten. Diese Verpflichtung lässt sich aus § 27 Abs. 3 GemHVO ableiten. Hiernach ist nicht nur die Inanspruchnahme der Haushaltsansätze, sondern ausdrücklich auch die Inanspruchnahme der bewilligten über- und außerplanmäßigen Aufwendungen und Auszahlungen zu überwachen. Ein bestimmtes Verfahren hinsichtlich der Haushaltsüberwachung ist vom Verordnungsgeber nicht vorgeschrieben; es wird sich vielmehr an dem technischen Fortschritt – insbesondere an dem jeweils eingesetzten DV-Verfahren – orientieren.

---

[641] Nach der Kommentierung zur HGO, siehe Daneke in KVR Hessen, Erl. zu § 100 HGO, Rdnr. 35, ist die Deckung im folgenden Jahr nicht nur auf Beträge aus der Investitionstätigkeit beschränkt, sondern kann auch unter bestimmten Konstellationen aus dem Saldo aus laufender Verwaltungstätigkeit erfolgen. Voraussetzung dafür ist, dass im folgenden Jahr zahlungswirksame Mehrerträge gegenüber der Ergebnis- und Finanzplanung eintreten und diese nicht zum Ausgleich des Saldos aus laufender Verwaltungstätigkeit und der Deckung der ordentlichen Tilgung benötigt werden sowie keine Zweckbindung der Mehrerträge besteht.

[642] Siehe § 100 Abs. 2 Satz 2 HGO.

14.2.5 Exkurs: Praxisgerechtes Gesamtprüfungsverfahren für die Bereitstellung von Mehraufwendungen und Mehrauszahlungen

Wie bereits bei den vorangegangenen Unterpunkten des Kapitels deutlich geworden ist, können Mehraufwendungen bzw. Mehrauszahlungen nach verschiedenen Verfahren bereitgestellt werden. Diese Verfahren sind jeweils für sich ausführlich vorgestellt und diskutiert worden. Für die Praxis und auch für die Klausurbearbeitung im Ausbildungsbereich soll an dieser Stelle eine schematische Gesamtdarstellung eines lückenlosen Subsumtions- bzw. Prüfungsschemas angeboten werden, mit dem alle Fragen des Inhalts „Wie können Mehraufwendungen bzw. Mehrauszahlungen bereitgestellt werden" abschließend zu prüfen sind.[643]

1. **Vorliegen eines Bedarfs**

2. **Ermittlung der sachlich zuständigen Haushaltsposition/Planungsstelle**
   Zuordnung zu den Teilhaushalten nach § 4 Abs. 3 und 4 bis 6 GemHVO
   Zuordnung zu den Produktbereichen nach § 4 Abs. 2 GemHVO bei produktorientierten Haushalten

3. **Ermittlung des Mehrbedarfs bei überplanmäßigen Bedarfen**

       aus Vorjahren übertragene Ermächtigungen gemäß § 21 GemHVO (Haushaltsreste)
   +   Haushaltsansatz
   +/- Ansatzveränderungen aus Nachtragsplänen
   +/- bisherige Veränderungen gemäß §§ 19, 20 GemHVO
   -    Sperren
   -    bisherige Inanspruchnahme
   -    Vormerkungen (Aufträge)
   -    noch bestehender nicht vorgemerkter Bedarf

   = **Betrag des benötigten Mehrbedarfs (negative Summe)[644]**

4. **Bereitstellung nach § 19 Abs. 1 GemHVO (unechte Deckungsfähigkeit im Rahmen der Zweckbindung)**

   a) Besteht eine zulässige Zweckbindung zu Gunsten der Haushaltsposition, bei der der Mehrbedarf anfällt, aus der Herkunft oder der Natur des Ertrages bzw. Einzahlung oder aus dem Erfordernis des sachlichen Zusammenhangs?
   b) Ist diese Zweckbindung durch Haushaltsvermerk ausgewiesen?
   c) Sind zahlungswirksame Mehrerträge bzw. Mehreinzahlungen vorhanden?
   d) Rechtsfolge bei Vorliegen aller Voraussetzungen:
       In Höhe der Mehrerträge/Mehreinzahlungen kann der Planansatz für Aufwendungen/Auszahlungen überschritten werden; nach der gesetzlichen Fiktion gemäß § 19 Abs. 3 GemHVO handelt es sich nicht um überplanmäßige Aufwendungen bzw. Auszahlungen.

5. **Bereitstellung nach § 19 Abs. 2 GemHVO (unechte Deckungsfähigkeit)**

   a) Besteht ein zulässiger Haushaltsvermerk?
   b) Sind zahlungswirksame Mehrerträge/Mehreinzahlungen vorhanden?
   c) Rechtsfolge bei Vorliegen aller Voraussetzungen:

---

[643] Ausführliche Fallbehandlungen mit Musterlösungen sind enthalten bei Mutschler/Schlösser, Praktische Fälle aus dem kommunalen Finanzmanagement und externen Rechnungswesen, 2. Aufl. Witten 2013.

[644] Sofern eine Haushaltssperre besteht, ist vorrangig die Aufhebung dieser Sperre zu veranlassen. Der benötigte Mehrbedarf verringert sich entsprechend. Siehe auch Ziffer 14.2.3.1 – Ermittlung des Mehrbedarfs.

In Höhe der Mehrerträge bzw. Mehreinzahlungen kann der Plansatz überschritten werden; nach der gesetzlichen Fiktion gemäß § 19 Abs. 3 GemHVO handelt es sich nicht um überplanmäßige Aufwendungen bzw. Auszahlungen.

6. **Bereitstellung nach § 20 GemHVO (echte Deckungsfähigkeit)**

   a) Tritt der Mehrbedarf innerhalb eines Budgets auf und besteht uneingeschänkte Deckungsfähigkeit (kein einschränkender Haushaltsvermerk)? In diesem Zusammenhang ist zu prüfen, ob es sich um zahlungswirksame Aufwendungen handelt.
   oder:
   Ist aufgrund eines ausdrücklichen Haushaltsvermerks (§ 20 Abs. 2 GemHVO) eine budgetübergreifende Deckung möglich?
   Diese Variante gilt für ebenso für zahlungsunwirksame Aufwendungen!
   oder:
   Handelt es sich um Aufwendungen, die von der Deckungsfähigkeit ausgeschlossen sind (§ 13, § 20 Abs. 4 GemHVO)?

   b) Tritt eine Einsparung bis zum Jahresende bei der deckungspflichtigen Haushaltsposition ein?

   c) Rechtsfolge bei Vorliegen aller Voraussetzungen:
   In Höhe der Einsparung bei der deckungspflichtigen Haushaltsposition kann eine Mehraufwendung/Mehrauszahlung bei der deckungsberechtigten Haushaltsposition erfolgen.

7. **Bereitstellung nach § 20 Abs. 5 GemHVO (echte Deckungsfähigkeit – einseitig – kraft Vermerk) zwischen Ergebnis- und Finanzhaushalt bei Budgetierung**

   a) Betrifft die Mehrauszahlung eine Haushaltsposition für Investitionsauszahlungen und ist eine Deckungsfähigkeit nach § 20 Abs. 3 i. V. m. Abs. 1 GemHVO nicht gegeben?

   b) Besteht ein zulässiger Deckungsvermerk nach § 20 Abs. 5 GemHVO?

   c) Tritt eine Einsparung bis zum Jahresende bei einer zum **gleichen** Budget gehörenden deckungspflichtigen Aufwandsposition des Ergebnishaushalts ein und ist dieser Minderaufwand zahlungswirksam?

   d) Rechtsfolge bei Vorliegen aller Voraussetzungen:
   In Höhe der Einsparung bei der deckungspflichtigen Aufwandsposition kann eine Mehrauszahlung bei der deckungsberechtigten Haushaltsposition im Teilfinanzhaushalt des gleichen Budgets erfolgen.

8. **Überprüfung der Notwendigkeit einer Pflichtnachtragssatzung**

   Scheidet eine Pflichtnachtragssatzung nach § 98 Abs. 2 Nr. 3 oder 4 HGO aus?
   oder:
   Bestehen Ausnahmetatbestände nach § 98 Abs. 3 HGO?

9. **Bewilligung einer über- bzw. außerplanmäßigen Aufwendung/Auszahlung nach § 100 HGO**

   a) Liegt ein Ausnahmetatbestand nach § 100 Abs. 4 HGO vor?

   b) Ist der Mehrbedarf unvorhergesehen und (sachlich und zeitlich) unabweisbar?

   c) Ist die Deckung im selben Haushaltsjahr gewährleistet?

   d) Falls c) verneint wurde: Ist eine Deckung der Mehrauszahlung gemäß § 100 Abs. 2 HGO möglich?

   e) Wer entscheidet über die Bewilligung (Gemeindevorstand/Gemeindevertretung)?
   Sofern der Gemeindevorstand zuständig ist, Bekanntgabe an die Gemeindevertretung mindestens vierteljährlich (siehe Nr. 7 Hw. zu § 100 HGO)

   f) Rechtsfolge bei Vorliegen der Voraussetzungen:
   Die über- bzw. außerplanmäßige Aufwendung/Auszahlung darf geleistet werden.

10. Freiwillige Nachtragssatzung mit Nachtragsplan (§ 98 Abs. 1 HGO)

Falls durch die vorangehenden Bereitstellungsverfahren nicht die gesamten Mehraufwendungen/Mehrauszahlungen zur Verfügung gestellt wurden, kann nur noch ein Nachtrag die Mittelbereitstellung (z. B. durch Kredit- oder Steuererhöhung) herbeiführen. Dabei bleibt die Möglichkeit eines unausgeglichenen Nachtragsplanes unberührt.

14.3   Über- und außerplanmäßige Verpflichtungsermächtigungen[645]

Nicht nur bei Aufwendungen und Auszahlungen, sondern auch bei Verpflichtungen, die künftige Haushaltsjahre mit Auszahlungen für Investitionen und Investitionsförderungsmaßnahmen belasten, kann es im Laufe eines Haushaltsjahres zu einem Mehrbedarf kommen.[646]

Beispiel:
Im Haushaltsplan 2014 der Gemeinde E ist für die Beschaffung eines neuen Dienstfahrzeuges eine Verpflichtungsermächtigung in Höhe von 30.000 € veranschlagt. Die Bestellung soll in 2014, die Lieferung und die Zahlungen sollen in 2015 erfolgen. Die durchgeführte Ausschreibung hat ergeben, dass der wirtschaftlichste Bieter bei 31.000 € liegt. Zur Abwicklung der Bestellung wird somit eine überplanmäßige Verpflichtungsermächtigung in Höhe von 1.000 € notwendig.

Dem trägt § 102 Abs. 5 HGO Rechnung und ermöglicht der Gemeinde, über- und außerplanmäßige Verpflichtungen zur Leistung von Auszahlungen in künftigen Jahren für Investitionen **und** Investitionsförderungsmaßnahmen einzugehen[647].

Bevor allerdings das Verfahren nach § 102 Abs. 5 HGO zur Anwendung kommt, besteht zunächst die Möglichkeit, den Mehrbedarf an Verpflichtungsermächtigungen über § 20 Abs. 3 GemHVO bereitzustellen. Hiernach gelten für Verpflichtungsermächtigungen die Bestimmungen über die echte Deckungsfähigkeit nach § 20 Abs. 1 GemHVO entsprechend, d. h. innerhalb eines Budgets sind die Verpflichtungsermächtigungen gegenseitig deckungsfähig, soweit keine Einschränkung erfolgt. Darüber hinaus können Verpflichtungsermächtigungen budgetübergreifend nach § 20 Abs. 2 GemHVO für gegenseitig oder einseitig erklärt werden, wenn sie sachlich zusammenhängen (siehe Ziffer 7.4.3.2.2). Der Vorteil der Bereitstellungsmöglichkeit nach § 20 GemHVO ist, dass er nur einen geringen Verwaltungsaufwand verursacht und die Entscheidung im Amt/Fachbereich bzw. bei den Produkt(bereichs)verantwortlichen/Budgetverantwortlichen verbleibt (siehe Ziffer 14.2.2).

Auffallend ist, dass § 20 Abs. 3 GemHVO nur von Verpflichtungsermächtigungen für Investitionen – nicht für Investitionsförderungsmaßnahmen – spricht. Es wird daher davon ausgegangen, dass, wenn der Verordnungsgeber diese Regelungen für Investitionsförderungsmaßnahmen ausschließen wollte, er dies deutlicher zum Ausdruck hätte

---

[645] Siehe zu dieser Thematik auch Daneke in KVR Hessen, Erl. zu § 102 HGO, Rdnrn. 34 ff.

[646] Die Berechnung des Mehrbedarfs für Verpflichtungsermächtigungen findet in Anlehnung an Ziffer 14.2.3.1 statt; allerdings ist hierbei zu beachten, dass es keine Ermächtigungen aus Vorjahren und keine unechte Deckungsfähigkeit in diesem Zusammenhang gibt, siehe hierzu auch § 27 Abs. 4 GemHVO einschl. der hierzu erlassenen Hinweise.

[647] Zum Begriff und zur Abwicklung der Verpflichtungsermächtigungen siehe Kapitel 8.

bringen müssen. Ohnehin sind zumindest bilanziell betrachtet Investitionsförderungs-maßnahmen eine Untermenge der Investitionen[648].

Bei der Bewilligung der zusätzlichen Ermächtigung lehnt sich der Gesetzgeber an die Regelungen für über- und außerplanmäßige Aufwendungen und Auszahlungen des § 100 HGO an. Über- und außerplanmäßige Verpflichtungsermächtigungen gemäß § 102 Abs. 5 HGO sind demnach zulässig, wenn sie unvorhergesehen und unabweisbar sind und die „Deckung" im laufenden Jahr gewährleistet ist. Bezüglich der Begriffe „unvor-hergesehen" und „unabweisbar" wird auf die obigen Ausführungen zu Ziffer 14.2.3.2 verwiesen. Bei der Unabweisbarkeit ist insbesondere auf die sachliche Notwendigkeit und zeitliche Unaufschiebbarkeit abzustellen. Die „Deckung" wird dadurch gewähr-leistet, dass der in § 3 der Haushaltssatzung festgesetzte Gesamtbetrag der Verpflich-tungsermächtigungen **nicht überschritten** werden darf, Nr. 3 Hw. zu § 100 HGO. Das bedeutet, dass bei anderen Verpflichtungsermächtigungen „Einsparungen" in entspre-chender Höhe erzielt werden, also entsprechend geringere Inanspruchnahmen der ande-ren Verpflichtungsermächtigungen erfolgen müssen.

Nachdenklich stimmt, dass über- und außerplanmäßige Verpflichtungsermächtigungen – unabhängig von ihrer Höhe – im Rahmen von § 102 Abs. 5 HGO bereitgestellt werden können, ohne dass bei erheblichen Beträgen eine Pflicht zum Erlass einer Nachtrags-satzung besteht, was insbesondere aus dem Blickwinkel einer ausgeglichenen mittelfristi-gen Ergebnis- und Finanzplanung nach § 9 Abs. 4 GemHVO hinsichtlich der Berück-sichtigung in den Folgejahren problematisch sein könnte[649].

§ 102 Abs. 5 Satz 2 HGO verweist auf die sinngemäße Anwendung der Bestimmungen des § 100 Abs. 1 Satz 2 und 3 HGO. Von daher gelten die oben dargestellten Zuständig-keitsregeln für über- und außerplanmäßige Aufwendungen und Auszahlungen entspre-chend.

Das in § 102 Abs. 5 HGO geregelte Verfahren bezüglich der Deckung ist für die Praxis unbefriedigend gelöst. Wenn man das obige Beispiel mit dem Mehrbedarf von 1.000 € betrachtet, dann ist die überplanmäßige Verpflichtungsermächtigung nur zulässig, wenn Einsparungen bei anderen Verpflichtungsermächtigungen zu erzielen sind. Kann dieses nicht erreicht werden, müsste die Gemeinde eine Nachtragssatzung erlassen, um die 1.000 € bereitzustellen. Dieser Weg ist praxisfremd.

Die derzeitige Regelung widerspricht somit einem verantwortungsbewussten, modernen und flexiblen Finanzmanagement. Sachlich gerechtfertigt wäre es, bei der Deckung auf das Haushaltsjahr abzustellen, in dem die aus der Verpflichtung entstehende Auszahlung in späteren Jahren anfällt. Bezogen auf das obige Beispiel wäre danach die überplan-mäßige Verpflichtung zulässig, wenn in 2015 die Deckung der 1.000 € gesichert werden kann. [650]

---

[648] Zur Problematik des Begriffs der Investitionsförderungsmaßnahme siehe Fußnote bei Ziffer 6.4.3.

[649] Kritisch zu bewerten ist in diesem Zusammenhang, dass es hier keine Erheblichkeitsgrenze gibt, da gerade hohe Verpflichtungsermächtigungen erhebliche Auswirkungen auf die Ergebnis- und Finanz-planung nach sich ziehen (siehe Kapitel 12). Zu beachten ist in diesem Zusammenhang weiterhin, dass Verpflichtungsermächtigungen erst veranschlagt werden dürfen, wenn die erforderlichen Unterlagen nach § 12 Abs. 2 GemHVO vorliegen (siehe Ziffer 7.3.6).

[650] Der Gesetzgeber ist aufgerufen, in diesem Sinne eine Fortschreibung der Bestimmungen vorzunehmen.

14.4 Übungen

Sachverhalt Nr. 1

Die Gemeinde E will im Dezember eines Haushaltsjahres folgende **überplanmäßige** Aufwendungen bzw. Auszahlungen leisten:

a) für die Reparatur des Rathausdaches nach einem Unwetter.

b) für die Ersatzbeschaffung eines Schreibtisches, geschätzter Preis 500 € (laufende jährliche Erneuerung von Teilen des Mobiliars).

c) für den Kauf eines Abfallbeseitigungsfahrzeuges, obwohl das alte Fahrzeug noch nicht abgeschrieben ist. Allerdings haben sich im Bereich der Abfallentsorgung neue Anforderungen ergeben, die mit dem bisherigen Fahrzeug nicht mehr wirtschaftlich erfüllt werden können.

d) für die Beschaffung von Treibstoff für den gemeindlichen Fuhrpark für das 1. Quartal des nächsten Haushaltsjahres (wird vorgezogen, weil für Januar des nächsten Jahres erhebliche Preiserhöhungen angekündigt sind).

Aufgabe:

Begutachten Sie, ob die Leistung der Mehraufwendungen/Mehrauszahlungen i. S. d. § 100 Abs. 1 HGO unvorhergesehen und unabweisbar ist.[651]

Lösung:

a) Das Rathausdach der Gemeinde E wurde bei einem Unwetter beschädigt. Da das Rathausdach „nur" repariert wird und keine über seinen ursprünglichen Zustand hinausgehende wesentliche Verbesserung erfolgt (§ 41 Abs. 3 GemHVO), handelt es sich um einen Aufwand, der zahlungswirksam wird. Gemäß § 4 Abs. 3 i. V. m. § 2 Abs. 1 und 3 GemHVO ist dieser zahlungswirksame Aufwand als **außerordentlicher Aufwand** zu klassifizieren (§ 58 Nr. 5 GemHVO) und im Teilergebnishaushalt nachzuweisen.

Nach der Aufgabenstellung ist zu prüfen, ob der zahlungswirksame Aufwand für die Reparatur unvorhergesehen ist. In sinngemäßer Anwendung der Nr. 4 Hw. zu § 100 HGO ist ein Aufwand unvorhergesehen, wenn er bei der Beschlussfassung über den Haushaltsplan **nicht bekannt war**. Da Wetterereignisse nicht planbar sind, ist diese Voraussetzung erfüllt. Auch die Klassifizierung als außerordentlicher Aufwand nach § 58 Nr. 5 GemHVO unterstreicht, dass ein solcher Aufwand „unvorhergesehen" ist.

Unabweisbar ist eine Maßnahme, wenn die Beseitigung der Schäden zur Weiterführung der öffentlichen Aufgaben sachlich notwendig und zeitlich unaufschiebbar ist. Die Erfüllung öffentlicher Aufgaben erfordert nun einmal Verwaltungsarbeit, die

---

[651] Da sich die Übungen nur auf die Problematik über- und außerplanmäßigen Aufwendungen und Auszahlungen beziehen, wird unterstellt, dass eine Pflicht zum Erlass einer Nachtragssatzung gemäß § 98 Abs. 2 GemHVO nicht besteht.

in den Diensträumen des Rathauses zu erledigen ist. Bei einem beschädigten Dach besteht die konkrete Gefahr, dass die Räumlichkeiten auf Grund der Witterungseinflüsse zumindest im Obergeschoss nicht mehr nutzbar sind. Es kann auch nicht gewartet werden, bis die notwendigen Mittel durch einen Nachtragshaushalt oder den Haushalt des nächsten Jahres bereitgestellt werden.

Außerdem verlangt der Grundsatz der Wirtschaftlichkeit gemäß § 92 Abs. 2 HGO die sofortige Beseitigung der Schäden. Ein beschädigtes Dach führt durch die Witterungsbedingungen zu weiteren Gebäudeschäden, die wiederum zusätzliche Instandsetzungsaufwendungen verursachen, was der Wirtschaftlichkeit und Sparsamkeit eindeutig widerspricht. Ein sofortiges Handeln ist unbedingt erforderlich.

Ein letzter Gesichtspunkt für die Unabweisbarkeit der Mehraufwendung ergibt sich aus der Fürsorgepflicht des Dienstherrn gegenüber den Bediensteten, verankert im Beamtenrecht bzw. im Tarifrecht. Zur Fürsorgepflicht gehört nun einmal auch die Bereitstellung arbeits- und menschengerechter Räumlichkeiten. Folgen der Dachbeschädigung könnten gesundheitliche Schäden der Bediensteten bedeuten, weil die Witterungseinflüsse nicht mehr von den Diensträumen abgehalten werden könnten. Insofern gibt es eine – wenn auch nur indirekte – gesetzliche Pflicht zur Beseitigung der Dachbeschädigung auch aus beamten- bzw. tarifrechtlichen Erwägungen.

b) Bei der Ersatzbeschaffung des Schreibtisches handelt es sich um die Anschaffung von beweglichem Sachanlagevermögen (§ 49 Abs. 3 Nr. 1.2 GemHVO) und damit um Anschaffungskosten im Sinne von § 41 Abs. 2 und 5 GemHVO, die nach § 3 Abs. 1 Nr. 26 GemHVO zu Auszahlungen für Investitionen führen[652]. Gemäß § 4 Abs. 4 GemHVO ist diese Auszahlung im Teilfinanzhaushalt nachzuweisen.

In der Praxis ist es bei vielen Gemeinden üblich, das bestehende Mobiliar entsprechend des Abschreibungsfortschritts nach und nach zu erneuern. Dafür werden jährlich bestimmte Pauschalbeträge in die Haushaltspläne eingestellt. Im Sachverhalt ist dieses Verfahren offensichtlich angesprochen.

Die Voraussetzung „unvorhergesehen" ist **nicht** erfüllt, wenn die Auszahlung bei der Beschlussfassung über den Haushaltsplan bekannt war und trotzdem nicht berücksichtigt wurde (Nr. 4 Hw. zu § 100 HGO). In der Regel erfolgt die Planung der Haushaltsmittel aufgrund eines Inventarverzeichnisses, aus dem hervorgeht, welche Ersatzbeschaffungen anstehen. Trotzdem kann im Laufe eines Haushaltsjahres ein Umstand eintreten, der weitere Ersatzbeschaffungen erforderlich macht. Sofern dieser Umstand bei der Beschlussfassung bekannt war und trotzdem nicht berücksichtigt wurde (oder sogar im Rahmen der Beschlussfassung in der Gemeindevertretung aus dem Haushaltsplan entfernt wurde), ist die Voraussetzung nicht erfüllt. Dies trifft jedoch für die Ersatzbeschaffung des Schreibtisches nicht zu, so dass die Auszahlung durchaus als „unvorhergesehen" eingestuft werden kann.

Fraglich ist, ob die Ersatzbeschaffung unabweisbar ist[653]. Zwar ist die Bereitstellung geeigneten Mobiliars zur Erfüllung der gemeindlichen Aufgaben unbedingt erforderlich, jedoch ist der anstehende Kauf des Schreibtisches im Dezember des Haushaltsjahres durchaus verschiebbar in das kommende Haushaltsjahr, in dem wiederum ein

---

652 Bei der indirekten Methode der Erstellung des Finanzhaushalts lautet die Rechtsgrundlage § 3 Abs. 2 Nr. 11 i. V. m. § 4 Abs. 5 GemHVO.

653 Vgl. Nr. 4 Satz 3 Hw. zu § 100 HGO.

Pauschalbetrag für die Neubeschaffung von Mobiliar bereitstehen wird. Die Unbedenklichkeit des Verschiebens ergibt sich auch daraus, dass für den Arbeitsplatz bereits ein Schreibtisch vorhanden ist. Es wird unterstellt, dass dieser Schreibtisch auch voll nutzbar ist, sonst hätte die Verwaltung nicht erst im Dezember des Haushaltsjahres, sondern bereits früher im Haushaltsjahr die Ersatzbeschaffung ins Auge gefasst. Der Sachverhalt gibt auch keine sonstigen Anhaltspunkte für eine noch unbedingt im Dezember vorzunehmende Beschaffung (z. B. Beschädigung des Schreibtisches). Der Kauf des neuen Schreibtisches kann somit zeitlich verschoben werden, sodass die Mehrauszahlung nicht unabweisbar i. S. d. § 100 Abs. 1 HGO ist.

c) Bei dem Kauf des Abfallbeseitigungsfahrzeuges handelt es sich um die Anschaffung von beweglichem Sachanlagevermögen (§ 49 Abs. 3 Nr. 1.2 GemHVO) und damit um Anschaffungskosten im Sinne von § 41 Abs. 2 und 5 GemHVO, die nach § 3 Abs. 1 Nr. 26 GemHVO zu Auszahlungen für Investitionen führen.[654] Gemäß § 4 Abs. 4 GemHVO ist diese Auszahlung im Teilfinanzhaushalt nachzuweisen. Da es sich um einen Vermögensgegenstand handelt, dessen Nutzung zeitlich begrenzt ist, unterliegt er der Abschreibung (§ 43 GemHVO)[655].

Es gilt zu beurteilen, ob die Anschaffung des Fahrzeuges unvorhergesehen und unabweisbar ist. Unvorhergesehen ist die Auszahlung, wenn sie bei der Beschlussfassung über den Haushaltsplan nicht bekannt war und auch nicht mit ihr gerechnet werden konnte[656]. Die Veränderungen in den Anforderungen des Fahrzeugeinsatzes, die einen Austausch des Fahrzeuges wirtschaftlich sinnvoll erscheinen lassen, waren bei der Beschlussfassung des Haushalts nicht bekannt, so dass dieser Bedarf unvorhergesehen ist.

Unabweisbar ist eine Maßnahme, wenn ein dringendes sachliches Bedürfnis zur Erfüllung der Aufgabe besteht und eine Verschiebung der Auszahlungen nicht möglich oder wirtschaftlich unzweckmäßig wäre[657]. Nach dem Sachverhalt ist das zur Zeit bei der Gemeinde E in Betrieb befindliche Abfallbeseitigungsfahrzeug noch nicht abgeschrieben. Das bedeutet lediglich, dass es noch einen Restbuchwert besitzt. Inwiefern das alte Fahrzeug noch einsatzfähig ist, lässt sich hieraus nicht ableiten. Es kann also davon ausgegangen werden, dass das Fahrzeug noch funktionstüchtig und zumindest noch für den einen Monat (Dezember) einsatzfähig ist. Vor diesem Hintergrund besteht keine Unabweisbarkeit im Sinne von § 100 Abs. 1 HGO.

Anders wäre der Fall zu beurteilen, wenn das Fahrzeug seine Aufgabe nicht mehr erfüllen kann. Da die Gemeinde die Aufgaben der Abfallentsorgung dauerhaft erfüllen muss und nicht zeitweilig aussetzen kann, bis die Mittel für ein aufgabengerechtes Fahrzeug im Rahmen eines neuen Haushaltsplanes bereitgestellt werden, wäre in dieser Situation die Unabweisbarkeit gegeben.

---

[654] Bei der indirekten Methode der Erstellung des Finanzhaushalts lautet die Rechtsgrundlage § 3 Abs. 2 Nr. 11 i. V. m. § 4 Abs. 5 GemHVO.

[655] Hinsichtlich der Abschreibungsart und -methode wird auf § 43 GemHVO einschließlich Hw. verwiesen.

[656] Siehe Nr. 4 Hw. zu § 100 HGO.

[657] Vgl. Nr. 4 Satz 3 Hw. zu § 100 HGO.

Unter Umständen könnte sich die Unabweisbarkeit auch aus dem Grundsatz der Wirtschaftlichkeit und Sparsamkeit ergeben (§ 92 Abs. 2 HGO), da nach dem Sachverhalt der Einsatz des neuen Fahrzeuges wirtschaftlich zweckmäßiger ist. Für eine abschließende Beurteilung fehlen hierzu allerdings weitere Angaben. Zu berücksichtigen ist in diesem Zusammenhang sicherlich auch der Zeitpunkt der Beurteilung (Monat Dezember).

d) Bei der Beschaffung von Treibstoff handelt es sich um ordentliche Aufwendungen für Sach- und Dienstleistungen nach § 2 Abs. 1 Nr. 12 GemHVO, die zu einem Mittelabfluss führen, d. h. zahlungswirksam werden.

Die Gemeinde will den Treibstoff des Fuhrparks für das 1. Quartal des nächsten Jahres bereits zum Ende dieses Haushaltsjahres bestellen und bezahlen, so dass zwar keine überplanmäßige Aufwendung (kein Ressourcenverbrauch in diesem Jahr), jedoch eine überplanmäßige Auszahlung entsteht. Einziger Grund dafür ist, dass im Januar des nächsten Jahres eine Preissteigerung zu erwarten ist. Somit verfügt der Fuhrpark noch über genügend Treibstoffreserven für das laufende Jahr, sodass die Beschaffung an sich erst im kommenden Haushaltsjahr notwendig wäre.

Allerdings wäre die Verschiebung in das kommende Jahr unwirtschaftlich, weil sich im neuen Haushaltsjahr die Beschaffung verteuern würde. Das Prinzip der Wirtschaftlichkeit bedeutet, dass ein vorgegebenes Ziel (Kauf einer bestimmten Menge von Treibstoff) mit dem geringsten Mitteleinsatz erreicht werden soll. Gemäß § 92 Abs. 2 HGO sind Wirtschaftlichkeit und Sparsamkeit oberste Grundsätze der gemeindlichen Haushaltsführung. Die Unabweisbarkeit einer Mehrauszahlung nach § 100 Abs. 1 HGO stellt deshalb nicht nur auf die Möglichkeit der zeitlichen Verschiebung ab, sondern umfasst auch den Tatbestand der Wirtschaftlichkeit. Die Mehrauszahlung für die zeitlich vorgezogene Treibstoffbeschaffung ist somit unabweisbar, weil sie aus den wirtschaftlich gerechtfertigten Gründen der Kostenersparnis unaufschiebbar ist. Auch in diesem Falle ist mangels anderweitiger Anhaltspunkte im Sachverhalt zu unterstellen, dass bei Aufstellung des Haushaltsplanes die geschilderte Preisentwicklung nicht vorhergesehen werden konnte.[658]

Sachverhalt Nr. 2

Im Rahmen der Haushaltsüberwachung der Stadt E stellt sich der Haushalt 2014 in der Produktgruppe „Einrichtungen der Jugendarbeit" wie folgt dar (Auszug aus der Haushaltsüberwachung vom 05.11.2014 in Anlehnung das Muster des Teilergebnishaushalts):

---

[658] Die Erfahrungen der letzten Jahre zeigten, dass gerade der Rohölpreis (und daran gekoppelt auch der Benzinpreis) von weltweiten Entwicklungen beeinflusst wird,
- die für eine Kommune nicht vorhersehbar sind und
- zu erheblichen Preisschwankungen führen.

Konten	Bezeichnung	Entwicklung im Rahmen der Haushaltsausführung		
		Ansatz 2014	bisherige Einzahlungen/ Inanspruch- nahmen	Vormer- kungen
51	**Erträge** Öffentlich-rechtliche Leistungsentgelte	300.000	270.000	
540 – 543	Erträge aus Zuweisungen und Zuschüsse für laufende Zwecke und allgemeine Umlagen	1.000	6.000	
53	sonstige ordentlichen Erträge	2.500	5.900	
	Summe der ordentlichen Erträge	303.500	281.900	
62, 63 ...	**Aufwendungen** Personalaufwendungen	200.000	150.000	50.000
644 – 646	Versorgungsaufwendungen	25.000	20.000	5.000
60, 61, 67 – 69	Aufwendungen für Sach- u. Dienstleistungen	150.000	110.000	30.000
66	Abschreibungen	20.000	10.000	5.000
70,74,76	sonstige ordentliche Aufwendungen	17.000	5.000	2.000
	Summe der ordentlichen Aufwendungen	412.000	295.000	92.000
	Verwaltungsergebnis			

Haushaltsvermerke:

Gemäß § 19 Abs. 1 GemHVO sind Erträge aus Zuweisungen für laufende Zwecke und aus allgemeinen Umlagen zu Gunsten von Aufwendungen für Sach- und Dienstleistungen zweckgebunden.

Im Rahmen der Haushaltsausführung zeichnen sich folgende Entwicklungen ab:

1. Der Haushaltsansatz 2014 berücksichtigt eine angemessene Tariferhöhung bei den Personalaufwendungen. Aufgrund der nunmehr abgeschlossenen Tarifverhandlungen werden darüber hinaus noch zusätzlich 10.000 € an Personalaufwendungen benötigt.
2. Für die Renovierung des Jugendzentrums werden in 2014 noch 17.000 € zusätzlich benötigt, da die Renovierung, die mit Teilbeträgen in 2014 und 2015 veranschlagt ist, in der Ausführung zügiger als geplant vorangeht.
3. Bei allen anderen Positionen der Produktgruppe erfolgen keine Veränderungen mehr.

Aufgaben:

Begutachten Sie, ob und in welcher Form die Mehrbedarfe für Personal und Renovierung des Jugendzentrums bereitgestellt werden können. Begründen Sie ihre Entscheidungen ausführlich. Die Zulässigkeit der Haushaltsvermerke ist zu unterstellen.

Fertigen Sie außerdem für eine evtl. erforderliche überplanmäßige Bewilligung der Mehraufwendungen gemäß § 100 Abs. 1 HGO den notwendigen Bewilligungsantrag (Vorlage an das Entscheidungsgremium).

Lösung:

Mehrbedarf für Personalaufwendungen

Bei den Personalaufwendungen handelt es sich um zahlungswirksame, ordentliche Aufwendungen nach § 4 Abs. 3 i. V. m. § 2 Abs. 1 Nr. 10 GemHVO, die bei einer produktorientierten Gliederung im Teilergebnishaushalt des Produktbereichs 06 „Kinder-, Jugend- und Familienhilfe" (§ 4 Abs. 1 und Abs. 2 i. V. m. Muster 12 GemHVO) nachzuweisen sind.

Im Haushaltsjahr 2014 sind für Personalaufwendungen insgesamt 200.000 € veranschlagt, wovon bereits 150.000 € ausgezahlt wurden, während die restlichen 50.000 € noch bis zum Ende des Haushaltsjahres für weitere Personalaufwendungen benötigt werden[659]. Darüber hinaus ergibt sich aufgrund tariflicher Erhöhungen noch ein zusätzlicher Mehrbedarf von 10.000 €, die ebenfalls im Haushaltsjahr 2014 zu zahlen sind. Im Sachverhalt sind keine Angaben über Änderungen durch Nachtragshaushaltspläne oder Verfügungsbeschränkungen wie z. B. haushaltswirtschaftliche Sperren enthalten, so dass es bei einem Mehrbedarf von 10.000 € verbleibt. Da ein Haushaltsansatz überschritten wird, handelt es sich gemäß § 58 Nr. 32 GemHVO um einen überplanmäßigen Bedarf.

Zunächst ist zu prüfen, ob dieser Mehrbedarf im Wege der unechten Deckungsfähigkeit nach § 19 GemHVO gedeckt werden kann. Voraussetzung dafür ist entweder ein Zweckbindungsvermerk nach § 19 Abs. 1 GemHVO oder ein Haushaltsvermerk, der die unechte Deckungsfähigkeit nach § 19 Abs. 2 GemHVO beinhaltet. Im Teilhaushalt der Produktgruppe „Einrichtungen der Jugendarbeit" ist zwar ein Haushaltsvermerk (Zweckbindungsvermerk) angebracht, der sich allerdings nicht auf die Personalaufwendungen bezieht und somit nicht zur Anwendung kommt. Eine unechte Deckungsfähigkeit nach § 19 Abs. 2 GemHVO wird nicht erklärt.

Es fragt sich nun, ob der Mehrbedarf von 10.000 € im Rahmen der echten Deckungsfähigkeit nach § 20 Abs. 1 GemHVO bereitgestellt werden kann. Nach § 20 Abs. 1 GemHVO sind kraft Verordnung alle Ansätze der in einem Budget veranschlagten zahlungswirksamen Aufwendungen gegenseitig deckungsfähig, wenn im Haushaltsplan nichts anderes bestimmt ist. Ein ausdrücklicher Haushaltsvermerk ist demnach nur erforderlich, wenn die gesetzlich vorgeschriebene echte Deckungsfähigkeit eingeschränkt werden soll.

Bei den Personalaufwendungen handelt es sich – wie oben bereits festgestellt – um ordentliche Aufwendungen, die im Teilhaushalt „Einrichtungen der Jugendarbeit" veranschlagt sind. Kraft Verordnung bildet jeder Teilhaushalt eine Bewirtschaftungseinheit (Budget). Bei einem Budget handelt sich um einen vorgegebenen Finanzrahmen, der einer Organisationseinheit zur selbstständigen und eigenverantwortlichen Bewirtschaftung im Rahmen eines vorgegebenen Leistungsumfangs zugewiesen wird (§ 58 Nr. 9 GemHVO).

Es ist nun zu prüfen, ob es innerhalb des Budgets bis zum Ende des Haushaltsjahres zu Einsparungen in Form von zahlungswirksamen Minderaufwendungen kommt.

---

[659] Verfügbarkeitsberechnung nach § 27 Abs. 3 GemHVO.

In diesem Zusammenhang gewinnt die nach § 27 GemHVO vorgeschriebene Überwachung der Inanspruchnahme der Aufwendungen an Bedeutung; hiernach müssen stets die noch zur Verfügung stehenden Mittel erkennbar sein (§ 27 Abs. 3 GemHVO). Nach Nr. 4 Hw. zu § 27 GemHVO soll dadurch eine Überschreitung der Ansätze verhindert werden. Die erteilten, aber noch nicht erfüllten Aufträge und die Durchführung ähnlicher Maßnahmen, die Zahlungsverpflichtungen der Gemeinde begründen, sind einzubeziehen (sog. Vormerkungen). Da nach der Aufgabenstellung die Deckung der Mehrbedarfe zu behandeln ist, wird auf die Haushaltsüberwachung nicht vertiefend eingegangen.

• Bei den Versorgungsaufwendungen kommt es nach der Haushaltsüberwachung durch die zu berücksichtigenden Vormerkungen bis zum Jahresende nicht zu Einsparungen/Minderaufwendungen, so dass auf diese Mittel nicht zugegriffen werden darf.

• Bei den Aufwendungen für Sach- und Dienstleistungen stehen unter Berücksichtigung der Vormerkungen zwar derzeit noch Mittel in Höhe von 10.000 € zur Verfügung, die aber für die zusätzlichen Aufwendungen für Renovierungsarbeiten am Jugendzentrum benötigt werden.

• Bei den Aufwendungen für Abschreibungen kommt es bis zum Jahresende zu Minderaufwendungen in Höhe von 5.000 €. Zu prüfen ist, ob diese Einsparung für den Mehrbedarf bei den Personalaufwendungen herangezogen werden kann. Bei den Personalaufwendungen handelt es sich um zahlungswirksame Aufwendungen, d. h. um Aufwendungen, die eine Auszahlung gemäß § 58 Nr. 7 GemHVO nach sich ziehen und damit die flüssigen Mittel vermindern. Bei den Abschreibungen hingegen handelt es sich um **zahlungsunwirksame** Aufwendungen. Demnach können die Minderaufwendungen bei den Abschreibungen nicht zur Deckung des Mehrbedarfs der zahlungswirksamen Personalaufwendungen verwendet werden, da sich die Deckungsfähigkeit nach § 20 Abs. 1 GemHVO nur auf zahlungswirksame Aufwendungen bezieht. Eine Deckungsfähigkeit von zahlungsunwirksamen Aufwendungen zugunsten von zahlungswirksamen Aufwendung würde die Liquidität des Finanzhaushalts berühren (einschränken) und zu einer Verschlechterung des Zahlungsmittelflusses aus laufender Verwaltungstätigkeit führen.

• Bei den sonstigen ordentlichen Aufwendungen kommt es unter Berücksichtigung der Vormerkungen bis zum Jahresende zu Einsparungen in Höhe von 10.000 € (lt. Sachverhalt erfolgen hier keine Veränderungen mehr). Da unterstellt wird, dass es sich hier nur um zahlungswirksame Minderaufwendungen handelt, können sie ohne weiteres förmliches Verfahren zur Deckung der Mehraufwendungen bei den Personalaufwendungen herangezogen werden. Gemäß § 20 Abs. 6 GemHVO können die deckungsberechtigten Ansätze zu Lasten der deckungspflichtigen Ansätze erhöht werden.

Ergebnis:
Der Mehrbedarf bei den Personalaufwendungen kann im Rahmen der echten Deckungsfähigkeit nach § 20 Abs. 1 GemHVO durch Minderaufwendungen bei den sonstigen ordentlichen Aufwendungen in voller Höhe gedeckt werden. Ein formelles Bereitstellungsverfahren und damit ein besonderer Verwaltungsaufwand ist nicht erforderlich. Die Bearbeitung und Entscheidung verbleibt im Fachbereich bzw. bei dem Produktgruppenverantwortlichen/Budgetverantwortlichen.

Mehrbedarf für Renovierung des Jugendzentrums

Bei der Renovierung des Jugendzentrums handelt es sich nach § 41 GemHVO i. V. m. Nr. 7 Hw. um Erhaltungsaufwand, der nicht zur einer Veränderung des Anlagevermögens führt. Vor diesem Hintergrund ist die Renovierung des Jugendzentrums Instandhaltung der Gebäude (Bauunterhaltung) und damit als ordentlicher Aufwand gemäß § 4 Abs. 3 i. V. m. § 2 Abs. 1 Nr. 12 GemHVO im Ergebnishaushalt den Aufwendungen für Sach- und Dienstleistungen zuzuordnen.

Im Haushaltsjahr 2014 sind für Aufwendungen für Sach- und Dienstleistungen insgesamt 150.000 € veranschlagt, wovon bereits 110.000 € ausgezahlt wurden, während noch 30.000 € bis zum Ende des Haushaltsjahres für weitere Aufwendungen im Bereich der Sach- und Dienstleistungen benötigt werden (Vormerkungen/Aufträge). Somit stehen noch 10.000 € zur freien Verfügung.[660] Da sich der Fortgang der Renovierung zügiger gestaltet als ursprünglich geplant, werden im Haushaltsjahr 2014 noch 17.000 €, wovon 10.000 € durch dem Haushaltsansatz gedeckt werden können, benötigt. Im Sachverhalt sind keine Angaben über Änderungen durch Nachtragshaushaltspläne oder Verfügungsbeschränkungen wie z. B. haushaltswirtschaftliche Sperren enthalten, so dass ein Mehrbedarf von 7.000 € entsteht. Da ein Haushaltsansatz überschritten wird, handelt es sich gemäß § 58 Nr. 32 GemHVO zunächst um einen **überplanmäßigen Bedarf**.

Zunächst ist zu prüfen, ob dieser Mehrbedarf im Wege der unechten Deckungsfähigkeit nach § 19 GemHVO gedeckt werden kann. Voraussetzung dafür ist entweder ein Zweckbindungsvermerk nach § 19 Abs. 1 GemHVO oder ein Haushaltsvermerk, der die unechte Deckungsfähigkeit nach § 19 Abs. 2 GemHVO beinhaltet. Im Teilhaushalt der Produktgruppe „Einrichtungen der Jugendarbeit" ist ein Haushaltsvermerk nach § 19 Abs. 1 GemHVO (Zweckbindungsvermerk) angebracht. Hiernach sind Erträge aus Zuweisungen für laufende Zwecke zu Gunsten von Aufwendungen für Sach- und Dienstleistungen zweckgebunden. Darüber hinaus regelt § 19 Abs. 1 GemHVO, dass zweckgebundene Mehrerträge für entsprechende Mehraufwendungen verwendet werden können (unechte Deckungsfähigkeit). Fraglich ist, ob bei den Erträgen aus Zuweisungen für laufende Zwecke zahlungswirksame Mehrerträge zu verzeichnen sind. Bei der Planung wird mit Erträgen in Höhe von 1.000 € kalkuliert. Tatsächlich eingegangen sind zwischenzeitlich 6.000 €; dies führt zu zahlungswirksamen Mehrerträgen in Höhe von 5.000 €, die zur Deckung der Mehraufwendungen für Sach- und Dienstleistungen (Renovierung des Jugendzentrums) verwendet werden können.

Zwischenergebnis:
Der Mehrbedarf bei den Aufwendungen für Sach- und Dienstleistungen kann im Rahmen der unechten Deckungsfähigkeit nach § 19 Abs. 1 GemHVO durch Mehrerträge bei den ordentlichen Erträgen aus Zuweisungen für laufende Zwecke in Höhe von 5.000 € gemindert werden, so dass nur noch 2.000 € zu decken sind. Mehraufwendungen, die im Rahmen der unechten Deckungsfähigkeit nach § 19 Abs. 1 GemHVO gedeckt werden können, gelten nach § 19 Abs. 3 GemHVO nicht als überplanmäßige Aufwendungen. Ein formelles Bereitstellungsverfahren und damit ein besonderer Verwaltungsaufwand ist nicht erforderlich. Die Bearbeitung und Entscheidung verbleibt im Fachbereich bzw. bei den Budgetverantwortlichen.

---

660 Verfügbarkeitsberechnung nach § 27 Abs. 3 GemHVO.

Zu prüfen ist, ob weitere flexible Instrumente der Haushaltsführung – insbesondere die echte Deckungsfähigkeit – zur Anwendung kommen können. Nach § 20 Abs. 1 GemHVO sind kraft Verordnung alle Ansätze der in einem Budget veranschlagten zahlungswirksamen Aufwendungen gegenseitig deckungsfähig, wenn im Haushaltsplan nichts anderes bestimmt ist. Eine ausführliche Prüfung der echten Deckungsfähigkeit ist bereits bei der ersten Bereitstellung erfolgt, so dass an dieser Stelle darauf verwiesen wird.

Zwischenergebnis:
Der verbleibende Mehrbedarf in Höhe von 2.000 € kann durch die echte Deckungsfähigkeit nicht weiter reduziert werden, da keine weiteren zahlungswirksamen Minderaufwendungen vorliegen.

Als Nächstes ist zu begutachten, ob die Bewilligung einer überplanmäßigen Aufwendung nach § 100 Abs. 1 HGO zulässig ist. Bevor jedoch die eigentlichen Voraussetzungen dieser Rechtsnorm angesprochen werden können, ist vorrangig der Erlass einer Nachtragssatzung nach § 98 Abs. 2 HGO zu prüfen (siehe auch § 100 Abs. 5 HGO sowie Nr. 1 Hw. zu § 100 HGO). Eine solche Nachtragssatzung ginge überplanmäßigen Aufwendungen vor, wenn gemäß § 98 Abs. 2 Nr. 3 HGO die überplanmäßige Aufwendungen von 2.000 € im Verhältnis zum Gesamthaushaltsvolumen erheblich wären. Auch wenn die konkrete Auslegung des Begriffes „erheblich" in der Stadt E nicht bekannt ist, kann eine Mehraufwendung von 2.000 € **nicht** als erheblich i. S. d. § 98 Abs. 2 Nr. 3 HGO bezeichnet werden. Bereits die dargestellte Produktgruppe hat auf der Stufe des Verwaltungsergebnisses ordentliche Aufwendungen von über 400.000 €.

Eine Nachtragssatzung gemäß § 98 Abs. 2 Nr. 4 HGO scheidet aus, weil diese Vorschrift nur auf bisher nicht veranschlagte Investitionen und Investitionsförderungsmaßnahmen anzuwenden ist, hier aber eine überplanmäßige und vermögensunwirksame Instandhaltung vorliegt.

Zwischenergebnis:
Es besteht **keine Pflicht zum Erlass einer Nachtragssatzung** gemäß § 98 Abs. 2 GemHVO. Der Weg zur Überprüfung der Voraussetzungen für eine überplanmäßige Aufwendung ist somit frei.

Voraussetzung für die Bewilligung einer überplanmäßigen Aufwendung nach § 100 Abs. 1 HGO ist, dass sie unvorhergesehen und unabweisbar und ihre Deckung gewährleistet ist.[661]

Unvorhergesehen ist eine Aufwendung dann, wenn sie im Rahmen der Aufstellung und Beschlussfassung der Haushaltssatzung nicht bekannt war und auch nicht mit ihr gerechnet werden konnte. Es ist davon auszugehen, dass die Veranschlagung aufgrund eines Bauten- und Durchführungsplanes erfolgte. Dass sich der Fortgang der Renovierung im Laufe des Haushaltsjahres zügiger gestaltet als geplant, kann nicht vorhergesehen werden.

---

[661] Nr. 4 Hw. zu § 100 HGO.

Ein Mehrbedarf ist unabweisbar, wenn er sich zwingend aus der Aufgabenerfüllung der Gemeinde ergibt und ein dringendes sachliches Bedürfnis zur Erfüllung der Aufgabe besteht sowie eine Verschiebung der Aufwendungen und Auszahlungen auf einen Zeitpunkt, zu dem Haushaltsmittel hierfür zur Verfügung stehen (durch Nachtrag oder den Haushaltsplan des folgenden Jahres), nicht möglich ist oder wirtschaftlich unzweckmäßig wäre. Es wäre bautechnisch nicht vertretbar, die Arbeiten zu unterbrechen, zumal das bauausführende Unternehmen bei einer Bauunterbrechung besondere Kosten geltend machen würde.

Die Aufwendung ist laut Sachverhalt unvorhergesehen und unabweisbar, sodass als letzte Voraussetzung die Deckung zu prüfen ist. Grundsätzlich kommen hierfür Minderaufwendungen und/oder Mehrerträge in Betracht. In Ermangelung zusätzlicher Angaben im Sachverhalt können keine weiteren Minderaufwendungen (außerhalb des Budgets) erkannt werden, so dass sich die Prüfung auf Mehrerträge beschränkt. In Betracht kommen die Mehrerträge bei den sonstigen ordentlichen Erträgen. Geplant war hier ein Ansatz von 2.500 €; tatsächlich sind Zahlungen in Höhe von 5.900 € eingegangen, so dass insgesamt zahlungswirksame Mehrerträge von 3.400 € bei den sonstigen ordentlichen Erträgen zu verzeichnen sind. Damit ist die Deckung der überplanmäßigen Aufwendungen in Höhe von 2.000 € sichergestellt.

Zwischenergebnis:
Die überplanmäßigen Aufwendungen von 2.000 € sind somit gemäß § 100 Abs. 1 HGO zulässig. Die Entscheidung darüber trifft gemäß § 100 Abs. 1 Satz 2 HGO der Gemeindevorstand (hier Magistrat, da es sich um eine Stadt handelt, § 9 Abs. 2 HGO), da der Betrag von 2.000 € weder vom Umfang noch von der Bedeutung als erheblich anzusehen sein dürfte und damit eine vorherige Zustimmung der Gemeindevertretung (hier: Stadtverordnetenversammlung, § 9 Abs. 1 Satz 3 HGO) nicht erforderlich ist. Auch sagt der Sachverhalt nichts über eine andere Regelung durch die Gemeindevertretung im Sinne des § 100 Abs. 1 Satz 2 2. Hs. HGO aus. Der Gemeindevertretung ist jedoch gemäß § 100 Abs. 1 Satz 3 2. Hs. HGO alsbald davon Kenntnis zu geben, in Anwendung von Nr. 4 Hw. zu § 100 HGO bedeutet dies: „mindestens vierteljährlich".

Ergebnis:
Die Renovierung des Jugendzentrums (17.000 €) kann wie folgt finanziert werden:

⇨ durch frei verfügbare Mittel aus dem Haushaltsansatz in Höhe von 10.000 €.
⇨ im Rahmen der Zweckbindung nach § 19 Abs. 1 GemHVO durch Mehrerträge in Höhe von 5.000 €.
⇨ im Rahmen der Bewilligung von überplanmäßigen Aufwendungen nach § 100 Abs. 1 HGO durch Mehrerträge bei den sonstigen ordentlichen Erträgen der Produktgruppe „Einrichtungen der Jugendarbeit" in Höhe von 2.000 €.

Während bei den ersten beiden Finanzierungsmöglichkeiten kein formelles Bereitstellungsverfahren erforderlich ist, muss die Bereitstellung der überplanmäßigen Aufwendungen beantragt werden (siehe Lösung zu 4.2).

Der Antrag auf Bewilligung der überplanmäßigen Aufwendung ist nachstehend dargestellt. Dabei wurde das Beispiel eines Musters gewählt, weil in der Praxis zur Beantragung von Mehraufwendungen nach § 100 HGO vielfach Vordrucke eingesetzt werden. Die Art des Vorlagenvordrucks ist jedoch von Gemeinde zu Gemeinde unterschiedlich.

Fachbereich xx   Datum:　05.11.2014

Vorlage an den Magistrat

Antrag auf Bewilligung einer über-/außerplanmäßigen Aufwendung/Auszahlung

☒ üpl.　☐ apl.	Haushaltsjahr 2014	Produktbereich/Produktgruppe 06 – Einrichtungen der Jugendarbeit
Betrag: 2.000 €		Aufwendungen für Sach- und Dienstleistungen: Renovierung Jugendzentrum

---

Berechnung der Gesamtaufwendungen

Haushaltsansatz und Übertragungen aus Vorjahren	150.000 €
bisherige und geplante Ansatzüberschreitungen (unechte und echte Deckungsfähigkeiten)	+　　5.000 €
neu beantragte Haushaltsüberschreitung	+　　2.000 €
voraussichtliche Gesamtaufwendungen	157.000 €

Begründung der Mehraufwendungen:
Die Renovierung des Jugendzentrums soll in den Jahren 2014 und 2015 durchgeführt werden. Entgegen der Ursprungsplanung können die Arbeiten zügiger erledigt werden. Ohne Steigerung der Gesamtkosten werden in 2014 7.000 € für zeitlich vorgezogene Arbeiten mehr benötigt, von denen bereits 5.000 € wie oben angegeben finanziert sind. Es wäre bautechnisch nicht vertretbar, die Arbeiten zu unterbrechen, zumal das bauausführende Unternehmen bei einer Bauunterbrechung besondere Kosten geltend machen würde. Die überplanmäßigen Aufwendungen in Höhe von 2.000 € sind daher unvorhergesehen und unabweisbar.

Nachweis der Deckung:
Mehrerträge bei den sonstigen ordentlichen Erträge in Höhe von insgesamt 3.400 € bei der Produktgruppe „Einrichtungen der Jugendarbeit".

Unterschrift

Sachverhalt Nr. 3

Im Produktbereich „Sportförderung" sind bei der Gemeinde E für den Neubau eines Freibades Auszahlungen wie folgt im Haushaltsplan und im Investitionsprogramm veranschlagt:

2014	1.500.000 €
2015	1.000.000 €
2016	500.000 €

Weitere Investitionsmaßnahmen sind in dem Produktbereich „Sportförderung" nicht enthalten.

Die Witterungsbedingungen begünstigen den Baufortschritt, sodass voraussichtlich bis Ende 2014 bereits 1,75 Mio. € verbaut werden können. Mitte November 2014 stellt deshalb das Hochbauamt den Antrag auf Bewilligung einer überplanmäßigen Auszahlung in Höhe von 250.000 €. Auf Grund der angespannten Haushaltslage besteht jedoch in 2014 eine Deckungsmöglichkeit nur durch Erhöhung der Kreditaufnahme.

Aufgaben:

1. Prüfen Sie die Zulässigkeit der überplanmäßigen Auszahlung. Unterstellen Sie dabei, dass ein Pflichtnachtrag **nicht** erforderlich ist.

2   Wie beurteilen Sie den Sachverhalt, wenn die Mehrauszahlung 2014 von 250.000 € auf eine Erhöhung des Gesamtauszahlungsbedarfs zurückzuführen ist, sodass die Baumaßnahme jetzt insgesamt 3,25 Mio. € kostet? Die Deckung wird in 2015 durch erhebliche Steuermehrerträge gegenüber der mittelfristigen Ergebnis- und Finanzplanung möglich sein.

Lösungen:

Zu 1:

Bei dem Neubau des Freibades handelt es sich unstreitig um eine Investition nach § 58 Nr. 17 GemHVO, da das Sachanlagevermögen nach § 49 Abs. 3 Nr. 1 .2 GemHVO durch Herstellungskosten (§ 41 Abs. 3 i. V. m. Nr. 7 Hw. GemHVO) erhöht wird. Diese Investitionsmaßnahme ist somit gemäß § 4 Abs. 4 i. V. m. § 3 Abs. 1 Nr. 25 GemHVO im Teilfinanzhaushalt zu veranschlagen (direkte Methode)[662].

Der Neubau des Freibades wird bei einer produktorientierten Gliederung des Haushalts richtigerweise im Produktbereich 08 „Sportförderung" nachgewiesen (§ 4 Abs. 1 und 2 i. V. m. Muster 12 GemHVO).

Der Gesamtauszahlungsbedarf für den Neubau des Freibades beläuft sich auf 3 Mio. €. Die voraussichtlich Durchführung der Maßnahme erfolgt in den Haushaltsjahren 2014 bis

---

[662] Bei der indirekten Methode der Erstellung des Finanzhaushalts lautet die Rechtsgrundlage § 3 Abs. 2 Nr. 11 i. V. m. § 4 Abs. 5 GemHVO.

2016 (siehe Sachverhalt), wobei im ersten Haushaltsjahr ein Auszahlungsbetrag in Höhe von 1,5 Mio. € als voraussichtlich kassenwirksamer Betrag vorgesehen ist. Da nach § 12 Abs. 2 GemHVO Auszahlungen erst veranschlagt werden dürfen, wenn die entsprechenden Unterlagen – so auch ein Bauzeitenplan – vorliegen, wird unterstellt, dass die Ansätze sorgfältig errechnet wurden. Im Zuge der Durchführung der Maßnahme gestaltet sich der Baufortschritt aufgrund günstiger Wetterbedingungen zügiger als geplant, so dass im Haushaltsjahr 2014 über den Haushaltsansatz hinaus 250.000 € benötigt werden.[663] Es handelt sich demnach um einen überplanmäßigen Bedarf nach § 58 Nr. 32 GemHVO.

Zunächst ist zu prüfen, ob dieser Mehrbedarf im Wege der unechten Deckungsfähigkeit nach § 19 GemHVO gedeckt werden kann. Voraussetzung dafür ist entweder ein Zweckbindungsvermerk nach § 19 Abs. 1 GemHVO oder ein Haushaltsvermerk, der die unechte Deckungsfähigkeit nach § 19 Abs. 2 GemHVO beinhaltet. Da im Produktbereich „Sportförderung" weder Einzahlungen veranschlagt noch Haushaltsvermerke angebracht sind, scheidet eine Deckung durch Mehreinzahlungen aus.

Fraglich ist, ob der Mehrbedarf von 250.000 € im Rahmen der echten Deckungsfähigkeit nach § 20 GemHVO gedeckt werden kann. Nach § 20 Abs. 1 i. V. m. Abs. 3 GemHVO sind kraft Verordnung alle Ansätze der in einem Budget veranschlagten Auszahlungen gegenseitig deckungsfähig, wenn im Haushaltsplan nichts anderes bestimmt ist. Da der Sachverhalt keine Hinweise auf mögliche Einsparungen im Budget (§ 20 Abs. 1 und 3 GemHVO) sowie auf Haushaltsvermerke nach § 20 Abs. 2 und 5 GemHVO beinhaltet, scheidet eine weitergehende Prüfung aus.

Zwischenergebnis:
Die Deckungsmöglichkeiten nach §§ 19 und 20 GemHVO führen nicht zu einer Reduzierung des Mehrbedarfs.

Ein Pflichtnachtrag scheidet laut Aufgabenstellung aus, so dass im Rahmen der flexiblen Haushaltsführung noch das Instrument der über- und außerplanmäßigen Auszahlungen nach § 100 HGO zur Anwendung kommen kann.

Eine überplanmäßige Auszahlung von 250.000 € wäre gemäß § 100 Abs. 1 HGO zulässig, wenn sie unvorhergesehen und unabweisbar[664] ist sowie die Deckung[665] gewährleistet werden kann. Unvorhergesehen ist die Mehrauszahlung, wenn bei Aufstellung des Haushaltsplanes niemand vorhergesehen hat, dass der Baufortschritt witterungsbedingt so zügig voranschreitet, wovon mangels anderweitiger Anhaltspunkte auszugehen ist. Die Unabweisbarkeit liegt vor, weil es wirtschaftlich und bautechnisch nicht vertretbar wäre, die Baumaßnahme wegen der zurzeit fehlenden Finanzierungsmittel für mehr als einen Monat stillzulegen. Die notwendige Deckung im Haushaltsjahr ist dagegen laut Sachverhalt nicht durch Minderauszahlungen oder Mehreinzahlungen möglich und könnte nur durch eine Erhöhung der Kreditaufnahme bereitgestellt werden. Dies würde dann aber zwangsläufig den Erlass einer Nachtragssatzung notwendig machen, da § 2 der Haushaltssatzung der Gemeinde E geändert werden müsste.

---

[663] Verfügbarkeitsberechnung nach § 27 Abs. 3 GemHVO.

[664] Nr. 4 Hw. zu § 100 HGO.

[665] Nr. 3 Hw. zu § 100 HGO.

Es fragt sich aber, ob die erforderliche Deckung im laufenden Haushaltsjahr durch eine Deckung im kommenden Haushaltsjahr gemäß § 100 Abs. 2 HGO ersetzt werden kann, da laut Sachverhalt[666] im nächsten Haushaltsjahr Mittel für die Fortsetzung der Maßnahme vorgesehen sind. Die Voraussetzungen des § 100 Abs. 2 HGO, die sämtlich vorliegen müssen, sind wie folgt zu prüfen:

- Deckung im laufenden Jahr nur durch Erlass einer Nachtragssatzung möglich
  Wie oben geprüft, trifft diese Voraussetzung zu.

- Überplanmäßige Auszahlungen
  Der Mehrbedarf von 250.000 € übersteigt den Haushaltsansatz 2014 von 1.500.000 €. Gemäß § 58 Nr. 32 GemHVO handelt es sich bei Mehrauszahlungen, die den Haushaltsansatz übersteigen, um überplanmäßige Auszahlungen.

- Investition
  Gemäß § 58 Nr. 17 GemHVO sind Investitionen Auszahlungen für die Veränderung des Anlagevermögens. Dass hier unstreitig eine Investition vorliegt, wurde oben bereits ausgeführt. Ebenso wird die Mehrauszahlung für diese Investition benötigt, so dass auch diese Voraussetzung erfüllt ist.

- Fortführungsmaßnahme
  Die Investition muss im folgenden Jahr fortgeführt werden. Im Investitionsprogramm für das kommende Jahr 2015 sind für den Bau des Freibades weitere 1.000.000 € vorgesehen. Daraus ist ersichtlich, dass die Baumaßnahme nicht in 2014 beendet wird, sondern im nächsten Haushaltsjahr fortzusetzen ist.

- Deckung im kommenden Jahr gewährleistet
  Die in 2014 nicht vorhandene Deckung muss aber im folgenden Haushaltsjahr, d. h. in 2015 gewährleistet sein. Laut Sachverhalt sind für dem Freibadbau in 2015 weitere 1.000.000 € im Investitionsprogramm der Gemeinde E vorgesehen. Wird die Baumaßnahme in 2014 nun zügiger als geplant abgewickelt und sind deshalb Haushaltsmittel, die erst für 2015 vorgesehen waren, bereits in 2014 einzusetzen, werden diese in 2015 nicht mehr benötigt. Es tritt somit in 2015 praktisch eine Ersparnis von 250.000 € für den Bau des Freibades ein, sodass die überplanmäßige Auszahlung von 250.000 € in 2014 aus der Einsparung bei der für 2015 vorgesehenen Investitionsquote für das Freibad gedeckt werden kann. In diesem Fall handelt es sich um einen „klassischen Haushaltsvorgriff".

Damit sind sämtliche Voraussetzungen des § 100 Abs. 2 HGO erfüllt. Die überplanmäßige Auszahlung für den Bau des Freibades in Höhe von 250.000 € ist somit gemäß § 100 Abs. 1 und 2 HGO zulässig. Wegen der Höhe des Betrages ist die Erheblichkeit nach § 100 Abs. 1 HGO gegeben, sodass die Gemeindevertretung über die Genehmigung der Mehrauszahlung zu entscheiden hat.

---

[666] Für die Beurteilung ist das Investitionsprogramm bzw. die Ergebnis- und Finanzplanung heranzuziehen, § 101 HGO, § 9 GemHVO).

Zu 2:

Der Ursprungssachverhalt ist nur in Bezug auf die Deckung im Haushaltsjahr 2014 insofern geändert, als die in 2014 benötigten 250.000 € nicht mehr bei der Investitionsrate des Freibades für 2015 eingespart werden können. Da aber für 2015 erhebliche Steuermehrerträge erwartet werden, fragt es sich, ob auch diese zahlungswirksamen Erträge Deckungsmittel i. S. d. § 100 Abs. 2 HGO sind.

Gemäß § 9 Abs. 4 GemHVO soll die mittelfristige Ergebnis- und Finanzplanung ebenso wie der Haushaltsplan (siehe § 92 Abs. 3 HGO) in den einzelnen Jahren ausgeglichen sein. Die Beachtung dieser Rechtsnorm ist auch für das Haushaltsjahr 2015 bei der Gemeinde E zu unterstellen, zumal der Sachverhalt nichts Gegenteiliges aussagt. Wenn also der Ergebnishaushalt der Gemeinde E in der Ergebnis- und Finanzplanung 2014 ausgeglichen ist und sich jetzt Steuermehreinzahlungen abzeichnen, wird gegenüber der Planung der Ergebnishaushalt (dort sind gemäß § 2 Abs. 1 Nr. 5 GemHVO Steuern zu veranschlagen) und der Finanzhaushalt im Bereich des Zahlungsmittelflusses aus laufender Verwaltungstätigkeit einen Überschuss aufweisen.

Dieser Überschuss bei dem Zahlungsmittelfluss aus laufender Verwaltungstätigkeit, der aus Mehreinzahlungen aus Steuern resultiert, kann – sofern er nicht für die Finanzierung der Tilgung aufgenommener Darlehen benötigt wird[667] – nun im Rahmen der Gesamtdeckung verwendet werden, sodass die Mehrauszahlungen in 2014 durch die Mehreinzahlungen in 2015 i. S. d. § 100 Abs. 2 HGO gedeckt werden können (detaillierter hierzu siehe Ziffer 10.3). Der Begriff „Deckung" in dieser Vorschrift ist nämlich identisch mit dem allgemeinen Begriff in § 100 Abs. 1 HGO, sodass sämtliche Deckungsmöglichkeiten im Rahmen der Gesamtdeckung des Finanzhaushalts (§ 18 Nr. 2 GemHVO) herangezogen werden können.[668]

Da die weiteren Voraussetzungen, wie oben festgestellt, weiter bestehen bleiben, ist die überplanmäßige Auszahlung auch im Rahmen dieser Sachverhaltsänderung gemäß § 100 Abs. 1 und 2 HGO zulässig.

---

[667] Die Autoren sind der Auffassung, dass ein Überschuss im Saldo des Zahlungsmittelflusses aus laufender Verwaltungstätigkeit zunächst zur Deckung der ordentlichen Tilgung verwendet werden muss. Ansonsten müssten Tilgungsleistungen über Kassenkredite finanziert werden, sofern kein Zahlungsmittelbestand zur Verfügung steht.

[668] So auch die Kommentierung zur HGO, siehe Daneke in KVR Hessen, Erl. zu § 100 HGO, Rdnr. 35. Hiernach ist die Deckung im folgenden Jahr nicht nur auf Beträge aus der Investitionstätigkeit beschränkt, sondern kann auch unter bestimmten Konstellationen aus dem Saldo aus laufender Verwaltungstätigkeit erfolgen. Voraussetzung dafür ist, dass im folgenden Jahr zahlungswirksame Mehrerträge gegenüber der Ergebnis- und Finanzplanung eintreten und diese nicht zum Ausgleich des Saldos aus laufender Verwaltungstätigkeit und der Deckung der ordentlichen Tilgung benötigt werden sowie keine Zweckbindung der Mehrerträge besteht.

Sachverhalt Nr. 4

Bei dem Produktbereich Verkehrsflächen und -anlagen, ÖPNV sind im Haushalt 2014 der Gemeinde E für den Bau der Hauptstraße ein Auszahlungsansatz von 100.000 € und eine Verpflichtungsermächtigung von 200.000 € veranschlagt. Im September 2014 beabsichtigt das Tiefbauamt nach durchgeführter Ausschreibung, den Gesamtauftrag für den Bau der Hauptstraße in Höhe von 300.000 € zu vergeben. Nach dem Ausschreibungsergebnis wird jetzt damit gerechnet, dass Auszahlungen für die Baumaßnahme mit 90.000 € in 2014 und 220.000 € in 2015 anfallen werden.

Die im Teilfinanzhaushalt bei dem Produktbereich Natur- und Landschaftspflege veranschlagte Verpflichtungsermächtigung von 100.000 € wird nicht in Anspruch genommen.

Aufgabe:

Begutachten Sie die Zulässigkeit der Auftragsvergabe.

Bearbeitungshinweis:
Es ist davon auszugehen, dass die Voraussetzungen „unvorhergesehen" und „unabweisbar" erfüllt sind.

Lösung:

Die Auftragsvergabe könnte zulässig sein, wenn die Voraussetzungen des § 96 HGO erfüllt sind. Hiernach kann der Gemeindevorstand Auszahlungen leisten und Verpflichtungen eingehen, wenn der Haushaltsplan 2014 die entsprechenden Ermächtigungen enthält.

Der Auszahlungsansatz 2014 ermächtigt zum Vertragsabschluss mit Auszahlungen in 2014 in Höhe von 100.000 €. Insofern kann der Auftragsanteil für 2014 von 90.000 € vergeben werden. Für die vertragliche Bindung von 220.000 € zu Lasten des Haushaltsjahres 2015 werden gemäß § 102 Abs. 1 HGO Verpflichtungsermächtigungen in dieser Höhe benötigt. Vorhanden ist jedoch nur eine Ermächtigung von 200.000 €.

Es ist nun zu prüfen, ob die noch benötigten Verpflichtungsermächtigungen von 20.000 € überplanmäßig bereitgestellt werden können. Zulässig sind überplanmäßige Verpflichtungsermächtigungen gemäß § 102 Abs. 5 HGO, wenn sie unvorhergesehen und unabweisbar sind und der in der Haushaltssatzung (§ 3) festgesetzte Gesamtbetrag der Verpflichtungsermächtigungen nicht überschritten wird.

Gemäß Bearbeitungshinweis handelt es sich um eine unvorhergesehene und unabweisbare Maßnahme, so dass eine weitergehende Prüfung hier nicht erforderlich ist.[669]

---

[669] Die Unvorhergesehenheit und Unabweisbarkeit werden bereits in den Übungen 3 bis 5 ausführlich geprüft, so dass hier der Übungsschwerpunkt auf § 102 Abs. 5 HGO liegen soll.

Da bei dem Produktbereich Natur- und Landschaftspflege eine Verpflichtungsermächtigung von 100.000 € nicht benötigt wird, kann der im Produktbereich Verkehrsflächen und -anlagen, ÖPNV zusätzlich benötigte Betrag durch diese Einsparung aufgefangen werden. Die Gesamtsumme der Verpflichtungsermächtigungen laut § 3 der Haushaltssatzung der Gemeinde E wird demnach nicht überschritten.

Die zusätzlich benötigten Verpflichtungsermächtigungen in Höhe von 20.000 € können überplanmäßig bereitgestellt werden. Für das Bewilligungsverfahren sind gemäß § 102 Abs. 5 Satz 2 HGO die Vorschriften für über- und außerplanmäßige Aufwendungen und Auszahlungen sinngemäß anzuwenden. Es wird unterstellt, dass der Betrag von 20.000 € in der Gemeinde E **nicht** als erheblich i. S. v. § 100 Abs. 1 HGO gilt, sodass die Bewilligung der Mittel durch den Gemeindevorstand erfolgt und eine vorherige Zustimmung der Gemeindevertretung nicht erforderlich ist. Gemäß Nr. 7 Hw. zu § 100 HGO ist diese überplanmäßige Bewilligung der Gemeindevertretung im Rahmen der mindestens vierteljährlichen Berichterstattung zur Kenntnis zu bringen.

Inhaltsverzeichnis

15. Buchführung und Jahresabschluss

Die nachfolgenden Ausführungen orientieren sich sehr stark am betrieblichen Rechnungswesen, wie es außerhalb der öffentlichen Verwaltung über Jahrhunderte entwickelt wurde und im HGB seinen Niederschlag gefunden hat. Daneben wird auf die Besonderheiten der Doppik für die Kommunalverwaltungen in Hessen eingegangen.

Die fortschreitende Verengung des finanziellen Gestaltungsspielraumes ist für große Bereiche der öffentlichen Verwaltung zur zentralen Triebkraft für Reformen geworden. Aus dieser Situation heraus wird die Forderung nach mehr Kostenbewusstsein und wirtschaftlicherem Handeln oft an erster Stelle der Reformziele erhoben.

Buchführung dient grundsätzlich den Zwecken der Dokumentation, Information und Rechenschaftslegung. In Verbindung mit einer verbindlichen Planung dient sie auch der Kontrolle des Planvollzuges.

15.1   Einordnung in das betriebliche Rechnungswesen

Man kann das betriebliche Rechnungswesen als eine Dienstleistungsabteilung innerhalb des Betriebes auffassen. Während in den Fertigungsabteilungen eines Industriebetriebs Sachgüter, in Verwaltungsbetrieben Dienstleistungen erzeugt werden, besteht die Aufgabe des Rechnungswesens darin, Informationen zu produzieren. Grundlage bilden hierbei die Belege, in denen die Geschäftsvorfälle dokumentarisch festgehalten werden. Ausgehend von den auf Belegen erfassten Daten werden in einem Prozess der Informationsverdichtung beziehungsweise -verarbeitung zahlenmäßige Berichte (wie etwa ein Jahresabschluss) erstellt und an Personen innerhalb oder außerhalb des Betriebes weitergeleitet, die sich für die wirtschaftliche Lage des Betriebes interessieren. Versucht man diese Vorstellung vom Rechnungswesen etwas schärfer zu fassen, so kann man zu folgender begrifflichen Abgrenzung gelangen:

Als betriebliches Rechnungswesen bezeichnet man die systematische, regelmäßig oder fallweise durchgeführte Erfassung, Aufbereitung, Auswertung und Übermittlung der das Betriebsgeschehen betreffenden quantitativen Daten (Mengen- und Wertgrößen) mit dem Ziel, sie für Planungs-, Steuerungs- und Kontrollzwecke innerhalb des Betriebes sowie zur Information und Beeinflussung Außenstehender (z. B. Eigenkapitalgeber, Gläubiger, Mitarbeiter, Gewerkschaften, Staat, Gesellschaft, Parteien, Interessengruppen, im kommunalen Bereich auch die Aufsichtsbehörden) zu verwenden.

Für das hier angestrebte Ziel der Einordnung der kaufmännischen Buchführung in das Gesamtsystem des betrieblichen Rechnungswesens ist es zweckmäßig, auf die häufig vorgenommene Einteilung in externes und internes Rechnungswesen zurückzugreifen.

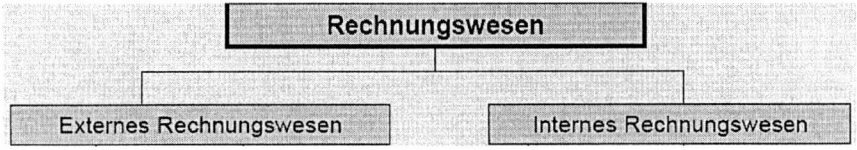

Externes und internes Rechnungswesen unterscheiden sich vor allem hinsichtlich ihres Informationsgegenstandes und der Informationsempfänger, also hinsichtlich der Fragen, welche Ausschnitte des wirtschaftlichen Geschehens zahlenmäßig dargestellt werden und an wen berichtet wird.

Das externe Rechnungswesen bildet die Vorgänge finanzieller Art ab, die sich zwischen dem Betrieb und seiner Umwelt abspielen. Zur Umwelt zählen vor allem die Partner auf den verschiedenen Beschaffungs- und Absatzmärkten (Lieferanten von Sachgütern, Dienstleistungen und menschlicher Arbeitskraft; Kunden), die Kapitalgeber und -empfänger sowie der Staat.

Das **externe Rechnungswesen** erfasst also hauptsächlich die Beschaffungs- und Absatzakte des Betriebes einschließlich der damit verbundenen Geldab- und -zuflüsse (= leistungswirtschaftliche Sphäre) sowie die (lediglich) finanzwirtschaftlich bedingten Zahlungsmittelbewegungen (= finanzwirtschaftliche Sphäre). Seinen zusammenfassenden Abschluss findet das externe Rechnungswesen in der Vermögensrechnung (Bilanz) und in der Ergebnisrechnung (Gewinn- und Verlustrechnung), in dem sogenannten Jahresabschluss. Als dritter Teil ist noch die Finanzrechnung zu berücksichtigen, die so nicht im Handelsrecht vorgesehen ist und nur bei börsennotierten Unternehmen unter der Bezeichnung Kapitalflussrechnung geführt wird.

Der Jahresabschluss dient in erster Linie der vergangenheitsorientierten Dokumentation und Rechenschaftslegung. Da er sich auch an externe Informationsempfänger (z. B. Kapitalgeber[670]) richtet, die in der Regel keine sonstigen Einblicksmöglichkeiten in das Unternehmen haben, existieren umfangreiche gesetzliche (handels-, steuer- und haushaltsrechtliche) Vorschriften für die Erstellung des Jahresabschlusses und die Gestaltung des ihm zugrundeliegenden Rechenwerkes, das man auch als Finanz- beziehungsweise Geschäftsbuchhaltung bezeichnet.

Das **interne Rechnungswesen** – gelegentlich spricht man in der Fachliteratur auch vom innerbetrieblichen Rechnungswesen – bildet wirtschaftlich bedeutsame Vorgänge ab, die sich innerhalb des Betriebes abspielen und die in starkem Ausmaß oder gänzlich durch die im Betrieb tätigen Personen beeinflusst bzw. gesteuert werden können. Die Hauptaufgabe des internen Rechnungswesens besteht darin, den Verzehr von Produktionsfaktoren und die damit verbundene Entstehung von Leistungen (Produkten) mengen- und wertmäßig zu erfassen und die Wirtschaftlichkeit der Leistungserstellung zu überwachen. Ein Autohersteller will beispielsweise wissen, was die Fertigung eines Autos kostet und ob sich die Produktion eines bestimmten Modells überhaupt lohnt. Ebenso sollte es den

---

[670] Banken werden möglicherweise demnächst auch von Kommunen vor der Vergabe von Krediten die Vorlage von Jahresabschlüssen verlangen.

Leiter eines Verwaltungsbetriebes interessieren, was die Erstellung z. B. eines Beihilfe-bescheides oder einer Baugenehmigung kostet, ob es sich lohnt, diese Dienstleistung auch für eine andere Verwaltung zu erbringen oder ob es vielleicht wirtschaftlicher wäre, selbst auf das Angebot eines Dritten, z. B. auch einer anderen Verwaltung, zur Erbrin-gung dieser Dienstleistung zurückzugreifen.

Sieht man von einigen Ausnahmen ab, so kann man für den Bereich der Privatwirtschaft sagen, dass die Zahlen und Kalkulationen des internen Rechnungswesens nicht veröffent-licht werden, sondern zur Information von Betriebsangehörigen in leitender Position dienen, die sie zur Planung, Steuerung und Kontrolle des Betriebsgeschehens verwenden. Sie erhalten die Ergebnisse auf Anforderung oder, sofern sie turnusgemäß informiert werden, in vergleichsweise kurzen, meist monatlichen Abständen. Der unterschiedlichen Aufgabenstellung entsprechend gibt es für das interne Rechnungswesen im Gegensatz zum externen Rechnungswesen kaum zwingende gesetzliche Vorschriften. Hieran knüpft eine weitere Bezeichnungsweise an, die zwischen rechtlich normiertem und nicht normiertem Rechnungswesen unterscheidet, da im Bereich der öffentlichen Verwaltung Teilbereiche des „internen" Rechnungswesens auch öffentlich in der Gemeindevertretung diskutiert werden bzw. im Rahmen verwaltungsgerichtlicher Klärung von Abgaben-ansprüchen offenbart werden.

15.2 Übung

Aufgabenstellung Nr. 1

Welche Aspekte können herangezogen werden, um die kaufmännische Buchführung als externes Rechnungswesen zu charakterisieren?

Lösung:

Die kaufmännische Buchführung wird als externes Rechnungswesen bezeichnet, weil sie

- die wirtschaftlichen Transaktionen zwischen dem Betrieb und seiner externen Umwelt abbildet
- als Informationsquelle nicht nur für „Insider", sondern auch für externe Interessen-ten (Finanzamt, Banken, Gläubiger) zur Verfügung steht.

Aufgabenstellung Nr. 2

Worin unterscheidet sich das externe Rechnungswesen vom internen Rechnungswesen?

Lösung:

Im internen Rechnungswesen (im Wesentlichen Kosten- und Leistungsrechnung) werden im Gegensatz zum externen Rechnungswesen (im Wesentlichen Jahresabschluss mit Gewinn- und Verlustrechnung) auch innerbetriebliche Transaktionen (z. B. Leistungs-austausch zwischen einzelnen Organisationseinheiten) abgebildet, seine Informationen stehen i. d. R. nur innerhalb des Betriebes für das Management zur Verfügung. Diese Unterscheidung kann allerdings für die Kommunalverwaltung so nicht aufrechterhalten werden, weil Ergebnisse der Kostenrechnung sowohl für die Gemeindevertretung als auch für Verwaltungsgerichten im Rahmen der Überprüfung von Gebührenfestsetzungen bereitgestellt werden müssen.

Als weiterer wichtiger Unterschied ist anzuführen, dass für das extern Rechnungswesen detaillierte rechtliche Regelungen bestehen, die sicherstellen sollen, dass die Inhalte gleichmäßig entwickelt und gleichmäßig von allen Adressaten verstanden werden können. Für das interne Rechnungswesen existieren allenfalls fragmentarisch rechtliche Hinweise, dass ein solches Rechnungswesen aufzubauen ist (z. B. für Krankenhäuser, Pflegedienste, Kommunalverwaltungen). Die inhaltliche Ausgestaltung bleibt aber den betrieblichen Bedürfnissen und vorhandenen betriebswirtschaftlichen Kenntnissen vorbehalten.

Insofern ist es für die Kommunalverwaltung zutreffender, zwischen normierten und nicht normierten Teilen des Rechnungswesens zu unterscheiden, dennoch hat sich die traditionelle betriebswirtschaftliche Unterscheidung zwischen internem und externem Rechnungswesen auch im Bereich der Kommunalverwaltung durchgesetzt.

15.3   Rechtsgrundlagen der doppelten Buchführung

Die Grundzüge des Rechnungswesens der öffentlichen Verwaltung in der Bundesrepublik Deutschland werden durch das Haushaltsgrundsätzegesetz (HGrG) bundeseinheitlich geregelt. Seit 1998 ermöglicht das HGrG im Rahmen des damals neu eingefügten § 33 a die Buchführung zusätzlich nach den Grundsätzen ordnungsgemäßer Buchführung und Bilanzierung in sinngemäßer Anwendung der Vorschriften des Handelsgesetzbuches durchzuführen. Hiervon hat zunächst das Land Hessen für seine Landesverwaltung in § 71 a LHO Gebrauch gemacht. Seit 2003 gestattet das Haushaltsgrundsätzegesetz auch die alternative Einführung eines dort als „staatliche Doppik" bezeichneten, an den kaufmännischen Grundsätzen ordnungsmäßiger Buchführung ausgerichteten Rechnungswesens, von dem inzwischen auch mehrere Bundesländer – u. a. auch das Land Hessen[671] – Gebrauch gemacht haben. Parallel dazu wurde die Einführung der kommunalen Doppik durch einen Unterausschuss der Innenministerkonferenz vorbereitet (vgl. Ziffern 4.3.3 und 4.3.4).

Schon seit Jahrzehnten führen Eigenbetriebe (§ 20 EigBGes) und Eigengesellschaften ihre Rechnung nach den Regeln der kaufmännischen doppelten Buchführung. Landesbetriebe gem. § 26 LHO, die einen Wirtschaftsplan aufstellen und bei denen die kameralistische Buchführung nicht zweckmäßig ist, haben nach den Regeln der kaufmännischen doppelten Buchführung zu buchen (§ 74 LHO). Für GmbH und Aktiengesellschaft gelten die Regelungen des Handelsgesetzbuches unmittelbar (§§ 13 Abs. 3, 41 GmbHG, §§ 91, 150 AktG, § 6, 238 ff. HGB).

---

[671] Vgl. §§ 1 a und 7 a HGrG und §§ 94 ff. HGO.

Jahresabschluss und Lagebericht sind für alle vorgenannten Rechtsformen mit Ausnahme der Kernverwaltung nach den für **große Kapitalgesellschaften** geltenden Vorschriften des 3. **Buches des Handelsgesetzbuches** (§ 267 HGB) aufzustellen und zu prüfen (§ 22 EigBGes, § 122 I Nr. 4 HGO, § 87 LHO). Diese Vorschriften sind deshalb bereits bei der Buchführung während des Geschäftsjahres zu beachten.

15.4   Das Kreislaufsystem der doppelten Buchführung (Doppik)

Das System der kaufmännischen doppelten Buchführung wird als Kreislaufsystem bezeichnet, weil sie am Anfang des Geschäftsjahres mit einer Eröffnungsbilanz beginnt, die zum Zwecke der Verbuchung der laufenden Geschäftstätigkeit in einzelnen Konten aufgelöst, dort fortlaufend bebucht, am Ende des Geschäftsjahres wieder zur Abschlussbilanz zusammengeführt und schließlich mit dieser, die gleichzeitig Eröffnungsbilanz für das folgende Geschäftsjahr ist, der nächste Jahreskreislauf begonnen wird.

15.4.1   Eröffnungsbilanz

Ausgangspunkt des sogenannten Bilanzkreislaufes ist das der Eröffnungsbilanz zugrunde liegende Inventar:

Gemäß § 240 (1) HGB hat jeder Kaufmann bei dem Beginn seines Handelsgewerbes

- seine Grundstücke,
- seine Forderungen[672]
- und Schulden,
- den Betrag seines baren Geldes und
- seine sonstigen Vermögensgegenstände

genau zu verzeichnen und dabei den Wert der einzelnen Vermögensgegenstände und Schulden anzugeben. § 108 HGO und § 35 GemHVO treffen inhaltsgleiche Festlegungen. Daneben sind für die Eröffnungsbilanz auch die besonderen Vorschriften von § 59 GemHVO zu beachten.

Der Erstellung des geforderten Verzeichnisses hat eine **Inventur** voranzugehen, nämlich eine körperliche Aufnahme aller Vermögensgegenstände des Betriebes. Die einzelnen Vermögensgegenstände und Schulden müssen nach Art und Menge lückenlos aufgenommen werden. Zum Vermögen gehören beispielsweise Warenvorräte, Bankguthaben und Bargeld. Zu den Schulden gehören z. B. Verbindlichkeiten an Lieferer und Bankdarlehen. Aufgenommen wird nach Möglichkeit „körperlich" durch Zählen, Messen oder Wiegen. Bankguthaben und Bankschulden lassen sich mit Kontenauszügen des betreffenden Kreditinstituts nachweisen. Daneben gibt es auch Forderungen gegenüber Kunden

---

[672] Unter einer Forderung versteht man im kaufmännischen Sprachgebrauch einen Anspruch, von einem anderen eine Zahlung zu verlangen. Wenn also eine Person A einer Person B eine Zahlung schuldet (dies wird später als Verbindlichkeit bezeichnet) dann hat B eine Forderung gegenüber A und A eine Verbindlichkeit gegenüber B. Forderung und Verbindlichkeit bezeichnen insoweit das gleiche Rechtsverhältnis, aber jeweils aus entgegengesetzter Perspektive.

und Verbindlichkeiten gegenüber Lieferern, die sich nur anhand der noch nicht beglichenen Rechnungen (= Belege) feststellen lassen. Um eine ordnungsgemäße Inventur zu gewährleisten, können von den Kunden und Lieferanten „Bestandsbestätigungen" eingeholt werden. Letztlich können erst diese den tatsächlichen Inventurwert ausweisen. Schließlich müssen die ermittelten Vermögensgegenstände und Schulden mit einem Betrag bewertet werden. Diese Vorgänge des Aufnehmens und Bewertens von Vermögen und Schulden werden Inventur genannt.

Das Ergebnis dieser Inventur wird in Listenform festgehalten und als **Inventar** bezeichnet. Es enthält alle bei der Inventur ermittelten Vermögensgegenstände nach Art, Menge, Wert, Ort der Aufbewahrung usw.

Beispiel:

Hans Müller[673] ist gelernter Kaufmann und beabsichtigt, sich selbstständig zu machen. Vor Beginn seiner geschäftlichen Aktivitäten verschafft er sich einen Überblick über seine Vermögenslage, indem er wie folgt auflistet:

Eröffnungsinventar des Einzelkaufmanns Hans Müller zum 01.03.xx

Nr.	Gegenstand	Wert
1	**Grundstücke**	
1.1	Wohn- und Geschäftsgrundstück Hauptstraße 7	350.000,00 €
1.2	Lagerplatz Talweg 15	12.000,00 €
	Summe Grundstücke	362.000,00 €
2	**Forderungen**	
2.1	Bankguthaben bei SK Dingelskirchen Konto Nr. 789123456	4.132,74 €
3	**Bargeld**	825,40 €
4	**Sonstige Vermögensgegenstände**	
4.1	VW Passat Fahrgestellnummer D1234567	14.500,00 €
4.2	Computeranlage HP9845	2.500,00 €
	Summe sonstige Vermögensgegenstände	17.000,00 €
5	**Schulden**	
5.1	Bankkredit bei SK Dingelskirchen Konto 678912345	175.800,00 €

Nach § 242 Abs. 1 HGB hat der Kaufmann zu Beginn seines Handelsgewerbes und für den Schluss eines jeden Geschäftsjahres einen das Verhältnis des Vermögens und der Schulden darstellenden Abschluss (Eröffnungsbilanz, Bilanz) aufzustellen. Für die Kommunen in Hessen wird mit §§ 108 und 112 HGO eine sinngleiche Festlegung getroffen.

Der das Verhältnis des Vermögens und der Schulden darstellende Abschluss wird Bilanz (Vermögensrechnung) genannt. Auf der linken Seite dieser Gegenüberstellung wird das Vermögen notiert. Diese Seite wird Aktivseite, die dort verzeichneten Vermögenswerte werden **Aktiva** genannt. Auf der rechten Seite der Bilanz, die Passivseite genannt wird, werden die **Passiva**, das sind die Schulden und der Unterschiedsbetrag zwischen Vermögen und Schulden, dargestellt. Dieser Unterschiedsbetrag wird als Reinvermögen

---

[673] Alle hier genannten Gegenstände finden sich auch im Inventar einer Gemeinde, allerdings umfasst das Inventar eine Gemeinde sehr viel mehr, unter Umständen mehrere Tausend Gegenstände, deshalb geht dieses Beispiel aus didaktischen Gründen in nachvollziehbarer und übersichtlicher Weise vom Inventar einer Einzelperson am Beginn ihrer Geschäftstätigkeit aus.

bezeichnet. Der in der Eröffnungsbilanz einer Gemeinde festgestellte Differenzbetrag wird als Nettoposition § 58 Nr. 22 GemHVO bezeichnet. Damit verfügt jede Bilanz jeweils über gleiche Summen auf der Aktiv- und Passivseite; die Bilanz ist formal immer ausgeglichen.

Auf der Aktivseite werden die **Vermögenswerte** dargestellt (Grundstücke, Bargeld usw.) und auf der Passivseite die **Vermögensquellen** (Schulden bzw. Fremdkapital und Reinvermögen bzw. Eigenkapital)

Grundstruktur der Bilanz:

Aktiva	Bilanz	Passiva
Anlagevermögen Umlaufvermögen	Eigenkapital (Reinvermögen) Fremdkapital (Schulden)	

Aktiva	Bilanz	Passiva
Vermögen = gegenständliche Erscheinungsform des Kapitals	Kapital = Ansprüche auf das Vermögen	

In der Regel sind die Schulden geringer als das Vermögen. Tritt in einem Ausnahmefall das Gegenteil ein, so wird bilanzierende Betrieb als überschuldet bezeichnet. Der Geschäftsführer eines solchen Unternehmens ist verpflichtet, das Insolvenzverfahren einzuleiten, falls nicht kurzfristig, z. B. durch einen Zuschuss eines Eigentümers, die Überschuldung zu beheben ist. Für Kommunen ist diese Konsequenz nicht vorgesehen (§ 146 HGO). Näheres dazu in Ziffer 16.3.4.

Die Gegenüberstellung von Vermögen und Schulden (Bilanz) ist aus dem Inventar abzuleiten. Im Falle des oben bereits genannten Kaufmannes Hans Müller sieht diese Bilanz folgendermaßen aus:

Eröffnungsbilanz des Einzelkaufmanns Hans Müller zum 01.03.xx			
Aktiva			**Passiva**
Grundstücke	362.000,00	Eigenkapital	208.158,14
sonstige Vermögensgegenst.	17.000,00	Schulden	175.800,00
Forderungen	4.132,74		--------------
Bargeld	825,40		--------------
Summe der Aktiva	383.958,14	Summe der Passiva	383.958,14

Im Falle des Eigenbetriebes und der GmbH wird der feststehende, durch Satzung oder Gesellschaftsvertrag bestimmte Teil des Eigenkapitals als **Stammkapital**, bei der Aktiengesellschaft als **Grundkapital** bezeichnet. Über das Stamm- oder Grundkapital hinausreichende Beträge werden als **Rücklagen** bezeichnet. In der kommunalen Vermögensrechnung wird die im Rahmen der Eröffnungsbilanz festzustellende positive Differenz zwischen Vermögen auf der Aktivseite sowie Sonderposten und Schulden auf der Passivseite als Nettoposition bezeichnet.

15.4.2   Buchung der Geschäftsvorfälle

Mit Aufnahme des Geschäftsbetriebes muss jeder Kaufmann (und jeder, der einen Betrieb kaufmännisch führt) systematisch aufschreiben

- was er seinen Lieferanten und sonstigen Gläubigern schuldet und
- was er von seinen Kunden zu fordern hat.

Aus diesen Aufzeichnungen muss er sich jederzeit einen Überblick über die wirtschaftliche Lage seines Betriebes verschaffen, also insbesondere den Stand der Schulden und des Vermögens beziffern können. Die Buchführung muss so beschaffen sein, dass sich auch ein sachverständiger Dritter in angemessener Zeit einen vollständigen Überblick über die Geschäftslage verschaffen kann.

§ 238 HGB fordert deshalb

- vollständige Aufzeichnungen über alle Geschäftsvorfälle;
  insbesondere auch Wareneingänge und Warenausgänge,
- bei Geschäftsaufnahme und danach jeweils zum Jahresende die Aufstellung von Bilanz und Gewinn- und Verlustrechnung.

Für die hessischen Kommunen stellt § 32 GemHVO eine ähnliche Verpflichtung zur Buchführung auf.

Geschäftsvorfälle

Als Geschäftsvorfälle werden alle Vorgänge bezeichnet, durch die sich der im Inventar verzeichnete Bestand an Schulden und Vermögensgegenständen verändert (vgl. § 32 GemHVO). Aufgabe der Buchhaltung ist es, dem Kaufmann jederzeit einen Überblick über die Geschäftsvorfälle und die Lage seines Unternehmens zu verschaffen. Die Buchhaltung muss deshalb diese Geschäftsvorfälle systematisch aufzeichnen. Erforderlich ist die Aufzeichnung sowohl in zeitlicher als auch in sachlicher Ordnung (§ 34 GemHVO).

Alle Geschäftsvorfälle können einer der folgenden vier Kategorien zugeordnet werden:

1. **Aktiv-Passiv-Mehrung (Bilanzverlängerung)**

   Sowohl auf der Aktivseite als auch auf der Passivseite vergrößern sich die Bilanzpositionen, die Bilanzsumme wird größer (z. B. Einkauf auf Rechnung; der eingekaufte Vermögenswert erhöht die Aktivseite, der geschuldete Rechnungsbetrag erhöht die Passivseite).

2. **Aktiv-Passiv-Minderung (Bilanzverkürzung)**

   Sowohl auf der Aktiv- als auch auf der Passivseite verringern sich Bilanzpositionen, die Bilanzsumme wird kleiner (z. B. Begleichung einer Lieferantenrechnung; durch den für die Begleichung der Rechnung benutzten Zahlungsmittelabfluss verringert sich die Aktivseite, gleichzeitig verringern sich die Schulden auf der Passivseite).

3. Aktivtausch

Während eine Aktivposition zunimmt, verringert sich eine andere, die Bilanzsumme bleibt unverändert (z. B. Einkauf gegen Barzahlung; der eingekaufte Gegenstand vermehrt die Sachvermögenswerte, die dafür hingegebenen Zahlungsmittel verringern den Bargeldbestand, beides ist als Veränderung von Positionen der Aktivseite darzustellen.)

4. Passivtausch

Während eine Passivposition zunimmt, verringert sich eine andere, die Bilanzsumme bleibt unverändert (z. B. Umwandlung von Lieferantenverbindlichkeiten in langfristige Schulden)

Adressaten der Buchhaltung

Die kaufmännische Buchhaltung ist in erster Linie eine interne Rechnung für den Eigentümer, Geschäftsleiter, Manager, bei den Kommunen auch für Gemeindevertretung und Aufsichtsbehörde. Ein berechtigtes Interesse haben jedoch auch z. B. die Banken als Gläubiger zur Beurteilung der Bonität als Schuldner, die Belegschaft, Lieferanten und nicht zuletzt das Finanzamt zum Zwecke der Steuerermittlung.

Wer nach anderen Gesetzen als den Steuergesetzen Bücher und Aufzeichnungen zu führen hat, die für die Besteuerung von Bedeutung sind, hat die Verpflichtungen, die ihm nach den anderen Gesetzen obliegen, auch für die Besteuerung zu erfüllen (§ 140 AO).

Grundsätze ordnungsmäßiger Buchführung (GoB)

Neben den kodifizierten Rechtssätzen (HGB; HGO, GemHVO) sind weitere Grundsätze ordnungsmäßiger Buchhaltung zu beachten, die sich im Laufe der Anwendung des Systems der kaufmännischen Buchführung als Gewohnheitsrecht herausgebildet haben.

Wichtige Grundsätze ordnungsgemäßer Buchführung enthalten z. B. § 239 HGB und § 33 GemHVO :

- **Belegprinzip** „Keine Buchung ohne Beleg"; für Geschäftsvorfälle, die nicht durch fremde Lieferscheine, Rechnungen oder andere Dokumente belegt sind, werden Eigenbelege (Ersatzbelege) erstellt, die den Inhalt der jeweiligen Buchung auch für Außenstehende transparent zu machen imstande sind
- **Vollständigkeit**: alle Geschäftsvorfälle werden vollständig gebucht
- **zeitgerechte** und **zeitnahe** Verbuchung der Geschäftsvorfälle, unverzüglich und in der Reihenfolge ihrer Entstehung
- Grundsatz der **Wahrheit** und **Klarheit**
- Grundsatz der **Sicherheit** (Schutz gegen Fälschung und Manipulation)
- Grundsatz der **Wirtschaftlichkeit**: Aufwand der Buchführung muss in angemessenem Verhältnis zu ihrem Inhalt stehen

- **Maßgeblichkeit der Verfügungsgeschäfte**[674] (nicht der Verpflichtungsgeschäfte); jeder Warenein- und -ausgang, jede fertiggestellte Dienstleistung unabhängig vom Zeitpunkt der Rechnungsstellung oder Zahlung
- Grundsatz der **wirtschaftlichen Zugehörigkeit**: Eigentumsvorbehalt ist unbeachtlich, Sicherungsübereignung und Sicherungsabtretung von Forderungen ohne Bedeutung für die Verbuchung; Bauten auf fremden Grundstücken werden als wirtschaftliches Eigentum betrachtet trotz § 94 BGB, ebenso Einbauten in fremde Gebäude

15.4.3 Auflösung der Bilanz in Konten (Bestandskonten)

Die sachliche Ordnung der Buchführung wird durch die Verwendung unterschiedlicher Konten für alle zu unterscheidenden Arten von Schulden und Vermögensgegenständen erreicht (Bestandskonten). Verwendet werden entweder T- oder Staffelkonten. T-Konten entsprechen dem Bild der Bilanz und verfügen über eine Soll- und eine Habenseite. Beide Seiten besitzen mindestens Spalten für die Buchungsnummer, das Buchungsdatum, die Bezeichnung des Gegenkontos und des Betrages. In der Praxis werden weitere Spalten für den Buchungstext (z. B. Zahlungsempfänger, Zweck oder Zahlungsgrund) verwendet, damit die Buchungen leichter verständlich werden und nicht in jedem Falle die zugehörigen Belege herangezogen werden müssen. Staffelkonten trennen nur die Betragsspalte in Soll und Haben, alle anderen für T-Konten genannten Spalten sind nur einmal vorhanden.

Auflösung der Bilanz in Konten:

---

674 Im Zivilrecht versteht man unter einem **Verpflichtungsgeschäft** z. B. den Abschluss eines Kaufvertrages, dieser enthält üblicherweise die Verpflichtung zur Ausführung von zwei **Verfügungsgeschäften**: Der Verkäufer ist zur Übergabe des Kaufgegenstandes verpflichtet, der Käufer zur Entrichtung des versprochenen Kaufpreises.

Aktiva		Bilanz	Passiva
Maschinen	50.000,-- €	Eigenkapital	40.000,--
Rohstoffe	20.000,-- €	Darlehen	30.000,--
Kasse	10.000,-- €	Verbindlichkeiten	10.000,--
Bilanzsumme	80.000,-- €	Bilanzsumme	80.000,--

S Maschinen H	S Eigenkapital H
AB 50.000,--		AB 40.000,--

S Rohstoffe H	S Darlehen H
AB 20.000,--		AB 30.000,--

S Kasse H	S Verbindlichkeiten H
AB 10.000,--		AB 10.000,--

Aktivkonten   **Passivkonten**

Links stehen die Aktivpositionen, aus denen Aktivkonten entstehen. Aktivkonten übernehmen die Anfangsbestände (AB) von der Aktivseite der Eröffnungsbilanz und alle Zugänge auf der Sollseite (S). Abgänge von Vermögensgegenständen werden auf der Habenseite (H) verbucht.

Rechts stehen die Passivpositionen, aus denen die Passivkonten entstehen. Passivkonten übernehmen die Anfangsbestände von der Passivseite der Eröffnungsbilanz auf die Habenseite und alle Zugänge auf der Habenseite. Abgänge (z. B. die Tilgung von Schulden) werden auf der Sollseite gebucht.

Die Begriffe „Soll" und „Haben" sind lediglich Bezeichnungen für die linke und die rechte Kontoseite. Ob sie einen positiven oder einen belastenden Vorgang ausweisen, kann nur im Zusammenhang mit einen konkreten Konto beurteilt werden. Möglichweise haben Sie diese Begriffe bisher nur auf dem Kontoauszug Ihrer Bank kennen gelernt und deshalb mit bestimmten Vorstellungen verknüpft. Von diesen Vorstellungen müssen Sie sich jetzt unbedingt trennen bzw. Sie müssen diese Vorstellungen weiterentwickeln, um das System der kaufmännischen Buchführung zu verstehen. Wenn Ihre Bank auf Ihrem Kontoauszug ein „Haben" ausgewiesen hat, bedeutet dies, dass die Bank Ihnen den dort ausgewiesenen Betrag schuldet. Aus Ihrer Sicht handelt es sich also um ein Guthaben bzw. kaufmännisch ausgedrückt um eine Forderung. Auf Ihrem Konto „Bank" muss sich dieser Betrag also auf der linken Seite (Soll) niederschlagen. Weist der Kontoauszug Ihrer Bank dagegen ausnahmsweise ein „Soll" auf, so handelt es sich um eine Schuld (Verbindlichkeit) von Ihnen gegenüber Ihrer Bank. Auf Ihrem Konto „Bank" in Ihrer Buchhaltung muss dies auf der rechten Seite (Haben) ausgewiesen werden. Sie haben also bisher – unbewusst – diese Zuordnung aus der fremden Perspektive, nämlich aus der Perspektive Ihrer Bank kennen gelernt.

15.4.4 Eröffnungsbilanzkonto

Nach den GoB muss jeder Buchung auf der Sollseite eines Kontos eine gleich hohe Buchung auf der Habenseite gegenüberstehen. Eine in der Praxis oft gebrauchte Möglichkeit ist die Eröffnung eines Eröffnungsbilanzkontos, das als Gegenkonto zu allen Eröffnungsbuchungen dient. Es wird in der Praxis gern auch als Saldovortragskonto bezeichnet. Auf diese Weise entsteht genau ein **Spiegelbild der Bilanz** mit allen Aktivkonten auf der Habenseite und allen Passivkonten auf der Sollseite.

Das Eröffnungsbilanzkonto zur oben in Abbildung 2 dargestellten Auflösung der Bilanz in Konten würde also wie folgt aussehen:

	Eröffnungsbilanzkonto		
Soll			Haben
Eigenkapital	40.000,00	Maschinen	50.000,00
Darlehen	30.000,00	Rohstoffe	20.000,00
Verbindlichkeiten	10.000,00	Kasse	10.000,00
Summe	80.000,00	Summe	80.000,00

In der Praxis dauert die Erstellung des Jahresabschlusses oft mehrere Monate, wobei einzelne Konten nacheinander abgeschlossen werden. Die Anfangsbestände können dann ebenfalls sukzessive übertragen werden. Der Stand des Eröffnungsbilanzkontos verrät dann auf einen Blick, welche Bestände schon vorgetragen wurden und bei welchen Konten dies noch erfolgen muss.

15.4.4.1 Kontoeröffnung

Für alle in der Eröffnungsbilanz verzeichneten Gegenstände werden Konten eröffnet und der jeweilige Bestand aus der Eröffnungsbilanz übernommen. Sobald durch Geschäftsvorfälle Zugänge anderer, bisher noch nicht vorhandener Arten von Vermögen oder Schulden zu verzeichnen sind, müssen hierfür weitere Konten angelegt werden.

15.4.4.2 Buchungen auf den Konten

Jeder Geschäftsvorfall vermehrt oder vermindert Vermögen und Kapital. Die Veränderung (= Mehrung oder Minderung) ist stets auf zwei Konten festzuhalten. Einmal auf einem Konto im Soll und ein zweites Mal auf einem anderen Konto (= Gegenkonto) im Haben. Ein Geschäftsvorfall betrifft somit mindestens zwei Konten.

Aktivkonten führen den Anfangsbestand von der Aktivseite der Eröffnungsbilanz und alle Zugänge auf der Sollseite. Abgänge von Vermögensgegenständen werden auf der Habenseite verbucht.

Passivkonten führen den Anfangsbestand von der Passivseite der Eröffnungsbilanz und alle Zugänge auf der Habenseite. Abgänge (z. B. die Tilgung von Schulden) werden auf der Sollseite gebucht.

Erwirbt z. B. ein Betrieb ein Grundstück, so tritt mit dem Zeitpunkt der Inbesitznahme ein Zugang auf dem Konto Grundstücke ein, der dort auf der Sollseite zu verbuchen ist, gleichzeitig ist ein Zugang an Schulden gegenüber dem Verkäufer des Grundstücks zu verzeichnen, welcher auf der Habenseite des Kontos Verbindlichkeiten verbucht werden muss.

15.4.4.3 Buchungssätze

Kaufmännische Angestellte, die in der Praxis des Rechnungswesens mit der Erfassung von Geschäftsvorfällen betraut sind, versehen jeden anfallenden Beleg mit dem entsprechenden Buchungshinweis. Er gibt an, welches Konto den zu erfassenden Betrag im Soll aufnimmt und welches im Haben. Diese Information über die sachgerechte Kontierung muss allgemeingültig sein, d. h. von allen kaufmännischen Sachbearbeitern inhaltlich gleich verstanden werden. Dabei handelt es sich um den Buchungssatz. Zur Vorbereitung der Buchungen werden aus den Geschäftsvorfällen Buchungssätze gebildet. Diese enthalten in einer formelhaften Sprache nur die für die Verbuchung erforderlichen Fakten des Geschäftsvorfalles. Zuerst werden die auf der Sollseite berührten Konten mit den jeweiligen Beträgen genannt, dann folgt das Trennwort „an" und schließlich folgen die auf der Habenseite betroffenen Konten und die dort zu buchenden Beträge.

Beispiel: Erwerb eines Grundstücks

Grundstücke   an   Verbindlichkeiten   10.000,00 €

Geschäftsvorfälle, die sich auf mehr als zwei Konten auswirken, erfordern die Formulierung eines „zusammengesetzten" Buchungssatzes.

Zusammengesetzte Buchungen:

„Soll" x €   an   „Haben"   y €
                        „Haben"   z €

„Soll" x €
„Soll" y €   an   „Haben"   z €

„Soll" a €
„Soll" b €   an   „Haben"   c €
                        „Haben"   d €

In jedem Buchungssatz muss die Summe der Beträge auf der Sollseite der Summe der Beträge auf der Habenseite entsprechen.

Als Alternative zur Bildung zusammengesetzter Buchungssätze kommt in Betracht, die zu buchenden Beträge so aufzusplitten, dass jeweils nur zwei Konten beteiligt sind. Diese einfachen Buchungssätze sind zunächst für Ungeübte leichter zu verstehen.

15.4.4.4 Abschluss der Bestandskonten, Schlussbilanzkonto

Sobald alle Geschäftsvorfälle eines Geschäftsjahres verbucht sind oder aus besonderem Anlass ein Zwischenabschluss erforderlich wird, müssen alle Konten abgeschlossen werden. Dazu ist zunächst in einer Proberechnung zu ermitteln, welche Seite des Kontos die größere Summe aufweist. Auf der Kontoseite, die die geringere Summe aufweist – bei einem Aktivkonto ist dies i. d. R. die Habenseite, bei einem Passivkonto die Sollseite – muss der **Kontensaldo** verbucht werden. Die Gegenbuchung ist auf dem **Schlussbilanzkonto** vorzunehmen. Als letzte Eintrag auf einem solchermaßen abgeschlossenen Konto ist unter den letzten Buchungen auf beiden Kontoseiten die jetzt auf beiden Seiten gleiche Summe aufzuführen.

Da die Eröffnungsbilanz ausgeglichen war und bei der Verbuchung von Geschäftsvorfällen stets gleich hohe Beträge auf Soll- und Habenseiten der Konten zu verbuchen waren, muss auch das nach Abschluss aller anderen Konten entstandene Schlussbilanzkonto ausgeglichen sein. Jede Abweichung weist auf Buchungsfehler hin, die unverzüglich aufzuklären sind.

Das Konto „Bank" weist zum Abschlussstichtag folgende Umsätze auf:

Bank			
Soll			**Haben**
Eröffnungsbilanzkonto (AB)	4.000,00	Verbindlichkeiten	500,00
Forderungen	3.000,00	Verbindlichkeiten	200,00
Forderungen	1.000,00	Verbindlichkeiten	700,00
		Verbindlichkeiten	800,00

Im Rahmen des Kontoabschlusses sind also zunächst die Summen sowohl auf der Sollseite (8.000) als auch auf der Habenseite (2.200) und schließlich deren Differenz (5.800) zu bestimmen. Daraus ergibst sich folgender Buchungssatz für die Abschlussbuchung:

Schlussbilanzkonto   an Bank   5.800,00 €

Danach zeigt das abgeschlossene Konto folgendes Bild:

Bank			
Soll			**Haben**
EBK (Anfangsbestand)	4.000,00	Verbindlichkeiten	500,00
Forderungen	3.000,00	Verbindlichkeiten	200,00
Forderungen	1.000,00	Verbindlichkeiten	700,00
---------		Verbindlichkeiten	800,00
---------		**Schlussbilanzkonto**	**5.800,00**
Summe	**8.000,00**	**Summe**	**8.000,00**

15.4.5   Schlussbilanzkonto und Schlussbilanz

Die Schlussbilanz entsteht schließlich als geordnete Abschrift des Schlussbilanzkontos, wobei die einzelnen Positionen grundsätzlich nach der Dauer der betrieblichen Bindung geordnet werden. Die Aufzählung beginnt jeweils bei den langfristigen und endet bei den kurzfristigen Vermögensgegenständen bzw. Kapitalanteilen. Auf der Aktivseite unterscheidet man grob zwischen **Anlagevermögen** (langfristig dem Betrieb zur Verfügung stehende Vermögensteile) und **Umlaufvermögen** (kurzfristig im Betrieb verweilende Vermögensgegenstände). Auf der Passivseite erscheint zuerst das Eigenkapital, dann das langfristige Fremdkapital und zuletzt die kurzfristigen Schulden.

Eine verbindliche Gliederung der Bilanz ist § 49 GemHVO zu entnehmen (vgl. auch § 266 HGB).

15.4.6   Bilanzidentität

Der Grundsatz der Bilanzidentität gehört zu den GoB und bedeutet, dass die Schlussbilanz eines Jahres identisch ist mit der Eröffnungsbilanz des Folgejahres. Zwischen dem 31.12. des vergangenen Jahres und dem 1.1. dieses Jahres darf sich die Darstellung der Vermögenslage eines Unternehmens nicht ändern. Jede Veränderung muss innerhalb eines Geschäftsjahres erfolgen und verbucht werden. Sie darf nicht „zwischen den Jahren" vorgenommen werden.

15.4.7   Übungen

Sachverhalt Nr. 1

Udo Lehmann will sich zum Jahreswechsel als Kaufmann selbstständig machen. Zurzeit besitzt er folgende Gegenstände: VW Golf (15.000 €), Schreibtisch (600 €), Grundstück Schustergasse 4 (20.000 €), 300 € Bargeld, Arbeitsplatzcomputer (1.500 €), Haus auf dem Grundstück Schustergasse 4 (120.000 €), dafür hat er bei der Bank ein Hypothekendarlehen aufgenommen, von dem noch 98.800 € offen sind. Auf dem Bankkonto befindet sich ein Guthaben von 1.400 €, ein Laptop im Wert von 1.200 € steht noch unter Eigentumsvorbehalt des Lieferanten, weil er ihn noch nicht bezahlt ist.

Erstellen Sie das Inventar und entwickeln Sie daraus die zugehörige Eröffnungsbilanz[675]!

---

[675] Aus didaktischen Gründen ist die Lösung zu den Aufgaben in diesem Kapitel am Ende des Kapitels 15 dargestellt.

Sachverhalt Nr. 2

**A   Dem Inventar des Kaufmanns X zum 31.12.xx
können folgende Informationen entnommen werden:**

Grundstücke und Gebäude	200.000 €
Geschäftsausstattung	30.000 €
Kundenforderungen	8.000 €
Bank	1.500 €
Kasse	500 €
Hypothekendarlehen	180.000 €
Lieferantenverbindlichkeiten	20.000 €

B   Folgende Geschäftsvorfälle liegen vor:

1. Ein Kunde überweist zum Ausgleich einer Forderung 1.500 € auf das Bankkonto.
2. Kauf von Geschäftsausstattung im Wert von 4.000 € auf Rechnung.
3. Die fällige Hypothekenrate von 1.800 € wird von der Bank abgebucht.
4. Forderungen in Höhe von 800 € werden von den Kunden bar bezahlt.
5. Lieferantenverbindlichkeiten in Höhe von 2.500 € werden per Banküberweisung beglichen.
6. Mit einem Lieferanten wird die Umwandlung einer Lieferantenverbindlichkeit in Höhe von 9.000 € in ein langfristiges Darlehen vereinbart.
7. Kauf eines Computers für 999 € in bar.
8. Erwerb eines Grundstücks im Wert von 33.000 €. Der Besitz geht am gleichen Tag auf den Erwerber über. Es wird eine Anzahlung von 3.000 € per Banküberweisung geleistet, der Restbetrag wird nach erfolgter grundbuchlicher Umschreibung fällig.

Aufgaben:

1. Erstellen Sie die Bilanz zum 31.12.xx!
2. Bilden Sie Buchungssätze für die vorstehenden Geschäftsvorfälle und ordnen Sie sie den vier Kategorien (Aktiv-Passiv-Mehrung, -Minderung, Aktiv- oder Passivtausch) zu!
3. Eröffnen Sie die Bestandskonten für die aufgeführten Bilanzpositionen!
4. Verbuchen Sie die vorstehenden Geschäftsvorfälle!
5. Schließen Sie die Konten ab und erstellen Sie eine neue Bilanz!

15.5   Erfolgskonten (Ergebniskonten)

Jede Form wirtschaftlicher Betätigung erfordert zunächst einmal den Einsatz von Produktionsfaktoren wie Arbeit, Roh-, Hilfs- und Betriebsstoffen, Energie u. v. a. m. Diese Güter und Dienstleistungen werden im Rahmen der betrieblichen Tätigkeit verbraucht. In der Buchhaltung schlägt sich dieser Verbrauch als Rechnungen entsprechender Lieferanten nieder. Es entstehen also Verbindlichkeiten, als Gegenkonten werden hier sogenannte Aufwandskonten angesprochen.

Als Aufwand wird der Wert der in einer Abrechnungsperiode verbrauchten Güter und Dienstleistungen bezeichnet.[676]

In der Praxis des Rechnungswesens entsteht fortlaufend eine große Zahl unterschiedlicher Arten von Aufwendungen. Der mit Abstand bedeutungsvollste Aufwand öffentlicher Verwaltungen entsteht im Rahmen der Beschäftigung von Mitarbeitern als Personalaufwand (Dienstbezüge und Entgelte), daneben sind bei den Gemeindeverbänden die Aufwendungen für soziale Transferleistungen von sehr großer Bedeutung. Sachaufwendungen entstehen für Miete, Büromaterial, Porto, Gebühren; Fracht- und Speditionsaufwendungen; Verbrauch von Strom, Heizöl, Gas, Wasser; Reise- und Werbeaufwendungen; Kraftstoffverbrauch und Wartungsaufwand für Kraftfahrzeuge; Instandhaltung und Pflege von Gebäuden sowie Geschäftsräumen; Zinsen für aufgenommene Darlehen; Versicherungsbeiträge; Betriebssteuern u. a. Alle diese Aufwandsarten gehen zu Lasten des Eigenkapitals. Allerdings verdeutlicht bereits obige Aufzählung, dass das Konto Eigenkapital völlig überlastet wäre, wollten dort sämtliche Aufwendungen auf der Sollseite erfasst werden. Weder die zeitliche und sachliche Übersicht noch eine effiziente Kontrolle über Größe und Entwicklung der einzelnen Aufwandsarten wären gewährleistet. Doch gerade dies ist eine zwingende betriebswirtschaftliche Notwendigkeit, wenn der Betrieb auf die Dauer wirtschaftlich arbeiten soll. Diese Überlegungen haben dazu geführt, für jede Aufwandsart ein eigenes Aufwandskonto einzurichten. Damit tritt an die Stelle der Sollbuchung auf dem Eigenkapitalkonto die Sollbuchung auf dem betreffenden Aufwandskonto.

Beispiel:

Buchungssatz für die Verbuchung von Aufwand:

Aufwandskonto	an	Lieferantenverbindlichkeiten	Betrag

> Aufwandskonten nehmen Zugänge im Soll, Abgänge und den Abschlusssaldo im Haben auf. Dieser Abschlusssaldo wird am Jahresende gebildet und auf die Sollseite des Gewinn- und Verlustkontos (Ergebniskontos) übertragen.

Der Buchungssatz für den Abschluss lautet also:

GuV	an	Aufwandskonto	Betrag.

Verglichen mit der großen Zahl unterschiedlicher Aufwandsarten ist die Vielfalt der Ertragsarten im Betrieb grundsätzlich geringer.

Beispiele:
Der mit Abstand bedeutungsvollste Ertrag (= Umsatzerlös) eines Dienstleistungsbetriebs entsteht beim Absatz seiner Produkte. Für Betriebe der öffentlichen Verwaltung spielen daneben Erträge aus der Erhebung von Steuern und anderen Abgaben eine besondere Rolle.

---

[676] Vgl. auch § 58 Nr. 4 GemHVO.

Bei den Erträgen gilt dasselbe wie bei den Aufwendungen: Zugunsten der besseren Übersicht und einer wirksamen Kontrolle werden die Erträge nicht unmittelbar dem Konto Eigenkapital gutgeschrieben. Vielmehr wird für jede wichtige Ertragsart ein gesondertes Ertragskonto geführt. Zunächst bleibt auf diese Weise auch hier das Eigenkapitalkonto unberührt. Stattdessen wird ein Ertrag auf der Habenseite des betreffenden Ertragskontos erfasst. Im Rahmen erfolgreicher wirtschaftlicher Tätigkeit entstehen Güter und Dienstleistungen, die am Markt verkauft werden können, hier entstehen einerseits Forderungen (Soll) und andererseits Erträge (Haben).

Als Ertrag bezeichnet man den Wert der im Rahmen der betrieblichen Tätigkeit entstehenden Güter und Dienstleistungen. Daneben können aber auch andere Vorgänge Erträge „erzeugen" (z. B. Vermögensveräußerung über Buchwert). Im Bereich der Kommunalverwaltung treten die Erträge aus Steuern und anderen Transferleistungen hinzu, die nicht als Ergebnis der betrieblichen Tätigkeit angesehen werden können, aber gleichermaßen die wirtschaftliche Situation des Verwaltungsbetriebes verbessern.

> Ertragskonten nehmen Zugänge auf der Habenseite, Abgänge und den Schlusssaldo auf der Sollseite auf. Letzterer wird auf die Habenseite des GuV-Kontos[677] übertragen, weil es sich bei diesem Vorgang letztlich um eine Erhöhung des Eigenkapitals handelt.

Auf diesen Konten werden keine Anfangsbestände geführt, sondern Aufwand oder Erträge werden auf diesen Konten während des Geschäftsjahres gesammelt, am Jahresende im Gewinn- und Verlustkonto zusammengefasst, dessen Saldo das Eigenkapital verändert. Erfolgskonten sind somit Unterkonten des Eigenkapitalkontos.

Mögliche Ergebnisse der Gewinn- und Verlustrechnung:

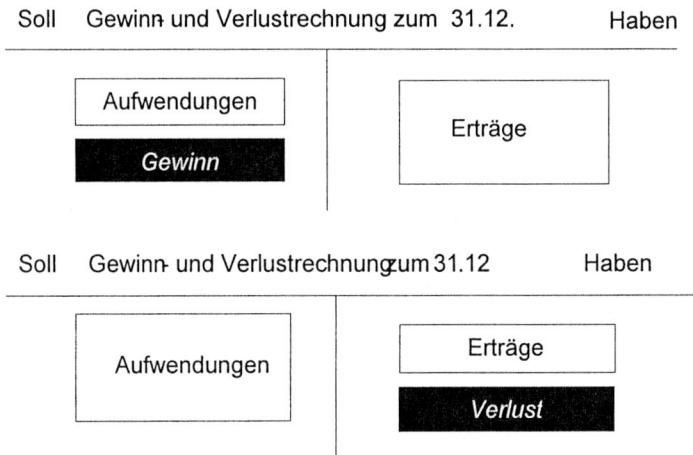

Jeder Aufwand vermindert das Eigenkapital, jeder Ertrag vermehrt das Eigenkapital.

---

677 Im KVKR ist diese ursprüngliche Bezeichnung des Ergebniskontos erhalten geblieben.

Übersicht über die Kontentypen der kaufmännischen Buchführung

A	Bilanz	P
Anlagevermögen	Eigenkapital	
Umlaufvermögen	Fremdkapital	
	Jahresüberschuss	

Gewinn- u. Verlustrechnung	
Aufwand	Ertrag
...	...
= Jahresüberschuss	

Typische Merkmale der jeweiligen Konten:

Bestandskonten

Erfolgskonten

Aktivkonten	
Anfangsb.	Abgänge
Zugänge	Schlussb.
Summe	Summe

Passivkonten	
Abgänge	Anfangsb.
Schlussb.	Zugänge
Summe	Summe

Aufwandskonten	
Aufwand	(Korrektur)
	Saldo
Summe	Summe

Ertragskonten	
(Korrektur)	Ertrag
Saldo	
Summe	Summe

Beispiele

Grundstücke

Eigenkapital

Löhne

Umsatzerlöse

Fuhrpark

Darlehensverb.

Geschäftsaufw.

Zinsertrag

Forderungen

Lieferantenverb.

Versicherungen

Mietertrag

15.6   Spezielle Buchungsbereiche

15.6.1   Warenverkehr

Die häufigsten Geschäftsvorfälle eines Kaufmanns[678] betreffen den Warenverkehr. Waren werden gekauft, eingeliefert, verkauft und ausgeliefert, aber auch beanstandet und zurückgeliefert. Der Erfolg eines Kaufmanns besteht i. A. darin, Waren zu einem höheren Preis zu verkaufen, als er sie eingekauft hat. Dieser Preisunterschied findet seine Rechtfertigung in der Bereitstellungs- und Verteilungsleistung des Kaufmanns.

Jeder erfolgreiche Warenverkauf bedeutet zwar eine Verringerung des Warenbestandes, aber die dafür erlangte Forderung ist größer als der in der Buchhaltung verzeichnete (Einstands-)Wert der Bestandsveränderung. Das Warengeschäft hat deshalb i. d. R. eine Bestands- und eine Erfolgskomponente.

Grundsätzlich könnte der gesamte Warenverkehr über ein einziges Konto verbucht werden. Es ist jedoch zweckmäßig, zwischen einem Waren-Einkaufs-(Warenbestands-) und einem Waren-Verkaufs-(Warenerfolgs-)konto zu unterscheiden, um z. B. sofort

---

[678] Warenverkäufe sind im kommunalen Bereich zwar eher selten, kommen jedoch auch dort vor; an Warenein- und -verkäufen kann die Methodik des nachfolgend dargestellten Vorsteuerabzuges besonders anschaulich erläutert werden.

erkennen zu können, ob eine Buchung die Lieferung neuer Ware durch einen Groß-händler (Zugang auf der Sollseite des Wareneinkaufskontos) oder die Rückgabe einer beanstandeten Lieferung an einen Kunden (Abgang auf der Sollseite des Warenverkaufs-kontos) beinhaltet.

In jedem Fall aber stellt sich die Frage, wie Bestands- und Erfolgskomponente unter-schieden werden können. Die aufwendigste Möglichkeit besteht darin, für jeden Geschäftsvorfall den Wareneinsatz zu verbuchen. Damit kann zu jedem Zeitpunkt der buchmäßige Warenbestand aus dem Warenbestandskonto erkannt werden. Moderne informationstechnische Systeme, in denen Finanzbuchhaltung und Warenwirtschaft gemeinsam geführt werden, leisten diesen zusätzlichen Buchungsaufwand automatisch.

Weniger aufwendig ist dagegen die einmalige Verbuchung des Wareneinsatzes am Jahresende. Zum Abschluss des Warenbestandskontos ist zunächst durch Inventur und Warenein- und -ausgangsbücher der Endbestand festzustellen und mit dem Buchungssatz „Schlussbilanzkonto an Warenbestand" zu übertragen. Anschließend muss der Saldo zwischen Anfangsbestand und Zugängen einerseits und Abgängen und Endbestand andrerseits ermittelt und mit dem Buchungssatz „Warenbestandskonto an Gewinn- und Verlustrechnung" weitergegeben werden.

Neben dieser Bruttomethode, die durch § 275 HGB seit 1985 verbindlich vorgegeben ist, war früher in vielen Betrieben die Nettoverbuchung üblich. In diesem Falle wurde der als Saldo ermittelte Wareneinsatz an das Warenerfolgskonto übertragen und dieses lieferte dann den um den Wareneinsatz geschmälerten Warenroherfolg an das GuV-Konto ab.

15.6.2 Verbuchung der Umsatzsteuer (Mehrwertsteuer)

Mit jedem Warengeschäft, aber auch mit den meisten Dienstleistungen verbindet sich nach dem Umsatzsteuergesetz[679] ein steuerlicher Geschäftsvorfall: Mit jedem Verkauf einer Ware oder Dienstleistung muss der Kaufmann von seinem Kunden die Mehrwert-steuer von zzt. 19 % fordern. Diese Forderung gegenüber dem Kunden ist jedoch für den Kaufmann kein Ertrag, sondern eine Verbindlichkeit gegenüber dem Finanzamt; vom Kunden werden 119 % gefordert, wovon 100 % Rohertrag des Kaufmanns und 19 % Verbindlichkeit des Kaufmanns gegenüber dem Finanzamt darstellen. Hierzu muss das entsprechende Steuerkonto eingerichtet werden.

Die Buchungssätze für einen umsatzsteuerpflichtigen Warenverkauf lauten:

Kundenforderungen	an	Warenverkauf	100 €
Kundenforderungen	an	Umsatzsteuer	19 €

In der Regel ist die von einem Kaufmann bezogene Ware bereits mit Umsatzsteuer belastet. Dieser Betrag darf als Vorsteuer von der o. g. Umsatzsteuerverbindlichkeit abgezogen werden, er wird auf einem gesonderten Konto **Vorsteuer** gebucht. Das Vor-steuerkonto stellt somit eine Forderung gegenüber dem Finanzamt dar.

---

[679] Siehe auch Ziffer 2.3.1.5

Die Buchungssätze für einen vorsteuerbelasteten Wareneingang lauten dann:

| Wareneinkauf | an | Lieferantenverbindlichkeiten | 1.000 € |
| Vorsteuer | an | Lieferantenverbindlichkeiten | 190 € |

Jeweils am Ende eines Mehrwertsteueranmeldungszeitraumes (je nach Umsatz monatlich oder quartalsweise) sind die Konten Vorsteuer und Mehrwertsteuer gegeneinander aufzurechnen. Falls im Anmeldungszeitraum z. B. durch Investitionen oder andere große Anschaffungen mehr Vorsteuer gezahlt als Mehrwertsteuer erhoben wurde (Vorsteuerüberhang), kann der Kaufmann die Erstattung des Differenzbetrages vom Finanzamt einfordern, andernfalls ist die bestehende Mehrwertsteuerverbindlichkeit (Zahllast) durch Banküberweisung an das Finanzamt zu begleichen. Das Vorsteuerkonto ist ein Unterkonto des Mehrwertsteuerkontos, das i. A. monatlich abgeschlossen und durch die Umsatzsteueranmeldung mit dem Finanzamt abgerechnet wird.

Die Buchungssätze in diesem Zusammenhang lauten:

| Mehrwertsteuer | an | Vorsteuer | *Vorsteuersaldo* |

a) im Falle einer Zahllast zum 10. des Folgemonats

| Mehrwertsteuer | an | Bank | *Zahllast* |

b) im Falle eines Vorsteuerüberhanges bei Eingang der Zahlung des Finanzamtes

| Bank | an | Mehrwertsteuer | *Vorsteuerüberhang* |

15.6.3   Abschlussbuchungen – Bestandskonten, Erfolgskonten

Beim Abschluss der Konten muss stets dafür gesorgt werden, dass beide Kontoseiten gleiche Summen aufweisen. Dazu müssen zunächst beide Kontoseiten addiert und anschließend die Kontoseite mit dem kleineren Betrag um den Differenzbetrag (Saldo) ergänzt werden. Abschließend wird unter der letzten Buchung ein Summenstrich gezogen und auf beiden Seiten die nun identischen Summen eingetragen und doppelt unterstrichen. Die ungenutzten Buchungszeilen zwischen der letzten Buchung und dem Summenstrich werden durch die „Buchhalternase" (siehe die Darstellung der Konten bei Ziffer 15.9) entwertet.

Ein Sollsaldo eines Aktiv- oder Aufwandskontos erscheint auf der Habenseite und drückt aus, das die Buchungen auf der Sollseite des Kontos größer waren. Dieser Sollsaldo wird an die Bilanz (Aktiva) oder GuV (Aufwand) oder ein Zwischenkonto abgegeben und erscheint dort wieder auf der Sollseite.

Ein Habensaldo eines Passiv- oder Ertragskontos verhält sich entsprechend spiegelbildlich.

Nach jeder Buchung müssen die Summen aller im Soll gebuchten Beträge stets mit den Summen aller im Haben gebuchten Beträge übereinstimmen.

Soll und Haben werden auf den verschiedenen Konten durch jede Buchung im gleichen Umfang verändert.

15.6.4 Vermögensveränderungen – Erfolgsermittlung

Ob und in welchem Umfang Erfolg zu verzeichnen war, kann aus der Veränderung des Eigenkapitalkontos abgelesen werden. Mit welchen Geschäftstätigkeiten dieser Erfolg erwirtschaftet wurde, ob aus Warenverkäufen, der Veräußerung von Anlagevermögen oder Zinsen für Geldanlagen, hierüber muss die Gewinn- und Verlustrechnung Auskunft geben.

Das Gewinn- und Verlustkonto ist in diesem Zusammenhang als Unterkonto des Eigenkapitalkontos zu verstehen. Alle Erfolgskonten – also alle Aufwands- und Ertragskonten –übertragen ihren Abschlusssaldo an das Gewinn- und Verlustkonto. Die Gewinn- und Verlustrechnung ist als geordnete Abschrift nach § 275 HGB zu erstellen. Für die Ergebnisrechnung als kommunaler Entsprechung gilt § 46 i. V. m. § 2 GemHVO.

15.6.5 Übung

Sachverhalt Nr. 3

Der Kaufmann X setzt seine Geschäftstätigkeit fort (vgl. Sachverhalt 2).

Folgende Geschäftsvorfälle sind zu verzeichnen:

9. Ankauf von Waren auf Ziel; Nettopreis 2.000 € zzgl. MwSt. (19 %)
10. Verkauf von Waren auf Ziel; Nettopreis 8.000 € zzgl. MwSt.
11. Die Stromrechnung über 400 € (zzgl. MwSt.) wird per Banküberweisung beglichen.
12. Verkauf von Waren gegen Barzahlung Bruttowert (incl. MwSt.) 238 €
13. Lieferantenverbindlichkeiten in Höhe von 2.200 € werden per Banküberweisung beglichen.
14. Betanken des Dienstwagens gegen Barzahlung (incl. MwSt.) 119 €
15. Forderungen in Höhe von 10.800 € werden per Banküberweisung beglichen.
16. Ankauf von Waren gegen bar im Wert von 200 € (zzgl. MwSt.)
17. Zur Verstärkung des Bargeldbestandes werden 1.000 € vom Bankkonto abgehoben.
18. Die MwSt.-Zahllast wird ermittelt und per Banküberweisung an das Finanzamt abgeführt.

Aufgaben:

1. Formulieren Sie die sich aus den Geschäftsvorfällen ergebenden Buchungssätze unter Benutzung der in der folgenden Aufgabe bezeichneten Konten.
2. Eröffnen Sie die Konten der Bilanzpositionen aus Sachverhalt 2; legen Sie zusätzlich Konten für Wareneinkauf, Warenverkauf, Vorsteuer, Mehrwertsteuer und Geschäftsaufwand an.
3. Führen Sie die notwendigen Buchungen aus.
4. Erstellen Sie einen Zwischenabschluss (Bilanz und Gewinn- und Verlustrechnung) aus besonderem Anlass unter Berücksichtigung des bisher behandelten Stoffes! (Der Warenbestand beträgt 600 €. Wie groß war der Wareneinsatz?)
5. Wie groß ist die Bilanzsumme?

6. Wie hoch ist die Zahllast gegenüber dem Finanzamt?
7. Wie groß ist der Erfolg des Kaufmanns?
   (Wie hat sich das Eigenkapital verändert?)

15.6.6 Verbuchung kontinuierlichen Werteverzehrs

Der Bezug und Verbrauch von Energie, Wasser u. dergl. erfolgt kontinuierlich. Die Befolgung des Grundsatzes der Maßgeblichkeit des Verfügungsgeschäftes würde hier zu unwirtschaftlichem Aufwand führen. Die GoB lassen hier eine Vereinfachung zu: Die Verbuchung erfolgt erst im Rahmen der Abrechnung bzw. der Zahlung, spätestens jedoch zum Zeitpunkt des Rechnungsabschlusses.

15.6.7 Personalaufwand (Entgelte und Dienstbezüge)

Bei der Verbuchung des Personalaufwandes (Besoldung, Vergütungen und Löhne) ist zu berücksichtigen, dass im Tarifbereich neben den tariflichen Bruttoentgelten auch die Arbeitgeberanteile der Sozialversicherungsbeiträge zu verbuchen sind. Für die Arbeitgeberanteile werden deshalb besondere Aufwandskonten geführt. Die Verbuchung erfolgt im Zusammenhang der Auszahlung der Nettoentgelte an die Beschäftigten. Die Sozialversicherungsbeiträge sowie Lohn- und Kirchensteuer werden dagegen nicht bei jedem Zahlungstermin überwiesen, sondern auf Verbindlichkeitskonten gegenüber der Sozialversicherung bzw. dem Finanzamt gesammelt und monatlich mit diesen abgerechnet. Dabei entstehen folgende Buchungssätze:

bei Fälligkeit der Entgelte:

Lohnaufwand	an	Bank	3.650 €
Lohnaufwand	an	Verb. Sozialversicherung	750 €
Lohnaufwand	an	Verb. Lohn- u. Kirchensteuer	600 €
Arbeitgeberanteil SV	an	Verb. Sozialversicherung	750 €

zum Abrechnungstermin:

Verb. Sozialversicherung	an	Bank	1.500 €
Verb. Lohn- u. Kirchensteuer	an	Bank	600 €

Die Salden der Konten Lohnaufwand und Arbeitgeberanteile an der Sozialversicherung werden beim Jahresabschluss auf das Gewinn- und Verlustkonto übertragen. Die Verbindlichkeitenkonten sind dagegen in die Schlussbilanz zu übernehmen, soweit sie nicht bis zum Abschlusszeitpunkt ausgeglichen werden.

15.6.8 Rabatte, Skonti, Boni

15.6.8.1 Rabatte

Rabatte bezeichnen Veränderungen gegenüber dem gewöhnlichen (Listen-)Preis und dem tatsächlich im Einzelfall zu zahlenden (Netto-)Preis. Es ist davon auszugehen, dass die Frage, ob und ggf. in welchem Umfang Rabatte gewährt werden, stets geklärt ist, sobald ein buchungsrelevantes Verfügungsgeschäft stattfindet. Rabatte finden grundsätzlich keinen Eingang in die Buchhaltung. Es werden stets die rabattbereinigten Beträge gebucht.

15.6.8.2 Skonti

Skonti sind Vergünstigungen für frühzeitige Zahlungen. Ob sie in Anspruch genommen werden können, steht bei Ausführung des Verfügungsgeschäftes noch nicht fest. Allerdings empfiehlt sich dies meistens, sofern es die Liquiditätslage der Kasse bzw. des Bankkontos zulässt.

Skonto wird i. A. als letzter Posten auf der Rechnung ausgewiesen und umfasst damit auch die Umsatzsteuer. Sofern vom Skonto Gebrauch gemacht wird, reduzieren sich Warenpreis und Steuerbetrag im gleichen Verhältnis.

Im Rahmen der Buchhaltung muss unterschieden werden zwischen den Skonti, die von den Lieferanten eingeräumt werden, den Lieferantenskonti, und den Skonti, die das Unternehmen den Kunden einräumt, den Kundenskonti.

Die Grundsätze ordnungsmäßiger Buchführung bieten jeweils zwei Methoden des Umganges mit Kunden- und Lieferantenskonti: Brutto- und Nettomethode.

Beide Methoden sollen auf der Grundlage folgenden Beispiels verdeutlicht werden:

Beispiel:
Kauf eines Lastkraftwagens:

Listenpreis	200.000 €
./. 25 % Rabatt	50.000 €
Rechnungspreis	150.000 €
+ 19 % MwSt.	28.500 €
Rechnungsbetrag	178.500 €
zahlbar in 30 Tagen	
bei Zahlung in 10 Tagen	
./. 2 % Skonto	3.570 €
Rechnungsbetrag nach Skontoabzug	174.930 €
Vom Skontobetrag entfallen auf	
den Warenpreis	3.000 €
die MwSt.	570 €

Bruttomethode

Die Bruttomethode geht zunächst vom vollen Rechnungsbetrag aus und berücksichtigt den Skontoabzug erst dann, wenn die Zahlung innerhalb der Frist geleistet wird. Bei Lieferung wird also der volle Betrag verbucht. Bei frühzeitiger Zahlung entsteht ein Lieferantenskontoertrag. Die Buchungssätze lauten dann:

a) bei Lieferung:

Fuhrpark	an	Verbindlichkeiten	150.000
Vorsteuer	an	Verbindlichkeiten	28.500

b) bei Zahlung innerhalb der Skontofrist sind zu verbuchen:

aa) der Zahlungsvorgang unter Abzug des Skontobetrages:

Verbindlichkeiten	an	Bank	174.930

bb) die dadurch notwendige Korrektur der Verbindlichkeiten und der Vorsteuer:

Verbindlichkeiten	an	Lieferantenskontoerträge	3.000
Verbindlichkeiten	an	Vorsteuer	570

c) alternativ bei späterer Zahlung (nach Ablauf der Skontofrist)

Verbindlichkeiten	an	Bank	178.500

Nettomethode

Sofern regelmäßig von Skonto Gebrauch gemacht wird, bietet die Nettomethode den Weg des geringsten Buchungsaufwandes. Sie geht davon aus, dass sich der Rechnungspreis aus einem Preis für die Ware und einen Preis für den eingeräumten Kredit zusammensetzt, wobei letzterer nicht gezahlt zu werden braucht, wenn die Leistung nicht in Anspruch genommen wird.

Die Nettomethode führt zu folgenden Buchungssätzen:

a) bei Lieferung:

Fuhrpark	an	Verbindlichkeiten	147.000
Vorsteuer	an	Verbindlichkeiten	27.930

b) bei Zahlung innerhalb der Skontofrist

Verbindlichkeiten	an	Bank	174.930

c) bei späterer Zahlung

Verbindlichkeiten	an	Bank	178.500
Lieferantenskontoaufwand	an	Verbindlichkeiten	3.000
Vorsteuer	an	Verbindlichkeiten	570

Für Kundenskonti gelten entsprechende Überlegungen.

15.6.8.3 Boni

Boni werden in der Regel erst am Jahresende für umfangreiche oder besonders erfolgreiche Geschäftsbeziehungen gewährt. Hier kommt deshalb nur die Bruttoverbuchung in Betracht. Es ist jedoch zu bedenken, dass sich Boni i. d. R. auf umsatzsteuerpflichtige Umsätze beziehen und deshalb auch hier eine Berichtigung der Mehrwertsteuer bei Kundenboni und damit auch der Vorsteuer bei Lieferantenboni vorgenommen wird[680].

15.7 Kontenrahmen und Kontenplan

Das Rechnungswesen eines jeden Betriebes ist ein zentrales Informationssystem, aus dem die Betriebsleitung und zahlreiche andere Beteiligte wichtige Informationen entnehmen müssen. Als Informationssystem kann das Rechnungswesen jedoch nur dann funktionieren, wenn alle Beteiligten unter den verwendeten Begriffen das Gleiche verstehen. Zu diesem Zweck wurden im Verlauf der Zeit verschiedene Kontenrahmen entwickelt, die dem konkreten Kontenplan der jeweiligen Institution zugrunde liegen. Kontenrahmen haben dabei die Funktion, für Vergleichbarkeit zwischen verschiedenen Institutionen zu sorgen, indem vergleichbare Sachverhalte auf Konten mit gleicher Bezeichnung verbucht werden. Auf der Grundlage des ausgewählten Kontenrahmens ist für jede Institution ein exakter Kontenplan zu entwickeln, der detailliert festlegt, welche Konten gebildet und was exakt auf diesen Konten zu verbuchen ist bzw. wie die einzelnen Konten zu unterscheiden sind. Hierzu verfügen größere Institutionen über ein Kontierungshandbuch. Für die Hessischen Kommunen wurde der KVKR (Muster 13 zur GemHVO) erarbeitet.

Industriekontenrahmen:

Klasse 0	Sachanlagen und immaterielle Anlagewerte
Klasse 1	Finanzanlagen und Geldkonten
Klasse 2	Vorräte, Forderungen und aktive Rechnungsabgrenzungsposten (RAP)
Klasse 3	Eigenkapital, Wertberichtigungen und Rückstellungen
Klasse 4	Verbindlichkeiten und passive Rechnungsabgrenzungsposten (RAP)
Klasse 5	Erträge
Klasse 6	Material- und Personalaufwendungen, Abschreibungen und Wertberichtigungen
Klasse 7	Zinsen, Steuern und sonstige Aufwendungen
Klasse 8	Eröffnung und Abschluss
Klasse 9	Frei für Kosten- und Leistungsrechnung (KLR) einschließlich Abgrenzungsrechnung

---

[680] Vgl.: Engelhard/Raffée: Grundzüge der doppelten Buchhaltung. 2. Auflage, S. 83; Bussiek/Ehrmann: Buchführung. 7. Auflage S. 71; Müller: Finanzbuchhaltung. S. 109

Bei der Auswahl einer geeigneten Basisstruktur für das neue Rechnungswesen der öffentlichen Verwaltung wurde der auf Grundlage des Bilanzrichtliniengesetzes novellierte Industriekontenrahmen (IKR) ausgewählt, der vom Bundesverband der Deutschen Industrie e. V. 1986 herausgegeben wurde. Auf dieser Grundlage wurden 1997 in einer Reihe von Arbeitsgruppen Aufbaulogik, Klassen, Kontengruppen und Hauptkonten analysiert, auf Verwendbarkeit für die öffentliche Verwaltung geprüft und in vielen Fällen um Spezifika der öffentlichen Verwaltung ergänzt bzw. deutlich modifiziert.

15.8   Jahresabschluss

Für den Geltungsbereich des HGB regelt dessen § 242:

(1) Der Kaufmann hat zu Beginn seines Handelsgewerbes und für den Schluss eines jeden Geschäftsjahrs einen das Verhältnis seines Vermögens und seiner Schulden darstellenden Abschluss (Eröffnungsbilanz, Bilanz) aufzustellen. ...

(2) Er hat für den Schluss eines jeden Geschäftsjahrs eine Gegenüberstellung der Aufwendungen und Erträge des Geschäftsjahrs (Gewinn- und Verlustrechnung) aufzustellen.

(3) Die Bilanz und die Gewinn- und Verlustrechnung bilden den Jahresabschluss.

Entsprechende Regelungen gelten mit Einführung der Doppik auch für die Gemeinden in Hessen: Nach Ablauf des Haushaltsjahres sind die Ergebnisse der Haushaltswirtschaft, die im Rahmen der GoB dokumentiert wurden, im Jahresabschluss zusammenzuführen (§ 112 HGO).

15.8.1   Bestandteile und Anlagen des Jahresabschlusses

Gem. § 112 Abs. 2 besteht der Jahresabschluss aus

1. der Vermögensrechnung (Bilanz) (siehe Kapitel 16)
2. der Ergebnisrechnung (siehe Kapitel 17) und
3. der Finanzrechnung (siehe Kapitel 18).

Der Jahresabschluss ist durch einen Rechenschaftsbericht zu erläutern (§ 112 Abs. 3 HGO).

Dem Jahresabschluss sind als Anlagen beizufügen (§ 112 Abs. 4):

1. ein Anhang, in dem die wesentlichen Posten des Jahresabschlusses zu erläutern sind, mit Übersichten über das Anlagevermögen, die Forderungen und die Verbindlichkeiten sowie
2. eine Übersicht über die in das folgende Jahr zu übertragenden Haushaltsermächtigungen.

Übersicht über die Bestandteile und Anlagen des Jahresabschlusses (§ 112 HGO):
- Vermögensrechnung → § 49 GemHVO, Muster 20
- Ergebnisrechnung → § 46 GemHVO, Muster 15, 18
- Finanzrechnung → § 47 GemHVO, Muster 16, 17, 19
- Anhang (Erläuterungen) → § 50 GemHVO
  - Anlagenübersicht
  - Forderungsübersicht
  - Übersicht über Rücklagen und Rückstellungen
  - Verbindlichkeitenübersicht
- Übersicht über die übertragenen Ermächtigungen
- Rechenschaftsbericht → § 51 GemHVO

15.8.2 Verfahrensweisen

Der Gemeindevorstand soll den Jahresabschluss der Gemeinde innerhalb von vier Monaten nach Ablauf des Haushaltsjahres aufstellen und die Gemeindevertretung unverzüglich über die wesentlichen Ergebnisse der Abschlüsse unterrichten (§ 112 Abs. 9 HGO)[681].

Das nachfolgende Schaubild verdeutlicht die grundsätzliche Beziehung der im Jahresabschluss enthaltenen Rechenwerke Vermögensrechnung (Bilanz) und Ergebnisrechnung:

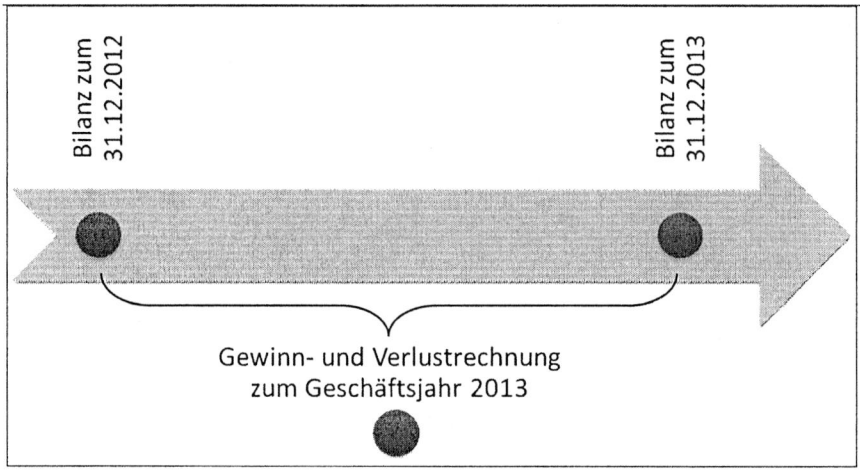

Übersicht über die Beziehungen zwischen Vermögensrechnung und Ergebnisrechnung

---

[681] Vgl. den von einer Arbeitsgemeinschaft von Hessischem Städtetag, Hessischem Landkreistag und Hessischem Städte- und Gemeindebund herausgegebenen Leitfaden „Jahresabschlüsse fristgerecht erstellen" (Juni 2013)

Die Umsetzungsschritte zur Erstellung des Jahresabschlusses sind in der nachfolgenden Übersicht dargestellt:

**Übersicht über die Verfahrensschritte
zur Erstellung des Jahresabschlusses**

- zeitgerechte und vollständige **Buchung** der Geschäftsvorfälle

- stichtagsbezogene Inventur (Einzelbewertung, Bestandfortschreibung)

- **Abschreibungen** des Werteverzehrs (planmäßig, außerplanmäßig)

- Bildung von **Rückstellungen**

- **Rechnungsabgrenzung**

15.8.3   Zusammengefasster Abschluss („Konzernbilanz")

Der Jahresabschluss der Gemeinde ist mit den Jahresabschlüssen

1. der Sondervermögen, für die Sonderrechnungen geführt werden,
2. der Unternehmen und Einrichtungen mit eigener Rechtspersönlichkeit, ausgenommen die Sparkassen und Sparkassenzweckverbände, an denen die Gemeinde beteiligt ist; für mittelbare Beteiligungen gilt § 290 des Handelsgesetzbuches,
3. der Zweckverbände und Arbeitsgemeinschaften nach dem Gesetz über die kommunale Gemeinschaftsarbeit mit kaufmännischer Rechnungslegung, bei denen die Gemeinde Mitglied ist,
4. der rechtlich selbstständigen kommunalen Stiftungen mit kaufmännischer Rechnungslegung,
5. der Aufgabenträger mit kaufmännischer Rechnungslegung, deren finanzielle Grundlage wegen rechtlicher Verpflichtung wesentlich durch die Gemeinde gesichert wird,

zusammenzufassen. Diese Verpflichtung gilt erstmals für die die auf den 31. Dezember 2015 aufzustellenden Jahresabschlüsse (§ 112 Abs. 5 S. 2 HGO)

Dem zusammengefassten Jahresabschluss ist ein Anhang (Abs. 4 Nr. 1) beizufügen. Die Jahresabschlüsse der in Satz 1 genannten Aufgabenträger müssen nicht einbezogen werden, wenn sie für die Verpflichtung nach Abs. 1 Satz 4 von nachrangiger Bedeutung sind.

15.9 Lösungshinweise zu den Übungen

Lösung zum Sachverhalt Nr. 1:

Inventar des Kaufmanns Udo Lehmann zum 01.01.xx

1. Sachanlagevermögen		
1.1 Grundstück Schustergasse 4	20.000 €	
1.2 Gebäude Schustergasse 4	120.000 €	
1.3 PKW VW Golf	15.000 €	
1.4 PC	1.500 €	
1.5 Laptop	1.200 €	
1.6 Schreibtisch	600 €	
2. Umlaufvermögen		
2.1 Bankguthaben	1.400 €	
2.2 Bargeld	300 €	
Summe der Vermögensgegenstände		160.000 €
3. Schulden		
3.1 Hypothekendarlehen für Haus	98.800 €	
3.2 Lieferantenkredit für Laptop	1.200 €	
Summe der Schulden		100.000 €
Differenz (Vermögen ./. Schulden = Reinvermögen)		60.000 €

Eröffnungsbilanz des Einzelkaufmanns Udo Lehmann zum 01.01.xx			
Aktiva			**Passiva**
Grundstücke + Gebäude	140.000,00	Eigenkapital	60.000,00
Fuhrpark	15.000,00	Hypothekendarlehen	98.800,00
Geschäftsausstattung	3.300,00	Lieferantendarlehen	1.200,00
Bank	1.400,00	---------------	
Bargeld	300,00	---------------	
Summe der Aktiva	160.000,00	Summe der Passiva	160.000,00

Lösung zum Sachverhalt Nr. 2:

Zu 1:

Aktiva	**Bilanz des Betriebes X zum 31.12.xx**		**Passiva**
Grundstücke und Gebäude	200.000 €	Eigenkapital	40.000 €
Geschäftsausstattung	30.000 €	Hypothekendarlehen	180.000 €
Kundenforderungen	8.000 €	Lieferantenverbindlichkeiten	20.000 €
Bank	1.500 €		
Kasse	500 €		
Sa.	240.000 €	Sa.	240.000 €

Zu 2.

Die Buchungssätze lauten:

1. Bank an Kundenforderungen 1.500 € (Aktivtausch)
2. Geschäftsausstattung an Lieferantenverbindlichkeiten 4.000 € (A-P-Mehrung)
3. Hypothekendarlehen an Bank 1.800 € (Aktiv-Passiv-Minderung)
4. Kasse an Forderungen 800 € (Aktivtausch)
5. Lieferantenverbindlichkeiten an Bank 2.500 € (A-P-Minderung)
6. Lieferantenverbindlichkeiten an Darlehensverbindlichkeiten 9.000 € (Passivtausch)
7. Geschäftsausstattung an Kasse 999 € (Aktivtausch)
8. Grundstücke an Lieferantenverbindlichkeiten 33.000 € (A-P-Mehrung)
   Lieferantenverbindlichkeiten an Bank 3.000 € (A-P-Minderung)

Zu 3. und 4.

Die Buchungen und der Abschluss auf den Konten lauten:

Soll	Grundstücke und Gebäude		Haben
Anfangsbestand	200.000 €	9) Schlussbilanzkonto	233.000 €
8) Lieferantenverb.	33.000 €		
Sa.	233.000 €	Sa.	233.000 €

Soll	Geschäftsausstattung		Haben
Anfangsbestand	30.000 €	10) Schlussbilanzkonto	34.999 €
2) Lieferantenverb.	4.000 €		
7) Kasse	999 €		
Sa.	34.999 €	Sa.	34.999 €

Soll	Kundenforderungen		Haben
Anfangsbestand	8.000 €	1) Bank	1.500 €
		4) Kasse	800 €
		11) Schlussbilanzkonto	5.700 €
Sa.	8.000 €	Sa.	8.000 €

Soll	Bank		Haben
Anfangsbestand	1.500 €	3) Hypothekenverb.	1.800 €
1) Kundenforderungen	1.500 €	5) Lieferantenverb.	2.500 €
12) Schlussbilanzkonto	4.300 €	8) Lieferantenverb.	3.000 €
Sa.	7.300 €	Sa.	7.300 €

Soll	Kasse		Haben
Anfangsbestand	500 €	7) Geschäftsausstatt.	999 €
4) Kundenforderungen	800 €	13) Schlussbilanzkonto	301 €
Sa.	1.300 €	Sa.	1.300 €

Soll	Eigenkapital		Haben
14) Schlussbilanzkonto	40.000 €	Anfangsbestand	40.000 €
Sa.	40.000 €	Sa.	40.000 €

Soll	Hypothekendarlehen		Haben
3) Bank	1.800 €	Anfangsbestand	180.000 €
15) Schlussbilanzkonto	178.200 €		
Sa.	180.000 €	Sa.	180.000 €

Soll	Darlehensverbindlichkeiten		Haben
16) Schlussbilanzkonto	9.000 €	6) Lieferantenverb.	9.000 €
Sa.	9.000 €	Sa.	9.000 €

Soll	Lieferantenverbindlichkeiten		Haben
5) Bank	2.500 €	Anfangsbestand	20.000 €
6) Darlehensverb.	9.000 €	2) Geschäftsaustatt.	4.000 €
8) Bank	3.000 €	8) Grundstücke	33.000 €
17) Schlussbilanzkonto	42.500 €		
Sa.	57.000 €	Sa.	57.000 €

Soll	Schlussbilanzkonto (SBK)		Haben
9) Grundstücke u. Gebäude	233.000 €	12) Bank	4.300 €
10) Geschäftsausstattung	34.999 €	14) Eigenkapital	40.000 €
11) Kundenforderungen	5.700 €	15) Hypothekendarlehen	178.200 €
13) Kasse	301 €	16) Darlehensverbindlichkeiten	9.000 €
		17) Lieferantenverbindlichk.	42.500 €
Sa.	274.000 €	Sa.	274.000 €

Zu 5.

Der Abschluss lautet:

Aktiva	Bilanz zum 01.02.x1		Passiva
Grundstücke und Gebäude	233.000 €	Eigenkapital	40.000 €
Geschäftsausstattung	34.999 €	Hypothekendarlehen	178.200 €
Kundenforderungen	5.700 €	Darlehensverbindlichkeiten	9.000 €
Kasse	301 €	Lieferantenverbindlichkeiten	42.500 €
		Bank	4.300 €
Sa.	274.000 €	Sa.	274.000 €

Lösung zu Sachverhalt Nr. 3:

zu 1.

Buchungssätze:

9	Wareneinkauf	an	Lieferantenverb.	2.000
	Vorsteuer	an	Lieferantenverb.	380
10	Kundenforderungen	an	Warenverkauf	8.000
	Kundenforderungen	an	MwSt.	1.520
11	Geschäftsaufwand	an	Bank	400
	Vorsteuer	an	Bank	76
12	Kasse	an	Warenverkauf	200
	Kasse	an	MwSt.	38
13	Lieferantenverb.	an	Bank	2.200
14	Geschäftsaufwand	an	Kasse	100
	Vorsteuer	an	Kasse	19
15	Bank	an	Kundenforderungen	10.800
16	Wareneinkauf	an	Kasse	200
	Vorsteuer	an	Kasse	38
17	Kasse	an	Bank	1.000
18	MWSt	an	Vorsteuer	?
	MWSt	an	Bank	?

zu 2. und 3.

Aktivkonten

Soll	Grundstücke und Gebäude		Haben
Anfangsbestand	233.000 €	Schlussbilanz	233.000 €
Sa.	233.000 €	Sa.	233.000 €

Soll	Geschäftsausstattung		Haben
Anfangsbestand	34.999 €	Schlussbilanz	34.999 €
Sa.	34.999 €	Sa.	34.999 €

Soll	Wareneinkauf		Haben
9) Lieferantenverb.	2.000 €	Schlussbilanz	600 €
16) Kasse	200 €	Wareneinsatz	1.600 €
Sa.	2.200 €	Sa.	2.200 €

Soll	Vorsteuer		Haben
9) Lieferantenverb.	380 €	18) MwSt.	513 €
11) Bank	76 €		
14) Kasse	19 €		
16) Kasse	38 €		
Sa.	513 €	Sa.	513 €

Soll	Kundenforderungen		Haben
Anfangsbestand	5.700 €	15) Bank	10.800 €
10) Warenverkauf	8.000 €	Schlussbilanz	4.420 €
10) MwSt.	1.520 €		
Sa.	15.220 €	Sa.	15.220 €

Soll	Bank		Haben
15) Kundenforderungen	10.800 €	Anfangsbestand	4.300 €
		11) Geschäftsaufwand	400 €
		11) Vorsteuer	76 €
		13) Lieferantenverb.	2.200 €
		17) Kasse	1.000 €
		18) MwSt.	1.045 €
		Schlussbilanz	1.779 €
Sa.	10.800 €	Sa.	10.800 €

Soll	Kasse		Haben
Anfangsbestand	301 €	14) Geschäftsaufwand	100 €
12) Warenverkauf	200 €	14) Vorsteuer	19 €
12) MWSt	38 €	16) Wareneinkauf	200 €
17) Bank	1.000 €	16) Vorsteuer	38 €
		Schlussbilanz	1.182 €
Sa.	1.539 €	Sa.	1.539 €

Passivkonten

Soll	Eigenkapital		Haben
Schlussbilanz	46.100 €	Anfangsbestand	40.000 €
		G+V	6.100 €
Sa.	46.100 €	Sa.	46.100 €

Soll	Hypothekendarlehen		Haben
Schlussbilanz	178.200 €	Anfangsbestand	178.200 €
Sa.	178.200 €	Sa.	178.200 €

Soll	Darlehensverbindlichkeiten		Haben
Schlussbilanz	9.000 €	Anfangsbestand	9.000 €
Sa.	9.000 €	Sa.	9.000 €

Soll	Lieferantenverbindlichkeiten		Haben
13) Bank	2.200 €	Anfangsbestand	42.500 €
Schlussbilanz	42.680 €	9) Wareneinkauf	2.000 €
		9) Vorsteuer	380 €
Sa.	44.880 €	Sa.	44.880 €

Soll	Mehrwertsteuer		Haben
18) Vorsteuer	513 €	10) Kundenforderungen	1.520 €
18) Bank	1.045 €	12) Kasse	38 €
Sa.	1.558 €	Sa.	1.558 €

Aufwandskonten

Soll	Geschäftsaufwand		Haben
11) Bank	400 €	G+V	500 €
14) Kasse	100 €		
Sa.	500 €	Sa.	500 €

Soll	Wareneinsatz		Haben
Wareneinkauf	1.600 €	G+V.	1.600 €
Sa.	1.600 €	Sa.	1.600 €

Ertragskonten

Soll	Warenverkauf		Haben
G+V	8.200 €	10) Kundenforderungen	8.000 €
		12) Kasse	200 €
Sa.	8.200 €	Sa.	8.200 €

Zu 4.

Der Abschluss lautet:

Aufwand	Gewinn- und Verlustrechnung zum 28.02.x1		Ertrag
Wareneinsatz	1.600 €	Warenverkauf	8.200 €
Geschäftsaufwand	500 €		
Eigenkapital	6.100 €		
Sa.	8.200 €	Sa.	8.200 €

Aktiva	Bilanz zum 28.02.x1		Passiva
Grundstücke und Gebäude	233.000 €	Eigenkapital	46.100 €
Geschäftsausstattung	34.999 €	Hypothekendarlehen	178.200 €
Waren	600 €	Darlehensverbindlichkeiten	9.000 €
Kundenforderungen	4.420 €	Lieferantenverbindlichkeiten	42.680 €
Bank	1.779 €		
Kasse	1.182 €		
Sa.	275.980 €	Sa.	275.980 €

zu 4. Der Wareneinsatz beträgt 1.600 €
zu 5. Die Bilanzsumme beträgt 275.980 €
zu 6. Die Zahllast beträgt 1.045 €
zu 7. Der Erfolg beträgt 6.100 €

Inhaltsverzeichnis

16. Die kommunale Vermögensrechnung (Bilanz) - Ansatz, Ausweis und Bewertung in den einzelnen Posten

Gem. § 108 Abs. 3 HGO haben die Gemeinden zum Schluss eines jeden Haushaltsjahres eine Vermögensrechnung (Bilanz) aufzustellen, in der die Vermögensgegenstände und Schulden mit ihren Werten unter Beachtung der Grundsätze ordnungsmäßiger Inventur vollständig aufzunehmen sind. Die Vermögensrechnung (Bilanz) ist die Gegenüberstellung von Vermögen (Aktiva) und Kapital (Passiva). Die Aktiva weisen die Mittelverwendung aus und die Passiva die Mittelherkunft.

16.1 Inventur, Inventar

Für die Erstellung der Eröffnungsbilanz zum Stichtag des Beginns des ersten Jahres mit doppelter Buchführung[682] ist allein das Ergebnis der für diesen Stichtag durchzuführenden Inventur maßgebend. Die Bilanzen der Folgejahre sind jeweils als abgestimmtes Ergebnis von Inventur und Buchführung zu erstellen.

16.1.1 Begriff und Inhalt

Die Inventur ist die mengen- und wertmäßige Bestandsaufnahme aller Vermögenswerte, Schulden und Rechnungsabgrenzungsposten einer Kommune durch körperliche Bestandsaufnahme oder durch eine buch- bzw. belegmäßige Bestandsfeststellung (vgl. §§ 35 ff. GemHVO).

Das Inventar ist ein auf der Grundlage der Inventur erstelltes Vermögens- und Schuldenverzeichnis mit Wertangaben. Auf der Grundlage des Inventars wird unter Verzicht auf Einzelangaben und mittels Zusammenfassung die Bilanz erstellt.

Die Inventur hat grundsätzlich zum Bilanzstichtag zu erfolgen. Es ist eine zeitnahe Inventur im Zeitraum von 10 Tagen vor bis 10 Tagen nach dem Abschlussstichtag möglich, wobei Bestandsveränderungen zwischen Abschlusszeitpunkt und tatsächlichem Inventurtag anhand von Belegen oder Aufzeichnungen berücksichtigt werden müssen.[683]

Fehlt die Inventur, so ist die Buchführung nicht ordnungsmäßig. Hierdurch kann die Beweiskraft der Buchführung für den Bereich des Vermögens und der Schulden – zumindest teilweise – verloren gehen. Die Rahmenbedingungen für die Ordnungsmäßigkeit von Inventur bzw. der Erstellung des Inventars leiten sich aus den Grundsätzen ordnungsmäßiger Buchführung (siehe Ziffer 15.4.2) ab.

---

[682] Siehe Ziffer 4.3.4.
[683] Auf die Möglichkeiten der zeitversetzten oder permanenten Inventur wird später eingegangen.

U. a. gelten folgende Grundsätze ordnungsmäßiger Inventur:

- Vollständigkeit der Bestandsaufnahme
- Richtigkeit der Bestandsaufnahme
- Einzelerfassung der Bestände
- Dokumentation und Nachprüfbarkeit der Bestandsaufnahme
- Grundsatz der Wirtschaftlichkeit

Hiernach sind grundsätzlich alle Vermögensgegenstände und Schulden bezogen auf den Bilanzstichtag auf ihren Bestand nach Vollständigkeit und Richtigkeit zu prüfen. Analog dem Prinzip der Einzelbewertung gilt grundsätzlich das Prinzip der Einzelerfassung für Vermögensgegenstände und Schulden. Insbesondere gilt ein Saldierungsverbot zwischen Vermögensposten und Schulden. Hinsichtlich der Nachprüfbarkeit ist die Bestandsaufnahme zu dokumentieren. Hier gilt das Vier-Augen-Prinzip. Die Inventur unterliegt im Rahmen des Jahresabschlusses auch der Rechnungsprüfung. Daher sind gem. Nr. 3 Hw zu § 35 GemHVO das Verfahren und die Ergebnisse der Inventur so zu dokumentieren, dass diese für sachverständige Dritte nachvollziehbar sind.

Zur Gewährleistung einer ordnungsmäßigen Inventur ist eine Inventuranweisung erforderlich (Nr. 2 Hw. zu § 35 GemHVO) die vom Bürgermeister oder vom Kämmerer erlassen werden sollte. Als Mindestinhalte sind zu empfehlen:

- Ausführungen zu den Grundsätzen ordnungsmäßiger Inventur
- Ansatzvorschriften
  - o wirtschaftliches Eigentum
  - o Definition und inhaltliche Darstellung zu Vermögensgegenständen
  - o Definition und inhaltliche Darstellung zu Schulden
  - o Definition und inhaltliche Darstellung zu Rechnungsabgrenzungsposten
  - o Bruttoprinzip (Trennung bzw. Verrechnungsverbot von Forderungen und Verbindlichkeiten)
- Inventarbildung (Zuordnung von Werten zu einzelnen Vermögensgegenständen und Schulden)
- Arten und Fristen der Inventuraufnahme (hierbei mindestens alle drei – fünf Jahre körperliche Inventur, Nr. 3 Hw. zu § 36 GemHVO)
- Anforderungen zur Dokumentation des Verfahrens und der Ergebnisse (Anforderung: Nachvollziehbarkeit für sachverständige Dritte)
- Inventurverfahren (Grundsatz körperliche Inventur, Voraussetzungen für Buch- oder Beleginventur)
- Gestaltungsspielräume beim Inventurverfahren (Stichprobeninventur)
- Inventurvereinfachungen (geringwertige Vermögensgegenstände, Verbrauchsfiktion für aus dem Lager abgegebene Vorratsbestände)
- Aufbewahrung von Inventurunterlagen

Die Inventuranweisung muss weiterhin enthalten einen

- **Personalplan** (wer führt die Inventur durch)
- **Sachplan** (welche Teile des Vermögens und der Schulden werden von welchen Personen inventarisiert)
- **Zeitplan** (in welchen Zeiträumen hat die Inventur stattzufinden)

Im Rahmen der Grundsätze ordnungsmäßiger Inventur ist auch der Grundsatz der Wirtschaftlichkeit zu berücksichtigen. Steht dieser anderen Grundsätzen gegenüber, muss eine Abwägung hinsichtlich der Gesamtbedeutung und der Erheblichkeit der jeweiligen Einschränkung erfolgen. Aus diesem Abwägungsprozess erfolgt die Ausgestaltung des Einzelfalles.

Beispiel:
Für das Abonnement einer Fachzeitschrift sind jährlich im Voraus im Monat Dezember 120 € zu bezahlen. Die Kommune kann in den von ihr aufzustellenden Regelungen über die Durchführung der Inventur festlegen, dass Geschäftsprozesse mit einem Abgrenzungsvolumen unter 150 € nicht in den Abgrenzungsposten der Bilanz zu erfassen sind, weil der Buchungsaufwand für die Abgrenzungsbuchungen gegenüber der periodengerechten Abbildung des Ressourcenverbrauchs nicht angemessen ist.

16.1.2 Inventurverfahren

Das Inventurverfahren ist davon abhängig, ob der Vermögensgegenstand physisch erfassbar ist oder nicht. Für das physisch erfassbare Vermögen gilt der Grundsatz der körperlichen Inventur. Das bedeutet, dass die Vermögensgegenstände in Augenschein zu nehmen und in Zähllisten zu erfassen sind. Neben dem althergebrachten Zählen, Messen, Wiegen ist insbesondere bei Beschädigungen oder anderen wertmindernden Veränderungen eine Zustandsaussage zu treffen. Für nicht physisch erfassbares Vermögen bzw. Schulden ist eine Buch- oder Beleginventur durchzuführen. Hier erfolgt die Inventur auf der Grundlage der Aufzeichnungen in der Buchführung.

Beispiel:
Für die Forderungen einer Kommune werden die Abschlüsse der einzelnen Forderungskonten (Debitoren) der Forderungsbuchhaltung (Debitorenbuchhaltung) zu Grunde gelegt.

Eine Buchinventur für den Bereich des Sachanlagevermögens ist nach § 36 Abs. 2 GemHVO als Inventurvereinfachungsverfahren auch möglich, wenn Vollständigkeit der Buchführung in der Anlagenbuchhaltung bzw. der Anlagekartei sichergestellt ist. Hierbei müssen alle Zu- und Abgänge einschließlich sämtlicher Umbuchungen sowie Abschreibungen zeitnah und ordnungsgemäß erfasst werden. Für den Inventurstichtag muss der buchmäßige Endbestand anhand der Anlagenbuchhaltung bzw. Anlagenkartei ermittelt werden können. Auch in solchen Fällen ist mindestens alle drei – fünf Jahre eine körperliche Bestandsaufnahme durchzuführen.

Es bestehen wie im kaufmännischen Bereich auch Gestaltungsmöglichkeiten zum Inventurverfahren. So ist gem. § 36 Abs. 1 GemHVO auch eine Stichprobeninventur zulässig. Hierbei hat eine stichprobenartige Bestandsaufnahme zu erfolgen, durch die ein Rückschluss auf den tatsächlichen Bestand und Wert gewährleistet ist. Dies muss durch ein mathematisch-statistisches, wahrscheinlichkeitstheoretisch abgesichertes Verfahren erfolgen. Der Vorbereitungsaufwand für ein solches Verfahren führt i. d. R. dazu, dass eine Vereinfachungs- bzw. Rationalisierungswirkung nicht wirksam werden kann. Zudem ist das Vorkommen entsprechend selten.

Im Rahmen der Entscheidungen über die Anwendung von Vereinfachungen nach § 36 GemHVO sollte auch Rücksicht auf Informationsbedarfe der Kostenrechnung (§ 14 GemHVO) abgestellt werden.

16.1.3   Inventurzeitpunkte

Es ist möglich, die stichtagsbezogene Inventur zeitlich zu verlegen. Der Inventurstichtag weicht hierbei vom Bilanzstichtag ab. Denkbar sind eine vorverlegte oder eine nachverlegte Inventur. Hierdurch wird es erforderlich, dass der Bestand vom Inventurstichtag auf den Bilanzstichtag fortgeschrieben oder zurückgerechnet wird.

Die zu berücksichtigenden Veränderungen werden durch die beiden folgenden Berechnungsverfahren deutlich:

Vorverlegte Inventur:

Bestand Inventurstichtag/Aufnahmetag
+ Zugänge zwischen Inventur- und Bilanzstichtag
- Abgänge zwischen Inventur- und Bilanzstichtag
= Bestandswert am Bilanzstichtag

Nachverlegte Inventur:

Bestand Inventurstichtag/Aufnahmetag
- Zugänge zwischen Inventur- und Bilanzstichtag
+ Abgänge zwischen Inventur- und Bilanzstichtag
= Bestandswert am Bilanzstichtag

16.1.4   Übungen

Sachverhalt Nr. 1:

Die Gemeinde G hat in ihrer Geschäftsanweisung festgelegt, dass die Inventur jeweils bis zum 31.01. eines jeden Jahres durchzuführen ist (nachverlegte Inventur). Am 31.01.2014 wurde bei der Gemeinde G der Inventurbestand wie folgt ermittelt:

Betriebs- und Geschäftsausstattung (BGA)	300.000 €
Fahrzeuge	500.000 €
Maschinen u. technische Anlagen (MtA)	200.000 €

Abschreibungen für 2013 wurden noch nicht gebucht.

Der Anlagenbuchhalter hat für den Zeitraum zwischen dem Bilanzstichtag und dem Inventurstichtag folgende Bestandsveränderungen ermittelt:

Zugang von zwei Stahlschränken	Wert	5.000 €	am 05.01.2014
Abgang eines Feuerwehrfahrzeugs	Buchwert 31.12.	10.000 €	am 12.01.2014
Austausch zweier Kettensägen			
Bestand (Inzahlungnahme)	Buchwert 31.12.	100 €	am 02.01.2014
Neue Kettensägen (zusammen)	Restkaufpreis	1.000 €	am 05.01.2014

Aufgabe:

Ermitteln Sie die Bestandswerte für den Bilanzstichtag.

Lösung:

	Betriebs- u. Geschäftsausstattung		Fahrzeuge		Maschinen u. technische Anlagen
Bestand 31.01.	300.000	Bestand 31.01.	500.000	Bestand 31.01.	200.000
Zugang 05.01.	- 5.000	Abgang 12.01.	+ 10.000	Abgang 02.01.	+ 100
				Zugang 05.01.	- 1.100
Bestandswert Bilanzstichtag	**295.000**		**510.000**		**199.000**

Anmerkung: Beim Ankauf der Kettensägen handelt es sich um eine vorherige Inzahlungnahme i. H. v. 100 €, so dass der Gesamtkaufpreis 1.100 € beträgt.

Sachverhalt Nr. 2:

Die Gemeinde G nutzt als Inventur- und Bewertungsvereinfachungen Festwertbildung und Gruppenbewertung. Hierbei ergeben sich folgende Sachverhalte:

a) Festwertbildung

Bei der Feuerwehr wird eine gleichbleibende Menge von Atemschutzmasken eingesetzt. Unbrauchbar gewordene Masken werden regelmäßig ersetzt. Zum Zeitpunkt der Bildung des Festwertes sind 20 Masken vorhanden. Die Anschaffungskosten betrugen durchgängig 300 € je Maske.

Aufgabe:

Ermitteln Sie den Festwert für die Atemschutzmasken der Feuerwehr.

b) Fortschreibung des Festwertes

Im Jahr vor der nach § 34 Abs. 1 Satz 2 GemHVO regelmäßig vorgeschriebenen Bestandsaufnahme werden 6 neue Masken zu je 350 € beschafft. Neben der notwendigen Ersatzbeschaffung ist ein Teil hiervon für die erstmalige Ausstattung der Freiwilligen

Feuerwehr vorgesehen. Der Bestand an alten Masken beträgt 16 Stück, wobei die durchschnittliche Nutzungszeit sich nicht verändert hat.

Aufgabe:

Ermitteln Sie die Abweichung vom bisherigen Festwert und entscheiden Sie anhand der Abweichung, ob eine Festwertanpassung erforderlich ist.

c) Gruppenbewertung mit dem gewogenen Durchschnittswert

Im Rahmen der Inventur wurde festgestellt, dass in der Feuerwehrwerkstatt 50 Werkzeuge vorhanden sind. Aufgeteilt nach Einzelpreisen setzen sich die Werkzeuge wie folgt zusammen:

- 15 x 120 €
- 10 x 125 €
- 20 x 130 €
- 5 x 110 €

Die Restnutzungsdauer liegt bei 5 Jahren.

Aufgabe:

Ermitteln Sie den Gesamtwert der Werkzeuge und den gewogenen Durchschnittswert eines Werkzeugs.

Lösung:

Zu a) Festwertbildung:

Anschaffungswert	20 Stück	300 €	6.000 €
anzusetzender Festwert		50 %	3.000 €

zu b) Festwertfortschreibung

bisheriger Festwert		50%	3.000 €
anzusetzender Wert (alt)	16 Stück	300 €	50 % = 2.400 €
anzusetzender Wert (neu)	6 Stück	350 €	50 % = 1.050 €
anzusetzender Wert gesamt			3.450 €
Abweichung			15 %

Der Festwert ist fortzuschreiben, da sich Menge und Anschaffungskosten wesentlich verändert haben.

Zu c) Gruppenbewertung mit gewogenem Durchschnitt

Berechnung des Durchschnittswertes				
Werkzeug I	15 Stück	x	120,00 €	1.800,00 €
Werkzeug II	10 Stück	x	125,00 €	1.250,00 €
Werkzeug III	20 Stück	x	130,00 €	2.600,00 €
Werkzeug IV	5 Stück	x	110,00 €	550,00 €
Gesamtwert für 50 Werkzeuge				6.200,00 €
Gewogener Durchschnittswert			/50 Stück	124,00 €

16.2 Allgemeine Grundlagen der Bewertung im kommunalen Haushaltsrecht

16.2.1 Vermögensgegenstand

Das Haushaltsrecht orientiert sich am kaufmännischen Begriff des Vermögensgegen-standes. Einigkeit besteht hinsichtlich der folgenden Merkmale für die Bestimmung als Vermögensgegenstand:

a) Nur Güter mit einem wirtschaftlichen Wert stellen einen Vermögensgegen-stand dar.

b) Nach den Grundsätzen ordnungsmäßiger Buchführung – Prinzip der Einzel-erfassung bzw. -bewertung – müssen Vermögensgegenstände einzeln ver-wertbar (veräußerbar) sein.

c) Es muss tatsächliche Verfügungsmacht ausgeübt werden können (wirtschaft-liches Eigentum).

16.2.1.1 Wirtschaftliches Eigentum

Ein Vermögensgegenstand ist nach den Grundsätzen ordnungsmäßiger Buchführung (GoB) im Vermögensbestand der Aktivseite der Bilanz zu erfassen, wenn die Kommune wirtschaftlicher Eigentümer ist. Hiermit werden auch im Sinne der Abbildung des Ressourcenverbrauchs analog dem kaufmännischen Rechnungswesen die tatsächlichen wirtschaftlichen Verhältnisse zu Grunde gelegt. Wirtschaftliches Eigentum liegt vor, wenn eine eigentumsähnliche wirtschaftliche Sachherrschaft über einen Vermögens-gegenstand besteht, wodurch ermöglicht wird, Dritte auf Dauer von der Nutzung auszu-schließen.

Der Übergang des wirtschaftlichen Eigentums ist durch den Übergang der Verfügungs-macht sowie von Gefahren und Lasten auf den Erwerber gekennzeichnet.

Zumeist fallen rechtliches und wirtschaftliches Eigentum zusammen. Abweichungen können sich jedoch insbesondere bei Sicherungsübereignung, Eigentumsvorbehalt und Übereignung zu treuen Händen sowie beim Grundstückserwerb ergeben. Des Weiteren ergeben sich bei Leasing unterschiedliche Zuordnungskonstellationen (siehe Ziffer 16.2.1.3).

Beispiel 1:
Zur Sicherung eines Arbeitnehmerdarlehens übereignet der Mitarbeiter der Kommune sein Auto. Privatrechtlich gehört das Auto der Kommune. Es verbleibt jedoch im Besitz des Mitarbeiters, der eine eigentumsähnliche Sachherrschaft (Nutzung, Pflege, Verfügungsgewalt) ausübt. Das wirtschaftliche Eigentum am Auto liegt jedoch beim Arbeitnehmer. Es wird demnach bei der Kommune nicht aktiviert.

Beispiel 2:
Beim Erwerb von Büro- und Geschäftsausstattung liefert die beauftragte Firma unter Eigentumsvorbehalt. Zivilrechtlich gehört die Büro- und Geschäftsausstattung bis zur Bezahlung noch dem Verkäufer. Die gelieferten Sachen sind jedoch schon mit Übergang von Gefahren und Lasten wirtschaftlich dem Käufer zuzurechnen. Aufgrund des wirtschaftlichen Eigentums ist der Erwerb mit der Lieferung (und nicht erst mit der Bezahlung) zu aktivieren.

Beispiel 3:
Die Stadt errichtet auf eigene Kosten auf einem gepachteten Grundstück ein Asylheim. Sie hat das Recht, das Gebäude jederzeit baulich zu verändern und wieder abzureißen. Sie trägt auch den Werteverzehr des Gebäudes. Nach § 94 BGB ist das Asylheim ein wesentlicher Bestandteil des Grundstücks, so dass es zivilrechtlich dem Grundstückseigentümer zuzuordnen ist. Wirtschaftlich übt die Kommune sämtliche eigentumsähnlichen Rechte aus, so dass sie wirtschaftlicher Eigentümer (Bilanzposten: Gebäude auf fremden Grund und Boden) ist. Demnach hat eine Aktivierung in der kommunalen Bilanz zu erfolgen.

16.2.1.2 Selbstständige Verwertbarkeit

Die selbstständige Verwertbarkeit nach GoB knüpft an die Schuldendeckungsfähigkeit an. Danach ist ein Vermögensgegenstand selbstständig verwertbar, wenn er ohne weitergehende Bearbeitung in seinem bestehenden Zustand durch Veräußerung, Belastung oder Nutzung gegenüber Dritten in Liquidität umgewandelt werden kann.

Nicht selbstständig verwertbare Gegenstände werden demnach den zugehörigen und für eine Verwertung notwendigen Bestandteilen zugeordnet.

Beispiel 1:
Die Drehleiter als Bestandteil eines Drehleiterfahrzeuges ist ohne Ausbau nicht zu verkaufen. Demnach wird das Drehleiterfahrzeug einschließlich der Drehleiter als Vermögensgegenstand erfasst.

Beispiel 2:
Anders ist dies bei der Beladung mit feuerwehrtechnischen Geräten bei einem Löschfahrzeug. Die einzelnen Geräte könnten ohne weitergehende Bearbeitung dem Fahrzeug entnommen und einzeln verkauft werden. Demnach sind die auf einem Löschfahrzeug befindlichen feuerwehrtechnischen Geräte einzeln als Vermögensgegenstände zu erfassen. Weitergehende Ausführungen hinsichtlich Inventur- und Bewertungsvereinfachungen bei diesem Beispiel siehe Ziffer 16.2.8.2

16.2.1.3 Leasing

In sämtlicher Literatur zum Leasing[684] wird stets einleitend auf ein Grundsatzurteil des Bundesfinanzhofes (BFH) vom 26.01.1970 Bezug genommen, wonach die steuerrechtlich getroffenen Regelungen auch für den handelsrechtlichen Bereich gelten. Mangels alternativer Regelungen knüpft das Haushaltsrecht somit an die Regelungen des kaufmännischen Referenzmodells und somit in diesem Fall an die steuerrechtlichen Regelungen an.

Diese zentralen steuerrechtlichen Inhalte sind die drei folgenden Leasing-Erlasse, welche die Grundlage für die Zuordnung des geleasten Anlagevermögens bilden:

- BMF-Schreiben vom 19.04.1971, BStBl. 1971 I S. 264 zur ertragssteuerlichen Behandlung von Leasing-Verträgen über bewegliche Wirtschaftsgüter (sog. Mobilien-Erlass im Rahmen der Vollamortisation)
- BMF-Schreiben vom 21.03.1972, BStBl. 1972 I S. 188 zur ertragssteuerlichen Behandlung von Finanzierungs-Leasing-Verträgen über unbewegliche Wirtschaftsgüter (sog. Immobilien-Erlass im Rahmen der Vollamortisation)
- BMF-Schreiben vom 23.12.1991, BStBl. 1992 I S. 13 zur ertragssteuerlichen Behandlung von sog. Teilamortisations-Verträgen beim Immobilien-Leasing (sog. Teilamortisations-Erlass)

Folgende Arten der Vertragsgestaltung beim Leasing bestehen:

- Operatives Leasing; diese Verträge entsprechen rechtlich Mietverträgen, wobei dem Leasingnehmer bei Einhaltung gewisser Fristen auch ein Kündigungsrecht zugestanden wird
- Finanzierungs-Leasing; nach der unkündbaren Grundmietzeit wird dem Leasingnehmer eine Verlängerungs- oder Kaufoption eingeräumt
- Sale-and-lease-back; die Gemeinde veräußert einen Vermögensgegenstand und least ihn anschließend zurück, um die eigene Nutzung fortzusetzen
- Cross-Border-Leasing; auf Grund der früher vor allem in den USA gegebenen steuerlichen Möglichkeiten wurden Vermögensteile (z. B. Kanalsysteme und Kläranlagen, Gebäudekomplexe) langfristig an amerikanische Investoren verkauft und sofort zur gemeindlichen Nutzung zurückgeleast. Die Gemeinde blieb nach deutschem Recht weiterhin Eigentümerin des Vermögens, sodass keine Veräußerung im Sinne von § 109 Abs. 1 Satz 1 HGO vorlag.

Beim operativen Leasing erfolgt die Bilanzierung immer beim Leasinggeber.

Die Bilanzierung beim Finanzierungsleasing erfolgt bei Leasingverträgen ohne Optionsrecht beim Leasinggeber, wenn die Grundmietzeit zwischen 40 % und 90 % der betriebsgewöhnlichen Nutzungsdauer des Leasingobjektes beträgt, ansonsten hat die Bilanzierung beim Leasingnehmer zu erfolgen. Bei Leasingverträgen mit Kaufoption knüpft die Bilanzierung beim Leasinggeber an zwei Bedingungen. Die Grundmietzeit muss zwischen 40 % und 90 % der betriebsgewöhnlichen Nutzungsdauer des Leasingobjektes liegen und im Fall der Ausübung der Option darf der Kaufpreis weder den durch lineare Abschreibung ermittelten Buchwert noch den niedrigeren gemeinen Wert im Veräußerungszeitpunkt

---

[684] Vgl. auch Erlass „Leasing-Finanzierungen im kommunalen Bereich" vom 7. Juli 1997 (StAnz. 30/1997 S. 2174).

unterschreiten, ansonsten erfolgt die Bilanzierung beim Leasingnehmer. Bei Leasing-verträgen mit Mietverlängerungsoption gelten grundsätzlich die gleichen Voraussetzungen, wobei jedoch anstelle der Höhe des Kaufpreises die Höhe der Anschlussmiete zu berücksichtigen ist.

16.2.2   Anlagevermögen

Zum Anlagevermögen gehören alle Vermögensgegenstände, die dazu bestimmt sind, dauerhaft von der Kommune genutzt zu werden. Merkmale für die Dauerhaftigkeit sind, dass der Vermögensgegenstand nicht zur Veräußerung bestimmt ist und seine Zweck-bestimmung darin besteht, dass er dem Geschäftsbetrieb dauernd (mehrere Jahre) dienen soll. Das Anlagevermögen setzt sich zusammen aus

- immateriellem Anlagevermögen
- Sachanlagevermögen und
- Finanzanlagevermögen.

16.2.3   Abgrenzung zum Umlaufvermögen

Zum Umlaufvermögen gehören alle Vermögensgegenstände, die nicht dazu bestimmt sind, dauerhaft dem Geschäftsbetrieb der Kommune zu dienen. Merkmale für die Nichtdauer-haftigkeit ist eine vorgesehene Zweckbestimmung durch die Kommune, die einen Ver-brauch, Verkauf oder eine nur kurzfristige Nutzung vorsieht. Somit gehören Gegenstände bzw. Vorräte, die zur Weiterverarbeitung oder zum Verkauf bestimmt sind, nicht zum Anlagevermögen.

Beispiele:
Der Papiervorrat der Hausdruckerei, der Heizölvorrat ist als Umlaufvermögen zu führen, sofern er nicht bereits als verbraucht gilt. Dagegen sind die für die Feuer-wehr oder andere Betriebszwecke vorgehaltenen Fahrzeuge dem Anlagevermögen zuzurechnen.

16.2.4   Erhaltene Schenkungen von Anlagevermögen

Eine Ausnahme der Aktivierung der Anschaffungskosten für einen Vermögensgegenstand stellt eine Schenkung dar. Gem. Nr. 15 Hw. zu § 41 GemHVO ist wahlweise eine Akti-vierung mit dem Erinnerungswert bzw. zu den sich tatsächlich ergebenden Anschaffungs-(neben)kosten (z. B. Transport, Versicherung, bei Grundstücken Notar- und Gerichtskosten, Grunderwerbssteuer,) oder eine Aktivierung mit dem aktuellen Markt-wert möglich. Wird der aktuelle Marktwert aktiviert, so ist dem Zeitwert des Ver-mögensgegenstandes ein Sonderposten in Höhe der Zuwendung (= Zeitwert des Ver-mögensgegenstandes) gegenüberzustellen.

Beispiel:
Die Gemeinde G erhält eine Grünanlage geschenkt. Der Wert beträgt nach einem vorliegenden Wertgutachten 500.000 €. Anschaffungs-(neben-)kosten sind für die Gemeinde G nicht angefallen. Nach dem „Bruttoprinzip" kann der Zeitwert des

Vermögensgegenstandes in Höhe von 500.000 € aktiviert werden, dann ist ein gleichlautender Wert als Sonderposten zu passivieren.

16.2.5 Anschaffungs- und Herstellungskosten

Das kommunale Haushaltsrecht in Hessen knüpft hinsichtlich der Bewertung mit Anschaffungs- und Herstellungskosten (§ 41 Abs. 1 GemHVO) eng an die traditionellen handelsrechtlichen Vorschriften an. In § 255 HGB werden die einzelnen Wertbestandteile sowohl für die Anschaffungskosten als auch die Herstellungskosten dargestellt. Auch die ermittelten Wertansätze sind in der Eröffnungsbilanz auf der Grundlage von vorsichtig geschätzten Zeitwerten gem. § 59 Abs. 2 GemHVO auf den Anschaffungszeitpunkt zurück zu indizieren – Ausnahmen gelten gem. § 108 Abs. 4 HGO nur für vor dem Jahre 2005 sachgerecht ermittelte Wertansätze.

Ob mit dieser Fixierung auf historische Anschaffungswerte eine sachgerechte Bewertung des Anlagevermögens erzielt werden kann, wird zunehmend auch im internationalen Kontext streitig diskutiert. Im traditionellen deutschen Handelsrecht wird dieses Prinzip in erster Linie mit dem Ziel des Gläubigerschutzes begründet. Dieses Ziel wird jedoch mit der kommunalen Bilanz bislang nicht verfolgt. Weiterhin wird angeführt, dass Anschaffungswerte objektiv bestimmbar sind, während Zeitwerte nur durch Schätzung ermittelt werden können und insofern stets auch eine subjektive Komponente enthalten. Diese subjektive Komponente ist allerdings durch Rückindizierung keineswegs zu eliminieren. Der Gesetzgeber in Nordrhein-Westfalen hat sich – im Gegensatz zu Hessen – deshalb im Falle der Wertermittlung durch Schätzung gegen eine Rückindizierung entschieden, um in diesen Fällen wirklichkeitsnähere Werte in die kommunale Bilanz aufzunehmen. Dies erschwert u. a. länderübergreifende Vergleiche.

Mit fortgeschriebenen historischen Anschaffungskosten kann der wirkliche Wert langlebigen immobilen Vermögens nur sehr eingeschränkt dargestellt werden. Das gesetzlich definierte Ziel, „die tatsächliche Vermögenslage" darzustellen, ist unter der Einschränkung der Verwendung fortgeschriebener historischer Anschaffungskosten kritisch zu sehen. Auch das Ziel der intergenerativen Gerechtigkeit leidet darunter, wenn abnutzbares kommunales Vermögen, welches mit der Kaufkraft der 50er und 60er Jahre des vorigen Jahrhunderts geschaffen wurde, mit den nominalen Zahlen der Herstellung fortgeführt und davon Abschreibungen abgeleitet werden, die mit gleichen Beträgen der aktuellen Kaufkraft abgegolten werden. Auf diese Weise kann lediglich eine nominale, nicht aber eine reale Substanzerhaltung dargestellt werden. Da jedoch schon diese nominale Substanzerhaltung vielen Kommunen schwer fällt, wird sie als willkommener Ausweg aus der viel schwieriger zu erlangenden realen Substanzerhaltung gern akzeptiert.

Anschaffungskosten

Die dem Vermögensgegenstand einzeln zurechenbaren Anschaffungskosten sind nach § 41 Abs. 2 GemHVO die Aufwendungen, die geleistet werden, um einen Vermögensgegenstand zu erwerben und ihn in einen betriebsbereiten Zustand zu versetzen, soweit sie dem Vermögensgegenstand einzeln zugeordnet werden können. Zu den Anschaffungskosten gehören auch die Anschaffungsnebenkosten sowie die nachträglichen Anschaffungskosten. Minderungen des Anschaffungspreises sind abzusetzen. Aus dieser Definition ergibt sich folgendes Herleitungsschema für die Anschaffungskosten (Nr. 1 Hw. zu § 41 GemHVO):

Anschaffungspreis	
+ Anschaffungsnebenkosten	**Ansatzpflicht**
– Anschaffungspreisminderungen	
+ Eigenleistung, wenn direkt zurechenbar	
+ nachträgliche Anschaffungskosten	
= **Anschaffungskosten**	

Anschaffungspreis

Den Anschaffungspreis stellt der Kaufpreis i. d. R. einschließlich der zu leistenden Umsatzsteuer dar. Nur bei Anschaffungen für vorsteuerabzugsberechtigte Betriebe gewerblicher Art ist der abzugsfähige Vorsteueranteil abzusetzen.

Anschaffungsnebenkosten

Die Anschaffungsnebenkosten können anhand von drei Entstehungsbereichen unterschieden werden. Danach untergliedern sich die Anschaffungsnebenkosten in

- Erwerbsnebenkosten
- Bezugsnebenkosten
- Nebenkosten der Inbetriebnahme

Erwerbsnebenkosten fallen insbesondere bei der Anschaffung von Immobilien an. Zu ihnen zählen insbesondere Notariats- und Gerichtsgebühren, Maklerprovisionen und die Grunderwerbsteuer.

Bezugsnebenkosten fallen insbesondere im Bereich des beweglichen Vermögens an. Zu den Bezugsnebenkosten gehören Transportversicherungen, Verpackungen und Frachten.

Nebenkosten der Inbetriebnahme fallen an, soweit das Anlagegut nach Lieferung noch nicht vollständig einsatzfähig ist. Die für die Versetzung in einen betriebsbereiten Zustand anfallenden Einzelkosten sind als Nebenkosten der Inbetriebnahme gleichfalls Anschaffungsnebenkosten. Zu den Nebenkosten der Inbetriebnahme gehören Montage- und Anschlusskosten oder Fundamentierungskosten.

Anschaffungspreisminderungen

Anschaffungspreisminderungen vermindern die Anschaffungskosten. Zu den Anschaffungspreisminderungen gehören insbesondere Rabatte, Skonti oder andere Preisnachlässe. Entstehen Anschaffungspreisminderungen erst nach Zahlung des Rechnungsbetrages, so sind sie nachträglich von den Anschaffungskosten abzusetzen.

Nachträgliche Anschaffungskosten

Fallen nach Anschaffung eines Vermögensgegenstandes noch Anschaffungs- oder Anschaffungsnebenkosten an, sind diese als nachträgliche Anschaffungskosten zu berücksichtigen. Nachträgliche Anschaffungskosten sind beispielsweise nachträgliche Fundamentierungen oder notwendige Ausbauarbeiten, die noch im Zusammenhang mit der Anschaffung stehen. Entstehen nachträgliche Anschaffungskosten erst in späteren Haushaltsjahren, so sind diese so zu berücksichtigen, als wären sie zum 01.01. des Haushaltsjahres der Entstehung der nachträglichen Anschaffungskosten angefallen und erhöhen für diesen Zeitpunkt den bestehenden Buchwert des Vermögensgegenstandes entsprechend.

Beispiel

Ein medizinisches Gerät des Gesundheitsamtes wird am 15.04.2014 zum Preis von 7.500 € angeschafft; die Nutzungsdauer beträgt 5 Jahre. Am 09.12.2014 fallen nachträgliche Anschaffungskosten in Höhe von 500 € an. Für das Jahr der Anschaffung 2014 ist gem. § 43 Abs. 2 GemHVO eine Abschreibung für 9 volle Monate vorzunehmen. Die Jahresabschreibung 2014 ist vom Gesamtbetrag in Höhe von 8.000 € zu berechnen und beträgt anteilig für 9 Monate 1.200 €.

Abwandlung

Die nachträglichen Anschaffungskosten aus dem obigen Beispiel für das medizinische Gerät fallen erst im Folgejahr am 10.03.2015 an. Im Jahr der Anschaffung 2014 beträgt die Jahresabschreibung anteilig 1.125 €, in den Folgejahren 2015 bis 2016 gerundet 1.618 €. Hierzu folgendes Berechnungsschema:

	Anschaffungskosten 2014	7.500 €
-	Anteilige Jahresabschreibung 2014 (9 Monate)[685]	1.125 €
=	(Rest)-Buchwert am 31.12.2014	6.375 €
+	Nachträgliche Anschaffungskosten 2015	500 €
=	Fortgeschriebener (Rest-)Buchwert 01.01.2015	6.875 €
:	Restnutzungsdauer 4 Jahre und 3 Monate (51 Monate)	
=	Abschreibung in 2015 (rund 1.617,65 €) - gerundet -	1.618 €

Im Jahr 2019 fallen noch drei Abschreibungsmonate an, danach beträgt die Abschreibung im Jahr 2019 aufgrund der vorherigen Rundung 403 € (anteilig rechnerisch auf der Basis des fortgeschriebenen Buchwerts 01.01.2015 beträgt die Abschreibung 404,41 €).

Zu den nachträglichen Anschaffungskosten für Grundstücke gehören auch die Erschließungsbeiträge, beispielsweise für eine Erstanlage einer Straße. Dabei wird Nr. 3 Hw. zu § 49 GemHVO so verstanden, dass bestehende Bedenken gegen eine Verfahrensweise,

---

[685] Nach § 43 Abs. 2 GemHVO werden alle Nutzungsmonate bei der Abschreibung berücksichtigt, hier die Monate April bis Dezember.

mit der die Gemeinde Bescheide gegen sich selbst richten kann (Zusammenfallen von Gläubiger und Schuldner), als unbeachtlich anzusehen sind. Somit entstehen auch hier aktivierbare nachträgliche Anschaffungskosten, der Wertzuwachs des Grundstückes durch die Erschließung wird abgebildet. Andererseits sind auch die auf die gemeindeeigenen Grundstücke entfallenden Beiträge als Sonderposten zu passivieren.

Im Liegenschaftsbereich können sich nachträgliche „positive als auch negative Anschaffungskosten" durch eine spätere Vermessung eines erworbenen Grundstücks ergeben. Es ist teilweise zur zeitnahen Abwicklung des Grundstücksgeschäfts durchaus üblich, im Kaufvertrag einen „Zirka-Grundstücksflächenwert" zu vereinbaren. Nach der exakten Vermessung erhöht bzw. reduziert sich der Kaufpreis um einen im ursprünglichen Kaufvertrag vereinbarten Quadratmeterpreis.

Nachträgliche Anschaffungspreisminderungen

Sollten sich nachträgliche Anschaffungspreisminderungen erst im folgenden Haushaltsjahr nach der Anschaffung ergeben, so ist analog dem Verfahren der nachträglichen Anschaffungskosten zu verfahren. Die nachträglichen Anschaffungspreisminderungen reduzieren den „fortgeschriebenen" Anschaffungswert (Restbuchwert).

Beispiel
Der Kaufpreis einer am 15.04.2014 angeschafften Druckmaschine von 10.000 € reduziert sich durch eine im Folgejahr gewährte Minderung aufgrund von Lackschäden um 10 % des Neupreises. Die Nutzungsdauer beträgt 10 Jahre. Im ersten Jahr beträgt die Abschreibung 9/12 von 1.000 €. In den Folgejahren reduziert sich die Abschreibung auf 889 €. Hierzu folgendes Berechnungsschema:

Anschaffungskosten 2014	10.000 €
- Jahresabschreibung 2014; (9 Monate)	750 €
= (Rest)-Buchwert am 31.12.2014	9.250 €
- Nachträgliche Anschaffungspreisminderung 2015	1.000 €
= Fortgeschriebener (Rest-)Buchwert	8.250 €
: Restnutzungsdauer 9 Jahre u. 3 Monate (111 Monate)	
= Abschreibung in 2015 (gerundet)	892 €

Anschaffungskosten zur Herstellung der Betriebsbereitschaft[686]

Speziell im Immobilienbereich sind Aufwendungen, die grundsätzlich Instandsetzungs- oder Modernisierungsaufwendungen darstellen, nach § 41 Abs. 2 GemHVO als Anschaffungskosten zu behandeln, wenn sie die Betriebsbereitschaft eines Gebäudes herstellen.

Betriebsbereitschaft besteht, wenn ein Gebäude entsprechend seiner Zweckbestimmung genutzt werden kann. Wird das Gebäude ab dem Anschaffungszeitpunkt genutzt, ist grundsätzlich von einer Betriebsbereitschaft auszugehen. Instandsetzungs- und Modernisierungsaufwendungen stellen dann keine Anschaffungskosten dar.

---

[686] Vgl. BMF vom 18.07.2003 (BStBl. I S.386).

Wird das Gebäude ab dem Anschaffungszeitpunkt nicht genutzt, ist hinsichtlich des Vorliegens der Betriebsbereitschaft eine weitergehende Prüfung zur Funktionstüchtigkeit vorzunehmen. Hierbei umfasst die Betriebsbereitschaft die beiden Voraussetzungen objektive und subjektive Funktionstüchtigkeit.

Die Betriebsbereitschaft liegt somit im Umkehrschluss nicht vor, wenn

- objektive Funktionsuntüchtigkeit oder
- subjektive Funktionsuntüchtigkeit

vorliegen.

Objektiv funktionsuntüchtig ist ein Gebäude, sofern für dessen Nutzung wesentliche Gebäudeteile bautechnisch grundlegend nicht nutzbar sind. Abgrenzend hierzu liegt dagegen eine Funktionsuntüchtigkeit nicht schon vor, wenn Mängel, die insbesondere durch Verschleiß hervorgerufen sind, vor einer Nutzung erst beseitigt werden. Letztlich bestimmt die Herrichtung der Funktionstüchtigkeit von wesentlichen Gebäudeteilen, inwieweit Anschaffungskosten vorliegen.

Beispiel
Die Gemeinde schafft ein Gebäude an, für das eine Schadstoffsanierung erforderlich ist. Vor Nutzung als Altentagesstätte erfolgen daher bauliche Maßnahmen zur Schadstoffsanierung. Alle Aufwendungen, die unmittelbar aus den Instandsetzungsarbeiten der Schadstoffsanierung resultieren, stellen Anschaffungskosten dar.

Subjektiv funktionsuntüchtig ist ein Gebäude, sofern für die vorgesehene Zweckbestimmung eine Nutzung noch nicht möglich ist. Aufwendungen für bauliche Maßnahmen, um die von der Gemeinde zweckbestimmten Nutzungsvoraussetzungen zu schaffen, stellen daher Anschaffungskosten nach § 41 Abs. 2 GemHVO dar.

Beispiel
Die bisherige Nutzung als Wohngebäude soll in eine Nutzung als Bürogebäude umgewandelt werden. Sämtliche baulichen Aufwendungen für die Herrichtung im Rahmen des neuen Nutzungszwecks stellen Anschaffungskosten dar.

Des Weiteren gehört zur Zweckbestimmung und somit auch zur Versetzung in einen betriebsbereiten Zustand nach § 41 Abs. 2 GemHVO eine Entscheidung, dass der Standard[687] für das Gebäude zukünftig angehoben werden soll. Ist dies der Fall, so stellen Aufwendungen für bauliche Maßnahmen, die eine Standardhebung bewirken, Anschaffungskosten dar.

Aufteilung eines Gesamtkaufpreises auf mehrere Anlagegüter

Wird bereits beim Erwerb mehrerer Vermögensgegenstände (z. B. Grundstück mit Gebäude und Inventar) im Kaufvertrag eine Aufteilung des Kaufpreises vereinbart und erscheint diese Aufteilung wirtschaftlich vernünftig, stellen die dort vereinbarten Einzelpreise die Anschaffungskosten der einzelnen Vermögensgegenstände dar. Diese Vor-

---

687 Unterscheidung zwischen einfachem Standard, mittlerem Standard und gehobenem Standard, siehe hierzu ausführlich Ziffer 16.2.7.2.

gehensweise basiert auf dem Grundsatz der Einzelbewertung, wonach jeder Gegenstand mit seinen Anschaffungskosten in der Höhe anzusetzen ist, die nach dem erklärten Willen der Vertragspartner den einzelnen Vermögensgegenständen beigemessen wird.

In der Regel unterbleibt jedoch im Kaufvertrag die Aufteilung des Gesamtkaufpreises auf die einzelnen Vermögensgegenstände. Nach dem Grundsatz der Einzelbewertung muss der vereinbarte Gesamtkaufpreis in einem angemessenen Verhältnis auf die einzelnen selbstständig auszuweisenden Vermögensgegenstände aufgeteilt werden. Besonders komplex stellt sich dies dar, sofern bewegliches Anlagevermögen im Gesamtkaufpreis einer Immobilie enthalten ist. Hier ist die Aufteilung nach dem Verhältnis der Zeitwerte (aktuelle Verkehrswerte) vorzunehmen. Grundlage hierfür können die Unterlagen bilden, welche im Rahmen der Vereinbarung des Kaufpreises der Vertragspartner maßgeblich waren. In Betracht kommen hierbei Sachverständigengutachten, Berechnungen (beispielsweise orientiert am Neuwert und aus dem Verhältnis Restnutzungsdauer zur Gesamtnutzungsdauer) oder auch Restwerttabellen oder -listen.

Vielfach wird auch im Rahmen von Ankäufen im Immobilienbereich ein Wertgutachten der Bewertungsstelle oder des Gutachterausschusses erstellt. Dies stellt eine idealtypische Grundlage zur Aufteilung des Gesamtkaufpreises auf die einzelnen Vermögensgegenstände dar.

Beispiel
Beim Kauf eines bebauten Grundstücks mit zwei Gebäuden ist ein Gesamtkaufpreis vereinbart worden. Dieser ist in einem angemessenen Verhältnis auf die beiden Gebäude und den Grund und Boden aufzuteilen. Dies kann entweder auf der Basis eines vor Erwerb erstellten Wertgutachtens erfolgen oder auf der Basis anderer Unterlagen, die zur Bildung des Gesamtkaufpreises beider Vertragspartner geführt haben. Für den Grund und Boden kommt auch als Basis der gültige Bodenrichtwert in Betracht. Besonderheiten (z. B. Grundstückszuschnitt) sind hier zu beachten.

Anschaffung durch Tausch

Werden Vermögensgegenstände im Rahmen eines Tausches angeschafft, so sind diese mit ihrem vertraglich vereinbarten Wert anzusetzen. Fehlt diese Vereinbarung, so ist dem Vermögensgegenstand bei der Aktivierung der Zeitwert (z. B. Verkehrswert, neuwertorientierte Ableitung) beizulegen.

Herstellungskosten

Die dem Vermögensgegenstand zurechenbaren Herstellungskostenbestandteile sind nach § 41 Abs. 3 GemHVO die Aufwendungen, die durch den Verbrauch von Gütern und die Inanspruchnahme von Diensten für die Herstellung eines Vermögensgegenstands, seine Erweiterung oder für eine über seinen ursprünglichen Zustand hinausgehende wesentliche Verbesserung entstehen. Dazu gehören verbindlich die Materialeinzelkosten, die Fertigungseinzelkosten und die Sonderkosten der Fertigung. Die Fertigungs- und Materialgemeinkosten können einbezogen werden.

Hier räumt das kommunale Haushaltsrecht analog dem HGB den Kommunen für bestimmte Herstellungskostenbestandteile ein Ansatzwahlrecht ein. Für Fertigungs- und

Materialgemeinkosten, die dem hergestellten Vermögensgegenstand nicht direkt zurechenbar sind, besteht ein solches Wahlrecht. Abweichend vom § 255 Abs. 2 Satz 4 HGB besteht dieses Wahlrecht nicht für Kosten der allgemeinen Verwaltung; diese Kosten sind bei den Herstellungskosten nicht zu berücksichtigen.

Die Herstellungskosten sind nach folgendem Berechnungsschema zu ermitteln (Nr. 2 Hw. zu § 41 GemHVO):

Materialeinzelkosten	Ansatzpflicht
+ Materialgemeinkosten	Ansatzwahlrecht
+ Fertigungseinzelkosten	Ansatzpflicht
+ Fertigungsgemeinkosten	Ansatzwahlrecht
+ Werteverzehr des Anlagevermögens	Ansatzwahlrecht
+ Sonderkosten der Fertigung	Ansatzpflicht
+ Zinsen für den Fertigstellungszeitraum[688]	Ansatzwahlrecht
- Herstellungskostenminderungen	Ansatzpflicht
= **Herstellungskosten**	

Abgrenzung von Einzel- und Gemeinkosten

Aufgrund des Unterschiedes der Ansatzpflicht für Herstellungseinzelkosten und des Ansatzwahlrechts für Herstellungsgemeinkosten ist es erforderlich, Einzel- und Gemeinkosten inhaltlich abzugrenzen.

Die Einzelkosten sind Kosten, die sich bei der Herstellung eines Vermögensgegenstandes diesem exakt zurechnen lassen. Sie fallen unmittelbar mit der Herstellung eines Vermögensgegenstandes an und können diesem direkt zugerechnet werden.

Die Gemeinkosten sind Kosten, die sich bei der Herstellung eines Vermögensgegenstandes diesem nicht exakt zurechnen lassen. Sie fallen gemeinsam für mehrere, auch unterschiedliche Leistungen an und können nur auf der Basis einer Gemeinkostenschlüsselung in einem angemessenen Verhältnis auf die einzelnen Leistungen verrechnet werden. Daher dürfen durch die Schlüsselung mittels Mengen-, Zeit- oder physikalisch-technischer Größen nur die für die Herstellung des Vermögensgegenstandes notwendigen Gemeinkosten verrechnet bzw. angesetzt werden.

---

[688] Gem. § 41 Abs. 4 GemHVO dürfen Zinsen für Fremdkapital, das zur Finanzierung der Herstellung eines Vermögensgegenstands verwendet wird, als Herstellungskosten angesetzt werden, soweit sie auf den Zeitraum der Herstellung entfallen. Ansonsten gehören Zinsen für Fremdkapital nicht zu den Herstellungskosten.

Materialeinzelkosten

Materialeinzelkosten stellen die unmittelbar für die Herstellung des einzelnen Vermögensgegenstandes verbrauchten Materialien (Roh-, Hilfs- und Betriebsstoffe) dar.

Materialgemeinkosten

Materialgemeinkosten fallen in Materialstellen an, die für die Beschaffung, Prüfung und Lagerung von Herstellungsmaterialien zuständig sind. Die dort entstehenden Kosten sind einem einzelnen hergestellten Vermögensgegenstand nicht eindeutig zurechenbar. Zu den Materialgemeinkosten zählen beispielsweise die Gehälter der im Einkauf, im Lager und der bei Prüfung beschäftigten Personen, Kosten für ein Lagergebäude und Sachversicherungen.

Beispiel
Bei der Lagerung von Vermögensgegenständen fallen u. a. Kosten für die dort tätigen Beschäftigten, Abschreibungen auf das Lagergebäude, Versicherungsbeiträge für das Lagergebäude und die Bestände sowie Energiekosten an. Eine Zuordnung dieser entstandenen Lagerkosten zu den gelagerten Gütern ist einzeln nicht möglich. Die Lagerkosten stellen somit Materialgemeinkosten dar und müssen mit geeigneten Gemeinkostenschlüsseln in einem angemessenen Verhältnis verteilt werden.

Fertigungseinzelkosten

Für die Fertigungseinzelkosten ist die direkte Zurechenbarkeit zum hergestellten Vermögensgegenstand maßgeblich. Zu den Fertigungseinzelkosten zählen die Fertigungslöhne oder -gehälter. Des Weiteren zählen auch Sondereinzelkosten der Fertigung hierzu. Zu den Sondereinzelkosten gehören Spezialwerkzeugkosten, Kosten für Sonderanfertigungen, Kosten für Materialanalysen oder anzufertigende Modelle.

Fertigungsgemeinkosten

Fertigungsgemeinkosten entstehen im Rahmen der Fertigung, können aber dem hergestellten Vermögensgegenstand nicht direkt zugerechnet werden. Mittels Gemeinkostenschlüsselung werden diese Kosten verrechnet. Zu den Fertigungsgemeinkosten gehören beispielsweise Energiekosten, Hilfslöhne, Hilfsmaterialien sowie anteilige Abschreibungen und Zinsen, soweit diese dem Vermögensgegenstand nur mittelbar zugerechnet werden können.

Werteverzehr von Anlagevermögen

Die Abschreibungen auf Fertigungsanlagen zur Fertigung von Erzeugnissen werden im § 41 Abs. 3 GemHVO ausdrücklich erwähnt. Der Charakter dieses Werteverzehrs kann nicht eindeutig den Fertigungseinzelkosten bzw. den Fertigungsgemeinkosten zugeordnet werden. Einer der Grundgedanken des kommunalen doppischen Haushaltsrechts ist es jedoch, dass im Rahmen der periodengerechten Darstellung des Ressourcenverbrauchs die Aufwendungen zu berücksichtigen sind, die während der Erstellung entstehen. Insofern erscheint es im Sinne des kommunalen Haushaltsrechts, dass der Ressourcenverbrauch aus Abschreibungen zur Erstellung eines Vermögensgegenstandes (der Werteverzehr von Anlagevermögens) auch im Hinblick auf eine einheitliche Wertbasis für Vermögensgegenstände ein Ansatzwahlrecht hierfür besteht, so dass beim Einsatz von Vermögensgegenständen zur Herstellung eines anderen Vermögensgegenstandes die für den Zeitraum der Herstellung anfallenden Abschreibungen als Herstellungskosten angesetzt werden können. Denkbar sind hier die anteiligen Abschreibungen für einen Radlader der Kommune, der für die Errichtung eines Gebäudes eingesetzt wurde.

Nachträgliche Herstellungskosten oder -minderungen

Fallen nachträgliche Herstellungskosten oder nachträgliche Minderungen der Herstellungskosten erst in späteren Jahren an, so sind diese so zu berücksichtigen, als wären sie zum 01.01. des Jahres ihres Entstehens angefallen.

Beispiel:
Eine Kläranlage muss 2014, im 6. Betriebsjahr, um einen unselbstständigen Anlagenteil erweitert werden. Die notwendigen Arbeiten werden im Juni 2014 vom Baubetriebshof der Gemeinde abgeschlossen. Die nachträglichen Herstellungskosten sind jetzt ab Januar 2014 auf die Restnutzungsdauer der Kläranlage zu verteilen.

Fallen nach der Herstellung bzw. Betriebsbereitschaft eines Vermögensgegenstandes noch nachträgliche Herstellungskosten oder Herstellungskostenminderungen an, sind diese bei den Herstellungskosten unmittelbar nach deren Auftreten noch zu berücksichtigen.

Übungen

Sachverhalt Nr. 1 (Anschaffungskosten):

Der Anschaffungspreis einer Druckmaschine für die Hausdruckerei beträgt 58.000 €. Dieser Preis beinhaltet nicht die einzelnen Kosten für Verpackung i. H. v. 100 €, Transport i. H. v. 500 € und Transportversicherung i. H. v. 150 €. Die Kommune nutzt den eingeräumten Skontoabzug auf den Anschaffungspreis i. H. v. 2 %. Aufgrund einiger Lackschäden erhält die Kommune einen pauschalierten Nachlass auf die Gesamtrechnungssumme i. H. v. 1.000 €. Bei der Aufstellung der Maschine ist eine Montage bzw. Verankerung mit dem Boden erforderlich, hierfür stellt ein Serviceunternehmen 410 € in Rechnung.

Aufgabe:

Ermitteln Sie anhand des Berechnungsschemas die Anschaffungskosten.

Lösung:

Anschaffungspreis		
Kaufpreis	58.000,00 €	58.000,00 €
Anschaffungsnebenkosten		
Verpackung	100,00 €	
Transport	500,00 €	
Transportversicherung	150,00 €	
Montage	410,00 €	1.160,00 €
Anschaffungspreisminderungen		
Preisnachlass	1.000,00 €	
Skonto	1.140,00 €	2.140,00 €
Anschaffungskosten insgesamt		**57.020,00 €**

Sachverhalt Nr. 2 (Anschaffungskosten):

Die Kommune erwirbt ein unbebautes Grundstück. Die Grundstücksgröße wird im Kaufvertrag mit ca. 2.000 qm festgelegt, durch eine spätere Vermessung soll die genaue Grundstücksgröße ermittelt werden. Bei einer Abweichung wird eine nachträgliche Anpassung des Kaufpreises i. H. v. 25 € je qm fällig. Das Grundstück ist mit einer Grundschuld i. H. v. 20.000 €, welche mit einer Restschuld i. H. v. 10.000 € valutiert, belastet. Es wird mit dem Verkäufer eine Kaufpreiszahlung von 40.000 € vereinbart, die Grundschuldbelastung wird von der Kommune zusätzlich übernommen. Die Kommune hat Grunderwerbssteuer i. H. v. 1.500 € zu entrichten. Notariatskosten fallen i. H. v. 800 € und Gerichtskosten i. H. v. 500 € an. Für die im Kaufvertrag vereinbarte Vermessung fallen für die Kommune Kosten i. H. v. 500 € an. Bei der Vermessung wurde festgestellt, dass die Grundstücksgröße 2.020 qm beträgt.

Aufgabe:

Ermitteln Sie anhand des Berechnungsschemas die Anschaffungskosten.

Lösung:

Anschaffungspreis		
Kaufpreis	40.000,00 €	
Restschuld aus Grundschuld	10.000,00 €	50.000,00 €
Anschaffungsnebenkosten		
Grunderwerbsteuer	1.500,00 €	
Notargebühren	800,00 €	
Gerichtsgebühren	500,00 €	
Vermessungsgebühren	500,00 €	3.300,00 €
Nachträgliche Anschaffungskosten		
Preis für 20 m² à 25 €	500,00 €	500,00 €
Anschaffungskosten insgesamt		**53.800,00 €**

Sachverhalt Nr. 3 (Herstellungskosten):

Die Kommune erstellt eine neue Kindertagesstätte. Das vom Hochbauamt beauftragte Bauunternehmen rechnet insgesamt Materialkosten i. H. v. 200.000 € und Lohnkosten i. H. v. 300.000 € incl. MwSt. ab. Die Personalkosten des Hochbauamtes für die selbst erstellte Planung betragen nach Abrechnung der Kosten- und Leistungsrechnung (KLR) 50.000 €. Neben den allgemeinen Materialkosten des beauftragten Bauunternehmens wurden seitens der Kommune mehrere zusätzliche Bauteile auf eigene Rechnung i. H. v. 25.000 € incl. MwSt. beschafft, die vom Bauunternehmen eingebaut wurden. Zum Schutz vor Diebstahl wurde ein Teil der Baumaterialien in einem Lager untergebracht. Der in der KLR ermittelte Materialgemeinkostenzuschlag (Personalkosten, Abschreibung, Energiekosten etc. für das Lager) beträgt 2.000 €. In der KLR der Kommune wurde ein Fertigungsgemeinkostenzuschlag (Fertigungskontrolle, Energiekosten, Sachversicherungen für eingesetzte Anlagen etc.) beim Bau i. H. v. 1.500 € ermittelt. Ein Architekturbüro rechnet für ein in der Planungsphase erstelltes Modell 1.000 € incl. MwSt. ab.

Aufgabe:

Ermitteln Sie anhand des Berechnungsschemas die Herstellungskosten.

Lösung:

Für die Lösung dieser Aufgabe bestehen aufgrund des bestehenden Wahlrechts hinsichtlich der Gemeinkosten zwei alternative Lösungsmöglichkeiten.

a) Unter Einbeziehung der Gemeinkosten ergibt sich folgende Lösung:

Lösung:

Materialeinzelkosten		
Bauunternehmen	200.000,00 €	
Sonderbauteile	25.000,00 €	225.000,00 €
Fertigungseinzelkosten		
Bauunternehmen	300.000,00 €	
Eigene Planungskosten	50.000,00 €	350.000,00 €
Materialgemeinkosten		
Materialgemeinkostenzuschlag	2.000,00 €	2.000,00 €
Fertigungsgemeinkosten		
Fertigungsgemeinkostenzuschlag	1.500,00 €	1.500,00 €
Sondereinzelkosten der Fertigung		
Modell	1.000,00 €	1.000,00 €
Herstellungskosten insgesamt		579.500,00 €

b) Bei Nichtberücksichtigung der Gemeinkosten ergibt sich folgende alternative Lösung:

Lösung:

Materialeinzelkosten		
Bauunternehmen	200.000,00 €	
Sonderbauteile	25.000,00 €	225.000,00 €
Fertigungseinzelkosten		
Bauunternehmen	300.000,00 €	
Eigene Planungskosten	50.000,00 €	350.000,00 €
Sondereinzelkosten der Fertigung		
Modell	1.000,00 €	1.000,00 €
Herstellungskosten insgesamt		**576.000,00 €**

16.2.6   Verhältnis zu anderen Bewertungszwecken

Die Bewertungsvorschriften der HGO und GemHVO entfalten nur für die kommunale Haushaltswirtschaft Gültigkeit. Bestehende Bewertungen und Bewertungsverfahren für andere kommunale Bewertungszwecke bleiben unberührt und werden durch die o. g. Bewertungsvorschriften nicht ersetzt. Festlegungen für eine bestehende Kosten- und Leistungsrechnung können gleichfalls beibehalten werden.

Somit können nebeneinander abweichende Bewertungen für einzelne Vermögensgegenstände neben der Bewertung für das Haushaltsrecht bestehen:

- Steuerrecht
- Gebührenrecht
- Kostenrechnung

16.2.6.1   Steuerrecht

Kommunen haben für Betriebe gewerblicher Art für Zwecke der Besteuerung die Werte des Anlagevermögens nach den einschlägigen Bewertungsvorschriften des Steuerrechts zu führen.

Die Bewertung des Anlagevermögens für steuerliche Zwecke erfolgt zwar dem Wortlaut nach ebenfalls zu Anschaffungs- und Herstellungskosten. Jedoch gelten für das Steuerrecht als eine Abweichung immer die historischen Anschaffungs- oder Herstellungskosten und nicht die evtl. vor dem Jahre 2005 auf Zeitwertbasis ermittelten Anschaffungs- und Herstellungskosten der kommunalen Eröffnungsbilanz.

Aufgrund des eingeräumten Ansatzwahlrechts des § 41 Abs. 3 GemHVO bei den Herstellungskosten können auch im Regelbetrieb weitere Abweichungen entstehen. Nach dieser Regelung besteht eine Ansatzpflicht für Material- und Fertigungseinzelkosten sowie für Sonderkosten der Fertigung.[689] Dagegen besteht ein Ansatzwahlrecht für Mate-

---

[689] Dies entspricht den minimalen Herstellungskosten des § 255 Abs. 2 HGB.

rial- und Fertigungsgemeinkosten. Steuerrechtlich sind Material- und Fertigungsgemeinkosten bei den Herstellungskosten ansatzpflichtig. Daneben sieht das Steuerrecht außerdem als ansatzpflichtig den Werteverzehr von Anlagevermögen vor, soweit er der Fertigung von Erzeugnissen gedient hat.[690] Auch hier gilt laut § 41 Abs. 3 GemHVO ein Ansatzwahlrecht.

Des Weiteren ist zu berücksichtigen, dass Betriebe gewerblicher Art ganz oder zum Teil vorsteuerabzugsberechtigt (siehe Ziffer 2.3.1.5) sind, so dass dieser Abzug bei den Herstellungskosten zu berücksichtigen ist.

16.2.6.2 Gebührenrecht

Für kostenrechnende Einrichtungen sind nach § 10 des Kommunalabgabengesetzes (KAG) Benutzungsgebühren[691] zu erheben. Hierzu sind in den Gebührenkalkulationen Abschreibungen und Zinsen, die nach betriebswirtschaftlichen Grundsätzen ansatzfähig sind, zu berücksichtigen.

Diese unterscheiden sich in der Regel von den in der kommunalen Haushaltswirtschaft zu buchenden Wertgrößen dadurch, dass im Land Hessen kalkulatorische Abschreibungen (zur Entgeltkalkulation) von Wiederbeschaffungszeitwerten berechnet werden können. Die kalkulatorischen Zinsen sind dagegen auf der Basis historischer Anschaffungs- oder Herstellungskosten unter Berücksichtigung von Zuwendungen und Beiträgen zu berechnen.

16.2.6.3 Kosten- und Leistungsrechnung

Die Kosten- und Leistungsrechnung[692] soll neben der Preiskalkulation und der Wirtschaftlichkeitskontrolle einzelner Fachbereiche insbesondere als Instrument zur Fundierung und Kontrolle von Entscheidungen (z. B. Make-or-buy-Probleme) dienen. Hierbei werden die Rahmenbedingungen für kalkulatorische Abschreibungen und Zinsen durch interne Richtlinien oder Anweisungen einer jeden Gemeinde festgelegt. Im Vergleich zur kommunalen Vermögenswirtschaft stellen die kalkulatorischen Eigenkapitalzinsen Zusatzkosten, die kalkulatorischen Abschreibungen in Abhängigkeit der Regelungen der Kostenrechnung Anderskosten dar.

Die Ausgestaltung der kommunalen Kosten- und Leistungsrechnung orientiert sich an den Zielsetzungen. Diese können sich wie folgt unterschiedlich ausrichten:

- Wirtschaftlichkeitsüberlegungen
- Vergleichbarkeit mit Privatwirtschaft (z. B. Make-or-buy-Entscheidung)
- Einheitliche Vorgehensweise mit dem NKRS (Minderung des Nutzungspotenzials)

---

[690] Einkommensteuerrichtlinien 2004 (EStR 2004) R 33 Abs. 1, Stand 10/2004.

[691] Zu den Einzelheiten des folgenden Textes muss auf die Literatur zum Themenbereich Gebührenrecht verwiesen werden (z. B. Driehaus, Kommentar KAG, Herner (Loseblatt), Erläuterungen zu § 6 KAG NRW).

[692] Zur Kosten- und Leistungsrechnung insgesamt vgl. Kapitel 19.

▪   Einheitliche Vorgehensweise mit Vorschriften des KAG (Wiederbeschaffungs- und Kostendeckungsprinzip)

Die unterschiedlichen Zielsetzungen bedingen eine unterschiedliche Gestaltung.

Die Wertbasis kann sich alternativ an Anschaffungs- und Herstellungskosten oder Wiederbeschaffungszeitwerten (Wertfortschreibung) orientieren.

Die Abschreibungsvorgaben können sich unterscheiden bei der Nutzungsdauer und der Abschreibungsmethode. Hier kann die Nutzungsdauer an gebührenrechtlichen Grundlagen nach AfA-Tabellen, nach der haushaltsrechtlichen Rahmenabschreibungstabelle bzw. der eigenen kommunalen Abschreibungstabelle oder nach Herstellerangaben richten.

Bei der Wahl der Abschreibungsmethode ist die Kosten- und Leistungsrechnung völlig frei. Denkbar ist die lineare, degressive, progressive oder leistungsbezogene Abschreibungsmethode.

Änderungen bei der Nutzungsdauer können als Änderungsbasis den Ursprungswert oder den Restwert zu Grunde legen.

16.2.7 Abgrenzung von Herstellungskosten und Erhaltungsaufwand

Für die Veranschlagung und Buchung im Drei-Komponenten-System ist es erforderlich, dass Herstellungskosten und Erhaltungsaufwand[693] eindeutig abgegrenzt werden. Von besonderer Bedeutung ist diese Abgrenzung im Immobilienbereich.

Zusätzlich ist die Abgrenzung zwischen Herstellungskosten und Erhaltungsaufwand von Bedeutung bei der Eröffnungsbilanzierung, sofern für diese zur Bewertung das Indizierungsverfahren[694] gewählt wird. Insbesondere bei der Berücksichtigung von nachträglichen Herstellungskosten bei Immobilien sind die zugehörigen Sachverhalte auf ihre Aktivierungsfähigkeit anhand der nachfolgenden Kriterien zu prüfen.

Herstellungskosten werden bei einem Vermögensgegenstand aktiviert. Sie werden in die Bilanz eingestellt und führen im Bereich des abnutzbaren Vermögens auf der Basis einer festgelegten Nutzungsdauer zu Abschreibungen. Herstellungskosten werden daher im Finanzhaushalt bzw. in der Finanzrechnung abgebildet, die hieraus resultierenden Abschreibungen dagegen im Ergebnishaushalt bzw. der Ergebnisrechnung. Anders ist dies bei Erhaltungsaufwand, der immer im Ergebnishaushalt und der Ergebnisrechnung zu berücksichtigen ist, wobei der diesbezügliche Liquiditätsabfluss sich auch im Finanzhaushalt und in der Finanzrechnung niederschlägt.

---

[693] Die Ausführungen in dieser Ziffer basieren auf dem Schreiben des Bundesministeriums für Finanzen vom 18.07.2003, IV C 3 - S 2211 - 94/03, www.bundesfinanzministerium.de.

[694] Siehe § 59 Abs. 2 GemHVO sowie Nr. 8.4 Hw. zu § 59 GemHVO.

Die Abgrenzung erfolgt in der Form, dass Grundvoraussetzungen für Sachverhalte zu prüfen sind, nach denen eine Aktivierung als Herstellungskosten erfolgt. Erfüllt der Sachverhalt nicht die Voraussetzungen, stellt er somit immer Erhaltungsaufwand[695] dar.

Für die Aktivierungsfähigkeit als Herstellungskosten sind drei grundlegende Sachverhaltskonstellationen zu betrachten:

- die Erweiterung eines Vermögensgegenstandes
- die über den ursprünglichen Zustand hinausgehende Wertverbesserung
- das Zusammentreffen von Herstellungskosten und Erhaltungsaufwand

16.2.7.1 Erweiterung eines Vermögensgegenstandes

Im Immobilienbereich liegt eine Erweiterung eines Vermögensgegenstandes vor, wenn durch Anbau, Aufstockung oder Vergrößerung die Nutzfläche erweitert bzw. eine Mehrung der Substanz erreicht wird. Anbauten, z. B. der Anbau bei Schulgebäuden, stellen hinsichtlich der Abgrenzung zwischen Herstellungskosten und Erhaltungsaufwand kein Problem dar.

Ein Anbau, eine Aufstockung bzw. Vergrößerung der Nutzfläche liegt dagegen nicht vor, wenn lediglich ein Flachdach durch ein Satteldach ersetzt wird. Die Schaffung zusätzlicher Raumhöhe reicht zur Aktivierungsfähigkeit nicht aus. Wird das Satteldach dazu genutzt zusätzliche Nutzfläche durch gleichzeitigen Ausbau des entstandenen Dachgeschosses zu schaffen, liegt dagegen ein aktivierungsfähiger Sachverhalt vor.

Auch die Substanzvermehrung durch zusätzliche Bauteile, sowohl bei Immobilien als auch beim beweglichen Vermögen, stellen grundsätzlich aktivierungsfähige Sachverhalte dar. Im Bereich des beweglichen Vermögens ist beispielsweise die Aufrüstung eines Feuerwehrfahrzeuges mit einer Schnelllöschvorrichtung ein aktivierungsfähiger Sachverhalt. Im Immobilienbereich stellt der nachträgliche Einbau eines Fahrstuhls einen aktivierungsfähigen Sachverhalt dar.

Anders ist dies, wenn zusätzliche Bauteile im Immobilienbereich nur eine Anpassung an den aktuellen bautechnischen Standard darstellen. So stellen Fassadenverkleidungen zu Wärme- und Schallschutzzwecken in der Regel keine aktivierungsfähigen Sachverhalte dar. Gleiches gilt auch für den Ersatz von einfachen Fenstern durch moderne Wärme- und/oder Schallschutzfenster bzw. den Ersatz einer Einzelofenbeheizung durch eine Zentralheizung. Ein neuer Gebäudebestandteil ist auch dann als bisheriger Gebäudebestandteil anzusehen, wenn dieser lediglich deshalb hinzugefügt wird, um bereits eingetretene Schäden zu beseitigen oder einen drohenden Schaden abzuwenden. Ein Beispiel hierfür stellt die Anbringung einer Betonvorsatzschale als Schutz vor einer weiteren Durchfeuchtung des Fundamentes dar.

---

[695] Im kaufmännischen Rechnungswesen können in Analogie zur Steuerbilanz nach den Einkommensteuerrichtlinien 2004, EStR 157 Abs. 2 Herstellungskosten im Rahmen einer Erweiterung von nicht mehr als 4.000 € (ohne USt.) als Erhaltungsaufwand verbucht werden (Vgl. Hw. 6 zu § 41 GemHVO).

16.2.7.2 Über den ursprünglichen Zustand hinausgehende Wertverbesserung

Fallen Instandsetzungs- oder Modernisierungsaufwendungen im engen zeitlichen Zusammenhang mit der Anschaffung eines Gebäudes an, sind diese als anschaffungsnahe Aufwendungen den Anschaffungskosten zuzurechnen.

Beispiel:
Ein Gebäude mit erheblichem Instandhaltungsrückstand wird aufgrund seiner günstigen Lage von der Gemeinde G als Standort einer Kindertageseinrichtung erworben. Das Gebäude wird instandgesetzt und für den vorgesehenen Zweck hergerichtet.

Ansonsten sind die Instandsetzungs- oder Modernisierungsaufwendungen daraufhin zu prüfen, ob diese zu einer über den ursprünglichen Zustand hinausgehende wesentliche Verbesserung führen. Liegt diese wesentliche Wertverbesserung vor, sind die Instandsetzungs- oder Modernisierungsaufwendungen als Herstellungskosten zu aktivieren.

Maßgeblich für den ursprünglichen Zustand ist grundsätzlich der Zustand des Gebäudes im Zeitpunkt der Herstellung und Anschaffung. Dieser ist zu vergleichen mit dem Zustand, in den das Gebäude durch die Instandsetzungs- oder Modernisierungsaufwendungen versetzt wurde. Dies gilt natürlich nicht, wenn die ursprünglichen Anschaffungs- oder Herstellungskosten verändert wurden (z. B. durch nachträgliche Anschaffungs- oder Herstellungskosten). Anstelle des ursprünglichen Zustands tritt dann der Zustand, der für die Abschreibung maßgebend ist.

Beispiel:
Ursprünglich wurde ein Verwaltungsgebäude mit einem einfachen kleinen Regenschutzdach im Eingangsbereich ausgestattet. Aufgrund der Nutzung zu Repräsentationszwecken wurde das Regenschutzdach im Eingangsbereich zwei Jahre später zur Verbesserung des Erscheinungsbildes durch eine aufwendige Marmor-Aluminium-Glaskonstruktion ersetzt. Aufgrund schlechter Verarbeitung ist die neue Konstruktion baufällig und wird vollständig erneuert. Maßgeblich ist der Zustand zwei Jahre später, also mit der aufwendigen Marmor-Aluminium-Glaskonstruktion, mit der jetzigen Veränderung. Es ergibt sich keine über den ursprünglichen Zustand hinausgehende wesentliche Verbesserung, demzufolge ist die Erneuerung Instandsetzungsaufwand, der nicht aktivierungsfähig ist. Bei einem Vergleich der jetzigen Veränderung mit dem einfachen kleinen Regenschutzdach hätte sich dagegen eine über den ursprünglichen Zustand hinausgehende wesentliche Verbesserung ergeben.

Bei Immobilien liegt eine wesentliche Verbesserung vor, wenn der Gebrauchswert des Gebäudes wesentlich erhöht wird. Hierbei ist von einem ordnungsgemäßen Zustand auszugehen, so dass Instandhaltungsrückstände bei der Beurteilung nicht einzubeziehen sind. Vielmehr muss es sich um eine über zeitgemäße substanzerhaltende Erneuerung hinausgehende Instandsetzungs- oder Modernisierungsmaßnahme handeln.

Zu einer wesentlichen Verbesserung zählen eine deutliche Erhöhung des Gebrauchswertes und die Schaffung einer erweiterten Nutzungsmöglichkeit für die Zukunft. Die erweiterte Nutzungsmöglichkeit kann zum einen in einer erheblichen Verlängerung der Nutzungsdauer liegen, wobei die Nutzungsdauer des Gebäudes bestimmende Bauteile (z. B. das Fundament) erneuert werden. Zum anderen kann die erweiterte Nutzungsmöglichkeit auch in einer wesentlichen zukunftsorientierten Umgestaltung (z. B. Entkernung eines Gebäudes mit einer anschließenden Neugestaltung) liegen. Von einer deutlichen Erhöhung des Gebrauchswertes ist auszugehen, wenn eine Standardverbesserung erfolgt. Hierbei kann eine Standardverbesserung

- von einem sehr einfachen auf einen mittleren Standard oder
- von einem mittleren auf einen sehr anspruchsvollen Standard

erfolgen.

Ein sehr einfacher Standard liegt vor, wenn die zentralen Ausstattungsmerkmale nur im nötigen Umfang oder in einem technisch überholten Zustand vorhanden sind. Ein mittlerer Standard besteht, wenn die zentralen Ausstattungsmerkmale durchschnittlichen und selbst höheren Ansprüchen genügen. Der sehr anspruchsvolle Standard beinhaltet nicht nur die optimale zweckmäßige Ausstattung, vielmehr kommt hierbei noch die Verwendung außergewöhnlich hochwertiger Materialien hinzu.

Die Standardverbesserung konkretisiert sich anhand von Verbesserungen bei zentralen Ausstattungsmerkmalen. Der Standard bezieht sich auf die Eigenschaften der Vermögensnutzung. Wesentliche Ausstattungsmerkmale bei Wohnungen sind vor allem Umfang und Qualität der Zentralgewerke Heizungs-, Sanitär- und Elektroinstallationen sowie der Fenster. Durch die Formulierung „vor allem" ist die Berücksichtigung anderer Gewerke als zentrale Ausstattungsmerkmale möglich. Denkbar sind hier ganzheitliche Wärmedämmungsmaßnahmen am Gebäude. Fußböden und Türen gehören dagegen in der Regel nicht zu einer Verbesserung der zentralen Ausstattungsmerkmale.

Für die Aktivierung als Herstellungskosten im Rahmen der Standardverbesserung wird konkretisiert, dass eine Verbesserung von mindestens drei Bereichen der zentralen Ausstattungsmerkmale erfolgen muss oder in Verbindung mit einer aktivierungsfähigen Herstellungsmaßnahme mindestens zwei Bereiche der zentralen Ausstattungsmerkmale verbessert werden müssen.

Beispiel:

Die Gemeinde G ist Eigentümerin eines 1930 erbauten Verwaltungsgebäudes, an der seit 1980 keine größeren Renovierungen und Reparaturen mehr vorgenommen wurden. Teilweise sind Räumlichkeiten an kleinere Firmen vermietet. Die Gemeinde lässt das Gebäude renovieren. Hierbei werden folgende Arbeiten durchgeführt: Neueindeckung des Daches, Austausch der Einfachverglasung gegen Isolierverglasung, Neuverputzung der Fassade mit ganzheitlicher Gebäudewärmedämmung, Erneuerung der Elektro- und Sanitäranlagen und Ersatz der Nachtspeicherheizungen durch eine Gaszentralheizung. Die Sanierungsaufwendungen stellen aufgrund der Verbesserung von mindestens drei Ausstattungsmerkmalen eine Standardverbesserung dar, die zu einer Aktivierungsfähigkeit der Sanierungskosten als Herstellungskosten führt.

Teilen sich Aufwendungen für Baumaßnahmen planmäßig über mehrere Haushaltsjahre auf („Sanierung in Raten"), wobei diese für sich jeweils noch keine wesentliche Verbesserung darstellen, bildet die Gesamtmaßnahme den Maßstab für die Aktivierungsfähigkeit. Führt diese insgesamt zu einer Hebung des Standards, liegt für die Gesamtmaßnahme eine Aktivierungsfähigkeit vor. Zeitlich ist von einer „Sanierung in Raten" auszugehen, wenn die Maßnahme innerhalb von fünf Jahren durchgeführt wird.[696]

16.2.7.3   Zusammentreffen von Herstellungskosten und Erhaltungsaufwendungen

Fallen im Rahmen einer umfassenden Instandsetzungs- und Modernisierungsmaßnahme Arbeiten zur Erweiterung des Gebäudes bzw. über eine zeitgemäße substanzerhaltende Erneuerung hinausgehende Maßnahmen mit Erhaltungsarbeiten zusammen, sind die hierauf jeweils entfallenden Aufwendungen in Herstellungs- und Erhaltungsaufwendungen aufzuteilen. Dies gilt auch, wenn sie einheitlich in Rechnung gestellt wurden. Können diese nicht eindeutig anhand der Rechnung aufgeteilt werden, hat eine Schätzung zu erfolgen.

Aufwendungen, die mit beiden Aufwendungsarten im Zusammenhang stehen, z. B. eine für die Gesamtmaßnahme übertragene Bauleitung oder Aufwendungen für Absperrmaßnahmen durch Bauzäune, sind entsprechend dem Verhältnis von Herstellungs- und Erhaltungsaufwendungen diesen zuzuordnen.

Fallen Aufwendungen für eine Vielzahl von Einzelmaßnahmen an, die für sich genommen teilweise Herstellungs- und teilweise Erhaltungsaufwendungen darstellen, sind diese insgesamt als Herstellungskosten zu beurteilen, soweit die Arbeiten in engem sachlichen Zusammenhang stehen.

Ein sachlicher Zusammenhang in diesem Sinne liegt vor, wenn die einzelnen Baumaßnahmen - die sich auch über mehrere Jahre erstrecken können - bautechnisch ineinandergreifen. Ein bautechnisches Ineinandergreifen ist gegeben, wenn die Erhaltungsarbeiten

- Vorbedingung für die Schaffung des betriebsbereiten Zustandes,
- Vorbedingung für die Herstellungsarbeiten oder
- durch bestimmte Herstellungsarbeiten veranlasst (verursacht) worden sind.

Beispiel 1:
Um einen Anbau an ein vorhandenes Verwaltungsgebäude vornehmen zu können, sind zunächst Ausbesserungsarbeiten an den Fundamenten des vorhandenen Gebäudes notwendig.

Beispiel 2:
Im Dachgeschoss eines mehrgeschossigen Wohngebäudes, das als Asylheim genutzt wird, werden erstmals Bäder eingebaut. Diese Herstellungsarbeiten machen das Verlegen von größeren Fallrohren bis zum Anschluss an das öffentliche Abwassernetz erforderlich. Die hierdurch entstandenen Aufwendungen sind ebenso wie die Kosten für die Beseitigung der Schäden, die durch das Verlegen der größeren Fallrohre in den Badezimmern der darunter liegenden Stockwerke entstanden sind, den Herstellungskosten zuzurechnen.

---

[696] Vgl. Nr. 6 Hw. zu § 41 GemHVO und BMF-Erlass vom 18.07.2003 zur Abgrenzung von Anschaffungskosten, Herstellungskosten und Erhaltungsaufwendungen.

Von einem bautechnischen Ineinandergreifen ist nicht allein deswegen auszugehen, weil solche Herstellungsarbeiten zum Anlass genommen werden, auch sonstige anstehende Renovierungsarbeiten vorzunehmen. Allein die gleichzeitige Durchführung der Arbeiten, z. B. um die mit den Arbeiten verbundenen Unannehmlichkeiten abzukürzen, reicht für einen solchen sachlichen Zusammenhang nicht aus. Ebenso wird ein sachlicher Zusammenhang nicht dadurch hergestellt, dass die Arbeiten unter dem Gesichtspunkt der rationellen Abwicklung eine bestimmte zeitliche Abfolge der einzelnen Maßnahmen erforderlich machen, die Arbeiten aber ebenso unabhängig voneinander hätten durchgeführt werden können.

Beispiel 1:
Wie das vorherige Beispiel, jedoch werden die Arbeiten in den Bädern der übrigen Stockwerke zum Anlass genommen, diese Bäder vollständig neu zu verfliesen und neue Sanitäranlagen einzubauen. Diese Modernisierungsarbeiten greifen mit den Herstellungsarbeiten (Verlegung neuer Fallrohre) nicht bautechnisch ineinander. Die Aufwendungen führen daher zu Erhaltungsaufwendungen. Die einheitlich in Rechnung gestellten Aufwendungen für die Beseitigung der durch das Verlegen der größeren Fallrohre entstandenen Schäden und für die vollständige Neuverfliesung sind dementsprechend in Herstellungs- und Erhaltungsaufwendungen aufzuteilen.

Beispiel 2:
Durch das Aufsetzen einer Dachgaube wird die nutzbare Fläche des Gebäudes geringfügig vergrößert. Diese Maßnahme wird zum Anlass genommen, gleichzeitig das alte, schadhafte Dach neu einzudecken. Die Erneuerung der gesamten Dachziegel steht insoweit nicht in einem bautechnischen Zusammenhang mit der Erweiterungsmaßnahme. Die Aufwendungen für Dachziegel, die zur Deckung der neuen Gauben verwendet werden, sind Herstellungskosten, die Aufwendungen für die übrigen Dachziegel sind Erhaltungsaufwendungen.

Beispiel 3:
Aufgrund der Erweiterung einer Feuerwache erhält das Gebäude zusätzliche Fenster. Hiermit verbunden wird die Einfachverglasung der bereits vorhandenen Fenster durch Isolierverglasung ersetzt. Die Erneuerung der bestehenden Fenster ist nicht durch die Erweiterungsmaßnahme und das Einsetzen der zusätzlichen Fenster veranlasst, greift daher bautechnisch nicht mit diesen Maßnahmen ineinander. Nur die Kosten für die zusätzlichen Fenster stellen Herstellungsaufwendungen dar. Die auf die Fenstererneuerung entfallenden Aufwendungen stellen dagegen Erhaltungsaufwendungen dar.

16.2.7.4 Übungen

Sachverhalt Nr. 1 (Erweiterung eines Vermögensgegenstandes):

Geschäftsvorfälle	
1.	Anbringen einer zusätzlichen Verkleidung zu Wärme- und Schallschutzzwecken an einer Schule.
2.	Ersatz eines Flachdaches durch ein Spitzdach, wodurch eine zusätzliche Nutzfläche geschaffen wird.
3.	Erweiterung der Funktionalität einer Zentralheizungsanlage um eine Warmwasserbereitung.
4.	Erstmaliger Einbau einer Alarmanlage.

5.	Anbau eines Balkons.
6.	Ersatz eines Flachdaches durch ein Satteldach; die nutzbare Fläche bzw. die Nutzungsmöglichkeit wird nicht erweitert.
7.	Erweiterung des Gebäudes um einen Windfang-Vorbau.
8.	Vergrößern eines bereits vorhandenen Fensters.
9.	Im Rathaus wird erstmalig ein Kamin eingebaut.
10.	Versetzen von einigen Wänden für neue Raumzuschnitte des Amtsleiter- und Vorzimmerbüros.
11.	Zur Vermeidung von Wasserschäden durch Niederschläge an der rissigen Fassade einer Kindertagesstätte wird die Wandfläche mit einer einfachen Dachüberbauung geschützt.

Aufgabe:

Begutachten Sie, ob es sich um Herstellungskosten oder Erhaltungsaufwand handelt.

Lösungen:

1. Grundsätzlich stellt dies Erhaltungsaufwand dar, da keine Substanzmehrung entsteht. Es handelt sich vielmehr um die Anpassung an den aktuellen bautechnischen Standard. Eine Ausnahme könnte lediglich darin bestehen, dass für die Verkleidung besonders hochwertige Materialien verwendet wurden.
2. Aufgrund der Schaffung einer zusätzlichen Nutzfläche handelt es sich um Substanzmehrung, so dass Herstellungsaufwand vorliegt.
3. Die Erweiterung der Funktionalität einer Zentralheizungsanlage um eine Warmwasserbereitung stellt Erhaltungsaufwand dar, da keine Substanzmehrung entsteht. Es handelt sich vielmehr um die Anpassung an den aktuellen Ausstattungsstandard.
4. Der Einbau einer Alarmanlage stellt eine Substanzmehrung dar, so dass Herstellungsaufwand vorliegt.
5. Der Anbau eines Balkons stellt eine Substanzmehrung dar, so dass Herstellungsaufwand vorliegt.
6. Durch den Wechsel von einem Flachdach auf ein Satteldach allein entsteht nur Erhaltungsaufwand. Da keine Erweiterung der Fläche oder Nutzungsmöglichkeit vorliegt, stellt dies keine Substanzmehrung dar.
7. Ein Windfang-Vorbau stellt eine Substanzmehrung am Gebäude dar, so dass Herstellungsaufwand vorliegt.
8. Die Vergrößerung eines Fensters bedingt keine Substanzmehrung, so dass Erhaltungsaufwand vorliegt.
9. Der Einbau eines Kamins stellt eine Substanzmehrung dar, so dass Herstellungsaufwand vorliegt.
10. Das Versetzen von Wänden für neue Raumzuschnitte stellt keine Substanzmehrung dar, es handelt sich somit um Erhaltungsaufwand.
11. Die Dachüberbauung erfolgte lediglich zu dem Zweck, die rissige Fassade vor möglichen Wasserschäden zu schützen. Der neue Gebäudebestandteil hat keinerlei eigene Funktion, sondern erfüllt lediglich die Funktion des bisherigen Gebäudebestandteils als Ergänzung in vergleichbarer Weise.

Sachverhalt Nr. 2 (über den ursprünglichen Zustand hinausgehende Verbesserungen):

Geschäftsvorfälle
1.	Es werden unterlassene Instandhaltungen an einem Schulgebäude nachgeholt (Fassadenausbesserung, Prüfung und Reparatur sämtlicher Fenster, neuer Anstrich, Austausch defekt gewordener Sanitäranlagen).
2.	Der einfach geputzte Vorbau des Rathauses wird zur Verbesserung des Erscheinungsbildes durch eine Marmor-Aluminium-Glaskonstruktion ersetzt.
3.	Im Rahmen der Nachholung versäumter Instandhaltungsmaßnahmen werden die Nachtspeicherheizungen durch eine Zentralheizung ersetzt. Des Weiteren werden die sanitären Anlagen durchgängig modernisiert. Die noch zweiphasigen Elektroinstallationen werden durch dreiphasige Installationen ersetzt. Außerdem werden die einfach verglasten Fenster durch Isolierfenster ersetzt. Der Mietwert der städtischen Immobilie kann um vier € je qm erhöht werden.
4.	Ein marodes Fundament wird durch ein neues ersetzt; die Lebensdauer des Gebäudes erhöht sich hierdurch um 20 Jahre.
5.	Um die veränderten gesetzlichen Anforderungen an die Raumgrößen für Kindertageseinrichtungen zu erfüllen, werden zahlreiche Wände in der Kita entfernt und die Gruppenräume baulich völlig neu gestaltet.
6.	Ein Verwaltungsgebäude aus den 60er Jahren wird entkernt und völlig mit Einzelbüros und Allraumflächen (großzügig angelegter Besucherbereich) bürgerorientiert gestaltet.
7.	Das baulich sehr einfach erstellte Rathaus aus den 50er Jahren erfährt im Rahmen der erstmaligen Instandsetzung durch Einbau hochwertiger Materialien eine Luxussanierung.
8.	Im Rahmen eines Anbaus an eine Schule aus den 50er Jahren werden am alten Gebäude die einfach verglasten Fenster durch Isolierfenster sowie sämtliche zweiphasigen Elektroinstallationen durch dreiphasige Installationen ersetzt.

Aufgabe:

Begutachten Sie, ob es sich um Herstellungskosten oder Erhaltungsaufwand handelt.

Lösungen:

1. Selbst ein quantitativ gehäuft anfallender Erhaltungsaufwand stellt keine über den ursprünglichen Zustand hinausgehende Verbesserung dar, so dass Erhaltungsaufwand vorliegt.
2. Aufgrund hochwertiger Materialien und einer besonderen baulichen Gestaltung liegt eine wesentliche Verbesserung gegenüber dem ursprünglichen Zustand vor, so dass es sich um Herstellungsaufwand handelt.
3. Durch die Verbesserung von mehr als drei zentralen Ausstattungsmerkmalen hat sich eine Standardverbesserung ergeben. Hierdurch sind die erfolgten Sanierungsmaßnahmen als Herstellungskosten aktivierungsfähig.

4. Es wurden für die Lebensdauer des Gebäudes bestimmende Bauteile erneuert. Die Lebensdauer wurde deutlich erhöht, so dass hierdurch Herstellungsaufwand entstanden ist.

5. Aufgrund der Neugestaltung im Rahmen der Anpassung an gesetzliche Raumgrößen liegt eine wesentliche Verbesserung über den ursprünglichen Zustand hinaus vor. Es ist somit Herstellungsaufwand entstanden.

6. Durch die Entkernung des Gebäudes und der räumlichen Neugestaltung liegt eine wesentliche Verbesserung vor, so dass Herstellungsaufwand entstanden ist.

7. Durch den Einbau hochwertiger Materialien, die nicht nur Anforderungen hinsichtlich der Zweckmäßigkeit erfüllen, ergibt sich eine wesentliche Verbesserung des sehr einfach erstellten Rathauses, so dass die Instandsetzungsmaßnahme aktivierungsfähig ist.

8. Im Rahmen des Schulanbaus erfolgt eine Herstellungsmaßnahme. Daneben erfolgen durch zwei weitere zentrale Gewerke Verbesserungen der Ausstattungsstandards. Für die Aktivierung als Herstellungskosten im Rahmen der Standardverbesserung gilt, dass in Verbindung mit einer aktivierungsfähigen Herstellungsmaßnahme mindestens zwei Bereiche der zentralen Ausstattungsmerkmale verbessert werden müssen. Demnach ist die gesamte Maßnahme als Herstellungskosten aktivierbar.

Sachverhalt Nr. 8   **(Zusammentreffen von Herstellungskosten und Erhaltungsaufwendungen):**

Geschäftsvorfälle	
1.	Im Rahmen der Schulbausanierung entstehen Kosten von 1 Mio. €. Das beauftragte Unternehmen erstellt eine Rechnung i. H. v. 1 Mio. €, obwohl die Auftragskalkulation des Hochbauamtes neben dem überwiegenden Sanierungsaufwand auch Kosten für einen Anbau in Höhe von 200.000 € vorsah.
2.	Zwei Gebäude eines Schulzentrums werden durch einen Verbindungstrakt für 300.000 € erweitert, hierzu sind Ausbesserungsarbeiten i. H. v. 50.000 € am bestehenden Fundament der beiden Gebäude erforderlich.
3.	Im Verwaltungsgebäude werden in den Obergeschossen für 50.000 € erstmalig Besuchertoiletten eingerichtet. Hierzu ist es erforderlich, größere Fallrohre in der bestehenden Besuchertoilette im Erdgeschoss zu verlegen. Hierfür werden 2.000 € in Rechnung gestellt; des Weiteren werden 3.000 € fällig, um im Rahmen der Verlegung des Fallrohrs entstandene Schäden in der bestehenden Besuchertoilette zu beseitigen.
4.	Gleicher Sachverhalt wie zuvor; zusätzlich wird die Besuchertoilette im Erdgeschoss für 7.000 € durch Neuverfliesung und neue Sanitäranlagen modernisiert.
5.	Es ist erforderlich, ein Schuldach neu einzudecken. Im Rahmen dieser Maßnahme wird eine Solaranlage installiert. Die Gesamtrechnung lautet auf 19.000 €, wobei 10.000 € auf die Installation der Solaranlage fallen.
6.	Im Rahmen einer Schulbauerweiterung wird der Einbau von 6 neuen Fenstern erforderlich. Gleichzeitig werden die 18 aus Einfachverglasung bestehenden Fenster gleicher Art und Größe des Altbaus durch Fenster mit Isolierverglasung ausgetauscht. Die Rechnung beträgt insgesamt 12.000 €.

Aufgabe :

Ermitteln Sie die aktivierungsfähigen Herstellungskosten und die ergebniswirksamen Erhaltungsaufwendungen und begründen Sie Ihre Entscheidung.

Lösungen:

1. Eine gemeinsame Rechnung für Erhaltungs- und Herstellungsaufwand ist sachgerecht zu trennen. Hier waren für den Anbau 200.000 € Herstellungskosten vorgesehen, so dass diese entsprechend zu buchen sind. Die restlichen 800.000 € stellen Erhaltungsaufwand dar.
2. Die Ausbesserungsarbeiten am Fundament sind durch den Neubau begründet, es besteht somit ein unmittelbarer bautechnischer Zusammenhang mit der Herstellungsmaßnahme. Die 350.000 € stellen daher insgesamt Herstellungsaufwand dar.
3. Die entstandenen Schäden sind durch die Neuinstallation bedingt, es besteht somit ein unmittelbarer bautechnischer Zusammenhang des Erhaltungsaufwands mit der Herstellungsmaßnahme. Die 55.000 € stellen somit insgesamt Herstellungsaufwand dar.
4. Hier steht der Erhaltungsaufwand nicht im unmittelbaren bautechnischen Zusammenhang mit der Herstellungsmaßnahme, so dass die 7.000 € Erhaltungsaufwand darstellen und es bei 55.000 € Herstellungsaufwand bleibt.
5. Das Eindecken des Daches steht nicht im unmittelbaren bautechnischen Zusammenhang mit der Herstellungsmaßnahme einer Solaranlage, so dass die 9.000 € für das Eindecken des Daches Erhaltungsaufwand und die 10.000 € für die Substanzmehrung um eine Solaranlage Herstellungsaufwand darstellen.
6. Die Fenster für die Schulbauerweiterung stellen Herstellungsaufwand in Höhe von 3000 € dar. Der Austausch der vorhandenen Fenster stellt eine Anpassung an den aktuellen bautechnischen Standard dar, eine Substanzmehrung bzw. eine Verbesserung über den ursprünglichen Zustand hinaus liegt somit nicht vor. Der Austausch der vorhandenen Fenster ist auch nicht unmittelbar durch die Schulbauerweiterung und dem dortigen Fenstereinbau bedingt. Die 9.000 € für den Fensteraustausch stellen somit Erhaltungsaufwand dar.

16.2.8 Bilanzierungsgrundsätze

§ 40 GemHVO verweist hinsichtlich der Bilanzierungsgrundsätze nicht ausdrücklich auf die Anwendung der Grundsätze ordnungsmäßiger Buchführung[697], greift aber die vom Verordnungsgeber als besonders wichtig angesehenen auf.

---

[697] Unter den Grundsätzen ordnungsmäßiger Buchführung (GoB) werden Regelungen verstanden, die sich aus den Gepflogenheiten der ordentlichen Kaufleute, der Rechtsprechung, der Wissenschaft und einschlägiger Berufsverbände (z. B. der Wirtschaftsprüfer) herausgebildet haben, und die bei der Buchführung zu beachten sind. Nur ein Teil dieser Regelungen wurde vom Gesetzgeber aufgegriffen und kodifiziert, im Übrigen verweist der Gesetzgeber an zahlreichen Stellen (§§ 108, 112 HGO; §§ 32 Abs. 2, 33, 36, 42 GemHVO) auf die GoB, die neben den rechtlichen Vorschriften zu beachten sind.

16.2.8.1   Bilanzidentität

Nach § 40 Nr. 1 GemHVO müssen die Bilanzansätze zu Beginn des folgenden Haushaltsjahres immer mit den im Rahmen eines Jahresabschlusses ermittelten Bilanzansätzen übereinstimmen. Hieraus ergibt sich die Verpflichtung, die formelle Übereinstimmung (Bilanzposten) sowie die materielle Übereinstimmung (Bilanzwerte) sicherzustellen. Allerdings hat der Gesetzgeber eine Ausnahme für die ersten vier doppischen Jahre zugelassen – hier sind nachträgliche Korrekturen möglich, ohne dass die bereits festgestellten früheren Bilanzen berichtigt werden müssen (§ 108 Abs. 5 HGO).

16.2.8.2   Einzelbewertung

Nach § 40 Nr. 2 GemHVO sind Vermögensgegenstände grundsätzlich einzeln zu erfassen und zu bewerten. Ausnahmen hiervon ergeben sich aus folgenden Vereinfachungsverfahren:

- Festwertbewertung[698] nach § 35 Abs. 2 GemHVO und
- Gruppenbewertung[699] nach § 35 Abs. 3 GemHVO

Die im Handels- und Steuerrecht bestehenden Inventur- und Bewertungsvereinfachungen der Festwertbildung und der Gruppenbewertung wurden durch § 35 GemHVO übernommen.

16.2.8.2.1   Festwertbildung

Voraussetzung für die Festwertbildung ist gem. § 34 Abs. 1 GemHVO, dass der Bestand in Größe, Wert und Zusammensetzung der Vermögensgegenstände nur geringen Schwankungen unterliegen darf, d. h. dass die Vermögensgegenstände regelmäßig ersetzt werden müssen. Des Weiteren muss der Gesamtwert von nachrangiger Bedeutung sein. Eine Festwertbildung ist nur für Vermögensgegenstände des Sachanlagevermögens sowie für Roh-, Hilfs-, Betriebsstoffe und Waren zulässig. Sie ist grundsätzlich für immaterielle Vermögensgegenstände sowie für Finanzanlagen ausgeschlossen.

Die Rahmenbedingungen für eine Festwertbildung sind:

- Es wird ein unveränderter Wertansatz für den Bestand bestimmter Vermögensgegenstände über mehrere Haushaltsjahre ermöglicht.
- Die ständige Abnutzung wird durch laufende Wiederbeschaffung ungefähr ausgeglichen.
- Der Zweck besteht in der Erleichterung der Inventur und der Bewertung.
- Abschreibungen fallen nach einer Festwertbildung nicht an, vielmehr stellen die Ersatzbeschaffungen Aufwand in der Anschaffungsperiode dar.
- Die jährliche Inventurverpflichtung einer grundsätzlich körperlichen Bestandsaufnahme wird auf drei Jahre erweitert.

---

[698] Siehe ausführlich Ziffer 16.2.8.3.
[699] Siehe ausführlich Ziffer 16.2.8.4.

Liegen die Voraussetzungen für eine Festwertbewertung vor, ist je nach Alter und Abnutzung der Vermögensgegenstände bei der erstmaligen Bildung des Festwertes ein Abschlag in Höhe von 50 % von den ursprünglichen Anschaffungs- oder Herstellungskosten vorzunehmen.

Typische Beispiele sind Werkzeuge, Geräte und Kantinengeschirr.

Beispiel:
Der Bestand an Spielgeräten, Bänken, Wegen, Pflanzen etc. im Park der Gemeinde G ist im Rahmen der stetigen Unterhaltung der Grünanlage grundsätzlich gleichbleibend. Die Voraussetzungen für eine Festwertbildung sind aufgrund unerheblicher Schwankungen – zulässig sind geringe Schwankungen – hinsichtlich des Bestandes, des Werts und der Zusammensetzung der Vermögensgegenstände erfüllt. Alle Vermögensgegenstände des Parks dürfen daher nach § 35 Abs. 2 GemHVO zu einem Festwert zusammengezogen werden. Weiterhin ist bei diesem Beispiel anzumerken, dass es im Rahmen des Grundsatzes der Wirtschaftlichkeit nicht erforderlich ist, die Bäume und Blumen einzeln zu bewerten und zum Festwert zusammenzuziehen. Die Bewertung der Pflanzen kann pauschal erfolgen.

Verändert sich der Festwert offensichtlich um mehr als 10 %, so ist innerhalb des Zeitraums der vorgenannten dreijährigen Inventurpflicht eine Wertanpassung des Festwertes erforderlich. Übersteigt der ermittelte Wert den bisherigen Festwert dagegen um nicht mehr als 10 %, so kann beim Anlagevermögen[700] der bisherige Festwert beibehalten werden. Wird ein niedrigerer Festwert ermittelt, so kann der ermittelte Wert als neuer Festwert angesetzt werden.[701] Ist für die Zukunft dauerhaft von einem niedrigeren Festwert auszugehen, verwandelt sich das Wahlrecht eines neuen Festwertansatzes in eine Ansatzpflicht.

Beispiel (Festwertbildung)
Im Gesundheitsamt wird auf Dauer eine gleichbleibende Anzahl gleichartiger Geräte eingesetzt. Zum Zeitpunkt der Festwertbildung sind 45 Geräte vorhanden. Die ursprünglichen Anschaffungskosten werden mit rund 500 € pro Gerät angesetzt.

Berechnung des Festwertansatzes			
ursprünglicher Wert	500 €	x 45 Stück	22.500 €
anzusetzender Festwert	22.500 €	x 50 %	11.250 €

16.2.8.2.2 Gruppenbewertung

Die Gruppenbewertung nach § 35 Abs. 3 GemHVO ist ein Verfahren der Pauschalbewertung. Sie hat mit einem gewogenen Durchschnittswert zu erfolgen. Voraussetzung für eine Gruppenbewertung ist, dass es sich um gleichartige Vermögensgegenstände des Vorratsvermögens oder andere gleichartige oder annähernd gleichwertige bewegliche

---

[700] Dies ist anders beim Umlaufvermögen: Aufgrund des strengen Niederstwertprinzips – siehe Ziffer 16.2.8.4 – hat im Rahmen der jährlichen Inventur eine kontinuierliche Wertanpassung zu erfolgen.

[701] Bei diesen Anpassungsregelungen handelt es sich um einen allgemein angewandten kaufmännischen Grundsatz, der im Einkommensteuerrecht festgelegt ist (vgl. hierzu auch Einkommensteuerrichtlinien 2004, EStR 31 Abs. 4).

Vermögensgegenstände handelt. Diese dürfen zu einer Gruppe zusammengefasst und mit einem gewogenen Durchschnittswert angesetzt werden. Die Vorgehensweise der Bewertung mit einem gewogenen Durchschnittswert wird durch folgendes Berechnungsschema deutlich:

Vermögensgegenstand 1	Anzahl	x	Einzelwert	=	Gesamtwert der Art Vermögensgegenstand 1
Vermögensgegenstand 2	Anzahl	x	Einzelwert	=	Gesamtwert der Art + Vermögensgegenstand 2
Vermögensgegenstand 3	Anzahl	x	Einzelwert	=	Gesamtwert der Art + Vermögensgegenstand 3
░░░░░░░░░░░░░░░░░░░░░					= Gesamtwert der Vermögensgegenstände 1 – 3
: Gesamtanzahl der Vermögensgegenstände 1 – 3					= Gewogener Einzelwert der Vermögensgegenstände 1 – 3

16.2.8.3   Vorsichtsprinzip

Nach § 40 Nr. 3 GemHVO gilt für das Vermögen, dass im Rahmen des Niederstwertprinzips die Bewertung vorsichtig unter Berücksichtigung aller vorhersehbaren Wertminderungen, die bis zum Bilanzstichtag entstanden sind, durchgeführt werden muss. Hierbei ist zu unterscheiden nach dem strengen und gemilderten Niederstwertprinzip.

Das strenge Niederstwertprinzip gilt für das Umlaufvermögen, wonach stets der aus unterschiedlichen Bewertungsmöglichkeiten (Anschaffungs- oder Herstellungskosten, Börsen- oder Marktwert) der niedrigste Wert anzusetzen ist. Für Vermögensgegenstände des Anlagevermögens gilt nach den Grundsätzen ordnungsmäßiger Buchführung und § 43 Abs. 3 GemHVO das gemilderte Niederstwertprinzip, wonach nur bei einer dauerhaften Wertminderung der niedrigere Wert anzusetzen ist und die Wertminderung sich in einer außerplanmäßigen Abschreibung darstellt.

Dies gilt im Rahmen der Wertaufhellung auch dann, wenn die bis zum Bilanzstichtag entstandenen Wertminderungen erst zwischen dem Abschlussstichtag und dem Tag der Aufstellung des Jahresabschlusses bekannt geworden sind.

Beispiel:
Die Gemeinde G unterhält für ihre Fahrzeuge auf dem Betriebshof eine eigene Tankstelle. Aufgrund des sinkenden Dollarkurses sind die Preise für Benzin erheblich gesunken. Im Rahmen der Bilanzierung hat die Gemeinde G den am Bilanzstichtag bestehenden niedrigeren Wert des Benzins zu berücksichtigen.

Dagegen gilt für Wertsteigerungen, dass diese am Abschlussstichtag realisiert sein müssen. Im Rahmen des Anschaffungswertprinzips bilden die Anschaffungskosten, insbesondere bei Zuschreibungen, wertmäßig die Obergrenze für den Bilanzansatz.

Beispiel:
Gleicher Sachverhalt wie beim vorherigen Beispiel. Bei der Bilanzierung im Folgejahr liegt der Wert für Benzin am Bilanzstichtag jedoch weit über den Anschaffungskosten. Aufgrund des Anschaffungswertprinzips kann der Bilanzansatz nur

bis zur Höhe des Wertes der Anschaffung erfolgen. Darüber hinausgehende Wertsteigerungen dürfen nicht im Bilanzansatz berücksichtigt werden.

Regelungen für den Schuldenbereich wurden im Gesetzestext nicht getroffen. Hier gilt im Rahmen des Vorsichtsprinzips das Höchstwertprinzip, wonach die höchstmögliche Schuldverpflichtung zu berücksichtigen ist.

Beispiel:
Die Gemeinde G hat aufgrund des stabilen Wechselkurses des Schweizer Franken zum Euro und der günstigen Zinskonditionen in der Schweiz ein Kommunaldarlehen in Schweizer Franken aufgenommen. Der Wechselkurs des Euro zum Schweizer Franken verschlechtert sich erheblich. Danach muss die Gemeinde G in ihrer Bilanz auf der Grundlage des verschlechterten Wechselkurses einen höheren Stand ihrer Kreditverbindlichkeiten (zum Wechselkurs am Bilanzstichtag) ausweisen.

Des Weiteren gehört inhaltlich zum Vorsichtsprinzip, dass nur realisierte Erträge ausgewiesen werden dürfen (Realisationsprinzip).

Beispiel:
Eine ertragswirksame Buchung von Steuern kann erst nach dem Realisationsakt Bescheidversendung erfolgen.

Andererseits sind bereits für wahrscheinlich entstehende Verpflichtungen Rückstellungen zu bilden (Imparitätsprinzip).

Beispiel:
Eine Gebührensatzung der Gemeinde A wurde in letzter Instanz für nichtig erklärt, weil in der Kalkulation der Gebühren bestimmte Kosten nicht ansatzfähig sind. Die zu viel erhobenen Gebühren hat die Gemeinde A den Gebührenzahlern zu erstatten. Die Gemeinde G hat die gleichen Kosten in ihrer Kalkulation berücksichtigt. Es ist wahrscheinlich, dass in einem Klageverfahren auch die Gebührensatzung der Gemeinde G für nichtig erklärt wird und eine Gebührenerstattung erfolgen muss. Aufgrund dieser wahrscheinlich entstehenden Verpflichtung hat die Gemeinde G in Höhe der zu erstattenden Gebühren eine Rückstellung zu bilden.

16.2.8.4 Periodisierungsprinzip

Nach § 40 Nr. 4 GemHVO sind im Haushaltsjahr die entstandenen Aufwendungen und erzielten Erträge unabhängig von den Zeitpunkten der entsprechenden Zahlung im Jahresabschluss zu berücksichtigen.[702]

16.2.8.5 Stetigkeit der Bewertungsmethode

Nach § 40 Nr. 5 GemHVO sollen die auf den vorhergehenden Jahresabschluss angewandten Bewertungsmethoden beibehalten werden. Das bedeutet, dass die einmal im Rahmen der Abschreibungsplanung bei der Anschaffung oder Herstellung festgelegten Bewertungs- und Abschreibungsmethoden für jeden Vermögensgegenstand grundsätzlich

---

[702] Das Periodisierungsprinzip wird im Kapitel 15, Jahresabschluss, dargestellt. In Bezug auf die Veranschlagung siehe Ziffer 7.3.2.

bindend sind. Ein späterer Wechsel der festgelegten Methoden ist ohne besonderen Grund nicht zulässig.

Beispiel

In der kommunalen Abschreibungstabelle ist vorgesehen, Feuerwachen über 40 Jahre abzuschreiben. Aus Ergebnis bezogenen Erwägungen soll im Jahre 2014 die Abschreibungsdauer auf 50 Jahre „gestreckt" werden. Ab 2018 soll wieder die Nutzung über 40 Jahre gelten. Grundsätzlich erfolgt im Rahmen der Abschreibungsplanung eine einmalige Festlegung der Abschreibungskomponenten. Ein einmaliger begründeter Wechsel im Rahmen einer besseren Abbildung des tatsächlichen Ressourcenverbrauchs wäre noch begründbar. Der nochmalige geplante Wechsel auf die ursprüngliche Abschreibungsdauer ist aus Gründen der Stetigkeit der Bewertungsmethode nicht zulässig.

16.2.8.6   Vollständigkeit

Nach den Grundsätzen ordnungsmäßiger Buchführung i. V. m. § 38 GemHVO sind im Rahmen der Bilanzierung grundsätzlich sämtliches Vermögen und sämtliche Schulden zu bilanzieren. Maßstab für die Vermögensbilanzierung ist, dass der Kommune das wirtschaftliche Eigentum zuzurechnen ist. Einschränkungen hinsichtlich des Vollständigkeitsgrundsatzes ergeben sich nur auf der Grundlage der Ausübung von eingeräumten Wahlrechten oder Bilanzierungsverboten (z. B. selbst geschaffenes immaterielles Vermögen).

16.2.8.7   Saldierungsverbot

Nach § 38 Abs. 2 GemHVO sowie dem speziellen Regelungsinhalt des § 38 Abs. 4 GemHVO zu Zuwendungen und Beiträgen für Investitionen dürfen die Werte der Vermögensgegenstände nicht mit erhaltenen Investitionsförderungen, erhaltenen Beiträgen oder selbstständig zu bewertenden Schulden verrechnet werden.

16.3   Die Posten der kommunalen Bilanz

Die kommunale Bilanz unterscheidet sich von der handelsrechtlichen Bilanz insbesondere dadurch, dass neben der Vermögensart auch die kommunale Vermögensverwendung in ihren bedeutenden Bereichen abgebildet werden soll. Nachfolgend die Mindestgliederung der kommunalen Musterbilanz nach § 49 GemHVO[703].

---

[703] Siehe Muster 20 zur GemHVO.

AKTIVA	PASSIVA

1. Anlagevermögen
  1.1. Immaterielle Vermögensgegenstände
    1.1.1. Konzessionen, Lizenzen und ähnliche Rechte
    1.1.2. geleistete Investitionszuweisungen und -zuschüsse
  1.2. Sachanlagen
    1.2.1. Grundstücke und grundstücksgleiche Rechte
    1.2.2. Bauten einschließlich Bauten auf fremden Grundstücken
    1.2.3. Sachanlagen im Gemeingebrauch, Infrastrukturvermögen
    1.2.4. Anlagen und Maschinen zur Leistungserstellung
    1.2.5. Andere Anlagen, Betriebs- und Geschäftsausstattung
    1.2.6. Geleistete Anzahlungen und Anlagen im Bau
  1.3. Finanzanlagen
    1.3.1. Anteile an verbundenen Unternehmen
    1.3.2. Ausleihungen an verbundene Unternehmen
    1.3.3. Beteiligungen
    1.3.4. Ausleihungen an Unternehmen, mit denen ein Beteiligungsverhältnis besteht
    1.3.5. Wertpapiere des Anlagevermögens
    1.3.6. Sonstige Ausleihungen (sonstige Finanzanlagen)
  1.4. sparkasenrechtliche Sonderbeziehungen
2. Umlaufvermögen
  2.1 Vorräte einschließlich Roh-, Hilfs- und Betriebsstoffe
  2.2 Fertige und unfertige Erzeugnisse, Leistungen und Waren
  2.3 Forderungen und sonstige Vermögensgegenstände
    2.3.1. Forderungen aus Zuweisungen, Zuschüssen, Transferleistungen, Investitionszuweisungen und -zuschüssen und Investitionsbeiträgen
    2.3.2. Forderungen aus Steuern und steuerähnlichen Abgaben, Umlagen
    2.3.3. Forderungen aus Lieferungen und Leistungen
    2.3.4. Forderungen gegen verbundene Unternehmen und gegen Unternehmen, mit denen eine Beteiligungsverhältnis besteht, und Sondervermögen
    2.3.5. Sonstige Vermögensgegenstände
  2.4 Flüssige Mittel
3. Rechnungsabgrenzungsposten
4. Nicht durch Eigenkapital gedeckter Fehlbetrag

1. Eigenkapital
  1.1 Netto-Position
  1.2 Rücklagen, Sonderrücklagen. Stiftungskapital
    1.2.1 Rücklagen aus Überschüssen des ordentlichen Ergebnisses
    1.2.2 Rücklagen aus Überschüssen des außerordentlichen Ergebnisses
    1.2.3 Sonderrücklagen
    1.2.4 Stiftungskapital
  1.3 Ergebnisverwendung
    1.3.1 Ergebnisvortrag
      1.3.1.1 Ordentliche Ergebnisse aus Vorjahren
      1.3.1.2 Außerordentl. Ergebnisse aus Vorjahren
    1.3.2 Jahresüberschuss / Jahresfehlbetrag
      1.3.2.1 Ord. Jahresüberschuss / Jahresfehlbetrag
      1.3.2.2 Außerordentlicher Jahresüberschuss / Jahresfehlbetrag
2. Sonderposten
  2.1 Sonderposten für erhaltene Investitionszuweisungen, -zuschüsse und Investitionsbeiträge
    2.1.1 Zuweisungen vom öffentlichen Bereich
    2.1.2 Zuschüsse vom nichtöffentlichen Bereich
    2.1.3 Investitionsbeiträge
  2.2 Sonderposten
  2.3 Sonderposten für Umlagen Nach § 37 Abs. 3 des Finanzausgleichsgesetzes
  2.4 sonstige Sonderposten
3. Rückstellungen
  3.1 Rückstellungen für Pensionen und ähnliche Verpflichtungen
  3.2 Rückstellungen für Umlageverpflichtungen nach dem Finanzausgleichsgesetz und für Verpflichtungen im Rahmen von Steuerschuldverhältnissen
  3.3 Rückstellungen für Rekultivierung und Nachsorge von Abfalldeponien
  3.4 Rückstellung für die Sanierung von Altlasten
  3.5 Sonstige Rückstellungen
4. Verbindlichkeiten
  4.1 Verbindlichkeiten aus Anleihen
    davon: mit einer Restlaufzeit bis einschließlich einem Jahr
  4.2 Verbindlichkeiten aus Kreditaufnahmen für Investitionen und Investitionsförderungsmaßnahmen

    davon: mit einer Restlaufzeit bis einschließlich einem Jahr
    4.2.1 gegenüber Kreditinstituten
      davon mit einer Restlaufzeit bis einschlioeßlich einem Jahr
    4.2.2 gegenüber öffentlichen Kreditgebern
      davon mit einer Restlaufzeit bis einschließlich einem Jahr
    4.2.3 gegenüber sonstigen Kreditgebern
      davon mit einer Restlaufzeit bis einschließlich einem Jahr
  4.3 Verbindlichkeiten aus Kreditaufnahmen für die Liquiditätssicherung
  4.4 Verbindlichkeiten aus kreditähnlichen Rechtsgeschäften
  4.5 Verbindlichkeiten aus Zuweisungen und Zuschüssen, Transferleistungen und Investitionszuweisungen und -zuschüssen sowie Investitionsbeiträgen
  4.6 Verbindlichkeiten aus Lieferungen und Leistungen
  4.7 Verbindlichkeiten aus Steuern und steuerähnlichen Abgaben
  4.8 Verbindlichkeiten gegenüber verbundenen Unternehmen und gegen Unternehmen, mit denen ein Beteiligungsverhältnis besteht, und Sondervermögen
  4.9 Sonstige Verbindlichkeiten
5. Rechnungsabgrenzungsposten

16.3.1 Anlagevermögen

Die Vermögensgegenstände des Anlagevermögens sind dazu bestimmt, dauernd dem Geschäftsbetrieb der Gemeinde (GV) zu dienen. Die Terminologie „auf Dauer" zielt jedoch nicht auf einen bestimmten Zeitraum (zum Beispiel länger als ein Jahr) ab, sondern auf die stetige Nutzung des Vermögensgegenstandes (Gebrauchsgut im Gegensatz zum Verbrauchsgut) (Nr. 1 Hw. zu § 49 GemHVO).

16.3.1.1 Grundsätzliches

Der Wert des Anlagevermögens ist für die kommunale Vermögensrechnung prägend. Die weiteren Positionen auf der Aktivseite der Bilanz (Umlaufvermögen, Rechnungs-abgrenzungsposten, „nicht durch Eigenkapital gedeckter Fehlbetrag") sind i. d. R. von eher untergeordneter Bedeutung. Das Anlagevermögen wird weiter untergliedert in

- immaterielles Anlagevermögen
- Sachanlagevermögen
- Finanzanlagevermögen

16.3.1.2 Immaterielles Anlagevermögen

Immaterielle Vermögensgegenstände sind nichtstoffliche Vermögenswerte einer Kommune. Die breite Fächerung der unterschiedlichen Vermögenswerte und die Bedeu-tung im privatwirtschaftlichen Bereich (z. B. Konzessionen, gewerbliche Schutzrechte, Geschäfts- oder Firmenwerte) ist im kommunalen Bereich nicht gegeben. Dies dokumentiert auch die wesentlich tiefere Gliederung in der kaufmännischen Bilanz; die kommunale Bilanz beschränkt sich auf den pflichtigen Bilanzposten „immaterielles Vermögen" mit den Untergliederungen

1.1.1 Konzessionen, Lizenzen und ähnliche Rechte
1.1.2 geleistete Investitionszuweisungen und -zuschüsse

Um die Vermögenswerte des immateriellen Vermögens in der Buchhaltung konkret zu erfassen, sieht der Kommunale Verwaltungskontenrahmen (KVKR) in den Gemeinden eine Trennung in

- 021 Konzessionen,
- 022 gewerbliche Schutzrechte
- 024 Lizenzen, DV-Software
- 035 geleistete Investitionszuweisungen, -zuschüsse und Investitionsbeiträge und
- 040 geleistete Anzahlungen auf immaterielle Vermögensgegenstände

vor.

16.3.1.2.1   Konzessionen, Lizenzen und ähnliche Rechte

Lizenzen stellen Rechte dar, die einem Dritten zustehen, bei denen dieser jedoch der Kommune gegen Entgelt ein Nutzungsrecht auf Zeit oder auf Dauer einräumt. Denkbar ist jedoch auch, dass die Rechte gegen Entgelt auf die Kommune übertragen werden. Hauptsächlich dürfte das immaterielle Vermögen aus angeschaffter EDV-Software bestehen. Diese ist getrennt von den beweglichen Sachanlagen der EDV (Hardware) zu erfassen.

Rechte an Trivialprogrammen, dies sind EDV-Programme mit einem Anschaffungswert bis einschließlich 410 € (ohne Umsatzsteuer), sind wie geringwertige Vermögensgegenständen des beweglichen Anlagevermögens zu behandeln.

Grundstücksgleiche Rechte gehören zum unbeweglichen Anlagevermögen und somit nicht zu den immateriellen Vermögensgegenständen (Nr. 2 Hw. zu § 49 GemHVO).

In der Bilanz sind nach § 38 Abs. 3 GemHVO nur die Aufwendungen für entgeltlich erworbene immaterielle Vermögensgegenstände zu erfassen. Für selbst geschaffene bzw. nicht entgeltlich erworbene immaterielle Vermögensgegenstände besteht analog der zum Zeitpunkt des Erlasses der GemHVO geltenden handelsrechtlichen Regelung (§ 248 Abs. 2 HGB) ein Aktivierungsverbot. Handelsrechtlich wurde dieses Aktivierungsverbot inzwischen in ein Wahlrecht umgewandelt. Entgeltlich ist ein Erwerb immer dann, wenn ein Leistungsaustausch (z. B. aufgrund Kauf- oder Tauschvertrag) zugrunde liegt.

16.3.1.2.2   Geleistete Investitionszuweisungen und -zuschüsse

Von der Gemeinde gewährte Investitionszuweisungen, -zuschüsse und Investitionsbeiträge sind gem. § 38 Abs. 4 GemHVO als immaterielle Vermögensgegenstände in der Vermögensrechnung (Bilanz) auszuweisen und nach Maßgabe der Erfüllung der Verpflichtung aus dem Zuwendungsverhältnis zeitbezogen aufzulösen.

Der Abschreibungszeitraum richtet sich nach der Dauer der im Bewilligungsbescheid festgelegten Zweckbindung. Alternativ kann die Gemeinde gem. § 43 Abs. 5 GemHVO jährlich mit einem Zehntel schreiben, wenn die Abschreibung über die betriebsgewöhnliche Nutzungsdauer des betreffenden Vermögensgegenstands für die Gemeinde zu aufwändig wäre.

Von der Gemeinde geleistete Zuweisungen und Zuschüsse für Investitionen sind gem. Nr. 2 Hw. zu § 38 GemHVO zu aktivieren, wenn sie an einen bestimmten Zweck gebunden und unter Geltendmachung eines Rückforderungsanspruchs geleistet werden. Ausnahmen sind bei Investitionsfördermaßnahmen von untergeordneter Bedeutung zulässig.

Die Möglichkeit, geleistete Investitionszuweisungen und -zuschüsse zu aktivieren, stellt eine Besonderheit des hessischen doppischen Haushaltsrechtes dar. Kommunen verfolgen mit der Förderung von Investitionen Dritter i. d. R. den Zweck, die Schaffung von Einrichtungen durch Dritte zu unterstützten, die sie anderenfalls ggf. vollständig mit eigenen Mitteln schaffen müsste, z. B. die kommunale Förderung des Ausbaus des öffentlichen Nahverkehrs, die finanzielle Unterstützung des Neubaus einer Sozialeinrichtung eines anderen Trägers, die Subventionierung der Anschaffung von Anlagevermögen eines Vereins (vgl. Nr. 3 Hw. zu § 49 GemHVO).

Durch die Aktivierungsfähigkeit dieser Zuwendungen besteht auch die Möglichkeit, Investitionszuweisungen durch Kredite zu finanzieren, wie dies vor Einführung der Doppik auch möglich war. Dennoch erscheint die Aktivierungsfähigkeit von Investitionszuweisungen auch insofern problematisch, als es den zu bildenden Aktivposten an typischen Merkmalen wie der Einzelveräußerlichkeit in der Regel mangeln dürfte (der Rückforderungsanspruch entsteht nur, wenn der im Zuwendungsbescheid fixierte Zweck nicht gewahrt wird). Andere Bundesländer haben für diesen Zweck lediglich eine Bilanzierungshilfe (Ausweisung als Rechnungsabgrenzungsposten) zugelassen.

Nicht zu aktivieren sind Investitionsfördermaßnahmen von untergeordneter Bedeutung, diese sind in der Kontengruppe 71 sofort vollständig als Aufwand zu verbuchen. Es bestehen keine Bedenken, Beträge bis 1.000 € als unwesentlich einzustufen (vgl. Nr. 2 Hw. zu § 38 GemHVO und Erl. zu Hauptkonto 035).

16.3.1.3   Sachanlagevermögen

16.3.1.3.1   Begriff des Sachanlagevermögens

Im Gegensatz zu den immateriellen Vermögensgegenständen stellen Sachanlagen materielle Vermögensgegenstände dar. Das Sachanlagevermögen umfasst nach § 49 Abs. 3 GemHVO

- Grundstücke und grundstücksgleiche Rechte
- Bauten einschließlich Bauten auf fremden Grundstücken
- Sachanlagen im Gemeingebrauch, Infrastrukturvermögen
- Anlagen und Maschinen zur Leistungserstellung
- andere Anlagen, Betriebs- und Geschäftsausstattung
- geleistete Anzahlungen, Anlagen im Bau

Die Nutzungsdauer des Sachanlagevermögens kann zeitlich begrenzt sein, wenn es einer Abnutzung und somit einem wirtschaftlichen Verbrauch unterliegt (z. B. Gebäude, Grundstücksaufbauten, Fahrzeuge). Die Nutzungsdauer kann aber auch unbegrenzt sein (i. d. R. Grund und Boden). Daher ist es zur Ermittlung des Ressourcenverbrauchs aus Abschreibungen erforderlich, dass die abnutzbaren und nicht abnutzbaren Vermögensgegenstände wertmäßig getrennt voneinander abgebildet werden.

Des Weiteren ist der Bereich des Sachanlagevermögens noch zu unterscheiden nach:

- unbeweglichem Sachanlagevermögen
- beweglichem Sachanlagevermögen

Diese Unterscheidung ist jedoch nur für die Anwendbarkeit der Gruppenbewertung relevant.[704]

16.3.1.3.2 Abgrenzung unbewegliches und bewegliches Sachanlagevermögen

Eine notwendige Regelung hinsichtlich der Unterscheidung zwischen beweglichem und unbeweglichem Vermögen steht noch aus. In Anlehnung an § 68 des Bewertungsgesetzes (BewG) gehören zum unbeweglichen Sachanlagevermögen insbesondere

- die Grundstücke
- die Bauten
- die grundstücksgleichen Rechte
  o   Erbbaurechte
  o   sowie auch Wohnungseigentumsrechte.

Des Weiteren stellen auch Kulturdenkmäler i. d. R. unbewegliches Vermögen dar, die in der kommunalen Bilanz mit Kunstgegenständen, die i. d. R. bewegliches Vermögen darstellen, in einem Bilanzposten gemeinsam auszuweisen sind.

Zum beweglichen Sachanlagevermögen gehören dagegen

- Anlagen und Maschinen zur Leistungserstellung
- Betriebs- und Geschäftsausstattung

Unter den Bilanzposten des Infrastrukturvermögens werden u. U. bewegliches und unbewegliches Vermögen im gleichen Bilanzposten dargestellt, so dass eine diesbezügliche Trennung in unterschiedlichen Konten (der Anlagenbuchhaltung) sinnvoll ist.

Eine Besonderheit stellen im steuerrechtlichen Bereich die sonstigen Vorrichtungen aller Art dar, die zu einer Betriebsanlage gehören (Betriebsvorrichtungen, z. B. Aufzüge), welche dort per gesetzlicher Definition bewegliches Vermögen darstellen, obwohl es sich tatsächlich um unbewegliche Gegenstände handelt (Nr. 11 Hw. zu § 41, Nr. 2 Hw. zu § 43 und Nr. 8.5 Hw. zu § 59 GemHVO).

Der Ausweis der Betriebsvorrichtungen erfolgt grundsätzlich in der zugehörigen Vermögensart. Ein getrennter bilanzieller Ausweis vom zugehörigen Vermögensgegenstand hat nur zu erfolgen, sofern es sich bei der Betriebsvorrichtung um eine Maschine oder technische Anlage handelt.

Unabhängig von einem gemeinsamen Bilanzausweis einer Betriebsvorrichtung mit dem zugehörigen Vermögensgegenstand hat jedoch eine eigenständige Abbildung des Vermögensgegenstandes „Betriebsvorrichtung" hinsichtlich der Festlegung der Abschreibungsplanung zu erfolgen (vgl. Nr. 2 Hw. zu § 43 GemHVO). Die Abschreibungsplanung des zugehörigen Vermögensgegenstandes hat grundsätzlich für die Abschreibungsplanung der Betriebsvorrichtung keine Bedeutung.

---

[704] Im kaufmännischen Rechnungswesen der Privatwirtschaft beschränkt sich zudem die Anwendung der Regelung zu geringwertigen Vermögensgegenständen (dort: geringwertige Wirtschaftsgüter) auf das bewegliche Sachanlagevermögen.

Beispiel 1:
Der Lastenaufzug in einem Verwaltungsgebäude wird losgelöst vom zugehörigen Vermögensgegenstand Verwaltungsgebäude im Posten „Maschinen und technische Anlagen" ausgewiesen.

Beispiel 2:
In einem Verwaltungsgebäude ist eine Tresoranlage untergebracht. Deren Stahltüren und Stahlkammern sind Betriebsvorrichtungen. Sie stellen weder eine Maschine noch eine technische Anlage dar. Diese Betriebsvorrichtungen werden daher mit dem Verwaltungsgebäude gemeinsam in der Bilanz unter dem Posten „Bauten" ausgewiesen. Die Abschreibungsplanung für die Stahltüren und Stahlkammern erfolgt eigenständig, losgelöst von den diesbezüglichen Festlegungen für das zugehörige Verwaltungsgebäude.

16.3.1.3.3 Unbewegliches Sachanlagevermögen

a) Grundstücksbegriff

Der kommunale Grundstücksbegriff lehnt sich an § 70 BewG an, wonach die wirtschaftliche Einheit des unbeweglichen Sachanlagevermögens ein Grundstück bildet. Hiernach können mehrere grundbuchrechtlich abgebildete Einzelgrundstücke oder Flurstücke ein Grundstück darstellen. Denkbar ist aber auch, dass nur ein Teil eines Flurstücks ein Grundstück in der maßgeblichen Form einer wirtschaftlichen Einheit darstellt.

Beispiel:
Die Gemeinde G erwirbt ein Flurstück, auf dem eine Schule und ein Kindergarten errichtet werden. Die Schule und der Kindergarten stellen eigene wirtschaftliche Einheiten dar, sie sind auch in der Bilanz getrennt voneinander auszuweisen. Der Grund und Boden des Flurstücks wird entsprechend der Nutzung teilweise den wirtschaftlichen Einheiten Schule und Kindergarten zugeordnet, obwohl es grundbuchrechtlich weiterhin ein Flurstück darstellt.

Zu aktivieren ist auch ein Gebäude, das auf fremdem Grund und Boden errichtet oder in sonstigen Fällen einem anderen als dem Eigentümer des Grund und Bodens zuzurechnen ist, selbst wenn es wesentlicher Bestandteil des Grund und Bodens geworden ist. Hierauf basierend ist ein eigener Bilanzposten „Bauten auf fremden Grund und Boden" in die Bilanz aufgenommen worden, da es eine eigenständige wirtschaftliche Einheit bildet.

Beispiel:
Die Gemeinde G ist wirtschaftlicher Eigentümer eines Asylheims auf einem gepachteten Grundstück. Sie hat das Recht, das Gebäude jederzeit baulich zu verändern und wieder abzureißen. Sie trägt auch den Werteverzehr des Gebäudes. Nach § 94 BGB ist das Asylheim ein wesentlicher Bestandteil des Grund und Bodens. Nach Haushaltsrecht bilanziert der Eigentümer des Grund und Bodens diesen als Grundstück in seiner Bilanz, wie die Gemeinde G das Gebäude im Bilanzposten „Bauten auf fremden Grund und Boden" in seiner Bilanz ausweist.

b) Grundstücksgleiche Rechte

Grundstücksgleiche Rechte bezeichnen dingliche Rechte, die aufgrund einer eigenständigen grundbuchrechtlichen Eintragung wie Grundstücke zu behandeln sind. Die gebräuchlichsten Beispiele für grundstücksgleiche Rechte sind Erbbau-, Abbau-, sowie Wohnungseigentumsrechte. In der kommunalen Bilanz stehen grundstücksgleiche Rechte den Grundstücken gleich und werden somit in gemeinsamen Posten ausgewiesen.

c) Bauten

Zu diesem Begriff wurde ein Erlass[705] der obersten Finanzbehörden der Länder hinsichtlich der Gebäudedefinition herausgegeben. Die Definition lautet dort wie folgt:

„Ein Bauwerk ist als Gebäude anzusehen, wenn es Menschen oder Sachen durch räumliche Umschließung Schutz gegen Witterungseinflüsse gewährt, den Aufenthalt von Menschen gestattet, fest mit dem Grund und Boden verbunden, von einiger Beständigkeit und ausreichend standfest ist."

Beispiel:
Unterkünfte für Tiere, in denen Menschen sich nur vorübergehend aufhalten können, sind entsprechend der Gebäudedefinition kein Gebäude (große Käfige). Sie dienen unmittelbar dem Betriebszweck des Zoos und stellen daher Betriebsvorrichtungen dar. Hiervon zu unterscheiden sind die durch seine bauliche Anlagstruktur als Besuchsbereich ausgestaltete bauliche Objekte, in denen die Unterkünfte von Tieren (Raubtierhaus, Tropenhaus) abgegrenzt werden und eher einen Nebenzweck bilden.

d) Bauten auf fremden Grund und Boden

Diesem Bilanzposten sind die Vermögensgegenstände zuzuordnen, die sich auf fremden Grund und Boden befinden. Das bestehende Rechtsverhältnis zwischen dem Eigentümer des Grund und Bodens und der Kommune als Eigentümer der aufstehenden Bauten ist dadurch gekennzeichnet, dass nicht wie bei den grundstücksgleichen Rechten eine Grundbucheintragung besteht, sondern das Rechtsverhältnis für die aufstehenden Bauten mittels Vertrag geregelt ist. Insbesondere bei technischen Betriebsvorrichtungen, wie Trafo- oder Druckreglerstationen, wird dieses vertragliche Verfahren angewandt, um sich hierdurch das aufwendigere Verfahren einer dinglichen Sicherung mittels Grundbucheintragung zu ersparen.

Beispiel:
Aufgrund von zahlreichen Schulbausanierungen ist es erforderlich, für einen Übergangszeitraum für die Aufrechterhaltung des Schulbetriebs Pavillons zu nutzen. Diese werden von der Gemeinde G auf fremdem Grund und Boden, der für diesen Zweck zeitlich begrenzt gepachtet wurde, aufgestellt. Sämtliche Rechte an den Schulpavillons liegen bei der Kommune, das Rechtsverhältnis der Nutzung als gepachtetes Schulgrundstück wurde mittels Vertrag geregelt.

---

[705] Eine ausführliche Darstellung zu den einzelnen Elementen der Gebäudedefinition kann im BStBl. I, 1992, Nr. 10, S. 342 ff. nachgelesen werden.

16.3.1.3.4   Sachanlagen im Gemeingebrauch, Infrastrukturvermögen

Unter dem Infrastrukturvermögen sind haushaltsrechtlich die öffentlichen Einrichtungen zu verstehen, die im engeren Sinne eine Grundvoraussetzung für das Leben in einer Kommune bilden. Der Bilanzausweis unter diesem Posten umfasst daher nur Verkehrs- sowie Ver- und Entsorgungseinrichtungen.

16.3.1.3.5   Anlagen und Maschinen zur Leistungserstellung

a)   Anlagen und Maschinen zur Leistungserstellung

Unter diesem Bilanzposten sind nur solche Vermögensgegenstände zu bilanzieren, die im unmittelbaren Zusammenhang mit der Herstellung von Leistungen beziehungsweise Erzeugnissen (interne und externe) stehen. Darunter fallen zum Beispiel Energieversorgungsanlagen, Kühlanlagen, Transportanlagen, Medienbestände der Bibliotheken (Nr. 8 Hw. zu § 49 GemHVO).

b)   Andere Anlagen, Betriebs- und Geschäftsausstattung

Im Gegensatz zur vorhergehenden Position sind hier lediglich Vermögensgegenstände mit nur mittelbarem Leistungsbezug auszuweisen. Zu diesem Bilanzposten gehören beispielsweise Gegenstände der Büro- und Werkstatteinrichtung, Werkzeuge, Fernsprech- und PC-Anlagen, Kopiergeräte. Teilweise ist die Abgrenzung zwischen den Bilanzposten „Anlagen und Maschinen zur Leistungserstellung" sowie „Andere Anlagen, Betriebs- und Geschäftsausstattung" bei technischen Geräten recht schwierig. Die Zuordnung ist abhängig von der Komplexität des technischen Geräts und dem Betriebszweig, in dem es eingesetzt wird.

c)   Geringwertige Vermögensgegenstände[706]

Nach § 36 Abs. 4 GemHVO kann auf eine Erfassung der abnutzbaren, beweglichen Vermögensgegenstände des Anlagevermögens, deren Anschaffungs- und Herstellungskosten im Einzelnen wertmäßig den Betrag von 410 € ohne Umsatzsteuer nicht überschreiten, verzichtet werden.

Gemäß § 41 Abs. 5 S. 1 GemHVO können die Anschaffungs- oder Herstellungskosten eines abnutzbaren beweglichen Vermögensgegenstandes, der einer selbstständigen Nutzung fähig ist, im Haushaltsjahr der Anschaffung oder Herstellung in voller Höhe als Aufwand behandelt werden, wenn die Anschaffungs- oder Herstellungskosten, vermindert um einen darin enthaltenen Vorsteuerbetrag, für den einzelnen Vermögensgegenstand 410 Euro nicht übersteigen. Die Anwendung dieser Vorschrift bewirkt

---

[706] Der Begriff „Geringwertige Vermögensgegenstände" entspricht inhaltlich dem im Steuerrecht verwandten Begriff der „Geringwertigen Wirtschaftsgüter". Geringwertige Wirtschaftsgüter beschränken sich allerdings auf bewegliches Sachanlagevermögen.

gleichzeitig, dass die entsprechenden geringwertigen Vermögensgegenstände weder im Inventar, noch in der Anlagenbuchhaltung geführt werden.

Die mit dem Einkommensteuergesetz 2008 in § 6 Abs. 2 a eingeführte und nun auch in § 41 Abs. 5 S. 2 GemHVO aufgenommene Poolabschreibung für geringwertige Wirtschaftsgüter bis 1.000 €, bietet nach Überzeugung der Autoren für die Kommunen keine Vorteile und wird deshalb hier nicht weiter erläutert. Die Poolabschreibung war ursprünglich als Verpflichtung ausgebildet; sie ist mit dem Wachstumsbeschleunigungsgesetz vom 22. Dezember 2009 (BGBl. I S. 3950) als Option gestaltet neben der Sofortabschreibung von geringwertigen Vermögensgegenständen bis 410 €.

Hinsichtlich der selbstständigen Nutzung ergibt sich in der Regel dann eine Abgrenzungsproblematik bei beweglichen Vermögensgegenständen, wenn Vermögensgegenstände gemeinsam genutzt werden.

Ein beweglicher Vermögensgegenstand kann selbstständig genutzt werden, wenn er für seine Zweckbestimmung ohne andere Vermögensgegenstände genutzt werden kann. Ein beweglicher Vermögensgegenstand ist dagegen nicht selbstständig nutzbar, wenn er für seine Zweckbestimmung nur zusammen mit anderen Vermögensgegenständen genutzt werden kann und diese hierfür technisch aufeinander abgestimmt sind.

Beispiel 1:
Der Rechner, der Bildschirm und die Tastatur einer PC-Anlage[707] sind jeweils für sich gesehen nicht selbstständig nutzbar. Die Nutzungsfähigkeit ergibt sich in ihrer Verbindung als PC-Anlage. Demnach stellen die einzelnen Vermögensgegenstände wegen fehlender selbstständiger Nutzungsfähigkeit – sofern der Gesamtwert 410 € übersteigt – keine geringwertigen Vermögensgegenstände dar.

Beispiel 2:
Der kommunale Fuhrpark rüstet die Dezernentenfahrzeuge mit Pkw-Sonderzubehör nach. Dieses Sonderzubehör ist nur in Zusammenhang mit den Dezernentenfahrzeugen nutzungsfähig. Demnach stellt das Sonderzubehör aufgrund fehlender selbstständiger Nutzungsfähigkeit keinen geringwertigen Vermögensgegenstand dar.

Überschreitet der Einzelwert selbstständig nutzungsfähiger Vermögensgegenstände oder der Gesamtwert nicht selbstständig nutzungsfähiger Vermögensgegenstände die Wertgrenze von 410 € ohne Umsatzsteuer, ist eine Vollabschreibung als geringwertiger Vermögensgegenstand ausgeschlossen.

Nicht abnutzbare Vermögensgegenstände kommen nach § 36 Abs. 4 GemHVO als geringwertige Vermögensgegenstände nicht in Betracht, da hier die Abnutzung des Vermögensgegenstandes eine Voraussetzung für das Bewertungswahlrecht ist.

Für die Feststellung, ob es sich um einen geringwertigen Vermögensgegenstand handelt oder nicht, ist es nach § 36 Abs. 4 GemHVO unerheblich, ob eine Vorsteuerabzugsberechtigung besteht oder nicht, da für die Ermittlung hinsichtlich der Wertgrenzen

---

707 Im Gegensatz dazu werden Drucker heute oftmals direkt mit Netzwerken verbunden und sind nicht mehr auf einzelne PC-Anlagen ausgerichtet. Im Zuge dieser technischen Entwicklung kommt es zu einer neuen Verkehrsauffassung, dass Drucker (an jedem Netzwerk) selbständig nutzungsfähig sind.

410 € gilt, dass Anschaffungs- oder Herstellungskosten ohne Umsatzsteuer (Vorsteuer) zu Grunde gelegt werden.

16.3.1.3.6 Geleistete Anzahlungen, Anlagen im Bau

Geleistete Anzahlungen sind Vorauszahlungen an einen Lieferanten oder Hersteller, ohne bereits in den Besitz des Vermögensgegenstandes oder der vereinbarten Leistung gekommen zu sein. Nach Erfüllung des Rechtsgeschäftes ist der als geleistete Anzahlung gebuchte Betrag entsprechend seiner Verwendung umzubuchen.

Um Anlagen im Bau handelt es sich bei Vermögensgegenständen, die in mehreren Arbeitsschritten hergestellt werden. Sie sind hierdurch über eine längere Zeit unfertig und somit nicht betriebsbereit.

Aus Bilanz- und Buchhaltungssicht bestehen zwei relevante Phasen:

- Im-Bau-Phase
- Nutzungsphase

Im Rahmen der Herstellung durchlaufen Anlagen diese beiden Phasen, wobei der jeweilige Baustatus zu einem unterschiedlichen Bilanzausweis führt.

Der Bilanzposten Anlagen im Bau dient der Sammlung der einzelnen aktivierungsfähigen Bestandteile der Herstellungskosten, die bei endgültiger Fertigstellung bzw. Betriebsbereitschaft summiert auf die endgültige Anlage nach der Vermögensverwendung (z. B. Schule) umgebucht werden. Während der Im-Bau-Phase werden die unterschiedlichsten Zugänge zu einer Investition wie

- Fremdleistungen
- Eigenleistungen oder
- Entnahme von Lagermaterial

auf der Anlage im Bau gesammelt.

Mit der Umbuchung wird die Anlage im Bau entsprechend ihrer Vermögensverwendung aktiviert. Gleichzeitig beginnt die Phase der (Ab-)Nutzung, die durch Abschreibungen darzustellen ist. Deshalb wird eine Abschreibungsplanung für den Vermögensgegenstand vorgenommen, der die Grundlage für die planmäßigen Abschreibungen bildet.

Im Rahmen des Jahresabschlusses sind nach dem Grundsatz der Vollständigkeit bereits Zugänge auf Anlagen im Bau zu buchen, wenn die Kommune wirtschaftliche Eigentümerin der Teilleistung am Vermögensgegenstand geworden ist, auch wenn der Kommune noch keine Rechnung vorliegt. Der Wert des zugegangenen Vermögensgegenstandes ist dann vorsichtig zu schätzen.

Beispiel:
Im Rahmen eines Kindergartenneubaus in der Gemeinde G wurde Anfang Dezember 2013 der Rohbau fertig gestellt. Eine Abrechnung dieses Bauabschnitts ist vor Februar 2014 nicht zu erwarten. Aufgrund der Kalkulation des Hochbauamtes liegt der Wert des Rohbaus bei 400.000 €. Der unfertige Bau ist der Gemeinde G zuzu-

rechnen. Für die Anlage im Bau „Kindergartenneubau" ist bereits im Rahmen des Jahresabschlusses ein Zugang über 400.000 € zu buchen. Als Gegenbuchung wird eine sonstige Verbindlichkeit ausgewiesen.

Im Rahmen der Rechnungsstellung zu Anlagen im Bau ist stets zu prüfen, welche Rechnungspositionen aktivierungsfähige Anschaffungs- oder Herstellungskosten darstellen. Nur diese dürfen auf die Anlage im Bau gebucht werden. Vor der Aktivierung der Anlage im Bau sollte daher nochmals geprüft werden, ob alle gesammelten Kosten tatsächlich aktivierungsfähige Herstellungskosten darstellen.

Beispiel:
Im Rahmen eines Schulanbaus wurden neben dem Eindecken des neuen Daches auch Reparaturen am Dach des alten Schulgebäudes vorgenommen. Die Leistungen wurden einheitlich in Rechnung gestellt und auf die Anlage im Bau gebucht. Im Rahmen der Aktivierung wird dies festgestellt. Die in Rechnung gestellten Leistungen sind für die Umbuchung zu trennen. Die Leistungen für das Eindecken verbleiben auf dem Konto „Anlage im Bau" und werden mit dieser aktiviert, die Instandhaltungsleistungen für das alte Gebäude werden als Instandhaltungsaufwand umgebucht.

Für Anlagen im Bau dürfen keine planmäßigen Abschreibungen vorgenommen werden. Bei außerordentlichen Ereignissen während des Herstellungszeitraumes, die zu einer dauerhaften Wertminderung führen, sind der Wertminderung entsprechend außerplanmäßige Abschreibungen durchzuführen.

Zusammenfassend als Grafik die Buchungssystematik bei Anlagen im Bau:

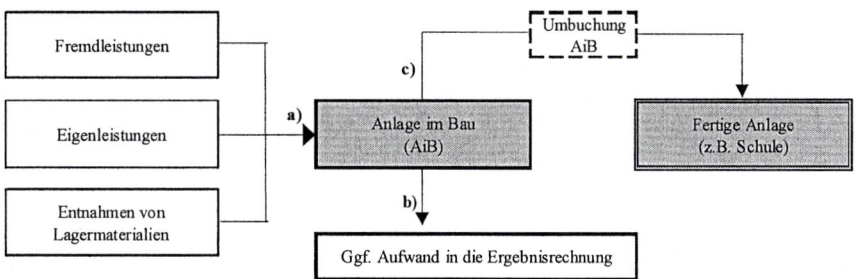

Erläuterungen zum Schaubild:

a) Zunächst werden die Herstellungskostenelemente auf der Anlage im Bau gesammelt.
b) Nach Fertigstellung bzw. Betriebsbereitschaft erfolgt vor Aktivierung der Anlage im Bau eine Prüfung hinsichtlich der Aktivierungsfähigkeit, ggf. mit einer Umbuchung als Aufwand in die Ergebnisrechnung.
c) Es erfolgt die Umbuchung der Anlage im Bau entsprechend ihrer Vermögensverwendung (hier Schule an AiB).

688 Kapitel 16 – Die kommunale Vermögensrechnung (Bilanz)

16.3.1.4 Finanzanlagen

Die bilanzielle Aufgliederung der Finanzanlagen nach § 49 Abs. 3 Nr. 1.3 GemHVO soll die Möglichkeiten beziehungsweise das unterschiedliche Ausmaß der Einflussnahme auf das Unternehmen, in das investiert wurde, erkennen lassen. In der Regel handelt es sich dabei um Anteile an verbundenen Unternehmen, Beteiligungen, Wertpapiere sowie verschiedene Formen sogenannter Ausleihungen. Wertpapieranlagen der Gemeinde, welche nicht auf Dauer beziehungsweise nur zur Ausnutzung von Liquiditätsreserven gebildet worden sind, werden nicht als Finanzanlagen klassifiziert. Derartige Vermögensgegenstände werden generell dem Umlaufvermögen zugeordnet, da sie jederzeit relativ problemlos aufgelöst werden können.

Für eine spätere Konsolidierung innerhalb des kommunalen Konzerns wurde der Bereich der Finanzanlagen in Anlehnung an die handelsrechtliche Bilanz ausgestaltet. Danach umfasst das kommunale Finanzanlagevermögen

- Anteile an verbundenen Unternehmen
- Ausleihungen an verbundene Unternehmen
- Beteiligungen
- Ausleihungen an Beteiligungen
- Wertpapiere des Anlagevermögens
- sonstige Ausleihungen

Aus den Konsolidierungsregelungen des § 112 Abs. 5 HGO ist herzuleiten, dass öffentlich-rechtlich selbstständige Organisationsformen (z. B. Zweckverband) entsprechend den nachfolgend in 16.3.1.4.1 und 16.3.1.4.2 genannten Kriterien unter den Bilanzposten „Anteile an verbundenen Unternehmen und Beteiligungen" analog auszuweisen sind.

Die Abgrenzung gegenüber dem Umlaufvermögen erfolgt beim Finanzanlagevermögen analog zum Sachanlagevermögen. Ausschlaggebend ist hierbei ebenfalls eine auf Dauer bestimmte Nutzung. Bei den Unternehmensverbindungen ist der Wille der Kommune ausschlaggebend. Bei Wertpapieren und Ausleihungen ist deren „Fristigkeit" maßgeblich.

Grundsätzlich sind Wertpapiere als Anlagevermögen zu aktivieren. Sie sind nur dann dem Umlaufvermögen zuzuordnen, wenn sie als kurzfristige Anlage liquider Mittel bis zu einem Jahr bestimmt sind.

Eine entsprechende fristenbezogene Regelung des Bilanzausweises zur Abgrenzung von Ausleihungen (im Anlagevermögen) zu Forderungen (im Umlaufvermögen) gibt es nicht. Maßstab für den Bilanzausweis bilden die spezifischen inhaltlichen Merkmale einer Ausleihung. Bei Ausleihungen erfolgt eine Kapitalhingabe der Kommune an einen Dritten mit der Maßgabe, dass dieser das hingegebene Kapital in einem vertraglich bestimmten Zeitraum an die Kommune zurückzahlt. Alle anderen Forderungen (z. B. aus Lieferung und Leistung, Transferleistungen), die nicht durch Hingabe von Kapital entstanden sind, stellen demnach Forderungen des Umlaufvermögens dar.

16.3.1.4.1   Anteile an verbundenen Unternehmen

Hinsichtlich des Ausweises unter diesem Bilanzposten knüpft das Haushaltsrecht an die handelsrechtlichen Regelungen an. Anteile an verbundenen Unternehmen sind hiernach alle nach den Vorschriften über Vollkonsolidierung in den Konzernabschluss als Tochterunternehmen einzubeziehende Unternehmen (vgl. § 271 Abs. 2 HGB, § 290 HGB).

Die Art der Anteile ist hierbei nicht von Bedeutung. Entscheidend für den Ausweis ist dabei aber das Vorliegen bestimmter Merkmale (Nr. 11 Hw. zu § 49 GemHVO), z. B.

- Mehrheitsbeteiligung § 16 AktG
- abhängige und herrschende Unternehmen § 17 AktG,
- Konzernunternehmen § 18 AktG,
- Vertragsteile eines Unternehmensvertrages §§ 291 ff. AktG.

Sind die Kriterien des verbundenen Unternehmens nicht erfüllt, kommt ein Ausweis der Anteile als Beteiligung in Betracht.

16.3.1.4.2   Beteiligungen

Beteiligungen sind Anteile der Kommune an Unternehmen und Einrichtungen, die in der Absicht gehalten werden, eine dauerhafte Verbindung zu diesen Unternehmen und Einrichtungen herzustellen (vgl. § 271 Abs. 1 HGB). Entscheidend ist hierbei die Beteiligungsabsicht und nicht die Beteiligungshöhe. Im Rahmen einer gesetzlich zugrunde zu legenden Beteiligungsvermutung gilt als Beteiligung im Zweifel ein Anteil am Nennkapital des Unternehmens von mehr als 20 %. Wird diese Vermutung nicht widerlegt, so ist eine Beteiligung unter dieser Bezeichnung zu bilanzieren (Nr. 12 Hw. zu § 49 GemHVO).

16.3.1.4.3   Wertpapiere des Anlagevermögens

Unternehmensanteile, die weder als Anteile an verbundenen Unternehmen noch als Beteiligung anzusehen sind, und sonstige Wertpapiere (z. B. Pfandbriefe, Obligationen, Anleihen), die auf Dauer angelegt sind, werden als Wertpapiere des Anlagevermögens ausgewiesen (vgl. Erl. zu Hauptkonto 150).

16.3.1.4.4   Ausleihungen

Ausleihungen stellen langfristige Forderungen aus Geld- oder Finanzgeschäften dar. Zu den Ausleihungen zählen vor allem Darlehen, Hypotheken-, Grund- und Rentenschulden sowie stille Beteiligungen (soweit diese nicht am Verlust teilnehmen).

Aufgrund der inhaltlichen Gleichheit werden in dieser Ziffer die drei unterschiedlichen Bilanzposten

- Ausleihungen an verbundene Unternehmen
- Ausleihungen an Beteiligungen
- sonstige Ausleihungen

gemeinsam betrachtet, da das Unterscheidungsmerkmal der einzelnen Unternehmensverbindungen bereits erläutert wurde (vgl. Ziffer 16.3.1.4.1 ff.).

Für Ausleihungen besteht hinsichtlich der Bewertung beim Anschaffungswertprinzip eine Besonderheit. „Ausleihungen können eine übliche Verzinsung haben, wobei die Verzinsung sich nicht allein durch Geldleistungen, sondern auch gleichwertig in anderen vertretbaren Sachen oder Rechten (z. B. Belegungsrecht im sozialen Wohnungsbau, Verpflichtung zur Aufrechterhaltung von Arbeitsplätzen in der Kommune) darstellen kann. Ausleihungen können aber auch niederverzinslich bzw. unverzinslich sein. Dies hat zwar keinen Einfluss auf die Anschaffungskosten der Forderung. jedoch betreffen die Niederverzinslichkeit bzw. die Unverzinslichkeit den Teilwert der Forderung."[708] Das Handelsrecht (§ 279 Abs. 1 Satz 2 i. V. m. § 253 Abs. 2 Satz 3 HGB) sieht in diesen Fällen keine Abzinsungsverpflichtung, sondern ein Abzinsungswahlrecht vor, da es sich nicht um eine dauernde Wertminderung handelt. Vielmehr besteht nur eine vorübergehende Wertminderung, da der Barwert vom Zeitpunkt der Kapitalhingabe bis zum Zeitpunkt der Kapitalrückzahlung laufend steigt und zum Fälligkeitszeitpunkt den Nennwert erreicht.

Gemäß Nr. 14 Hw. zu § 41 i. V. m. Nr. 17 Hw. zu § 49 GemHVO besteht für das Haushaltsrecht jedoch eine Verpflichtung zur Abzinsung. Andererseits erfolgt nach diesen Vorschriften eine Abzinsung nicht, soweit auf eine Verzinsung wegen anderer Gegenleistungen (verdeckte Verzinsung) verzichtet worden ist. Wenn das Wohnungsbauunternehmen im vorstehenden Beispiel der Gemeinde im Gegenzug unentgeltliche oder vergünstigte Belegungsrechte an Wohnungen eingeräumt hätte, wäre eine Abzinsung nicht vorzunehmen. Da in aller Regel, allein schon aus dem Grundsatz der Wirtschaftlichkeit, die Gemeinde nur dann auf eine übliche Verzinsung verzichtet bzw. verzichten darf, wenn sie eine anderweitige Gegenleistung erhält, dürfte eine Abzinsungsnotwendigkeit in der Praxis kaum vorkommen.

Beispiel:
Die Gemeinde G gewährt dem Wohnungsbauunternehmen W im Rahmen einer allgemeinen Förderung des Wohnungsbaus ein Darlehen, dessen Teilwert (Barwert) jährlich dargestellt werden soll. Das Darlehen in Höhe von 50.000 € wird jährlich nur mit 2 % verzinst. Die Rückzahlung hat nach 10 Jahren in einer Summe zu erfolgen. Im Rahmen der Barwertermittlung wird der aktuelle Wert des in 10 Jahren zurückfließenden Darlehens (beispielsweise abgeleitet aus dem Veräußerungswert dieser Forderung) ermittelt. Hierbei wird eine angemessene Verzinsung i. H. v. z. B. 6 % unterstellt. Die Differenz zwischen tatsächlicher Verzinsung i. H. v. 2 % und angemessener Verzinsung i. H. v. 6 % beträgt demnach 4 %. Diese bildet die Grundlage für die Abzinsung. Aus finanzmathematischen Abzinsungstabellen kann entsprechend der Laufzeit und des Prozentsatzes der entsprechende Abzinsungsfaktor (AbF) abgelesen werden. Beim vorstehenden Sachverhalt errechnet sich der Barwert wie folgt:

---

[708] Vgl. Falterbaum, Bolk, Reiß, Grüne Reihe, Band 10, Buchführung und Bilanz, 19. Auflage 2003, S. 693 f., Erich Fleischer Verlag, Achim.

Rückzahlungsbetrag	AbF (4% 10 Jahre)	Formel	Barwert zum Zeitpunkt der Ausleihung
50.000,00 €	0,675564	K(n) x AbF	33.778,20 €

Gemäß Nr. 11 Hw. zu § 41 GemHVO hat jährlich eine Anpassung des Barwertes zu erfolgen, bis zum Zeitpunkt der Kapitalrückzahlung der Nennwert wieder erreicht ist.

16.3.1.4.5 Übungen

Sachverhalt Nr. 1 (Bilanzierung von Anlagen im Bau):

In der Gemeinde G wird für eine Hochbaumaßnahme mit einem Gesamtfinanzierungsvolumen von zwei Millionen € am 01.12.2014 der Rohbau fertig gestellt. Die Rohbaufertigstellung ist bis zum 31.12.2014 noch nicht abgerechnet und ist zu diesem Zeitpunkt auch noch nicht absehbar. Nach vorsichtiger Schätzung betragen die Herstellungskosten des Rohbaus 800.000 €. Das wirtschaftliche Eigentum des Rohbaus ist der Kommune zuzurechnen.

Aufgabe:

Ist der Rohbau in der Bilanz der Gemeinde G auszuweisen, was ist hierbei und beim späteren Rechnungseingang zu bedenken?

Lösung:

Der bisherige Herstellungswert der Anlage im Bau ist in der Bilanz darzustellen. Hierbei wird der Schätzwert in Höhe von 800.000 € zugrunde gelegt. Als Gegenposition ist eine sonstige Verbindlichkeit zu buchen. Sobald die Rechnung eingeht, erfolgt die Berichtigung des Wertes der Anlage im Bau und unter Berücksichtigung der sonstigen Verbindlichkeit die Auszahlung des Rechnungsbetrages.

Sachverhalt Nr. 2 (Abrechnung von Anlagen im Bau):

Für eine im Januar begonnene Hochbaumaßnahme geht bei der Gemeinde G am 10.04.2014 die erste Teilrechnung in Höhe von 700.000 € entsprechend dem Baufortschritt ein. Am 17.06.2014 erfolgt die Schlussabrechnung mit einer Restforderung in Höhe von 930.000 €. Nach Prüfung der Rechnung stellt der Anlagenbuchhalter fest, dass 22.000 € nicht aktivierungsfähigen Aufwand darstellen.

Aufgabe:

Welche Buchungen sind bis zur Aktivierung der Anlage im Bau vorzunehmen?

Lösung:

Am 10.04.2014 ist ein Zugang in Höhe von 700.000 € auf die Anlage im Bau zu buchen.

Die Schlussabrechnung in Höhe von 930.000 € ist aufzuteilen, wobei 908.000 € als weiterer Zugang auf die Anlage im Bau zu buchen ist. Der Gesamtbetrag in Höhe von 1.608.000 € ist danach auf die „endgültige" Anlage umzubuchen. Der nicht aktivierungsfähige Aufwand in Höhe von 22.000 € ist auf das entsprechende Aufwandskonto zu buchen.

Sachverhalt Nr. 3 (Aktivierung von Eigenleistungen):

Feuerwehrleute der Gemeinde G bauen während ihrer Bereitschaftsdienststunden mehrere kleine nicht genutzte Lagerräume in einen Schulungsraum um. Es entstanden Materialkosten in Höhe von 20.000 €. Mittels Kosten- und Leistungsrechnung werden Kosten für Arbeitsleistung in Höhe von 80.000 € festgestellt. Ein Handwerksbetrieb hatte die identische Umbauleistung für 49.900 € angeboten.

Aufgabe:

Welche Buchungen und in welcher Höhe sind bis zur Aktivierung in der Anlagenbuchhaltung vorzunehmen?

Lösung:

Die Auszahlung für die Materialkosten sind auf der Anlage im Bau in Höhe von 20.000 € zu buchen. Vermögensgegenstände sind betraglich höchstens mit ihren Anschaffungs- oder Herstellungskosten zu erfassen. Entsprechend § 43 Abs. 3 GemHVO liegt der tatsächliche Herstellungswert über dem üblichen Herstellungswert. Diese Wertdifferenz besteht als Wertminderung dauerhaft. Daher sind nicht die tatsächlich angefallenen 80.000 €, sondern die den üblichen Herstellungskosten entsprechenden Beträge, also 49.900 €, zu aktivieren. Ein höherer Vermögenswert wurde trotz höherem Aufwand nicht geschaffen.

16.3.2 Umlaufvermögen

Wie bereits im Rahmen des Anlagevermögens abgegrenzt, gehören zum Umlaufvermögen alle Vermögensgegenstände, die nicht dazu bestimmt sind, dauerhaft dem Geschäftsbetrieb der Kommune zu dienen. Merkmale für die Nichtdauerhaftigkeit ist eine vorgesehene Zweckbestimmung durch die Kommune, die einen Verbrauch, Verkauf oder eine nur kurzfristige Nutzung vorsieht. Somit gehören Vermögensgegenstände, die zur Weiterverarbeitung oder zum Verkauf bestimmt sind, zum Umlaufvermögen.

Zu den Bilanzposten des Umlaufvermögens gehören gem. § 49 GemHVO:

- Vorräte einschl. Roh-, Hilfs- und Betriebsstoffe,
- fertige und unfertige Erzeugnisse, Leistungen und Waren
- Forderungen und sonstige Vermögensgegenstände
  - Forderungen aus Zuweisungen, Zuschüssen, Transferleistungen, Investitionszuweisungen, -zuschüssen und Investitionsbeiträgen
  - Forderungen aus Steuern und steuerähnlichen Abgaben
  - Forderungen aus Lieferungen und Leistungen
  - Forderungen gegen verbundene Unternehmen und gegen Unternehmen, mit denen ein Beteiligungsverhältnis besteht, und Sondervermögen
  - Sonstige Vermögensgegenstände
- liquide Mittel

Für die Vermögensgegenstände des Umlaufvermögens gilt das strenge Niederstwertprinzip. Nach § 43 Abs. 4 GemHVO ist bei den Vermögensgegenständen stets der niedrigste Wert aus

- Anschaffungs- oder Herstellungskosten
- Börsen- oder Marktpreis und
- dem am Abschlussstichtag beizulegenden Wert[709]

anzusetzen.

16.3.2.1 Vorräte

Die grundsätzlich einem kurzfristigen Verzehr unterworfenen Vorräte untergliedern sich in Roh-, Hilfs- und Betriebsstoffe sowie Waren. Rohstoffe stellen den Hauptbestandteil, Hilfsstoffe einen Nebenbestandteil eines erzeugten Produktes dar. Betriebsstoffe werden dagegen nicht zum Bestandteil des erzeugten Produktes, sondern dienen dem Erstellungsprozess.

Waren sind veräußerbare Vermögensgegenstände, die selbst erstellt oder angekauft wurden (z. B. Familienstammbücher, Touristiksouvenirs).

Grundsätzlich haben Roh-, Hilfs- und Betriebsstoffe sowie Waren im Rahmen der kommunalen Bilanzierung trotz des Vorkommens in den technischen Fachbereichen einer Kommune aufgrund der Beschränkung auf interne Produktionsbedürfnisse nur eine untergeordnete Bedeutung.

Es bestehen zwei mögliche Buchungsverfahren für die Abbildung der Vorratswirtschaft im Rechnungswesen. Die exaktere, aber auch mit erheblichem Betriebsaufwand verbundene Methode ist Verwaltung der Gegenstände des Vorratsvermögens mittels einer Lagerbuchhaltung. Hierbei sind sämtliche Vermögenszugänge zu aktivieren. Sie werden erst im Rahmen des Verbrauchs im Leistungserstellungsprozess als Aufwand gebucht.

---

[709] Sofern für die Bewertung der Beschaffungsmarkt ausschlaggebend ist (z. B. Roh-, Hilfs-, Betriebsstoffe, Waren), entspricht der beizulegende Wert den Wiederbeschaffungs- oder Reproduktionskosten. Auf eine Darstellung bei Maßgeblichkeit des Absatzmarktes (z. B. unfertige oder fertige Erzeugnisse ohne Fremdbezug) hinsichtlich einer retrograden Wertermittlung wird mangels Praxisbezug im kommunalen Bereich verzichtet.

Die zulässige Alternative hierzu bildet die direkte Buchung im Rahmen der Beschaffung als Aufwand. Im Rahmen des Jahresabschlusses werden auf dem Bilanzkonto der Anfangsbestand und der Schlussbestand abgeglichen. Hieraus resultiert die in der Ergebnisrechnung zu berücksichtigende Bestandsveränderung. Da das Element einer aufwendigen Lagerbuchhaltung entfällt, sollte im Rahmen der Beschaffung von Vorräten, soweit möglich und sinnvoll, eine direkte Aufwandsbuchung festgelegt werden.

Beispiel Lagerbuchung:
Beim Einkauf von Unkrautvernichtungsmitteln wird der Bestandszugang des Lagers auf dem Bestandskonto unter Begleichung der Rechnung gebucht. Aufgrund der Lagerbuchhaltung werden die Lagerentnahmen als Aufwand in der Teilergebnisrechnung und als Minderung des Bestandskontos berücksichtigt. Ggf. wird im Rahmen des Jahresabschlusses aufgrund bei der Inventur festgestellter Inventurdifferenzen eine Bestands- und Aufwandskorrektur erforderlich.

Beispiel Aufwandsbuchung:
Der Einkauf von Unkrautvernichtungsmitteln wird ohne Einbeziehung des Bestandskontos unter Begleichung der Rechnung vollständig in die Teilergebnisrechnung als Aufwand gebucht. Im Rahmen der Inventur beim Jahresabschluss wird die Bestandsveränderung festgestellt und der Aufwand korrigiert (Aufwandserhöhung bei Bestandsminderung; Aufwandsminderung bei Bestandserhöhung).

§ 35 Abs. 3 GemHVO lässt als Vereinfachungsverfahren für Vorratsvermögen das Durchschnittspreisverfahren zu. § 42 GemHVO lässt jedoch auch sämtliche Verbrauchsfolgeverfahren zu, soweit es den Grundsätzen ordnungsmäßiger Buchführung entspricht. So kann auch das nach § 6 Abs. 1 Ziffer 2 a Einkommenssteuergesetz zulässige und daher im kaufmännischen Rechnungswesen genutzte Lifo-Verfahren[710] angewendet werden.

16.3.2.2 Forderungen und sonstige Vermögensgegenstände

Eine Forderung ist der Anspruch gegenüber einem Dritten aus einem Schuldverhältnis. Das Schuldverhältnis kann aufgrund öffentlich-rechtlicher oder privatrechtlicher Grundlage bestehen. Eine Forderung erlischt in der Regel durch Zahlung (Nr. 20 Hw. zu § 49 GemHVO). Forderungen haben innerhalb des Umlaufvermögens eine große Bedeutung. Deshalb erfolgt hier eine weitergehende Untergliederung.

16.3.2.2.1 Forderungen aus Zuweisungen, Zuschüssen, Transferleistungen, Investitionszuweisungen, -zuschüssen und Investitionsbeiträgen

Zuweisungen sind Geldleistungen innerhalb des öffentlichen Bereichs. Zuschüsse sind Geldleistungen zwischen dem öffentlichen Bereich und den sonstigen Bereichen (Nr. 21 Hw. zu § 49 GemHVO). Transferleistungen sind Geldleistungen, die ohne Anspruch auf eine konkrete Gegenleistung erbracht werden. Sie beruhen i. d. R. auf einseitigen Geschäftsvorfällen und nicht auf einem Leistungsaustausch. Forderungen aus Transferleistungen sind z. B. Schlüssel- und Bedarfszuweisungen, Umlagen, Schuldendiensthilfen.

---

[710] Lifo = last in, first out, d. h. die zuletzt erworbenen Waren werden zuerst wieder veräußert.

16.3.2.2.2   Forderungen aus Steuern und steuerähnlichen Abgaben, Umlagen

Auch Steuern, steuerähnliche Abgaben und Umlagen stellen in diesem Sinne Transferleistungen dar, wegen ihrer besonderen Bedeutung für den öffentlichen Bereich werden die aus diesen Rechtbeziehungen resultierenden Forderungen aber unter diesem Posten getrennt ausgewiesen. Infrage kommen hier sowohl die Realsteuern als auch andere Kommunalsteuern, soweit sie festgesetzt, aber noch nicht eingezahlt worden sind.

16.3.2.2.3   Forderungen aus Lieferungen und Leistungen

Unter diesem Posten sind sowohl privatrechtliche Forderungen (z. B. für Mieten oder Holzverkauf) als auch öffentlich-rechtliche Entgelte wie Verwaltungs- und Benutzungsgebühren auszuweisen. Insbesondere an dieser Position ist ablesbar, inwieweit die Gemeinde über ein effektives Forderungsmanagement verfügt, da es sich hier um regelmäßig anfallende Positionen handelt, um deren fristgerechte Erhebung die Gemeinde bemüht sein muss.

16.3.2.2.4   Forderungen gegen verbundene Unternehmen und gegen Unternehmen, mit denen ein Beteiligungsverhältnis besteht, und Sondervermögen

Unter Forderungen gegen verbundene Unternehmen und solchen Unternehmen, mit denen ein Beteiligungsverhältnis besteht, sind sämtliche Forderungen auszuweisen, die nicht den Ausleihungen (Finanzanlagevermögen) zuzuordnen sind. Dieses Verfahren erleichtert die Erstellung des Gesamtabschlusses. Gleichzeitig wird die finanzielle Verflechtung auch auf der Ebene des Umlaufvermögens deutlich.

16.3.2.3   Sonstige Vermögensgegenstände

Der Bilanzposten sonstige Vermögensgegenstände stellt eine Sammelposition dar, unter der Vermögensposten auszuweisen sind, die keiner spezielleren Zuordnungsregelung unterliegen.

Unter dem Sammelposten „Sonstige Vermögensgegenstände" werden zum Beispiel anrechenbare Vorsteuer, Forderungen aus Sozialversicherung, Forderungen gegen Bedienstete und Organmitglieder, Forderungen aus durchlaufenden Posten, Forderungen aus Versorgungsrücklagen erfasst.

16.3.2.4   Flüssige Mittel

Es handelt sich um Geldmittel, die den Kommunen zur Zahlungsbereitschaft zu Verfügung stehen. In diesem Bilanzposten sind folgende Inhalte auszuweisen:

- Schecks
- Kassenbestand
- Guthaben bei Bundesbank und Europäischer Zentralbank
- Guthaben bei Kreditinstituten

Von der Kommune angelegte Tages- und Festgelder gehören zu den Guthaben bei Kreditinstituten und verbleiben im Bilanzausweis unter „liquide Mittel".

16.3.3   Rechnungsabgrenzungsposten (aktiv)

Die aktive Rechnungsabgrenzung beinhaltet transitorische Posten, d. h. es handelt sich um Geschäftsvorfälle, die im laufenden Haushaltsjahr zu Auszahlungen führen, die aber erst im folgenden Haushaltsjahr Aufwand darstellen.

Beispiel:
Die Gemeinde zahlt im Oktober 2014 im Voraus Miete für die Monate Oktober 2014 bis März 2015. Es fließt im laufenden Haushaltsjahr Liquidität für sechs Monate ab, aufwandsmäßig gehören jedoch nur Mietzahlungen für drei Monate in die Ergebnisrechnung des laufenden Haushaltsjahres. Die anderen drei Monate an Mietzahlungen sind aufwandsmäßig im folgenden Haushaltsjahr zu berücksichtigen. Dieser Teilbetrag wird deshalb zum 31.12.2014 als aktiver RAP in der Bilanz ausgewiesen und fließt erst im darauffolgenden Haushaltsjahr 2015 als Aufwand in die Ergebnisrechnung 2015 ein.

Ist der Rückzahlungsbetrag einer Verbindlichkeit höher als der Auszahlungsbetrag, so ist nach § 45 Abs. 3 GemHVO der Unterschiedsbetrag in den aktiven Rechnungsabgrenzungsposten aufzunehmen. Diese Regelung beschreibt die aktive Rechnungsabgrenzung von Disagio im Rahmen von Kreditaufnahmen.[711] Der Unterschiedsbetrag ist durch planmäßige jährliche Abschreibungen zu tilgen, die auf die gesamte Laufzeit der Verbindlichkeit zu verteilen sind.

---

[711] Siehe hierzu auch Kapitel 9 und zur Veranschlagung Ziffer 7.3.4.

16.3.4 Eigenkapital

Das kommunale Eigenkapital untergliedert sich nach § 49 GemHVO in folgende Posten:

- Netto-Position
- Rücklagen und Sonderrücklagen
  - o Rücklagen aus Überschüssen des ordentlichen Ergebnisses
  - o Rücklagen aus Überschüssen des außerordentlichen Ergebnisses
  - o Sonderrücklagen
    - Stiftungskapital
    - sonstige Sonderrücklagen
- Ergebnisverwendung
  - o Ergebnisvortrag
    - ordentliche Ergebnisse aus Vorjahren
    - außerordentliche Ergebnisse aus Vorjahren
  - o Jahresüberschuss / Jahresfehlbetrag
    - ordentlicher Jahresüberschuss / Jahresfehlbetrag
    - außerordentlicher Jahresüberschuss / Jahresfehlbetrag

Ergibt sich bei der Eigenkapitalermittlung im Rahmen der Eröffnungsbilanzierung oder folgender Jahresabschlüsse nach § 25 Abs. 5 GemHVO ein Überschuss der Passivposten über die Aktivposten, ist die sich ergebende Saldogröße auf der Aktivseite als „Nicht durch Eigenkapital gedeckter Fehlbetrag" gesondert auszuweisen.

16.3.4.1 Netto-Position

Die „Netto-Position" stellt das Basiskapital der Gemeinde (GV) dar, das bei der Aufstellung der Eröffnungsbilanz festgestellt wird (vergleiche Nr. 13.2 f. Hw. zu § 59 GemHVO).

Der Posten Netto-Position stellt also eine Saldogröße dar. Der Bilanzausweis resultiert aus der erstmaligen Gegenüberstellung sämtlicher Aktivposten abzüglich sämtlicher Passivposten außer der Netto-Position selbst. Ergibt sich eine positive Saldogröße, stellt diese die Netto-Position dar.

Ist die Saldogröße negativ, ist diese unter dem Posten „Nicht durch Eigenkapital gedeckter Fehlbetrag" auf der Aktivseite der Bilanz auszuweisen (§ 49 Abs. 3 Nr. 4).

16.3.4.2 Rücklagen und Sonderrücklagen

Der hier verwendete Begriff der Rücklagen ist von dem in der früheren Kameralistik verwendeten gleichlautenden Begriff deutlich zu unterscheiden. Bei den Rücklagen im Sinne der doppischen Buchführung handelt es sich nicht um Zahlungsmittelbestände, sondern um durch Erzielung von Überschüssen der Erträge über die Aufwendungen erwachsene Veränderungen des Eigenkapitals. I. d. R. sollten mit derartigen Überschüssen allerdings auch Zahlungsmittelbestände erwachsen sein, die allerdings auf der Aktivseite der Bilanz auszuweisen sind. Rücklagen sind auch dann noch in der Bilanz auszuweisen, wenn die evtl. korrespondierenden Zahlungsmittelbestände bereits zur Finanzierung von Investitionen oder Vorräten abgeflossen sind. Diese Rücklagen werden sinngemäß erst durch den Verzehr des damit geschaffenen Anlagevermögens aufgelöst, soweit sie nicht durch entsprechend hohe Erträge erhalten bleiben.

Rücklagen können aus Überschüssen des ordentlichen Ergebnisses sowie aus Überschüssen des außerordentlichen Ergebnisses entstehen. Sie sind nach den Vorgaben der GemHVO getrennt auszuweisen.

16.3.4.2.1   Rücklagen aus Überschüssen des ordentlichen Ergebnisses

Sobald in Jahresabschlüssen Überschüsse der ordentlichen Erträge und der Finanzerträge über die ordentlichen Aufwendungen und die Finanzaufwendungen (ordentliches Ergebnis) erwirtschaftet werden, sind diese zunächst als ordentlicher Jahresüberschuss in der Ergebnisrechnung und in der Vermögensrechnung auszuweisen und im Folgejahr, sofern die Gemeindevertretung keine abweichenden Beschlüsse fasst, in entsprechender Anwendung des § 24 Abs. 1 GemHVO in die Rücklage aus ordentlichen Ergebnissen umzubuchen (§ 106 HGO). Diese Überschüsse können zur Abdeckung in späteren Jahren erwirtschafteter Fehlbeträge im ordentlichen Ergebnis verwendet werden, vgl. hierzu im Einzelnen Kapitel 10 (Haushaltsausgleich).

16.3.4.2.2   Rücklagen aus Überschüssen des außerordentlichen Ergebnisses

Sobald in Jahresabschlüssen Überschüsse der außerordentlichen Erträge über die außerordentlichen Aufwendungen im außerordentlichen Ergebnis erwirtschaftet werden, sind diese zunächst als außerordentlicher Jahresüberschuss in der Ergebnisrechnung und in der Vermögensrechnung auszuweisen und im Folgejahr, sofern die Gemeindevertretung keine abweichenden Beschlüsse fasst, in die Rücklage aus Überschüssen des außerordentlichen Ergebnisses umzubuchen. Diese Überschüsse können gem. §§ 24, 25 GemHVO zur Abdeckung in späteren Jahren erwirtschafteter Fehlbeträge (sowohl im ordentlichen, als auch im außerordentlichen Ergebnis) verwendet werden, vgl. hierzu im Einzelnen Kapitel 10 (Haushaltsausgleich).

16.3.4.2.3   Zweckgebundene Rücklagen

Die aktuelle GemHVO aus dem Jahre 2011 sieht im § 49 zweckgebundene Rücklagen nicht mehr ausdrücklich vor. Gemäß Hw. 13.3 zu § 59 GemHVO zählen zu den zweckgebundenen Rücklagen solche, die aufgrund gesetzlicher Bestimmungen oder vertraglicher Vereinbarungen für einen definierten Verwendungszweck ausgewiesen und nur für diesen vorbestimmten Zweck verwendet werden dürfen (zum Beispiel ÖPNV-Rücklage; Gebührenausgleichsrücklagen nach KAG sind dagegen als Sonderposten auszuweisen). Weitere Rücklagen sind jedoch zulässig. (§ 23 Abs. 1 Satz 2 GemHVO).

16.3.4.2.4 Sonderrücklagen

Für Sondervermögen nach § 115 Abs. 1 Nr. 2 (rechtlich unselbstständige örtliche Stiftungen) der Hessischen Gemeindeordnung ist gem. § 23 Abs. 2 GemHVO eine Sonderrücklage zu bilden.

16.3.4.2.5 Stiftungskapital

Als Sonderrücklage ist auch das Kapital einer von der Gemeinde verwalteten unselbstständigen Stiftung darzustellen (Nr. 4 Hw. zu § 23 GemHVO).

16.3.4.2.6 Sonstige Sonderrücklagen

Darüber hinaus ist Bildung von Sonderrücklagen denkbar, um die von der Gemeindevertretung beschlossene Anschaffung oder Herstellung von Vermögensgegenständen zu sichern.

Kritisch ist hierbei anzumerken, dass hiermit verbunden auf der Aktivseite die Bereithaltung von Zahlungsmitteln zur Durchführung der Investition stattzufinden hätte.[712] Des Weiteren werden die Kommunen mit erster Priorität, soweit nach den gesetzlichen Bestimmungen möglich, die Ertragsüberschüsse den Rücklagen aus Überschüssen des ordentlichen Ergebnisses zuführen, um ggf. bei späteren schwierigen Haushaltslagen den Haushaltsausgleich zu erreichen.

Alternativ hierzu ist denkbar, dass es sich im Rahmen einer Eigenkapitalumbuchung vom Bilanzposten „Rücklage aus Überschüssen des ordentlichen oder des außerordentlichen Ergebnisses" zum Bilanzposten „Sonderrücklage" ausschließlich um eine „deklarative" Bilanzdarstellung handelt, welche die Verwaltung dazu verpflichten soll, im Rahmen der mittelfristigen Investitionsplanung und deren Finanzierung für die Zukunft vorrangig gegenüber den Verwaltungsplanungen die in der Sonderrücklage vorgesehenen Investitionsmaßnahmen zu berücksichtigen.

Sonderrücklagen, zu deren Bildung keine rechtliche Verpflichtung besteht, dürfen nur gebildet werden, wenn der Ergebnishaushalt insgesamt keinen Fehlbetrag ausweist (Nr. 2 Hw. zu § 23 GemHVO).

---

[712] Sofern die zur Ergebnisverwendung für eine investive Maßnahme gehörenden liquiden Mittel im Rahmen der Liquiditätssicherung aus Wirtschaftlichkeitsgründen eingesetzt werden, dürfte es nach der jetzigen gesetzlichen Regelung (§§ 103 und 105 HGO), insbesondere hinsichtlich der Trennung von Investitions- und Liquiditätskredite, nicht zulässig sein, die Investitionsmaßnahme in einem späteren Haushaltsjahr im Rahmen „Regenerierung der Liquidität" durch Investitionskredite zu finanzieren. Somit bliebe nur die Finanzierung durch kurzfristige Liquiditätskredite.

16.3.4.3   Ergebnisverwendung

Die Verwendung des Jahresüberschusses ist durch § 24 GemHVO und die Behandlung eines Jahresfehlbetrags durch § 25 GemHVO vorgegeben. Danach sind Überschüsse alsbald in entsprechende Rücklagen einzustellen, soweit sie nicht mit Fehlbeträgen zu verrechnen sind. Lediglich Fehlbeträge, für die keine Überschüsse zur Verrechnung bereitstehen, müssen fünf Jahre vorgetragen werden, bevor sie ggf. mit der Nettoposition verrechnet werden dürfen. Hinsichtlich der Details wird auf Kapitel 10 (Haushalts-ausgleich) verwiesen.

16.3.4.3.1   ordentliche Ergebnisse aus Vorjahren

Sofern für die Abdeckung eines Fehlbetrages des Vorjahres weder ausreichende Beträge der Rücklage aus Überschüssen des ordentlichen Ergebnisses noch aktuelle Überschüsse verfügbar sind, muss zunächst ein „Verlustvortrag" erfolgen. Erst ein nach fünf Jahren noch nicht ausgeglichener Fehlbetrag kann mit der Netto-Position verrechnet werden (§ 25 Abs. 3 S. 2 GemHVO).

16.3.4.3.2   außerordentliche Ergebnisse aus Vorjahren

Vergleichbares gilt für die Fehlbeträge aus den außerordentlichen Ergebnissen, die eben-falls frühestens fünf Jahre nach ihrem Entstehen mit der Netto-Position verrechnet werden dürfen, sofern der vorrangig zu erzielende Ausgleich gem. §§ 24, 25 GemHVO nicht erreicht wird.

16.3.4.4   Jahresüberschuss/Jahresfehlbetrag

Der Posten Jahresüberschuss bzw. Jahresfehlbetrag ermittelt sich aus dem Abschluss der Ergebnisrechnung eines Haushaltsjahres, wobei jeweils zwischen dem ordentlichen und dem außerordentlichen Ergebnis zu unterscheiden ist.

Aufgrund der eindeutigen Begriffsverwendung in den Bilanzposten des § 49 GemHVO „Jahresüberschuss und Jahresfehlbetrag" wird deutlich, dass die kommunale Bilanz ohne Berücksichtigung einer Verwendung des Jahresergebnisses aufzustellen ist.

Das Jahresüberschuss-/Jahresfehlbetragskonto in der Vermögensrechnung ist im Rahmen des Jahresabschlusses die Gegenbuchungsposition zum Saldo der Ergebnisrechnung.

Nach der Beschlussfassung der Gemeindevertretung über den Jahresabschluss und dessen Ergebnisverwendung erfolgt eine Umbuchung vom Jahresüberschuss-/Jahresfehlbetrags-konto auf die entsprechenden Konten der Ergebnisverwendung (Rücklage aus Überschüs-sen des ordentlichen Ergebnisses bzw. Rücklage aus Überschüssen des außerordentlichen Ergebnisses) bzw. ordentliche Ergebnisse aus Vorjahren und außerordentliche Ergebnisse aus Vorjahren. (Zu den möglichen Verrechnungen der Jahresergebnisse mit den Rücklagen vgl. Kapitel 10 Haushaltausgleich).

Ist das Eigenkapital durch Jahresfehlbeträge aufgebraucht und ergibt sich hierdurch ein Überschuss der Passivposten über die Aktivposten, so ist dieser Betrag nach § 25 Abs. 5 GemHVO am Schluss der Bilanz auf der Aktivseite gesondert unter der Bezeichnung „Nicht durch Eigenkapital gedeckter Fehlbetrag" auszuweisen.

16.3.4.4.1   ordentlicher Jahresüberschuss/Jahresfehlbetrag

Ein ordentlicher Jahresüberschuss eines Haushaltsjahres stellt die positive Differenz zwischen der Summe aus ordentlichen Erträgen und Finanzerträgen einerseits und der Summe aus ordentlichen Aufwendungen und Finanzaufwendungen andererseits) dar. Ein ordentlicher Jahresfehlbetrag ergibt sich aus der entsprechenden negativen Differenz.

16.3.4.4.2   außerordentlicher Jahresüberschuss/Jahresfehlbetrag

Ein außerordentlicher Jahresüberschuss stellt die positive Differenz zwischen außerordentlichen Erträgen und außerordentlichen Aufwendungen eines Haushaltsjahres dar. Ein außerordentlicher Jahresfehlbetrag ergibt sich aus der entsprechenden negativen Differenz.

16.3.5 Sonderposten

Die kommunale Bilanz unterscheidet folgende Sonderposten:

- Sonderposten aus (investiven) Zuwendungen vom öffentlichen Bereich
- Sonderposten aus (investiven) Zuschüssen vom nicht öffentlichen Bereich
- Sonderposten aus Investitionsbeiträgen
- Sonderposten für den Gebührenausgleich
- Sonderposten für Umlagen nach § 37 Abs. 3 des Finanzausgleichsgesetzes
- sonstige Sonderposten

Gemäß § 38 Abs. 4 GemHVO sind von der Gemeinde empfangene Investitionszuweisungen, -zuschüsse und Investitionsbeiträge als Sonderposten in der Vermögensrechnung (Bilanz) auszuweisen. In § 38 Abs. 4 GemHVO wird die Sonderpostenbildung aus Zuwendungen, Zuschüssen und Beiträgen für Investitionen geregelt. Weitere Regelungen zur Bildung von Sonderposten enthält § 41 GemHVO in den Absätzen 7 und 8. Eine Regelung für sonstige Sonderposten wird vom Gesetzgeber offengelassen.[713]

Zuwendungen ist der Oberbegriff von Zuweisungen und Zuschüssen. Zuweisungen sind zwischen öffentlichen Aufgabenträgern übertragene Finanzmittel. Zuschüsse sind zwischen dem öffentlichen Bereich und dem unternehmerischen oder übrigen Bereich übertragene Finanzmittel.

---

[713] Siehe hierzu Ziffer 16.3.5.4.

16.3.5.1   Funktion und inhaltliche Grundlagen

Der Vermögensfinanzierung durch Investitionszuwendungen (Zuweisungen und Zuschüsse) kommt eine besondere Bedeutung zu. Durch die Gewährung von Investitionszuwendungen kann insbesondere das Land Hessen orientiert an der Leistungsfähigkeit der Kommunen und mit Blick auf landespolitische Prioritäten und volkswirtschaftliche Erfordernisse deren Investitionstätigkeit steuern. Die projektbezogenen Zuwendungen für die Anschaffung oder Herstellung von Vermögensgegenständen stellen ein Steuerungsinstrument des Zuwendungsgebers dar, mit dem deutlich auf die kommunale Willensbildung Einfluss genommen wird. Teilweise wurde dieses Steuerungsinstrument in einigen Bereichen durch Gewährung pauschalierter Zuwendungen auch aus Gründen einer Verteilungsgerechtigkeit in die Hände der Kommunen zurückgegeben. Sowohl die investitionsbezogenen Zuwendungen für die Anschaffung oder Herstellung bestimmter Vermögensgegenstände als auch die pauschalierten Zuwendungen sind im Haushaltsplan und im Jahresabschluss abzubilden.

Den Sonderposten kommt auf der Finanzierungsseite der Bilanz die Funktion zu, erhaltene investitionsbezogene Zuwendungen und erhobene Beiträge für durchgeführte Investitionsmaßnahmen bilanziell getrennt vom Eigenkapital der Gemeinde abzubilden.

Der Finanzierungscharakter dieser Sachverhalte stellt eine Mischform von Eigen- und Fremdfinanzierung dar. Die Zweckbestimmung der Zuwendung und des Beitrags lassen eine Abbildung im Eigenkapital nicht zu, da hierdurch zwar der Kommune Finanzierungsmittel zufließen, diese aber eine Verpflichtung für spätere Haushaltsjahre beinhaltet. Sonderposten stellen gewissermaßen „Treuhandkapital" dar, über dessen Verwendung die Kommune den Kapitalgebern besondere Rechenschaft schuldet.

Das kaufmännische Rechnungswesen sieht neben diesem passivischen Ausweis von Zuwendungen als Alternative eine aktivische Minderung vor. Dies bedeutet, dass die Zuwendung die Anschaffungs- oder Herstellungskosten auf der Aktivseite reduziert. Hierdurch verringert sich die Wertbasis, von der die Abschreibungen vorgenommen werden. Das kaufmännische Wahlrecht einer aktivischen Minderung der Anschaffungs- oder Herstellungskosten durch Zuwendungen ist nach § 43 Abs. 5 GemHVO nicht zulässig, da kein „saldierter" Ressourcenverbrauch dargestellt werden soll, sondern der vollständige Ressourcenverbrauch aus Abschreibungen dem Ressourcenaufkommen aus Erträgen aus der Auflösung von Sonderposten in der Ergebnisrechnung gegenübergestellt werden soll.

Die investive Zuwendung teilt hinsichtlich der Abschreibungsdeterminanten (Nutzungsdauer und Abschreibungsverfahren) das „Schicksal" des zugehörigen Vermögensgegenstandes.

Sofern mittels unterschiedlicher Ertragskonten seitens der Gemeinde eine Unterscheidung nach Zuwendungsgebern vorgesehen ist, müssen die Bilanzkonten gleichfalls diese Unterscheidung ausweisen, um eine eindeutige Ertragszuordnung sicherzustellen.

Hierbei ist weiterhin zu berücksichtigen, dass ein Vermögensgegenstand gleichzeitig von unterschiedlichen Zuwendungsgebern anteilig finanziert worden sein kann. Demnach bedarf es in der Anlagenbuchhaltung einer Zuordnungssystematik, die die Zuwendungs-finanzierung durch unterschiedliche Zuwendungsgeber zulässt.

16.3.5.2 Sonderpostenbildung für pauschalierte Zuwendungen

Im Rahmen der Finanzierung von Investitionen gibt es im Gesetz über den kommunalen Finanzausgleich unterschiedliche pauschalierte Zuwendungsverfahren. Neben der allgemeinen Investitionspauschale kommen hier u. a. die Schulbaupauschale und pauschale Fördermittel im Abwasserbereich in Betracht. Auch die Zuflüsse dieser Mittel sind in Sonderposten einzustellen. Im KVKR sind hierfür die Konten des Hauptkontos 362 vorgesehen.

Können empfangene pauschale Investitionszuweisungen und -zuschüsse nicht maßnahmenbezogen zugeordnet werden, darf der Sonderposten jährlich mit einem Zehntel des Ursprungsbetrags aufgelöst werden (§ 38 Abs. 4 S. 2 GemHVO).

16.3.5.3 Ansatz von investitionsbezogenen Beiträgen

Eine Besonderheit in der Sonderpostenbildung für Beiträge besteht darin, dass die Kommune nach Fertigstellung des Vermögensgegenstandes das Gesamtinvestitions-volumen (z. B. Erschließungsanlage) einzelgrundstücksbezogen aufgrund bestimmter Verteilungsschlüssel aufteilt und die Beiträge per Bescheid gegenüber den einzelnen Beitragspflichtigen (z. B. Grundstückseigentümer) erhebt. Zwischen Fertigstellung und somit Aktivierung des Vermögensgegenstandes und der einzelgrundstücksbezogenen Bescheidung der Beitragspflichtigen entsteht ein zeitlicher Versatz, der eine parallele Auflösung des Sonderpostens mit der Abschreibung des Vermögensgegenstandes aufgrund der Abschreibungsplanung problematisch macht.[714]

Der Sachverhalt noch nicht erhobener Beiträge aus fertiggestellten Erschließungs-maßnahmen sollte vielmehr entsprechend § 50 Abs. 2 GemHVO im Anhang zur Bilanz dargestellt werden. Im Rahmen dieser Festlegung waren zwei für das kommunale Haus-haltsrecht vorgegebene Grundsätze gegeneinander abzuwägen, wobei im Ergebnis das Realisationsprinzip über das Ressourcenverbrauchskonzept gestellt wurde. Der Sonder-posten kann daher nach § 38 Abs. 4 GemHVO trotz vorheriger rechtlicher Entstehung mit der Fertigstellung des Vermögensgegenstandes erst mit der Realisation der Forde-rung mittels Beitragsbescheid gegenüber den Beitragspflichtigen gebucht werden.

So wird es möglich sein, dass aufgrund eines zeitlichen Versatzes der Geltendmachung gegenüber den Beitragspflichtigen und somit bei einem zeitlichen Versatz bei der Sonderpostenbildung gegenüber der Aktivierung des Vermögensgegenstandes die Erträge aus der Auflösung des Sonderpostens die Aufwendungen aus Abschreibungen über-steigen.

---

[714] Einen alternativen Darstellungsansatz, in Form eines Forderungspostens „bestimmbare Forderung" (z. B. gegenüber den Grundstückseigentümern der Hausnummern A – Z) in Höhe des Gesamtinvesti-tionsvolumens mit gleichzeitiger Einbuchung eines Sonderpostens zwecks Gewährleistung eines paral-lelen Verlaufs von Abschreibung und ertragswirksamer Auflösung des Sonderpostens, sieht das Gesetz nicht vor.

Beispiel:

Gesamtinvestitionsvolumen Straße	1.200.000 €
Nutzungsdauer/Abschreibung	40 Jahre linear; entspricht 30.000 € jährlich
Beitragsanspruch	90 %, entspricht gesamt 1.080.000 €
zeitlicher Versatz bis Bescheiderteilung	5 Jahre
Erträge aus Auflösung Sonderposten	Rund 30.857 € (Beitragsanspruch 1.080.000 €
verteilt auf 35 Jahre Restnutzungsdauer	
der Straße ab Bescheiderteilung)	

Zur Vermeidung solcher atypischen Bilanz- und Ergebnisdarstellungen sind die Kommunen gehalten, die aus der Aufteilung der Gesamtkosten der Maßnahme resultierende Veranlagung möglichst zeitnah vorzunehmen.

Alternative Vorgehensweise:

Auflösung der Sonderposten	40 Jahre (parallel zur Abschreibung)
Erträge aus Auflösung Sonderposten	27.000 € (Beitragsanspruch 1.080.000 €/40Jahre)

Im Jahr der Bescheiderteilung und Bildung des Sonderpostens sind die auf die Vorjahre (seit Fertigstellung der Maßnahme und Abschreibungsbeginn) entfallenden Erträge aus Auflösung des Sonderpostens als periodenfremde Erträge dem außerordentlichen Ergebnis[715] zuzuschreiben.

16.3.5.4 Sonderposten für den Gebührenausgleich

Im Rahmen der Überarbeitung der GemHVO im Jahre 2011 hat sich der Verordnungsgeber entschieden, dem Beispiel anderer Länder zu folgen und Gebührenüberschüsse nicht mehr als Rücklagen, sondern ebenfalls als Sonderposten auszuweisen. Demnach regelt § 41 Abs. 7 GemHVO:

Übersteigen in einem Haushaltsjahr die Benutzungsgebühren, die von der Gemeinde für die Benutzung einer ihrer öffentlichen Einrichtungen nach § 10 des Gesetzes über kommunale Abgaben vom 17. März 1970 (GVBl. I S. 225), zuletzt geändert durch Gesetz vom 31. Januar 2005 (GVBl. I S. 54), erhoben werden, die Kosten dieser Einrichtung, ist der Unterschiedsbetrag in der Schlussbilanz dieses Haushaltsjahres auf der Passivseite als Sonderposten für den Gebührenausgleich anzusetzen

Beispiel:

Die sich im Haushalt ergebenden Erträge auf der Basis einer kostendeckend ermittelten gebührenrechtlichen Kalkulation übersteigen die im Haushaltsplan dargestellten Aufwendungen. Der hieraus resultierende Überschuss wird in einen Sonderposten eingestellt, um gegenüber dem Gebührenzahler zu dokumentieren, dass die „erzielten Mehrerträge" ausschließlich zur Deckung von in kommenden Jahren zu erwartenden Defiziten verwendet sollen.

16.3.5.5 Sonderposten für Umlagen nach § 37 Abs. 3 des Finanzausgleichsgesetzes

Ein weitere Sonderposten ist in § 41 Abs. 8 GemHVO definiert: Übersteigen in einem Haushaltsjahr die Erträge der nach § 37 Abs. 3 des Finanzausgleichsgesetzes in der Fassung vom 29. Mai 2007 (GVBl. I S. 310), zuletzt geändert durch Gesetz vom 16.

---

[715] Die Erheblichkeit im Sinne von § 58 Nr. 5 GemHVO wird in diesem Beispiel unterstellt.

Dezember 2011 (GVBl. I S. 815), zu erhebenden Umlage die Aufwendungen, zu deren Ausgleich die Umlage zu erheben ist, ist der Unterschiedsbetrag in der Schlussbilanz dieses Haushaltsjahres auf der Passivseite als Sonderposten für die Rückzahlung von Umlagen anzusetzen. Der Sonderposten ist im folgenden Haushaltsjahr ertragswirksam aufzulösen. Diese Regelung betrifft allerdings nur die Kreise als Gläubiger der Schulumlage.

16.3.5.6 Sonstige Sonderposten

Dieser Bilanzposten ist ein Sammelposten für weitere Sachverhalte, die eine Sonderpostenbildung erforderlich machen.

Zwei solcher Sachverhalte sind die erhaltenen Leistungen

- für ökologische Ausgleichs- und Ersatzmaßnahmen (auch Öko-Konto genannt) und
- für die Ablösung von der Verpflichtung zur Erstellung von Stellplätzen.

Beide Sachverhalte beinhalten als Besonderheit, dass der Leistende für seine erbrachte Geldleistung keinen Rückzahlungsanspruch besitzt, sondern sich von einer rechtlichen Leistungsverpflichtung „freikauft", die basierend auf einer Geldleistung nunmehr durch die Kommune wahrgenommen wird. Bei den ökologischen Ausgleichs- und Ersatzmaßnahmen kommt hinzu, dass die erhaltenen Geldleistungen sowohl für investive als auch für konsumtive ökologische Maßnahmen verwandt werden können. Zahlungseingang und sachgerechte Verwendung sind getrennt voneinander zu betrachten.

Mangels Gegenleistungsverpflichtung gegenüber dem Leistenden ist bei Forderungseinbuchung die Gegenposition stets der jeweilige Sonderposten für Ausgleichs- und Ersatzflächen bzw. für die Ablösung von der Verpflichtung zur Erstellung von Stellplätzen.

Bei zweckbestimmter Verwendung erfolgt für eine investive Verwendung (z. B. Anschaffung eines Vermögensgegenstandes) eine Umbuchung in der Form, dass einem angeschafften oder hergestellten Vermögensgegenstand der Sonderposten zugeordnet wird. Mit dieser Umbuchung wird aus einem „globalen" Sonderposten ein einem Vermögensgegenstand zugehöriger Sonderposten, mit der Konsequenz, dass parallel zur Abschreibung aufgrund der Abschreibungsplanung des zugehörigen Vermögensgegenstandes in analoger Form eine ertragswirksame Auflösung dieses Sonderpostens erfolgt.

16.3.5.7 Übung

Sachverhalt:

In der Gemeinde G wird eine Geschäftsanweisung für die Vermögensbewirtschaftung erstellt. Hierin wird vorgesehen, dass zur Erleichterung der Anlagenbuchhaltung die erhaltenen Zuwendungen bei Aktivierung der zugeordneten Vermögensgegenstände den Vermögenswert mit dem vollen Betrag der erhaltenen Zuwendung gemindert werden sollen, da diese Vorgehensweise keinerlei Auswirkungen auf das Jahresergebnis in der Ergebnisrechnung hat.

Aufgabe:

Beurteilen Sie diese Regelung.

Lösung:

Die Regelung ist unzulässig, da das Wahlrecht des kaufmännischen Rechnungswesens einer aktivischen Minderung der Anschaffungs- oder Herstellungskosten durch Zuwendungen nach § 38 Abs. 4 GemHVO nicht zulässig ist. Das Haushaltsrecht hat das Ziel, den vollständigen Ressourcenverbrauch und auch das zugehörige Ressourcenaufkommen unsaldiert abzubilden. Hierbei soll neben der Vermögensverwendung auch die Vermögensfinanzierung anhand der Zuwendungsgeber dargestellt werden.

16.3.6 Rückstellungen

Durch die Verbuchung und den bilanziellen Ausweis von Rückstellungen werden die in einem Haushaltsjahr verursachten Aufwendungen (Prinzip der periodengerechten Abgrenzung) mit den in späteren Haushaltsjahren aus diesem Grund wahrscheinlich notwendigen Auszahlungen verknüpft. Im Idealfall sollten deshalb im Haushaltsjahr der Verursachung Zahlungsmittelüberschüsse entstehen, die der Haushaltswirtschaft so lange zur Verfügung stehen, bis die daraus resultierenden Auszahlungen zu leisten sind. Wird die Notwendigkeit der Bildung einer Rückstellung erst später erkannt, so ist die Bildung der Rückstellung unverzüglich nachzuholen. Der Ausweis von Rückstellungen in der Vermögensrechnung ermahnt, spätestens zum Zeitpunkt der wahrscheinlichen Auszahlung entsprechende Zahlungsmittel bereitzuhalten. Der wirtschaftliche Vorteil des Zeitweilig-verfügbar-Bleibens der Zahlungsmittel ist u. U. explizit bei der Berechnung der Höhe der zu bildenden Rückstellung zu berücksichtigen. Tritt der Zahlungsmittelfluss zu dem späteren Zeitpunkt in der erwarteten Höhe ein, so kann die Auszahlung erfolgsneutral durchgeführt werden, d. h. im Jahr der Auszahlung ist kein Aufwand auszuweisen. Übersteigt die tatsächliche Zahlung die erwartete Höhe, so ist der übersteigende Teil als periodenfremder Aufwand nachzuweisen. Ist die tatsächliche Zahlung geringer als die hierfür gebildete Rückstellung oder fällt der Grund der Rückstellung gänzlich weg, so ist der Differenzbetrag bzw. die gesamte Rückstellung als periodenfremder Ertrag erfolgswirksam aufzulösen.

16.3.6.1 Voraussetzungen der Rückstellungsbilanzierung

a) Rückstellungsbildung

Das neue kommunale Rechnungswesen verfolgt den zentralen Zweck, in jeder Periode den vollständigen Ressourcenverbrauch auszuweisen. Da jedoch in vielen Fällen Ressourcenverbrauch und Zahlungsmittelabfluss zeitlich auseinanderfallen, müssen spezielle Instrumente genutzt werden, mit denen diese Diskrepanz ausgeglichen wird. Bei

Investitionen liegt der Zahlungsmittelabfluss vor dem Ressourcenverbrauch, der dann mit Abschreibungen abgebildet wird. Fällt jedoch der Zahlungsmittelabfluss in eine spätere Rechnungsperiode als seine wirtschaftliche Verursachung und ist der Zahlungsmittelabfluss in seiner Höhe oder dem Grunde nach nicht völlig sicher, so sind hierfür Rückstellungen zu bilden. Die Bildung einer Rückstellung hat hierbei zum einen den Zweck, den Aufwand periodengerecht abzubilden und zum anderen idealtypisch in einer späteren Periode im Rahmen der Auszahlung keinerlei Aufwand entstehen zu lassen.

- Elemente des Prinzips der Periodenabgrenzung durch Rückstellungen:
- Aufwandsdarstellung in der wirtschaftlich zugehörigen Periode
- Zahlungsmittelabfluss später in einer anderen Periode
- Rückstellungen mit Funktion der Verbindung des Aufwands- und des Auszahlungsteils eines Geschäftsvorfalls bei der erforderlichen Darstellung in unterschiedlichen Perioden

Die in § 58 Nr. 29 enthaltene Definition:

„29. Rückstellung
Passivposten der Bilanz, der dazu dient, durch zukünftige Handlungen bedingte Wertminderungen der Rechnungsperiode als Aufwand zuzurechnen; sie ist bezüglich ihres Eintretens oder ihrer Höhe nach nicht völlig sicher"

ist insofern missverständlich, als es im wirtschaftlichen Sinne nicht um zukünftige Handlungen, sondern um gegenwärtigen Ressourcenverbrauch durch Handlungen und Ereignisse geht, die allerdings erst später (höchst-)wahrscheinlich zu Auszahlungen führen werden.

Die Rückstellungen gehören bilanziell zu den Fremdkapitalposten. Rückstellungen stellen Verpflichtungen gegenüber Dritten oder gegenüber sich selbst[716] (Instandhaltungsrückstellungen) dar, die dem Grunde oder der Höhe nach ungewiss sind. Die Bildung der Rückstellung erfolgt grundsätzlich nach folgendem Buchungssatz:

Aufwandskonto	an	Rückstellungskonto
(Unterscheidung nach Aufwandsarten)		(Unterscheidung nach Rückstellungsarten)

b) Rückstellungsposten in der kommunalen Bilanz

Gem. § 49 Abs. 4 GemHVO sind die Rückstellungen in der kommunalen Bilanz mindestens zu gliedern in:

- Rückstellungen für Pensionen und ähnliche Verpflichtungen
- Rückstellungen für Umlageverpflichtungen nach dem Finanzausgleichsgesetz und für Verpflichtungen im Rahmen von Steuerschuldverhältnissen
- Rückstellungen für die Rekultivierung und Nachsorge von Abfalldeponien
- Rückstellungen für die Sanierung von Altlasten
- sonstige Rückstellungen

---

[716] Verpflichtungen gegenüber sich selbst stellen inhaltlich keine Schulden bzw. kein Fremdkapital dar.

Der § 39 Abs. 1 GemHVO greift inhaltlich im Wesentlichen die Bilanzstruktur der einzelnen Rückstellungsposten auf und stellt prägnant die relevanten Inhalte zu diesen Posten dar.

Demnach sind Rückstellungen zu bilden für folgende ungewisse Verbindlichkeiten und Aufwendungen:

1. die Pensionsverpflichtungen aufgrund von beamtenrechtlichen oder vertraglichen Ansprüchen,

2. die Beihilfeverpflichtungen gegenüber Versorgungsempfängern sowie Beamten und Arbeitnehmern für die Zeit nach dem Ausscheiden aus dem aktiven Dienst beziehungsweise Arbeitsverhältnis,

3. die Bezüge- und Entgeltzahlung für Zeiten der Freistellung von der Arbeit im Rahmen von Altersteilzeitarbeit und ähnlichen Maßnahmen,

4. im Haushaltsjahr unterlassene Aufwendungen für Instandhaltung, die im folgenden Haushaltsjahr nachgeholt werden sollen,

5. die Rekultivierung und Nachsorge von Abfalldeponien,

6. die Sanierung von Altlasten,

7. unbestimmte Aufwendungen in künftigen Haushaltsjahren bei Umlagen nach dem Finanzausgleichsgesetz aufgrund von ungewöhnlich hohen Steuereinnahmen des Haushaltsjahres, die in die Berechnung der Umlagegrundlage einbezogen werden, sowie ungewisse Verbindlichkeiten im Rahmen von Steuerschuldverhältnissen,

8. drohende Verpflichtungen aus Bürgschaften, Gewährleistungen und anhängigen Gerichtsverfahren und

9. drohende Verluste aus schwebenden Geschäften.

Für weitere ungewisse Verbindlichkeiten können Rückstellungen gebildet werden, insbesondere für

1. Urlaubsansprüche und geleistete Überstunden,
2. die Aufbewahrung von Geschäftsunterlagen,
3. die Erstellung und Prüfung von Eröffnungsbilanzen und Jahresabschlüssen.

Inhaltlich zu unterscheiden sind Rückstellungen mit Schuldcharakter, bei denen Rückstellungen für dem Grunde oder der Höhe nach ungewisse Verpflichtungen aufgrund bestehender Rechtsbeziehungen zu Dritten zu bilden sind, und Rückstellungen mit einer Aufwandsverpflichtung gegen sich selbst, bei denen Aufwendungen dem abgelaufenen Haushaltsjahr oder früheren Haushaltsjahren zuzuordnen sind.

Zur Verdeutlichung der begrifflichen Abgrenzung zwischen Schulden und Rückstellungen werden in der nachfolgenden Darstellung die zugehörigen inhaltlichen Komponenten dargestellt, wobei die Verbindlichkeitsrückstellungen quasi als begriffliche Schnittmenge sowohl den Schulden als auch den Rückstellungen zuzuordnen sind.

Schulden umfassen alle Verpflichtungen gegenüber Dritten, gleichgültig, ob gewiss oder ungewiss.		**Aufwandsrückstellungen** stellen Verpflichtungen gegen sich selbst dar, sie sind somit keine Schulden.
Verbindlichkeiten sind dem Grunde und der Höhe nach feststehend (gewiss).	**Verbindlichkeitsrückstellungen**	
	Rückstellungen sind dem Grunde und / oder der Höhe nach ungewiss.	

c) Inanspruchnahme der Rückstellungen

Die vorläufige Verbuchung als Rückstellung verbindet den einem früheren Haushaltsjahr zuzuordnenden Aufwand mit einer in einem späteren Haushaltsjahr wahrscheinlich zu leistenden Auszahlung. Durch die Inanspruchnahme für den speziellen Rückstellungszweck stellt die Rückstellung die Gegenbuchungsposition für die Auszahlung dar.

Aufgrund des bereits in früheren Perioden erfassten Aufwandes darf in einer späteren Periode der Aufwand im Rahmen der Inanspruchnahme nicht noch einmal in einem späteren Jahresabschluss (Verbot der Doppelerfassung) dargestellt werden, so dass die Rückstellung den Aufwand durch Absetzung idealtypisch neutralisiert. Die Inanspruchnahme der Rückstellung erfolgt danach durch folgende Buchungssätze:

spezifisches Aufwandskonto	an	Verbindlichkeiten/liquide Mittel
Rückstellungen	an	spezifisches Aufwandskonto

d) Ertragswirksame Auflösung von Rückstellungen

Im Einklang mit den handelsrechtlichen Vorschriften ist eine Rückstellung nach § 39 Abs. 3 GemHVO ertragswirksam aufzulösen, wenn der Grund hierfür entfallen ist. Dies ist der einzige Grund für eine ertragswirksame Auflösung von Rückstellungen.

Rückstellungen	an	Erträge aus der Auflösung von Rückstellungen

16.3.6.2 Pensionsrückstellungen

Alle Pensionsverpflichtungen nach den beamtenrechtlichen Bestimmungen sind nach § 39 Abs. 1 Nr. 1 i. V. m. § 41 Abs. 6 GemHVO mit ihrem im Teilwertverfahren zu ermittelnden Barwert als Rückstellung anzusetzen. Dies bedeutet, dass alle entstandenen Verpflichtungen gegenüber aktiv Beschäftigten, allen Pensionären und allen Hinterbliebenen in der Bilanz darzustellen sind. Dazu gehören auch andere fortgeltende Ansprüche von Personen nach dem Ausscheiden aus dem aktiven Dienst (z. B. Beihilfeansprüche).

Im Einkommensteuerrecht (§ 6 a Abs. 3 EStG) haben sich verbindliche Verfahrensweisen für die Bemessung von Pensionsrückstellungen herausgebildet, deren Anwendung im kommunalen Bereich nichts entgegensteht.

Das Teilwertverfahren bildet die Verpflichtungsentwicklung hinsichtlich der Pensionsrückstellungen der Gemeinde gegenüber den Beamten idealtypisch ab. Hierbei sind folgende Entwicklungsabschnitte zu berücksichtigen:

Zeitliche Abschnitte bei Pensionsrückstellungen	Was hat die Gemeinde zu tun?
Diensteintritt	Der Diensteintritt stellt den Beginn der Wartezeit bis zur Pensionszusage dar. Durch den Diensteintritt entsteht noch kein Pensionsanspruch. Erst nach fünf Jahren Dienstzeit realisiert sich die gesetzlich bestimmte Pensionszusage durch die Gemeinde. Würde während dieser Zeit allerdings eine Beendigung des Beamtenverhältnisses erfolgen, entstünde ein Zahlungsmittelabfluss zur Nachversicherung in der Rentenversicherung, der entstandene Aufwand kann auch hier nur durch Bildung einer Rückstellung periodengerecht zugeordnet werden. Im Übrigen ist nach bisherigen Erfahrungen eine Überleitung in ein dauerhaftes Beamtenverhältnis wahrscheinlich, was wiederum eine Rückstellung zur Darstellung des vollständigen Ressourcenverbrauchs rechtfertigt.
Ansammlungsphase	Es erfolgt während der aktiven Dienstzeit eine Ansammlung der Pensionsverpflichtungen in jährlichen Raten.
Pensionsantritt	Mit Pensionsantritt wird der Barwert der Verpflichtung als Rückstellungsbestand erreicht.
Zahlung der Pensionen	Der Rückstellungsbestand soll den Aufwand, der im Rahmen der Pensionszahlungen entsteht, decken. Hierbei stellen die Pensionszahlungen in der Ergebnisrechnung zunächst Aufwand dar, der im Rahmen der Auflösung der Rückstellung im Rahmen des Jahresabschlusses idealtypisch neutralisiert werden sollte. In der Regel werden sich hierbei Abweichungen ergeben, die überwiegend zu einem verbleibenden Aufwand führen werden (Barwert-Effekt = 6 % Barwertdifferenz für ein Jahr). Theoretisch kann es jedoch auch per Saldo zu Erträgen aus der Auflösung von Pensionsrückstellungen kommen.
Versterben des Beamten	Idealtypisch werden die Pensionsrückstellungen anhand von Sterbetafeln gebildet. Beim Versterben eines einzelnen Beamten kann es zu einer Unterschreitung der vorgesehenen Lebenszeit kommen, hier würde ein Rest in der Pensionsrückstellung entstehen. Bei Überschreiten der vorgesehenen Lebenszeit würde sich ein zusätzlicher Rückstellungsbedarf ergeben. Da zwar die ungewissen Verbindlichkeiten einzeln bewertet werden, die Pensionsrückstellung aber die Gesamtheit der Anspruchsberechtigten abbildet, führt dies in der Regel zu einer Nivellierung untereinander.

Die Bewertung der Ansprüche jedes einzelnen Beschäftigten erfolgt mittels eines versicherungsmathematischen Gutachtens. Die Ermittlung kann durch ein Gutachten eines Versicherungsmathematikers, einer Versorgungskasse oder eigenständig anhand einer zertifizierten Software erfolgen.

Pensionsrückstellungen sind personenbezogen zu bilden. Es bleibt den Gemeinden (GV) überlassen, durch wen sie die erforderlichen finanzmathematisch-qualifizierten Berechnungen erstellen lassen. Die hessischen kommunalen Versorgungskassen bieten den Gemeinden (GV) die Erstellung der erforderlichen finanzmathematisch-qualifizierten Berechnungen an (Nr. 4 Hw. zu § 39 GemHVO).

Für über die Pensionsansprüche hinausgehende Ansprüche auf Beihilfen sowie andere Ansprüche außerhalb des Beamtenversorgungsgesetzes kann eine vereinfachte prozentuale Ermittlung auf der Basis der bestehenden Versorgungsbezüge vorgenommen werden. Der Prozentsatz ergibt sich aus dem Verhältnis der gezahlten Beihilfeleistungen zum Volumen der gezahlten Versorgungsbezüge.

16.3.6.3 Rückstellungen für Finanzausgleich und Steuerschuldverhältnisse

Im Rahmen des kommunalen Finanzausgleichs stellt vor allem die Unstetigkeit des Gewerbesteuerertrages ein relevantes Problem dar, das mit Hilfe der Rückstellungsbildung entschärft werden kann. Treffen in einem Haushaltsjahr überraschend hohe Gewerbesteuerzahlungen (z. B. aufgrund finanzamtlicher Nachfeststellungen bei größeren Gewerbebetrieben oder konjunkturellen Entwicklungen) ein, so bewirken sie höhere Umlageverpflichtungen in nachfolgenden Haushaltsjahren. Diese Umlageverpflichtung kann durch die aufwandswirksame Bildung einer Rückstellung periodengerecht dem verursachenden Haushaltsjahr zugeordnet werden, wodurch im Jahr des höheren Zahlungseinganges kein überhöhter Überschuss und in den späteren Jahren kein ungerechtfertigt negatives Ergebnis entsteht. Allerdings kann mit dieser Rückstellung dem Wortlaut entsprechend nicht der ebenfalls mit dem erhöhten Gewerbesteuerertrag verbundene Rückgang der Schlüsselzuweisungen in den Folgejahren ausgeglichen werden.

Die in der Privatwirtschaft an dieser Stelle zu erörternden Rückstellungen für die aus dem Jahresüberschuss zu leistenden Ertragssteuern fallen dagegen eher geringer aus, fallen aber für im Rahmen der Haushaltswirtschaft der Gemeinde existierende Betriebe gewerblicher Art auch an.

16.3.6.4 Rückstellungen für die Rekultivierung und Nachsorge von Deponien

Für die Rekultivierung und Nachsorge kommunaler Deponien sowie für die Sanierung von Altlasten sind nach § 39 Abs. 1 GemHVO als Rückstellung die zu erwartenden Gesamtkosten bezogen auf den voraussichtlichen Zeitpunkt der Rekultivierungs- und Nachsorgemaßnahmen zu ermitteln.

Das Rückstellungsvolumen für kommunale Deponien orientiert sich an den voraussichtlichen Gesamtauszahlungen zum Zeitpunkt der Rekultivierung und an der Verfüllmenge des Nutzungsjahres im Verhältnis zur Gesamtverfüllmenge.

16.3.6.5 Rückstellungen für die Sanierung von Altlasten

Bei der Bildung von Rückstellungen für die Sanierung von Altlasten kommt eine besondere Problematik zum Tragen: Altlasten werden i. d. R. nicht im Zeitpunkt ihrer wirtschaftlichen Verursachung, sondern stets erst verspätet als solche erkannt. Dennoch ermöglicht auch hier die Bildung einer Rückstellung, den Aufwand einer früheren Periode zuzuordnen als die später zu leistenden Auszahlungen für die Sanierung. Dies ist von besonderer Bedeutung für alle zum Zeitpunkt der Erstinventarisierung und der Erstellung der Eröffnungsbilanz bekannten Altlasten, deren Auszahlungen für Sanierungen nicht mehr spätere doppische Ergebnisrechnungen tangieren und deren Ausgleich damit nicht erschweren.

Altlasten sind z. B. beim aus späterer Sicht nicht umweltgerechten Betrieb von Abfalldeponien, Gaswerken, Tankstellen oder anderen umweltrelevanten Anlagen oder Tätigkeiten entstanden. Sobald das Vorliegen einer Altlast und die Sanierungsverantwortlichkeit der Gemeinde (GV) erkannt wird, ist eine entsprechende Rückstellung basierend auf einem technischen Gutachten über den Sanierungsumfang und die dafür nötigen Auszahlungen zu bilden.

16.3.6.6 Instandhaltungsrückstellungen

Analog zum kaufmännischen Rechnungswesen beinhaltet das Haushaltsrecht aufgrund seiner Zielsetzung einer periodengerechten Abbildung des Ressourcenverbrauchs und -aufkommens eine dynamische Bilanzauffassung[717].

In § 39 Abs. 1 GemHVO werden die Rückstellungen für unterlassene Instandhaltung bei Sachanlagen als einzige Art der Aufwandsrückstellungen[718] zugelassen, da diese den gebräuchlichsten Fall der Aufwandsrückstellungen darstellen und in diesen Rückstellungen auch eine hohes Ansatzpotenzial für den Bilanzausweis steckt. Unterlassene Instandhaltungen sind nach § 39 Abs. 1 GemHVO pflichtig als Rückstellungen auszuweisen, wenn die Nachholung der Instandhaltung so hinreichend konkret beabsichtigt ist, dass sie im folgenden Jahr nachgeholt wird und die Instandhaltung als bisher unterlassen bewertet werden muss.[719] Sofern eine Aufwandsrückstellung aufgrund unterlassener Instand-

---

[717] Die dynamische Bilanzauffassung geht zurück auf Schmalenbach (vgl. Schmalenbach, Eugen: Grundlagen dynamischer Bilanzlehre, in: Zeitschrift für handelswissenschaftliche Forschung, 13. Jg. [1919]) und wurde u. a. von Kosiol weiterentwickelt und ist so in das Bilanzmodell des HGB und schließlich auch der GemHVO eingeflossen (vgl. auch Moxter, Adolf: Grundsätze ordnungsgemäßer Rechnungslegung, Düsseldorf 2003).

[718] Grundsätzlich verbindet sich mit der Bildung einer Rückstellung immer eine Aufwandsbuchung. Als Aufwandsrückstellungen werden aber nur solche Rückstellungen bezeichnet, die zwar als Aufwand in die Ergebnisrechnung einfließen, denen aber (noch) keine Verbindlichkeit gegenüber einem Dritten gegenübersteht, die also nur als Verpflichtung gegenüber der Erhaltung des eigenen Vermögens aufgefasst werden können (wie bei der Instandhaltungsrückstellung, solange weder ein Instandsetzungsauftrag erteilt noch ein solcher ausgeführt, sondern lediglich ein Instandsetzungsbedarf festgestellt wurde). Rückstellungen, bei deren Verbuchung dem Aufwand bereits eine ungewisse Verbindlichkeit gegenübersteht, werden deshalb zur Unterscheidung von Aufwandsrückstellungen als Schuldrückstellungen bezeichnet.

[719] § 249 HGB regelt dies für den handelsrechtlichen Bereich anders. Wird die Instandhaltung innerhalb von 3 Monaten im folgenden Geschäftsjahr nachgeholt, sind Rückstellungen für unterlassene Instand-

haltung nicht gebildet wird, hat die Gemeinde zu prüfen, ob und in welcher Höhe eine außerplanmäßige Abschreibung beim Vermögensgegenstand erfolgen muss.

Als abbildungsfähige Sachverhalte für Rückstellungen aufgrund unterlassener Instandhaltung sind im Rahmen der hierunter zu subsumierenden Teilbegriffe Instandsetzung, Wartung und Inspektion zu verstehen:

- „Zur Instandsetzung gehören alle Maßnahmen der Verschleißbeseitigung mit dem Ziel, den ursprünglichen Zustand der Anlage wiederherzustellen.
- Der Wartung dienen alle Maßnahmen der (vorbeugenden) Verschleißhemmung.
- Inspektionen dienen der regelmäßigen Feststellung des Grades der Leistungsfähigkeit bzw. des eingetretenen technischen Verschleißes von Anlagen."[720]

Mit der Verpflichtung zur Bildung von Rückstellungen für unterlassene Instandhaltung wird der Aufwand in dem Haushaltsjahr erfasst, in dem er wirtschaftlich entstanden oder verursacht wurde, auch wenn die vorgesehene Maßnahme in das folgende Haushaltsjahr verschoben wird. Des Weiteren unterstützt diese Verpflichtung zur Bildung von Rückstellungen für unterlassene Instandhaltung die Zielsetzung der Dokumentation der intergenerativen Gerechtigkeit. Gleichzeitig wird hiermit eine bessere Vergleichbarkeit der einzelnen Jahresabschlussergebnisse erreicht.

Für die inhaltlichen Voraussetzungen eines Ansatzes von Instandhaltungsrückstellungen knüpft das Haushaltsrecht an den § 249 Abs. 2 des HGB. Dieser zählt die vier Voraussetzungen auf, nach denen in der kommunalen Bilanz Instandhaltungsrückstellungen gebildet werden dürfen. Dies sind Aufwendungen,

- die ihrer Eigenart nach genau umschrieben sind,
- die dem Geschäftsjahr oder einem früheren Geschäftsjahr zuzurechnen sind,
- deren Eintreten am Abschlussstichtag wahrscheinlich oder sicher ist und
- deren Höhe und Zeitpunkt ihres Eintritts jedoch noch unbestimmt sind.

Hiernach müssen die vorgesehenen Maßnahmen, für die eine Rückstellung gebildet wird, am Abschlussstichtag einzeln bestimmt und wertmäßig beziffert sein. Dies entspricht dem Prinzip der Einzelbewertung, wobei der Aufwand der Maßnahme sachgerecht zu schätzen ist.

Beispiel:
Der Rückstellungszweck ist eine Fenstererneuerung, die im abgelaufenen Haushaltsjahr veranschlagt war, aber nicht durchgeführt wurde. Grundlage für die Schätzung der Höhe bietet die Zahl der zu erneuernden Fenster, die Ausstattungsqualität der Fenster und übliche Marktpreise, z. B. abgeleitet aus anderen gleich gelagerten Maßnahmen.

---

haltung pflichtig zu bilden. Ansonsten besteht zur Bildung von Rückstellungen für unterlassene Instandhaltung ein zweifaches handelsrechtliches Wahlrecht. Der Ansatz kann entweder nach Absatz 1 Satz 3 (vier bis zwölf Monate Nachholungsfrist) oder nach Absatz 2 (keinerlei Nachholungsfrist) unter Nutzung des jeweiligen Wahlrechts vorgenommen werden.

[720] Vgl. Adler/Düring/Schmaltz, Rechnungslegung und Prüfung der Unternehmen, 6. Auflage, Stuttgart, 1998, Rz. 168 zu § 249 HGB, S. 460.

Die Instandhaltung muss nach § 39 Abs. 1 Nr. 4 GemHVO als bisher unterlassen bewertet werden. Dies bedeutet, dass der Aufwand, der zur Rückstellungsbildung führt, im laufenden Haushaltsjahr oder einem früheren Haushaltsjahr entstanden sein muss.[721]

Beispiel:

In der Instandhaltungsplanung des Hochbauamtes war eine Neueindeckung eines Schuldaches für das Haushaltsjahr 2014 vorgesehen. Aufgrund von Verzögerungen bei der Ausschreibung soll die Neueindeckung im Haushaltsjahr 2015 erfolgen. Der Aufwand für die Neueindeckung liegt im laufenden Haushaltsjahr. Das zeitliche Kriterium ist im Sachverhalt gleichfalls erfüllt.

Die Durchführung der vorgesehenen Maßnahme, welche bei Nichtbildung einer Instandhaltungsrückstellung ansonsten zu Aufwendungen in späteren Haushaltsjahren führen würde, muss wahrscheinlich oder sicher sein. Wahrscheinlich bedeutet, dass eher von einer Durchführung der Maßnahme als von einer Nichtdurchführung auszugehen ist.

Bei einer hohen Anzahl und einem hohen Finanzvolumen an Instandhaltungsrückstellungen muss sich die Gemeinde aber auch fragen, ob sie überhaupt in der Lage ist, anhand ihrer Umsetzungskapazitäten und ihrer finanzwirtschaftlichen Leistungsfähigkeit weitere Aufwandsrückstellungen zu realisieren.

Beispiel:

Seit mehreren Jahren bildet die Gemeinde G für ihre Schulen Rückstellungen für unterlassene Instandhaltung. Vom eingestellten Finanzvolumen wurden in jedem der Bildung der Rückstellung folgenden Haushaltsjahr nur 10 % nachgeholt. In den Jahresabschlussprüfungen wurde dies seitens des Rechnungsprüfungsamtes auch bemängelt. Neben der Frage, ob die für ein Haushaltsjahr vorgesehenen Instandhaltungsrückstellungen wahrscheinlich sind, muss sich die Gemeinde G auch fragen, ob eine Realisierung der Maßnahmen, aufgrund der bereits Instandhaltungsrückstellungen eingestellt wurden, noch wahrscheinlich ist.

Die Unbestimmtheit von Höhe und Zeitpunkt des Eintritts bzw. der Realisation einer Maßnahme ist ein allgemeines Kriterium bei der Rückstellungsbildung.

Beispiel:

Eine vorgesehene Schadstoffsanierung an einem kommunalen Gebäude konnte im laufenden Haushaltsjahr nicht mehr abgewickelt werden. Zwar ist vorgesehen die Maßnahme im folgenden Haushaltsjahr nachzuholen, ein genauer Zeitpunkt der Nachholung besteht jedoch noch nicht. Die betragliche Höhe der vorgesehenen Maßnahme liegt zwar in einer bestimmten Größenordnung vor, der letztendlich zu leistende Betrag steht jedoch nicht fest und ist somit unbestimmt.

16.3.6.7 Drohverlustrückstellungen

Die im Anwendungsbereich des HGB übliche Bildung von Rückstellungen für drohende Verluste (Drohverlustrückstellungen) ist nun auch im Rahmen der GemHVO vorgeschrieben (vgl. § 39 Abs. 1 Nr. 9 GemHVO).

---

[721] Vgl. Amerkamp/Kröckel/Rauber: Kommentar zu § 39 GemHVO, Rdnr. 48.

Hierunter fallen z. B. Bürgschaftsverpflichtungen, bei denen sich abzeichnet, dass eine Inanspruchnahme der Gemeinde wahrscheinlich, aber noch nicht sicher ist (vgl. Nr. 13 Hw. zu § 39 GemHVO).

16.3.6.8 Sonstige Rückstellungen

Für nicht im § 39 Abs. 1 GemHVO erfasste ungewisse Verbindlichkeiten dürfen weitere Rückstellungen gebildet werden. Hierunter fallen z. B. Rückstellungen für die übernommenen Wiederherstellungsverpflichtungen gemieteter Räume, Rückstellungen für bisher nicht in Anspruch genommene Urlaubsansprüche sowie noch nicht in Anspruch genommener Freizeitausgleich für geleistete Überstunden der Mitarbeiter, soweit diese nicht § 39 Abs. 1 Nr. 3 GemHVO unterfallen. Daneben können hier Verbindlichkeiten für erteilte und ausgeführte Aufträge berücksichtigt werden, deren Höhe wegen fehlender Abrechnung durch den Auftragnehmer noch nicht eindeutig bestimmt werden kann.

a) Rückstellungen für ungewisse Verbindlichkeiten

Aus dem Prinzip der Periodenabgrenzung für die einzelnen Haushaltsjahre bilden die zu den sonstigen Rückstellungen zählenden Rückstellungen für ungewisse Verbindlichkeiten für den Aufwandsbereich eine eher übliche Abgrenzungsmethode aus der Bewirtschaftung heraus. Die trifft z. B. zu, wenn ein Auftrag der Gemeinde zur Erbringung einer Leistung im laufenden Haushaltsjahr erteilt und ausgeführt wurde, bei Abschluss des laufenden Haushaltsjahres jedoch noch die Rechnung zur Bestimmung der genauen Höhe einer Verbindlichkeit fehlt.

Auch wenn der Wortlaut des § 39 Abs. 2 GemHVO auf eine Wahlrecht hindeutet, so besteht in diesen Fällen unter Beachtung der Abgrenzungsregeln der §§ 38 und 46 GemHVO eine Pflicht zur Ausweisung zumindest einer Rückstellung, wenn eine Verbindlichkeit mangels ausreichender Bestimmtheit der Verpflichtung noch nicht ausgewiesen werden kann.

Dieser Sachverhalt wird durch den § 39 Abs. 2 GemHVO geregelt. Danach können für Verpflichtungen, die dem Grunde oder der Höhe nach zum Abschlussstichtag noch nicht genau bekannt sind, Rückstellungen passiviert werden. Somit besteht für die kommunale Bilanzierung ein Ansatzwahlrecht für ungewisse Verbindlichkeiten. Diese Passage des Gesetzestextes beinhaltet bereits auch die Definition für die Bezeichnung „ungewiss". Danach muss zumindest eins der beiden Merkmale einer Verbindlichkeit

- dem Grunde nach oder
- der Höhe nach

noch nicht genau bekannt sein.

Als weitere Voraussetzungen für die Bildung von Rückstellungen für ungewisse Verbindlichkeiten legen die GoB sowie Nrn. 1 und 2 Hw. zu § 39 GemHVO fest, dass

- es wahrscheinlich sein muss, dass eine Verbindlichkeit zukünftig entsteht,
- die wirtschaftliche Ursache vor dem Abschlussstichtag liegt und
- die zukünftige Inanspruchnahme voraussichtlich erfolgen wird.

Die Voraussetzung, dass die wirtschaftliche Ursache vor dem Abschlussstichtag liegen muss, ist bereits aus den Ausführungen zu den anderen Rückstellungsposten bekannt. Dies ist für Rückstellungen eine durchgängige Voraussetzung. Die beiden weiteren Voraussetzungen, „dass es wahrscheinlich sein muss, dass eine Verbindlichkeit zukünftig entsteht" und „dass die zukünftige Inanspruchnahme voraussichtlich erfolgen wird" beinhalten das Gleiche, nämlich die spätere Wahrscheinlichkeit der Inanspruchnahme, wodurch dann die Verbindlichkeit entsteht.

Bei den eindeutigen sonstigen Rückstellungssachverhalten (Leistung durch den Dritten ist erfolgt – Rechnung liegt noch nicht vor) stellt die Prüfung dieser Voraussetzung kein Problem dar. Es gibt jedoch auch Sachverhalte, bei denen die Voraussetzung „wahrscheinliche Inanspruchnahme" intensiv anhand von Sachverhaltsfakten aufbereitet werden muss. Ist danach die Wahrscheinlichkeit einer Inanspruchnahme größer als eine Nichtinanspruchnahme, muss eine Rückstellung für ungewisse Verbindlichkeiten gebildet werden.

Beispiel:
Hinsichtlich der gewählten Abschreibungsbasis bei einer Gebührenkalkulation sind Klageverfahren gegen die Gemeinde G anhängig. Bisher hatte das Verwaltungsgericht die Gebührenkalkulation der Gemeinde G bestätigt. Die Stadt S, die ihre Gebührenkalkulation analog zu Gemeinde G vornimmt, ist in letztinstanzlicher gerichtlicher Entscheidung zur Gebührenerstattung zu viel veranlagter Gebühren rechtskräftig verurteilt worden. Das gleiche Gericht ist auch für die Entscheidung in den Klageverfahren der Gemeinde G zuständig. Bis zur Entscheidung gegenüber der Stadt S gab es keinerlei Gründe, eine Rückstellung zu bilden, da das Verwaltungsgericht die Gebührenkalkulation bisher bestätigt hatte. Mit der Entscheidung gegen die Stadt S wird eine Inanspruchnahme jedoch wahrscheinlich, so dass eine Rückstellung zu bilden ist. Sämtliche Fakten sprechen dafür. Die Entscheidung ist letztinstanzlich und rechtskräftig ergangen. Das gleiche Gericht ist auch für die Gemeinde G zuständig. Fakten, die für eine Nichtinanspruchnahme sprechen, bestehen nicht mehr. Es ist somit eine Rückstellung für ungewisse Verbindlichkeiten zu bilden. Die Höhe ist im Rahmen der möglichen Inanspruchnahme bzw. der Erstattungspflicht zu ermitteln.

b) Überstunden- und Urlaubsrückstellungen

Zwei weitere Arten an sonstigen Rückstellungen sind die Rückstellungen für nicht in Anspruch genommenen Urlaub und Rückstellungen für geleistete Überstunden. Die Gemeinden haben in der Regel verwaltungsweit zum jeweiligen 31.12. stichtagsbezogen festzustellen, in welcher Höhe Ansprüche der Beschäftigten aus Urlaub und Überstundenüberhängen für das abgelaufene Rechnungsjahr bestehen.

Der im Haushaltsjahr aufgelaufene Anspruch der Beschäftigten bzw. der Beamtinnen und Beamten zwecks Ausgleich von Überstunden stellt einen Aufwand des laufenden Haushaltsjahres dar. Es besteht alternativ die Möglichkeit, die Überstunden im Folgejahr gegen Freizeit oder Bezahlung auszugleichen. Im Rahmen der Rückstellungsbildung erfolgt keine Differenzierung zwischen diesen beiden Formen der Überstundenabgeltung, im Rahmen einer periodengerechten Aufwandszuordnung sind entsprechende Rückstellungen zu bilden.

Gleitzeitguthaben sind hierbei grundsätzlich im Rahmen der Wesentlichkeit mit einzubeziehen. Arbeitszeitdefizite sind mangels Realisation der Forderung auf Arbeitsleistung durch die Gemeinde nicht darzustellen bzw. nicht mit dem bestehenden Rückstellungsvolumen zu verrechnen.

Die Ermittlung erfolgt jeweils stichtagsbezogen analog dem dargestellten Ermittlungs- und Berechnungsschema. Hierbei werden die jeweiligen Überstunden einer Vergütungs- bzw. Besoldungsgruppe mit dem jeweiligen Überstundensatz, bei Beschäftigten zzgl. einem 25%-igen Zuschlag[722], multipliziert.

Berechnungsschema:

Ermittlung der Überstundenrückstellung				
Vergütungs-, Besoldungsgruppe der Beschäftigten des Fachbereiches	Überstundenanspruch	Überstundensatz in EUR	Für Beschäftigte: Zuschlag 25 %	Höhe der Rückstellung für die Teilrechnung[723]
für Beschäftigte				
für Beamte				
			Summe:	EUR

Das Berechnungsverfahren für Urlaubsrückstellungen entspricht grundsätzlich dem Berechnungsverfahren für Überstundenrückstellungen. Der Jahresurlaubsanspruch der Beschäftigten bzw. der Beamten stellt einen Aufwand der laufenden Periode dar. Üblicherweise wird von den Beschäftigten ein Teil ihres Jahresurlaubs erst im Folgejahr (im Beamtenbereich bis zum 30. September) genommen. Für die Zahlung der Beschäftigungsentgelte während dieser periodenfremden Urlaubszeit sind entsprechende Rückstellungen zu bilden.

Zur Berechnung der Urlaubsrückstellung werden bezogen auf die Beschäftigten bzw. Beamten folgende Werte herangezogen:

Es sind strukturiert nach Vergütungs- und Besoldungsgruppe sämtliche noch nicht in Anspruch genommene Urlaubstage aus dem laufenden Jahr zum Bilanzstichtag zu ermit-

---

[722] Der 25-prozentige Zuschlag stellt einen Vorschlagswert dar. Er beinhaltet nach dem Vorsichtsprinzip den Sozialversicherungsanteil des Arbeitgebers, wobei der Anteil für die Krankenkassen je nach Zugehörigkeit differieren kann.

[723] Nach § 48 i. V. m. § 4 Abs. 2 GemHVO können die Teilrechnungen nach Produktbereichen, -gruppen oder Produkten sowie nach Verantwortungsbereichen dargestellt werden.

teln. Für jeden Urlaubstag wird anteilig bei Vollzeitbeschäftigten das durchschnittliche Stundenarbeitsvolumen je Tag (z. B. 7,7 Stunden je Tag bei einer 38,5-Stunden-Woche) zugrunde gelegt. Bei Teilzeitbeschäftigten geschieht dies entsprechend der anteiligen Arbeitszeit. Aufgrund der sachlichen Gliederung des kommunalen Haushalts sind aufgrund Aufwandsverteilung die offenen Urlaubstage der Beschäftigten bzw. Beamten den Teilergebnisrechnungen zuzuordnen. Sofern eine Person für unterschiedliche Teilergebnisrechnungen tätig sein sollte, ist der Rückstellungsaufwand auf diese aufzuteilen.

Die Multiplikation der errechneten Stundenzahl der Urlaubstage mit dem aktuellen Überstundensatz ergibt den Rückstellungsbetrag.

Die Buchungssätze lauten:

Aufwendungen für Rückstellungen für nicht in Anspruch genommenen Urlaub (z. B. 6221)
an
Rückstellungen für nicht in Anspruch genommenen Urlaub (z. B. 3990)

bzw.

Aufwendungen für Rückstellungen für geleistete Überstunden (z. B. 6200)
an
Rückstellungen für nicht in Anspruch genommene Überstunden (z. B. 3990)

c) Sonstiges

Nach GoB ist der Posten sonstige Rückstellungen hinsichtlich seiner Aufgliederung zu erläutern, sofern es sich um wesentliche Beträge im Vergleich mit den gesamten Rückstellungen handelt. Das relevante Abgrenzungsmerkmal der sonstigen Rückstellungen zu den vorher dargestellten Aufwandsrückstellungen ist, dass die ungewisse Verbindlichkeit gegenüber einem Dritten besteht.

Rückstellungen dürfen nach § 39 Abs. 2 GemHVO nur aufgelöst werden, wenn der Grund hierfür entfallen ist. Aus dieser Vorschrift ist abzuleiten, dass Rückstellungen analog zu Vermögensgegenständen einer jährlichen Inventur zu unterziehen sind, um festzustellen, ob die Rückstellung noch zu Recht bilanziert ist. Entgegen der gewählten Formulierung besteht hier kein Wahlrecht; die Auflösung ist zwingend, wenn der Grund für die Bildung der Rückstellung nicht mehr besteht (Vgl. Nr. 16 Hw. zu § 39 GemHVO). Weniger nachvollziehbar ist dagegen die Festlegung, dass die Auflösung von Rückstellungen i. A. auf dem Hauptkonto 538 „Erträge aus der Herabsetzung und Auflösung von Rückstellungen" zu buchen ist und damit in das ordentliche Ergebnis einfließt, während die Auflösung von Instandhaltungsrückstellungen auf dem Hauptkonto 598 dem außerordentlichen Ergebnis zuzuschreiben ist. Auch bei der Auflösung von anderen Rückstellungen handelt es sich um die nachträgliche Korrektur von in früheren Jahren zu viel verbuchtem Aufwand; insofern wäre der Ertrag als periodenfremd und damit dem außerordentlichen Ergebnis zugehörend zu qualifizieren[724].

---

[724] Vgl. auch Amerkamp/Kröckel/Rauber: Kommentar zu § 39 GemHVO S. 1.

16.3.6.9 Übungen

Sachverhalt Nr. 1:

Ein Versicherungsmathematiker hat im Auftrage des Kämmerers der Gemeinde G die Pensionsansprüche für Pensionäre und Hinterbliebene ermittelt, um hierdurch sämtliche Verpflichtungen aus der Bildung von Pensionsrückstellungen darzustellen.

Aufgabe:

Prüfen Sie das Vorgehen der Gemeinde G anhand der gesetzlichen Anforderungen für die Bildung von Pensionsrückstellungen.

Lösung:

§ 41 Abs. 5 GemHVO sieht vor, dass sämtliche Pensionsverpflichtungen nach beamtenrechtlichen Vorschriften abzubilden sind. Hierunter fallen neben den Verpflichtungen gegenüber Pensionären und Hinterbliebenen insbesondere auch die Verpflichtungen gegenüber aktiv beschäftigten Beamten. Um den Anforderungen des kommunalen Haushaltsrechts zu genügen, muss das Gutachten bei der Bildung der Pensionsrückstellungen auch die Verpflichtungen gegenüber den aktiv beschäftigten Beamten berücksichtigen. Des Weiteren sind Beihilfeansprüche sowie ggf. weitere Ansprüche außerhalb des Beamtenversorgungsgesetzes zu berücksichtigen, dies gilt insbesondere für die Beihilfeansprüche.

Sachverhalt Nr. 2:

Für eine im Jahre 2014 errichtete Deponie wird eine Nutzungsdauer von 20 Jahren geplant. Am Abschlussstichtag 31.12.2014 beträgt die Verfüllmenge 10 % des Gesamtvolumens. Nach den aktualisierten genehmigten Planungsunterlagen betragen die Gesamtkosten für die Rekultivierung und Nachsorge der Deponie 3.000.000 €.[725]

Aufgabe:

In welcher Höhe sind Rückstellungen für die Rekultivierung und Nachsorge der Deponie zu bilden?

Lösung:

Sinnvoller Maßstab für die Rückstellung für die Rekultivierung und Nachsorge der Deponie ist die Verfüllmenge und nicht die geplante Nutzungsdauer der Deponie. Demnach ist nach § 39 Abs. 1 Nr. 5 GemHVO eine Rückstellung von 300.000 € zu bilden (10 % von 3.000.000 €).

---

[725] Nach § 39 Abs. 1 GemHVO sind Rückstellungen für die zu erwartenden Gesamtkosten zum Zeitpunkt der Rekultivierungs- und Nachsorgemaßnahmen anzusetzen, so dass anders als bei den Pensionsrückstellungen keine Abzinsung erfolgt.

Sachverhalt Nr. 3:

Die Gemeinde G kann ihre Instandhaltungsverpflichtungen nicht mehr vollständig erfüllen. Aus vier notwendigen Instandhaltungsmaßnahmen wurde für zwei eine Aufwandsrückstellung für unterlassene Instandhaltung gebildet. Die zwei weiteren Instandhaltungsmaßnahmen wurden auf unbestimmte Zeit verschoben. Bei diesen Maßnahmen soll zunächst geprüft werden, ob es noch wirtschaftlich sinnvoll ist, die Instandhaltung nachzuholen. Der Kämmerer ist der Meinung, dass hierfür eine Aufwandsrückstellung nicht zu bilden ist und somit nichts weiter zu veranlassen ist.

Aufgabe:

Beurteilen Sie die Auffassung des Kämmerers!

Lösung:

Hinsichtlich der Bildung einer Rückstellung aufgrund unterlassener Instandhaltung ist § 39 Abs. 1 Nr. 4 GemHVO zu beachten. Danach sind Instandhaltungsrückstellungen nur für solche Instandhaltungsmaßnahmen zu bilden, die im folgenden Haushaltsjahr nachgeholt werden sollen. Die Auffassung des Kämmerers ist also richtig, weil durch die Verschiebung der Maßnahme auf unbestimmte Zeit und die vorgesehene Prüfung hinsichtlich der Wirtschaftlichkeit eine Nachholung im folgenden Haushaltsjahr eher unwahrscheinlich ist. Der Kämmerer hat aber außer Acht gelassen, dass eine Prüfung hinsichtlich der Richtigkeit des Vermögensansatzes zu erfolgen hat. Die Gemeinde hat hierbei zu prüfen, ob und in welcher Höhe eine außerplanmäßige Abschreibung beim Vermögensgegenstand aufgrund der unterlassenen Instandhaltung notwendig wird. Ggf. hat die Gemeinde die notwendige außerplanmäßige Abschreibung im Anhang zu erläutern.

Sachverhalt und Aufgabenstellung Nr. 4:

a) Die Gemeinde G hat im November 2014 die Firma F beauftragt, im Februar 2015 Baumschnittarbeiten durchzuführen. Hat die Gemeinde G am Abschlussstichtag eine Rückstellung für den erteilten Auftrag zu bilden?

b) Die Gemeinde G hat im September 2014 die Firma F beauftragt, im November 2014 Baumschnittarbeiten durchzuführen. Die Firma F hat die Arbeiten termingerecht durchgeführt. Eine Rechnung liegt am Abschlussstichtag noch nicht vor. Hat die Gemeinde G am Abschlussstichtag eine Rückstellung zu bilden?

c) Die Gemeinde G hat im September 2014 die Firma F beauftragt, im November 2014 Baumschnittarbeiten durchzuführen. Die Firma F hat die Arbeiten termingerecht durchgeführt. Die Rechnung geht am 30.12.2014 ein. Hat die Gemeinde G am Abschlussstichtag eine Rückstellung zu bilden?

Lösung:

a) Mangels Erfüllung des Auftrages hat die Gemeinde G hinsichtlich einer Rückstellungsbildung für ungewisse Verbindlichkeiten nichts zu veranlassen, da zum Abschlussstichtag noch keine Verbindlichkeit entstanden ist.

b) Die Firma F hat die Leistung erbracht, aber noch keine Rechnung übersandt. Dies entspricht dem Sachverhalt, der eine Bildung einer Rückstellung für ungewisse Verbindlichkeiten veranlasst. Mangels Rechnung steht die Höhe der Verbindlichkeit noch nicht fest.

c) Trotz des sehr späten Rechnungseingangs stehen die Höhe und die Fälligkeit am Abschlussstichtag fest. Daher ist keine Rückstellung, sondern eine Verbindlichkeit zu buchen.

16.3.7 Verbindlichkeiten

Eine Verbindlichkeit[726] ist der auf die Zahlung einer bestimmten Summe Geldes gerichtete Anspruch eines Dritten gegen die Gemeinde (GV) aus einem Schuldverhältnis. Das Schuldverhältnis kann aufgrund öffentlich-rechtlicher oder privatrechtlicher Grundlage bestehen. Eine Verbindlichkeit erlischt in der Regel durch Zahlung.[727]

Als Verbindlichkeiten sind alle am Bilanzstichtag dem Grunde, der Höhe und der Fälligkeit nach feststehenden Schulden auszuweisen. Zu den Verbindlichkeiten zählen insbesondere Anleihen, Rückzahlungsverpflichtungen aus Kreditaufnahmen, erhaltene Anzahlungen von Dritten sowie entstandene Zahlungsverpflichtungen aus Lieferung und Leistung. Verbindlichkeiten sind mit ihrem Rückzahlungsbetrag anzusetzen.

Aufgrund der Bedeutung von Krediten für die kommunale Finanzierung wurden die Verbindlichkeiten aus Krediten durch die Bilanzgliederung pflichtig nach unterschiedlichen Bereichen von Kreditgebern untergliedert. In der Verbindlichkeitenübersicht, nach § 52 Abs. 2 GemHVO eine Anlage zur Bilanz, wird diese Untergliederung hinsichtlich der Fälligkeiten (bis zu einem, ein bis fünf und mehr als fünf Jahre) nochmals erweitert.

Folgende Arten von Verbindlichkeiten sind getrennt voneinander auszuweisen:

   a) Anleihen
   b) Verbindlichkeiten aus Kreditaufnahmen für Investitionen und Investitionsförderungsmaßnahmen
      aa) gegenüber Kreditinstituten
      bb) gegenüber öffentlichen Kreditgebern
      cc) gegenüber sonstigen Kreditgebern
   c) Verbindlichkeiten aus Kreditaufnahmen für die Liquiditätssicherung
   d) Verbindlichkeiten aus kreditähnlichen Rechtsgeschäften

---

[726] Einzelheiten zum Themenbereich Fremdfinanzierung des Haushalts werden in Kapitel 9 dargestellt.
[727] Vgl. Nr. 41 Hw. zu § 58 GemHVO.

e) Verbindlichkeiten aus Zuweisungen und Zuschüssen, Transferleistungen und Investitionszuweisungen und -zuschüssen sowie Investitionsbeiträge

f) Verbindlichkeiten aus Lieferungen und Leistungen

g) Verbindlichkeiten aus Steuern und ähnlichen Abgaben

h) Verbindlichkeiten gegenüber verbundenen Unternehmen und gegen Unternehmen, mit denen einen Beteiligungsverhältnis besteht, und Sondervermögen

i) sonstige Verbindlichkeiten

Die Unterscheidung zwischen Krediten für Investitionen und Krediten zur Sicherung der Liquidität (Kassenkredite) wurde erst im Jahre 2011 in die Bilanzstruktur des § 49 GemHVO eingeführt.

16.3.7.1 Anleihen

Die Anleihe stellt ein festverzinsliches Wertpapier dar, bei der das benötigte Kapital von einer unbestimmten Zahl von Geldgebern durch den Kauf von Wertpapieren (auch als Obligationen oder Schuldverschreibungen bezeichnet) aufgebracht wird.[728]

In der kommunalen Praxis sind Anleihen gegenüber Krediten von Kreditinstituten von geringerer Bedeutung.

16.3.7.2 Verbindlichkeiten aus Kreditaufnahmen für Investitionen und Investitionsförderungsmaßnahmen

Aufgrund der Bedeutung von Krediten für die Finanzierung kommunaler Investitionen wurden auch diese Kreditverbindlichkeiten durch die Bilanzgliederung pflichtig nach unterschiedlichen Bereichen von Kreditgebern untergliedert. Diese stellt sich in der Bilanz wie folgt dar:

- Verbindlichkeiten gegenüber Kreditinstituten
- Verbindlichkeiten gegenüber öffentlichen Kreditgebern
- Verbindlichkeiten gegenüber verbundenen Unternehmen und gegen Unternehmen, mit denen einen Beteiligungsverhältnis besteht, und Sondervermögen

Kreditverbindlichkeiten sind stets mit ihrem Rückzahlungsbetrag anzusetzen. Der Betrag der Rückzahlungsverpflichtung kann höher als der zugeflossene Auszahlungsbetrag sein. Diese Differenz wird üblicherweise als Disagio angesprochen. Dies ändert nichts an der Höhe des auszuweisenden Rückzahlungsbetrages. Der Unterschiedsbetrag wird nach § 45 Abs. 3 GemHVO vielmehr über andere Rechnungsposten (Rechnungsabgrenzungsposten der Aktivseite und schließlich als zinsähnlicher Aufwand in der Ergebnisrechnung) abgebildet.

---

[728] Vgl. Erl. zu Kontengruppe 41 des KVKR.

16.3.7.3 Verbindlichkeiten aus Krediten zur Liquiditätssicherung

Kredite dürfen gem. § 103 Abs. 1 HGO nur für Investitionen und zur Umschuldung aufgenommen werden. § 22 Abs. 1 GemHVO sieht vor, dass die Gemeinde ihre Zahlungsfähigkeit durch angemessene Liquiditätsplanung sicherzustellen hat. § 105 HGO sieht im Rahmen dieser Zielsetzung vor, dass die Gemeinde zwecks rechtzeitiger Leistung der Auszahlungen auch Kredite zur Liquiditätssicherung aufnehmen kann. Der Höchstbetrag der Kredite zur Liquiditätssicherung ist in der Haushaltssatzung (siehe Ziffer 11.2.2.4) zu regeln. Die Darstellung der Aufnahmen der Liquiditätskredite beschränkt sich auf die Bewirtschaftung bzw. den Jahresabschluss. Eine Darstellung im Haushaltplan ist dagegen nicht vorgesehen. Die Ermächtigung der Haushaltssatzung gilt über das Haushaltsjahr hinaus bis zum Erlass einer neuen Haushaltssatzung.

16.3.7.4 Verbindlichkeiten aus kreditähnlichen Rechtsgeschäften

§ 103 Abs. 7 HGO bedarf die Gemeinde für die Begründung einer Zahlungsverpflichtung, die wirtschaftlich einer Kreditverpflichtung gleichkommt, einer Genehmigung der Aufsichtsbehörde. Eine Genehmigung ist nicht erforderlich für die Begründung solcher Zahlungsverpflichtungen im Rahmen der laufenden Verwaltung. Die Verpflichtungen aus diesen Verbindlichkeiten müssen mit der dauernden Leistungsfähigkeit der Gemeinde in Einklang stehen.

Kreditähnliche Rechtsgeschäfte können z. B. durch Leasingverträge, Schuldübernahmen, Leibrentenverträge oder Öffentlich-Private Partnerschaften (ÖPP) entstehen. Die Bilanzierung ist abhängig von der konkreten Vertragsgestaltung. Die entsprechenden Leasingerlasse (z. B. des Bundesministeriums der Finanzen) und § 50 Abs. 2 Nr. 8 GemHVO und Nr. 5 Hw. zu § 50 GemHVO (Anhang) sind zu berücksichtigen.[729]

Beispielhaft werden nachfolgend die wohl gebräuchlichsten Formen von Verbindlichkeiten aus Vorgängen, die Kreditaufnahmen wirtschaftlich gleichkommen, kurz dargestellt.

a) Leibrentenverträge

Für eine einmalige Leistung eines Dritten, in der Regel für eine Übertragung eines Grundstücks, sichert die Gemeinde diesem wiederkehrende Geldzahlungen zu, die an dessen Lebenszeit geknüpft sind. Die Ermittlung der Rentenzahlung erfolgt auf der Basis versicherungsmathematischer Regelungen (z. B. Sterbetafeln). Aufgrund der stetig steigenden Lebenserwartungen nehmen viele Gemeinden bereits Abstand von solchen Verträgen.

---

[729] Erläuterung zu Hauptkonto Nr. 428 KVKR.

b) Leasingverträge[730]

Leasing[731] verkörpert eine besondere Vertragsform der Vermietung und Verpachtung, die auch für den kommunalen Bereich eine attraktive Alternative zum Kauf von beweglichem und unbeweglichem Anlagevermögen darstellt. Das Leasingobjekt kann entweder direkt vom Hersteller geleast werden (direktes Leasing) oder von einer speziellen Leasinggesellschaft (indirektes Leasing).

Ist der Leasing-Gegenstand als wirtschaftliches Eigentum (Ziffer 16.2.1.1) dem Leasing-Geber zuzurechnen, so ist der Leasing-Vertrag als Mietvertrag anzusehen.

16.3.7.5 Verbindlichkeiten aus Zuweisungen und Zuschüssen, Transferleistungen und Investitionszuweisungen und -zuschüssen sowie Investitionsbeiträgen

Bei diesem Sammelposten handelt es sich wie bei den nachfolgenden Verbindlichkeiten aus Lieferung und Leistungen zumeist um kurzfristige Verbindlichkeiten, die entstehen, wenn Ansprüche der benannten Arten gegen die Gemeinde (GV) in einem früheren Haushaltsjahr entstehen, als die erfüllenden Zahlungen geleistet werden. Sie sind jedoch von den nachfolgenden Verbindlichkeiten aus Lieferung und Leistungen zu unterscheiden, da sie nicht auf einer wirtschaftlichen Austauschbeziehung, sondern auf einem einseitigen Rechtsakt (Bewilligung von Zuweisungen, Zuschüssen oder Transferleistungen oder der Heranziehung zu Investitionsbeiträgen) beruhen.

16.3.7.6 Verbindlichkeiten aus Lieferung und Leistungen

Dieser Bilanzposten erfasst noch zu erbringende Zahlungen an Dritte, die aufgrund von erbrachten Lieferungen und Leistungen zu leisten sind. Die Bilanzierung erfolgt zum Rechnungsbetrag.

16.3.7.7 Verbindlichkeiten aus Steuern und steuerähnlichen Abgaben

Hierzu gehören insbesondere Verbindlichkeiten aus Steuern (z. B. Umsatzsteuer, Lohnsteuer) oder abzuführender Sozialabgaben (z. B. Krankenkassenbeiträge).

16.3.7.8 Verbindlichkeiten gegenüber verbundenen Unternehmen und gegen Unternehmen, mit denen ein Beteiligungsverhältnis besteht, und Sondervermögen

Zur Verdeutlichung der wirtschaftlichen Verflechtung und zur Vorbereitung des ab 2015 notwendigen Gesamtabschlusses sind Verbindlichkeiten gegenüber den hier angesprochenen Beteiligungsunternehmen getrennt auszuweisen. Im Übrigen wird auf die Ausführungen zu den korrespondierenden Forderungen (Ziffer 16.3.1.4) Bezug genommen.

---

[730] Siehe hierzu auch Ziffer 16.2.1.3.
[731] Zur Frage der Definition von Leasing siehe Erlass „Leasing-Finanzierungen im kommunalen Bereich" vom 7. Juli 1997 (StAnz. 30/1997 S. 2174).

16.3.7.9 Sonstige Verbindlichkeiten

Der Bilanzposten „sonstige Verbindlichkeiten" stellt einen Restposten dar, in dem alle sonstigen Verbindlichkeiten gegenüber Dritten auszuweisen sind.

16.3.8 Rechnungsabgrenzungsposten (passiv)[732]

Die passive Rechnungsabgrenzung beinhaltet transitorische Posten, d. h. es handelt sich um Geschäftsvorfälle, die im laufenden Haushaltsjahr zu Einzahlungen führen, die aber erst im folgenden Haushaltsjahr Ertrag darstellen.

Beispiel:
Die Gemeinde erhält im Oktober 2014 Mietvorauszahlungen für die Monate Oktober 2014 bis März 2015. Es fließt im laufenden Haushaltsjahr Liquidität für sechs Monate zu, ertragsmäßig gehören jedoch nur Mietzahlungen für drei Monate in die Ergebnisrechnung des laufenden Haushaltsjahres. Die anderen drei Monate an Mietzahlungen sind ertragsmäßig im folgenden Haushaltsjahr zu berücksichtigen.

Neben dieser üblichen Rechnungsabgrenzung ist im kommunalen Bereich von besonderer Bedeutung der Ansatz von passiven Rechnungsabgrenzungsposten aus der Vergabe von Nutzungsrechten an Grabstellen. Da sich das Nutzungsrecht auf 25, 30 oder 40 Jahre erstreckt, sind die Erträge über die vereinbarte Nutzungsdauer abzugrenzen (siehe auch Ziffer 7.3.2).

16.3.9 Übungen zum Bilanzausweis

Sachverhalt Nr. 1:

Im Rahmen der Inventur wurden folgende Posten für die Bilanz festgestellt:

1. Anzahlung für ein Löschfahrzeug
2. Grund und Boden der Straße X
3. Fahrbahndecke der Straße X
4. unselbstständiges Stiftungsvermögen
5. Bestand an Pfandbriefen
6. Kleingartendaueranlage
7. unbebautes Gewerbegrundstück
8. Straßentunnel unter einer S-Bahn-Strecke
9. Schulgebäude
10. PC-Ausstattung
11. Sportplatz
12. Verkehrssignalanlage
13. Schulgrundstück
14. Mobiliar einer Schule
15. selbst erstellte Software

---

[732] Das Thema Rechnungsabgrenzung wird eingehend in Kapitel 15 beim Jahresabschluss dargestellt.

16. zehn Tischrechner für je 19 €
17. vom Land erhaltene Zuwendung für einen Schulbau
18. fertiggestellte Friedhofskapelle
19. offene Lieferantenrechnung
20. 100 %-Beteiligung an einer GmbH
21. 100 %-Beteiligung an einer eigenbetriebsähnlichen Einrichtung
22. nicht in Anspruch genommene Urlaubstage der Beschäftigten am Jahresende
23. Verbindlichkeiten aus Leasingverträgen
24. Abschluss der Ergebnisrechnung
25. Verbindlichkeiten gegenüber Krankenkassen

Aufgabe:

Bestimmen Sie den Ausweis in der Bilanz, Begründungen sind hierbei nicht erforderlich.

Lösung:

Ausweis unter

1. Sachanlagen, geleistete Anzahlungen
2. Sachanlagen, Grundstücke
3. Sachanlagen im Gemeingebrauch, Infrastrukturvermögen
4. Finanzanlagen, verbundene Unternehmen
5. Finanzanlagen, Wertpapiere des Anlagevermögens
6. Sachanlagen, Grundstücke
7. Sachanlagen, Grundstücke
8. Sachanlagen, Infrastrukturvermögen
9. Sachanlagen, Bauten
10. Sachanlagen, andere Anlagen, Betriebs- und Geschäftsausstattung
11. Sachanlagen, Grundstücke und Anlagen zur Leistungserstellung
12. Sachanlagen, Infrastrukturvermögen
13. Sachanlagen, Grundstücke und Bauten
14. Sachanlagen, Betriebs- und Geschäftsausstattung
15. kein Ausweis, da ein Aktivierungsverbot besteht
16. kein Ausweis, da geringwertige Vermögensgegenstände; ggf. auch Aktivierung als Betriebs- und Geschäftsausstattung
17. Sonderposten, Zuweisungen vom öffentlichen Bereich
18. Sachanlagen, Bauten
19. Verbindlichkeiten aus Lieferung und Leistung
20. Finanzanlagen, Anteile an verbundenen Unternehmen
21. Finanzanlagen, Anteile an verbundenen Unternehmen
22. Rückstellungen, sonstige Rückstellungen
23. Verbindlichkeiten, Verbindlichkeiten aus Vorgängen, die Kreditaufnahmen wirtschaftlich gleichkommen
24. Eigenkapital, Jahresüberschuss/Jahresfehlbetrag
25. Verbindlichkeiten aus Steuern und steuerähnlichen Abgaben

16.4 Erwerb, Verwaltung und Veräußerung von Vermögen

16.4.1 Erwerb und Verwaltung von Vermögen[733]

Gemäß § 108 Abs. 1 HGO soll die Gemeinde Vermögensgegenstände nur erwerben, wenn dies zur Erfüllung ihrer Aufgaben in absehbarer Zeit erforderlich ist. Auch diese Regelung spricht den Grundsatz der Aufgabenerfüllung (vgl. Ziffer 7.2.1) an, der gemäß § 92 Abs. 1 HGO das gesamte Haushaltsrecht durchzieht.

Die typischen Vermögenserwerbe sind der unmittelbaren bzw. sofortigen Aufgabenerfüllung zuzuordnen. So kauft die Gemeinde z. B. ein Grundstück, um darauf einen Kindergarten zu errichten oder sie erwirbt ein Fahrzeug zur Durchführung der Abfallentsorgung. Im Rahmen der zeitlichen Komponente müssen Vermögenserwerb und Aufgabenerfüllung jedoch nicht immer übereinstimmen. So ist es durchaus zulässig, bereits jetzt ein Grundstück zu erwerben, um darauf in etwa 10 Jahren eine Schule zu errichten, weil dieses Grundstück, das für diesen Zweck besonders geeignet ist, gerade jetzt zum Kauf angeboten wird. Insofern tritt der Grundsatz der Wirtschaftlichkeit (§ 92 Abs. 2 HGO) hinzu, der solche gezielten Vorratskäufe rechtfertigt.

Aber auch der ungezielte Vermögenserwerb für einen derzeit nicht absehbaren Verwendungszweck kann durchaus nach § 108 Abs. 1 HGO vertretbar sein, was auch durch Nr. 1 Hw. zu § 108 HGO ausdrücklich bestätigt wird. Dazu gehören u. a. Grundstückskäufe ohne direkte Aufgabenzuordnung, z. B. für Vorratsgelände für spätere Bauten oder gar zur Verwendung als Tauschobjekt, um andere Grundstücksflächen später leichter erwerben zu können. Auch diese Vermögenserwerbe dienen der Aufgabenerfüllung der Gemeinde, sodass daran die Breite des Begriffes recht deutlich wird. Kriterium für die Verwendung ist die Absehbarkeit des Vermögenseinsatzes im Rahmen der Erfüllung gemeindlicher Aufgaben.

Hinzu kommt, dass öffentliche Aufgaben außerhalb der Pflichtaufgaben von den Gemeinden selbst bestimmt werden, sodass die Erwerbsgründe recht unterschiedlich sind und somit die Erwerbsarten nicht normiert werden können. Hat sich eine Gemeinde z. B. zum Betreiben eines Museums entschlossen, gehört der Erwerb von kostspieligen Gemälden zu den gemeindlichen Aufgaben. Bei einer Gemeinde ohne diese Aufgabenart wäre die Anschaffung solcher Gemälde gemäß § 108 Abs. 1 HGO nicht vertretbar, erst recht nicht zur Ausschmückung von Diensträumen. Für die Verwaltung zeitweilig überschüssiger liquider Mittel gelten besondere Regeln (§ 22 GemHVO).

Wenn auch der § 108 Abs. 1 HGO eine „Sollvorschrift" darstellt, findet hier doch eine kaum zu überbietende Verdichtung zu einer „Muss-Regelung" statt, weil ein Vermögenserwerb außerhalb der Aufgabenerfüllung der Gemeinde zwar als begründeter Ausnahmefall möglich wäre, jedoch am Grundsatz Wirtschaftlichkeit scheitert. Eine weite Auslegung der Normierung des § 108 Abs. 1 HGO bietet sich deshalb nur insoweit an, als die Aufgabenerfüllung selbst einen dehnbaren Begriff darstellt.

---

[733] Siehe hierzu auch Daneke, KVR Hessen, Erl. zu § 108 HGO.

Die Entscheidung über den Erwerb von Vermögensgegenständen hat die Gemeindevertretung zu treffen, sofern es sich nicht um Geschäfte der laufenden Verwaltung handelt. Diese Entscheidungen unterliegen gemäß §§ 9 Abs. 2, 66 Abs. 1 HGO der Zuständigkeit des Gemeindevorstandes.

Die Vermögensgegenstände sind pfleglich und wirtschaftlich zu verwalten. Diese in § 108 Abs. 2 HGO enthaltenen Grundsätze greifen nicht nur auf die allgemeine Vorschrift der Wirtschaftlichkeit in § 92 Abs. 2 HGO zurück, sondern füllen konkret den § 10 Satz 1 HGO aus, wonach die Gemeinden ihr Vermögen so zu verwalten haben, dass die Gemeindefinanzen gesund bleiben.

Aus der Vermögensverwaltung dürfen somit nur die unabdingbar notwendigen Folgekosten entstehen, wie z. B. die Reparatur von Fahrzeugen oder der Anstrich von Gebäuden. Zu vermeiden sind dagegen außergewöhnliche Instandsetzungen, die dann anfallen, wenn die notwendige begleitende Betreuung der Vermögensgegenstände unterbleibt. Solche gegenüber einer regelmäßigen Unterhaltung erheblichen höheren Aufwendungen gehen zu Lasten der allgemeinen Haushaltswirtschaft und gefährden diese. Bedauerlicherweise werden in der Praxis bei einer Mittelverknappung immer wieder Unterhaltungsaufwendungen gestrichen oder zeitlich verschoben. Der dann entstehende „Unterhaltungsstau" mit nachfolgendem Sanierungsaufwand ist aus Gründen der Wirtschaftlichkeit nicht vertretbar.

Für die Verwaltung und Bewirtschaftung des Gemeindewaldes gelten eine Reihe spezieller Vorschriften. Dazu gehört u. a. das Hess. Forstgesetz. Diese Regelungen tragen der Besonderheit dieser Vermögensart Rechnung. Einmal besitzt der Wald eine Erholungsfunktion für die Bevölkerung, zum anderen stellt er ein forstwirtschaftliches Unternehmen der Gemeinde dar und ist somit Vermögensbestandteil.

Eine wirtschaftliche Vermögensverwaltung setzt auch einen ordnungsgemäßen Nachweis des Vermögens voraus, siehe hierzu die obigen Ausführungen zur Vermögensrechnung.

16.4.2 Veräußerung von Vermögen[734]

Die Gemeinde darf Vermögensgegenstände, die sie zur Erfüllung ihrer Aufgaben in absehbarer Zeit nicht braucht, veräußern. Vermögensgegenstände dürfen in der Regel nur zu ihrem vollen Wert veräußert werden (§ 109 HGO).

Die Gemeinde verliert mit der Veräußerung eines Vermögensgegenstandes einen Teil ihres Eigentums und damit das Verfügungsrecht über diesen Vermögensgegenstand.

Andererseits ergibt sich aus § 109 Abs. 1 HGO für die Gemeinde keine Veräußerungsverpflichtung, wenn der Vermögensgegenstand nicht mehr benötigt wird. Die Gemeinde kann die einmal erworbenen Vermögensgegenstände auch ohne konkreten Aufgabenbezug vorhalten, wenn zu erwarten ist, dass der Vermögensgegenstand in absehbarer Zeit einer weiteren Verwendung zugeführt werden kann. Dieses ergibt sich auch aus dem

---

[734] Siehe hierzu auch Daneke, KVR Hessen, Erl. zu § 109 HGO.

Grundsatz der Wirtschaftlichkeit (§ 92 Abs. 2 HGO). So ist auch zu überprüfen, ob z. B. ein nicht benötigtes Gebäude veräußert werden soll, wenn die Unterhaltungs- und Betriebsaufwendungen höher als die Erträge aus dem Gebäude sind.

Vermögensgegenstände dürfen gemäß § 109 Abs. 1 Satz 2 HGO in der Regel nur zu ihrem vollen Wert veräußert werden. Dabei handelt es sich um den jeweiligen Zeitwert und nicht um frühere Anschaffungsbeträge. Der Begriff des Zeitwertes umfasst auch durchaus außergewöhnliche Wertsteigerungen wie z. B. Planungsgewinne, die die Gemeinde wie eine Privatperson nutzen darf. Der mögliche Verkaufserlös ergibt sich somit immer am Markt aus dem Verhältnis zwischen Angebot und Nachfrage. Bei Grundstücken kann der Zeitwert durch die öffentlich-rechtlichen Gutachterausschüsse der Kreise und kreisfreien Städte festgestellt werden.

Eine ausgezeichnete Definition des Begriffes „voller Wert" enthält Ziffer 2 Hw. zu § 63 LHO:

„Der volle Wert ... wird durch den Preis bestimmt, der im gewöhnlichen Geschäftsverkehr nach der Beschaffenheit des Gegenstandes bei einer Veräußerung zu erzielen wäre; dabei sind alle Umstände, die den Preis beeinflussen, nicht jedoch ungewöhnliche oder persönliche Verhältnisse, zu berücksichtigen. Ist der Marktpreis feststellbar, bedarf es keiner besonderen Wertermittlung."

Allerdings wird die Veräußerung zum vollen Wert durch § 109 Abs. 1 Satz 2 HGO nur zur Regel erhoben. Damit trägt das Gesetz der Tatsache Rechnung, dass der Markt nicht immer einen Verkaufserlös des Gegenstandes zum Zeitwert zulässt. So z. B. muss die Gemeinde ein gebrauchtes Abfallentsorgungsfahrzeug ggf. für die Hälfte des Restbuchwertes abgeben, wenn das Fahrzeug nicht mehr wirtschaftlich verwendet werden kann und am Markt nur eine geringe Bereitschaft zur Abnahme dieses Fahrzeugtyps besteht.

Andererseits kann die Wahrnehmung einer öffentlichen Aufgabe bewusst die Veräußerung eines Vermögensgegenstandes unterhalb des Zeitwertes erfordern; evtl. sogar eine unentgeltliche Überlassung. Beispiel dafür kann die Überlassung eines Grundstückes an eine Kirchengemeinde zur Errichtung einer dringend benötigten Kindertagesstätte zu nur 10 % des Zeitwertes oder die unentgeltliche Übereignung (oder kostenlose Überlassung der Nutzung) eines Fahrzeuges für die Jugendarbeit eines Sportvereines sein.

An diesen Beispielen wird die Begründung für solche Veräußerungen bereits deutlich. Durch ihre Handlungsweise fördert die Gemeinde eine Aufgabe, die sie sonst selbst hätte wahrnehmen müssen, sodass sie jetzt die Folgekosten der Beibehaltung bzw. Schaffung der Einrichtungen sich erspart und somit wirtschaftlich entschieden hat. Ansonsten findet man solche Veräußerungen unter Wert bei der Wirtschaftsförderung (Verbilligung von Baugrundstücken) und im sozialen Bereich (Schenkungen an karitative Verbände), die jeweils in der konkreten Aufgabenerfüllung begründet sind.

Für die Überlassung der Nutzung eines Gegenstandes (Eigentum verbleibt bei der Gemeinde) gelten gemäß § 109 Abs. 2 HGO die vorstehend beschriebenen Grundsätze sinngemäß. Dieses bedeutet, dass die Überlassung von Vermögensgegenständen regelmäßig gegen ein marktübliches Entgelt zu erfolgen hat. Dieses geschieht durch Miet- oder Pachtverträge. Nachlässe bzw. unentgeltliche Überlassungen (Leihe/kostenlose

Grundstücksnutzung) sind wiederum aus den bei der Veräußerung von Vermögensgegenständen näher beschriebenen Gründen zulässig.

Die Veräußerung eines Vermögensgegenstandes ist für die Gemeinde regelmäßig mit
dem Risiko verbunden, dass sich nach einem gewissen Zeitablauf herausstellt, dass der
veräußerte Gegenstand doch noch benötigt wird. Dieses ist vor allem bei Grundstücken
beachtlich, weil Grundvermögen nicht beliebig vermehrbar und deshalb nicht ohne
weiteres am Markt ersetzbar ist. Eine besonders reifliche Überlegung bedarf es bei einer
unentgeltlichen Veräußerung, weil Gemeindevermögen ohne direkte Gegenleistung, also
ohne finanziellen Ausgleich, abgebaut wird. Bei Gemeindevermögen mit besonderem
Wert für die Allgemeinheit wie z. B. bei Kunstgegenständen oder geschichtlichen
Dokumenten muss die Gemeinde neben ihrer eigentlichen Aufgabenerfüllung weitergehende Belange für die Gesamtgesellschaft berücksichtigen.

Eine Genehmigungspflicht durch die Aufsichtsbehörde bei Vermögensveräußerungen
sieht die HGO nicht vor. Ebenfalls ist keine Anzeige der Rechtsgeschäfte vorgesehen. Es
besteht lediglich die allgemeine Rechtsaufsicht nach den §§ 135 ff. HGO. Sie ist aber in
der Regel bei Veräußerungen von kommunalen Vermögen wirkungslos. Die Aufsichtsbehörde erfährt nicht vor Abschluss solcher Vermögensveräußerungsverträge von dem
beabsichtigten Rechtsgeschäft, sondern ggf. erst im Rahmen von nachgehenden Prüfungen. Zu diesem Zeitpunkt kann in privatrechtliche Rechtsgeschäfte natürlich nicht mehr
eingegriffen werden.

Ein besonderes Problem stellen in letzter Zeit die so genannten „Sale-and-lease-back-
Geschäfte" dar. Aus Gründen der Finanznot wird kommunales Vermögen an einen
privaten Investor veräußert und dann von diesem zurückgeleast. Dadurch verschafft sich
die Gemeinde oft dringend benötigte liquide Mittel, schafft gleichzeitig aber auch eine
langfristig wirkende Belastung zur Erfüllung der aus dem Vertrag resultierenden Zahlungsverpflichtungen. Die öffentliche Aufgabe kann durch das „Rück-Leasing" des
Objektes gesichert werden.

Die Verfasser sind der Auffassung, dass solche Finanzierungen allein unter dem Grundsatz der Wirtschaftlichkeit zu betrachten sind. § 109 Abs. 1 HGO steht diesen Geschäften
– entgegen der z. T. geäußerten Auffassung in der Literatur[735] – nichts entgegen, weil
die öffentliche Aufgabe sachgerecht auch mit einem geleasten Vermögensgegenstand
erledigt werden kann[736]. Es muss allerdings sichergestellt sein, dass die Gemeinde ein
Rückkaufrecht des Gegenstandes erhält, wobei dann die Finanzierung des Rückkauf-
betrages abzusichern ist durch das Vorhalten bzw. kontinuierliche Ansammeln der
benötigten liquiden Mittel. Volkswirtschaftlich zu beachten ist aber die Problematik, dass
durch den Erwerb kommunaler Vermögenssubstanz durch private Investoren steuer-
mindernde Abschreibungen bei öffentlichen Objekten anfallen.

---

[735] So z. B. bei Scheel/Steup/Schneider/Lienen, Gemeindehaushaltsrecht Nordrhein-Westfalen, 5. Auflage
Köln 1997, Erl. 2 zu § 90 GO.

[736] Da es sich um ein kreditähnliches Geschäft handelt, besteht gemäß § 103 Abs. 7 HGO eine Genehmigungsbedürftigkeit durch die Aufsichtsbehörde.

16.4.3 Übungen

Sachverhalt Nr. 1:

Die Gemeinde G will folgende Vermögenserwerbe durchführen:

a) Kauf verschiedener Wohngrundstücke, um später diese Grundstücke bei konkreten Objekten als Tauschgrundstücke anbieten zu können.

b) Kauf verschiedener unbebauter Grundstücke, um liquide Mittel „gut" anzulegen.

c) Kauf eines alten Fabrikgebäudes, weil in etwa 10 Jahren auf diesem Gelände eine Eissporthalle durch die Gemeinde errichtet werden soll.

d) Kauf eines alten Fabrikgebäudes, um im Rahmen der Wirtschaftsförderung das bisherige Eigentümerunternehmen von den erheblichen Unterhaltungskosten für diese Gebäude zu entlasten.

Aufgabe:

Prüfen Sie die Zulässigkeit der beabsichtigten Vermögenserwerbe.

Lösung:

Gemäß § 108 Abs. 1 HGO soll ein Vermögenserwerb nur erfolgen, wenn dieser zur Erfüllung gemeindlicher Aufgaben erforderlich ist oder wird. Unter diesem Aspekt sind die einzelnen Fälle des Sachverhaltes zu beurteilen.

a) Die zu erwerbenden Wohngrundstücke dienen zwar nicht unmittelbar der direkten Aufgabenerfüllung, weil sie nicht konkret einer Aufgabe der Gemeinde zugeordnet werden können. Dieses wäre z. B. gegeben, wenn die Grundstücke für den Bau einer Schule oder die Errichtung einer Kindertagesstätte eingesetzt würden. Die Gemeinde benötigt die Grundstücke aber im Laufe der Zeit mittelbar zur Erfüllung ihrer Aufgaben. Wegen der Knappheit von Baugrundstücken können heute in vielen Fällen Kaufverträge nur noch abgeschlossen werden, wenn gleichzeitig Ersatzgrundstücke angeboten werden. Insofern dient die Beschaffung der Wohngrundstücke letztlich der zukünftigen Aufgabenerledigung, sodass der Erwerb zulässig ist.

b) Die öffentlichen Aufgaben einer Gemeinde werden in der Schaffung und im Betrieb öffentlicher Einrichtungen konkretisiert. Ein Überhang an flüssigen Mitteln der Gemeindekasse ist stets nur temporär zu erwarten. I. d. R. müssen diese Mittel in absehbarer Zeit wieder für die eigentlichen Aufgaben der Gemeinde verwendet werden. Deshalb ist darauf zu achten, dass diese Mittel zum erforderlichen Zeitpunkt unvermindert wieder zur Verfügung stehen. Dies ist bei der vorübergehenden Verwendung zum Ankauf von Grundstücken nicht gegeben, da der Grundstücksmarkt periodischen Schwankungen unterliegt. Außerdem ist eine ertragbringende Anlage nicht gesichert.

c) Die Gemeinde will in etwa 10 Jahren als öffentliche Einrichtung eine Eissporthalle schaffen. Insofern handelt es sich um die Erledigung einer öffentlichen Aufgabe im

Sinne des § 108 Abs. 1 HGO, auch wenn diese freiwillig ist. Das Grundstück wird zur Erfüllung dieser Aufgabe benötigt, wobei der zeitliche Aspekt unter den besonderen Gegebenheiten des Grundstücksmarktes gesehen werden muss.

d) Der Kauf des Fabrikgrundstückes erfolgt im Rahmen der Wirtschaftsförderung. Um den Betrieb von unrentablen Kosten zu entlasten, erwirbt die Gemeinde das Gebäude. Wirtschaftsförderung ist zwar zweifellos eine gemeindliche Aufgabe, jedoch muss bei der Erledigung auch der Aspekt der Wirtschaftlichkeit beachtet werden. Die Wirtschaftsförderung für diesen speziellen Betrieb hätte auch in anderer Form, z. B. durch Zuschüsse oder Darlehen, erreicht werden können, die nicht so hohe Folgekosten der Grundstücksunterhaltung nach sich ziehen würden. Das Unternehmen selbst müsste versuchen, das Grundstück am Markt zu veräußern. Der Grunderwerb ist somit nicht unbedingt zur gemeindlichen Aufgabenerfüllung erforderlich, sodass er gemäß § 108 Abs. 1 HGO unzulässig ist.

Sachverhalt Nr. 2:

Die Gemeinde G, 70.000 Einwohner, will der Arbeiterwohlfahrt das Nutzungsrecht an einem Grundstück (Zeitwert: 300.000 €) kostenlos einräumen, damit der soziale Träger darauf ein Altenheim errichten kann.

Aufgaben:

a) Begutachten Sie die Zulässigkeit[737] der kostenlosen Überlassung des Grundstückes.

b) Wie wäre der Sachverhalt zu betrachten wenn das Grundstück zu einem Preis von 30.000 € an die Arbeiterwohlfahrt veräußert würde?

Lösung:

a) Für Bedenken, dass das Grundstück für die Aufgabenerfüllung der Gemeinde noch benötigt wird, bietet der Sachverhalt keine Anhaltspunkte. § 109 Abs. 1 Satz 1 HGO ist deshalb nicht näher zu prüfen.

Die kostenlose Verpachtung des Grundstückes stellt eine unentgeltliche Überlassung eines Vermögensgegenstandes im Sinne des § 109 Abs. 2 HGO dar, sodass § 109 Abs. 1 Satz 2 HGO sinngemäß anzuwenden ist. Danach ist in der Regel eine unentgeltliche Überlassung ausgeschlossen. Allerdings erfüllt die Gemeinde hier einen öffentlichen Zweck, nämlich die Unterstützung der Bereitstellung von sozialen Einrichtungen für die Bevölkerung. Durch die Schaffung des Altenheimes durch einen freien Träger wird die Gemeinde außerdem von der Aufgabe entbunden, selbst ein Altenheim zu bauen und zu betreiben. Insofern hat sie sich durch die kostenlose Verpachtung auch wirtschaftlich verhalten. Die unentgeltliche Überlassung ist somit auf Grund einer sachlich fundierten Entscheidung erfolgt, sodass sie als Ausnahme zu § 109 Abs. 2 HGO i. V. m. Abs. 1 als zulässig anzusehen ist.

---

[737] EU-Subventionsrecht ist hierbei nicht zu beachten.

Eine Genehmigungs- oder Anzeigepflicht für dieses Rechtsgeschäft besteht nach § 109 HGO nicht.

b) Wenn schon eine kostenlose Überlassung nach der sinngemäßen Anwendung des § 109 Abs. 1 HGO zulässig wäre, würde aus denselben Gründen auch eine unentgeltliche Veräußerung, also Schenkung, nicht gegen § 109 Abs. 1 HGO verstoßen. Erst recht ist dann ein Verkauf weit unter dem Verkehrswert des Grundstückes zulässig.

Eine aufsichtsbehördliche Genehmigung oder Anzeige dieses Rechtsgeschäfts ist nicht vorgesehen.

Sachverhalt Nr. 3

Die Gemeinde G will einige historisch wertvolle Ritterrüstungen an den Gastwirt W zum Zeitwert verkaufen, die dieser in den Räumen seines Hotels aufstellen will. Als der örtliche Heimatverein gegen diesen Verkauf öffentlich protestiert, kommen der zuständigen Sachbearbeiterin Bedenken.

Aufgabe:

Begutachten Sie, inwieweit die Bedenken der Sachbearbeiterin gerechtfertigt sind.

Lösung:

Gemäß § 109 Abs. 1 HGO darf die Gemeinde Vermögensgegenstände veräußern, soweit diese für die Aufgabenerfüllung der Gemeinde nicht mehr benötigt werden. Aus dem Sachverhalt ist nicht ersichtlich, ob die Ritterrüstungen für einen konkreten Aufgabenbereich benötigt werden (z. B. für ein Museum). Da die Vorhaltung solcher Gegenstände sicher nicht zu den Pflichtaufgaben einer Gemeinde gehört, kann unterstellt werden, dass die Gegenstände nicht für die Aufgabenerfüllung der Gemeinde G benötigt werden. Ohnehin ist festzustellen, dass im Bereich der freiwilligen Gemeindeaufgaben jede Gemeinde selbst entscheiden kann, ob sie eine Aufgabe weiterführt oder sie aufgibt. Dadurch werden Vermögensgegenstände aus diesem Bereich im Ermessen der Gemeinde frei. Da der Verkauf auch zum vollen Wert (Verkehrswert) erfolgt, bestehen nach § 109 Abs. 1 HGO keine rechtlichen Bedenken.

Allerdings ist zu überlegen, ob die Gemeinde wegen des geschichtlichen Wertes des Vermögensgegenstandes gut beraten ist, diesen zu veräußern. Es bietet sich an, den Erwerber zu verpflichten, diesen Gegenstand entsprechend seinem geschichtlichen Wert zu behandeln und evtl. weiter der Öffentlichkeit zugänglich zu machen.

Eine aufsichtsbehördliche Genehmigung oder Anzeige dieses Rechtsgeschäfts ist nicht vorgesehen.

16.5 Sondervermögen, Treuhandvermögen, Gemeindegliedervermögen, Stiftungen

Neben den Eigenbetrieben (siehe Ziffer 20.3.2) kennt die HGO noch einige weitere besonders zu behandelnde Bereiche der Vermögensverwaltung, auf die in den §§ 115 – 120 HGO gesondert eingegangen wird.

Die besonderen Vermögensformen bilden mit Ausnahmen der Eigenbetriebe, die in vielen Gemeinden auch für Bauhöfe und ähnliche Hilfsbetriebe gegründet werden, sicherlich keinen Schwerpunkt gemeindlicher Aufgabenerfüllung. Insofern kann sich die Darstellung zu diesem Gliederungspunkt auf einen knappen Überblick beschränken.

Der Charakter des Sondervermögens wird dadurch bestimmt, dass es sich um Mittel und Gegenstände handelt, die zur Erfüllung bestimmter Zwecke vom Haushalt der Gemeinde abgesondert wurden, weil sie z. B. von einem Dritten an die Gemeinde für einen bestimmten Zweck übereignet worden oder durch sonstige Rechtsakte unter Zweckbindung auf die Gemeinde übergegangen sind. Aus dieser Definition ergibt sich, dass das Sondervermögen vom übrigen Vermögen des Haushaltes (siehe Übersicht bei Ziffer 16.3) abzutrennen und besonders zu behandeln ist. [738]

Einige Bereiche werden lediglich in besonderen Budgets des kommunalen Haushalts dargestellt, während für andere (wie für die Eigenbetriebe) besondere Haushalts- oder Wirtschaftspläne aufgestellt und von der Gemeindevertretung beschlossen werden.

Die Arten des Sondervermögens[739] sind abschließend in den §§ 115 – 120 HGO aufgelistet und rechtlich behandelt. Danach ergibt sich folgender Überblick:

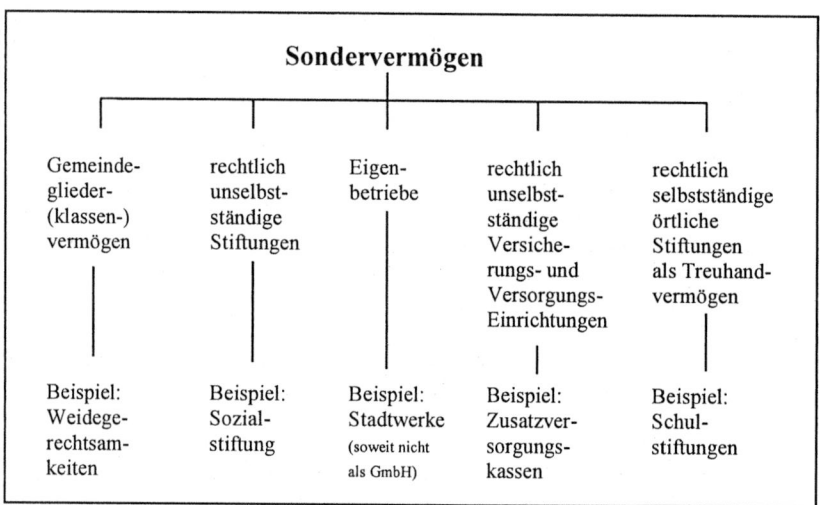

---

[738] Siehe hierzu auch Schneider/Dressler/Lüll, Hessische Gemeindeordnung, Kommentar, Erl. zu § 115 HGO.

[739] Es handelt sich um eine vom Gesetzgeber vorgegebene Auflistung, um bestimmte Rechtsfolgen zu bewirken.

Das Gemeindeglieder(klassen)vermögen unterliegt gemäß § 115 Abs. 2 HGO den Vorschriften über die Haushaltswirtschaft, sodass die Bewirtschaftung dieses Sondervermögens im Haushaltsplan der Gemeinde erfolgt, allerdings in besonderen Teilhaushalten. Rechtlich gesehen steht das Gemeindeglieder(klassen)vermögen (§ 119 HGO) nicht der Gemeinde, sondern sonstigen Berechtigten zu, ohne allerdings Privatvermögen zu sein. Diese besondere rechtliche Konstruktion ergibt sich aus alten Vorschriften oder Gewohnheiten. Das Vermögensrecht steht nicht allen Einwohnern, sondern nur bestimmten Gruppen zu. Diese Art Sondervermögen ist aus der geschichtlichen Entwicklung zu betrachten und kommt heute nur noch selten vor. Beispiel dafür können auf Grundeigentum lastende Nutzungsberechtigungen wie Wald- und Weidegerechtsamkeiten sein, die aufgrund alter Ortsstatuten oder sonstiger Vereinbarungen noch bestehen. Durch diese Regelung ist die Gemeinde zur Verwaltung des Gemeindeglieder(klassen)vermögens gezwungen.

Die Problematik der Stiftungen ist generell dem allgemeinen Verwaltungsrecht zuzuordnen, wenn die Besprechung der juristischen Personen des öffentlichen Rechts ansteht. Nähere Regelungen des Gemeinderechts für die Stiftungen des privaten Rechts finden sich in § 120 HGO. Außerdem ist das Stiftungsrecht zu beachten, welches das Stiftungsverfahren näher beschreibt. Die Rechtsnormen der Gemeindeordnung gehen generell davon aus, dass es sich um Stiftungen Dritter handelt, die von der Gemeinde verwaltet werden. Will die Gemeinde aus ihren Mitteln oder ihrem Vermögen selbst Stiftungen einrichten oder sich an Stiftungen beteiligen, darf dieses gemäß § 120 Abs. 3 HGO nur im Rahmen der Aufgabenerfüllung der Gemeinde erfolgen und auch nur dann, wenn der mit der Stiftung verfolgte Zweck nicht auf andere Weise erreicht werden kann. Insofern kann die Aufgabenerledigung in Form einer Stiftung nur eine Ausnahme sein.

Sofern die Stiftung rechtlich selbstständig ist – sie wird dann als Treuhandvermögen bezeichnet –, sind gemäß § 116 Abs. 1 HGO besondere Haushaltspläne und Sonderrechnungen zu führen, allerdings mit weitgehender Anwendung des gemeindlichen Haushaltsrechtes (§ 120 Abs. 1 HGO). Dieses ergibt sich aber bereits aus der Überlegung, dass rechtlich selbstständige juristische Personen eine Eigenständigkeit der Bewirtschaftung erfahren müssen. Lediglich unbedeutendes rechtlich selbständiges Stiftungsvermögen kann im Haushaltsplan der Gemeinde als eigener Unterabschnitt nachgewiesen werden (§ 116 Abs. 2 HGO). Das Vermögen der rechtlich unselbstständigen Stiftungen ist gemäß § 115 Abs. 2 HGO immer im gemeindlichen Haushaltsplan als besonderer Unterabschnitt abzuwickeln, wobei dann zwangsläufig auch die haushaltsrechtlichen Vorschriften der Hess. Gemeindeordnung und der Gemeindehaushaltsverordnung unmittelbar Anwendung finden.

Bei den wirtschaftlichen Unternehmen ohne eigene Rechtspersönlichkeit handelt es sich um die Eigenbetriebe, die bei Ziffer 20.3.2 näher erläutert werden. Rechtlich unselbstständige öffentliche Einrichtungen, für die aufgrund gesetzlicher Vorschriften Sonderrechnungen zu führen sind (§ 115 Abs. 1 Nr. 3 HGO), sind nach derzeitiger Rechtslage die Krankenhäuser gemäß der Verordnung über den Betrieb kommunaler Krankenhäuser (Krankenhausbetriebs-Verordnung i. d. F. vom 20.11.1991).

Rechtlich unselbstständige Versicherungs- und Versorgungseinrichtungen im Eigentum der Gemeinde sind gemäß § 115 Abs. 1 Nr. 4 HGO als Sondervermögen zu behandeln.

Nach § 115 Abs. 4 HGO steht der Gemeinde ein Wahlrecht zu, diese Art Sondervermögen über den gemeindlichen Haushaltsplan oder über Sonderpläne abzuwickeln. Bei einer Aufnahme in den Haushaltsplan hat diese als besonderes Produkt zu erfolgen. Die haushaltsrechtlichen Vorschriften finden dann volle Anwendung. Entscheidet sich die Gemeinde für einen besonderen Plan und eine Sonderrechnung, sind die abweichenden Regelungen des § 115 Abs. 4 HGO zu beachten. Beispiele für solche rechtlich unselbstständigen Versorgungs- und Versicherungseinrichtungen sind Zusatzversorgungskassen, Eigenunfallversicherungen und Viehseuchenkassen.

Inhaltsverzeichnis

17. Die Ergebnisrechnung – Grundlagen und Einzelpositionen

Die Ergebnisrechnung ist neben der Vermögensrechnung und der Finanzrechnung wesentlicher Bestandteil des Jahresabschlusses (§ 112 Abs. 2 HGO). In der Ergebnisrechnung sind die dem Haushaltsjahr zuzurechnenden Erträge und Aufwendungen gegenüber zu stellen (§ 46 Abs. 1 GemHVO). Die Ergebnisrechnung entspricht in ihrer Grundstruktur der kaufmännischen Gewinn- und Verlustrechnung (GuV) gem. § 275 HGB.

Die Ergebnisrechnung stellt im Rahmen der kommunalen Finanzwirtschaft das Spiegelbild zum Ergebnishaushalt dar. Das amtliche Muster 15 zu § 46 GemHVO für die Ergebnisrechnung folgt deshalb dem Muster 7 für den Ergebnishaushalt. Dieser grundsätzliche Aufbau ist auch für die Teilergebnisrechnungen gem. Muster 18 zu § 48 GemHVO als Mindestinhalt verbindlich, allerdings treten in den Teilergebnisrechnungen die internen Leistungsbeziehungen hinzu, die sich in der (Gesamt-)Ergebnisrechnung inhaltlich wechselseitig aufheben und daher nicht ausgewiesen werden.

Die Ergebnisrechnung ist in Staffelform aufzustellen (§ 46 Abs. 2 GemHVO). Sie ist mindestens in der Gliederung nach § 2 GemHVO aufzustellen. Eine tiefere Gliederung im Hinblick auf für die jeweilige Gemeinde wichtige Einzelkonten ist zulässig. Den Werten der Ergebnisrechnung sind die fortgeschriebenen Ansätze des Ergebnishaltes (Ziffer 6.5.1.1) gegenüber zu stellen. Für die Ergebnisrechnung ist das Muster 15 (für die Teilergebnisrechnungen das Muster 18) zur GemHVO verbindlich.

Die bereits im Ergebnishaushalt (vgl. Ziffer 6.5.1.1) vorgesehene Ergebnisspaltung gem. § 2 Abs. 2 GemHVO (Muster 15, übernächste Seite) gilt auch für die Ergebnisrechnung, danach sind

- die ordentlichen Erträge
- den ordentlichen Aufwendungen gegenüber zu stellen,
- deren Saldo das Verwaltungsergebnis bildet.
- Weiterhin sind Finanzerträge und Finanzaufwendungen gegenüberzustellen,
- deren Saldo das Finanzergebnis und
- zusammengefasst mit dem Verwaltungsergebnis das ordentliche Ergebnis darstellt, an dem der Haushaltsausgleich (vgl. Kap. 10) sowohl in der Planung als auch im Jahresabschluss gemessen wird.

Weiterhin sind die außerordentlichen Erträge den außerordentlichen Aufwendungen gegenüberzustellen und im außerordentlichen Ergebnis zu saldieren.

Nur in den Teilergebnishaushalten und den Teilergebnisrechnungen sind zusätzlich noch die internen Leistungsverrechnungen und ggf. weitere Elemente der Kosten- und Leistungsrechnung gem. § 14 GemHVO darzustellen. Hierunter fallen die kalkulatorische Verzinsung des eingesetzten Anlagekapitals, kalkulatorische Abschreibungen und kalkulatorische Rückstellungen, soweit diese von den bilanziellen Positionen abweichen, sowie das kalkulatorische Wagnis für unversicherte Risiken und kalkulatorische Mieten für nicht anderweitig verrechnete Raumnutzungen. Die Kosten- und Leistungsrechnung wird in Kapitel 19 näher dargestellt.

Für die Darstellung der geplanten Erträge und Aufwendungen im Ergebnishaushalt ist nach der aktuellen Rechtslage die aus § 2 Abs. 1 GemHVO ersichtliche Mindestgliederung für die Gemeinden (GV) verbindlich. Diese Mindestgliederung stimmt mit der Darstellung des Ergebnishaushaltes gem. Muster 7 zur GemHVO inhaltlich überein; lediglich die Nummerierung hat sich durch den Einschub der Salden gem. § 2 Abs. 2 GemHVO im Muster gegenüber der Rechtsvorschrift ab Nr. 11 verschoben.

Spätestens bei der Buchung der entsprechenden Geschäftsvorfälle ist jedoch die differenziertere Darstellung hinsichtlich der Konten gem. KVKR zu beachten. Welche Konten welcher Planposition zuzuordnen sind, kann dabei aus der übereinstimmenden Darstellung in den Mustern 7 und 15, Spalte 2, entnommen werden.

Im Rahmen der Buchung der Geschäftsvorfälle ist auch die periodengerechte Zuordnung der Aufwendungen und Erträge (§§ 10 Abs. 2, 45 GemHVO) zu beachten, siehe auch Ziffer 7.3.2.

Zur besseren Zuordnung der Geschäftsvorfälle zu den Konten des KVKR sind inzwischen Erläuterungen des zuständigen Ministeriums erlassen worden.[740] Weitere Informationen sind den Hinweisen des HMdIuS zur GemHVO zu entnehmen.

---

[740] Erläuterungen zum KVKR vom 19. Juni 2009 StAnz S. 1469 ff.

Muster 15
zu § 46

Ergebnisrechnung
- Euro -

Position	Konten	Bezeichnung	Ergebnis des Vorjahres 20..	Fortgeschriebener Ansatz des Haushaltsjahres 20..	Ergebnis des Haushaltsjahres 20..	Vergleich fortgeschriebener Ansatz / Ergebnis des Haushaltsjahres (Sp. 5 ./. Sp. 6)
1	2	3	4	5	6	7
1	50	Privatrechtliche Leistungsentgelte				
2	51	Öffentlich-rechtliche Leistungsentgelte				
3	548-549	Kostenersatzleistungen und -erstattungen				
4	52	Bestandsveränderungen und aktivierte Eigenleistungen				
5	55	Steuern und steuerähnliche Erträge einschließlich Erträge aus gesetzlichen Umlagen				
6	547	Erträge aus Transferleistungen				
7	540-543	Erträge aus Zuweisungen und Zuschüssen für laufende Zwecke und allgemeine Umlagen				
8	546	Erträge aus der Auflösung von Sonderposten aus Investitionszuweisungen, -zuschüssen und Investitionsbeiträgen				
9	53	Sonstige ordentliche Erträge				
10		**Summe der ordentlichen Erträge (Positionen 1 bis 9)**				
11	62, 63, 640-643, 647-649, 65	Personalaufwendungen				
12	644-646	Versorgungsaufwendungen				
13	60, 61, 67-69	Aufwendungen für Sach- und Dienstleistungen				
14	66	Abschreibungen				
15	71	Aufwendungen für Zuweisungen und Zuschüsse sowie besondere Finanzaufwendungen				
16	73	Steueraufwendungen einschließlich Aufwendungen aus gesetzlichen Umlageverpflichtungen				
17	72	Transferaufwendungen				
18	70, 74, 76	Sonstige ordentliche Aufwendungen				
19		**Summe der ordentlichen Aufwendungen (Positionen 11 bis 18)**				
20		**Verwaltungsergebnis (Position 10 ./. Position 19)**				
21	56, 57	Finanzerträge				
22	77	Zinsen und ähnliche Aufwendungen				
23		**Finanzergebnis (Position 21 ./. Position 22)**				
24		**Ordentliches Ergebnis (Position 20 und Position 23)**				
25	59	Außerordentliche Erträge				
26	79	Außerordentliche Aufwendungen				
27		**Außerordentliches Ergebnis (Position 25 ./. Position 26)**				
28		**Jahresergebnis (Position 24 und Position 27)**				

Die sachliche Gliederung der Buchhaltung erfolgt mit Hilfe von Konten. Dabei wird zwischen den Konten unterschieden, die direkt in die Bilanz einfließen (Bestandskonten) und den Konten, die zur Erstellung der Ergebnisrechnung (Erfolgskonten), der Finanzrechnung (Finanzrechnungskonten) oder auch zur Erstellung der Kosten- und Leistungsrechnung (Betriebsbuchführungskonten) benötigt werden. Der KVKR folgt dabei in seiner Gliederung dem Industriekontenrahmen.

In diesem Kapitel wird die Systematik der Erfolgskonten dargestellt und es werden die wesentlichen Kontierungsvorschriften für die Bebuchung dieser Konten vorgestellt.

Die nachfolgende Darstellung der Ergebnisrechnung folgt deshalb der durch § 2 GemHVO vorgegebenen Gliederung. Sie berücksichtigt dabei die Ergebnisspaltung in ein ordentliches und ein außerordentliches Ergebnis, wobei das Finanzergebnis im Rahmen des ordentlichen Ergebnisses eine besondere Beachtung findet. Damit soll eine deutliche Trennung zwischen der laufenden Verwaltungstätigkeit einerseits und besonderen und außergewöhnlichen Vorgängen andererseits herbeigeführt werden. Die Frage der dauerhaften wirtschaftlichen Leistungsfähigkeit ist dabei nach dem ordentlichen Ergebnis zu beurteilen (vgl. Ziffer 10 Haushaltsausgleich).

17.1   Ordentliche Erträge und Aufwendungen

17.1.1   Erträge (Kontenklasse 5)

Die ordentlichen Erträge gliedern sich gem. § 2 Abs. 1 GemHVO in folgende Positionen:

1. privatrechtliche Leistungsentgelte,

2. öffentlich-rechtliche Leistungsentgelte,

3. Kostenersatzleistungen und -erstattungen,

4. Bestandsveränderungen und aktivierte Eigenleistungen,

5. Steuern und steuerähnliche Erträge einschließlich Erträge aus gesetzlichen Umlagen,

6. Erträge aus Transferleistungen,

7. Erträge aus Zuweisungen und Zuschüssen für laufende Zwecke und allgemeine Umlagen,

8. Erträge aus der Auflösung von Sonderposten aus Investitionszuweisungen, -zuschüssen und Investitionsbeiträgen,

9. sonstige ordentliche Erträge

17.1.1.1   Privatrechtliche Leistungsentgelte (Kontengruppe 50)

Als privatrechtliche Leistungsentgelte werden diejenigen Entgelte ausgewiesen, für die eine konkrete Gegenleistung auf privatrechtlicher Grundlage erbracht wird. Dies können im Bereich der Kommunalverwaltung z. B. Mieten, Pachten, Verkaufserlöse, aber auch der Eintrittspreis in kommunalen Einrichtungen (Bäder, Theater, Zoos) oder das zu leistende Entgelt für die Teilnahme an Kursen oder Veranstaltungen der Kommune sein.

Auch das Entgelt für die Nutzung der städtischen Bibliothek kann privatrechtlicher Natur sein.

Grundsätzlich ist festzustellen, dass in verschiedenen Bereichen die Kommunen bei der Zuordnung der Entgelte zum öffentlich-rechtlichen oder zum privatrechtlichen Bereich einen Gestaltungsspielraum haben. Das Rechnungswesen bildet dabei nur ab, wie die Kommune diesen Spielraum genutzt hat.

Der KVKR unterscheidet dabei verbindlich auf der Ebene von Hauptkonten

500 Umsatzerlöse
506 Umsatzerlöse aus Handelswaren
    (z. B. Stammbücher, Wanderkarten, Stadtpläne, div. Produkte mit Lokalkolorit, die von der Gemeindeverwaltung weiterveräußert werden)
509 sonstige Umsatzerlöse

Das Konto 500 kann dabei so unterschiedliche Erträge wie z. B. Eintrittsgelder kommunaler Schwimmbäder oder auch Holzverkaufserlöse beinhalten. Der Gemeinde steht es frei, ihren Kontenplan tiefer auszudifferenzieren.

Grundsatz der periodengerechten Zuordnung – Rechnungsabgrenzung

Die Erträge aus privatwirtschaftlichen Leistungsentgelten sind unabhängig von der Rechnungsstellung, dem Eingang der Zahlung oder deren Fälligkeit in dem Haushaltsjahr zu verbuchen, in dem die wirtschaftliche Gegenleistung erbracht wurde (vgl. §§ 10 Abs. 2, 46 Abs. 1, 58 Nr. 14 GemHVO – Prinzip der periodengerechten Zuordnung in Abgrenzung zum früher geltenden Kassenwirksamkeitsprinzip, das jetzt nur noch in der Finanzrechnung weitergeführt wird[741]). Aus diesem Grunde ist auf jeden Fall zum Ende des Haushaltsjahres eine Abrechnung der erbrachten Leistung anzustreben, auch wenn aus rechtlichen Gründen ggf. eine spätere Fälligkeit der Zahlung zu beachten ist. Da hier die Kommune der Leistungserbringer und deshalb auch der Rechnungsteller ist, kann bei den Erträgen eine Rechnungsabgrenzung im Sinne der vorläufigen Verbuchung eines antizipatorischen[742] Rechnungsabgrenzungspostens (Sonstige übrige Forderungen) meist vermieden werden. Erfolgt dagegen im Voraus eine Berechnung einer Leistung, die erst im darauffolgenden Haushaltsjahr erbracht wird, so muss hier ein passiver Rechnungsabgrenzungsposten gebildet werden, soweit die angeforderte oder geleistete Zahlung auf eine im Folgejahr von der Gemeinde zu erbringende Leistung entfällt.

---

[741] Für den kaufmännischen Bereich siehe § 252 Abs. 1 Nr. 5 HGB.

[742] Als antizipatorisch (zu deutsch: vorwegnehmend) werden Rechnungsabgrenzungsposten bezeichnet, die wirtschaftlich schon entstanden sind, aber entsprechend den vertraglichen Regelungen noch nicht abzurechnen sind (z. B. anteilige Jahreszinsen für die Zeit seit dem letzten Zinstermin bis zum Bilanzstichtag, wenn der Zinstermin nicht auf den Bilanzstichtag, sondern z. B. auf den 15.04. fällt). Antizipatorische Rechnungsabgrenzungsposten werden als „Übrige Sonstige Forderungen" oder als „Übrige Sonstige Verbindlichkeiten" verbucht und im Jahresabschluss ausgewiesen im Gegensatz zu den transitorischen Rechnungsabgrenzungsposten, die allein unter der Bezeichnung „aktive Rechnungsabgrenzungsposten" oder „passive Rechnungsabgrenzungsposten" verbucht werden.

Die Verbuchung hat selbst dann in der jeweiligen Ergebnisrechnung des abgelaufenen Haushaltsjahres zu erfolgen, wenn die Feststellung des Leistungsumfanges erst zum Ende des Haushaltsjahres und die Verarbeitung der dabei gewonnenen Informationen erst zu Beginn des Folgejahres erfolgen können. Verwirrende Auskünfte wie die folgende: „Warum hatten wir im Jahr 2013 so viel Wassergeld[743]?" – „Weil es 2012 warm und trocken war!" sollten damit der Vergangenheit angehören. Die Abgrenzung nach wirtschaftlicher Zugehörigkeit führt dazu, dass Erträge unabhängig von den zugehörigen Zahlungsströmen in dem Jahresergebnis ausgewiesen werden, in dem sie entstanden sind.

17.1.1.2   Öffentlich-rechtliche Leistungsentgelte (Kontengruppe 51)

Unter die hier zu buchenden öffentlich-rechtlichen Leistungsentgelte fallen diejenigen öffentlichen Abgaben, denen eine konkrete Gegenleistung gegenübersteht (Gebühren). Steuern und Beiträge fallen dagegen nicht in die Kontengruppe 51.

Im KVKR aufgeführt sind namentlich:

- Verwaltungsgebühren (Hauptkonto 510)
- Benutzungsgebühren (Hauptkonto 511)
- Erträge aus Bußgeldern und Verwarnungen (Hauptkonto 515)

Auch die Gebühren werden unter Beachtung der Periodenabgrenzung als Erträge gebucht; d. h. die Erträge sind dem Haushaltsjahr zuzuordnen, in dem die jeweilige Gegenleistung erbracht wurde (vgl. oben Ziffer 17.1.1).

17.1.1.3   Kostenersatzleistungen und -erstattungen (Hauptkonten 548 und 549)

Unter die hier darzustellenden Erträge fallen Kostenersatzleistungen und -erstattungen (vgl. Hauptkonto 547), die nicht auf Sozialleistungsgesetze zurückzuführen sind. Darüber hinaus fallen Schuldendiensthilfen, die die Kommune erhält, unter diese Ertragsposition.

Erstattungen erhält die Kommune für Aufwendungen, die sie für eine andere Stelle erbracht hat. Die Kommune handelt in diesen Fällen im Auftrag eines Dritten. Kostenerstattungen liegen z. B. vor, wenn auf die Kommune Aufgaben von überörtlichen Trägern der Sozialhilfe delegiert werden. Zu unterscheiden ist dies dann insbesondere von den Transfererträgen. Hier wird die Kommune ursprünglich nicht im Auftrag eines Dritten, sondern in eigener Aufgabenwahrnehmung tätig. Erst zu einem späteren Zeitpunkt wird festgestellt, dass die geleisteten Transfers z. B. aufgrund der Nachrangigkeit der Sozialhilfe von einem Dritten erstattet werden müssen.

---

[743] Die hier angesprochene Ertragsart dürfte i. d. R. öffentlich-rechtlicher Natur sein, in der hier angesprochenen Betrachtung geht es allerdings nur um die wirtschaftliche Abgrenzung, die an diesem in der Praxis oft angesprochenen Beispiel besonders deutlich werden sollte: Die bisherige Behandlung nach dem Kassenwirksamkeitsprinzip statt nach dem Prinzip der wirtschaftlichen Zugehörigkeit führte in der Praxis immer wieder zu zeitlichen Verzögerungen in der Darstellung.

Kostenerstattungen erhalten Gemeinden z. B. auch für die Durchführung von Wahlen für Landtag und Bundestag, die Unterhaltung von Straßen oder den Katastrophenschutz.

Soweit die Aufwendungen, die im Auftrag eines Dritten geleistet wurden, nicht exakt berechnet, sondern nur pauschal ermittelt und erstattet werden, handelt es sich um den Fall einer Kostenumlage. An dieser Stelle ausdrücklich nicht gemeint sind die öffentlich-rechtlichen allgemeinen Umlagen zur Finanzierung der Umlageverbände (Landkreise, Landeswohlfahrtsverband, Zweckverbände), die auf der Ertragsseite dieser Verbände in die Kontengruppe 55 fallen.

17.1.1.4 Bestandsveränderungen und Aktivierte Eigenleistungen (Kontengruppe 52)

- **Bestandsveränderungen**

Zu der Kontengruppe 52 gehören ebenfalls die Bestandsveränderungen. Diese ergeben sich aus dem Unterschied zwischen den Inventurbeständen am Anfang und am Ende des Haushaltsjahres bei den fertigen und unfertigen Erzeugnissen sowie bei den unfertigen Leistungen. Sie haben im Rahmen der kommunalen Haushaltsplanung in der Regel keine Relevanz und treten, wenn überhaupt, nur beim Jahresabschluss auf.

- **aktivierte Eigenleistungen**

Unter Eigenleistungen versteht man Aufwendungen der Verwaltung, die zur Herstellung eines Anlageguts benötigt werden, das nicht für einen Verkauf, sondern zur Verwendung im Rahmen der Aufgabenerfüllung der Kommune bestimmt ist. Soweit für diese Aufwendungen kein Aktivierungsverbot besteht[744], sind sie als aktivierte Eigenleistungen zu verbuchen. Im Rahmen der Aktivierung entsteht hier ein Ertrag, da die eingesetzten Güter und Dienstleistungen nicht endgültig verbraucht sind, sondern hier ein Gegenwert entstanden ist, der der Kommune dauerhaft zur Nutzung zur Verfügung steht. Das Konto „Aktivierte Eigenleistung" ist ein Erfolgskonto, das über die Ergebnisrechnung abgeschlossen wird. Auf diesem Konto werden die zur Herstellung des Anlageguts bereits verbuchten Aufwendungen im Ergebnis neutralisiert. Die Gegenbuchung findet auf dem jeweiligen Bestandskonto des Anlagegutes statt.

Zu beachten ist bei der Ermittlung der Eigenleistungen die Festlegung zur Ermittlung der Herstellungskosten gem. § 41 Abs. 3 GemHVO Insbesondere dürfen – in Abgrenzung zum Handelsrecht (§ 255 Abs. 2 HGB) – keine Verwaltungsgemeinkosten, wohl aber nach Wahl der Gemeinde auf den Zeitraum der Herstellung entfallende Kreditzinsen aktiviert werden.

Praktische Relevanz haben im Bereich der Eigenleistung sicherlich die Planungsleistungen der städtischen Ingenieure bei der Herstellung, Erweiterung oder wesentlichen Ver-

---

[744] Nicht aktivierungsfähig sind nach § 38 Abs. 3 GemHVO selbst erstellte oder nicht entgeltlich erworbene immaterielle Vermögensgegenstände des Anlagevermögens wie z. B. Software, die von Mitarbeiter/innen der Verwaltung programmiert wurde.

besserung von Gebäuden oder Infrastruktureinrichtungen. Jährlich werden die z. B. aus der Kostenrechnung ermittelten Planungsleistungen bei den entsprechenden Anlagegütern oder bei den Anlagen im Bau aktiviert. Werden z. B. die Eigenleistungen des Hochbauamtes für den Neubau der Schule auf 60.000 € ermittelt, wird dieser Betrag aktiviert und auf dem Ertragskonto gegengebucht.

053 Schulgebäude   an   525 Akt. Eigenleistungen   60.000 €

In der Ergebnisrechnung wird der Betrag als „Aktivierte Eigenleistungen" ausgewiesen[745].

17.1.1.5 Steuern und steuerähnliche Erträge einschließlich Erträge aus gesetzlichen Umlagen (Kontengruppe 55)

Für die Steuern ergibt sich die inhaltliche Abgrenzung zu anderen Erträgen aus der Legaldefinition des § 3 Abs. 1 Satz 1 AO: „Steuern sind Geldleistungen, die nicht eine Gegenleistung für eine besondere Leistung darstellen und von einem öffentlich-rechtlichen Gemeinwesen zur Erzielung von Einnahmen allen auferlegt werden, bei denen der Tatbestand zutrifft, an den das Gesetz die Leistungspflicht knüpft; die Erzielung von Einnahmen kann Nebenzweck sein."

Aus Sicht der Gemeindeverbände (Kreise oder Landeswohlfahrtsverband) spielen insbesondere die Kreis- bzw. Verbandsumlage eine bedeutende Rolle.

Der KVKR sieht für die Kontengruppe 55, Steuern und ähnliche Abgaben, eine weitere Differenzierung vor.

55			Steuern und ähnliche Abgaben
	550		Gemeindeanteile an Gemeinschaftssteuern
		5500	Gemeindeanteil an der Einkommensteuer
		5504	Gemeindeanteil an der Umsatzsteuer
	555		Kommunalsteuern
		5551	Grundsteuer A
		5552	Grundsteuer B
		5553	Gewerbesteuer
		555911	Vergnügungssteuer für die Vorführung von Bildstreifen
		555912	Spielapparatesteuer
		555913	Sonstige Vergnügungssteuer
		555920	Hundesteuer
		555930	Getränkesteuer
		555950	Jagd- und Fischereisteuer
		555960	Zweitwohnungssteuer
		555990	Sonstige Steuern

---

[745] Eine entsprechende Position in der direkten Finanzrechnung liegt nicht vor, da kein Zahlungseingang erfolgt; in der indirekten Finanzrechnung (Muster 17) muss dieser Betrag dagegen in Zeile 6 neutralisiert werden.

558		Erträge aus Umlagen
	5581	Erträge aus LWV-Umlage
	5582	Erträge aus Kreisumlage
	5583	Erträge aus Schulumlage
	5589	Erträge aus sonstigen Umlagen
559		**Steuerähnliche Abgaben**
	559110	Fremdenverkehrsabgaben (Kurtaxe, Kurbeitrag)
	559120	Abgaben von Spielbanken
	559190	Sonstige steuerähnliche Abgaben (nicht zweckgebunden)
	5592	Steuerähnliche Abgaben (zweckgebunden)

Mit dieser Aufstellung sind die aktuellen Steuerarten in der Kommunalverwaltung abgebildet. Soweit andere Steuern anfallen, sind gesonderte Konten an der entsprechenden Stelle im Kontenplan einzufügen.

Die sachliche Abgrenzung der verschiedenen Steuerarten erfolgt grundsätzlich ohne Probleme, da eine Steuerforderung immer einer rechtlichen Grundlage und eines sich darauf beziehenden Verwaltungsakts bedarf.

Kritisch kann dagegen die zeitliche Abgrenzung der Steuererträge sein. Dabei ist grundsätzlich zu berücksichtigen, dass nicht der Zeitpunkt der Zahlung, sondern der Zeitpunkt der wirtschaftlichen Entstehung eines Ertrages maßgeblich für die periodengerechte Zuordnung ist.

Für die Abgrenzung von Steuererträgen erfolgt zur Vereinheitlichung eine Differenzierung nach

- Vorauszahlungen und
- endgültigen Festsetzungen (inkl. Nach- und Rückzahlungen).

Steuererträge, die durch Vorauszahlungsbescheide erhoben werden, sind nach dem Prinzip der wirtschaftlichen Zugehörigkeit der Periode zuzuordnen, auf die sich der Vorauszahlungsbescheid bezieht. Ergeben sich durch spätere Feststellungen Rückzahlungen, so regelt für diesen Fall § 16 Abs. 1 GemHVO ausdrücklich und abweichend vom Prinzip der wirtschaftlichen Zugehörigkeit, dass diese bei den Erträgen abzusetzen sind, auch wenn sie sich auf Erträge der Vorjahre beziehen. Weiterhin bekräftigt Nr. 1 Hw. zu § 10 GemHVO: „Ausnahmen vom Grundsatz der Periodenabgrenzung gelten für Rückzahlungen bei Abgaben, abgabenähnlichen Erträgen und allgemeinen Zuweisungen." D. h., Erträge und Ertragskorrekturen gelten immer im Jahr der Feststellung als periodengerecht, auch wenn sich diese Feststellungen auf frühere Jahre beziehen, was regelmäßig der Fall sein dürfte.[746]

Nach § 16 Abs. 1 GemHVO sind die Rückzahlungen von Abgaben, abgabeähnlichen Erträgen und allgemeinen Zuweisungen auch dann bei den Erträgen abzusetzen, wenn sie sich auf Vorjahre beziehen. Dies kann in Einzelfällen auch dazu führen, dass bei erheblichen Rückzahlungen negative Ertragsansätze oder -ergebnisse entstehen, was sicherlich

---

[746] Vgl. Daneke in KVR Hessen, Erl. zu § 95 HGO, Rn. 19.

üblicher kaufmännischen Praxis und dem Periodisierungsprinzip widerspricht. Die Regelung des § 16 GemHVO wird mit den Anforderungen der Berechnungsgrundlagen für Zuweisungen und Umlagen nach dem Finanzausgleichsgesetz begründet (siehe Hw. zu § 16 GemHVO).

Beispiele:

1. Grundsteuer A (endgültige Festsetzung)

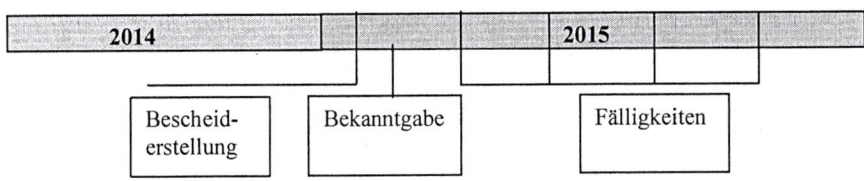

Der Grundsteuerbescheid für 2015 wird im Januar erstellt und kurz darauf dem Steuerpflichtigen bekannt gegeben. Die Fälligkeitstermine sind der 15.02., 15.05., 15.08. und 15.11.2015. Die Forderung wird mit der Bescheiderstellung im Jahr 2015 eingebucht. Bei Zahlungseingang erfolgt ein Ausgleich auf dem Debitorenkonto.

a) Einbuchung der Forderung und des Ertrags zum Zeitpunkt der Bescheiderstellung (2015):

230 Debitor[747]	an	5551 Grundsteuer A

b) Ausgleich der Forderung durch Zahlungseingang

280 Bank	an	Debitor

2. Vergnügungssteuer (endgültige Festsetzung)

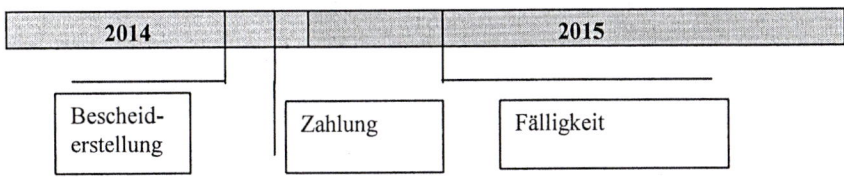

---

[747] In der gängigen Literatur zur kaufmännischen Buchführung werden bei den Buchungssätzen die Hauptbuchkonten angesprochen. Das wäre in diesem Fall das Konto 230 „Steuerforderungen". In der Praxis werden die Forderungs- und Verbindlichkeitskonten aber i. d. R. nicht direkt bebucht. Die Abwicklung der Forderungen und Verbindlichkeiten erfolgt in einer Nebenbuchhaltung über Personenkonten. Dies sind für Forderungen Debitorenkonten und für Verbindlichkeiten Kreditorenkonten. Um den Praxisbezug zu erhöhen, werden bei den Buchungssätzen i. d. R. die Personenkonten (Debitoren oder Kreditoren) angesprochen.

Die Erstellung des Vergnügungssteuerbescheids 2015 erfolgt bereits in 2014. Die Fälligkeit der Forderungen liegt erst im Jahr 2014. Erfolgt die Zahlung jedoch bereits im Jahr 2014, ist daher im Jahresabschluss 2014 ein passiver Rechnungsabgrenzungsposten zu bilden, der in 2015 wieder aufzulösen ist:

a) Einbuchung der Forderung und des Rechnungsabgrenzungsposten zum Zeitpunkt des Zahlungseinganges (2014):

```
230 Debitor            an   490 passiver RAP
280 Bank               an   Debitor
```

b) Auflösung des Rechnungsabgrenzungspostens (2015):

```
490 passiver RAP       an   555912 Vergnügungssteuer
```

17.1.1.6 Erträge aus Transferleistungen (Hauptkonto 547)

Volkswirtschaftlich stellen Transfers die Umleitung von Kaufkraft ohne die Schaffung zusätzlichen Einkommens dar. Unter Transfer wird im kommunalen Haushaltsrecht die Übertragung von Finanzmitteln ohne konkrete Gegenleistung verstanden, soweit es sich nicht um Steuern handelt. Mögliche Empfänger sind private Haushalte, Unternehmen oder auch öffentlich-rechtlich Körperschaften.[748]

Ausgehend von den im Kontenrahmen vorgeschlagenen Konten handelt es sich bei den Kostenerstattungen (Transfererträgen) überwiegend um die Erstattung von geleisteten Sozialtransfers im Rahmen der Nachrangigkeit der Sozialhilfe.

Ersatz von sozialen Leistungen (Transfererträge) liegen vor, wenn aufgrund rechtlicher Regelungen im sozialen Bereich konsumtive Zahlungen mit einer bestimmten sachlichen oder personenbezogenen Zweckbestimmung empfangen werden, z. B. Kostenbeiträge und Aufwendungsersatz, übergeleitete Ansprüche gegen Unterhaltsverpflichtete sowie Kostenerstattungen durch Träger von sozialen Leistungen. Dabei wird von Kostenersatzleistungen ausgegangen, wenn für bereits erfolgte eigene Leistungen entsprechende Gegenleistungen erbracht werden. Kostenerstattungen betreffen hingegen Gegenleistungen für die Leistungen Dritter (z. B. von Krankenkassen)[749].

17.1.1.7 Erträge aus Zuweisungen, Zuschüssen für laufende Zwecke und allgemeine Umlagen (Hauptkonten 540 - 543)

Als Erträge aus Zuweisungen und Zuschüssen sind hier die Zuweisungen und Zuschüsse für laufende Zwecke zu betrachten, während die Zuweisungen und Zuschüsse für Investitionen zunächst als Sonderposten zu passivieren (also nicht ertragswirksam zu ver-

[748] Vgl. Baßeler/Heinrich/Koch, Grundlagen und Probleme der Volkswirtschaft, 14. Auflage, Köln 1995, S. 407 f.
[749] Vgl. Erläuterungen zum Hauptkonto 547 in den amtlichen Erläuterungen des HMdIuS zum KVKR.

buchen) und erst später ertragswirksam aufzulösen sind (vgl. Ziffer 16.3.5.). Dies sind Finanzhilfen zur Erfüllung der Aufgaben des Empfängers. Zuweisungen sind dabei Übertragungen innerhalb des öffentlichen Bereiches. Die Gemeinden erhalten also Geldmittel von einem öffentlich-rechtlichen Aufgabenträger (z. B. Zuweisungen des Landes für die Kinderbetreuung). Zuschüsse erhält die Gemeinde dagegen von privaten Personen, Personenvereinigungen und Kapitalgesellschaften. Soweit diese nicht regelmäßig eintreten, sind sie als außerordentliche Erträge (vgl. Ziffer 6.5.1.1) zu verbuchen (z. B. Geldspende einer Firma für eine Bauunterhaltungsmaßnahme im gemeindlichen Zoo).[750]

Bei der Planung und Buchung der Zuweisungen und Zuschüsse ist die Frage der Passivierungsfähigkeit von entscheidender Bedeutung. Als Ertrag ist grundsätzlich nur der Teil der Zuwendungen ergebnisverbessernd zu behandeln, der sich wirtschaftlich auf das betroffene Rechnungsjahr bezieht. Grundsätzlich ist dabei zunächst zu unterscheiden zwischen

- Zuwendungen für die laufende Verwaltungstätigkeit und
- Zuwendungen für Investitionen.

Alle Zuwendungen, die nicht ausdrücklich für die Durchführung von Investitionen geleistet werden, werden der laufenden Verwaltungstätigkeit zugeordnet. Dies sind insbesondere die Schlüsselzuweisungen des Landes im Rahmen des Finanzausgleichsgesetzes (FAG) und andere Bedarfszuweisungen für laufende Zwecke. Diese Zuwendungen für laufende Zwecke werden – soweit nicht eine Periodenabgrenzung erforderlich ist – buchhalterisch unmittelbar als Ertrag erfasst. Bei Eingang des Bescheids für die Schlüsselzuweisungen im Januar des Jahres wird dementsprechend gebucht:

| 2201 Ford. aus allg. Zuwsg. vom Land | an | 54101 Schlüsselzuweisungen |

17.1.1.8 Erträge aus der Auflösung von Sonderposten für Investitionszuweisungen, -zuschüssen und Investitionsbeiträgen (Hauptkonto 546)

Zuwendungen für Investitionen werden gem. § 38 Abs. 4 GemHVO nicht unmittelbar als Ertrag gebucht, sondern als Sonderposten passiviert. Deren ertragswirksame Auflösung erfolgt nach § 38 Abs. 4 GemHVO parallel zur Abschreibung des jeweiligen Anlageguts. Dies ist darin begründet, dass sich die Zuwendung wirtschaftlich nicht nur auf das Jahr des Eingangs der jeweiligen Zuwendung bezieht, sondern auf alle Jahre, in denen das mit der Zuwendung finanzierte Anlagegut von der Gemeinde verwendet wird.

Nachfolgende Übersicht zeigt vereinfacht die Abwicklung der Anschaffung eines neuen Einsatzleitwagens für die städtische Feuerwehr, die mit 15 % vom Land bezuschusst wird:

---

[750] Eine ausführliche Darstellung des Zuwendungsrechts enthält Bernhardt/Mutscher/Schwingeler, Kommunales Finanz- und Abgabenrecht NRW, 12. Auflage Witten 2010, S. 283 ff.

Zunächst erfolgt die Anschaffung des neuen Fahrzeugs, die bei sofortiger Überweisung wie folgt gebucht wird:

081 Fuhrpark	an	280 Bank	800.000 €

Durch Bescheid wird nun der endgültige Förderbetrag des Landes festgelegt. Die Buchung lautet:

2251 Forderungen[751]	an	3601 Sonderposten (Zuw.)	120.000 €

Anschließend geht die Zuwendung auf dem Konto der Stadt ein:

280 Bank	an	2251 Forderungen	120.000 €

Bilanziell ergeben sich durch diese Buchungen nachfolgende Änderungen:

AKTIVA		PASSIVA		
Anlagevermögen		**Eigenkapital**	+/-	0
Fuhrpark	+ 800.000			
		Sonderposten		
Umlaufvermögen		*Zuwendungen*	+ 120.000	
Forderungen	+ /- 0	**Fremdkapital**	+/-	0
Liquide Mittel	- 680.000			
	+ 120.000		+ 120.000	

Dabei wird deutlich, dass weder die Investition noch die Zuwendung über Erfolgskonten (Ertrags- oder Aufwandskonten) gebucht wurden. Die Eigenkapitalposition ist damit nicht berührt.

Beispielhaft werden nun die Abschreibung des Fahrzeugs und die ertragswirksame Auflösung der Zuwendung im ersten Nutzungsjahr des Einsatzleitwagens mit Hilfe von T-Konten abgebildet:

1. Der Einsatzleitwagen wird über 12 Jahre abgeschrieben. Da die Anschaffung im Januar erfolgte, wird bereits im ersten Jahr eine volle Jahresabschreibung (1/12 des Anschaffungspreises) durchgeführt:

---

[751] Um den Bezug zur Bilanz besser veranschaulichen zu können, wird hier das Konto Forderungen aus Transferleistungen angesprochen. In der Praxis werden bei der Buchung von Forderungen und Verbindlichkeiten die Konten der Nebenbücher (Debitoren- bzw. Kreditorenkonten) angesprochen.

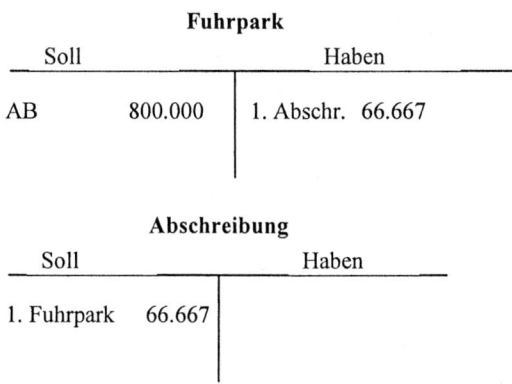

Fuhrpark

Soll		Haben	
AB	800.000	1. Abschr.	66.667

Abschreibung

Soll		Haben
1. Fuhrpark	66.667	

2. Die Zuwendung wird parallel zur Abschreibung der Investition ertragswirksam aufgelöst. Die Auflösung erfolgt daher ebenfalls über 12 Jahre über das Konto 5460 „Erträge aus der Auflösung von Sonderposten aus Investitionszuweisungen vom öffentlichen Bereich"

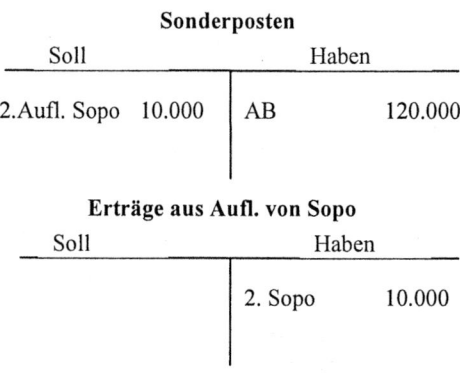

Sonderposten

Soll		Haben	
2.Aufl. Sopo	10.000	AB	120.000

Erträge aus Aufl. von Sopo

Soll		Haben	
		2. Sopo	10.000

3. Die Erfolgskonten werden zum Jahresabschluss über die Ergebnisrechnung abgeschlossen:

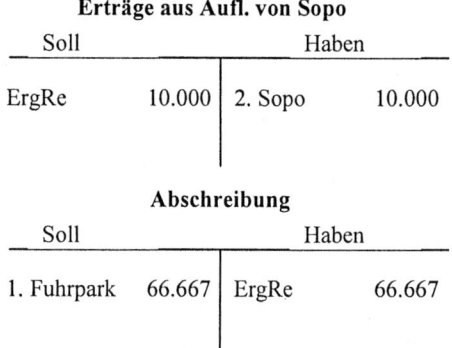

Erträge aus Aufl. von Sopo

Soll		Haben	
ErgRe	10.000	2. Sopo	10.000

Abschreibung

Soll		Haben	
1. Fuhrpark	66.667	ErgRe	66.667

Damit ergibt sich in der Ergebnisrechnung im ersten Jahr der Nutzung des neuen Einsatzleitwagens allein aus diesem Geschäftsvorfall folgendes Bild:

	Ergebnisrechnung	€
8	+ Erträge aus der Auflösung von Sonderposten aus Investitionszuweisung	10.000
10	= **Summe der ordentliche Erträge**	**10.000**
14	- Abschreibungen	66.667
19	= **Summe der ordentliche Aufwendungen**	**66.667**
20	= **Verwaltungsergebnis**	**-56.667**
24	= **ordentliches Ergebnis**	**-56.667**
28	= **Jahresergebnis**	**-56.667**

4. Nach Abschluss der Erfolgskonten erfolgt noch der Abschluss der Bestandskonten über das Schlussbilanzkonto (SBK):

Fuhrpark

Soll		Haben	
AB	800.000	1. Abschr.	66.667
		SBK	733.333
	800.000		800.000

Sonderposten

Soll		Haben	
2. Auflös.	10.000	AB	120.000
SBK	110.000		

Der Abschluss der Bestandskonten und der Ergebnisrechnung über die Bilanz hat folgendes Ergebnis:

AKTIVA		PASSIVA	
Anlagevermögen		**Eigenkapital**	
Fuhrpark	+ 733.333	*Jahresergebnis*	-56.667
		Sonderposten	
Umlaufvermögen		*Zuwendungen*	+ 110.000
Forderungen	+ /- 0	**Fremdkapital**	+/- 0
Liquide Mittel	- 680.000		
	+ 53.333		**+ 53.333**

Wie bereits oben erwähnt, regelt § 38 Abs. 4 GemHVO die Behandlung der Investitionszuwendungen. Bei dieser Regelung bleibt ausdrücklich unberücksichtigt, dass die Nutzungsdauer des bezuschussten Vermögensgegenstandes und die Zweckbindungsdauer des Investitionszuschusses auseinanderfallen können. Dies wäre z. B. bei einem Investitionszuschuss für die Errichtung einer Unterkunft für Asylbewerber möglich. Hier stünde u. U. einer Zweckbindungsdauer von 15 Jahren eine Nutzungsdauer von 50 Jahren gegenüber, wobei sich die Auflösung des Sonderpostens allein an der Zweckbindung aus dem Zuweisungsverhältnis orientiert.

Wahlweise ist nach § 38 Abs. 4 Satz 2 GemHVO auch die pauschale Auflösung über zehn Jahre möglich, wenn die Investitionszuwendungen nicht maßnahmenbezogen zugeordnet werden können. Dies zielt besonders auf die Vorgehensweise für Investitionspauschalen ab.

Da es sich bei den von Kommunen erhobenen Beiträgen definitionsgemäß um Geldleistungen zur Finanzierung von Investitionen (§ 11 KAG) handelt, kommt eine direkte Erfassung dieser Leistungen als Ertrag nicht in Frage. Beiträge sind nach § 38 Abs. 4 GemHVO zu behandeln wie Investitionszuwendungen. Zunächst erfolgt dabei eine Passivierung des Beitrags als Sonderposten. Die ertragswirksame Auflösung dieses Sonderpostens über die Konten der Kontengruppe 54 wird anteilig über die Nutzungsdauer der mit dem Beitrag finanzierten öffentlichen Einrichtung oder Anlage durchgeführt.

17.1.1.9 Sonstige ordentliche Erträge (Kontengruppe 53)

Die sonstigen betrieblichen Erträge stellen ein Auffangbecken für alle Ertragsarten dar, die in den anderen Positionen nicht abgebildet werden können. Die konkreten Inhalte sind aus dem KVKR zu erkennen:

Hauptkonto	Bezeichnung	Erläuterung[752]
530	Nebenerlöse	Nebenerlöse resultieren zwar aus der gewöhnlichen Geschäftstätigkeit, sind aber Gegenleistung für Leistungen, die nicht Hauptzweck der Geschäftstätigkeit darstellen.
530910	Konzessionsabgaben	Konzessionsabgaben für Strom, Gas
533	Erträge aus Schadensersatzleistungen	Leistungen von Versicherungen, z. B. Sach- und Kfz-Haftpflicht, Legalzessionen[753]; soweit die Leistungen in Zusammenhang mit außerordentlichem Aufwand stehen, erfolgt die Buchung unter Hauptkonto 599.

---

[752] Vgl. Erläuterungen zum KVKR vom Juni 2009.
[753] Als Legalzession bezeichnet man einen gesetzlichen Forderungsübergang z. B. wenn ein Bürge an den Gläubiger leistet, geht die Forderung gegen den Schuldner auf den Bürgen über (§ 774 BGB).

534	Erträge aus der Veräußerung von Wertpapieren des Umlaufvermögens	Verkaufserlös über Buchwert (Buchwert als Abgang bei der entsprechenden Bilanzposition)
535	Erträge aus der Veräußerung von Finanzderivaten	Auf die Definition der Finanzderivate bei Hauptkonto 276 wird verwiesen.
536	Erträge aus ähnlichen Entgelten	
538	Erträge aus der Herabsetzung und Auflösung von Rückstellungen (außer Instandhaltungsrückstellungen)	vollständige oder teilweise Auflösung einer Rückstellung bei Wegfall der Begründung (§ 39 Abs. 2 GemHVO und Nr. 16 Hw. zu § 39 GemHVO);
539	Andere sonstige betriebliche Erträge	z. B. Einbehaltungen aus Sicherheitsleistungen, Erträge aus der Veräußerung von Ökopunkten
5391	Steuererstattungen[754]	aus Steuerarten der Kontengruppen 70 und 74, nicht jedoch abziehbare Vorsteuer (Hauptkonto 260)

17.1.2 Aufwendungen (Kontenklassen 6 und 7)

Aufwendungen stellen den Wert der innerhalb einer Periode, hier also innerhalb eines Haushaltsjahres, verbrauchten Güter und Dienstleistungen dar. Aus der Differenz von Erträgen und Aufwendungen ergibt sich der Erfolg, in den Begriffen der GemHVO das Jahresergebnis.

Neben den Aufwendungen für Sach- und Dienstleistungen sind hier die Personalaufwendungen, die Abschreibungen, die Transferaufwendungen, die Finanzaufwendungen und die außerordentlichen Aufwendungen zu betrachten.

17.1.2.1 Personalaufwendungen (Kontengruppen 62, 63, und 65 sowie Hauptkonten 640 - 643 und 647 - 649)

Personalaufwendungen sind alle Aufwendungen, die unmittelbar mit der Beschäftigung von Beamten und Arbeitnehmern in der Verwaltung zusammenhängen. Dies sind zunächst die Gehälter der Beamten und die Entgelte der Arbeitnehmer. Hierzu gehören auch Sach- und Sonderzuwendungen. Als Sachaufwendungen kommen z. B. Essenszuschüsse, die Möglichkeit der Privatnutzung von Dienstfahrzeugen oder die Stellung einer Werkswohnung in Betracht.[755] Unter die Sonderzuwendungen fallen insbesondere das Urlaubs- und Weihnachtsgeld.

---

[754] Bei zuviel erhobenen Abgaben, die die Gemeinde in einem späteren Haushaltsjahr zurückerhält, gilt das Bruttoprinzip, weshalb hier ein Ertragskonto angesprochen ist, im Gegensatz zu zu viel erhobenen Abgaben, die die Gemeinde zurückerstatten muss, wobei gem. § 16 Abs. 1 GemHVO das Bruttoprinzip aufgehoben und die Rückerstattung von den Erträgen abzusetzen ist.

[755] Vgl. z. B. Brixner/Harms/Noe, Verwaltungs-Kontenrahmen, München 2003, S. 411.

Unter die Personalaufwendungen fallen:

Kontengruppe	Bezeichnung
62	Entgelte Arbeitnehmer
63	Bezüge Beamte
64 (teilw.)	Soziale Abgaben und Aufwendungen für Altersversorgung und Unterstützung
65	Sonstige Personalaufwendungen

Grundsätzlich werden die Personalaufwendungen brutto erfasst. Die zu entrichtende Lohn- und Kirchensteuer sowie den Solidaritätsbeitrag und die Arbeitnehmeranteile zur Sozialversicherung (Renten-, Arbeitslosen-, Pflege- und Krankenversicherung) führt der Arbeitgeber auf Grund von gesetzlichen Verpflichtungen vom Gehalt des Arbeitnehmers an das Finanzamt bzw. die Sozialversicherungsträger ab. Der Arbeitnehmer ist dabei der Schuldner, so dass die entsprechenden Zahlungen in der Buchhaltung unter den Personalaufwendungen erfasst werden.

Beispielhafte Buchungssätze für Buchungen im Personalbereich:

a) Auszahlung der Nettoentgelte an die Tarifbeschäftigten:

620 Entgelte f. gel. Arbeit	an	280 Bank	x €

b) Buchung der Lohn- und Kirchensteuer:

620 Entgelte f. gel. Arbeit	an	483 sonst. Steuerverbindlichk.	x €

c) Buchung der Arbeitnehmeranteile an der gesetzlichen Sozialversicherung

620 Entgelte f. gel. Arbeit	an	484 Verb. Sozialversicherung	x €

d) Buchung des Arbeitgeberanteils an der gesetzlichen Sozialversicherung:

640 AG-Ant. Sozialversich.	an	484 Verb. Sozialversicherung	x €

e) Abführung der einbehaltenen Lohn- und Kirchensteuer an das Finanzamt zum gesetzlichen Fälligkeitstermin:

483 sonst. Steuerverbindk.	an	280 Bank	x €

f) Abführung der einbehaltenen Sozialversicherungsanteile an die Sozialversicherungsträger zum gesetzlichen Fälligkeitstermin:

484 Verb. Sozialversichg.	an	280 Bank	x €

Weiterhin fallen unter die Personalaufwendungen alle Aufwendungen des **Arbeitgebers** für die soziale Sicherung der Beschäftigten. Dies sind insbesondere die Arbeitgeberanteile zur Sozialversicherung und die Aufwendungen für Beihilfen. Hierfür sind separate Konten einzurichten.

Ebenfalls eine separate Kontengruppe ist für die Alterssicherung der Beamten vorgesehen. Da Beamte auf Grund ihrer Beschäftigung einen Pensionsanspruch gegenüber ihrem Dienstherrn erwerben, entsteht bei dem Dienstherrn eine Verpflichtung, die allerdings in ihrer Höhe und in dem Zeitpunkt, in dem die Verpflichtung zu Auszahlungen führt, unbestimmt ist. In solchen Fällen unbestimmter Verpflichtungen hat die Kommune Rückstellungen zu bilden (Ziffer 16.3.6.2).

Die Zuführung von Beträgen zur Pensionsrückstellung für aktive Beschäftigte (Hauptkonto 646) fällt nach den im Muster 7 zur GemHVO getroffenen Festlegungen nicht unter den Personalaufwand, sondern unter die Versorgungsaufwendungen (Ziffer 17.1.2.2).

Zu differenzieren sind die Personalaufwendungen auch von der Kontengruppe 65 (Sonstige Personalaufwendungen). Dabei handelt es sich insbesondere um Personalnebenaufwendungen wie z. B. Aufwendungen für

- erforderliche Personalmaßnahmen (Einstellung, Umsetzung, Entlassung),
- die Aus- und Fortbildung,
- übernommene Fahrt- und Umzugskosten,
- die Zahlung von Trennungsgeld,
- den Gesundheitsschutz und die Arbeitssicherheit der Beschäftigten,
- Belegschaftsveranstaltungen,
- Dienstjubiläen u. Ä.

Die Aufwendungen für Aufwandsentschädigungen von Mandatsträgern (Gemeindevertreter, Gemeindevorstandsmitglieder) fallen nicht unter die Personalaufwendungen, da es sich bei diesem Personenkreis nicht um Personal der Verwaltung handelt. Sie sind auf dem Hauptkonto 678 (Aufwendungen für Aufsichtsrat bzw. Beirat oder dergl.) zu erfassen.

Die Aufwendungen für die Beschäftigung von Honorarkräften, z. B. im Bereich der Volkshochschule, der Musikschule oder des Gesundheitsamtes, die diese Tätigkeit nicht als abhängig Beschäftigte, sondern als selbstständige Tätigkeit ausüben, zählen zur Kontengruppe 61 (Aufwendungen für bezogene Leistungen) also nicht zu den Personalaufwendungen, sondern zu den Aufwendungen für Sach- und Dienstleistungen. Da bei dem Einsatz von Honorarkräften kein Beschäftigungs- oder Dienstverhältnis besteht, fallen die entstehenden Aufwendungen nicht unter die Personalaufwendungen.

Unter die Sonstigen Personal- und Versorgungsaufwendungen fallen insbesondere die sog. Personalnebenkosten. Dies sind u. a.

- erforderliche Personalmaßnahmen (Einstellung, Umsetzung, Entlassung),
- die Aus- und Fortbildung,
- übernommene Fahrt- und Umzugskosten,
- die Zahlung von Trennungsgeld,
- der Gesundheitsschutz und die Arbeitssicherheit der Beschäftigten,
- Belegschaftsveranstaltungen,
- Dienstjubiläen,

17.1.2.2   Versorgungsaufwendungen (Hauptkonten 644 - 646)

Wie bereits in der vorhergehenden Ziffer 17.1.2.1 dargestellt, wird zwischen Personal- und Versorgungsaufwendungen unterschieden. Während unter die Personalaufwendungen insbesondere alle Bezüge der aktuell Beschäftigten fallen, sind unter den Aufwendungen für Altersversorgung die Aufwendungen zur Bildung von Rückstellungen, aus denen später die Bezüge der aus dem Dienst ausgeschiedenen Mitarbeiterinnen und Mitarbeiter (Versorgungsempfänger) geleistet werden, sowie die Arbeitgeberanteile für die Sozialversicherung der sozialversicherungspflichtig Beschäftigten zu buchen.

Die Höhe der Zuführung ergibt sich aus der versicherungsmathematischen Berechnung des Barwerts der Verpflichtungen (sog. Teilwert gem. § 6a EStG). Aus der Differenz dieses Barwerts am Ende und am Anfang der Rechnungsperiode ergibt sich die Höhe der erforderlichen Zuführung. Wie die übrigen Personalaufwendungen sind auch die Zuführungen zur Pensionsrückstellung jeweils für die im Haushaltsplan ausgewiesenen Teilhaushalte separat zu erfassen und auszuweisen. Dies erfordert eine Differenzierung der Pensionsrückstellung mindestens nach den abgebildeten Teilhaushalten.

Die Bildung von Pensionsrückstellungen für Beamte ist unabhängig davon, ob die Kommune die Versorgungsbezüge später selbst leistet, oder ob sie sich einer Versorgungskasse angeschlossen hat, die über ein Umlageverfahren gedeckt wird. Da die Pensionäre bzw. die Hinterbliebenen in jedem Fall einen Anspruch gegenüber dem ursprünglichen Dienstherrn besitzen, ist die entsprechende Verpflichtung auch bei diesem als Pensionsrückstellung auszuweisen. Demgegenüber bestehen die Ansprüche der Tarifbeschäftigten auf Zusatzversorgung regelmäßig gegenüber der entsprechenden Versorgungskasse, so dass hier die Bildung einer Rückstellung nicht zwingend zu erfolgen hat, obwohl auch hier weitergehende Verpflichtungen bestehen können, wenn die Zusatzversorgungskasse nicht nach dem Kapitaldeckungsprinzip verfährt.

Nach der Verpflichtung der Kommunen zur Bildung von Pensionsrückstellungen sollten die Aufwendungen grundsätzlich bereits während der aktiven Beschäftigungszeit der Versorgungsempfänger als Zuführung zur Pensionsrückstellung ergebniswirksam geworden sein. Dies trifft sowohl auf die Beamtenpensionen als auch auf die Beihilfegewährung für ehemalige Beschäftigte zu. Soweit für die Leistung der Pensionen ausreichende Rückstellungen zur Verfügung stehen, können diese Zahlungen zu Lasten der Rückstellung vorgenommen werden. Sie werden damit im Jahr der Zahlung nicht noch einmal ergebniswirksam. Als ergebniswirksamer Versorgungsaufwand sind alle Leistungen für die Versorgungsempfänger zu erfassen, für die zuvor Rückstellungen nicht oder in nicht ausreichender Höhe gebildet wurden. Ebenfalls als Versorgungsaufwand zu erfassen sind notwendige Zuführungen zur Pensionsrückstellung für ausgeschiedene Bedienstete. Eine solche Zuführung kann sich aus versicherungsmathematischen Änderungen, wie z. B. der Anpassung der Sterbetafel an die aktuellen Daten, oder durch eine gesetzliche Erhöhung des Pensionsanspruchs ergeben.

Als Versorgungsaufwendungen kommen ebenfalls Sachaufwendungen für Pensionäre oder ehemalige Beschäftigte in Frage. Dies wäre z. B. der geldwerte Vorteil eines ehemaligen Beschäftigten, der auch nach seinem Ausscheiden aus dem aktiven Dienst weiterhin eine Dienst- oder Werkswohnung bewohnt.

Bei der Erfassung der Zuführung zur Pensionsrückstellung und bei der Zahlung der Pensionen bzw. bei der Zahlung der Umlagen an die Versorgungskassen sind gegenüber dem normalen kaufmännischen Verfahren einige Besonderheiten zu beachten, die sich aus der

- Differenzierung der Personal- und Versorgungsaufwendungen,
- Darstellung der entsprechenden Zahlungen in der Finanzrechnung und
- der Ausweisung der jeweiligen Aufwandspositionen in den Teilergebnisrechnungen

ergeben.

Die verschiedenen Schritte im Umgang mit der Pensionsrückstellung werden an nachfolgendem Beispiel dargestellt:

1. Während der Beschäftigungszeit werden für die Beamten der Gemeinde G Pensionsrückstellungen gebildet. Die Höhe der Zuführung zu dieser Rückstellung in einem Jahr ergibt sich aus der Differenz des jeweiligen Teilwertes zum Ende und zum Anfang des Haushaltsjahres. Liegt der Teilwert für den Amtsrat Fleißig am 01.01.2013 bei 196.000 € und am 31.12.2013 bei 209.000 €, sind für ihn im Jahr 2013 insgesamt 13.000 € zusätzliche Pensionsrückstellungen zu bilden. Auch wenn eine separate Buchung des Einzelfalls nicht erforderlich ist, so ist die Dokumentation und Erfassung der Teilwerte für jeden einzelnen Beschäftigten erforderlich, um die Bedienung der Teilergebnishaushalte zu gewährleisten und um im Versorgungsfall eine Umbuchung der Rückstellung vorzunehmen, die für die Differenzierung der Personal- und Versorgungsaufwendungen erforderlich ist. Die Zuführung zur Pensionsrückstellung stellt Personalaufwand dar:

> 646 Zuf. Pensionsrückst.   an   3701 Pensionsrückst. (Besch.) 13.000 €

2. Am 01.01.2014 tritt Fleißig in den Ruhestand. Die für ihn gebildete Pensionsrückstellung muss bei einer Differenzierung der Rückstellungskonten nach Beschäftigten und Versorgungsempfängern umgebucht werden:

> 3701 Pensionsrückst. (Besch.) an   3700 Pensionsrückst. (Vers.)   209.000 €

3. Im Jahr 2014 erhält Fleißig Pensionszahlungen und Beihilfen in Höhe von insgesamt 38.000 €. (Alternativ kann hier auch die Zahlung der Umlage an eine Versorgungskasse gebucht werden.) Nach der sog. buchhalterischen Methode werden die Zahlungen zunächst auf dem Konto für den Versorgungsaufwand gebucht. Dabei kann gleichzeitig das entsprechende Finanzrechnungskonto bedient werden:

> 644 Versorgungsaufwand   an   Kreditor   38.000 €

4. Zum Ende des Jahres 2014 wird mittels eines Gutachtens oder durch den Einsatz entsprechender Software der neue Teilwert für den 01.01.2015 ermittelt. Dieser beträgt 180.000 €. Die bestehende Pensionsrückstellung kann damit im Rahmen des Jahresabschlusses 2014 um 29.000 € vermindert werden. Diese Minderung entlastet das Versorgungsaufwandskonto:

3700 Pensionsr. (Vers.)   an   644 Versorgungsaufwand   29.000 €

Damit steht im Jahresabschluss des Jahres 2014 der Versorgungsauszahlung i. H. v. 38.000 € in der Finanzrechnung ein Versorgungsaufwand von 9.000 € in der Ergebnisrechnung gegenüber. Gleichzeitig verringert sich, allein bezogen auf Herrn Fleißig, in der Bilanz die Pensionsrückstellung für Versorgungsempfänger um 29.000 €.

In der Regel wird die Minderung der Pensionsrückstellung die tatsächlichen Pensionszahlungen vom Betrag her nicht erreichen, so dass Versorgungsaufwand ausgewiesen werden muss. Dies ergibt sich alleine daraus, dass bei der Ermittlung der Teilwerte nach § 41 Abs. 5 GemHVO eine Abzinsung i. H. v. 6 % vorzunehmen ist, was zu einer niedrigeren Rückstellungszuführung während der aktiven Beschäftigungszeit führt. Der Sonderfall eines theoretisch denkbaren negativen Versorgungsaufwands wird im Rahmen dieses Lehrbuchs nicht weiter behandelt, da er praktisch keine Rolle spielen wird.

Allerdings trägt die vorgeschriebene separate Darstellung von Versorgungs- und Personalaufwendungen im Haushalt nicht unbedingt zur Transparenz bei. Die Aufwendungen, die zur Sicherstellung der zukünftigen Beamtenversorgung während der aktiven Dienstzeit der Beamten durch die Bildung von Pensionsrückstellungen entstehen, sind nämlich nicht den Versorgungs-, sondern den Personalaufwendungen zuzuordnen. Die Höhe der Versorgungsaufwendungen hängt indes nur davon ab, in welcher Höhe bereits Rückstellungen (als Personalaufwand) gebildet wurden. Die isolierte Betrachtung dieser Position hat deshalb keinen eigentlichen Erkenntniswert. Um diese komplizierten Zusammenhänge nicht allen Adressaten des Haushalts erläutern zu müssen, könnte in Ergebnishaushalt und -rechnung, wie in der kaufmännischen Gewinn- und Verlustrechnung, auf einen separaten Ausweis der Versorgungsaufwendungen verzichtet werden. Einen zusätzlichen Steuerungsnutzen haben diese Informationen nicht, allerdings markieren sie in der Übergangszeit von der Kameralistik zur Doppik den Stand der Umstellungsarbeiten und des Umdenkens.

17.1.2.3   Aufwendungen für Sach- und Dienstleistungen (Kontengruppen 60, 61 und 67 - 69)

Alle im Rahmen der Aufgabenerfüllung erhaltenen Sach- und Dienstleistungen, die mit Ressourcenverbrauch verbunden sind, werden im Rahmen der Planung im Ergebnishaushalt (Muster 7) unter der Planungsposition 13 erfasst. Für die Dokumentation und Rechenschaftslegung gelten jedoch die weitaus differenzierteren Unterscheidungsmerkmale des KVKR, die hier im Zusammenhang erörtert werden sollen. Um deutlich zu machen, wie vielfältig diese Aufwendungen sein können, sei an dieser Stelle nur auf die darunter fallenden Konten hingewiesen, die weitere Differenzierung ist dem KVKR sowie den dazu ergangenen Erläuterungen zu entnehmen:

Konten-gruppe	Haupt-konto	Konto	Bezeichnung
60			**Aufwendungen für Material, Energie und sonstige verwaltungswirtschaftliche Tätigkeit**
	600		Rohstoffe/Material/Vorprodukte/Fremdbauteile
	601		Verbrauchsmaterial
		6010	Aufwendungen für Büromaterial und Drucksachen der Verwaltung und ähnl. Einrichtungen
		6011	Lehr- und Unterrichtsmittel
	602		Hilfsstoffe
	603		Betriebsstoffe/Verbrauchswerkzeuge
		6030	Betriebsstoffe/Verbrauchswerkzeuge
	604		Verpackungsmaterial (Materialbeschaffungskosten)
	605		Energie, Wasser, Abwasser
		6051	Strom
		6052	Gas
		6053	Fernwärme
		6054	Heizöl
		6055	Treibstoffe
		6056	Wasser
		6057	Abwasser
	606		Materialaufwendungen für Reparatur und Instandhaltung
		6061	Materialaufwand für Gebäude und Außenanlagen
		6062	Materialaufwand für techn. Anlagen in Betriebsbauten
		6063	Materialaufwand für Einrichtungen und Ausstattungen
		6065	Materialaufwand für Straßen, Wege, Plätze u. Ä.
		6069	Sonstiger Materialaufwand für Reparatur und Instandhaltung
	607		Aufwendungen für Berufskleidung, Arbeitsschutzmittel u. Ä.
	608		Sonstiger Materialaufwand
		6081	Reinigungsmaterial
		6089	Übriger sonstiger Materialaufwand
61			**Aufwendungen für bezogene Leistungen**
	610		Fremdleistungen für Erzeugnisse und andere Umsatzleistungen
	611		Fremdleistungen für die Auftragsgewinnung
	612		Entwicklungs-, Versuchs- und Konstruktionsarbeiten durch Dritte
	613		Aufwandsentschädigungen und sonstige Fremdleistungen
		6131	Aufwandsentschädigungen für ehrenamtl. Tätige (soweit nicht Hkto. 678)
		6132	Aufwand für Leiharbeitskräfte
		6139	Sonstige weitere Fremdleistungen
	614		Frachten und Fremdlager (inkl. Versicherungen und andere Nebenleistungen)
	615		Vertriebsprovisionen (sofern nicht Hkto. 676)
	616		Fremdinstandhaltung
		6161	Instandhaltung der Gebäude und Außenanlagen (Bauunterhaltung)
		6162	Instandhaltung von tech. Anlagen in Betriebsbauten
		6163	Instandhaltung von Einrichtungen und Ausstattungen
		6164	Instandhaltung von Fahrzeugen
		6165	Instandhaltung von Sachanlagen im Gemeingebrauch, Infrastrukturvermögen
		6166	Wartungskosten
		6169	Sonstige Fremdinstandhaltung
	617		Sonstige Aufwendungen für bezogene Leistungen
		6171	Aufwendungen für Fremdentsorgung
		6172	Beleuchtungs-Contracting
		6173	Fremdreinigung
		6179	Andere sonstige Aufwendungen für bezogene Leistungen
	618		Skonti, Boni

67			**Aufwendungen für die Inanspruchnahme von Rechten und Diensten**
	670		Mieten, Pachten, Erbbauzinsen
	671		Leasing
	672		Lizenzen und Konzessionen
	673		Gebühren
	674		Leiharbeitskräfte (soweit nicht unter Hauptkonto 613)
	675		Bankspesen/Kosten des Geldverkehrs und der Kapitalbeschaffung
	676		Provisionen
	677		Prüfung, Beratung, Rechtsschutz
		6771	Aufwendungen für Sachverständige, Rechtsanwälte und Gerichtskosten
		6772	Aufwendungen für Steuerberatung und Wirtschaftsprüfung
		6773	Aufwendungen für betriebswirtschaftliche Beratungen und Ähnliches
		6779	Aufwendungen für andere Beratungsleistungen
	678		Aufwendungen für Aufsichtsrat bzw. Beirat oder dergl.
	679		Sonstige Aufwendungen für die Inanspruchnahme von Rechten und Diensten (auch Kostenerstattungen bei interkommunaler Zusammenarbeit, soweit nicht anderen Aufwandsarten zuordenbar)
68			**Aufwendungen für Kommunikation, Dokumentation, Information, Reisen, Werbung**
	681		Aufwendungen für Zeitungen und Fachliteratur der Verwaltung und ähnlicher Einrichtungen
	682		Porto und Versandkosten
	683		Telefon, Datenübertragungskosten
		6831	Datenübertragungskosten
		6832	Telefonkosten
	684		Amtliche Bekanntmachungen
	685		Reisekosten
	686		Repräsentation und Öffentlichkeitsarbeit
		6860	Aufwendungen für Verfügungsmittel
		6861	Aufwendungen für Öffentlichkeitsarbeit
		6862	Aufwendungen für Gästebewirtung (Repräsentation)
		6869	Sonstige Aufwendungen für Repräsentation
	687		Werbung
		6871	Geschenke bis 35 €
		6872	Geschenke über 35 €
	688		Aufwendungen für Fort- und Weiterbildung
	689		Sonstige Aufwendungen für Kommunikation
69			**Aufwendungen für Beiträge und Sonstiges sowie Wertkorrekturen**
	690		Versicherungsbeiträge
		6900	Beiträge für gebäudebezogene Versicherungen
		6901	Kfz-Versicherungsbeiträge
		6909	Beiträge für sonstige Versicherungen
	691		Beiträge zu Wirtschaftsverbänden und Berufsvertretung, sonstige Vereinigungen
	692		Aufwendungen für Schadenersatzleistungen
	693		Aufwendungen für Sozialeinrichtungen
	694		Ausgleichsabgabe nach § 77 SGB IX
	697		Einstellungen in sonstige Sonderposten
	699		Andere sonstige betriebliche Aufwendungen
		6990	Bußgelder
		6991	Säumniszuschläge
		6992	Kurs- und Zahlungsdifferenzen
		6993	Übrige sonstige betriebliche Aufwendungen

- **Aufwendungen für Material, Energie und sonstige verwaltungswirtschaftliche Tätigkeit (Kontengruppe 60)**

Als Rohstoffe werden diejenigen Materialien verstanden, die Hauptbestandteil des späteren Produktes werden. Hilfsstoffe sind solche Güter, die zwar auch Bestandteil des Fertigfabrikates werden, aber wert- und mengenmäßig nur eine untergeordnete Rolle spielen. Betriebsstoffe werden bei der Produktion verbraucht, gehen aber nicht in das Produkt ein. Hierunter fallen vor allem Energie, aber auch Wasser oder Schmierstoffe. Da die Fertigung von Erzeugnissen in der Kommunalverwaltung nur in Ausnahmefällen vorkommt, spielen die Roh- und Hilfsstoffe hier nur eine untergeordnete Rolle. Ebenfalls von untergeordneter Bedeutung sind die Waren in der Verwaltung. Unter Waren werden Güter verstanden, die ohne weitere Verarbeitung zu Weiterveräußerung bestimmt sind. Dies ist z. B. denkbar im Bereich der Tourismusförderung, wo Kartenmaterial und Souvenirs in kommunalen Einrichtungen veräußert werden. Ein weiteres Beispiel sind die Stammbücher im Bereich des Standesamtes. Betriebsstoffe insbesondere in der Form von elektrischer Energie und Heizmaterial, aber auch als Wasser für Reinigungszwecke, spielen auch für Verwaltungsbetriebe eine wichtige Rolle. Als Aufwand zu buchen sind jeweils nur die im Haushaltsjahr verbrauchten Roh-, Hilfs- und Betriebsstoffe und Waren.[756]

Zur Ermittlung des Verbrauchs sind nach den Grundsätzen ordnungsmäßiger Buchführung verschiedene Methoden anwendbar.

a) Verbrauchsfiktion:

Für Materialbestände untergeordneter Bedeutung, für die ein Lager nicht unterhalten wird, gilt die Verbrauchsfiktion: diese Stoffe gelten mit der Lieferung als verbraucht (z. B. Kraftstoff im Tank von Kraftfahrzeugen)

b) Inventurmethode

Die Ermittlung des Verbrauchs ergibt sich hier aus den per Inventur zu Anfang und zu Ende des Haushaltsjahres ermittelten Eröffnungs- und Schlussbilanzwerten laut Inventur und den Zugängen auf den entsprechenden Bilanzkonten:

	Anfangsbestand (lt. Vorjahresinventur)
+	Zugänge im Haushaltsjahr
−	Endbestand (lt. Inventur am Jahresende)
=	Aufwendungen des Haushaltsjahres

c) Bestandsbuchführung

Buchungstechnisch kann die Ermittlung des Aufwands auch dadurch erfolgen, dass der Zukauf auf den Bestandskonten erfasst (aktiviert) wird und erst bei der Lagerentnahme als Aufwand gebucht wird. Hierfür ist eine leistungsfähige Lagerbuch-

---

[756] Vgl. Wöhe, Einführung in die Allgemeine Betriebswirtschaftslehre, S. 252.

haltung (Materialentnahmescheine, Warenwirtschaftssystem) erforderlich. Ohne Einsatz einer Lagerbuchhaltung werden die Zugänge direkt als Aufwand gebucht. Anhand der Anfangs- und Endbestände lt. Inventur erfolgt am Jahresende die Ermittlung des tatsächlichen Ressourcenverbrauchs.[757]

Bei den Aufwendungen für Energie, Abwasser und Wasser sind in sachlicher Hinsicht keine Besonderheiten zu berücksichtigen. Im Sinne der sachgerechten Periodenabgrenzung ist jedoch darauf hinzuweisen, dass entgegen früheren kameralen Gewohnheiten der Jahresverbrauch am Jahresende festzustellen und entsprechend zu verbuchen ist, auch wenn die Abrechnung erst nach Ablauf des Haushaltsjahres erstellt wird. Im Bereich des Heizöls und der Treibstoffe (in einer betriebseigenen Tankstelle) kann eine Aufwandsermittlung anhand der Differenzen der Inventurbestände (s. o.) erforderlich sein, wenn andernfalls eine zutreffende Abbildung des Ressourcenverbrauchs nicht gewährleistet ist. Soweit die Lagerbestandsänderungen von Bilanzstichtag zu Bilanzstichtag nur unwesentlich sind und eine genaue Bestandserfassung nur mit erheblichem Aufwand möglich ist, kann ggf. auf eine Abgrenzung verzichtet werden.

Fallen Materiallieferungen im Zusammenhang mit weiteren Leistungen an, so sind diese unter der Kontengruppe 61 zu erfassen.[758]

- **Aufwendungen für bezogene Leistungen (Kontengruppe 61)**

Unter die Aufwendungen für Sach- und Dienstleistungen fallen auch alle Aufwendungen für die Wartung, Instandhaltung, Reparatur und Bewirtschaftung des Sachanlagevermögens. Hier sind sowohl Materialaufwendungen für eigene Leistungen als auch Aufwendungen für Reinigungs-, Wartungsverträge oder Fremdinstandhaltung zu planen und zu buchen.

Schülerbeförderungskosten, Aufwendungen für Lernmittel nach dem Lernmittelfreiheitsgesetz und Kostenerstattungen für Leistungen, die eine andere Stelle für die Kommune erbracht hat, sind ebenfalls hier zu erfassen.

- Aufwendungen für die Inanspruchnahme von Rechten und Diensten (Kontengruppe 67)

Zu dieser Kontengruppe gehören

- Aufwendungen für die Inanspruchnahme von Rechten und Diensten,
- Aufwendungen für Honorar- oder Leiharbeitskräfte,

Beispiele: Mieten, Pachten, Erbbauzinsen, Leasingraten

Die einzelnen Aufwandsarten sind dem KVKR zu entnehmen. Besonderheiten bzgl. der Haushaltsplanung oder der Abwicklung in der Buchhaltung ergeben sich allenfalls bei der Behandlung von Leasingraten. Diese sind grundsätzlich als Aufwand zu buchen, wenn

---

[757] Vgl. Brixner/Harms/Noe, Verwaltungs-Kontenrahmen, München, 2003, S. 298 f.
[758] Vgl. Erl. zu Kontengruppe 61 in den Erläuterungen zum KVKR.

das geleaste Wirtschaftsgut dem Leasinggeber als wirtschaftliches Eigentum zugerechnet werden kann. Liegt das wirtschaftliche Eigentum[759] dagegen beim Leasingnehmer, ist dies zu aktivieren und sind die Leasingraten als Kaufpreisraten (d. h. als Investitionsauszahlungen) zu behandeln.[760]

- **Aufwendungen für Kommunikation, Dokumentation, Information, Reisen, Werbung (Kontengruppe 68)**

Unter diese Kontengruppe fallen einige im Verwaltungsalltag durchaus wichtige Aufwendungsarten. Neben den bereits in der Überschrift genannten auch

- Aufwendungen für Zeitungen und Fachliteratur, soweit diese nicht zu aktivieren ist
- Porto und Versandkosten
- Telefon- und Datenübertragungskosten
- amtliche Bekanntmachungen
- Fortbildung
- Repräsentation und Öffentlichkeitsarbeit
- Verfügungsmittel (§ 13 GemHVO), siehe Ziffer 7.3.5.2
- Aufwendungen für Beiträge und Sonstiges sowie Wertkorrekturen (Kontengruppe 69)

Die Kontengruppe 69 stellt ein Sammelbecken für mögliche sonstige Aufwandsarten dar, die nicht unter die Personal- oder Versorgungsaufwendungen fallen. Aufzuführen sind insbesondere

- Versicherungsprämien
- Wertberichtigungen,
- Verluste aus Wertpapieren des Umlaufvermögens,

17.1.2.4   Abschreibungen (Kontengruppe 66)

Abschreibungen werden im KVKR in zwei verschiedenen Kontengruppen angesprochen:

Kontengruppe	Bezeichnung
66	Abschreibungen auf Anlagevermögen, Vorräte und Forderungen
76	Abschreibungen auf Wertpapiere des Umlaufvermögens und Verluste aus entsprechenden Abgängen

- **Abschreibungen auf Anlagevermögen, auf Vorräte und auf Forderungen (Kontengruppe 66)**

Vermögensgegenstände, die dazu bestimmt sind, der Aufgabenerfüllung der Gemeinde dauerhaft zu dienen, sind dem Anlagevermögen zuzuordnen. Soweit diese Vermögens-

---

[759] Zum Begriff des wirtschaftlichen Eigentums siehe Kapitel 16.
[760] Vgl. Brixner/Harms/Noe, Verwaltungs-Kontenrahmen, München, 2003, S. 425 f. mit Hinweisen auf die Leasing-Erlasse des Bundesministers der Finanzen (BMF).

gegenstände im Rahmen ihrer Verwendung einer Abnutzung unterliegen oder durch außergewöhnliche Vorfälle verbraucht werden, wird die hierdurch verursachte Wertminderung als bilanzielle Abschreibung ergebniswirksam erfasst (§ 43 GemHVO). Diese Erfassung erfolgt einerseits im Soll auf dem Aufwandskonto der Gruppe 66 (Abschreibungen) und im Haben auf dem jeweiligen Bestandskonto des Anlagevermögens mit Buchungssätzen nach folgendem Muster:

66xx Abschreibungen	an	0XXX Anlagevermögen	x €

Grundsätzlich ergibt sich durch die Abschreibung zunächst eine Bilanzverkürzung, da einerseits der Wert des Anlagevermögens verringert wird und andererseits durch die Erfassung als Aufwand die Abschreibung in gleicher Höhe das Eigenkapital mindert. Durch die Abschreibung ist damit nicht, wie häufig irrtümlich vermutet wird, automatisch die Finanzierung einer Ersatzinvestition sichergestellt. Diese Finanzierungsfunktion ergibt sich ausschließlich dann, wenn den Abschreibungen entsprechende Erträge gegenüberstehen, die die Minderung des Eigenkapitals ausgleichen und gleichzeitig auf der Aktivseite durch eine Erhöhung der Liquidität die Bilanz wieder verlängern.

Planmäßige Abschreibungen ergeben sich i. d. R. nach § 43 Abs. 1 GemHVO durch die gleichmäßige Verteilung der Anschaffungs- und Herstellungskosten des Anlagevermögens auf die betriebsgewöhnliche Nutzungsdauer des jeweiligen Vermögensgegenstandes (lineare Abschreibung).

$$\text{Abschreibung p. a.}^{761} \quad \frac{\text{Anschaffungs-/Herstellungskosten}}{\text{Nutzungsdauer}}$$

Gemäß Nr. 2 Hw. zu § 43 GemHVO ist bei der Bemessung der Abschreibungsdauer vorrangig auf die betriebsgewöhnliche Nutzungsdauer der jeweiligen Gemeinde abzustellen. Dabei sind die technische und die (meist kürzere) wirtschaftliche Nutzungsdauer zu beachten. Entsprechend dem Grundsatz der Vorsicht ist die kürzere Nutzungsdauer anzusetzen.

Gem. § 112 Abs. 1 HGO sind bei der Buchführung die GoB zu beachten. Diese übergeordneten Grundsätze beinhalten u. a. den Grundsatz der Richtigkeit. Danach sind z. B. nicht vertretbare Bewertungen von Aktiv- und Passivposten unzulässig. Ziel der Buchführung ist eine den tatsächlichen Verhältnissen entsprechende Darstellung der Vermögens- und Finanzsituation der Kommune. Damit unvereinbar wäre eine den tatsächlichen Verhältnissen widersprechende Bewertung der Aufwendungen für die Abnutzung des Anlagevermögens.

§ 43 Abs. 1 GemHVO lässt eine Abweichung von der linearen Abschreibung nur dann zu, wenn durch eine degressive Abschreibung oder eine Leistungsabschreibung der

---

[761] Im Gegensatz zur kalkulatorischen Abschreibung in der Kosten und Leistungsrechnung wird bei der bilanziellen Abschreibung generell davon ausgegangen, dass der Vermögensgegenstand bis zum Ende der Nutzungsdauer im Besitz der Kommune bleibt. Geplante Liquidationserlöse vor oder nach Ablauf der Nutzungsdauer werden daher bei der Ermittlung der bilanziellen Abschreibung nicht berücksichtigt.

Ressourcenverbrauch nachweislich besser abgebildet wird als durch eine lineare Abschreibung. Zulässig ist unter dieser Voraussetzung auch eine Kombination von degressiver und linearer Abschreibung. Unzulässig ist im Umkehrschluss die progressive Abschreibung, da durch steigende Abschreibungsbeträge eine unzulässige buchhalterische Verschiebung des Ressourcenverbrauchs in die Zukunft erfolgt, die mit dem Prinzip der intergenerativen Gerechtigkeit unvereinbar ist.

Bei der degressiven Abschreibung erfolgt die Verteilung der Anschaffungs- und Herstellungskosten auf die Nutzungsdauer mit sinkenden Beträgen. Die Ermittlung des Abschreibungsverlaufs kann sich mathematisch aus einer arithmetischen oder geometrischen Reihe ergeben. Bei einer geometrisch degressiven Abschreibung muss zur linearen Abschreibung gewechselt werden, sobald die gleichmäßige Verteilung des Restbuchwertes auf die Restnutzungsdauer zu einem höheren Abschreibungsbetrag führt als die Fortführung der Reihe der degressiven Abschreibungsbeträge, da sonst eine vollständige Abschreibung nicht möglich wäre.

Rechenbeispiel:
Die nachfolgende Tabelle zeigt ein Beispiel der geometrisch degressiven Abschreibung mit Übergang zur linearen Abschreibung:

Anschaffungswert			100.000,00	
Nutzungsdauer			10 Jahre	
Vervielfältiger für degressive Abschreibung			3,0	
Abschreibungssatz			30 %	

Periode	geometrisch degressiv	linear vom Restwert	Abschreibungsbetrag	Restwert
1	30.000,00	10.000,00	30.000,00	70.000,00
2	21.000,00	7.777,78	21.000,00	49.000,00
3	14.700,00	6.125,00	14.700,00	34.300,00
4	10.290,00	4.900,00	10.290,00	24.010,00
5	7.203,00	4.001,67	7.203,00	16.807,00
6	5.042,10	3.361,40	5.042,10	11.764,90
7	3.529,47	2.941,23	3.529,47	8.235,43
8	2.470,63	2.745,14	2.745,14	5.490,29
9	1.647,09	2.745,14	2.745,14	2.745,14
10	823,54	2.745,14	2.745,14	0,00

Bei der Leistungsabschreibung erfolgt die Ermittlung des Ressourcenverbrauchs eines Vermögensgegenstands nicht unter Berücksichtigung des Zeitablaufs, sondern unter Maßgabe der tatsächlichen Inanspruchnahme. Grundlage der Leistungsabschreibung sind die erzielbaren Leistungseinheiten des jeweiligen Vermögensgegenstandes während seiner gesamten Lebensdauer. Bei der Nutzung eines Kraftfahrzeugs könnte z. B. die Leistungsabschreibung anhand der Kilometerleistung erfolgen. Zur Ermittlung der jährlichen Abschreibungen wird der Abschreibungsausgangswert (Anschaffungs-/Herstellungskosten) durch die insgesamt erzielbaren Leistungseinheiten (Lebensleistung des Kfz in km) dividiert und anschließend mit der für die jeweilige Rechnungsperiode tatsächlich ermittelten Leistungsabgabe multipliziert.

Der Abschreibungsbeginn erfolgt mit dem Beginn des Monats, in dem die Nutzung des jeweiligen Vermögensgegenstandes beginnt. Bei einem Nutzungsbeginn im laufenden Jahr muss nach § 43 Abs. 2 S. 1 GemHVO der jeweilige Jahresanteil nach Monaten bemessen werden. Dieses Verfahren stimmt mit den inzwischen üblichen steuerrechtlichen Vorgehensweisen überein.

Durch die divergierende Formulierung in § 43 Abs. 1 und 2 GemHVO stellt sich die Frage, ob für den Beginn der Abschreibung der Termin des Kaufs bzw. der Herstellung des Vermögensgegenstandes oder dessen Inbetriebnahme (Nutzungsbeginn) maßgeblich ist. Nach Absatz 1 dieser Vorschrift werden die Anschaffungs- und Herstellungskosten auf die Haushaltsjahre verteilt, in denen der Vermögensgegenstand voraussichtlich genutzt wird. Abgestellt wird hier eindeutig auf die tatsächliche Nutzung und nicht auf eine Betriebsbereitschaft. Nach dem Wortlaut des § 43 Abs. 2 GemHVO ist jedoch auf den Zeitpunkt der Anschaffung bzw. Herstellung abzustellen. Problematischerweise ist hier einerseits darauf abzustellen, dass Gegenstände u. U. nicht sofort nach der Anschaffung in Betrieb genommen werden bzw. andererseits Anlagen bereits in Betrieb gehen, die noch nicht als hergestellt gelten, weil ggf. Herstellungsmängel die Abnahme verzögern. Insbesondere im Hinblick auf die Abwälzung des Aufwandes auf die Nutzer der Einrichtung wäre hier einem Abstellen auf die Inbetriebnahme der Vorzug zu geben. Es sollte danach für den Beginn der Abschreibung auf die Inbetriebnahme und nicht auf einen möglicherweise deutlich vorher liegenden Kauf- oder Herstellungstermin abzustellen sein. Im Absatz 2 wird jedoch bezüglich der anteiligen Berechnung von Abschreibungen innerhalb eines Jahres ausdrücklich auf den Termin der Anschaffung bzw. Herstellung abgestellt.

Einen Sonderfall der Abschreibung stellt die Sofortabschreibung geringwertiger Wirtschaftsgüter (GWG) nach § 41 Abs. 5 Satz 1 GemHVO dar. Als GWG werden bewegliche Vermögensgegenstände bezeichnet, die

- zum beweglichen Anlagevermögen gehören,
- selbstständig genutzt werden können,
- einer Abnutzung unterliegen und
- deren Anschaffungs-/Herstellungskosten (ohne Umsatzsteuer) 410 € nicht überschreiten.

Für diese Gegenstände besteht die Möglichkeit einer Sofortabschreibung im ersten Nutzungsjahr als Wahlrecht. Buchhalterisch besteht dabei die Möglichkeit der unmittelbaren Buchung der Anschaffungs-/Herstellungskosten auf separaten Aufwandskonten oder der Erfassung der GWG auf Bestandskonten und anschließender Vollabschreibung. Beide Verfahren werden kaufmännisch als zulässig angesehen und sollten im Hinblick auf ihre Praktikabilität beurteilt und eingesetzt werden[762]. Meist wird eine Buchung auf Bestandskonten bevorzugt, weil die angeschafften Gegenstände damit auch in der Anlagenbuchführung und im Inventar erfasst werden und damit eine Überwachung im Rahmen nachfolgender Inventuren ermöglicht wird. Grundsätzlich handelt es sich bei der

---

[762] Vgl. Brixner/Harms/Noe, Verwaltungs-Kontenrahmen, München, 2003, S. 420 m. w. N. sowie Modellprojekt „Doppischer Kommunalhaushalt in NRW (Hrsg.), Neues Kommunales Finanzmanagement: Betriebswirtschaftliche Grundlagen für das doppische Haushaltsrecht, 2. vollst. überarb. Auflage auf der Basis der Endergebnisse des Modellprojektes, Rudolf Haufe Verlag Freiburg 2003, S. 118 f.

Anschaffung von GWG um Investitionsauszahlungen, die im Finanzhaushalt als solche zu planen sind. Daneben sind im Ergebnishaushalt die Abschreibungen zu veranschlagen.[763]

Aus dem Bereich des Umlaufvermögens sind an dieser Stelle die Abschreibungen auf Forderungen besonders zu erwähnen, die dann auftreten, wenn ein Schuldner der Gemeinde seine Zahlungsverpflichtungen nicht erfüllen kann, also ein Ausfall eintritt oder zumindest droht. Zu unterscheiden sind dabei die Abschreibungen auf Forderungen wegen Uneinbringlichkeit (Konto 6671), die Einzelwertberichtigungen (Konto 6672) und die Pauschalwertberichtigungen (Konto 6673).

Eine Forderung ist uneinbringlich, wenn sie definitiv nicht mehr zu realisieren ist, z. B. bei unbefristeter Niederschlagung oder Erlass (vgl. Ziffern 13.5.4 und 13.5.5).

Eine Einzelwertberichtigung erfolgt, wenn die Realisierung einer Forderung zweifelhaft erscheint, aber noch kein endgültiger Ausfall eingetreten ist, z. B. bei befristeter Niederschlagung, vgl. Ziffer 13.5.4.2. Die Höhe der Abschreibung richtet sich nach der Ausfallwahrscheinlichkeit.

Vorstehend wurde beschrieben, wie mit dem Ausfall einzelner Forderungen umzugehen ist. Insofern wurde dafür der Begriff „Einzelwertberichtigung" bzw. „Abschreibung auf Forderungen wegen Uneinbringlichkeit" verwendet.

In der kommunalen Praxis werden jedoch auch pauschale Wertberichtigungen durchgeführt. Die Notwendigkeit ergibt sich daraus, einen Jahresabschluss zu erstellen, der ein den tatsächlichen Verhältnissen entsprechendes Bild der Ertragslage am Ende eines Haushaltsjahres entspricht (Bilanzerfordernis gemäß § 112 Abs. 1 HGO). Probleme bestehen dadurch, dass der Ertrag den Jahresabschluss positiv beeinflusst. Der tatsächliche Zahlungseingang bleibt dabei unberücksichtigt. Kann eine größere Zahl von Erträgen erfahrungsgemäß nicht realisiert und können Einzelwertberichtigungen in Form von Niederschlagungen aus rechtlichen Gründen noch nicht ausgesprochen werden, würden die gebuchten Erträge das Jahresergebnis zu positiv darstellen. Die notwendigen Wertberichtigungen würden dann spätere Perioden ungerechtfertigt belasten, wenn die Niederschlagungen ausgesprochen werden.

Das widerspricht der Periodengerechtigkeit im doppischen Buchungssystem. Vor allem bei der Gewerbesteuer weiß die Gemeinde aus Erfahrung, dass ein gewisser Prozentsatz der festgesetzten Forderungen nicht eingezogen werden kann, ohne schon konkret zu wissen, bei welchem Debitor dieses der Fall sein wird. Aus diesem Grunde wird der voraussichtliche Einzahlungsausfall pauschal auf der Grundlage von Erfahrungswerten geschätzt und mit einer Pauschalwertberichtigung bereinigt. Damit wird das Jahresergebnis „realitätsnäher" dargestellt. In den nachfolgenden Haushaltsjahren erfolgt dann

---

[763] Die mit dem Einkommensteuergesetz 2008 in § 6 Abs. 2 a EStG eingeführte Poolabschreibung für geringwertige Wirtschaftsgüter bis 1.000 €, die mit § 41 Abs. 5 GemHVO für anwendbar erklärt wurde, bietet nach Überzeugung der Autoren für die Kommunen keine Vorteile und wird deshalb hier nicht weiter erläutert. Die Poolabschreibung war ursprünglich als Verpflichtung ausgebildet, sie ist mit dem Wachstumsbeschleunigungsgesetz vom 22. Dezember 2009 (BGBl. I S. 3950) als Option gestaltet neben der Sofortabschreibung von Geringwertigen Vermögensgegenständen bis 410 € (Vgl. auch Hw. Nr. 6 zu § 41 GemHVO).

eine Verrechnung mit den tatsächlichen Einzelwertberichtungen (konkrete Niederschlagungen).

Neben den planmäßigen Abschreibungen und den Sofortabschreibungen sowie den Forderungsabschreibungen können weiterhin gemäß § 43 Abs. 3 und 4 GemHVO vorkommen

- außerplanmäßige Abschreibungen und Sonderabschreibungen auf das Anlagevermögen,
- außerplanmäßige Abschreibungen auf Finanzanlagen und Wertpapiere,
- außerplanmäßige Abschreibungen auf das Umlaufvermögen.

Einzelheiten zur Notwendigkeit und Möglichkeit dieser Abschreibungen sind der Erläuterung der Bilanzposten im Kapitel 16 zu entnehmen.

17.1.2.5 Aufwendungen für Zuweisungen, Zuschüsse sowie besondere Finanzaufwendungen (Kontengruppe 71)

Geleistete Zuwendungen an den öffentlichen Bereich (Zuweisungen) oder an den privaten Bereich (Zuschüsse) sind als Transferaufwendungen unmittelbar ergebniswirksam zu erfassen, soweit keine Aktivierungsfähigkeit der Zuwendung (als immaterieller Vermögensgegenstand) vorliegt. Unerheblich ist es dabei, ob es sich um Geld- oder Sachleistungen handelt.

Die Beurteilung der Aktivierungsfähigkeit der Zuwendungen ist ausschließlich aus der Sicht des Bilanzierenden (der Kommune) und keinesfalls aus Sicht des Zuwendungsempfängers zu beurteilen und bestimmt sich nach Nr. 3 Hw. zu § 49 GemHVO.

Schuldendiensthilfen stellen eine besondere Form der Zuwendungen dar, die auf die Erleichterung des Schuldendienstes beim Empfänger ausgerichtet sind. Da der Schuldendienst sich in der Regel aus Annuitäten ergibt, die sowohl Zins- als auch Tilgungsleistungen umfassen, ist vereinfachend davon auszugehen, dass i.d.R. keine Aktivierungsfähigkeit solcher Zuwendungen vorliegt. Dies ergibt sich daraus, dass eine Rückzahlungspflicht bei bestimmungsgemäßer Verwendung der Zuwendung i. d. R. ausgeschlossen ist.

17.1.2.6 Steueraufwendungen einschließlich Aufwendungen aus gesetzlichen Umlageverpflichtungen (Kontengruppe 73)

Unter dieser Position der Ergebnisrechnung treten in erster Linie gesetzliche Umlageverpflichtungen der Gemeinden und Gemeindeverbände in Erscheinung (Vgl. Ziffer 3.4) . Im Gegensatz zur gewählten Bezeichnung sind die eigentlichen Steueraufwendungen nach dem amtlichen Muster 15 anderen Positionen zugewiesen.

Steueraufwendungen werden überwiegend unter Position „Sonstige ordentliche Aufwendungen" (Ziffer 17.1.2.8) dargestellt, das gilt insbesondere für die

- Kontengruppe 70 Betriebliche Steuern (z. B. Grundsteuer, Kfz-Steuer)
- Kontengruppe 74 Steuern vom Einkommen und Ertrag

Unter die Aufwendungen aus gesetzlicher Umlageverpflichtungen fallen insbesondere

- Kreis- und Schulumlage,
- LWV-Umlage,
- Krankenhausumlage- und
- Gewerbesteuerumlage
  (einschl. Finanzierungsbeteiligung der Gemeinden am Fonds Deutsche Einheit.[764])

17.1.2.7 Transferaufwendungen (Kontengruppe 72)

Volkswirtschaftlich werden unter Transferaufwendungen alle Aufwendungen verstanden, denen keine Gegenleitung gegenübersteht, darunter würden auch die zuvor erörterten Positionen Zuwendungen und Steuern fallen (Vgl. Ziffer 17.1.1.6). Der Verordnungsgeber benutzt den Begriff Transferaufwendungen hier jedoch in einem erkennbar engeren Sinne, womit in erster Linie die Sozialtransfers gemeint sind.

Als Transferaufwendungen werden i. A. Übertragungen der Kommune an den öffentlichen oder den privaten Bereich erfasst, denen keine Gegenleistung gegenübersteht, im weiteren Sinne zählen hierzu auch die Steuerzahlungen der Kommune.

Unter die Transferaufwendungen im weiteren Sinne fallen insbesondere

- Zuweisungen und Zuschüsse (Ziffer 17.1.2.5),
- Schuldendiensthilfen (Ziffer 17.1.2.5),
- Umlagen im Rahmen des Steuerverbunds (Ziffer 17.1.2.6),
- Kreis- und Verbandsumlagen (Ziffer 17.1.2.6),.
- Sozialtransfers,

Wichtigster und umfangreichster Bestandteil der hier zu betrachtenden kommunalen Transferaufwendungen sind die Sozialtransfers, die sich i. d. R. aus der Sozialgesetzgebung ergeben. Dies sind insbesondere die Leistungen nach dem

- Sozialgesetzbuch XII,
- Kinder- und Jugendhilfegesetz SGB VIII,
- Unterhaltssicherungsgesetz,
- Asylbewerberleistungsgesetz,
- Wohngeldgesetz
- etc.

In der Ergebnisrechnung wird der Begriff Transferaufwendungen nur für den Bereich der sozialen Transfers der Kontengruppe 72 verwendet.

---

[764] Vgl. Erl. zum KVKR.

Grundlage für Transferaufwendungen können Rechtsnormen, Beschlüsse der Gemeindevertretung oder auch Verwaltungsentscheidungen sein.

17.1.2.8 Sonstige ordentliche Aufwendungen (Kontengruppen 70, 74, 76)

In der Zeile 18 des Musters 15 zur GemHVO werden einige Aufwandsarten zusammengefasst, die insgesamt nicht von besonders großer Bedeutung sind, die jedoch ihre Ursache in recht unterschiedlichen Bereichen haben.

Hierunter fallen:

- betriebliche Steuern (Kontengruppe 70)

    dazu gehören:
    - Grundsteuer,
    - Kfz-Steuer,
    - Ein- und Ausfuhrzölle und
    - Verbrauchssteuern, soweit sie bei der Kommune als Erzeuger von mit Verbrauchsteuern belegten Produkten erhoben werden.

- Steuern vom Einkommen und Ertrag (Kontengruppe 74)

Steuern vom Einkommen und Ertrag fallen bei den Kommunen nur im Bereich der Betriebe gewerblicher Art als Körperschaftssteuer, Kapitalertragsteuer, Solidaritätszuschlag und ggf. Gewerbesteuer an. Im Hinblick auf die periodengerechte Zuordnung sind im Jahr der Erwirtschaftung steuerpflichtiger Erträge Rückstellungen zu bilden, die dann aufzulösen sind, wenn die Steuerzahlung durch Steuerbescheid endgültig festgesetzt ist.

- **Abschreibungen auf Wertpapiere des Umlaufvermögens und Verluste aus entsprechenden Abgängen (Kontengruppe 76)**

Hier sind die außerplanmäßigen Abschreibungen auf Wertpapiere des Umlaufvermögens, Verluste aus dem Abgang von Wertpapieren des Umlaufvermögens sowie aus Verlustübernahmen darzustellen. z. B. Abschreibungen, die wegen gesunkener Stichtagskurse entsprechend dem Niederstwertprinzip (vgl. § 43 Abs. 4 GemHVO) vorzunehmen sind.

Im kommunalen Bereich sind dieser Aufwendungen i. d. R. von geringer Bedeutung.[765]

---

[765] Vgl. Erläuterungen zum KVKR.

17.2 Finanzerträge und -aufwendungen

17.2.1 Erträge aus Beteiligungen und aus anderen Wertpapieren und Ausleihungen des Finanzanlagevermögens (Kontengruppe 56)

Entsprechend dem Grad der möglichen Einflussnahme wird im Anlagevermögen zwischen verbundenen Unternehmen (i. d. R. mehr als 50 % Beteiligung), wesentlicher Beteiligung (20 – 50 % Beteiligung) und anderen Wertpapieren (weniger als 20 % Beteiligung) sowie zwischen der Bereitstellung als Eigenkapital (mit Gewinn- und ggf. Verlustbeteiligung und ohne Anspruch auf Verzinsung) bzw. als Fremdkapital (Ausleihung mit Zinsanspruch, ohne Gewinnbeteiligung) unterschieden. Diese Unterscheidung ist auch hinsichtlich der Kontierung der Erträge zu berücksichtigen. Erträge aus Wertpapieren des Umlaufvermögens sind dagegen der Kontengruppe 57 zuzuordnen. Bei Wertpapieren des Umlaufvermögens steht allein die Erzielung von Zinserträgen im Mittelpunkt.

Die Verbindlichkeitenübersicht nach § 52 Abs. 2 GemHVO sieht eine Differenzierung der Kredite nach den Gruppen der jeweiligen Schuldner vor. Es erscheint daher sinnvoll, auch im Bereich der Erfolgskonten eine Differenzierung der Finanzerträge nach Schuldnergruppen vorzunehmen. Insbesondere sind für die verbundenen Unternehmen, die Beteiligungen und die Sondervermögen separate Ertragskonten einzurichten, damit die konzerninternen Umsätze aus der Vergabe interner Darlehen und aus Ausschüttungen und Gewinnabführungen bei der zukünftig vorgesehenen Erstellung des Gesamtabschlusses nach § 112 HGO leicht konsolidiert werden können.

17.2.2 Zinsen und ähnliche Erträge (Kontengruppe 57)

Während Finanzerträge z. B. aus ausgegebenen Darlehen sowie Dividenden und andere Gewinnanteile von Beteiligungen, Ausleihungen und Wertpapieren des Finanzanlagevermögens in der Kontengruppe 56 auszuweisen sind, werden in dieser Position „Zinsen und ähnliche Erträge" ausgewiesen. Hierunter fallen auch die Erträge aus Wertpapieren des Umlaufvermögens (z. B. Tages- und Festgeldzinsen).

Neben Bankzinsen (Hauptkonto 571) sind hier auch Bürgschaftsprovisionen (Hauptkonto 573), Erträge für gewährte Darlehen des Umlaufvermögens (Hauptkonto 574), Zinsen für Forderungen (Hauptkonto 576), Säumniszuschläge (Konto 5761), Mahngebühren (Konto 5762), Verzinsung von Steuernachforderungen und -erstattungen (Konto 5763), sowie Erträge aus Wertpapieren des Umlaufvermögens (Hauptkonto 577). Daneben sind ggf. das Agio (Konto 579010) sowie „Übrige Sonstige Zinsen" im Rahmen der antizipatorischen Rechnungsabgrenzung (Konto 579090) von Bedeutung. Hierunter fallen Zinsen, die z. B. nach Vertragsgestaltung erst im Verlauf des folgenden Jahres fällig, aber bereits für Zeiträume des abgelaufenen Jahres angefallen sind.

17.2.3 Zinsen und ähnliche Finanzaufwendungen (Kontengruppe 77)

Die Kontengruppe 77 (Zinsen und ähnliche Aufwendungen) bildet gemeinsam mit der Kontengruppe 57 (Finanzerträge) die Grundlage für die Ermittlung des Finanzergebnisses nach § 2 Abs. 2 Nr. 2 GemHVO. Dabei sollte im Kontenplan eine Differenzierung der Zinsaufwendungen nach Gruppen von Darlehensgebern erfolgen, um den Anforderungen der Verbindlichkeitenübersicht (§ 52 Abs. 2 GemHVO) entsprechen zu können. Neben den Zinsaufwendungen werden in der Kontengruppe 77 auch sonstige Finanzaufwendungen abgebildet, die sich aus der Inanspruchnahme von Fremdkapital ergeben können.

Nicht zu den Zinsen und ähnlichen Aufwendungen gehören die allgemeinen Aufwendungen für den Geldverkehr wie z. B. Bankspesen und Kontoführungsgebühren. Hierbei handelt es sich um Aufwendungen für allgemeine Bankdienstleistungen, die dem Hauptkonto 675 (Bankspesen/Kosten des Geldverkehrs und der Kapitalbeschaffung) zuzuordnen sind.

17.3 Außerordentliche Erträge und Aufwendungen

Unter den Posten „außerordentliche Erträge" und „außerordentliche Aufwendungen" sind insbesondere Gewinne und Verluste aus der Veräußerung von Vermögensgegenständen des Anlagevermögens auszuweisen (§ 2 Abs. 3 GemHVO).

§ 58 Nr. 5 GemHVO definiert präziser: Danach sind außerordentliche Aufwendungen und Erträge:

a) im Einzelfall erhebliche Aufwendungen und Erträge die wirtschaftlich andere Haushaltsjahre betreffen, oder selten oder unregelmäßig anfallen,

b) Aufwendungen und Erträge aus Veräußerungen von Vermögensgegenständen des Anlagevermögens, die den Restbuchwert übersteigen beziehungsweise unterschreiten.

Mit der Revision der GemHVO im Jahre 2011 hat der Verordnungsgeber hier für die periodenfremden, selten oder unregelmäßig anfallen Positionen das zusätzliche Kriterium der Erheblichkeit eingeführt, dass in der haushaltswirtschaftlichen Praxis der Auslegung bedarf, während Aufwendungen und Erträge aus der Veräußerung von Anlagevermögen in jedem Falle als außerordentlich qualifiziert wird.

Aus dieser Definition ist zu entnehmen, dass

- Erträge und Aufwendungen aus **Veräußerungen** von Vermögensgegenstände des **Anlagevermögens**, die den Restbuchwert übersteigen beziehungsweise unterschreiten auf jeden Fall als außerordentlich klassifiziert werden, während bei den
- Aufwendungen und Erträgen, die nicht dem Haushaltsjahr zuzuordnen sind **(periodenfremd)**;
- **selten** oder **unregelmäßig** anfallenden Erträgen und Aufwendungen;

zusätzlich das Merkmal der Erheblichkeit erfüllt sein muss, um außerordentliche Aufwendungen oder Erträge subsumieren zu können.

17.3.1   Außerordentliche Erträge (Kontengruppe 59)

Unter dem Posten „außerordentliche Erträge" sind gemäß § 2 Abs. 3 GemHVO insbesondere Gewinne aus der Veräußerung von Vermögensgegenständen des Anlagevermögens auszuweisen. Abs. 4 der gleichen Vorschrift stellt klar, dass außerordentliche Erträge im Anhang zu erläutern sind, soweit sie für die Beurteilung der Ertragslage nicht von untergeordneter Bedeutung sind. Maßgebend für die Zuordnung der Veräußerungserlöse zum außerordentlichen Ergebnis soll allein die Ungewöhnlichkeit und voraussichtliche Einmaligkeit sein. Daneben gilt noch die Frage der Periodenfremdheit als alternatives Zuordnungskriterium.

Unter außerordentlichem Ertrag werden damit Vorgänge erfasst, die zwar durch die Aufgabenerfüllung der Kommune verursacht wurden, die jedoch für den normalen Ablauf der Verwaltung unüblich sind. Würde dieses außerordentliche Ergebnis in der Ergebnisrechnung des aktuellen Haushaltsjahres nicht besonders betrachtet, so entstünde hierdurch leicht ein falsches Bild der Ertragslage der Kommune.

Beispiele für außerordentliche Erträge sind vor allem die Veräußerungen von Sach- oder Finanzanlagen über dem Buchwert. Denkbar wäre z. B. die Veräußerung eines Dienstwagens über dem bilanziell ausgewiesenen Wert.

Grundsätzlich fallen Spenden in den Bereich der außerordentlichen Erträge (Hauptkonto 590). Zu bedenken ist hier allerdings auch, dass Spenden in bestimmten Verwaltungsbereichen (z. B. bei der Kinderbetreuung) weder unüblich noch selten sind und regelmäßig zur Finanzierung von Mehraufwendungen für einen verbesserten Ausstattungsstandard eingesetzt werden.

Weiterhin gehören zu den außerordentlichen Erträgen Erträge aus Zuschreibungen, mit denen frühere außerordentliche Abschreibungen ganz oder teilweise korrigiert werden, weil der Grund für diese außerordentlichen Abschreibungen weggefallen ist.

Erträge aus der Veräußerung von Gegenständen des Anlagevermögens entstehen bei einem Verkauf des Anlagegutes über dem aktuellen Buchwert. Wird z. B. der alte Dienstwagen des Kämmerers, der am 31.12.2013 noch einen Restbuchwert von 5.000 € und eine Restnutzungsdauer von einem Jahr hat, am 1. April 2014 für 6.000 € verkauft, ergibt sich hieraus ein „Außerordentlicher Ertrag". Buchhalterisch handelt es sich dabei um einen Anlagenabgang bei Buchgewinn, der in folgenden Schritten zu erfassen ist:

1. Zunächst ist der aktuelle Restbuchwert des Fahrzeugs zu ermitteln. Hierzu sind die Abschreibungen für den Zeitraum zwischen dem letzten Bilanzstichtag und dem Verkauf zu ermitteln und zu buchen. Im vorliegenden Beispiel beträgt der Restbuchwert am Anfang des letzten Buchungsjahres noch 5.000 €. Für die abgelaufenen 3 Monate des Jahres 2014 sind noch einmal 3/12 des jährlichen Abschreibungsbetrages (3/12 x 5.000 € = 1.250 €) zu erfassen:

| 6643 Abschreibungen | an | 081 Fuhrpark | 1.250 € |

2. Als nächstes ist der Anlagenabgang in der Buchhaltung nachzuvollziehen. Der Abgang erfolgt i. H. des gesamten Restbuchwerts des Fahrzeugs (5.000 € ./. 1.250 € = 3.750 €). Der Anlagenabgang wird im Soll auf dem Ertragskonto 5912 „Erträge aus der Veräußerung von beweglichen Sachen" gebucht.

| 5912 Veräußerungserträge an | 081 Fuhrpark | 3.750 € |

3. Nun ist der Ertrag und die Forderung gegenüber dem Käufer (Debitor) einzubuchen[766]:

| 240 Debitor | an | 5912 Veräußerungserträge | 6.000 € |

4. Bei Eingang der Zahlung wird das Debitorenkonto ausgeglichen:

| 280 Bank | an | 240 Debitor | 6.000 € |

Im Ergebnis ergibt sich damit ein Aktivtausch „Bank an Fuhrpark" in Höhe des Restbuchwertes von 3.750 € und ein außerordentlicher Ertrag in Höhe von 2.250 €, der die Bilanz verlängert. Bei der Gegenüberstellung von Ergebnis- und Finanzrechnung wird deutlich, dass dem Ertrag aus Anlagenabgang von 2.250 € eine Einzahlung aus der Veräußerung von Sachanlagen von 6.000 € gegenübersteht. Soweit solche Geschäftsvorfälle planbar sind, hat hier eine differenzierte Planung von Ergebnis- und Finanzhaushalt zu erfolgen[767].

17.3.2 Außerordentlicher Aufwand (Kontengruppe 79)

Außerordentliche Aufwendungen fallen insbesondere im Zusammenhang mit Naturkatastrophen (z. B. Stürme, Hochwasser, Erdbeben) an. Unter die außerordentlichen Aufwendungen fallen darüber hinaus Verluste aus dem Verkauf von Beteiligungen, Teilbetrieben, Zweigniederlassungen oder anderen Veräußerungsgeschäften.[768]

Daneben ergibt sich aus Nr. 2 Hw. zu § 39 GemHVO: Wurden **Rückstellungen in unzureichender Höhe** gebildet, so ist bei der Inanspruchnahme der übersteigende Betrag in der Kontengruppe 79 „Außerordentlicher Aufwand" (Hauptkonto 797 "Periodenfremde Aufwendungen") zu erfassen.

Ist die gebildete Rückstellung größer als die Auszahlung, so ist der Differenzbetrag grundsätzlich im Hauptkonto 538 „Erträge aus der Herabsetzung und Auflösung von Rückstellungen (außer Instandhaltungsrückstellungen)" zu buchen.

---

[766] Alternativ können die unter 2. und 3. beschriebenen Buchungen auch in einer Splitbuchung zusammengefasst werden: 240 Debitor 6.000 € an 081 Fuhrpark 3.750 € und 5912 Veräußerungserträge 2.250 €.

[767] Im Ergebnishaushalt wäre also ein außerordentlicher Ertrag (Pos. 25), im Finanzhaushalt dem entsprechend eine Korrektur (Pos. 5) darzustellen.

[768] Vgl. Brixner/Harms/Noe, Verwaltungs-Kontenrahmen, München, 2003, S. 436.

Im Falle **der Auflösung von Instandhaltungsrückstellungen** ist der Ertrag in der Kontengruppe 59 „Außerordentliche Erträge" (Hauptkonto 598 „Periodenfremde Erträge") zu erfassen.

Verluste aus der Veräußerung von Gegenständen des Anlagevermögens entstehen bei einem Verkauf des Anlagegutes unter dem aktuellen Buchwert. Wird z. B. der alte Dienstwagen des Kämmerers, der am 31.12.2012 noch einen Restbuchwert von 5.000 € und eine Restnutzungsdauer von einem Jahr hat, am 1. April 2013 für 3.000 € verkauft, ergibt sich hieraus ein „Verlust aus dem Abgang von Sachanlagen". Buchhalterisch handelt es sich dabei um einen Anlagenabgang bei Buchverlust, der in folgenden Schritten zu erfassen ist:

1. Zunächst ist der aktuelle Restbuchwert des Fahrzeugs zu ermitteln. Hierzu sind die Abschreibungen für den Zeitraum zwischen dem letzten Bilanzstichtag und dem Verkauf zu ermitteln und zu buchen. Im vorliegenden Beispiel beträgt der Restbuchwert am Anfang des letzten Buchungsjahres noch 5.000 €. Für die abgelaufenen 3 Monate des Jahres 2014 sind noch einmal 3/12 des jährlichen Abschreibungsbetrages (3/12 x 5.000 € = 1.250 €) zu erfassen:

6643 Abschreibungen	an	081 Fuhrpark	1.250 €

2. Als nächstes ist der Anlagenabgang in der Buchhaltung nachzuvollziehen. Der Abgang erfolgt zunächst i. H. des gesamten Veräußerungserlöses des Fahrzeugs in Höhe von 3.000 €.

240 Debitor	an	081 Fuhrpark	3.000 €

3. Nun ist der verbleibende Anlagenabgang im Soll auf dem Aufwandskonto 7941 „Verluste aus dem Abgang von Sachanlagen" zu buchen.[769]:

7941 Veräußerungsverlustean	081 Fuhrpark	750 €

4. Bei Eingang der Zahlung wird das Debitorenkonto ausgeglichen:

280 Bank	an	240 Debitor	3.000 €

Im Ergebnis ergibt sich damit ein Aktivtausch „Bank an Fuhrpark" in Höhe des Verkaufspreises von 3.000 € und ein außerordentlicher Aufwand in Höhe von 750 €, der die Bilanz verkürzt. Bei der Gegenüberstellung von Ergebnis- und Finanzrechnung wird deutlich, dass dem Verlust aus Anlagenabgang von 750 € eine Einzahlung aus der Veräußerung von Sachanlagen von 3.000 € gegenübersteht. Soweit solche Geschäftsvorfälle planbar sind, hat hier eine differenzierte Planung von Ergebnis- und Finanzhaushalt zu erfolgen[770].

---

[769] Alternativ können die unter 2. und 3. beschriebenen Buchungen auch in einer Splitbuchung zusammengefasst werden: 240 Debitor 3.000 € und 7941 Veräußerungsverluste 750 € an 081 Fuhrpark 3.750 €

[770] Im Ergebnishaushalt wäre also ein außerordentlicher Ertrag (Pos. 25), im Finanzhaushalt dem entsprechend eine Korrektur (Pos. 5) darzustellen.

Außerordentliche Erträge und Aufwendungen sind im Anhang zum Jahresabschluss zu erläutern, soweit sie für die Beurteilung der Ertragslage nicht von untergeordneter Bedeutung sind (§ 46 Abs. 4 GemHVO).

17.4 Übungen

Sachverhalt Nr. 1

Im laufenden Jahr ergeben sich in der Gemeinde G u. a. nachfolgende Geschäftsvorfälle:

1. Die Gemeinde versendet im Januar die Vorauszahlungsbescheide für die Gewerbesteuer. Die Gesamtforderung beträgt 2 Mio. €, die jeweils zu ¼ am 15.02., 15.05., 15.08. und 15.11 fällig werden.
2. Die Stadtbücherei nimmt im Juli 20.000 € Benutzungsgebühren als Jahresgebühr ein. Die erworbenen Jahreskarten gelten von Anfang Juli des laufenden Jahres bis Ende Juni des folgenden Jahres.
3. Die Gemeinde veräußert ein gebrauchtes Notebook (Neupreis 1.200 €) an einen Mitarbeiter. Sie erhält dafür 300 €. Der Restbuchwert des Gerätes betrug zum Zeitpunkt der Veräußerung noch 250 €.
4. Der Bauhof der Gemeinde G stellt im Januar ein Klettergerüst für den Spielplatz her. Es fallen Materialaufwand von 800 € und Personalaufwand von 1.500 € an. Aus der Kostenrechnung werden für die Erstellung des Klettergerüsts Materialgemeinkosten von 100 €, Fertigungsgemeinkosten von 300 € und Verwaltungsgemeinkosten von 100 € ermittelt. Das Klettergerüst wird am 20. Januar aufgestellt. Als Nutzungsdauer werden 5 Jahre kalkuliert.

Aufgabe:

Zeigen Sie für die Geschäftsvorfälle alle notwendigen Buchungssätze auf. Nutzen Sie die Konten des Musters 13 zur GemHVO Eine Mitkontierung der Produktbereiche und eine Berücksichtigung der Finanzrechnung sind nicht erforderlich.

Lösung:

Zu 1.:

Bei den Gewerbesteuerbescheiden handelt es sich um Vorauszahlungsbescheide. Mit dieser Vorauszahlung soll der im gleichen Jahr erwirtschaftete Ertrag besteuert werden. Nach dem Prinzip der wirtschaftlichen Zugehörigkeit handelt es sich dabei um periodenbezogene Erträge, die für das laufende Haushaltsjahr zu verbuchen sind. Es ist daher zu buchen:

230 Debitor	an	5553 Gewerbesteuer	2.000.000 €

Zu 2.:

Die im Juli eingenommenen Benutzungsgebühren für die Stadtbücherei beziehen sich nicht nur auf das laufende Haushaltsjahr. Die erworbenen Jahreskarten sind im Haushaltsjahr 6 Monate gültig und im folgenden Jahr ebenfalls 6 Monate. Zur Ermittlung des Ertrages ist daher eine Abgrenzung vorzunehmen.

Zunächst wird die Debitorenrechnung vollständig auf das Ertragskonto gebucht:

234 Debitor	an	511 Benutzungsgebühren	20.000 €

Anschließend[771] erfolgt die Korrektur des Ertragskontos durch eine passive transitorische Rechnungsabgrenzung:

511 Benutzungsgebühren	an	490 Passive RAP	10.000 €

Zu 3.:

Die Buchung des Veräußerungserlöses erfolgt zunächst über das entsprechende Ertragskonto:

240 Debitor	an	5912 Ertr. aus Veräußerung	300 €

Anschließend ist die der Anlagengegenstand über das entsprechende Bestandskonto auszubuchen:

5912 Ertr. aus Veräußerung	an	085 BGA	250 €

Durch diese Buchungen weist das Ertragskonto einen Saldo von 50 € im Soll aus, der als Ertrag in die Ergebnisrechnung einfließt. Das Notebook ist aus dem Bestandskonto mit dem Restbuchwert ausgebucht.

Zu 4.:

Während der Herstellung des Klettergerüsts fallen Personal- und Materialaufwendungen an. Die Personalaufwendungen werden zunächst ohne Bezug zu der Herstellung des Klettergerüsts buchhalterisch erfasst:

620 Entgelte gel. Arbeitszeit	an	440 Kreditor	1.500 €

Die Materialaufwendungen werden dem neu erstellten Klettergerüst direkt zugeordnet. Für das Klettergerüst wird daher in der Anlagenbuchhaltung eine „Anlage im Bau" eingerichtet. Die Buchung der Rechnungen für das Material des Klettergerüsts lautet:

0953 Anlagen im Bau	an	440 Kreditor	800 €

---

[771] In der Praxis ist es ratsam, nicht das Jahresende abzuwarten, sondern eine sofortige Korrektur zu verbuchen, insbesondere auch im Hinblick auf eine aussagekräftige KLR. Alternativ wäre es möglich, den Zahlungsbetrag sofort aufzusplitten und auf eine Korrekturbuchung völlig zu verzichten.

Nach Fertigstellung des Klettergerüsts, aber spätestens am Jahresende, werden die erbrachten Eigenleistungen der Anlage im Bau zugerechnet. Als aktivierbare Eigenleistungen kommen nach § 41 Abs. 3 GemHVO neben den Materialeinzelkosten noch die Fertigungseinzelkosten, die Sonderkosten der Fertigung, Fertigungs- und Materialgemeinkosten in Frage. Zuzurechnen sind dem Klettergerüst danach noch der entsprechende Personalaufwand (Fertigungseinzelkosten), die Material- und Fertigungsgemeinkosten. Verwaltungsgemeinkosten können nicht aktiviert werden. Aktivierbar sind daher weiterhin:

Fertigungseinzelkosten:	1.500 €
Fertigungsgemeinkosten:	300 €
Materialgemeinkosten:	100 €
Summe:	**1.900 €**

Die Buchung erfolgt als Ertrag aus aktivierten Eigenleistungen:

0953 Anlagen im Bau	an	5251 Aktiv. Eigenleistungen 1.900 €

Auf der Anlage im Bau „Klettergerüst" haben sich damit Herstellungskosten i. H. v. insgesamt 2.700 € angesammelt. Bei Inbetriebnahme des Klettergerüsts werden diese Herstellungskosten von der Anlage im Bau auf das endgültige Anlagenkonto umgebucht:

084 Betriebsausstattung	an	0953 Anl. im Bau	2.700 €

Mit Inbetriebnahme des Klettergerüsts erfolgt auch die Abschreibung des Anlageguts. Der Abschreibungssatz beträgt bei einer 5-jährigen Nutzungsdauer 20 %:

664 Abschreibungen	an	084 Betriebsausstattung	540 €

Mit der Buchung der Abschreibung sind alle erforderlichen Buchungen im Haushaltsjahr durchgeführt.

Sachverhalt Nr. 2

Die Gemeinde G schafft im Juni 2014 DV-Ausstattung für die Grundschule für insgesamt 80.000 € an. Aus Landesmitteln wird die Anschaffung mit 20 % gefördert. Der Förderbescheid liegt bereits im April 2014 vor, die Auszahlung der Förderung wird erst im November erwartet. Ab dem 1. Juli ist die DV-Ausstattung einsatzbereit. Die vorgesehene Nutzungsdauer der Ausstattung beträgt 4 Jahre.

Aufgaben:

a) Wie war dieser Vorgang im Teilfinanz- und Teilergebnishaushalt des Produktbereichs „Schulträgeraufgaben" zu veranschlagen?

b) Zeigen Sie die notwendigen Buchungen (Buchungssätze) für die Anschaffung der Ausstattung (inkl. Ausgleich der Kreditoren- und Debitorenkonten), die Erfassung der Zuwendung und die erfolgswirksame Behandlung dieser Positionen im Jahr der Anschaffung.

Lösung:

zu a)

Im Teilfinanzhaushalt sind die investiven Ein- und Auszahlungen des Produktbereichs zu erfassen. Das sind zum einen die Auszahlungen für die Anschaffung der DV-Ausstattung und daneben die Einzahlungen für die Landeszuwendung. Damit hat der Teilfinanzhaushalt folgendes Bild:

Teilfinanzhaushalt Produktbereich 03 Schulträgeraufgaben		Ansatz 2014 €
Investitionstätigkeit		
Einzahlungen		
10	aus Zuwendungen für Investitionsmaßnahmen	16.000
Auszahlungen		
12	für Investitionen in das Sachanlagevermögen ...	80.000
15	**Finanzmittelfluss aus Investitionstätigkeit (Einzahlungen ./. Auszahlungen)**	**- 64.000**

Im Teilergebnishaushalt sind nur die aufwands- bzw. ertragswirksamen Vorgänge zu veranschlagen. Dies sind für den vorliegenden Geschäftsvorfall die planmäßigen Abschreibungen der DV-Ausstattung und die ertragswirksame Auflösung des Sonderpostens aus der Landeszuweisung. Beschränkt auf diesen Geschäftsvorfall ergeben sich nachfolgende Planungspositionen in der Teilergebnisrechnung:

Teilergebnishaushalt Produktbereich 03 Schulträgeraufgaben		Ansatz 2014 €
8	+ Erträge aus Auflösung von Sonderposten ...	2.000
10	**= Summe der Ordentlichen Erträge**	**2.000**
14	- Abschreibungen	10.000
17	**= Summe der Ordentlichen Aufwendungen**	**10.000**
18	**= Verwaltungsergebnis**	**-8.000**

zu b)

Die Anschaffung der DV-Ausstattung erfolgt i. d. R. über die Anlagenbuchhaltung, in der für jedes einzelne Anlagegut ein separater Stammsatz angelegt wird. Auf den einzelnen Stammsätzen werden dann die Kreditorenrechnungen erfasst. In der Summe ergibt sich daraus die Buchung:

085 Datenverarbeitungsanl. an	Kreditor	80.000 €

Bei Zahlung des Rechnungsbetrags wird das Kreditorenkonto wieder ausgeglichen:

Kreditor	an	280 Bank	80.000 €

Für den Förderbetrag liegt bereits im April ein Förderbescheid vor. Zu diesem Zeitpunkt hat die Gemeinde jedoch die Fördervoraussetzungen noch nicht erfüllt. Die Erfüllung der Fördervoraussetzungen ist mit der Anschaffung und Inbetriebnahme der DV-Ausstattung gegeben. Zu diesem Zeitpunkt (01.07.2014) kann dann auch die Landesförderung buchhalterisch erfasst werden:

Debitor	an	3601 Sonderposten	16.000 €

Erst bei Forderungseingang im November wird das Debitorenkonto ausgeglichen:

280 Bank	an	Debitor	16.000 €

Durch die bisherigen Buchungen wurden die DV-Anlagen i. H. v. 80.000 € auf Aktivkonten erfasst, die Landeszuwendung i. H. v. 16.000 € wurde auf einem Passivkonto als Sonderposten erfasst. Die Debitoren- und Kreditorenkonten sind durch die entsprechenden Zahlungsein- und -ausgänge wieder ausgeglichen. Zur Abbildung des Ressourcenverbrauchs sind für das Jahr 2014 noch die anteiligen Abschreibungen für ½ Jahr und die entsprechende Auflösung des Sonderpostens zu buchen.

Die Abschreibung für das Jahr 2014 beträgt ½ der normalen jährlichen Abschreibung:

664 Abschreibungen	an	085 Datenverarb.anl	10.000 €

Mit dem gleichen Anteil wird in 2014 der für die Landesförderung gebildete Sonderposten ertragswirksam aufgelöst:

3601 Sonderposten	an	546 Etr. Aufl. Sopo	2.000 €

Sachverhalt Nr. 3

Die Musikschule der Gemeinde G plant, im Juni 2014 ihren Konzertflügel auszutauschen. Dazu soll der bisherige Flügel, der im Januar 1999 für 60.000 € gekauft wurde, in Zahlung gegeben werden. Der Musikschulleiter erwartet bei der Inzahlungnahme eine Gutschrift i. H. v. 50.000 €. Der Preis des neuen Flügels wird mit 75.000 € kalkuliert. Für Konzertflügel kalkuliert die Gemeinde G eine Nutzungsdauer von 30 Jahren.

Aufgabe:

Stellen Sie die mit den Konzertflügeln in Verbindung stehenden Positionen des Teilergebnishaushalts für das Jahr 2014 zusammen.

Lösung:

Im Teilergebnishaushalt sind die Aufwendungen und Erträge zu kalkulieren, die mit den Konzertflügeln in Verbindung stehen.

Zunächst ist daher zu ermitteln, wie hoch die Abschreibung für den alten Flügel im Jahr 2014 voraussichtlich sein wird. Die Anschaffungskosten des Flügels betrugen 60.000 €. Bei einer kalkulierten Nutzungsdauer von 30 Jahren beträgt die planmäßige jährliche Abschreibung 2.000 €. Im Jahr 2014 beschränkt sich die Abschreibungsdauer gem. § 43 Abs. 2 GemHVO auf 5 Monate (Januar – Mai), so dass für den alten Flügel Abschreibungen i. H. v. 833 € für das Jahr 2014 anzusetzen sind.

Für den neuen Flügel ist ebenfalls die Abschreibung zu kalkulieren. Bei einer Anschaffung im Juni können nach § 43 Abs. 2 GemHVO die Abschreibungen ab dem Monat des Erwerbs berücksichtigt werden (d. h. Juni – Dezember). Ausgehend von Anschaffungskosten von 75.000 errechnet sich eine Abschreibung i. H. v. 1.458 € für den neuen Flügel.

In Verbindung mit der Inzahlungnahme des alten Flügels ist festzustellen, ob Aufwendungen oder Erträge aus der Veräußerung des Anlagevermögens zu kalkulieren sind. Diese ergeben sich aus der Differenz des Veräußerungserlöses zum aktuellen Restbuchwert. Laut Sachverhalt wird als Veräußerungserlös für den alten Flügel mit 50.000 € gerechnet. Der Restbuchwert ergibt sich aus den Anschaffungskosten abzüglich der aufgelaufenen Abschreibungen. Die Anschaffungskosten betrugen 60.000 €. Von Januar 1999 bis Ende 2013 sind insgesamt planmäßige Abschreibungen für 15 Jahre aufgelaufen. Die jährlichen Abschreibungen betragen 2.000 €. Der Restbuchwert des Flügels betrug damit Anfang 2014 36.000 € (60.000 € ./. 30.000 €). Bis zum Zeitpunkt der Veräußerung im Juni 2014 werden weitere 833 € an Abschreibungen anfallen. Der Restbuchwert des Flügels wird zum Zeitpunkt der Veräußerung damit voraussichtlich 29.167 € betragen. Da der erwartete Veräußerungserlös um 20.833 € über dem Restbuchwert liegt, ist in dieser Höhe ein Ertrag zu veranschlagen. Die Veranschlagung erfolgt in der Kontengruppe 59 außerordentliche Erträge.

Im Teilergebnishaushalt „Kultur" ergeben sich damit nachfolgende Positionen:

bilanzielle Abschreibungen:	**2.291 €**
außerordentliche Erträge:	**20.833 €**

Sachverhalt Nr. 4

Die Gemeinde G beabsichtigt; im folgenden Jahr 49 % ihrer Anteile an der 100%igen Tochter Stadtwerke G zu veräußern, um den Haushalt auszugleichen.[772] Nach der bisherigen Haushaltsplanung stehen den Gesamtaufwendungen von 28 Mio. € nur Erträge von 25 Mio. € gegenüber.

---

[772] Vgl. Kapitel 10.

Der Bilanzwert des verbundenen Unternehmens beträgt 4.081.633 €. Der Kämmerer rechnet mit einem Veräußerungserlös von rd. 7 Mio. € für den zum Verkauf stehenden Anteil. Das Verfahren der Veräußerung soll durch verschiedene Beratungsfirmen begleitet werden. Hierfür wird insgesamt mit einem Beratungshonorar von 250.000 € gerechnet.

Aufgabe:
Stellen Sie die Veranschlagung der Veräußerung im Ergebnishaushalt dar.

Lösung:

Im Ergebnishaushalt sind gem. § 2 Abs. 1 GemHVO Erträge und Aufwendungen auszuweisen. Zunächst ist daher festzustellen, inwieweit durch die geplante Veräußerung Aufwendungen oder Erträge entstehen.

Erträge aus Veräußerungserlösen könnten entstehen, wenn der erzielte Veräußerungserlös über dem Restbuchwert des veräußerten Anlagegutes liegt. Laut Sachverhalt beträgt der Bilanzwert der Stadtwerke GmbH, bei der die Gemeinde alleiniger Gesellschafter ist, 4.081.633 €. Die Gemeinde beabsichtigt allerdings nur einen Anteil von 49 % der Gesellschaft zu veräußern. Bei einer Veräußerung müsste demnach der anteilige Buchwert ermittelt und als Anlagenabgang gebucht werden. Der Buchwert des zum Verkauf stehenden Anteils beträgt 4.081.633 € x 49 % = 2.000.000 €.

Der voraussichtliche Veräußerungserlös beträgt 7 Mio. €. Demnach ergibt sich aus der Veräußerung ein Ertrag i. H. v. voraussichtlich 5 Mio. €. Für die Durchführung des Verkaufsverfahrens und für sonstige Beratungen wird mit Aufwendungen i. H. v. 250.000 € gerechnet.

Grundsätzlich sind die erwarteten Erträge aus der Veräußerung von Vermögensgegenständen des Anlagevermögens in der Kontengruppe 59 bei den „außerordentlichen Erträgen" zu veranschlagen. Es stellt sich die Frage, wo die Aufwendungen für die Beratungsleistungen auszuweisen sind.

Gem. § 2 Abs. 1 Nr. 20 und 21 GemHVO sind im Ergebnishaushalt außerordentliche Erträge und Aufwendungen separat auszuweisen. Eine Begriffsbestimmung für den Begriff „außerordentlich" liefert § 58 Nr. 5 b GemHVO „Erträge und Aufwendungen aus Veräußerungen von Vermögensgegenstände des Anlagevermögens, die den Restbuchwert übersteigen beziehungsweise unterschreiten."

Die Veräußerung eines erheblichen Anteils der Stadtwerke GmbH kommt inzwischen zwar in verschiedenen Gemeinden vor, es kann aber doch noch festgestellt werden, dass es sich um einen ungewöhnlichen Vorgang (im wörtlichen Sinne) handelt. Ungeachtet der Regelung des § 2 Abs. 3 GemHVO ist eine solche Veräußerung aus der Natur der Sache heraus auch selten. Angesichts des Gesamtumfangs des Ergebnishaushalts (Aufwendungen i. H. v. 28 Mio. €) ist auch die materielle Bedeutung des aus der Veräußerung entstehenden Ertrages von 5 Mio. € als erheblich anzusehen. Die Veranschlagung des

Ertrages aus der Veräußerung der Stadtwerke GmbH muss daher im Ergebnishaushalt als „Außerordentlicher Ertrag" erfolgen.

Da es sich bei den Aufwendungen für die Beratungsleistungen um Aufwendungen handelt, die dem Geschäftsvorfall der Veräußerung unmittelbar zuzurechnen sind, sind sie dementsprechend als „Außerordentliche Aufwendungen" auszuweisen. Zwar erfüllen sie isoliert betrachtet die o. g. Anforderungen nicht, bei der Zuordnung kommt es jedoch nicht auf die Betrachtung des einzelnen Buchungsschrittes, sondern auf den gesamten Geschäftsvorfall an. Da dieser dem außerordentlichen Ergebnis zuzurechnen ist, sind auch die Beratungsaufwendungen hier auszuweisen.

Inhaltsverzeichnis

18.   Die Finanzrechnung – Grundlagen und Einzelpositionen

Der Finanzhaushalt (Ziffer 6.5.1.2) und die Finanzrechnung dienen der Darstellung des Zahlungsmittelflusses der Kommune. Die Finanzrechnung als Teil des Jahresabschlusses ist nach Abschluss des Haushaltsjahres dem vor Beginn des Haushaltsjahres aufgestellten Finanzhaushalt gegenüber zu stellen. Der Zahlungsmittel**bestand** der Kommune kann zu jedem Zeit**punkt** von den Zahlungsmittelkonten (Kontengruppe 28) abgelesen werden. Finanzhaushalt und Finanzrechnung erlauben aber auch eine auf das ganze Haushaltsjahr (Zeit**raum**) bezogene Betrachtung der Zahlungsmittel**ströme**. Während der Haushaltsausgleich (Vgl. Ziffer 7.2.3) aus der Perspektive von Ergebnishaushalt und Ergebnisrechnung zu betrachten ist, erlauben Finanzhaushalt und Finanzrechnung insbesondere eine Beurteilung der Liquiditätsentwicklung in der laufenden Verwaltungtätigkeit, der Finanzierung von Investitionen und der daraus erwachsenden Finanzierungstätigkeit.

Die Finanzrechnung ist kein originärer Bestandteil des kaufmännischen Rechnungswesens, das der kommunalen Doppik als Vorbild gedient hat. Ihre Entwicklung ist auf die Kapitalflussrechnung (Cash-Flow) zurückzuführen, die als Ergebnis nachträglicher Analyse kaufmännischer Jahresabschlüsse aus den vorhandenen betriebswirtschaftlichen Daten die zahlungswirksamen Elemente herausfiltern sollte. Dementsprechend entstand die Kapitalflussrechnung zunächst als indirekte Rechnung, indem das in der Gewinn- und Verlustrechnung ausgewiesene Jahresergebnis um die nicht zahlungswirksamen Vorgänge vermindert und die nicht ergebniswirksamen Zahlungsvorgänge ergänzt wurde. Gemäß Handelsgesetzbuch müssen nur kapitalmarktorientierte Kapitalgesellschaften (§ 264 HGB) und Konzerne (§ 297 HGB) eine solche Kapitalflussrechnung aufstellen.

Das originäre kaufmännische Rechnungswesen mit seinen Kernbestandteilen Bilanz und Gewinn- und Verlustrechnung informiert zwar über die Vermögensbestände, zu denen auch die Zahlungsmittelbestände gehören, es bietet aber nur eingeschränkte Informationen über den Zahlungsmittelfluss. Dieses Informationsdefizit kann die Kapitalflussrechnung schließen. Deshalb hat die Innenministerkonferenz im Jahre 2003 im Rahmen ihrer Beschlüsse zur kommunalen Haushaltsrechtsreform bestimmt, dass die kommunale Doppik auch mit einer Kapitalflussrechnung ausgestattet werden soll. Als ex-ante Betrachtung trägt sie die Bezeichnung Finanzhaushalt und als ex-post Rechnung die Bezeichnung Finanzrechnung.

Die im Jahre 2006 erlassene GemHVO sah für die Haushaltsplanung zunächst ebenfalls die indirekte Methode der Kapitalflussrechnung für die Aufstellung des Finanzhaushaltes vor. Die damit korrespondierende Finanzrechnung musste dagegen sowohl in der indirekten Methode - für den Abgleich mit dem Finanzhaushalt - als auch in der direkten Methode aufgestellt werden. Theoretisch müssen die Ergebnisse beider Rechenwerke exakt übereinstimmen. Allerdings ergaben sich in der Praxis aufgrund der Vielzahl der zu verarbeitenden Geschäftsvorfälle regelmäßig Abweichungen, die nur durch aufwendige Aufklärungsarbeiten abzustellen waren, ohne dass mit diesen Korrekturen eine wesentliche Verbesserung der Informationsgrundlage verbunden war.

Die im Dezember 2011 erlassene Änderung der GemHVO greift dieses Problem auf und gewährt folgende Option:

- Wer seine Finanzrechnung nach der direkten Methode führen will (§ 47 Abs. 2 GemHVO), muss auch den Finanzhaushalt in der direkten Darstellung aufstellen (§ 3 Abs. 1 GemHVO) und darf sowohl im Finanzhaushalt als auch in der Finanzrechnung auf die indirekte Methode verzichten.
- Wer dagegen den Finanzhaushalt weiterhin nach der indirekten Methode aufstellen möchte, muss die Finanzrechnung weiterhin nach beiden Methoden entwickeln (§ 47 Abs. 3 GemHVO). Es kann davon ausgegangen werden, dass vor diesem Hintergrund die indirekte Methode im Geltungsbereich dieser GemHVO schnell an Bedeutung verlieren wird.

Dabei betrifft die Unterscheidung in direkte und indirekte Methode lediglich den Teil des Rechnungswesens, der in seinem wesentlichen Gehalt (Erträge und Aufwendungen) bereits in der Ergebnisrechnung erfasst wurde (laufende Verwaltungstätigkeit). Nur dieser Teil der kommunalen Finanzwirtschaft kann in seiner abweichenden Abgrenzung nach Zahlungswirksamkeit statt nach periodengerechter Zuordnung (§ 10 Abs. 2 und § 46 Abs. 1 bzw. § 47 Abs. 2 GemHVO) ermittelt und anschließend daraus indirekt durch herausrechnen der nicht zahlungswirksamen Beträge als Zahlungsmittelfluss aus Verwaltungstätigkeit dargestellt werden. Alle anderen (nicht erfolgswirksamen) Zahlungsmittelflüsse müssen immer direkt ermittelt und dargestellt werden (vgl. Muster 9 zur GemHVO).

Eine umfassendere Darstellung von Möglichkeiten der Erstellung der Finanzrechnung findet sich u.a. in der betriebswirtschaftlichen Fachliteratur[773] sowie in der Darstellung zum Modellprojekt „Doppischer Kommunalhaushalt in NRW"[774]. Die nachfolgenden Ausführungen beschränken sich auf die Möglichkeiten der Finanzrechnung, wie sie aus § 47 GemHVO abgeleitet werden können.

Wie bereits im vorangegangenen Kapitel dargestellt, sieht der Kontenrahmen (Muster 13 zur GemHVO) eine eigene Kontenklasse für die Konten der Finanzrechnung vor. Hierzu ist, ausgehend vom Industriekontenrahmen (IKR), die dort weitgehend ungenutzte Kontenklasse 8 vorgesehen.

18.1   Direkte Finanzrechnung

Die direkte Finanzrechnung gemäß Muster 16 zur GemHVO wird nun zunächst im Überblick dargestellt:

---

[773] Vgl. z. B. Baetge, Bilanzen, 4. Auflage, Düsseldorf, 1996, S. 624 ff.

[774] Vgl. Modellprojekt „Doppischer Kommunalhaushalt in NRW (Hrsg.), Neues Kommunales Finanzmanagement: Betriebswirtschaftliche Grundlagen für das doppische Haushaltsrecht, 2. vollst. überarb. Auflage auf der Basis der Endergebnisse des Modellprojektes, Rudolf Haufe Verlag Freiburg 2003, S. 125.

Muster 16
zu § 47 Abs. 2

Finanzrechnung
- Euro -

Nr.	Bezeichnung	Ergebnis des Vorjahres 20..	Fortgeschriebener Ansatz des Haushaltsjahres 20..	Ergebnis des Haushaltsjahres 20..	Vergleich fortgeschriebener Ansatz / Ergebnis des Haushaltsjahres (Sp. 4 J. Sp. 5)
1	2	3	4	5	6
1	Privatrechtliche Leistungsentgelte				
2	Öffentlich-rechtliche Leistungsentgelte				
3	Kostenersatzleistungen und -erstattungen				
4	Steuern und steuerähnliche Erträge einschließlich Erträge aus gesetzlichen Umlagen				
5	Einzahlungen aus Transferleistungen				
6	Zuweisungen und Zuschüsse für laufende Zwecke und allgemeine Umlagen				
7	Zinsen und sonstige Finanzeinzahlungen				
8	Sonstige ordentliche Einzahlungen und sonstige außerordentliche Einzahlungen, die sich nicht aus Investitionstätigkeit ergeben				
9	**Summe Einzahlungen aus laufender Verwaltungstätigkeit (Nr. 1 bis 8)**				
10	Personalauszahlungen				
11	Versorgungsauszahlungen				
12	Auszahlungen für Sach- und Dienstleistungen				
13	Auszahlungen für Transferleistungen				
14	Auszahlungen für Zuweisungen und Zuschüsse für laufende Zwecke sowie besondere Finanzauszahlungen				
15	Auszahlungen für Steuern einschließlich Auszahlungen aus gesetzlichen Umlageverpflichtungen				
16	Zinsen und ähnliche Auszahlungen				
17	Sonstige ordentliche Auszahlungen und sonstige außerordentliche Auszahlungen, die sich nicht aus Investitionstätigkeit ergeben				
18	**Summe Auszahlungen aus laufender Verwaltungstätigkeit (Nr. 10 bis 17)**				
19	**Zahlungsmittelüberschuss/Zahlungsmittelbedarf aus laufender Verwaltungstätigkeit (Nr. 9 J. Nr. 18)**				
20	Einzahlungen aus Investitionszuweisungen und -zuschüssen sowie aus Investitionsbeiträgen				
21	Einzahlungen aus Abgängen von Vermögensgegenständen des Sachanlagevermögens und des immateriellen Anlagevermögens				
22	Einzahlungen aus Abgängen von Vermögensgegenständen des Finanzanlagevermögens				
23	**Summe Einzahlungen aus Investitionstätigkeit (Nr. 20 bis 22)**				
24	Auszahlungen für den Erwerb von Grundstücken und Gebäuden				
25	Auszahlungen für Baumaßnahmen				
26	Auszahlungen für Investitionen in das sonstige Sachanlagevermögen und immaterielle Anlagevermögen				
27	Auszahlungen für Investitionen in das Finanzanlagevermögen				
28	**Summe Auszahlungen aus Investitionstätigkeit (Nr. 24 bis 27)**				
29	**Zahlungsmittelüberschuss/Zahlungsmittelbedarf aus Investitionstätigkeit (Nr. 23 J. Nr. 28)**				
30	Zahlungsmittelüberschuss/Zahlungsmittelbedarf (Nr. 19 und 29)				
31	Einzahlungen aus der Aufnahme von Krediten und inneren Darlehen und wirtschaftlich vergleichbaren Vorgängen für Investitionen				
32	Auszahlungen für die Tilgung von Krediten und inneren Darlehen und wirtschaftlich vergleichbaren Vorgängen für Investitionen				
33	**Zahlungsmittelüberschuss/Zahlungsmittelbedarf aus Finanzierungstätigkeit (Nr. 31 J. Nr. 32)**				
34	Änderung des Zahlungsmittelbestandes zum Ende des Haushaltsjahres (Nr. 30 und Nr. 33)				
35	Haushaltsunwirksame Einzahlungen (u.a. fremde Finanzmittel, Rückzahlung von angelegten Kassenmitteln, Aufnahme von Kassenkrediten)				
36	Haushaltsunwirksame Auszahlungen (u.a. fremde Finanzmittel, Anlegung von Kassenmitteln, Rückzahlung von Kassenkrediten)				
37	**Zahlungsmittelüberschuss/Zahlungsmittelbedarf aus haushaltsunwirksamen Zahlungsvorgängen (Nr. 35 J. Nr. 36)**				
38	Bestand an Zahlungsmitteln zu Beginn des Haushaltsjahres				
39	Veränderung des Bestandes an Zahlungsmitteln (Nr. 34 und 37)				
40	Bestand an Zahlungsmitteln am Ende des Haushaltsjahres (Nr. 38 und 39)				

Zu deren Erstellung werden in der einschlägigen Literatur verschiedene Varianten diskutiert:

Variante ❶: Integration der Finanzrechnung in den doppischen Buchungsverbund

Die vollständige Integration der Finanzrechnung in den doppischen Buchungsverbund ist die theoretisch bevorzugte Variante für die Bebuchung der Finanzrechnung[775]. Bei der vollständigen Integration der Finanzrechnung werden die Finanzrechnungskonten im originären doppischen Buchungssatz angesprochen. So erfolgt beispielsweise bei der Buchung von Personalaufwand und Personalauszahlungen folgende Abbildung in der Buchhaltung:

1. Im Personalamt werden die Löhne und Gehälter berechnet. Auf dieser Grundlage erfolgt die Erfassung der Verbindlichkeit auf den Debitorenkonten und die ergebniswirksame Aufwandsbuchung:

630 Personalaufwendungen an	440 Verbindlichk. (L.+L.)

2. Durch die Zahlbarmachung der Löhne und Gehälter werden die Verbindlichkeiten auf den Debitorenkonten ausgeglichen und es erfolgt die Buchung der Personalauszahlung auf dem Finanzrechnungskonto:

440 Verbindlichk. (L.+L.) an	830 Personalauszahlungen
statistische Mitbebuchung des Kontos 280 Guthaben bei Kreditinstituten	

Durch diese Buchungssystematik werden sowohl die Buchungen in der Ergebnisrechnung als auch die Buchungen in der Finanzrechnung direkt erfasst. Abweichend von der üblichen kaufmännischen Buchungssystematik wird im zweiten Buchungsschritt nicht das Bankkonto (liquide Mittel), sondern das Finanzrechnungskonto angesprochen. Dies stellt natürlich eine deutliche Durchbrechung der kaufmännischen Buchungslogik dar.

Dies hat allerdings zur Folge, dass das Bestandskonto „Guthaben bei Kreditinstituten" (Bank) nicht direkt fortgeschrieben wird. Um diese Fortschreibung zu erreichen, muss bei der Buchung auf den Finanzrechnungskonten auch eine Mitbebuchung des Bankkontos erfolgen. Dies kann durch eine sog. statistische Mitbuchung, d. h. ohne Buchung eines Gegenkontos erfolgen. Wichtig ist dabei, dass die Besonderheiten der Buchung auf den bilanziellen Bankkonten berücksichtigt werden. Dies betrifft z. B. die Aufteilung der Bankkonten nach den tatsächlichen Kontoverbindungen und den erforderlichen Abgleich der Konten der Buchhaltung mit Kontoauszügen der Banken.

---

[775] Vgl. insb. Lüder, Konzeptionelle Grundlagen des Neuen Kommunalen Rechnungswesens, 2. Auflage, Stuttgart 1999, S. 31 und Modellprojekt „Doppischer Kommunalhaushalt in NRW" (Hrsg.), Neues Kommunales Finanzmanagement: Betriebswirtschaftliche Grundlagen für das doppische Haushaltsrecht, 2. vollst. überarb. Auflage auf der Basis der Endergebnisse des Modellprojektes, Rudolf Haufe Verlag Freiburg 2003, S. 189.

Variante ❷: Mitbebuchung der Finanzrechnung außerhalb des Buchungsverbunds

Bei der zweiten Variante erfolgt die Buchung auf den Aufwands-, Debitoren- und Bankkonten nach der normalen kaufmännischen Praxis. Im Gegensatz zur ersten Variante
wird nicht das Finanzmittelkonto (Bankkonto) durch eine statistische Mitbebuchung
bedient, sondern das Finanzrechnungskonto. Dabei ist es erforderlich, dass bei der
Buchung auf den Konten der Gruppe 28 (Liquide Mittel) möglichst automatisch eine
Finanzrechnungsbuchung angestoßen wird. Dabei kann z. B. anhand des Ausgleichs der
Verbindlichkeit auf dem Debitorenkonto festgestellt werden, um welche Zahlungsart es
sich handelt. Die Bebuchung des entsprechenden Finanzrechnungskontos erfolgt dann
ohne Buchung eines Gegenkontos im Rahmen einer einfachen Nebenbuchhaltung.

Im oben dargestellten Beispiel ändert sich lediglich der zweite Buchungssatz und das
Konto der statistischen Mitbebuchung wie folgt:

> **440 Verbindlichk. (L.+L.)   an   280 Guthaben bei Kreditinstituten**
> **statistische Mitbebuchung des Kontos 830 Personalauszahlungen**

Damit werden die Standards der kaufmännischen Buchführung beibehalten, an den
Ergebnissen auf den Konten ändert sich nichts, weshalb die Autoren dieser Vorgehensweise den Vorzug einräumen.

Die Wechselbeziehungen zwischen Konten der Ergebnisrechnung (Ertrag und Aufwand),
der Vermögensrechnung (Forderungen, Verbindlichkeiten, Anlagevermögen) und der
Finanzrechnung können der nachfolgenden Übersicht entnommen werden.

Übersicht über die Konten der Finanzrechnung
und deren Zuordnung zu den Konten der Ergebnis- und Vermögensrechnung

Konten der kaufm. Buchführung		zugeordnete Finanzrechnungskonten; zum Zeitpunkt des Finanzmittelflusses statistisch mitzubebuchen		
Soll	Haben	Konten-gruppe	Haupt-konto	Bezeichnung
		81		**Einzahlungen aus Verwaltungstätigkeit**
24	50		810	Einzahlungen aus privatrechtlichen Leistungsentgelten
234	51		811	Einzahlungen aus öffentlich-rechtlichen Leistungsentgelten
	54		812	Einzahlungen aus Kostenerstattungen und Kostenumlagen
			813	Sonstige ordentliche Einzahlungen
230	55		814	Einzahlungen aus Steuern und ähnlichen Erträgen einschließlich Einzahlungen aus gesetzlichen Umlagen
227	547		815	Einzahlungen aus Transferleistungen
220	54		816	Einzahlungen aus Zuweisungen und Zuschüssen für laufende Zwecke und allgemeinen Umlagen
	56, 57		817	Zinsen und Finanzeinzahlungen
		82		**Sonstige Einzahlungen**
225, 236	36		820	Einzahlungen aus Investitionszuweisungen, -zuschüsse sowie Investitionsbeiträgen
24*	59, 0		822	Einzahlungen aus Abgängen von Vermögensgegenständen des Sachanlagevermögens und des immateriellen Anlagevermögens
24*	59, 1		823	Einzahlungen aus Abgängen von Vermögensgegenständen des Finanzanlagevermögens
	41, 42		826	Einzahlungen aus der Aufnahme von Krediten für Investitionen und Begebung von Anleihen
	4218		8290	Einzahlungen aus der Aufnahme von Krediten zur Liquiditäts-sicherung
	59		828	Außerordentliche Einzahlungen
			829	Einzahlungen aus haushaltsunwirksamen Vorgängen
		83		**Auszahlungen aus Verwaltungstätigkeit**
			830	Personalauszahlungen
644, 37			831	Versorgungsauszahlungen
60, 61	44		832	Auszahlungen für Sach- und Dienstleistungen
72	437		833	Transferauszahlungen
71	430		834	Auszahlungen für Zuweisungen und Zuschüsse für laufende Zwecke sowie besondere Finanzausgaben
73, 74	45, 48		835	Auszahlungen für Steuern einschließlich Auszahlungen aus gesetz-lichen Umlageverpflichtungen
77			836	Zinsen und sonstige Finanzauszahlungen
			837	Sonstige ordentliche Auszahlungen
		84		**Sonstige Auszahlungen**
03			840	Auszahlungen für aktivierte Investitionszuweisungen und -zuschüsse
05			841	Auszahlungen für den Erwerb von Grundstücken und Gebäuden
09	44*		842	Auszahlungen für Baumaßnahmen
07, 08	44*		843	Auszahlungen für Investitionen in das bewegliche Sachanlage-vermögen und immaterielle Anlagevermögen
1			844	Auszahlungen für Investitionen in das Finanzanlagevermögen
42			846	Auszahlungen für die Tilgung von Investitionskrediten und Begebung von Anleihen
4218			8490	Auszahlungen für die Tilgung von Liquiditätskrediten
79			848	Außerordentliche Auszahlungen
			849	Auszahlungen für haushaltsunwirksame Vorgänge

Auslöser für eine Buchung auf einem Finanzrechnungskonto ist i. d. R. eine Bewegung auf einem Zahlungsmittelkonto. Für diesen Vorgang sollte bereits eine Buchung einer Forderung oder eine Verbindlichkeit vorliegen, bei deren Entstehung bereits ein Konto der Erfolgsrechnung (Ertrag oder Aufwand) oder der Vermögensrechnung (z.B. Anlagevermögen) angesprochen wurde. Aus diesen Konten kann dann auch stets eindeutig abgeleitet werden, welches Konto der Finanzrechnung mit zu bebuchen ist. Diese Verknüpfung wird im jeweiligen Softwaresystem hinterlegt und die Zuordnung erfolgt deshalb im Regelfall automatisch. Bei einer Aufrechnung gemäß § 387 ff. BGB muss allerdings die Finanzrechnung eigenständig angestoßen werden, weil keine Zahlungsmittelfluss auf den Zahlungsmittelkonten stattfindet, gleichwohl aber nach dem Bruttoprinzip (vgl. § 10 Abs. 1 GemHVO) eine Darstellung des Zahlungsmittelflusses auf beiden betroffenen Konten in der Finanzrechnung darzustellen ist.

18.2   Indirekte Finanzrechnung

Die indirekte Erstellungsmethode war im Rahmen der Haushaltsplanung gem. § 3 der GemHVO-Doppik (2006) anzuwenden und kann nach der aktuellen GemHVO optional beibehalten werden (siehe Ziffer 6.5.2.4.2 - Muster 9). Daneben ist jedoch gem. § 47 Abs. 3 letzter Satz GemHVO (Muster 16) auch eine direkte Finanzrechnung zu führen. In der Privatwirtschaft findet üblicherweise die indirekte Methode Anwendung, wenn börsennotierte Unternehmen eine Kapitalflussrechnung erstellen. Sie ist, zumindest nach den Darstellungen der Fachliteratur, in ihrer Zweckmäßigkeit umstritten[776]. Vereinfacht dargestellt erfolgt die Ermittlung des Zahlungssaldos ausgehend vom Jahresergebnis bei der indirekten Methode in folgender Weise[777]:

	Jahresergebnis lt. Abschlusszeile der Ergebnisrechnung
+ / -	Abschreibungen/Zuschreibungen auf Gegenstände des Anlagevermögens
-	Erträge aus der Auflösung von Sonderposten für erhaltene Investitionszuwendungen
+ / -	Zunahmen/Abnahmen der Rückstellungen
-/ +	Erträge und Aufwendungen aus dem Abgang von Gegenständen des Anlagevermögens
+ / -	sonstige nicht zahlungswirksame Aufwendungen und Erträge
-/ +	Zunahme/Abnahme der Vorräte, der Forderungen aus Lieferungen und Leistungen sowie anderer Aktiva
+ / -	Zunahme/Abnahme der Verbindlichkeiten aus Lieferungen und Leistungen sowie anderer Passiva
=	Saldo der laufenden Zahlungen/ Zahlungsmittelfluss aus laufender Verwaltungstätigkeit

---

[776] Vgl. Baetge, Bilanzen, 4. Auflage, Düsseldorf, 1996, S. 632; dagegen aber Körner/Portis, Direkte versus indirekte Finanzrechnung – Vor- und Nachteile in der Praxis, der gemeindehaushalt, 1/2006, S. 8.

[777] Aufstellung nach Schrader, Kapitalflussrechnung als Abbildung der Finanzlage, Frankfurt 1999, S. 36.; vgl. Muster 9 und Muster 17 zur GemHVO.

18.3   Direkte Bebuchung der Finanzrechnung im Einzelnen

Die GemHVO sieht im Regelfall die Führung der direkten Finanzrechnung nach § 47 Abs. 2 GemHVO vor. Selbst, wenn die Gemeinde nach § 47 Abs. 3 vorgeht, ist dem Jahresabschluss die Finanzrechnung auch in der Gliederung des § 47 Abs. 2 (§ 47 Abs. 3. S. 3 GemHVO) beizufügen. Umgekehrt ist die Gemeinde nicht mehr verpflichtet, die Finanzrechnung nach der indirekten Methode zu entwickeln, wenn auch der Finanzhaushalt in der Darstellung nach Muster 8 aufgestellt wurde und damit Planansätze und Abschlussergebnisse gegenübergestellt und Abweichungen dargestellt werden können, wie dies § 47 Abs. 4 GemHVO fordert.

Im Folgenden wird von der direkten Finanzrechnung ausgegangen. Dabei ist es unerheblich, welche Variante der Bebuchung zur Anwendung kommt. In Anlehnung an die zugrundeliegende kaufmännische Praxis wird bevorzugt von einer originären Bebuchung der Zahlungsmittelkonten und einer statistischen Mitbebuchung der Finanzrechnungskonten ausgegangen (Variante 2 Ziffer 18.1).

Für die Führung der direkten Finanzrechnung wurden im KVKR die in der obigen Übersicht dargestellten Hauptkonten vorgesehen - die Übersicht stellt gleichzeitig die Beziehungen zu den korrespondierenden Konten der Ergebnisrechnung und der Vermögensrechnung her.

Der idealtypische Verwaltungsablauf ist dabei wie folgt zu skizzieren:

Auf der Einzahlungsseite:

1. Die Gemeinde erbringt eine Leistung und stellt die damit erlangte Forderung gegenüber dem Leistungsempfänger fest, dies führt zu folgendem Buchungssatz:
   24xx Forderung a. L.& L an 50xx Umsatzerlöse
2. Der Leistungsempfänger begleicht die ausgestellte Rechnung
   28xx Zahlungsmittel an 24xx Forderung a. L.& L
   statistische Mitbebuchung 81x Einzahlung aus Leistungsentgelten

Auf der Auszahlungsseite:

1. Die Gemeinde nimmt eine Leistung eines Dritten in Anspruch und stellt die damit entstandene Verbindlichkeit gegenüber dem Leistungserbringer fest, dies führt zu folgendem Buchungssatz:
   61 Aufwand für Fremdleistungen an 440 Verbindlichkeit a. L.& L
2. Die Gemeindekasse begleicht die empfangene Rechnung
   440 Verbindlichkeit a. L.& L an 28 Zahlungsmittel
   statistische Mitbebuchung 832 Auszahlung für Sach- und Dienstleistungen

Aus der oben dargestellten Übersicht ist nicht nur zu erkennen, dass jedem Aufwands- und Ertragskonto, das zu Zahlungen führen kann, ein Finanzrechnungskonto zugewiesen ist, sondern dass überwiegend auch auf der Ebene von Forderungen und Verbindlichkeiten eine der Finanzrechnung entsprechende Differenzierung eingehalten wird. In den wenigen Fällen, in denen ein Finanzrechnungskonto mit mehr als einem Forderungs- oder Verbindlichkeitenkonto korrespondiert (in der Übersicht sind diese Kontengruppen mit * gekennzeichnet), lässt sich der Kontenplan der Gemeinde im Rahmen des KVKR leicht entsprechend weiter ausdifferenzieren, um eine eindeutige Buchungsbeziehung herzustellen.

Grundsätzlich ist festzustellen, dass bei der direkten Bebuchung der Finanzrechnung vier Fälle zu unterscheiden sind:

a) Zahlung, die in derselben Rechnungsperiode in der gleichen Höhe Aufwand oder Ertrag darstellt (Buchungsfall 1)

Der „normale" Buchungsfall ist der, bei dem Zahlung und Ressourcenverbrauch übereinstimmen und damit keine Differenzen zwischen Finanzrechnung und Ergebnisrechnung auftreten. Dies ist i. d. R. zu erwarten bei Personalauszahlungen, bei normalen Geschäftsauszahlungen wie Porto, Telefon, Werbung, bei Einzahlungen[778] für Grundsteuern, Verwaltungsgebühren etc. In all diesen Fällen kann die Bebuchung der Finanzrechnungskonten direkt aus der Erfolgsbuchung abgeleitet werden, sobald der Zahlungsmittelfluss erfolgt. Wichtig ist dabei, dass die Buchung in der Finanzrechnung immer erst dann erfolgt, wenn die Zahlung erfolgt und nicht schon bei Erfassung der Forderung oder Verbindlichkeit.

b) Zahlung, die nicht in derselben Rechnungsperiode Aufwand oder Ertrag darstellt (Buchungsfall 2)

Klassisches Beispiel für solche Zahlungen sind Auszahlungen für Investitionen. Dieser Auszahlungsart steht keine korrespondierende Aufwandsart gegenüber, da die Investition zu einer Aktivierung des Vermögensgegenstands (Zuwachs auf einem aktiven Vermögensrechnungskonto) führt. Durch die Abschreibung des Vermögensgegenstands kann allerdings in anderer Höhe ein Aufwand verursacht werden. Buchungstechnisch kann bei den Investitionen das Finanzrechnungskonto nicht aus einem korrespondierenden Aufwandskonto abgeleitet werden. Es muss aus dem entsprechenden Bestandskonto der Vermögensrechnung ermittelt werden.

Ein weiteres Beispiel für den Buchungsfall 2 ergibt sich aus dem Periodisierungsprinzip der Doppik (vgl. Ziffer 7.3.2). Zahlungen, die Leistungen betreffen, die wirtschaftlich einer anderen Rechnungsperiode zuzurechnen sind, stehen keine Aufwendungen bzw. Erträge in der gleichen Periode gegenüber.

Erfolgt die Zahlung vor der Leistung, spricht man von sog. „transitorischen Posten" (§ 45 GemHVO, z. B. Beamtenbezüge für den Monat Januar, die im Dezember ausgezahlt werden). In solchen Fällen ergibt sich die Notwendigkeit zur Bildung eines Rechnungsabgrenzungspostens. Im Fall einer Auszahlung wird dieser auf der Aktivseite der Bilanz gebildet, im Fall einer Einzahlung auf der Passivseite. Da die Rechnungsabgrenzung i. d. R. erst im Rahmen des Jahresabschlusses erfolgt, kann die Ermittlung des Finanzrechnungskontos auch in diesen Fällen aus den Erfolgskonten abgeleitet

---

[778] Sofern keine Forderungen am Jahresende offen stehen.

werden. Die Konten der Ergebnisrechnung werden anschließend durch eine entsprechende Abgrenzungsbuchung wieder entlastet, so dass die zutreffende Differenz zwischen Finanz- und Ergebnisrechnung im Jahresabschluss ausgewiesen wird.

Erfolgt dagegen die Zahlung in einer Rechnungsperiode nach der Leistung, spricht man von sog. antizipativen Posten.[779] Die Abgrenzung der antizipativen Posten erfolgt über die Bilanzposten „Sonstige Forderungen" bei Auszahlungen und „Sonstige Verbindlichkeiten" bei Einzahlungen. Da zum Zeitpunkt der Zahlung der ergebniswirksame Vorgang schon buchhalterisch erfasst ist, erscheint es auch in diesen Fällen möglich, die Kontierung in der Finanzrechnung aus der Erfolgsbuchung abzuleiten. So muss z. B. beim Zahlungseingang eine Zuordnung zur offenen „Sonstigen Forderung" erfolgen. Diese wiederum lässt sich auf die in der Vorperiode erfasste Ertragsbuchung zurückführen.

c) Zahlung, die in derselben Rechnungsperiode nicht in der gleichen Höhe Aufwand oder Ertrag darstellt (Buchungsfall 3)

Der Buchungsfall 3 ergibt sich i. d. R. ebenfalls aus dem Periodisierungsprinzip. Dabei bezieht sich die Zahlung zum Teil auf Leistungen in der laufenden Periode und zum anderen Teil auf Leistungen in einer bereits abgelaufenen oder einer zukünftigen Periode. In diesen Fällen gilt sinngemäß das Gleiche, was oben für die transitorischen und antizipativen Posten ausgeführt wurde. Allerdings ist es notwendig, zwischen den beiden Teilen des Geschäftsvorfalls zu differenzieren, d. h. die ergebniswirksamen und die ergebnisunwirksamen Zahlungen buchhalterisch voneinander zu trennen (s. u.).

Ebenfalls durch das Periodisierungsprinzip verursacht sind die Differenzen zwischen Finanz- und Ergebnisrechnung, die sich aus der Lagerung von Roh-, Hilfs-, Betriebsstoffen und Waren ergeben. Während alle Auszahlungen für Lagerzugänge in der Finanzrechnung zu erfassen sind, ergeben sich in der Ergebnisrechnung nur Aufwendungen in der Höhe, in der solche Stoffe tatsächlich verbraucht wurden, bzw. in der Höhe in der die Waren oder Dienstleitungen veräußert wurden.[780] Die Erfassung der Auszahlungen für die Finanzrechnung ist dabei abhängig davon, ob eine Lagerbuchhaltung eingesetzt wird oder ob die Lagerzugänge zunächst als Aufwand gebucht werden. Werden Lagerzugänge bei Einsatz einer Lagerbuchhaltung nicht unmittelbar als Aufwand gebucht, kann die Buchung der Finanzrechnung nicht aus dem Aufwandskonto abgeleitet werden. Sie ist daher aus der Bestandsbuchung abzuleiten.

Neben diesen drei Buchungsfällen gibt es einen weiteren Buchungsfall, der für die korrekte Abgrenzung der Finanzrechnung von der Ergebnisrechnung relevant ist, aber nicht zu einer Buchung auf den Finanzrechnungskonten führt:

---

[779] Vgl. Häfner, Doppelte Buchführung für Kommunen nach dem NKF, 3. Auflage, Freiburg 2005, S. 180 ff.

[780] Vgl. Ausführungen im Kapitel 16 (Vermögensrechnung).

d) Aufwand oder Ertrag, denen in der gleichen Rechnungsperiode bzw. (überhaupt) keine Zahlungen gegenüberstehen (Buchungsfall 4)

Der Buchungsfall 4 ist quasi das Gegenstück zum Buchungsfall 1. In allen Fällen, in denen Ressourcen verbraucht werden oder der Kommune Erträge erwachsen, die aber keinen Zahlungseingang oder -ausgang in derselben Periode zur Folge haben, steht der Erfassung in der Ergebnisrechnung keine Position in der Finanzrechnung gegenüber. Beispiele hierfür sind insbesondere die Abschreibungen und die Bildung von Rückstellungen. Weiterhin sind hier die Aktivierung selbst erstellter Leistungen und die Auflösung von Sonderposten zu nennen. Auch bei den transitorischen und antizipativen Posten ergibt sich jeweils in einer Periode ein ergebniswirksamer Vorgang, der nicht in derselben Periode zahlungswirksam wird.

e) Zusammenfassung: Systematische Behandlung der Abweichungen von Finanz- und Ergebnisrechnung bei direkter Finanzrechnung

Anhand der bekannten Systematisierung der Rechnungsgrößen lassen sich die beschriebenen Buchungsfälle zuordnen. Der Buchungsfall 3 ist dabei jeweils als Kombination der Buchungsfälle 2 und 1 (Buchungsfall 3 a) oder 1 und 4 (Buchungsfall 3 b) zu betrachten. In einem Geschäftsvorfall gibt es bei Vorliegen des Buchungsfalls 3 a sowohl zahlungsgleiche Aufwendungen oder Erträge als auch Zahlungen, denen keine Aufwendungen und Erträge gegenüberstehen. Im Buchungsfall 3 b liegen z. T. zahlungsgleiche Aufwendungen und Erträge vor, zum anderen Teil liegen Aufwendungen oder Erträge vor, die in derselben Periode nicht zu Zahlungen führen. Zur korrekten Abbildung von Finanz- und Ergebnisrechnung ist in diesen Fällen der jeweilige Geschäftsvorfall in beide Bestandteile (2 und 1 bzw. 1 und 4) aufzuteilen und buchhalterisch separat zu erfassen.

Die nachfolgende Darstellung zeigt die Systematisierung im Überblick:

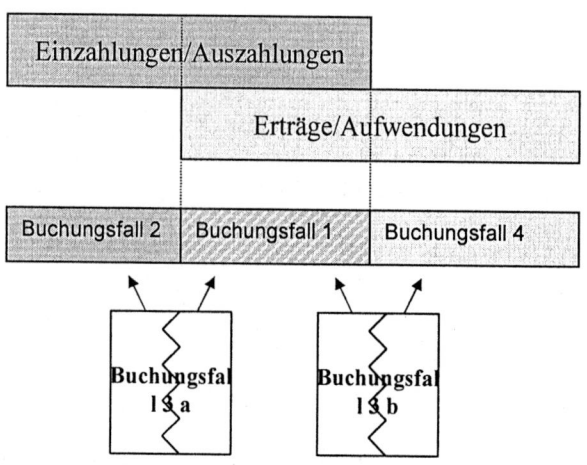

Bei der Bebuchung der Finanzrechnung sind für alle Varianten der Buchungsfälle 1 - 3 Wege zur Erfassung der Geschäftsvorfälle auf den Konten der Finanzrechnung zu entwickeln. Dabei ist die Minimierung des Buchungsaufwands in den Vordergrund zu stellen, da bei der überwiegenden Zahl der Fälle eine Ableitung der Kontierung der Finanzrechnungskonten aus der Ergebnisrechnung möglich ist. Auch bei der überwiegenden Zahl der Buchungsfälle unter 2 a ist dies möglich, da die Abgrenzung in der Ergebnisrechnung erst im Rahmen des Jahresabschlusses erfolgt.

18.4   Einzahlungen aus Investitionstätigkeit

Zu den Einzahlungen aus Investitionstätigkeit gehören

- Investitionszuwendungen, Beiträge (Hauptkonto 820),
- Einzahlungen aus Abgängen von Vermögensgegenständen des Sachanlagevermögens und des immateriellen Anlagevermögens (Hauptkonto 822) und
- Einzahlungen aus Abgängen von Vermögensgegenständen des Finanzanlagevermögens (Hauptkonto 823).

Diese Zahlungspositionen (§ 47 Abs. 2 GemHVO) werden in der Finanzrechnung zum Zeitpunkt des Zahlungseinganges in voller Höhe erfasst. Insbesondere im Bereich der Zuwendungen, der Veräußerungserlöse und der Beiträge ergeben sich bei der Betrachtung der Zahlungsströme in der Finanzrechnung individuelle Abweichungen zur Ertragssicht. Während bei Beiträgen und Zuwendungen der Ertrag sich aus der Verteilung der Einzahlungen auf den Nutzungszeitraum der damit finanzierten Investition ergibt, liegt ein Ertrag bei einer Vermögensveräußerung nur in Höhe der positiven Differenz zwischen Veräußerungserlös und Restbuchwert zum Zeitpunkt der Veräußerung vor. Die Erfassung in der Finanzrechnung ist bei diesen Positionen unproblematisch, da sich der Einzahlungsbetrag unmittelbar aus dem Zugang auf dem Bankkonto ergibt.

18.5   Einzahlungen aus Finanzierungstätigkeit (Hauptkonto 826)

Die Einzahlungen aus Finanzierungstätigkeit (§ 47 Abs. 2 Nr. 31 GemHVO) beinhalten zunächst die Kreditaufnahmen für die Investitionstätigkeit der Kommune. Die buchhalterische Abwicklung geschieht bei einer Kreditaufnahme für Investitionen in folgender Weise:

1. Abschluss eines Kreditvertrages über 1 Mio. € bei 100 % Auszahlung:
   Keine Buchung, da noch keine Änderung des Vermögensbestandes eingetreten ist.

2. Eingang des Kreditbetrages auf dem Konto der Kommune:

280 Bank	an	4206 Verb. Kredite b. Kreditinst.	1 Mio. €

Bei Zahlungseingang erfolgt gleichzeitig die Mitkontierung des passenden Finanzrechnungskontos 826 „Einzahlungen aus der Aufnahme von Krediten für Investitionen und Begebung von Anleihen". Da die Passivkonten der Kreditverbindlichkeiten tiefer unterteilt sind als die Finanzrechnungskonten, kann für die Mitkontierung der Finanzrechnung auch in diesem Fall eine Buchungslogik im Buchhaltungsprogramm hinterlegt werden.

Neben den Investitionskrediten weist der KVKR die Kredite zur Liquiditätssicherung gesondert (Hauptkonto 8290 – Kassenkredite) aus.

18.6   Versorgungsauszahlungen (Hauptkonto 831)

Auszahlungen an Versorgungsempfänger (Pensionäre) oder andere ehemalige Beschäftigte, die auf Zusagen zurückzuführen sind, die während der aktiven Beschäftigungszeit gegeben wurden, fallen unter die Versorgungsauszahlungen.

Wesentlich sind dabei die Versorgungsauszahlungen für Beamte. Soweit für ehemalige Beschäftigte noch Sozialversicherungsbeiträge zu zahlen sind, werden diese ebenfalls als Versorgungsauszahlungen erfasst. Gleiches gilt für Beihilfen und sonstige Unterstützungsleistungen für ehemalige Beschäftigte.

Bei Erfassung der Auszahlungen für Versorgungsempfänger ist auf den Unterschied zur Ergebnisrechnung zu achten. Während als Versorgungsauszahlungen alle Beträge erfasst werden, die in einem Haushaltsjahr zahlungswirksam werden, stellt lediglich die Differenz zwischen den Versorgungszahlungen und der Auflösung der Pensionsrückstellung für Versorgungsempfänger Versorgungsaufwand dar[781].

18.7   Auszahlungen aus Investitionstätigkeit (Hauptkonten 840 - 844)

Die Hauptkonten 840 – 844 umfassen alle Auszahlungen im Bereich der Investitionstätigkeit der Kommunen. Damit sind die Zeilen 24 – 27 der direkten Finanzrechnung (Muster 16) aus den Konten dieser Gruppe abzuleiten.

Als Investitionsauszahlungen werden alle Auszahlungen für den Erwerb von Vermögensgegenständen des Anlagevermögens einschließlich der Finanzanlagen erfasst. Entscheidend für die Zuordnung der Auszahlungen als Investitionsauszahlungen ist die Aktivierbarkeit (vgl. Ziffer 16.3.1) der durch die Zahlung erworbenen Sach- oder Finanzanlagen.

Die Differenzierung der Auszahlungsarten im Bereich der Investitionsauszahlungen richtet sich nach den Anforderungen des Finanzhaushaltes (§ 3 Abs. 1 GemHVO) und der Finanzrechnung (§ 47 Abs. 2 GemHVO). Demnach sind hier separat zu erfassen:

- Auszahlungen für den Erwerb von Grundstücken und Gebäuden
- Auszahlungen für Baumaßnahmen
- Auszahlungen für Investitionen in das sonstige Sachanlagevermögen und immaterielle Anlagevermögen
- Auszahlungen für Investitionen in das Finanzanlagevermögen

---

[781] Zur buchungstechnischen Abwicklung siehe die Darstellung zum Versorgungsaufwand bei Ziffer 17.2.1.

Unter die Investitionsauszahlungen fallen demnach auch Investitionszuwendungen der Gemeinde an Dritte, die damit gleichzeitig eine Investition der Gemeinde darstellen. Dies stellt sicher eine Ausnahme dar und ist nur dann der Fall, wenn die allgemeinen Voraussetzungen der Aktivierungsfähigkeit vorliegen (vgl. Nr. 2 Hw zu § 38 GemHVO und Ziffer 16.3.1).

18.8 Auszahlungen für die Tilgung von Investitionskrediten (Hauptkonto 846)

Als Auszahlungen im Bereich der Finanzierungstätigkeit sind die Tilgungen von Investitionskrediten und Kredite zur Liquiditätssicherung zu erfassen. Die Tilgungen von Investitionskrediten werden in der Finanzrechnung Muster 16) in der Zeile 32 ausgewiesen. Die Tilgungen von Krediten zur Liquiditätssicherung (Kassenkredite) werden ausschließlich im Jahresabschluss in der Finanzrechnung in Zeile 36 abgebildet.

Bei den Ein- und Auszahlungen im Bereich der Finanzierungstätigkeit (Kreditaufnahme und -tilgung) ist grundsätzlich zu beachten, dass sich durch unterjährige Umschuldungen im Bereich der Finanzrechnung erhebliche Abweichungen der Ergebnisse von den Planwerten ergeben können.

18.9 Die Erfüllung der finanzstatistischen Anforderungen mit Hilfe der Konten der Finanzrechnung

Die aktuellen finanzstatistischen Anforderungen nach dem Finanz- und Personalstatistikgesetz (FPStatG) basieren auch nach der Novelle vom Frühjahr 2005 weiterhin im Wesentlichen auf den bisherigen Gliederungs- und Gruppierungsvorschriften des kameralen Haushaltsrechts. Sie sind zudem auf den Rechnungsstoff der Kameralistik (Einnahmen und Ausgaben) abgestellt. Bis zur vollständigen Umstellung des gesamten öffentlichen Rechnungswesens auf die doppische Buchführung ist davon auszugehen, dass sich die Anforderungen der Finanzstatistik nicht wesentlich ändern werden. Dies macht für die Erfüllung der gesetzlichen Anforderungen bei den öffentlichen Körperschaften, die das doppische Rechnungswesen anwenden, weitere Arbeitsschritte zur Ermittlung der korrekten Daten für die Finanzstatistiken erforderlich.

Bei direkter Finanzrechnung kann die Aufbereitung der Daten am leichtesten aus den Konten der Finanzrechnung erfolgen, da der dort ausgewiesene Rechnungsstoff (Einzahlungen und Auszahlungen) mit den Anforderungen an die Kassenstatistiken nahezu identisch ist. Nicht übereinstimmend ist die Differenzierung der Zahlungsarten in der Finanzrechnung und in der Finanzstatistik. Es bietet sich daher an, bei der Festlegung der Finanzrechnungskonten die Anforderungen der Finanzstatistik zu berücksichtigen und möglichst durchgängig eine eindeutige Zuordnung von Finanzrechnungskonten anzustreben. Dies würde eine Umschlüsselung der Daten mit Hilfe von Zuordnungstabellen ohne großen manuellen Aufwand ermöglichen.

18.10   Übung

Sachverhalt

Im Januar 2014 fallen in der Gemeindeverwaltung G folgende Geschäftsvorfälle an:

1. Tarif-Entgelte für Beschäftigte in Höhe von 50.000 € sind auszuzahlen, darauf entfallen je 10.000 € Arbeitnehmer- und Arbeitgeber-Anteile für Sozialversicherung, sowie 8.000 € Lohn- und Kirchensteuer.
2. Die monatliche Stromrechnung für Dezember 2013 geht ein mit 15.000 €. Der fällige Betrag wird nach Prüfung der Rechnung ausgezahlt.
3. Die Kreiskasse teilt mit, dass Schlüsselzuweisungen für Dezember 2013 in Höhe von 120.000 € aufgerechnet werden mit der Kreisumlage für den gleichen Monat. Die restliche Kreisumlage in Höhe von 40.000 € ist noch an die Kreiskasse zu überweisen. (Hinweis: Gehen Sie davon aus, dass für diese Beträge auch noch keine Aufwands- und Ertragsbuchungen vorgenommen wurden.)
4. Mit den Vorjahresrechnungen für die Abwasserentsorgung waren bereits Vorauszahlungen in Höhe von 2.400.000 angefordert worden, von denen bis zum Jahresende 2.350.000 € eingezahlt worden waren. (Stellen Sie in diesem Fall zunächst auch die Kontierungen für die Vorauszahlungen dar). Lt. jetzt vorliegenden Daten der Zählerablesungen wurden im Laufe des Haushaltsjahres 2013 Leistungen der Abwasserentsorgung im Wert von 2.500.000 € erbracht, die nunmehr in Rechnung gestellt werden. Bis Ende Januar gehen weitere Zahlungen in Höhe von 35.000 € ein.

Aufgabe:
Kontieren Sie die vorstehenden Geschäftsvorfälle in Ergebnis- und Vermögensrechnung sowie in der Finanzrechnung unter Benutzung des KVKR. Geben Sie auch das betroffene Haushaltsjahr an und erläutern Sie die Kontierung:

Lösung:

a) Kontierung

GV-Nr.	HH-Jahr	Konten der Ergebnis- und Vermögensrechnung		Konten der Finanzrechnung		Betrag
		Soll	Haben	Einzahlungen	Auszahlungen	€
1	2014	620	440			32.000
1	2014	620	483			8.000
1	2014	620	484			10.000
1	2014	640	484			10.000
1	2014	440	280		830	32.000
1	2014	484	280		830	20.000
1	2014	483	280		830	8.000
2	2013	603	440			15.000
2	2014	440	280		832	15.000

		Soll	Haben	Einz	Ausz.	
3	2013	2201	540101			120.000
3	2013	735410	4302			160.000
3	2014	4302	2201	816	835	120.000
3	2014	4302	280		835	40.000
4	2013	234	511			2.400.000
4	2013	280	234	811		2.350.000
4	2013	234	511			100.000
4	2014	280	234	811		35.000

b) Erläuterungen

zu GV 1

Es handelt sich um einen Zugang von Aufwand, der in der Logik der kaufmännischen Buchführung als Verminderung des Eigenkapitals zu verstehen ist und deshalb auf der Sollseite des Kontos 620 Entgelte für geleistete Arbeitszeit zu buchen ist. Die Gegenbuchung stellt die gleichzeitig entstandene Verbindlichkeit (Konto 440) dar. Nach den nicht nur in der öffentlichen Verwaltung üblichen Sicherheitskonzepten für die Buchführung (vgl. § 33 Abs. 6 GemHVO) darf derjenige, der auf Sachkonten buchen darf, nicht gleichzeitig Zahlungen ausführen, deshalb erfolgt hier im ersten Schritt nur die Buchung als Verbindlichkeit und noch keine Buchung in der Finanzrechnung. Gleichzeitig mit der Feststellung und Kontierung des tarifvertraglichen Entgeltes für den Januar 2014 ist die Feststellung zu treffen, welcher Arbeitgeberanteil an Sozialversicherungsbeiträgen zu leisten ist. Diese Beträge sind zwar nach betriebswirtschaftlicher Auffassung ebenfalls Teil der Personalaufwendungen, werden aber traditionell wegen des maßgeblichen gesetzlichen Hintergrundes auf dem speziell dafür vorgesehenen Aufwandskonto 640 gebucht.

Erst im zweiten Schritt darf derjenige, der die Berechtigung besitzt, auf Finanzmittelkonten (Hauptgruppe 28) zu buchen, die Zahlung ausführen und die zugehörigen Buchungen vornehmen. Dazu muss aber zuvor festgestellt worden sein, dass eine entsprechende Zahlungsverpflichtung besteht. Die mit der Zahlung verbundene Reduzierung der Verbindlichkeit und des Zahlungsmittelbestandes ist auf der Sollseite des Kontos 440 und auf der Habenseite des Kontos 280 Guthaben bei Kreditinstituten und gleichzeitig auf dem sachlich zuständigen Konto 830 Personalauszahlungen der Finanzrechnung zu buchen. (Der Widerspruch zur fachlich nicht nachvollziehbaren Aussage in § 47 Abs. 1 GemHVO, wonach primär das Finanzrechnungskonto zu bebuchen sei, ist offensichtlich und unvermeidbar.) Alle Buchungen betreffen das Haushaltsjahr 2014. Maßgebend hierfür ist hinsichtlich des Aufwandes die Information, dass es sich um Personalaufwendungen für den Monat Januar 2014 handelt. Hinsichtlich der Finanzrechnung ist für diese Zuordnung maßgebend, dass die Zahlung im Januar 2014 stattfindet (vgl. § 10 Abs. 2 GemHVO).

Die gesamten Sozialversicherungsbeiträge werden auf dem speziell dafür eingerichteten Konto 484 Verbindlichkeiten gegenüber der Sozialversicherung gesammelt. Die Auszahlung an die Sozialversicherungsträger hat nach den gesetzlichen Vorschriften seit

2006 bis zum 3. letzten Bankarbeitstag zu erfolgen. Dagegen müssen die Lohn- und Kirchensteuer erst am 10. des Folgemonats an das zuständige Finanzamt abgeführt werden, was früher auch für die Sozialversicherungsbeiträge galt.

zu GV 2

Auch hier ist zunächst sowohl ein Zugang auf dem sachlich zuständigen Aufwandskonto 603 Aufwendungen für Energie als auch auf dem Kreditorenkonto 440 festzustellen. Da es hier um den Stromverbrauch des Monats Dezember 2013 geht, ist nach dem Prinzip der wirtschaftlichen Zugehörigkeit das Haushaltsjahr 2013 betroffen.

Die Reduzierung der Verbindlichkeit durch die Bezahlung der Rechnung und der damit verbundene Abgang von Bankguthaben findet erst im Jahre 2014 statt und ist deshalb auch im Haushaltjahr 2014 zu buchen. Das gleiche gilt für die Buchung auf dem Konto 832 Auszahlungen für Sach- und Dienstleistungen der Finanzrechnung.

zu GV 3

Die Schlüsselzuweisung des Landes Hessen, die über die Landkreise an die Gemeinden verteilt wird, stellt einen Vermögenszuwachs für die Gemeinde dar, der als Ertrag auf der Habenseites des sachlich zuständigen Kontos 540101 Schlüsselzuweisungen und gleichzeitig auf der Sollseite des Kontos 2201 Forderungen aus allgemeinen Zuweisungen und Zuschüssen gegen das Land zu buchen ist. Da es sich noch um die letzte Monatsrate der Schlüsselzuweisung des Jahres 2013 handelt, ist nach dem Prinzip der wirtschaftlichen Zugehörigkeit das Haushaltsjahr 2013 betroffen.

Die Kreisumlage stellt für die Gemeinde G Aufwand dar, der auf der Sollseite des sachlich zuständigen Kontos 735410 Kreisumlage zu buchen ist. Sie stellt bis zum Zeitpunkt der Zahlung eine Verbindlichkeit dar, die auf der Habenseite des speziellen Verbindlichkeiten-Kontos 4302 Verbindlichkeiten aus Zuweisungen und Zuschüssen gegenüber Gemeinden (GV) zu buchen ist. Da es sich noch um die letzte Monatsrate der Schlüsselzuweisung des Jahres 2013 handelt, ist nach dem Prinzip der wirtschaftlichen Zugehörigkeit das Haushaltsjahr 2013 betroffen.

Die von der Kreiskasse zulässigerweise ausgesprochene Aufrechnung fingiert Zahlungsmittelflüsse in beide Richtungen. Dadurch werden nicht nur die offen stehenden Verbindlichkeiten und Forderungen erledigt, sondern auch entsprechende Buchungen auf den Finanzrechnungskonten 816 Einzahlungen aus Zuweisungen und Zuschüssen für laufende Zwecke und 835 Auszahlungen für Steuern einschließlich Auszahlungen aus gesetzlichen Umlageverpflichtungen ausgelöst. Dabei stellt die Aufrechnung keinen Verstoß, sondern eine konsequente Beachtung des Bruttoprinzips dar. Da die Aufrechnung erst im Januar 2014 ausgesprochen wird, ist nach dem für die Finanzrechnung geltenden Kassenwirksamkeitsprinzip das Haushaltsjahr 2014 betroffen. Das gilt auch für die abschließende Zahlung des Restbetrages der Kreisumlage.

zu GV 4

Die bereits im Vorjahr angeforderten Vorauszahlungen für die Abwasserentsorgung waren als Forderungen aus Gebühren (Konto 234) auf der Sollseite und auf der Habenseite als Erträge aus Öffentlich-rechtliche Benutzungsgebühren (Konto 511) des Haushaltjahres 2013 darzustellen. Der im Haushaltjahr 2013 hierfür ausgelöste Zahlungseingang war auf der Sollseite als Zahlungsmittelzuwachs auf dem Konto 280 Guthaben bei Kreditinstituten und auf der Habenseite als Abgang auf dem Konto 234 Forderungen aus Gebühren sowie auf dem Finanzrechnungskonto 811 Einzahlungen aus öffentlich-rechtlichen Leistungsentgelten im zuständigen Haushaltsjahr 2013 zu verbuchen. Auch die abschließende Feststellung, dass lt. Zählerablesung weitere 100.000 mehr an Leistungen erbracht wurden, betrifft das Haushaltsjahr 2013.

Hier können allerdings Zweifel durch die Regelung des § 16 GemHVO entstehen, wonach das Prinzip der wirtschaftlichen Zugehörigkeit für Abgaben und abgabenähnliche Erträge durchbrochen wird. Dies scheint aber für Gebühren nicht sachgerecht, weil hier die Gemeinde unmittelbar am Jahresende über die notwendigen Informationen verfügt, um das Prinzip der wirtschaftlichen Zugehörigkeit und damit eine ökonomisch sinnvolle Periodenabgrenzung vorzunehmen. Dies ist für Ertragsteuern (auf die diese Regelung eigentlich abzielt) völlig anders zu beurteilen, denn hier erfährt die Gemeinde erst mit großem zeitlichen Abstand (i. d. R. erst nach Abschluss der Bücher für das jeweilige Haushaltjahr), welche wirtschaftlichen Erfolge die Steuerpflichtigen erzielt haben und welche Steuerzahlungen sich daraus ergeben.

Aus diesem Grund sehen die Autoren einen Vorrang des Prinzips der wirtschaftlichen Zugehörigkeit (§§ 10 Abs. 2, 46 Abs. 1 GemHVO) solange eine Buchung in den Büchern des Jahres der wirtschaftlichen Zugehörigkeit möglich ist.

Die erst im Jahre 2014 eintreffenden Zahlungen sind dagegen sowohl auf den Zahlungsmittelkonten der Vermögensrechnung (Gruppe 28) als auch der Finanzrechnung nach dem Kassenwirksamkeitsprinzip im Haushaltsahr 2014 zu buchen.

Inhaltsverzeichnis

19. Kosten- und Leistungsrechnung

Zur Unterstützung der Verwaltungssteuerung und für die Beurteilung der Wirtschaftlichkeit und Leistungsfähigkeit bei der Aufgabenerfüllung ist eine Kosten- und Leistungsrechnung zu führen. Deren Ausgestaltung bestimmt die Gemeinde nach ihren örtlichen Bedürfnissen (§ 14 GemHVO). Mit dieser zurückhaltenden und offenen Formulierung gibt der Verordnungsgeber den Kommunen auf, moderne Weiterentwicklungen des Rechnungswesens nach örtlichem Bedarf einzuführen und zu nutzen. Die Einführung von Kosten- und Leistungsrechnung (KLR) ist als unverzichtbares Element eines Outputorientierten Rechnungswesens Pflicht, aber in der Ausgestaltung sind die Kommunen frei und müssen sich nur am eigenen Steuerungsbedarf, nicht an praxisfernen Festlegungen orientieren.

Aus betriebswirtschaftlicher Sicht ist diese gesetzgeberische Zurückhaltung sehr zu begrüßen, der Einfluss auf die Verwaltungspraxis wird deshalb aber zunächst wohl recht gering sein. Es wird am Geschick von entwicklungsfähigen Verwaltungspraktikern und der Überzeugungskraft und Beharrlichkeit der Einrichtungen für die Verwaltungsausbildung liegen, in welchem Tempo sich dieser gesetzgeberisch wenig strukturierte, aber für die Zukunftsfähigkeit der Kommunen wichtige Bereich für die Verwaltungspraxis entwickelt.

Erste Eindrücke vom Reformweg der Verwaltungspraxis deuten darauf hin, dass zzt. mehr Energie in die Gewinnung relativ wenig aussagekräftiger historischer Anschaffungswerte des Kommunalvermögens investiert wird als in den Ausbau eines auf die Verwirklichung des Wirtschaftlichkeitsprinzips ausgerichteten neuen Teilbereichs des Rechnungswesens. Aus der Sicht von Gesetzgeber und Betriebswirtschaftslehre allerdings gehören beide Teile gleichgewichtig zum neuen kommunalen Rechnungswesen.

19.1 Zwecke der Kosten- und Leistungsrechnung

Unmittelbar aus § 14 GemHVO können die Zwecke

- Unterstützung der Verwaltungssteuerung und
- Verbesserung der Wirtschaftlichkeit der kommunalen Aufgabenerfüllung

entnommen werden. Darüber hinaus dient die KLR in einigen Verwaltungsbereichen schon seit längerem der

- Ermittlung von Produktkosten und
- Kalkulation kostendeckender Entgelte (incl. Gebührenkalkulation nach KAG).

In den Hinweisen zu § 14 GemHVO führt das zuständige Ministerium aus:

1. *Die Kosten- und Leistungsrechnung ist in allen Produktbereichen der Gemeinde zu führen. Die Ausgestaltung der Kosten- und Leistungsrechnung in den einzelnen Produktbereichen ist von der Gemeinde nach ihren Bedürfnissen zu bestimmen.*

2. *Bestandteile der Kostenrechnung sind die Kostenartenrechnung, die Kostenstellenrechnung und die Kostenträgerrechnung.*

3. *Mit der Kosten- und Leistungsrechnung wird eine wirksame Steuerung und Kontrolle des Haushaltsvollzugs und der Haushaltsplanung ermöglicht. Durch die von der Kosten- und Leistungsrechnung zur Verfügung gestellten Informationen wird die Beurteilung der Wirtschaftlichkeit bei der Aufgabenerfüllung unterstützt. Sie kann zudem als Grundlage für eine umfassende Steuerungsunterstützung (Controlling) genutzt werden.*

4. *Mit den Ergebnissen der Kosten- und Leistungsrechnung wird transparent, welche Kosten der Gemeinde für die Produkte und Dienstleistungen entstehen. Diese Kostentransparenz ist insbesondere bei der Festlegung von kostendeckenden Gebühren und Entgelten unverzichtbar.*

Mit der Neufassung des § 10 Abs. 7 KAG vom 24. März 2013 bekommt die Kosten- und Leistungsrechnung eine noch stärkere Bedeutung, da nun die Gebührenpflichtigen grundstücksbezogener Benutzungsgebühren berechtigt sind, in die Kostenrechnung und die Gebührenkalkulation Einsicht zu nehmen.

19.2   Kostenartenrechnung

Während das traditionelle öffentliche Rechnungswesen allein auf die Dokumentation und die Steuerung von Zahlungsströmen ausgerichtet war, hat sich die moderne öffentliche Verwaltung mit der Einführung der Doppik auf den Weg gemacht, wirtschaftliche Entwicklungen auch dann zu dokumentieren und zu steuern, wenn sie sich nicht zeitgleich in Zahlungsströmen niederschlagen. Nach dem Prinzip der wirtschaftlichen Zugehörigkeit sind Aufwendungen und Erträge unabhängig von den damit ggf. zusammenhängenden Zahlungsströmen in Haushaltsplan und Jahresabschluss desjenigen Haushaltsjahres auszuweisen, dem sie wirtschaftlich zuzuordnen sind (vgl. § 10 GemHVO). Maßgebend sind die im Rahmen der Grundsätze ordnungsmäßiger Buchführung (GoB) und von der Betriebswirtschaft geprägten Definitionen.

Aufwand ist der Wert der in einer Periode verbrauchten Güter und Dienstleistungen.[782]
Ertrag ist der Wertzuwachs in einer Periode.[783]

Im Hinblick auf die angestrebten Zwecke der Wirtschaftlichkeitssteuerung und der Entgeltkalkulation und insbesondere durch die Prägung im Rahmen der GoB, auf die auch Aspekte der Steuergesetzgebung großen Einfluss genommen haben, dokumentieren die Aspekte von Aufwand und Ertrag aus Sicht der Betriebswirtschaftslehre immer noch nicht ausreichend das betriebliche Geschehen.

Bereits im vergangenen Jahrhundert hat die Betriebswirtschaftslehre neben dem durch rechtliche Rahmenbedingungen geprägten externen Rechnungswesen, dessen Kernbereich oft als kaufmännische Buchführung bezeichnet wird, ein internes Rechnungswesen entwickelt, das im Kern als Kosten- und Leistungsrechnung anzusprechen ist.

---

782 Vgl. Olfert/Rahn: Lexikon der BWL. Rn 109, Gablers Wirtschaftslexikon, § 58 Nr. 4 GemHVO.
783 Vgl. Olfert/Rahn: Lexikon der BWL. Rn 288, Gablers Wirtschaftslexikon, § 58 Nr. 14 GemHVO.

Dabei definiert die Betriebswirtschaftslehre diese Begriffe in mancher Hinsicht deutlich anders, als sie manch einer sonst zu verstehen meint. Eine sinnvolle Anwendung können diese Begriffe aber nur finden, wenn man sich ihrer speziellen Bedeutung in diesem Zusammenhang bewusst macht:

Die Kernbegriffe der Kosten- und Leistungsrechnung sind wie folgt definiert:

Kosten stellen den in Geldeinheiten bewerteten Verzehr an Produktionsfaktoren zur Erstellung betrieblicher Leistungen in einer Periode (Input) dar.

Leistungen sind der Wert der in einer Periode durch die betriebliche Tätigkeit erzeugten Güter oder Dienstleistungen (Output).

Erst durch die Messung von Leistungen und Kosten lassen sich sinnvolle Aussagen und Entscheidungen zur Wirtschaftlichkeit eines Betriebes treffen:

$$\text{Wirtschaftlichkeit} = \frac{\text{Leistungen}}{\text{Kosten}}$$

Worin nun unterscheiden sich Aufwendungen und Kosten einerseits sowie Erträge und Leistungen andererseits? Der Unterschied ist nur zum Teil aus den Definitionen ablesbar:

Kosten und Leistungen sind immer streng auf die betriebliche Produktion ausgerichtet, während Aufwendungen und Erträge oft auch abseits der Produktion eintreten. Nähere Einzelheiten sind den nachfolgenden Ziffern zu entnehmen.

19.2.1   neutraler Aufwand

Der Begriff „neutraler Aufwand" kennzeichnet in der Betriebswirtschaftslehre denjenigen Verbrauch an Produktionsfaktoren, der erfolgt oder der festgestellt wird, ohne einen positiven Einfluss auf den Produktionserfolg des Betriebes zu nehmen. Hierbei wird zwischen außerordentlichem, periodenfremden und betriebsfremden Aufwand unterschieden, wobei oft auch Sachverhalte festzustellen sind, die die Bedingungen von mehr als einer der nachfolgenden Definition erfüllen, dies gilt namentlich für periodenfremden Aufwand, der oft auch außerordentlichen Aufwand darstellt.

19.2.1.1   außerordentlicher Aufwand

Als außerordentlich wird derjenige Aufwand bezeichnet, der selten oder unregelmäßig anfällt, insbesondere fallen hierunter Schadensereignisse und Naturkatastrophen, die dazu führen, dass mitunter eine hoher Verzehr an Produktionsfaktoren auftritt, ohne dass überhaupt eine betriebliche Leistung erstellt wird. Insbesondere im Hinblick auf jede vernünftige Kalkulation von Entgelten, aber auch im Hinblick auf sinnvolle Vergleiche müssen solche außergewöhnlichen Elemente, die die kaufmännische Buchführung nach den Regeln der GoB erfassen muss, aus der Betriebsbuchführung ausgeschieden werden.

Dies ist in den geltenden Regeln der GemHVO insoweit bereits eingearbeitet, als ein außerordentliches Ergebnis getrennt vom ordentlichen Ergebnis der Haushaltswirtschaft darzustellen ist. Im kommunalen Verwaltungskontenrahmen (KVKR Muster 13 zur GemHVO) ist die Kontengruppe 79 für außerordentlichen Aufwand vorgesehen.

19.2.1.2   periodenfremder Aufwand

Unter dem Begriff des periodenfremden Aufwandes ist derjenige Verzehr an Produktionsfaktoren anzusprechen, der wirtschaftlich bereits einer abgeschlossenen Periode (einem früheren Haushaltsjahr) zuzuordnen ist, der aber erst nach Abschluss der Bücher des Jahres der Verursachung erkannt wird und deshalb nach den GoB alsbald in den noch offenen Büchern eines folgenden Jahres zu verbuchen ist. Im Bereich der öffentlichen Verwaltung spielen hier insbesondere Altlasten eine bedeutende Rolle, die mitunter vor Jahrzehnten durch Verhaltensweisen entstanden sind, die man damals nicht als umweltschädigend ansah, deren umweltschädigende Wirkung aber heute zu kostspieligen Beobachtungs-, Sicherungs- und Sanierungsmaßnahmen zwingen. Das Hauptkonto 797 ist im KVKR für periodenfremden Aufwand vorgesehen. Bereits der Begriff „Altlasten" verdeutlicht, dass die Verursachung dieses Aufwandes in der Vergangenheit liegt.

19.2.1.3   betriebsfremder Aufwand

Als betriebsfremder Aufwand ist anzusprechen, wenn betriebliche Mittel für andere als die betrieblichen Zwecke eingesetzt werden. Dies dürfte im Rahmen der öffentlichen Verwaltung gegenüber den beiden vorher genannten Kriterien eher von geringerer Bedeutung sein. Wenn die anonyme Spende eines Unternehmers, von der wegen ihrer Anonymität nicht mal eine Werbewirkung für den Betrieb ausgeht, als betriebsfremd charakterisiert werden kann, so verfolgt diese Spende, wenn sie ausnahmsweise von einer öffentlichen Verwaltung für einen gemeinnützigen Zweck gegeben wird, zumeist auch wieder einen betrieblichen Zweck und kann so schwerlich als völlig betriebsfremd charakterisiert werden. Treffenderweise enthält der KVKR unter den Konten des außerordentlichen Ergebnisses keine Beschreibung für betriebsfremden Aufwand.

Mit der getrennten Ausweisung außerordentlichen Aufwandes wurde im doppischen Haushaltsrecht für die hessischen Kommunen bereits ein erster wichtiger Schritt in Richtung KLR angelegt, wobei allerdings darauf hinzuweisen bleibt, dass ausweislich des KVKR im Haushaltsrecht der Begriff des außerordentlichen Aufwandes anstelle des in der Kostenrechnung üblichen Begriffes „Neutraler Aufwand" als Oberbegriff für den von der Kostenrechnung abzugrenzenden Aufwand benutzt wird.

19.2.2   kalkulatorische Kosten

Unter dem Begriff der kalkulatorischen Kosten wird all derjenige produktionsbedingte Werteverzehr angesprochen, der aus verschiedenen Gründen noch gar nicht oder aus betriebswirtschaftlicher Sicht nicht zutreffend in die Betrachtung eingeflossen sind.

Bisher nicht erfasste Kosten werden als Zusatzkosten, unzutreffend erfasste Kosten werden als Anderskosten bezeichnet. Es handelt sich dabei um die nachfolgend beschriebenen fünf kalkulatorischen Kostenarten.

Ein kalkulatorischer Unternehmerlohn, wie er in privatwirtschaftlichen Unternehmen angesetzt wird, kommt für Betriebe der öffentlichen Verwaltung nicht in Betracht, da hier nur abhängig Beschäftigte tätig werden.

19.2.2.1 kalkulatorische Verzinsung

Jede moderne Produktion von Gütern und Dienstleistungen erfordert den Einsatz von Kapital zur Finanzierung der Produktionsfaktoren. Es ist beispielhaft in den für die Erstellung der Leistungen genutzten Grundstücken, Gebäuden, Fahrzeugen, Maschinen und sonstigen Anlagen gebunden. Dieses Kapital kann entweder durch Fremdkapital oder durch Eigenkapital aufgebracht worden sein. Wird Fremdkapital eingesetzt, so verlangt der Kapitalgeber selbstverständlich Zinsen für die Kapitalbereitstellung. Diese Zinsen sind bereits in der Darstellung des Aufwandes erfasst. Stellt dagegen der Eigentümer des Betriebes Kapital zur Finanzierung des Betriebszweckes zur Verfügung, so verhindern die maßgeblich auch vom Steuerrecht geprägten GoB eine Erfassung von Zinsen als Aufwand, denn aus der Sicht des Steuerrechts stellen an den Eigentümer gewährte Zinsen zu versteuernden Gewinn dar. Betriebswirtschaftlich ist aber der produktive Beitrag von Kapital nicht sinnvoll danach zu unterscheiden, von wem dieses Kapital aufgebracht wurde. Jeder, der Kapital für Produktionsprozesse aufbringt, erwartet, dass sich dieses Kapital verzinst, sonst würde er dieses Kapital nicht in den Produktionsprozess investieren, sondern andere Anlageformen suchen, die seine Zinserwartungen erfüllen.

Aus diesen Überlegungen ergibt sich, dass auch das im Betrieb eingesetzte Eigenkapital verzinst werden muss. Dies wird unter dem Begriff „kalkulatorische Verzinsung" nachgeholt. Kalkulatorische Zinsen auf das Eigenkapital stellen Zusatzkosten dar, weil sie im bisherigen Abrechnungsprozess der Doppik überhaupt nicht erfasst wurden und deshalb in der Kostenrechnung vollständig hinzugerechnet werden müssen, um ein vollständiges Bild der von der Produktion verursachten Kosten zu entwickeln.

Im Hinblick auf die speziellen Verhältnisse der Kommunalverwaltung ergibt sich noch ein weiterer Aspekt: Die im Haushaltsrecht verankerte globale Kreditaufnahme verhindert oder erschwert zumindest eine konkrete Betrachtung, welche Teile des Produktivvermögens mit Fremd- oder Eigenkapital finanziert wurden. Die Vermögensrechnung liefert lediglich Informationen über die Höhe des insgesamt gebundenen Kapitals. Um sich aufwendige und vom Ergebnis her unergiebige Nebenrechnungen zu ersparen, bietet es sich deshalb an, das gesamte gebundene Kapital der kalkulatorischen Verzinsung zu unterwerfen. Dann ist es allerdings erforderlich, die für Fremdkapital berechneten Zinsen aus der Kostenrechnung zu eliminieren, weil sonst für Fremdkapital doppelt Zinsen in die Kostenrechnung einfließen würden. Im Hinblick auf die abrechnungstechnische Darstellung erhalten damit die kalkulatorischen Zinsen den Charakter von Anderskosten, weil die kalkulatorischen Zinsen letztlich mit anderen Beträgen in die Kostenrechnung einfließen als die in der Doppik erfassten Zinsen, die sich nur auf das eingesetzte Fremdkapital beziehen.

Zur konkreten Ermittlung der kalkulatorischen Verzinsung sind zwei Dinge zu klären:

- Wie hoch ist das in der jeweiligen Kostenrechnungsperiode **zu verzinsende Kapital?**
- Welcher **Zinssatz** ist darauf anzuwenden?

Im Hinblick auf die erste Frage ist darauf hinzuweisen, dass das im betrieblichen Produktionsprozess gebundene Kapital sich ständig verändert: Mit jeder produzierten Leistungseinheit sinkt der Wert der eingesetzten Produktionsanlagen durch Abnutzung, die durch Abschreibungen dargestellt werden. Mit jeder abgesetzten Leistungseinheit gewinnt der Betrieb Teile des gebundenen Kapitals zurück – vollständige Kostendeckung unterstellt. Diese ständige Veränderung kann allerdings in der Kostenrechnung nur unvollständig nachvollzogen werden. Üblicherweise hält man es für ausreichend, den Mittelwert aus den Buchwerten zum Periodenbeginn und zum Periodenende zu bilden und der Verzinsung zu unterwerfen.

In der Praxis wird gelegentlich auch ausschließlich auf den Jahresanfangs- oder den Jahresendwert abgestellt. Diese rechnerische Vereinfachung steht jedoch nicht mehr in einem nachvollziehbaren Verhältnis zu der damit erzielten Ungenauigkeit[784]. Ausgehend von der Verfahrensweise der Kostenvergleichsrechnung wird gelegentlich auch generell nur der halbe Anschaffungswert der Verzinsung unterworfen. Allerdings ist diese Methode so ungenau, dass sie im Rahmen von Entgeltkalkulationen nach KAG gerichtlich beanstandet wurde, weil sie die Belastung unzulässig in die Zukunft verschiebt. Betriebswirtschaftlich ist sie deshalb abzulehnen.

Die Festlegung des angemessenen Zinssatzes ist eine strategische Entscheidung des Verwaltungsbetriebes, die von der Betriebsleitung zentral zu treffen ist. Der Entscheidungsspielraum wird dabei eingeschränkt durch in Gebührenfragen erstrittene Urteile[785], die Zinssätze von mehr als 8 % für unangemessen erklärten. Eine vernünftige betriebswirtschaftliche Beurteilung wird ihre Orientierung im Rahmen langfristig erzielbarer Zinssätze für Kapitalanlagen und Kredite suchen. Dabei ist der Unterschied zwischen den konkret oft als „Soll-" und „Habenzinssätzen" apostrophierten Zahlen oft geringer als deren Veränderung im Zeitablauf. Seit der Kapitalmarktzins einen historisch niedrigen Wert von unter 4 % angenommen hat, orientieren sich viele Verwaltungen an einem nach der erhofften wirtschaftlichen Belebung vorstellbaren Wert von 5 %. Im Hinblick auf die von dieser Festlegung ausgehenden innerbetrieblichen Steuerungswirkung ist eine langfristige Orientierung sicher sinnvoll, unterjährige Veränderungen des kalkulatorischen Zinssatzes erscheinen problematisch. Allerdings darf auch der inhaltliche Zusammenhang zwischen Inflationserwartung und Kapitalmarktzins nicht aus den Augen verloren werden.

---

[784] Ein Abstellen auf den Jahresanfangswert würde gerichtlich keinen Bestand haben – ein Abstellen auf den Jahresendwert dagegen die Belastung nur unzureichend darstellen.

[785] Vgl. OVG NW, Urteil vom 5.8.1994 - 9 A 1248/92.

Berechnungsbeispiel:

gebundenes Kapital am Periodenanfang: 1.100.000 €
gebundenes Kapital am Periodenende: 900.000 €

durchschnittlich gebundenes Kapital (1.100.000 + 900.000) : 2 = 1.000.000 €

kalkulatorische Verzinsung pro Jahr = 1.000.000 x 5 % = 50.000 €

19.2.2.2 kalkulatorische Abschreibungen

Abschreibungen wurden bereits im Prozess der Aufwandserfassung nach den GoB verbucht. Im Rahmen der Kostenrechnung ist jedoch zu überprüfen, ob die erfassten Werte den betriebswirtschaftlichen Anforderungen entsprechen, insoweit sind kalkulatorische Abschreibungen als Anderskosten zu betrachten, weil sie u. U. mit anderen Werten in die Kostenrechnung eingehen als sie in der doppischen Ergebnisrechnung dargestellt sind. Veränderungen können sich in folgenden Bereichen ergeben:

- Wert des abzuschreibenden Produktionsfaktors
- Abschreibungsdauer
- Abschreibungsbeginn (und -ende)
- Abschreibungen für nicht aktivierungsfähige Vermögensgegenstände

Abschreibungen auf beitragsfinanzierte Investitionen dürfen gem. § 10 Abs. 2 S. 4 KAG vom 24. März 2013 nur angesetzt werden, wenn die zu ihrer Finanzierung erhobenen Beiträge jährlich in einem der Abschreibung entsprechenden Zeitraum ertragswirksam aufgelöst werden. Damit soll verhindert werden, dass die gleiche Leistung doppelt vom Abgabenzahler finanziert wird.

In die GoB eingeflossene Regelungen des Steuerrechts schreiben für die bisher erfassten bilanziellen Abschreibungen vor, die Abschreibungen von den (historischen) **Anschaffungswerten** zu berechnen. Aus der Sicht der Betriebswirtschaftslehre müssen jedoch beachtliche Zweifel aufkommen, wenn z. B. ein im Jahre 1960 errichteter Abwasserkanal einen historischen Anschaffungswert von 20.000 € besitzt, der nach übereinstimmender Ansicht der Baufachleute heute in gleicher Dimension hergestellt Anschaffungsausgaben von 1.000.000 € verursachen würde. Die Betriebswirtschaftslehre hält es deshalb seit langem für berechtigt und sinnvoll, Abschreibungen von aktuellen **Wiederbeschaffungszeitwerten** statt von historischen Anschaffungswerten zu berechnen, obwohl Wiederbeschaffungszeitwerte nicht mit der gleichen Akribie zu ermitteln sind wie die tatsächlichen Anschaffungswerte. Allerdings können sich exakt ermittelte Anschaffungswerte so weit von aktuellen Realitäten entfernen, dass der Verlust von Genauigkeit weitaus geringer wiegt als der Verlust von Realitätsbezug. Deshalb hat die Berücksichtigung von Wiederbeschaffungszeitwerten bereits positiven Einzug in die Rechtsprechung[786] von Verwaltungsgerichten zu Gebührenfragen gefunden und auch die Gesetzgebung einiger Bundesländer zu den Kommunalabgaben greift bereits den Begriff der Wiederbeschaffungszeitwerte ausdrücklich auf, ohne jedoch deren Anwendung zu erzwingen. Die Anwendung von Wiederbeschaffungszeitwerten in der kommunalen

---

[786] Vgl. OVG NW, Urteil vom 05.08.1994 – 9 A 1248/92.

Kostenrechnung steht damit im Ermessen der jeweiligen Kommune, § 10 Abs. 2 S. 5 KAG vom 24. März 2013 sieht die Berechnung der Abschreibungen von Wiederbeschaffungszeitwerten als Wahlmöglichkeit der Gemeinde ausdrücklich vor.

Zur Ermittlung der Wiederbeschaffungszeitwerte kann die Kommune weder reale Erwerbsvorgänge noch Ausschreibungen heranziehen. In der Praxis bedient man sich zur Ermittlung aktueller Wiederbeschaffungszeitwerte der Indexmethode; d. h. der historische Anschaffungswert wird zu dem für das Anschaffungsjahr maßgeblichen Wert des zutreffenden Preisindex für den betroffenen Vermögensgegenstand ins Verhältnis gesetzt und schließlich mit dem aktuellen Wert für diesen Preisindex multipliziert. Das statistische Bundesamt stellt für derartige Zwecke eine Vielzahl von Preisindexreihen zur Verfügung.

Berechnungsbeispiel:

Anschaffungswert eines Verwaltungsgebäudes im Jahre 1960:	100.000 €
Preisindex[787] für die Errichtung von Bürogebäuden im Jahre 1960	18,0
Preisindex für die Errichtung von Bürogebäuden im Jahre 2009	113,8
aktueller Wiederbeschaffungszeitwert für das Verwaltungsgebäude	632.222 €
betriebsgewöhnliche Nutzungsdauer	80 Jahre
bilanzielle Abschreibung	1.250 €
kalkulatorische Abschreibung	7.903 €

Maßgebend für die Berechnung der planmäßigen Abschreibung ist die zu prognostizierende betriebsgewöhnliche Nutzungsdauer[788]. Auch auf die Abschreibungsdauer nimmt das Steuerrecht größeren Einfluss, als dies nach Sinn und Wortlaut der maßgebenden Vorschriften zunächst zu vermuten wäre. Die oft zitierten „AfA-Tabellen" der Finanzverwaltung geben lediglich eine Mindestdauer der Abschreibung vor, die ein Betrieb nur dann unterschreiten darf, wenn er in seiner betrieblichen Praxis regelmäßig kürzere Nutzungsdauern der jeweiligen Vermögensgegenstände belegen kann. In der Praxis haben sich diese Untergrenzen der anzurechnenden Nutzungsdauer aus Gründen der angestrebten Steuerersparnis längst zu Quasi-Standards entwickelt, die allerdings oft beachtlich von den wirklichen Verhältnissen abweichen. So darf ein Pkw nach Afa-Tabelle zzt. in 5 Jahren abgeschrieben werden, obwohl kaum jemand einen 5 Jahre alten PKW regelmäßig für wertlos halten würde und insbesondere auch in der Praxis der Kommunalverwaltung Dienstwagen häufig wesentlich länger wirtschaftlich genutzt werden.

Da jedoch in der Kommunalverwaltung i. d. R. durch erhöhte Abschreibungen keine Steuerbelastungen verringert werden können, sollte bei der Festlegung von Abschreibungszeiträumen von vornherein ein realistischer Maßstab gewählt werden, um Verzerrungen in der Kostenrechnung zu vermeiden. Insoweit kann dann eine Neubewertung der Abschreibungen unterbleiben.

---

[787] Www.destatis.de Fachserie 17 Reihe 4 Ausgabe 11/2009 Baupreise für Nichtwohngebäude, Bürogebäude.

[788] § 43 Abs. 1 GemHVO spricht hier zutreffend von der Dauer, in der der Vermögensgegenstand voraussichtlich genutzt werden kann.

Hinsichtlich des Abschreibungsbeginns kann sich ein Korrekturbedarf aus der wort-
getreuen Anwendung der Regelungen des § 43 Abs. 2 GemHVO ergeben, denn im Sinne
der kalkulatorischen Abschreibung ist auf den Beginn der Nutzungsdauer (Inbetriebnahme) abzustellen, wobei jedoch eine monatsgenaue Abgrenzung stets als ausreichend
betrachtet wird. Bei sinngemäßer Anwendung der Regelungen des § 43 lässt sich auch
hier eine Neubewertung i. d. R. vermeiden.

Letztlich sind hier noch Abschreibungen für Vermögensgegenstände in Betracht zu
ziehen, die nach GoB nicht aktiviert werden und auf die insofern auch keine bilanziellen
Abschreibungen berechnet werden dürfen. In Betracht kommen z. B. selbst erstellte
immaterielle Vermögensgegenstände, z. B. selbst erstellte Software. Auch wenn hier
nach der Tradition des HGB aus Gründen des Gläubigerschutzes eine Aktivierung
verboten ist, kann es betriebswirtschaftlich ausgesprochen sinnvoll sein, die Aufwendungen der Erstellung dieser Software nicht dem in dieser Hinsicht noch unproduktivem
Erstellungsjahr, sondern den nachfolgenden Jahren der produktiven Anwendung dieser
Software mittels kalkulatorischer Abschreibungen zuzurechnen. (Wäre die gleiche Software von Drittanbietern oder einem ausgelagerten IT-Servicezentrum entgeltlich erworben worden, würde dies zweifelsohne so geschehen.)

19.2.2.3   kalkulatorische Rückstellungen

Grundsätzlich sind hinsichtlich der kalkulatorischen Rückstellungen identische Überlegungen anzustellen wie zu den kalkulatorischen Abschreibungen. Da jedoch die Kriterien sowohl für bilanzielle als auch für kalkulatorische Rückstellungen i. d. R. nur im
Rahmen eines fachlichen Gutachtens zu klären sind, verbieten sich an dieser Stelle
weitergehende Ausführungen.

19.2.2.4   kalkulatorische Miete

Die Bewertung des Verzehrs von abnutzbaren Vermögensgegenständen, also auch von
Gebäuden und Räumen, erfolgt betriebswirtschaftlich regelmäßig über die Ermittlung
von Abschreibung und Verzinsung. Dazu werden jedoch sachgerechte Wertansätze für
diese Vermögensgegenstände benötigt, die mitunter nur mit hohem Aufwand zu schaffen
sind. Ganz besonders trifft dies für historischen Gebäudealtbestand zu, dessen Substanz
durch zahlreiche Um-, An- und Erweiterungsbauten immer wieder verändert wurde.
Insbesondere für derartige Fälle bietet das Konzept der kalkulatorischen Miete eine leicht
zu handhabende und zu erklärende Alternative, die den betriebswirtschaftlichen Erfordernissen voll entspricht.

Generell ist die kalkulatorische Miete für alle Vermögensgegenstände anwendbar, die
einen wirtschaftlichen Beitrag zum Produktionsergebnis leisten, ohne schon anderweitig
angemessen in die Kostenberechnung eingeflossen zu sein.

Für die praktische Anwendung z. B. auf Büroräume in historischen Gebäuden genügt es,
die Grundfläche und den Quadratmetersatz der Vergleichsmiete im Umfeld dieses

Gebäudes zu bestimmen. Zu- und Abschläge wegen der Besonderheiten des genutzten Gebäudes können dabei durchaus Beachtung finden.

Berechnungsbeispiel:

genutzte Bürofläche:	400 m²
Vergleichsmiete für gewerblichen Büroraum am Standort	10 €/m², Monat
Abschlag wegen ungünstiger Zuschnitte und hoher Heizkosten	./. 10 %
kalkulatorische Miete pro Jahr	43.200 €

19.2.2.5   kalkulatorisches Wagnis

Für die Anwendung im kommunalen Bereich ist zuletzt das kalkulatorische Wagnis in Betracht zu ziehen. Grundsätzlich gehen die Versicherungsprämien für versicherte Risiken selbstverständlich in die Kostenberechnung ein. Allerdings können nicht alle wirtschaftlichen Risiken, die sich mit der Produktion und dem Absatz von Gütern verbinden, versichert werden und betriebswirtschaftlich erscheint es auch nicht ratsam, Risiken, die der Betrieb selbst tragen kann, zu versichern. Gleichwohl sind diesen Risiken Kosten zuzumessen, auch wenn hier keine Versicherungsprämien gezahlt werden. Sinnvoller Maßstab für versicherbare Risiken ist die dadurch ersparte Versicherungsprämie. Probleme bereiten allerdings solche Risiken, für die keine Versicherung zu finden ist. Im Hinblick auf die angestrebte Steuerungsunterstützung der Kostenrechnung kann es unter dem Eindruck tendenzieller Überversicherung im Bereich der öffentlichen Verwaltung durchaus sinnvoll erscheinen, zunächst auf den Ansatz eines kalkulatorischen Wagnisses zu verzichten bzw. nur sehr zurückhaltende Ansätze zu wählen. Für längerfristige Überlegungen sollte aber das dahinter liegende Risiko nicht ohne Bewertung bleiben.

19.2.3   Abgrenzungsrechnung

Traditionell werden die Auswirkungen der vorstehenden Überlegungen zur Überleitung von der doppischen Ergebnisrechnung in die Kostenartenrechnung mit einer sogenannten Abgrenzungsrechnung dargestellt, die früher manuell nachträglich nach Abschluss der doppischen Buchungen erstellt wurde. Moderne finanzwirtschaftliche Software bietet das sofortige „Durchbuchen" von mit Aufwand verbundenen Geschäftsvorfällen bis in die Kostenrechnung an oder erzwingt diese sogar. Hier muss neben jeder ergebnisrechnungswirksamen Buchung sofort auch mitkontiert werden, auf welchem Kostenrechnungskonto sich dieser Zweckaufwand niederschlagen soll, oder ob es sich um neutralen Aufwand handelt. Gleichwohl muss auch hier die Ermittlung von Zusatz- und Anderskosten angestoßen werden, weil hierfür der doppische Buchungsprozess keine ausreichenden Anstöße liefert.

Für das Gesamtverständnis der Kosten- und Leistungsrechnung bietet eine solche traditionelle Abgrenzungsrechnung noch immer besseres Anschauungsmaterial als die Geschäftsvorfallbezogene Einzelfallbetrachtung; deshalb sei nachfolgend ein Beispiel einer solchen Abgrenzungsrechnung dargestellt.

Abgrenzungsrechnung des Betriebes G für das Jahr 2014

	Bezeichnung	Auszah-lungen	Abzüge	Hinzu-rechnungen	Aufwand (2)-(3)+(4)	Abzüge	Hinzu-rechnungen	Kosten (5)-(6)+(7)
	(1)	(2)	(3)	(4)	(5)	(6)	(7)	(8)
A	Personal	500.000		150.000	650.000			650.000
B	Rohstoffe	50.000	14.000	25.000	61.000			61.000
C	Betriebsstoffe	4.000	3.500	2.000	2.500			2.500
D	Miete				0		42.000	42.000
E	Grunderwerb	13.000	13.000		0			0
F	Neubau Lagerhalle	300.000	300.000		0			0
G	Wartung und Instands.	24.000			24.000	3.000		21.000
H	Kredittilgung	70.000	70.000		0			0
I	Abschreibung			85.000	85.000	85.000	81.000	81.000
J	Kreditzinsen	25.000			25.000			25.000
K	Verzinsung				0		40.000	40.000
L	Wagnis				0		20.000	20.000
	Summe	986.000			847.500			942.500

Erläuterungen zu den Zeilen:

A	Die Mitarbeiter haben Pensionsansprüche von 150.000 € erworben
B	Der Lagerbestand betrug am 01.01. 25.000 € und am 31.12. 14.000 €
C	Zum 01.01. waren noch Vorräte im Wert von 2.000 € vorhanden, am 31.12. 3.500 €.
D	Die Produktion findet in einem mietfrei zur Verfügung stehenden Gebäude statt: 500 m², Vergleichsmiete 7 €/m² p. M.
G	enthalten ist ein Sturmschaden von 3.000 €
I	nach Steuerrecht wären 85.000 € möglich, betriebswirtschaftlich verursachungsgerecht wären 81.000 €
K	Dem Betrieb stand ein durchschnittliches Eigenkapital in Höhe von 800.000 € zur Verfügung; 5 % gelten als angemessen
L	Die Versicherungsprämie für nicht versicherte Risiken würde 20.000 € betragen

Im Rahmen des doppischen kommunalen Rechnungs- und Steuerungssystems sind allerdings einige der notwendigen Schritte bereits angelegt, auf die die kostenrechnerische Abgrenzungsrechnung bereits aufsetzen kann:

Ansatzpunkt ist der Teilergebnishaushalt (Muster 10) bzw. die Teilergebnisrechnung (Muster 18), hier sind die nicht ergebniswirksamen Vorgänge bereits ausgegrenzt. Außerdem hat bereits eine Trennung zwischen ordentlichem Ergebnis (das in der Kostenrechnung weiterverarbeitet wird) und außerordentlichem Ergebnis (das in der Kostenrechnung außer Acht gelassen wird) stattgefunden. Weiterhin bietet die Darstellung der internen Leistungsbeziehungen Raum, die kalkulatorischen Kostenarten und die davon ausgehende Korrektur des ordentlichen Ergebnisses kostenstellenbezogen darzustellen.

Produktbereich/Produktgruppe/Produkt:
Alternativ:
Organisationseinheit: Produktbereich/Produktgruppe/Produkt:

Teilergebnisrechnung — - Euro -

Pos.	Konten	Bezeichnung	Ergebnis des Vorjahres 20..	Fortgeschriebener Ansatz des Haushaltsjahres 20..	Ergebnis des Haushaltsjahres 20..	Vergleich fortgeschriebener Ansatz / Ergebnis des Haushaltsjahres (Sp. 5 /. Sp. 6)
1	2		4	5	6	7
		Ordentliche Erträge				
		.				
		.				
		.				
		Summe der ordentlichen Erträge				
		Ordentliche Aufwendungen				
		.				
		.				
		Summe der ordentlichen Aufwendungen				
		Verwaltungsergebnis				
		Finanzergebnis				
		Ordentliches Ergebnis				
		Erträge aus internen Leistungsbeziehungen				
		Kosten aus internen Lbz. - kalk. Verzinsung - kalk. Abschreibungen - kalk.. Rückstellungen - kalk. Wagnis - kalk. Miete				
		Ergebnis der internen Leistungsbeziehungen				
		Jahresergebnis nach internen Leistungsbeziehungen (ohne außerordentliches Ergebnis)				

19.3 Kostenstellenrechnung

Nachdem in der Kostenartenrechnung abschließend geklärt wurde, welche Kostenarten in welcher Höhe angefallen sind, beginnt mit der Kostenstellenrechnung der Weg, die angefallenen Kosten den erzeugten Leistungen zuzuordnen. Aufgrund betriebswirtschaftlicher Erfahrungen wird hier in mehreren Stufen vorgegangen:

- Zunächst werden die entstandenen Kosten den dafür verantwortlichen Organisationseinheiten und deren Verantwortungsträgern zugeordnet, um über Kostenverantwortung Kostenbewusstsein zu erzeugen. Dazu wird der gesamte Verwaltungsbetrieb entsprechend seiner Organisationsstruktur in steuerbare Teilbereiche gegliedert. Diese Teilbereiche werden in der Kostenrechnung als Kostenstellen bezeichnet.

- Diesen Kostenstellen werden schließlich die entstandenen Kosten unter Anwendung geeigneter, unten näher beschriebener Verfahrensweisen zugerechnet.

19.3.1 Gliederung des Betriebes in Kostenstellen

Im Gegensatz zur überwiegenden privatwirtschaftlichen Praxis kennt die kommunale Doppik bereits eine Gliederung in Teilhaushalte und Teilrechnungen. Insoweit ist zunächst zu prüfen, ob für Zwecke der Kostenrechnung eine weitere Differenzierung gegenüber den gebildeten Teilhaushalten notwendig oder sinnvoll erscheint.

Für die weitere Bearbeitung ist die Unterscheidung von Vorkostenstellen und Endkostenstellen von Bedeutung.

19.3.1.1 Endkostenstellen

Als Endkostenstellen werden diejenigen betrieblichen Verantwortungsbereiche angesprochen, die unmittelbar absetzbare Produkte erzeugen. Im betriebswirtschaftlichen Verständnis sind diese Kostenstellen in der Lage, über den Absatz ihrer Produkte Erlöse zu erzielen, aus denen die entstandenen Kosten getragen werden können. Beispiele sind das Wasserwerk, Kläranlagen, Kindergärten, Fachdienste für Baugenehmigungen, Standesamtsdienstleistungen, Personalausweise oder Reisepässe usw.

19.3.1.2 Vorkostenstellen

Daneben bestehen gerade in der öffentlichen Verwaltung zahlreiche Organisationsbereiche, die kaum gegenüber dem Bürger als Kunden in Erscheinung treten, sondern in erster Linie interne Service- oder Steuerungsdienste leisten. In der Kostenrechnung werden diese Bereiche als Vorkostenstellen angesprochen, weil es ihnen nicht möglich ist, die entstandenen Kosten direkt über Erlöse für ihre Produkte wiederzuerlangen. Diese Vorkostenstellen müssen die entstandenen Kosten im klassischen Verständnis der Vollkostenrechnung über die nachfolgend zu erörternden Verfahrensweisen auf die Endkostenstellen abwälzen.

19.3.2 Verfahrensweisen zur Kostenverrechnung

Sowohl in privatwirtschaftlich organisierten als auch in Betrieben der öffentlichen Verwaltung fallen vielfältig Kosten an, die nur dem Betrieb als Ganzes objektiv und verursachungsgerecht zugeordnet werden können (z. B. Heiz- und Stromkosten für das Betriebsgebäude, Kosten der zentralen Betriebsleitung, Telefonzentrale usw.). In der Sprache der Betriebswirtschaftslehre werden sie als Gemeinkosten bezeichnet. Gemeinkosten stehen den Einzelkosten gegenüber, die jeweils objektiv und verursachungsgerecht auf das jeweilige Kostenverrechnungsobjekt, z. B. ein Produkt, bezogen werden können.

Diese Gemeinkosten müssen auf nachvollziehbaren Wegen zunächst den davon profitierenden Kostenstellen und schließlich den erzeugten Leistungen zugeordnet werden. Im traditionellen Aufbau der Vollkostenrechnung geschieht diese Kostenverrechnung im sogenannten Betriebsabrechnungsbogen (BAB)

19.3.2.1 Das Konzept der Betriebsabrechnung (BAB)

Der Betriebsabrechnungsbogen stellt eine Kostenverrechnungsmatrix dar, in der üblicherweise die verrechneten Kostenarten in Zeilen und die beteiligten Kostenstellen in Spalten angeordnet sind. Sie dient der Überwachung der Kostenverrechnung und verdeutlicht die Vollständigkeit des Verrechnungsganges.

19.3.2.2 Kostenverteilungsschlüssel

Das zentrale Problem der Kostenstellenrechnung ist die Definition geeigneter Kostenverteilungsschlüssel für die Umlage von Gemeinkosten auf die diversen Kostenstellen. Im Hinblick auf die Nachvollziehbarkeit und Überschaubarkeit der Verrechnungen werden meist einfache und robuste Schlüsselgrößen verwendet. So eignen sich für die Verrechnung von Kosten, die im Rahmen einer Kostenstelle „Gebäude-Management" gesammelt werden, insbesondere die Quadratmeterzahlen der von den verschiedenen Kostenstellen in Anspruch genommenen Büroräume. Für die Leistungen der Personalverwaltung wird gern auf die Anzahl der „Köpfe" zurückgegriffen, oder, falls man negative Rückwirkungen auf Initiativen zur Teilzeitbeschäftigung befürchtet, auf die Zahl der besetzten Stellen ausgewichen. In Bereichen mit körperlichen Produkten wie z. B. einer Hausdruckerei kann man auch auf anschaulichere Größen, wie die Anzahl der hergestellten Drucksachen, zurückgreifen, wenn sich diese Zahl einfach und zuverlässig erfassen lässt.

19.3.2.3 Anbauverfahren

Im Rahmen des Anbauverfahrens werden alle auf Vorkostenstellen angefallenen Kosten, die sogenannten primären Kosten, sofort auf Endkostenstellen weiterverrechnet. Dabei werden alle Leistungsbeziehungen zwischen den diversen Vorkostenstellen völlig vernachlässigt. Dadurch wird das Abrechnungsverfahren recht einfach handhabbar.

Das Anbauverfahren basiert auf der Unterstellung, dass es zwischen den verschiedenen Vorkostenstellen eines Betriebes keinen Leistungsaustausch gibt bzw. es lässt solche leistungswirtschaftlichen Verflechtungen zwischen den Vorkostenstellen bewusst unberücksichtigt. Sämtliche primär für Vorkostenstellen erfassten Kosten werden unmittelbar auf die Endkostenstellen des Betriebes weiterverrechnet, so dass für keine Vorkostenstelle sekundäre Kosten[789] anfallen. Dass einem solchen Außerachtlassen innerbetrieblicher Leistungsverflechtungen Mängel anhaften, ist evident.

---

[789] Als sekundäre Kosten werden in der KLR solche (Gemein-)Kosten bezeichnet, die erst im Wege der Verrechnung von (Gemeinkosten-)Umlagen die jeweilige Kostenstelle belasten – im Gegensatz zu den primären Kosten, die sofort auf der Kostenstelle verbucht werden.

Übersicht Anbauverfahren

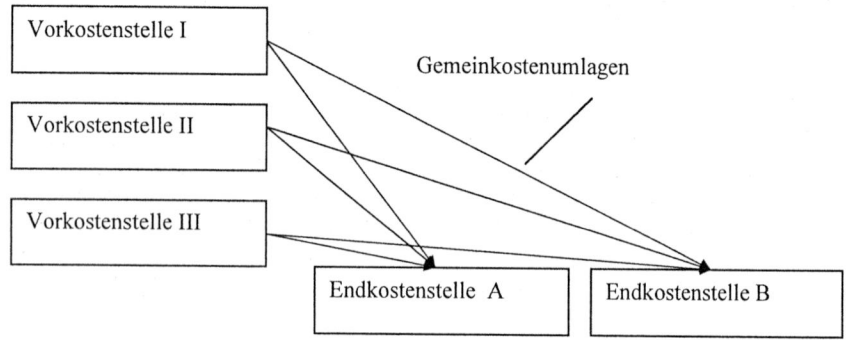

Zur besseren Verständlichkeit hierzu folgendes Zahlenbeispiel:

	Vorkostenstellen			Endkostenstellen		
	Behörden-leitung	Personal-stelle	Haus-druckerei	Fachabt. A	Fachabt. B	Fachabt. C
Primäre Kosten (Summe I)	250.000	270.000	300.000	2.000.000	3.200.000	1.900.000
Umlageschlüssel Behördenleitung :	primäre Kosten der Kostenstellen (siehe Vorzeile)					
Umlageschlüssel Personalstelle (Zahl der Mitarbeiter)	*) 2	5	3	8	13	7
Umlageschlüssel Druckerei: (Zahl der Drucksachen)	100.000	400.000		1.000.000	4.000.000	500.000
Umlage Behördenleitung	-250.000			**) 70.423	112.676	66.901
Umlage Personalstelle		-270.000		77.143	125.357	67.500
Umlage Hausdruckerei			-300.000	54.545	218.182	27.273
Summe II	0	0	0	2.202.111	3.656.215	2.061.674

*) Die *kursiv* dargestellten Werte werden beim Anbauverfahren vernachlässigt, sie sind hier nur der Vollständigkeit wegen angegeben.

**) Berechnung: 250.000 x 2.000.000 : (2.000.000+3.200.000+1.900.000) = rd. 70.423

19.3.2.4 Stufenleiterverfahren

Die Nachteile des Anbauverfahrens lassen sich in vielen Fällen zumindest teilweise durch das in der Praxis am häufigsten, vorwiegend in Klein- und Mittelbetrieben angewandte **Stufenleiterverfahren** (Treppenverfahren) vermeiden. Ein Arbeiten mit dieser Methode setzt allerdings voraus, dass sich die Kostenstellen in einer solchen Reihenfolge gruppieren lassen, bei der jede Vorkostenstelle nur (bzw. in weit überwiegendem Maße) Leistungen an nachgelagerte Vor- oder Endkostenstellen abgibt und ihrerseits nur (bzw. hauptsächlich) von vorgelagerten Kostenstellen Leistungen empfängt. Ausgehend von derartigen Prämissen werden z. B. in der Praxis üblicherweise zunächst die Kosten der Allgemeinen Kostenstellen, die in der Regel für die meisten oder sogar für alle Betriebsbereiche Leistungen erbringen, verteilt. Erst anschließend legt man die Kosten der Hilfskostenstellen[790] um, weil von diesen nur Leistungsströme an die Hauptkostenstellen ausgehen.

Übersicht Stufenleiterverfahren

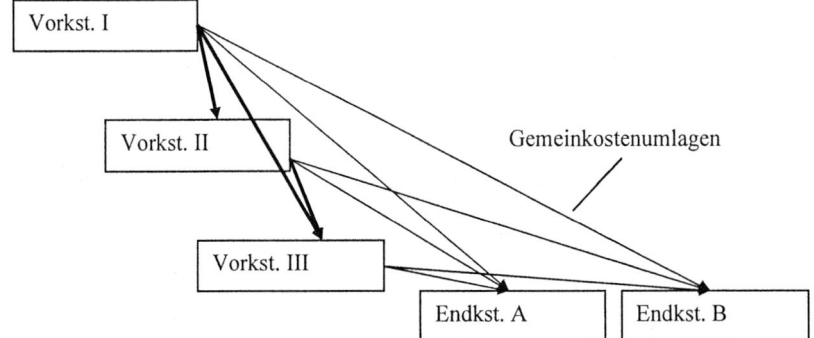

Auch hierzu ein Beispiel unter Verwendung der bereits für das Anbauverfahren benutzten Zahlen:

	Vorkostenstellen			Endkostenstellen		
	Behördenleitung	Personalstelle	Hausdruckerei	Fachabt. A	Fachabt. B	Fachabt. C
Primäre Kosten der Kostenstellen	250.000	270.000	300.000	2.000.000	3.200.000	1.900.000
Umlageschlüssel Behördenleitung:	primäre Kosten der Kostenstellen (siehe Vorzeile)					
Umlageschlüssel Personalstelle (Zahl der Mitarbeiter)	*) 2	5	3	8	13	7
Umlageschlüssel Druckerei: (Zahl der Drucksachen)	*100.000*	*400.000*		1.000.000	4.000.000	500.000
Umlage Behördenleitung	-250.000	a) 8.801	9.778	65.189	104.302	61.930
Umlage Personalstelle		-278.801	b) 26.981	71.949	116.916	62.955
Umlage Hausdruckerei			-336.759	61.229	244.916	30.614
Summe II	0	0	0	2.198.366	3.666.134	2.055.499

*) Die *kursiv* dargestellten Werte werden beim Stufenleiterverfahren vernachlässigt, sie sind hier nur der Vollständigkeit wegen angegeben.

a) Berechnung: 250.000 x 270.000 : (270.000+300.000+2.000.000+3.200.000+1.900.000)= rd. 8.801

b) Berechnung: 278.801 x 3 : (3 + 8 + 13 + 7) = rd. 26.981

19.3.2.5 Gleichungs- oder Iterationsverfahren

In der Praxis ist es durchaus nicht selten, sondern eher die Regel, dass zwischen zwei oder mehreren Kostenstellen ein wechselseitiger Leistungsaustausch stattfindet, dass sich also verschiedene Leistungsbereiche des Betriebes gegenseitig beliefern. Es ist ein ins Gewicht fallender Nachteil der bisher besprochenen Verfahren, dass sie derartige wechselseitige Leistungsverflechtungen nicht (zumindest nicht vollständig) berücksichtigen: Die für diese Verfahren charakteristische sukzessive Kostenumlage trägt einem Leistungsaustausch nicht gebührend Rechnung und führt daher, wenn solche Bedingungen vorliegen, auch nicht zu aussagefähigen Verrechnungspreisen für innerbetriebliche Leistungen. Denn infolge der gegenseitigen Leistungsbeziehungen kann jede leistende und zugleich leistungsempfangende Stelle ihre Gesamtkosten nicht eher ermitteln und verteilen, bevor sie nicht mit Sekundärkosten für die von anderen Stellen „bezogenen" innerbetrieblichen Leistungen belastet wird. Dies offenbart die abrechnungstechnische Interdependenz.

Deren Bewältigung erfordert eine simultane Kosten- und Leistungsverrechnung, wie sie durch das Gleichungsverfahren, das man auch „mathematisches Verfahren" nennt, geboten wird. Diese Methode erfasst zunächst die innerbetrieblichen Leistungsverflechtungen durch ein System linearer Gleichungen, in das die Mengen der innerbetrieblichen Leistungen als bekannte, die gesuchten Verrechnungspreise dagegen als unbekannte Größen eingehen. Die Anzahl der Gleichungen entspricht der Zahl der in die Leistungsverrechnung einbezogenen Kostenstellen. Die Gleichungen drücken jeweils den Kostenwert der von einer Stelle insgesamt abgegebenen Leistungen (einschließlich der, wie dies manchmal vorkommt, selbst verbrauchten Eigenleistungen) als Summe der für diese Stelle primär erfassten und ihr sekundär angelasteten Kosten aus.

Der mathematische Hintergrund dieses exakten Abrechnungsverfahrens ist durchaus anspruchsvoll und für eine „manuelle" Lösung entsteht ein erheblicher Zeitbedarf, weil ein lineares Gleichungssystem aufgestellt und gelöst werden muss, das für jede beteiligte Kostenstelle eine Gleichung mit den Bestimmungsfaktoren für den Leistungsbezug von den anderen Kostenstellen enthält. Da jedoch moderne Kostenrechnungssysteme in jedem Fall mit Informationstechnik unterstützt werden (ob Standard-Tabellenkalkulation oder Spezialsoftware wie SAP R/3 CO), lässt sich eine Lösung mit geringem manuellen Aufwand z. B. durch Iteration (mehrfach wiederholte Berechnung) erzielen.

Auch hierzu wieder ein Beispiel anhand der bereits verwendeten Zahlen:

	Vorkostenstellen			Endkostenstellen		
	Behördenleitung	Personalstelle	Hausdruckerei	Fachabt. A	Fachabt. B	Fachabt. C
Primäre Kosten der Kostenstellen	250.000	270.000	300.000	2.000.000	3.200.000	1.900.000
Umlageschlüssel Behördenleitung:	primäre Kosten der Kostenstellen (siehe Vorzeile)					
Umlageschlüssel Personalstelle (Zahl der Mitarbeiter)	2	5	3	8	13	7
Umlageschlüssel Druckerei: (Zahl der Drucksachen)	100.000	400.000		1.000.000	4.000.000	500.000
Umlage Behördenleitung	-273.951	9.644	10.715	71.434	114.295	67.863
Umlage Personalstelle	18.315	-302.189	27.472	73.258	119.044	64.101
Umlage Hausdruckerei	5.636	22.546	-338.187	56.364	225.458	28.182
Summe II	0	0	0	2.201.057	3.658.797	2.060.146

**Übersicht Gleichungsverfahren
(Iterationsverfahren)**

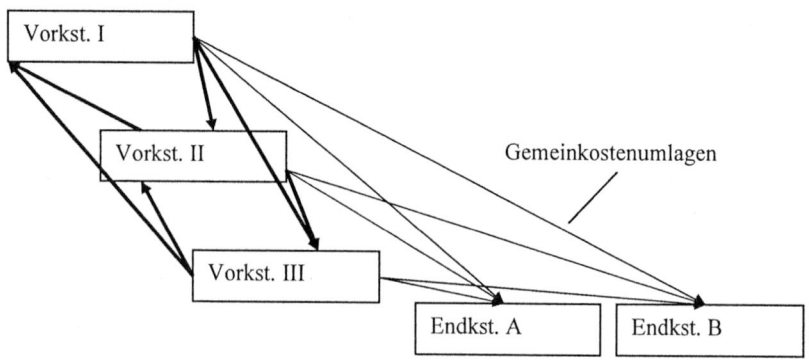

19.3.2.6 Kostenträgerverfahren

Abschließend sei noch auf eine weitere Verfahrensweise hingewiesen, die in der Fachliteratur gern als „Kostenträgerverfahren" bezeichnet wird.

Kennzeichnend für das **Kostenträgerverfahren** ist, dass die innerbetrieblichen Leistungen wie Absatzleistungen als selbständige Kostenträger abgerechnet werden. Die für sie erfassten Einzelkosten sowie die ihnen nach den Prinzipien der Vollkostenrechnung anzulastenden Gemeinkosten werden mit Hilfe der im nächsten Abschnitt (Studienheft 3) zu besprechenden Kalkulationsverfahren bestimmt. Man arbeitet also nicht mit summarischen Schlüsseln, sondern mit den präzise ermittelbaren Leistungsmengen, die zwischen den beteiligten Kostenstellen ausgetauscht wurden. Angewandt wird diese Methode vor allem

- für von einer Vorkostenstelle erstellte Leistungen (z. B. Hausdruckerei, IT-Leistungen und andere Servicebereiche)
- für die Abrechnung größerer selbständiger Fertigungsprojekte (wie Großreparaturen, selbstgebaute Maschinen u. Ä.) sowie speziell
- für die zeitliche Abgrenzung aktivierungspflichtiger Leistungen, wie auf Lager produzierte Zwischenerzeugnisse oder selbst erstellte Anlagen, deren Kosten aus der Betriebsabrechnung für die laufende Periode herauszurechnen sind und erst in die Kosten- bzw. Erfolgsrechnung der nächsten Abrechnungsperiode(n) – z. B. über die kalkulatorischen Abschreibungen – eingehen.

19.4 Kostenträgerrechnung

Als letzte Stufe der Kostenrechnung verrechnet die Kostenträgerrechnung die zunächst in der Kostenartenrechnung erfassten und dann in der Kostenstellenrechnung auf Endkostenstellen weitergewälzten Kosten auf die verschiedenen Kostenträger des Betriebes. Sie soll zeigen, **wofür** die einzelnen in den verschiedenen Kostenstellen angefallenen Kosten aufgewandt worden sind.

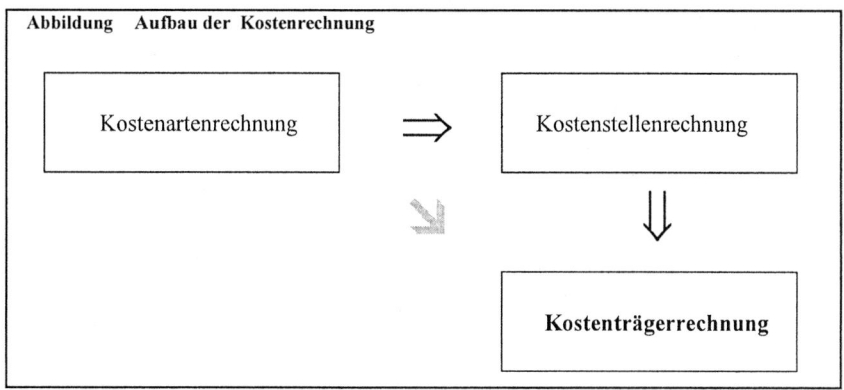

Abbildung   Aufbau der Kostenrechnung

Kostenartenrechnung $\Longrightarrow$ Kostenstellenrechnung

$\Downarrow$

Kostenträgerrechnung

Kostenträger sind jene betrieblichen Leistungen, welche den Güter- und Dienstleistungsverzehr ausgelöst haben und demzufolge auch die Kosten „tragen" sollen.

Welche Leistungen als eigenständige Kostenträger behandelt werden, hängt von den individuellen Betriebsstrukturen und den jeweiligen Informationsbedürfnissen ab.

Die wichtigsten **Kostenträger** sind die an die Bürger abgegebenen Leistungen der Verwaltung, die zuvor als Produkte der Verwaltung definiert wurden. Auf diese müssen letztlich im Sinne der Vollkostenrechnung sämtliche Kosten des kommunalen Verwaltungsbetriebes verrechnet werden. Dies können sowohl materielle als auch immaterielle Güter (Dienstleistungen) sein. Art und Anzahl der in der Kostenrechnung separat ausgewiesenen Kostenträger werden sehr stark vom Leistungsprogramm und den Produktionsverfahren des Betriebes beeinflusst. In kommunalen Verwaltungsbetrieben wird stets eine Mehrzahl von verschiedenen Produkten erstellt und an die Bürger abgegeben. Die im Rahmen der Kostenrechnung gebildeten Kostenstellen können noch danach unterschieden werden, ob auf ihr nur ein einzelnes Produkt, eine Mehrzahl von Produkten oder vielleicht nur eine für die Erstellung eines Produktes benötigte Teilleistung erstellt wird.

Wird im Rahmen der Kostenstellenrechnung beim Weiterverrechnen der primären Kosten das „Kostenträgerverfahren„ angewandt, treten z. B. auch **innerbetriebliche Leistungen als „Zwischen-Kostenträger" auf,** speziell dann, wenn solche Eigenleistungen aktivierungspflichtig sind, so dass man für sie von der Kostenseite her Preise bestimmen muss: Sie haben die Kosten der sie erzeugenden Vorkostenstellen „zu tragen". Dies zeigt, dass zwischen Kostenstellen- und Kostenträgerrechnung im Grunde keine eindeutige Abgrenzung zu ziehen ist.

Die Kostenträgerrechnung wird als stückbezogene und als zeitbezogene Rechnung durchgeführt. Die **Kostenträgerstückrechnung (Kalkulation)** ermittelt die Kosten für die einzelnen Leistungseinheiten. Die **Kostenträgerzeitrechnung** dagegen erfasst als

Periodenrechnung die Kosten eines Abrechnungszeitraums differenziert nach einzelnen Kostenträgerarten.

Durch Gegenüberstellung der Kosten mit den jeweils erzielten Erlösen wird die Kostenträgerzeitrechnung in der Praxis regelmäßig zu einer kurzfristigen Erfolgsrechnung erweitert. Im traditionellen System der Vollkostenrechnung dient die Kostenträgerrechnung demnach nicht nur der auf das einzelne Stück abstellenden Kalkulation, sondern auch der periodenbezogenen Ermittlung der Herstell- bzw. Selbstkosten. Speziell in Bezug auf die Kostenträgerstückrechnung kann man dabei unter zeitlichen Aspekten zwischen der ex ante erfolgenden **Vorkalkulation** und der ex post (also nach der Produktion bzw. nach dem Absatz) für Kostenkontrollzwecke zur Durchführung kommenden **Nachkalkulation** unterscheiden.

Als Hauptaufgaben der Kostenträgerrechnung sind vor allem zu nennen:

- die im Laufe der Entwicklung der Vollkostenrechnung stark im Vordergrund stehende „externe Preiskalkulation", also die Ermittlung von kostendeckenden Entgelten für die abzugebenden Produkte

- die Ermittlung kostenmäßiger kurz- und langfristiger Entgeltuntergrenzen, also das Kalkulieren jener Preise, die – wenn durch die Annahme zusätzlicher Aufträge keine Verluste entstehen sollen – nicht unterschritten werden dürfen,

- das in der Regel als „interne Preiskalkulation" bezeichnete Bestimmen interner Verrechnungspreise, für die dezentrale pretiale Lenkung (= Lenkung durch Preise für innerbetriebliche Leistungen) und Steuerung der einzelnen Abteilungen des Gesamtbetriebes,

- die Bereitstellung von Kosteninformationen für die Bewertung der Lagerbestände und der selbsterstellten Anlagen,

- die Lieferung von Unterlagen für Planungs- und Kontrollrechnungen, so insbesondere für Verfahrensvergleiche, für die Wahl zwischen Eigenfertigung und Fremdbezug usw.

- das Bereitstellen von Kostendaten für nach Kostenträgerarten differenzierende kurzfristige Erfolgsrechnungen.

19.4.1 Produktdefinitionen

Für die Einführung der Kosten- und Leistungsrechnung in der öffentlichen Verwaltung ist an dieser Stelle Folgendes festzuhalten:

Kostenträger sind die Produkte

Auf dem Wege der Einführung einer Output-orientierten Steuerung von Verwaltungsleistungen ist hier eine Verknüpfung mit den unter dem Begriff „Produktdefinition" bekanntgemachten Überlegungen im Rahmen des Neuen Steuermodells herbeizuführen. In Anbetracht der verschiedenen Steuerungsebenen großer Verwaltungsbetriebe und deren Informationsbedarfe wurden folgende Ebenen[791] definiert:

- Produktbereich
- Produktgruppe
- Produkt
- Leistung
- Teilleistung

Die KGSt bezeichnet das Produkt sogar als Kern der Output-orientierten Steuerung und sieht den ersten Schritt zu ihrer Einführung in der Beschreibung der Produkte. Ein Produkt besteht nach der Definition der KGSt aus einer oder mehreren Leistungen, die außerhalb der betrachteten Arbeitseinheit (verwaltungsintern oder verwaltungsextern) benötigt werden. Zum Zwecke der Steuerung sollen die Produkte zu Produktgruppen und diese wiederum zu Produktbereichen zusammengefasst werden, damit den einzelnen Stufen (zum Beispiel Fachbereichsleitung, Verwaltungsspitze, Politik) Daten auf unterschiedlichem Aggregationsniveau geliefert werden können[792]. Beispielhaft wird für die Jugendhilfe die Kindertagesstätte als Produktbereich definiert; zu diesem Bereich gehört die Produktgruppe „Plätze in Kindertageseinrichtungen für Kinder von drei Jahren bis zum Beginn der Schulpflicht"; ein Produkt in dieser Gruppe sind „Plätze im Kindergarten mit Mittagsbetreuung" (KGSt 1994). Der gewünschte Output wird dann dadurch definiert, dass die zu erstellende Menge des jeweiligen Produktes festgelegt wird.[793]

Anschließend sind die den Produkten zugeordneten Kosten den einzelnen Produktionseinheiten im Rahmen der Berechnung der Stückkosten durch

- Divisionskalkulation (homogene Produkte, z. B. m³ Wasser)
- Äquivalenzziffernkalkulation (ähnliche Produkte z. B. Abfallgefäße)
- Zuschlagskalkulation (inhomogene Produktion, Einzelanfertigung)

zuzurechnen.

Mengen und Werte der produzierten Güter oder Dienstleistungen werden nach Endkostenstellen differenziert den dort entstandenen Kosten gegenübergestellt. Die Gegenüberstellung bildet eine Grundlage für zukünftige Produktionsentscheidungen (z. B. Verstärkung, Einschränkung oder Einstellung der Produktion).

Zur Vermeidung gelegentlich problematischer Kostenzurechnungsschritte bietet sich als Alternative die Verfahren der Teilkostenrechnung an. Die Verfahren der Teilkostenrechnung vermeiden die Zuordnung von Gemeinkosten und beschränken sich auf die Verrechnung von eindeutig zuzuordnenden Einzelkosten auf die einzelnen Produkte. Im Rahmen der Teilkostenrechnung werden Deckungsbeiträge durch Abzug der Einzelkosten von den Leistungen (Wert der Produkte) ermittelt.

---

[791] Vgl. beispielhaft: KGSt: Leitfaden Kostenrechnung Landkreise Baden-Württemberg. S. 6.

[792] Zur Eignung der verschiedenen Ebenen der Produktdefinition als Kostenträger vgl. auch HMdF: Leitfaden Rechnungswesen. S. 42.

[793] Vgl. Stöbe, Sibylle: Output-Steuerung des Verwaltungshandelns in: Bandemer, Stephan von et. al.: Handbuch zur Verwaltungsreform. Opladen 1998, S. 330.

Zur Ermittlung kostendeckender Preise werden die Ergebnisse der Vollkostenrechnung benötigt, während betriebswirtschaftliche Entscheidungen über Einschränkung oder Ausweitung der Produktion nur mit einer Teilkostenrechnung zuverlässig beurteilt werden können.

19.4.2 Kalkulationsverfahren

Die Kostenträgerstückrechnung auf Vollkostenbasis ermittelt die Kosten pro Leistungseinheit (z. B. Kosten pro Bescheid) unter Berücksichtigung der in dieser Abrechnungsperiode insgesamt angefallenen Kosten. Die Wahl des adäquaten Kalkulationsverfahrens hängt dabei von der Art der erbrachten Leistung und der Organisation des Leistungserstellungsprozesses ab.

19.4.2.1 Divisionskalkulation

Die Divisionskalkulation ist für **Einproduktbetriebe,** also für Betriebe mit auf lange Sicht gleichbleibender, einheitlicher Massenfertigung (wie z. B. für Wasserwerke, Elektrizitätswerke, Brauereien, Brennereien, Ziegeleien, bestimmte Betriebe der Grundstoffindustrie aber auch für Wasserwerke u. dergl.) konzipiert. Dieses Verfahren ist relativ einfach zu handhaben. Doch ist zu beachten, dass es in verschiedenen Varianten auftritt. Man kann vor allem zwischen ein-, zwei- und mehrstufiger Divisionskalkulation unterscheiden.

Die **einstufige** Divisionskalkulation erstreckt sich ohne weitere Differenzierung der Kosten auf den gesamten Prozess der Leistungserstellung und Verwertung. Sie ermittelt die Stückkosten, indem sie die betrieblichen Gesamtkosten der Periode durch die Anzahl der in diesem Zeitraum produzierten Leistungseinheiten dividiert.

Beispiel:
Die gesamten Kosten für ein kommunales Wasserwerk belaufen sich auf   2.500.000 €
die abgesetzte Produktionsmenge beträgt   1.000.000 m³
daraus ergeben sich Stückkosten von   2,50 €/m³

19.4.2.2 Äquivalenzziffernkalkulation

Betriebe, die in „Sortenfertigung" mehrere verschiedene, aber fertigungswirtschaftlich sehr eng (in den meisten Produktmerkmalen) verwandte Erzeugnisse herstellen, wie z. B. Bleche, Drähte, Garne oder Gewebe unterschiedlicher Stärke, können die sogenannte Äquivalenzziffernrechnung anwenden, die teilweise auch als Variante der Divisionskalkulation interpretiert wird. Dieses Verfahren basiert auf der Unterstellung, dass solche unterschiedlichen Sorten zwar keine identische, aber in der Regel doch eine sehr ähnliche Kostenstruktur aufweisen (wie etwa dann, wenn stets derselbe Rohstoff verarbeitet wird und nur die zeitliche Inanspruchnahme des Personals oder der Maschinen verschieden ist), genauer gesagt auf der Prämisse, dass die für die Herstellung bzw. den Verkauf anfallenden Kosten der verschiedenen Sorten in einem festen, durch empirische Beobachtungen oder Messungen vorherbestimmbaren Verhältnis, in einer proportionalen Beziehung zueinander stehen. Solche Kostenrelationen werden in Form von **Äquivalenzziffern** (als Kostengewichtungsfaktoren) angegeben. Deren Ermittlung ist das Kernproblem dieses Kalkulationsverfahrens.

Man schafft auf diese Weise - durch eine künstliche Homogenisierung der heterogenen Leistungsarten - die Voraussetzungen für die Anwendung des Grundprinzips der Divisionskalkulation. Dabei wird jeweils ein Produkt – meist jenes, von dem man die größten Mengen produziert – zur Bezugsbasis („Bezugssorte") erhoben und mit der Äquivalenzziffer 1 versehen. So bedeuten z. B. die Äquivalenzziffern 0,5 bzw. 1,5, dass das Erzeugnis, dem eine solche Äquivalenzziffer zugeordnet wird, im Vergleich zur Bezugssorte 50 % weniger (bzw. 50 % mehr) Kosten verursacht.

Indem man die Äquivalenzziffern jeweils mit den Produktionsmengen der einzelnen Sorten multipliziert, macht man diese rechnerisch gleichnamig (und damit addierbar): Für jede Sorte ergibt sich eine bestimmte Anzahl von „Rechnungseinheiten". Nach dem bereits geschilderten Prinzip der Divisionskalkulation werden die periodischen Gesamtkosten durch die Summe der ermittelten Rechnungseinheiten dividiert. Man erhält dann einen Kostensatz je Rechnungseinheit. Multipliziert man die Äquivalenzziffer einer Sorte mit diesem Kostensatz, so erhält man die Stückkosten jeder Sorte, die dann wieder als Basis für die Berechnung der Sorten-Gesamtkosten herangezogen werden können.

Hierzu ein Beispiel:

Im Rahmen der städtischen Müllabfuhr werden Gefäße in folgenden Größen entsorgt:

Gefäßgröße	Anzahl der zu entsorgenden Gefäße
80 l	100
120 l	500
240 l	300
360 l	50
Summe:	950

Im Rahmen differenzierter Untersuchungen wurde festgestellt, dass ein 80-l-Gefäß 80 %, ein 240-l-Gefäß dagegen 170 % und ein 360-l-Gefäß 220 % des Aufwandes verursachen, der durch ein 120-l-Gefäß als dem häufigsten Gefäß (Standardgefäß) verursacht wird.

Nach dem Verfahren der Äquivalenzziffernrechnung sind die Jahreskosten der städtischen Müllabfuhr in Höhe von 600.000 € nun wie folgt zu verrechnen:

Gefäßgröße	Äquivalenzziffer	Anzahl der zu entsorgenden Gefäße	äquivalente Gefäße
80 l	0,80	100	80
120 l	1,00	500	500
240 l	1,70	300	510
360 l	2,20	50	110
Summe:		950	1200

Kosten je äquivalentes Gefäß: (600.000 : 1.200)   =   500 €/Gefäß

Für die verschiedenen Gefäßgrößen ergeben sich demnach folgende Stückkosten:

Gefäßgröße	Äquivalenzziffer	Stückkosten je Gefäß
80 l	0,80	400 €
120 l	1,00	500 €
240 l	1,70	850 €
360 l	2,20	1.100 €

19.4.2.3 Stundensatzrechnung

Stellt sich die Produktion als recht heterogen, also uneinheitlich dar, und ist die Kostenverursachung in erster Linie an der für den Produktionsprozess benötigten Zeit zu messen, so empfiehlt sich die Anwendung einer Stundensatzrechnung. Dabei ist es für den Gang der Berechnung unwichtig, ob die produktive Einheit in erster Linie durch einen oder mehrere Menschen, eine Maschine oder eine Kombination von diesen gebildet wird. Entscheidend für die Anwendbarkeit des Verfahrens ist die Bereitstellung folgender Daten:

- Gesamtkosten der produktiven Einheit (meist als Kostenstelle definiert) in einer Abrechnungsperiode (meist ein Haushaltsjahr)
- Zahl der „produktiven" Stunden in dieser Abrechnungsperiode
- Zeitbedarf für ein konkret zu erzeugendes Produkt

Der zur Verrechnung kommende Stundensatz wird dabei als Quotient der ersten beiden Bestimmungsgrößen gebildet und zur Errechnung der konkreten Stückkosten mit dem zuletzt genannten Faktor multipliziert.

Dieses Verfahren ist in weiten Bereichen flexibel genug, um sinnvolle Resultate zu erlangen, es ist aber auch noch ausreichend einfach, um einen Einstieg in eine produktorientierte Kostenkalkulation zu ermöglichen.

19.4.2.4 Zuschlagskalkulation

Auf die Erörterung weitergehender Kalkulationsverfahren insbesondere der mehrstufigen Zuschlagskalkulation soll an dieser Stelle verzichtet werden, bei Bedarf ist auf die einschlägige Literatur zu verweisen.[794]

19.5 Leistungsrechnung

Aufbau und Inhalt der Leistungsrechnung als Kehrseite zur Kostenrechnung werden in der betriebswirtschaftlichen Literatur bisher wenig behandelt. Im erwerbswirtschaftlichen Bereich stellt sich die Problematik als trivial dar, weil Entgelte für Güter und Leistungen einzeln anfallen und entsprechend der Struktur der Kostenrechnung aggregiert werden können.

---

[794] Vgl. Schmolke/Deitermann: Industrielles Rechnungswesen. S. 440 f. mit weiteren Nachweisen.

Nach der klassischen betriebswirtschaftlichen Definition[795] versteht man unter Leistung den Wert von betriebstypischen Gütern und Dienstleistungen, die in einer Periode erstellt wurden.

19.5.1 Das Bewertungsproblem

In erwerbswirtschaftlichen Unternehmen schlägt sich diese Betriebsleistung in den Verkaufserlösen für erstellte Produkte nieder. Bestandsveränderungen an Halb- und Fertigprodukten spielen im Normalfall eine untergeordnete Rolle. Das Bewertungsproblem wird überwiegend durch den Markt gelöst: Der am Markt erzielte Preis ist der Wert des jeweiligen Produktes. Auf diese Weise ermittelte Werte lassen sich problemlos zur Leistung des Betriebes aggregieren.

Dieses „objektive" Bewertungskriterium steht für solche Produkte, die nicht gegen (mindestens kostendeckendes) Entgelt am Markt abgesetzt werden, sondern als öffentliche Güter (mindestens teilweise) unentgeltlich bereitgestellt werden, nicht zur Verfügung. Aus diesem Grund müssen Hilfskonstruktionen gefunden werden:

1. Bewertung zu Selbstkosten
2. Bewertung zu unterstellten „Marktpreisen"
3. Darstellung von Produktionsmengen – Umgehung des Bewertungsproblems
4. Bewertung zu Plankosten

19.5.2 Bewertung zu Selbstkosten

Dieser Weg entspricht der Vorstellungswelt des Kostendeckungsprinzips: Ein derart bewertetes Produkt wird (scheinbar) immer kostendeckend verwertet. Ob es jedoch wirtschaftlich produziert wird, kann aufgrund des im Bewertungsverfahren enthaltenen Zirkelschlusses hiernach nicht beurteilt werden. Damit entfällt der wichtigste Grund, weshalb eine solche Leistungsrechnung überhaupt erstellt werden sollte. Ein weiteres Problem entsteht daraus, dass Kosten- und Leistungsrechnung simultan entstehen sollen. Daraus ergibt sich, dass die Bewertung als Voraussetzung für die Verbuchung in der Leistungsrechnung vorgenommen sein muss, bevor die Kosten als Ergebnis der Kostenrechnung festgestellt sind. Deshalb muss entweder die Verbuchung der Leistung bis zum Abschluss der Kostenrechnung zurückgestellt werden, was zusätzliche Handhabungsprobleme nach sich zieht, oder für die Bewertung müssen statt der Ist-Kosten Plankosten (z. B. Ist-Kosten der Vorperiode) herangezogen werden.

19.5.3 Bewertung zu unterstellten „Marktpreisen"

Dieser Weg bietet sich allenfalls für „marktgängige" Leistungen an (als Beispiele mögen herhalten Entgelte für anwaltliche Leistungen, Prüfung von baustatischen Berechnungen, Beförderung im Taxi). Ansonsten eröffnet er eine unerschöpfliche und möglicherweise

---

[795] Vgl. z. B. auch Klümper/Möllers/Zimmermann: Kommunale Kosten- und Wirtschaftlichkeitsrechnung, 17. Auflage. Witten 2010, S. 32.

unerquickliche Diskussion über die „richtige" Bewertung, die leicht den Blick für die eigentlichen Möglichkeiten der Leistungsrechnung verstellen kann.

19.5.4　Darstellung von Produktionsmengen

Aus den vorher dargestellten Gründen scheint vieles dafür zu sprechen, in der Leistungsrechnung lediglich Art und Menge der erstellten Leistungen bzw. Produkte darzustellen. Die Leistungsrechnung versperrt sich damit allerdings jegliche Möglichkeit aggregierter Betrachtung. Nur für jedes einzelne Produkt kann die „Leistung" auf diese Art dargestellt und den Kosten gegenübergestellt werden. Für jedes Produkt ist eine eigene Mengendimension darzustellen, Mengen verschiedener Dimension können nicht addiert und auch nicht von den Kosten subtrahiert werden. Eine auf diese Art erstellte Leistungsrechnung bietet allerdings interessante Informationen für Perioden- und Betriebsvergleiche.

19.5.5　Bewertung zu Plankosten

In vielen Fällen müssen die Preise für Leistungen vor deren Herstellung festgelegt werden. Dies gilt im gewerblichen Bereich typischerweise für in Auftragsfertigung erstellte Leistungen – dies gilt aber auch für viele Leistungen, die von öffentlichen Verwaltungen zu erbringen sind, z. B. weil diese Preise durch Gesetze, Verordnungen oder Satzungen festzulegen sind. Auch wenn für viele Tätigkeitsbereiche öffentlicher Verwaltungen ein Kostenüberschreitungsverbot zu beachten ist, können demnach die Preise nicht unmittelbar aus den Ist-Kosten der individuell erbrachten Leistung abgeleitet werden, sondern müssen von den Produktionskosten vergleichbarer Leistungen in vorhergehenden Zeitabschnitten – ggf. korrigiert um zu erwartenden Veränderungen für die Planperiode – abgeleitet werden.

Grundlage für Preisfestlegungen nach dem Kostendeckungsprinzip sind deshalb Plankosten. Damit verliert allerdings die Gegenüberstellung von Kosten und Leistungen des gleichen Zeitabschnitts auch für den Fall der Anwendung in öffentlichen Verwaltungen die oben beschriebene Banalität. Der Vergleich von Kosten und Leistungen ist zugleich der Vergleich zwischen Plankosten und Ist-Kosten und eröffnet so wichtige Möglichkeiten der Wirtschaftlichkeitssteuerung, wie sie bereits anderen Stellen ausführlich diskutiert wurden.

19.5.6　Inhalt und Aufbau der Leistungsrechnung

Die Leistungsrechnung ist nach diesen Vorüberlegungen spiegelbildlich zur Kostenrechnung aufzubauen, wobei auf eine „Leistungsstellenrechnung" verzichtet werden kann, wenn die Leistungen ausschließlich aus Einzel-Leistungen und nicht aus Gemein-Leistungen bestehen. Mit anderen Worten, wenn Leistung als Wert der erzeugten Güter und Dienstleistungen verstanden wird und die dazu notwendige Bewertung bei den einzelnen Produkten ansetzt, so sind die Leistungen den jeweiligen „Leistungsträgern" zugeordnet;

das Zuordnungsproblem, welches im Vordergrund der Kostenstellenrechnung steht, ist auf dieser Seite der Kosten- und Leistungsrechnung nicht anzutreffen.

Bewertungsmaßstab wird i. d. R. ein im Wege der Plankostenrechnung oder aus Ist-Kosten früherer Rechnungsperioden zu ermittelnder Preis sein, der je nach den politischen Absichten und betrieblichen Verhältnissen ausschließlich vom Nutzer, vom Nutzer und politischem Auftraggeber gemeinsam oder ausschließlich vom politischen Auftraggeber aufzubringen ist.

19.5.7 neutraler Ertrag

Entsprechend der Ausgrenzung des neutralen Aufwands in der Kostenrechnung ist in der Leistungsrechnung der neutraler Ertrag auszugrenzen, der sich z. B. aus der Veräußerung von Gegenständen des Anlagevermögens über dem jeweiligen Buchwert ergeben kann. Dies wird aber bereits im außerordentlichen Ergebnis des doppischen Rechnungswesens berücksichtigt.

19.5.8 direkte betriebliche Erlöse

Nach Ausgrenzung der neutralen Erträge verbleibt somit zunächst das von den Leistungsempfängern zu erlangende Entgelt (Erlös) für das jeweilige Produkt. Da jedoch viele von der öffentlichen Verwaltung erstellte Produkte nur abgesetzt werden können, wenn sie durch Steuermittel subventioniert werden muss, die Leistungsrechnung um diesen Teil der anzurechnenden Erlöse ergänzt werden.

19.5.9 Produktabgeltung

Im Sinne einer produktorientierten Steuerung durch die dafür legitimierten politischen Organe Gemeindevertretung und Gemeindevorstand ist das Ziel des NKRS in der Abkehr von der pauschalen Abdeckung des Zuschussbedarfes und der Hinwendung an einer auf die vereinbarte Produktmenge bezogene Produktabgeltung zu sehen.

19.5.10 kurzfristige produktbezogene Erfolgsrechnung

In der Gegenüberstellung von direkten betrieblichen Erlösen und Produktabgeltung einerseits und den Produktkosten andererseits ist im Ergebnis der Kosten- und Leistungsrechnung zu erkennen, ob die produzierende Organisationseinheit der Verwaltung wirtschaftlich gearbeitet hat oder ob dies nicht der Fall ist.

Inhaltsverzeichnis

20. Wirtschaftliche Betätigung der Kommunen

Versteht man unter wirtschaftlicher Betätigung jegliche Tätigkeit zur Befriedigung menschlicher Bedürfnisse[796], so könnte die gesamte Tätigkeit der öffentlichen Verwaltung dem Begriff der wirtschaftlichen Betätigung zugerechnet werden, denn auch z. B. die Tätigkeit des Ordnungsamtes dient dem menschlichen Bedürfnis nach Sicherheit und Ordnung. **Im engeren Sinne des Begriffes,** wie er im § 121 HGO geprägt und für die nachfolgende Darstellung verwendet werden soll, versteht man unter wirtschaftlicher Betätigung allerdings nur diejenigen Tätigkeitsbereiche, die nicht den typischen Inhalt öffentlicher (zumal hoheitlicher) Verwaltung darstellen. Als wirtschaftliche Betätigung im Sinne von § 121 HGO wird der Tätigkeitsbereich verstanden, innerhalb dessen Teile öffentlichen Vermögens am Wirtschaftskreislauf in einem für die Privatwirtschaft typischen Austauschverhältnis von Leistung und Gegenleitung teilnehmen.

Eine Legaldefinition des Begriffes „wirtschaftliche Betätigung" kann dem Dritten Abschnitt der Hessischen Gemeindeordnung, insbesondere § 121 HGO, **nicht** entnommen werden. Allerdings ist den Regelungen des § 121 HGO zu entnehmen, dass der Gesetzgeber unter dem Begriff der wirtschaftlichen Betätigung weder den Kernbereich der Verwaltungstätigkeit noch solche Tätigkeiten verstehen wollte, zu denen die Kommunalverwaltung gesetzlich verpflichtet ist (§ 121 Abs. 2 Nr. 1 HGO). Ebenfalls nicht zur wirtschaftlichen Betätigung rechnet der Gesetzgeber Tätigkeiten auf den Gebieten des Bildungs-, Gesundheits- und Sozialwesens, der Kultur, des Sports, der Erholung, der Abfall- und Abwasserbeseitigung (§ 121 Abs. 2 Nr. 2 und 3 HGO). Betriebe, die auf diesen Gebieten tätig sind, werden in der Praxis häufig als „Hoheitsbetriebe" bezeichnet. Auch die Tätigkeiten zur Deckung des Eigenbedarfs (z. B. Betriebskantine, Bauhof, Hausdruckerei) zählt der Gesetzgeber nicht zur wirtschaftlichen Betätigung.

Aus dem Sinnzusammenhang der Regelungen des § 121 HGO ist vielmehr zu entnehmen, dass der Gesetzgeber unter dem Begriff der wirtschaftlichen Betätigung solche Tätigkeiten ansprechen wollte, bei denen die Kommunen mit Unternehmen der Privatwirtschaft in Konkurrenz treten. Diese Sichtweise wird verstärkt durch die in Hessen seit 2012 geltende Drittschutzklausel des § 121 Abs. 1b HGO. Typische und wichtige Bereiche derartiger wirtschaftlicher Betätigung sind Betriebe der Wasser-[797], Gas- und Stromversorgung, öffentlicher Personenverkehr, Häfen, Flughäfen.

Die wirtschaftliche Betätigung der Gemeinden stellt eine besondere Art der Aufgabenerfüllung dar. Sie kann unmittelbar aus § 19 Abs. 1 HGO abgeleitet werden, wonach die Gemeinden innerhalb ihrer Grenzen die erforderlichen öffentlichen Einrichtungen zur wirtschaftlichen, sozialen und kulturellen Betreuung der Bevölkerung schaffen. Dabei kann die unternehmerische Tätigkeit zur Erfüllung einer Aufgabenart der Gemeinde

---

[796] Vgl. Wöhe: Einführung in die allgemeine Betriebswirtschaftslehre. S. 1.

[797] Die Wasserversorgung ist Pflichtbetrieb gem. § 30 Hessisches Wassergesetz, sie wird dennoch entgegen dem Wortlaut des § 121 Abs. 2 als wirtschaftliche Betätigung angesehen, allerdings finden hier die Beschränkungen des § 121 Abs. 1 keine Anwendung, was der eigentliche Sinn der Eingangsformulierung des § 121 Abs. 2 ist.

erforderlich sein, allerdings handelt es sich nicht um eine regelmäßige Form der Aufgabenerfüllung.

Eine wirtschaftliche Betätigung der Gemeinde liegt bei Einrichtungen vor, die auch von Privatunternehmen mit der Absicht der Gewinnerzielung betrieben werden könnten (unternehmerische Tätigkeit einer Gemeinde). Unter wirtschaftlicher Betätigung der Gemeinde versteht man daher den Betrieb von Unternehmen, die als Hersteller, Anbieter oder Verteiler von Gütern oder Dienstleistungen am Markt tätig werden, sofern die Leistung auch von einem Privaten mit der Absicht der Gewinnerzielung erbracht werden könnte.[798]

Einige kommunale Aktivitäten gelten gemäß § 121 Abs. 2 HGO nicht als wirtschaftliche Betätigung im Sinne der §§ 121 ff. HGO. Mit dieser Fiktion wird erreicht, dass für solche Einrichtungen die Voraussetzungen des § 121 Abs. 1 HGO und die Rechtsfolgen wie z. B. die Anzeigepflicht und die Gewinnerzielung nicht anzuwenden sind.

Als wirtschaftliche Betätigung gelten nicht Tätigkeiten[799]

1. zu denen die Gemeinde gesetzlich verpflichtet ist (z. B. Wasserversorgung; § 39 Hessisches Wassergesetz),
2. auf den Gebieten des Bildungs-, Gesundheits- und Sozialwesens, der Kultur, des Sports, der Erholung, der Abfall- und Abwasserbeseitigung sowie
3. zur Deckung des Eigenbedarfs (z. B. Bauhof, Betriebskantine, Hausdruckerei).

Jedoch können auch diese Einrichtungen nach den Vorschriften über die Eigenbetriebe (§ 121 Abs. 2 Satz 2 HGO) oder in Form einer Gesellschaft (§ 122 Abs. 2 HGO) geführt werden.

Bankunternehmen darf die Gemeinde gemäß § 121 Abs. 4 HGO nicht betreiben, wobei allerdings der Erwerb von Genossenschaftsanteilen bei einer Volksbank oder Genossenschaftskasse als Voraussetzung zur Abwicklung einer Geschäftsverbindung nicht ausgeschlossen ist. Für das Sparkassenwesen gelten die besonderen Vorschriften des Sparkassenrechts.[800]

20.1 Grenzbereich zwischen Verwaltung und Wirtschaft

Die wirtschaftliche Betätigung der öffentlichen Hand im hier besprochenen Sinne bewegt sich somit in einer marktwirtschaftlich organisierten Volkswirtschaft in einem Grenzbereich zwischen öffentlicher Verwaltung und privater Wirtschaft. Um dieser besonderen Situation gerecht zu werden, hat der Gesetzgeber dieser Art der wirtschaftlichen Betäti-

---

[798] In der einschlägigen Literatur als sog. Popitzformel dargestellt, da diese Formulierung auf einen im Jahre 1932 vom damaligen preußischen Finanzstaatsekretär Popitz veröffentlichten Aufsatz zurück geht. Vgl. u.a. Franz, Thorsten: Einführung in die Verwaltungswissenschaft. Wiesbaden 2013. S. 193. Vgl. auch § 107 Abs. 1 GO NRW;

[799] Eine umfassende Aufzählung von Tätigkeitsbereichen gibt Gerhold in KVR Hessen, Erl. zu § 121 HGO, Rdnr. 34.

[800] Hess. Sparkassengesetz in der Fassung vom 24. Februar 1991, GVBl. I Seite 78.

gung Einschränkungen auferlegt, die § 121 Abs. 1 HGO entnommen werden können. Danach ist die wirtschaftliche Betätigung der Gemeinde im Rahmen eines wirtschaftlichen Unternehmens nur zulässig, wenn

1. der öffentliche Zweck die Betätigung rechtfertigt,
2. die Betätigung nach Art und Umfang in einem angemessenen Verhältnis zur Leistungsfähigkeit der Gemeinde und zum voraussichtlichen Bedarf steht und
3. der Zweck nicht ebenso gut und wirtschaftlich durch einen privaten Dritten erfüllt wird oder erfüllt werden kann.

Die wirtschaftliche Betätigung ist demnach für die Gemeinde unzulässig, wenn auch nur eine dieser Anforderungen nicht erfüllt wird, weil z. B. kein öffentlicher Zweck verfolgt wird, der Zweck beispielsweise durch ein privatwirtschaftliches Unternehmen ebenso wirtschaftlich erfüllt werden kann oder ein Zweck verfolgt wird, der die Leistungsfähigkeit der Gemeinde übersteigt. Um diese Voraussetzungen sicherzustellen und die Gemeinden vor „wirtschaftlichen Abenteuern" zu bewahren, ist die Kommunalaufsicht frühzeitig (spätestens sechs Wochen vor Vollzug der Entscheidung) über derartige kommunale Entscheidungsprozesse zur Errichtung bzw. Übernahme oder wesentlicher Erweiterung derartiger wirtschaftlicher Unternehmen zu unterrichten (Anzeigepflicht[801] vgl. § 127 a HGO). Andererseits sollen vor allem privatwirtschaftliche Wettbewerber vor ungleicher Konkurrenz geschützt werden, indem z. B. § 127 b HGO den Missbrauch wirtschaftlicher Machtstellung verbietet und die Betätigungsverbote mit Drittschutzwirkung ausgestaltet wurden (§ 121 Abs. 1b HGO).

Im Zuge der Umstellung der Energieversorgung auf erneuerbare Energie gelten für die wirtschaftliche Betätigung der Gemeinden auf diesem Sektor besondere Bestimmungen gem. § 121 Abs. 1a HGO. Hiervon besonders betroffen sind der Betrieb von Windkraft- und Photovoltaikanlagen durch die Gemeinden und ihre Betriebe.[802]

20.2   gemischtwirtschaftliche Betriebe

Betriebe, deren Eigentümer sowohl Private als auch öffentliche Institutionen sind, werden als gemischtwirtschaftliche Betriebe bezeichnet. Sie sind unter dem Schlagwort „Public-Private-Partnership" gegenwärtig sehr beliebt, stellen jedoch marktwirtschaftlich auch ein Problem dar, wenn ein bislang demokratisch kontrolliertes Monopol sich durch die Kapitalbeteiligung Privater zunehmend der demokratisch legitimierten Kontrolle entzieht. Die Vorteile liegen in der Nutzung privatwirtschaftlichen Know-hows und Kapitals zur Lösung öffentlicher Aufgaben z. B. in den Bereichen Baulanderschließung, Abfallentsorgung oder Abwasserreinigung.

---

[801] Für die Prüfung von Anzeigen zur wirtschaftlichen Betätigung hat der HMdIS zusammen mit dem Hess. Rechnungshof ein Prüfraster erarbeitet, dass auch für die anzeigenden Kommunen wertvolle Informationen im Hinblick auf die Vorbereitung der Anzeige nach § 127a HGO enthält. Das „Aufsichtsraster im Rahmen wirtschaftlicher Betätigung von Kommunen" kann von der Internetpräsenz des HMdIS heruntergeladen werden
(http://verwaltung.hessen.de/irj/HMdI_Internet?cid =dc7e2c1879 458363d 7f14381c4d5eaea)
[802] Vgl. Risch/Schweizer: Die neue Hessische Gemeindeordnung. In: LKRZ 2012 S. 173 ff.

Kapitalbeteiligungen von juristischen Personen des öffentlichen Rechts ab 20 % werden als wesentliche oder qualifizierte Beteiligung bezeichnet. Ab einer Beteiligungsquote von mehr als 25 % können die Vertreter der öffentlichen Hand die Rechte einer Sperrminorität bei wichtigen Beschlüssen in der Gesellschafterversammlung ausüben. Als Rechtsformen für gemischtwirtschaftliche Betriebe kommen in der Regel nur solche des Privatrechts in Betracht. In Ausnahmefällen gestatten jedoch auch Regelungen des öffentlichen Rechts die Beteiligung Privater an öffentlichen Betrieben (vgl. § 5 Abs. 2 Satz 2 KGG[803]).

Auf der Grundlage vorstehender Erörterung ergibt sich folgende Typologie:

Verwaltungsbetrieb	öffentlicher Betrieb	gemischtwirtschaftlicher Betrieb	private Unternehmung
Die Endpunkte dieser Typologie lassen sich wie folgt unterscheiden:			

$\longleftarrow\hspace{8cm}\longrightarrow$

öffentliche Güter	private Güter
kein Markt – Gebühren – Steuern	Markt – Preis
Monopol	Wettbewerb
Anschluss- und Benutzungszwang	Vertragsfreiheit
„politischer Druck"	„Kostendruck"
Kosten – kein Gewinn	Kosten – Gewinn
politisch-demokratische Steuerung	Marktsteuerung

Öffentliche Betriebe nehmen dagegen bei den meisten Merkmalen eine Mittelstellung ein bzw. weisen mal eher diese, mal eher jene Ausprägung auf. Vorherrschendes Abgrenzungsmerkmal gegenüber privaten Unternehmen ist das Eigentum in der Hand öffentlichrechtlicher Institutionen, wobei Betriebe, deren Eigentum teilweise bei der öffentlichen Hand und teilweise bei Privaten liegt – sogenannte gemischtwirtschaftliche Unternehmen – besondere Abgrenzungsprobleme bereiten. Gegenüber der öffentlichen Verwaltung ist die Abgrenzung nach den Merkmalen Leistungsaustausch, materieller Tätigkeitsbereich, Organisations- und Rechtsform zu ziehen, wobei vielfältige Überschneidungsmöglichkeiten vorkommen.

20.3 Rechtsformen der wirtschaftlichen Betätigung

Das öffentliche Recht hat einige spezifische Rechtsformen für öffentliche Betriebe (Regiebetrieb[804], Eigenbetrieb, rechtsfähige Anstalt, Zweckverband, Stiftung des öffentlichen Rechts) entwickelt, daneben orientieren sie sich in vielen Fällen an den nachfolgend aufgeführten Rechtsformen des Privatrechts:

---

[803] Gesetz über kommunale Gemeinschaftsarbeit vom 16. Dezember 1969 (GVBl. I S. 307), zuletzt geändert am 13. Dezember 2012 (GVBl. S. 622).

[804] Die wirtschaftliche Betätigung ist gem. § 1 Abs. 1 EigBGes als Eigenbetrieb zu führen. Ein Eigenbetrieb entsteht jedoch erst mit dem Erlass einer Eigenbetriebssatzung, nicht schon mit der Aufnahme einer wirtschaftlichen Betätigung. Deshalb wird eine wirtschaftliche Betätigung meist in der Organisationsform eines Regiebetriebes aufgenommen und erst später in die gesetzliche Rechtsform des Eigenbetriebes überführt, wenn der Umfang der Geschäftstätigkeit ein Ausmaß angenommen hat, das einen solchen Schritt rechtfertigt.

Rechtsformen wirtschaftlicher Betätigung des privaten Rechts

1. Einzelunternehmung (Einzelkaufmann, Minderkaufmann, Vollkaufmann)
2. Personengesellschaft
   a) Gesellschaft bürgerlichen Rechts
   b) stille Gesellschaft
   c) offene Handelsgesellschaft
   d) Kommanditgesellschaft (Komplementär, Kommanditist)
3. Kapitalgesellschaft
   a) Gesellschaft mit beschränkter Haftung
   b) Aktiengesellschaft
   c) Kommanditgesellschaft auf Aktien
4. eingetragener Verein
5. eingetragene Genossenschaft

Mit dem Ziel der Begrenzung des wirtschaftlichen Risikos der Trägerkörperschaft hat der Gesetzgeber jedoch den Kommunen untersagt, diejenigen Rechtsformen auszuwählen, die ein **persönliches Risiko** des Unternehmers beinhalten (vgl. § 122 Abs. 1 Nr. 2 HGO), weshalb nur die unter Nr. 3 bis 5 genannten privatrechtlichen Rechtsformen neben den typischen Rechtsformen des öffentlichen Rechts in Betracht zu ziehen sind.

Die Wahl der geeigneten Rechtsform ist eine wichtige Entscheidung, die vor der Errichtung des Betriebes zu treffen und bei entsprechenden Entwicklungen später zu überprüfen und ggf. zu korrigieren ist.

Faktoren für die Wahl der Rechtsform für die wirtschaftliche Betätigung der öffentlichen Hand sind:

1. Leitung/Geschäftsführung
2. Mitbestimmung der Arbeitnehmer
3. Gewinnverteilung/Haftung
4. Finanzierung
5. steuerliche Behandlung
6. rechtsformabhängige Aufwendungen
   a) Beurkundung der Verträge
   b) Eintragung in öffentliche Register
   c) Aufwendungen für besondere Organe
      (Betriebskommission, Aufsichtsrat, Gesellschafterversammlung)
   d) externe Rechnungsprüfung
7. Publizitätspflicht
8. Regelungen des Dienst- und Arbeitsrechtes

Die Gemeinden müssen ihre Entscheidung über die wirtschaftliche Betätigung mindestens sechs Wochen vor Vollzug der Entscheidung (z. B. sechs Wochen vor dem tatsächlichen Abschluss eines Kaufvertrages zum Erwerb von Aktien) der Aufsichtsbehörde mitteilen (§ 127 a HGO). Im Rahmen der Rechtsaufsicht kann die Aufsichtsbehörde somit vorbeugend zum Schutz der Gemeinde tätig werden. Allerdings prüft sie auch die Einhaltung der gesetzlichen Vorschriften und Voraussetzungen. Eine spezielle Genehmigungspflicht sieht die Gemeindeordnung dagegen nicht vor, sodass das Einschreiten der Aufsichtsbehörde sich allein auf die allgemeinen Aufsichtsvorschriften der §§ 135 ff. HGO stützen kann.

Vor der Entscheidung über die Errichtung, Übernahme oder wesentliche Erweiterung von wirtschaftlichen Unternehmen sowie über eine unmittelbare oder mittelbare Beteiligung ist die Gemeindevertretung auf der Grundlage einer Markterkundung umfassend über die Chancen und Risiken der beabsichtigten unternehmerischen Betätigung sowie über deren zu erwartende Auswirkungen auf das Handwerk und die mittelständische Wirtschaft zu unterrichten. Vor der Befassung in der Gemeindevertretung ist den örtlichen Handwerkskammern, Industrie- und Handelskammern sowie Verbänden Gelegenheit zur Stellungnahme zu geben, soweit ihr Geschäftsbereich betroffen ist. Die Stellungnahmen sind der Gemeindevertretung zur Kenntnis zu geben (§ 121 Abs. 6 HGO).

Weiterhin haben die Gemeinden mindestens einmal in jeder Wahlzeit zu prüfen, inwieweit ihre wirtschaftlichen Betätigungen noch die Voraussetzungen des § 121 Abs. 1 HGO erfüllen und inwieweit die Tätigkeiten privaten Dritten übertragen werden können (§ 121 Abs. 7 HGO).

Nachstehend werden die wesentlichen Organisations- bzw. Rechtsformen der wirtschaftlichen Betätigung dargestellt, zuvor wird in zwei Schaubildern ein Überblick dazu gegeben:

Übersicht über die „Wirtschaftliche Betätigung" der Gemeinde

Wirtschaftliche Betätigung/Unternehmen

Begriff:

Betrieb von Unternehmen, die als Hersteller, Anbieter oder Verteiler von Gütern oder Dienstleistungen am Markt tätig werden, sofern die Leistung auch von einem Privaten mit der Absicht der Gewinnerzielung erbracht werden könnte.

Voraussetzungen für die wirtschaftliche Betätigung (§ 121 Abs. 1 HGO):

Die Gemeinde darf sich wirtschaftlich betätigen, wenn

- der öffentliche Zweck die Betätigung rechtfertigt
- die Betätigung nach Art und Umfang in einem angemessenen Verhältnis zur Leistungsfähigkeit der Gemeinde und zum voraussichtlichen Bedarf steht
- der Zweck nicht ebenso gut und wirtschaftlich von einem privaten Dritten erfüllt wird oder erfüllt werden kann

Weiterhin zu beachtende wesentliche Vorschriften

- Markterkundung (§ 121 Abs. 6 HGO)
- Überprüfungsklausel (§ 121 Abs. 7 HGO)
- Wirtschaftsgrundsätze (§ 121 Abs. 8 HGO)

Organisationsformen (Regelfälle):

- **Eigenbetriebe**
  Sondervermögen gemäß § 115 Abs. 1 Nr. 3, Abs. 3 HGO, Eigenbetriebsgesetz, HGB

- **rechtsfähige Anstalt des öffentlichen Rechts**
  gem. § 116a HGO

- **Gesellschaften**
  §§ 122 Abs. 1 Nr. 1 – 4, 123 ff. HGO, GmbHG, AktG, HGB

Als wirtschaftliche Betätigung gelten gemäß § 121 Abs. 2 HGO nicht (Fiktion) Tätigkeiten,

- zu denen die Gemeinde gesetzlich verpflichtet ist

- auf den Gebieten des Bildungs-, Gesundheits- und Sozialwesens, der Kultur, des Sports, der Erholung, der Abfall- und Abwasserbeseitigung sowie Einrichtungen ähnlicher Art

- zur Deckung des Eigenbedarfes (z. B. Bauhöfe, Gärtnereien, Druckereien u. Ä.)

Organisationsformen (Regelfälle):

- **Regiebetriebe**
  Vorschriften über die Haushaltswirtschaft

- **Eigenbetriebe**
  Sondervermögen gemäß § 115 Abs. 1 Nr. 3, Abs. 3 HGO, Eigenbetriebsgesetz, HGB

- **rechtsfähige Anstalt des öffentlichen Rechts**
  gem. § 116a HGO

- **Gesellschaften**
  §§ 122 Abs. 2 i. V. m. Abs. 1 Nr. 2 – 4, 123 ff. HGO, GmbHG, AktG, HGB

Unternehmen und Einrichtungen nach § 121 Abs. 2 HGO, die nach Art und Umfang eine selbstständige Verwaltung und Wirtschaftsführung erfordern

Durch Rechtsverordnung kann bestimmt werden, dass diese ganz oder teilweise nach den für die Eigenbetriebe geltenden Vorschriften (Eigenbetriebsgesetz mit Nebenvorschriften) zu führen sind (§ 121 Abs. 3 HGO).

- Krankenhäuser gem. Krankenhausbetriebsverordnung – KHBetrV vom 20.11.1991 – GVBl. I S. 345

Rechtsformen für die wirtschaftliche Betätigung der öffentlichen Hand

Rechtsform	Regiebetrieb	Eigenbetrieb	rechtsf. Anstalt	GmbH	Aktiengesellsch.	sonstige juristische Pers. des privaten Rechts	sonstige juristische Pers. des öffentl. Rechts
Rechtsgrundl.	HGO	EigBGes	§ 126a HGO	GmbHG	AktG	Vertrag, Satzung	Gesetz, Satzung
Errichtung	innerorganisatorisch §§ 70, 97	Betriebssatzung § 1	Satzung § 126a Abs. 2 HGO	Gesellschaftsvertrag § 1 ff.	Satzung § 23 ff.	z. B. BGB	öffentlich-re. Vertrag z. B. KGG
Leitung	Bürgermeister § 70	Betriebsleitung §§ 2 – 4	Vorstand § 126a Abs. 5 HGO	Geschäftsführer §§ 6, 35 ff.	Vorstand §§ 76 ff.	Geschäftsführer	Präsident oder Vorsteher
Kontrolle	Gemeindevorstand § 66 Gemeindevertretung § 50	Betriebskommission §§ 6, 7 Gemeindevertretung	Verwaltungsrat § 126a Abs. 6 HGO Gemeindevertretung § 126a Abs. 6 S. 6f.	ggf. Aufsichtsrat § 52 Gesellschafterversammlung §§ 45 ff.	Aufsichtsrat §§ 95 ff. Hauptversammlung §§ 118 ff.	Vorstand Mitglieder-versammlung	Vorstand Verb.-versammlung Verwaltungsrat
Haftung	Gemeindevermögen	Gemeindevermögen § 5	Gemeindevermögen § 126a Abs. 4 HGO	Gesellschaftsverm. § 13	Gesellschaftsverm. § 1		
Rechnungswesen	doppisch §§ 92 ff.	kaufmännisch (opt.) § 20	GemHVO oder Eigenbetriebsrecht § 126a Abs. 9 HGO	kaufmännisch § 13 i.V.m. §§ 6, 238 HGB	kaufmännisch § 3 i. V. m. §§ 6, 238 HGB	kameralistisch oder kaufmännisch	
Prüfung	RPA § 128	Abschlussprüfer § 27 (2)	RPA oder Abschlussprüfer	Abschlussprüfer § 316 HGB	Abschlussprüfer § 316 HGB		
Publizität	§§ 112 – 114	§ 27 (4)		§ 325 HGB	§ 325 HGB		
Besteuerung	nur als BgA. *)	soweit BgA. *)	soweit BgA. *)	ja	ja	soweit BgA. *)	
Anmeldung	nein	Handelsregister A (seit 1998)		Handelsregister B	Handelsregister B		
Mitbestimmung der Beschäft.	Personalrat	2 Mitgl. des PR¹ in Betriebskomm.		nach den Regeln des Betriebsverfassungsgesetzes			Personalrat

*) BgA = Betrieb gewerblicher Art

---

¹ Der Eigenbetrieb hat entweder einen eigenen Personalrat oder er gilt als Teil der Dienststelle der Trägerkörperschaft und fällt in den Zuständigkeitsbereich von deren Personalrat

20.3.1   Regiebetriebe

Der Begriff des Regiebetriebs ist gesetzlich nicht definiert. Er hat sich herausgebildet, um Formen der wirtschaftlichen Betätigung der öffentlichen Hand zu bezeichnen, die weder organisatorisch noch finanzwirtschaftlich von der Verwaltung ihrer Trägerkörperschaft getrennt wurden, sondern in deren Verwaltungs- und Haushaltsgliederung integriert sind.

Diese Rechtsform ist nur für sogenannte Hoheitsbetriebe oder Hilfsbetriebe (§ 121 Abs. 2 HGO) zulässig.

Öffentliche Einrichtungen im Sinne von § 121 Abs. 2 HGO werden i. d. R. in der Form des Regiebetriebes geführt, da sie der Fiktion („... gelten nicht als wirtschaftliche Betätigung ...") unterliegen, gleichwohl können auch diese in die Organisationsform des Eigenbetriebes überführt werden (§ 122 Abs. 2 Satz 2 HGO).

Regiebetriebe entstehen durch die Aufnahme entsprechender Tätigkeiten bzw. die innerorganisatorische Bereitstellung entsprechender Ressourcen für diesen Zweck. Sie werden mit allen Erträgen und Einzahlungen bzw. Aufwendungen und Auszahlungen im Haushaltsplan des Trägers aufgeführt, man nennt sie deshalb auch Bruttobetriebe. Sie unterstehen im vollen Umfang der Weisungsbefugnis des Bürgermeisters oder des zuständigen Beigeordneten bzw. des Gemeindevorstandes.

20.3.2   Eigenbetriebe

Eigenbetriebe sind wirtschaftliche Unternehmen der Gemeinde ohne eigene Rechtspersönlichkeit. § 127 HGO weist aber schon deutlich auf eine praktische Abkoppelung von der allgemeinen Verwaltung der Gemeinde hin, die zu einer gewissen Selbständigkeit der Eigenbetriebe führt. Insofern sind die Zuständigkeiten der Gemeindevertretung und des Gemeindevorstandes beschränkt.

Der Eigenbetrieb ist die gesetzliche Rechtsform für die wirtschaftliche Betätigung der Gemeinde gem. § 121 Abs. 1 HGO und § 1 Abs. 1 EigBGes, sofern keine andere zulässige Rechtsform gewählt wird (vgl. § 121 Abs. 1 – 3 HGO)[805]. Es handelt sich dabei um einen wirtschaftlich, aber nicht rechtlich verselbstständigten Betrieb einer kommunalen Körperschaft. Für die Errichtung eines Eigenbetriebes ist der Erlass einer Eigenbetriebssatzung durch die Gemeindevertretung (§ 51 Nr. 11 HGO) und nach dem Eigenbetriebsgesetz (§ 5 Nr. 1 EigBGes) erforderlich. Zur Leitung des Eigenbetriebes ist

---

[805] Das Hessische Wassergesetz vom 22. Januar 1990 (GVBl I S. 114) regelte in § 54: „Gemeinden bis zu 10.000 Einwohner können, Gemeinden mit mehr als 10.000 Einwohner haben ihre Wasserversorgungsbetriebe entsprechend den Vorschriften über Eigenbetriebe zu führen." Das inzwischen neu gefasste Hessische Wassergesetz vom 24.12.2010 (GVBl. I S. 548) enthält die Verpflichtung der Gemeinden zur Wasserversorgung in § 30, trifft aber keine Bestimmung über die Rechts- und Organisationsform mehr. Dagegen regelt § 1 der Hessischen Krankenhausbetriebsverordnung vom 20. November 1991 (GVBl. I S. 354) auch weiterhin: „Krankenhäuser kommunaler Träger ohne eigene Rechtspersönlichkeit werden nach den Vorschriften des Eigenbetriebsgesetzes in der Fassung vom 9. Juni 1989 (GVBl. I S. 154) nach Maßgabe dieser Verordnung geführt."

eine Betriebsleitung zu bestellen, die aus einer oder mehreren Personen bestehen kann. In der Praxis besteht die Betriebsleitung oft aus einem kaufmännischen und einem technischen Betriebsleiter. Prägend für die Geschäftstätigkeit des Eigenbetriebes sollte § 127 Abs. 2 HGO sein: Der Betriebsleitung ist eine ausreichende Selbständigkeit der Entschließung einzuräumen. D. h., der Eigenbetrieb soll vorwiegend unter fachlichen, weniger dagegen unter politischen Gesichtspunkten geführt werden. Die Betriebsleitung wird überwacht von einer Betriebskommission, die sich wie folgt zusammensetzt (§ 6 EigBGes):

1. der Bürgermeister oder in seiner Vertretung ein von ihm bestimmtes Mitglied des Gemeindevorstandes als Vorsitzender
2. eine in der Betriebssatzung festzulegende Anzahl von Mitgliedern der Gemeindevertretung
3. mindestens zwei weitere Mitglieder des Gemeindevorstandes
4. zwei Mitglieder des Personalrates des Eigenbetriebes
5. ggf. weitere wirtschaftlich oder technisch besonders erfahrene Personen

Die finanzwirtschaftliche Eigenständigkeit wird u. a. durch § 15 EigBGes verwirklicht: Danach ist ein eigenständiger Wirtschaftsplan für jedes Wirtschaftsjahr aufzustellen.

Das Rechnungswesen des Eigenbetriebes ist nach den Regeln der kaufmännischen Buchführung, wie sie im Dritten Buch des Handelsgesetzbuches (HGB) niedergelegt sind, zu führen[806] (§ 20 EigBGes), die Jahresrechnung ist durch externe Abschlussprüfer zu prüfen.

Neben diesen eigenbetriebstypischen Organen (Betriebsleitung und Betriebskommission) behalten jedoch auch der Gemeindevorstand und die Gemeindevertretung bestimmte in den §§ 5 und 8 EigBGes geregelte Befugnisse, wodurch eine flexiblere Aufgabenerfüllung gegenüber einem Regiebetrieb nur bedingt ermöglicht wird.

Rechtsgrundlage für die Eigenbetriebe ist das Eigenbetriebsgesetz in der Fassung der Bekanntmachung vom 09.06.1989 (GVBl. I S. 151), geändert durch Gesetz vom 16.11.2011 (GVBl. I S. 786). Anhand einiger wichtiger Regelungen dieses Gesetzes sollen die Besonderheiten der Wirtschaftsführung gegenüber der allgemeinen Verwaltung und einer Eigengesellschaft verdeutlicht werden. Dadurch wird auch ein an dieser Stelle ausreichender Überblick über diese Wirtschaftsform geschaffen.[807]

---

[806] Ähnlich wie zwischen 2005 und 2011 in § 92 HGO geregelt, lässt auch § 20 EigBGes optional eine entsprechende Verwaltungsbuchführung zu, die jedoch praktisch keine Anwendung findet.

[807] Eine ausführliche Behandlung der Eigenbetriebe bleibt der Spezialliteratur vorbehalten, z. B.:
Zeiß, Das Eigenbetriebsrecht der gemeindlichen Betriebe, Stuttgart (Loseblatt); Bennemann, Das Eigenbetriebsrecht in Hessen, Kommentar, 5. Auflage, Wiesbaden 2012.

Rechtsnorm des Eigen- betriebs- gesetzes	Regelungsinhalt
§ 1	eigene Betriebssatzung
§ 2	weitgehend selbstständige Betriebsleitung; dadurch originäre Unterschrifts- befugnis auf eigenem Briefkopf; daneben natürlich Rechte der Betriebs- kommission, des Gemeindevorstandes und der Gemeindevertretung
§ 3	eigenständige rechtliche Vertretung des Eigenbetriebes durch die Betriebs- leitung bei Entscheidungszuständigkeiten innerhalb der Betriebsleitung
§ 4	Aufgaben und Unterrichtungspflichten der Betriebsleitung
§ 5	Aufgaben der Gemeindevertretung
§§ 6, 7	Zusammensetzung und Aufgaben der Betriebskommission
§ 8	Aufgaben des Gemeindevorstandes
§ 9	Personalangelegenheiten Die Bediensteten des Eigenbetriebes sind Bedienstete der Gemeinde. Sie werden vom Gemeindevorstand eingestellt, angestellt, befördert und entlas- sen; dies kann durch die Betriebssatzung auf die Betriebsleitung übertragen werden. Der Bürgermeister ist Dienstvorgesetzter, soweit die Betriebs- satzung nichts anderes bestimmt.
§§ 15 – 18	Wirtschaftsplan Der Wirtschaftsplan des Eigenbetriebes besteht aus dem Erfolgsplan, dem Vermögensplan und der Stellenübersicht
§ 19	Finanzplanung In der fünfjährigen Finanzplanung sind auch die Auswirkungen auf die Finanzplanung für den Haushalt der Gemeinde anzugeben.
§ 20	Buchführung und Kostenrechnung Für den Eigenbetrieb gelten die Regeln der doppelten kaufmännischen Buchführung.
§ 22 ff.	Jahresabschluss Maßgeblich für den Jahresabschluss sind die Vorschriften des Dritten Teils des HGB. Der Jahresabschluss besteht aus der Bilanz, der Gewinn- und Verlustrechnung und dem Anhang. Weiterhin ist ein Lagebericht zu erstel- len.

Betreibt das Land Hessen einen organisatorisch und finanzwirtschaftlich, nicht aber juristisch verselbständigten Betrieb – ähnlich einem kommunalen Eigenbetrieb –, so wird dieser als **Landesbetrieb** bezeichnet.

Nähere Regelungen für die Wirtschaftsführung, das Kassenwesen, die Buchführung und die Rechnungslegung der Landesbetriebe trifft der zuständige Minister in den **Betriebs- satzungen** und in allgemeinen Dienstanweisungen, soweit erforderlich im Einvernehmen mit dem Minister der Finanzen und dem Rechnungshof (Nr. 1.4 VV zu § 74 LHO).

Landesbetriebe sind rechtlich unselbstständige abgesonderte Teile der Landesverwaltung, deren Tätigkeit erwerbswirtschaftlich ausgerichtet ist (Nr. 1.1 VV zu § 26 LHO). Landesbetriebe haben einen Wirtschaftsplan aufzustellen, wenn ein Wirtschaften nach

Einnahmen und Ausgaben[808] des Haushaltsplans nicht zweckmäßig ist (§ 26 Abs. 1 LHO). Ein Wirtschaften nach Einnahmen und Ausgaben des Haushaltsplans ist in der Regel nicht zweckmäßig, wenn es sich um einen Betrieb handelt, der sich den Erfordernissen des freien Wettbewerbs anzupassen hat. Ob diese Voraussetzung vorliegt, stellt der zuständige Minister im Einvernehmen mit dem Minister der Finanzen fest (VV Nr. 1.2 zu § 26 LHO).

Die wichtigsten Rechtsvorschriften für Landesbetriebe enthalten:

- § 26 LHO Wirtschaftsplan statt Haushaltsplan
- § 74 LHO kaufmännische Buchführung
- § 87 LHO Jahresabschluss, Betriebsbuchführung

Eigenbetriebe und Landesbetriebe werden aus Sicht des Haushaltes der Trägerkörperschaft als **Sondervermögen** bezeichnet, weil sie rechtlich Teil des Vermögens der Trägerkörperschaft (Gemeinde, Gemeindeverband oder Land) sind, organisatorisch und finanzwirtschaftlich jedoch gesondert behandelt werden und im Haushaltsplan der Trägerkörperschaft nur mit dem sich aus ihren Wirtschaftsplänen ergebenden Überschüssen oder Defiziten veranschlagt werden. Man nennt sie deshalb auch Nettobetriebe (vgl. § 115 HGO, §§ 18 Abs. 2, 48 HGrG, §§ 26 Abs. 2 LHO). Die Sondervermögen des Landes werden durch den **Landesrechnungshof** geprüft (§ 113 LHO). Die kommunalen Sondervermögen – soweit es sich um Eigenbetriebe handelt – werden vorrangig durch **Wirtschaftsprüfer** geprüft (§ 27 EigBGes). An der Prüfung von Eigenbetrieben sind jedoch auch die kommunalen **Rechnungsprüfungsämter** beteiligt (§ 131 Abs. 1 Nr. 3 HGO). Diese Doppelunterstellung macht eine detaillierte Abstimmung notwendig, um unwirtschaftliche Doppelarbeit zu vermeiden.

20.3.3 Eigengesellschaften und Beteiligungen

Die Gemeinde kann sich bei ihrer unternehmerischen Tätigkeit auch der Formen des Privatrechts bedienen (§ 122 HGO). Dies geschieht regelmäßig als Gesellschaft mit beschränkter Haftung (GmbH). In Betracht kommt gelegentlich auch die Aktiengesellschaft oder eine Beteiligung an einer Kommanditgesellschaft als Kommanditist[809] (KG oder GmbH & Co. KG).

Diese Unternehmen werden in der Praxis als Eigengesellschaften bezeichnet, wenn die Gemeinde alleinige Eigentümerin (100 %) der Unternehmen ist. Ist die Gemeinde zusammen mit Anderen Eigentümerin, spricht man von Beteiligungsgesellschaften. Gesellschaftsanteile von mehr als 20 % werden als wesentliche Beteiligung, Anteile von mehr als 50 % als Mehrheitsbeteiligung bezeichnet.

---

[808] Das Land Hessen wendet neben der Doppik immer noch auch die Kameralistik an und kennt deshalb die Begriffe Einnahmen und Ausgaben nicht nur im Wortlaut des § 26 LHO.

[809] Kommanditist ist ein Gesellschafter einer Handelsgesellschaft, bei dem die Haftung gegenüber den Gesellschaftsgläubigern auf den Betrag einer bestimmten Vermögenseinlage beschränkt ist (vgl. § 161 HGB).

Auf Grund des GmbH- bzw. Aktiengesetzes werden diese Einrichtungen nach kaufmännischen Gesichtspunkten geführt und abgerechnet, sodass lediglich die Gewinne und Verluste der Unternehmen sowie die Kapitalausstattungen durch die Gemeinde in die gemeindlichen Haushaltspläne einfließen[810]. Die Wahl der Unternehmensform liegt weitgehend im Ermessen der Gemeinde, allerdings wegen der Haftungsbeschränkung gemäß § 122 Abs. 1 Nr. 2 HGO nur in der Form von Kapitalgesellschaften (z. B. GmbH). Sie richtet sich regelmäßig nach steuerlichen Erwägungen.

Die Voraussetzungen für die Gründung oder Beteiligung an einer Gesellschaft, die auf den Betrieb eines wirtschaftlichen Unternehmens gerichtet ist, sind in § 122 Abs. 1 HGO geregelt.

Die Errichtung einer Gesellschaft, die auf den Betrieb eines wirtschaftlichen Unternehmens gerichtet ist, oder Beteiligung an einer solchen ist für Gemeinden gem. § 122 HGO[811] nur zulässig, wenn

1. die Voraussetzungen des § 121 Abs. 1 HGO erfüllt sind (s. o.)
2. die Haftung der Gemeinde auf einen angemessenen Betrag begrenzt ist,
3. die Gemeinde angemessenen Einfluss im Überwachungsorgan erhält und
4. der Jahresabschluss nach den für große Kapitalgesellschaften geltenden Rechtsvorschriften (§§ 267 ff. HGB) aufgestellt und geprüft wird.

Bei Eigengesellschaften und Mehrheitsbeteiligungen (> 50 %) ist der Wirtschaftsführung des Betriebes ein Wirtschaftsplan und eine fünfjährige Finanzplanung nach den für Eigenbetriebe geltenden Vorschriften zugrunde zu legen (§ 122 Abs. 4 HGO). Die Vertretung der Gemeinde in der Gesellschaft erfolgt durch den Gemeindevorstand und für diesen durch den Bürgermeister oder besonders bestellte Vertreter (§ 125 HGO).

Eine Unternehmensbeteiligung ist gemäß § 122 Abs. 1 Nr. 1 HGO nur unter den Voraussetzungen des § 121 Abs. 1 HGO möglich (siehe dazu Ziffer 20.1), also u. a. nur zur Erledigung einer konkreten gemeindlichen Aufgabe. Außerdem muss es sich um Gesellschaften in einer Rechtsform handeln, bei denen die Haftung auf einen bestimmten Betrag beschränkt ist. Dieses wird im Wesentlichen nur bei Gesellschaften mit beschränkter Haftung (Haftung in Höhe des Gesellschafteranteiles), Aktiengesellschaften (Haftung in Höhe der Aktienbeteiligung) und bei Kommanditgesellschaften, wobei die Gemeinde nur als Kommanditist (Haftung in Höhe der Einlage) fungieren kann, erfüllt. Außerdem ist zu gewährleisten, dass der Jahresabschluss und der Lagebericht entsprechend den für große Kapitalgesellschaften geltenden Vorschriften des Dritten Buches des HGB aufgestellt und geprüft werden. § 122 Abs. 4 HGO enthält weitere Voraussetzungen bei Unternehmen, bei denen sich eine Gemeinde mit mehr als 50 % beteiligen will.

---

[810] Betroffen sind hier hinsichtlich der Gewinne und Verluste die Konten der Kontengruppe 56 (Erträge aus Beteiligungen …)) und des Hauptkontos 768 (Aufwendungen aus Verlustübernahme) nach dem KVKR, die in den Zeilen 21 (Finanzerträge) und 18 (Sonstige ordentliche Aufwendungen) im Ergebnishaushalt (Muster 7 und 9) sowie in der Ergebnisrechnung (Muster 14 und 17) darzustellen sind sowie hinsichtlich der Kapitalausstattung die Konten der Kontengruppen 11, 13 und 15 der Vermögensrechnung und 823 bzw. 844 der Finanzrechnung nach dem KVKR, die in den Zeilen 13 und 14 im Finanzhaushalt (Muster 8 und 10) sowie in der indirekten Finanzrechnung (Muster 15) und in den Zeilen 22 und 27 der direkten Finanzrechnung (Muster 16) darzustellen sind.

[811] Für das Land und seine Betriebe enthält § 65 LHO weitgehend inhaltsgleiche Regeln.

Die Gemeinde darf auch eine Gesellschaft errichten oder sich daran beteiligen, die nicht auf den Betrieb eines wirtschaftlichen Unternehmens gerichtet ist, wenn ein **wichtiges Interesse**[812] der Gemeinde vorliegt (§ 122 Abs. 2 HGO). In diesem Fall gelten die Vorschriften des § 122 Abs. 1 HGO mit Ausnahme der Ziffer 1 entsprechend. Diese Vorschrift umfasst die Fälle, in denen die Gemeinde eine Einrichtung aus dem Katalog des § 121 Abs. 2 HGO in Form einer Gesellschaft führen möchte. Als Beispiel wäre die Gründung einer Bäder GmbH zu nennen, ggf. zusammen mit einem privaten Betreiber.

20.3.3.1 Gesellschaft mit beschränkter Haftung (GmbH)

Das Gesetz betreffend die Gesellschaften mit beschränkter Haftung (GmbHG) bietet die flexibelsten Möglichkeiten für die Errichtung und den Betrieb eines Unternehmens, dessen wirtschaftliches Risiko auf das Gesellschaftsvermögen begrenzt werden kann. Für seine Gründung ist der Abschluss eines notariell zu beglaubigenden Gesellschaftsvertrages (§ 2 GmbHG) durch einen oder mehrere Gesellschafter erforderlich. Das Stammkapital muss mindestens 25.000 € betragen (§ 5 GmbHG).

Der Betrieb wird von einem oder mehreren **Geschäftsführern** geleitet (§ 6 GmbHG). Geschäftsführer haften mit der Sorgfalt eines ordentlichen Kaufmanns. Sie sind auch für den in Ausführung eines Beschlusses der Gesellschafter verursachten Schaden verantwortlich (§ 43 GmbHG).

Die Bildung eines **Aufsichtsrates** geschieht fakultativ, ist jedoch bei GmbHs in öffentlichem Eigentum weit verbreitet, weil er die Möglichkeit bietet, ein Kontrollorgan nach politischem Proporz zusammenzusetzen, was in der **Gesellschafterversammlung** nicht möglich ist, weil hier jedem Gesellschafter nur eine Stimme zusteht, die lediglich im Verhältnis zu anderen Stimmen nach dem Anteil am Stammkapital zu gewichten, nicht jedoch aufzuteilen ist.

20.3.3.2 Aktiengesellschaft

Weitere Möglichkeiten zur Gründung öffentlicher Betriebe bietet das Aktiengesetz (AktG). Gegenüber dem GmbHG stellt das AktG weitaus höhere Anforderungen. So sind an der Feststellung des Gesellschaftsvertrages, der auch in diesem Falle notarieller Beurkundung bedarf, mindestens fünf Personen zu beteiligen, die die Aktien gegen Einlage zu übernehmen haben. Das Grundkapital muss mindestens 50.000 € betragen.

Der **Vorstand** leitet die Gesellschaft unter eigener Verantwortung (§ 76 AktG). Die Vertretungsbefugnis des Vorstandes kann nach außen nicht beschränkt werden (§ 82 AktG). Im Innenverhältnis hat der Vorstand die Weisungen der Satzung, des **Aufsichtsrates** und der **Hauptversammlung** zu beachten.

---

[812] Dazu Zahradnik in KVR, Erl. zu § 122 HGO, Rdnr. 10: „Ob ein wichtiges Interesse vorliegt, liegt weitgehend an der Sichtweise der Gemeindevertretung. Die Gemeindevertretung besitzt einen gewissen Beurteilungsspielraum, der der Überprüfung durch Kommunalaufsicht und Verwaltungsgerichte weitgehend entzogen ist."

Allerdings beschränkt der im Jahre 2005 in Kraft getretene § 122 Abs. 3 HGO die Entscheidungsfreiheit der Gemeinde, indem von der Rechtsform der AG nur dann noch Gebrauch gemacht werden darf, wenn der öffentliche Zweck des Unternehmens nicht ebenso gut in einer anderen Rechtsform erfüllt werden kann. Diese Einschränkung beruht auf der Erfahrung, dass die einschlägigen Vorschriften des Aktiengesetzes zur Funktion von Vorstand und Aufsichtsrat eine sinnvolle, am Wohl der Gemeinde orientierte Steuerung[813] der Aktiengesellschaft durch die Gemeinde erschwert.

In der Praxis sind Neugründungen kommunaler Aktiengesellschaften mit dem Inkrafttreten dieser Vorschrift kaum noch zu erwarten.

20.3.4   Vereine

Als weitere privatrechtliche Organisationsform ist der eingetragene Verein gemäß §§ 21 bis 79 des Bürgerlichen Gesetzbuches (BGB) zu nennen, der sich jedoch für eine wirtschaftliche Betätigung im engeren Sinne kaum eignet. Volkshochschulen, Musikschulen und ähnliche kulturelle Einrichtungen werden gelegentlich in dieser Rechtsform unter Beteiligung von kommunalen Gebietskörperschaften betrieben.

20.3.5   Körperschaften, Anstalten und Stiftungen des öffentlichen Rechts

Zur Erfüllung öffentlicher Aufgaben dienen auch durch besondere Gesetze errichtete juristische Personen, z. B. Bundes- bzw. Landesversicherungsanstalten (Deutsche Rentenversicherung), Rundfunkanstalten, Stiftung preußischer Kulturbesitz. In diesem Zusammenhang sind auch Zweckverbände zu nennen, die auf der Grundlage des Gesetzes über kommunale Gemeinschaftsarbeit (KGG) von mehreren kommunalen Körperschaften gemeinsam errichtet werden, z. B. Wasserbeschaffungs- oder Abwasserverbände, Abfallentsorgungszweckverbände oder Verbände zur Erledigung von Aufgaben des öffentlichen Personennahverkehrs. Leitungs- und Kontrollgremien sind Verbandsvorstand und Verbandsversammlung.

Insbesondere die Rechtsform des **Zweckverbandes** wird von hessischen Kommunen intensiv genutzt, wenn es darum geht, bestimmte Aufgaben gemeindegebietsübergreifend zu erledigen.

Sieht man vom Sonderfall der Sparkassen ab, so stand hessischen Kommunen die Rechtsform der Anstalt des öffentlichen Rechtes – im Gegensatz zu einigen anderen Bundesländern – bis zum Jahre 2011 nicht zur Verfügung.

Mit der HGO-Novelle vom Dezember 2011 wurde nun auch für hessische Kommunen mit § 126a HGO die Möglichkeit geschaffen, **rechtsfähige Anstalten** zu errichten. Zu diesem Zweck bedarf es, wie beim Eigenbetrieb, einer Satzung, in der die Rechtsverhältnisse der Anstalt geregelt und ihr einzelne oder alle mit einem bestimmten Zweck

---

[813] Zur Frage der Steuerbarkeit wirtschaftlicher Betätigung vgl. Weiblen, Willi: Ist die kommunale wirtschaftliche Betätigung gesetzlich steuerbar? In: das rathaus 10/91 S. 645 – 650.

zusammenhängende Aufgaben ganz oder teilweise übertragen werden. Als Organe der Anstalt sind ein Vorstand und ein Verwaltungsrat einzurichten. Der Verwaltungsrat berät und beschließt in öffentlicher Sitzung. Für die Haushalts- und Wirtschaftsführung der Anstalt gelten die Bestimmungen der HGO und der GemHVO, soweit nicht in der Satzung die entsprechende Anwendung des Eigenbetriebsrechtes bestimmt ist (§ 126a Abs. 9 HGO). Die Gemeinde haftet für die Verbindlichkeiten der Anstalt unbeschränkt

Die Rechtsform der **Stiftung** setzt die Bereitstellung großer Vermögensbestände voraus, aus deren Erträgen der Stiftungszweck erfüllt werden soll. Diese Rechtsform ist deshalb – abgesehen von den in der Vergangenheit bereits entstandenen Stiftungen – nur in Ausnahmefällen in Betracht zu ziehen.[814]

20.4 Wirtschaftlichkeitsprinzip

Das Prinzip der Wirtschaftlichkeit ist für den Bereich der wirtschaftlichen Unternehmen der Gemeinden konkretisiert (§ 121 Abs. 8 HGO): Wirtschaftliche Unternehmen sollen einen Ertrag für die Haushaltswirtschaft der Gemeinde abwerfen, soweit dadurch die Erfüllung des öffentlichen Zweckes nicht beeinträchtigt wird.

Soweit die wirtschaftliche Betätigung durch Gebühren nach dem KAG finanziert wird (z. B. Wasserversorgung, Abwasser- und Abfallentsorgung), unterliegt jedoch die Entgeltgestaltung den gleichen Regelungen wie bei den kostenrechnenden Einrichtungen[815] als Regiebetrieben: Als Ertrag für die Haushaltswirtschaft ist hier im Wesentlichen nur die angemessene Verzinsung des von der Gemeinde aufgebrachten Eigenkapitals anzuführen, soweit diese nicht bei Betrieben gewerblicher Art noch durch die Körperschaftsteuer geschmälert wird.

Ähnlich wie die Haushaltwirtschaft im Kernbereich der öffentlichen Verwaltung ist auch die wirtschaftliche Betätigung der Kommunen einer verbindlichen Planung zu unterziehen, die im Regelfall der Beschlussfassung durch die Gemeindevertretung unterliegt. Allerdings ist hier statt eines Haushaltsplanes ein Wirtschaftsplan von der Betriebsleitung aufzustellen. Die entsprechenden Regelungen der §§ 15 ff. des Eigenbetriebsgesetzes gelten unmittelbar für Eigenbetriebe, sie sind jedoch auch für Eigengesellschaften (GmbH, AG) und Gesellschaften unter mehrheitlicher Beteiligung der Gemeinde entsprechend anzuwenden (§ 122 Abs. 4 HGO).

---

[814] Außerdem ist die Beschränkung von § 120 Abs. 3 HGO zu beachten. Zu vergleichbarer Rechtslage hat das OVG Münster am 19.12.2012 (A 1551/10) entschieden, dass diese Einschränkung der Umwandlung von Gemeindevermögen in Stiftungsvermögen auch für indirektes Gemeindevermögen in Form von Eigengesellschaften und Eigenbetrieben gilt (vgl. gemeindehaushalt 6/2013 S. 130 ff.).

[815] Kostenrechnende Einrichtungen waren im § 12 der bisherigen GemHVO 1974 definiert als Einrichtungen, die i. d. R. überwiegend aus Entgelten finanziert werden. Unabhängig vom Wegfall der definierenden Rechtsvorschrift ist der Begriff weiterhin sinnvoll anzuwenden auf Bereiche mit überwiegender Entgeltfinanzierung.

20.4.1 Wirtschaftsplan

Der Wirtschaftsplan besteht aus

- dem Erfolgsplan,
- dem Vermögensplan und
- der Stellenübersicht

Der Erfolgsplan enthält alle voraussehbaren Erträge und Aufwendungen (§ 16 EigBGes), der Vermögensplan alle voraussehbaren Einnahmen und Ausgaben, die sich aus Anlagenänderung oder Kreditwirtschaft ergeben (§ 17 EigBGes).

Die Stellenübersicht hat die im Wirtschaftsjahr erforderlichen Stellen für Angestellte und Arbeiter zu enthalten. Beamte, die bei dem Eigenbetrieb beschäftigt werden, sind im Stellenplan der Gemeinde zu führen und in der Stellenübersicht des Eigenbetriebs nachrichtlich anzugeben (§ 18 EigBG).

Eine Änderung des Wirtschaftsplanes durch einen Nachtrag ist im Gegensatz zum kommunalen Haushaltsplan nur dann erforderlich, wenn

- eine wesentliche Verschlechterung des Betriebsergebnisses droht,
- höhere Kreditaufnahmen oder erheblich höhere Zuführungen des Trägers erforderlich werden,
- zusätzliche Verpflichtungsermächtigungen in Anspruch genommen oder
- Änderungen der Stellenübersicht durchgeführt werden sollen.

Im Übrigen bedürfen Erfolg gefährdende Mehraufwendungen bzw. erhebliche Mehrausgaben des Vermögensplanes der vorherigen Zustimmung der Gemeindevertretung.

20.4.2 Buchführung

Das Rechnungswesen öffentlicher Betriebe ist nach den Kriterien der kaufmännischen (doppelten) Buchführung (sog. Doppik) oder einer entsprechenden Verwaltungsbuchführung zu organisieren. Dabei sind jedoch die Regeln des Dritten Buches des Handelsgesetzbuches und nicht die der GemHVO anzuwenden.

20.4.3 Besteuerung

Betriebe, deren Organisationsform auf Regelungen des Privatrechts beruht, unterliegen in vollem Umfang den Regelungen des Steuerrechts, insbesondere des Einkommen-, Körperschaft-, Umsatz- und Gewerbesteuerrechts. Für die Besteuerung von Rechtsformen des öffentlichen Rechts wurde der Begriff des Betriebes gewerblicher Art (BgA) entwickelt, der im Wesentlichen danach unterscheidet, ob eine Tätigkeit hoheitlich ausgeübt und deshalb nicht besteuert oder im Wettbewerb ausgeübt und deshalb besteuert wird.

Die Besteuerung stellt betriebswirtschaftlich eine Kostenbelastung dar, die nach Möglichkeit zu vermeiden gesucht wird. Eine Ausnahme bildet das Umsatzsteuergesetz mit der Systematik des Vorsteuerabzuges[816]: Muss ein der Umsatzsteuer unterliegendes Unternehmen – insbesondere zu Beginn seiner Geschäftstätigkeit – größere Investitionen leisten, so kann es sich die auf diesen Investitionen lastende Umsatzsteuer erstatten lassen. Erst wenn die Investition durch Entgelte refinanziert wird, muss die Umsatzsteuer endgültig an das Finanzamt abgeführt werden. Diejenigen öffentlichen Betriebe, die nicht vorsteuerabzugsberechtigt sind, müssen dagegen auch die auf der Investitionssumme lastende Umsatzsteuer vorfinanzieren.

Wasserwerke werden stets als Betriebe gewerblicher Art angesehen. Betriebe der Abwasserreinigung und der Abfallentsorgung wurden dagegen bisher – trotz einer seit Jahren kontrovers geführten Diskussion – als Hoheitsbetriebe behandelt. Seitens der im Wettbewerb stehenden gewerblichen Wirtschaft werden seit Jahren zahlreiche Bemühungen unternommen, die Verfahrensweise der Finanzämter zu verändern. Dagegen wehren sich die Interessenvertreter der kommunalen Betriebe. In dieser Situation haben bisher weder der Gesetzgeber noch der Finanzminister mit ihren Möglichkeiten der Rechtssetzung Klarheit geschaffen, so dass Zweifelsfälle weiterhin vor der Finanzgerichtsbarkeit geklärt werden müssen.

Für unternehmerische Tätigkeiten, die bisher nicht als Betriebe gewerblicher Art qualifiziert wurden, kann es betriebswirtschaftlich vorteilhaft sein, in eine privatrechtliche Rechtsform zu wechseln, wenn für diese Tätigkeit große Investitionen finanziert werden müssen. Auf diese Weise kann der Finanzierungsbedarf um die Vorsteuererstattung reduziert und die Umsatzsteuerbelastung auf den Zeitpunkt der Leistungserbringung verschoben werden.

20.5 Übung

Sachverhalt:

Die Abwasserentsorgung der Gemeinde G wird im Fachbereich Tiefbau verwaltet. In den letzten Jahren ist diese Aufgabe immer umfangreicher geworden.

Der Teilergebnishaushalt für das Produkt Abwasserentsorgung umfasst ca. 12.000.000 €. Zurzeit sind etwa 60 Personen im Bereich dieses Produktes beschäftigt. Es stehen gewaltige Investitionen für Sanierung und Ausbau der Kläranlagen an.

In jüngster Zeit mehren sich die Stimmen, die die gegenwärtige Organisationsform nicht mehr für zweckmäßig halten.

Gewünscht wird eine solche Organisationsform, die die Ziele der Abwasserentsorgung (Umweltschutz und Wirtschaftlichkeit) besser verwirklichen kann und weniger von politischen Einflüssen berührt wird. Die fachliche Verantwortung soll gestärkt, die Entscheidungsabläufe sollen gestrafft und verkürzt werden.

---

[816] Siehe auch Ziffer 2.3.1.5.

Der wirtschaftliche Handlungsspielraum soll gegenüber der gegenwärtigen Betriebsführung als Regiebetrieb ausgeweitet werden. Gleichzeitig möchte man einen genaueren
Überblick über die Vermögens- und Erfolgssituation des Betriebes erlangen. Außerdem
möchte man die Möglichkeit des Vorsteuerabzuges eröffnen.

Aufgabe:

Prüfen Sie, welche alternativen Organisationsmöglichkeiten der Gemeinde zur Verfügung
stehen und bereiten Sie eine Entscheidung vor, indem Sie Vor- und Nachteile infrage
kommender Alternativen wertend gegenüberstellen.

Lösung:

Die Abwasserbeseitigung ist definitorisch als wirtschaftliche Betätigung anzusehen, sie ist
auf der Grundlage der Fiktion des § 121 Abs. 2 HGO („... gelten nicht ...") von den
Regelungen des § 121 Abs. 1 HGO ausgenommen. Sie muss deshalb nicht zwingend,
kann aber gleichwohl fakultativ als Eigenbetrieb geführt werden. Mit der Rechtsform des
Eigenbetriebes kann allerdings nach gegenwärtiger Rechtslage ein Vorsteuerabzug nicht
erzielt werden.

Daneben sind die Rechtsformen des Privatrechts mit Haftungsbegrenzung nutzbar (§ 122
Abs. 2 HGO). Die Wahl der Rechtsform einer Aktiengesellschaft ist jedoch wegen § 122
Abs. 3 HGO im Ergebnis auszuschließen.

Dagegen kann mit der Wahl der Rechtsform einer GmbH der politische Einfluss gegenüber dem fachlichen Zielen reduziert und in die fachliche Verantwortung des Geschäfts-
führers gestellt werden, der im Rahmen der umfassenden Befugnisse nach Gesellschafts-
recht schnelle Entscheidungsabläufe organisieren kann. Schließlich ist mit dieser Rechtsform auch eine Verschiebung der Umsatzsteuerbelastung vom Zeitpunkt der Investition
auf den Zeitpunkt der Leistungserbringung möglich, die sich kostenmindernd auswirkt.[817]

20.6   Ausgliederung und Reintegration

Traditionelle Fälle der wirtschaftlichen Unternehmen der Gemeinde sind im Bereich der
Strom-, Gas-, Wasser- und Fernwärmeversorgung sowie beim öffentlichen Personennahverkehr zu finden. Zuweilen werden auch Steinbrüche, Kiesgruben und Ziegeleien als
wirtschaftliche Unternehmen von den Gemeinden geführt. Allerdings erfolgt diese Art
von Aufgabenwahrnehmung regelmäßig auf Grund alter Rechte und Pflichten, zumal
diese Tätigkeit wohl kaum mit § 121 Abs. 1 HGO zu vereinbaren ist.

In der Praxis entschließen sich immer mehr Gemeinden, kommunale Aufgaben und
Funktionen auf Eigenbetriebe bzw. Eigengesellschaften zu übertragen. Man verspricht
sich dabei eine flexiblere Erfüllung der öffentlichen Aufgaben u. a. auch mit einem
leistungsfähigeren Steuerungs- und Buchführungssystem sowie einem verbesserten
Personalmanagement. Inzwischen wurden jedoch die Regelungen des Haushaltsrechts so

---

[817] Auf die Betrachtung weiterer steuerrechtlicher Konsequenzen soll an dieser Stelle verzichtet werden.

weiterentwickelt, dass sich eine verstärkte „Ausgliederung" kommunaler Aufgaben unter diesem Gesichtspunkt erübrigt.

Die Loslösung bestimmter wirtschaftlicher Betätigungen von der Kernverwaltung erscheint sinnvoll, weil die Eigenbetriebe und Eigengesellschaften eine andere Art Aufgabenerfüllung als die übrige Verwaltung verwirklichen können, sodass dort eigenständige Maßstäbe und Entscheidungskriterien gelten. In vielen Fällen verspricht man sich von der Loslösung von der Kernverwaltung eine stärkere Professionalisierung: fachliche Ziele und Maßstäbe sollen Vorrang vor politischen Zielen und Einflussnahmen erhalten. Obwohl rechtlich zur Gemeinde gehörend, bilden auch die Eigenbetriebe praktisch ausgegliederte Unternehmen der Gemeinde mit einer gewissen wirtschaftlichen Selbstständigkeit. Folgerichtig sieht § 127 Abs. 2 HGO für die Betriebsleitung auch eine weitgehende Entscheidungsbefugnis vor, die erheblich über die Befugnisse der Amtsleiter der übrigen Verwaltung hinausgeht.

Mit der Loslösung von der Kernverwaltung verbindet sich aber immer auch ein Verlust an Steuerungsmöglichkeiten im Gesamtinteresse der Kommune und der Überblick über die kommunalen Handlungsmöglichkeiten droht verlorenzugehen. Insbesondere bestand in der Vergangenheit oft eine wesentliche Motivation zur Gründung dieser Betriebsformen in der Möglichkeit, kommunale Kreditaufnahmen außerhalb des Kernhaushaltes zu verwirklichen. Es bleibt abzuwarten, ob durch die weitere Ausgestaltung der im Jahre 2009 grundgesetzlich verankerten Schuldenbremse diese Motivation noch verstärkt werden wird.

Nachdem die Vielzahl der Ausgliederungen den politischen Steuerungsverlust hat deutlich werden lassen, wurden in jüngerer Zeit einige Instrumente entwickelt, die diese Entwicklung ausgleichen sollen, namentlich handelt es sich dabei um:

- Quartalsberichte
- Beteiligungsberichte
- Beteiligungscontrolling
- Konzernbilanz

20.6.1 Quartalsberichte

Die Betriebsleitung hat gem. § 21 EigBGes den Gemeindevorstand und die Betriebskommission, jedoch nicht die Gemeindevertretung, vierteljährlich über die Entwicklung der Erträge und Aufwendungen sowie über die Abwicklung des Vermögensplans schriftlich zu unterrichten.

20.6.2 Beteiligungsbericht

Die Gemeinde hat gem. § 123a HGO zur Information der Gemeindevertretung und der Öffentlichkeit jährlich einen Bericht über ihre Beteiligungen an Unternehmen in einer Rechtsform des Privatrechts zu erstellen. In dem Bericht sind alle Unternehmen aufzuführen, bei denen die Gemeinde mindestens über den fünften Teil der Anteile verfügt.

In der Praxis werden diese Berichte oft auch auf die Eigenbetriebe und öffentlich-rechtlichen Beteiligungen sowie Beteiligungen von weniger als 20 % ausgedehnt. Zur Unterrichtung der Öffentlichkeit wird inzwischen in vielen Fällen von den technischen Möglichkeiten des Internets Gebrauch gemacht.[818]

Die gesetzliche Regelung sieht allerdings auch vor, dass über den Stand der Erfüllung des öffentlichen Zwecks durch das Unternehmen und das Vorliegen der Voraussetzungen des § 121 Abs. 1 HGO für das Unternehmen zu berichten ist. In dieser Hinsicht hat sich bezüglich dieser noch jungen Vorschrift noch keine wirklich überzeugende Praxis herausgebildet.

20.6.3 Beteiligungscontrolling

Insbesondere die zunehmende Verknappung der öffentlichen Mittel in den letzten Jahrzehnten hat inzwischen viele Kommunen dazu bewegt, die betriebswirtschaftlichen Instrumente des Controllings auch auf Beteiligungen anzuwenden. Insbesondere kommen vordringlich zur Entlastung der Kernhaushalte zur Anwendung:

- Zielvereinbarungen über Gewinnabführungen oder Zuwendungen zum Verlustausgleich
- Mandatsbetreuung zur Wahrnehmung kommunaler Gesamtinteressen in den Aufsichtsgremien

20.6.4 Zusammengefasster Abschluss („Konzernbilanz")

Eine Verbindung zur Haushaltswirtschaft wird bereits durch die Bestimmungen des § 1 Abs. 4 Nr. 9 und 10 GemHVO erreicht, wonach die Wirtschaftspläne und neuesten Jahresabschlüsse der Sondervermögen mit Sonderrechnung (im Wesentlichen also die Eigenbetriebe) und der Unternehmen und Einrichtungen mit eigener Rechtspersönlichkeit mit mehr als 50%iger Gemeindebeteiligung dem Haushaltsplan als Anlage beizufügen sind. Vergleichbare Vorschriften enthielt bereits das frühere kamerale Haushaltsrecht.

Inzwischen schreibt jedoch § 112 Abs. 5 HGO weitergehend vor, dass der Jahresabschluss der Gemeinde mit den Jahresabschlüssen

1. der Sondervermögen, für die Sonderrechnungen geführt werden,
2. der Unternehmen und Einrichtungen mit eigener Rechtspersönlichkeit, ausgenommen die Sparkassen und Sparkassenzweckverbände, an denen die Gemeinde beteiligt ist;
3. der Zweckverbände und Arbeitsgemeinschaften nach dem Gesetz über die kommunale Gemeinschaftsarbeit mit kaufmännischer Rechnungslegung, bei denen die Gemeinde Mitglied ist,
4. der rechtlich selbständigen kommunalen Stiftungen mit kaufmännischer Rechnungslegung,

---

[818] Die Eingabe des Suchwortes „Beteiligungsbericht" erbringt im Internet reichhaltige Hinweise.

5. der Aufgabenträger mit kaufmännischer Rechnungslegung, deren finanzielle Grundlage wegen rechtlicher Verpflichtung wesentlich durch die Gemeinde gesichert wird,

zusammenzufassen ist.

Nach der aktuellen gesetzlichen Regelung hat die Gemeinde erstmals die auf den 31. Dezember 2015 aufzustellenden Jahresabschlüsse zusammenzufassen, sie kann die Zusammenfassung aber auch schon für einen früheren Abschluss vornehmen.

Dem zusammengefassten Jahresabschluss ist ein Anhang (§ 112 Abs. 4 Nr. 1 HGO) beizufügen. Die Jahresabschlüsse der in Satz 1 genannten Aufgabenträger müssen nicht einbezogen werden, wenn sie für die Verpflichtung nach § 112 Abs. 1 Satz 4 HGO von nachrangiger Bedeutung sind.

Inhaltsverzeichnis

21. Rechnungsprüfung und Entlastung

Neben der operativ verantwortlichen Verwaltung und der den Zahlungsverkehr durchführenden Gemeindekasse ist abschließend eine weitere Funktion in der kommunalen Finanzwirtschaft anzusprechen, die der Rechnungsprüfung.

21.1 Funktion der Rechnungsprüfung = Revision

Der Haushaltsplan ist für die Haushaltswirtschaft verbindlich (vgl. § 95 Abs. 1 HGO). Die Verwaltung ist auf kommunaler Ebene der Gemeindevertretung über die Ausführung des Haushaltsplans rechenschaftspflichtig. Zur Kontrolle der Haushaltsführung sind auf allen Ebenen der öffentlichen Verwaltung Institutionen errichtet, die die Haushaltsführung aus der Sicht des Parlaments überprüfen und dem Parlament über das Ergebnis dieser Prüfung berichten. Diese Institutionen werden traditionell mit der Bezeichnung „Rechnungsprüfung" versehen. Für die Kommunen im Land Hessen legt § 129 HGO fest, dass Gemeinden mit mehr als 50.000 Einwohnern ein Rechnungsprüfungsamt einrichten müssen, andere Gemeinden können es einrichten. In Gemeinden, für die kein Rechnungsprüfungsamt besteht, werden dessen Aufgaben durch das Rechnungsprüfungsamt des Landkreises wahrgenommen. Landkreise müssen gem. § 52 der Hessischen Landkreisordnung ein Rechnungsprüfungsamt einrichten.

Gem. § 130 HGO ist das Rechnungsprüfungsamt bei der Durchführung von Prüfungen unabhängig. Der Gemeindevorstand kann keine Weisungen erteilen, die den Umfang, die Art und Weise oder das Ergebnis der Prüfung betreffen. Die Gemeindevertretung kann sich des Rechnungsprüfungsamts bedienen, bestimmte Prüfungsaufträge erteilen und unmittelbare Auskünfte verlangen. Umgekehrt ist aber auch das Rechnungsprüfungsamt zu Weisungen gegenüber der Verwaltung nicht befugt. Allerdings besteht, um dem Prüfungsauftrag gerecht werden zu können, eine umfassende Auskunftspflicht der Verwaltung und ein umfassendes Informationsrecht des Rechnungsprüfungsamtes. Bei Meinungsverschiedenheiten zwischen Verwaltung und Rechnungsprüfung liegt die Entscheidung bei dem Parlament, in dessen Auftrag die Rechnungsprüfung tätig wird.

Das Rechnungsprüfungsamt ist neben der Gemeindekasse (§ 110 HGO) die einzige in der HGO definierte Organisationseinheit in der Gemeindeverwaltung. Zur Sicherstellung der Unabhängigkeit und Funktionsfähigkeit der Rechnungsprüfung gelten einige nachfolgend dargestellte Regelungen:

- Zur Bestellung des Leiters des Rechnungsprüfungsamts ist die Zustimmung der Gemeindevertretung erforderlich. Das Gleiche gilt für die Abberufung und für das Verbot der Führung der Dienstgeschäfte (§ 130 Abs. 3 HGO).

- Der Leiter des Rechnungsprüfungsamts darf mit dem Vorsitzenden der Gemeindevertretung, dem Bürgermeister und den Beigeordneten weder bis zum dritten Grade verwandt noch bis zum zweiten Grade verschwägert oder durch Ehe oder durch eingetragene Lebenspartnerschaft verbunden sein (§ 130 Abs. 4 HGO).

- Der Leiter und die Prüfer des Rechnungsprüfungsamtes dürfen Zahlungen weder anordnen noch ausführen (§ 130 Abs. 5 HGO).

21.2   Aufgaben der Rechnungsprüfung

Im Rahmen der Rechnungsprüfung werden die Arbeitsergebnisse der Verwaltung daraufhin überprüft und bewertet, ob diese bestimmten formellen und materiellen im Haushaltsrecht und anderen einschlägigen Rechtsgebieten definierten Regeln entsprechen.

Neben der direkten Wirkung, Fehler und Irrtümer aufzudecken und auf deren Korrektur, zumindest aber deren künftige Vermeidung, hinzuwirken, kann auch von einer indirekten vorbeugenden Wirkung ausgegangen werden, die darin besteht, dass allein das Wissen um eine nachfolgende Überprüfung alle Handelnden dazu anhält, möglichst fehlerfrei zu arbeiten.

Die Aufgaben des Rechnungsprüfungsamtes sind in § 131 HGO festgelegt. Dabei ist zwischen den in Abs. 1 genannten Pflichtaufgaben zu unterscheiden, die das Rechnungsprüfungsamt in jedem Falle wahrzunehmen hat und den in Abs. 2 genannten Aufgaben, die dem Rechnungsprüfungsamt zusätzlich zugewiesen werden können.

Zu den **Pflichtaufgaben** gehören:

1. die Prüfung des Jahresabschlusses (§ 128),
2. die laufende Prüfung der Kassenvorgänge und Belege zur Vorbereitung der Prüfung des Jahresabschlusses,
3. die dauernde Überwachung der Kassen der Gemeinde und der Eigenbetriebe einschließlich der Sonderkassen sowie die Vornahme der regelmäßigen und unvermuteten Kassenprüfungen[819],
4. bei Einsatz automatischer Datenverarbeitungsanlagen im Finanzwesen die Prüfung der Verfahren vor ihrer Anwendung, soweit nicht der Minister des Innern Ausnahmen zulässt[820],
5. im Rahmen der Erfüllung der Aufgaben der Nr. 1 bis 4 zu prüfen, ob zweckmäßig und wirtschaftlich verfahren wird.

Primäre Aufgabe des Rechnungsprüfungsamtes im doppischen System ist also die Prüfung des Jahresabschlusses. Hierzu listet § 128 HGO folgende Teilaufgaben auf:

Das Rechnungsprüfungsamt prüft den Jahresabschluss mit allen Unterlagen daraufhin, ob

1. der Haushaltsplan eingehalten ist,
2. die einzelnen Rechnungsbeträge sachlich und rechnerisch vorschriftsmäßig begründet und belegt sind,
3. bei den Erträgen, Einzahlungen, Aufwendungen und Auszahlungen sowie bei der Vermögens- und Schuldenverwaltung nach den geltenden Vorschriften verfahren worden ist,
4. die Anlagen zum Jahresabschluss vollständig und richtig sind,

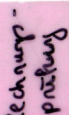

---

[819] Zu Inhalt und Umfang der Kassenprüfungen und der Berichterstattung dazu siehe §§ 27 – 29 GemKVO sowie die hierzu erlassenen VV.

[820] Siehe zur sog. Verfahrensprüfung Erlass des HMdIS vom 18. Februar 2010, StAnz. 10/2010 S. 486.

5. die Jahresabschlüsse nach § 112 HGO ein den tatsächlichen Verhältnissen entsprechendes Bild der Vermögens-, Finanz- und Ertragslage der Gemeinde darstellen,

6. die Berichte zum Jahresabschluss eine zutreffende Vorstellung von der Lage der Gemeinde vermitteln.

In diesem Zusammenhang ist auch § 59 Abs. 5 GemHVO anzuführen, wonach die Eröffnungsbilanz spätestens mit dem ersten Jahresabschluss vom Rechnungsprüfungsamt zu prüfen war.

Der Gemeindevorstand, der Bürgermeister, der für die Verwaltung des Finanzwesens bestellte Beigeordnete und die Gemeindevertretung können dem Rechnungsprüfungsamt gem. § 131 Abs. 2 HGO **weitere Aufgaben** übertragen, insbesondere

1. die Prüfung der Vorräte und Vermögensbestände,
2. die Prüfung von Anordnungen vor ihrer Zuleitung an die Kasse,
3. die Prüfung von Auftragsvergaben,
4. die Prüfung der Verwaltung auf Zweckmäßigkeit und Wirtschaftlichkeit,
5. die Prüfung der Wirtschaftsführung der Eigenbetriebe,
6. die Prüfung der Betätigung der Gemeinde bei Unternehmen in einer Rechtsform des privaten Rechts, an denen die Gemeinde beteiligt ist,
7. die Kassen-, Buch- und Betriebsprüfung, die sich die Gemeinde bei einer Beteiligung, bei der Hingabe eines Kredits oder sonst vorbehalten hat.

Die Prüfung der Vermögensgegenstände hat mit der Einführung der kommunalen Vermögensrechnung (siehe Kapitel 16) einen erheblichen Bedeutungszuwachs erfahren. Das von der Verwaltung aufzustellende Inventar unterliegt der Nachprüfung durch das Rechnungsprüfungsamt.

Die Prüfung von Anordnungen vor ihrer Zuleitung an die Kasse – die sogenannte Visaprüfung – erfreute sich früher hoher Beliebtheit, wurde aber inzwischen weitgehend aufgegeben, da sie sehr viel Arbeitszeit erfordert und sich nicht als besonders wirkungsvoll herausgestellt hat. Inzwischen setzt man eher auf stichprobenhafte Prüfungen in systematischen Zusammenhängen und weniger auf das partikulare Nachvollziehen jedes Arbeitsschrittes der Verwaltung.

Die Prüfung von Auftragsvergaben (siehe Ziffer 13.2.3) zählt inzwischen zu den Standardaufgaben der Rechnungsprüfung, nachdem sich dieser Aufgabenbereich in den letzten Jahrzehnten als besonders korruptionsanfällig erwiesen hat und deshalb einen besonderen Handlungsbedarf erzeugte. Hierzu erscheint u. U. eine Teilnahme von Rechnungsprüfern an Submissionsterminen zweckmäßig.

Die fakultative Aufgabe der Prüfung der Verwaltung auf Zweckmäßigkeit und Wirtschaftlichkeit ist deutlich von der Pflichtaufgabe „im Rahmen der Erfüllung der Aufgaben der Nr. 1 bis 4 zu prüfen, ob zweckmäßig und wirtschaftlich verfahren wird" zu unterscheiden. Während die zuletzt genannte Annexaufgabe nur auf die jeweils ohnehin im Rahmen der Jahresabschlussprüfungen zu prüfenden finanzwirtschaftlichen Vorgänge abzielt, umfasst die zuerst genannte fakultative Aufgabenstellung ein umfassendes

Prüfungsrecht, das z. B. auch Organisationsprüfungen und andere umfassende Untersuchungsansätze einschließt.

Hinsichtlich der Aufgaben 5 und 6 konkurriert die kommunale Rechnungsprüfung mit externen Wirtschaftsprüfern. Zur Vermeidung von unwirtschaftlichen Doppelprüfungen sind hier besondere Abstimmungen erforderlich.

Das Rechnungsprüfungsamt fasst die Ergebnisse seiner Prüfungstätigkeit in Berichten zusammen, über deren Ergebnisse i. d. R. das kommunale Beschlussorgan (Gemeindevertretung, Kreistag) zu entscheiden hat.

Von besonderer Bedeutung ist in diesem Zusammenhang der Schlussbericht des Rechnungsprüfungsamts über die Prüfung des Jahresabschlusses gem. § 113 HGO, der der Gemeindevertretung zur Beratung und Beschlussfassung vorzulegen ist.

Die Gemeindevertretung beschließt über den vom Rechnungsprüfungsamt geprüften Jahresabschluss, zusammengefassten Jahresabschluss und Gesamtabschluss bis spätestens 31. Dezember des zweiten auf das Haushaltsjahr folgenden Jahres und entscheidet zugleich über die Entlastung des Gemeindevorstands (§ 114 Abs. 1 HGO). Die uneingeschränkte Entlastung ist als Billigung des Ergebnisses der Haushaltswirtschaft zu verstehen, als Erklärung des Einverständnisses mit der Ausführung des Haushaltsplans einschließlich evtl. festgestellter Verstöße gegen haushaltsrechtliche oder sonstige Bestimmungen[821]. Verweigert die Gemeindevertretung die Entlastung oder spricht sie die Entlastung mit Einschränkungen aus, so hat sie dafür die Gründe anzugeben (§ 114 Abs. 1 S. 2 HGO).

Der Bayerische Verwaltungsgerichtshof (BayVGH) hat in einer grundlegenden Entscheidung zu Rechtsfolgen und Inhalten der Entlastungsentscheidungen die Fallgestaltungen, die eine uneingeschränkte Entlastung rechtfertigen, von solchen abgegrenzt, die eine Einschränkung oder eine Versagung der Entlastung rechtfertigen (BayVGH, Gemeindehaushalt 1984, S. 142 ff.). Diese Grundsätze sind auf die hessische Rechtslage – für die keine vergleichbare Entscheidung vorliegt – uneingeschränkt übertragbar.[822]

Die Entlastung beinhaltet danach, dass das Ergebnis der Haushaltswirtschaft die Billigung der Gemeindevertretung findet, also haushaltwirtschaftliche und haushaltsrechtliche Beanstandungen nicht erhoben werden können und erkennbar gewordene Haushaltsüberschreitungen genehmigt werden (BayVGH, Gemeindehaushalt 1984, S. 142, 143). Sie beinhaltet demgegenüber keinen Verzicht auf etwaige Schadensersatzansprüche oder disziplinarrechtliche oder strafrechtliche Folgerungen (BayVGH a. a. O.).[823]

Der Beschluss ist mit dem Schlussbericht des Rechnungsprüfungsamts unverzüglich der Aufsichtsbehörde vorzulegen (§ 114 Abs. 2 HGO).

---

[821] Weitergehende Ausführungen zur Entlastung m. w. N. finden sich z. B. bei Zahradnik in KVR Hessen, Erl. zu § 114 HGO.

[822] Vgl. Eildienst Nr. 9/2013 des Hessischen Städte- und Gemeindebundes vom 23.07.2013 S. 7.

[823] Ebenda.

21.2.1 Ordnungsmäßigkeitsprüfung und Wirtschaftlichkeitsprüfung

Die Prüfungstätigkeit der örtlichen Rechnungsprüfung war traditionell auf die Kontrolle der Ordnungsmäßigkeit der Finanzwirtschaft konzentriert (Ordnungsmäßigkeitskontrolle). Erst in jüngerer Zeit sehen Rechnungsprüfungsinstitutionen zunehmend ihre Aufgabe auch in der Überprüfung der Wirtschaftlichkeit und Zweckmäßigkeit des Verwaltungshandelns.

Während die Ordnungsmäßigkeitsprüfung in dieser Hinsicht eher als rückwärtsgerichtet erscheinen mag, wird die Wirtschaftlichkeitsprüfung gern als zukunftsgerichtet apostrophiert.

Beispiele für Aspekte der Ordnungsmäßigkeitsprüfung	Beispiele für Aspekte der Wirtschaftlichkeitsprüfung
• Wurde vom zuständigen Verwaltungszweig gehandelt? • Standen Haushaltsmittel zur Verfügung? • Liegen die notwendigen Beschlüsse vor? • Wurden die notwendigen Unterschriften geleistet? • Sind alle Belege vorhanden?	• War die geprüfte Handlung zweckmäßig? • Wurden Alternativen in Erwägung gezogen? • Wurde das wirtschaftlichste Verfahren angewendet? • Entspricht die eingesetzte Menge und Qualität der eingesetzten Ressourcen der vorliegenden Aufgabenstellung?

21.2.2 Rechnungsprüfung oder Revision

Die Bezeichnung Rechnungsprüfungsamt leitet sich von der zentralen Aufgabe der Prüfung des Jahresabschlusses (im kameralen System als Jahresrechnung bezeichnet) ab. Im Zuge der Modernisierung der öffentlichen Verwaltung und im Gegensatz zur gesetzlichen Bezeichnungsweise haben sich in jüngerer Zeit die Bezeichnungen (Innere) Revision bzw. Revisionsamt in der kommunalen Praxis durchgesetzt. Neben dem Aspekt der Modernisierung soll damit auch die umfassendere Aufgabenstellung verdeutlicht werden.

In der betriebswirtschaftlichen Literatur wird Revision folgendermaßen definiert: „Wird eine betriebswirtschaftliche Prüfung von unternehmungsinternen (mit der Unternehmung durch Arbeitsvertrag verbundenen) Mitarbeitern durchgeführt, wird hierfür i. d. R. der Terminus Revision (interne Revision) verwendet."[824]

Im Rahmen der Kontrolle der verschiedenen Bereiche der Verwaltung erwächst bei den Rechnungsprüfungsämtern ein großer Erfahrungsschatz, der auch für die Beratung der Verwaltung genutzt werden kann. Dabei ist jedoch darauf zu achten, dass die Unabhängigkeit der Rechnungsprüfung nicht verloren geht.

---

[824] Vgl. Stichwort Revision in Gablers Wirtschaftslexikon.

21.3 Weitere Institutionen der Rechnungsprüfung

Neben der vorstehend beschriebenen örtlichen Rechnungsprüfung treten im kommunalen Bereich folgende Institutionen mit ähnlichen Aufgabenstellungen in Erscheinung:

- überörtliche Prüfung
- Landesrechnungshof
- öffentlich bestellte Wirtschaftsprüfer

Auf diese soll zum besseren Verständnis des Gesamtzusammenhanges nachfolgend kurz eingegangen werden:

21.3.1 Überörtliche Prüfung

Die im vorausgegangenen Abschnitt behandelte Rechnungsprüfung wird zur Abgrenzung von der nachfolgend dargestellten Institution auch als örtliche Rechnungsprüfung bezeichnet.

Obwohl seit langer Zeit bereits in § 132 HGO vorgesehen, wurde die überörtliche Prüfung in Hessen erst mit Gesetz zur Regelung der überörtlichen Prüfung kommunaler Körperschaften in Hessen vom 22. Dezember 1993 (ÜPKKG – GVBl. I S. 708), umgesetzt. Das Land Hessen war damit das letzte Bundesland, das eine solche überörtliche Prüfung der kommunalen Körperschaften eingerichtet hat.

Die überörtliche Prüfung kommunaler Körperschaften ist in den verschiedenen Bundesländern unterschiedlich geregelt (z. B. als Kommunaler Prüfungsverband in Baden-Württemberg oder als Teil der Kommunalaufsicht in Nordrhein-Westfalen).

Die überörtliche Prüfung kommunaler Körperschaften wurde in Hessen dem Präsidenten des Hessischen Rechnungshofes übertragen (§ 1 ÜPKKG).

Der Präsident des Landesrechnungshofes bedient sich zur Durchführung der Prüfungen, die in der Regel als vergleichende Prüfung (§ 3 Abs. 1 ÜPKKG) mehrerer kommunaler Körperschaften im Hinblick auf bestimmte Themenfelder angelegt sind, öffentlich bestellter Wirtschaftsprüfer, Wirtschaftsprüfungsgesellschaften und anderer geeigneter Dritter als fachkundige Gutachter (§ 5 Abs. 1 Satz 4 ÜPKKG). Nur in Ausnahmefällen wird Personal des Rechnungshofes selbst in dieser Funktion tätig. Beispielhafte Themenfelder für den Inhalt der Prüfungen sind in § 3 ÜPKKG aufgeführt.

Jede kommunale Körperschaft soll in einem Zeitraum von fünf Jahren mindestens einmal in eine überörtliche Prüfung einbezogen werden (§ 5 Abs. 1 Satz 1 ÜPKKG).

Die zu prüfende Kommune hat den beauftragten Prüfern alle erbetenen Auskünfte zu geben, Einsicht in Bücher und Belege, Akten und Schriftstücke zu gewähren, sie auf Verlangen zu übersenden sowie Erhebungen an Ort und Stelle zu dulden (§ 5 Abs. 2 ÜPKKG).

Die Prüfung soll auf den Ergebnissen der örtlichen Rechnungsprüfung aufbauen. Doppelprüfungen sind zu vermeiden, soweit sie nach Einschätzung der Prüfer nicht erforderlich sind (§ 5 Abs. 5 ÜPKKG).

Der Präsident des Rechnungshofes teilt der kommunalen Körperschaft die Prüfungsfeststellungen mit und gibt ihr Gelegenheit, dazu Stellung zu nehmen. Das Ergebnis der Prüfung wird in einem Schlussbericht zusammengefasst. Der Bericht ist der geprüften Körperschaft und der Aufsichtsbehörde zu übersenden. Er ist dem Beschlussorgan (Gemeindevertretung, Kreistag usw.) bekannt zu geben; mindestens eine Ausfertigung ist jeder Fraktion auszuhändigen (§ 6 Abs. 1 ÜPKKG). Mit dieser vergleichenden Prüfung wird damit eine betriebswirtschaftlich übliche Form des Benchmarkings institutionalisiert. Dabei kann dahingestellt bleiben, ob die mit der gesetzlich geregelten Form der Verbreitung der Prüfungsergebnisse eher zu einer Rechtfertigung der jeweiligen Verwaltung oder einem Lernprozess zur Verbesserung der Prozesse in der jeweiligen Kommune führt.

Der Präsident legt nach Abschluss eines jeden Jahres dem Landtag und der Landesregierung einen zusammenfassenden Bericht über die Feststellungen von allgemeiner Bedeutung bei der überörtlichen kommunalen Prüfung vor. Diese zusammenfassenden Berichte werden auch im Internet veröffentlicht und stehen damit jedem Interessierten als fundierte Informationsquelle zur Verfügung.[825]

Die Kosten der überörtlichen Rechnungsprüfung werden überwiegend vom Land Hessen getragen. Die geprüften Kommunen müssen lediglich die bei ihnen selbst entstehenden Kosten für die Bereitstellung der Informationen tragen, die ihnen nicht erstattet werden.

21.3.2   Landesrechnungshof

Der Landesrechnungshof übt seine Funktionen auf der Grundlage der §§ 88 – 104 LHO und des Gesetzes über den Hessischen Rechnungshof vom 18. Juni 1986 (GVBl. I S. 157) innerhalb der Landesverwaltung in ähnlicher Weise wie die kommunale Rechnungsprüfung aus. Im kommunalen Bereich wird der Landesrechnungshof nur tätig, wenn es um die Prüfung der Verwendung von Landesmitteln z. B. im Rahmen kommunaler Projektförderung geht. Im Gegensatz zum kommunalen Rechnungsprüfungsamt sind alle Prüfer des Landesrechnungshofes mit richterlicher Unabhängigkeit ausgestattet.

21.3.3   Öffentlich bestellte Wirtschaftsprüfer

Neben den oben beschriebenen Funktionen im Rahmen der überörtlichen Rechnungsprüfung treten im kommunalen Bereich Wirtschaftsprüfer mit gesetzlichen Zuständigkeiten als Abschlussprüfer für Eigenbetriebe (§ 27 EigBGes) und Handelsgesellschaften (GmbH, AG; §§ 316 ff. HGB) mit kommunaler Beteiligung auf.

---

[825] Http://www.rechnungshof-hessen.de/index.php?seite=berichteup_pdf.php&selected=25.

Stichwortverzeichnis

Die Zahlen verweisen auf die Seiten.